W. F. List   P. M. Osswald   I. Hornke (Hrsg.)

Komplikationen und Gefahren in der Anästhesie

Springer

Berlin
Heidelberg
New York
Hongkong
London
Mailand
Paris
Tokio

W. F. List   P. M. Osswald   I. Hornke (Hrsg.)

Komplikationen und Gefahren in der Anästhesie

4., erweiterte und überarbeitete Auflage

Springer

Univ.-Prof. Dr. med. WERNER LIST
Universität Graz
Klinik für Anästhesiologie und Intensivmedizin
Landeskrankenhaus Graz
Auenbruggerplatz 29, A-8036 Graz
Österreich

Prof. Dr. med. PETER M. OSSWALD
Institut für Anästhesiologie und operative Intensivmedizin
Klinikum Stadt Hanau
Leimenstraße 20, 63450 Hanau
Deutschland

Dr. med. INGMAR HORNKE
Institut für Anästhesiologie und operative Intensivmedizin
Klinikum Stadt Hanau
Leimenstraße 20, 63450 Hanau
Deutschland

ISBN 3-540-66433-5 Springer-Verlag Berlin Heidelberg New York
ISBN 3-540-60478-2 3. Auflage Springer-Verlag Berlin Heidelberg New York

Bibliografische Information Der Deutschen Bibliothek
Die Deutsche Bibliothek verzeichnet diese Publikation in der Deutschen Nationalbibliografie;
detaillierte bibliografische Daten sind im Internet über <http:IIdnb.ddb.de> abrufbar

Springer-Verlag Berlin Heidelberg New York
ein Unternehmen der BertelsmannSpringer Science+Business Media GmbH

http://www.springer.de/medizin

Lektoratsplanung: Ulrike Hartmann
Umschlaggestaltung: deblik, Berlin
Satz und Reproduktionen: AM-productions GmbH, Wiesloch
Gedruckt auf säurefreiem Papier   SPIN 10743668   106/3160Re   5 4 3 2 1 0

Vorwort

Eine der vordringlichsten Aufgabe des klinischen Anästhesisten ist, für die Sicherheit bei der Durchführung der Anästhesieverfahren Sorge zu tragen.

Nur wer die Gefährdungspotentiale in der Anästhesie kennt, kann Komplikationen gezielt vermeiden und Zwischenfälle schnell beheben. Die Risikominimierung muss daher das Ziel sein. Eine gezielte Risikostrategie kann durch geeignete Maßnahmen zu einer Verringerung der Komplikationsrate führen. Profunde theoretische und fachliche Kompetenz zählen zu den Erfolgsrezepten.

Der moderne Anästhesist ist mehr denn jemals zuvor aufgefordert bei der Planung, Vorbereitung, Durchführung und Überwachung von Behandlungsmaßnahmen, in allen Teilgebieten unseres Faches sachlich nachvollziehbare Risikoabwägungen zu betreiben. Nur wer sich mental mit den Abläufen für den Fall des eintretenden Problems auseinandersetzt, wird zügig, sicher und zielgerichtet die kurz bemessene Zeitspanne zur Problemlösung optimal nutzen können.

Ziel der der nun vorliegenden komplett überarbeiteten Neuauflage ist es, dem Leser wichtige Regeln und Kerninformationen neben instruktiven Tabellen und Abbildungen zur schnellen Orientierung anzubieten. Neue Themen aus der Praxis wurden, ebenso wie aktuelle Literaturhinweise, aufgenommen und eingebracht. Die Konzeption des Buches sieht vor, durch erfahrene Spezialisten aus den einzelnen Bereichen der Anästhesiologie, profunde theoretische, jedoch besonders praxisorientierte Anleitungen und Erfahrungen zu vermitteln.

Um der bestehenden Nachfrage und den Entwicklungen der letzten Jahre weiterhin gerecht zu werden, war nun diese Neuauflage erforderlich geworden. Die Herausgeber hoffen so mit diesem nunmehr vor 15 Jahren erstmals erschienenen Buch, das sich zwischenzeitlich als wesentliches deutschsprachiges Standardwerk für unser Fachgebiet bewährt, die erforderlichen aktuellen Ergänzungen beigefügt zu haben.

Wir danken unseren Autoren für ihre Mitarbeit und dem Springer Verlag für die kompetente Unterstützung bei der Umsetzung der Neuauflage.

In der Hoffnung auf eine weitere erfolgreiche Fortführung

Graz / Hanau im September 2002   Die Herausgeber

Inhalt

Autorenverzeichnis

ANGRÉS, A., Dr. med.
Arzt für Anästhesiologie
Praxis für Anästhesiologie, Marienhospital
Martinspfad 72, 64285 Darmstadt

BAUMGARTNER, A., Ass. Prof. Dr. med.
Universitätsklinik für Anästhesiologie
und Intensivmedizin, LKH - Univiversitätsklinikum Graz
Auenbruggerplatz 29, A-8036 Graz

BERGER, JUTTA, Dr. med.
Institut für Anästhesiologie, Landeskrankenhaus Fürstenfeld
Krankenhausgasse 1, A-8280 Fürstenfeld

BOCK, R.-W., Rechtsanwalt
Kanzlei Berlin, Ulsenheimer & Friedrich, Rechtsanwälte
Schlüterstraße 37/II, 10629 Berlin

BRAUER, M., Dr. med.
Klinik für Anästhesiologie und Intensivtherapie
Klinikum der FSU Jena
Bachstraße 18, 07743 Jena

FUCHS, A., Dr. med.
Universitätsklinik für Anästhesiologie und Intensivmedizin
LKH Universitätsklinikum Graz
Auenbruggerplatz 29, A-8036 Graz

FUCHS, G., Ao. Univ.-Prof. Dr. med.
Universitätsklinik für Anästhesiologie und Intensivmedizin
LKH Universitätslinikum Graz
Auenbruggerplatz 29, A-8036 Graz

GASSMAYR, SUSANNE, Dr. med.
Universitätsklinik für Anästhesiologie und Intensivmedizin
LKH Universitätsklinikum Graz
Auenbruggerplatz 29, A-8036 Graz

GOMBOTZ, J., Ao. Univ.-Prof. Dr. med.
Universitätsklinik für Anästhesiologie und Intensivmedizin
LKH Universitätsklinikum Graz
Auenbruggerplatz 29, A-8036 Graz

GRAF, B., Priv.-Doz. Dr. med.
Klinik für Anästhesie und Intensivmedizin
Klinikum der Ruprecht-Karls-Universität Heidelberg
Im Neuenheimer Feld 110, 69120 Heidelberg

GRUBE, C., Dr. med.
Klinik für Anästhesiologie
Universität Heidelberg
Im Neuenheimer Feld 110, 69120 Heidelberg

HARTUNG, H.-J., Prof. Dr. med.
Abteilung für Anästhesie und operative Intensivmedizin
Vivantes-Klinikum Am Urban
Dieffenbachstrasse 1, 10967 Berlin

HECK, M., Dr. med.
Facharzt für Anästhesiologie
Adalbert-Stifter-Str. 8d, 67165 Waldsee

HORNKE, I., Dr. med. DEAA
Institut für Anästhesiologie und operative Intensivmedizin
Klinikum Stadt Hanau
Leimenstrasse 20, 63450 Hanau

KALTENBÖCK, F., Ass. Prof. Dr. med.
Universitätsklinik für Anästhesiologie und Intensivmedizin
LKH Universitätsklinikum Graz
Auenbruggerplatz 29, A-8036 Graz

KOCH, THEA, Prof. Dr. med.
Klinik und Poliklinik für Anästhesiologie und Intensivtherapie
Uniklinik Carl Gustav Carus
Fetscherstraße 74, 01307 Dresden

KONTOKOLLIAS, J.S., Prof. Dr.
Anästhesieabteilung am Krankenhaus Uelzen
Kliniken Uelzen und Bad Bevensen GmbH
Waldstraße 2, 29525 Uelzen

KRÖLL, W., Ao. Univ.-Prof. Dr. med.
Universitätsklinik für Anästhesiologie und Intensivmedizin
LKH Universitätsklinikum Graz
Auenbruggerplatz 29, A-8036 Graz

LENHARDT, R., Ao. Univ.-Prof. Dr. med.
Universitätsklinik für Anästhesiologie
und Allgemeine Intensivmedizin, Universitätsklinik Wien
Währinger Gürtel 18–20, A-1090 Wien

List, F.W., o. Univ.-Prof. Dr. med.
Universitätsklinik für Anästhesie
und Intensivmedizin, LKH Universitätslinikum Graz
Auenbruggerplatz 29, A-8036 Graz

Lochbühler, Hannelore, Dr. med.
Anästhesieabteilung Dr.-v.-Haunersches Kinderspital
der LMU München
Lindwurmstrasse 1–4, 80337München

Lorentz, A. Dr. med.
Klinik für Anästhesiologie und operative Intensivmedizin
Universitätsklinikum Mannheim
Theodor-Kutzer-Ufer, 68167 Mannheim

Mahla, Elisabeth, Ass. Prof. Dr. med.
Universitätsklinik für Anästhesiologie und Intensivmedizin
LKH Universitätsklinikum Graz
Auenbruggerplatz 29, A-8036 Graz

Moser, Rita, Dr. med.
Universitätsklinik für Anästhesie
und Intensivmedizin LKH Universitätsklinikum Graz
Auenbruggerplatz 29, A-8036 Graz

Muth, Ulrike, Dr. med., Fachärztin für Anästhesie
Am Schlierbachhang 37a, 69118 Heidelberg

Osswald, P.M., Prof. Dr. med.
Institut für Anästhesiologie und operative Intensivmedizin
Klinikum Stadt Hanau
Leimenstraße 20, 63450 Hanau

Petroianu, G., Priv.-Doz. Dr. med.
Institut für Pharmakologie Mannheim, Universität Heidelberg
Maybachstrasse 14–16, 68169Mannheim

Ponhold, H., Ao. Univ. Prof. Dr. med.
Universitätsklinik für Anästhesiologie und Intensivmedizin
LKH Universitätsklinikum Graz
Auenbruggerplatz 29, A-8036 Graz

Reinhart, K., Prof. Dr. med.
Klinik für Anästhesiologie und Intensivtherapie
Klinikum der FSU Jena
Bachstraße 18, 07743 Jena

Schalk, H.V., Dr. med.
Abteilung für Anästhesiologie, Krankenhaus Klagenfurt
St. Veiter Straße 47, A-9026 Klagenfurt

Schneider, Sabine, Dr. med.
Institut für Anästhesiologie und operative Intensivmedizin
Klinikum Stadt Hanau
Leimenstrasse 20, 63450 Hanau

Schwarz, G., Ao. Univ.-Prof. Dr. med.
Universitätsklinik für Anästhesiologie und Intensivmedizin
LKH Univiversitätskum Graz
Auenbruggerplatz 29, A-8036 Graz

Siegmund, W., Dr. med.
Anästhesie Krankenhaus Neunkirchen gGmbH
Brunnenstraße 30, 66538Neunkirchen

Steuernagel, C., Dr. med.
Klinik für Anästhesiologie und operative Intensivmeidizin
Elisabeth-Krankenhaus Essen
Moltkestrasse 61, 45138 Essen

Stubenvoll, E., Dr. med.
Institut für Anästhesiologie
und Intensivmedizin Unfallkrankenhaus der AUVA
Göstingerstrasse 24, A-8020 Graz

Toller, W., Dr. med.
Universitätsklinik für Anästhesiologie und Intensivmedizin
LKH Universitätsklinikum Graz
Auenbruggerplatz 29, A-8036 Graz

Grundlagen des Risikomanagements

KAPITEL 1

Qualitätssicherung und Risikomanagement

R.-W. Bock

1.1
Qualitätsmanagement

Das forensische Risiko für Ärztinnen und Ärzte im Zusammenhang mit ihrer Berufsausübung ist während der vergangenen 20 Jahre erheblich gestiegen. Von „amerikanischen Verhältnissen" sind wir noch entfernt, doch sollen in Deutschland nach Schätzungen gegen Ärzte pro Jahr etwa 10.000 neue Zivilverfahren anhängig gemacht und etwa 2.500–3.000 neue staatsanwaltschaftliche Ermittlungsverfahren eingeleitet werden. Darüber hinaus ist die nach wie vor zunehmende Zahl von Verfahren vor Gutachterkommissionen und Schlichtungsstellen nicht zu vernachlässigen. Die akute Sorge in der Ärzteschaft, dass aus Behandlungsmaßnahmen forensische Auseinandersetzungen resultieren können, ist also real gerechtfertigt.

Verrechtlichung der Medizin

Juristische Vorgaben – Gesetze, Verordnungen, Richtlinien und insbesondere auch Maßgaben der Rechtsprechung – führten zu einer fortschreitenden Verquickung von Medizin und Jurisprudenz. Als Reaktion darauf hat sich in der Ärzteschaft zwischenzeitlich bezüglich vieler Behandlungszusammenhänge eine „defensive Medizin" etabliert, was Laufs bereits 1986 erkannte und zutreffend beschrieb: „Die Verrechtlichung seiner Kunst lässt den Arzt neben den Risiken, die der Patient mitbringt und die diesem bei der Diagnose oder Therapie drohen, auch die eigenen forensischen Gefahren bedenken und als indizierende wie kontraindizierende

Faktoren ins Kalkül ziehen. Aus der verrechtlichten droht eine defensive Medizin zu werden, die aus Scheu vor der Klage zuviel untersucht oder zu wenig an Eingriffen wagt" [16]. Auch unter diesem Aspekt darf die Wirtschaftlichkeitsproblematik nicht vernachlässigt werden, da die Anwendung defensiver Medizin zwangsläufig zu vermeidbarer Kostensteigerung führt.

> **!** Zu den haftungsträchtigen Fachgebieten gehört auch die Anästhesie. Für deren Bereich gilt in besonderer Weise, daß vielfach schnellste Entschlüsse gefaßt werden müssen, Erfolg und Misserfolg meist unmittelbar und für jedermann sichtbar in Erscheinung treten und ein menschliches Versagen, ein Irrtum, nur ein Zögern schwerwiegende, oft irreparable Konsequenzen haben können [30].

Zur Verrechtlichung der Medizin hat unmittelbar und eklatant die Rechtsprechung beigetragen. Von Patientenseite durch entsprechende Klageerhebungen evoziert, wurde die Ärzteschaft mit einer „Kaskade von Urteilen" überzogen, woraus vielfach konkrete Maßgaben für bestimmte Behandlungssituationen resultierten. Signifikantes Beispiel hierfür bildet die Aufklärungsjudikatur, die nur als „ausgeufert" bezeichnet werden kann. So hat Weißauer treffend formuliert, selbst der „in diesem Metier spezialisierte Jurist (vermöge) kaum auch nur mit einiger Sicherheit" zu sagen, „welche Anforderungen die Gerichte ex post an die Aufklärung über die Risiken und Risikofolgen stellen werden" [31].

Unter diesem Aspekt realisierte sich ohne weiteres eine Haftungsausweitung zu Lasten der Ärzteschaft, was in gleicher Weise für die Rechtsprechung zum sog. groben Behandlungsfehler und bezüglich Dokumentationserfordernissen gilt. Aus der Zunahme forensischer Auseinandersetzungen resultiert zum einen eine erhöhte „Kontrolldichte" bezüglich der Einhaltung rechtlicher Anforderungen an ärztliche Berufsausübung. Zum anderen ergibt sich aus vermehrter arztrechtlicher Judikatur notwendigerweise eine zunehmende prospektive Wirkung hinsichtlich der Observanz einzuhaltender rechtlicher und medizinischer Anforderungen durch die Ärzteschaft. Genau dieser Aspekt bildet *einen Ansatz für Risikomanagement.*

Ziel aller Behandlungsmaßnahmen in ihrer Gesamtheit ist das „Wohl des Patienten" zur weitestgehenden Erhaltung bzw. Wiederherstellung seiner Gesundheit. Dies impliziert im Kern eine Behandlung nach den Regeln ärztlicher Kunst bzw. unter Einhaltung gegebener Standards. Das allein erfordert in Ansehung der heutigen komplexen medizinischen Leistungsprozesse schon ein adäquates *Behandlungsmanagement* und gilt insbesondere für das Fachgebiet der Anästhesie, welches darüber hinaus auch auf ein besonders enges Zusammenwirken mit sonstigen Disziplinen angewiesen ist, etwa im Zusammenhang mit der Durchführung operativer Eingriffe oder intensivmedizinischer Behandlung.

Insofern ist zunächst die persönliche fachliche Qualifikation und Kompetenz jedes Anästhesisten gefordert.

Weitergehend resultiert adäquates Behandlungsmanagement aus Maßnahmen zur *Qualitätssicherung,* wozu alle persönlichen und institutionellen „Leistungserbringer" im Gesundheitswesen gerade „zur Sicherung und Weiterentwicklung der Qualität der von ihnen erbrachten Leistungen verpflichtet" sind (§ 135a Abs. 1 Satz 1 SGB V). Dem dient wiederum, dass beispielsweise zugelassene Krankenhäuser als Institutionen verpflichtet sind, „einrichtungsintern ein *Qualitätsmanagement* ein-

zuführen und weiterzuentwickeln" (§ 135a Abs. 2 Satz 2 SGB V). Letzteres berührt auch die Anwendung der Prinzipien des „*total quality management" (TQM),* deren Beachtung im wirtschaftlichen Dienstleistungsbereich gang und gäbe ist und welche auch mehr und mehr Einzug in den Krankenhausbereich gefunden haben bzw. finden. Dabei wird vielfach verkannt, dass es sich bei TQM nicht um ein konkretes, starr definiertes, „vorgegebenes" Organisationssystem handelt, sondern darunter vielmehr „die planmäßige und systematische *Führungsmethode* eines Unternehmens, ein ganzheitliches Managementkonzept" zu verstehen ist, „um Bestleistungen zu erreichen und so im harten Wettbewerb zu bestehen" [11]. Der Begriff Qualitätsmanagement meint derzeit die „Zusammenfassung aller Qualitätsaktivitäten", worunter *auch* „Qualitätssicherung" zu subsumieren ist [12]. Teil solchen Qualitätsmanagements ist auch *Risikomanagement,* wodurch die insbesondere aus rechtlicher Sicht risikobegründenden und -erhöhenden Faktoren erkannt werden können, woraus schließlich eine Schadensreduktion resultiert.

> **!** Dabei geht es also „darum, aktiv nach Schadensursachen und nach Risikofeldern zu suchen, um Haftungsfälle präventiv zu vermeiden" [29].

In der Ärzteschaft sollte und darf heute keinesfalls mehr zu Unbehagen oder gar Ablehnung führen, wenn Management- und Organisationsprinzipien „der Wirtschaft" auf das Gesundheitswesen und insbesondere auch Kliniken übertragen werden. So bleibt beispielsweise zu berücksichtigen, dass das Gesundheitswesen „als Wirtschaftsfaktor ... sowohl nach dem Umsatz als auch nach der Zahl der Arbeitsplätze die Automobilindustrie und den Maschinenbau (übertrifft)" [21]. Es liegt auch auf der Hand, dass im Klinikbereich als Folge ökonomischer Problemstellungen ein massiver Konkurrenz- und Verdrängungswettbewerb eingesetzt hat. Dieser Gegebenheit muss sich jedes Haus und jeder einzelne Arzt stellen.

Dabei ist gewiß bedauerlich, dass diese Situation aus wirtschaftlichen Zwängen bzw. unter dem Aspekt des „Kostenansatzes" resultierte. Andererseits darf nicht vernachlässigt werden, dass insbesondere angemessenes Qualitätsmanagement im Ergebnis zum „Wohl des Kranken" beiträgt. Auch zivilrechtlich hat der Patient einen „Anspruch" auf angemessene „Leistung" des Arztes bzw. der Klinik. Umgekehrt sollte also nicht Unmut hervorrufen, wenn dieser Anspruch als im weitesten Sinne Dienst-Leistung erfüllt wird. Da letztlich in der Tat alle Bemühungen auf den Patienten ausgerichtet sind, besteht bei genauer Betrachtung auch kein Widerspruch zwischen einerseits ärztlichem Ethos, welches sich auf Wissenschaft und Humanität gründet, und andererseits einem Verständnis von „Dienstleistung" mit allen Merkmalen professioneller Umsetzung. Auch dergestalt gilt das Prinzip „salus aegroti suprema lex" uneingeschränkt fort – allerdings mit weitergehend fundierter Bedeutung.

1.2
„Risikomanagement"

> ❗ Risikomanagement stellt eine „präventive Strategie zur Fehlervermeidung und damit Reduzierung des Haftungsrisikos durch Erfassung vorhandener Schwachstellen und möglicher Schadensursachen" dar [27].

Es geht darum, in der Klinik bzw. Praxis vorhandene latente Risiken aufzuspüren, zu erkennen und bestenfalls zu eliminieren. Eine hervorragende Grundlage dafür bieten die rechtlichen Anforderungen an ärztliche Berufsausübung und dazu ergangene Gerichtsurteile, welche diese Anforderungen in konkreten Sachverhaltszusammenhängen beschreiben. Dergestalt wird ein Soll-Zustand definiert, vor dessen Hintergrund der Ist-Zustand zu erheben ist. Festzustellende Differenzen bzw. Defizite implizieren haftungs- und strafrechtliche Risiken, welche es zu beheben gilt.

Rechtsgrundlagen ärztlicher Berufsausübung

Dem zivilrechtlichen Arzthaftungsrecht ist inhärent die Kontrolle, ob der „Patient die von ihm zu beanspruchende medizinische Qualität auch erhalten hat" [24]. Ungeachtet der Ratio legis gilt Entsprechendes zumindest in einem Effekt auch für die strafrechtliche Beurteilung konkreter ärztlicher Behandlungsmaßnahmen. Strafrechtliche Kategorien berühren ohnehin fundamental die Frage nach dem „Sollen" der Rechtssubjekte im Zusammenhang mit bestimmten Lebenssachverhalten. So verstandenes „Sollen" impliziert auch das „Dürfen" und „Können" aufgrund entsprechender Erlaubnis und Ermächtigung [13]. Mithin steht hier im Kern also die Frage in Rede, wie sich rechtlich das „Sollen" des Arztes im Zusammenhang mit der Behandlung von Patienten gestaltet [7].

Aufgrund tradierter Rechtsprechung ergeben sich wesentliche rechtliche Anforderungen an ärztliche Berufsausübung aus dem Strafgesetzbuch [28]. Es geht um die Tatbestände der fahrlässigen Körperverletzung (§ 229 StGB) und der fahrlässigen Tötung (§ 222 StGB). Demnach unterliegt – kurz gesagt – strafrechtlicher Sanktion, wenn aufgrund eines vorwerfbaren fehlerhaften Verhaltens im Zusammenhang mit der Behandlung eines Patienten dessen Gesundheit beschädigt oder Tod herbeigeführt wird. Umgekehrt beantwortet sich daraus – zur Meidung einer Sanktion – die Frage nach dem „Sollen" des Arztes, lassen sich mithin positive Anforderungen an ärztliche Berufsausübung bestimmen. Hier setzt genau die gerichtliche Kontrolle hinsichtlich der Einhaltung dieser Anforderungen ein.

Weitergehende rechtliche Maßgaben resultieren aus Normen, die für die ärztliche Berufsausübung bzw. die Organisation einer Klinik unmittelbar oder mittelbar einschlägig sind. So ist exemplarisch im Bereich des

Transfusionswesens das Transfusionsgesetz zu beachten. Oder: Das Arbeitszeitgesetz hat Konsequenzen hinsichtlich der Organisation innerbetrieblicher Abläufe sowie für den „Alltag" des Arztes. Und: Aus dem Medizinproduktegesetz ergibt sich eine Fülle von Anordnungen zur Gewährleistung der Gerätesicherheit. Zum Teil sind diese Normen selbst strafbewehrt. Jedenfalls können aus einer Mißachtung der rechtlichen Anforderungen konkrete Behandlungsfehler resultieren, was im Rahmen juristischer Überprüfung zur Frage führt, ob im konkreten Einzelfall die „einzuhaltende Sorgfalt" vernachlässigt wurde, indem z. B. gegen verbindliche Anordnungen des Transfusionsgesetzes bzw. der sich aus ihm ableitenden Richtlinien verstoßen wurde.

Bei Arzthaftungs- bzw. Arztstrafprozessen stehen primär rechtliche Beurteilungskategorien in Rede, was v. a. die Bestimmung der berufsspezifischen Sorgfaltspflichten betrifft. Andererseits bleibt das, was als „Regel der ärztlichen Kunst" bzw. „Standard" zu erachten ist, „grundsätzlich der medizininternen Auseinandersetzung überlassen, die rechtliche Intervention der Bestimmung äußerster, 'eindeutiger' Grenzen '(un)vertretbarer' Methodenwahl vorbehalten" [9]. Mithin ergibt sich eine materiell- und prozeßrechtlich außerordentlich bedeutsame Schnittstelle zwischen Medizin und Recht. Denn die Rechtsfrage, „ob ein Arzt seine berufsspezifische Sorgfaltspflicht verletzt hat, ist ... in erster Linie eine Frage, die sich nach medizinischen Maßstäben richtet" [4]. Solche „medizinischen Maßstäbe", die der Sachverständige im Prozeß dem Gericht zu vermitteln hat, ergeben sich gerade auch aus Richtlinien und insbesondere aus Leitlinien, welche medizinische Standards festlegen.

Gleiches gilt mangels konkreter Absprachen im Einzelfall auch beispielsweise für Vereinbarungen, die der Berufsverband Deutscher Anästhesisten mit Berufsverbänden sonstiger Fachgebiete zur organisatorischen bzw. kompetenzmäßigen Regelung von Arbeitsteilung getroffen hat (vgl. etwa die „Vereinbarung über die Zusammenarbeit bei der operativen Patientenversorgung" oder die Vereinbarung zur „Verantwortung für die prä-, intra- und postoperative Lagerung des Patienten", welche mit dem Berufsverband der Deutschen Chirurgen getroffen wurden) [22]. Solche Maßgaben haben „im Ergebnis den Charakter von Kunstregeln und Sorgfaltsstandards", welche auch „von der Rechtsprechung als für den Arzt verbindlich angesehen werden" [32]. Im Zusammenhang mit der rechtlichen Prüfung der Haftung und Strafbarkeit des Arztes vermögen mithin Leitlinien und Richtlinien das „Einfallstor" zum Rückgriff auf medizinische Beurteilungskategorien („Standard") zu bieten.

Fehlerquellen im Behandlungsablauf

Forensische Risiken können sich für den Arzt im wesentlichen in drei Sachverhaltszusammenhängen realisieren, nämlich hinsichtlich *Behandlungsfehlern* und *Organisationsmängeln,* welche sich im Kern als Verstoß gegen die einzuhaltende Sorgfalt darstellen, sowie bezüglich *Aufklärungspflichtverletzungen,* welche im Ergebnis – mangels darauf beruhend wirksamer Einwilligung des Patienten – als verbotene Eigenmacht bei der Behandlungsdurchführung zu charakterisieren sind. Vielfach resultieren konkrete Behandlungsfehler und auch Aufklärungspflichtverletzungen gerade aus zugrundeliegenden Organisationsmängeln. Diese können sich beispielsweise aus mangelnder Kooperation und Kommunikation zwischen den beteiligten Ärzten gleicher oder verschiedener Fachgebiete ergeben. Schließlich sind *Dokumentationsmängel* zu berücksichtigen. Sie stellen keine eigene Anspruchsgrundlage für Schadensersatz- sowie Schmerzensgeldansprüche dar und bilden erst recht keinen Strafgrund. Nach Maßgabe höchstrichterlicher Judikatur vermögen Dokumentationsversäumnisse in Zivilprozessen jedoch zur Beweiserleichterung zugunsten des Patienten zu führen, die sich bis hin zur Beweislastumkehr zu Lasten des Arztes bzw. der Klinik auswirken kann.

Voraussetzungen für Haftung und Strafbarkeit

Grundlegend ist zu berücksichtigen, dass „gerade wegen der Eigengesetzlichkeit und weitgehenden Undurchschaubarkeit des lebenden Organismus ... ein Fehlschlag oder Zwischenfall (im Rahmen von Behandlungsmaßnahmen) nicht allgemein ein Fehlverhalten oder Verschulden des Arztes indizieren (kann)", wie die höchstrichterliche Rechtsprechung anerkennt [1]. Grundvoraussetzung sowohl zivilrechtlicher Haftung als auch strafrechtlicher Verantwortlichkeit des Arztes ist daher jedenfalls eine *Verletzung der objektiven Sorgfaltspflicht*. Zum Beispiel kann dem Anästhesisten – etwa wegen anatomischer Besonderheiten beim Patienten – eine ösophageale Fehlintubation unterlaufen. Dies ist nicht vorwerfbar, wenn der Intubationsvorgang als solcher korrekt vorgenommen wurde. Allerdings geht es im Weiteren darum, die Fehlintubation zeitgerecht zu erkennen, wofür standardgemäß Kontrollmaßnahmen vorgesehen sind, weil eben der Intubationsvorgang als solcher mißlingen kann.

Unter der „Verletzung der objektiven Sorgfaltspflicht" ist konkret ein Verstoß gegen denjenigen Behandlungsstandard, den – aus Ex-ante-Sicht – ein besonnener und gewissenhafter Anästhesist dem Patienten in der konkret zu beurteilenden Situation geboten hätte, zu verstehen. Dieser „Standard" ist abstrakt-generell als der jeweilige Stand der medizinischen Wissenschaft, konkret als das zum Behandlungszeitpunkt in der ärztlichen Praxis bewährte, nach naturwissenschaftlicher Erkenntnis gesicherte, allgemein anerkannte und für notwendig erachtete Verhalten umschrieben [15]. Dabei ist im Ergebnis „Facharztstandard" zu gewährleisten, d. h. dass der Arzt die konkret anzuwendende Behandlung „theoretisch wie praktisch so beherrscht, wie das von einem Facharzt (des betroffenen Fachgebiets, hier der Anästhesie) erwartet werden muss" [25].

Behandlungsfehler können Konsequenz mangelhafter Organisation sein. So stellt sich auch die Frage nach adäquater Organisation des Behandlungsablaufs. Insofern sind ebenfalls Sorgfaltspflichten einzuhalten. Mängel können sich als *Organisationsverschulden* des Zuständigen, etwa des leitenden Arztes, darstellen. Betroffen sind sämtliche Organisationserfordernisse für eine Abteilung, beispielsweise hinsichtlich der Einhaltung medizinischer Behandlungsmaßgaben, ausreichender personeller Besetzung, Dienstplangestaltung unter Berücksichtigung von Qualifikationen und Arbeitszeiten der Mitarbeiter, Gerätesicherheit, Hygiene, Transfusionswesen etc.

In aller Regel sind Absprachen zur interdisziplinären Zusammenarbeit mit anderen Fachgebieten erforderlich. Dies gilt für die Anästhesie in besonderer Weise. Schließlich bedarf es konkreter Maßgaben zum Aufklärungs- und Dokumentationsverhalten der Mitarbeiterinnen und Mitarbeiter einer Abteilung. Angemessene Organisation impliziert auch eine Kontrolltätigkeit hinsichtlich ausgesprochener Delegationen. Nur so ist gewährleistet, dass – z. B. über Dienstanweisungen – erteilte Maßgaben auch eingehalten werden.

Dem *Aufklärungsaspekt* kommt wesentliche Bedeutung zu. Es bleibt zu berücksichtigen, dass zivilrechtliche Haftung und strafrechtliche Verantwortlichkeit auch aus dem Vorwurf unterlassener oder unvollständiger Aufklärung resultieren können. Anders als beim Behandlungsfehler trifft insoweit im Zivilprozeß den Anästhesisten auch die Beweislast, eine adäquate Aufklärung des Patienten vorgenommen zu haben.

Dokumentationsmängel als solche begründen keine Haftung. Nach Maßgabe höchstrichterlicher Judikatur besteht die Rechtsfolge eines Dokumentationsversäumnisses jedoch in einer Beweiserleichterung zugunsten des Patienten, die sich bis hin zur Beweislastumkehr zu Lasten des Arztes auswirken kann. [2] Nicht zuletzt unter diesem Aspekt ist auf umfängliche Dokumentation sämtlicher relevanter Behandlungsumstände zu achten. Ein Zivilprozeß könnte alleine deshalb verloren gehen, weil mangels entsprechender Dokumentation nicht bewiesen werden kann, dass in der Tat „richtig behandelt" wurde. Schließlich sollte auch nicht vernachlässigt werden, dass eine ordnungsgemäße Dokumentation „nicht nur der Absicherung vor juristischen Nachteilen" dient, sondern auch, und zwar erst recht in der Klinik, „Kommunikation und Qualitätssicherung in der Medizin" bedeutet [20].

Anästhesiologische Problemstellungen in der Praxis

Vor dem Hintergrund der vorangehenden rechtssystematischen Ausführungen ist sachlich zusammenfassend festzustellen, dass insgesamt eine *Struktur- und Prozessqualität* dergestalt sicherzustellen ist, dass bezüglich jeder einzelnen Behandlung eines Patienten positive *Ergebnisqualität* erzielt wird. Im folgenden werden beispielhaft einige bedeutsame Sachverhaltszusammenhänge aufgeführt. Vielfach problematisch ist in der Praxis die

- Frage der Einhaltung von *Facharztstandards* und des Einsatzes von Ärzten im Praktikum im Nacht- und Bereitschaftsdienst,
- Regelung von *Hinzuziehungspflichten* bezüglich Hintergrunddienst u. ä.,
- Sicherstellung eines angemessenen *Behandlungsmanagements* im Einzelfall, beginnend mit der präoperativen Befunderhebung und -beurteilung über die intraoperative anästhesiologische Behandlung bis zur eventuellen intensivmedizinischen postoperativen Betreuung,
- Gewährleistung einwandfreier anästhesiologischer Maßnahmen im Rahmen von *ambulantem Operieren*; dies betrifft insbesondere die Kooperation mit dem operativen Fachgebiet, zeitgerechte Aufklärungsmaßnahmen (Erhebung einer Sozialanamnese), erforderliche apparative und personelle Ausstattung, Überwachung in der Postoperativphase etc.,
- Durchführung sog. *Parallelnarkosen,* was grundsätzlich unzulässig ist,

- Einhaltung des *„Lagerungsabkommens"* (s. oben),
- prä-, intra- und postoperative *Kooperation mit anderen Fachgebieten,*
- Gewährleistung adäquater Überwachung in der unmittelbaren *Postoperativphase* (Aufwachraum; personelle und apparative Ausstattung),
- Vornahme erforderlicher *Schmerztherapie,* in der postoperativen Phase evtl. auch in Abstimmung mit dem operativen Fachgebiet,
- Sicherstellung insgesamt angemessener *Aufklärung* (personell qualifizierte Aufklärung, Inhalt und Umfang der Aufklärung, zeitgerechte Aufklärung, Aufklärung über Behandlungsalternativen, Vornahme sogenannter „Stufenaufklärung", Dokumentation der Aufklärung),
- insgesamt umfassende *Dokumentation* anästhesiologischer Behandlungsmaßnahmen,
- Umsetzung von *Transfusionsgesetz* und Transfusionsrichtlinien
- Einhaltung der *Gerätesicherheit* (Gerätebeauftragter, Einweisung, Dokumentation etc.),
- Zusammenarbeit mit anästhesiologischem *Pflegepersonal* im Rahmen vertikaler Arbeitsteilung,
- angemessene *Reaktion auf medizinische Komplikationen und Zwischenfälle* (Handhabung von Beatmungsproblemen, Feststellung einer ösophagealen Intubation, Ileuseinleitung etc.).

> **!** Im Rahmen adäquaten Risikomanagements gehört somit die gesamte Tätigkeitspalette eines Anästhesisten bzw. einer anästhesiologischen Abteilung „auf den Prüfstand", um Ist-Zustand und Soll-Zustand abzugleichen, damit auf dieser Grundlage Schwachstellen erkannt und behoben werden können.

Praktische Umsetzung

Zur Anwendung bzw. Umsetzung von Risikomanagement bedarf es zunächst einer Überprüfung des eigenen Behandlungsverhaltens. Das ist hier im weitesten Sinne zu verstehen und betrifft auch die Organisation, in deren Rahmen schließlich konkrete einzelne Behandlungsmaßnahmen am Patienten stattfinden. Berührt ist zunächst die Zuständigkeit von leitenden Ärzten. Allerdings muss sich jeder Mitarbeiter einer anästhesiologischen Abteilung stets fragen, wo Schwachstellen gegeben bzw. welche Verbesserungen möglich sind. Aussagekräftig insoweit sind auch Erhebungen über Komplikations- und Schadensstatistiken. Vor allem die Erfassung von „Beinahe-Komplikationen" ist wertvoll, da sich einerseits möglicherweise eine Problemstellung zeigt, welche andererseits nicht zu negativen Folgen für den Patienten geführt hat.

Es stellt sich allerdings die Frage, ob eine systematische, ganzheitliche Erfassung des Ist-Zustands mit Abgleich des Soll-Zustands intern überhaupt möglich ist. Denn vielfach sind die insbesondere rechtlichen Anforderungen, welche an adäquate ärztliche bzw. anästhesiologische Berufsausübung gestellt werden, nicht umfänglich bekannt. Weitergehend fehlt oft das Bewusstsein für etwa gegebene Risikokonstellationen. Mangels Auffälligkeit bleiben häufig tatsächlich gegebene Risiken verborgen. In vielen Fällen fehlt schlichtweg der „Antrieb", eine ganzheitliche Analyse vorzunehmen, um dergestalt Verbesserungen zu erzielen. Das Phänomen der „Betriebsblindheit" sollte dabei ebenfalls nicht vernachlässigt werden.

So ist es empfehlenswert, Risikomanagement über eine *externe Analyse* zu initiieren. Dergestalt kann tatsächlich Bewusstsein bei allen Mitarbeiterinnen und Mitarbeitern geschaffen werden. Die zu erstellende Analyse geht auf Schwachstellen objektiv ein und bietet Empfehlungen zur Behebung. Auf dieser Grundlage kann ein *Prozeß* in Gang gesetzt werden, der schließlich in *regelkreisartige Abläufe* zur Kontrolle und Verbesserung

der Struktur- und Prozeßqualität münden muss. Dies stellt das eigentliche Ziel von Risikomanagement – zum Wohle der Patienten und damit implizirt zur Vermeidung forensischer Risiken – dar.

1.3
Verhalten bei und nach Zwischenfällen

Zu angemessenem Risikomanagement gehört auch zu wissen bzw. zu regeln, welche Vorkehrungen einzugreifen haben bzw. wie sich der einzelne verhalten muss, wenn sich tatsächlich ein *Behandlungszwischenfall* mit eventuellen juristischen Konsequenzen realisiert. Diesen „juristischen Notfallkoffer" sollte jede Anästhesistin und jeder Anästhesist parat haben. Leitende Ärzte sollten eine entsprechende Dienstanweisung unter Berücksichtigung der individuellen Abteilungserfordernisse erlassen [6, 26].

Zur Frage, worauf die relativ große Zahl von Zivilprozessen, Strafverfahren und auch Verfahren vor Gutachterkommissionen und Schlichtungsstellen beruht, sei hier nochmals auf drei Ursachen verwiesen, welche im Kern wohl einschlägig sind.

Ursachen für Prozesshäufigkeit

ÜBERSICHT

- Starke Defizite, die sich im früher selbstverständlichen Vertrauensverhältnis zwischen Patient und ihn behandelndem Arzt entwickelt haben
- das Gefühl vieler Patienten, einer anonymen Apparatemedizin ausgesetzt zu sein, und
- die oftmals zwangsläufig enttäuschte übergroße Erwartung von Patienten und ihren Angehörigen in die Möglichkeiten der Medizin, wobei diese Erwartung gerade infolge des medizinischen Fortschritts geweckt wurde und die letztliche Schicksalshaftigkeit von Krankheitsverläufen vergessen lässt; der Mißerfolg einer Behandlung erscheint vor diesem Hintergrund dann nicht als objektiv unvermeidbare Be-

grenzung medizinischer Möglichkeiten, sondern als Versagen des Arztes bzw. der Klinik

Letztlich geht es also um Fehlvorstellungen und Vertrauensdefizite, welchen im Eigentlichen *mangelhafte Kommunikation* zwischen Arzt und Patient zugrunde liegt. Dies gilt zum einen für den gesamten Verlauf von Behandlungsmaßnahmen und erst recht für die Zeitphase, nachdem eine Komplikation aufgetreten ist bzw. sich ein Zwischenfall realisiert hat. Daraus ist auch zu folgern, dass die Vermeidung forensischer Auseinandersetzungen nach einem Zwischenfall mit dem ersten Kontakt zwischen Arzt und Patient beginnt. Denn zu diesem Zeitpunkt kann schon eine wichtige Grundlage für die Entwicklung eines positiven Arzt-Patienten-Verhältnisses im weiteren gelegt werden. Beispielsweise sollte auch das Aufklärungsgespräch nicht nur als Lästigkeit, sondern gerade als wichtiges Instrument angemessener Kommunikation mit dem Patienten verstanden werden.

Der Aspekt „Vertrauensverhältnis" zieht sich wie ein roter Faden durch den gesamten Behandlungsablauf. In Strafakten finden sich immer wieder Äußerungen von Patienten bzw. Angehörigen, man hätte von einer Strafanzeige bei der Staatsanwaltschaft sicherlich abgesehen, wenn der Arzt über die Komplikation „doch etwas gesagt hätte", die Komplikation „doch einmal erörtert" worden wäre. Statt dessen sei man „auf eine Mauer des Schweigens gestoßen". Allerdings kann es nicht darum gehen, das Gespräch mit dem Patienten „planlos" zu suchen. Auch dafür gelten Regeln, durch welche das gesamte Verhalten im Zusammenhang mit dem Auftreten und der Bewältigung von Zwischenfällen bestimmt sein sollte.

Verhaltenshinweise

Kein Schuldanerkenntnis

Unterläuft dem Arzt ein Fehler, ist er nicht verpflichtet, eine Selbstbelastung vorzunehmen. Schon aus versicherungsrechtlichen Gründen muss ein Schuldanerkenntnis unterbleiben.

Selbstverständlich ist sicherzustellen, dass die ordnungsgemäße Weiterbehandlung des Patienten im Sinne einer Schadensvermeidung, Schadensbegrenzung und Schadensunterbindung gewährleistet ist. Dies umfaßt möglicherweise auch die adäquate Information mit- bzw. nachbehandelnder Ärzte, damit diese sich entsprechend einstellen können.

Vor allem sollte man sein Verhalten von Anfang an so einrichten, dass daraus für eine evtl. später erforderliche „Verteidigung" im Rahmen eines Ermittlungsverfahrens keine Nachteile erwachsen. Der BGH hat insoweit explizit festgestellt: „Der mögliche Schädiger, auch wenn es sich um einen Arzt handelt, der zu dem Patienten in einem besonderen Vertrauensverhältnis gestanden hat, handelt nicht treuwidrig, wenn er, ohne die Tatsachen zu verdecken oder zu verschweigen, ein schuldhaftes Fehlverhalten leugnet" [3].

Gespräch mit dem Patienten und/oder seinen Angehörigen

Ein vertrauensvolles Gespräch zwischen Arzt und Patient kann vielfach zumindest einen Rechtsstreit und jedenfalls eine Strafanzeigeerstattung verhindern. Ärztinnen und Ärzte sollten daher das Gespräch mit den Betroffenen nicht scheuen.

Allerdings muss ein solches Gespräch vorbereitet sein. Es bedarf beispielsweise der genauen Überlegung, welche Vorwürfe der Patient erheben und welche Fragen er stellen könnte und wie darauf zu reagieren ist. Die Aussprache sollte der Betroffene nicht alleine, sondern aus Beweisgründen nur in Anwesenheit eines Zeugen seitens der Klinik durchführen.

Eventuell sollte das Gespräch (leitend) von einem Oberarzt oder dem Chefarzt geführt werden. Damit kann dem Patienten signalisiert werden, dass man das Problem ernst nimmt und sich darum kompetent kümmert. Über das Gespräch muss eine Notiz gefertigt werden, welche nicht zu den Krankenunterlagen gelegt (s. unten: Gefahr der Beschlagnahme), sondern zu persönlichen Unterlagen genommen wird.

Gedächtnisprotokoll anfertigen

Jeder Betroffene sollte für sich persönlich ein detailliertes Gedächtnisprotokoll zu Eintreten, Ablauf, Feststellungen und weiterem Verhalten bei der Komplikation erstellen. Darin sollte jedes, zunächst auch noch so unwesentlich erscheinende Detail des fraglichen Geschehens – über die Dokumentation in den Krankenunterlagen hinaus – aufgenommen werden. Möglichweise kann dadurch später ein Ablauf besser rekonstruiert werden.

! Dieses Gedächtnisprotokoll ist – als eigene Aufzeichnung – nicht den Krankenunterlagen beizufügen (s. unten: Gefahr der Beschlagnahme), sondern muss zu persönlichen Unterlagen genommen werden.

Umgang mit Krankenunterlagen

Maßnahmen im Zusammenhang mit dem Eintreten einer Komplikation sind in üblicher Weise sofort, d. h. möglichst *zeitnah, zu dokumentieren*. Sollten – etwa bei einer Notfallbehandlung – Nachträge erforderlich sein, weil selbstverständlich Behandlungsmaßnahmen der Dokumentationstätigkeit vorgehen müssen, sollten diese als solche gekennzeichnet werden. Dies gilt auch für den Fall, dass dokumentationspflichtige Angaben zunächst vergessen wurden. Jedenfalls muss schon der böse Schein einer „Urkundenfälschung" vermieden werden. So kann auch zweckmäßig sein, dass ein Zeuge (eine beteiligte Kollegin bzw. ein beteiligter Kollege) die nachträgliche Eintragung bestätigen.

Bei absehbaren forensischen Komplikationen sollten die vollständigen Krankenunterlagen fotokopiert werden, was evtl. auch die Reproduktion von Röntgenbildern betrifft. Nach Anzeigeerstattungen steht am Anfang eines staatsanwaltschaftlichen Ermittlungsverfahrens in aller Regel die Beschlagnahme sämtlicher Unterlagen, die nachfolgend erst im Wege der Akteneinsicht, welche ohnehin nur einem Rechtsanwalt gewährt wird, nochmals nachvollzogen werden können.

Informationspflichten

Nach Feststellung einer relevanten Komplikation sind umgehend Meldungen an den Vorgesetzten (Chefarzt), die Krankenhausverwaltung und (über die Verwaltung) die Haftpflichtversicherung des Hauses vorzunehmen. Ohne unverzügliche Unterrichtung der Haftpflichtversicherung kann bestehender Haftpflichtversicherungsschutz verlustig gehen. Die Informationspflicht gegenüber der Haftpflichtversicherung besteht schon, wenn konkrete Anhaltspunkte für eventuelle Ersatzforderungen ersichtlich sind; es kommt nicht darauf an, dass seitens des Patienten bereits formell Ansprüche gestellt wurden.

Die vorbezeichneten Stellungnahmen sollten schriftlich erfolgen, aber wiederum keinen Eingang in die Krankenunterlagen finden (s. oben: Gefahr der Beschlagnahme).

Eine solche schriftliche Stellungnahme sollte nur die Schilderung des „äußeren Geschehens", ohne Wertungen und ohne Schuldzuweisungen, enthalten, so, wie es sich „zusammengefaßt" auch aus den Krankenunterlagen ergeben könnte/müßte (tatsächlicher Geschehensablauf, objektive Chronologie der Ereignisse).

Recht des Patienten auf Einsicht in seine Krankenunterlagen

! Auf entsprechendes Verlangen ist der Arzt bzw. die Klinik verpflichtet, dem Patienten Einsicht in die ihn betreffenden Krankenunterlagen zu geben. Dies ist aufgrund höchstrichterlicher Rechtsprechung anerkannt.

Das Einsichtsrecht wird verwirklicht, indem dem Patienten bzw. seinem Anwalt Kopien der vollständigen Unterlagen unter Bestätigung der Vollständigkeit und Richtigkeit ausgehändigt werden. *Keinesfalls Originale aushändigen!*

Auf Verlangen des Patienten bzw. seines Anwalts sollten ohne weiteres auch die zuständige Haftpflichtversicherung sowie die Nummer des Versicherungsscheins mitgeteilt werden.

Sofern die Kriminalpolizei im Auftrage der Staatsanwaltschaft mit entsprechendem Beschluss Beschlagnahmehandlungen bezüglich der Krankenunterlagen vornehmen will, sollte dem ohne weiteres Folge geleistet werden, d. h. freiwillige Herausgabe der im gerichtlichen Beschluss benannten Unterlagen. Eine Weigerung kann zu Durchsuchungsmaßnahmen, welche in solchen Beschlüssen ebenfalls angeordnet sind, führen und lässt nur den Schluss auf mangelnde Kooperationsbereitschaft zu.

Todesbescheinigung

 Es ist davor zu warnen, trotz gegenteiliger Anhaltspunkte eine „natürliche" Todesursache auf dem Leichenschauschein anzugeben. Dies kann sogar zu strafrechtlichen Konsequenzen führen.

In der juristischen Literatur wird überwiegend der Tod bei oder nach einer Behandlungsmaßnahme nur dann als „nicht natürlich" angesehen, „wenn wenigstens entfernte konkrete Anhaltspunkte für einen Kunstfehler oder für sonstiges Verschulden des behandelnden Personals vorliegen" [14, 18]. Nach anderer Meinung sei von einem unnatürlichen Tod auszugehen, „wenn keine sicheren Anzeichen für einen natürlichen Tod festzustellen sind" [10].

Um Konfliktsituationen bezüglich Betroffener zu vermeiden, sollte stets dafür Sorge getragen werden, dass die Todesbescheinigung durch einen Arzt ausgefüllt wird, der in den Zwischenfall nicht involviert, mithin „neutral" ist.

Schlichtungsstellen/ Gutachterkommissionen

Die Einschaltung einer Schlichtungsstelle bzw. Gutachterkommission kann in vielen Fällen hilfreich sein. Auf diese Weise können zumindest prospektiv Rechtsstreitigkeiten mit dem Patienten vermieden werden. Voraussetzung ist allerdings, dass mit dem Patienten bzw. seinen Angehörigen Einigkeit besteht, diesen Weg einzuschlagen.

Dabei ist dringend zu empfehlen, die einvernehmliche Anrufung einer Schlichtungsstelle bzw. Gutachterkommission nur mit Zustimmung des zuständigen Haftpflichtversicherers vorzunehmen.

Rechte und Pflichten als Zeuge oder Beschuldigter

Sofern ein staatsanwaltschaftliches Ermittlungsverfahren anhängig wird, sollten Betroffene unbedingt prüfen, ob sie als Zeuge oder als Beschuldigter involviert sind. Die Ermittlungsbeamten müssen auch entsprechende Belehrungen vornehmen.

Einen „Zeugen" trifft grundsätzlich die Pflicht, wahrheitsgemäße Angaben zu machen. Gemäß § 55 StPO kann jedoch die Auskunft auf solche Fragen, deren wahrheitsgemäße Beantwortung die Gefahr, wegen einer Straftat verfolgt zu werden, nach sich ziehen würde, verweigert werden.

Wer möglicherweise vom Vorwurf eines Fehlers betroffen ist, sollte daher dieses *Auskunftsverweigerungsrecht* möglichst weit ziehen und u. U. die Aussage im Hinblick auf § 55 StPO sogar ganz verweigern. Ein solches Auskunfts- oder sogar Aussageverweigerungsrecht muss gemäß § 55 Abs. 2 StPO allerdings „glaubhaft" gemacht werden. Zu raten ist, gegenüber der Polizei stets zu schweigen, um eine schriftliche Formulierung von Fragen nachzusuchen und anzukündigen, dass eine Stellungnahme zur Sache bzw. eine Beantwortung dieser Fragen erfolgen werde. Dabei kann schon die vorsorgliche Beiziehung eines Rechtsanwalts als Zeugenbeistand angeraten sein.

Ist man formell „Beschuldigter", kann nur davor gewarnt werden, ohne weiteres mündliche Erklärungen zur Sache abzugeben. Geboten ist vielmehr anzugeben, man werde sich zur Sache äußern, was über einen Rechtsanwalt (Verteidiger) geschehe (sog. „Einlassung"). Allerdings ist auch dringend zu empfehlen, nachfolgend entsprechend zu verfahren und umgehend anwaltlichen Rat zu suchen.

Die Grundlage der Fertigung einer „Einlassung" durch den Verteidiger bildet die Akteneinsicht, welche ohnehin nur einem Rechtsanwalt gewährt wird. Demgemäß kann fundiert sachlich und rechtlich Stellung genommen werden, was vielfach eine wichtige Weichenstellung für das weitere Verfahren darstellt. Zum einen kann der Verteidiger eine genaue Sachverhaltsdarstellung aus Sicht des betroffenen Arztes vornehmen, zum anderen sind evtl. bereits relevante rechtliche Würdigungen anzubringen. Die Einlassung ist nicht zuletzt auch im Hinblick auf die in aller Regel erfolgende Begutachtung des Behandlungsablaufs durch einen medizinischen Sachverständigen von Bedeutung.

So muss es auch unbedingtes Ziel der Verteidigungsstrategie sein, das Verfahren möglichst frühzeitig „zur Einstellung" zu bringen. Jedenfalls sollte die Durchführung einer öffentlichen Hauptverhandlung vor Gericht, welche vielfach mit Medienwirksamkeit verbunden ist, vermieden werden.

Weitere verfahrensmäßige Zusammenhänge

Grundlegend ist zwischen zivilrechtlicher Haftung und strafrechtlicher Verantwortlichkeit zu unterscheiden. Im Zivilverfahren geht es um Ansprüche auf Schadensersatz und Schmerzensgeld. Strafrechtlich steht ein persönlicher Schuldvorwurf mit eventueller Sanktion (in der Regel Geldstrafe), die jedenfalls höchstpersönlich wirkt, in Rede.

Zivilverfahren und Strafverfahren wirken nicht wechselseitig präjudizierend, sondern sind unabhängig voneinander zu sehen und unterliegen auch unterschiedlichen Verfahrensmaximen.

Im Hinblick auf zivilrechtliche Ansprüche muss jederzeit angemessener Haft-

pflichtversicherungsschutz bestehen. Da Schäden in Millionenhöhe heute keine Seltenheit mehr darstellen, ist dringend zu empfehlen, eine Deckungssumme von mindestens € 2,5 Mio. (besser unbegrenzt) zu vereinbaren. Der Versicherungsschutz sollte auch in regelmäßigen Abständen überprüft werden. Dies gilt insbesondere für den Fall, dass zusätzliche Risiken hinzutreten (beispielsweise Beteiligung an ambulantem Operieren).

Vielfach wird verkannt, dass insbesondere nach Ausspruch einer strafrechtlichen Sanktion auch dienst-, berufs- und approbationsrechtliche Konsequenzen eintreten können. Insofern bedarf es von vornherein einer in sich schlüssigen Verteidigungsstrategie, bei der möglichst viele Implikationen bedacht sind.

Selbstverständlich können die ausgeführten Hinweise nur allgemein geltende Verhaltensmaßregeln darstellen. Ungeachtet dessen ist erforderlich, in jedem Fall der individuellen Situation angepaßt zu reagieren.

1.4 Resümee

Grundlegend ist hinsichtlich jeglicher ärztlichen Tätigkeit zu fordern, dass jedem Patienten nach adäquater Aufklärung auf der Grundlage entsprechender Einwilligung eine Behandlung im Rahmen der medizinischen Möglichkeiten nach aktuellem Standard zuteil wird. Dergestalt ist im Ergebnis dem „Wohl des Kranken" zu dienen, was die Prämisse ärztlicher Berufsausübung darstellt bzw. dabei „oberstes Gesetz" sein muss.

Angesichts komplexer medizinischer Leistungsprozesse, in welche insbesondere das Fachgebiet der Anästhesie eingebunden ist, sind umfassende Vorkehrungen erforderlich, um in jedem Einzelfall positive Behandlungsergebnisse erzielen zu können. Dies gilt umso mehr, als im Behandlungsverlauf Kriterien Berücksichtigung finden müssen, welche über rein medizinische Anforderungen hinausgehen und diesen teilweise sogar als entgegenstehend erscheinen. Dies betrifft insbesondere Erwägungen zu Kosten und Wirtschaftlichkeit von Behandlungsmaßnahmen bzw. der hinter diesen stehenden Betriebsabläufe. Nicht zuletzt beeinflussen rechtliche Aspekte in wesentlichem Maße die ärztliche Berufsausübung.

„*Qualitätsmanagement*" heißt das Gebot der Stunde, um über angemessene Struktur- und Prozeßqualität zu positiver Ergebnisqualität zu gelangen. Neben Sonstigem bildet *Risikomanagement* eine Ausprägung von Qualitätsmanagement. Dabei geht es darum, durch eine prophylaktische Schwachstellenanalyse versteckte Risiken im Behandlungsablauf aufzuspüren und zu eliminieren. Damit reduziert sich auch das Risiko forensischer Auseinandersetzungen, was im Eigentlichen nichts anderes heißt, als dass der Patient mit dem gesamten Behandlungsverlauf „zufrieden" und insbesondere kein Vorwurf irgendeiner Fehlleistung zu erheben ist. Dies ist das letztliche Ziel jeglichen Qualitätsmanagements.

Der hier vorgestellte Ansatz von Risikomanagement ist fundamental „juristisch gestützt". Dem liegt zugrunde, dass v. a. aus rechtlichen Anforderungen und daraus resultierender Rechtsprechung abgeleitet werden kann, wie sich ein positiver Behandlungsverlauf in seiner praktischen Bewältigung im Kern zu gestalten hat. Denn gerade aus dem Recht ergeben sich fundamentale Maßgaben für adäquate ärztliche Berufsausübung. Jenseits dessen geht es aber auch nicht nur darum, prospektiv ein positives Behandlungsmanagement zu gewährleisten, sondern auch adäquat zu reagieren, wenn sich Komplikationen oder Zwischenfälle ereignen. Dafür sind Verhaltensmaßregeln zu beachten. Solche Regeln vorzusehen, ist wiederum Inhalt von Risikomanagement.

Literatur

1. BGH NJW 1977, 1102
2. BGH NJW 1983, 332
3. BGH MDR 1984, 220
4. BGH NJW 1995, 776
5. Biermann E Medico-legale Aspekte, in: Anästhesie und Intensivmedizin. AINS 1997, 175 (180)
6. Bock R-W (1997) Komplikation – Ermittlungsverfahren – Zivilklage – Wie verhält man sich als Arzt? In: Carstensen G, Ulsenheimer K (Hrsg) Ambulantes Operieren – Vernetzung der Dienste. Springer, Berlin Heidelberg New York Tokio, S 79 ff.
7. Vgl. dazu auch: Bock R-W (1998) Qualitätssicherung durch Zivil- und Strafrecht. Zentralbl Gynäkol 120: 584
8. Bock R-W (2000) Ärztliche Therapiefreiheit unter dem Druck eingeschränkter ökonomischer Ressourcen. In: Heinrichs C, Jacob J (Hrsg) Berlin-Brandenburgische Symposien. Weller, Neckargemünd, S 116
9. Damm R (1989) Medizintechnik und Haftungsrecht. NJW: 737, 738 f.)
10. Geerds, MedR 1984, 173
11. Glaap W (1996) TQM. Hanser, München Wien, S 26
12. Vgl RN 11, a.a.O., S 15
13. Kelsen H (1977) Die Rechtsordnung als hierarchisches System von Zwangsnormen. In: Hoerster N (Hrsg) Recht und Moral, Texte zur Rechtsphilosophie. München, S 21 ff.
14. Kleinknecht/Meyer (1999) StPO. München. Rdnr. 2 zu § 159
15. Künschner A (1992) Wirtschaftlicher Behandlungsverzicht und Patientenauswahl. Thieme, Stuttgart, S 211
16. Laufs A (1986) Arzt und Recht im Wandel der Zeit. MedR: 163 (164)
17. Laufs A (1999) Grundlagen des Arztrechts. In: Laufs A, Uhlenbruck W (Hrsg) Handbuch des Arztrechts. München, S 1
18. Maiwald M (1978) Ermittlungspflicht des Staatsanwalts in Todesfällen. NJW: 561 (563)
19. Maihofer (1966) Archiv für klinische und experimentelle Ohren-, Nasen- und Kehlkopfheilkunde (Bd 187, S 519)
20. Mehrhoff F (1990) Aktuelles zum Recht der Patientendokumentation. NJW: 1524 (1525)
21. Ogger G (1998) König Kunde. Knaur, München, S 103
22. Siehe dazu insgesamt: Opderbecke HW, Weißauer W (Hrsg) (1999) Entschließungen – Empfehlungen – Vereinbarung – Leitlinien. Aktiv, Ebelsbach

23. Riha O (1998) Grenzen der Therapie aus medizinhistorischer und medizinethischer Sicht. In: Fleischer G-M (Hrsg) Palliative Therapie gastrointestinaler Tumoren. Weller, Schrießheim, S 164

24. Steffen E (1995) Einfluss verminderter Ressourcen und von Finanzierungsgrenzen aus dem Gesundheitsstrukturgesetz auf die Arzthaftung. MedR: 190

25. Steffen E (1995) Der sogenannte Facharztstatus aus der Sicht der Rechtsprechung des BGH. MedR: 360

26. Ulsenheimer K, Bock R-W (1996) Verhalten nach einem Zwischenfall. Anästhesiol Intensivmed 3/37: 141 f.

27. Ulsenheimer K (1997) Schadenprophylaxe durch Risk-Management. Chirurg BDC 36/5: 127

28. Vgl. auch näher: Ulsenheimer K (1998) Arztstrafrecht in der Praxis. Müller, Heidelberg

29. Ulsenheimer K, Oehlert G (1999) Risk-Management. Gynäkologe 12: 919

30. Vgl.: Wachsmuth (1979) Festschrift für Bockelmann, S 473

31. Weißauer W (1991) Informationen des BDC 11

32. Weißauer W (1992) Aktuelle rechtliche Fragen in der Transfusionsmedizin. Anästhesiol Intensivmed 1: 15

Sektion A

KAPITEL 2

Risikovermeidung – Simulatoren in der Anästhesie

C. GRUBE · B.M. GRAF

2.1
Training am Simulator

Obwohl die Narkosesicherheit in den vergangenen Jahrzehnten erheblich verbessert wurde, gibt es nach wie vor kritische Zwischenfälle: tödliche Komplikationen sind mit einer Häufigkeit von 1:10.000 (Lunn 1982) bis 1:37.000 (Wang 1992) angegeben, unabhängig davon, ob eine Allgemein-, Regional- oder Kombinationsanästhesie durchgeführt wurde. Die Ursachen solch kritischer Zwischenfälle sind in 60–80% der Fälle im fehlerhaftem Verhalten des narkoseführenden Anästhesisten zu suchen (Cooper 1984; Sigurdsson 1996). Strategien zur Verminderung müssen daher als primäres Ziel die Minimierung des „human error" anstreben. Eine wichtige Rolle hierbei spielen sicherlich Anästhesiesimulatoren.

Simulation findet man heutzutage in vielen Bereichen, in denen Menschen innerhalb von komplexen technischen Systemen Überwachungs- und Entscheidungsfunktionen ausfüllen, wie in der Luft- und Raumfahrt, militärischen Organisationen, dem Betrieb von Kraftwerken oder bei der Erprobung neuer industrieller Produktionsabläufe (Schaper 1998). Ziel der Simulation ist dabei einerseits das praktische Einüben standardisierter Handlungsabläufe für Routine- und Notfallsituationen, ohne eine Gefährdung von Menschen und Geräten in Kauf zu nehmen. Andererseits wurden gezielte Konzepte entwickelt, auch den „human factor", der für die Mehrzahl kritischer Zwischenfälle verantwortlich ist, in simulierten Krisen herauszuarbeiten und den Teilnehmern einer Simulationssitzung Gelegenheit zu geben, die Prinzipien für effizientes Handeln unter diesen Bedingungen praktisch innerhalb der Gruppe zu trainieren (Gaba 1989, 1998).

Full-scale-Anästhesiesimulatoren – realitätsnahe Darstellung komplexer Narkosesituationen

Bereits Ende der 60er Jahre wurde in Kalifornien der Prototyp eines Anästhesiesimulators (SIM ONE) entwickelt, der heutigen Geräten durchweg gleichwertig erscheint (Denson 1969). Dieses Gerät konnte sich jedoch aus verschiedenen Gründen auf dem Markt nicht durchsetzen, so dass erst mit der Miniaturisierung und Verbilligung elektronischer Bauteile in den 80er Jahren die Idee eines Anästhesiesimulators wieder aufgenommen und kommerziell realisiert wurde.

Im Gegensatz zu interaktiven Computerprogrammen, die eine Fallsimulation am Bildschirm mit Eingabe von Befehlen über die Tastatur ermöglichen (NoSI, AnSi, ASC), oder Trainingspuppen, die nur partielle Fertigkeiten erlernen und üben lassen (Airway-Trainer, Megacode-Puppen) erlauben sog. „Full-scale-Anästhesiesimulatoren", komplexe Narkosesituationen realitätsnah darzustellen (Norman 1996): sie atmen spontan mit realistischem O_2-Verbrauch und CO_2-Produktion und bieten neben dem Airway-Management an anatomisch korrekten Atemwegen die Möglichkeit, zentrale und periphere Pulse zu tasten, Herz- und Atemgeräusche zu auskultieren, die Pupillenfunktion zu beurteilen sowie ein neuromuskuläres Monitoring durchzuführen. Teilweise sind diese Simulatoren auch in der Lage, einzelne Gliedmaßen gezielt zu bewegen und mit dem behandelnden Arzt verbal zu kommunizieren.

Signalgeneratoren im Simulator sorgen dafür, dass sich mit jedem in der Praxis üblichen Monitoring das EKG, die arterielle Blutdruckkurve, die Körpertemperatur, O_2-Sättigung sowie sämtliche Funktionsparameter des Pulmonalarterienkatheters ableiten lassen. Ein ausgeklügeltes Medikamentenerkennungssystem lässt die direkte intravenöse Applikation von Medikamenten zu. Ein integriertes Pharmakologieprogramm sorgt dafür, dass die Reaktion des Simulators hinsichtlich Pharmakokinetik und -dynamik realistisch abläuft (van Meurs 1997). Die Physiologie bzw. Pathophysiologie des simulierten Patienten lässt sich über eine Steuerkonsole in allen gewünschten Variationen definieren, d. h. vom stabilen ASA-1-Patienten bis zum Hochrisiko-ASA-5-Patienten.

Wird ein solcher Simulator in die Umgebung eines Schockraumes, eines operativen Anästhesie- oder Intensivmedizinarbeitsplatzes integriert, so lässt sich ein hochrealistischer Eindruck der alltäglichen Arbeitswirklichkeit erzeugen (Hartmannsgruber 1993).

Weiterentwicklungen hinsichtlich des Hautkolorits, der Schweißsekretion sowie EEG-Ableitungen lassen für die Zukunft einen noch höheren Realitätsgrad der Simulatoren erwarten. Die Integration von Virtualreality-Komponenten in die derzeit existierenden Geräte lassen einen zusätzlichen Gewinn für die Simulation in den nächsten Jahren erwarten (Grube 1999).

> **❗** Bereits heute bieten Full-scale-Patientensimulatoren die Möglichkeit, nahezu alle komplexen physiologischen und pathophysiologischen Eigenschaften eines wirklichen Patienten darzustellen, und somit diagnostische und therapeutische Maßnahmen in Echtzeit zu trainieren.

Stellenwert des Simulatortrainings

Ein Anästhesiesimulator (Abb. 2.1, Heidelberger Anästhesie- und Notfall-Simulator „HANS", Hersteller: METI, Sarasota, Florida, USA), wird in einer realistischen Umgebung installiert. Die Steuerung erfolgt für die Probanden unsichtbar von einem räumlich getrennten PC-Arbeitsplatz. Über Kopfhörer besteht Kommunikation mit den Mitspielern (Chirurgen, Anästhesiepflegepersonal usw.) im Simulationsraum.

Die Wahrscheinlichkeit, mit einem lebensbedrohlichen Zwischenfall konfrontiert zu werden, ist sehr gering, Routine im Umgang damit zu erlangen, fast unmöglich. Hierin liegt die Bedeutung der Anästhesiesimulatoren. Im Rahmen der Facharztausbildung kann man jeden angehenden Anästhesisten auch mit seltenen Zwischenfällen konfrontieren, deren erfolgreiche Beherrschung nach Facharztstandard gefordert wird (Chopra 1994). Hierfür sind diagnostische und therapeutische Maßnahmen während der Simulation in Echtzeit vom Probanden durchzuführen.

Beispielsweise fordert die Entwicklung einer malignen Hyperthermie am Simulator vom Teilnehmer zunächst, anhand klinischer Zeichen diese Verdachtsdiagnose zu stellen, sie mittels klinischer Symptome und möglicherweise mittels Blutgasanalyse zu erhärten oder zu verwerfen, und ggf. umgehend die notwendigen Maßnahmen einzuleiten. Für diese Maßnahmen bei dringendem Verdacht auf eine maligne Hyperthermie liegen inzwischen „evidence-based" Therapierichtlinien vor. Die Qualität dieser Maßnahmen und ihr Erfolg lässt sich nach allgemein anerkannten Maßstäben für standardisierte Verhaltensregeln relativ sicher bewerten(Devitt 1998; Gaba 1998). Ein Nachweis absolvierter Simulatorsitzungen im Facharztcurriculum, analog dem zertifizierten Megacodetraining zum Erwerb der Fachkunde Rettungsdienst, ist für die Zukunft durchaus als realistisch anzusehen.

In den Bereichen der deutschen Landesärztekammern, in denen Fortbildungsveranstaltungen bereits mit Kreditpunkten versehen sind, erreichen Simulationsseminare an Full-scale-Simulatoren hohe Wertungen. Bereits heute ist in einigen europäischen Ländern das Training an Anästhesiesimulatoren im Rahmen der Facharztausbildung obligat (Dänemark, Niederlande, Schottland).

> **!** Full-scale-Simulatoren bieten mit Hilfe von problembasierten Lerntechniken eine sehr gute Möglichkeit zur Vermittlung und zum praktischen Training fachlicher Inhalte – jederzeit reproduzierbar ohne Gefährdung des Patienten.

Gestaltung von Simulationssitzungen

Konkret lässt sich eine Simulatorsitzung in 3 Abschnitte untergliedern, die entweder streng getrennt sind oder fließend ineinander übergehen können.

Briefing

In einer Vorbesprechung vor jeder Simulationssitzung werden die Teilnehmer in die Situation, die sie erwartet, eingewiesen. Diese ausgiebige Einweisung ist besonders für Kollegen ohne Simulationserfahrung wichtig, um Hemmungen und Fremdheitsgefühle abzubauen, sie muss jedoch auch für bereits erfahrene Teilnehmer stattfinden, um einen technisch reibungslosen Ablauf zu ermöglichen. Eine optimale Einweisung in das bevorstehende Szenario bezieht sich auf den Handlungsort (Schockraum, Operationssaal, Intensivstation), das medizinische Umfeld (Krankenhaus der Maximalversorgung, Kreiskrankenhaus, Praxis), mögliche Hilfsmittel (CT-Diagnostik, Röntgen, Ultraschall) usw.

Ebenso erscheint es wichtig, bereits im Briefing den Teilnehmern eine Person zu benennen, die während des Szenarios ihr Ansprechpartner für plötzlich auftretende Probleme ist, um klinische Schwächen des Simulators zu kompensieren: Aussagen über Hautkolorit, Blutungssituation usw. In der Regel wird es sich hierbei um einen Mitspie-

ler im Szenario handeln (z. B. Anästhesiepflegepersonal), der mit dem Szenario vertraut ist und mit dem Instruktor kommunizieren kann (z. B. über Kopfhörer).

Szenario

Anschließend wird am simulierten Anästhesie- oder Intensivstationsarbeitsplatz ein sog. „Szenario" ablaufen, d. h. ein Patient erleidet z. B. während einer Operation eine Komplikation, die von den Teilnehmern unter Echtzeitbedingungen diagnostiziert und therapiert werden muss. Hierbei übernehmen die Teilnehmer verschiedene Rollen, wie die des narkoseführenden Anästhesisten, des hinzugerufenen Oberarztes oder des chirurgischen Assistenten. Die dargestellte Spielszene soll so realistisch wie möglich ablaufen. Hierzu trägt auch die äußere Umgebung entscheidend bei, wie etwa möglichst realistisches klinisches Umfeld, Tragen von Op.-Kleidung einschließlich Mundschutz usw. Die Kommunikation zwischen Instruktor bzw. Steuerungskonsole, die in den meisten Zentren vom Simulationsbereich räumlich abgetrennt sind, findet während des Szenarios über den im Briefingabschnitt bereits erwähnten Kollegen statt.

Des weiteren können durch diesen aktiven Teilnehmer am Szenario bisher unbeantwortete Fragen bzw. Unklarheiten der Probanden während der Simulation ohne Störung des Ablaufs sofort beantwortet werden. Hilfreich für die anschließenden Fallanalyse ist es, das gesamte Szenario auf Videoband festzuhalten.

Debriefing

Das Debriefing, die abschließende Fallanalyse, wird von einem speziell geschulten Instruktor geleitet und stellt das eigentliche Kernstück der Simulation dar. Dieser Abschnitt soll den Teilnehmern ermöglichen, einerseits rein fachliche Aspekte zu diskutieren, über diese hinaus jedoch auch die Konzepte des Krisenmanagements und besondere organisatorische Strategien zu reflektieren. Im Rahmen von 1- bis 2tägigien Seminaren lässt sich so in einer Abfolge mehrerer Sitzungen systematisch die Vermittlung sowohl fachlicher als auch konzeptioneller Fähigkeiten realisieren. Hierbei kann immer wieder auf die Videoaufzeichnungen zurückgegriffen werden.

Fachliches Debriefing bei 2tägen Simulationssitzungen

ÜBERSICHT

- Schwieriges Airwaymanagement
- Rhythmus, ST-Streckenanalyse
- erweiterte kardiopulmonale Reanimationsmaßnahmen
- Behandlung narkosespezifischer Komplikation (maligne Hyperthermie usw.)
- Kreislaufmanagement (Hypertonie, Hypotonie)

2.2 Konzepte des Krisenmanagements

Die Analyse der Simulatorsitzung mittels Videobändern ermöglicht einerseits eine fachliche Diskussion. Entscheidender jedoch ist, über die Aufzeichnungen per Video, das Verhalten in bezug auf ein effizientes Krisenmanagement kritisch und reproduzierbar zu evaluieren.

Dabei kommen die sog. „Crisis-resource-management-Prinzipien" (CRM), die aus der Luftfahrt entlehnt wurden, zur Anwendung: dem Anästhesisten wird vermittelt, in Krisensituationen die Führungsrolle erfolgreich zu übernehmen, seine Handlungsprioritäten sinnvoll zu setzen, effektiv zu kommunizieren und die vorhandenen personellen und technischen Resourcen, die zur Bewältigung der Krise notwendig sind, optimal zu nutzen. Hierbei wird besonders auf den „human factor" eingegangen, der unabhängig von der fachlichen Kompetenz des Anästhesisten sein kann. Kommt es beispielsweise während eines Szenarios unerwartet zum Herzstillstand des „Patienten", erlaubt das Debriefing anhand der Videoaufzeichnungen anschaulich darzustellen, inwieweit der Proband effektiv gehandelt hat.

Neben den rein technischen Aspekten der kardiopulmonalen Reanimation ist nun die konsequente Umsetzung der CRM-Prinzipien für den Ausgang des Falles wegweisend. Der aktive Anästhesist muss die Führungsrolle übernehmen, personelle Unterstüzung anfordern, Notfallmedikamente und Defibrillator organisieren, effektiv mit dem Chirurgen kommunizieren, ihn ggf. mit in die Reanimationsmaßnahmen einbeziehen, eine postoperative Intensivversorgung planen und dabei noch die Differentialdiagnosen für die Ursache des Kreislaufstillstands erfassen. Im Debriefing eines solchen Szenarios werden daher die Prinzipien des Krisenmanagements und die Qualität ihrer Umsetzung im Vordergrund stehen, da sich die medizinischen Aspekte einer kardiopulmonalen Reanimation nach „evidence-based" Gesichtspunkten rasch besprechen lassen.

Durch die mehrfache Abfolge von Szenario und anschließender Fallanalyse wird den Teilnehmern die Möglichkeit gegeben, die theoretisch gewonnenen Erkenntnisse der CRM-Regeln in die Praxis umzusetzen. Somit können auch erfahrene Fachärzte mit Hilfe von Anästhesiesimulation ihre Fähigkeiten zur Bewältigung kritischer Zwischenfälle optimieren. Die Kooperation der Simulationszentren mit Vertretern aus dem Bereich Arbeits-, Betriebs- und Organistionspsychologie wird hier in Zukunft eine noch exaktere Adaptation der CRM-Prinzipien an die anästhesiologische Arbeitswelt ermöglichen (Helmreich 1997; Howard 1998).

CRM-Prinzipien (Nach Gaba 1998)

ÜBERSICHT

- Mache dich mit deiner Umgebung vertraut: Telefon, Notfallausrüstung, Medikamente, personelle Strukturen!
- Denke voraus und handle planvoll (erwäge Alternativplan)!
- Übernimm die Führungsrolle in einer kritischen Situation!
- Kommuniziere effektiv: direkt, eindeutig, mit Rückmeldung!

- Rufe früh nach kompetenter Hilfe!
- Konzentriere dich auf das Wesentliche und integriere alle verfügbaren Informationen!
- Erteile die Arbeitslast unter Nutzung aller personellen und logistischen Resourcen!

2.3
Chancen und Perspektiven durch Simulatortraining

Organisatorische Abläufe

Neben der Teilnahme von Einzelpersonen aus dem Krankenhaus- oder Niedergelassenensektor an Simulationsseminaren können auch Teams, z. B. Chefarzt, Oberarzt, Assistenten eines Hauses, das Simulationszentrum aufsuchen. Auch die vorübergehende Installation eines Simulators an einem externen Krankenhaus ist hierfür möglich. Unter diesen Bedingungen lassen sich insbesondere organistorische und kommunikative Probleme innerhalb einer Abteilung deutlich herausarbeiten und evtl. korrigieren. Da viele kritische Zwischenfälle auch durch organisatorische Defizite innerhalb von Arbeitsabläufen bedingt sind, könnte der Einsatz von Anästhesiesimulatoren in diesem Bereich besonders der Risikostratifizierung in diesem spezifischen Bereich dienen (Holzman 1995).

> ! Durch Trainingssitzungen von Teams, die im Alltag zusammenarbeiten, lassen sich auch ungünstige organisatorische und gruppendynamische Prozesse der jeweiligen Arbeitsteams herausarbeiten, die dann optimiert werden können.

Gerätetechnische Weiterentwicklung

Die Kooperation von Simulationszentren mit Entwicklern medizinisch-technischer Geräte ermöglicht die praxisnahe Erprobung neuer Bedienoberflächen, Monitoring-

und Narkoseapparate. Aus den Erkenntnissen, die unter realistischen Arbeitsbedingungen am Anästhesiesimulator gewonnen wurden, resultiert eine Optimierung des Designs hinsichtlich Bedienbarkeit und Sicherheit. Während die neueren Narkosegeräte und Monitore mittlerweile in bezug auf ihre technischen Möglichkeiten ausgereift scheinen, ist hinsichtlich des Interfaces-Anästhesist-Gerät, also bezüglich der Arbeitsplatzbedingungen, noch deutlicher Entwicklungsbedarf. Der Einsatz von Simulatoren in der Weiterentwicklung der Arbeitsplatzergonomie ist daher als weiterer Bestandteil der Strategie zur Minimierung von Komplikationen in der Anästhesie zu werten. Zusätzlich erlauben Anästhesiesimulatoren, neue medizinische Geräte in realistischen Situationen zu erproben und neue Mitarbeiter im Rahmen von Schulungen mit den Geräten ohne Gefährdung des Patienten vertraut zu machen.

> ! Durch frühzeitige Erprobung von medizinschen Geräten in der simulierten Arbeitsumwelt kann deren Ergonomie und Funktionalität noch während der Entwicklungsphase optimiert werde. Zusätzlich wird eine realistische Einweisung in Geräte entsprechend MedGV ermöglicht.

Wissenschaftliche Aspekte

Die Forschung auf dem Gebiet der Anästhesiesimulation beschäftigt sich schwerpunktmäßig mit der Untersuchung des „human factor", wie etwa dem Einfluss von Schlafdefizit und Stress auf die Leistungsfähigkeit des Anästhesisten (Byrne 1997; Byrne 1998). Auch die Effizienz von Ausbildungmethoden wird am Simulator erforscht (Lindekaer 1997). Weiterhin beschäftigen sich Arbeitsgruppen mit der Praktikabilität und Akzeptanz von Algorithmen in der täglichen Routine (z. B. Gerätecheck) und unter kritischen Bedingungen (Airwaymanagement"). Ein Schwerpunkt heutiger Simulatorforschung liegt sicher auf der Validierung von Prüfungsverfahren am Anästhesiesimulator (Howard 1998). So wird versucht, insbesondere die Leistungen auf dem Gebiet des Zwischenfallsmanagements einem einheitlichen Bewertungsmaßstab zugänglich zu machen, wie er teilweise für die fachlich-technischen Aspekte anästhesiologischer Krisenbewältigung bereits besteht (Devitt 1998; Gaba 1998).

 Der wissenschaftliche Schwerpunkt der Simulatorforschung liegt auf der Untersuchung des „human factor" im Hinblick auf Optimierung der Patientensicherheit, der Ausbildung und der Evaluation ärztlicher Qualifikation.

Kontinuierliche Weiterbildung

Bisher werden an vielen Simulationszentren weltweit Seminare über Zwischenfallsmanagement in der Anästhesie mit positiver Resonanz der Teilnehmer abgehalten. Während in den USA und Teilen des europäischen Auslandes das System kontinuierlicher medizinischer Weiterbildung (CME) bereits etabliert ist, erfolgt diese in Deutschland noch auf freiwilliger Basis (Boldt 1999). Im Rahmen der Europäisierung wird eine Adaptation unseres Systems an diesen internationalen Standard unumgänglich sein. Durch eine Strukturierung dieser Weiterbildung im Sinne einer CME mit einer festen Zahl von jährlich geforderten Punkten, die je nach besuchter Fortbildungveranstaltung unterschiedlich hoch vergeben wird, könnte die Akzeptanz der Anästhesiesimulatoren, deutlich gesteigert werden, was der Patientensicherheit zugute kommen dürfte.

Seminare zum anästhesiologischen Zwischenfallsmanagements am Fullscale-Simulator sind ein geeignetes Mittel zur kontinuierlichen ärztlichen Fortbildung.

Kosten-Nutzen-Rechnung

Führt ein perioperativer anästhesiologischer Zwischenfall bei einem Patienten zu einem bleibenden Schaden, so zieht dies neben dem Schicksalsschlag für den Patienten erhebliche finanzielle Forderungen an den verantwortlichen Anästhesisten bzw. seine Haftpflichtversicherung nach sich. Die Anästhesiesimulation zielt auf die Verminderung der Hauptursache von kritischen Zwischenfällen ab, den „human factor". Angesichts der glücklicherweise insgesamt niedrigen Inzidenz solcher Zwischenfälle wird es sich auch bei einer flächendeckenden Verbreitung von Anästhesiesimulatoren und einem regelmäßigen Training statistisch nicht signifikant nachweisen lassen, ob durch sie die Zahl der Komplikationen eindeutig abgenommen hat.

Die zivile Luftfahrt betreibt bereits seit Jahrzehnten Simulatoren, von denen ein einzelner etwa so teuer ist, wie das Flugzeug selbst, das er repräsentiert. Doch auch hier liegt kein Nachweis für einen wirtschaftlichen Nutzen der Simulation vor. Trotzdem ist es für Berufspiloten Pflicht, im Abstand von 6 Monaten einen Simulatortest zu absolvieren, um seine Fluglizenz zu behalten. Trotz des bisher fehlenden Nachweises der Effektivität von Simulation in der Luftfahrt wird dessen Sinn hier nicht in Frage gestellt, sondern von Anfang an bereits in der Ausbildung auf Simulation gesetzt.

Ein Bericht über die Zahl von nahezu 100.000 Todesfällen jährlich in den USA aufgrund von medizinischen Behandlungsfehlern und die ebenfalls hierdurch begründeten enormen Zusatzkosten fand in den Vereinigten Staaten eine breite politische Aufmerksamkeit (Institute of Medicine 1999). Die Autoren dieser Studie fordern zur Eindämmung der Schadensfälle u. a. ein verbessertes Training der Mediziner und führen hier als Vorbild die Anästhesiesimulation als eine probate Methode an. In der Terminologie des Qualitätsmangements ließe sich mit Hilfe von Simulatorentrainings die Prozeßqualität, d. h. wie sicher und damit wirtschaftlich Patienten behandelt werden, steigern. In der Folge würde auch die Ergebnisqualität, nämlich ein verbessertes Outcome, nicht nur hinsichtlich des Überlebens, sondern u. a. auch mit Blick auf die Beatmungs- und Liegedauer und weitere Parameter verbessert werden können.

Anästhesiesimulation ist aufgrund der investiven, aber insbesondere der personellen Kosten teuer und bleibt damit großen anästhesiologischen Zentren vorbehalten (Kurrek 1997). Obwohl ihr wirtschaftlicher Nutzen nicht statistisch nachweisbar ist, kann er jedoch postuliert werden, da ihr Ziel die Minimierung der Ursache für Komplikationen in der Anästhesie ist. Die Effizienz des Simulatorentrainings sollte daher weiter wissenschaftlich validiert werden, jedoch sollte die Medizin nicht verzweifelt versuchen, diesen Beweis zu erbringen, bevor man aktiv mit der Simulation beginnt.

Nach wie vor problematisch ist die Finanzierung von Simulation in der Medizin. Wieviel kostet ein Zwischenfall, wieviel ein Menschenleben? Aus Versicherungsunterlagen ist bekannt, dass z. B. bei hypoxischen Hirnschäden rasch Millionenbeträge an Entschädigungen zu entrichten sind. Nach rein betriebswirtschaftlichen Vorgehensweisen müssen diese Kosten gegen Simulationskosten aufgerechnet werden. Hierbei lassen sich die Kosten für ein Simulationszentrum einerseits in sog. Hardwarekosten unterteilen, unter die besonders die Kosten für den Simulator, für das notwendige medizinische Equipment, Einmalmaterialien und, falls nötig, für die Räumlichkeiten des Simulationszentrums fallen. Nach eigenen Erfahrungen und ebenso nach Angaben aus der Literatur belaufen sich diese Kosten auf weitaus mehr als 500.000 DM. Für Kurse kommen noch Personalkosten hinzu. Personelle Minimalausstattung für einen Simulationskurs sind zumindest ein Instruktor und eine Hilfsperson, die in der Regel die Aufgabe des Anästhesiepflegepersonals übernimmt.

Für kommerzielle Kurse ist in der Regel zusätzliches Personal möglich, um das Szenario realistischer zu gestalten. So ist in der Regel eine zweite Person während des Sze-

narios nötig, die die Rolle des Chirurgen übernimmt, sowie ein zusätzlich mit der Technik und der Software vertrauter Kollege, der den Simulator „steuert" und bei unvorhergesehenen technischen Problemen eingreifen kann. Dies erlaubt dem Instruktor, sich mehr auf das Geschehen während des Szenarios und somit auf das Debriefing zu konzentrieren.

Während sich die Hardwarekosten für die Simulation bei maximaler Ausnutzung rasch amortisieren, erhöhen sich diese Personalkosten mit steigender Simulationsfrequenz. Bei einer maximalen Auslastung des Simulationszentrums sollten zumindest 2 Gruppen parallel durch die Simulation geführt werden, wodurch ein Wechsel zwischen Simulation und Debriefing möglich ist. Dies setzt etwa einen Personalschlüssel von mindestens 5 Personen voraus (2 Instruktoren (pro Gruppe 1 Instruktor), ein Techniker, 2 Spielpersonen beim Szenario). Aus diesem aufwendigen Personalschlüssel ergeben sich die hohen Teilnahmegebühren pro Teilnehmer, da eine effektive Simulation in der Regel nur Kleingruppen von maximal 4 Personen zulässt.

> **!** Wie in der Luftfahrt, fehlt bisher auch in der Medizin eine eindeutige Kosten-Nutzen-Rechnung für Simulation. Schadenersatzansprüche in Millionenhöhe zusätzlich zum menschlichen Leid rechtfertigen Ausgaben für Simulation, auch wenn bisher eindeutige Beweise der Effektivität medizinischer Simulation fehlen.

Zusammenfassung

Wertigkeit der Anästhesiesimulation

ÜBERSICHT

Vorteile:
- Ausbildung ohne Gefährdung von Patienten,
- systematisches Training seltener Komplikationen,

- Vermittlung von Krisenbewältigungstechniken (CRM),
- Weiterentwicklung medizinisch-technischer Geräte,
- Standardisierung praktischer Prüfungen,
- Forschungsmöglichkeiten zum „human factor",
- Erprobung von Algorithmen.

Nachteile:

- Hoher personeller und finanzieller Aufwand,
- nur begrenzte Verfügbarkeit,
- bisher fehlender Nachweis einer Kosten-Nutzen-Effektivität.

Heutige Anästhesiesimulatoren können ein hohes Maß an Arbeitsplatzrealität für die Bereiche der Anästhesie, Intensiv- und Notfallmedizin herstellen. Neben der fachlichen Aus- und Weiterbildung dienen sie der Vermittlung von Strategien zum Zwischenfallsmanagement. Damit tritt der „human factor", der für mehr als 2/3 aller Zwischenfälle in der Anästhesie verantwortlich gemacht werden kann, in den Mittelpunkt des Trainings. Full-scale-Simulatoren können durch Einsatz in der Entwicklung neuer medizinisch-technischer Geräte zu einer Minimierung von Komplikationen genutzt werden und sollten auch durch ihren wissenschaftlichen Einsatz der Optimierung der Patientensicherheit zugute kommen. Als Prüfungsgeräte könnten sie in Zukunft zur Sicherstellung eines hohen Qualitätsstandard ärztlicher Fähigkeiten beitragen.

Das flächendeckende Angebot an zertifiziertem Simulatorentraining für die kontinuierliche ärztliche Weiterbildung könnte ein wichtiger Bestandteil der Strategie zur Verminderung von Komplikationen in der Zukunft werden. Auch in der Medizin sollte auf den Einsatz von Simulatoren nicht verzichtet werden, auch wenn der Beweis einer statistisch signifikanten Reduktion von kritischen Zwischenfällen nicht erbracht ist.

Literatur

Boldt J, Hüttner I, Haisch G (1999) Fort- und Weiterbildung in der Anästhesie. Anästhesiol Intensivmed 7/8: 535–538

Byrne AJ, Jones JG (1997) Responses to simulated anesthetic emergencies by anesthesists with different durations of clinical experience. Br J Anaesth 78: 553–556

Byrne AJ, Sellen AJ, Jones JG (1998) Errors on anaesthetic record charts as a measure of anaesthetic performance during simulated critical incidents. Br J Anaesth 80/1: 58–62

Chopra V, Gesink BJ, Jong B de, Bovill JG, Spierdijk J, Brand R (1994) Does training on an anaesthesia simulator lead to improvement in performance? Br J Anaesth 73/3: 293–297

Committee on Quality of Health Care in America, Institute of Medicine (1999) To err is human: Building a safer health system. National Academy Press, Washington, D.C.

Cooper JB, Newbower RS, Kitz RJ (1984) An analysis of major errors and equipment failures in anesthesia management: Considerations for prevention and detection. Anesthesiology 60: 34–42

Denson JS, Abrahamson S (1969) A computer-controlled patient simulator. JAMA 208: 504–508

Derrington MC, Smith G (1987) A review of studies of anaesthetic risk, morbidity and mortality. Br J Anaesth 59: 815–833

Devitt JH, Kurrek MM, Cohen MM (1998) Testing internal consistency and construct validity during evaluation of performance in an anesthesia simulator. Anesth Analg 86: 1160–1164

Gaba DM, Maxwell M, DeAnda A (1987) Anesthetic mishaps: breaking the chain of accident evolution. Anesthesiology 66: 670–676

Gaba DM, DeAnda A (1989) The response of anesthesia trainees to simulated critical incidents. Anesth Analg 68: 441–451

Gaba DM, Howard SK, Flanagan B, Smith BE, Fish KJ, Botney R (1998) Assessment of clinical performance during simulated crisis using both technical and behavioral ratings. Anesthesiology 89: 8–18

Gaba DM, Fish KJ, Howard SK (1998) Zwischenfälle in der Anästhesie: Prävention und Management. 1. Aufl. Lübeck Stuttgart Jena Ulm

Grube C, Graf BM, Weigand MA, Martin E (1999) Technische Neuerungen auf den Gebieten Anästhesie und Anästhesiesimulation. Anästhesist 7: 474–476

Hartmannsgruber M, Good M, Carovano R, Lampotang S, Gravenstein JS (1993) Anästhesiesimulatoren und Trainingsgeräte. Anästhesist 42: 462–469

Helmreich RL, Davies JM (1997) Anaesthetic simulation and lessons to be learned from aviation. Can J Anaesth 44: 907–912

Holzman RS, Cooper JB, Gaba DM, Philip JH, Small SD, Feinstein D (1995) Anesthesia crisis resource management: real-life simulation training in operating room crisis. J Clin Anesth 7/8: 675–687

Howard SK, Gaba DM (1998) Factors influencing vigilance and performance of anesthesists. Anesthesiology 11: 651–657

Howard SK, Gaba DM, Fish KJ, Yang G, Samquist FH (1998) Anesthesia crisis resource management training: teaching anesthesiologists to handle critical incidents. Aviat Space Environ Med 63: 763–770

Kurrek MM, Devitt JH (1997) The cost for construction and operation of a simulation centre. Can J Anaesth 44/11: 1191–1195

Lindekaer AL, Jacobsen J, Andersen G, Laub M, Jensen PF (1997) Treatment of ventricular fibrillation during anaesthesia in an anaesthesia simulator. Acta Anaesthesiol Scand 41/10: 1280–1284

Lunn J, Mushin W (1982) Mortality associated with anesthesia. Nuffield Provincial Hospitals Trust, London

Norman J, Wilkins DG (1996) Simulators for anesthesia. J Clin Monit 12: 91–99

Schaper N, Sonntag KH (1998) Aufgabenanalysen und arbeitsplatzbezogene Lernprozesse. Z Arbeitswiss 52(24 NF): 132–143

Sigurdsson GH, McAteer (1996) Morbidity and mortality associated with anesthesia. Act Anesthesiol Scand 40: 1057–1063

van Meurs WL, Good ML, Lampotang S (1997) Functional anatomy of full-scale patient simulators. J Clin Monit 13: 317–324

Wang L, Hägerdal M (1992) Reported anaesthetic complications during an 11-year period. A retrospective study. Act Anaesthesiol Scand 36: 234–240

KAPITEL 3

Monitoringstandards

I. Hornke · W.F. List

In den letzten Jahren wurden vermehrt Empfehlungen und Richtlinien zur Überwachung während der Anästhesie veröffentlicht. Neben Empfehlungen einzelner Kliniken finden sich solche von nationalen Fachgesellschaften und ebenso von der World Federation of Societies of Anaesthesiologists (WFSA; The International Task Force on Anaesthesia Safety 1993) wie Verordnungen von Regierungen und Normierungen durch nationale und übernationale Normenausschüsse.

Die ersten national verbindlichen Standards zur Überwachung im Operationssaal wurden 1980 vom niederländischen Gesundheitsministerium erlassen (The Ministry of Public Health and Hygiene 1980). In den USA wurden erstmals 1985 an den Anästhesieinstituten der Harvard Medical School verbindliche Monitoringstandards eingeführt (Eichhorn et al. 1986). An diese angelehnt wurden bereits 1987 von der American Society of Anesthesiologists (ASA) Standards des Basismonitorings für die Anästhesie veröffentlicht, deren neueste Fassung von 1993 stammt (American Society of Anesthesiologists 1987, 1993).

In den deutschsprachigen Ländern existieren jeweils Empfehlungen der nationalen Fachgesellschaften (Deutsche Gesellschaft für Anästhesiologie und Intensivmedizin, Berufsverband Deutscher Anästhesisten 1989, 1995; Österreichische Gesellschaft für Anästhesiologie, Reanimation und Intensivmedizin 1993; Schweizerische Gesellschaft für Anästhesiologie und Reanimation 1993) zum Thema des anästhesiologischen Monitoring. Zum Teil gibt es nationale Normen, und für die EU ist eine Norm für Anästhesiearbeitsplätze (EN 740) publiziert (Deutsches Institut für Normung e.V. 1999).

3.1
Bedeutung von Standards

Die verbindliche Empfehlung von Überwachungsstandards ist nicht unumstritten, zumal ein wissenschaftlicher Beweis eines Sicherheits- oder Qualitätsgewinns infolge der Festschreibung solcher Richtlinien nicht geführt werden kann. Schwerwiegende Komplikationen während der Anästhesie, die durch Monitoringerweiterungen verhindert oder frühzeitig erkannt werden können, sind glücklicherweise so seltene Ereignisse, dass deren signifikante Reduktion oder eine signifikante Änderung im Outcome der betroffenen Patienten nur in extrem großen Studienpopulationen nachweisbar wären. Weiterhin bestehen ethische und rechtliche Probleme für derartige Studien. Trotz dieser methodischen Probleme gibt es Hinweise, die die Bedeutung von Standardisierungen unterstreichen: In einer Studie der ASA zu abgeschlossenen Haftpflichtfällen aus der anästhesiologischen Praxis konnte eine Reduktion von schweren oder tödlichen hypoxischen Komplikationen nach der Einführung der Pulsoxymetrie und Kapnographie gezeigt werden (Cheney 1992). Von einigen Kritikern solcher Standardempfehlungen werden diese als Festschreibung zuvor bereits allgemein akzeptierter Mindestanforderungen bezeichnet, die nur den minimalen Konsens wiedergeben und daher keine Qualitätsverbesserung erzielen. Andere sehen in derartigen Veröffentlichungen eine

Einengung der eigenen Therapie- oder Methodenfreiheit, da sie eine forensische Bedeutung solcher Schriften befürchten. Im allgemeinen sind die publizierten Richtlinien aber anerkannt und werden eher als hilfreiche Leitlinie verstanden die es auch ermöglicht, Kostenträgern und Klinikleitungen die Notwendigkeit von benötigten Monitoringmaterialien zu belegen.

Selbstverständlich ist die z.T. noch einmal betonte unmittelbare Anwesenheit des Anästhesisten und dessen „klinisches Monitoring".

3.2 Monitoringparameter

Nach der Bedeutung der Zielgröße werden Monitoringparameter unterschieden in das *Sicherheitsmonitoring* und das *Patientenmonitoring* (Tabelle 3.1). Dabei dient das Sicherheitsmonitoring der Erkennung von Zuständen oder Fehlfunktionen eingesetzter Anästhesiegeräte oder -materialien; das Patientenmonitoring dient der Zustandserfassung des Patienten, insbesondere seiner Vitalparameter.

Tabelle 3.1. Gegenüberstellung von Sicherheits- und Patientenmonitoring

Sicherheitsmonitoring	Patientenmonitoring
Atemwegsdruck (Stenose und Diskonnektion)	EKG-Ableitung (3- oder 5polig)
Exspiratorisches AMV, AZV und Atemfrequenz	Blutdruckmessung (NIBP oder IBP), ZVK und PAK
O_2-Mangelalarm sowie Lachgassperre	Blasenkatheter
Messung von F_1O_2 und Narkosegaskonzentration	ICP-Messung und EEG
Pulsoxymetrie	Pulsoxymetrie
Kapnographie	Kapnographie
Relaxometrie	Präkordiales oder ösophageales Stethoskop

Tabelle 3.2. Gemeinsame Darstellung der Anästhesieüberwachungsstandards der ASA und der Harvard Medical School (1987, 1986)

Harvard-Standards	ASA-Standards
Basisüberwachung	**Oxygenation**
– Nichtinvasiver Blutdruck und Herzfrequenz (5 min)	– Messung der O_2-Konzentration
– EKG kontinuierlich	– Beobachtung des Hautkolorits
	– Pulsoxymetrie
Atmung (ein Parameter kontinuierlich)	**Ventilation**
– Kapnographie	– Thoraxexkursionen, Atemgeräusche
– Auskultation der Atemgeräusche	– Bewegung des Beatmungsbeutels
– Palpation/Beobachtung des Beatmungsbeutels	– Kapnographie
– Diskonnektionsalarm	
Kreislauf (ein Parameter kontinuierlich)	**Zirkulation**
– Herzauskultation	– EKG
– Palpation eines peripheren Pulses	– Blutdruck (nichtinvasiv) und Herzfrequenz (5 min)
– Invasive Blutdruckmessung	– Palpation eines peripheren Pulses oder Auskulation des Herzens oder periphere Dopplersonographie oder Pulsplethysmographie oder Pulsoxymetrie
– Periphere Dopplerflussüberwachung	
– Pulsoxymetrie oder Pulsplethysmographie	
Weitere Parameter	**Körpertemperatur**
– Diskonnektionsalarm	– Kontinuierliche Messung
– F_1O_2-Messung	
– Körpertemperatur	

Fast alle Publikationen über Monitoringstandards benennen unterschiedliche Stufen der Verbindlichkeit von Einzelverfahren. Unterschieden wird in zwingend oder obligat durchzuführendes Monitoring, empfohlene Überwachung und fakultative oder erweiterte Parameter.

Die international am weitesten verbreiteten Standards zum Umfang der Anästhesieüberwachung sind die Harvard-Standards (Eichhorn et al. 1986) und die ASA-Standards (American Society of Anesthesiologists 1993). Sie werden daher in Tabelle 3.2 dargestellt.

3.3
Empfehlungen deutschsprachiger Fachgesellschaften

Die 1989 veröffentlichten Empfehlungen der DGAI beschreiben die zu fordernde Monitorausstattung eines Anästhesiearbeitsplatzes in Abhängigkeit von den an diesem Platz vollzogenen operativen Prozeduren; dabei wurden 7 unterschiedliche Arbeitsplätze benannt. Für einen nichtoperativen Anästhesiearbeitsplatz z.B. für Geburtshilfe oder Diagnostik oder einen solchen für ambulante Anästhesien werden die geringsten Voraussetzungen formuliert. Mit zunehmender Risikogeneigtheit der Eingriffsarten wurden die Anforderungen gesteigert. In der neuen Empfehlung von 1995 wurde dieses Prinzip verlassen und die Monitoringausstattung eines Standardarbeitsplatzes sowie eines erweiterten Anästhesiearbeitsplatzes beschrieben (Tabellen 3.3 und 3.4; Deutsche Gesellschaft für Anästhesiologie und Intensivmedizin, Berufsverband Deutscher Anästhesisten 1995).

Im Gegensatz zu den deutschen Empfehlungen benennt die Richtlinie der ÖGARI

Tabelle 3.3. Monitorausstattung eines Standardanästhesiearbeitsplatzes laut DGAI-Empfehlung (1995)

	Am Arbeitsplatz vorhanden	Verfügbar
Essentiell		
Narkosegerät inklusive Monitoring laut EN 740	+	
EKG-Monitor	+	
Blutdruck (nichtinvasiv)	+	
Pulsoxymetrie	+	
Kapnographie[a]	+	
Narkosegasmessung[a, b]	+	
EKG-Registrierung		+
Defibrillator		+
Temperaturmonitoring		+
Notfallinstrumentarium[c]		+
Relaxometrie[d]		+
ZVD-Messung		+
Empfohlen		
Arterielle Blutdruckmessung (invasiv)[e,f]		+
Infusions-/Spritzenpumpe		+
Respirator	+	
Notfallabor		+
Thermokonditionierung[g]		+

[a] In EN 740 bereits gefordert, Nachrüstung für Altgeräte erforderlich.
[b] Messort patientennah im Atemsystem.
[c] Inklusive Material zur Schaffung eines alternativen Zuganges zur Trachea (z.B. Notkoniotomie).
[d] Relaxometrie verzichtbar, wenn keine Muskelrelaxanzien eingesetzt werden.
[e] In Abhängigkeit von Patienten und Eingriffen, u.U. essentiell.
[f] Ausnahmen sind je nach Eingriffen und Patientenstatus möglich (z.B. für ambulante Anästhesien).
[g] Gilt für Arbeitsplätze an denen auch langdauernde Eingriffe o. Kinderanästhesien durchgeführt werden.

Tabelle 3.4. Zusätzliche Monitorausstattung eines erweiterten Arbeitsplatzes laut DGAI-Empfehlung (1995)

	Am Arbeitsplatz vorhanden	Verfügbar
Essentiell		
Narkoserespirator	+	
Invasive Druckmessung (minimal 2 Kanäle)[a]	+	
Herzzeitvolumen[b]		+
Dopplersonde[c]		+
Neuromonitoring[d]		+
Infusions-/Spritzenpumpen	+	
Temperaturmessung (minimal 2 Kanäle)	+	
Notfallabor		+

[a] Zum Beispiel für arterielle, zentralvenöse, pulmonal-arterielle oder intrakranielle Druckmessung; letztere auch mit speziellen Messinstrumenten.
[b] Zum Beispiel mittels Thermodilution.
[c] Speziell bei neurochirurgischen Operationen (halbsitzende Lagerung) sowie zur Überwachung der extrakorporalen Zirkulation in der Kardiochirurgie.
[d] Fachspezifisch v.a. in der Neurochirurgie nach Absprache mit dem Operateur (z.B. evozierte Potentiale im EEG).

Tabelle 3.5. Anästhesieüberwachungsparameter laut ÖGARI- und SGAR-Empfehlung (beide 1993)

	Oxygenierung	Ventilation	Zirkulation	Temperatur	Relaxierung
Verpflichtend	Pulsoxymetrie Inspiratorische O_2-Konzentration mit oberem[a] und unterem Alarm	Akustischer Stenose- und Diskonnektionsalarm Exspiratorisches Tidalvolumen[b]	EKG[c] Herzfrequenz Arterieller Blutdruck		
Empfohlen		Kapnographie			
Verfügbar				Kontinuierliche Messung	Relaxometrie

[a] Beim Einsatz in der Neonatologie.
[b] Laut SGAR-Kategorie „empfohlen".
[c] Laut SGAR alternativ auch Ösophagusstethoskop oder Pulsoxymeter möglich.

von 1993 ausschließlich das als Standard angesehene Basismonitoring für alle Formen der Regional- und Allgemeinanästhesie (Tabelle 3.5). Es heißt dort aber auch: „In Abhängigkeit vom individuellen Zustand des Patienten, von der Narkoseform und der Art des chirurgischen Eingriffs können zusätzliche, über das Basismonitoring hinausgehende Überwachungsmaßnahmen notwendig werden. In Notfallsituationen kann es umgekehrt unmöglich sein, alle empfohlenen Maßnahmen einzusetzen." Die angeführten Monitoringparameter werden in 3 Gruppen eingeordnet: 1) verpflichtend, dies beschreibt die „nicht zu unterschreitenden Minimalforderungen"; 2) empfohlen, diese Parameter sind wünschenswert zu überwachen; und 3) verfügbar, hier werden vorzuhaltende Monitoringmöglichkeiten benannt, die nicht ständig am Arbeitsplatz eingesetzt werden, sondern bei gegebener Indikation kurzfristig zugreifbar sein müssen. Die zeitgleich erschienenen Richtlinien der SGAR sind bis auf die in der Tabelle 3.5 aufgezeigten Unterschiede inhaltlich mit den österreichischen identisch.

3.4
Europäische Norm EN 740

Neben den dargestellten Empfehlungen der DGAI sowie der ÖGARI, die die Vorhaltung bzw. Anwendung bestimmter Monitoring-möglichkeiten fordern, haben Industrienormen eine hervorragende Bedeutung als Standards erreicht. Nationale Normen für Anästhesiegeräte sind neben der DIN 13252 und der ÖNORM K 2003 auch die SN 057 600 (Deutsches Institut für Normung 1987).

Die Norm für Anästhesiearbeitsplätze (DIN EN 740) ersetzt die DIN 13252; sie beschreibt die vom Normierungsausschuß geforderten Monitoringparameter mit den erforderlichen Grenzwertüberwachungen gemäß der nachfolgenden Tabelle 3.6 (Deutsches Institut für Normung e.V. 1999).

Neben den aufgeführten Einrichtungen ist ein Alarmmodul für Energieausfall und Ausfall der O_2-Versorgung vorgeschrieben, ebenso eine Lachgassperre.

3.5
Zusammenfassung

Obwohl Standards hinsichtlich ihrer forensischen Bedeutung kontrovers beurteilt werden, sind sie allgemein als ein Mittel der Qualitätssicherung anerkannt. Für die Überwachung während der Anästhesie gibt es Empfehlungen und Richtlinien mit unterschiedlicher Verbindlichkeit. Ein allseits anerkannter Umfang eines Standardmonitorings ist bisher nicht formuliert worden, er ist wohl auch nicht zu erreichen. Allgemein wird als Minimalmonitoring das 1-Kanal-EKG, kombiniert mit nichtinvasiven Blutdruckmessungen, angesehen; die Bedeutung der Pulsoxymetrie und Kapnographie wird offensichtlich zunehmend höher eingeschätzt. Der wichtigste Monitor im Verlauf einer Anästhesie bleibt der gut geschulte, stets anwesende und aufmerksame Anästhesist.

Auch in Zukunft müssen diese Empfehlungen stets der Entwicklung der anästhesiologischen Praxis und den medizintechnischen Möglichkeiten angepasst werden. So ist zu erwarten, dass der Stellenwert der Kapnographie in zukünftigen Empfehlungen steigt, sie ist wohl als grundsätzlich zwingender Monitoringbestandteil zu fordern. Empfehlungen zu anderen Teilbereichen der Anästhesiologie wie akuter Schmerztherapie und direkter postoperativer Phase sind in gleicher Weise zu erwarten.

Tabelle 3.6. Anästhesiesicherheitsüberwachung laut EN 740 (+ obligat; (+) empfohlen; – nicht gefordert; 0 ohne Bedeutung)

	Anästhesieatemsystem		Alarmfunktion	
	Automatische Beatmung	Spontan manuell	Untere Grenze	Obere Grenze
Inspiratorische O_2-Konzentration	+	+	+	–
Anästhesiekonzentration	+	+	+	+
Atemwegsdruck	+	(+)	(+)	+
Exspiratorisches Atemvolumen	+	(+)	(+)	+
Diskonnektionsalarm	+	(+)	0	0
Kapnographie	+	+	+	+

Literatur

American Society of Anesthesiologists (1987) Standards for basic intraoperative monitoring. Anesthesia Patient Safety Foundation Newsletter 2: 3

American Society of Anesthesiologists (1993) ASA standards, guidelines and statements. Standards for basic anesthetic monitoring. Lippincott, Park Ridge IL, pp 4–5

Cheney FW (1992) ASA closed claims project progress report: The effect of pulse oximetry and end-tidal CO_2 monitoring on adverse respiratory events. ASA Newsletter 56: 6–10

Deutsche Gesellschaft für Anästhesiologie und Intensivmedizin, Berufsverband Deutscher Anästhesisten (1989) Qualitätssicherung in der Anästhesiologie. Richtlinien der Deutschen Gesellschaft für Anästhesiologie und Intensivmedizin und des Berufsverbandes Deutscher Anästhesisten. Anästh Intensivmed 30: 307–314

Deutsche Gesellschaft für Anästhesiologie und Intensivmedizin, Berufsverband Deutscher Anästhesisten (1995) Qualitätssicherung in der Anästhesiologie. Fortschreibung der Richtlinien der Deutschen Gesellschaft für Anästhesiologie und Intensivmedizin und des Berufsverbandes Deutscher Anästhesisten. Anästh Intensivmed 36: 250–254

Deutsches Institut für Normung e.V. (1984) DIN 13252. Inhalationsnarkosegeräte. Sicherheitstechnische Anforderungen und Prüfung. Beuth, Berlin

Deutsches Institut für Normung e.V. (1999) DIN EN 740. Anästhesiearbeitsplätze und ihre Module. Besondere Festlegungen. Deutsche Fassung 740. Beuth, Berlin

Eichhorn JH, Cooper JB, Cullen DJ et al. (1986) Standards for patient monitoring during anaesthesia at Harvard Medical School. JAMA 256: 1017–1020

Österreichische Gesellschaft für Anästhesiologie, Reanimation und Intensivtherapie (1993) Empfehlungen zur Überwachung des Patienten während der Narkose. Österreich Ärztezeitung 3: 46

Österreichisches Normungsinstitut (1988) ÖNORM K 2003. Inhalationsnarkosegeräte. Sicherheitstechnische Anforderungen und Prüfung. Wien

Schweizerische Gesellschaft für Anästhesiologie und Reanimation (1993)

Standards und Empfehlungen. II. Prozeßqualität – Patientenversorgung. Minimale Sicherheitsstandards während der Anästhesie

Schweizerische Normen-Vereinigung (1987) SN 057 600. Inhalations-Anästhesiegeräte mit kontinuierlichem Durchfluss für die Humanmedizin. Zürich

The International Task Force on Anaesthesia Safety (1993) International standards for a safer practice of anaesthesia. Eur J Anaesthesiol 10 Suppl 7: 12–15

The Ministry of Public Health and Hygiene (1980) Advisory report on anaesthesiology. Part 1: Recent developments in anaesthesiology. Health Concil Report No. 46 E. Government Publishing Office, The Hague

Organsystembezogene Komplikationen

KAPITEL 4

Herz-Kreislauf-System

A. Baumgartner · Elisabeth Mahla · Jutta Berger · H. Gombotz

4.1
Intraoperativer Herz-Kreislauf-Stillstand

A. Baumgartner

Das Gesamtrisiko eines intraoperativen Herz-Kreislauf-Stillstandes setzt sich aus dem Operationsrisiko, dem Anästhesierisiko und den patienteneigenen Risiken zusammen. Die Diagnose „intraoperativer Herz-Kreislauf-Stillstand" muss sofort gestellt werden und beruht neben der Überwachung des EKG auf einfachen Untersuchungsmethoden, wie Inspektion und Palpation. Da ein Sistieren der kardialen Pumpfunktion am EKG-Monitor nicht immer erkannt werden kann (z. B. „pulseless electrical activity", technische Fehler), kommt der sorgfältigen Beurteilung von klinischen Zeichen größte Bedeutung zu.

Hierbei gilt die Pulslosigkeit der großen Arterien (A. carotis, A. femoralis, Aorta bei offenem Abdomen/Thorax) als das wichtigste Zeichen des Kreislaufstillstands. Symptome wie Bewusstlosigkeit und Atemstillstand sind bei Allgemeinanästhesie kaum verwertbar. Eine Pupillenerweiterung gilt als unsicheres Zeichen, da sie nicht bei allen Patienten sofort auftritt. Ebenso sind Veränderungen der Hautfarbe, v. a. bei Anämie, Verbrennungen, Ikterus und schwarzem Hautkolorit, nur bedingt beurteilbar. Auskultation von Herztönen und nichtinvasive Blutdruckmessungen sollten als unsichere und zeitraubende Verfahren nicht zur unmittelbaren Diagnosestellung eines Herz-Kreislauf-Stillstands herangezogen werden.

ÜBERSICHT

Hauptsymptome des intraoperativen Herz-Kreislauf-Stillstands

- Fehlende Pulswellen der großen Arterien (A. carotis, A. femoralis, - Aorta bei offenem Abdomen/Thorax
- Aufhören jeglicher Blutung
- Nullinie im EKG
- totenähnliche Hautfarbe
- Bewusstlosigkeit (nach 10–15 s) bei Regionalanästhesie
- weite reaktionslose Pupillen (nach 30–60 s)

Häufigkeit

Unter Einbeziehung der Notfalleingriffe treten intraoperative Herz-Kreislauf-Stillstände in einer Häufigkeit von etwa 0,06–0,27% auf (Tabelle 4.1). Ein direkter Zusammenhang mit der Narkose fand sich bei 0,017–0,046% und führte bei über 50% der Patienten zum Tod (Keenan 1985; Olsson 1988; Aubas 1991). Vergleichbare Zwischenfälle bei Kindern waren 3mal häufiger als bei Erwachsenen, wobei auch eine deutlich erhöhte Morbidität und Mortalität zu verzeichnen war (Morray 1993). Wichtige Risikofaktoren waren der körperliche Zustand des Patienten sowie eine mangelhafte präoperative Vorbereitung.

Der Einfluss des Narkoseverfahrens tritt somit als Risikofaktor deutlich gegenüber dem präoperativen Zustand des Patienten sowie der Dringlichkeit und Art der Operation zurück. Der präoperative Zustand des Patienten und die Operation stellen zusammen ein 25- bis 40fach höheres Risiko dar als die Anästhesie selbst (Siepmann 1980). Auch fin-

Tabelle 4.1. Inzidenz und Letalität von anästhesiebedingten Herz-Kreislauf-Stillständen

Autor	Patientenzahl	Stillstände	Inzidenz (auf 10.000)	Letalität (auf 10.000)
Keenan 1985	163.240	27	1,7	0,9
Olsson 1988	250.543	115	4,6	0,3
Aubas 1991	102.468	29	2,8	1,1

den sich intraoperative Herz-Kreislauf-Stillstände im Rahmen von Notfalleingriffen etwa 9mal häufiger, ein Exitus in tabula etwa 6mal häufiger als bei elektiven Eingriffen, wobei sich diese schwere Komplikation gut mit extremen Altersgruppen korrelieren lässt (Lutz 1982; Salem 1975; Hallen 1985).

> ❗ Präoperativer Zustand und operativer Eingriff bilden zusammen ein 25- bis 40fach höheres Risiko als die Anästhesie selbst.

Ursachen

Narkosebedingte Herz-Kreislauf-Stillstände treten etwa gleich häufig während der Einleitungsphase und im Verlauf der Narkose auf; fehlerhaftes Management der Luftwege und relative oder absolute Überdosierung von Medikamenten stellen die Hauptursache hierfür dar (Keenan 1985; Aubas 1991). Ungefähr 90% der beatmungsbedingten Zwischenfälle könnten durch adäquates Monitoring (Pulsoxymetrie und/oder endexspiratorische (CO$_2$-Messung) rechtzeitig erkannt und vermieden werden (Morray 1993). Es kommt aber auch aus scheinbar vollkommener Gesundheit ohne erkennbaren Grund zum Herzstillstand (Taylor 1976).

| **Ätiologische Zusammenhänge beim Herz-Kreislauf-Stillstand** (Mod. nach Dudziak 1985)

Ü B E R S I C H T

Primäre Hypoxie:
- Technisches Versagen der Apparatur
- Unachtsamkeit des Anästhesisten
- Fehlen von Sauerstoff im System, Diskonnektion der Beatmungs-

schläuche, Abknicken des Tubus, Verlegung der Luftwege, Fehlintubation

Sekundäre Hypoxie:
- Kongestives Herzversagen, Hypoventilation (Anästhetika, Muskelrelaxanzien, Opioide)
- Atemstillstand (Aspiration, Laryngospasmus, Luftembolie)
- maligne Hyperthermie

Technisch induzierter Herz-Kreislauf-Stillstand

Die meisten intraoperativ auftretenden schweren Komplikationen resultieren aus mangelhafter Überwachung, Diskonnektion des Endotrachealtubus oder der Beatmungsschläuche, unbemerkten Veränderungen der O$_2$-Konzentration im Trägergas, Verwechslung von Spritzen und relativer oder absoluter Überdosierung von intravenöser Medikation und Inhalationsanästhetika. Zu 70–80% liegen diesen Komplikationen Unachtsamkeiten oder Irrtümer zugrunde, 15–20% sind durch Unkenntnis im Umgang mit der Anästhesieausrüstung verursacht (Cooper 1984).

Pharmakologisch induzierter Herz-Kreislauf-Stillstand

Herz-Kreislauf-Stillstände können während der Verabreichung fast aller Anästhetika einschließlich der Lokalanästhetika auftreten. Etwa die Hälfte aller intraoperativen Herzstillstände sind medikamentös bedingt und treten meist in Verbindung mit fehlerhaften Techniken auf, wobei Applikationsform und -geschwindigkeit sowie gleichzeitig einwirkende Pharmaka eine entscheidende Rolle spielen. Ein durch Anästhetika verursachter

Herz-Kreislauf-Stillstand kann entweder durch direkte Wirkung auf das Myokard (Depression, Rhythmusstörungen, erhöhte Flimmerbereitschaft) oder durch Hypotonie aufgrund einer peripheren Vasodilatation entstehen. Zusätzlich spielen noch andere Faktoren, wie z. B. eine Hypoxie und/oder Hyperkapnie bei bestehender Atemdepression, sowie Entgleisungen des Elektrolyt- und Säure-Basen-Haushaltes, eine Rolle.

Anaphylaktische Reaktionen treten meistens als Typ-I-Reaktion (Soforttyp) während der Einleitung auf, es sind aber auch verzögerte Reaktionen (Typ-III-Reaktion) möglich. Derartige Ereignisse gehen meist mit einem plötzlichen schweren Blutdruckabfall einher und sind eine wesentliche Ursache für die perioperative Mortalität und Morbidität. Das auslösende Agens lässt sich aufgrund der praktisch gleichzeitigen Verabreichung mehrerer Pharmaka kaum nachweisen.

> **!** Ein Großteil aller anästhesiebedingten Herz-Kreislauf-Stillstände beruht auf iatrogenen Komplikationen.

Patienten mit vorbestehenden Herzerkrankungen tolerieren aufgrund ihrer eingeschränkten kardiovaskulären Leistungsfähigkeit Blutverluste, Übertransfusionen oder Rhythmusstörungen besonders schlecht. Sind intraoperative kardiale Komplikationen im einzelnen nicht vorhersagbar, lässt sich das kardiale Risiko doch einigermaßen abschätzen (Goldmann 1977). So fand sich das höchste kardiale Risiko bei Patienten mit einem 3. Herzton oder einer Stauung der Jugularvenen, mit einem Myokardinfarkt innerhalb der letzten 6 Monate, mit Rhythmusstörungen (z. B. mehr als 5 VES/min) oder einem fehlenden Sinusrhythmus. Es sollte daher versucht werden, Patienten gut vorzubereiten und damit das kardiale Risiko zu vermindern.

Reflektorischer Herzstillstand

Durch einen extremen Vagotonus (z. B. Zug am Mesenterium) entstehen reflektorisch ausgeprägte Bradykardien. Bei zusätzlichem Vorliegen anderer Komplikationen, wie Hy-

poxie und/oder Hyperkapnie, kann dieser viszerokardiale Reflex zum Herzstillstand führen. Hierbei sei auch der okulokardiale Reflex erwähnt, der durch Zug an den Augenmuskeln/Druck auf das Auge ausgelöst wird und zu Bradykardien und zum Herzstillstand führen kann.

Manipulationen des Chirurgen sind, ausgenommen in der Herzchirurgie und herznahen Gefäßchirurgie, selten Ursache eines Herz-Kreislauf-Stillstandes. Dieser tritt vielmehr sekundär durch Blutverluste, Implantation von Knochenzement, CO_2-Embolie, Luftembolie etc. auf.

Therapie des intraoperativen Herz-Kreislauf-Stillstands

Der Kreislaufstillstand geht im wesentlichen aus 3 Herzrhythmusstörungen hervor. Dies

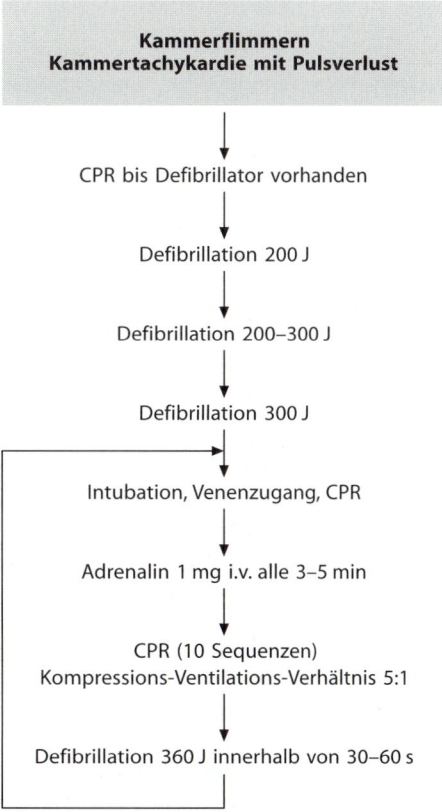

Abb. 4.1. Therapie bei Kammerflimmern

Abb. 4.2. Therapie bei Asystolie

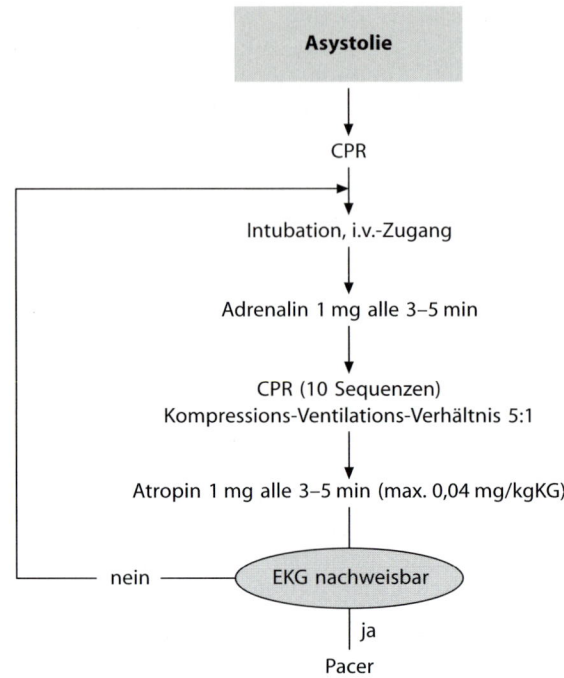

Tabelle 4.2. Aufgaben der Mitglieder eines Operationsteams während eines intraoperativen Herz-Kreislauf-Stillstands

Anästhesist	Chirurg	Dipl.-Schwester/Pfleger
Beatmung	Herzmassage (extern, intern)	Hilfe herbeiholen
Venöser Zugang, Verabreichung von Pharmaka	Defibrillation	Bereitstellen von Geräten und Pharmaka
Koordination und Überwachung		Dokumentation

sind Kammerflimmern, Asystolie, sowie pulslose elektrische Aktivität. Der Überbegriff der „pulseless electrical activity" beinhaltet die elektromechanische Dissoziation, die elektromechanische Pseudodissoziation, den idioventrikulären Rhythmus, den ventrikulären Escaperhythmus, bradysystolische Rhythmen und idioventrikuläre Postdefibrillationsrhythmen.

Primäres Therapieziel ist es, eine zerebrale Hypoxie zu verhindern! Bereits 3–4 min nach Eintritt des Kreislaufstillstands ist mit irreversiblen Schädigungen des Gehirns zu rechnen. Daher ist unmittelbar nach der Di-

agnosestellung eine effiziente und v. a. auch koordinierte Therapie einzuleiten (Tabelle 4.2).

Prinzipiell gelten für die Therapie des intraoperativen Herz-Kreislauf-Stillstands die selben Richtlinien wie außerhalb des Operationsbereichs, wobei auch besonders auf die Beseitigung der auslösenden Ursache geachtet werden muss. Je nach der zugrundeliegenden Rhythmusstörung sollte sich die Therapie an den empfohlenen Richtlinien der American Heart Association orientieren (Abb. 4.1–4.3).

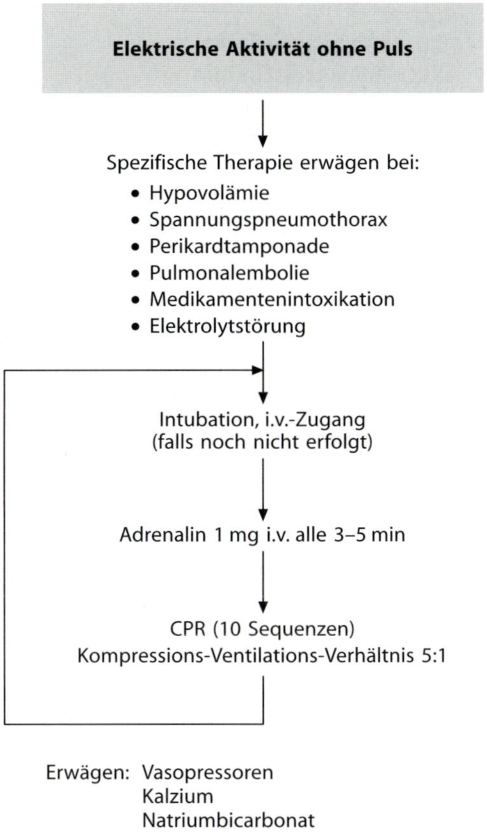

Elektrische Aktivität ohne Puls

↓

Spezifische Therapie erwägen bei:
- Hypovolämie
- Spannungspneumothorax
- Perikardtamponade
- Pulmonalembolie
- Medikamentenintoxikation
- Elektrolytstörung

↓

Intubation, i.v.-Zugang
(falls noch nicht erfolgt)

↓

Adrenalin 1 mg i.v. alle 3–5 min

↓

CPR (10 Sequenzen)
Kompressions-Ventilations-Verhältnis 5:1

Erwägen: Vasopressoren
             Kalzium
             Natriumbicarbonat

Abb. 4.3. Therapie bei pulsloser elektrischer Aktivität

Ergänzend sei erwähnt, dass der Effekt des präkordialen Faustschlages in diesen Richtlinien als fraglich eingestuft wurde. Es wurde empfohlen, diesen nurmehr beim beobachteten Stillstand – wenn keine Pulse tastbar sind und wenn keine Defibrillationsmöglichkeit vorhanden ist – einzusetzen.

Mors in tabula

Kommt es trotz rechtzeitig und sachgemäß durchgeführter Reanimation zum Mors in tabula, ist es trotz der enormen psychischen Belastung aller Beteiligten unbedingt notwendig, sich hinsichtlich möglicher rechtlicher Konsequenzen abzusichern.

Die heutige Rechtsprechung geht davon aus, dass ein medizinisch indizierter Eingriff, wozu alle Narkoseverfahren zählen, den Tatbestand der Körperverletzung erfüllt. Deshalb muss der Patient präoperativ über die für ihn wesentlichen Vor- und Nachteile des Narkoseverfahrens aufgeklärt werden und eine von ihm unterschriebene Einwilligung vorliegen. Hierbei sollten für operativen Eingriff und Anästhesie getrennte Einwilligungen eingeholt werden (Weißauer 1992).

Kommt es zu einem anästhesiebedingten Zwischenfall, sind hinsichtlich zivil- und strafrechtlicher Konsequenzen wichtige Verhaltensempfehlungen einzuhalten. Dazu zählen u. a. die sorgfältige Führung und Aufbewahrung des Narkoseprotokolls (einschließlich präoperativer Befunde) und die sofortige Mitteilung des Sachverhaltes an die zuständigen Stellen (Gerichtsmedizin, Krankenhausträger, Haftpflichtversicherung, Pathologie), wobei sich diese Mitteilung ausschließlich auf die Schilderung des Geschehensablaufes – ohne alle Wertungen – beschränken sollte (Ulsenheimer 1992). Die Sicherung von möglichen Beweismitteln (defektes Narkosegerät, Blutkonserve usw.) ist ebenfalls sehr wichtig (vgl. Kap. 1).

! Ein Tod *in* Narkose muss jedoch nicht ein Tod *an* Narkose sein.

Vielmehr ist die Wahrscheinlichkeit eines Exitus in tabula stark abhängig vom präoperativen Zustand des Patienten sowie von der Schwere und Dringlichkeit des Eingriffs.

Literatur

American Heart Association (1992) Guidelines for cardiopulmonary resuscitation and emergency cardiac care. JAMA 268/16: 2171–2298

Aubas S, Biboulet P, Daures JP, du Cailar J (1991) Incidence and etiology of cardiac arrest occuring during the perioperative period and in the recovery room. Apropos of 102.468 anesthesia cases. Ann Fr Anesth Réanim 10/5: 436–442

Cooper JP, Newborer RS, Kitz R (1984) An analysis of major errors and equipment failures in anesthesia management: Considerations for prevention and detection. Anesthesiology 60: 34–42

Dudziak R (1985) Narkosezwischenfall. In: Dudziak R (Hrsg) Lehrbuch der Anästhesiologie. Schattauer, Stuttgart New York

Goldman L, Caldera DL, Nussbaum SR et al. (1977) Multifactorial index of cardiac risk in noncardiac surgical procedures. N Engl J Med 297/16: 845–850

Hallen B (1985) Erfahrungen bei Anästhesien im höheren Lebensalter. Anästh Intensivmed 26: 259–262

Keenan RL, Boyan CP (1985) Cardiac arrest due to anesthesia: A study of incidence and causes. JAMA 253/16: 2372–2377

Lutz H, Osswald PM, Bender HJ (1982) Risiken der Anästhesie. Anästhesist 31: 1–5

Morray JP, Geiduschek JM, Caplan RA, Posner KL, Gild WM, Cheney FW (1993) A comparision of pediatric and adult closed malpractice claims. Anesthesiology 78: 461–467

Olsson GL, Hallen B (1985) Cardiac arrest during anesthesia. A computer-aided study in 250,543 anesthetics. Acta Anaesthesiol Scand 32: 653–664

Salem MR, Bennet EJ, Schweiss JF, Baraka A, Fazleali YD, Collins VJ (1975) Cardiac arrest related to anesthesia. Contributing factors in infants and children. JAMA 233/3: 238–241

Siepman HP (1980) Das Risiko der Anästhesie. Anästh Intensivmed 4: 101–106

Taylor G, Larson CP, Prestwich R (1976) Unexpected cardiac arrest during anesthesia and surgery. JAMA 236/24: 2758–2760

Ulsenheimer K (1992) Der Anästhesiezwischenfall aus rechtlicher Sicht. In: Doenicke A, Kettler D, List WF, Tarnow J, Thomson D (Hrsg) Lehrbuch der Anästhesiologie und Intensivmedizin 1. Springer, Berlin Heidelberg New York Tokio

Weißauer W (1992) Rechtliche Fragen. In: Doenicke A, Kettler D, List WF, Tarnow J, Thomson D (Hrsg) Lehrbuch der Anästhesiologie und Intensivmedizin 1. Springer, Berlin Heidelberg New York Tokio

4.2
Akuter Myokardinfarkt, akute Myokardischämie

ELISABETH MAHLA

Myokardischämien sind Folge eines Missverhältnisses zwischen O_2-Angebot und O_2-Bedarf. Grundsätzlich reversibel, können sie jedoch in Abhängigkeit von Dauer, Schwere und Häufigkeit zu irreversiblen Myokardnekrosen und/oder myokardialem Pumpversagen führen.

Pathophysiologie

ÜBERSICHT

Myokardiales O_2-Angebot
- Koronardurchblutung
- O_2-Gehalt des arteriellen Blutes
- Herzfrequenz

Myokardialer O_2-Verbrauch
- Herzfrequenz
- Kontraktilität
- Wandspannung

Die *Koronardurchblutung* ist dem *koronaren Perfusionsdruck* direkt und dem *koronaren Widerstand* indirekt proportional.

Der *koronare Perfusionsdruck* errechnet sich aus diastolischem Aortendruck minus linksventrikulärem enddiastolischen Druck (LVEDP; sein meßbares Korrelat ist, bei Abwesenheit pulmonaler Veränderungen, der Wedgedruck).

Den *koronaren Widerstand beeinflussen* pathologisch anatomische (Ausmaß der fixierten oder/und dynamischen Koronarstenose; Myokardmasse) sowie neurohumorale Faktoren.

Insgesamt ist die *koronare Reserve* (bedarfsorientierte Steigerung der Koronardurchblutung) beim Patienten mit koronarer Herzkrankheit reduziert.

Hämoglobingehalt und O_2-Sättigung bestimmen den *O_2-Gehalt des arteriellen Blutes*.

Tachykardien senken das O_2-Angebot durch Verkürzung der Diastolendauer (die Durchblutung des linken Ventrikels erfolgt hauptsächlich während der Diastole) bei gleichzeitiger Erhöhung des O_2-Bedarfes.

Eine *Kontraktilitätssteigerung* (ausgelöst durch endo- oder exogene Katecholamine, Digitalis, Kalzium) steigert den O_2-Bedarf, sofern sie nicht gleichzeitig, über eine Verminderung der Wandspannung, zu einer Ökonomisierung der Herzarbeit führt.

In Anlehnung an das Laplace-Gesetz ist die *Wandspannung* der Ventrikelgröße und dem Ventrikeldruck direkt, der Wanddicke umgekehrt proportional. Eine erhöhte myokardiale Wandspannung vermindert die subendokardiale Durchblutung.

Ischämische Kaskade

Sie beschreibt den typischen Ablauf myokardialer Veränderungen im Zuge einer inadäquaten O_2-Versorgung:
1. Inadäquater Blutfluss in das betroffene Myokardareal
2. Lokale metabolische Veränderungen (z. B. Laktatproduktion)
3. Regional beeinträchtigte Muskelrelaxation
4. Regional beeinträchtigte Muskelkontraktion
5. Anstieg des LVEDP
6. Ischämische EKG-Veränderungen
7. Angina pectoris

Perioperative Myokardischämien

Gesteigerter Sympathikotonus, Hypotension, Anämie, Hypoxie, Hypothermie gelten als gesicherte Triggermechanismen perioperativer Myokardischämien [3, 5, 15, 21, 31, 32]. Möglicherweise haben auch stressbedingte Plaqueinstabilität und perioperative Hyperkoagulabilität eine ursächliche Bedeutung [20].

40–50% der Patienten mit definitiver koronarer Herzerkrankung bzw. Risikofaktoren* erleben postoperative Ischämien,

---

* Definiert als gefäßchirurgischer Eingriff oder 2 der folgenden Risikofaktoren in Verbindung mit männlichem Geschlecht: Alter >65 Jahre, Hypertonus, Cholesterin >240 mg%, Diabetes mellitus, Raucher [21].

entsprechend dem Maximum des perioperativen Stresses bevorzugt in der Aufwachphase und während der ersten beiden postoperativen Tage. Die in der Literatur angegebene Inzidenz intraoperativer Ischämien liegt beim selben Patientenkollektiv bei etwa 20% [21, 36].

Die Diagnostik läuft in Abhängigkeit von Lokalisation, Ausdehnung und Reversibilität über Klinik, EKG und Echokardiographie (am günstigsten transösophageal).

Klinische Symptomatik

Perioperative Myokardischämien sind vielfach verschleiert oder stumm! In 50–80% der Fälle fehlen begleitende Änderungen von Herzfrequenz und/oder Blutdruck, was für eine regionale Einschränkung der myokardialen O_2-Versorgung als mögliche primäre Ursache spricht [9, 19].

EKG-Veränderungen

Veränderungen der ST-Strecke
- Reversible, *horizontale oder deszendierende ST-Segmentdepression* gegenüber der isoelektrischen Linie von >0,1 mV 60 ms nach dem J-Punkt über eine Dauer von mindestens 1 min oder eine ST-Elevation von >0,2 mV am J-Punkt nachweisbar ist (Abb. 4.4).
- Linkshypertrophie, Schenkelblock, Schrittmacherimpulse, Digitalismedikation, Thorakotomie sowie Lagewechsel schränken die Aussagefähigkeit von ST-Streckenveränderungen deutlich ein.
- *Neu aufgetretene ventrikuläre* und/oder *supraventrikuläre Arrhythmien* als Folge von Ischämie, evtl. auch als Ausdruck einer ischämisch bedingten linksventrikulären Dysfunktion.

Wandbewegungsstörungen
- Regionale, *neu* auftretende Wandbewegungsstörungen gelten als *empfindlicher und früher Indikator* einer myokardialen Ischämie und werden am besten durch eine transösophageale Echokardiographie (TEE) erfaßt. Hohe Kosten, großer Aufwand, nur intermittierende Einsatzbar-

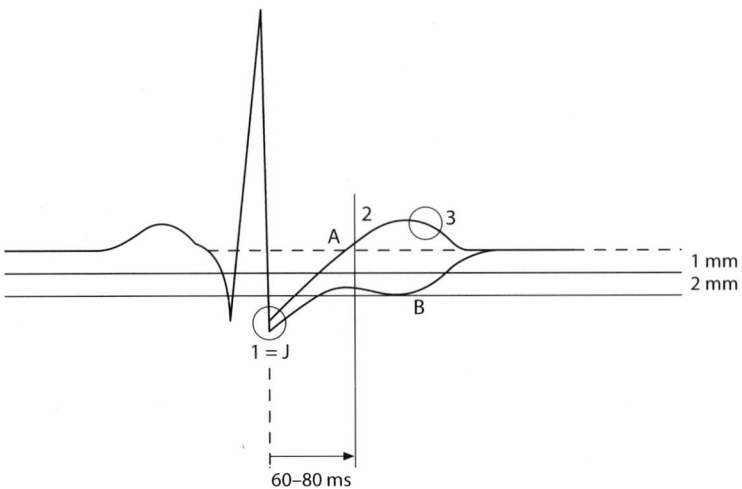

Abb. 4.4. Beurteilung der ST-Strecke. Als Bezugspunkt einer ischämischen ST-Senkung (horizontal gestreckt oder deszendierend) in linkspräkordialen Ableitungen gilt heute der Punkt 60–80 ms nach dem J-Punkt. Da auf einem Monitor-EKG diese Beurteilung meist schwierig ist, kann vereinfachend auch der Halbierungspunkt zwischen J-Punkt und T-Spitze herangezogen werden. 1 J-Punkt (Ende von ORS), 2 Halbierung zwischen 1 und 3 (etwa 60–80 ms nach dem J-Punkt), 3 T-Spitze, A frühzeitiger ST-Anstieg (Ischämie eher unwahrscheinlich), B später ST-Anstieg (Ischämie eher wahrscheinlich)

keit, sowie vielfältige Möglichkeiten nicht ischämisch bedingter Wandbewegungsstörungen schränken die routinemäßige Verwendung dieser Methode jedoch ein [35].

- Ein Anstieg des *Wedgedruckes* als klinisch meßbares Korrelat des LVEDD gilt heute weder als sensibles noch zuverlässiges frühes Zeichen einer perioperativen myokardialen Ischämie [7].

> **!**
> - Grundsätzlich reversibel, können besonders langdauernde Ischämien zum myokardialen Zellschaden und in weiterer Folge zu einer erhöhten perioperativen kardialen Morbidität (definiert als das Auftreten von Herzinfarkt, Herzversagen und/oder schwerwiegenden Rhythmusstörungen) führen [2, 18, 21, 25].
> - Perioperative Myokardischämien gelten heute als gesicherter Prädiktor einer erhöhten perioperativen kardialen Morbidität.

Der *klassische Myokardinfarkt* ist Folge eines rupturierten koronaren Plaques mit anschließendem totalem bzw. subtotalem Gefäßverschluss und präsentiert sich mit zumindest 2 der 3 folgenden Kriterien (WHO-Definition): typische Schmerzen, typisches EKG, typische Serologie.

Der *perioperative* Myokardinfarkt folgt nicht diesem traditionellen Muster; die Diagnostik ist problematisch.

> **!**
> Der perioperative Myokardinfarkt ist
> - zumeist stumm,
> - ohne unmittelbare hämodynamische Auswirkung und
> - in 50-80% ein Non-Q-wave Infarkt.

Vielfach handelt es sich um Mikronekrosen.

Zur Abklärung eines perioperativen Myokardinfarktes werden *biochemische Marker mit typischer zeitlicher Sequenz* herangezogen (Tabelle 4.3).

Ein *Anstieg der CK-MB* auf >6% der Gesamt-CK gilt auch perioperativ als dringend verdächtig auf einen Myokardinfarkt.

Tabelle 4.3. Verlaufsbeurteilung von relevanten biochemischen Markern bei akutem Myokardinfarkt

Marker	Anstieg (h)	Maximum (h)	Normalisierung (Tage)
Gesamt-CK	4– 8	16–36	3– 6
CK-MB	4– 8	12–18	2– 3
LDH	6–12	24–60	7–15
Myoglobin	2– 3	6–10	1
Toponin T	3–12	12–48	5–14
Toponin I	3–12	24	5–10

Eine Troponinkonzentration T >0,1 ng/ml bzw. Troponin I >0,4 ng/ml gilt definitionsgemäß als Merkmal einer Myokardnekrose [4]. Bei akuten koronaren Syndromen bestimmt die Troponinkonzentration die kardiale Prognose [26].

Die neuere *anästhesiologische Literatur* beschreibt einen Zusammenhang zwischen perioperativer Troponinhöhe und perioperativer kardialer Morbidität sowie zwischen perioperativem Troponinanstieg und kardialen Spätkomplikationen [18, 25].

Ein genauer Cutoff zwischen reversibler Herzmuskelschädigung (kurzfristige Freisetzung von zytosolischem Troponin) und definitiver Myokardnekrose (Freisetzung von strukturgebundenem Troponin) ist noch nicht definiert [19].

> **!** Auch in der perioperativen Medizin gelten Troponine heute als hochsensitive und hochspezifische Marker eines myokardialen Zellschadens und haben prognostische Bedeutung für das Auftreten von kardialen kurz- wie langfristigen Komplikationen.

Auftreten, Häufigkeit, Mortalität

Die Häufigkeit perioperativer Myokardinfarkte liegt abhängig von Patientenkollektiv, Art des chirurgischen Eingriffes und diagnostischen Kriterien (EKG und Serologie bzw. nur Serologie) zwischen 0 und 30%. Die Mortalität beträgt bis zu 40%. Analog zum Maximum des perioperativen Stresses treten perioperative Myokardinfarkte besonders während der ersten beiden postoperativen Tage auf [1, 2, 11, 15, 16, 21].

Präoperative Risikoidentifizierung und Minimierung

In den 2002 upgedateten „Richtlinien zur präoperativen Abklärung nichtkardiochirurgischer Patienten" haben das American College of Cardiology und die American Heart Association das perioperative kardiale Risiko entsprechend präoperativer klinischer Kriterien (Tabelle 4.4) und Art des chirurgischen Eingriffes (Tabelle 4.5) definiert [10].

Risikoidentifizierung
- Erkennen von Risikofaktoren, die das Vorliegen einer koronaren Herzerkrankung wahrscheinlich machen.
- Beurteilung von Schwere und Stabilität einer bestehenden koronaren Herzerkrankung entsprechend der klinischer Belastbarkeit (Tabelle 4.4).
- Beurteilung des durch des geplanten chirurgischen Eingriffes definierten kardialen Risikos (Tabelle 4.5).

Präoperative konservative Therapie
- Sofern keine zwingenden Kontraindikationen (z. B. Asthma) vorliegen, perioperative β-Blocker-Therapie bei Patienten mit definitiver koronarer Herzerkrankung bzw. Risikofaktoren [10, 36]!
- Optimieren bzw. Fortsetzen einer bestehenden antiischämischen und/oder antihypertensiven Therapie mit Nitropräparaten, Kaliumkanal Hemmern, ACE-Inhibitoren, α_1-Antagonisten bzw. α_2-Agonisten *bis* zum Op.-Morgen (bei ACE-Inhibitoren patientenindividuelle Entscheidung [6]).

Tabelle 4.4. Klinische Risikofaktoren einer erhöhten perioperativen kardialen Morbidität. (Mod. nach 11)

Hochgradig
- Instabile koronare Syndrome
- Dekompensierte Herzinsuffizienz
- Hämodynamisch bedeutsame Rhythmus-störungen
- Hochgradiges Klappenvitium

Mittelgradig
- Stabile Angina pectoris
- St. p. Myokardinfarkt
- Kompensierte Herzinsuffizienz
- Diabetes mellitus
- Niereninsuffizienz

Geringgradig
- Alter
- Atypisches EKG (Linkshypertrophie, Links-schenkelblock, ST-Streckenanomalien)
- Fehlender Sinusrhythmus (z.B. Flimmerarrhythmie)
- Eingeschränkte Belastbarkeit
- Schlaganfallanamnese
- Schlecht eingestellter arterieller Hypertonus

Tabelle 4.5. Perioperatives kardiales Risiko verschiedener nicht-herz-chirurgischer Eingriffe. (Mod. nach 11)

Eingriffe mit hohem Risikoa (>5%)
- Notfalleingriffe (speziell bei älteren Patienten)
- Große gefäßchirurgische Eingriffe
- Eingriffe mit langer Dauer und großen Volumenverschiebungen

Eingriffe mit mittlerem Risikoa (1–5%)
- Thrombendarterektomie der A. carotis
- Eingriffe an Hals und Kopf
- Intraperitoneale Eingriffe
- Intrathorakale Eingriffe
- Orthopädische Eingriffe
- Prostatachirurgie

Eingriffe mit niedrigem Risikoa (<1%)
- Endoskopische Eingriffe
- Oberflächliche Eingriffe
- Kataraktoperationen
- Mammachirurgie

a Bezogen auf kardial bedingten Tod/nichttödlichen Myokardinfarkt.

- Großzügiges Fortsetzen einer laufenden Therapie mit Thrombozytenaggregationshemmern.

Präoperative kardiologische Abklärung
- *Empfohlen:*
  - Vor elektiven Eingriffen mit hohem kardialen Risiko (s. Tabelle 4.5) bei Patienten mit definitiver koronarer Herzerkrankung bzw. Risikofaktoren und einer eingeschränkten klinischen Belastbarkeit.
  - Präoperative PTCA bzw. CABG je nach Myokardperfusion zur Senkung von perioperativer *und* Langzeitmorbidität [10, 20].
- *Nicht empfohlen:*
  - Bei Patienten die sich einem kleinen chirurgischen Eingriff mit geringem kardialem Risiko (s. Tabelle 4.5) unterziehen.
  - Bei Patienten bei denen Multimorbidität und Allgemeinzustand Interventionen am Koronarsystem ausschließen [10].

Wahl des Operationszeitpunktes
Nach einem Myokardinfarkt wird bei guter Belastbarkeit für elektive Eingriffe ein zeitlicher Abstand von 4–6 Monaten empfohlen [10]. Nach einer PTCA soll das Intervall eine Woche, nach einer Stentimplantation 4–6 Wochen betragen [10].

Eine dringliche chirurgische Indikation (z. B. bei vorliegendem Karzinom) sollte in Absprache zwischen Anästhesist, Patient, Operateur und Kardiologen individuell nach klinischer Belastbarkeit und Koronarstatus (Koronarangiographie) gestellt werden.

Monitoring
Ausmaß und Dauer des über den normalen Standard hinausgehenden Monitorings sollte sich an der patientenindividuellen Ausgangssituation in Verbindung mit den zu erwartenden Problemen des chirurgischen Eingriffes orientieren, um bestmögliche *in-*

tra- und postoperative hämodynamische Stabilität zu gewährleisten.

- Kontinuierliche Ableitung der klinischen Standardkombination II und V5 mit automatischer ST-Streckenanalyse (Sensitivität hinsichtlich Ischämieerkennung 80%, verglichen mit 75% bei alleiniger Verwendung von V5 und 96% bei Kombination von II, V4 und V5).
- Blutige Druckmessung bereits vor Einleiten der Narkose.
- ZVD-Messung: Bei normaler Ventrikelfunktion besteht eine akzeptable Korrelation zwischen ZVD und Wedgedruck.
- Pulmonalarteriendruck: Richtlinien zur Anwendung des Pulmonalarterienkatheters bleiben umstritten. Bei eingeschränkter linksventrikulärer Funktion (EF <40% und/oder bei voraussehbaren intra- oder postoperativen Problemen (große Volumenverschiebungen, aortales Crossclamping) sollte, entsprechende Erfahrung vorausgesetzt, auf diese wertvolle Zusatzinformation nicht verzichtet werden [30].

Narkoseführung

Die Narkose soll *stressfrei* sein, und durch bedarfsorientierte Vertiefung und Verflachung bestmögliche *hämodynamische Stabilität* gewährleisten.

Hervorzuheben sind die Bedeutung eines *erfahrenen Anästhesisten* und eines *zügig und schonend operierenden Chirurgen!*

Wichtig sind dabei:

- Ausreichende Volumensubstitution vor Narkoseeinleitung und intraoperativ, bedarfsorientiert, unter Beachtung des kritischen Hämatokritwertes.
- Hypnotika und/oder Analgetika ausreichend hoch dosieren und Wirkungseintritt abwarten im Wissen um maximale Stimuli (Intubation, Hautschnitt, Inzision von Peritoneum, Pleura usw.).
- Auf Normoventilation achten (**Cave:** Hypoxie, Hyperkapnie, Hypokapnie).
- Verhindern von Auskühlen durch Wärmematte, bei längeren Eingriffen Aufheizen des Operationssaales.

- Adäquate Analgesie am Operationsende.
- Medikamentöse intraoperative Therapie jeglicher hämodynamischen Instabilität erst nach Ausschluss primär anästhesie- bzw. operationsbedingter Ursachen.

> **!** Unter β-Blocker-Therapie bleiben Hypovolämie- und hypoxiebedingte Herzfrequenzanstiege aus.

Allgemeinanästhesie vs. Regionalanästhesie

Ergebnissen randomisierter klinischer Studien bei gefäßchirurgischen Patienten zufolge scheint die lumbale Regionalanästhesie keinen Einfluss auf die Inzidenz postoperativer kardialer Komplikationen zu haben [13].

Aus der kardiochirurgischen Anästhesie gibt es neuerdings aber Hinweise dafür, dass die thorakale Epidurale *mit* anschließender thorakaler epiduraler Analgesie Ausmaß des postoperativen Stresses und myokardialen Zellschaden nach CABG reduziert [17].

> **!** Präoperative Risikoidentifizierung und perioperative Stressprotektion gelten heute als wesentliche Maßnahmen zur Verminderung der perioperativen kardialen Morbidität und Mortalität.

Postoperatives Management

Während die intraoperative Periode dank moderner Anästhesieverfahren und engmaschigem Monitoring heute als relativ sicher gilt, stellt die postoperative Phase eine besonderer Belastung dar. Eine dem Operationstrauma proportionale Aktivierung von zentralem Nervensystem und hypothalamisch hypophysärer Achse mit *erhöhtem Sympatikotonus, Hyperkoagulabilität, operationsbedingten respiratorischen Problemen*, mitunter massiven *Flüssigkeitsverschiebungen* und *Anämie* begünstigen das Auftreten von Ischämien, Myokardinfarkten bzw. ischämisch bedingtem Pumpversagen.

Einer *konsequenten Stressprotektion* kommt während dieser Phase eine besondere Bedeutung zu! Dazu gehören:

- Ausreichende Analgosedierung
- Stabilität globaler hämodynamischer Parameter unter Beachtung eines ausreichenden koronaren Perfusionsdruckes und Vermeidung von Tachykardien durch bedarfsorientierte Volumssubstituierung und Beachtung des patientenindividuell kritischen Hämatkrits
- Oxygenierung (Sauerstoffmaske!)
- Normothermie
- Medikamentöse Stressprotektion (β-Blokker, α₂-Agonisten)
- Frühzeitige Wiederaufnahme der präoperativen antiischämischen bzw. antihypertensiven Dauertherapie
- Frühzeitige postoperative Heparinisierung bzw. Thrombozytenaggregationshemmung in Absprache mit dem Operateur.
- Gewährleistung ausreichender Überwachung von Patienten mit koronarem Risiko (EKG und biochemische Marker, z. B. Troponin) über die gesamte 1. Woche postoperativ, evtl. auch nach Verlegung auf die freie Station.

Vorgehen bei Myokardischämien

Ökonomisierung global hämodynamischer Parameter

Optimierung von Herzfrequenz, arteriellem Druck, peripherem Widerstand und Herzzeitvolumen primär durch
- ausreichende Narkosetiefe, Analgesie, Sedierung
- bedarfsorientierte Volumensubstitution unter Beachtung des patientenindividuell kritischen Hämatokritwertes.

Ausschluss relevanter Triggermechanismen

Verbesserung der myokardialen O_2-Bilanz durch Einsatz spezifisch antiischämischer Substanzen in Abhängigkeit von
- der jeweils vorliegenden hämodynamischen Situation.
- Beachtung der patientenindividuellen antiischämischen Dauertherapie.

Nitroglycerin
- Dosis:
  - Primär als Bolus, 0,1–0,4 mg, dann im Perfusor (1 µg/kg/min).
- Ziel:
- Verbesserung des myokardialen O_2-Angebotes (direkte, dosisabhängige Koronardilatation, verbesserte subendokardiale Durchblutung durch Abnahme der Vorlast).
  - Abnahme des myokardialen O_2-Verbrauches (durch Senkung der Vorlast, höherdosiert auch der Nachlast).

β-Blocker
- Dosis:
  - Primär als Bolus, 500 µg/kg, dann kontinuierlich im Perfusor 50–150 µg/kg/min (Halbwertszeit: 9 min)
- Ziel:
  - Abnahme des myokardialen O_2-Verbrauchs (negativ-chronotrope und negativ-inotrope Wirkung)
  - Verbesserung des myokardialen O_2-Angebots (indirekt durch Verlängerung der Diastolendauer)

Gerinnungaktive Substanzen
Bei Anzeichen eines myokardialen Zellschadens Heparin, je nach Blutungssituation und Hämodynamik in Verbindung mit Thrombozytenaggregationshemmern.

Intraaortale Ballonpumpe
Ist ein ischämisch bedingtes Pumpversagen medikamentös nicht beherrschbar, muss bei fehlender Kontraindikation (Aorteninsuffizienz, Aortaneurysma, schwere periphere arterielle Verschlusskrankheit) der Einsatz einer über die A. femoralis gelegten *intraaortalen Ballonpumpe (IABP)* erwogen werden.

Bei Hinweisen auf ein akutes koronares Syndrom (instabile Angina pectoris, Non-Q-wave Infarkt, Q-wave Infarkt [34] mit hämodynamischer Bedeutung *Koronarangiographie mit der Möglichkeit der gleichzeitigen PTCA* erwägen.

Längerfristiges Management von Patienten mit perioperativen Ischämien

Patienten, die während ihres stationären Aufenthaltes einen symptomatischen oder stummen myokardialen Zellschaden erlitten, laufen Gefahr, während der folgenden 6–24 Monate gehäuft kardiale Komplikationen zu erleiden [18, 22].

Sie bedürfen einer weiteren kardiologischen Abklärung, um therapeutische Schritte zur Verbesserung ihrer kardialen Langzeitprognose einzuleiten.

Literatur

1. Adams III JE et al. (1994) Diagnosis of perioperative myocardial infarction with measurement of cardiac troponin I. N Engl J Med 330: 670–74
2. Badner NH et al. (1998) Myocardial infarction after non-cardiac surgery. Anesthesiology 88: 561–64
3. Beattie WS et al. (1997) The addition of continuous intravenous infusion of ketorolac to a patient-controlled analgetic morphine regime reduced postoperative myocardial ischemia in patients undergoing elective total hip or knee arthroplasty. Anesth Analg 84: 715–722
4. Antman E et al. (2000) Myocardial infarction redefined. A consensus document of the Joint European Society of Cardiology/American College of Cardiology Committee for the redefinition of myocardial infarction J Am Coll Cardiol; 36: 959–1069
5. Bois S et al. (1997) Epidural analgesia and intravenous patient-controlled analgesia result in similar rates of postoperative myocardial ischemia after aortic surgery. Anesth Analg 85: 1233–1239
6. Colson P et al. (1999) Renin angiotensin system antgonists and Anesthesia. Anesth Analg 89: 1143–1455
7. Daele M von, Sutherland GR et al. (1990). Do changes in capillary Wedge pressure adequately reflect myocardial ischemia during anesthesia? Circulation 81: 865–871
8. Dorman T et al. (1997) Effects of clonidine on prolonged postoperative sympathetic response. Crit Care Med 25: 1147–1152
9. Eagle KM, Froehlich JB (1996) Reducing cardiovascular risk in patients undergoing noncardiac surgery. N Engl J Med 335: 1761–1763
10. Eagle KA et al. (2002) ACC/AHA guideline update for perioperative cardiovascular evaluation for noncardiac surgery-executive summary; A report of the American College of Cardiology/American Heart Association Task Force on Practice Guidelines (Committee to Update the 1996 Guidelines on Perioperative Cardiovascular Evaluation for Noncardiac Surgery) J Am Coll Cardiol; 39: 542–53
11. Forrest JB (1992) Multicenter study of general anesthesia. III predictors of severe perioperative adverse outcomes. Anesthesiology 76: 3–15
12. Frank SM et al. (1997) Perioperative maintainance of normothermia reduces the incidence of morbid cardiac events. JAMA 14: 1127–1134
13. Go AS, Browner WS (1996) Cardiac outcomes after regional or general anesthesia. Anesthesiology 84: 1–2
14. Gottlieb S (1998) Effect of beta-blockade on mortality among high-risk and low-risk patients after myocardial infarction. N Engl J Med 329: 489–497
15. Landesberg G et al. (2001) Myocardial infarction after vascular surgery: the role of prolonged stress-induced, ST depression-type ischemia. J Am Coll Cardio 37: 1839–47, 341: 715–19
16. Lee TL et al. (1996) Troponin T as a marker for myocardial ischemia in patients undergoing major noncardiac surgery. Am J Cardiol 77: 103110–36
17. Loik HM (1999) High thoracic epidural anesthesia, but not clonidine, attenuates the perioperative stress response via sympatholysis and reduces the release of troponin T in patients undergoing coronary artery bypass grafting. Anesth analg 88: 701–709
18. Lopez-Jimenez F et al. (1997) Prognostic value of cardiac troponin T after noncardiac surgery: 6-month follow-up data. J Am Coll Cardiol 29: 1241–1245
19. Mangano DT (1998) Adverse outcomes after surgery in the year 2001 – A continuing odyssey. Anesthesiology 88: 561–564
20. Mangano DT (1999) Assessment of the patient with cardiac disease. An anesthesiologist's paradigm. Anesthesiology 91: 1521–1526
21. Mangano DT et al. (1990) Association of perioperative myocardial ischemia with cardiac morbidity and mortality in men undergoing noncardiac surgery. N Engl J Med 323: 1781–1788
22. Mangano DT et al. (1992) Longterm cardiac prognosis following noncardiac surgery. JAMA 268: 233–239
23. Mangano DT et al. (1996) Effect of atenolol on mortality and cardio-vascular morbidity after noncardiac surgery. N Engl J Med 335: 1713–1720
24. McSpi-Europe Research Group (1997) Beneficial effects of the alpha-2 adrenorezeptor agonist mivazerol on hemodynamic stability and myocardial ischemia. Anesthesiology 86: 346–363

Sektion B

25. Metzler H et al. (1997) Perioperative myocardial cell injury: the role of troponins. Br J Anaesth 78: 386–390
26. Newby LK et al. (1998) Value of serial Troponin T measures for early and late risk stratification in patients with acute coronary syndromes. Circulation 98: 1853–1859
27. Nelson A (1993) Relationship between postoperative anemia and cardiac morbidity in high-risk vascular patients in the intensive care unit. Crit Care Med 21: 860–866
28. Oliver MF et al. (1999) Effect of mivazerol on perioperative cardiac complications during non-cardiac surgery in patients with coronary heart disease. The European Mivazerol Trial (EMIT). Anesthesiology 91: 951–961
29. Packer M, Cohn JN on behalf of the Steering Committee and Membership of the Advisory Council to Improve Outomes Nationwide in Heart Failure (1999) Consensus recommendations for the management of chronic heart failure. Am J Cardiol 83: 1A–38A
30. Pulmonary artery catheter consensus conference: Consensus Statement (1997) Crit Care Med 25: 910–925
31. Raby KE et al. (1999) The effect of heart rate control on myocardial ischemia among high-risk patients after vascular surgery. Anesth Analg 88: 477–482
32. Rosenberg-Adamsen S et al. (1999) Effect of oxygen treatment on heart rate after abdominal surgery. Anesthesiology 90: 380–384
33. Ryan TJ et al. (1999) Update: ACC/AHH Guidelines for the management of patients with acute myocardial infarktion: executive summary and recomondations. A report of the American College of Cardiology/American Heart Association Task Force on Practice Guidelines (Committee on Management of Acute Myocardial Infarction). Circulation 100: 1016–1030
34. Théroux P, Fuster V (1998) Acute coronary syndromes. Unstable angina and non-Q-wave myocardial infarction. Circulation 97: 1195–1206
35. Thys DM et al. (1996) Practice Guidelines for perioperative transesophageal echo-cardiography. A report by the American Society of Anesthesiologists and the Society of Cardiovascular Anesthesiologists Task Force on Transesophageal Echocardiography. Anesthesiology 84: 986–1006
36. Poldermans D et al. (1999) The effect of bisoprolol on perioperative mortality and myocardial infarction in high-risk patients undergoing vascular surgery. N Engl J Med 341: 1789–1794
37. Weiskopf RB (1999) Simple, easy, safe and inexpensive. But is it efficacious? Anesthesiology 90: 358–9

4.3
Arrhythmien

JUTTA BERGER

Unter kardialen Arrhythmien versteht man plötzlich auftretende Rhythmusänderungen, als Ausdruck einer Erregungsinstabilität des Herzens. Die *Häufigkeit* intraoperativ auftretender kardialer Rhythmusstörungen wird mit einer Inzidenz von 13 % bis 84 % angegeben 21, wenn man alle Formen elektrokardiographischer Abnormalitäten einschließt, wobei ventrikuläre Rhythmusstörungen in einem Prozentsatz zwischen 3 % und 60 % auftreten 6, 21. 20. Bertrand et al. fand eine höhere Inzidenz von ventrikulären Rhythmusstörungen bei Patienten mit kardialer Vorerkrankung (60 %) gegenüber Patienten ohne kardiale Vorerkrankung (37 %) 6. Die Inzidenz schwerwiegender Rhythmusstörungen wie z.B. andauernde multiple VES, Kammertachykardie, Kammerflimmern wird nur mit einem geringen Prozentsatz zwischen 0,9 % 30 und 6,0 % 21 angegeben. Die statistischen Unterschiede in den verschiedenen Untersuchungen ergeben sich u.a. aus der unterschiedlichen Häufigkeit der Vorerkrankungen und der verschiedenen Arten der Registrierung. Besonders häufig werden eher harmlose Rhythmusstörungen in der Ein- und Ausleitungsphase der Anästhesie, während des In- und Extubationsvorganges selbst (72 %) 5 und durch die u.a. 2malige Gabe von Succinylcholinchlorid (80 %) fast regelmäßig gesehen.

Kuner et al. 21 fanden eine höhere Inzidenz von Rhythmusstörungen bei Allgemein- gegenüber Regionalanästhesie, bei thorakalen und neurochirurgischen Operationen und bei intubierten gegenüber nichtintubierten Patienten.

> **!** Die Inzidenz kardialer Arrhythmien in der Narkose wird insgesamt mit 13-84 %, die der schwerwiegenden ventrikulären Rhythmusstörungen mit 0,9-6 % angegeben.

Erfassung

Die Registrierung des Herzrhythmus soll mittels Bildschirm-EKG, mit eventueller automatischer Papierschreibung bei Auftreten von Arrhythmien, erfolgen. Gewöhnlich steht für die perioperative elektrokardiographische Überwachung keine komplette 12-Kanal-EKG-Registrierung, sondern ein Dreielektrodensystem zur Verfügung, wobei v.a. die Ableitung II bevorzugt wird. Durch eine weitere modifizierte bipolare Ableitung CM 5 (RA-Elektrode über dem Manubrium sterni, LA-Elektrode in Position V_5 und F-Elektode am linken Bein plaziert, Ableitungswahlschalter in Stellung 1), kann auch ein linkspräkordiales „poor man's V_5" EKG vorwiegend zur Ischämiediagnostik abgeleitet werden.

Erwiesen ist, dass bei Sichtüberwachung des EKG nur etwa die Hälfte der tatsächlich auftretenden Arrhythmien entdeckt wird, wobei z.B. die Ablenkung des Anästhesisten durch andere Probleme eine der Ursachen für eine nicht vollständige Registrierung kardialer Arrhythmien ist. Eine exakte Arrhythmiediagnostik ist bei Sichtüberwachung einer Ableitung am Bildschirm nicht immer möglich. Die Holter-EKG-Überwachung, allerdings mit späterer Auswertung, garantiert eine vollständige Erfassung aller Arrhythmien während der Narkose. Weiter wäre eine genaue Differenzierung komplexer intraoperativ auftretender Herzrhythmusstörungen durch eine bipolare transösophageale EKG-Ableitung möglich.

> **!** Exakte Rhythmusdiagnostik durch EKG-Bildschirmüberwachung und evtl. Ausschrieb ist Voraussetzung für eine adäquate Therapie.

Eine *Rhythmusdiagnostik* ist die Voraussetzung für adäquate therapeutische Maßnahmen und Therapieerfolg. Für die perioperative Diagnostik kardialer Rhythmusstörungen ist die Beachtung von 4 Hauptmerkmalen sowie die Möglichkeit eines EKG-Ausschriebes zur genaueren Dokumentation zielführend:

- Frequenz, Regelmäßigkeit, Form der P-Wellen,
- Frequenz, Regelmäßigkeit, Form der QRS-Komplexe,
- Beziehung der P-Wellen zu den QRS-Komplexen,
- Ursache evtl. schenkelblockartiger Deformierung der QRS-Komplexe.

Arrhythmieklassifizierung nach Entstehungsmechanismen

Störungen der Erregungsbildung

Normale Automatizität

Durch veränderte Erregungsbildung im physiologischen Erregungsbildungsgewebe, wie im Sinus-, AV-Knoten und His-Purkinje-System, kann es zu einer gesteigerten oder verlangsamten Automatie kommen, wie z.B. im Rahmen eines Sick-Sinus-Syndroms.

Gestörte Automatizität

Es kommt zu einer abnormen Erregungsbildung in einem Gewebe, das physiologischerweise keine Erregung bildet: "ektope Erregungsbildung".

Getriggerte Aktivität (Abb. 4.5)

Die getriggerte Aktivität ist eine gestörte Impulsaussendung. Sie unterscheidet sich von der Automatizität (gestört/nicht gestört) durch 2 Punkte:
1) Ohne vorausgegangenem Impuls tritt keine elektrische Aktivität auf;
2) die getriggerte Aktivität ist das Ergebnis einer Nachdepolarisation, die die Schwelle für eine verzögerte rhythmische Aktivität erreicht, wobei die Nachdepolarisation früh (vor der vollen Repolarisation) oder spät (nach der vollen Repolarisation) auftreten kann.

Störungen der Erregungsleitung

Reentry-Mechanismus (Abb. 4.6)

Ein wiedereintritt der Erregungsfortleitung tritt dann auf, wenn der fortgeleitete Impuls nach einer Exzitation nicht aufhört, sondern nichtrefraktäre Gewebsareale erregt. Durch den Reentry-Mechanismus können supra-

Sektion B

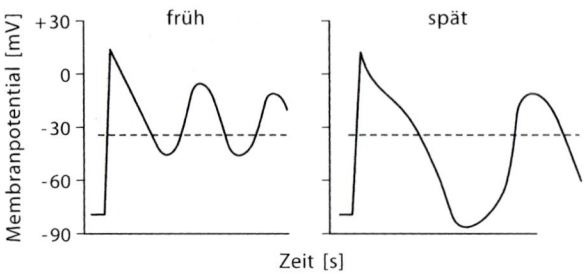

Abb. 4.5. Getriggerte Aktivität

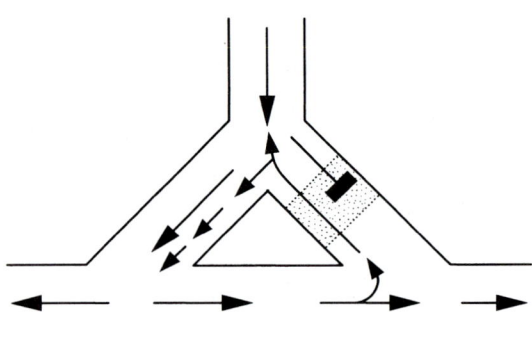

Abb. 4.6. Reentry-Mechanismus

Tabelle 4.6. Ursachen perioperativer Arrhythmien

Nichtkardiogen	Kardiogen
Hypoxie	Koronare Herzkrankheit
Hyperkapnie	Kardiomyopathie
Störungen im Säure-Basen-Haushalt	Kardiale Dekompensation
Störungen im Elektrolythaushalt	Hypertonikerherz
Unzureichende Narkosetiefe	Klappenfehler
Zu tiefe Narkose	Altersherz
Manipulation am Tubus	
Arzneimittelintoxikation	
Störungen im vegetativen Nervensystem	
Interaktion zwischen Anästhetika und Antiarrhythmika	
Zentralvenöser Zugang	
Chirurgische Stimuli	
Digitalisintoxikation	
Rhythmusstörungen sui generis	

ventrikuläre und ventrikuläre Tachykardien, Vorhofflattern, Vorhofflimmern, ventrikuläre Extrasystolen und Kammerflimmern aus-gelöst werden. Bedingungen für den Reentry-Mechanismus finden sich z.B. im ischämischen oder infarzierten Herzmuskel.

> ! Arrhythmien können hinsichtlich ihres Entstehungsmechanismus Störungen der Erregungsbildung oder der Erregungsleitung sein.

Klassifizierung der Arrhythmien nach Bedeutung

Intraoperative Rhythmusstörungen lassen sich nach ihrer Bedeutung in 3 Kategorien einteilen:

- *Benigne Rhythmusstörungen:* z.B. wandernder Schrittmacher, AV-Dissoziation, Knotenrhythmus und vereinzelte ventrikuläre Extrasystolen.
  Sie sind meist Ausdruck autonomer Imbalancen oder oberflächlicher Narkose. Narkosevertiefung, Unterbrechung chirurgischer Stimuli, evtl. Atropingabe machen eine spezielle antiarrhythmische Therapie meist überflüssig.
- *Schwere Rhythmusstörungen ohne kardiale Begleiterkrankung:* z.B. hochgradige Sinustachykardie und -bradykardie, Lown-III- und -IV-Arrhythmien.
  Sie sind zumeist Ausdruck einer akut aufgetretenen kardiorespiratorischen Störung (z.B. schwere Hypotension, Hypokapnie, Hypovolämie) oder Wiederholung eines präoperativ bestehenden Arrhythmiemusters **ohne** faßbare Ursache. Therapie ist die unverzügliche Behebung der auslösenden Ursache.
- *Schwere Rhythmusstörungen bei bestehender kardialer Erkrankung:* Sie sind meist Ausdruck der Rekapitulation des präoperativen Arrhythmieprofils. Die primäre Therapie orientiert sich an der Grundkrankheit.

Klassifizierung der Arrhythmien nach kardialer und nichtkardialer Genese

Mit Einführung der Langzeitelektrokardiographie konnten bei 20–30 % der Patienten ventrikuläre Arrhythmien ohne faßbare Ursache gefunden werden. Perioperative Arrhythmien können somit als Wiederholung eines präexistenten Musters mit und ohne faßbare Ursache auftreten, oder aber bei Neuauftreten ein Warnsignal myokardialer Dysfunktion bei kardialer Grundkrankheit, ausgelöst durch Triggerfaktoren, darstellen. Präoperative ventrikuläre Arrhythmien sind ein dominanter Prädiktor für das Auftreten von intra- und postoperativen Arrhythmien, wobei die Inzidenz intraoperativer Rhythmusstörungen durch die Stressabschirmung moderner Anästhesietechnik sinkt 25.

Aus einer jüngst zurückliegenden Multicenterstudie geht hervor, dass ein wesentlicher prädisponierender Faktor für intraoperative schwere ventrikuläre Rhythmusstörungen in der kardialen Grunderkrankung, einschließlich myokardialer Ischämie, präoperativen ventrikulären Arrhythmien und Myokardinfarkt mit einer Dauer von >1 Jahr, zu suchen ist 10.

> ! Arrhythmien können als Wiederholung eines präexistenten Musters mit und ohne faßbare Ursache und bei Neuerscheinung als ein Warnsignal myokardialer Dysfunktion auftreten. Wesentlichster prädisponierender Faktor für das gehäufte Auftreten von Arrhythmien sind präexistente Herzerkrankungen.

Klassifizierung der Arrhythmien nach klinisch-therapeutischen Richtlinien

Erregungsbildungsstörungen
1. Vom Sinusknoten ausgehende Rhythmusstörungen.
2. Vorhofarrhythmie.
3. Supraventrikuläre Reentrytachykardien.
4. Vorhofflattern, Vorhofflimmern.
5. Knotenarrhythmie.
6. Ventrikuläre Arrhythmien.

Erregungsleitungsstörungen
7. Blockbilder.

Anmerkung. Im folgenden Kapitel wurde darauf verzichtet, alle EKG-Veränderungen anzuführen. Es wurden nur die Veränderungen mit ihren Erkennungskriterien ausgewählt, die für den Anästhesisten von Bedeutung sind.

1. Vom Sinusknoten ausgehende Rhythmusstörungen

Sinustachykardie

Frequenzen über 130/min; jeder eindeutig identifizierbaren P-Welle folgt ein QRS-Komplex, kurzer Abstand zwischen den Aktionen.

Sinusbradykardie

Frequenzen unter 50/min; jeder P-Welle folgt ein QRS-Komplex.

Sinusarrhythmien (Abb. 4.7a)

Reguläre P-Wellen mit nachfolgenden QRS-Komplexen; sie sind ebenfalls regulär in der Zeit, Konfiguration und Voltage. Die PP-Intervalle sind jedoch in ihrem Abstand variabel (z.B. respiratorische Sinusarrhythmie).

Sinusknotenerkrankung ("Sick-Sinus-Syndrom") (Abb. 4.7b)

Das Sick-Sinus-Syndrom ist ein Überbegriff für verschiedene Herzrhythmusstörungen,

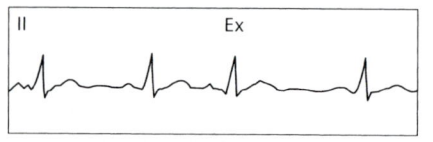

Abb. 4.7a-x. EKG-Veränderungen bei kardialen Arrhythmien. a Sinusarrhythmie

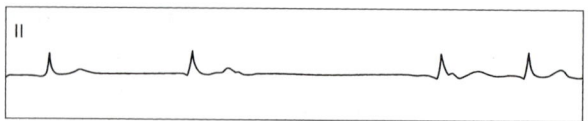

deren Ursache eine gestörte Sinusknotenfunktion ist. Dabei können gleichzeitig bradykarde und tachykarde Rhythmusstörungen, supraventrikuläre Tachykardie, extreme Sinusbradykardie, sinusatrialer Block, Sinusknotenverlangsamung und Übernahme der Schrittmacherfunktion durch supraventrikuläre/AV-Ersatzrhythmen, Vorhofflimmern und Vorhofflattern auftreten. Anamnestisch liegen gelegentlich Adams-Stokes-Anfälle bei Sinusknotenstillstand und fehlendem Ersatzrhythmus vor. Als mögliche Ursachen kommen ischämische Herzerkrankungen, Myokardinfarkt, Digitalis, β-Blocker und Kalziumantagonisten in Frage. Eine medikamentöse Therapie ist wegen der Bradykardie-Tachykardie-Phasen oft schwierig. Bei Nichtansprechen des Sinusknotens auf therapeutische Maßnahmen muss perioperativ zumindestens ein temporärer Schrittmacher eingesetzt werden.

2. Vorhofarrhythmien

Vorhofarrhythmien manifestieren sich am häufigsten als *Vorhofextrasystolen* oder *Vorhoftrachykardie* und treten spontan oder getriggert auf.

Vorhofextrasystolen (Abb. 4.7c)

Vorzeitig einfallende, leicht deformierte P-Wellen mit normaler Überleitung oder fehlender Überleitung aufgrund des sich noch in der absoluten Refraktärphase befindlichen AV-Knotens, sog. „blockierte Vorhofextrasystole", oder aberrierender ventrikulärer Überleitung (leicht deformierte QRS-Komplexe).

Abb. 4.7b. Sick-sinus-Syndrom

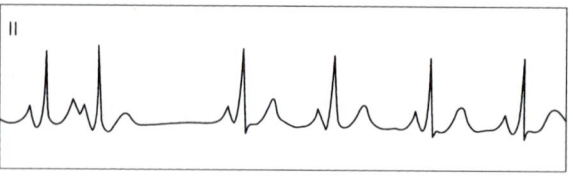

Abb. 4.7c. Vorhofextrasystole

Abb. 4.7d. Vorhoftachykardie
(mit 2:1-Überleitung)

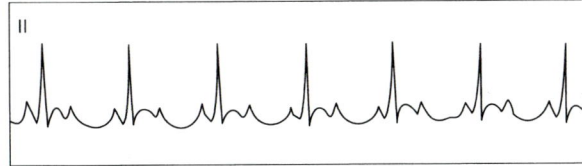

Vorhofextrasystolen sind nicht bedrohlich, können aber eine schnelle Ventrikelfrequenz nach Vorhofflattern, Vorhofflimmern oder paroxysmaler supraventrikulärer Tachykardie auslösen.

Vorhoftachykardie (Abb. 4.7d)

P-Wellen haben ein multiformes Aussehen, entspringen nicht aus dem Sinusknoten, die Frequenz liegt niedriger als beim Vorhofflattern (140-250/min), das PR-Intervall ist nicht verwertbar. Die QRS-Komplexe sind normal in Zeit, Konfiguration und Voltage, die Herzfrequenz hängt vom Überleitungsverhältnis (2 : 1-, 3 : 1-, 4 : 1- Überleitung) ab. Vorhoftachykardien mit 1 : 1-Überleitung sind schwer von einer Sinustachykardie, oft nur aus dem Verlauf oder durch ein Ösophagus-EKG zu unterscheiden. Vorhoftachykardien treten im Gegensatz zu Reentryarrhythmien spontan oder getriggert auf. Ursachen können chronische Lungenstauung, Digitalisintoxikation oder Vorhofdilatation sein.

3. Supraventrikuläre Reentrytachykardie

Paroxysmale supraventrikuläre Tachykardie (Abb. 4.7e)

Ein Reentrymechanismus ist die häufigste Ursache einer plötzlichen (parosysmalen) supraventrikulären Tachykardie. Sie wird meistens durch eine Extrasystole mit Ursprung im Vorhof, AV-Knoten oder Ventrikel ausgelöst und endet plötzlich.

In den meisten Fällen lassen sich kreisende Erregungen im Bereich des AV-Knotens mit oder ohne Vorliegen von akzessorischen Leitungsbahnen nachweisen. Der Rhythmus ist regelmäßig, die QRS-Komplexe sind schlank und unauffällig wie beim Sinusrhythmus und die Frequenz liegt zwischen

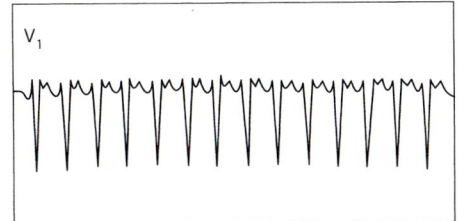

7Abb. 4.7e. Paroxysmale supraventrikuläre Tachykardie

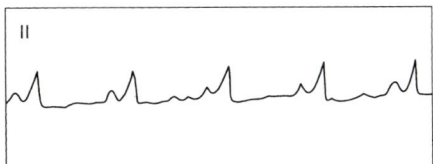

Abb. 4.7f. WPW-Syndrom

150 und 200/min. Eine genaue Abgrenzung der P-Welle ist oft schwierig. Ist die P-Welle leicht deformiert und vor dem QRS-Komplex gelegen, handelt es sich um ein intraatriales Reentry. Eine im QRS-Komplex verborgene P-Welle ist am häufigsten durch ein AV-Knotenreentry, eine dem QRS-Komplex folgende negative P-Welle durch ein AV-Reentry mit akzessorischem Bündel bedingt.

Wolff-Parkinson-White-Syndrom (WPW-Syndrom; Abb. 4.7f)

Beim WPW-Syndrom erfolgt eine vorzeitige Erregung eines Teiles der Ventrikel über das sog. Kent-Bündel. Reguläre P-Wellen in Zeit, Konfiguration und Voltage, ein deutlich verkürztes PR-Intervall und Verbreitung des QRS-Komplexes durch eine sogenannte „Deltawelle" sowie normale PT-Intervalle kennzeichnen das EKG. Von Bedeutung für das perioperative Vorgehen ist die Tatsache, dass im Rahmen des WPW-Syndroms su-

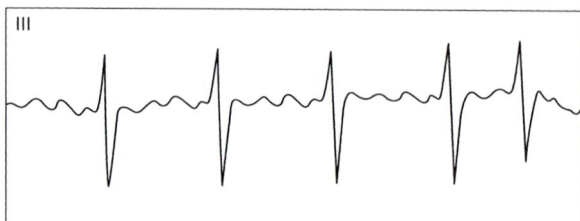

Abb. 4.7g. Vorhofflattern

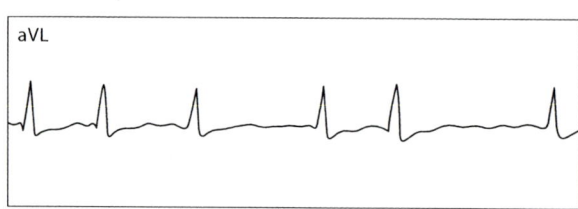

Abb. 4.7h. Vorhofflimmern

praventrikuläre Tachykardieepisoden auftreten können, die in 80–85% der Fälle durch kreisende Erregung im Bereich von AV-Knoten und akzessorischen Leitungsbahnen zustande kommen. Das EKG und die Therapie entsprechen dem der paroxysmalen supraventrikulären Tachykardie.

Kommt es im Rahmen eines WPW-Syndroms zu Vorhofflimmern oder seltener zu Vorhofflattern, läuft die Erregung im Reentry-Kreis anterograd über das Kent-Bündel und retrograd über den AV-Knoten. Es besteht die Gefahr einer schnellen Überleitung der Vorhoferregung über das Kent-Bündel mit hoher Ventrikelfrequenz, wobei es im Extremfall zu Kammerflimmern kommen kann.

4. Vorhofflattern und Vorhofflimmern
(Abb. 4.7g, h)
Beim *Vorhofflattern* finden sich sägezahnartig verformte P-Wellen, die als Flatterwellen bezeichnet werden, ohne erkennbares isoelektrisches Intervall und eine stark erhöhte Frequenz (200–350/min). Eine konstante 2 : 1-AV-Überleitung mit der halben ventrikulären Frequenz ist beim unbehandelten Patienten häufig und kann mit einer Sinustachykardie verwechselt werden. Die QRS-Komplexe können normal oder etwas verbreitert sein.

Beim *Vorhofflimmern* sind die P-Wellen nicht mehr erkennbar. Die QRS-Komplexe können irregulär in der zeit, Konfiguration und in der Voltage sein. Durch multiple, intraatriale Mikroreentrykreise kommt es zu einer ungeordneten Vorhofaktivität mit einer mittleren Frequenz von 350–600/min. Impulse über 160–180/min werden gewöhnlich nicht mehr an den Ventrikel weitergeleitet. Häufigste Ursachen sind organische Herzerkrankungen, Mitralklappenerkrankungen und Thyreotoxikose. Seltener wird ein Vorhofflimmern gelegentlich auch bei herzgesunden registriert. Die Therapie ergibt sich aus der zugrundeliegenden Erkrankung. Für die perioperative Therapie ist, wenn möglich, eine präoperative Digitalisierung und Frequenzeinstellung mit Verapamil dringend angezeigt.

5. Knotenarrhythmien

AV-Arrhythmien (Abb. 4.7i)
- *Oberer AV-Rhythmus (b):* die P-Welle ist negativ und geht dem unveränderten QRS-Komplex voraus;
- *mittlerer AV-Rhythmus (c):* die P-Welle ist im QRS-Komplex verborgen;
- *unterer AV-Rhythmus (d):* die P-Welle ist negativ und folgt dem QRS-Komplex.

Abb. 4.7i. AV-Arrhythmien
(a Sinusrhythmus, b oberer AV-Rhythmus, c mittlerer AV-Rhythmus,
d unterer AV-Rhythmus)

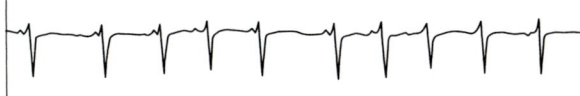

Abb. 4.7j. Wandernder Schrittmacher

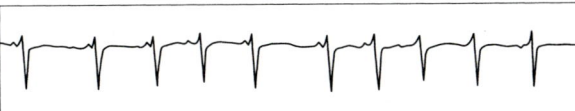

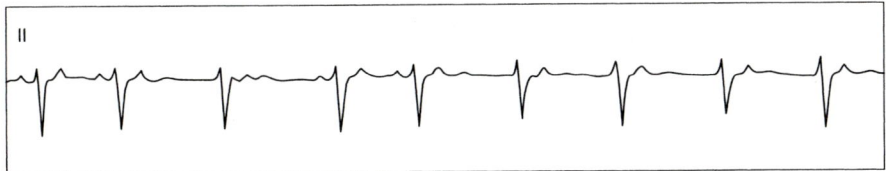

Abb. 4.7k. AV-Dissoziation

Die QRS-Komplexe sind regulär in Zeit, Konfiguration und Voltage, die Frequenz liegt unter 70/min, bei einer Knotentachykardie selten über 120/min. Der Knotenrhythmus tritt häufig bei jungen, gesunden, mit potenten Inhalationsanästhetika narkotisierten Patienten im Rahmen myokardialer Ischämien und nach kardiopulmonalem Bypass auf.

Wandernder Schrittmacher (Abb. 4.7j)

Das Schrittmacherzentrum wandert je nach Vagusreizung vom Sinusknoten zum AV-Knoten.

P-Wellen sind vorhanden, variieren jedoch in der Konfiguartion sowie in den PR-Abständen.

Eine positive P-Welle wird bei starkem Vagusreiz negativ. Jede P-Welle wird von einem QRS-Komplex gefolgt, der regulär in der Zeit, Konfiguration und Voltage ist (z.B. nach Digitalis, Succinylcholinchlorid).

AV-Dissoziation (Abb. 4.7k)

Einfache AV-Dissoziation: Sinkt die Frequenz des Sinsrhythmus unter die Frequenz der AV-Region, übernimmt diese die Schrittmacherfunktion. Während die Ventrikel im Takt der AV-Region arbeiten, schlagen die

Vorhöfe nach dem etwas langsameren Sinusrhythmus. Eine retrograde Erregung der Vorhöfe ist aufgrund ihrer Refraktärphase gegenüber der AV-Region meist nicht möglich. Folglich sind die P-Wellen positiv, haben keine konstante Beziehung zum QRS-Komplex und wandern durch den QRS-Komplex hindurch.

> **!** Wandernder Schrittmacher und Knotenrhythmus sind die häufigsten Rhythmusstörungen während der Narkose, sie bedürfen praktisch nie einer Therapie.

6. Ventrikuläre Arrhythmien

Ventrikuläre Extrasystolen (Abb. 4.7l)

Ventrikuläre Extrasystolen sind auch bei adäquater Narkoseführung häufig. Sie treten während der Ein- und Ausleitung oder in Phasen oberflächlicher Narkose auf. Im EKG sind die P-Wellen regulär in Zeit, Konfiguration und Voltage, wobei nicht jedem QRS-Komplex eine P-Welle vorausgeht. Der vorzeitige Extraschlag ist irregulär in Konfiguration oder Voltage mit fixer kopplung zur vorangehenden Aktivierung der gleichen Kammer (DD: Parasystole, ein Ext-

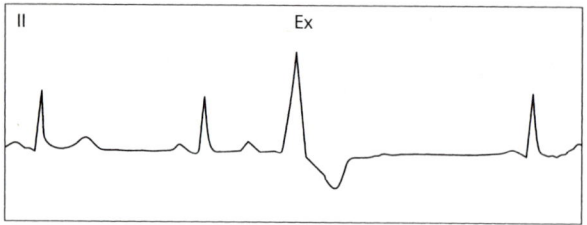

Abb. 4.7l. Ventrikuläre Extrasystole

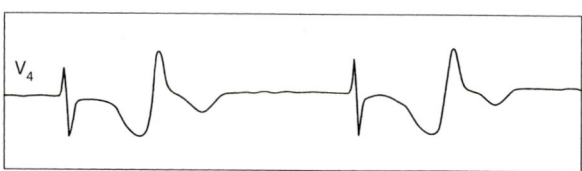

Abb. 4.7m. R-auf-T-Phänomen

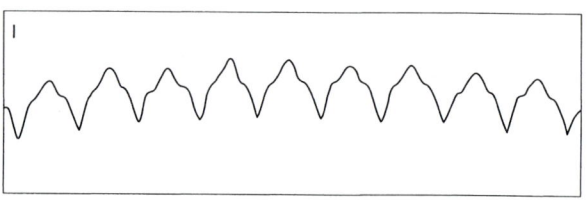

Abb. 4.7n. Ventrikuläre Tachykardie

raschlag mit variablem Kopplungsintervall). Ventrikuläre Extrasystolen (VES) können von einem Zentrum (unifokal) oder mehreren Zentren (multifokal) ausgehen. Sie können vereinzelt in regelmäßigen Abständen (z.B. Bigemie: ein Normalschlag, eine VES), in Salven oder in Form einer ventrikulären Tachykardie, auftreten.

R-auf-T-Phänomen (Abb. 4.7m)
Tritt die VES so frühzeitig auf, dass ihr Kammerkomplex in die Erregungsrückbildungswelle (T-Welle) der vorangegangenen Aktion fällt, so spricht man von einem R-auf-T-Phänomen.

> ❗ Die größte klinische Bedeutung besteht in der Gefahr der Induktion von schweren Rhythmusstörungen wie Kammertachykardie, Kammerflattern und Kammerflimmern.

Ventrikuläre Tachykardie
(VT; Abb. 4.7n)
Intraoperativ tritt eine VT meist anfallsweise, mit charakteristischen breiten, uniformen QRS-Komplexen auf. Besteht eine rechtsventrikuläre Tachykardie, zeigt das EKG ein linksschenkelblockähnliches Bild und umgekehrt. Ein PR-Intervall ist nicht erkennbar, die Frequenz ist meist regelmäßig und liegt zwischen 100 und 220/min. Durch hämodynamische Beeinträchtigung und Gefahr eines Kammerflimmerns ist eine sofortige Intervention angezeigt. Insgesamt tritt eine VT, abgesehen von Operationen am offenen Herzen, nur selten auf.

> ❗ Eine perioperative auftretende VT ist meist Ausdruck einer Ischämie, eines Myokardinfarktes oder einer Arzneimittelinteraktion.

Kammerflattern und Kammerflimmern
(Abb. 4.7o, p)

Kammerflattern manifestiert sich in breiten ventrikulären Komplexen mit einer Frequenz von mehr als 250/min, die bald in Kammerflimmern mit gänzlich unregelmäßigen Muskelkontraktionen übergehen können.

Torsade de pointes (Abb. 4.7q)

Sie stellen eine Sonderform der ventrikukären Tachykardie dar. Der ausschlaggebende Entstehungsmechanismus für die Torsaden sind verzögerte Repolarisation, repräsentiert durch ein verlängertes QT-Intervall und eine frühe Nachdepolarisation. Daneben können späte Nachdepolarisationen, wie sie in Purkinje-Fasern bei Digitalisintoxikation oder Magnesiummangel, oder Myokardinfarkt auftreten, ebenso zu Torsaden führen. Da die Verlängerung des QT-Intervalls frequenzabhängig ist, ist eine Einteilung in Torsaden mit QT-Zeitverlängerung und in solche ohne QT-Zeitverlängerung nicht mehr sinnvoll. Man hat den Begriff der „frequenzkorrigierten QT-Dauer (Qtc)" eingeführt, wobei ein Wert >0,45 s als pathologisch gilt, sofern nicht ein Schenkelblock vorliegt.

Im EKG sieht man QRS-Komplexe, mit wechselnder Polarität und periodisch zu- und abnehmender Amplitude, auch als „Spindeltachykardie" bezeichnet. Die Frequenz liegt bei 150–300/min. Man unterscheidet die *symptomatischen Formen*, deren auslösende Ursachen z.B. Elektrolytstörungen, erhöhter Katecholaminspiegel, zahlreiche Medikamente, besonders repolarisationsverzögernde Antiarrhythmika (der Klasse I-A, und III) und Antidepressiva, durchblutungsfördernde Medikamente einschließlich vieler Kalziumantagonisten, zentralnervöse Störungen, Alkoholenzugsdelir, organische Herzerkrankungen (koronare Herzkrankheit) sind, die *idiopathischen Formen* und das *idiopathische lange QT-Syndrom*.

> **!** Torsaden terminieren sich entweder rasch von selbst oder führen bei prolongiertem Verlauf zu hämodynamischer Beeinträchtigung und stellen ein Übergangsstadium zum Kammerflimmern da, weshalb sie rasch einer therapeutischen Intervention bedürfen.

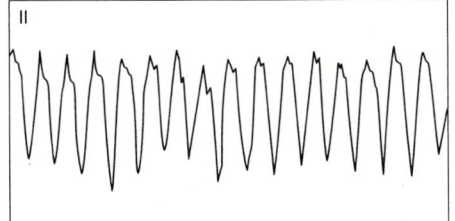

Abb. 4.7o. Kammerflattern

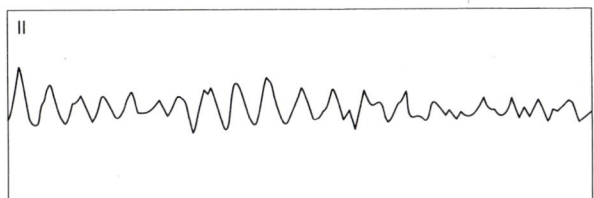

Abb. 4.7p. Kammerflimmern

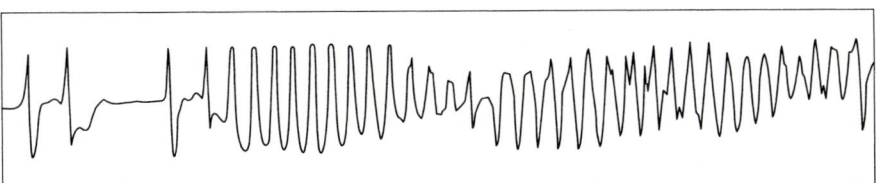

Abb. 4.7q. Torsades de pointes

Klassifizierung ventrikulärer Arrhythmien nach Lown

Die von Lown und Wolff, anhand von Holter-EKG-Registrierung erstellte Graduierung ventrikulärer Arrhythmien bei Infarktpatienten wird trotz vieler Nachteile auch heute noch zur Klassifizierung ventrikulärer Arrhythmien herangezogen 23.

Lown-Klassifizierung

- Grad 0:   keine VES,
- Grad I: monotope VES (<30/h),
- Grad II: monotope VES (>30/h),
- Grad IIIa: polytope VES,
- Grad IIIb: Bigeminus,
- Grad IVa: Couplets,
- Grad IVb: VT (>3 konsekutive VES),
- Grad V: R-auf-T-Phänomen.

7. Blockbilder (Abb. 4.7r-v)

An jeder Stelle des Reizleitungssystems kann eine Blockade entstehen. Unter einem AV-Block versteht man eine Verzögerung oder das Fehlen einer Impulsüberleitung von den Vorhöfen auf die Ventrikel. Der AV-Block wird in 3 Grade eingeteilt:

Grad I (Abb. 4.7r): Beim Überleiten sämtlicher Impulse und konstanter Verlängerung des PR-Intervalls spricht man von einem *AV-Block I Grades*. Die physiologischen Granzwerte der Überleitungszeit sind von der Herzfrequenz abhängig. Je schneller das Herz schlägt, desto kürzer ist das PR-Intervall. Für eine Herzfrequenz bis 60/min gilt ein Grenzwert von 0,20 s.

Grad II: Ein AV-Block II Grades liegt vor, wenn nicht alle Vorhofimpulse übergeleitet werden: *Wenckebach-Block* oder *Mobitz-I-Block* (Abb. 4.7s).

Das PR-Intervall ist zunehmend verlängert, bis zum intermittierenden Aussetzen einer AV-Überleitung mit dem Wegfall eines QRS-Komplexes.

Mobitz-II-Block (Abb. 4.7t): Meist regelmäßiger Ausfall der QRS-Komplexe (2 : 1, 3 : 1, 4 : 1) ohne Änderung des PR-Intervalls, das normal oder verlängert sein kann.

Grad III (Abb. 4.7u, v): Der *komplette AV-Block* beinhaltet eine vollständige Unterbrechung der Erregungsüberleitung von den Vorhöfen zu den Kammern. Die Überleitungsblockierung ist entweder im AV-Kno-

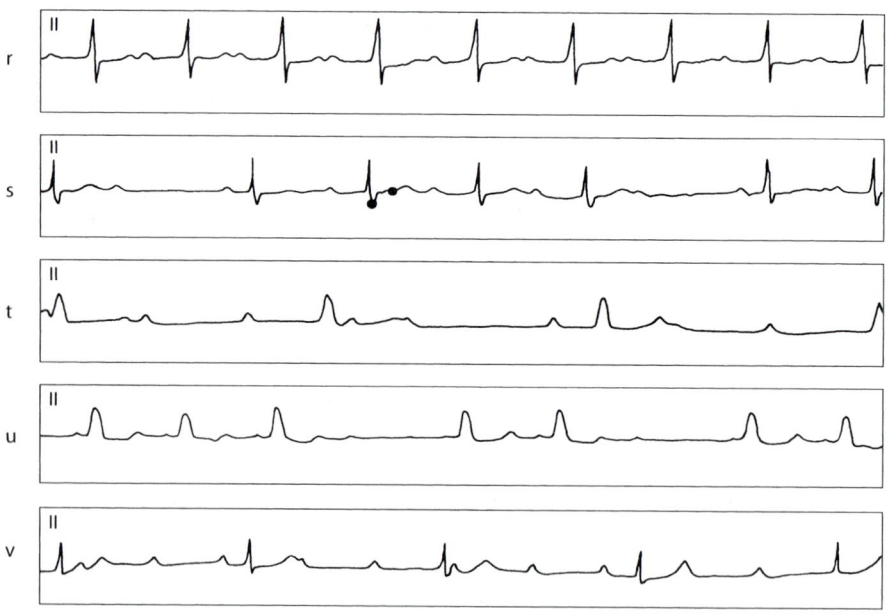

Abb. 4.7r-v. AV-Block Grad I-III

ten, im His-Bündel, oder in den Faszikeln gelegen. Vorhof und Ventrikel schlagen jeweils nach eigenem Rhythmus. Der Vorhofrhythmus kann ein Sinusrhythmus sein, aber auch Vorhoftachykardie oder Vorhofflimmern können vorliegen. Die Ventrikel schlagen im Rhythmus eines sekundären, in der AV-Region gelegenen, oder tertiären im Ventrikel gelegenen Zentrums. Je tiefer das Reizleitungszentrum liegt, desto breiter, oft schenkelblockartig deformiert sind die QRS-Komplexe. Die Ventrikelfrequenz liegt gewöhnlich bei einem im Ventrikel gelegenen Schrittmacherzentrum unter 40/min.

> AV-Knoten und His-Bündelzentren lassen sich pharmakologische (Atropin, Alupent) beeinflussen, ventrikuläre Zentren nicht.

Linksschenkel- und Rechtsschenkelblock
(Abb. 4.7w, x)
Ein Block im Bereich der Schenkel des His-Bündels bewirkt eine nichtgleichzeitige Erregung der beiden Ventrikel. Der QRS-Komplex ist als Zeichen einer Störung in der ventrikulären Reizleitung über 0,12 s verbreitert, das QT-Intervall verlängert. Eine Leitungsverzögerung im rechten Tawara-Schenkel wird Rechtsschenkelblock bezeichnet (Abb. 1.3x). Je nach Stärke der Verzögerung unterscheidet man zwischen einer Rechtsverspätung (QRS-Zeit <0,11 s), einem inkompletten (QRS-Zeit gering verlängert) und einem kompletten Rechtsschenkelblock (QRS-Zeit >0,12 s).

> Einem *Rechtsschenkelblock* sieht man häufig bei akuter oder chronischer Rechtsherzbelastung wie Lungenembolie, Cor pulmonale und Koronarsklerose.
>
> Der *Linksschenkelblock* (Abb. 4.7w) verursacht die selben Veränderungen, nur seitenvertauscht. Der Linksschenkelblock ist vorwiegend durch eine koronare Herzkrankheit bedingt.

VES können, abhängig vom Reizzentrum, ein ähnliches Aussehen haben. Mitunter beobachtet man einen frequenzabhängigen Linksschenkelblock, dessen Auftreten und Verschwinden oberhalb bzw. unterhalb bestimmter Frequenzen liegt (100–120/min).

Kardiale Arrhythmien und Outcome
Bewertung kardialer Arrhythmien
Hinsichtlich der Bedeutung intraoperativer Herzrhythmusstörungen für die perioperative Morbidität und Mortalität (instabile Angina pectoris, Myokardinfarkt, Herzinsuffizienz, arrhythmieinduzierte schwere hämo-

Abb. 4.7w. Linksschenkelblock

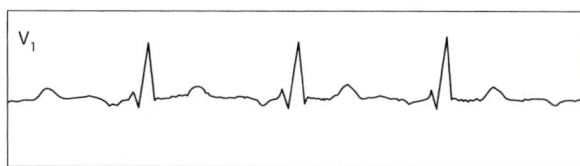

Abb. 4.7x. Rechtsschenkelblock

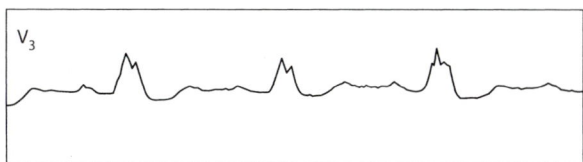

dynamische Beeinträchtigung oder Tod kardialer Genese) liegen widersprüchliche Erkenntnisse vor. Fehlende Korrelation zwischen Inzidenz oder Art der Arrhythmie als auch prädiktive Bedeutung von intraoperativen Herzrhythmusstörungen für die perioperative kardiale Morbidität wurden gefunden. Die unterschiedlichen Ergebnisse basieren teilweise, wie in einer Übersichtsarbeit von Mangano kritisch bemerkt wurde, in einer nicht exakten intraoperativen EKG-Erfassung 24. Grundsätzlich stellen perioperative Rhythmusstörungen in Verbindung mit einer kardialen Grunderkrankung einen ernst zu nehmenden Risikofaktor für die perioperative kardiale Morbidität dar 11, wobei der Schweregrad der Arrhythmien nicht unbedingt mit dem Schweregrad der koronaren Herzkrankheit und der linksventrikulären Dysfunktion korreliert. Aus der kardiologischen Literatur ist seit langem bekannt, dass die Langzeitprognose asymptomatischer gesunder Patienten mit komplexen ventrikulären Rhythmusstörungen denen gesunder Patienten gleichzusetzen ist 20.

> **!** Wesentliche Faktoren wie Stress, Schmerzen, erhöhter O_2-Verbrauch, Flüssigkeits- und Elektrolytverschiebungen können in der postoperativen Phase zu kardialen Komplikationen führen. Für Komplikationen wie Herzinsuffizienz, Rhythmusstörungen und Hypertonie besteht in den ersten 2 postoperativen Tagen ein erhöhtes Risiko, für das Auftreten eines Myokardinfarktes dehnt sich das erhöhte Risiko bis zum 6. postoperativen tag aus 11.

Arrhythmien und Anästhesie

Inhalationsanästhetika

Sie verlangsamen die spontane Sinusknotenfrequenz durch *Verlängerung der diastolischen Depolarisation* sowie die Erregungsleitung im AV-Knoten, His-Bündel und Purkinje-System indirekt, durch Modulation des vagalen Tonus. Desfluran kann jedoch bei rascher Anflutung eine *Sinustachykardie* induzieren. Spezifische Wirkungen der volatilen Anästhetika, wie „kalziumantagonistische Effekte", spielen bei intaktem Reizleitungssystem eine untergeordnete Rolle, können aber *bei bestehender Störung der Erregungsausbreitung* und *vorbestehender Therapie mit bestimmten Kalziumantagonisten* (z. B. Diltiazem, Verapamil) zu einer ernsthaften *Störung der Erregungsbildung* und Leitung führen, wie z. B. SA-Block, Sinusbradykardie, Sinusarrest, oder AV-Rhythmusstörungen meist als AV-Dissoziation.

Die antiarrhythmische Wirkung der Inhaltionsanästhetika bei myokardialer Ischämie ist vorwiegend auf einen kalziumantagonistischen Effekt zurückzuführen. Vor allem das Halothan ist wegen seiner „myokardsensibilisierenden" Wirkung auf Katecholamine wichtig. Bei moderneren Inhalationsanästhetika wie Sevofluran oder Desfluran ist diese unerwünschte Nebenwirkung von untergeordneter Bedeutung (Abb. 4.8).

Neben den Katecholaminen können auch direkte Stimulatoren, wie z. B. Metaraminol oder Phenylephrin, bei entsprechender Myokardsensibilisierung kardiale Arrhythmien auslösen (Abb. 4.9). Exogene Katecholaminzufuhr und endogen ausgeschüttete Katecholamine können während einer Inhalationsanästhesie sowohl supraventrikuläre als auch ventrikuläre Arrhythmien begünstigen. Daneben wird ein möglicher protektiver Effekt der Inhalationsanästhetika bei koronarer Herzkrankheit diskutiert, der auf der effektiven Kontrolle hyperdynamischer Kreislaufverhältnisse, auf antiarrhythmischen Effekten bei Ischämie und Reperfusion, günstiger Auswirkung auf Koronarspasmen und dem postischämischen, reperfundierten Myokard („stunned myocardium"), basiert.

Lokalanästhetika

Lokalanästhetika hemmen über eine selektive Blockade der schnellen Natriumionen-

Abb. 4.8. Ventrikuläre Extrasystolen nach verschiedenen Inhalationsanästhetika

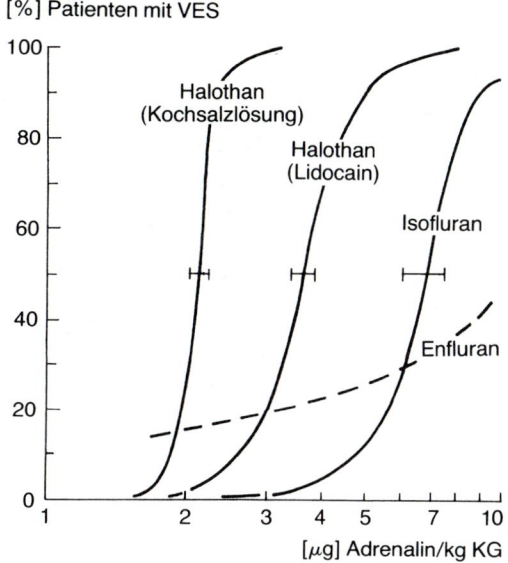

Abb. 4.9. Auslösung kardialer Arrhythmien durch direkte Stimulatoren (Phenylephrin, Metaraminol)

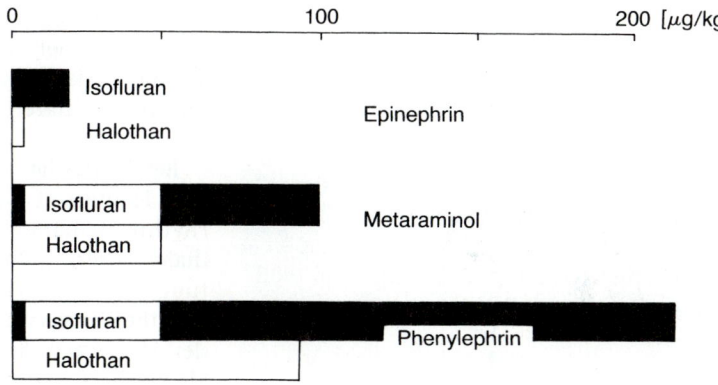

Kanäle die Leitung und die Erregbarkeit von Nerven und Herzgewebe. Die Wirkung erfolgt über direkte Verbindung der dissoziierten Form des Lokalanästhetikums an die Rezeptoren der Zelle und über Konformationsänderungen in der Zellmembran durch die undissoziierte Form. Tieruntersuchungen über die Toxizität von Lokalanästhetika haben eine scheinbar größere Kardiotoxizität von Bupivacain und möglicherweise von Etidocain im Vergleich zu Lidocain ergeben. Der Mechanismus beruht vermutlich auf einer erhöhten Affinität dieser Substanz zu inaktivierten Natriumionenkanälen im Herz 6. Unter subkonvulsiven Dosen zeigt sich ein arrythmogener Effekt von Bupivacain und Etidocain. Die Kardiotoxizität imponiert als Bradykardie und/oder AV-Block mit Hypotonie. Die Toxizität im Bereich des Zentralnervensystems manifestiert sich in Form von Krampfanfällen.

Anästhetika und Hyperkapnie

Bei schlecht beatmeten oder spontan atmenden Patienten treten bei pCO_2-Werten >44 mmHg, im Mittel bei 54 mmHg, kardiale Arrhythmien in Form von ventrikulären Extrasystolen auf.

Succinylcholinchlorid

Die 1- und v. a. die 2malige Gabe von *Succinylcholinchlorid* führt bei 80% der Patienten zu Rhythmusänderungen, wobei es, abhängig von den Vorerkrankungen des Herzens, bei etwa der Hälfte der Patienten zu ventrikulären Extrasystolen kommen kann. Succinylcholinchlorid hat einen positiv-chronotropen Effekt, Succinylmonocholin hat einen negativ-chronotropen Effekt, so dass es anfangs zu einem Anstieg der Herzfrequenz und später zu einem Abfall derselben kommen kann. Diese Effekte werden teilweise durch β-Blocker und Atropin antagonisiert [32].

Die frühere Meinung, dass voll digitalisierte Patienten nicht mit Succinylcholinchlorid relaxiert werden dürfen, um nicht eine Überdigitalisierung auszulösen [9], kann heute nicht mehr aufrechterhalten werden [4].

> **!** Voll digitalisierte Patienten können sowohl mit Succinylcholinchlorid als auch mit anderen nichtdepolarisierenden Muskelrelaxanzien behandelt werden. Ein häufigeres Auftreten von Arrhythmien muss allerdings bei voll digitalisierten Patienten erwartet werden.

Nichtdepolarisierende Muskelrelaxanzien

Das nichtdepolarisierende Muskelrelaxans *Pancuronium* fördert über seine vagolytische und sympathikomimetische Wirkung Tachyarrhythmien und ventrikuläre Dysrhythmien. Pancuronium verlängert die Aktionspotentialdauer, erhöht das Ruhepotential und induziert in Kombination mit Epinephrin auch abnormale Automatizitäten. Vecuronium kann in Kombination mit hohen Opiatdosen oder reflektorischer Vagusstimulation zu schweren Bradykardien bis hin zur Asystolie führen.

Medikamente

Die Weiterführung einer bereits präoperativ bestehenden medikamentösen Therapie während der Narkose kann Arrythmien auslösen oder verschlimmern.

Aminophyllin wird in klinischen Berichten als Ursache für Arrythmien bei Halothan 28 und Pancuronium 5 genannt. Kalziumantagonisten wie z.B. Verapamil oder Diltiazem können in Kombination mit einem potenten Inhalationsanästhetikum oder β-Blocker einen AV-Block und Ersatzrythmen auslösen 3. Die Toxizität von Digitalis an sich weist keine spezifischen Arrythmien auf. Eine Vorhoftachykardie mit Blockbildung bei chronischer Digitalisierung gibt einen eindeutigen Hinweis für eine toxische Reaktion auf Digitalis. Hypoxie, Katecholamine, Säure-Basen Störungen, Halothan, Enfluran, Ketamin, Droperidol können die Toxizität von Digitalis steigern. Cimetidin kann bei repetitiver i.v. Gabe aufgrund einer möglichen Blockade myokardialer Histaminrezeptoren zu Sinusarrest und ventrikulären Arrythmien führen 22.

Reflexirritation

Die Häufigkeit der reflexinduzierten Arrhythmien hängt vom Vorhandensein kardialer Vorerkrankungen, der Art der Einleitung, ob intravenöse oder Inhalationsanästhetika verwendet werden, von der Art der Überwachung und der Definition, was als kardiale Arrhythmie registriert wird, ab (List 1969).

Bei Stimulierung des Larynx und der Trachea wie dies bei Intubationsmanövern geschieht, kommt es bei bis zu 90% der Patienten zum Auftreten von kardialen Arrhythmien. Eine Korrektur einer evtl. zu oberflächlichen Anästhesie oder Hyperkapnie bzw. Hypoxie muss als erste Maßnahme beim Auftreten von Arrhythmien durchgeführt werden.

Arrhythmien und chirurgische Stimuli

ZNS-Stimulation: Das zentrale Nervensystem kann durch eine Stimulation, wie sie z.B. bei neurochirurgischen Eingriffen an der hinteren Schädelgrube oder am Frontallappen auftritt, Anlaß zu kardialen Arrhythmien sein. Die Elektroschocktherapie führt ebenfalls häufig zu Extrasystolen.

Manipulationen am Hirnstamm oder an den Hirnnerven können zu plötzlichen Bradyarrhythmien, ventrikulären Extrasystolen, ventrikulären Tachykardien und AV-Dissoziation bis hin zum Herzstillstand führen. Kardiale Arrhythmien können, abgesehen von einer kardialen Grunderkrankung, intraoperativ Zeichen chirurgischer Manipulationen, postoperativ oft Zeichen einer Dysfunktion des Hirnstammes sein.

Auch Zug am *Peritoneum* kann bei oberflächlicher Narkose verschiedenartige kardiale Arrhythmien, nicht selten eine vagal vermittelte Reflexbradykardie auslösen.

Der *okulokardiale Reflex*, der durch Zug an den Augenmuskeln oder durch äußeren Druck auf den Augapfel zustande kommt (z.B. Strabismusoperationen) und zu einer trigeminusvagalen Stimulierung führt, gibt in 30–87% der Fälle zu Bradykardien und ventrikulären Extrasystolen Anlaß.

Arrhythmien und Elektrolytveränderungen

Änderungen des Kaliumspiegels können auslösend für Arrhythmien sein. Hyperkaliämien vermindern die Depolarisationsfrequenz und die Depolarisationsamplitude. Hypokaliämien fördern die Depolarisation und führen daher häufiger zu tachykarden Rhythmusstörungen.

> **!** Werte unter 3 mmol/l müssen als gefährlich angesehen werden (z.. nach Diuretikatherapie, Langzeitdigitalisierung), und sollten immer präoperativ korrigiert werden.

Neben Kalium spielt Magnesium als antiarrhythmogenes Ion eine wesentliche Rolle. Es besteht ein kausaler Zusammenhang zwischen Magnesiummangel und kardialen Arrhythmien.

> **!** Die Kombination Bradykardie, Hypokaliämie und Hypomagnesiämie erhöht die Bereitschaft zum Auftreten von Torsaden. Magnesium zu Therapie von supraventrikulären und ventrikulären Tachyarrhythmien hat sich als effektiv erwiesen [14].

Therapie kardialer Arrhythmien

Das Management bei perioperativen Arrhythmien liegt im Erkennen und Behandeln zugrundeliegender Ursachen, sowie im Ausschalten noch verschlimmender Faktoren. Nur bei unmittelbarer hämodynamischer Gefährdung bedarf es einer sofortigen Therapie (Antiarrhythmika, Kardioversion, Schrittmacherstimulation).

Neben unerwünschten Interaktionen zwischen Antiarrhythmika und Anästhetika können Antiarrhythmika bestehende Arrhythmien verstärken bzw. Arrhythmien auslösen („proarrhythmogener Effekt").

> **!** Indikation zur antiarrhythmischen Therapie:
> 1) Die Arrhythmie kann nicht durch Behebung der zugrundeliegenden Ursachen beseitigt werden.
> 2) Die Hämodynamik ist durch die Arrhythmie deutlich eingeschränkt.
> 3) Die Arrhythmie prädisponiert zu bedrohlichen Rhythmusstörungen.

Bei Auftreten von kardialen Arrhythmien nach Einleitung und während der Narkose mit Zeichen endogener Katecholaminausschüttung, wie Herzfrequenzsteigerung und Blutdruckerhöhung, besteht die Therapie zuerst in einer Vertiefung der Narkose mit i.v.-Anästhetika oder Inhalationsanästhetika, evtl. einer Korrektur des Beatmungsmusters mit pCO_2-Werten unter 40 mm Hg und Erhöhung des F_1O_2-Wertes mit pO_2-Werten um 100 mm Hg.

> ! Wenn nach Vertiefung der Narkose, Ausschaltung aller möglichen Ursachen und Ausschluss eines präexistenten Arrhythmiemusters kardiale Arrhythmien weiterbestehen, soll eine Therapie mit Antiarrhythmika eingeleitet werden.

Pharmakologische Therapie von Herzrhythmusstörungen

Für die perioperative Therapie von Rhythmusstörungen sind einige wenige intravenös anwendbare Antiarrhythmika wichtig, mit deren Wirkung und Nebenwirkungen der Anästhesist vertraut sein sollte. Derzeit liegt für die Klassifizierung der Antiarrhythmika noch kein einheitliches Schema vor. Obwohl die Klassifikation nach *Vaughan Williams* mehrere Nachteile aufweist, ist sie nach wie vor die am häufigsten angewendete Einteilung.

Nachteile sind:

1) Die Klassifikation basiert auf der zellulär elektrophysiologischen Wirkung der Antiarrhythmika.
2) Manche Substanzen weisen mehr als ihrer Klasse entsprechende Wirkungen auf.
3) Manche Substanzen wirken zusätzlich über ihre pharmakologisch aktiven Metaboliten.

Die *Klasse I* umfaßt die *Natriumkanalblocker*, deren einzelne Substanzen verschiedene Wirkungen auf die Erregungsleitungsgeschwindigkeit, Repolarisation und Refraktärzeit haben. Die Erregungsleitungsgeschwindigkeit und die Refraktärzeit wird durch die Blockade der Natriumkanäle beeinfluss, die Aktionspotentialdauer ist von der Geschwindigkeit der Repolarisation, also vom Kaliumausstrom abhängig.

Die *Klasse II* umfasst die *β-Blocker* mit indirekter Wirkung auf elektrophysiologische Parameter. Sie hemmen kompetitiv die potentiell proarrhythmische Wirkung des Sympathikus auf die Impulsbildung im Si-

nusknoten sowie auf die Erregungsüberleitung im AV-Knoten.

Die *Klasse III*-Substanzen verzögern die Repolarisation durch *Hemmung des Kaliumausstroms*, verlängern die Refraktärzeit und haben wenig Einfluss auf die Erregungsleitungsgeschwindigkeit. Eine Substanz (Amiodaron) vermag den Natriumkanal schwach zu blockieren.

Die *Klasse -IV-Antiarrhythmika* hemmen den *langsamen Kalziumeinstrom* und beeinflussen in erster Linie Sinus- und AV-Knoten.

ÜBERSICHT

Klassifikation der Antiarrhythmika nach ihrem Wirkungsmechanismus, modifiziert nach Vaughan Williams 31

I. *Natriumkanalblocker*
    A. *Mäßige Phase-O-Depression:* Verlängerung des Aktionspotentials und der Refraktärzeit. z.B. Ajmalin, Chinidin
    B. *Minimale Phase-O-Depression:* Verkürzung des Aktionspotentials, relative Zunahme der Refraktärzeit. z.B. Mexiletin, Lidocain, Phenytoin
    C. *Deutliche Phase-O-Depression:* Aktionspotentialdauer und Refraktärzeit unverändert, Erregungsleitung verlangsamt. z.B. Propafenon, Flecainid
II. *β-Rezeptorenblocker* z.B. Esmolol, Metoprolol
III. *Zunahme der Repolarisationsphase* z.B. Amiodaron, Sotalol
IV. *Kalziumkanalblocker* z.B. Verapamil, Diltiazem

Tachykardie

Sinustachykardien sind fast immer Zeichen einer oberflächlichen Narkose. Die Therapie besteht zunächst in der Vertiefung der Narkose. Bei Fortbestehen der Sinustachykardie werden **β-Blocker** angewendet. *Esmolol*, ein selektiver β_1-Rezeptorenblocker ohne ISA, mit einer sehr kurzen Halbwertszeit von 8–9 min, dadurch gut steuerbar, ist das Mittel der

Wahl. Die Wirksamkeit ist 5- bis 6mal höher als die von Propranolol und Metoprolol. Die Dosierung liegt bei 0,25–0,5 mg/kg/KG Bolus fraktioniert langsam i.v., gefolgt von 50–200<µ>g/kgKG/min Dauerinfusion. *Metoprolol*, ebenfalls ein kardioprotektiver β-Blocker mit relativer Selektivität für β_1-Rezeptoren und ohne ISA, wird in der Dosierung von 5-mg-Bolusgabe verabreicht, die bei Bedarf alle 2 min bis maximal 15 mg wiederholt werden kann. Weiter kommt *Propranolol*, mit unspezifischer Membranwirkung, 1–2 mg Bolus langsam i.v. und evtl. Wiederholung der Dosis nach 2–5 min, u.a. bei Thyreotoxikosen zur Anwendung. Da die β-Blocker die AV-Überleitung verlangsamen, sind sie auch zur Kontrolle der Ventrikelfrequenz bei Vorhofflattern, Vorhofflimmern und paroxysmaler supraventrikulärer Tachykardie geeignet. Eine Konversion zum Sinusrhythmus bei supraventrikulären Tachykardien wird i.allg. aber nicht erreicht.

Tachyarrhythmien

Ausschlaggebend für eine effektive antiarrhythmische Therapie ist die oftmals schwierige Differenzierung zwischen Tachyarrhythmien mit schmalen und breiten QRS-Komplexen. Bei 90% der supraventrikulären Tachykardien mit aberrierender Überleitung kommt es zu einem Rechtsschenkelblockbild. Im Gegensatz dazu haben Impulse, die im Ventrikel entstehen, meist eine Linksschenkelblockkonfiguration. Besteht bereits ein Schenkelblock, so spricht eine Änderung der QRS-Morphologie in der tachykarden Phase für eine ventrikuläre Tachykardie.

Adenosin, ein endogenes Nukleosid mit extrem kurzer Halbwertszeit (3–10 s), eignet sich neben der Unterbrechung supraventrikulärer Rhythmusstörungen mit Bolusgaben von Initial 6 mg i.v. und einer evtl. Wiederholung von 12 mg i.v. auch zur Differentialdiagnostik von Schmal- und Breit-Kammerkomplex-Tachykardien. Adenosin führt zu einer atrioventrikulären Leitungszeitverlängerung und beeinflusst zusätzlich das His-Bündel in seiner Schrittmacherakti-

vität, wodurch es aufgrund der kurzen Halbwertszeit zu einer nur kurzdauernden Asystolie kommen kann.

Terminierung einer Schmal- oder Breitkammerkomplextachykardie durch Adenosin weist auf einen Reentry-Mechanismus im AV-Knotenbereich mit und ohne Schenkelblock in. Verlangsamung der Tachykardie kann eine Vorhoftachykardie, Vorhofflimmern oder Vorhofflattern demaskieren. Wird durch Adenosin kein Effekt erzielt, so liegt mit hoher Wahrscheinlichkeit (Sensitivität von 90%, Spezifität von 93%) eine ventrikuläre Tachykardie vor [27].

Bei **paroxysmaler supraventrikulären Tachykardien (PSVT)** kann, alte Patienten und Patienten mit zerebraler Anamnese ausgenommen, eine Beendigung der Tachykardie mechanisch durch Karotissinusmassage versucht werden.

Zur medikamentösen Therapie bieten sich neben Verapamil, 5–10 mg Bolus i.v. als Mittel der Wahl, noch β-Blocker sowie Sotalol (Klasse-III-Antiarrhythmikum), 20 mg langsam über 5 min i.v., und Adenosin an, wobei Adenosin als Mittel der Wahl zunehmend in den Vordergrund gelangt. Die Effektivität von Adenosin in der Therapie einer PSVT liegt bei 100% gegenüber Verapamil mit 73% [27].

Treten bei bekanntem **WPW-Syndrom** supraventrikuläre Tachykardieepisoden auf, entspricht die Therapie die der PSVT. Bei Auftreten von Vorhofflimmern, seltener Vorhofflattern haben sich *Ajmalin*, 1 mg/kg/KG Bolus sehr langsam über 5 min i.v., sowie *Propafenon*, 0,5–1 mg/kg langsam i.v., bewährt. In diesem Falle sind Verapamil und Digitalis kontraindiziert, da sie die Überleitung im Kent-Bündel begünstigen.

Vorhoftachykardie oder gehäuft auftretende **Vorhofextrasystolen**, die eine Tachykardie auslösen können, sprechen gut auf β-Blocker an. Bei hämodynamisch wirksamen hochfrequenten **Vorhofflattern** oder **Vorhofflimmern** ist eine sofortige Kardioversion indiziert. In weniger dringenden Fällen kann eine Senkung der Ventrikelfrequenz durch *Verapamil*, 5 mg langsam i.v. mit eventueller Wiederholung nach 5 min, versucht werden. Bei sympathikoton induziertem Vorhofflimmern lässt sich eine Abnahme der Frequenz mitunter durch die Gabe eines β-Blockers erzielen. Als weitere Therapie bieten sich noch Digitalis, wenn auch die Wirkung verzögert eintritt, sowie Magnesium, besonders bei Verdacht auf Magnesiummangel, an.

Die *durch eine Digitalisintoxikation* ausgelösten Arrhythmien (Tachyarrhythmien, paroxysmale supraventrikuläre Tachykardien, Vorhofflattern, Vorhofflimmern, ventrikuläre Tachykardien) sowie unklare Regelmäßigkeiten bei erwarteten Unregelmäßigkeiten (Vorhofflattern, Vorhofflimmern) können symptomatisch durch Magnesiumgabe, β-Blocker, Kalziumantagonisten und evtl. Phenytoin therapiert werden.

Ventrikuläre Extrasystolen (VES) treten häufig in der Ein- und Ausleitungsphase, sowie bei oberflächlicher Narkose auf, können aber auch Ausdruck myokardialer Ischämien sein. Führt die Korrektur der möglichen zugrundeliegenden pathophysiologischen Mechnismen zu keiner Besserung, so muss eine spezifische Therapie z.B. mit Lidocain eingeleitet werden. Bei Patienten mit bereits präoperativen, z.B. durch Holtermonitoring diagnostizierten, nicht therapiebedürftigen ventrikulären Rhythmusstörungen nach der Lown-Klassifizierung, z.B. Lown IIIa, IV, ist die Einleitung einer spezifischen antiarrhythmischen Therapie nicht zwingend.

Bei **polytopen VES-Salven** und **R-auf-T-Phänomen**, die eine ventrikuläre Tachykardie auslösen können, ist Lidocain das Mittel der Wahl.

Eine perioperative ventrikuläre Tachykardie (VT) ist meist Ausdruck einer myokardialen Dysfunktion im Rahmen einer Ischämie, eines Myokardinfarktes oder aber auch einer Arzneimittelintoxikation und -interaktion. Bei tolerierbarer Hämodynamik kann eine i.v.-Therapie mit Lidocain, 0,5–1 mg/kgKG als Enzeldosis evtl. wiederholt langsam i.v., oder Mexiletin, 100–250 mg Bolusdosis langsam i.v., durchgeführt werden. Ist die VT stressbedingt, so können β-Blo-

cker wirksam sein. ei hämodynamisch bedrohlicher Situation muss primär eine Kardioversion mit <100 J durchgeführt werden.

Torsade de pointes sind, aufgrund der mannigfachen Ursachen, in ihrer Therapie problematischer. Bei bekanntem angeborenem langem QT-Syndrom sind β-Blocker das Mittel der Wahl. Wird bei erworbenen Torsaden nach Ausschalten aller möglichen Ursachen und nach einem initialen Therapieversuch mit Magnesium (Magnesiumbolus 8 mmol/l langsam i.v. und anschließender Dauerinfusion von 4 mmol/l/h und Kaliumsubstitution bis zu einem hoch normalen Kaliumserumspiegel) kein Erfolg erzielt, ist die Therapie der Wahl die Kardioversion. Da die Rezidivneigung nach Kardioversion hoch ist, muss als definitive Maßnahme, um die Repolarisation der Muskelfasern zu synchronisieren, eine „overdrive" SM-Stimulation mit Frequenzen von 120–130/min initiiert werden. Für die Überbrückung bis zur SM-Stimulation kann Isoprenalin in der Dosierung 1–5 <μ>g/min als Notfallmaßnahme eingesetzt werden, denn Isoprenalin kann direkt und indirekt durch Auslösen einer Tachykardie denselben Effekt erzielen.

Kontraindiziert sind Antiarrhythmika der Klasse Ia, Ic und III, die zu einer Verlängerung des QT-Intervalls führen. Bei therapierefraktären lebensbedrohlichen **ventrikulären Arrhythmien** ist *Amiodaron*, 2,5–5 mg/kgKG Bolus appliziert als Kurzinfusion über 15 min, ein potentes Klasse-III-Antiarrhythmikum, angzeit 30. Wegen seiner zahlreichen Nebenwirkungen und der langen Halbwertszeit soll es nur bei therapierefraktären Tachyarrhythmien zur Anwendung gelangen. Als mögliche Komplikation einer Gabe von Amiodaron bei anästhesierten Patienten gilt eine totaler AV-Block bzw. ein Sinusarrest mit Escaperhythmen.

> ! Gehäufte unifokale oder multifokale ventrikuläre Extrasystolen können Vorstufen von Kammerflimmern sein und bedürfen einer sofortigen Therapie.

Bradykardie

Bei Auftreten von bradykarden Rhythmusstörungen wie vagal bedingten Sinusbradykardien, SA-Blockierung, intermittierenden Sinusstillstand kann eine i.v.-Gabe von Atropin in einer Dosierung von 0,01 mg/kgKG oder mit der Hälfte der Dosis bei Atropinprämedikation versucht werden. Atropin in der Prämedikation kann bradykarde Rhythmusstörungen nicht verhindern, es senkt jedoch deren Frequenz, u.a. im Kindesalter. Wird mit Atropin kein Erfolg erzielt, bietet sich ein weiteres Parasympathikolytikum, *Ipratropiumbromid*, 0,5–2 mg i.v., an. Die frequenzsteigernde Wirkung ist stärker und länger anhaltend als jene von Atropin. Alternativ können spezifische β_1- und β_2-Sympathomimetika wie *Orciprenalin*, Initialdosis 0,25-0,5 mg i.v., und *Isoprenalin*, 1-5 µg/min i.v., eingesetzt werden.

Die Hauptindikationen sind bradykardes Vorhofflimmern oder Vorhofflattern, bradykarde Überleitung bei Vorhoftachykardie mit Block oder akute Reizleitungsstörung wie partielle oder totale AV-Blockierung. Orciprenalin und Isoprenalin mit qualitativ gleicher Wirkung, jedoch geringer Wirkungsstärke von Orciprenalin steigern die Erregungleitungsgeschwindigkeit im Vorhof, im AV-Knoten und im His-Purkinje-System, bewirken aber gleichzeitig eine Steigerung der Erregbarkeit und der Automatiebereitschaft untergeordneter Reizbildungszentren mit dem Risiko ektoper Erregung wie z.B. VES.

Kommt es trotz Dosissteigerung zu keinem Requenzanstieg und zu einer bradykardiebedingten kardiozirkulatorischen Insuffizienz, besteht die Indikation für eine temporäre Schrittmacherstimulation.

AV-Arrhythmien

Knotenrhythmus wird häufig bei jungen, gesunden, mit potenten Inhalationsanästhetika narkotisierten Patienten beobachtet, welcher nach Dosisreduktion des auslösenden Agens wieder verschwindet. Bei hämodynamisch bedrohlichen Knotenrhythmus und erfolgloser medikamentöser Therapie mit Parasympathikolytika und Orciprenalin oder Isoprenalin muss eine Schrittmacherstimulation in Betracht gezogen werden.

Blockbilder

Für präoperativ diagnostizierte Blockbilder gelten perioperativ die gängigen kardiologischen Indikationen für die Implantation eines permanenten Schrittmachers. Die Empfehlungen der Arbeitsgruppe Herzschrittmacher der Deutschen Gesellschaft für Herz- und Kreislaufforschung bezüglich absoluter Indikationen für die Implantation eines permanenten Schrittmachers sind in der Übersicht in gekürzter Form aufgelistet.

Ein bifaszikulärer Block (LSB, LAHB + RSB, LPHB + RSB) allein (ohne PQ-Verlängerung oder symptomatischer Bradykardie) stellt keine Indikation nach der heutigen Meinung für eine temporäre perioperative Schrittmacherstimulation dar, da er intraoperativ nicht zu einem AV-Block II oder III entartet.

> **!** Ein bifaszikulärer Block mit bradykardiebedingten Symptomen stellt jedoch eine sichere Indikation für eine perioperative temporäre Stimulation dar 1.
>
> Die Indikation zur intraoperativen temporären Schrittmacherstimulation ergibt sich bei allen Formen bedrohlicher bradykarder Rhythmusstörungen, die durch eine medikamentöse Therapie nicht beeinflussbar sind.

Indikationen zur Implantation eines permanenten Schrittmachers

ÜBERSICHT

1. Sinusknotenerkrankungen mit eindeutiger Symptomatik.
2. Artrioventrikuläre Leitungsstörungen bei Patienten mit Symptomen:
   - AV-Block III. Grades,
   - AV-Block II. Grades, Typ Mobitz II,
   - AV-Block I. Grades, infrabifurkal lokalisiert,

   bei Patienten ohne Symptomen:
   - abhängig von der anatomischen Lokalisation des Blocks.

3. Vorhofflimmern mit langsamer Kammerfrequenz und eindeutiger Symptomatik.
4. Hypersensitives Karotissinussyndrom vom kardioinhibitorischen Typ mit eindeutiger Symptomatik.

Logistik der Therapie von kardialen Arrhythmien in der Narkose

Die EKG-Bildschirmüberwachung ermöglicht die Erfassung kardialer Arrhythmien. Die Inzidenz kardialer Arrhythmien in der Narkose liegt zwischen 13 und 84%, wobei das Auftreten schwerwiegender Rhythmusstörungen mit einem nur geringen Prozentsatz (0,9–6%) angegeben wird. Arrhythmien sind als getriggerte Aktivitäten auf dem Boden klinisch manifester oder subklinischer kardialer Veränderungen zu sehen. Der Unterscheidung von neu auftretenden Rhythmusstörungen bzw. der Wiederholung eines bekannten Musters, kommt wesentliche Bedeutung zu.

Neben Stress, chirurgischen Stimuli und Elektrolytimbalancen können die Narkotika selbst Einfluss auf die Erregungsleitung und Erregungsbildung nehmen. Nach Ausschaltung aller evtl. möglicher Ursachen bei instabiler Hämodynamik und lebensbedrohlichen Rhythmusstörungen soll eine Therapie mit Antiarrhythmika eingeleitet werden. Antiarrhythmika können bestehende Arrhythmien verstärken oder sogar neue Arrhythmien provozieren. Für die perioperative Therapie von Rhythmusstörungen sind einige wenige i.v.-Antiarrhythmika wie β-Blocker, Kalziumantagonisten, Lokalanästhetika wichtig, mit deren Wirkung und Nebenwirkungen der Anästhesist vertraut sein sollte. Antiarrhythmika sollen gezielt nach entsprechender Indikation eingesetzt werden.

Von den neuen Antiarrhythmika sind Amiodaron zur Therapie lebendsbedrohlicher therapierefraktärer ventrikulärer Arrhythmien und Adenosin, ein effektives Medikament zur Therapie einer PSVT, erwähnt.

Zahlreiche kardiologische Studien unterstreichen die Bedeutung des Magnesiums bei der Therapie der Torsade de pointes und v.a. bei akutem Myokardinfarkt.

Bei der Therapie der Tachyarrhythmien haben sich Beta-Blocker sowie Kalziumantagonisten bewährt, bei tachykarden ventrikulären Arrhythmien ist Lidocain das Mittel der Wahl. Hämodynamisch wirksames Vorhofflimmern oder Vorhofflattern stellen eine Indikation zur unmittelbaren Kardioversion dar.

Wird bei bradykarden Rhythmusstörungen mit Atropin kein Erfolg erzielt, können spezifische Sympathomimetika wie Orciprenalin und Isoprenalin zur Therapie herangezogen werden. Für präoperativ bestehende Blockbilder gelten die gängigen kardiologischen Indikationen für die Implantation eines permanenten Schrittmachers.

Grundsätzlich stellen perioperative Rhythmusstörungen in Verbindung mit einer kardialen Grunderkrankung einen ernstzunehmenden Risikofaktor für die perioperative kardiale Morbidität und Mortalität dar.

Literatur

1. Atlee JL (1992) Temporary perioperative pacing. In: Atlee JL, Gombotz H, Tscheliessnigg KH (eds) Perioperative management of pacemaker Patients. Springer, Berlin Heidelberg New York Tokio, pp 127–137
2. Atlee JL III (1991) Cardiac electrophysiology, electrocardiography, and management of cardiac arrhythmias. Current Opinion in Anaesthesiology 4: 53–58
3. Atlee JL, Hamann SR, Brownlee SW et al. (1988) Conscious statecomparisons of the effects of the inhalation anesthetics and diltiazem, nifedipine, or verapamil on specialized atrioventricular conduction times in spontaneously beating dog hearts. Anesthesiology 68: 519
4. Bartolone RS, Rao TLK (1983) Dysrhythmias following muscle relaxant administration in patients receiving digitalis. Anesthesiology 58: 567–569
5. Belani KG, Anderson WW, Buckley JJ (1982) Adverse drug interaction involving pancuronium and aminophylline. Anesth Analg 1: 473
6. Bertrand CA, Steiner NV, Jameson AG, Lopez M

(1971) Disturbances of cardiac rhythm during anesthesia and surgery. JAMA 216: 1615–1617

7. Clarkson CW, Hondeghem LM (1985) Mechanisms for bupivacaine depression of cardiac conduction: fast block of sodium channels during the action potential with slow recovery from block during diastole. Anesthesiology 62: 396

8. Clayton D (1986) Asystole associated with vecuronium. Br J Anaesth 58: 937–938

9. Dowdy EG, Fabian LWL (1963) Ventricular arrhythmias induced by succinylcholine in digitalized patients. Anesth Analg 42: 501–513

10. Forrest J, Rihder K, Calahan MK, Goldsmith CH (1992) Multicenter study of general anesthesia. III. Predictons of severe perioperative adverse outcome. Anesthesiology 76: 3–15

11. Goldman L (1983) Cardiac risks and complications of noncardiac surgery (review). Ann of Intern Med 98: 504–513

12. Hobbhahn J, Conzen P, Forst H, Peter K (1989) Einfluss von Inhalationsanästhetika auf das Myokard. Anaesthesist 38: 561–569

13. Hood MA, Smith WM (1992) Adenosine versus Verapamil in the treatment of supraventricular tachycardia: A randomized double-cross over trial. Am Heart J 123: 1543–1549

14. Iseri LT (1990) Role of magnesium in cardiac tachyarrhythmias. Am J Cardiol 65: 47K–50K

15. Jacobs HK, Lim S, Salem MR, Rao TLK, Mathu M, Smith BD (1985) Cardiac electrophysiologic effects of pancuronium. Anaesth Analg 64: 693–699

16. Johnston RR, Eger EI II, Wilson C (1976) A comparativ interaction of epinephrine with enflurane, isoflurane and halothane in man. Anesth Analg 55: 709–712

17. Kanaya N, Fujita S (1994) The effects of Isoflurane on regional myocardial contractility and metabolism in "stunned" myocardium in acutely instrumented dogs. Anesth Analg 79: 447–454

18. Katz RL, Bigger JT (1970) Cardiac arrhythmias during anesthesia and operation. Anesthesiology 30: 193–213

19. Katz RL, Epstein RA (1969) The interaction of anesthetic agents and adrenergic drugs to produce cardiac arrhythmias. Anesthesiology 29: 763–784

20. Kennedy HJ, Whitlock JA, Sprague MK, Kennedy LJ; Buckingham TA, Goldberg RJ (1985) Longterm follow-up of asymptomatic healthy subjects with frequent and complex ventricular ectopy. N Engl J Med 4: 193–197

4.4
Herzschrittmacherpatienten

H. GOMBOTZ

Schrittmacherpatienten leiden meist an koronarer Herzkrankheit, Kardiomyopathie, peripheren Gefäßerkrankungen, Hypertonie oder Diabetes mellitus und stehen fast immer unter Dauermedikation (z.B. Glykoside und Antiarrhythmika). Für den Anästhesisten besteht das Hauptproblem normalerweise nicht im Schrittmachersystem, sondern in der für das Anästhesierisiko bestimmenden Grundkrankheit und dem oft sehr hohen Alter der Schrittmacherpatienten. Ein präoperativ funktionierender Schrittmacher dürfte normalerweise bei Beachtung aller Vorsichtsmaßnahmen intraoperativ keine Probleme bringen. Unter bestimmten Bedingungen können jedoch in der perioperativen Phase auch präoperativ intakte Schrittmachersysteme gestört werden und z.T. lebensbedrohliche Komplikationen verursachen.

! Nicht der Schrittmacher, sondern die Grundkrankheit des Patienten bestimmt das Anästhesierisiko.

Moderne Schrittmachersysteme sind mit einer Vielzahl unterschiedlicher Funktionen ausgestattet, um eine möglichst physiologische und patientenindividuelle Schrittmacherbehandlung zu ermöglichen. Zum Verständnis dieser Systeme sollen grundlegende Arbeitsweisen von Schrittmacher dargestellt werden.

Schrittmacher können die Aktivität des Herzens mit ihrem Sensingmechanismus registrieren und das so empfangene Signal entsprechend ihrer Funktion mit einem Schrittmacherimpuls (Pacingmechanismus) beantworten. Implantierbare Schrittmacher arbeiten entweder *unipolar*, d.h. die Spitze der Schrittmacherelektrode bildet die Kathode und das Schrittmachergehäuse die Anode, oder mit den weniger störanfälligen *bipolaren* Elektroden (Mond 1991). Externe Schrittmacher sind bipolar und entweder mit 2 epikardialen Schrittmacherdrähten oder mit einer transvenös eingeführten bipolaren Elektrode mit dem Herzen verbunden.

Die Aktivitäten eines Schrittmachers können sich auf die Kammer und/oder die Vorhöfe des Herzens erstrecken. Dementsprechend spricht man auch von Einkammer- oder Mehrkammersystemen.

Arbeitsweisen der Schrittmacher

| **Wichtige Schrittmachertypen** (Abb. 4.10)

1. Einkammersysteme
- VOO: Asynchrone ventrikuläre Stimulation; wird kaum noch implantiert. Kompliziertere Schrittmachersysteme können aber bei Störungen auf diesen Stimulationsmodus umschalten.
- VVI: R-Wellen-inhibierte Ventrikelstimulation; derzeit der am häufigsten implantierte Schrittmacher.
- VVT: R-Wellen-getriggerte Ventrikelstimulation; wird wegen des hohen Energieverbrauchs kaum noch implantiert.

- AOO: Asynchrone Vorhofstimulation.
- AAI: P-Wellen-inhibierte Vorhofstimulation.

2. Zweikammersysteme
- DVI: AV-sequentielle Stimulation; auch extern verfügbar, Vorhof- und Kammerimpuls werden durch R-Welle inhibiert, daher ist eine Frequenzanpassung nicht möglich.
  DDD: Optimierte AV-sequentielle Stimulation, stellt die hämodynamisch günstige Stimulationsform dar.

Asynchrone Stimulation (VOO, AOO; Abb. 4.11)

Die Stimulation erfolgt vollkommen unabhängig von der Eigenaktivität des Herzens.

Synchrone Stimulation (VVI, VVT, AAI; Abb. 4.12)

Der Schrittmacher gibt entsprechend dem Bedarf des Herzens Impulse ab. Diese können durch die R-Welle bzw. die P-Welle getriggert oder inhibiert werden. Wegen des

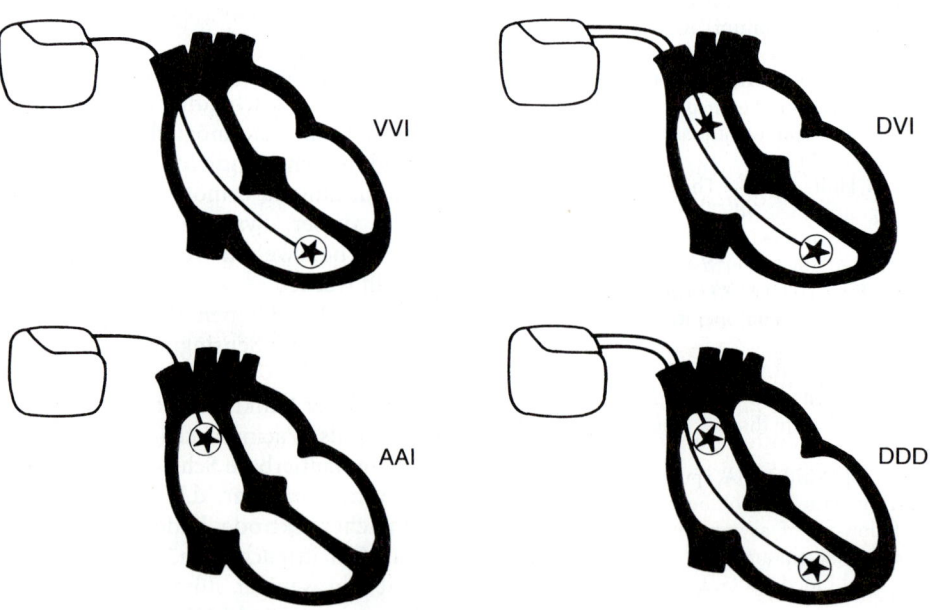

Abb. 4.10. Wichtige Schrittmachertypen; (Aus Schuller H., Fahraeng T.: Pacemaker Electrocardiograms Simens-Elema AB, Solna 1983)

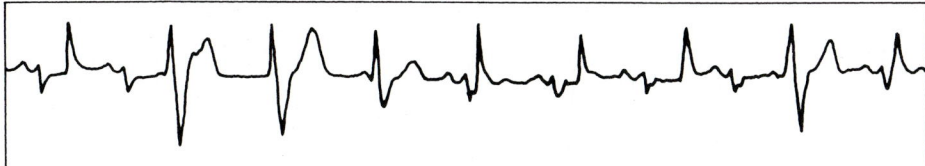

Abb. 4.11. Asynchrone Kammerstimulation

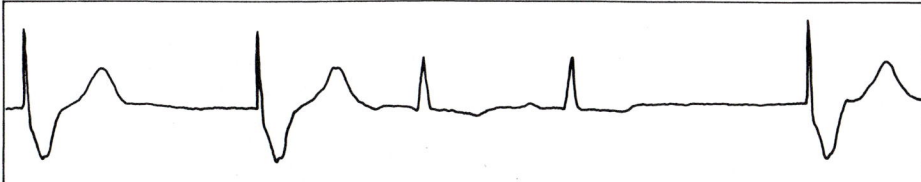

Abb. 4.12. Normale VVI-Stimulation

hohen Energieverbrauchs werden aber getriggerte Schrittmacher kaum noch implantiert. Die heute implantierten Schrittmacher sind VVI- und DDD-Schrittmacher.

AV-sequentielle (DVI) und optimierte AV-sequentielle Stimulation (DDD; Abb. 4.13)

Über 2 Elektroden werden Vorhof und Kammer des Herzens erfaßt, um die hämodynamisch günstigste Stimulationsform zu ereichen. Im Gegensatz zur sequentiellen Stimulation wird bei der optimierten sequentiellen Stimulation auch die Vorhofdepolarisation registriert, wodurch eine Frequenzanpassung ermöglicht wird.

Frequenzadaptierte Stimulation („rate adaptive pacing", VVIR, DDR)

Über Biosensoren wird die Schrittmacherfrequenz der jeweiligen körperlichen Aktivität angepaßt. Als physiologische Parameter kommen u.a. die Atemtätigkeit, QT-Zeit, Muskelaktivität, Bluttemperatur oder O_2-Sättigung in Frage (Schaldach 1992; Andersen 1990).

Antitachykarde Stimulation

Orthorhythmic Pacing, Scanning Atrial und Ventricular Pacing, Overdrive Atrial und Ventricular Pacing. Diese Schrittmachertypen wurden von automatisch implantierbaren Defibrillatoren ersetzt (ICD bzw. AICD).

> **!** Nur die genaue Kenntnis der jeweiligen Schrittmacherfunktion lässt eine richtige Beurteilung des Elektrokardiogramms zu.

Zu diesen prinzipiellen Funktionsweisen der Schrittmacher kommen noch eine Reihe anderer Funktionen wie Hystereseschaltung, Einfach- oder Mehrfachprogrammierbarkeit, Umschalten auf asynchrone Arbeitsweise bei Auftreten von Störfeldern usw. hinzu. Um die Vielzahl dieser Funktionen leicht erfaßbar zu machen, wurde der 3-5 Buchstabencode (Parsonnet et al. 1981) eingeführt.

Internationaler 3-5 Buchstabencode zur Kennzeichnung unterschiedlicher Schrittmacherfunktionsarten

ÜBERSICHT

1. Buchstabe: stimulierte Kammer(n)
   A = Atrium,
   V = Ventrikel,
   D = dual (A + V)
2. Buchstabe: Ort des Sensing.
   A = Atrium,
   V = Ventrikel,
   D = dual (A + V),

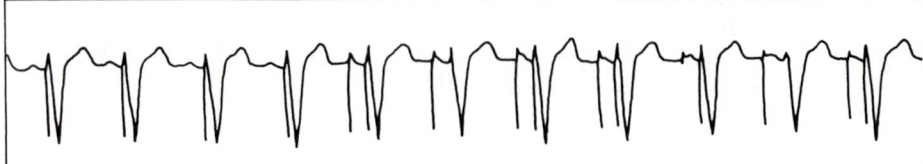

Abb. 4.13. Normale DDD-Stimulation

O = kein Sensing, d.h. asynchrone Stimulation.
3. Buchstabe: Reaktion auf das Signal.
   I = Inhibition,
   T = Triggerung,
   D = dual (R-inhibiert und P-synchron),
   O = keine (asynchron),
   R = Reverse.[a]
4. Buchstabe: Programmierbare Funktionen.
   P = Programmierbar (Frequenz und/oder Amplitude),
   M = multiprogrammierbar,
   O = keine,
   C = Telemetrie,
   R = frequenzadaptierte Stimulation.
5. Buchstabe: Spezifische antitachykarde Funktionen.
   P = Standard (Pacing),
   S = Schock (Kardioversion und Defibrillation),
   D = antitachykarde Stimulation und Schock).

Ursachen von perioperativen Störungen der Schrittmacherfunktion

- Ausfall des Schrittmacheraggregats durch
  a) elektrische oder elektromagnetische Interferenzen (EMI),
  b) Verlust des Kontakts zwischen Schrittmacheraggregat und Gewebe bei unipolarer Stimulation,
  c) Beschädigung der Schrittmacherelektronik (Defibrillation, Kardioversion),

---

[a] Der Schrittmacher wird durch eine schnelle Frequenz aktiviert, arbeitet aber nicht bei Bradykardie.

d) Batterieerschöpfung,
e) Muskelpotentiale (bei unipolarer Stimulation).

- Bruch oder Dislokation der Schrittmacherelektrode.
- Störung der Reizerkennung (Sensingdefekt, Entranceblock).
- Störungen der Reizbeantwortung durch Anstieg der myokardialen Reizschwelle (Exitblock).

Ausfall des Schrittmacheraggregats durch elektrische oder elektromagnetische Interferenzen (EMI)

Die Verwendung einer Vielzahl elektromedizinischer Geräte im Rahmen chirurgischer oder diagnostischer Eingriffe kann zu gravierenden, z.T. lebensbedrohlichen Störungen der Schrittmacherfunktion führen und stellt so eine potentielle Gefahr für den Schrittmacherpatienten dar (s. folgende Übersicht sowie Irnich 1982). Diese Interferenzen kann man in direkte und indirekte Störeinflüsse unterteilen.

Indirekte Störeinflüsse („radiated interference")

Hier beeinflussen elektromagnetische Felder das Schrittmachersystem, ohne dass der Patient Kontakt mit der Störquelle haben muss. Entweder wirkt die Elektrode des Schrittmachers als Antenne, oder es kommt zu einer direkten Störung des Schrittmacheraggregats. Die meisten neueren Schrittmachersysteme bleiben von diesen indirekten EMI unbeeinflusst (Gams et al. 1978). Allerdings können bei programmierbaren und besonders bei den komplexeren Schritt-

Störquellen für Schrittmacher in der medizinischen Praxis (mod. nach Steilner u. Maisch 1985)

ÜBERSICHT

Elektromedizinisches Verfahren	Störbeeinflussung[a]	Verhalten des Schrittmachers
Kardioversion/Elektroschock	+	Inhibition Reizschwellenanstieg
Evozierte Potentiale	++	Inhibition/Störfrequenz
Niederfrequenzstimulation	++	Inhibition/Störfrequenz
Elektroakupunktur	++	Inhibition/Störfrequenz
Schmerzstimulation	++	Inhibition/Störfrequenz
Elektrochirurgie (1,75 Mhz)	++	Inhibition/Störfrequenz Kammerflimmern
Kurzwellentherapie (27 Mhz)	+	Inhibition/Störfrequenz
Dezimeterwellentherapie (434 Mhz)	++	Inhibition/Störfrequenz
Mikrowelle (2,45 Mhz)	++	Störfrequenz
Zahnvitalitätsprüfer	++	Inhibition
Dentale Elektrochirurgie	++	Inhibition/Störfrequenz
Linearbeschleuniger	++	Inhibition/Störfrequenz
Hochvolttherapie	++	Störung der Elektronik
„nuclear magnetic resonance" (NMR)	++	Störung der Elektronik, Inhibition

[a] ++ Störung wahrscheinlich, + Störung möglich.

machersystemen zur Arrhythmiebehandlung zumindest theoretische, z.T. noch nicht abschätzbare Komplikationen entstehen. Sollte eine NMR-Untersuchung dennoch unabdingbar sein, sollte – wenn der Patient nicht schrittmacherabhängig ist – der Schrittmacher abgeschaltet oder anderenfalls vor der Untersuchung explantiert werden (Madigan et al. 1999, Shellock et al. 1999). Die Kernspintomographie gilt derzeit wegen der Gefahr einer Phantomprogrammierung noch als absolute Kontraindikation für Schrittmacherpatienten. Der Schrittmacher darf auch keinesfalls mit therapeutischen Dosen ionisierender Strahlen (z.B. Kobaltmaschine oder Linearbeschleuniger) bestrahlt werden, da irreversible Schäden auftreten können.

 Derzeit stellt für Schrittmacherpatienten die Kernspintomographie eine Kontraindikation dar.

Direkte Störeinflüsse („conducted interference")

Das Schrittmachersystem wird durch einen Stromkreis, der durch Kontakt des Patienten mit einer Störquelle entsteht, irritiert. Da der Sensingmechanismus auf Spannungen im unteren Millivoltbereich ansprechen muss, genügen schon geringe Einflüsse, um diese Funktion zu stören. Im Operationssaal ist bei unipolaren Demand-Schrittmachern u.a. mit einer Hemmung des Sensingmechanismus durch den Einsatz elektrochirurgischer Geräte wie Elektrokauter oder Resektoskop bei der transurethralen Resektion zu rechnen (Schlegel et al. 1981). Kontinuierliches Kautern führt häufig zu einer Hemmung oder zu einem Umschalten des Schrittmachers auf eine fixfrequente Stimulation. Intermittierendes Kautern hat auf die Schrittmacherfunktion einen wesentlich geringeren Einfluss (Simon 1977). So können bei längerem Einsatz eines elektrochirurgischen Geräts bedrohliche Bradykardien bis zur Asystolie

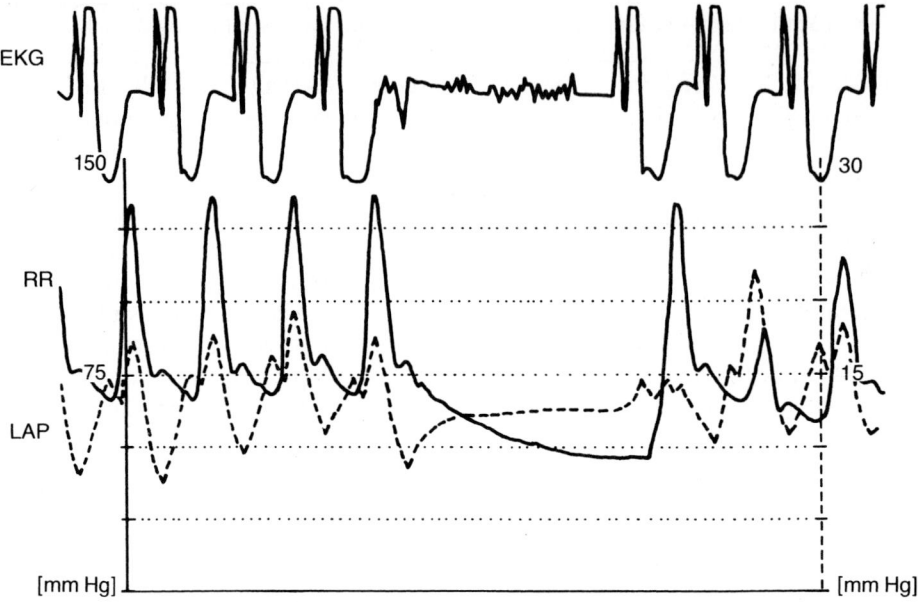

Abb. 4.14. Elektromagnetische Interferenz (Inhibierung eines VVI-Schrittmachers durch einen Elektrokauter), *RR* arterieller Blutdruck, *LAP* linksatrialer Druck

durch einen Schrittmacherausfall entstehen (Abb. 4.14). Die Schrittmacherelektrode stellt auch einen direkten Leiter zum Herzen dar. So kann bei Fehlfunktion der indifferenten Elektrode des Elektrokauters Strom direkt zum Herzen gelangen und dort Verbrennungen und Kammerflimmern erzeugen.

VOO-Schrittmacher sind gegen EMI praktisch unempfindlich. Auf ein Abschirmen der modernen Schrittmachersysteme mit einem Magneten kann und soll heute verzichtet werden. Diese Systeme sind ge-

genüber EMI relativ unempfindlich. Außerdem kam es dadurch während Einsatzes eines Elektrokauters zu Umprogrammierungen (Domino u. Smith 1983). Manche Systeme gehen, wenn sie sich unter dem Einfluss einer EMI nicht abschalten, auf eine Sicherheitsfrequenz, die etwas unter der Stimulationsfrequenz des Schrittmachers liegt. Wegen einer möglichen Beschädigung des Generators durch Hitzeeinwirkung ist Kautern in unmittelbarer Nähe des Schrittmachersystems kontraindiziert.

Stimulationsmodus	SM-abhängig	SM-unabhängig
Fixfrequent (AOO/VOO/DOO)	Belassen	–
Demand (AAI/VVI/VVD, DVI, DDD)	Umprogrammieren (AOO/VOO/DOO)	Belassen
Frequenzadaptiert (AAIR, VVIR, DDDR)	Umprogrammieren (AOO, VOO, DOO)	Umprogrammieren (AAI, VVI, DDD)
ICD (AICD)	Abschalten	Abschalten

Je nach zugrundeliegendem Herzrhythmus eines Patienten und je nach implantiertem Schrittmachersystem ist eine Umprogrammierung vor Operationen, bei welchen ein Elektrokauter oder ein anderes elektromedizinisches Gerät verwendet wird, empfehlenswert (Tscheliessnigg et al. 1992). Aber selbst ein Umprogrammieren auf eine asynchrone Stimulationsweise kann ein Auftreten von Schrittmacherstörungen nicht mit Sicherheit verhindern (Mangar 1991).

Patienten mit externem Schrittmacher sind prinzipiell durch EMI ebenso gefährdet wie Patienten mit implantierten Schrittmachern. Eine zusätzliche Gefahr bildet die Elektrode des externen Schrittmachers, da sie einen direkten Leiter von außen zum Herzen darstellt. So kann bei schlechter Isolierung durch Kriechströme ein Kammerflimmern entstehen. Es müssen daher im Operationssaal das externe Schrittmachergerät und evtl. nicht angeschlossene Schrittmacherdrähte peinlich genau isoliert werden (z.B. mit einem Gummihandschuh).

Vorsichtsmaßnahmen bei Anwendung eines Elektrokauters beim Schrittmacherpatienten

ÜBERSICHT

- Präoperative Überprüfung des SM-Systems (kann entfallen, wenn die letzte Routineuntersuchung innerhalb von 6 Monaten stattfand und anamnestisch kein Hinweis auf eine Störung besteht).
- Eventuell Umprogrammierung.
- Bipolaren Kauter nach Möglichkeit verwenden.
- Bei unipolaren Kautern indifferente Elektrode soweit wie möglich vom Schrittmachersystem entfernt am Patienten anlegen.
- Die Stromstärke des Kauters soll möglichst niedrig sein.
- Der Elektrokauter soll nur kurz und intermittierend eingesetzt werden.
- Externe Schrittmachersysteme oder nicht angeschlossene Schrittmacherdrähte müssen genau isoliert sein.

- Bereitstellen eines externen Schrittmachersystems und eines Defibrillators (z.B. transkutane oder transösophageale Stimulation).
- Postoperative Überprüfung des Systems (obligat).

Ausfall des Schrittmacheraggregats durch Beschädigung der Schrittmacherelektronik infolge Kardioversion oder Defibrillation

Schrittmachergeräte widerstehen großen Stromstärken und Spannungen. Trotzdem können nach erfolgter Defibrillation oder Kardioversion beachtliche Störungen auftreten: schrittmacherinduzierte Tachykardien, Sensingverlust und Batterieerschöpfung bis zum rechtsventrikulären Infarkt.

! Für die Defibrillation oder Kardioversion von Schrittmacherpatienten sind, folgende Vorsichtsmaßnahmen angezeigt (Aylward et al. 1979):
- Die Schocklöffel müssen vom Schrittmachersystem mindestens 15 cm entfernt angelegt werden.
- Verwendung der geringst möglichen Strommenge (<400 J).
- Bereitstellen eines externen Schrittmachergeräts.
- Abschließen eines eventuell vorhandenen externen Schrittmachergerätes für die Zeit der Defibrillation.
- Funktionsprüfung des Schrittmacheraggregates nach erfolgter Defibrillation.

Ausfall des Schrittmacheraggregats infolge einer Hemmung durch Muskelpotentiale

Unter Umständen können bei unipolarer Stimulation Muskelpotentiale (Pektoralismuskulatur, Zwerchfell) vom Sensingmechanismus des Schrittmacheraggregats erfaßt und als Herzaktivität interpretiert werden und so zu einer Inhibierung des Schrittmachers führen (Abb. 4.16) oder auch bei physiologischen Schrittmachern Reentrytachykardien auslösen (Steckmeier et al. 1984). Perioperativ können diese Muskelpo-

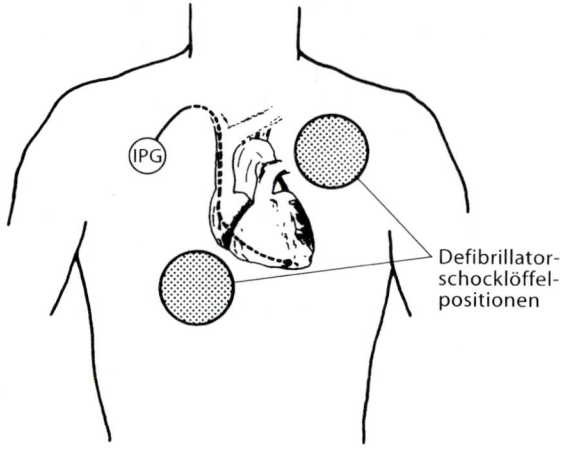

Abb. 4.15. Korrektes Anlegen des Defibrillators bei Patienten mit implantiertem Herzschrittmacher. (Nach Bourgeois et al., in Atlee et al. (1992), pp 70-82)

Defibrillator-schocklöffel-positionen

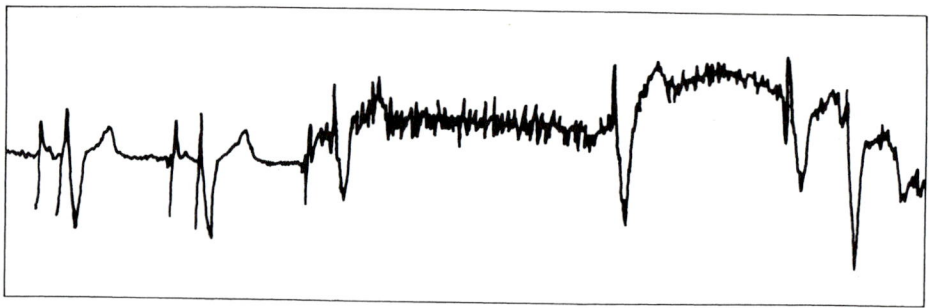

Abb. 4.16. Inhibierung eines DDD-Schrittmachers durch Muskelpotentiale

tentiale u.a. durch Kältezittern oder depolarisierende Muskelrelaxanzien entstehen.

Lithotripsie

Stoßwellenlithotripsie kann beim Schrittmacherpatienten durchgeführt werden, wenn die Stoßwellen mit dem Elektrokardiogramm synchronisiert und direkte Einflüsse auf das SM-Aggregat vermieden werden. Der Schrittmacher sollte auf einfache Stimulationsmodi wie VOO oder VVI umprogrammiert werden und der Lithotripter mindestens 10 cm vom Aggregat entfernt sein (Asroff et al. 1993).

Elektrodenbrüche und Dislokationen

Brüche der Schrittmacherelektrode können präoperativ u.a. mittels Thoraxübersichtsaufnahme ausgeschlossen werden. Disloka-

tionen einer schon vor längerer Zeit implantierten Elektrode oder einer myokardialen Schraubelektrode kommen nur mehr selten vor. Auch an die Möglichkeit einer Myokardperforation der Elektrode ist zu denken.

Störungen der Reizerkennung (Sensingdefekt, Entranceblock)

Störungen der Reizerkennung treten nicht nur durch elektromagnetische Einflüsse auf, sondern auch durch Veränderungen am Übergang von Elektrode zu Myokard bzw. durch Fehler im Schrittmacheraggregat und sind meist mit Störungen der Reizbeantwortung kombiniert. Isolierte Sensingdefekte sind selten, können Parasystolien verursachen und sind meist das erste Zeichen einer Batterieerschöpfung.

Störung der Reizbeantwortung durch intraoperative Erhöhung der myokardialen Reizschwelle (Exitblock)

Die Reizschwelle des Herzens erfährt bis etwa zum 8.-14. Tag nach Implantation der Schrittmacherelektrode einen Anstieg auf das 2- bis 3fache, des Ausgangswerts, um dann wieder deutlich abzusinken (Abb. 4.17).

Es können somit gerade 1–2 Wochen nach Implantation eines Schrittmachersystems zusätzliche iatrogene Erhöhungen der Reizschwelle leicht zum Exitblock führen (Abb.1.14). Veränderungen des Elektrolyt- und Säure-Basen-Haushalts, respiratorische und metabolische Störungen sowie pharmakologisch wirksame Substanzen bewirken intraoperative Erhöhungen der myokardialen Reizschwelle von unterschiedlichem Ausmaß. Hypoxie, Hyperkapnie, Azidose und Alkalose führen zu einer Erhöhung der myokardialen Reizschwelle (Hughes et al. 1975). Eine Alkalose aufgrund einer raschen Infusion von Natriumbikarbonat, wie bei der Reanimation üblich, lässt die myokardiale Reizschwelle allerdings unbeeinflusst (Westerholm 1971).

Das Ruhemembranpotential der Herzmuskelzelle wird entsprechend der Nernst-Gleichung vom Verhältnis intrazelluläres Kalium – extrazelluläres Kalium entscheidend mitbestimmt. Je größer dieser Quotient ist, desto stärker negativ ist dieses Membranpotential und um so mehr Energie zur Auslösung einer Erregung ist notwendig. So kann ein durch extreme Hyperventilation und/oder durch exzessive Diurese verursachter Abfall des extrazellulären Kaliums Ursache eines Schrittmacherversagens werden. Allerdings wurde auch von Schrittmacherversagen im Rahmen einer Hyperkaliämie berichtet (O'Reilly et al. 1974).

Antiarrhythmika haben im therapeutischen Bereich keinen oder nur geringen Einfluss auf die myokardiale Reizschwelle. Mineralkortikoide erhöhen die Reizschwelle um 25%, Glukokortikoide senken sie um denselben Prozentsatz. Sympathikomimetika senken sie in niedriger und erhöhen sie in höherer Dosierung (Preston und Judge 1969). In der Anästhesie üblicherweise verwendete Pharmaka haben bei normaler Dosierung keinen Einfluss auf die myokardiale Reizschwelle (Zaidan et al. 1985, Gombotz 1985). Depolarisierende Muskelrelaxanzien wie Succinylcholin können einerseits durch einen Kaliumanstieg die Reizschwelle senken, andererseits können auch die auftretenden Faszikulationen der Muskulatur den Schrittmacher über seinen Sensingmechanismus hemmen.

Störungen der Reizerkennung und Reizbeantwortung treten meist intermittierend

Abb. 4.17. Typischer Verlauf der myokardialen Reizschwelle nach Implantation einer Schrittmacherelektrode. (Aus Büchner u. Drägert 1973)

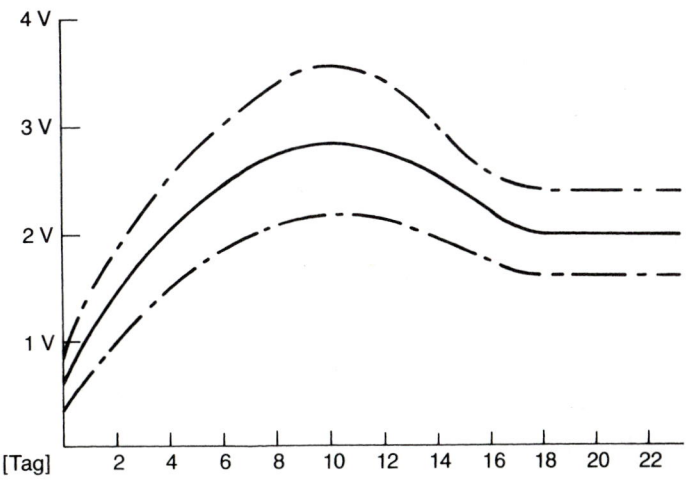

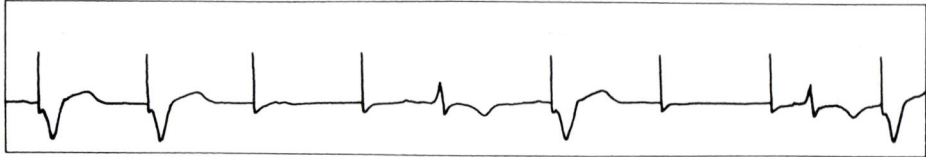

Abb. 4.18. Exitblock

auf. In diesen Phasen kann die zugrundeliegende Rhythmusstörung des Patienten zutage treten, bzw. es kommt bis zum Einsetzen eines Automatiezentrums zu längeren Asystolien.

Infarziertes vernarbtes Herzmuskelgewebe reagiert auf elektrische Impulse nicht. Wird das die Implantationsstelle der Schrittmacherelektrode umgebende Gewebe von einem Infarkt erfaßt, kommt es zu einem Schrittmacherversagen.

Monitoring

Die Hauptgefahren für den Schrittmacherpatienten im Operationsbereich sind elektromagnetische Interferenzen. Eine Überwachung der Herztätigkeit mit einem entstörten EKG-Monitor reicht beim Schrittmacherpatienten nicht aus. Es ist unerläßlich, die Herzmechanik während der gesamten Operationsdauer mit der Hand am Puls oder Ösophagusstethoskop bzw. bei größeren Eingriffen mittels blutiger Druckmessung zu überwachen. In diesem Zusammenhang ist auch an eine endexspiratorische CO_2-Messung zu denken. Die Messung des Zentralvenendrucks oder des pulmonalarteriellen Wedgedrucks ist von der Notwendigkeit und dem Zustand des Patienten abhängig. Die dafür erforderlichen Katheter sollten aber an der dem Schrittmachersystem gegenüberliegenden Seite eingeführt werden. Engmaschige Blutgas- und Elektrolytkontrollen sind selbstverständlich.

 Beim Schrittmacherpatienten muss während der gesamten Operationsdauer die mechanische Aktivität des Herzens kontrolliert werden.

Für den Fall einer Störung des Schrittmachersystems soll eine externe Schrittmachereinheit (z.B. transkutane bzw. transösophageale Stimulation oder transvenöse Stimulation mittels Ballonelektrode), eine Perfusorspritze mit Katecholaminen und ein Defibrillationsgerät bereitstehen. Ein breitliegendes, kompatibles Programmiergerät kann helfen, eine für den Patienten notwendige Stimulationsfrequenz zu sichern („panic button"). Ein mit der Schrittmacherprogrammierung vertrauter Arzt sollte erreichbar sein. Auf jeden Fall muss das Schrittmachersystem nach Verwendung eines Elektrokauters postoperativ überprüft werden. Eine Garantie für beschädigt Schrittmachersysteme wird von den Herstellern nicht übernommen.

! Programmiergeräte der einzelnen Hersteller sind nicht kompatibel.

Auswirkungen intraoperativer Störungen der Schrittmacherfunktion

Intraoperative Störungen der Schrittmacherfunktion führen in erster Linie zu kardialen Rhythmusstörungen mit unterschiedlichsten hämodynamischen folgen. Rhythmusstörungen bei Schrittmacherpatienten können vielgestaltig sein und sind im EKG nicht zuletzt durch die Einführung der modernen und komplizierten Schrittmachersysteme oft schwer und nur bei genauer Kenntnis der Funktion (Schrittmacherpaß, evtl. Rücksprache beim Hersteller) des jeweils implantierten Schrittmachersystems richtig zu interpretieren. Schrittmacherinduzierte Rhythmusstörungen können einerseits durch fehlerhafte Funktion des Schrittmachers, andererseits aber auch durch die spezielle Konstruktionsweise des Impulsgebers bedingt sein. Dementsprechend lassen sich Arrhythmien bei Schrittmacherpatienten folgendermaßen unterteilen:

1. schrittmacherunabhängige Rhythmusstörungen,
2. konstruktionsbedingte Rhythmusstörungen bei normaler Schrittmacherfunktion,
3. Rhythmusstörungen aufgrund fehlerhafter Schrittmacherfunktion.

Wichtige intraoperativ auftretende EKG-Veränderungen und Rhythmusstörungen können einzeln, häufiger aber in Kombination auftreten. So können ohne weiteres tachykarde und bradykarde Rhythmusstörungen nebeneinander vorkommen.

Zunahme der Schrittmacherfrequenz (Schrittmacherrasen)

Schrittmacherrasen trat bei den früher implantierten, fixfrequent arbeitenden Impulsgebern auf. Mit Einführung der Bedarfsschrittmacher wurde diese oft lebensbedrohliche Komplikation seltener. Es kommt dabei zu einem schrittmacherinduzierten Ansteigen der Herzfrequenz bis auf 160 Schläge/min und darüber. Bei extrem hohen Impulsfrequenzen kann die zugrundeliegende Rhythmusstörung des jeweiligen Patienten zutage treten, da bei diesen hohen Frequenzen meist gleichzeitig ein Exitblock auftritt. Bei externen Schrittmachern wird ein Schrittmacherrasen kaum beobachtet. Diese schwerwiegende Komplikation kann intraoperativ durch EMI verursacht werden (Kaden 1984). Je nach ihren Auswirkungen erstreckt sich die Behandlung von einer Neuprogrammierung des Schrittmacheraggregats bis zum Durchschneiden der Schrittmacherelektrode und der Implantation eines neuen Systems. *Eine Verabreichung von Antiarrhythmika ist nutzlos und gefährlich.*

Abnahme der Schrittmacherfrequenz

Eine mehr oder minder plötzliche Abnahme der Schrittmacherfrequenz kann einerseits die *Antwort des Schrittmacheraggregats auf* *elektromagnetische Interferenzen* (falsches Sensing, Sicherheitsfrequenz), andererseits aber *Zeichen einer Batterieerschöpfung* sein. Bei extrem langer Repolarisationsphase des Herzens kann die Refraktärzeit des Schrittmachers überschritten und durch die T-Welle ein neues Triggersignal geschaffen werden. Die Folge ist eine Abnahme der Schrittmacherfrequenz.

Fusionsschläge

Durch Zusammenfall des Schrittmacherimpulses mit der P-Welle bzw. dem QRS-Komplex können atriale oder ventrikuläre Fusionsschläge entstehen (Abb. 1.15). Ventrikuläre Fusionsschläge sind im Gegensatz zu atrialen häufig, haben aber klinisch keine Bedeutung. Dabei stimuliert der Schrittmacherimpuls den Ventrikel gleichzeitig mit einer spontanen Depolarisation. Der QRS-Komplex bildet dann eine Kombination eines normalen Kammerkomplexes mit einem schrittmacherstimulierten Kammerkomplex.

Pseudofusionsschläge

Eigenfrequenz und Schrittmacherfrequenz sind gleich groß. Im EKG findet sich ein normaler QRS-Komplex mit dem Schrittmacherimpuls an der Spitze der R-Zacke oder über dem RS-Segment (Abb. 4.19). Pseudofusionsschläge sind harmlos und treten bei normaler Funktion des Schrittmachers auf.

Retrograde Vorhoferregung

Intermittierend können Vorhöfe durch Impulse, die der Schrittmacher an die Kammer abgibt, über erhaltene Reizleitungsfasern miterregt werden. Die Folge ist eine inkomplette AV-Dissoziation. Wenn diese so entstandenen P-Wellen nicht ihrerseits wieder Extrasystolen oder eine Tachykardie (s. auch Endless-loop-Tachykardie) auslösen, ist ihre klinische Bedeutung gering.

Extrasystolen

Extrasystolen können bei Schrittmacherpatienten häufig auftreten und sind oft digitalisbedingt oder Ausdruck der Grundkrank-

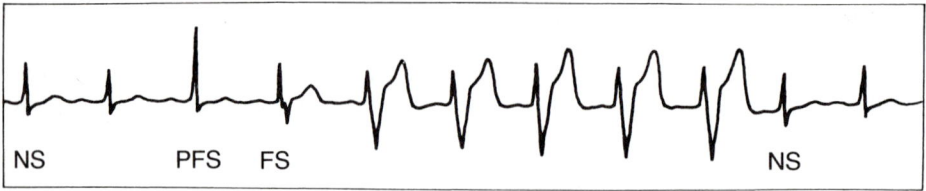

Abb. 4.19. Normale VVI-Funktion mit einem Fusions-(*FS*) und einem Pseudofusionsschlag (*PFS*), *NS* Normalschlag

heit. Ventrikuläre Extrasystolen (insbesondere bei Bigeminus) können durch Inhibierung des Schrittmachers zu einer Verlangsamung der Stimulationsfrequenz führen, wobei die periphere Pulsfrequenz infolge der hämodynamischen Unwirksamkeit der zweiten Extrasystole erheblich unter die Schrittmacherfrequenz absinken kann. Im Vorhof entstehende Extrasystolen können bei fehlendem totalem AV-Block auf die Kammern überleiten.

> **!** Arrhythmien beim Schrittmacherpatienten können schrittmacherunabhängig, konstruktionsbedingt oder aufgrund fehlerhafter Schrittmacherfunktionen auftreten.

Schrittmacherhysterese

Systeme mit Hystereseschaltung haben neben ihrer normalen Stimulationsfrequenz eine zusätzliche, niederfrequentere Einschaltfrequenz. Diese Schrittmacher schalten sich daher erst bei entsprechend niedriger Herzfrequenz ein, stimulieren dann aber mit ihrer höheren Stimulationsfrequenz. Es handelt sich also um ein normal funktionierendes Schrittmachersystem mit dem Vorteil der längeren Aufrechterhaltung des patienteneigenen Rhythmus.

Cross Talk

Bei der sequentiellen Stimulation wird der Vorhofimpuls als Kammerkontraktion interpretiert und damit die Ventrikelstimulation verhindert.

Parasystolie

Parasystolie entsteht typischerweise bei asynchroner Stimulation, wie sie auch bei modernen Schrittmachern unter elektromagnetischen Einflüssen auftreten kann (Abb. 4.11). Es kommt im Herzen zu 2 vollkommen voneinander getrennten Reizbildungszentren, wobei jenes mit der niedrigeren Frequenz vor den Impulsen des anderen geschützt ist. Im Gegensatz zur Extrasystolie bestehen variierende Intervalle zwischen Eigenrhythmus und ektopen Komplexen. Fällt ein Schrittmacherimpuls in die vulnerable Phase, kann bei entsprechender Disposition ein Kammerflattern oder Kammerflimmern auftreten.

Kammerflimmern, Kammerflattern

Diese schwere Komplikationen können schon bei der Implantation einer Schrittmacherelektrode bei entsprechend niedriger Flimmerschwelle (z.B. Myokardinfarkt), durch das R-auf-T-Phänomen bei fixfrequenter Stimulation, aber auch durch ein Schrittmacherrasen induziert werden.

Endless-loop-Tachykardie (Schrittmacherreentry)

Eine schrittmacherinduzierte Reentry oder Endless-loop-Tachykardie kann bei physiologischen Schrittmachern entstehen und wird typischerweise durch eine Extrasystole, aber auch durch externe Interferenzen und Muskelpotentiale ausgelöst (Rozanski et al. 1983).

> Das Sick-Sinus-Syndrom gehört zu den häufigsten Indikationen für eine Schrittmacherimplantation.

Dabei wird der Vorhof über ein intaktes Reizleitungssystem (wie z.B. beim Sick-Sinus-Syndrom) retrograd erregt, und so ein Stimulus an den Ventrikel getriggert. Die retrograde Erregung läuft über eine natürliche Leitungsbahn, die anterograde über den Schrittmacher. Diese Rhythmusstörung kann durch Ermüdung des Reizleitungssystems spontan aufhören, bei modernen softwaregesteuerten Schrittmachern durch einen Computeralgorithmus oder durch entsprechende Neuprogrammierung beendet werden.

Intraoperativ auftretendes Schrittmachersyndrom

Von einem Schrittmachersyndrom spricht man, wenn es mit Einsetzen der Kammerstimulation zu Blutdruckabfällen mit entsprechenden Begleitsymptomen kommt (Erbel 1979). Diese Komplikation kann besonders bei Patienten mit Sick-Sinus-Syndrom, der heute häufigsten Indikation zur Schrittma-

cherbehandlung, auftreten, wenn sich ein VVI-Schrittmacher bei intraoperativem Abfall der Herzfrequenz einschaltet (Forand u. Schweiss 1984; Abb. 4.20). Als Ursache werden der *abnorme Erregungsablauf im Myokard*, bedingt durch den Schrittmacherimpuls, das *Fehlen einer Vorhofkontraktion* oder auch *eine periphere Vasodilatation aufgrund erhöhter Drücke in den Vorhöfen* angenommen. Die Implantation eines physiologischen Schrittmachers stellt die adäquate Therapie dar. Vorübergehend kann versucht werden, auf pharmakologischem Weg den Sinusrhythmus wiederherzustellen.

Automatisch implantierbare Defibrillatoren (AICD, ICD)

Durch die Implantation automatischer Defibrillatoren konnte die Einjahresletalität bei Patienten mit malignen therapierefraktären Arrhythmien mit ausschließlich medikamentöser Therapie von 10–50% auf ungefähr 2% gesenkt werden (Grayboys et al.

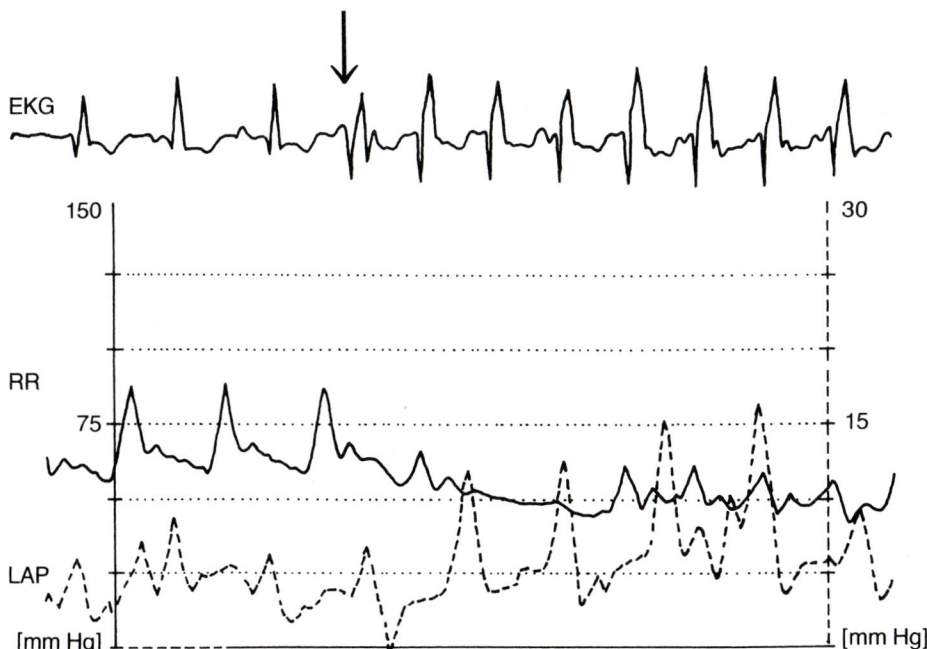

Abb. 4.20. Pacemakersyndrom bei einem Patienten mit Sick-Sinus-Syndrom. Mit Einschalten des Schrittmachers kommt es zum Abfall des arteriellen (*RR*) und Ansteigen des linksatrialen Drucks (*LAP*)

NASPE/BPEG-Defibrillatorcode

I Ort der Defibrillation	II Ort der antitachykarden Stimulation	III Erkennen der Tachykardie	IV Ort der SM-Stimulation
O = Keine	O = Keine	E = EKG	O = Keine
A = Vorhof	A = Vorhof	H = Hämodynamik	A = Vorhof
V = Ventrikel	V = Ventrikel		V = Ventrikel
„D = Beide	D = Beide		D = Beide

NASPE	=	North American Society of Pacing and Elektrophysiology
BPEG	=	British Pacing and Elektrophysiology Group

1982; Kelly et al. 1988; Fromme et al. 1992). Moderne implantierbare Defibrillatoren haben nicht nur die Fähigkeit zu defibrillieren, sondern haben auch die Möglichkeit zur Beendigung bradykarder und tachykarder Rhythmusstörungen. Dadurch können nicht nur nach erfolgter Defibrillation auftretende Rhythmusstörungen (z.B. Bradykardie) rasch und effektiv behandelt werden, sondern auch Interaktionen mit einem anderen, implantierten Schrittmachersystem vermieden werden. Die Funktionen der modernen ICD können ebenfalls mit einem Buchstabencode klassifiziert werden (Bernstein et al. 1993).

Kurzform des NASPE/BPEG-Defibrillatorcodes

ICD-S = ICD mit ausschließlicher Defibrillation

ICD-B = ICD mit Defibrillation und Schrittmacherstimulation

ICD-T = ICD mit Defibrillation und bradykarder und antitachykarder Stimulation

Moderne ICD bestehen aus einem Gehäuse mit dem Generator und zumindest einer transvenös in das Herz eingeführten Elektrode (Abb. 1.17). Je nach Sensing- und Defibrillationsschwellenverhalten müssen zusätzlich Elektroden implantiert werden. Eine Thorakotomie mit Anbringen einer epikardialen Schraubelektrode oder einer „Patchelektrode" ist nur mehr in Ausnahmefällen notwendig, wodurch die operative Belastung und damit die perioperative Letalität weiter reduziert werden konnte (Block et al. 1994).

Anästhesie zur Implantation eines ICD

Das anästhesiologische Vorgehen bei der Implantation eines ICD richtet sich genauso wie bei Schrittmacherpatienten nach der Grunderkrankung des betroffenen Patienten. Diese Patienten haben normalerweise eine lange kardiale Anamnese; neben ihrer malignen Rhythmusstörung haben sie häufig eine deutliche Einschränkung ihrer Myokardfunktion und erhalten meist Antiarrhythmika in hoher Dosierung. Neben den üblichen Untersuchungen sollte das Ergebnis einer aktuellen Herzkatheteruntersuchung und der elektrophysiologischen Testung sowie einer Spirometrie vorliegen (Amiodaron!). Für den Fall auftretender Arrhythmien sollte eine Liste wirksamer Antiarrhythmika bekannt sein.

Der Patient muss in ärztlicher Begleitung unter kontinuierlicher EKG-Überwachung und unter antiarrhythmischer Therapie in den Operationssaal kommen. Ein Defibrillator muss immer bereitstehen.

Die Überwachung im Operationssaal richtet sich prinzipiell nach der Grunderkrankung; wegen der notwendigen Testung der Defibrillationsschwelle bildet jedoch ei-

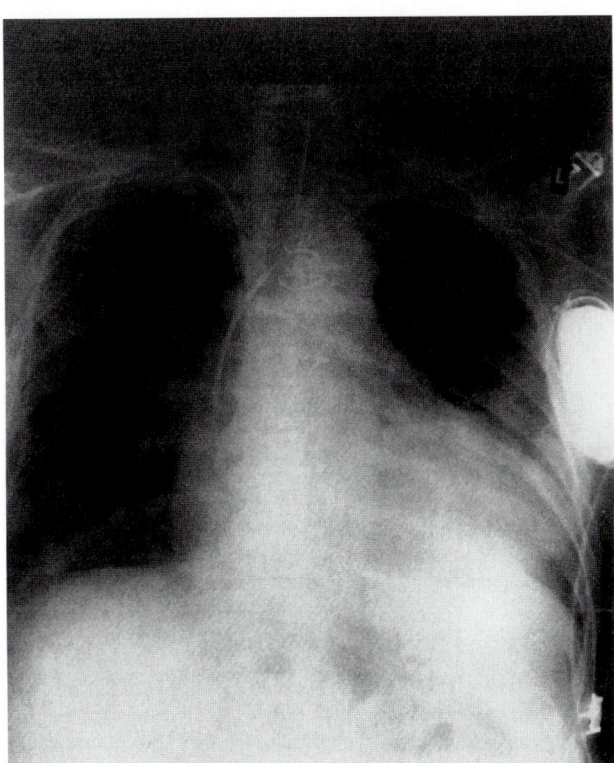

Abb. 4.21. Implantiertes ICD bei Patienten mit schwerer Kardio-myopathie (EF 11%)

ne 5polige EKG-Überwachung mit einer blutigen arteriellen Druckmessung eine Minimalerfordernis. Das Anästhesieverfahren selbst sollte so angelegt werden, dass am Operationstisch oder im Aufwachraum extubiert werden kann.

Die intraoperative Bestimmung der Defibrillationsschwelle erfordert eine wiederholte Auslösung eines Kammerflimmerns oder einer Kammertachykardie mit konsekutivem Herz-Kreislauf-Stillstand. Bei Patienten mit bereits eingeschränkter Myokardfunktion kann es dadurch zu einer weiteren Verschlechterung kommen (Keyl 1993). Bradykarde Phasen und Hypotension nach erfolgter Defibrillation können eine zusätzliche Schrittmacherbehandlung oder Gabe von inotropen Substanzen notwendig machen. Eine kontinuierliche Messung der gemischtvenösen O_2-Sättigung kann helfen, die notwendige Erholungsphase und den Zeitpunkt der nächstmöglichen Testung der

Defibrillationsschwelle zu bestimmen (Riper 1990). Über einen Einfluss der üblicherweise verwendeten Anästhestika auf die Defibrillationsschwelle beim Menschen gibt es derzeit noch keine releventen Untersuchungen, jedoch dürfte die Auslösbarkeit einer Kammertachykardie oder eines Kammerflimmerns in Allgemeinanästhesie jedoch erschwert sein (Brodman 1984). Mit Sicherheit wird die Defibrillationsschwelle aber durch Substanzen wie Flecainid, Propranolol in hohen Dosen und Amiodaron erhöht (Reiffel 1985; Troup 1985).

Anästhesie bei Patienten mit implantiertem Defibrillator

Das Anästhesieverfahren und die Überwachung von Patienten mit ICD ist grundsätzlich mit der Behandlung von Schrittmacherpatienten vergleichbar. Wegen der Gefahr einer unerwarteten und unbeabsichtigten Entladung des Defibrillatiors sollten Handschuhe getragen werden. Muss ein elektromedizinisches Gerät intraoperativ eingesetzt werden, sollte der ICD abgeschaltet werden (Gaba et al. 1985). Ein Ringmagnet zu Aktivierung bzw. Deaktivierung des Gerätes und ein externes Defibrillationsgerät müssen immer bereit sein. Durch eine externe Kardioversion oder Defibrillation wird der ICD normalerweise nicht beschädigt. Eine postoperative Überprüfung muss aber vorgenommen werden.

Literatur

Andersen C, Madsen GM (1990) Rate-responsive pacemakers and anaesthesia. Anaesthesia 45: 472

Asroff SW, Kingston TE, Stein BS (1993) Extracorporeal shock wave lithotripsy in patients with cardiac pacemaker in an abdominal location: case report and review of the literature. J Endourol 7: 189–92

Aylward P, Blood R, Tonkin A (1979) Complications of defibrillation with permanent pacemaker in situ. Pace 2: 462

Bernstein AD, Camm J, Fischer D et al. (1993) The NASPE/BPEG Defibrillator Code. Pace 16: 1776

Block M, Hammel D, Borggrefe M, Scheld HH, Breithard G (1994) Transvenöse subkutane Implantationstechnik von Defibrillatoren. Herz 19: 259

Brodman R, Fischer JD, Johnston DR et al. (1984) Results of electrophysiologically guided operations for drug-resistant recurrent ventricular fibrillation due to coronary artery disease. J Thorac Cardiovasc Surg 87: 431

Büchner C, Drägert W (1973) Schrittmacher-Therapie des Herzens. Forum cardiologicum 14. Boehringer, Mannheim

Domino KB, Smith TC (1983) Electrocautery – induced reprogramming of a pacemaker using a precordial magnet. Anesth Analg 62: 609

Erbel R (1979) Pacemaker syndrom. Am J Cardiol 44: 771

Forand JM, Schweiss JF (1984) Pacemaker syndrom during anesthesia. Anesthesiology 60: 588

Frommer M, Brackmann J, Block M et al. (1992) Efficiacy of automatic multimodal device therapy for ventricular tachyarrhythmias as delivered by a new implantable pacing-cardioverter-defibrillator. Results of a European multicenter study of 102 implants. Circulation 86: 363

Gaba DM, Wyner J, Fish KJ (1985) Anesthesia and the automatic implantable cardioverter/defibrillator. Anesthesiology 62: 786

Gams E, Feder E, Heimisch W (1978) Externe Störbeeinflussung von Herzschrittmachern. Herz 3: 367

Gombotz H, Knolz M, Rehak P, Tscheliessnigg KH, Dacar D (1985) Auswirkungen von Ketamin, Halothan, Enfluran und Isofluran auf die endomyokardiale Reizschwelle. Anaesthesist 34 Suppl: 286

Grayboys TB, Lown B, Podfied PJ et al. (1982) Long term survival of patients with malignant ventricular arrhythmias with antiarrhythmic drugs. Am J Cardiol 50: 437

Hughes HC, Tyers GFO, Toman HA (1975) Effects of acid-base imbalance on myocardial pacing tresholds. J Thorac Cardiovasc Surg 69: 743

Irnich W (1982) Störbeeinflussung von Herzschrittmachern, Herzschrittmacher 2: 4

Kaden F (1984) Akuter Herzkreislaufstillstand infolge Schrittmacherrasens als lebensgefährliche Komplikation bei Einsatz eines Thermokauters. Herzschrittmacher 4: 150

Kelly PA, Cannom DS, Garan H et al. (1988) The automatic implantable cardioverter/defibrillator (AICD): Efficacy, complications and survival in patients with malignant ventricular arrhythmias. J Am Coll Cardiol 11: 1278

Keyl C, Tassani P, Kemkes B, Markewitz A, Hofmann E, Steinbeck G (1993) Hemodynamic changes due to intraoperative testing of the automatic implantable cardioverter defibrillator: Implications for anesthesia management. J Cardiothorac Vasc Anesth 7: 442

Madigan JD, Choudhrri AF, Chen J, Spotnitz HM, Oz MC, Edwards N (1999) Surgical management of the patient with an implanted cardiac device: implications of electromagnetic interference. Ann Surg 230: 639–647

Mangar D, Atlas GM, Kane PB (1991) Electrocautery-induced pacemaker malfunction during surgery. Can J Anaesth 38: 616

Mond HG (1991) Unipolar versus bipolar pacing – poles apart. Pace 14: 1411

O'Reilly MV, Murnaghan DP, Williams MB (1974) Transvenous pacemaker failure induced by hyperkalemia. JAMA 228: 336

Parsonnet V, Furmann S, Smith NPD (1981) A revised code for pacemaker identification. Pace 4: 400

Preston TA, Judge RD (1969) Alteration of pacemaker threshold by drug and physiological factors. Ann NY Acad Sci USA 167: 686

Reiffel JA, Cormilas J, Zimmermann JM et al. (1985) Drug-device interactions – Clinical considerations. Pace 8: 369

Riper DF, Horrow JC, Kutalek SP, McCormick D, Goldman SM (1990) Mixed venous oximetry during automatic implantable cardioverter-defibrillator placement. J Cardiothorac Vasc Anesth 4: 453

Rozanski JJ, Blankenstein RL, Lister JW (1983) Pacer arrhythmias: Myopotential triggering of pacemaker mediated tachycardia. Pace 6: 795

Ruffly R, Schectuman K, Monje E et al. (1986) Adrenergically mediated variations in the energy required to defibrillate the heart – observations in clost chest, non anesthetized dogs. Circulation 73: 374

Schaldach M (1992) Current status of pacemaker technology. In: Atlee JL, Gombotz H, Tscheliessnigg KH (Hrsg) Perioperative management of pacemaker patients. Springer, Berlin Heidelberg New York Tokyo, S 1

Schlegel H, Seipel L, Böhminghaus F (1981) Funktionsstörungen von Demand-Schrittmachern bei urologischen Operationen mittels Elektokauter. Z Kardiol 70: 803

Shellok FG, O'Neill M, Ivans V, Kelly D, o'Connor M, Toay L, Crues JV (1999) Cardiac pacemakers and implantable cardioverter defibrillator are unaffected by operation of an extremity MR imaging system. Am J Roentgenol 172: 165–170

Simon AB (1977) Perioperative management of the pacemaker patient. Anesthesiology 46: 127

Steckmeier J, Schaudig A, Zimmermann M, Welter HW, Thetter O (1984) Störung der Schrittmacherfunktion durch Muskelpotentiale bei uni- und bipolaren VVI-Systemen sowie unipolarer Zweikammerstimulation. Z Herzschrittmacher 4: 254

Steilner H, Maisch B (1985) Der Schrittmacherpatient im Alltag. Herz Gefäße 5: 580

Troup PM, Chapman PD, Olinger GN (1985) The implanted defibrillator: Relation of defibrillation thresholds. J Am Coll Cardiol 6: 1315

Tscheliessnigg KH, Gombotz H, Atlee JL (1992) Guidelines for the perioperative management of pacemaker and automatic internal cardioverter-defibrillator patients. In: Atlee JL, Gombotz H, Tscheliessnigg KH (Hrsg) Perioperative management of pacemaker patients. Springer, Berlin Heidelberg New York Tokyo, S 146

Westerholm CJ (1971) Threshold studies in transvenous cardiac pacemaker treatment. Scand J Thorac Cardiovasc Surg Suppl 8: 1

Zaidan JR, Curling PE, Craver JM (1985) Effect of enfluran, isofluran and halothan in pacing stimulation threshold in man. Pace 8: 32

Weiterführende Literatur

Atlee JL, Combotz H, Tscheliessnigg KH (1992) Perioperative management of pacemaker patients. Springer, Berlin Heidelberg New York Tokyo

Bourke ME (1996) The patient with a pacemaker or related device. Can J Anaesth 43: 5 R24–R32

Deutsch N, Hantler CB, Morady F, Kirsh M (1990) Perioperative management of the patients undergoing automatic internal cardioverter-defibrillator implantation. J Cardiothorac Vasc Anesth 4: 236

Kemnitz J, Peters J (1993) Herzschrittmacher und implantierbare Kardioverter-Defibrillatoren in der perioperativen Phase. Anästhesiol Intensivmed Notfallmed Schmerzther 28: 199–212

KAPITEL 5

Respirationstrakt

F. KALTENBÖCK

> ! Respiratorische Komplikationen sind nach den kreislaufbezogenen Komplikationen die zweithäufigste Ursache für die perioperative Letalität bzw. den Exitus in tabula. Eine Analyse ergab, dass 85% der respiratorischen Zwischenfälle mit einem schweren hypoxischen Hirnschaden oder mit dem Tod endeten.
> Durch ein adäquates Monitoring mit Pulsoxymetrie und Kapnometrie wären die meisten dieser Zwischenfälle rechtzeitig korrigierbar gewesen (Caplan 1990).

Ursachen sind:
- Inadäquate Ventilation bzw. zu niedrige O_2-Konzentration,
- falsche Lage des Tubus (ösophageal bzw. endobronchial),
- Atemwegsobstruktionen und Bronchospasmus,
- Aspiration,
- versehentliche oder zu frühe Extubation.

In der Regel führen respiratorische Komplikationen sowohl zur Hypoxie als auch zur Hyperkapnie und daraus resultierend zu einer Azidose. Die Hypoxie ist dabei jedoch die schwerwiegendste Komplikation, weil durch sie bereits nach wenigen Minuten irreversible Zerebralschäden auftreten können, während Hyperkapnie und Azidose häufig längere Zeit ohne bleibende Schäden toleriert werden.
Die folgende Übersicht zeigt die häufigsten Komplikationen von seiten des Respirationstrakts, aufgelistet nach ihren Ursachen.

Angeführte, aber in diesem Kapitel nicht näher erläuterte Komplikationen wurden extra gekennzeichnet, um ein leichteres Nachschlagen in den speziellen Kapiteln zu ermöglichen.

Häufigste respiratorische Komplikationen

ÜBERSICHT

1. Dekompensation der respiratorischen Funktion unter der Narkose bei vorbestehenden pulmonalen Funktionseinschränkungen
2. Atemwegsobstruktionen
   - Obstruktion im Bereich der oberen Luftwege:
     - anatomisch bedingte Obstruktion,
     - funktionelle Obstruktion und Laryngospasmus,
     - behinderte Nasenatmung und respiratorischer Infekt bei Kindern.
   - Obstruktion im Bereich der unteren Luftwege:
     - Obstruktion des Larynx,
     - Obstruktion distal des Kehlkopfs.
   - Intubationsprobleme[a]:
     - erschwerte oder fehlerhafte Intubation,
     - Tubusprobleme,
     - Schädigungen durch die Intubation,
     - Postextubationsprobleme.
   - Thermische Schädigung der Atemwege:
     - Inhalation von heißen Gasen[a]
     - „Tubusbrand" (Laserchirurgie)

3. Akut auftretende pulmonale Funktionsstörungen
   - Einseitige Ventilation,
   - Bronchospasmus
   - Aspiration[a],
   - Pneumothorax,
   - Atelektase,
   - Lungenödem,
   - Lungenembolie[a].
4. Fehlerhaftes oder fehlerhaft verwendetes Anästhesiegerät:
   - Probleme der Gaszufuhr und inadäquates Gasgemisch,
   - Diskonnektion,
   - exzessiver Beatmungsdruck,
   - Rückatmung,
   - Respiratorfehlfunktion,
   - fehlerhaftes oder fehlendes Anästhesiezusatzgerät.
5. Hypoxie und Hyperkapnie bei maligner Hyperthermie[a]

Anmerkung: [a] Komplikationen, die hier nicht besprochen werden, bitte in den entsprechenden Kapiteln nachlesen.

5.1
Monitoring zur Erkennung respiratorischer Komplikationen

Klinische Beurteilung

Trotz umfassender apparativer Überwachungsmöglichkeiten ist die klinische Überwachung des Patienten ein wichtiger Faktor zur Erkennung respiratorischer Komplikationen. Zu ihr gehören:
- Inspektion von Farbe der Haut und Schleimhaut (Zyanose),
- Auskultation der Lunge (seitengleiche Belüftung, pathologische Atemgeräusche),
- Perkussion (Pneumothorax),
- Palpation (Hauttemperatur, Schwitzen, Muskelrigidität).

> **!** Die klinische Beurteilung stellt nach wie vor einen wesentlichen Anteil der Patientenüberwachung dar!

> Sie kann eine zusätzliche Überwachung jedoch nicht ersetzen, da bis zu 3/4 aller hypoxischen Phasen während einer Operation ohne pulsoxymetrische Überwachung nicht erkannt werden (Moller 1991).

Spirometrie

Sie umfaßt die Messung von Atemzugvolumen bzw. Atemminutenvolumen mittels elektronischer Durchflusswandler, Hitzedrahtanemometer etc. im exspiratorischen Schenkel des Narkosegerätes.

Atemwegsdruckmessung

Sie erfolgt heute meist piezoresistiv und erfaßt folgende Parameter:
- Inspiratorischer Spitzendruck,
- Plateaudruck,
- endexspiratorischer Druck.

Mit der Atemwegsdruckmessung ist der Diskonnektionsalarm verbunden.

Dynamische Compliance

Sie errechnet sich aus dem Quotienten des Atemzugvolumens und der Differenz von endinspiratorischem und endexspiratorischem Druck. Die dynamische Compliance gibt die Dehnbarkeit der Lunge an, die z. B. bei Atemwegsobstruktionen abnimmt (Rathgeber 1995).

O_2-Konzentration

Die Messung der O_2-Konzentration erfolgt polarographisch, elektrochemisch bzw. paramagnetisch und hat zumindest im inspiratorischen Teil des Narkosegerätes zu erfolgen.

Kapnometrie

Mittels Infrarotresorptionstechnik wird der Anteil des Kohlendioxids im Atemgas gemessen. Die Messung erfolgt entweder als Hauptstrommessung direkt am Tubus oder als Nebenstrommessung, durch Absaugung einer geringen Atemgasmenge über einen dünnen Schlauch zu einem Kapnometer.

Die Kapnometrie gibt nicht nur Auskunft über die Menge des CO_2, sondern zeigt auch ein Fehlen der Atmung bzw. eine Fehlintubation auf. Die dargestellte Verlaufskurve des CO_2 (Kapnogramm) kann auf Veränderungen des Atemgasflusses hinweisen (z. B. Obstruktion; Pasch 1995).

Narkosegasmessung

Die Messung der volatilen Anästhetika und des Lachgases erfolgt über Infrarotspektroskopie. Sie kann auf eine Fehlfunktion der Narkosemittelverdunster hinweisen (Gilly 1995).

Pulsoxymetrie

Durch eine spektrophotometrische Messung ermöglicht die Pulsoxymetrie eine nichtinvasive Messung der arteriellen O_2-Sättigung. Sie verfügt über eine ausreichende Genauigkeit und lässt eine Hypoxie rasch erkennen. Es sollte jedoch beachtet werden, dass verschiedene Faktoren die Aussagekraft der Pulsoxymetrie beeinträchtigen.

Ursachen für Fehlmessungen sind:
- Hypothermie,
- Bewegungsartefakte,
- Nagellack,
- Methämoglobin und Carboxyhämoglobin,
- Indikatorfarbstoffe etc. (List 1995).

Arterielle Blutgasanalyse

Die O_2- und CO_2-Messung im arteriellen Blut dient zur Beurteilung der Atmungsregulation, des pulmonalen Gasaustausches und des Stoffwechsels. Durch Einbeziehen des pH-Wertes und weiterer errechneter Parameter kann der Säure-Basen-Haushalt erfaßt werden (Kacmarcyk 1995).

Die Blutgasanalyse dient zudem der Kontrolle der „online" gemessenen Daten, Pulsoxymetrie und Kapnometrie.

5.2
Respiratorische Insuffizienz

Die respiratorische Insuffizienz ist gekennzeichnet durch Hypoxie und/oder Hyperkapnie mit daraus resultierender Azidose. Sie tritt entweder als metabolische Azidose infolge einer Hypoxie bei anaerober Glykolyse und/oder als respiratorische Azidose infolge einer Hyperkapnie auf.

Hypoxie

Die Hypoxie, definiert als p_aO_2 <40 mmHg (1 mmHg = 133,322 Pa), ist die schwerste respiratorische Komplikation, da sie unbehandelt binnen kurzer Zeit zu irreparablen zerebralen Funktionsausfällen führt.

Klinisch zeigt der Patient bei Hypoxie:
- Zyanose (Voraussetzung: normaler Hämoglobingehalt des Blutes – Erkennung abhängig von den umgebenden Lichtverhältnissen),
- Atemfrequenzanstieg bei Spontanatmung (später Bradypnoe),
- Herzfrequenzanstieg (später Bradykardie),
- Erhöhung des mittleren arteriellen Blutdrucks (Ausnahme: Neu- und Frühgeborene).

Diese Effekte nehmen mit zunehmender Narkosetiefe ab und zeigen ein umgekehrtes Verhalten (Herzfrequenz- und Blutdruckabnahme) unter künstlicher Beatmung und Relaxation (Kontos 1965).

In der Blutgasanalyse reflektiert der p_aO_2 die adäquate Oxygenierung jedoch nur teilweise. Folgende Werte vermitteln in vielen klinischen Situationen mit grenzwertig ausreichender Oxygenierung eine bessere Beurteilung der adäquaten O_2-Versorgung als der p_aO_2 allein:
- O_2-Gehalt des arteriellen Blutes (resultierend aus Hämoglobingehalt, O_2-Sättigung und p_aO_2),
- O_2-Transport (O_2-Gehalt, HZV),
- O_2-Verfügbarkeit,
- gemischtvenöser O_2-Partialdruck (normal >35 mmHg).

Über die Fähigkeit des Hämoglobins, Sauerstoff an das Gewebe abzugeben (reziprok der O_2-Affinität), gibt der p_aO_2 bei 50% O_2-Sättigung Auskunft (normal: 26,7 mmHg). Eine Verminderung dieses Wertes spricht für verminderte Bereitschaft des Hämoglobins zur O_2-Abgabe im Gewebe (Linksverschiebung der O_2-Dissoziationskurve, z. B. durch Alkalose). Eine Erhöhung spricht für eine gesteigerte O_2-Abgabe (Rechtsverschiebung der O_2-Dissoziationskurve, z. B. durch Azidose).

Ursächlich kommen alle respiratorischen Komplikationen in Frage:

- Unterbrechung der Oxygenierung (Hypoventilation, Atelektase, etc.),
- inadäquate O_2-Zufuhr,
- inadäquate Perfusion (Lungenembolie, Pneumothorax, „low cardiac output").

Die zugrundeliegenden respiratorischen Komplikationen können sowohl intraoperativ als auch postoperativ auftreten. Eine Checkliste zur schnellen Abklärung einer intraoperativen Hypoxie zeigt die folgende Übersicht.

| **Vorgehen zur Abklärung der Ursache einer plötzlich aufgetretenen Hypoxie** |

ÜBERSICHT

- F_IO_2
  (Gasgemisch!; F_IO_2 auf 1,0 einstellen),
- Ventilation
  (manuelle Kontrolle der Beatmung, z. B. Obstruktion!),
- Lunge
  (Auskultation: z. B. einseitige Belüftung, Pneumothorax),
- Kreislauf
  (Palpation des Pulses, z. B. „low cardiac output" bei Hypovolämie, Herzversagen infolge Arrhythmie, Pulmonalembolie).

Therapeutisch muss die erkannte Ursache sofort behandelt werden, bis dahin muss unverzüglich eine Beatmung mit 100% Sauerstoff erfolgen. Bei fraglich suffizienter Herzaktion muss zusätzlich sofort die externe Herzmassage im Sinne der kardiopulmonalen Reanimation einsetzen.

 Die Hypoxie ist die schwerwiegendste respiratorische Komplikation (Zerebralschäden).

Hyperkapnie

Eine Hyperkapnie liegt unter der Anästhesie bei einem p_aCO_2 >50 mmHg vor und resultiert aus einer zu geringen alveolären Ventilation, welche einerseits aus einem absolut zu geringen Atemminutenvolumen (z. B. Hypoventilation infolge Atemdepression bei Spontanatmung) oder aus einem relativ zu geringen Atemminutenvolumen entstehen kann.

Ursachen für eine Hyperkapnie können sein:

- *Erhöhter funktioneller Totraum:*
  - Lungenfunktionsstörungen (obstruktive Bronchitis, Pneumonie, ARDS etc.),
  - Totraumvergrößerung durch Narkosesystem,
  - Pulmonalembolie.
- *Erhöhte CO_2-Produktion:*
  - Shivering,
  - (maligne) Hyperthermie,
  - Katecholaminfreisetzung,
  - Hyperthyreose.
- *Verminderte CO_2-Elimination:*
  - Atemdepression,
  - Atemwegsobstruktionen,
  - technische Störungen (Tubus, Kreissystem etc.),
  - neuromuskuläre Erkrankungen,
  - verminderte Lungenperfusion,
  - schmerzbedingte Hypoventilation,
  - Atemdepression durch Medikamente,
- *CO_2-Inhalation:*
  - fehlende CO_2-Elimination im Absorber.

Hoher Atemwegsmitteldruck (PEEP) bei „low cardiac output" führt ebenfalls zu einer Zunahme der Totraumventilation und damit zur Hyperkapnie.

Eine vorbestehende metabolische Alkalose, z. B. durch erhebliche Magensaftverluste durch Erbrechen, kann kompensatorisch ebenfalls zur Hyperkapnie führen. Bei begleitender pulmonaler Funktionsstörung führt die metabolische Azidose zusätzlich zur Hypoxie. Ein präoperativer Ausgleich ist daher anzustreben.

Die Symptome der Hyperkapnie sind beim spontan atmenden Patienten:
- Mäßiger Anstieg der Atemfrequenz,
- Anstieg der Herzfrequenz,
- Anstieg des arteriellen Blutdrucks,
- reversible CO_2-Narkose (bei p_aCO_2-Werten >80 mmHg),
- Schwitzen, Hautrötung sowie Mydriasis (bei erheblicher Steigerung des p_aCO_2 >100 mmHg).

Alle diese Symptome werden durch zunehmende Narkosetiefe unterdrückt, und es besteht keine verläßliche Korrelation von klinischen Symptomen mit der vorliegenden Hyperkapnie auch bei erheblicher CO_2-Erhöhung (Prys-Roberts 1967).

Bei Patienten mit eingeschränkter zerebraler Autoregulation führt bereits eine geringe Hyperkapnie zur Hirndrucksteigerung. Daher müssen diese Patienten (bei neurochirurgischen Operationen, Patienten nach Schädel-Hirn-Trauma) im Rahmen einer Narkose kontrolliert beatmet werden.

Eine Hyperkapnie durch Hypoventilation (z. B. durch gleichzeitig verabreichte Opioide) am Ende der Anästhesie bietet eine Situation, in welcher die Elimination von Inhalationsanästhetika vermindert, und damit das Erwachen verzögert wird. Bei Auftreten einer Hyperkapnie ist sofort nach der Ursache zu fahnden (s. Übersicht) und diese entsprechend zu behandeln.

Die Prophylaxe der intraoperativen Hyperkapnie liegt zweifellos in der großzügigen Anwendung der adäquaten Beatmung nach Intubation und ist insbesondere bei vorbestehenden pulmonalen Funktionseinschränkungen und bei Patienten mit eingeschränkter zerebraler Autoregulation notwendig.

5.3
Veränderung der respiratorischen Funktion unter der Anästhesie

Narkose und Operation führen zu einer Reihe von Veränderungen der respiratorischen Funktion, welche insbesondere bei vorbestehender respiratorischer Funktionseinschränkung zur respiratorischen Insuffizienz führen können. Die Veränderungen der respiratorischen Funktion unter der Narkose zeigt die folgende Übersicht:

Veränderungen der respiratorischen Funktion unter der Narkose

ÜBERSICHT
- Verminderung der funktionellen Residualkapazität (FRC)
- Verminderung der Compliance
- Erhöhung des Atemwegswiderstands
- Erhöhung der Totraumventilation
- Verminderung des Atemzeitvolumens
- Hypoventilation durch Atemdepression

Verminderung der funktionellen Residualkapazität (FRC)

Die Allgemeinanästhesie führt unabhängig von der Ventilationsart (Spontanatmung oder künstliche Beatmung) bereits am Beginn der Anästhesie zu einer Verminderung der FRC. Diese Verminderung der FRC hält auch noch postoperativ an und resultiert in einer erhöhten D_{AaO_2} (arterioalveoläre O_2-Differenz). Eine unter der Anästhesie eintretende Verminderung des Herzzeitvolumens führt in Abhängigkeit von dieser D_{AaO_2} zu einer progressiven Abnahme des p_aO_2.

Für diese Veränderung der FRC sind in hohem Maße die intraoperative Lagerung und eine kranial gerichtete Zwerchfellverschiebung, v. a. bei Relaxation verantwortlich. Bei einer vorbestehenden pulmonalvenösen Druckerhöhung kommt es unter der Anästhesie auch zu einem signifikant höheren Abfall der FRC (Benumof 1994).

Verminderung der Compliance während Narkose und Operation

Eine Verminderung der FRC (Zwerchfellhochstand, erhöhter pulmonalvenöser Druck etc.) führt in direkter Abhängigkeit zur Verminderung der Compliance (Benumof 1994). Ein Druck von außen (Assistenz lehnt auf dem Thorax des Patienten, bestimmte Lagerungen, z. B. Bauchlage etc.), eine mangelhafte Relaxation oder eine schmerzbedingte Tonuserhöhung der Thoraxwand- und Zwerchfellmuskulatur führt ebenfalls zur plötzlichen Verminderung der Compliance, erkennbar am erhöhten inspiratorischen Spitzendruck bei gleichem Zugvolumen.

Erhöhung des Atemwegswiderstands

Ursachen für eine Erhöhung des Atemwegswiderstandes (R_{aw}, „airway resistance") sind:
- Verminderung der Lungenvolumina über die Reduktion der Atemwegskaliber,
- Luftwegsobstruktion,
- apparative Erhöhung des Atemwegswiderstandes (Exspirationsventile),
- verminderte Sekretclearance unter der Anästhesie (verminderte Hydratation, Vagolytika),
- trockenes und kaltes Atemgas,
- hohes F_IO_2,
- aufgeblasener Cuff.

Auftretende negative intrathorakale Drücke bei extrem erhöhtem Atemwegswiderstand und Spontanatmung (z. B. geknickter Tubus) können zum Auftreten eines Lungenödems führen (Oswalt 1977).

Erhöhung der Totraumventilation

Eine Reihe von Faktoren können unter Narkose zu einer Erhöhung der Totraumventilation führen:

- Narkosesystem (besonders bei Verwendung von Masken kann der resultierende Totraum 64% des Atemzugvolumens betragen),
- Druckabfall mit folgender Verminderung des Pulmonalisdrucks,
- Erhöhung des mittleren Atemwegsdrucks (PEEP),
- Hyperventilation,
- pulmonale vaskuläre Obstruktion (Lungenembolie, Haken an der Arteria pulmonalis oder Kompression des rechten Ventrikels).

Verminderung des Atemzeitvolumens

Unter dem Einfluss der zentraldepressiven Wirkung von Anästhetika sowie der Paralyse durch Muskelrelaxanzien kommt es zur Verminderung des Atemzeitvolumens.

Inhalationsanästhetika

Alle Inhalationsanästhetika, somit auch Desfluran und Sevofluran, führen konzentrationsabhängig zu einer Atemdepression, woraus bei Spontanatmung und zunehmender Narkosetiefe (>1,5 MAC, vorwiegend durch Abnahme des Zugvolumens) eine Hyperkapnie resultieren kann (Lockhart 1991).

Eine Hypoventilation mit Hypoxie tritt erst bei tiefen Narkosestadien auf (>2 MAC). Allerdings kann bei vorliegenden pulmonalen Funktionsstörungen und Spontanatmung eine Hypoxie dadurch bereits unter normaler Narkosetiefe eintreten.

Adäquate Beatmung verhindert intraoperativ diesen Effekt, kann dafür aber postoperativ – besonders bei induzierter Hyperventilation – zu einer Atemdepression durch Inhalationsanästhetika Anlaß geben. Zusätzlich applizierte Opioide, i.v.-Anästhetika und Muskelrelaxanzien verstärken diesen Effekt. Die Prophylaxe der induzierten Atemdepression liegt in der großzügigen Anwendung der künstlichen Beatmung und der adäquaten Narkoseführung.

Intravenös verabreichte Anästhetika

Sie bewirken abhängig von Dosis und Applikationsgeschwindigkeit (verzögerte Eiweißbindung) eine Atemdepression, wodurch infolge Hypoventilation und Apnoe sowohl Hyperkapnie als auch Hypoxie resultieren können. Durch die in der Regel gleichzeitig bestehende Kreislaufdepression kann die Hypoxie, besonders bei vorbestehender pulmonaler oder kardialer Funktionseinschränkung sowie bei präexistenter Hypovolämie, verstärkt werden.

Dieser Effekt kann besonders ausgeprägt sein, wenn zwischen Einleitung der Narkose und Operationsbeginn eine längere Zeitspanne liegt. Die patientenbezogene Dosierung nach Wirkung ist die beste Prophylaxe.

Opioide

Prämedikation sowie perioperative Schmerztherapie mit Opioiden führen oft auch in geringer Dosis infolge Potenzierung durch i.v.- und Inhalationsanästhetika sowie nachhängende Wirkung von Muskelrelaxanzien zur intra- und postoperativen Atemdepression, welche intraoperativ durch künstliche Beatmung maskiert sein kann.

Naloxon 0,1–0,4 mg i.v., langsam und verdünnt appliziert, hebt diese Wirkung auf. Allerdings kann die Wirkung des Opiats länger als die des Naloxon sein, wodurch eine repetierte Gabe notwendig werden kann.

Naloxon soll wegen Hypertension oder plötzlicher Erhöhung des peripheren Widerstandes (mit vereinzelt beschriebenem Kammerflimmern und Lungenödem; Michaelis et al. 1974), besonders bei vorliegender kardialer Funktionseinschränkung oder bei Hypertonus nicht unkritisch gegeben werden. Es muss im Einzelfall entschieden werden, ob es nicht besser ist, die künstliche Beatmung fortzusetzen.

 Atemdepression durch Nichtopioide wird durch Naloxon nicht aufgehoben.

Muskelrelaxanzien

Siehe Kap. 34.

Zusammenfassung

 Intravenöse und Inhalationsanästhetika, Opioide und überhängende Relaxanzien wirken dosisabhängig und kumulativ atemdepressiv; dies wird durch metabolische und respiratorische Alkalose, besonders unmittelbar postoperativ, noch verstärkt.

5.4
Dekompensation der respiratorischen Funktion unter der Narkose bei vorbestehenden pulmonalen Funktionseinschränkungen

Eine Reihe von Erkrankungen kann bereits präoperativ pulmonale Funktionseinschränkungen verursachen. Dazu gehören:

- Pneumonie,
- Atelektase,
- ARDS (Erhöhung der D_{AaO_2}, Reduktion von FRC und Compliance, Erhöhung der R_{aw}),
- chronische Bronchitis und Asthma bronchiale (erhöhte R_{aw}),
- kardiale Dekompensation (erniedrigte FRC und Compliance, niedriges Herzzeitvolumen),
- Thoraxdeformitäten,
- hohes Alter,
- Adipositas (erhebliche Abnahme der FRC unter der Anästhesie zu erwarten).

In Narkose können diese pulmonalen Funktionseinschränkungen zur respiratorischen Insuffizienz führen. Bei Spontanatmung wie bei künstlicher Beatmung ist eine Blutgasanalyse daher intraoperativ unbedingt notwendig.

Bei vorliegender obstruktiver Lungenfunktionseinschränkung (erhöhte R_{aw}, erhöhte FRC) kommt es zur verzögerten Exspiration. Daraus resultiert eine niedrige Atemfrequenz, z. B. <10 Atemzüge/min; bei zugunsten der Exspiration verändertem Atemphasenzeitverhältnis (z. B. I:E=1:3).

Bei restriktiven Ventilationsstörungen (erniedrigte Vitalkapazität und erniedrigte funktionelle Residualkapazität) ist aufgrund der niedrigen Compliance zur Erreichung eines normalen Atemminutenvolumens eine erhöhte Atemfrequenz notwendig (z. B. 15–20 Atemzüge/min). Zur Vermeidung hoher Beatmungsdrücke ist ein geringeres Atemzugvolumen einzustellen. Die Überwindung der erhöhten elastischen Widerstände verlangt eine verlängerte Inspirationszeit. Das Atemphasenzeitverhältnis ist zugunsten der Inspiration zu verändern (I:E=1:1).

Bei präoperativ vorliegender pulmonaler Funktionseinschränkung sollte neben der Diagnostik derselben auch eine optimale präoperative Therapie durchgeführt werden. Die Regionalanästhesie bietet in dieser Situation bei fehlender Wirkung auf die FRC Vorteile.

Liegt eine pulmonale Funktionsstörung vor, sollten die Patienten in Allgemeinanästhesie adäquat beatmet werden. Da die FRC auch postoperativ reduziert ist, ergibt sich nicht selten auch postoperativ die Notwendigkeit der Beatmung.

5.5 Atemwegsobstruktionen

! Atemwegsobstruktionen (einschließlich der Intubationsprobleme) verursachen innerhalb der respiratorischen Komplikationen die meisten Todesfälle.

Die Intubation, die dabei möglichen Komplikationen sowie die Aspiration werden in eigenen Kapiteln abgehandelt und daher hier nicht besprochen.

Obstruktion der oberen Luftwege

Die Obstruktion im Bereich der oberen Luftwege kann anatomisch oder funktionell bedingt sein. Während die anatomisch bedingte Obstruktion bei der präoperativen Untersuchung und Anamnese erfaßt werden kann und muss, um entsprechend vorbereitet zu sein, stellt die funktionelle Obstruktion meist die Folge einer inadäquaten Narkoseführung dar.

Da die Behandlung der Obstruktionen je nach Ursache unterschiedlich ist, werden diese getrennt besprochen.

Anatomisch bedingte Obstruktion der oberen Luftwege

Anatomisch bedingte Obstruktionen der oberen Luftwege können angeboren (z. B. Mikrogenie bei Pierre-Robin-Syndrom) oder erworben sein. Die erworbenen Obstruktionen sind sowohl traumatischer, als auch entzündlicher Genese. Dazu zählen z. B. peritonsilläre Abszesse, retropharyngeale Abszesse und Mundbodenphlegmone.

Die Diagnose gründet sich auf:
- Anamnese:
  Schluckstörungen, Stridor, Trauma oder Entzündung, Probleme bei früheren Narkosen,
- Inspektion:
  Mißbildungen oder Anomalien des Gesichtsschädels,
- Ausdehnung des Submandibularraums:
  Der Abstand zwischen Kinn und Hyoid soll mindestens 2 Fingerbreit (4 cm) sein, da andernfalls eine Ventralverlagerung der Pharynxweichteile zur korrekten Lagerung und Freihaltung der Luftwege wie auch zur Laryngoskopie erschwert ist.
- Prüfung der Fähigkeit, den Mund zu öffnen:
  Die eingeschränkte Beweglichkeit im Kiefergelenk erschwert sowohl die Einbringung eines oropharyngealen oder endotrachealen Tubus als auch das Vorziehen des Unterkiefers zum Freihalten der Atemwege.
- Prüfung der Fähigkeit, den Kopf zu überstrecken:

Verminderte Beweglichkeit im Bereich der Halswirbelsäule erschwert eine Lagerung zur Offenhaltung der Atemwege und die Intubation.

Diese Punkte können natürlich auch zur Beurteilung zu erwartender Schwierigkeiten bei der Intubation herangezogen werden.

Jegliche angeborenen oder erworbenen Veränderungen im Bereich des Gesichtsschädels, der oberen Luftwege sowie des Mundbodens, welche zu Auffälligkeiten nach den vorgenannten Kriterien führen, lassen Probleme bei der Freihaltung der Atemwege ohne Intubation sowie bei der Laryngoskopie zur Intubation erwarten.

Für die Behandlung der eingetretenen Obstruktion ist es entscheidend,

1. dass der Anästhesist die Wahrscheinlichkeit des Vorliegens einer anatomisch bedingten Obstruktion gegenüber einer funktionellen Obstruktion beurteilen kann,
2. ob der Patient zum Zeitpunkt des Erkennens der Obstruktion relaxiert ist oder nicht.

Hinweise für eine anatomisch verursachte Obstruktion im Bereich der oberen Luftwege

ÜBERSICHT

- Stridor, Schluckstörung, Erkrankungen im Pharynx- oder Gesichtsschädelbereich in der Anamnese,
- sichtbare Gesichtsschädeldeformitäten,
- enger Submandibularraum,
- Unfähigkeit, den Mund zu öffnen,
- Unfähigkeit, den Kopf im Atlantokzipitalgelenk zu überstrecken.

Vorgehen beim nichtrelaxierten Patienten

Ist der Patient zum Zeitpunkt der Obstruktion nicht relaxiert, so besteht die Möglichkeit, dass es sich auch bei Hinweisen auf eine anatomisch bedingte Obstruktion um eine funktionelle Obstruktion infolge einer zu oberflächlichen Narkose oder einer unsachgemäßen Lagerung, handelt.

Therapie

- Korrigieren der Lagerung,
- Verwendung von 100% Sauerstoff
- Vertiefung der Narkose,
- Ausüben eines CPAP (5–10 cmH$_2$O) mit der Maske bzw.
- Intubation.

Liegen eindeutige Hinweise auf ein anatomisches Hindernis vor, wird es oft günstiger sein, unter Anwendung von Lokalanästhesie und ohne Relaxation entweder oropharyngeal oder endotracheal durch einen entsprechenden Tubus die Obstruktion zu überwinden. Die Entscheidung zur Relaxation setzt bei vorliegendem anatomischem Luftwegsproblem persönliche Erfahrung voraus.

ÜBERSICHT

- In jedem Falle sollte zusätzlich Hilfe durch Geübte angestrebt werden. Die blinde nasotracheale Intubation, unter Ausnützen der Atmung als Leiteinrichtung, oder die orotracheale Intubation unter Lokalanästhesie können hier, wenn der Aditus laryngis nicht eingestellt werden kann, zum Erfolg führen. Die fiberoptische Intubation stellt in dieser Situation eine gute Möglichkeit zur Intubation dar.
- Gelingt es nicht, bei unklarer Atemwegsituation einen sicheren Atemweg zu installieren, sollte der Patient aus der Narkose erweckt, die Operation verschoben und zwischenzeitlich die anatomische Situation geklärt werden (Beurteilung durch erfahrenen Arzt, Röntgen, Tracheoskopie).

! Bei dringlichem Verdacht auf anatomisch verursachte Luftwegsprobleme ist eine fiberoptische Intubation anzustreben bzw. Vorbereitungen für eine Tracheotomie zu treffen.

Vorgehen beim relaxierten Patienten

Bei vorliegender Relaxation ist unverzüglich die Intubation durchzuführen. Gelingt dies nicht, so wird mittels Oropharyngealtubus und Maskenbeatmung oder mittels Larynxmaske versucht, die Oxygenierung aufrechtzuerhalten. Anschließend ist eine fiberoptische Intubation bzw. eine Notfalltracheotomie durch den Chirurgen durchzuführen (Kleemann et al. 1997).

Funktionelle Obstruktion der oberen Luftwege

Weitaus häufiger als eine anatomisch bedingte Obstruktion der oberen Luftwege liegt jedoch eine funktionelle vor. Die Ursachen sind:

- Oberflächliche Narkose:
  Lokale Irritationen können, begünstigt durch eine oberflächliche Narkose, pharyngeale und laryngeale Reflexe, wie z. B. Laryngospasmus auslösen.
- Aufhebung des pharyngealen Reflexgleichgewichts unter der Narkose (z. B. Zurückfallen der Zunge),
- Extubation in oberflächlicher Narkose,
- Ketamin:
  Ketamin führt gelegentlich, insbesondere bei Fehlen einer vagolytischen Prämedikation, durch die resultierende Hypersalivation und durch den erhöhten Muskeltonus der Mundbogenregion zum Laryngospasmus.

Klinisch können folgende Symptome auftreten:

- Kiefersperre,
- Schlucken und Würgen,
- exspiratorischer Stridor (Laryngospasmus),
- Thoraxexkursionen ohne Ventilation (frustrane schaukelnde Atembewegungen),
- Zyanose mit folgender Bradykardie.

Therapie

Sie ist in Abhängigkeit von der Ursache zu wählen:

1. Bei aktivierten Reflexen im oropharyngealen Bereich ist die Vertiefung der Narkose durch ein schnell wirksames i.v.-Anästhetikum oder kurzfristige Relaxation notwendig. Parallel dazu wird 100% Sauerstoff mit geringem CPAP (5–10 cmH$_2$O)

mittels Maske appliziert. Eine forcierte Maskenbeatmung führt in dieser Situation nur zur Überblähung des Magens und zur Provokation der Regurgitation.

2. Bei Obstruktion durch Zurückfallen der Zunge wird zunächst durch sachgemäße Lagerung, durch Unterlegen des Hinterkopfes, Überstrecken im Atlantookzipitalgelenk und Vorziehen des Unterkiefers die Eröffnung der Atemwege versucht. Andernfalls ist die Anwendung eines oropharyngealen bzw. nasopharyngealen Tubus, einer Larynxmaske oder des endotrachealen Tubus notwendig.

In beiden Fällen ist durch Intubation ein weiteres Auftreten der vorliegenden Probleme zu verhindern.

 Die korrekt durchgeführte endotracheale Intubation ist der sicherste Schutz vor Obstruktionen im Bereich der oberen Luftwege.

Die Prophylaxe der Obstruktion im Bereich der oberen Atemwege wird einerseits durch eine gewissenhafte präoperative Untersuchung und entsprechende Planung der Narkose sowie andererseits durch eine sachgemäße Einleitung und Überwachung der Narkose ermöglicht.

Die Extubation bei weitgehend wachem Patienten verhütet in der Regel den sonst auftretenden Laryngospasmus.

Behinderte Nasenatmung und respiratorischer Infekt bei Kindern

Bei Kindern (insbesondere Säuglingen) führt die Behinderung der in diesem Alter obligaten Nasenatmung, z. B. durch Rhinitis und eingetrocknetes Sekret, zur Obstruktion der oberen Atemwege .

In dieser Situation muss durch Lagerung und gewissenhafte Applikation der Maske, bzw. endotracheale Intubation der Luftweg sichergestellt werden. Die nach ventral durchgeführte Bewegung des Unterkiefers zur Offenhaltung des oralen Luftweges muss bei Säuglingen wegen der relativ großen

Zunge vollständiger als beim Erwachsenen erfolgen. Bei Verwendung eines Oropharyngealtubus ist eine Provokation von Schluck- und Würgereflexen bei zu oberflächlicher Anästhesie möglich. Bei gleichzeitig bestehender Bronchitis kann aus der Kleinheit des Kalibers der Atemwege eine bedrohliche Erhöhung des Atemwegswiderstandes resultieren, wodurch die endotracheale Intubation und Beatmung zur ausreichenden Ventilation erzwungen werden kann.

> **!** Ein respiratorischer Infekt beim Säugling oder Kleinkind führt zu einer erheblich stärker ausgeprägten Obstruktion als beim Erwachsenen.

Obstruktion der unteren Luftwege

Obstruktion des Larynx

Mögliche Ursachen für eine Obstruktion des Larynx sind:
- Dysfunktionell (Laryngospasmus, Rekurrensparese),
- entzündlich (Epiglottitis, subglottische Laryngitis, Larynxödem),
- traumatisch (Kehlkopftrauma, Postintubationsstenosen),
- neoplastisch (Papillome, Hämangiom, Karzinom).

Klinisch führt die Larynxobstruktion zum Bild des Laryngospasmus, ohne dass jedoch bei Vertiefung der Narkose die Obstruktion vermindert wird. Die danach durchgeführte Laryngoskopie erbringt die Diagnose.

In allen Fällen wird nach der Diagnosestellung die Intubation mit einem kleinkalibrigen Tubus zur Aufrechterhaltung der Ventilation notwendig sein. Über die Fortführung der Narkose bzw. das Vorgehen (z. B. Tracheotomie) zum Zeitpunkt der Extubation muss jeweils in Anbetracht der speziellen Pathologie entschieden werden.

Die Prophylaxe derartiger unliebsamer Ereignisse unter der Operation besteht in der gewissenhaften präoperativen Visite. Durch Anamnese, Auskultation und klinischen Befund kann das Vorliegen einer anatomischen Larynxstenosierung in den meisten Fällen vermutet und durch gezielte Untersuchung (z. B. fiberoptische Tracheoskopie) abgeklärt werden kann.

> **!** Die präoperative Anamnese und Untersuchung ist eine notwendige und effektive Maßnahme zur Vermeidung intraoperativer Komplikationen.

Obstruktion distal des Kehlkopfs

Die Obstruktion distal des Kehlkopfs unter der Narkose stellt eine diagnostisch und therapeutisch kritische Situation dar. Klinisch findet sich trotz adäquater Intubation eine Obstruktion, erkenntlich an der Unmöglichkeit, ein adäquates Zugvolumen einzubringen. Eine rasche Diagnosestellung ist notwendig, da die adäquate Therapie u. U. Zeit benötigt (z. B. Vorbereitung zur Pneumothoraxentlastung, Therapie des Bronchospasmus, Fremdkörperextraktion), und in dieser Zeit eine adäquate Ventilation unmöglich ist.

Ursachen für eine plötzliche Obstruktion distal der Glottis:
- Ineffektive Intubation (z. B. Cuffherniation),
- plötzliches Erwachen,
- Trachealobstruktion (Tracheomalazie, Fremdkörper, Tumor etc.),
- Aspiration,
- Bronchospasmus,
- Pneumothorax.

Die Differentialdiagnose erfordert primär eine Auskultation, evtl. einen Absaugversuch, ein Thoraxröntgen oder, bei dringendem Verdacht auf Pneumothorax und kritischem Zustand des Patienten, eine probeweise Entlastungspunktion.

Bei Bronchospasmus findet man auskulatorisch Giemen, Brummen und ein verlängertes Exspirium. Hinweise auf ein vorbestehendes Asthma, eine Applikation eines potentiellen Allergens oder eine Aspiration erleichtern die Diagnose. Die Aspiration ist an den feuchten Rasselgeräuschen zu erkennen, während bei einer Trachealobstruktion oder einem Pneumothorax oft kein typischer Auskultationsbefund unter der Anästhesie zu erheben ist. In dieser Situation kann probeweises Absaugen hilfreich sein. Ein Thoraxröntgen oder eine Bronchoskopie kann, so dazu Zeit ist, die Beurteilung der Situation ermöglichen.

Therapie
Sie richtet sich nach der gestellten Diagnose:
- Intubation ineffektiv:
  Reintubation notwendig, evtl. genügt Ablassen des Cuffs.
- Patient erwacht:
  Vertiefung der Narkose (evtl. Relaxation).
- Trachealobstruktion:
  Absaugeversuch (z. B. eines Blutkoagels); ist danach eine Belüftung noch immer nicht möglich, kann oft mit einem kleinkalibrigen Tubus eine Passage neben der Obstruktion zur Beatmung bis zur Bronchoskopie erreicht werden.
- Aspiration (s. Kap. 21 „Aspiration").
- Pneumothorax (s. Abschn. „Pneumothorax", S. 99)

Intubationsprobleme

Siehe Abschn. 20.1.

Thermische Schädigung der Atemwege

Ursachen für thermische Schädigungen der Atemwege können präoperativ durch Inhalation heißer Gase (z. B. bei Brandverletzten) vorkommen.

Intraoperativ ist die Ursache in erster Linie der „Tubusbrand" bei Verwendung nicht geeigneter Tuben in der Laserchirurgie in den Atemwegen. Seltener ist eine thermische Schädigung durch defekte Heiz- und Befeuchtungsgeräte möglich. Klinisch zeigt sich:
- Abfall der Sauerstoffsättigung,
- Anstieg des Beatmungsdruckes (bzw. Abnahme Compliance),
- Lungenödem,

- Bronchospasmus,
- ARDS.

 Alarmzeichen beim „Tubusbrand" sind neben dem Auftreten von Brandgeruch, Rauch oder Flammen im Op.-Gebiet heiße Atemschläuche.

Die therapeutischen Maßnahmen bestehen im sofortigen Ersticken der Flammen durch Abklemmen und Entfernen des beschädigten Tubus (O_2-Entzug), evtl. Löschen der Flammen mit einer NaCl-Lösung und einer raschen Reintubation, da sehr rasch ein Schleimhautödem auftreten kann. Die weitere Beatmung erfolgt mit einer F_1O_2 von 1,0. Eine Gabe von Kortikosteroiden (z. B. Methylprednisolon) kann erwogen werden.

Anschließend muss eine bronchoskopische Exploration zur genauen Abklärung des Ausmaßes der Schädigung erfolgen. Eine postoperative Beatmung und Intensivbehandlung ist unbedingt erforderlich (Rampil 1994).

5.6
Akut auftretende pulmonale Funktionseinschränkungen

Einseitige Ventilation

Die unbeabsichtigte, meist rechtsseitige endobronchiale Intubation führt wie die Einlungennarkose mittels Carlens-Tubus zum plötzlichen Anstieg des intrapulmonalen Rechts-links-Shunts.

Bei Unfähigkeit, das Herzzeitvolumen zu steigern, wie bei Hypovolämie oder kardialer Insuffizienz, kann bei erheblicher arterioalveolärer O_2-Differenz auch bei einer F_1O_2 von 1,0 eine Hypoxie resultieren. In diesem Falle ist auch eine geplante Einlungennarkose nicht möglich.

Gewissenhafte Lagekontrolle, wenn nötig, Korrektur mit neuerlicher Kontrolle des endobronchialen Tubus nach Fixation durch Auskultation sowie engmaschiges Blutgasmonitoring bei Einlungennarkose, können eine Hypoxie verhindern.

Bronchospasmus

Der Bronchospasmus unter der Anästhesie kann vielfältige Ursachen haben:

- Irritation hyperreagibler Atemwege aufgrund einer oberflächlichen Narkose (Intubation, Larynxmaske),
- Schmerzreize bei oberflächlicher Narkose,
- Irritation der Atemwege in der Ausleitungsphase,
- allergische Reaktionen (Histaminfreisetzung),
- Inhalationsreiz (z. B. Gase),
- Infektionen,
- β-adrenerge Blockade,
- Prostaglandininhibition (ASS),
- Cholinesterasehemmer,
- Alkohol.

Zweifellos die häufigste intraoperative Ursache ist eine zu oberflächlich geführte Narkose beim intubierten Patienten. Jedoch ist der Bronchospasmus auch bei Verwendung einer Larynxmaske möglich (Hempel 1999). Neben den obengenannten Ursachen ist die anaphylaktoide Reaktion eine häufige Ursache für den Bronchospasmus.

Klinische Zeichen sind beim wachen Patienten:

- Dyspnoe,
- Tachykardie,
- Zyanose,
- Pfeifen und Giemen (Auskultation).

Beim narkotisierten Patienten:

- Tachykardie,
- Hypertonie,
- Schwitzen,
- Zyanose,
- Pfeifen und Giemen (Auskultation).

Neben der klinischen Symptomatik findet sich im Thoraxröntgen eine überblähte Lunge. Die Blutgasanalyse zeigt eine Hypoxie, eine Hyperkapnie und häufig eine ausgeprägte metabolische Azidose („low cardiac output" bei akuter Rechtsinsuffizienz).

Vorgehen bei Bronchospasmus

- Erhöhung der F_IO_2 (1,0),
- Vertiefung der Narkose,
- Unterbrechen des chirurgischen Stimulus,
- Absetzen des auslösenden Agens,
- Aminophyllin 0,24 mg i.v.,
- β-Mimetikumapplikation in den Tubus bzw. i.v.-Gabe,
- Adrenalingabe (0,05–0,1 mg, ggf. mehrfach) bei anaphylaktoider Reaktion ab Schweregrad 3.
- Steroide (Dexamethason 80 mg i.v.)

Bei Bronchospasmus ohne Intubation (Maskennarkose, Larynxmaske) erscheint die Intubation meistens notwendig, um bei hohem Atemwegswiderstand noch eine adäquate Ventilation zu ermöglichen.

 Ketamin hat bei erhöhtem Tonus der Bronchialmuskulatur einen guten bronchodilatorischen Effekt.

Die Prophylaxe des Bronchospasmus entspricht der Prophylaxe der anaphylaktoiden Reaktion. Auch sollten elektive Eingriffe bei Patienten mit akuten Infekten der Atemwege nicht durchgeführt werden. Patienten mit COPD müssen präoperativ gut therapiert sein.

Aspiration

Siehe S. Kap. 21.

Pneumothorax

Der intraoperativ auftretende Pneumothorax ist eine gefürchtete Komplikation, deren Häufigkeit durch perioperative iatrogene thoraxnahe Maßnahmen zunimmt. Mögliche Ursachen sind:

- Zentrale Venenpunktion,
- endoskopische Eingriffe,
- Tracheotomie (besonders bei Kindern),
- Barotrauma (Beatmung).

> **!** Beatmungsdrücke von 30–80 mmHg sind potentiell, >80 mmHg sicher (bei Neugeborenen >30 mmHg), Ursache für die Entstehung eines Pneumothorax.

Sie können zunächst unerkannt zum Pneumothorax führen, der sich dann intraoperativ bei Entwicklung eines Ventilmechanismus unter künstlicher Beatmung zu einem Spannungspneumothorax weiterentwickelt. Intraoperativ kann ferner bei unbeabsichtigt geschlossenem Exspirationsventil bei Spontanatmung, besonders aber bei geöffnetem O_2-Flushventil, ein Pneumothorax auftreten.

Der Spannungspneumothorax führt einerseits durch Behinderung des venösen Rückflusses, aber auch direkt durch Hypoxie infolge aufgehobener Ventilation zum Exitus.

Symptome bei maschineller Beatmung sind:

- Blutdruckabfall,
- Tachykardie
- Hypoxie,
- Venenstauung,
- einseitig aufgehobenes Atemgeräusch,
- Obstruktion trotz freier Passage des Absaugkatheters,
- tympanitischer Klopfschall,
- fehlende Oxygenierung bei kardiopulmonaler Reanimation.

> **!** Hauptproblem der Behandlung des intraoperativen Pneumothorax ist, an die Möglichkeit seines Auftretens zu denken!

Bei Verdacht auf Spannungspneumothorax muss bei bedrohlicher Kreislaufsituation die sofortige Entlastung durch eine Thoraxdrainage erfolgen. Bei guten Kreislaufverhältnissen und nicht eindeutiger Symptomatik wird eiligst ein Lungenröntgen durchgeführt und der Patient genau überwacht, um – notfalls auch unnötig – eine Thoraxpunktion in der angegebenen Weise durchzuführen. Eine permanente Drainage sollte bei einem aufgetretenen Spannungspneumothorax unbedingt folgen.

Nach Thoraxtrauma und Eingriffen wie oben beschrieben muss vor einer Operation ein Thoraxröntgen durchgeführt werden, welches allerdings nicht vor einem verzögert auftretenden Pneumothorax schützt. Insbesondere nach einem Thoraxtrauma mit Serienrippenfrakturen sollte daher präoperativ, auch bei noch nicht aufgetretenem Pneumothorax, eine Thoraxdrainage durchgeführt werden.

Ein präoperativ vorliegendes Thoraxtrauma und prä- oder intraoperative Eingriffe mit Pneumothoraxrisiko erfordern den Ausschluss eines Pneumothorax.

Atelektase

Atelektasen sind seltene Komplikationen unter der Anästhesie und resultieren aus:

- Einseitiger Intubation (unbeabsichtigt),
- Sekretretention,
- Fremdkörperaspiration (Zähne),
- Extubation unter forciertem Absaugen (v. a. bei den Tubus weitgehend okkludierendem Sauger),
- inadäquate Ventilation von Lungenanteilen (Einlungennarkose, Abstopfen der Lunge ohne intermittierendes Blähen bzw. Absaugen).

Bei intraoperativ vorliegender Atelektase kommt es durch Zunahme des intrapulmonalen Rechts-links-Shunts zum Absinken des p_aO_2. Durch die Vergrößerung des Totraums entsteht zusätzlich eine Hyperkapnie.

Klinisch zeigen sich die Symptome von Hypoxie und Hyperkapnie. Bei der Auskultation findet sich ein vermindertes Atemgeräusch und evtl. ein Bronchialatmen. Die Differentialdiagnose gegenüber einseitiger Intubation, Pneumothorax oder Aspiration wird sich meist nur durch ein Thoraxröntgen, evtl. gefolgt von einer Bronchoskopie, klären lassen.

Therapeutisch sind intraoperativ Erhöhung der F_IO_2, sowie des Atemminutenvolumens, das Blähen der Lunge und die gezielte bronchoskopische Absaugung erfolgreich. Bei postoperativ eingeschränkter Ventilation können eine postoperative Nachbeatmung oder evtl. der Einsatz von CPAP notwendig werden, um die Atelektase bleibend zu eröffnen.

Lungenödem

Ein intra- oder unmittelbar postoperatives Lungenödem tritt nicht selten plötzlich auf. Symptome sind:
- Hypoxie,
- plötzliche Abnahme der Compliance (erhöhter Beatmungsdruck nötig),
- „Sekretzunahme" im Beatmungsschlauchsystem (hör- und fühlbar).

Ursachen für ein intraoperatives Auftreten eines Lungenödems können sein:
- Plötzlich erhöhte Nachlast des linken Ventrikels (hypertone Krisen, z. B. bei Eingriffen an den Zerebralgefäßen, bei krisenhaftem renalem Hochdruck wie nach Transplantation),
- erhebliches Absinken des kolloidosmotischen Drucks bei Hypervolämie (übermäßiger Ersatz von erheblichen Blutverlusten durch kristalloide Lösungen),
- hypoxisch bedingtes Versagen des linken Ventrikels (z. B. im Rahmen der kardiopulmonalen Reanimation),
- Naloxon (s. oben) kann ebenfalls Linksherzversagen induzieren.

Therapeutisch erfolgt die rasche Verbesserung der Oxygenierung durch Beatmung mit einer F_IO_2 von 1,0 und die Anwendung eines PEEP.

Je nach Ursache stellen Reduktion der Vor- und Nachlast durch Nitroglycerin, Reduktion der Vorlast durch Furosemid, Reduktion der erhöhten Nachlast (z. B. Urapidil), Verbesserung der Ventrikelfunktion durch Katecholamine, zielführende Maßnahmen dar.

Vermeidung von hypertonen Krisen bei vorliegender hypertensiver Grundkrankheit, engmaschiges Blutdruckmonitoring (invasive Druckmessung) und adäquate Therapie bei Eingriffen bei Hypertonikern oder an den Zerebralgefäßen, präoperative suffiziente Therapie bestehender kardialer Dekompensation und Hypertonie bei nicht dringlichen Eingriffen, adäquater Blutersatz und Auswahl des geeigneten Narkoseverfahrens bei Patienten mit vorliegender kardialer Dekompensation werden ein intraoperatives Lungenödem vermeiden helfen.

Lungenembolie

Siehe Abschn. 10.6.

5.7
Fehlerhaftes oder fehlerhaft verwendetes Anästhesiegerät

Technisch anspruchsvolleres Anästhesiegerät bietet zwangsläufig zunehmend mehr Ausgangspunkte für Fehlverwendung und technisches Versagen. Das Risiko der zunehmenden Abwendung der Aufmerksamkeit weg vom Patienten und hin zum Gerät ist ein weiteres Problem in diesem Zusammenhang.

 Die klinische Überwachung von Patient und Narkosegerät während der Anästhesie ist unersetzbar.

Probleme der Gaszufuhr und inadäquates Gasgemisch

Die Frischgaszufuhr im Rahmen der Anästhesie bietet vielfältige Problemquellen.

Bei Verwendung von Gasflaschen stellen leere Flaschen, geschlossenes Reduzierventil bei (falsch beurteilter) Gasabgabe durch die Restgasmenge von der vorangegangenen Narkose (Entleeren des Flowanzeigers nach Schließung der Reduzierventile am Ende der Narkose notwendig!) häufige Fehlerquellen dar. Ein hypoxisches Gasgemisch kann durch Ausfall der O_2-Zufuhr (automatische

Lachgassperre bei Ausfall der O_2-Zufuhr!) sowie durch falsche Einstellung ($F_IO_2<0,3$) verursacht werden.

Irrtümlich zu hohe O_2-Konzentrationen ($p_aO_2 >80$ mmHg) führen insbesondere bei Früh- und Neugeborenen zum Risiko der retrolentalen Fibroplasie. Beim Erwachsenen sind nach Applikation von hohen O_2-Konzentrationen über Stunden Schäden durch Pneumozytendegeneration und ein interstitielles Lungenödem zu befürchten (Winter 1984).

Bei zentralen Gasversorgungen kann es zu einer mangelhaften Konnektion zwischen Gerätedruckschlauch und Pipelineauslaß und zu einer Fehlkonnektion nach Reparaturarbeiten an den Schläuchen mit falschem Konnektoranschluss kommen. Auch ein Druckabfall im Versorgungssystem und ein Austritt von Kondenswasser oder anästhetisch wirksamer Reinigungsflüssigkeiten wurden beschrieben (Lackore 1970).

Bei Auftreten einer Zyanose trotz einer F_IO_2 von 1,0 muss an eine Fehlkonnektion in der Pipeline gedacht werden.

Die Verdampfer bieten weitere Möglichkeiten inadäquater Gemischaufbereitung. Hoher Frischgasdurchfluss, Nachfüllen des Verdampfers während der Narkose, O_2-Flush bei geöffnetem Vaporizer, Kippen desselben sowie Überfüllung bewirken erheblich höhere Konzentrationen an volatilen Anästhetika, als an der Graduierung eingestellt ist. Verschluss des internen Bypasses des Vaporizers durch Ablagerungen, Abgabe von Anästhetika durch geschlossene Vaporizer, welche in Serie mit weiteren geschalten sind, können zu hohes oder falsches Anästhetikum freisetzen. Sinkende Temperaturen im Vaporizer ermöglichen zu niedrige Gaskonzentrationen.

Bei erkannter Fehlfunktion des Geräts (Hypoxie, Hyperkapnie, inadäquates Narkosestadium) sollte der Patient sofort mit einem Handbeatmungsbeutel – notfalls Mund-zu-Mund oder Mund-zu-Tubus – beatmet werden. Das Gerät muss ausgetauscht bzw. von einer anderen Person überprüft werden.

 Die gewissenhafte Auseinandersetzung mit den technischen Gegebenheiten des zur Verwendung kommenden Geräts, einschließlich der Diskussion über die möglichen Probleme sind notwendige Voraussetzungen für eine sichere Anästhesie.

Diskonnektion

Die Diskonnektion der Gaszufuhr zum Patienten hat vielfältige Ursachen und führt beim relaxierten Patienten bei fehlender Monitorisierung nach wenigen Minuten durch Hypoxie zum Exitus. Ursachen sind:

- Lockere Tubusverbindung (bei Bewegung des Patienten),
- irrtümlich offenes Exspirationsventil (evtl. durch andere unbeabsichtigt aufgeschlagen),
- Diskonnektion von Schlauchverbindungen,
- poröse Schlauchsysteme,
- zerbrochene Rotametergläser.

Bei Erkennen der insuffizienten Beatmung während der Narkose, Kontamination der Operationssaalraumluft mit volatilen Anästhetika, sowie Erwachen des Patienten, muss der Patient mit einem Handbeatmungsbeutel beatmet werden, bis das Problem erkannt und beseitigt ist.

 Als fehlerhaft erkanntes Narkosegerät muss sofort ausgetauscht werden.

Exzessiver Beatmungsdruck

Ein irrtümlich eingeschaltetes O_2-Flushventil bei geschlossenem Exspirationsventil oder ein geschlossenes Exspirationsventil bei Spontanatmung führen – besonders beim Intubierten – zu exzessiv hohen Beatmungsdrücken mit rascher Kreislaufdepression und der Gefahr des doppelseitigen (Spannungs)pneumothorax. Funktionsunfähige Reduzierventile führten ebenfalls bereits zu exzessiv hohen Beatmungsdrücken.

Volumenkonstante Respiratoren können, insbesondere bei nicht vorhandenem oder nicht richtig eingestelltem oberem Druckalarm bei Husten, Pressen oder plötzlicher Änderung von Resistance oder Compliance zu erheblich erhöhten Beatmungsdrücken führen.

Bei erkanntem exzessivem Beatmungsdruck ist sofort zu diskonnektieren. Die Beatmung ist bis zur Beseitigung des Defektes mit dem Handbeatmungsbeutel durchzuführen. Der Patient ist auf einen evtl. eingetretenen Pneumothorax zu untersuchen.

Rückatmung

Funktionsunfähiger Atemkalk und undichte Rückschlagventile im Kreissystem sind, wie die zu geringe Frischgaszufuhr bei halboffenen Kindernarkosesystemen, die häufigsten Ursachen der Rückatmung.

Bei klinischen Zeichen der Hyperkapnie (s. oben) bzw. eindeutigen Blutgasbefunden ist neben der Überprüfung des adäquaten Atemminutenvolumens an die genannten Ursachen zu denken. Wieder wird der Patient im Zweifelsfall überbrückend mit einem separaten Beatmungsbeutel beatmet, so die Ursache nicht sofort behoben werden kann.

Respiratorfehlfunktion

Inadäquater Maschinendruck bei Druckverlust in der Preßluftflasche oder Pipeline, Stromausfall durch Sicherungsdefekt oder Trennung vom Netz, undichte Ventile, Kondenswasser im Reduzierventil und falsche Einstellung des Respirators bergen vielfache Möglichkeiten der inadäquaten künstlichen Beatmung.

Respiratoren ohne ausreichendes Monitoring sollen nicht eingesetzt werden! Genaue Kenntnis des technischen Geräts und der Fehlermöglichkeiten sowie der Technik und Praxis der künstlichen Beatmung, gewissenhafte Patientenüberwachung sowie regelmäßige Wartung durch geeignete Techniker sind notwendige Voraussetzungen für die Anwendung von Respiratoren.

! Zur überbrückenden Beatmung bei Versagen des Narkosegeräts muss jederzeit ein separater Handbeatmungsbeutel mit Maske zur Verfügung stehen.

Fehlerhaftes oder fehlendes Anästhesiezusatzgerät

Laryngoskopgriff (Batterien), -spatel, -lampen, verschiedene Endotrachealtuben, Mandrins, diverse Beatmungsmasken, Guedel-Tuben in verschiedenen Größen, funktionierende Absaugvorrichtungen und Katheter, Injektionsbehelfe, Monitore, Medikamentenschränke etc. ergeben einen ständig wachsenden Satz notwendigen Anästhesiegeräts, von dessen Funktionstüchtigkeit sich der Anästhesist vor Antritt der Narkose überzeugen muss. Die gewissenhafte Überprüfung des Anästhesiegeräts hilft mehr Menschenleben retten als noch so ausgefeilte Technik bei der Erzeugung desselben.

! Der Anästhesist muss sich vor Antritt jeder Narkose von der Funktionsfähigkeit seines Gerätes selbst überzeugen!

Literatur

Benumof JL (1994) Respiratory physiology and respiratory function during anesthesia. In: Miller RD (ed) Anesthesia. Churchill Livingstone, New York, pp 602–615

Caplan RA et al. (1990) Adverse respiratory events in anesthesia: A closed claims analysis. Anesthesiology 72: 828–833

Gilly H (1995) Anästhesiegase, N2O und volatile Anästhetika. In: List et al. (Hrsg) Monitoring in Anästhesie und Intensivmedizin. Springer, Berlin Heidelberg New York Tokio, S 367–391

Hempel V (1999) Schäden und Gefahren durch Einsatz der Kehlkopfmaske. Anästhesist 48: 399–402

Kacmarcyk G (1995) Blutgase. In: List et al. (Hrsg) Monitoring in Anästhesie und Intensivmedizin. Springer, Berlin Heidelberg New York Tokio, S 367–391

Kleemann P et al. (1997) Fiberoptische Intubation. Thieme, Stuttgart New York, S 42–56

Kontos HA et al. (1965) Mechanism of circulatory responses to systemic hypoxia in the anesthetized dog. Am J Physiol 209: 1106–1114

Lackore LK et al. (1970) Accidental narcosis. JAMA 211: 1846

List WF (1995) Pulsoxymetrie. In: List et al. (Hrsg) Monitoring in Anästhesie und Intensivmedizin. Springer, Berlin Heidelberg New York Tokio, S 329–336

Lockhart SH et al. (1991) Depression of ventilation by desflurane in humans. Anesthesiology 74: 484–488

Moller JT et al. (1991) Hypoxaemia during anesthesia: An observer study. Br J Anaesth 66: 437–444

Oswalt CE et al. (1977) Pulmonary edema as a complication of acute airway obstruction. Rev Surg 34: 364–367

Pasch T (1995) Kapnometrie und Kapnographie. In: List et al. (Hrsg) Monitoring in Anästhesie und Intensivmedizin. Springer, Berlin Heidelberg New York Tokio, S 337–366

Prys-Roberts C et al. (1967) Accidental severe hypercapnia during anaesthesia. A case report and review of some physiological effects. Br J Anaesth 39: 257–267

Rathgeber J (1995) Respiratorfunktionsüberwachung und Atemgase. In: List et al. (Hrsg) Monitoring in Anästhesie und Intensivmedizin. Springer, Berlin Heidelberg New York Tokio, S 295–328

Rampil IJ (1994) Anesthesia for laser surgery. In: Miller RD (ed) Anesthesia. Churchill Livingstone, New York, pp 2197–2211

Winter PM (1984) Oxygen toxicity. In: Shoemaker WC et al. (eds) Textbook of critical care. Saunders, Philadelphia, pp 218–224

KAPITEL 6

Neurologie

G. Fuchs · H.V. Schalk

Sektion B

6.1
Erhöhter intrakranieller Druck

G. Fuchs · H.V. Schalk

Angeborene, vaskuläre, metabolische, infektiöse neoplastische und traumatische Ursachen können zu einer Zunahme des intrakraniellen Drucks (ICP) führen. Unter diesem Umstand erlangen Anästhetika und anästhesiologisches Prozedere besondere Bedeutung, da diese Ausmaß und Richtung von Hirndurchblutung (CBF), intrakraniellem Blutvolumen (CBV) und Hirnstoffwechsel (CMRO$_2$ – „cerebral metabolic rate of oxygen") unterschiedlich beeinflussen und dadurch wesentlich auf den ICP einwirken können (Pfenninger und Ahnefeld 1983; Shapiro 1975).

Klinische Zeichen des erhöhten ICP

ÜBERSICHT

- Kopfschmerz,
- Übelkeit/Erbrechen,
- Somnolenz,
- psychische Alteration,
- Nackensteife,
- Stauungspapille,
- Kompressionszeichen des Hirnstamms,
- Bewußtseinsverlust,
- Mydriasis,
- Verlust der Schmerzreaktion,
- Atem- und Kreislaufstillstand.

Eine Reihenfolge der bei zunehmendem ICP auftretenden Zeichen ist in der Praxis nicht mit Sicherheit anzugeben, da intrazerebral lokale Veränderungen die Symptomatik wesentlich beeinflussen können (primäre Hirnstammschädigung usw.; Gobiet et al. 1978). Eine wesentliche Rolle spielt auch die Dauer der Hirndruckerhöhung.

Pathophysiologie

Beim Erwachsenen beträgt das Gewicht des Hirngewebes etwa 1400 g, die Liquormenge 70 ml. Für die globale Hirndurchblutung gelten unter physiologischen Bedingungen folgende Werte: Der gesamte zerebrale Blutfluss beträgt etwa 50 ml/min/100 g Gehirn, das ergibt in etwa 700–900 ml Blut/min, umgerechnet sind dies ca. *15% des Herzzeitvolumens*, die pro Minute dem Gehirn zugeführt werden.

Durchblutung und Stoffwechsel weisen im Gehirn große regionale Unterschiede auf: so beträgt die Durchblutung der grauen Substanz 80–140 ml/min/100 g, die der weißen Stubstanz jedoch nur etwa 23 ml/min/100 g. Die Gesamtdurchblutung bleibt allerdings, unabhängig vom Aktivitätszustand, relativ konstant; das *intrakranielle Blutvolumen* beträgt daher zu jedem beliebigen Zeitpunkt *etwa 100–150 ml*. Der *Normwert des ICP (5–10 mm Hg)*[1] entspricht dem hydrostatischen Druck des Liquors im Ventrikelsystem, *Werte über 15 mm Hg gelten als abnormal*, Werte *über 25 mm Hg bereits als sicher pathologisch*. Das Schädelskelett stellt ein starres Kompartiment dar, nur beim Säugling mit offener Fontanelle ist eine begrenzte intrakranielle Volumenerweiterung möglich.

---

[1] 1 mm Hg = 133,322 Pa.

Wenn einer der intrakraniellen Bestandteile – Hirn, Liquor, Blut – an Volumen zunimmt, kann bei langsamer Massenzunahme kompensatorisch das Volumen der anderen Bestandteile innerhalb gewisser Grenzen abnehmen (Abb. 6.1).

Solche Kompensationsmechanismen als Reaktion auf eine intrakranielle Volumenzunahme sind:
- Verschiebung von Liquor *durch das Foramen magnum* in den spinalen Subarachnoidalraum,
- vermehrte Resorption von Liquor in den Villi arachnoidales mit Größenzunahme des Ventrikelsystems, *solange nicht durch eine Obstruktion der Liquorabfluss vom 3. zum 4. Ventrikel verhindert wird.*
- Verschiebung von Hirnvenenblut in die großen intrathorakalen Venen.

Wenn der ICP 20 mm Hg oder mehr erreicht, sistiert die Liquorproduktion. Eine weitere, aber auch eine primär rasch verlaufende intrakranielle Volumenzunahme lässt die Kompensationsmechanismen schnell erschöpfen und führt zu einer ICP-Veränderung, deren Verhalten in Abb. 6.1 dargestellt ist.

Daraus lässt sich erkennen, dass bis zu einer gewissen Grenze dem intrakraniellen Raum ein definiertes Volumen ohne wesentliche Steigerung des ICP zugeführt werden kann, nach Erreichen dieser Grenze jedoch *jede weitere noch so geringe Volumenzunahme* rasch zum Anstieg des ICP führen muss. Das Verhältnis von Druckanstieg pro Volumenzunahme wird als die intrakranielle Elastance (E_{IC}) bezeichnet:

$$E_{IC} = \frac{dP}{DV}$$

Dabei ist E_{IC} die Elastance des intrakraniellen Raumes, dP = die unmittelbare Veränderung des ICP unter einer kleinen intrakraniellen Volumenänderung und dV = die Veränderung des intrakraniellen Volumens.

Der reziproke Wert der Elastance ergibt die intrakranielle Compliance (C_{IC}), also diejenige Volumenänderung, durch welche der ICP um eine Einheit verändert wird.

$$C_{IC} = \frac{dV}{dP}$$

So kommt es z.B. bei zunehmender Ausdehnung einer Hirnmassenläsion zur Complianceabnahme. Bei intrakranieller Druckmessung kann diese dadurch festgestellt werden, dass es zu einem Abfall des ICP um mehr als 2 mm Hg kommt, wenn 1 ml Liquor abgelassen wird. Der umgekehrte Vorgang – Injektion von 1 ml Kochsalz – würde zu einem entsprechenden ICP-Anstieg von mehr als 2 mm Hg führen.

Wichtig zu bemerken ist noch, dass Volumenveränderungen verschiedener intrakranieller Bestandteile additiv wirken. So kann etwa bei einem Patienten mit geringem traumatischem Hirnödem und normalem intrakraniellem Druck die Druck-Volumen-Kurve durch sekundäre Faktoren, wie Hyperkapnie oder Hypoxie, weit nach links verschoben werden, so dass ein gefährlicher Anstieg des intrakraniellen Drucks eintritt.

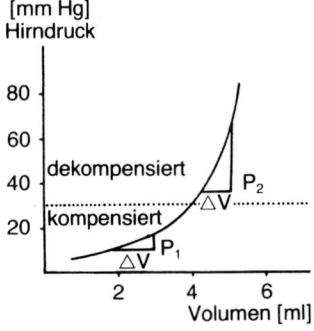

Abb. 6.1. Intrakranielles Druck-Volumen-Verhalten. Eine definierte momentane Zunahme des intrakraniellen Volumens führt bei ausreichender Compliance nur zu einem geringen Anstieg des ICP (ΔP_1), bei reduzierter Compliance steigt der ICP (ΔP_2), jedoch steil an

Folgen des erhöhten ICP

1) Der zerebrale Perfusionsdruck (CPP) – das ist die Differenz zwischen mittlerem arteriellen Druck (MAP) und ICP (CPP = MAP – ICP) – nimmt ab. Zur Sicherstellung eines ausreichenden zerebralen

Blutflusses (CBF) ist ein CPP von 50 mm Hg beim normotensiven Patienten, ein entsprechend höherer CPP beim Hypertoniker notwendig (Gobiet et al. 1978; Lassen u. Christensen 1976).

> **!** Die häufigste Todesursache beim Schädel-Hirn-Trauma ist der durch exzessiven ICP-Anstieg verminderte CPP bzw. die daraus resultierende zerebrale Ischämie. Hierdurch verstärkt sich die Hirnschwellung in Form eines Circulus vitiosus und führt zu progredientem Ausfall, zuerst der hypoxieempfindlicheren, phylogenetisch jüngeren Hirnrinde und später zu irreversibler Hirnnekrose.

2) Im Bereich einer vorgeschädigten Hirnregion kann es zu regionaler Ischämie mit umschriebenen Hirnschädigungen kommen *bedingt durch den von einer Raumforderung ausgehenden Druck.*
3) Zunehmender ICP kann eine Gefäßparalyse auslösen, welche die Autoregulation der Hirndurchblutung verhindert, der zerebrale Blutfluss wird im Sinne einer passiven Funktion vom MAP abhängig. Bei arterieller Hypertension nimmt das intrazerebrale Blutvolumen (CBV) zu, die Blut-Hirn-Schranke wird, v.a. in geschädigten Bereichen, durchlässig, es kommt zum (perifokalen) Hirnödem und damit zum weiteren Anstieg des ICP (Lassen u. Christensen 1976).
4) Teile des Gehirns werden an den jeweiligen Prädilektionsstellen eingeklemmt, die sogenannte *Herniation.* Diese Komplikation kann akut auftreten und rasch zum Tode führen. *Einklemmung bzw. Massenverschiebung von Hemisphärenteilen,* meistens des *Temporallappens,* im Bereich des Tentoriumschlitzes führt zur Ausbildung eines *Mittelhirnsyndroms (tiefe Bewußtlosigkeit, Strecksynergismen, Enthemmung vegetativer Funktionen, Bulbusdivergenz, wechselnde Pupillenweite, teilweiser Ausfall der Hirnstammreflexe).*

Einklemmung der Kleinhirntonsillen im Foramen magnum führt zu zunehmender Beeinträchtigung von Pons und Medulla und manifestiert sich in der Ausbildung eines bedrohlichen *Bulbärhirnsyndroms (tiefste Bewußtlosigkeit, Sistieren der Streckkrämpfe, herabgesetzter Muskeltonus, schwere vegetative Dysregulationen, pathologische unzureichende Atmung, Pupillenerweiterung, Erlöschen der Hirnstammreflexe).*

Hirndurchblutung, intrazerebrales Blutvolumen und intrakranieller Druck

Eine Weiterstellung der zerebralen Arteriolen führt zur Zunahme der Hirndurchblutung (CBF) und damit zu vermehrtem intrazerebralem Blutvolumen (CBV). Ob und in welchem Ausmaß eine CBV-Zunahme den ICP beeinflusst, hängt von der Ausgangslage auf der intrakraniellen Druck-Volumen-Kurve (Abb. 3.1) ab (Gobiet et al. 1978; Lassen u. Christensen 1976). Im folgenden sollen einige Faktoren, die zu Änderungen von CBF und CBV und damit des ICP beitragen, diskutiert werden.

Chemische Faktoren

Die H^+-Ionenkonzentration im zerebralen Interstitium bewirkt bei Zunahme Vasodilatation, bei Abnahme Vasokonstriktion. Entsprechend kommt es z.B. bei Hyperkapnie bei einem p_aCO_2 von 60 mm Hg zur Verdoppelung, bei Hypokapnie mit einem p_aCO_2 von 20 mm Hg zur Halbierung des Normwerts des CBF.

Hypoxie mit einem arteriellen pO_2 unter 50 mm Hg führt zu starker Zunahme der Hirndurchblutung, bei weiterem Absinken auf unter 30 mm Hg verdoppelt sie sich. *Hohe O_2-Partialdrücke* führen zu zerebraler Vasokonstriktion mit Abnahme des CBF.

> **!** Bei Atmung von 100% Sauerstoff fällt die Hirndurchblutung um etwa 10-13% ab.

Metabolische Faktoren

Der kortikale CBF folgt quantitativ und zeitlich unmittelbar der neuronalen Aktivität.

Myogene „Autoregulation"

Blutdruckänderungen zwischen 60 und 130 mm Hg führen zu keinen Änderungen des CBF, da die zerebralen Arteriolensphinkter arterielle Druckschwankungen ausgleichen (Abb. 6.2; Lassen u. Christensen 1976).

Es muss jedoch betont werden, dass

a) die Ansprechzeit für die Autoregulation des CBF etwa 2 min beträgt, und

b) bei Überschreiten des autoregulatorischen Druckbereichs die Blut-Hirn-Schranke durchbrochen wird, die Hirndurchblutung folgt passiv allen Bereichen der Blutdruckänderungen – Hirnödem und Anstieg des ICP sind die Folge.

 Bei Hypertonikern lieg der Autoregulationsbereich für den CBF höher.

Der Autoregulationsbereich liegt bei Patienten mit länger bestehendem Hypertonus höher, das heißt Ober- und Untergrenze der Autoregulation sind höher als bei Normalpersonen. Dadurch ist bei Hypertonikern ein gewisser Schutzmechanismus gegen ein Hirnödem gegeben, während die Anfälligkeit bei einer Hypotonie mit konsekutiver Ischämieschädigung gesteigert wird.

Neurogene Faktoren

Neurogenen Mechanismen wird in ihren Einflüssen auf den CBF nur geringe Bedeutung beigemessen. Eine Stimulation oder Unterbrechung des zervikalen sympathischen Grenzstranges führt zu einer 10%igen Reduktion bzw. Steigerung des CBF (Fitch et al. 1973). Während Hyperkapnie kommt es zur Reduktion des CBF (James et al. 1969).

Der Anstieg des CBF unter Hypoxiebedingungen entsteht wahrscheinlich durch die Aktivität von Chemorezeptoren in den Karotidenkörperchen (Ponte et al. 1974). Die zerebrovaskuläre Reaktion bei Hyperkapnie wird durch ein katecholaminerges System, lokalisiert im Locus caeruleus des Hirnstammes, vermittelt.

Einfluss von Anästhetika auf CBF/ICP

Inhalationsanästhetika

Die vasodilatierende Wirkung der volatilen Anästhetika besteht auch bei den Hirngefäßen. Halothan und Enfluran haben gegenüber Isofluran eine stärkere Wirksamkeit (Adams et al. 1981; Grosslight et al. 1985), die neueren inhalativen Anästhetika Sevofluran und Desfluran stellen sich in ihren zerebrovaskulären Auswirkungen ähnlich wie Isofluran dar (Young et al. 1992; Takahashi et al. 1993). Lachgas bewirkt ebenfalls eine CBF- und ICP-Zunahme (Schulte am Esch et al. 1979).

 Der Einsatz von Inhalationsanästhetika bei erhöhtem ICP erscheint auch bei gleichzeitig durchgeführter Hyperventilation problematisch (Adams et al. 1981; Grosslight et al. 1985, Pfenninger u. Ahnefeld 1983; Schulte am Esch et al. 1979; Smith u. Marque 1976).

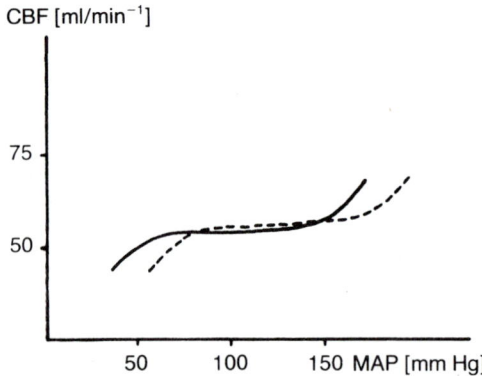

Abb. 6.2. Autoregulation: zerebraler Blutfluss, (*CBF*) in Abhängigkeit vom mittleren arteriellen Druck (*MAP*). (*Schraffiert* Rechtsverschiebung des Autoregulationsbereichs bei Hypertonie)

Intravenöse Anästhetika

Barbiturate führen *zur Senkung* des erhöhten ICP (Singbartl et al. 1983). Als Wirkungsmechanismus gilt dabei v.a. die *Verminderung des CBF*, als zusätzliche Effekte werden *Herabsetzung des Hirnstoffwechsels, antikonvulsive Wirkung, Gesamtsauerstoffverbrauchsreduktion, Bindung toxischer freier Radikale, Membranstabilisierung, verbesserte Reperfusion ischämischer Areale und Schutz vor Ödembildung* diskutiert. Nachteilig kann die negativ inotrope Wirkung sein. *Benzodiazepine*, Etomidat, Propofol und Neuroleptika zeigen über den Mechanismus der CBF-Reduktion ebenfalls eine *ICP-senkende Wirkung* (Saul u. Ducker 1982; Hoffman et al. 1986; Todd et al. 1993, Fitch et al. 1969). Opiate haben kaum einen Einfluss auf CBF und ICP (From et al. 1990; Todd et al. 1993).

Ketamin zeigt, im Gegensatz zu den anderen i.v.-Anästhetika, eine deutliche zerebrale Vasodilatation und führt in Dosierungen von mehr als 0,5 mg/kg KG auch beim Gesunden zu einem *Anstieg des ICP* (Schalk u. List 1981). Die Weiterentwicklung, die Reinsubstanz Ketanest-S, wird hinsichtlich der Beeinflussung des ICP differenzierter betrachtet (Adams et al. 1997).

Muskelrelaxanzien

Ein direkter Effekt der depolarisierenden und nichtdepolarisierenden Muskelrelaxantien auf CBF und ICP ist nicht nachzuweisen, doch können indirekte Mechanismen wie *Muskelfibrillation, Tachykardie* und *Blutdruckanstieg* einen ICP-Anstieg provozieren.

Vasoaktive Substanzen

Die gut steuerbaren, kurzwirksamen Vasodilatatoren Nitroprussidnatrium (NPN) und Nitroglyzerin (NTG) führen auch intrazerebral zu einer Hyperämie, ein Effekt, der bei vorbestehendem Vasospasmus erwünscht sein kann. Andererseits kann jedoch durch Zunahme des CBV der ICP ansteigen. Gleichzeitig verschieben die genannten Vasodilatatoren die untere myogene Autoregulationsgrenze.

Problematisch wird die Verwendung der Vasodilatatoren auch dadurch, dass mit der Senkung des Drucks im Systemkreislauf auch der CPP abnimmt. Bei der Verabreichung von NPN muss auch auf die Gefahr der Zyanidintoxikation hingewiesen werden. Die Entgiftungskapazität des Organismus beträgt etwa 0,05 mg/kg/h. Deshalb empfiehlt Pasch (1983) die zusätzliche Gabe von Thiosulfat in 10facher Menge des NPN zur Detoxifizierung.

Der Kalziumkanalblocker Nifedipin erzeugt in einer Dosierung, die zu einer Reduktion des MAP um 40% führt, einen ICP-Anstieg (Griffin et al. 1983).

β-Blocker, vor allem auch das intraoperativ häufig eingesetzte Esmolol, reduzieren zwar den MAP in unterschiedlicher Höhe, führen jedoch zu keiner Steigerung des ICP (Ornstein et al. 1991).

Messung des ICP

Nach wie vor ist die Messung des CBF aufwendig und deshalb nur begrenzt durchführbar. Die Darstellung intrakranieller Massen (Hirnödem, Blutung, Tumor) erfolgt v.a. durch die Computertomographie; mit dem magnetischen Resonanzverfahren (MRT) sind weitere diagnostische Aussagemöglichkeiten gegeben. Beide Verfahren sind nur intermittierend anwendbar. Die Messung des ICP kann relativ einfach und kontinuierlich durchgeführt werden. Indirekt können damit auch Rückschlüsse auf CBF bzw. intrakranielle Massenveränderungen gezogen werden (Adams et al. 1981; Hase 1983).

Methoden der ICP-Messung

Theoretisch kann der ICP im Liquorraum, epidural und intrazerebral gemessen werden (s. folgende Übersicht).

Möglichkeiten der ICP-Messung

- Im Liquorraum:
  ventrikulär (Vorderhorn)
  lumbal
- epidural:
  Messung der Spannung der Dura
- intrazerebral:
  Parenchymdruck (Direktdruckaufnehmer)

Einige Grundüberlegungen zu den einzelnen Messmethoden seien kurz angeführt.

Ventrikeldruckmessung

Ein Katheter wird in klassischer Weise in das Vorderhorn des Seitenventrikels eingebracht und mit einem externen Druckaufnehmer verbunden. Es sind auch Verfahren mit piezoresistiver oder fiberoptischer Messmethodik im Gebrauch, auch Sonden mit getrennter Drainagemöglichkeit werden angeboten.

Vorteile der Methode sind die geringen Kosten und die einfache Handhabung, die Möglichkeit der Liquordrainage bei ICP-Anstieg und die Nachkalibrierung des Systems.

Nachteile sind die Infektionsgefahr (die bei zunehmender Liegedauer stark zunimmt), die Artefaktanfälligkeit, Fehlmessungen und das Blutungsrisiko durch die perkutane Nadeltrepanation mit Gefahr von intrazerebralen Blutungen (Grumme et al. 1995; Piek et al. 1994).

Bei Ventrikelkompression wird diese Messmethode oft versagen, da sie messtechnisch auf vorhandenen Liquor ("Liquordruck") angewiesen ist.

Eine Liquordruckmessung über lumbale Messsysteme muss bei Verdacht auf erhöhten ICP wegen der Gefahr der Herniation des Hirnstammes sehr zurückhaltend oder ablehnend beurteilt werden.

Epidurale Druckmessung

Diese Methode der Druckmessung erfreut sich aufgrund ihrer geringen Infektions- und Blutungsgefahr großer Beliebtheit. Über ein Bohrloch wird eine Drucksonde auf die Dura aufgebracht. Der hier gemessene Druck differiert meist von dem intraventrikulären, da gewebselastische Kräfte die Nulleichung problematisch machen können. Zur Verringerung von Fehlfunktionen ist auf eine korrekte Implantationstechnik mit spannungsfreier epiduraler Einlage zu achten. Mit dieser Messart ist eine Registrierung des ICP auch dann noch möglich, wenn die Ventrikel verstrichen, d.h. ohne Liquor, sind. Allerdings wird die ungenaue epidurale Druckmessung mehr und mehr verlassen, da die Steuerung der Therapie bei erhöhtem ICP nach der aktuellen Höhe des intrakraniellen Druckes erfolgt (Bruder et al. 1995).

Parenchymdruckmessungen

Sie erfolgen durch flexible Druckwandler, die durch ein frontales Bohrloch eingebracht werden und fiberoptisch oder piezoresistiv den vorhandenen Druck übertragen. Sie sind einfach zu implantieren und schneiden hinsichtlich Infekthäufigkeit und Blutungsneigungen sehr günstig ab (Piek et al. 1993; Bavetta et al. 1997), sind allerdings durch Direktdruckaufnehmer deutlich teurer. Die Messung des Parenchymdruckes mit geeigneten Sonden (z.B. Camino-Sonden, Codman-Sonden) hat den Nachteil, dass diese Sensoren nach Implantation nicht nachkalibriert werden können. Die Sonde muss jedenfalls entfernt und neu eingepflanzt werden, wenn die gemessenen ICP-Werte unglaubwürdig erscheinen.

Indikation zur Messung des ICP

Die kontinuierliche Aufzeichnung des intrakraniellen Druckes ist das Routineverfahren des neurochirurgischen Intensivmonitorings. Bei allen Erkrankungen, die mit einer Erhöhung des intrakraniellen Druckes verbunden sein können (schweres SHT, höhergradige SAB, intraventrikuläre und intraparenchymatöse Hirnblutungen, Hirninfarkte, schwere Meningitiden, Reye-Syndrom) und bei denen die Größenordnung der Drucksteigerung durch bildgebende Verfahren nur unzureichend wiedergegeben werden kann, ist eine Messung des ICP angezeigt.

Die Anwendung ist zwar durch neue technische Möglichkeiten der einzelnen Systeme einfacher und risikoärmer geworden, jedoch sind exakte Indikationsstellung und Überwachung erforderlich. Die Interpretation der Werte ist nicht immer einfach, bedarf natürlich großer klinischer Erfahrung, und man muss vor Einleiten therapeutischer Konsequenzen die Messanzeigen auf klinische Relevanz überprüfen.

Intraoperative Zeichen des erhöhten ICP

Während beim eröffneten Schädel die Hirnschwellung unübersehbar auf die zerebrale Problematik aufmerksam macht, verbergen sich mögliche Hinweise auf einen ICP-Anstieg während anderer Operationen in Narkose hinter relativ unspezifischen hämodynamischen und respiratorischen Symptomen.

> **!** Am ehesten sind *einseitige Pupillenveränderungen* pathognomonisch. *Hypertonie* und *Bradykardie, Atemstörungen* und *EKG-Veränderungen* sind als Zeichen eines ICP-Anstiegs intraoperativ *nur bedingt verwertbar.* Im Zweifelsfall empfiehlt es sich, mit Hyperventilation und hirndrucksenkenden Maßnahmen zu beginnen und raschest möglich die entsprechende Diagnostik vorzunehmen.

Klinische Situationen, die zu erhöhtem ICP führen können

Die *Apnoephase während der Intubation,* aber auch *Husten, Würgen* und *Pressen* können ebenso wie das *endotracheale oder oropharyngeale Absaugen* über erhöhten Venendruck, Hypoxie, Bauchpresse oder Sympathikotonie zu erhöhtem ICP führen. Gleiches gilt für einen *pCO_2-Anstieg bei hypoventilierenden oder hypoventilierten Patienten* (z.B. bei *Fieberanstieg, Aggressionsstoffwechsel*) oder eine sich verschlechternde pulmonale Situation.

Therapeutische Maßnahmen

Ziel der Therapie des erhöhten ICP muss es sein, die Perfusion des Hirngewebes aufrechtzuerhalten. Es ist bekannt, dass die Prognose mit zunehmendem ICP schlechter wird.

> **!** Die obere Grenze liegt bei 30 mm Hg, länger als einen Tag anhaltende höhere Werte werden kaum ohne bleibende Schäden überlebt (Brock 1983; Grosslight et al. 1985; Hase 1983; Lassen u. Christensen 1976).

Saul u. Ducker (1982) fanden bei Patienten mit schwerem Schädel-Hirn-Trauma, dass ein Therapiebeginn bereits bei 15 mm Hg die Mortalität auf 28% gegenüber 46% bei Therapiebeginn bei einem ICP von 25 mm Hg senkte.

Da hirndruckgefährdete Patienten im Krankheitsverlauf ohnehin unvermeidbare ICP-Spitzen (Husten, Absaugen etc.) haben, sollte mit hirndrucksenkenden Maßnahmen begonnen werden, wenn der ICP-Wert zwischen 15 und 20 mm Hg liegt.

Der ICP muss im Zusammenhang mit dem arteriellen Blutdruck und dem CPP gesehen werden. Die Aufrechterhaltung eines adäquaten zerebralen Perfusionsdrucks – mindestens 50 mm Hg, idealerweise 60–80 mm Hg (Andrews 1995; Chan et al. 1992; Lang et al. 1994) – hat mindestens dieselbe Wichtigkeit wie die Behandlung des erhöhten intrakraniellen Drucks.

Einzelne Therapiekonzepte (Lund, Rosner) zur Erreichung eines passenden CPP gehen zwar von verschiedenen Ansätzen aus, sind sich jedoch in folgender Tatsache einig:

> **!** Ein ICP über 20 mm Hg und ein CPP von weniger als 60 mm Hg soll therapiert werden (Asgeirsson et al. 1995 ; Rosner et al. 1995).

Die **Oberkörperhochlagerung** (15–30°) sollte den venösen Abfluss erleichtern, nicht jedoch hydrostatisch den Systemdruck wesentlich behindern (Abushi et al. 1980; Huse u. Wieken 1979). Andere Untersuchungen (Rosner et al. 1986) haben gezeigt, dass nicht alle Patienten mit erhöhtem ICP von der Oberkörperhochlagerung profitieren. Vor allem bei nur mäßiger ICP-Steigerung bleiben CPP und CBF konstant, während die Hochlagerung bei Patienten mit deutlich erhöhtem intrakraniellem Druck als Basismaßnahme durchgeführt wird.

Therapie des erhöhten ICP

ÜBERSICHT

- Oberkörperhochlagerung
- THAM/TRIS-Puffer
- Liquordrainage
- Entlastungstrepanation
- Hyperventilation
- Hypothermie
- Osmodiuretika
- Säure-Basen-Balance
- Barbiturate

Steroide. Die hirndrucksenkende Wirkung von Steroiden im Rahmen der Tumorchirurgie steht außer Zweifel, der Effekt in der Neurotraumatologie wird unterschiedlich beurteilt (Brock 1983).

Es gibt bis dato keine Arbeiten, die zweifelsfrei nachweisen können, dass die Kortikoidgabe bei Patienten mit SHT den ICP senken oder das Ergebnis verbessern kann. Alle vorhandenen Literaturberichte lassen den Schluss zu, dass *Kortikoide beim schweren SHT nicht indiziert sind und der Einsatz beim erhöhten ICP das Outcome verschlechtern kann* (Saul et al. 1981; Dearden et al. 1986; DGAI 1997).

Hypothermie. Temperaturanstieg führt ebenso wie Azidose zur Zunahme des CBF und kann symptomatisch therapiert werden. Andererseits wurden verschiedentlich Studien mit einer *moderaten Hypothermie* (34–32° C Körpertemperatur) unternommen, wodurch der *Gehirnstoffwechsel gedrosselt* wird, Hirndurchblutung und CBV ebenfalls vermindert werden und dadurch das Outcome von

Patienten nach schwerem SHT verbessert werden kann (Marion et al. 1993; Metz et al. 1996). Allerdings muss dieses Verfahren wegen erheblicher Beeinträchtigung verschiedener Organsysteme (Lunge, Leber, Pankreas, Nieren, Blutgerinnung) auch sehr kritisch betrachtet werden (Spiss et al. 1997).

Hyperventilation (HV) führt zu Hypokapnie und damit zu Vasokonstriktion gesunder Hirngefäße. Bereits wenige Minuten nach Einsetzen der HV nimmt der pCO_2 im Liquor ab, um nach etwa 30 min ein Äquilibrium zu erreichen. Mit einem pCO_2 von 20 mm Hg ist praktisch die maximale zerebrale Vasokonstriktion erreicht, der CBF ist auf die Hälfte des Normwerts gesunken. Diese Reduktion kann allerdings v.a. bei Patienten mit ausgeprägtem traumainduziertem Vasospasmus zu einer den metabolischen Bedarf unterschreitenden CBF-Reduktion und damit zur zerebralen Ischämie führen (Cold 1990). Wegen der Gefahr der zerebralen Hypoxie soll durch die HV die Grenze des p_aCO_2 *bei etwa 30–35 mm Hg* festgelegt werden (sog. *moderate oder milde Hyperventilation*). Bei forcierter Hyperventilation ist der arterielle pCO_2 <30 mm Hg. Durch die Vasokonstriktion der Hirngefäße werden das zerebrale Blutvolumen reduziert und der ICP rasch und effektiv gesenkt. Andererseits ist mit der Hyperventilation auch die Gefahr verbunden, durch die Vasokonstriktion eine zusätzliche, sekundäre zerebrale Ischämie herbeizuführen (Obrist et al. 1984; Darby et al. 1988).

> **!** Neuere klinische Untersuchungen sprechen sogar wieder von höheren Werten des p_aCO_2 (35-38 mm Hg), die angestrebt werden sollen, außer bei kurzfristigen massiven ICP-Anstiegen (Unterberg et al. 1997).

Längerdauernde HV löst Adaptationsvorgänge aus, die bereits nach 6 h beginnen; nach etwa 12–24 h erreicht der CBF trotz des erniedrigten pCO_2 wieder den Normwert (Lassen u. Christensen 1976; List u. Schalk 1983; Singbartl et al. 1983). Als Nebenwirkung der Hyperventilation muss man mit einer respiratorischen Alkalose und Rechtsverschiebung der O_2-Dissoziationskurve sowie der Gefahr des Auftretens einer Hypokaliämie rechnen. Bei gleichzeitig vorliegender pulmonaler Komplikation muss ein evtl. notwendiger PEEP durch entsprechende Kopfhochlagerung kompensiert werden (Abushi et al. 1980; Cunitz et al. 1979; Lofgren 1976). Sicherheitshalber muss empfohlen werden, die inspiratorische Sauerstoffkonzentration zu erhöhen und den p_aO_2-Wert zu kontrollieren.

Zur **Osmotherapie** des erhöhten ICP eignen sich *Mannitol* und mit Einschränkungen hypertone-hyperonkotische Lösungen.

Mannitol kann auf Grund seiner hohen Osmolarität einen osmotischen Gradienten in Richtung Intravasalraum aufbauen. Dadurch kann das extrazelluläre Flüssigkeitsvolumen sowohl im gesunden als auch im geschädigten Gehirn reduziert werden (Bell 1987). Mannitol 15% soll als Bolus mit einer Dosierung von 0,25–1 g/kg KG über 5–10 min verabreicht werden. Unkritische, repetitive Verabreichung von Mannitol führt zu einer Hyperosmolarität (Serumosmolarität >320 mosmol/l) mit der Gefahr eines „Reboundphänomens" sowie der Möglichkeit von Nierenschädigungen und progressiver systemischer Azidose. Die Gefahr dieses „Reboundphänomens" (Wasserbindung im Parenchym durch Mannitoleinlagerung) darf nicht zu hoch eingeschätzt werden (v. Berenberg et al. 1994). Hypertone-hyperonkotische Lösungen, als Kombination von hypertoner Kochsalzlösung mit einem Kolloid, vermögen durch Senkung des intrazerebralen Drucks und Erhöhung des CBF auf Grund einer Dehydratation die intrakranielle Compliance zu verbessern (Shackford 1992). Durch Verbesserung des regionalen Blutflusses und der O_2-Verfügbarkeit werden progrediente Zellfunktionsstörungen minimiert. Diese Therapie ist jedoch auch mit erheblichen Nebenwirkungen behaftet. Auf Grund des hohen Na^+– und Cl^--Gehaltes dieser Lösungen kommt es zu einem vorübergehenden Anstieg der Osmolarität in

kritische Bereiche (>325 mosmol/l) mit der Gefahr des Aufbrechens der Blut-Hirn-Schranke in gesunden Hirnarealen. Da der genaue Wirkmechanismus dieser Lösungen bis zum heutigen Zeitpunkt nicht endgültig geklärt ist, sollen diese Substanzen nur mit entsprechender Vorsicht eingesetzt werden, zeigen aber als Ultima ratio bei manchen Patienten erstaunliche Erfolge. Die Anwendung nicht osmotisch wirksamer Diuretika, etwa Furosemid als Schleifendiuretikum, kann zur Hypovolämie und Kreislaufinstabilität sowie zu einer Hypokaliämie führen. Sie scheint nur dann indiziert zu sein, wenn die Gefahr einer Rechtsherzinsuffizienz besteht und *muss dann zur Anwendung kommen, wenn bei längerer Verabreichung von Osmodiuretika durch adäquate Flüssigkeitsbilanzierung Normovolämie angestrebt werden soll* (Mc Carthy et al. 1974).

Die Verabreichung von **TRIS** (Trishydroxymethylaminomethan) führt zu einer Reduktion des intrakraniellen Druckes und einer Verbesserung des zerebralen Perfusionsdrucks. Dieser Effekt ist quantitativ äquivalent zur ICP-Reduktion durch Mannitol, hält jedoch länger an als der Effekt von Mannitol und dürfte nicht auf einem osmotischen Gradienten beruhen (Longstreth 1988; Pfenninger 1989). Allerdings muss bei Anwendung von Trispuffer an die Möglichkeit des Abfalles der Gewebeoxygenierung gedacht werden. Außerdem kommt es zu einem kurzfristigen deutlichen Abfall des arteriellen pO_2. Die Gabe von Trispuffer bei Patienten mit erhöhtem ICP darf daher nicht unkritisch erfolgen und kann nicht generell empfohlen werden (Kiening et al. 1997; Muizelaar et al. 1991).

Barbiturate haben sich zur Senkung des erhöhten ICP als sehr effektiv erwiesen. Die Barbiturattherapie muss durch ein kontinuierliches EEG überwacht werden, um den Status „burst suppression" zu erreichen. Dadurch soll und kann eine Überdosierung verhindert werden (Ward et al. 1985). Außerdem können keine exakten Korrelationen zwischen Serumspiegel und therapeutischer Wirkung angegeben werden.

Gemäß aktuellen Empfehlungen (Bullock et al. 1996) soll eine Barbiturattherapie erst begonnen werden, wenn die Möglichkeiten zur Hirndrucksenkung mit Hilfe von Liquordrainage, Hyperventilation und Osmotherapie bereits eingesetzt wurden. Eine prophylaktische Gabe wird aufgrund negativer Erfahrungen nicht empfohlen (Schwartz et al. 1984; Ward et al. 1985).

Eine Substanz mit hirndrucksenkender Wirkung, die vereinzelt im klinischen Bereich verwendet wird, ist *Dihydroergotamin (DHE)*. Es wirkt besonders auf das venöse Kompartment des Kreislaufsystems konstriktorisch und bewirkt eine Reduktion des CBV. Es ist Bestandteil des Lund-Konzeptes (Asgeirsson et al. 1995), kann aber bei länger dauernder parenteraler Anwendung zu schwerwiegenden arteriellen Vasokonstriktionen führen.

Andere klinisch erprobte Substanzen mit potentiell neuroprotektiver Wirkung, wie Aminosteroide, NMDA-Rezeptorantagonisten, Kalziumantagonisten u.a., haben keine nachweisbaren Effekte auf den erhöhten ICP gezeigt.

Zur Sicherung des adäquaten CPP ist die kontinuierliche Messung sowohl des ICP als auch des Systemdrucks durchzuführen (Wiedemann et al. 1980). Als neurochirurgische Maßnahmen sollen noch Liquordrainage und Entlastungstrepanation erwähnt werden.

6.2
Postoperative emotionelle Störungen und exzitatorische Phänomene

R.L. MOSER

Postoperative Persönlichkeitsveränderungen können durch den Aufruhr der Gefühle nach einer Operation und Narkose entstehen, der zusätzlich zu organischen Urachen oft durch komplexe Reaktionen des Geist-Körper-Schemas in dieser Situation verursacht wird.

Neurotische (Angstzustände, Depressionen, Konversion von Angst in körperliche Symptome), psychotische (manisch-depressive, schizophrene Reaktionen, Halluzinationen) Reaktionen, aber auch hypokinetisches, zurückgezogenes Verhalten können Ausdruck der Unfähigkeit sein, mit dem psychischen Streß fertig zu werden, der durch die Bedrohung des Lebens oder eines Körperteils oder die Veränderung des Aussehens hervorgerufen wird (Rosenberg u. Goldberg). Verwirrtheitszustände in der postoperativen Phase können ebenfalls auftreten (diese werden umfassend in einem eigenen Kapitel dieses Buches abgehandelt).

Ungewöhnliches Verhalten des Patienten in der Aufwachphase wird meist der noch bestehenden Narkotikawirkung zugeschrieben oder als Schmerzreaktion interpretiert. Postoperative Exzitation mit Schreien und Toben, irrationales Sprechen, depressives Verhalten, Alpträume und, bei Kindern, auffällig regressives Verhalten und anhaltende Angstzustände können schon in der Aufwachphase beginnen, werden aber auch noch nach einem symptomfreien Intervall von 1–2 Tagen beobachtet.

Depression, schlechte Träume und regressives Verhalten bei Kindern können bis einige Wochen nach Operation und Narkose andauern. Stimmungslabilität kann bis zu 30 Tage nach Narkose auch bei Erwachsenen beobachtet werden (Davison et al. 1975).

 Exzitation oder Depression können unmittelbar postoperativ, aber auch noch später auftreten.

Einfluss der Anästhetika

Hier ist wohl insbesondere auf Eigenheiten von *Ketamin* einzugehen. Ketamin induziert eine sog. *dissoziative Anästhesie*, bei der auch schon im subanästhetischen Dosisbereich die analgetische Wirkung im Vordergrund steht. In der Aufwachphase nach einer Ketaminanästhesie besteht die Möglichkeit einer Fehlinterpretation sensorischer Reize. Die Patienten empfinden ein Gefühl des „Davontreibens" und einer „Trennung vom

Körper", Halluzinationen können auftreten. Die Häufigkeit psychischer Störungen nach Ketamin wird mit 5– bis sogar 30% angegeben, sie werden von den Patienten als recht unangenehm empfunden (White et al. 1982).

Die *Kombination mit Benzodiazepinen* scheint die Inzidenz psychomotorischer Nebenwirkungen von Ketamin zu reduzieren.

Es wurde empfohlen, die Aufwachphase nach Ketaminanästhesie möglichst ruhig und ungestört zu gestalten. Dabei sollte jedoch bedacht werden, dass eine wechselnde Bewußtseinslage mit örtlicher und zeitlicher Desorientierung per se Angstzustände fördert. Ein Erklären der Situation und menschlicher Kontakt in der Aufwachphase scheinen deshalb hilfreicher zu sein als eine Isolation nach Ketaminverabreichung (Moretti et al. 1984).

Auch nach *Inhalationsanästhesie* wurden psychologische Funktionsveränderungen beobachtet (veränderte Stimmungslage, Depression, Müdigkeit, Angstzustände).

Weitere Faktoren

Ein ungewöhnliches Verhalten des Patienten nach Anästhesie und Operation kann auch durch *Hypoxie, Hyperkapnie, Elektrolyt-* oder *Zuckerstoffwechselstörungen*, Veränderungen des *Säure-Basen-Haushalts, Schmerzen* sowie durch in der Persönlichkeitsstruktur liegende Faktoren bewirkt werden.

Zur Relation *intraoperativer Wachheit* und *postoperativer emotionaler Veränderung* sei auch auf Kap. 6.4 „Postoperative Verwirrtheitszustände" hingewiesen. Nach einem intraoperativen Wachheitszustand können sich unterschiedlich schwere psychische Verhaltensstörungen manifestieren (Apathie, Halluzinationen, immer wiederkehrende quälende Träume und Phantasien, Angstzustände, vermehrte geistige Auseinandersetzung mit dem Tod).

Patienten sprechen oft von sich aus nicht über das Erleben intraoperativer Wachphasen, da sie nicht sicher differenzieren können, ob sie wirklich wach waren oder nicht. *Vorbestehende emotionale Probleme, Einstellungen, Ängste, vorbestehende psychiatrische Erkrankungen und Verhaltensstörungen* beeinflussen die emotionalen Reaktionen auf Anästhesie und Operation. Psychotische Menschen können nach einer Operation auch eine vorübergehende Verhaltensverbesserung zeigen.

Notfalleingriffe sind mit den höchsten Inzidenzen postoperativer psychischer Veränderungen verknüpft, was mit dem Fehlen der Bezwingung der Operationsangst durch adäquate präoperative Vorbereitung erklärt werden kann (Rosenberg u. Goldberg).

> **!** Bei postoperativ auftretenden psychischen Störungen müssen somatische Ursachen differentialdiagnostisch beachtet werden.

Spezielle Aspekte bei Kindern

Bei Kindern kann es nach einem Eingriff oder auch nur durch das Erleben einer *Hospitalisation* zu Persönlichkeitsveränderungen kommen. Alpträume, Bettnässen, Angst vor Fremden, Furcht vor der Dunkelheit, aggressives Verhalten und Trennungsängste sind einige der Symptome. Am häufigsten betroffen sind Kinder zwischen 6 Monaten und 4 Jahren.

Es scheint einen Zusammenhang mit der Effizienz der *Prämedikation* und Angstverminderung und der Sanftheit der *Anästhesieeinleitung* zu geben. Das Herabsetzen der Aufenthaltsdauer im Krankenhaus auf ein Minimum wirkt sich günstig aus.

Prophylaxe und Therapie

Hohe Bedeutung kommt der *präoperativen Visite* des Anästhesisten zu. Es ist oft möglich, Ängste zu mindern, Mißverständnisse auszuräumen und unrealistische Erwartungen oder Befürchtungen zu korrigieren.

Die meisten Patienten begrüßen *Beruhigung* und *menschlichen Kontakt* während des Aufwachens aus der Narkose. Eine frühe postoperative Visite kann die Transformation von Ängsten und Befürchtungen in psychische Abwehrmechanismen verhindern.

Wenn es trotzdem zum Auftreten von psychischen Störungen kommt, sind nach entsprechender Diagnostik, die auch die oben erwähnten organischen Ursachen berücksichtigt, adäquate Maßnahmen einzuleiten. Hier kommt neben der medikamentösen Therapie der menschlichen Zuwendung besondere Bedeutung zu. In manchen Fällen kann auch eine spezifische psychologische oder psychiatrische Betreuung notwendig sein. Insgesamt bleibt es nach wie vor schwierig, im großen Komplex Krankheit–Operation die Auswirkungen der Narkose auf die Psyche des Patienten isoliert darzustellen.

Literatur zu Kap. 6.2

Davison LA, Steinhelber JC, Eger EI II, Stevens WC (1975) Psychological effects of halothane and isoflurane anesthesia. Anesthesiology 43: 313

Holt GM, Yate PM Psychologische Auswirkungen der Anästhesie.

Moretti RJ, Hassan SZ, Goodman LI, Meltzer HY (1984) Comparison of ketamine and thiopental in healthy volunteers: Effects of mental status, mood and personality. Anaesth Analg 63: 1087–96

Rosenberg H, Goldberg M Postoperative emotionale Reaktionen.

White PF, Way WL, Trevor AJ (1982) Ketamine: its pharmacology and therapeutic uses. Anesthesiology 56: 119–136

6.3
Nichterwachen nach Anästhesie

G. Fuchs · H.V. Schalk

Seit der 1960 veröffentlichten Untersuchung durch das Baltimore Study Committee, in der festgestellt wurde, dass sich nahezu die Hälfte (48,4%) aller anästhesiebedingten Todesfälle auf der Pflegestation ereigneten, wurde der Problematik der postoperativen Phase zunehmend dadurch Beachtung geschenkt, dass Aufwachstationen im Organisationsbereich der Anästhesie eingerichtet wurden (Bergmann u. Steinbereithner 1982; Cascorbi u. Gravenstein 1974; Philips et al. 1960; Tinkler et al. 1976).

Ursachen des postnarkotischen Nichterwachens

Die frühe postoperative Phase bezeichnet den Zeitraum vom Ende der Anästhetikazufuhr bis zur klinisch deutlich feststellbaren *Wiederkehr des Bewußtseins*, der *Reflexaktivität*, der *Schmerzempfindung* und der *Muskelkraft*. Sie erstreckt sich i. allg. über die ersten postoperativen Stunden. Dieser Zeitraum unterscheidet sich von der späteren postoperativen Phase dadurch, dass die Wirkung der Narkose noch weiter besteht. Während der frühen postnarkotischen Phase werden also besondere pathophysiologische, pharmakogene und reflexogene Vorgänge beobachtet, die Anlaß geben, Patienten in dieser Phase in einer speziell dafür eingerichteten Aufwachstation zu überwachen und zu behandeln.

Wenn die Narkose unbeabsichtigt wesentlich länger als die Operation dauert, liegt meist eine *Überdosierung* der verwendeten Anästhetika vor. Als Ursache muss angenommen werden, dass es auch dem erfahrenen Anästhesisten nicht immer gelingt, die Pharmakokinetik der verwendeten Anästhetika individuell und situationsgerecht exakt einzuschätzen, insbesonders auch deshalb, weil diesbezügliche Messungen nur sehr limitiert zur Verfügung stehen (Turner 1986).

In diesem Zusammenhang kommt der präoperativen Untersuchung eine besondere Bedeutung zu: sie erfaßt die individuelle physiologische und krankheitsbedingte Situation des Patienten (einschließlich bisheriger Medikation), die auch in der Aufwachphase von eminenter Bedeutung werden kann (List et al. 1985).

> **!** Intraoperative Vorgänge wie Schmerz, Stoffwechsel, Anämie, Flüssigkeits- und Elektrolytstatus, Kreislauf und Ventilation beeinflussen ebenfalls Wirkung und Wirkdauer der verwendeten Narkosemittel.

Der Wachheitszustand wird durch die kortikale Aktivität der Formatio reticularis im

Hirnstamm beeinflusst. Das aszendierende retikuläre aktivierende System (ARAS) stellt ein Bindeglied zwischen dem kortikalen Erwachen und der gezielten Aufmerksamkeit dar (Magoun 1964). Verschiedene anästhetisch wirksame Substanzen führen zu differenten Einwirkungen auf die einzelnen kortikalen und subkortikalen Bahnsysteme, so dass der neurophysiologische Mechanismus einer verlängerten Narkosedauer von den verwendeten Anästhetika abhängig ist und neuronale Stimulation oder Depression auf kortikaler wie auch auf subkortikaler Ebene beinhalten kann.

Pharmakokinetik der Anästhetikaüberdosierung

Konzentrationen am Wirkort

Die Wirkung per se, aber auch die Wirkungsdauer eines Anästhetikums auf das Gehirn ist, außer von seiner lokalen Konzentration, auch von der Sensitivität des Rezeptors abhängig. Entsprechende interindividuelle Unterschiede können durch biologische Variation erklärt werden. In der klinischen Situation sollte eine solche jedoch nur dann angenommen werden, wenn andere Ursachen ausgeschlossen werden können. Dazu zählen v.a. Interaktionen mit anderen Medikamenten und der individuelle Krankheitszustand als solcher (Denhardt 1982).

Eiweißbindung

Der Transport von intravenös verabreichten Anästhetika an den Wirkort wird durch die Bindung an Plasmaeiweiß bestimmt; diese ist von Albuminkonzentration, Affinitätskonstante und Gesamtkonzentration des Medikaments abhängig. Pharmaka mit hoher Plasmaeiweißbindung konkurrieren miteinander (z.B. Diazepam, Bupivacain, Digitoxin, Furosemid). *Hypoproteinämie erhöht den Anteil an freien Wirkstoffen und verlängert die Wirkung eiweißgebundener Medikamente auch dadurch, dass für den Abbau in der Leber nur vermindert Proteine zur Verfügung stehen.*

Redistribution

Die Verteilung des Anästhetikums im Blutplasma (dem Transportmedium), am Wirkort (den Zellmembranrezeptoren im Zentralnervensystem) und in Gewebsspeichern (Fettgewebe, Muskulatur, Magen, etc.) erfolgt nach dem Konzentrationsgradienten bzw. der biochemischen Affinität. Aufnahme und Elimination geben die Richtung der Verteilung an, als *Redistribution wird die Umverteilung des Medikaments aus den*

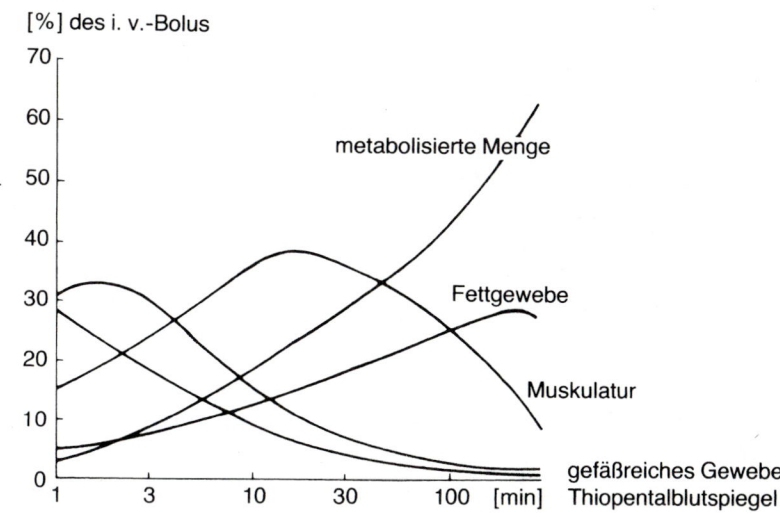

Abb. 6.3. Nach einem i.v.-Bolus von Thiopental sinkt der Blutspiegel entsprechend der Geschwindigkeit der Aufnahme in die Körpergewebe (gefäßreiche Organe, Muskulatur, Fettgewebe) sowie der Metabolisierung. (Mod. nach Eger 1976)

Speichern über das Blutplasma zum Wirkort bezeichnet. So erfolgt das Aufwachen nach Gabe von Barbituraten oder Diazepam in Abhängigkeit von der Geschwindigkeit der Aufnahme bzw. Redistribution aus Muskulatur und Fettgewebe (Abb. 6.3). Ein ähnlicher Mechanismus wurde auch für Fentanyl beschrieben: nach anfänglich ausreichender postnarkotischer Atmung kann es durch Remorphinisierung (Opiatrebound) zu zunehmender Atemdepression kommen. Als Erklärung wurde die Rezirkulation aus der Muskulatur angenommen: Fentanyl diffundiert wieder in die Blutbahn, sobald postoperativ schmerzbedingte Unruhe auftritt (Brune 1982; Denhardt 1982; Lehmann u. Daub 1982; McQuay et al. 1979).

> ❗ Postoperativ primär wache Patienten können durch Redistributionsphänomene (Opiatrebound) renarkotisiert und hypoxisch werden.

Leberstoffwechsel
Eine große Zahl von Medikamenten wird über das mikrosomale Enzymsystem der Leber inaktiviert. Einer *eingeschränkten* Funktion folgt daher eine *verlängerte Wirkungsdauer mit der Gefahr der Kumulation.* Auch die Inhalationsanästhetika belasten die Kapazität hepatischer Enzymsysteme. Bei gleichzeitiger Anwendung erfolgt z.B. der Abbau des Ketamins verzögert.

Andererseits ist bekannt, dass Analgetika, Hypnotika, Antikonvulsiva, Antibiotika und Diuretika sowie chronischer Alkoholkonsum (nicht die akute Alkoholintoxikation) zu einer *Enzyminduktion* führen können, durch *die es zu rascherem Abbau betroffener Medikamente* kommt. Eine solche Enzyminduktion wurde für die Biotransformation von Halothan beschrieben, bei der es zur raschen Freisetzung von freien Bromidionen kommt, welche postoperativ wegen ihrer dämpfenden Wirkung die Aufwachphase verlängern (Denhardt 1982; Tinkler et al. 1976).

Nierenfunktion
Bei *gestörter Nierenfunktion* ist nicht nur die Elimination der Anästhetika und der nicht depolarisierenden Muskelrelaxantien (Pancuronium), soweit sie über die Niere ausgeschieden werden, verzögert. Es wird auch angenommen, dass bei urämischen Patienten *Permeabilitätsstörungen der Blut-Hirn-Schranke* auftreten, und dies die Ursache verstärkter bzw. verlängerter Wirkung von Hypnotika sein könnte.

Löslichkeit volatiler Anästhetika
Für die Aufwachphase sind
1. der Blut-Gas-Verteilungskoeffizient und
2. der Gewebe-Blut-Verteilungskoeffizient von größter Bedeutung (Eger 1976).

Prinzipiell ist mit zunehmender Löslichkeit auch eine Zunahme der Dauer der Aufwachphase zu erwarten. Die für jedes Inhalationsanästhetikum charakteristische Eliminationskurve zeigt den Zeitverlauf des Konzentrationsabfalls in 3 typischen Phasen: Der zeitlich kürzeste und steilste Teil der Kurve entspricht den gut durchbluteten Organen Hirn, Herz, Leber, Niere und Lunge, der weniger steil abfallende Teil der Skelettmuskulatur und schließlich der längste, flach abfallende Teil dem schlecht durchbluteten Fettgewebe.

Lachgas hat die geringste Löslichkeit, die gebräuchlichen Narkosegase zeigen geringe Unterschiede im Löslichkeitskoeffizienten; die größte Löslichkeit hatten die früher verwendeten volatilen Anästhetika Äther und Methoxyfluran. Mit zunehmender Dauer der Inhalationsnarkose nimmt die Menge der in den Geweben gelösten Inhalationsanästhetika zu, in der Aufwachphase sind v.a. der Gewebe-Blut-Löslichkeitskoeffizient, der Verteilungskoeffizient sowie die absolute Menge des aufgenommenen Inhalationsanästhetikums von Bedeutung. Mit *„MAC-awake"* bezeichneten Stoelting et al. (1970) jenen Blutspiegel eines Anästhetikums, bei dem die Hälfte der Patienten auf einfache Kommandos (z.B. „Augen auf!") reagieren. Der „MAC-awake" entsprach dem halben Wert des normalen Anästhesie-MAC-Werts.

> **!** Die Entlassung des Patienten aus der postnarkotischen Beobachtung darf daher erst erfolgen, wenn die Blutkonzentration des volatilen Anästhetikums deutlich niedriger als der halbe MAC-Wert ist.

ZNS-Depression (Tabelle 6.1)

Hypoventilation, Hypoxie und Hyperkapnie

Postoperative Hypoventilation führt nicht nur zu Hypoxie, Hyperkarbie und Azidose, sondern verzögert auch die Abatmung der Inhalationsanästhetika. Sauerstoffinsufflation während Hypoventilation begünstigt v.a. bei Patienten mit chronischer Lungenerkrankung, eine Kohlendioxidnarkose.

Hypokapnie

Nach längerdauernder intraoperativer Hyperventilation kann postoperativ durch Hypokapnie der Atemantrieb vermindert und damit Ursache einer Hypoxie sein.

Elektrolytstörungen

Hyponatriämie, z.B. durch massive Wasserresorption während transurethraler Prostataresektion, kann Hirnödem und neurologische Ausfälle verursachen. Eine zu rasche Korrketur des erniedrigten Na-Spiegels ist zu vermeiden, da es zu Hirnschädigungen ähnlich der zentralen pontinen Myelinolyse kommen kann.

Ausgeprägte Hyperkalziämie und Hypermagnesiämie wirken ebenfalls zentral dämpfend und führen zum Koma.

Hypoglykämie/Hyperglykämie

Normalerweise kommt es durch Streßsituationen während Narkoseeinleitung und Operation zum Blutzuckeranstieg.

Hypoglykämischen Effekt haben jedoch Manipulation an insulinproduzierenden Pankreastumoren, Salizylate und Sulfonamide.

Bei Diabetikern muss die präoperative Insulingabe reduziert oder eingestellt bzw. durch engmaschige Blutzuckerkontrollen und entsprechende Glukoseinfusion balanciert werden.

Hyperosmolares Koma

Von den betroffenen Patienten sind nur etwa die Hälfte Diabetiker, die anderen haben meist schwerste Krankheitszustände wie Sepsis, Urämie, großflächige Verbrennungen, Schlaganfall, Pankreatitis oder Pneumonie. Neben einer Hyperglykämie mit Werten von manchmal über 600 mg % steht die *allgemeine Dehydratation* im Vordergrund. Vorsichtige Rehydratation mit elektrolytfreien Zuckerlösungen oder halbisotoner Ringer-Lösung, Kaliumsubstitution unter häufigen Laborkontrollen und Altinsulingabe (50 E) intervallmäßig oder über einen Perfusor stellen die Therapie dar. Im Extremfall kann es durch die Dehydratation zu Hirnschrumpfung und Zerreißen der

Tabelle 6.1. Differentialdiagnose postoperativer Bewusstseinsstörungen

Bewusstseinsstörungen ohne Zusammenhang mit Komplikationen	Bewusstseinsstörungen als Folge von Komplikationen
Narkoseüberhang	Zerebrale Ischämie
Zentrales anticholinerges Syndrom	Zerebrale Embolie
	Intrakranielle Blutung
	Zerebrales Ödem
	Hypoxämie
	Extreme Hypokapnie
	Hypotonie
	Zustand nach Krampfanfall
	Stoffwechselstörungen
	Extreme Störungen des Wasser- und Elektrolythaushaltes

Brückenvenen kommen. Bei der Therapie ist zu beachten, dass der Blutzuckerspiegel nicht zu rasch sinkt, da es sonst zum Hirnödem kommen kann.

Hypothermie

Diese führt zu einer Verzögerung der biotransformatorischen Prozesse und verstärkter Löslichkeit der Inhalationsanästhetika. Die direkte Kältewirkung auf das Hirn führt bei etwa 30°C zum Bewußtseinsverlust (Kältenarkose). Hypothermie (30–32°C) allein führt beim normalen Menschen zu keinem Bewußtseinsverlust (Cooper et al. 1957). Schwere Hyperthermie allerdings, mit Körpertemperaturen über 40°C, führt zum Bewußtseinsverlust (Hitzschlag).

Embolie

Embolie von Herzklappenauflagerungen, Luftembolie (paradoxe Luftembolie, s. Abschn. 31.1) und Fettembolie nach Trauma oder bei Operationen an großen Röhrenknochen müssen in der Aufwachphase differentialdiagnostisch in Betracht gezogen werden. Bei Thrombendarterektomie der A. carotis kann es auch durch das Einlegen eines intraluminären Shunts zur Lösung von atheromatösen Plaques kommen, die zu ischämischen Infarkten führen können.

Zerebrale Ischämie

Beim Gesunden wird ein zerebraler Perfusionsdruck (CPP) von etwa 50 mm Hg als ausreichend angesehen, bei Patienten mit zerebrovaskulären Erkrankungen müssen höhere Werte angestrebt werden. Extreme Halsflexion oder -rotation kann zu anatomischer Beeinträchtigung der zerebralen Perfusion führen, ebenso unkontrollierter chirurgischer Zug oder lagerungsbedingter Druck an der A. carotis.

Intrazerebrale Blutung

Akute Blutdrucksteigerungen, ausgelöst durch Laryngoskopie und Intubation oder chirurgische Manipulation in unzureichender Narkosetiefe können zu intrazerebralen Blutungen (bei vorgeschädigten Hirngefäßen, Aneurysma, Antikoagulanzientherapie) führen.

Hypoxische Hirnschädigung

Technische Fehler, Hypotonie und Hypoventilation können Ursache einer hypoxischen Hirnschädigung sein. Zu dieser gefürchteten Komplikation kann es während der Narkose selbst kommen, das postoperative Nichterwachen ist dann das zugehörige fatale Symptom. Andererseits kann natürlich das Nichterwachen aus anderen Gründen nach der Narkose beim spontan atmenden Patienten wegen der Apnoegefahr (Zurückfallen der Zunge) Ursache einer hypoxischen Hirnschädigung sein. Deshalb muss auch für die postoperative Phase eine Aufwacheinheit mit entsprechender Ausrüstung und speziell geschultem Personal zur Verfügung stehen (Bergmann und Steinbereithner 1982; Tinkler et al. 1976).

Diagnostische Maßnahmen beim Nichterwachen nach Narkose

Atmung

Oxygenierung und Ventilation müssen postoperativ bis weit in den Wachzustand hinein ständig überwacht werden. Die kontinuierliche Kontrolle der peripheren O_2-Sättigung mittels des Pulsoxymeters sowie auch die klinische Beobachtung von Hautfarbe (Fingernägel, Lippen) und Atmung (Thoraxexkursion, freie Atemwege) sind in der Aufwachphase besonders sorgfältig durchzuführen. Bei geringstem Zweifel sollen unverzüglich die Überprüfung der O_2-Versorgungslage mit Hilfe einer Blutgasanalyse und die genaue Spontanatmungskontrolle (Atemfrequenz, Atemtiefe, Atemtyp) erfolgen.

 Bei vermuteter Hypoventilation/Hypoxie soll ohne Zögern (assistiert) beatmet werden!

Herz und Kreislauf

Pulskontrolle (A. carotis, A. radialis), EKG-Monitor und Blutdruckmessung sollten möglichst kontinuierlich bzw. in kurzen Intervallen (5 min) erfolgen.

Das Monitoring wird in dem Umfang erweitert wie nötig, wobei eine blutige Blutdruckmessung, eine zentrale Venendruckmessung und letztlich auch eine Pulmonalarteriendruckmessung möglich sein sollten.

> ! Einer beginnenden Perfusionshypoxie muss rasch therapeutisch begegnet werden!

Laboruntersuchungen

> ! Die Messung von Blutzucker und Temperatur (maligne Hyperthermie), Funktionskontrolle von Leber und Niere (Stundendiurese), Bestimmung von Elektrolyt- und Wasserhaushalt sowie das Blutbild können oft einen Hinweis auf die Ursache des Nichterwachens nach der Narkose geben.

Die Bestimmung des Serumspiegels eines verwendeten Hypnotikums ist prinzipiell möglich, erlaubt jedoch nur indirekte Rückschlüsse auf die Konzentration am Rezeptor, und diese wiederum werden durch Redistributionsphänomene noch weiter relativiert. Für den klinischen Gebrauch stellt sich zusätzlich noch das Problem der biologischen Variabilität – die praktische Anwendbarkeit pharmakokinetischer Untersuchungen ist deshalb nach wie vor begrenzt (Brune 1982).

Apparatives Monitoring
Die Analyse der Blutgaswerte (arteriell oder kapillär), die Überwachung der Exspirationsluft (Kapnographie), transkutanes pO_2- und pCO_2-Monitoring, die Pulsoxymetrie und die Messung der Körpertemperatur sind in die Klinikroutine gut eingeführt.

Die massenspektrometrische Überwachung der Ausatemgase ist sehr aufwendig, zeichnet sich jedoch durch große Genauigkeit aus und wäre als Narkose- und postoperatives Ventilationsmonitoring sicherlich ein verbreitet gehegter Zukunftswunsch vieler Anästhesisten.

Restwirkungen nach Gabe von Muskelrelaxantien können durch Messung des Relaxationsgrades mit Hilfe der Elektrodenstimulation („train of four") direkt an ihrem Wirkort überprüft werden.

> ! Ein fehlender Atemantrieb oder eine Ateminsuffizienz in der postoperativen Phase ist häufiger die Folge einer Anästhetikaüberdosierung als die einer Restkurarisierung bzw. Hyperventilation.

Neurologische Untersuchung
Die neurologische Untersuchung dient nicht nur der Feststellung des Komastadiums, sondern auch eventueller isolierter Ausfälle im Bereich des zentralen oder peripheren Nervensystems (Apoplexie, Plexuszerrung etc.). Ergänzend sollen noch die EEG-Untersuchungen sowie die Elektromyographie erwähnt werden; bei Verdacht auf einen intrakraniellen Prozeß stehen mit der Computertomographie oder der zerebralen Angiographie weitere diagnostische Möglichkeiten zur Verfügung.

Zusätzliche Untersuchungen
Thoraxröntgen (Pneumothorax, Herzbeuteltamponade, Erguß) und Sonographie des Abdomens können, nicht nur nach Operationen in diesem Bereich, intraoperativ unbemerkt aufgetretene Blutungen oder Komplikationen aufklären. In der Kardiodiagnostik soll noch ergänzend die transthorakale Echokardiographie erwähnt werden.

Therapie des Nichterwachens nach Anästhesie

Allgemeine Maßnahmen
Im Vordergrund steht die *Sicherung von Ventilation und Zirkulation*.

Stoffwechsel- und Elektrolytstörungen bzw. andere Erkrankungen werden entsprechend therapiert.

Spezielle Maßnahmen

Beeinflussung der Ausscheidung von Anästhetika

1) Volatile Anästhetika.

   Die Aufwachphase nach der Gabe von volatilen Anästhetika hängt von deren Löslichkeits- bzw. Verteilungskoeffizienten in Blut und Gewebe ab. Durch Erhöhung des (alveolären) Atemminutenvolumens nimmt der Konzentrationsgradient zwischen Pulmonalarterienblut und Alveolen zu, das volatile Anästhetikum wird rascher eliminiert.

2) Intravenöse Anästhetika.

   Abbau bzw. Elimination der intravenösen Anästhetika erfolgen substanzspezifisch. Dabei spielt auch die aktuelle allgemeine Kreislauf- und Stoffwechselsituation eine Rolle. Die bereits erwähnte Enzyminduktion bei Barbituraten stellt eher eine Ausnahme dar, das Tachyphylaxieproblem wird bei Anästhetika kaum beobachtet.

Antagonisierung

Opioide

Naloxon kann heute als das Mittel der Wahl zur spezifischen Antagonisierung der Opioide gelten. Die Wirkungsdauer von intramuskulär verabreichtem Naloxon (Einzeldosis 0,2 bis maximal 1,0 mg) beträgt etwa 1 h. Als nachteilige Wirkungen von Naloxon werden die Verminderung der Analgesie und das Auftreten einer allgemeinen Streßreaktion mit Tachykardie und Blutdruckanstieg genannt. Bei Verwendung zur Aufhebung der Ateminsuffizienz nach Neuroleptanalgesie muss die kurze Wirkungszeit des Antagonisten berücksichtigt werden, insbesondere deshalb, weil eine Remorphinisierung, v.a. bei vorhergehender repetitiver Opiatgabe, nicht sicher auszuschließen ist (Lehmann u. Daub 1982; McQuay et al. 1979; Patschke 1978; Tinkler et al. 1976).

Benzodiazepine

Eine durch Benzodiazepine verursachte Bewußtseinsstörung kann durch Flumazenil antagonisiert werden (Gomar et al. 1994). Die Dosierung erfolgt dabei in Schritten von 0,1 – 0,2 mg. Auf Grund großer interindividueller Unterschiede hinsichtlich der Empfindlichkeit gegenüber Benzodiazepinen muss Flumazenil besonders bei jenen Patienten sorgfältig verabreicht werden, die Benzodiazepine erhalten haben und gleichzeitig eine ZNS-Beeinträchtigung aus anderen Ursachen haben. Auch darf die unterschiedliche Halbwertszeit von Flumazenil im Vergleich zu einzelnen Benzodiazepinen nicht vergessen werden.

Muskelrelaxanzien

Die Wirkung der Cholinesterasehemmstoffe zur Antagonisierung der kurareartigen Muskelrelaxanzien wurde ausführlich beschrieben. Cholinesterasehemmstoffe (Physostigmin) haben auch einen Weckeffekt und können zur Behandlung des zentralen anticholinergen Syndroms eingesetzt werden. Physiostigmin eignet sich im Gegensatz zu seinem Analogon Neostigmin deshalb als Antagonist, da dieses Anticholinergikum die Blut-Hirn-Schranke leicht passieren kann.

6.4 Postoperative Verwirrtheitszustände

R.L. Moser

> **!** Postoperative Verwirrtheitszustände zeigen eine vielfältige Symptomatik (leichtere Einschränkungen geistiger Funktionen bis Vollbild des Deliriums) und erhöhen sowohl Morbidität als auch Mortalität. Die Ursachen sind multifaktoriell.

Pathophysiologie

Was im Gehirn auf zellulärer Ebene abläuft, wenn kognitive Fehlfunktionen auftreten, kann nach dem heutigen Wissensstand noch nicht ganz zufriedenstellend erklärt werden. Derzeit gilt die Arbeitshypothese (Lipowski 1983, 1990; Lindesay et al. 1990), dass es sich um eine diffuse, reversible Beeinträchtigung des zerebralen oxidativen Metabolismus und der Neurotransmissionsvorgänge handelt, basierend auf einer *Gewebshypoperfusion*. Diese verminderte Gewebsperfusion kann wiederum durch sehr viele unterschiedliche Ursachen hervorgerufen werden. Durch die Hypoperfusion kommt es zu einem zellulären Energiedefizit mit weitreichenden Folgen:

Bewußtsein und Gedächtnis bedürfen einer schnellen, koordinierten und ungestörten Integration von Gedächtnisinhalten aus den unterschiedlichsten Gehirnarealen. Diese *Integrationsvorgänge* zwischen den Nervenzellen sind stark energieabhängig und neben einer schnellen Bereitstellung von Neurotransmittern auch auf eine schnelle Wiederherstellung normaler Membranpotentiale angewiesen.

Bedingt durch eine Abnahme des oxidativen Hirnstoffwechsels nimmt die Konzentration an Neurotransmittern wie Acetylcholin ab, die jedoch für Lernen, adäquate Gedächtnisfunktion, Informationverarbeitung und Aufmerksamkeit essentiell sind.

Auch andere Neurotransmitter wie Serotonin oder Noradrenalin sind wichtig.

ÜBERSICHT

- Die Störung der Konnektivität neuronaler Netzwerke löst tiefgreifende mentale Leistungsstörungen aus, ohne erkennbare strukturelle Schädigung.
- Bei wieder ausreichender Perfusion klingen diese mentalen Störungen wieder ab.
- Jede Erkrankung bzw. jedes Medikament, das mit der Funktionsweise von Neurotransmittern oder mit der Substratversorgung für den zellulären Metabolismus interferiert, kann einen Verwirrtheitszustand hervorrufen (O'Keefe u. Chonchubhair 1994).

Ätiologie

Bereits 1955 berichtete Bedford über demenentielle Zustandsbilder älterer Patienten nach Allgemeinanästhesie und schrieb die beobachteten mentalen Veränderungen den zur Anästhesie verwendeten Medikamenten zu.

Bis Anfang der 90er Jahre wurde in vielen Studien der Einfluss von Anästhetika auf den postoperativen geistigen Zustand der Patienten untersucht, insbesondere mit der Fragestellung Allgemein- vs. Regionalanästhesie.

Seit den späten 70er Jahren wurde eher den physiologischen bzw. pathophysiologischen Veränderungen durch Anästhesie, wie Hyperventilation, Hypotension oder Hypoxämie und deren Kombination bzw. der cholinergen Transmission im ZNS Beachtung geschenkt. In letzter Zeit wurden genetische Marker aus Demenzstudien auf ihre Wertigkeit als Prädiktoren postoperativer mentaler Dysfunktion geprüft.

Ein wesentliches Problem insbesondere in der Ursachenforschung ist das Fehlen eines geeigneten Tiermodells.

ÜBERSICHT

Die Ursachen sind wahrscheinlich ausgesprochen vielfältig. Häufig diskutierte ätiologische Faktoren sind:
- Alter des Patienten
- Art der Operation
- Anästhesietechnik
- pharmakologische Faktoren
- hirnorganische Vorerkrankungen
- Hypoxie/Hypokapnie
- metabolische Störungen
- kardiovaskuläre Erkrankungen
- Infektionen
- psychologische Faktoren

Zumindest 2 oder mehrere der Symptome aus folgender Übersicht müssen vorhanden sein:

Diagnostische Kriterien der neurokognitiven Störung

ÜBERSICHT

- Gedächtnisstörungen (die Patienten haben Schwierigkeiten, neue Informationen zu lernen und wiederzugeben)
- Wahrnehmungsstörung (z. B. Halluzinationen)

- verminderte oder gesteigerte psycho-motorische Aktivität (verminderter oder vermehrter Redefluss, verstärkte Schreckreaktionen, aggressive Handlungen mit Selbst- und Fremdgefährdung)
- unzusammenhängende Denkvorgänge (auch die sprachlichen Äußerungen sind unlogisch, abschweifend, unzusammenhängend, evtl. Wortfindungsstörungen)
- Desorientiertheit (zeitlich, in schweren Fällen auch örtlich und persönlich)
- herabgesetzte Aufmerksamkeit
- Konzentrationsschwierigkeiten
- eingeschränkte und verlangsamte Verarbeitung neuer Informationen

Alter des Patienten

Die erhöhte Inzidenz postoperativer Delirien beim geriatrischen Patienten resultiert aus einer Kombination physiologischer Altersveränderungen im Gehirn, gehäuftem Vorkommen von Begleiterkrankungen (internistisch und neurologisch-psychiatrisch), und psychologischen Faktoren (Marcantonio et al. 1994).

Höheres Alter ist auch ein entscheidender Risikofaktor für das Auftreten persistierender kognitiver Dysfunktionen (Moller et al. 1998). Dennoch scheinen noch nicht alle dem Alter innewohnenden Risiken für die Entwicklung dieses Symptomenkomplexes geklärt.

Die Dichte der Neuronen verringert sich mit zunehmendem Lebensalter, der Anteil der grauen Substanz an der Hirnmasse nimmt von 45% in der Jugend auf 35% im Alter ab.

Auch die Aktivität der Enzyme, die für die Synthese von Neurotransmittern verantwortlich sind (z. B. Tyrosinhydroxylase, Dopa-decarboxylase, Cholinacetyltransferase) ist auf ein Drittel der Aktivität vermindert, die man im Kortex junger Menschen normalerweise findet. Andererseits sind die katabolen Enzyme des Neurotransmitterstoff-wechsels erhöht (wie z. B. Monoaminoxidase und Katecholomethyltransferase). Daher finden sich *veränderte Neurotransmitterkonzentrationen im gealterten Gehirn.* Die Geschwindigkeit der Neurotransmitterfreisetzung ist herabgesetzt, Wiederaufnahme- und Abbaugeschwindigkeit sind verändert, ebenso die Katecholaminaktivität.

Der regionale *zerebrale Blutfluss* nimmt mit zunehmendem Lebensalter ab, ebenso der hemisphärische Blutfluss (Muravchick 1997).

Art der Operation

Dem Einfluss der Operation wird große Bedeutung zugeschrieben. Erklärbar ist das sehr unterschiedlich häufige Auftreten postoperativer Delirien je nach Art des operativen Eingriffes durch pathophysiologische Abläufe, die mit dem jeweiligen chirurgischen Trauma verknüpft sind.

Orthopädische Eingriffe, v. a. implantatchirurgische Eingriffe an der unteren Extremität, gehen mit sehr hohen Inzidenzen postoperativer mentaler Komplikationen einher (26–61%). Als Ursache werden unter anderem zerebrale Ischämien durch Mikrofettembolien diskutiert, die bei Frakturen bzw. beim Anbohren des Knochenmarks auftreten.

Bei *Augenoperationen* korreliert v. a. die postoperative Einschränkung des Sehvermögens mit Verwirrtheitszuständen (3–8%). Außerdem haben Patienten, die sich einer Kataraktoperation unterziehen, oft eine Anticholinergikatherapie.

Nach *allgemeinchirurgischen Eingriffen* betragen die beschriebenen Inzidenzen 7–14% (O'Keefe u. Chonchubhair 1994).

Eine besondere Situation stellen *herzchirurgische Eingriffe* dar mit Inzidenzen postoperativer kognitiver Funktionseinschränkung bis über 80%. Zerebrale Ischämien durch intraoperative Mikroembolien (Luft, Blutzellen) und Phasen zerebraler Hypoperfusion oder Hypoxie sowie eine systemische inflammatorische Reaktion im Rahmen der extrakorporalen Zirkulation (Soinne u. Roine 1999) werden hier ursächlich angenommen.

Bei einer *Organtransplantation* haben bereits viele Patienten präoperativ eine Einschränkung mentaler Funktionen als Resultat metabolischer Störungen. Daher kommt es bei diesen Patienten manchmal postoperativ eher zur Verbesserung der Symptomatik als zur Verschlechterung, trotzdem ist die Inzidenz postoperativer Verwirrtheit hoch (10–50%).

Anästhesietechnik

! Der Einfluss der Anästhesietechnik wird kontrovers beurteilt.

In den meisten klinischen Studien zu diesem Thema findet sich kein Unterschied in den Inzidenzen postoperativer Verwirrtheitszustände nach Regional- oder Allgemeinanästhesie (Riis et al. 1983; Bigler et al. 1985; Berggren et al. 1987; Nielson et al. 1990).

Einen Nutzen der Regionalanästhesie ohne intraoperative Sedierung beschrieben Chung et al. (1987). Nach einem urologischen Eingriff erreichten Patienten nach Allgemeinanästhesie signifikant schlechtere Ergebnisse im „Mini Mental State Exam", einem einfachen psychometrischen Test 6 h postoperativ. Die Patienten der Allgemeinanästhesiegruppe hatten erst am 5. postoperativen Tag das präoperative Testniveau wieder erreicht, während die Patienten der Spinalanästhesiegruppe bereits 6 h postoperativ das präoperative Ergebnis erreichten. Hier wurde im Rahmen der Allgemeinanästhesie Atropin und Neostigmin zur Aufhebung der neuromuskulären Blockade verwendet.

In einer 2. Studie (Chung et al. 1989) wurden den Patienten der Spinalanästhesiegruppe zusätzlich intraoperativ Sedativa verabreicht, beide Patientengruppen hatten postoperativ vergleichbare Testergebnisse im „Mini Mental State". Es finden sich aber auch bei Regionalanästhesie ohne Sedierung keine Unterschiede zu den Ergebnissen nach Allgemeinnarkose (Campbell et al. 1993)

Hole et al. zeigten 1980 einen Vorteil der Epiduralanästhesie im Vergleich zu allgemeinanästhetischen Narkoseverfahren. In dieser Untersuchung wurden allerdings keine psychometrischen Testverfahren sondern nur Interviews zur kognitiven Leistungsbeurteilung herangezogen.

Aber auch Vorteile allgemeinanästhetischer Methoden im Vergleich zur Regionalanästhesie im Hinblick auf die postoperativen mentalen Leistungen älterer Patienten sind beschrieben (Jones et al. 1990; Crul et al. 1992).

Unterschiedliche Verfahren zur Allgemeinanästhesie (i.v.-Anästhesie, Inhalationsanästhesie, kombinierte Verfahren) ergaben bisher keine postoperativen Unterschiede psychomotorischer Funktionen (Kalman et al. 1993).

Zu den für eine Allgemeinanästhesie verwendeten Substanzen ist zu sagen, dass kurzwirksame Anästhetika von Vorteil zu sein scheinen, langwirksame wie einige Benzodiazepine längerer Wirkdauer sollten vermieden werden, ebenso Atropin und Droperidol wegen ihrer zentralen anticholinergen Wirkung. Auch Substanzen mit delirauslösender Potenz (vgl. Tabelle 2) sind im Rahmen der Anästhesieführung und soweit möglich bereits in der prä- und v. a. in der postoperativen Behandlungsphase zu vermeiden.

Sehr wichtig ist eine *adäquate postoperative Schmerztherapie* (Lynch et al. 1998).

ÜBERSICHT

Auswahl von Pharmaka, die ein Delir auslösen können. Substanzen mit anticholinerger Wirkung sind kursiv dargestellt.
(Nach Gallinat et al. 1999)

- Psychopharmaka
  - Trizyklische Antidepressiva:
    Amitriptylin, Clomipramin, Imipramin, Doxepin
  - Niedrig-/mittelpotente Neuroleptika:
    Levomepromazin, Promethazin, Perazin, Thioridazin, Chlorprothixen, Clozapin
  - Andere Psychopharmaka:
    Lithium

- Antihistaminika
  - *Dimenhydrinat, Promethazin, Diphenhydramin* (in rezeptfreien Schlaf-, Grippe- und Hustenmitteln)
- Anti-Parkinson-Mittel
  - Amantadin, *Biperiden, Trihexyphenidyl*, Bromocriptin, L-Dopa
- Anticholinerge Prämedikation
  - *Atropin, Scopolamin*
- Chemotherapeutika
  - Gyrasehemmer, Sulfonamide, Penicillin, Nitrofurantoin, Aciclovir, Chloroquin, Isoniazid, Cycloserin, Amphotericin B
- Verschiedene:
  - Theophyllin, Aminophyllin, Glukokortikosteroide, Digitalisderivate, Kodein, Lidocain, Procain

Pharmakologische Faktoren

Durch die zusätzliche Verabreichung von Anästhetika und Analgetika erhöht sich die Gefahr von Wechselwirkungen und Intoxikationen.

Trizyklische Antidepressiva haben nicht nur selbst eine anticholinerge Wirkung, sie blockieren auch die Katecholaminaufnahme und potenzieren die Wirkung anticholinerger Medikamente wie Atropin.

Verwirrtheit kann erstes Zeichen einer Digoxinüberdosierung sein. Diuretika können durch ihren Einfluss auf den Flüssigkeits- und Elektrolythaushalt ebenfalls delirante Zustandsbilder hervorrufen. Zusätzlich ist die Gruppe der β-Blocker in der Gruppe der kardiovaskulären Medikamente hervorzuheben.

Auch Patienten unter hochdosierter Steroidtherapie können kognitive Störungen entwickeln (Mechanismus unklar, antimuskarinische Aktivität nachgewiesen).

Längerfristige Einnahme von Benzodiazepinen kann sogar zur Demenz führen, die wiederum ein prädisponierender Faktor für postoperative Verwirrtheit ist.

Ein durch den Entzug von Alkohol oder Hypnotika hervorgerufenes Delirium ist bekannt und kann natürlich auch in der postoperativen Phase auftreten (Gallinat et al. 1999).

Hirnorganische Vorerkrankungen

Etwa 10–16% aller Patienten über 65 Jahre haben eine bereits präoperativ bestehende organische Hirnerkrankung, die sie für postoperative Verwirrtheitszustände prädisponiert, meist aufgrund verminderter Neurotransmitterkonzentrationen.

Das Krankheitsbild der Demenz geht mit einer Verminderung cholinerger Transmitter einher, die Somatostatinkonzentration ist ebenfalls vermindert. Geriatrische Patienten mit zerebrovaskulärer Insuffizienz sind besonders empfindlich für Hypoxie, das Resultat ist ein Acetylcholindefizit. Depressive Patienten haben verminderte Konzentrationen von serotoninergen und noradrenergen Neurotransmittern, ebenfalls eine Prädisposition für eine postoperative mentale Funktionseinschränkung (Parikh u. Chung 1995)

Hypoxie/Hypokapnie

Zum Einfluss perioperativer Hypoxiephasen auf postoperative kognitive Funktionen gibt es unterschiedliche Aussagen. In einer von Rosenberg et al. 1993 an 30 Patienten mit abdominellen Eingriffen durchgeführten Studie zeigte sich eine Korrelation zwischen postoperativen psychometrischen Testergebnissen und pulsoxymetrisch gemessener O_2-Sättigung. Das Ausmaß der Hypoxämie in der 2. postoperativen Nacht korrelierte mit schlechteren Testergebnissen am 3. postoperativen Tag.

In einer von Moller et al. 1998 publizierten Multicenterstudie mit mehr als 1200 Patienten mit größeren nichtkardiochirurgischen Eingriffen konnte die Hypoxie nicht als unabhängiger Risikofaktor für postoperative mentale Funktionseinschränkungen identifiziert werden.

Die Effekte sind wahrscheinlich vom Ausmaß der Hypoxie abhängig, vom Zeitpunkt, während dessen sie sich entwickelt, und ob gleichzeitig eine Ischämie besteht. Bei geringer Hypoxie ist die ATP-Bereitstellung im Gehirn normal, allerdings ist der Neurotransmitterumsatz sehr sensibel auf schon geringgradige Hypoxiezustände.

Phasen der Hypokapnie führen einerseits durch Vasokonstriktion zu verminderter zerebraler Durchblutung, andererseits durch die respiratorische Alkalose zu einer Linksverschiebung der O_2-Bindungskurve, was zur verminderten O_2-Abgabe an das Gewebe führt.

Beide Faktoren können zu postoperativen mentalen Funktionseinschränkungen beitragen.

Metabolische Störungen

Dehydratation und Hyponatriämie sind als Verursacher akuter Verwirrtheitszustände bekannt. In einer von Marcantonio 1994 veröffentlichten Studie wurden präoperative Natriumkonzentrationen <130 mmol/l oder >150 mmol/l, Kalium <3 oder >6 mmol/l als Prädiktoren postoperativer Verwirrtheitszustände beschrieben.

Endokrinologische Erkrankungen, wie z. B. Schilddrüsenfunktionsstörungen oder Diabetes mellitus mit dem Risiko des hyperglykämischen Komas, einer Ketoazidose oder einer Hypoglykämie ebenso wie Leber-, Nieren- und Lungenfunktionseinschränkungen sind als Verursacher mentaler Funktionsstörungen beim älteren Patienten ebenfalls bekannt. (Rockwood et al. 1989).

Kardiovaskuläre Erkrankungen

Auch kardiovaskuläre Störungen führen zu mentalen Funktionseinschränkungen bei geriatrischen Patienten bzw. die eingeschränkte mentale Funktion kann sich als Initialsymptom dieser Erkrankungen präsentieren. Das gilt für Myokardinfarkt, Herzinsuffizienz, Herzrhythmusstörungen und pulmonalarterielle Embolien.

Diese Erkrankungen können zur Reduktion des zerebralen Blutflusses führen und delirante Zustandsbilder auslösen. Auch kleine umschriebene Apoplexien können sich nur als delirante Symptomatik präsentieren (Levkoff et al. 1988).

Infektionen

Septische Prozesse im Körper, in der postoperativen Periode v. a. Harnwegsinfektionen und respiratorische Infektionen, können sich initial ebenfalls als Verwirrtheitszustand beim geriatrischen Patienten manifestieren (Lindesay et al. 1990). Die typischen klinischen Symptome, wie Fieber, Husten, eitriges Sputum und Leukozytose, können fehlen, röntgenologische Zeichen entwickeln sich evtl. erst später.

Psychologische Faktoren

Ein niedriges präoperatives Angstniveau scheint postoperative Verwirrtheitszustände eher zu verhindern (Morse et al. 1969). Außerdem kann beim geriatrischen Patienten allein schon der Verlust der vertrauten Umgebung und vertrauter Bezugspersonen Verwirrtheitszustände begünstigen.

Prophylaxe

Kann der Anästhesist überhaupt einen Beitrag zur Verhinderung dieser Komplikation leisten? Wichtiger als die Entscheidung für oder gegen eine regionalanästhetische Methode ist die Beachtung der nachfolgenden prophylaktischen Möglichkeiten:

Dazu gehören die *adäquate Prämedikation* zur Reduzierung des präoperativen Angstniveaus ebenso wie die Aufrechterhaltung der *prä-, intra- und postoperativen Homöostase* (adäquate Flüssigkeitsbilanzierung und Diuresekontrolle perioperativ!) Beachtet werden muss auf die Verwendung *kurzwirksamer Anästhetika* mit *bedarfsgerechter Titrierung*, das *Vermeiden potentiell delirogener Pharmaka* und eine *ausreichende Schmerzbekämpfung*.

Die pharmakologische Prophylaxe mit Nootropika bedarf noch weiterer klinischer placebokontrollierter Untersuchungsergebnisse, bevor eine prophylaktische Verwendung dieser Substanzen allgemein empfohlen werden kann (Gallinat et al. 1999).

Der *Kontakt zu vertrauten Personen* sowie das Vermeiden häufiger Verlegungen wirkt sich günstig aus.

Zusätzlich zu den bereits erwähnten prophylaktischen Maßnahmen können in der Herzchirurgie arterielle Filter im System der extrakorporalen Zirkulation, Verwendung von Membranoxygenatoren, α-state-Management des kardiopulmonalen Bypasses sowie die Vermeidung der Ablösung atheromatöser Plaques im Bereich der Aorta thoracica ascendens das postoperative neurologische und neuropsychologische Outcome verbessern. Eher enttäuschend diesbezüglich sind die Ergebnisse pharmakologischer Neuroprotektion (z. B. Nimodipin, Propofol; Hindman et al. 1999).

Ob auch für chirurgisch geriatrische Patienten ein sog. „Elder Life Program", das sich im internistischen Bereich bewährt hat (Orientierungshilfen im Krankenhaus, Bereitstellung von Seh- und Hörbehelfen, Training kognitiver Funktionen, Hilfestellung beim Aufrechterhalten des Schlaf-wach-Rhythmus ohne Pharmaka), hilfreich für die Vermeidung deliranter Zustandsbilder ist, kann noch nicht eindeutig bejaht werden (Inouye et al. 1999).

> **!** Prophylaktische Maßnahmen umfassen eine adäquate Prämedikation, die Aufrechterhaltung der prä-, intra- und postoperativen Homöostase, die Verwendung kurzwirksamer Anästhetika mit bedarfsgerechter Titrierung, das Vermeiden potentiell delirogener Pharmaka und eine ausreichende Schmerzbekämpfung.

Behandlung

Eine spezifische Therapie postoperativer deliranter Zustandsbilder gibt es nicht (Gallinat et al. 1999). Wichtig ist das Erkennen und Behandeln organischer Ursachen (kardiovaskuläre Erkrankungen, Infektionen, Störungen im Flüssigkeits-, Elektrolyt- und Hormonhaushalt, raumfordernde zerebrale Prozesse).

Soweit möglich, sollten alle potentiell delirogenen Pharmaka, insbesondere anticho-linerg wirkende Substanzen (s. Übersicht oben), abgesetzt werden.

Bei der pharmakologischen Behandlung soll die Auswahl der eingesetzten Substanzen entsprechend der Zielsymptomatik erfolgen. Vor allem bei älteren Patienten, sollte mit niedrigen Dosen anbehandelt werden, die bei Bedarf wiederholt bzw. erhöht werden können.

Das hochpotente *Neuroleptikum Haloperidol* gilt in den meisten Fällen als Mittel der Wahl (Lipowski 1990), bedingt durch die gute Wirkung auf häufig bestehende produktivpsychotische Symptome wie Wahn und Halluzination sowie psychomotorische Erregung. Aufgrund seltener pulmonaler und kardialer Nebenwirkungen, geringer Toxizität und niedriger anticholinerger Wirkung ist die Substanz auch bei älteren Patienten einsetzbar. Der blutdrucksenkende Effekt und die substanzeigene delirogene Potenz ist verglichen mit anderen Neuroleptika und Sedativa gering.

Wichtig sind die extrapyramidal-motorischen Nebenwirkungen, die bei alten und zerebral vorgeschädigten Patienten bereits in therapeutischen Dosen auftreten. Initial sollte daher eine niedrigdosierte Gabe von 0,5–1 mg erfolgen, die bei Bedarf und unter Berücksichtigung der ggf. auftretenden extrapyramidalmotorischen Nebenwirkungen (nach ca. 12–16 h) wiederholt werden kann. Die intramuskuläre Gabe ist der Verabreichung in Tropfenform – sofern möglich – hinsichtlich der Schnelligkeit des Wirkungseintritts nicht wesentlich überlegen. Dosierungen über 10 mg/Tag sollten nur in Ausnahmefällen gegeben werden, wobei auf 2–4 Einzeldosen pro Tag mit Schwerpunkt auf der Abenddosis verteilt werden sollte.

Bei Delirien, die nicht auf Alkohol- oder Hypnotikaentzug beruhen, hat die Therapie mit *Benzodiazepinen* einen geringen Stellenwert. Stehen jedoch Angst, Unruhe und Erregung im Vordergrund, kann ihr Einsatz erwogen werden. Sind diese Symptome durch Wahn oder Halluzinationen bedingt, helfen Benzodiazepine wenig, da sie nicht auf produktiv-psychotische Symptome wirken. In diesem Fall ist Haloperidol indiziert. Problematisch ist die atemdepressive und blutdrucksenkende Wirkung der Benzodiazepine. Vor allem bei alten Patienten kann es zu einer exzessiv sedierenden Wirkung und erhöhter Sturzgefahr durch die muskelrelaxierenden Eigenschaften der Benzodiazepine kommen.

Generell sollten Substanzen mit kurzer Halbwertszeit wie Lorazepam, Midazolam, Temazepam oder Oxazepam niedrigdosiert verabreicht werden. Bei schwer agitierten Fällen wurde die intravenöse Kombination von Benzodiazepinen und Haloperidol empfohlen. Durch Benzodiazepine werden zwar die extrapyramidal-motorischen Nebenwirkungen von Haloperidol gemindert, es sind jedoch additive Effekte beider Substanzen hinsichtlich Atemdepression und Sedation zu beachten (Gallinat et al. 1999).

Zum Ausschluss eines zentralen *anticholinergen Syndroms (ZAS)*, welches auch als Komplikation der Behandlung auftreten kann, empfiehlt sich eine intramuskuläre Testdosis von 1–2 mg des reversiblen Cholinestersehemmers Physostigmin (0,5 mg bei geriatrischen Patienten). Finden sich innerhalb von 30 min keine injektionsbedingten cholinergen Zeichen (Schwitzen, Hypersalivation, Miosis, Bradykardie) ist das Vorliegen eines anticholinergen Syndroms anzunehmen. Weitere therapeutische Injektionen sind dann in kürzeren Abständen (alle 30–120 min) zu wiederholen bis die peripheren Zeichen des anticholinergen Syndroms und die delirante Symptomatik verschwinden (Johnson et al. 1981). Bei diesem Manöver ist die Gefahr einer cholinergen Krise mit Bradykardien, Bronchospasmus und epileptischen Anfällen zu beachten.

Aufgrund der nachteiligen extrapyramidal-motorischen Nebenwirkungen von Haloperidol sind neuere nebenwirkungsärmere Neuroleptika wie *Risperidon* bei der Behandlung des Delir in den Vordergrund gerückt. Neben kasuistischen Berichten über Therapieerfolge gibt es bisher keine kontrollierten Studien. Ähnliches gilt für den Einsatz von modernen Acetylcholinesterasehemmern, die in der Behandlung der Alzheimer-Demenz verwendet werden, und für die es aufgrund des diskutierten cholinergen Defizits beim postoperativen Delir ebenfalls eine therapeutische Rationale gibt (Wengel et al. 1998, 1999).

> **!** Eine spezifische Therapie postoperativer deliranter Zustandsbilder gibt es nicht.
>
> Wichtig ist das Erkennen und Behandeln organischer Ursachen und soweit möglich Absetzen aller potentiell delirogenen Pharmaka.
>
> Das Neuroleptikum Haloperidol gilt in den meisten Fällen als Mittel der Wahl.

Literatur

American Psychiatric Associaton (1995) Diagnostic and statistical manual of mental disorders 4th edn DSM-IV. APA, Washington, D.C.

Bedford PD (1955) Adverse cerebral effects of anesthesia on old people. Lancet 2: 259–263

Berggren D, Gustafson Y, Eriksson B, Bucht G, Hansson LI, Reiz S, Winblad B (1987) Postoperative confusion after anesthesia in elderly patients with femoral neck fractures. Anesth Analg 66: 497–504

Bigler D, Adelhoj B, Petring OU, Pederson NO, Busch P, Kahlke P (1985) Mental function and morbidity after acute hip surgery during spinal and general anesthesia. Anaesthesia 40: 672–676

Campell DNC, Lim M, Kerr Muir M, O'Sullivan G, Falcon M, Fison P, Woods R (1993) A prospective randomised study of local vs. general anaesthesia for cataract surgery. Anaesthesia 48: 422–428

Chung F, Chung A, Meier RH, Lautenschlaeger E, Seyone C (1989) Comparison of perioperative mental function after general anaesthesia and spinal anaesthesia with intravenous sedation. Can J Anaesth 36: 382–387

Chung F, Meier R, Lautenschlager E, Carmichael FJ, Chung A (1987) General or spinal anesthesia: which is better in the elderly? Anesthesiology 67: 422–427

Crul BJP, Hulstijn W, Burger IC (1992) Influence of the type of anaesthesia on postoperative subjective physical well-being and mental function in elderly patients. Acta Anaesthesiol Scand 36: 615–620

Dodds C, Allison J (1998) Postoperative cognitive deficit in the elderly surgical patient. Br J Anesth 81: 449–462

Gallinat J, Möller HJ, Moser RL, Hegerl U (1999) Das postoperative Delir. Anästhesist 48: 507–518

Hindman BJ, Todd MM (1999) Improving neurologic outcome after cardiac surgery. Anesthesiology 90: 1243–1247

Hole A, Terjesen T, Breivik H (1980) Epidural vs. general anaesthesia for total hip arthroplasty in elderly patients. Acta Anaesthesiol Scand. 24: 279–287

Inouye SK, Bogardus ST, Charpentier PA, Leo-Summers L, Acampora D, Holford TR, Cooney LM (1999) A multicomponent intervention to prevent delirium in hospitalized older patients. N Engl J Med 340: 669–676

Johnson AL, Hollister LE, Berger PA. (1981) The anticholinergic intoxication syndrome: Diagnosis and treatment. J Clin Psychiatry 42: 313–317

Jones MJT, Piggott SE, Vaughan RS, Bayer AJ, Newcombe RG, Twining TC, Pathy J, Rosen M (1990) Cognitive and functional competence after anaesthesia in patients aged over 60: controlled trial of general and regional anaesthesia for elective hip or knee replacement. Br Med J 300: 1683–1687

Kalman SH, Jensen AG, Ekberg K, Eintrei C (1993) Early and late recovery after major abdominal surgery. Comparison between propofol anaesthesia with and without nitrous oxide and isoflurane anaesthesia. Acta Anaesthesiol Scand 37: 730–736

Levkoff SE, Besdine RW, Wetle T. (1986) Acute confusional states (delirium) in the hospitalized elderly. Ann Rev Gerontol Geriatr 6: 1–26

Lindesay J, Macdonald A, Starke I (1990) Delirium in the elderly. Oxford University Press, Oxford

Lipowski ZJ (1983) Transient cognitive disorders (delirium, acute confusional states) in the elderly. Am J Psychiatry 140: 1426–1436

Lipowski ZJ (1990) Delirium – acute confusional states. Oxford University Press, Oxford

List W (1999) Postoperatives Delir. Anästhesist 48: 505–506

Lynch EP, Lazor MA, Gellis JE, Orav J, Goldman L, Marcantonio ER (1998) The impact of postoperative pain on the development of postoperative delirium. Anesth Analg 86: 781–785

Marcantonio ER, Goldman L, Mangione CM et al. (1994) A clinical prediction rule for delirium after elective noncardiac surgery. JAMA 271: 134–139

Moller JT, Cluitmans P, Rasmussen LS et al. (1998) Long-term postoperative cognitive dysfunction in the elderly: ISPOCD1 study. Lancet 351: 857–861

Morse RM, Litin E (1969) Postoperative delirium: a study of etiologic factors. Am J Psychiatry 126: 388–395

Mullen JO, Mullen NL (1992) Hip fracture mortalitiy. A prospective, multifactorial study to predict and minimize death risk. Clin Orthopaed 280: 214–222

Muravchick S. (1997) Geroanesthesia – Principles for management of the elderly patient. Mosby, St. Louis

Nielson WR, Gelb AW, Casey JE, Penny FJ, Merchant RN, Manninen PH (1990) Long-term cognitive and social sequelae of general vs. regional anesthesia during arthroplasty in the elderly. Anesthesiology 73/6: 1103–1109

O'Keefe ST, Chonchubhair AN (1994) Postoperative delirium in the elderly. Br J Anaesth 73: 673–687

Parikh SS, Chung F (1995) Postoperative delirium in the elderly. Anesth Analg 80: 1223–1232

Riis J, Lomholt B, Haxholdt O, Kehlet H, Valentin N, Danielsen U, Dyrberg V (1983) Immediate and long-term mental recovery from general vs. epidural anesthesia in elderly patients. Acta Anaesthesiol Scand 27: 44–49

Rockwood K (1989) Acute confusion in elderly medical patients. J Am Geriatr Soc 37: 150–154

Soinne L, Roine RO (1999) Blood tests for cognitive decline? Acta Anaesthesiol Scand 43: 491–493

Wengel SP, Roccaforte WH, Burke WJ (1998) Donepezil improves symptoms of delirium in dementia: implications for future research. J Geriatr Psychiatry Neurol 11(3): 159–161

Wengel SP, Burke WJ, Roccaforte WH (1999) Donepezil for postoperative delirium associated with Alzheimer's disease. J Am Geriatr Soc 47/3: 379–380

6.5
Das zentral-anticholinerge Syndrom

K. KÖTTER · G. PETROIANU

Der „funktionelle Antagonismus" zwischen Atropin und Physostigmin wurde schon 1864 von Kleinwächter erkannt. Das zentral-anticholinerge Syndrom (ZAS) wurde als Syndrom erstmals 1966 von Longo beschrieben. Es gehört zu den medikamentös verursachten Psychosyndromen. Frühere Untersuchungen beschrieben das Auftreten des ZAS v. a. nach Gabe von klassischen Anticholinergika wie Atropin und Scopolamin;

inzwischen gibt es Hinweise, dass das ZAS im Zusammenhang mit verschiedenen Medikamentengruppen auftreten kann.

Ätiologie

Im zentralen Nervensystem existieren verschiedene Neurotransmittersysteme. Das zentrale cholinerge System benutzt Acetylcholin durch „Koppelung" an muskarin- und nikotinartigen Cholinozeptoren als Transmitter. Bei Blockade der muskarinartigen cholinergen Rezeptoren durch Atropin oder atropinartige Substanzen oder auch einem relativen Acetylcholinmangel im synaptischen Spalt, entweder durch reduzierte Synthese oder verminderte Freisetzung z. B. durch Rückkopplung über andere Neurotransmittersysteme (Lauven 1985/88; Brede 1991), kommt es zum Auftreten eines anticholinergen Syndroms. Die peripheren Symptome entstehen durch Blockade der postganglionären cholinergen Synapsen (de Mas 1994).

Voraussetzung der Entstehung eines ZAS ist, dass auslösende Pharmaka im physiologischen pH-Bereich lipophil sein müssen, um die Blut-Hirn-Schranke passieren zu können (Rupreht 1976; Lauven 1985; Brede 1991).

Auslösende Medikamente

Dazu gehören Pharmaka mit direkter Bindung an cholinerge Rezeptoren, meist sind dies lipophile basische Amine wie Atropin (Tabelle 6.2). Die andere Gruppe von Medikamenten beinhaltet Substanzen (Tabelle 6.3), die eine reduzierte Acetylcholinsynthese oder -freisetzung bewirken, also indirekt anticholinerg wirken, z. B. durch Rückkopplung über andere Neurotransmittersysteme (Lazarus 1987; Dennhardt 1985; Rommelspacher 1985; Lauven 1985/88/95; Schneck 1989; Brede 1991; Kastrup 1991; Rupreht 1991).

Wie Tabelle 6.2 und 6.3 zu entnehmen ist, gibt es neben den klassischen Anticholinergika viele Medikamente mit einer anticholinergen Wirkkomponente. In der Literatur aufgeführte Zahlen entsprechen mehreren hundert Medikamenten mit anticholinerger Wirkkomponente (Rommelspacher 1985; Schneck 1989). Die klinische Relevanz, d. h. ob, wie häufig bzw. in welcher Situation die „anticholinerge Wirkkomponente" auch wirklich zum Enstehen eines ZAS führt, bleibt offen.

Tabelle 6.2. Auslösende Medikamente. Pharmaka mit direkter Bindung an cholinerge Rezeptoren (direkte anticholinerge Wirkung)

Belladonna-Alkaloide	Atropin, Scopolamin.
Spasmolytika	Methylscopolamin, Butylscopolamin.
Trizyklische Antidepressiva	Imipramin, Amitriptylin, Doxepin, Nortriptylin, Desipramin, Protriptylin.
Phenothiazine	Promethazin, Chlorpromazin, Perazin, Thioridazin.
Butyrophenone	Dehydrobenzperidol, Haloperidol.
H_1-Blocker/Antihistaminika	Clemastin, Diphenhydramin, Dimenhydrinat.
Antiparkinsonmedikamente Procyclidin.	Biperiden, Metixen, Bornaprin, Trihexyphenidyl, Benzatropin,
Pflanzliche Alkaloide	Datura strammonium (Stechapfel), Datura suaveolens (Engelstrompete), Atropa belladonna (Tollkirsche), Solanum-Arten (Bittersüß, Kartoffelblätter), Amanita muscaria (Fliegenpilz).
Ophtalmologika	Atropin-AT, Tropicamid-AT, Homatropin-AT.

Tabelle 6.3. Auslösende Medikamente. Pharmaka/Substanzen, die eine reduzierte Acetylcholinsynthese oder Freisetzung bewirken (indirekte anticholinerge Wirkung)

Inhalationsanästhetika	Halothan, Enfluran
Injektionsanästhetika	Ketamin, Propofol
Lokalanästhetika	Mepivacain, Lidocain
Opioide	Morphin, Pethidin (?)
Benzodiazepine	Diazepam, Flunitrazepam, Midazolam
Hypnotika	Thiopental
H_2-Blocker	Cimetidin, Ranitidin
Alkohol Halluzinogene	LSD, Mescalin

> **!** Das Risiko eines ZAS erhöht sich, wenn Medikamente aus diesen Gruppen miteinander kombiniert und über längere Zeit gegeben werden, wie es häufig in der Intensivmedizin vorkommt (Lauven 1988).

Häufigkeit

Die Einschätzung des Vorliegens eines ZAS bleibt aufgrund der breitgefächerten Symptomatik schwierig. Die Angaben zur Häufigkeit des ZAS in der Literatur sind daher verschieden. So schwanken die Angaben zum ZAS nach Narkosen zwischen <1% und 40% (Rupreht 1976; Lauven 1985; Link 1985/97; Schneck 1989).

> **!** Nach unserer Auffassung liegt die Häufigkeit therapiebedürftiger ZAS bei modernen Kombinationsnarkosen ohne die früher übliche Atropin-Pethidin-Promethazin-i.m.-Prämedikation bei <1%. Die Angaben zum ZAS in der Intensivmedizin sind insgesamt konstanter, um die 4–5% (Link 1985; Brede 1991; Rathgeber 1992).

Das ZAS soll bei Frauen doppelt so häufig auftreten wie bei Männern (Link 1985). Weitere Prädiktoren für das Auftreten eines ZAS sind Medikamentenkombinationen, Gabe von Medikamenten über längere Zeit (Kastrup 1991), individuelle Prädisposition, erhöhtes Alter, und zerebrale Vorschädigung

wie z. B. chronischer Alkoholismus (Schnkck 1989; Kastrup 1991).

Klinische Symptome

Eine Beschreibung von Symptomen des ZAS findet man in Form eines Gedichts bei Goldfrank u. Melinek (1979): „Hot as a hare; blind as a bat; dry as a bone; red as a beet; mad as a hatter."

Es können sowohl zentrale als auch periphere Symptome auftreten (Hall 1977; Lazarus 1987; Dennhardt 1985; Rupreht 1991; Brede 1991; Kastrup 1991):

ÜBERSICHT

> **Zentrale klinische Symptome**
>
> - **Häufig:**
>   - Vigilanzstörung/Koma (u. U. mit fehlender Spontanatmung)
>   - Agitation
>   - (visuelle) Halluzinationen
>   - Verwirrtheit
>   - Desorientiertheit
> - **Selten:**
>   - Delirantes Syndrom
>   - Gedächtnisstörung, Amnesie
>   - formale Denkstörungen
>   - paranoide Ideen
>   - Angst
>   - Paresen
>   - (gesteigerte Reflexe, Klonus)
>   - ataktische Störung
>   - Dysarthrie
>   - Hyperalgesie
>   - Krampfanfall
>   - zentrale Hyperpyresie

Periphere klinische Symptome

Häufig:
- Trockene warme und gerötete Haut
- Mydriasis
- Tachykardie
- Hyperthermie

Selten:
- Hypertonus (Spastik)
- Akkomodationsstörung
- verminderte Schleim- und Schweißsekretion
- Harnretention
- verminderte Magen- und Darmmotilität
- sonstige Herzrhytmusstörungen
- „Myokarddepression"

Wie angegeben, sind 2 verschiedene klinische Konstellationen denkbar: eine *agitierte Form* des *ZAS* mit im Vordergrund stehender zentraler Erregung *(psychomotorischer Unruhe, Aggressivität)* und eine *komatöse Form* des ZAS mit *Vigilanzminderung* bis hin zum *Koma* (Lauven 1985/88; Kastrup 1991). Die komatöse Form tritt häufig nach Narkosen und auch im Anschluss an eine Erregungsphase auf und kann dann mit Atem- und selten auch Kreislaufinsuffizienz einhergehen (Lauven 1985; Schneck 1989; Mas 1994; Pfab 1994).

Die zentrale Hyperpyrexie ist im Unterschied zum malignen neuroleptischen Syndrom und zur malignen Hyperthermie *in der Regel* nur leichtgradig ausgeprägt. In seltenen Fällen kann eine hochgradige zentrale Hyperpyrexie im Vordergrund der klinischen Symptomatik stehen (Rupreht 1976; Torline 1992).

> **!** Die Diagnose eines ZAS ist aufgrund der Symptomenvielfalt schwierig, und bleibt insbesondere in der Intensivmedizin meist eine Ausschlussdiagnose.

Empfehlungen zur Diagnosestellung eines ZAS umfassen folgende Konstellationen: das Vorliegen von einem zentralen und 2 peripheren Symptome nach Brede (1991) und

Stemmer (1994), das Vorliegen mehrerer Symptome nach Lauven (1985). Nach Lazarus (1987) sind Mydriasis, Tachykardie und Hyperthermie diagnostisch wichtig. Eine andere Empfehlung besagt, dass das Auftreten von peripheren Symptomen als wichtiger Hinweis auf ein ZAS gewertet werden sollte, ein Fehlen der peripheren Symptome ein ZAS jedoch nicht ausschließt (Mas 1994). Ein Fallbericht schildert ein ZAS ohne periphere Symptome nach Datura strammonium (Sopchak 1998).

Allerdings lassen alle diese Empfehlungen Fehldiagnosen zu. So kann auch ein Entzugsdelir unbekannter Genese zu einer „Desorientierung", einem „deliranten Syndrom", zu „Verwirrtheit" (als zentralen Symptomen), und zu Tachykardie und hypertensiven Entgleisungen als peripheren Symptomen führen. Auch eine hypertensive Krise im Rahmen eines Phäochromozytoms kann zu Erregung (als zentrales Symptom), Hypertonus und Tachykardie (als periphere Symptome) führen (Grum 1991; Shamsai 1991). Entsprechend vorsichtig sollten die oben genannten Empfehlungen zur Diagnosestellung gehandhabt werden.

> **!** Unseres Erachtens sind zur Diagnosestellung eines ZAS bei einem Patienten entweder mindestens 1 zentrales und 3 periphere oder 2 zentrale und 2 periphere Symptome notwendig.

Differentialdiagnose

Im weitesten Rahmen gehören hierzu Vigilanzstörungen und Erregungszustände anderer Genese, z. B verzögerte Aufwachphase nach Langzeitbeatmung und Langzeitsedierung, septische Enzephalopathie, Hirninfarkt/Hirnblutung, Hirnödem (unterschiedlicher Genese), zerebrale Hypoxie, akute Psychosen und Katatonie, Hypo-/Hyperglykämie, Elektrolytstörungen, thyreotoxische Krise, hepatische/urämische Enzephalopathie, Dehydratation, Hypokapnie, Hyperkapnie und respiratorisch bedingte Hypoxie.

Tabelle 6.4. Differentialdiagnosen des ZAS anhand des Leitsymptoms Hyperthermie

	Malignes neuroleptisches Syndrom (MNS)	Letale Katatonie (LK)	Maligne Hyperthermie (MH)	Serotonin-syndrom	Hitzschlag	Zentral anticholinerges Syndrom (ZAS)	Akinetische Krise Dopa-Entzugs-Syndrom
Beschreibung	1968 Delay/Deniker	1934 Stauder	1960 Denborough/Lovell	1960 Oates/Sjoerdsm	1859 Levick	1966 Longo	1817 Parkinson
Alter	Altersunabhängig	Mittleres Alter	Überwiegend Kinder	Mittleres Alter	>50 J., Kinder	Ältere Patienten	Ältere Patienten
männl.: weibl.	2:1	1:2	2:1				
Mortalität	10%	30%	10% behandelt		10%		~14%
Beginn	Stunden bis Tage	Tage	Minuten bis Stunden	Stunden	Minuten bis Stunden	Stunden bis Tage	Stunden bis Tage
Trigger-substanzen	Neuroleptika Lithium D-Agonisten-Entzug	Neuroleptika	Inhalations-anästhetika Succinylcholin	Tryptophan und selektive Serotonin-Reuptake-Inhibitoren (SSRI) in Kombination mit MAO_A-Inhibitoren, Ecstasy, Pethidin	Anticholinergika, Neuroleptika, Diuretika, Sym-pathomimetika, Antihistaminika, Ecstasy	Anticholinergika und andere (s. Tabelle 6.2)	Entzug von dopaminergen Substanzen
Trigger-erkrankungen/ -situationen	Schizophrenie, M. Parkinson, zerebrale Vorschädigung	Psychische Erkrankungen	Anästhesie, Muskel-erkrankungen	Psychische Erkrankungen	Alkoholabusus, chronische Erkrankung, Anstrengung, Hitzexposition	ZNS-Vorschädigung, ZNS-Alterungsprozeß	Infektionen, gastrointestinale Erkrankung, Dehydrierung
Transmitter	Dopamin↓	Dopamin↓	Ca^{++}↑ (Muskelzelle)	Serotonin↑	Endotoxine, Zytokine	Acetylcholin↓, Katecholamine↑	Dopamin↓
Muskeltonus	Schwerer Rigor	Rigor	Rigor	Spastik	Herabgesetzt	Evtl. Spastik	Rigor
Hyperthermie	Bis 41°C	Bis 41°C	Perioperativ >39°C	Häufig mäßige H.	Bis 41°C	Häufig mäßige H.	Bis 41°C

Tabelle 6.4. *Fortsetzung*

	Malignes neuroleptisches Syndrom (MNS)	Letale Katatonie (LK)	Maligne Hyperthermie (MH)	Serotonin-syndrom	Hitzschlag	Zentral anticholinerges Syndrom (ZAS)	Akinetische Krise Dopa-Entzugs-Syndrom
Zusätzliche klinische Symptome	Akinetischer Stupor, Tremor, profuses Schwitzen, autonome Dysfunktion	Stupor/ Agitation, Stereotypien, bizarre Haltungen, autonome Dysfunktion	Profuses Schwitzen, autonome Dysfunktion	Agitiertes Delir, Myoklonien, Hyperreflexie, Krampfanfälle	Bewusstseins-störung, Miosis, Anhidrosis, Hyperventilation, Schock, Krampfanfall	(s. Tabelle 6.3)	Akinese, Ruhetremor, autonome Dysfunktion
Therapie →Kühlung, →symptomatisch	*Dantrolen,* Dopaminagonisten, Benzodiazepine, Elektrokrampf-therapie (EKT)	*Dantrolen,* Dopamina-gonisten, Benzodiazepine, EKT	*Dantrolen,* Hyperventilation	*Dantrolen,* 5-HT$_{1A}$ + 5-HT$_2$ Antagonisten, Benzodiazepine	*Infusionstherapie,* evtl. Dantrolen	*Physostigmin*	Levodopa, Amantadin, Apomorphin

Das große Feld der möglichen Differentialdiagnosen weist ebenfalls deutlich auf die Schwierigkeit der Diagnosesicherung hin. In Tabelle 6.4 sind anhand des Leitsymptoms Hyperthermie die wichtigsten Differentialdiagnosen mit Auslösefaktoren, Pathomechanismen und Therapieempfehlung aufgeführt.

Therapie

- Bei Intoxikationen mit anticholinerg wirkenden Medikamenten (z. B. Antidepressiva) wird von den meisten Autoren eine Magenspülung empfohlen (Lazarus 1987; Munzinger 1985; Pfab 1994).
- Insbesondere im Intensivbereich wird – wenn möglich – ein Weglassen aller Medikamente, die ein ZAS auslösen könnten, empfohlen.
- *Nur bei schweren anticholinergen Symptomen wird die Gabe von Physostigmin (Anticholium) angeraten.*

Auch hier existieren unterschiedliche Empfehlungen: Nach Brede (1991) sollte Physostigmin bei schwerer Vigilanzstörung, ggf. mit respiratorischer Störung, sowie bei emotionaler Labilität, Agitiertheit und Angst gegeben werden.

Lauven (1985) sieht eine absolute Indikation bei agitierten Verlaufsformen des ZAS, de Mas (1994) erweitert die Indikation um „Halluzinationen, insbesondere beim Auftreten von Eigen- bzw. Fremdgefährdung", sowie um „Krampfanfälle und schwere Rhythmusstörungen". Nach Stemmer (1994) sei die Gabe von Physostigmin bei vitaler Gefährdung bzw. „schwerwiegende, den Heilungsverlauf verzögernde, subjektive Belastungen" sinnvoll.

Physostigmin, ein Extrakt der Calabarbohne (Dworacek 1988; Rupreht 1989) ist ein tertiäres Amin und lipophiler als andere Acetylcholinesterase-Inhibitoren wie z. B. Neostigmin und Pyridostigmin. Es passiert daher die Blut-Hirn-Schranke (Maelicke 1985). Der reversiblen Hemmung der Acetylcholinesterase folgt eine Erhöhung der Acetylcholin-Konzentration im synaptischen Spalt und damit eine Remission der Symptomatik. Die übliche Dosierung liegt bei 2 mg i.v. bzw. 0,03–0,04 mg/kgKG.

Nach Rupreht (1989) ist die Nebenwirkungsrate gering bei Normokapnie, ausreichender Oxygenierung und langsamer Gabe des Physostigmin. Die Injektionsgeschwindigkeit sollte bei 1 mg/min liegen, alternativ können die 2 mg Physostigmin in 100 ml isotoner Kochsalzlösung als Kurzinfusion über 10–15 min gegeben werden (Schneck 1989; Rupreht 1976/89).

Nach de Mas (1994) treten Nebenwirkungen v. a. dann auf, wenn kein anticholinerges Syndrom vorliegt oder wenn Physostigmin in Überdosierung gegeben wird (Dworacek 1988; Brede 1991; Lauven 1995):

Nebenwirkungen von Physostigmin

ÜBERSICHT
- Übelkeit
- Erbrechen
- Bradykardie, Asystolie
- Schweißausbruch
- Arrhythmien
- Blutdruckabfall/-anstieg
- Krampfanfall
- Hypersalivation
- bronchiale Hypersekretion
- Bronchokonstriktion
- Miosis
- Stuhl-/Harninkontinenz

Der Wirkungsbeginn setzt nach ca. 0,5–15 min ein (Daunderer 1985; Brede 1991; Lauven 1995), die Halbwertszeit liegt bei etwa 22 min (Stemmer 1994). Nach Diagnosesicherung ist wegen eines Reboundphänomens bzw. der kurzen Halbwertszeit meist eine weitere Einmalgabe (1 mg i.v.) oder die Gabe per Perfusor (1–2 mg/h) notwendig (Lauven 1995).

Absolute Kontraindikationen von Physostigmin sind Intoxikationen mit Alkylphosphaten, myotone Dystrophie, sowie (geschlossenes) Schädel-Hirn-Trauma und Barbituratintoxikation wegen eines erhöhten endogenen Acetylcholinspiegels (Rupreht 1976; Dworacek 1988; Brede 1991).

> ❗ Wichtig ist eine ausreichend langanhaltende, engmaschige Überwachung, sowohl wegen der Symptome des ZAS als auch wegen der Physostigmingabe (Lauven 1985, Mas 1994).

Probatorische Gabe von Physostigmin bei „gefährdeten" Patienten mit der Verdachtsdiagnose eines ZAS wird von mehreren Autoren empfohlen. Rathgeber (1992) spezifiziert diese Empfehlung, d. h. probatorische Gabe von Physostigmin, bei jeder längerdauernden Bewusstseinsstörung. Bei erfolgreicher Gabe wird dies als Bestätigung der Verdachtsdiagnose gewertet (Rupreht 1976; Lazarus 1987; Schneck 1989).

Einige Autoren gehen noch weiter und schlagen sogar eine prophylaktische Gabe von Physostigmin bei Narkosen vor (Rupreht 1976; Dworacek 1985; Schneck 1989).

> ❗ Unseres Erachtens sollte die Gabe von Physostigmin sehr zurückhaltend erfolgen, da Physostigmin selbst schwere (cholinerge) Wirkungen haben kann, besonders dann, wenn die Diagnose ZAS inkorrekt ist.
>
> Falls nach 1 Amp. (2 mg) Physostigmin keine Besserung der vorhandenen Symptome eingetreten ist, sollte die Diagnose ZAS kritisch hinterfragt werden.

Glycopyrrolat als Alternative zu Atropin?

Glycopyrrolat (Robinul), vom chemischen Aufbau her ein quaternäres Amin ist weniger lipophil und damit weniger geeignet zum Durchdringen der Blut-Hirn-Schranke als Atropin und Scopolamin (Rupreht 1991).

Bisher liegen wenige Untersuchungen zur Frage der Häufigkeit von ZAS nach Glycopyrrolat im Vergleich zu Atropin vor. Braun (1993) stellte fest, dass bei 100 Patienten mit Atropin bzw. Glycopyrrolat während Antagonisierung der Muskelrelaxanzien durch Pyridostigmin kein ZAS auftrat. Brosch (1981) untersuchte 41 Patienten. Bei 3 Patienten aus der Atropingruppe und einer Patientin aus der Glycopyrrolatgruppe, die nach einer vorausgegangenen Op. noch über postspinale Kopfschmerzen klagte, traten ein ZAS auf. Brosch vermutete ein Zusammenhang mit einer anzunehmenden Störung der Blut-Hirn-Schranke.

Ein Fallbericht von Grum (1991) berichtet von dem Auftreten eines ZAS nach Glycopyrrolat (allerdings in Kombination mit Ranitidin).

Zum aktuellen Zeitpunkt scheint ein ZAS nach Glycopyrrolat seltener als nach Atropingabe vorzukommen, aber nicht völlig auszuschließen zu sein, insbesondere in Kombination mit anderen anticholinerg wirkenden Medikamenten.

Literatur

Bächli E, Albani C (1994) Die akinetische Krise beim Morbus Parkinson. Schweiz Med Wochenschr 124: 1017–1023

Braun GG, Schywalsky M, Wolfel L, Muller H, Danner U, Albert R (1993) Vergleich der beiden Anticholinergika Atropin und Glycopyrrolat bei der Antagonisierung mit Pyridostigmine. Anaesthesiol Reanim 18: 120–127

Brede S, Dennhardt R (1991) Das zentrale anticholinerge Syndrom (ZAS) bei Intensivpatienten. Klin Wochenschr 69 (Suppl XXVI): 89–94

Brosch FR (1981) Verlängerung der Aufwachphase durch das Zentral-Anti-Cholinergische Syndrom: ein Vergleich von Atropin und Glycopyrrolate. In: Haid B, Mitterschiffthaler G (Hrsg) Zentraleuropäischer Anästhesiekongreß Bd 1. Springer, Berlin Heidelberg New York Tokio

Daunderer M (1985) Praktische Erfahrungen bei der Prophylaxe des Alkoholentzugdelirs. Das Zentral-anticholinerge Syndrom: Physostigmin in der Intensivmedizin, Anästhesiologie, Psychiatrie. 2. Symposium in Bonn. Thieme, Stuttgart, S 120–123

Dennhardt R, Schulz H, Link J, Wulfson A (1985) Diagnose und Therapie des zentralen anticholinergen Syndroms (ZAS) bei Intensivpatienten. Das Zentral-anticholinerge Syndrom: Physostigmin in der Intensivmedizin, Anästhesiologie, Psychiatrie. 2. Symposium in Bonn. Thieme, Stuttgart, S 98–106

Dworacek B, Rupreht J, Erdmann W (1988) Das Zentral-anticholinergische Syndrom (ZAS). Eine Übersicht. Anaesthesiol Reanimat 13: 319–326

Dworacek B, Rupreht J (1985) Kontinuierliche Verabreichung von Physostigmin während der Narkose. Das Zentral-anticholinerge Syndrom: Physostigmin in der Intensivmedizin, Anästhesiologie, Psychiatrie. 2. Symposium in Bonn. Thieme, Stuttgart, S 146–155

Grum DF, Osborne LR (1991) Central anticholinergic syndrome following glycopyrrolate. Anesthesiology 74: 191–193

Hall RCW, Popkin MK, McHenry LE (1977) Angel's trumpet psychosis: a central nervous system anticholinergic syndrome. Am J Psychiat 134: 312–314

Hermle L, Oepen G (1986) Zur Differentialdiagnose der akut lebensbedrohlichen Katatonie und des malignen Neuroleptikasyndroms – ein kasuistischer Beitrag. Fortschr Neurol Psychiat 54: 189–195

Hund EF, Lehmann-Horn F (1994) Life-threatening hyperthermic syndromes. In: Hacke W, Hanley DF, Einhäupl KM, Bleck TP, Diringer MN (eds) Neurocritical care. Springer, Berlin Heidelberg New York Tokio, pp 888–896

Kastrup O, Eikmeier G, Gastpar M (1991) Zentralanticholinerges Intoxikationssyndrom. DMW 116: 1748–1751

Kleinwächter I (1864) Beobachtung über die Wirkung des Calabar-Extracts gegen Atropin-Vergiftung. Berliner Klin Wochenschr 1: 369–371

König F, Löble M, Wolfersdorf M (1996) Depressiver Stupor – malignes neuroleptisches Syndrom – Serotoninsyndrom. Nervenarzt 67: 407

Kornhuber J, Weller M (1997) Das maligne neuroleptische Syndrom. Akt Neurol 129–133

Kornhuber J, Weller M, Riederer P (1993) Glutamate receptor antagonists for neuroleptic malignant syndrome and akinetic hyperthermic Parkinsonian crisis. J Neural Transm 6: 63–72

Lauven PM, Stoeckel H (1985) Das klinische Bild des zentralen anticholinergischen Syndroms. Das Zentral-anticholinerge Syndrom: Physostigmin in der Intensivmedizin, Anästhesiologie, Psychiatrie. 2. Symposium in Bonn. Thieme, Stuttgart, S 65–78

Lauven PM, Calaminus JM (1995) Antagonisten in der Anästhesie. AINS 30: 331–336

Lazarus P (1987) Die Therapie des anticholinergen Syndroms bei Intoxikationen. Z ges inn Med 42: 187–190

Link J, Schulz H, Dennhardt R, Plümer M (1985) Die Häufigkeit des ZAS in der Anästhesie unter besonderer Berücksichtigung der Narkosen mit volatilen Anästhetika. Das Zentral-anticholinerge Syndrom: Physostigmin in der Intensivmedizin, Anästhesiologie, Psychiatrie. 2. Symposium in Bonn. Thieme, Stuttgart, S 129–140

Link J, Papadopoulos G, Dopjans D, Guggenmoos-Holzmann I, Eyrich K (1997) Distinct central anticholinergic syndrome following general anaesthesia. Eur J Anaesthesiol 14: 15–23

Longo VG (1966) Behavioral and electroencephalographic effects of atropine and related compounds. Pharmac Rev 18: 965–991

Maelicke A (1985) Das zentral-anticholinerge Syndrom: biochemische Grundlagen der Wirkung von Physostigmin. Das Zentral-anticholinerge Syndrom: Physostigmin in der Intensivmedizin, Anästhesiologie, Psychiatrie. 2. Symposium in Bonn. Thieme, Stuttgart, S 3–17

Mas CR de (1994) Toxikologischer Notfall: die Stechapfelintoxikation unter dem Bild einer akuten Psychose. Intensiv Notfallbehandl 19: 143

Munzinger M, Feth G, Koch H-U (1985) Die Intensivtherapie der Vergiftungen durch trizyklische Antidepressiva mit besonderer Berücksichtigung von EKG-Veränderungen. Das Zentral-anticholinerge Syndrom: Physostigmin in der Intensivmedizin, Anästhesiologie, Psychiatrie. 2. Symposium in Bonn. Thieme, Stuttgart, S 110–117

Pfab R (1994) Anticholinerges Syndrom nach mißbräuchlichem Genuß von Stechapfeltee (Datura stramonium). Der Notarzt 10: 12

Poewe W, Oertel W (1994) Parkinson's disease. In: Hacke W, Hanley DF, Einhäupl KM, Bleck TP, Diringer MN. Neurocritical Care. Springer, Berlin Heidelberg New York Tokio, pp 883–887

Rathgeber J (1992) Störungen der Vigilanz bei Intensivpatienten. Anaesthesist 41: 699

Rommelspacher H (1985) Zur Pharmakologie des zentralen anticholinergen Syndroms. Das Zentral-anticholinerge Syndrom: Physostigmin in der Intensivmedizin, Anästhesiologie, Psychiatrie. 2. Symposium in Bonn. Thieme, Stuttgart, S 22–35

Rupreht J (1991) The central muscarinic transmission during anaesthesia and recovery – the central anticholinergic syndrome. Anaesthesiol Reanimat 16: 250–258

Rupreht J, Dworacek B (1976) Central anticholinerguc syndrome in anesthetic practice. Act Anaesthesiol Belg 2: 45–60

Rupreht J, Schneck HJ, Dworacek B (1989) Physostigmin – Neuere pharmakologische Befunde und ihre Bedeutung für den Einsatz in der Praxis. Anaesthesiol Reanimat 14: 235–241

Schneck HJ, Rupreht J (1989) Central anticholinergic syndrome (CAS) in anesthesia and intensive care. Act Anaesth Belg 40: 219–228

Shamsai J (1991) Central anticholinergic syndrome: does it exist? Anesthesiology 74: 1158 (letter)

Sopchak CA, Stork CM, Cantor RM, Ohara PE (1998) Central anticholinergic syndrome due to Jimson Weed. Physostigmine: Therapy revisited? Clin Toxicol 36: 43–45

Stemmer C (1994) Das zentral-anticholinerge Syndrom – eine Übersicht mit Falldarstellung. Anästhesiol Intensivmed 35: 147

Torline RL (1992) Extreme Hyperpyrexia associated with central anticholinergic syndrome. Anesthesiology 76: 470–471

KAPITEL 7

Renales System

F. KALTENBÖCK · G. TRITTENWEIN

Komplikationen von seiten des renalen Systems werden intraoperativ meist nur bei vorbestehender Nierenfunktionsstörung auftreten und dann meist durch kardiovaskuläre Symptome (Hochdruck, Arrhythmie bei Hyperkaliämie, kardiale Dekompensation infolge Hypervolämie) unmittelbar bedrohliche Situationen hervorrufen.

Die intraoperativen Symptome einer Nierenschädigung als Komplikation der Narkose bzw. der Operation bei präoperativ unauffälliger Nierenfunktion (z.B. Oligurie, Polyurie, beginnende Hypervolämie, zunehmende Einschränkung der tubulären Funktionen der Niere) bedürfen gewisserhafter Überwachung (Harnmenge, Serumelektrolyte, Harnosmolarität, zentraler Venendruck etc.), um überhaupt erkannt zu werden. Leitsymptom ist dabei ein inadäquater Harnflow (Oligurie, Polyurie).

Gerade deshalb wird die Nierenfunktionsstörung als intraoperative Komplikation häufig erst spät (oft erst nach Tagen) erkannt, zu einem Zeitpunkt, an dem die Behandlung ungleich aufwendiger und oft nicht mehr in dem Maß erfolgreich durchgeführt werden kann, wie dies intraoperativ möglich gewesen wäre. In Anbetracht dieser diagnostischen und therapeutischen Problematik sowie der hohen Mortalität des postoperativen Nierenversagens (Brown 1973) kommt der Kenntnis der Komplikationen von Seiten des renalen Systems große Bedeutung zu (List et al. 1985).

! Das perioperative Nierenversagen wird häufig (zu) spät erkannt und weist eine hohe Mortalität auf.

7.1
Beurteilung der Nierenfunktion

Bei Beurteilung der Nierenfunktion in der perioperativen Phase können
1. die glomeruläre Funktion (Filtration),
2. die tubuläre Funktion (Konzentration, Reabsorption, Sektretion)
   beurteilt werden, wobei die Reduktion der glomerulären Filtrationsrate (GFR) für die Pathogenese des Nierenversagens von zentraler Bedeutung ist (Flanigan et al. 1965).

Die tubulären Leistungen sind differenzierte energieverbrauchende Prozesse, welche daher früh bei Nierenschädigungen (renale Ischämie) betroffen sind (Konzentrationsfähigkeit). Weiter ist zur Konzentration ADH notwendig.

Der *Harnflow* (normal etwa *1 ml/kgKG/h*) wird sowohl von der glomerulären Filtrationsrate (GFR) als auch von der Konzentrationsfähigkeit beeinfluss und ermöglicht daher eine gute intraoperative Beurteilung der Nierenfunktion.

Eine ausgezeichnete Beurteilungsgrundlage für die GFR ist die Kreatininclearance, bei stabiler Nierenfunktion beurteilbar durch den *Serumkreatininspiegel* (normal *0,6–1,2 mg/dl*).

Harnflow und Kreatininclearance sind die wichtigsten perioperativen Parameter der Nierenfunktion.

Bei akuter Niereninsuffizienz benötigt die Erhöhung des Serumkreatinins jedoch mindestens 6–12 h zum Überschreiten des Normalwerts und Tage zum Erreichen des mit der GFR korrelierenden Werts.

Das gleiche gilt für andere harnpflichtige Substanzen (Serumharnstoff (normal 10–40 mg/dl) bzw. BUN („blood urea nitrogen"; normal 8–25 mg/dl), Harnsäure (normal 1,5–4,5 mg/dl), Kalium (3,5–5 mmol/l)), welche außerdem noch von Hydratationszustand und Stoffwechsellage (erhöht bei Katabolie) abhängig sind (Bastron 1981).

Die Konzentrationsfähigkeit, ermittelt durch ein spezifisches Gewicht des Harns (normal über 1023; Konzentrationstests werden allerdings perioperativ kaum beabsichtigt durchgeführt), besser durch den Quotienten Harnosmolarität/Serumosmolarität größer als 1,1 (Hilbermann 1984), ist ein grobes Maß der tubulären Funktion, ist jedoch an eine unbelastete Nierenfunktion gebunden (keine Wasserbelastung, Diuretika etc.).

Dies gilt auch für spezifische Exkretionstests, wie z.B. für Harnstoff (Harnharnstoff/Serumharnstoff über 20) sowie für Reabsorptionstests z.B. für Natrium.

Fraktionierte Natriumexkretion

$$FE(Na) = \frac{Harn\text{-}Na\ /\ Serum\text{-}Na}{Harnkreatinin/Serumkreatinin} \cdot 100$$

(perioperativ normal <1; Ruley 1984).

Eine Niereninsuffizienz liegt nur dann vor, wenn das innere Milieu durch die Nierenfunktionseinschränkung gestört ist, erkennbar an pathologischen Werten der Elektrolyte (Hyperkaliämie, Hyponatriämie), Erhöhung der Werte für harnpflichtige Substanzen (s. oben) und des Flüssigkeitshaushalts (Hypervolämie; (Dooley et al. 1983)). Sie kann oligurisch oder nichtoligurisch vorliegen.

7.2
Veränderungen der Nierenfunktion unter der Anästhesie

Die so beurteilte Nierenfunktion unterliegt dem Einfluss von Narkoseveränderungen (verminderte Filtrationsleistung, geänderte Elektrolytexkretion), welche sich durch Änderungen des Harnflows, der Harnkonzent-

ration sowie der Serumelektrolytwerte manifestieren.

Ursache für diese Veränderungen der Nierenfunktion während der Narkose sind
1) nephrotoxische pharmakologische Einflüsse,
2) endokrine Einflüsse,
3) Kreislaufveränderungen,

welche besonders durch eine präexistente Nierenfunktionseinschränkung potenziert werden können.

Nephrotoxische Einflüsse

Zweifellos die bedeutendste anästhesiologisch induzierte Nephrotoxizität ist das nichtoligurische Nierenversagen bei *tubulärer Schädigung durch Freisetzung von anorganischem Fluor bei Anwendung volatiler Anästhetika*, v.a. Methoxyfluran. Theoretisch und in wenigen Fällen auch klinisch berichtet, liegt dies auch nach Anwendung von Enfluran und Sevofluran vor, theoretisch, klinisch jedoch bisher in keinem Fall berichtet, wäre es auch bei Isofluran und Methoxyfluran möglich (s. unten).

Tatsächlich kommen jedoch auch weitere Substanzen intraoperativ zur Anwendung, welche nephrotoxische Potenz besitzen, so z.B. Aminoglykoside, Cephalosporine, Röntgenkontrastmittel, Furosemid, Salicylate, Amphotericin B, Zytostatika und Antikonvulsiva (Ruley 1984), wobei es genügt, dass diese Medikamente zum Zeitpunkt der Operation in ausreichenden Spiegeln vorliegen.

Die schließlich resultierende perioperative Nephrotoxizität ergibt sich aus der Summe der pharmakologischen Einflüsse, potenziert durch präexistente Nierenschädigung, endokrine und kardiovaskuläre Einflüsse.

Endokrine Einflüsse

Eine Reihe nichtosmotischer Stimulationsreize führt zur *Erhöhung der ADH-Sekretion unter der Anästhesie*: Schmerz, Katecholaminfreisetzung, Applikation von Opioiden,

Barbituraten, Inhalationsanästhetika, cholinerge Substanzen, Dehnung der Rezeptoren im linken Atrium und Reizung des Karotissinus (Schrier et al. 1975). Verminderte Diurese durch Reduktion der Freiwasserclearance ist die Folge.

Erhöhte Reninspiegel konnten während der Narkose ermittelt werden (Deutsch 1986), eine Reduktion der Filtrationsleistung und die Umverteilung der renalen Perfusion wird dadurch erklärt.

Erhöhte Aldosteronsekretion (Robertson et al. 1956), durch vaskuläre Einflüsse oder den Renin-Angiotensin-Regelkreis induziert, führt zur verminderten Natriurese perioperativ.

Katecholaminausschüttung während der Anästhesie (wie auch Applikation von Katecholaminen, welche den renovaskulären Widerstand erhöhen, Adrenalin, Noradrenalins Dopamin in hoher Dosierung) führen zur *Verminderung der glomerulären Filtration.* Kardiovaskuläre Einflüsse *Kreislaufdepression* (Blutdruckabfall, vermindertes Herzminutenvolumen) durch Hypovolämie und kardiale Dekompensation (präexistent, Anästhetikaeinfluss) sowie *Erhöhung des renovaskulären Widerstands durch endokrine oder pharmakologische Einflüsse* (Katecholamine, Cyclopropan, Diäthyläther, Halothan, Thiopental; Price et al. 1959; Deutsch 1968) führen zur *Verminderung der glomerulären Filtration* und damit der Nierenfunktion.

ÜBERSICHT

Die *Prophylaxe* umfaßt:
- Ausgeglichene Flüssigkeits- und Elektrolytbilanzierung.
- Vermeidung von Hypovolämie, Methoxyfluran
- Verminderung des Herzminutenvolumens durch Kardiodepression (adäquate Anästhetikadosierung, präoperative kardiale Rekompensation)
- ausreichendes Monitoring (Kreislauf, Harnflow, Atmung) unter der Anästhesie.

7.3 Oligurie

> ❗ Eine Harnproduktion unter 20 ml/h bzw. unter 400 ml/Tag bei einem 70 kg schweren Erwachsenen bzw. unter 0,5 ml/kg/h bei Kindern wird als Oligurie bezeichnet.

Symptomatik

Die intraoperative Erfassung einer Oligurie setzt die Verwendung eines *Blasendauerkatheters* voraus. Dieser ist indiziert bei allen Eingriffen, bei welchen *großer Blutverlust* zu erwarten ist, *kontrollierte Blutdrucksenkung* geplant ist, *Diuretika verabreicht* werden, bei *prolongierter Operationszeit*, bei *möglicher Ureterverletzung*, bei *Abklemmen der Aorta*, bei *kardiopulmonalem Bypass* und bei *Eingriffen, bei denen ausgedehnte Weichteilverletzungen durch Operation oder Trauma* vorliegen.

Die Registrierung der Harnmenge sollte dann zumindest stündlich erfolgen, wobei nach Auftreten einer Oligurie vitale Parameter, Blutverlust, sequestrierte Volumina, operative Einflüsse wie z.B. Operationshakenposition, mechanische Katheterprobleme sowie Position (Kopftieflage mit Harnretention in der Blase) ursächlich in Betracht gezogen werden müssen.

Da die Entstehung eines Harnwegsinfekts leider keine seltene Komplikation des intraoperativen Katheterismus (wie auch Harnröhrenstrikturen nach längerem Belassen des Katheters beim Mann) darstellt, wird bei fehlender Indikation auf die intraoperative Überwachung des Harnflows mittels Balsendauerkatheter verzichtet.

Bei nichtkatheterisierten Patienten ist die spontane postoperative Miktion zu überwachen, um eine Oligurie wie eine postoperative Blasenlähmung mit dem Risiko der Überdehnung der Blase rechtzeitig zu erfassen und zu behandeln. Dies trifft insbesondere für Operationen im Beckenbereich zu.

> **!** Die intraoperative Registrierung des Harnflows ist – wenn indiziert (s. oben) – ein wichtiger Schritt zur Vermeidung der perioperativen Nierenkomplikationen (Harnflow mindestens 1 ml/kg/h).

Ursachen und Klassifikation der Oligurie

Ursachen der Oligurie

1. **Prärenal:** Reduktion der Nierenperfusion,
   (Zentralisation im Schock,
   Hypovolämie,
   kardiale Dekompensation,
   Blutdruckabfall durch Anästhetikaüberdosierung),
   Azidose,
   Beatmung (PEEP).
2. **Renal:** Nierenparenchymerkrankungen,
   (präexistente Nierenerkrankungen, Nephrotoxizität von Anästhetika (Methoxyfluran) u.a. Substanzen (z.B. Aminoglykoside), Nierenschädigung durch Hämolyse (Transfusionszwischenfall, Myoglobinurie)).
3. **Postrenal:** Obstruktion im Bereich der ableitenden Harnwege
   (Ureterverletzung bei gynäkologischen Operationen,
   Harnsperre bei Prostatahypertropie nach Prämedikation,
   Ureterobstruktion durch Tumoren im kleinen Becken.)

Von ausschlaggebender Bedeutung für die adäquate Behandlung der Oligurie ist die Lokalisation der Genese: Demnach unterscheiden wir üblicherweise
1) eine prärenal induzierte Oligurie,
2) eine renal verursachte Oligurie,
3) eine postrenal verursachte Oligurie.

Diese Unterscheidung wird je nachdem, ob die Oligurie durch verminderte Nierenper-

fusion (prärenale Oligure), Nierenparenchymversagen (renale Oligurie) oder Obstruktion im Bereich der ableitenden Harnwege (postrenale Oligurie) eintritt, getroffen.

Die Differentialdiagnose stützt sich im wesentlichen auf Anamnese (Operationsvorgang, hypotensive Situationen, vorbestehende Nierenerkrankungen, Hämolyse, Obstruktionen), das Harnsediment (granuläre Zylinder bei prärenaler, Zellzylinder bei renaler und wenig strukturierte Bestandteile bei postrenaler Oligurie) sowie die Harnchemie (Konzentrationsfähigkeit bei prärenalem Nierenversagen besser als bei renaler Oligurie). Abdomenleeraufnahme (Steine bzw. Nierengröße), intravenöse und retrograde Pyelographie und Nierensonographie (besonders bei Trauma) ermöglichen weitere strukturelle ind funktionelle Hinweise.

> **!** Die Identifikation der Genese der perioperativen Oligurie ist für die adäquate Therapie unerläßlich.

Prärenale Oligurie

Die verminderte Nierenperfusion ist die häufigste Ursache der perioperativen Oligurie. Hypotension durch vermindertes zirkulierendes Blutvolumen, Wirkung der Anästhetika, kardiale Insuffizienz, Hypoxie führen im Rahmen der einsetzenden Zentralisation (renovaskuläre Widerstandserhöhung) sowie durch Verminderung des Herzzeitvolumens und Azidose zur verminderten Nierenperfusion.

Die prärenale Oligurie geht in Abhängigkeit von der Dauer der Nierenrindenischämie nicht selten in ein renales Nierenversagen über (Barry et al. 1962).

Nach kardiopulmonalem Bypass haben sich Bypassdauer und Hypotension (mittlerer arterieller Druck unter 80 mm Hg[1]) als kritische Faktoren für den Übergang in ein persistierendes (renales) Nierenversagen nachweisen lassen (Abel 1976).

---

[1] 1 mm Hg = 133,322 Pa.

Bei vorliegender gramnegativer bakterieller Sepsis kann die Freisetzung von Endotoxinen (E. coli) neben Hypotension auch eine disseminierte intravaskuläre Gerinnung und damit ein persistierendes renales Nierenversagen in unmittelbarer zeitlicher Abfolge nach prärenaler Oligurie erzeugen (Mergenhagen et al. 1971).

Hypotonie, Hypovolämie und kardiale Insuffizienz sind die häufigsten Ursachen der perioperativen (prärenalen) Oligurie. Die Behandlung der prärenalen Oligurie besteht in der sofortigen Behebung der Ursache der verminderten renalen Perfusion, häufig durch Ausgleich der Hypovolämie.

Im Zweifelsfall empfiehlt sich – so nicht eine eingeschränkte kardiale Reserve vorliegt – ein *Versuch mit 500 ml kristalloider Lösung* oder mehr, *zügig* infundiert (Dooley et al. 1983).

Bei Patienten mit kardialer Funktionsverminderung kann, so ein ausreichendes Kreislaufvolumen vorliegt, die Anwendung *inotroper Substanzen* (z.B. Dopamin 2–10 mg/kgKG/min per infusionem) notwendig sein. Die Beurteilung einer adäquaten Füllung des linken Ventrikels ist hierbei weniger durch den zentralvenösen Druck als durch Beurteilung des pulmonalkapillären Verschlussdrucks möglich. In dieser Situation wird die Anwendung von „*Schleifendiuretika*" (Hemmung der Natriumrückresorption im Bereich der Henle-Schleife) notwendig sein (Furosemid 10–40 mg i.v.).

Osmodiuretika (Mannit 250 ml 15% Lösung in 30–120 min per infusionem) führen insbesondere bei oder nach Hypovolämie zu einer Verbesserung der renalen Ausscheidung durch Erhöhung der Natriumausscheidung, Senkung der Reninsekretion und zu direkten Effekten auf das Volumen der Tubuluszellen (Hilberman 1984).

Bei kardialer Funktionseinschränkung ist jedoch die Zunahme des intravasalen Volumens durch Osmodiuretika in Betracht zu ziehen.

Bei Oligurie im Rahmen eines bakteriell endotoxininduzierten Schocks ist während notwendiger chirurgischer Eingriffe die Therapie der Intensivbehandlung weiterzuführen.

Die Prophylaxe der prärenalen Oligurie im Rahmen der Anästhesie ist von ausschlaggebender Bedeutung, da die renalen Komplikationen postoperativ mit den kardialen und respiratorischen Komplikationen zu den häufigsten zählen. *Eine ausreichende Hydrierung bereits zu Beginn der Anästhesie ist wesentlich.*

So konnte gezeigt werden, dass eine Hydrierung zur Überbrückung der Nüchternheit eine bereits durch die Prämedikation induzierte renale Funktionseinschränkung aufheben konnte (Barry et al. 1964). Von ähnlicher Bedeutung ist eine präoperative kardiale Rekompensation.

Renale Oligurie

Die Dekompensation einer vorbestehenden renalen Funktionseinschränkung ist aufgrund der Einflüsse der Anästhesie auf die Nierenfunktion in Abhängigkeit von Vorerkrankung, Anästhesietechnik und Operationstrauma möglich.

Aus diesem Grund ist eine vorbestehende renale Funktionseinschränkung (entzündlicher, immunologischer, chemisch-toxischer, maligner oder extrarenaler Ursache, wie z.B. beim hepatorenalen Syndrom) genauestens präoperativ zu erfassen und die Anästhesietechnik entsprechend einzurichten.

> **!** Präoperativ vorliegende Nierenfunktionseinschränkungen können unter der Anästhesie zur Niereninsuffizienz führen.

Eine *intraoperativ auftretende renale Oligurie bei vorbestehender normaler Nierenfunktion* kann jedoch bei Auftreten einer intraoperativen *Hämolyse* vorliegen. Diese kann *im Rahmen von Transfusionszwischenfällen* nach Anwendung der *Herz-Lungen-Maschine* auftreten, außerdem bei *Myoglobinurie* nach ausgedehnter Muskelzerstörung (z.B. Replantation ganzer Extremitäten). Pathophysiologisch liegt hier einerseits eine *Verminderung der glomerulären Filtrationsrate* sowie eine *Ablagerung von Hämoglobin, Myoglobin* und *Fibrin im Bereich der Nierentubuli* als auch eine *disseminierte intravaskuläre Gerinnung* vor (Ruiz-Guinazu et al. 1967; Birndorr 1971).

> **!** Die sofortige Behandlung durch Mannit, zusammen mit ausreichender Volumenzufuhr, Alkalisierung des Harns, evtl. Heparin und Diuretika erscheint als Therapie der Wahl bei Einsetzen der Hämolyse. Bei eingetretenem Nierenversagen sind die Hämodialyse oder Hämofiltration angezeigt.

Postrenale Oligurie

Die Obstruktion im Bereich der ableitenden Harnwege erfolgt perioperativ nicht selten durch *Ureterverletzungen* (bis 0,1% aller gynäkologischen Operationen führen nach Charles (1967) zu Ureterobstruktionen, bis zu 25% der Ureterverletzungen bei gynäkologischen Operationen erfolgen beidseitig).

Nierensteine, Prostatahypertrophie sowie *Harnsperre nach Uretersondierung* (Ödem der Ureterostien) und *Belladonnaalkaloiden* im Rahmen der Prämedikation sind weitere häufige Ursachen. *Verletzungen der ableitenden Harnwege* sind bei bis zu 15% der Patienten mit Beckenfrakturen zu erwarten. *Blutkoagula in Nierenbecken und Harnblase* sowie vorliegende *Beckentumoren* sind weitere Ursachen der postrenalen Oligurie.

> **!** Atropin in der Prämedikation führt insbesondere bei Prostatahypertrophie häufig zur perioperativen Harnsperre.

Bei Persistenz der postrenalen Oligurie führen der Druck im Bereich des harnableitenden Systems sowie die meist ensetzende Infektion (Pyelonephritis) zur fortschreitenden Schädigung des Nierenparenchyms und damit zum renalen Nierenversagen.

Die Therapie des postrenalen Nierenversagens besteht in der Entlastung proximal der Obstruktion (*Ultraschalldiagnostik*).

Das *Einbringen eines Blasenkatheters* wird in vielen Fällen (Harnsperre nach Prämedikation, infolge Prostatahypertrophie, bei Blasensteinen und Koagula im Bereich der Blase) bereits ausreichen. Die *perkutane Nephrostomie* wird bei höhersitzenden Wegsamkeitshindernissen (Ureterverletzungen) bis zur definitiven urologischen operativen Versorgung notwendig sein. Nach Entlastung kommt es häufig zur Polyurie, weswegen eine exakte Bilanzierung der Flüssigkeit sowie der Elektrolyte in dieser Situation notwendig ist. Bei rechtzeitiger Entlastung kommt es in der Regel zur völligen Wiederherstellung der Nierenfunktion.

> **!** Bei nichtkatheterisierten Patienten ist auf eine ausreichende und zeitgerechte postoperative Miktion zu achten.

7.4
Polyurie

Bei einer täglichen Harnmenge von über 2500 ml liegt eine Polyurie vor (entsprechend einer Stundenharnmenge von über 100 ml).

Die Ursachen sind vielfältig (s. folgende Übersicht). Von den etwa 180 l, welche täglich im Bereich der Glomeruli filtriert werden, werden etwa 80% im proximalen Tubulus reabsorbiert, von den verbleibenden 36 l werden etwa 11 l im Bereich der Henle-Schleife reabsorbiert, die restlichen 25 l erreichen die distalen Tubuli und Sammelrohre, und es bedarf der Anwesenheit von ADH, um die Harnmenge schließlich auf etwa 500–1500 ml zu begrenzen.

Demnach können ein vermehrtes Glomerolumfiltrat (Hypervolämie, Hypertension), Schädigung des proximalen Tubulusapparats (Polyurie nach akutem oligurischem Nierenversagen), schleifenwirksame Diuretika (Furosemid), Osmodiurese sowie Mangel an ADH (Diabetes insipidus) oder Schädigung der ADH-Rezeptoren (Methoxyflurannephrotoxizität) zur Polyurie führen.

Ursachen der Polyurie

1. Hyperhydratation
2. Diabetes insipidus centralis:
   - psychogene Polydipsie (Hyponatriämie!),
   - ADH-Mangel: Funktionsverlust der hypothalamisch-hypophysären Achse, Alkohol, Hypoosmolarität.
3. Nephrogener Diabetes insipidus:
   - angeboren,
   - osmotische Diurese (Hyperglykämie),
   - Nephrokalzinose,
   - akutes Nierenversagen (nichtoligurisch oder nach Oligurie),
   - nephrotoxische Medikamente (Fluoridabspaltung als halogenierten volatilen Anästhetika, Aminoglykosiden, Tetrazyklin, Lithium, Amphotericin B),
   - Diuretika,
   - nach Obstruktionsbeseitigung bei postrenaler Oligurie,
   - Malnutrition, Zirrhose, Anorexia nervosa,
   - Hypertension,
   - Sichelzellanämie,
   - Amyloidose.

Da der ADH-Mangel einerseits und die Nierenschädigung andererseits neben der Hyperhydratation die häufigsten Ursachen darstellen, wird zwecks Übersicht zwischen Hyperhydratation, Diabetes insipidus centralis (neurohormonalis) und nephrogenem Diabetes insipidus unterschieden.

> ! Hyperhydratation, Glukosurie, Diabetes insipidus centralis und Nierenschädigung sind die häufigsten Ursachen der Polyurie.

Polyurie bei Hyperhydratation

Nach übermäßiger prä-, intra- oder postoperativer Flüssigkeitszufuhr kommt es zur symptomatischen Polyurie, nicht zuletzt wegen der verminderten ADH-Sekretion infolge Hypoosmolarität. Dies kann nach vorangegangenen Operationen auch durch Rückresorption aus dem dritten Raum (2.–6. Tag postoperativ) erfolgen.

Nach vorangegangenen Schocksituationen mit Zufuhr großer Mengen kristalloider Lösung kommt es ebenfalls zur Rückresorption aus dem Interstitium und durch verminderte ADH-Sekretion zur Polyurie.

In diesen Fällen ist der Ursache Rechnung zu tragen und eine negative Flüssigkeitsbilanz anzustreben (evtl. Ausgleich gestörter Elektrolytbilanzen besonders bei Hypokaliämie).

Diabetes insipidus

Bei Tumoren, Schädel-Hirn-Trauma, Entzündungen und Operationen im Bereich der Hypophyse, v.a. aber des Hypothalamus kommt es zum ADH-Mangel. Dies tritt auch nach Alkoholingestion auf. Erhöhung der freien Wasserclearance mit folgender Hypernatriämie, Erhöhung des Serumharnstoffs, Fieber und Delirium sind die Folge.

Die Applikation von Vasopressin, entweder als Tannat in öliger Lösung oder als Nasenspray (Desmopressin (Desaminovasopressindiacetat, DDAVP)) parallel zur Zufuhr von freiem Wasser (5% Glukoselösung) und Kaliumsubstitution ermöglichen die Behandlung dieser Komplikation.

Insbesondere bei bereits präoperativem Bestehen des ADH-Mangels ist bei diesen Patienten eine ausgeglichene Flüssigkeits- und Elektrolytbilanz herzustellen und unmittelbar postoperativ fortzufahren. Die Vasopressinapplikation sollte nicht unterbrochen werden.

Intraoperativ ist eine genaue Bilanzierung unter stündlicher Harnmessung bei Blasenkatheter und Kontrollen der Serumelektrolyte, Osmolarität und des Säure-Basen-Haushalts obligat.

> ! Bei Diabetes insipidus centralis kommt es in kurzer Zeit (Stunden) zur erheblichen hypernatriämischen Dehydratation.

Osmotische Diurese und Diuretikaapplikation

Osmotische Diurese und Diuretikaapplikation erfolgen unter der Anästhesie einerseits geplant (bei drohendem oligurischem Nierenversagen, Hirnödem, erhöhtem intraokularem Druck) sowie andererseits als Folge der Hyperglykämie (Diabetes mellitus oder iatrogen durch zu hohe Glukosezufuhr).

Die eintretende Polyurie führt neben Wasserverlust auch zur Senkung des Serumkaliums, weswegen Elektrolytkontrollen (z.B. zur Erkennung einer Hypernatriämie, Hypokaliämie, Hyperosmolarität) und entsprechende Therapie nötig sind. Die Anwendung von Schleifendiuretika (Furosemid) kann durch jede Polyurie zur plötzlichen Reduktion des Plasmavolumens (Hypotension) sowie zu Hypokaliämie (cave gleichzeitige Digitalismedikation!) Anlaß geben.

 Die großzügige Anwendung von Schleifendiuretika birgt das Risiko der Hypovolämie sowie der Hypokaliämie.

Medikamentöse Nephrotoxizität unter der Narkose

Eine anästhesiespezifische Nephrotoxizität konnte durch Metabolisierung von Inhalationsanästhetika mit folgender *Abspaltung anorganischen Fluors* nachgewiesen werden.

Eine *subklinische Schädigung* tritt ab einem Plasmaspiegel von 50 mmol/l auf, eine *polyurische Nephropathie* ab einem Spiegel von 90 mmol/l. Auch eine lange Exposition unter den toxischen Konzentrationen kann zu einer Beeinträchtigung der Nierenfunktion führen. Diese *toxischen Konzentrationen* von anorganischem Fluor können mit Enfluran und Sevofluran erreicht werden, jedoch scheint es in der klinischen Anwendung v.a. mit Sevofluran (Edward et al. 1994) bei nierengesunden Patienten keine große Relevanz zu haben (Mazze et al. 1977; Cork et al. 1978). Beim Metabolismus von Isofluran und Desfluran werden keine toxischen Fluo-

ridkonzentrationen erreicht (Kong et al. 1990; Sutton et al. 1991).

Die fluorbedingte Nephrotoxizität der Inhalationsanästhetika wird durch gleichzeitig verabreichte weitere nephrotoxische Medikamente (Aminoglykoside, Tetrazykline, Lithium, Amphotericin B, Diuretika) potenziert (Mazze et al. 1973). Eine fluorbedingte Nephropathie wird in einer ADH-resistenten Polyurie mit Gewichtsverlust, Hypernatriämie, Hyperosmolarität, erhöhtem Serumharnstoff und Harnsäure sowie Kreatinin manifest. In der Regel kommt es nach etwa 3 Wochen zur Restitution, es sind jedoch Fälle jahrelanger Nephropathie nach Methoxyfluran beschrieben.

 Enfluran und Sevofluran sollten sicherheitshalber bei Patienten mit vorbestehender Nierenschädigung nicht verwendet werden.

Polyurie bei akutem Nierenversagen

Bei akutem Nierenversagen kommt es in etwa 50% der Fälle (Anderson et al. 1977) zu keiner Oligurie. Häufig besteht a priori eine Polyurie, wobei das tägliche Harnvolumen durch die anatomische Situation (Restfunktion bestehende Nephrone) weitgehend festgelegt ist.

Nichtoligurische Nierenversagen verlaufen prognostisch benigner. Sehr exakte Bilanzierung ist notwendig, um sowohl Hyperhydratation als auch Zunahme des Nierenversagens durch sinkende Harnmengen zu verhindern. Dies gilt insbesondere während der Narkose (Bilanz, Kreislauf, Vermeidung nephrotoxischer Pharmaka).

In der Erholungsphase nach akutem oligurischem Nierenversagen kommt es zur Polyurie mit täglichen Harnmengen bis über 6 l. In dieser Situation ist die exakte Flüssigkeits- und Elektrolytbilanzierung von entscheidender Bedeutung, da 25% der Mortalität nach oligurischem akutem Nierenversagen in diese Zeitspanne fallen (Mazze 1977).

> **!** Das nonoligurische Nierenversagen benötigt eine exakte Bilanzierung der Wasser- und Elektrolytverluste.

7.5
Anästhesie bei Patienten mit eingeschränkter oder fehlender Nierenfunktion

Zunehmende Verbesserung anästhesiologischer Möglichkeiten war die Voraussetzung für eine zunehmende Anzahl von Anästhesien auch bei Patienten mit renaler Insuffizienz.

Operationen z.B. zur Anlage eine arteriovenösen Dialyseshunts, Nierentransplantationen, urologische Eingriffe und Notfalleingriffe bei Patienten mit insuffizienter Nierenfunktion geben je nach vorliegender pathophysiologischer Situation Anlaß zu einer Reihe von intraoperativen Komplikationen.

Die Ursachen der zu erwartenden Komplikationen sind begründet
1. durch Funktionsstörungen der Niere unter der Anästhesie,
2. durch die sekundären Veränderungen infolge der Niereninsuffizienz bzw. der Grundkrankheit.

Komplikationen infolge mangelnder Ausscheidungsfunktion

Wirkungsverlängerung, toxische Effekte intraoperativ verabreichter Substanzen

> **!** Alle verabreichten, normalerweise renal ausgeschiedenen Substanzen können bei vorliegender Niereninsuffizienz in Abhängigkeit von der erhaltenen Restfunktion der Niere eine verlängerte Wirkung aufweisen, kumulieren und damit toxische Effekte verursachen.

Für eine Beurteilung dieser Risikos ist es einerseits notwendig, den normalen Eliminationsweg dieser Substanzen zu kennen, sowie andererseits, die verbliebene Nierenfunktion zu beurteilen.

1) Die Beurteilung der Restnierenfunktion erfolgt vom pharmakologischen Standpunkt aus am günstigsten anhand der Kreatininclearance, welche bei stabiler (!) Nierenfunktion durch den Serumkreatininspiegel approximativ beurteilt werden kann (s. folgende Übersicht).

> **!** Bei präoperativer Niereninsuffizienz gibt die Kreatininclearance (und bei stabiler Nierenfunktion das Serumkreatinin) gute Auskunft über die Restnierenfunktion.

Beurteilung der glomerulären Filtrationsrate (Kreatininclearance) durch den Serumkreatininspiegel bei stabiler Nierenfunktion
(nach Hilberman 1984; Roizen 1981)

ÜBERSICHT

Serumkreatininspiegel	Glomeruläre Filtrationsrate (Kreatininclearance)
Normal	
0,6 – 1,2 mg/dl	20 Jahre: 130 ml/min/1,73 m^2
	60 Jahre: 100 ml/min/1,73 m^2
	80 Jahre: 80 ml/min/1,73 m^2
Pathologisch	
2 mg/dl	60 ml/min/1,73 m^2 (50%)
4 mg/dl	30 ml/min/1,73 m^2 (25%)
8 mg/dl	15 ml/min/1,73 m^2 (12%)

Bei Patienten mit glomerulären Erkrankungen ohne Tubulusschädigung (z.B. nephrotisches Syndrom) ist die Kenntnis der Serumproteinwerte (Gesamtprotein normal 6–8 g/dl, Albumin normal 3,5–5,5 g/dl) notwendig (häufig Hypoproteinämie durch Proteinurie, mit folgenden Ödemen, intravasaler Hypovolämie und Hämokonzentration), da durch Eiweißverminderung und verändertes Verteilungsvolumen Änderungen der

Pharmakologie (verminderte Eiweißbindung und dadurch erhöhte Wirkung) vorliegen können.

> ❗ Patienten mit nephrotischem Syndrom weisen häufig eine Hypalbuminämie auf.

2) Die Kenntnis des Eliminationsweges während der Anästhesie häufig verabreichter Substanzen gibt über die Möglichkeit einer toxischen Kumulation Auskunft.

> ❗ Der Eliminationsweg der Anästhetika ist für ihre Anwendung bei niereninsuffizienten Patienten von Bedeutung.

Barbiturate

Die zeitliche Begrenzung der Barbituratwirkung erfolgt im wesentlichen durch Rückverteilung (Eiweißbindung, Speicherung in Fettdepots) und hepatische Metabolisierung. Thiopental wird vorwiegend umverteilt und praktisch nicht renal ausgeschieden, eine Wirkungsverstärkung bei Niereninsuffizienz kann durch eine Verminderung des Serumalbumingehalts bewirkt werden (Taylor et al. 1954). Metaboliten von Methohexital werden teilweise glukuroniert renal ausgeschieden.

Etomidat

Die Umverteilung sowie die Spaltung in der Leber bewirken die kurze Wirkungsdauer, allerdings werden 87% der Substanz bzw. ihre Metaboliten im Normalfall binnen Stunden renal ausgeschieden (Schuettler et al. 1982).

Ketamin

Die Umverteilung im Gewebe führt einerseits zur kurzen Wirkungsdauer, andererseits zu einer relativ langen Nachschlafperiode (zweiphasige Wirkung; Wieber et al. 1975). Die Ausscheidung der in der Leber metabolisierten Abbaustufen (geringe hypnotische Wirkung) erfolgt im Normalfall renal: 70% während der ersten 24 h, 95% in 5 Tagen.

Propofol

Nach i.v.-Gabe fällt der initiale Propofolspiegel wegen der raschen Verteilung im Organismus schnell ab. Die Eliminationsphase erfolgt langsamer. Die Metabolisierung erfolgt vorwiegend in der Leber. Die Glukuronide und Sulfatkonjugate werden über die Niere ausgeschieden. Nach 3–8 h sind nur mehr 6 % unverändertes Propofol nachweisbar.

Benzodiazepine

Die verschiedenen Benzodiazepine unterscheiden sich zwar in der Pharmakokinetik, jedoch kaum in der Pharmakodynamik, d.h. sie werden über eine Glukuronidierung, eine oxidative Dealkylierung bzw. über eine Hydroxylierung vornehmlich in der Leber, aber auch in Lunge, Herz, Niere und Muskel abgebaut und über die Nieren ausgeschieden.

Die Plasmahalbwertszeit für Midazolam beträgt 2–3 h, für Flunitrazepam 34 h, für Chlordiazepoxid 1–2 Tage, und Diazepam weist eine biphasische Elimination auf, deren Halbwertszeit bereits im Normalfall bis zu mehreren Tagen betragen kann (Berlin et al. 1972).

Succinylcholin

Aufgrund der raschen Metabolisierung besteht keine Abhängigkeit von der renalen Funktion. Auch bei mäßig erhöhten Serumkaliumwerten ist eine sichere Applikation möglich (Miller et al. 1981). Allerdings bestehen bei Niereninsuffizienz häufig niedere Spiegel an Pseudocholinesterase, besonders bei unmittelbar vorangegangenen Dialysen. Daraus kann eine wesentliche Wirkungsverlängerung von Succinylcholin resultieren.

Nichtdepolarisierende Relaxanzien

Nichtdepolarisierende Relaxanzien werden vorwiegend renal ausgeschieden (Ausnahme Vecuronium: vorwiegend biliär). Atracurium unterliegt auch der Hoffman-Elimination, einem spontanen Abbau der quaternären Gruppe bei alkalischem pH-Wert, woraus eine zumindest teilweise Unabhängigkeit von renaler und hepatischer Funktion resultieren könnte (Hunt et al. 1980).

Opioide

Der Abbauweg der Opioide führt zunächst zu einer unterschiedlich intensiven hepatischen Metabolisierung (Pethidin und Codein praktisch vollständig, Morphin und Heroin in geringerem Umfang) bzw. Glukuronierung und danach zur renalen Elimination (Morphin 90% ind 24 h). Dies bedeutet, dass bei *hepatischer und renaler Funktionseinschränkung Kumulationen resultieren.* Die Wirkungsdauer von Fentanyl wird durch die Rückverteilung bewirkt, die renale Elimination von 70% erfordert bei normaler Nierenfunktion bereits 4 Tage (Hess et al. 1972).

Sufentanil wird über eine Dealkylierung und eine Demethylierung rasch abgebaut und in gleichem Ausmaß über Nieren und Fäzes ausgeschieden. Die Hauptmetabolisierung von Alfentanil geschieht ebenfalls über eine Dealkylierung und eine Demethylierung. Die Abbauprodukte werden anschließend glukuronisiert und über die Nieren ausgeschieden (Petroianu et al. 1994).

Dehydrobenzperidol

Wirkungsdauer und -intensität werden wesentlich durch die Eiweißbindung beeinflusst (90%). Der weitere Abbau führt über die Metabolisierung in der Leber zur renalen Ausscheidung der Metaboliten (83% innerhalb 24 h; Soudjin et al. 1967). Eine Wirkungsverlängerung ist daher auch bei Niereninsuffizienz möglich.

Weitere Medikamente

Digitalis, Antibiotika (besonders Aminoglykoside), Zytostatika (Methotrexat) werden vorwiegend renal ausgeschieden und kumulieren daher bei Niereninsuffizienz mit z.T. zunehmend nephrotoxischer Wirkung.

Infusionstherapie

Die intraoperative Volumenzufuhr muss der verminderten renalen Ausscheidung (Extremfall Anurie) bzw. den besonderen Erfordernissen (hohe Zufuhr bei Polyurie bzw. mangelndem Konzentrationsvermögen, Vermeidung einer Ausscheidungsreduktion durch Hypovolämie bei vorliegendem nonoligurischem Nierenversagen) Rechnung tragen. Insbesondere die Zufuhr von Kalium bei vorliegender Anurie oder Oligurie wird nur bei erheblicher Hypokaliämie und in Anbetracht einer nachfolgenden Elimination (z.B. Hämodialyse oder Hämofiltration) gerechtfertigt sein.

Komplikationen durch sekundäre Veränderungen bei Niereninsuffizienz

Patienten mit eingeschränkter oder fehlender Nierenfunktion weisen in Abhängigkeit von der Dauer und der Genese der renalen Funktionseinschränkung sowie der Grundkrankheit eine Vielzahl von Veränderungen einerseits infolge des Ausfalls der Niere als zentrales Regulationsorgan des Wasser- und Elektrolythaushalts sowie andererseits infolge der sekundären Organveränderungen bei Urämie auf.

Zusätzlich kann durch die auslösende Erkrankung Trauma, Sepsis, Hypertension, Autoimmunerkrankung) ein Multiorganversagen vorliegen.

> ❗ Bei Patienten mit Niereninsuffizienz muss die Notwendigkeit der Behandlung diverser intraoperativer Komplikationen erwartet werden.

Die resultierenden intraoperativ auftretenden Komplikationen betreffen vorwiegend das *kardiovaskuläre System* (Hypertonie, Linksinsuffizienz durch Hypervolämie und Hochdruck, Hypotonie nach Einleitung durch Hypovolämie bei unmittelbar vorausgegangener Dialyse, Rhythmusstörungen durch Hyperkaliämie, Hypokalzämie), den *Wasser- und Elektrolythaushalt* (Hypervolämie, Hypovolämie, Hyperkaliämie, Hyponatriämie, metabolische Azidose), die *Gerinnung* (Thrombozytenaggregationsstörung, Mangel an Faktor III), eine weitere Verschlechterung bei noch vorhandener Restnierenfunktion sowie *neurologische Komplikationen* (Hirnödem, Hirnblutung). Weiterhin sind chronische Dialysepatienten häufig *Hepatitis-B-Antigen-Träger*.

! Bei Patienten mit Niereninsuffizienz ist bei einer bestehenden Gerinnungsstörung die Anwendung der rückenmarknahen Regionalanästhesie in der Regel kontraindiziert.

Die Therapie der Komplikationen bei der Anästhesie von Patienten mit Niereninsuffizienz richtet sich nach der Symptomatik und muss die Möglichkeit einer kurzfristigen Dialyse oder Hämofiltration ins Auge fassen (Hyperkaliämie, Hypervolämie, Kumulation von in der Anästhesie notwendigen Medikamenten, z.B. nichtdepolarisierenden Relaxanzien).

Die Prophylaxe impliziert die exakte Erfassung der präoperativen Nierenfunktion, Auswahl der Narkosemittel nach ihrer Nephrotoxizität bzw. ihres Eliminationsweges und ein der Vielfältigkeit der zu erwartenden Probleme angepaßtes (besonders laborchemisch und hämodynamisch) Monitoring.

! Bei Eingriffen an Patienten mit Niereninsuffizienz muss die Möglichkeit zur perioperativen Hämodialyse oder Hämofiltration bestehen.

7.6
Harnretention

Die postoperative Harnretention stellt ein relativ häufiges Problem dar. Die Entleerung der Blase wird durch einen komplexen Mechanismus gesteuert. So steuern parasympathische Nerven aus dem Sakralmark den M. detrusor, während der Urethrasphinkter durch Nervenfasern aus den Nn. pudendi innerviert wird, die in der Höhe S3/S4 dem Rückenmark entspringen. Sympathische Fasern aus dem Ganglion mesentericum inferius hemmen die Blasenkontraktion und erhöhen den Tonus des inneren Blasensphinkters.

Perioperative Einflüsse auf die Blasenentleerung

Die häufigste Ursache der postoperativen Harnretention sind Eingriffe im Bereich des Urogenitaltraktes, des Beckens bzw. Rektums auf. Ebenso tritt sie bei einer vorbestehenden Obstruktion der unteren Harnorgane (z. B. Prostatahypertrophie) häufiger auf.

Anästhetika
Während N_2O und die Muskelrelaxanzien keinen relevanten Einfluss auf die Blasenentleerung haben, senken die Inhalationsanästhetika und Thiopental den intravesikalen Druck und erhöhen so die Blasenkapazität (Doyle 1976).

Sedativa
Obwohl sie keinen direkten Einfluss auf die Blasenentleerung haben, ist es dennoch möglich, dass der Patient durch ihren Einfluss sich über seine Blasendehnung nicht bewusst ist und es so zu einer Überdehnung der Harnblase kommen kann. Dies kann nach Entleerung der Blase zu einer vorübergehenden Atonie der Blase führen.

Parasympathikolytika
Sie senken einerseits den intravesikalen Druck und reduzieren durch eine Parasympatikolyse die Frequenz der Blasenkontraktionen. Dieser Effekt scheint jedoch nur bei einer vorbestehenden obstruktiven Erkrankung der Harnwege von Bedeutung zu sein (Doyle 1976).

Opioide
Parenteral verabreichte Opioide haben geringen Einfluss auf die Blasenentleerung, können aber wie die Sedativa durch das Nichtempfinden der Blasendehnung zu deren Überdehnung führen.

Intrathekal und peridural verabreichte Opioide können jedoch in einer sehr hohen Dosis zu einer Harnretention führen. Dies wird durch die Relaxation des M. detrusor und durch eine erhöhte Blasenkapazität bewirkt (Cousins 1984).

Lokalanästhetika

Vor allem langwirksame Lokalanästhetika wie Bupivacain führen durch die Blockade des autonomen und somatischen Nervensystems zu einer Hemmung des Miktionsreflexes und somit zu einer möglichen Überdehnung der Harnblase.

Therapie

Nicht immer ist es notwendig, eine Katheterisierung durchzuführen, oft reicht es, den Patienten zur Blasenentleerung zu ermutigen. Hilfreich kann dabei das Geräusch von laufendem Wasser sein. Viele Patienten sind nicht in der Lage, in liegender Position oder in Anwesenheit anderer Personen zu urinieren. Durch Respektieren der persönlichen Bedürfnisse kann sehr oft auf ein therapeutisches Eingreifen verzichtet werden.

Spinal verabreichte Opioide können durch Opioidantagonisten, wie Naloxon, antagonisiert werden (Rawal 1983).

Literatur

Abel R (1976) Etiology, incidence and prognosis of renal failure following cardiac operations. J Thorac Cardiovasc Surg 71: 323

Anderson RJ, Linas SL, Berns AS et al. (1977) Nonoliguric acute renal failure. N Engl J Med 296: 1134

Axelsson K, Möllefors K, Olsson JO, Lingardh G, Widman B (1985) Bladder function in spinal anaesthesia. Acta-Anaesthesiol-Scand 29: 315

Barry KG, Malloy JP (1962) Oliguric renal failure. JAMA 179: 510

Barry KG, Mazze RI, Schwartz FD (1964) Prevention of surgical oliguria und renal-hemodynamic suppression by sustained hydration. N Engl J Med 270: 1371

Bastron RD (1981) Hepatic and renal physiology. In: Miller RD (ed) Anesthesia. Churchill Livingstone, New York 763-795

Berlin A, Siwers B, Agurell S et al. (1972) Determination of bioavailability of diazepam in various formulations from steady state plasma concentration data. Clin Pharmacol Ther 13: 733

Birndorr N (1971) DIC and renal failure. J Lab Invest 24: 314

Brown CB (1973) Established acute renal failure following surgical operations. In: Friedman EA et al. (eds) Proceedings, Conference on Acute Renal Failure. DHEW Publication No. 7.1 608, Bethesda, p 187

Charles AH (1967) Some hazards of pelvic surgery. Proc R Soc Med 60: 656

Cork TL, Beppu WJ, Hitt BA et al. (1978) Renal effects and metabolism of sevoflurane in Fischer 344 rats. Anesthesiology 43: 70

Cousins MJ, Mather LE (1984) Intrathecal and epidural administration of opioids. Anesthesiology 61: 276

Crandell WB, Pappas SG, MacDonald A (1966) Nephrotoxicity associated with methoxyflurane anesthesia. Anesthesiology 27: 591

Deutsch S (1968) Effects of anesthesia with thiopental, nitrous oxide and neuromuscular blocks on renal function in normal man. Anesthesiology 20: 184

Dooley JR, Mazze RI (1983) Oliguria. In: Orkin FK, Cooper NLH (eds) Complications in anesthesiology. Lippincott, Philadelphia, 400–414

Doyle PT, Briscoe CE (1976) The effects of drugs and anaesthetic agents on the urinary bladder and sphincters. Br-J-Urol 48: 329

Flanigan WJ, Oken DE (1965) Renal micropuncture study of the development of anuria in the rat with mercury-induced renal failure. J Clin Invest 44: 449

Frink EJ, Malan TP, Isner RJ, Brown EA, Morgan SE, Brown BR (1994) Renal concentrating function with prolonged sevoflurane or enflurane anesthesia in volunteers. Anesthesiology 80: 1019

Gorman HM, Craythorne NWP (1966) The effects of a new neurolept analgesic agent (Innovar) on renal function in man. Acta Anaesthesiol Scand [Suppl] 24: 111

Hess R, Stiebler G, Herz A (1972) Pharmacokinetics of fentanyl in man and the rabbit. Eur J Clin Pharmacol 4: 137

Hilberman M (1984) Renal protection. In: Shoemaker WC et al. (eds) Textbook of critical care. Saunders, Philadelphia 597–604

Hunt TM, Hughes R, Payne JP (1980) Preliminary studies with atracurium in anesthetized man. Br J Anaesth 52: 238

Kong KL, Tyler JE, Willatts SM, Prys-Roberts C (1990) Isoflurane sedation for patients undergoing mechanical ventilation: metabolism to inorganic fluoride and renal effects. Br J Anästh 64: 159

List WF, Kroell W (1985) Perioperatives Risiko schwerkranker chirurgischer Patienten. Anaesthesist 34: 612

Mazze RI (1977) Critical care of the patient with acute renal failure. Anesthesiology 47: 138

Mazze RI, Cousins MJ (1973) Combined nephrotoxicity of gentamicin and methoxyflurane anaesthesiain man. Br J Anaesth 45: 394

Mazze RI, Calverley RK, Smith NT (1977) Inorganic fluoride nephrotoxicity. Anesthesiology 46: 265

Mergenhagen SE et al. (1971) Significance of compliment to the mechanism of action of endotoxin. Curr Top Microbiol Immunol 50: 37

Miller RD, Savarese JJ (1981) Pharmacology of muscle relaxans. In: Miller RD (ed) Anesthesia. Churchill Livingstone, NewYork 487–539

Petroianu G, Osswald PM, Brunnengräber R (1994). In: Klinische Pharmakologie für Anästhesisten. Chapman & Hall, London Glasgow Weinheim New York Tokyo Melburne Madras, pp 257

Price HL, Linde HW, Jones RE et al. (1959) Sympathoadrenal responses to general anesthesia in man and their relation to hemodynamics. Anesthesiology 20: 563

Rawal N, Mollefors K, Axelsson K, Lingardh G, Widman B (1983) An experimental study of urodynamic effects of epidural morphine and of naloxone reversal. Anesth-Analg 62: 641

Robertson JD, Swan AA, Whitteridge D (1956) Effects of anesthetics on systemic baroreceptors. J Physiol (Lond) 131: 463

Roizen MF (1981) Preoperative evaluation of patients with diseases that require special preoperative evaluation and intraoperative management. In: Miller RD (ed) Anesthesia. Churchill Livingstone, New York 21–70

Ruiz-Guinazu A, Coelho JB, Paz RA (1967) Methemoglobin induced acute renal failure in the rat: In vivo observation, histolog and micropuncture measures. Nephron 4: 257

Ruley EJ (1984) Acute renal failure in infants and children. In: Shoemaker WC et al. (eds) Textbook of citical care. Saunders, Philadelphia 604–614

Schrier RW, Berl T (1975) Nonosmolar factors affecting renal water excretion. N Engl J Med 292: 81

Schuettler J et al. (1982) Etomidateelimination. In: Nemes et al. (Hrsg) Datenbuch Anaesthesiologie. Fischer, Stuttgart, S. 31

Soudjin W et al. (1967) Distribution, excretion and metabolism of neuroleptics of the butyrophenon type. Eur J Pharmacol 1 : 47

Sutton TS, Koblin DD, Gruenke LD, Weiiskopf RB, Rampil IJ, Washell L, Eger EI (1991) Fluoride metabolites after prolonged exposure of volunteers and patients to desflurane. Anesth Analg 73: 180

Tailor JD et al. (1954) Plasma binding of thiopental in the nephrectomized rabbit. J Pharmacol Expther 112: 40

Wieber J et al. (1975) Pharmacokinetics of Ketamine in man. Anaesthesist 24: 260

KAPITEL 8

Perioperativ relevante Störungen des Flüssigkeits- und Elektrolythaushaltes

W. KRÖLL

! Störungen des Flüssigkeitshaushaltes stellen nach kardialen und respiratorischen Komplikationen die dritthäufigste Todesursache im perioperativen Verlauf dar.

ÜBERSICHT

Leitsätze

- Eine Hypovolämie kann durch Verluste sowohl nach außen als auch nach innen verursacht werden.
- Bei Patienten mit kardialen oder pulmonalen Erkrankungen ist der zentralvenöse Druck ein unverläßlicher Parameter der adäquaten Füllung des linken Ventikels.
- Der Ersatz sequestrierter Flüssigkeit führt zur Expansion des Extrazellulärvolumens ohne Hypervolämie.
- Bei Rückstrom sequestrierter Volumen ist eine negative Flüssigkeitsbilanz anzustreben.
- Hyponatriämie führt zu einer intrazellulären Volumenexpansion.
- Kennzeichen eine SIADH sind postoperative Wasserretention und Hyponatriämie trotz adäquater Infusionstherapie und normaler Nierenfunktion.
- Bei zu rascher Senkung des Serumnatriums besteht bei der Behandlung einer hypernatriämischen Dehydratation die Gefahr der Ausbildung eines Hirnödems.
- Die Kaliumsubstitution sollte beim Erwachsenen 20 mmol/h nicht überschreiten.

8.1 Physiologie

45% bis 75% der fettfreien Masse des menschlichen Organismus bestehen aus Wasser (Ganzkörperwasser). 55% davon finden sich im Intrazellulärraum, 45% liegen extrazellulär vor. Etwa 27% des Gesamtkörperwassers (= 16% des Körpergewichts dieses Extrazellulärvolumens stehen rasch zur Ergänzung des Intravasalvolumens zur Verfügung (interstitielle Flüssigkeit). Dieser Teil wird als funktionelles Extrazellulärvolumen bezeichnet (Wharton et al. 1983).

Für die Flüssigkeitsverteilung zwischen den einzelnen Kompartimenten (Intrazellulärraum, Extrazellulärvolumen, intravasales Kompartiment) sind die Osmolarität bzw. der onkotische Druck verantwortlich.

Im *Intrazellularraum* sind als Kationen Kalium (160 mmol/l) und Magnesium (12,5 mmol/l), als *Anionen* Phosphat (50 mmol/l), Sulfat (10 mmol/l), Bikarbonat und Chlorid (zusammen 10 mmol/l) sowie Proteine für die Osmolarität verantwortlich. Der niedrige intrazelluläre Natriumgehalt wird durch energieverbrauchende Prozesse (Natriumpumpe) aufrechterhalten. Im *extrazellulären Kompartiment* wird die Osmolarität durch Natrium (135–145 mmol/l) und nur in geringem Umfang durch Kalium (3,5 – 5 mmol/l), Magnesium (0,75–1,25 mmol/l) und Kalzium (2,25 – 2,75 mmol/l) aufrechterhalten. Als Anionen stehen Chlorid (95–105 mmol/l) sowie Bikarbonat (22–28 mmol/l) gegenüber.

Im *Intravasalraum* bestehen bezüglich Osmolarität und Ionengleichgewicht die selben Verhältnisse wie im übrigen Extrazellulärraum, das Intravasalvolumen wird im wesentlichen durch das Erythrozytenvolumen, durch den onkotischen Druck der Plasmaeiweißkörper (25–30 mmHg), den hydrostatischen intraluminären Druck und den Gewebsdruck als Determinanten des Plasmavolumens bestimmt.

Da die Osmolarität (Normwert 285–295 mosmol/l) des Extrazellulärvolumens überwiegend durch die Natriumkonzentration bestimmt wird, verursachen Störungen der Natriumkonzentration zugleich Störungen der Osmolarität. Basierend auf der Tatsache, dass die Osmolarität des Intrazellulärraums jedoch überwiegend durch die Kaliumionen determiniert wird, induzieren Störungen der extrazellulären Natriumkonzentration osmotische Differenzen zwischen Intra- und Extrazellulärraum. Erhebliche Volumenschwankungen zwischen Extra- und Intrazellulärvolumen mit konsekutiv auftretenden Organdysfunktionen (z. B. Hirnödem bei Hyponatriämie) sind die Folge.

Unter Hypervolämie bzw. Hypovolämie wird der Volumenzustand des funktionellen Extrazellulärvolumens verstanden, welcher für die Kreislauffüllung und damit für die Perfusion des Organismus von vorrangiger Bedeutung ist. Der klinischen Beurteilung ist jedoch praktisch nur das intravasale Volumen zugänglich. Das Verhältnis zwischen interstitieller Flüssigkeit (extravasaler Teil des funktionellen Extrazellulärvolumens) und Plasmavolumen beträgt 3:1. Eine erheblicher Abnahme des onkotischen Drucks des Blutplasmas führt konsekutiv zu einer Zunahme des interstitiellen (extravasalen) Flüssigkeitsanteilsanteils (Wharton et al. 1983) und folglich zu einer Abnahme des Plasmavolumens bei gleich großem Extrazellulärvolumen.

8.2 Störungen des Flüssigkeitshaushalts

Hypovolämie

Eine Hypovolämie stellt die häufigste intraoperative Störung des Flüssigkeitshaushalts dar. Als Hypovolämie wird eine Verminderung des funktionellen Extrazellulärvolumens definiert; wobei eine Abnahme des zirkulierenden Plasmavolumens im Vordergrund steht. Dies kann durch Verluste nach außen (Blutung, Erbrechen, Durchfall, Drainage, Entleerung von Flüssigkeit aus Körperhöhlen wie Aszites, Flüssigkeit aus dem Pleuraraum oder Liquor, massive Diurese etc.) verursacht sein.

Bei konstantem Übergewicht kann jedoch auch eine Verminderung des funktionellen Extrazellulärvolumens und damit des Plasmavolumens nach innen erfolgen, nämlich dann, wenn Teile des Extrazellulärvolumens sequestiert werden: in das Darmvolumen, in das Wundödem nach Operationen, bei Traumata, bei Verbrennung oder bei Sepsis aufgrund einer Permeabilitätssteigerung.

Flüssigkeitsverschiebungen in das intrazelluläre Kompartiment bedingt durch Insulinwirkung oder osmotische Gradienten (extrazelluläre Hypoosmolarität bei Hyponatriämie) sowie eine relative Verminderung des zirkulierenden Plamavolumens durch Vasodilatation führen ebenfalls zu einer relativen oder absoluten Verminderung des funktionellen Extrazellulärvolumens und damit des Plasmavolumens.

> **!** Eine Verminderung des Plasmavolumens führt in Abhängigkeit von Ausmaß und Geschwindigkeit ihres Entstehens zu Dehydration bzw. hypovolämischem Schock.

Während *langsam entstandene Verluste bis zu etwa 20% des Plasmavolumens* präoperativ gut kompensiert werden und damit asymptomatisch bleiben können, können sie jedoch in der Einleitungsphase einer Anästhesie durch plötzliche massive Hypotension symptomatisch werden.

Dehydration: verminderter Unterhautturgor, trockene Schleimhäute, halonierte Augen, sinkende Harnmenge, Tachykardie, Fieber und Erhöhung von Hämatokrit und Serumharnstoff. Bei chronischer Blutung Anämie (Blässe, verminderter Hämatokrit);

Hypovolämischer Schock: Tachykardie, Hypotension, verminderte Blutdruckamplitude, leise Herztöne, kollabierte Venen, schlechte periphere Zirkulation mit kalter, schweißiger Haut und blaß-zyanotischen Akren, verlängerter Rekapillarisationszeit (>2 s) sowie vermindertem zentralen Venendruck (<0–8 cmH$_2$O) und linksatrialem Druck (pulmonalkapillärer Verschlussdruck <5–12 mmHg). Es kommt zu neurologischen Symptomen (Ängstlichkeit, Verwirrtheit, Stupor), Oligurie (<20 ml/h beim Erwachsenen, <0,5 ml/h beim Kind) sowie metabolischer Azidose durch Laktatakkumulation.

Die Beurteilung der diastolischen Füllung des linken Ventrikels kann bei Herz- und Lungengesunden näherungsweise durch den zentralvenösen Druck vorgenommen werden. Bei Patienten mit kardialen oder pulmonalen Erkrankungen ist der zentralvenöse Druck ein unverläßlicher Parameter: dann ist die Beurteilung des linksatrialen Drucks nur durch Bestimmung des pulmonalkapillären Verschlussdrucks durch einen Rechtsherzballonkatheter möglich (Lappas et al. 1973).

Die *Therapie der Hypovolämie* besteht im Ersatz der vorliegenden Verluste durch isotone Kochsalzlösung, Ringer-Lösung, körperfremden Kolloiden, hypertonen-hyperonkotischen Lösungen bei eiweißreichem Verlust 5% Humanalbuminlösung oder Plasma sowie bei Blutungen über 10–20% des zirkulierenden Blutvolumens mit Blut. Die Zusammensetzung der Ersatzlösung sollte dem Verlust angeglichen sein. Wohl ist die Substitution durch isotone kristalloide Lösungen auch nach Blutverlust oder Plasmaverlust möglich, der verminderte onkotische Druck führt zur Flüssigkeitsverschie-bung in das Interstitium, mit dem Risiko der Ausbildung von Ödemen.

Der verminderte Hämatokritwert erzwingt eine Steigerung des Herzzeitvolumens. Bis zu einem Hämatokritwert von 30% kann ein blutfreier Ersatz problemlos durchgeführt werden. Insbesondere bei eingeschränkter kardiopulmonaler Reserve sollte jedoch der Verlust möglichst entsprechend der Zusammensetzung der entzogenen Flüssigkeit ersetzt werden (Ausnahme: Polyglobulie).

Die *Prophylaxe* einer intraoperativen Hypovolämie besteht im präoperativen Ausgleich bestehender Verluste und in der adäquaten intraoperativen Bilanzierung, besonders zusätzlicher Verluste (Blutung, Drainage, Verluste in den 3. Raum).

Hypervolämie

Eine intraoperative Hypervolämie kann einerseits als Folge einer bereits präoperativ bestehenden Hypervolämie (kardiale Insuffizienz, Leberzirrhose und renale Insuffizienz durch Hyperaldosteronismus bzw. Einschränkung der Ausscheidung) auftreten, andererseits iatrogen durch eine übermäßigen Zufuhr von Elektrolytlösungen, welche die Verluste und die Ausscheidungskapazität des Patienten übersteigen, induziert werden.

Venenstauung, erhöhter zentralvenöser und linksatrialer Druck, zunehmende Blutdruckamplitude, hebende periphere Pulse, schließlich Herzversagen (Linksinsuffizienz) und Lungenödem, erkenntlich zunächst an der Entstehung eines dritten Herztons, verminderte pulmonale Compliance, Erhöhung der alveoloarteriellen Sauerstoffdifferenz, Entstehung pulmonaler Rasselgeräusche sowie schließlich Hyperkapnie, Hypoxie und Blutdruckabfall sind die klinischen Zeichen.

Die Behandlung einer bereits aufgetretenen Hypervolämie besteht in Flüssigkeitsrestriktion und Applikation von Diuretika sowie bei auftretender Linksinsuffizienz in der Gabe von positiv-inotropen Substanzen

Sektion B

(Digitalis, Dopamin in niedriger Dosierung (2–4 mg/kgKG/min) Verbesserung der Nierenperfusion (Ramdohr et al. 1972) sowie Dobutamin), evtl. Vasodilatoren, einer Erhöhung der F_IO_2 sowie bei Bedarf (respiratorische Insuffizienz bzw. Lungenödem) künstliche Beatmung unter Verwendung eines erhöhten endexspiratorischen Drucks.

Die *Prophylaxe* einer intraoperativen Hypervolämie erfolgt durch präoperative Korrektur einer vorbestehenden Hypervolämie, gewissenhafter intraoperativer Flüssigkeitsbilanzierung und erweitertes intraoperatives Monitoring: Messung der Harnausscheidung, Herzfrequenz, Blutdruck (evtl. kontinuierlich blutig), Zentralvenendruck, Blutgase, Atemmechanik und evtl. pulmonalkapillärer Verschlussdruck.

Dies ist besonders für Patienten mit verminderter renaler Exkretionsleistung oder verminderter kardiopulmonaler Reserve erforderlich.

Sequestration

Nach massivem Weichteiltrauma, Verbrennung sowie ausgedehnten Operationen, bei Sepsis und Ileus kommt es zum Abströmen von z. T. erheblichen Volumina (bis zu mehr als 5 l) aus dem funktionellen Extrazellulärraum in den „dritten Raum", einem neu entstandenen Teil des Extrazellulärvolumens ohne direkte Verfügbarkeit für den Kreislauf.

Die dem funktionellen Extrazellulärraum entzogene Flüssigkeit muss, um eine adäquate Ausdehnung des Plasmavolumens zu gewährleisten, ersetzt werden, woraus eine Gewichtszunahme ohne Hypervolämie resultiert (Wharton et al. 1983).

Innerhalb von 3–6 Tagen kommt es (bei erfolgreicher Behandlung der Ursache) zum Rückstrom dieser sequestrierten Volumina in den funktionellen Extrazellulärraum, weswegen dann eine negative Flüssigkeitsbilanz angestrebt werden muss. Dies kann, besonders bei reduzierter Ausscheidung oder verminderter kardiopulmonaler Reserve

den Einsatz von Diuretika und evtl. Dopamin erforderlich werden lassen.

8.3
Störungen des Elektrolythaushaltes

Störungen der Osmolarität (Natriumkonzentration)

Da Natrium zusammen mit Glukose (und dem frei diffusiblen Harnstoff) die Osmolarität des Plasmas bestimmt, bedeuten Veränderungen des Serumnatriums gleichsam Veränderung der Serumosmolarität.

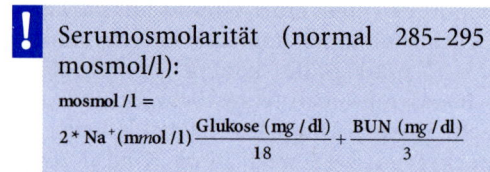

! Serumosmolarität (normal 285–295 mosmol/l):

$$mosmol/l = 2*Na^+(mmol/l)\frac{Glukose\,(mg/dl)}{18}+\frac{BUN\,(mg/dl)}{3}$$

Eine Veränderung der Serumosmolarität führt zu Flüssigkeitsverschiebungen zwischen Intra- und Extrazellulärvolumen (die intrazelluläre Osmolarität ist im wesentlichen durch Kalium, Magnesium und nur gering durch Natrium bestimmt, s. oben!).

Hyponatriämie

Perioperativ resultiert eine Hyponatriämie (Serumnatrium <135 mmol/l) aus:
1. Zufuhr kochsalzarmer Elektrolytlösungen,
2. erhöhter ADH-Sekretion,
3. vermehrtem Abfall von Oxidationswasser bei Hyperkatabolie (bis zu 800 ml freies Wasser/Tag beim Erwachsenen).

Die *Symptomatik* zeigt sich in im wesentlichen veränderter Neurologie: Konfusion, Muskelfaszikulationen (<125–120 mmol/l). Die verminderte Serumnatriumkonzentration führt zur Zunahme des Intrazellulärvolumens, damit zum Hirnödem und zu erhöhtem intrakraniellem Druck.

Die *Behandlung* der eingetretenen Hyponatriämie erfolgt bei *Isovolämie* durch Zufuhrrestriktion von freiem Wasser (insbesondere bei erhöhter ADH-Sekretion) und bei *Hypovolämie* durch Zufuhr isotoner Kochsalzlösung. Bei *lebensbedrohlicher Hyponatriämie* (zentralvenöse Symptomatik) ist die Zufuhr hypertoner Kochsalzlösung (10% NaCl-Lösung enthält 1700 mmol/l und muss, zumindest mit der 3fachen Menge verdünnt, günstigerweise als Infusionszusatz appliziert werden; Wharton et al. 1983) oder 1molare Natriumbikarbonatlösung angezeigt.

Totales Na⁺-Defizit =
$$Totales\ Na^+\text{-}Defizit = (KG \times 0{,}6) \times (140 - Ist\text{-}Na^+\ in\ mmol)$$

Das Natriumdefizit berechnet sich aus der Differenz zum normalen Natriumspiegel, bezogen auf das Ganzkörperwasser (45–60% des fettfreien Körpergewichts). Zunächst wird *1/3 des errechneten Defizits* mit einer Geschwindigkeit von etwa 150 mmol/h beim Erwachsenen substituiert. Die plötzliche Erhöhung des intravasalen Volumens muss insbesondere bei verminderter kardialer Reserve oder Nierenfunktionsstörungen in Betracht gezogen werden. Die Anwendung von Diuretika (Furosemid) führt ebenfalls zu vermehrter Ausscheidung von Wasser – allerdings auch von Natrium.

Die *Prophylaxe* besteht einerseits in der adäquaten Zufuhr von Elektrolytlösungen entsprechend dem Bedarf des Patienten (ausreichende Natriumkonzentration) sowie andererseits in der Vermeidung einer postoperativ persistierenden Hypovolämie,welche zu einer Erhöhung der ADH-Sekretion und damit Retention freien Wassers, besonders bei älteren Patienten, bei zerebralen Erkrankungen sowie nach extrakorporalen Bypass führt.

SIADH

Insbesondere bei alten Patienten, bei Neoplasmen der Lunge, nach neurochirurgischen Eingriffen etc. kann es zum „syndrome of inappropriate ADH secretion" kommen (SIADH; Bartter et al. 1967).

Hyponatriämie, Konfusion, Stupor und Krämpfe bei verminderter Freiwasserclea-

rance treten trotz normaler Kreatininclearance und adäquater Infusionstherapie auf. Die Ursache liegt in einer erhöhten ADH-Sekretion, welche insbesondere durch eine bestehende Hypovolämie, Hypotension und Opioide verstärkt wird.

Die *Behandlung* eines SIADH besteht in einer Flüssigkeitsrestriktion und einer negativen Flüssigkeitsbilanz sowie in schweren Fällen in Applikation von Furosemid und gleichzeitigem Ersatz des Flüssigkeitsvolumens durch iso- oder in schweren Fällen hypertone Kochsalzlösung (maximal 3%ig) sowie bedarfentsprechender Kaliumsubstitution.

Die *Prophylaxe* besteht in einer gewissenhaften Flüssigkeitsbilanz, insbesondere bei älteren Patienten, Vermeidung von Hypovolämie, Hypotension, übermäßiger Opioidgabe und in regelmäßiger Kontrolle der Serumelektrolyte.

Hyperosmolare Hypervolämie bei transurethraler Prostataresektion

Bei TUR-Prostata führt die zugeführte Spüllösung in Abhängigkeit von
- Dauer der Operation,
- Anzahl der eröffneten Venensinus,
- hydrostatischem Druck der Spülung zur Resorption hypoosmolarer Spüllösung in einer Größenordnung von 1.200–4.000 ml. Aus technischen Gründen (elektrisches Resektoskop) wird hierzu elektrolytfreie Lösung benutzt (isoosmolare, nicht elektrolythaltende Lösung, z. B. Glyzin, Sorbit oder Mannit sind möglich).

Als *Symptome* eines TUR-Syndroms können Hyponatriämie (<125 mmol/l), Hypoosmolarität (<260 mosmol/kgKG), intravasale Hämolyse, Herzversagen und Lungenödem auftreten. Die Symptomatik umfaßt zunächst neurologische Symptome: Konfusion, Erbrechen; danach kardiopulmonale Symptome: Blutdruckanstieg, erhöhte Blutdruckamplitude, erhöhter Zentralvenendruck, Tachypnoe sowie schließlich Koma, Krämpfe, Lungenödem, Hypoxie und kardiogener Schock.

Der Prophylaxe der Wasserintoxikation kommt vorrangige Bedeutung zu. Von entscheidender Bedeutung sind:

- Verminderung der Operationsdauer,
- Vermeidung einer Eröffnung venöser Sinus im Bereich der Prostatakapsel,
- Anwendung eines möglichst geringen hydrostatischen Drucks der Spülung,
- Vermeidung destillierten Wassers.

! Die Spinalanästhesie ermöglicht eine frühzeitige Beurteilung neurologischer Symptome.

Die *Behandlung* einer eingetretenen Wasserintoxikation erfordert folgende Maßnahmen:

- Verminderung des Plasmavolumens (Diuretika, Dopamin),
- Erhöhung der Serumnatriumkonzentration (Zufuhr hypertoner Kochsalzlösung bei bedrohlicher Neurologie, unter simultaner Diuretikatherapie)
- bei kardialer Dekompensation Applikation positiv-ionotroper Substanzen (Digitalis, Katecholamine)
- Erhöhung des F_1O_2,
- bei respiratorischer Insuffizienz (Lungenödem) kontrollierte Beatmung unter Anwendung eines erhöhten endexspriratorischen Drucks.

Bei eintretender Hämolyse sind der Behandlung des einsetzenden Nierenversagens sowie der auftretenden disseminierten intravasalen Gerinnung Rechnung zu tragen. Die frühzeitige Hämofiltration ist in dieser Situation eine brauchbare therapeutische Maßnahme.

Hypernatriämie

Eine Hypernatriämie (Serumnatrium ≥ 150 mmol/l) führt zu einer erhöhten Serumosmolarität und damit zu einer Verminderung des intrazellulären Volumens; außerdem besteht zusätzlich ein Defizit im Extrazellulärvolumen. Im Rahmen der Behandlung (Senkung der Osmolarität und Volumenszufuhr) besteht durch plötzliche Zunahme des Intrazellulärvolumens und nachfolgendem Hirnödem ein erhebliches Risiko.

Die *häufigsten Ursachen* sind die parenterale und enterale Hyperalimentation mit hyperosmolaren Lösungen und die Azidosebekämpfung ausschließlich mit Natriumkarbonat. Eine erhöhte osmotische Belastung (Osmolarität einer 40%igen Glukoselösung: ca. 3.000 mosmol/l), Hyperglykämie, Mannit sowie eine Erhöhung des Serumharnstoffs können über eine osmotische Diurese zu erheblichen Verlusten an freiem Wasser führen. Diabetes insipidus, polyurisches Nierenversagen sowie erheblich Verluste durch Perspiratio insensibilis können ebenfalls zu massiven Verlusten an freiem Wasser führen.

Die *Symptomatik* umfaßt vorwiegend neurologische Symptome, wie Delirium und Stupor, Fieber und zeitweise athetotische und choreiforme Bewegungen. Die Schleimhäute sind trocken und borkig. In Abhängigkeit von der bevorstehenden Hypovolämie kann gleichzeitig die Symptomatik eines hypovolämischen Schocks vorliegen.

$$Wasserdefizit = KG * 0,6 - KG * \frac{140}{Ist - Na}$$

Die *Behandlung* erfolgt in einer Substitution des Defizits an freiem Wasser als 5%ige Glukose, bei gleichzeitig bestehender erheblicher Hypovolämie initial als halbisotone NaCl-Lösung (50–70 mmol/l Na^+ über 24–48 h; bei Kindern muss diese Behandlung noch langsamer (bis zu 4 Tagen) durchgeführt werden. Die Senkung der Serumnatriumkonzentration sollte dabei nur etwa 10–15 mmol/l/Tag betragen (Holliday 1978). Wegen des rasch zunehmenden Intrazellulärvolumens (Hirnödem!) müssen Serumelektrolyte und Serumosmolarität wiederholt kontrolliert werden. Bei hypervolämischer Hypernatriämie (häufig mit begleitender Hypokaliämie) infolge primären und sekundären Hyperaldosteronismus (kardiale Insuffizienz, Leberzirrhose) kann eine adäquate Behandlung unter Anwendung des Aldosteronantagonisten Spironolacton (z. B. 200–600 mg i.v./Tag) erfolgen (eine Hyperkaliämie als Folge dieser Therapie ist rechtzeitig durch Serumkaliumkontrolle zu erfassen). Der volle Wirkungseintritt erfolgt erst nach Tagen.

Die *Prophylaxe* besteht in der Vermeidung der auslösenden Ursachen (besonders bei prolongierter Hyperglykämie), einer weiteren Natriumzufuhr (z. B. Ringer-Lösungen, Bikarbonat, Na-Penizillin, Eiweißlösungen) und in der Zufuhr von freiem Wasser und forcierter Diurese zur vermehrten Natriumabgabe.

Hypokaliämie

Eine Hypokaliämie (Serumkalium ≤3,5 mmol/l) liegt bei chirurgischen Patienten häufig vor: erhöhte Verluste (Erbrechen, Durchfall, Drainagen und Fisteln aus dem Gastrointestinaltrakt, sowie diuretische Therapie und polyurisches Nierenversagen), Verluste in das Darmvolumen (Ileus) bei Hyperaldosteronismus, bei kardialer Insuffizienz, Glukokortikoidtherapie und nach kardiopulmonalen Bypass.

> **!** Zur Vermeidung des intraoperativen Auftretens kardialer Arrhythmien sollte eine Hypokaliämie präoperativ unbedingt ausgeglichen werden. Die Substitution sollte dabei 20 mmol/h beim Erwachsenen (0,5 mmol/kgKG/h bei Kindern; Benitz et al. 1981) nicht übersteigen.

In Anbetracht kardialer Arrhythmien und lebensbedrohlich niedriger Kaliumspiegel kann die Substitution unter EKG-Monitoring und bei intakter Nierenfunktion bis zu 30 mmol/h bei Erwachsenen (z. B. als Kaliumchlorid) gesteigert werden. Die Kaliumsubstitution sollte beim Erwachsenen 20 mmol/h nicht überschreiten.

Die *Prophylaxe* erfolgt in der adäquaten rechtzeitigen Substitution von Kalium bei massiven enteralen Verlusten und bei Applikation von Insulin.

Hyperkaliämie

Hyperkaliämie (Serumkalium ≥5,5 mmol/l) stellt durch das Risiko bedrohlicher Herzrhythmusstörungen eine ernste Komplikation dar. Atrioventrikuläre Blockierungen, ektoper ventrikulärer Rhythmus, Kammerflimmern und Asystolie drohen bei Ansteigen des Serumkaliums über 7 mmol/l. Hohe, spitze T-Wellen, verbreitete QRS-Komplexe, AV-Blockierungen und Verschwinden der P-Wellen sind typische EKG-Veränderungen bei Hyperkaliämie. Verminderte renale Ausscheidung (akutes oder chronisches Nierenversagen), insbesondere bei vorliegender Katabolie oder intravenöser Kaliumzufuhr sowie Hypoaldosteronismus, auch iatrogen nach Spironolacton, sind die häufigsten Ursachen. Rasche Zufuhr großer Volumina alter Blutkonserven (≥3 Wochen altes Blut enthält bis zu 30 mmol/l Kalium), schwere Azidose, Hypoxie, massives Gewebstrauma mit ausgedehnten Nekrosen können zu Hyperkaliämie durch Freisetzung intrazellulären Kaliums (Kalium intrazellulär normal 160 mmol/l) führen.

Die Anwendung von Succinylcholin, Tage bis Monate nach Verbrennung, Rückenmarkschädigungen mit Lähmung (Denervierungshypersensibilität) oder massivem Gewebstrauma kann zu Asystolie durch extreme Hyperkaliämie aufgrund *plötzlicher Freisetzung* intrazellulären Kaliums im Rahmen der Depolarisation führen.

Eine Hyperkaliämie vor elektiven Eingriffen bei gleichzeitig vorliegendem Nierenversagen erfordert eine präoperative Dialyse oder Hämofiltration zur Korrektur. Bei massiven Bluttransfusionen ist durch EKG - Monitoring und regelmäßige Kontrolle der Serumelektrolyte eine Hyperkaliämie rechtzeitig zu erfassen.

ÜBERSICHT

Die notfallmäßige Behandlung einer Hyperkaliämie umfaßt bis zur Installation der Dialyse (oder Hämofiltration) die Applikation von

- 10%igem Kalziumglukonat in 3-ml-Portionen bis zur Normalisierung des EKG,
- 50 g Glukose und 20 I.E. Altinsulin sowie
- 100 mmol Natriumbikarbonat i.v.,
- (wenn möglich) 25 g Polystyrensulfonat in 200 ml 10%iger Glukose rektal (Petrie 1972).

Dabei werden Kalzium zur Antagonisierung der kardialen Wirkung von Kalium, Glukose, Insulin und Bikarbonat zum intrazellulären Transfer von Kalium, und rektal appliziertes Resonium als Kationenaustauscher angewandt.

Alkalisierung durch Hyperventilation und Volumenexpansion mit isotoner Kochsalzlösung bei bestehender Hypovolämie sowie die Anwendung von Saluretika bei intakter Nierenfunktion (Furosemid) sind weitere zielführende Maßnahmen.

Die *Prophylaxe* besteht in der Vermeidung kaliumhaltiger Infusionen bei unzureichender renaler Ausscheidung sowie Vermeidung der Succinylapplikation bei Risikopatienten.

Literatur

Barrter FC, Schwartz WB(1967) The syndrome of inappropriate secretion of ADH. Am J Med 42: 790

Benitz WE (1981) The pediatric drug handbook. Year Book Medical Publisher, Chicago

Holiday MA (1978) Hyperosmolarity. In Pascol DJ ((eds) Pediatric emergencies. Lippincott, Philadelphia, pp 216–218

Lappas D (1973) Indirect treatment of the left atrial pressure in surgical patients: pulmonary capillary wedge and pulmonary artery diastolic pressures compared with left atrial pressure. Anesthesiology 38: 39

Nemes C (1982) Datenbuch Anästhesiologie. Fischer, Stuttgart New York

Petrie JJB (1972) The clincial features. complications and treatment of chronic renal failure. Br J Anesth 44: 266

Ramdohr R (1971) Vergleichende Untersuchung über die Wirkung von Dopamin und Orciprenalin am gesunden Menschen. Klin Wochenschr 50: 149

Wharton RS (1983) Fluid and electrolyte problems. In: Orkin FK, Cooper NLH (eds) Complications in anesthesia. Lippincott, Philadelphia, pp 381–399

KAPITEL 9

Störungen der Synthese oder der Funktion des Hämoglobins

W. TOLLER

! Hämoglobinopathien können durch Beeinträchtigung des O_2-Transportes, durch Veränderung der Fließeigenschaften der Erythrozyten oder durch Akkumulation pathologischer Syntheseprodukte perioperative Komplikationen verursachen.

9.1 Sichelzellerkrankung

Die Sichelzellerkrankung umfaßt eine Gruppe angeborener Störungen der Hämoglobinsynthese, die durch die Produktion eines abnormalen Hämoglobins, Hämoglobin S (Hb-S), anstelle des normalen Hämoglobin A (Hb-A) gekennzeichnet sind. Die Erkrankung kommt v. a. bei Farbigen in den USA und Afrika, aber auch bei Personen in bestimmten Gebieten des Mittelmeeres (Türkei, Griechenland, Italien), im Mittleren Osten und in Ost-Indien vor.

Einteilung und Häufigkeit

Sichelzellanämie

Liegt das abnormale Gen in homozygoter (SS-) Form vor, so wird von einer Sichelzellanämie gesprochen. Mehr als 90% des Hämoglobins in den Erythrozyten dieser Patienten ist Hb-S, während kein Hb-A und geringe Mengen fetalen Hämoglobins (Hb-F) vorhanden sind. Die Inzidenz der Sichelzellanämie bei Amerikanern afrikanischer Abstammung beträgt 0,2%, entsprechend sind mehr als 50.000 Personen in den USA von dieser Erkrankung betroffen. Die Le-benserwartung bei Sichelzellanämie ist zuletzt von 14,3 Jahren (1970) auf 42 Jahre bei Männern und 48 Jahre bei Frauen (1990) zwar signifikant angestiegen [44], dennoch besteht ohne Zweifel Bedarf an einer weiteren Verbesserung des therapeutischen Managements.

Sichelzellträger

Liegt das abnormale Gen in heterozygoter (AS-) Form vor, spricht man von einem Sichelzellträger. Die Erythrozyten dieser Patienten haben neben einem Hb-S-Gehalt von etwa 30–40% auch Hb-A und sehr geringe Mengen Hb-F. Von den Amerikanern afrikanischer Abstammung sind 8% Sichelzellträger (ca. 2,5 Mio. Personen; [35]). Sichelzellträger haben eine normale Hämoglobinkonzentration und bleiben von den Symptomen der Sichelzellanämie weitgehend verschont, da die Erythrozyten nur unter extremen Umständen (O_2-Sättigung des Hämoglobins <20%) zur Polymerisation mit Sichelzellbildung neigen. Entsprechend unterscheidet sich bei Sichelzellträgern, mit Ausnahme einer gesteigerten Rate von Lungeninfarkten, die Inzidenz schwerer Erkrankungen und die Lebenserwartung nicht von Patienten mit normalem Hämoglobin, vereinzelte Fallberichte über perioperative Komplikationen liegen jedoch vor [11, 14].

Andere heterozygote Kombinationen

Hb-S kann in seltenen Fällen auch in Kombination mit Hämoglobin C (Hb-S/C) oder mit β-Thalassämie (Hb-S/βThal) vorkommen. In den USA wird die Prävalenz der Hb-S/C auf 1:835 und die der Hb-S/βThal auf 1:1.667 Amerikaner afrikanischer Abstammung geschätzt. Das klinische Erscheinungsbild dieser Erkrankungen ist dem der Sichelzellanämie sehr ähnlich.

Pathogenese

Während der Globinanteil der Hb-S-Moleküle dieselben α-Ketten wie Hb-A besitzt, ist durch eine genetische Mutation an der Position 6 der β-Ketten Glutaminsäure durch Valin ersetzt. Die Mutation verursacht *Abnormalitäten in der Struktur und Funktion dieses Hämoglobins, wobei die Polymerisation des Hb-S mit nachfolgender Sichelzellbildung* der Erythrozyten im Rahmen der Desoxygenierung die auffallendste ist. Der ständige Wechsel zwischen Desoxygenierung und Oxygenierung führt zu einem Wechsel von Sichelzellbildung und Wiederauflösung. Das Ausmaß und die Geschwindigkeit der Sichelzellbildung hängt v. a. vom Grad der Desoxygenierung, von der intrazellulären Hämoglobinkonzentration und von der Anwesenheit von Hb-F ab [7].

Da die Kapillarpassage der Erythrozyten verglichen mit der Zeit, die notwendig ist, Polymere zu bilden, relativ kurz ist, findet Polymerbildung normalerweise nur in einem kleinen Prozentsatz (<20%) der Erythrozyten tatsächlich statt [36]. Rezidivierende Hämoglobinpolymerisation, verstärkte Bildung von O_2-Radikalen [61] und zelluläre Dehydratation [7] führen jedoch früher oder später zu einer irreversiblen Schädigung der Erythrozytenmembran und *verkürzen die Überlebensdauer der Erythrozyten auf 15–20 Tage* (hämolytische Anämie). Die eingeschränkte Verformbarkeit der Sichelzellen *erhöht auch die Viskosität des Blutes und behindert dadurch die Blutzirkulation in den Kapillargebieten.*

Neben diesen strukturellen Unterschieden besitzt Hb-S im Vergleich mit Hb-A auch funktionelle Besonderheiten. Die O_2-Dissoziationskurve wird durch die verminderte Affinität für Sauerstoff nach rechts verschoben, wodurch die *O_2-Abgabe erleichert* und eine *adäquate Oxygenierung der Gewebe unter Ruhebedingungen in der Regel auch bei Hämoglobinwerten ≥6 g/dl noch ge-*

währleistet wird. Zusätzlich sind das Herzzeitvolumen und die O_2-Extraktion wie bei allen Patienten mit chronischen Anämien erhöht. Sichelzellen (speziell die Retikulozyten) haben eine erhöhte Neigung, über sog. Zelladhäsionsmoleküle (CAM) [20] an Gefäßendothelien haften zu bleiben [22], speziell bei gleichzeitiger Anwesenheit entzündlicher Prozesse [53].

Symptomatik

Personen mit Sichelzellanämie haben bei der Geburt und in den ersten Lebensmonaten aufgrund der physiologisch großen Mengen von Hb-F noch keine Zeichen der Erkrankung. Später auftretende Symptome werden v. a. durch die chronische Hämolyse und durch rezidivierende Gefäßverschlüsse verursacht. Die Hauptursachen für Todesfälle in der Kindheit sind schwere Infektionen mit Streptococcus pneumoniae oder Haemophilus influenzae, zerebrale Embolien und akute Sequestrationskrisen der Milz. Eines der auffallendsten Symptome ist das Auftreten akuter Schmerzattacken, deren Häufigkeit auch ein Indikator für Mortalität ist [43].

▌Symptomatik bei Sichelzellanämie

ÜBERSICHT

- Chronische Hämolyse:
  – Anämie, Ikterus, Gallensteinbildung, verzögertes Wachstum, verzögerte Sexualentwicklung
- Rezidivierende Gefäßverschlüsse:
  – akute Schmerzattacken (v. a. Thoraxbereich, Bewegungsapparat, Abdomen [56])
  – zentrales Nervensystem: transiente ischämische Attacken, Schlaganfall, Erblindung
  – Herz-Kreislauf-System: biventrikuläre Hypertrophie, (selten myokardiale Ischämie [29])
  – respiratorisches System: Pulmonalarterienembolie, Atelektasen
  – akutes-Thorax-Syndrom (Fieber, Leukozytose, pulmonale Infiltrate im Thoraxröntgen)

- Priapismus, Hautnekrosen, aseptische Femurkopfnekrosen,
- Milzinfarkt: Hyposplenismus [40], erhöhte Infektionsneigung [9].
- Aplastische Krise:
  - schwere Anämie durch Ausschöpfung des Knochenmarks.

Diagnose

Die Grundlagen der Diagnostik sind eine gründliche Anamnese und ein Blutausstrich.

Als präoperatives Screening wird häufig ein Test verwendet, dessen Grundlage die Unlöslichkeit von reduziertem Hb-S in saurem Phosphatpuffer ist (Sickledex, Fa. Ortho Diagnostics, Raritan/NJ). Da Neugeborene große Mengen Hb-F besitzen und dieses die Hb-S Polymerisation hemmt, ist der Test für diese Altersgruppe nicht geeignet. In einem kleinen Prozentsatz kann der Test auch falsch-positive Resultate ergeben [47]. Die Notwendigkeit eines generellen präoperativen Screenings von Risikopatienten scheint nicht gerechtfertigt zu sein [48]. Ein sicherer, aber relativ zeit- und kostenaufwendiger, Nachweis von Hb-S kann durch die Hämoglobinelektrophorese gemacht werden.

Ursachen von Sichelzellkrisen

Jede Einschränkung der Gewebeperfusion stellt prinzipiell ein Risiko dar eine Sichelzellkrise auszulösen, da das *Ausmaß der Sichelzellenbildung* vom *Verhältnis der Geschwindigkeit der Polymerbildung* zur *Dauer der kapillaren Transitzeit* abhängt *[16]*.

Auslösende Faktoren von Krisen bei Sichelzellanämie [50]

ÜBERSICHT

- Hypothermie
- Hypovolämie, Schock, Trauma
- Hypoxie
- Stress
- Infektion
- Alkoholkonsum, Zigarettenkonsum
- Azidose
- Menstruation

Perioperative Komplikationen bei Patienten mit Sichelzellanämie

Anästhesie und Chirurgie sind durch den perioperativen Stress wichtige Risikofaktoren für diese Patienten. Perioperative Komplikationen können durch bereits vorhandene Organschäden (z. B. hämolytische Anämie, kardiale Dekompensation, erhöhter intrapulmonaler Rechts-links-Shunt, renale sowie hepatische Insuffizienz), oder durch Auslösung neuer Sichelzellkrisen verursacht werden. Jede Einschränkung der Organperfusion kann die Bildung neuer Sichelzellen provozieren. Die nachfolgende verstärkte Behinderung der Organperfusion kann in einem Circulus vitiosus mit Einzel- oder Multiorganversagen münden.

Häufige Komplikationen bei perioperativen Sichelzellkrisen

ÜBERSICHT

- Milzinfarkt
- Lungeninfarkt
- Ikterus
- Schmerzkrisen
- Nierenversagen
- Plötzliche Erblindung
- Plötzlicher Exitus

Therapie und Prophylaxe

! Patienten mit Sichelzellanämie können für den Anästhesisten sowohl im Rahmen des perioperativen Managements als auch in der ambulanten oder stationären Behandlung akuter Schmerzzustände eine große Herausforderung sein. Morbidität und Mortalität von Patienten mit Sichelzellanämie sind unter Anästhesie und Chirurgie signifikant höher als bei anderen Patienten [49], können aber durch adäquates Management deutlich gesenkt werden [24].

Die Aufrechterhaltung oder Wiederherstellung von *Normothermie, Hydratation, normalem pH-Wert* und *hohem Herzzeitvolumen* ist ebenso wichtig wie die *Verabreichung von O$_2$ (p$_a$O$_2$ 80 mmHg)* und *Vermeiden von Beeinträchtigungen der Blutzirkulation* (z. B. durch Tourniquets).

> ❗ Operationen während Sichelzellkrisen (kardiales oder pulmonales Versagen, renale und hepatische Insuffizienz, Schmerzkrisen) sollten nur bei absoluter Dringlichkeit durchgeführt werden [44] und erfordern meist eine partielle oder totale Austauschtransfusion [1, 10, 28, 44].

Im Gegensatz dazu ist der Nutzen einer präoperativen Austauschtransfusion zur Verringerung der Morbidität bei asymptomatischen Patienten unklar [59], weil eine zu aggressive Transfusionspraxis u. a. die Viskosität des Blutes weiter erhöhen kann und mit einem gesteigerten Infektionsrisiko einhergeht. Ein Vergleich einer aggressiven gegenüber einer konservativen Transfusionspraxis bei asymptomatischen Patienten zeigte, außer signifikant geringerer transfusionsbedingter Komplikationen in der konservativ behandelten Patientengruppe, keinen Unterschied [60].

Entsprechend sollte perioperativ v. a. der *Prophylaxe der Sichelzellbildung* ein großer Stellenwert eingeräumt werden, um die Notwendigkeit von Transfusionen auf Sichelzellkrisen und schwere Anämien zu beschränken. Im Rahmen von Herzoperationen oder anderen großen intrathorakalen Eingriffen, bei denen eine mangelhafte Perfusion der Gewebe durch Hypothermie und Hypoxie häufig ist, müssen Transfusionen oder Austauschtransfusionen hingegen häufig durchgeführt werden [2]. Eingriffe mit Anwendung der extrakorporalen Zirkulation bei Sichelzellerkrankung stellen generell eine große Herausforderung dar, wobei jedoch das Risiko durch adäquate Durchführung der Bypasstechnik deutlich vermindert werden kann.

Die Regionalanästhesie wurde lange Zeit als Technik der Wahl bei Patienten mit Sichelzellanämie angesehen.

> ❗ Die Wahl der Anästhesietechnik scheint aber weniger wichtig zu sein als das Vermeiden der genannten Auslösefaktoren zur Sichelzellbildung [48].

Entsprechend wurde auch *keine Korrelation zwischen Wahl des Anästhetikums und Morbidität* gefunden [23]. Die Entscheidung bezüglich einer Allgemein- oder einer Regionalanästhesie sollte deshalb anhand chirurgischer Vorgaben, Erfahrung des Anästhesisten und patientenabhängig getroffen werden.

> ❗ Akute Schmerzattacken sind die häufigste Manifestation der Sichelzellerkrankung und stellen auch die häufigste Ursache für eine Spitalsaufnahme dar.

Betroffen sind v. a. Patienten im Alter von 20–40 Jahren, wobei die durchschnittliche Zahl von Schmerzattacken bei Sichelzellanämie 0,8/Patientenjahr ist. Eine Zahl von >3 Schmerzattacken/Jahr erhöht die Mortalität signifikant [43], 1% der Patienten haben >6. Die Ursachen für diese Variabilität ist unbekannt, jedoch wurden hohen Spiegeln von Hb-F und niedrigen Hämatokritwerten eine präventive Funktion zugesprochen. Neben Gefäßverschlüssen durch Sichelzellen werden auch eine Aktivierung des Gerinnungssystems [42] und neutrophiler Granulozyten über Entzündungsmediatoren als Ursachen der Schmerzattacken angesehen. Zur Schmerztherapie stehen Nicht-Steroidale Antirheumatika (v. a. bei Knochenschmerzen) und Opiate in unterschiedlichen Applikationsformen zur Verfügung.

9.2 Porphyrien

Porphyrien sind angeborene oder erworbene Störungen der Biosynthese des Häms, der prosthetischen Gruppe der respiratorischen Enzyme Hämoglobin und Zytochrom.

Einteilung und Häufigkeit

Die Einteilung der Porphyrien folgt nach der *Hauptlokalisation* der Häm- und damit Porphyrinproduktion (hepatisch, erythropoetisch), nach dem *klinischen Erscheinungsbild* (akut, nichtakut) und dem *zugrundeliegenden Enzymmangel*:

| **Einteilung der Porphyrien** [33] |

ÜBERSICHT

Hepatisch
- Hepatische akute Porphyrien
  - akute intermittierende Porphyrie
  - hereditäre Koproporphyrie
  - Porphyria variegata
  - Plumboporphyrie
- Hepatische nichtakute Porphyrien
  - Porphyria cutanea tarda (familiär, erworben)

Erythropoetisch
- Erythropoetische Porphyrie
  - Uroporphyrie
  - Protoporphyrie

Von den für den Anästhesisten bedeutungsvollen, induzierbaren Porphyrien ist die häufigste die *akute intermittierende Porphyrie* mit einer Inzidenz von 1:1000 in Teilen Skandinaviens, 1:5.000 in Nordirland und 1:80.000 in Irland. 75% aller induzierbarer Porphyriefälle in den USA betreffen die akute intermittierende Porphyrie. Generell ist die Inzidenz bei Frauen höher als bei Männern [58].

Die Porphyria variegata kommt mit einer Inzidenz von 3:1000 v. a. bei der weißen Bevölkerung Südafrikas vor. Von allen induzierbaren Porphyriefällen in den USA betreffen 20% die Porphyria variegata, 5% die hereditäre Koproporphyrie.

Pathogenese

Grundlage für die Erkrankung ist eine durch einen spezifischen Enzymmangel oder eine Enzymfehlfunktion verursachte Blockierung eines Syntheseschritts beim Aufbau des Häms mit nachfolgendem Hämmangel und Akkumulation von Präkursoren in Geweben. Charakteristisch für Porphyrien ist auch, dass die normalerweise durch Hämbildung vorhandenen negativen Feedback-Mechanismen auf proximale Enzyme (v. a. Aminolävulinsäuresynthetase) fehlen, wodurch deren Basisaktivität erhöht wird [37]. Folge ist eine Überproduktion von *Porphyrinogenen*. Oxidation dieser Substanzen resultiert dann in der Bildung und Akkumulation von *Porphyrinen* (Abb. 9.1), die hochreaktive Metabolite sind (z. B. Photosensibilisierung bei Akkumulation in der Haut). Pharmaka, welche diese proximalen Enzyme direkt in ihrer Aktivität steigern (Enzyminduktion), können die Porphyrinakkumulation zusätzlich verstärken.

Symptomatik

> **!** Die Symptome im Rahmen von Porphyrien werden durch die Akkumulation von Präkursoren in Geweben verursacht.

Bei Patienten mit *hepatischen* Porphyrien stehen abdominelle Schmerzen mit Stimulation des sympathischen Nervensystems, periphere Neuropathien und Änderungen des mentalen Zustandes im Vordergrund. Charakteristisch für diese Porphyrieformen ist die Auslösbarkeit akuter Krisen durch Verabreichung von Triggersubstanzen (z. B. Barbiturate [15]). Im Gegensatz dazu haben Patienten mit *erythropoetischen* Porphyrien extreme Empfindlichkeit der Haut bei fehlenden neurologischen Symptomen und fehlender Auslösbarkeit von Porphyrieattacken durch Medikamente.

Akute Porphyrieattacken werden demnach bei akuter intermittierender Porphyrie, hereditärer Koproporphyrie, Porphyria

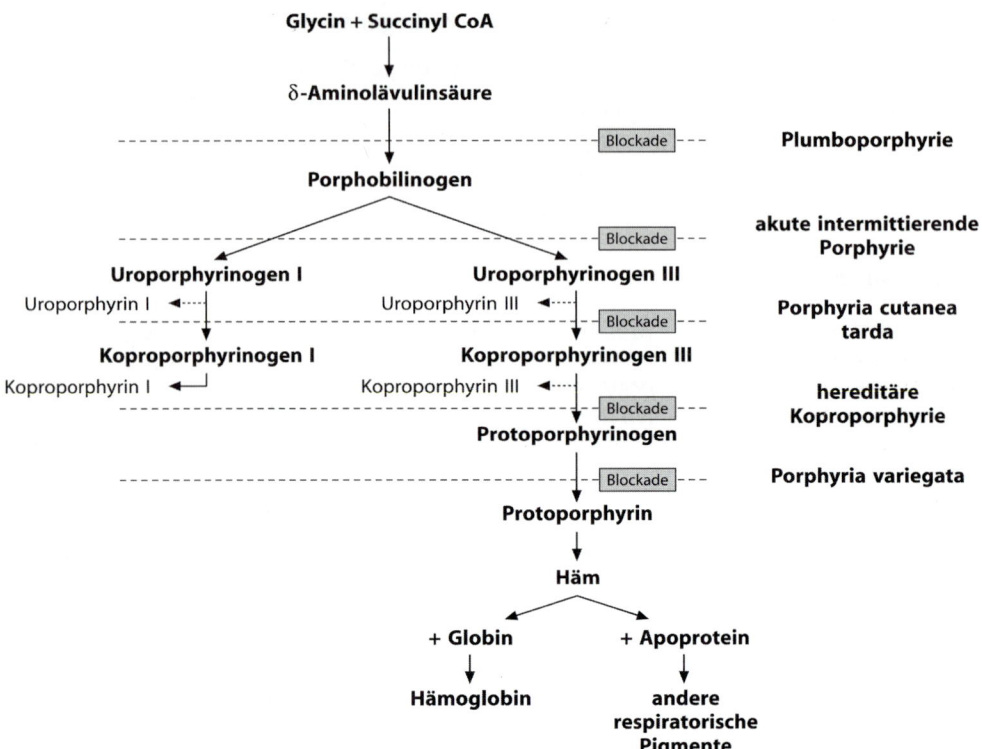

Abb. 9.1. Ablauf der Hämbildung und Folgen der Blockaden an verschiedenen Stellen: Das Fehlen oder die Dysfunktion entsprechender Enzyme klassifiziert die einzelnen Porphyrietypen. Charakteristisch die Akkumulation proximaler Stoffwechselprodukte, die z. T. hochreaktiv sind

variegata und bei der Plumboporphyrie beobachtet [31].

Häufige Symptome bei akuten Porphyrieattacken [55]

ÜBERSICHT

- Bauchschmerz
- Erbrechen
- Tachykardie
- Hypertension
- Lähmung
- Verwirrtheit
- Bewusstlosigkeit
- Krämpfe

Die Ursachen der neurologischen Schädigungen sind nicht bekannt, jedoch führt einerseits eine erhöhte Aktivität der proximalen Enzyme in den Neuronen zu De- myelinisierung und Axondegeneration [51], andererseits sind hohe Konzentrationen von Aminolävulinsäure neurotoxisch. Bei anhaltender Porphyrinproduktion kommt es nach einiger Zeit zu einer peripheren (Paresen der oberen Extremität, respiratorische Lähmung) oder zentralen (Dysphagie, Dysphonie, respiratorische Dysfunktion) Neuropathie. Eine Beteiligung des zentralen Nervensystems kann auch in plötzlicher Verwirrung, akuter Psychose, Krämpfen und Koma resultieren. Fieber und ein „syndrome of inappropriate ADH-secretion" (SIADH) durch hypothalamische Beteiligung können Hyponatriämie verursachen.

Die Photosensibilität wird durch Akkumulation von Porphyrinen in Lysosomen von Hautzellen verursacht, wobei es dann unter dem Einfluss von ultraviolettem Licht zu Zellnekrosen, Erythem- und Blasenbildung und anschließender Vernarbung kommen kann.

Diagnose

Die Diagnose der auslösbaren Porphyrien basiert auf dem *Nachweis von Porphobilinogen im Harn*, welcher sich, angesäuert, bei hoher Konzentration unter Lichteinfluss schwarz verfärbt. Der quantitative Nachweis erfolgt chromatographisch. Neuerdings steht auch ein Genanalyseverfahren für die akute intermittierende Porphyrie zur Verfügung [5, 32], welches für ein sicheres perioperatives anästhesiologisches Management zukünftig bedeutsam werden könnte [25].

Ursachen von Porphyrieattacken

Die Ursache von Porphyrieattacken ist primär meist eine *Abnahme der Hämkonzentration*. Die Reduktion des negativen Feedbackmechanismus führt dann zu einer gesteigerten Aktivität proximaler Enzyme und resultiert in der Akkumulation von Präkursoren. Eine große Anzahl von Pharmaka, darunter auch einige in der Anästhesie ver-

Tabelle 9.1. Sicherheit von in der Anästhesie verwendeten Medikamenten im Rahmen von Porphyrien. (Nach [25])

	Sicher	Unsicher	Unklar
Intravenöse Anästhetika	Midazolam Lorazepam Propofol	Barbiturate Etomidat Nitrazepam Flunitrazepam Chlordiazepoxid	Diazepam Ketamin
Inhalationsanästhetika	Lachgas	Enfluran	Isofluran Halothan
Muskelrelaxanzien	Succinylcholin Vecuronium d-Tubocurarin		Pancuronium Atracurium
Prämedikation	Scopolamin Atropin Droperidol Promethazin Chloralhydrat Diphenhydramin Cimetidin		
Opioide	Morphin Fentanyl	Pentazocin	Sufentanil
Anticholinesterasen	Neostigmin		
Lokalanästhetika	Bupivacain Procain		Lidocain
Kardiovaskuläre Medikamente	Atenolol Labetalol Phentolamin	α-Methyldopa Hydralazin Phenoxybenzamin	
Andere	Glukose Antiepileptika	Orale Kontrazeptiva Endogene Steroide Griseofulvin	

wendete, kann Porphyrieattacken durch direkte Reduktion der Hämkonzentration auslösen. Seltener können Pharmaka auch die Synthese neuer, in der Hämproduktion benötigter Enzyme erhöhen [18]. Tabelle 9.1 zeigt die Sicherheit von in der Anästhesie verwendeten Substanzen bei Patienten mit auslösbaren Porphyrien.

Weitere auslösende Faktoren sind eine *katabole Stoffwechsellage* (z. B. bei Hunger oder im Rahmen einer Infektion), *exzessiver Alkoholkonsum*, psychischer Stress und *physiologische Hormonschwankungen*.

Perioperative Komplikationen bei Patienten mit Porphyrien

Während eine Reihe von Porphyrien ohne auslösende pharmakologische Intervention symptomatisch werden kann (vorwiegend kutane Symptome durch Photosensibilisierung), sind für den Anästhesisten v. a. die induzierbaren Porphyrien (akute intermittierende Porphyrie, Porphyria variegata, hereditäre Koproporphyrie, Plumboporphyrie) von Bedeutung. Bei diesen Formen der Porphyrie kann es durch Verabreichung von Pharmaka zur plötzlichen Akkumulation von Präkursoren und damit zur Auslösung der typischen Symptome kommen. In diesem Fall ist zunächst die neurologische Untersuchung des Patienten außerordentlich wichtig, da das Auftreten einer bulbären Symptomatik eine bevorstehende respiratorische Insuffizienz anzeigen kann. Häufig kommen auch Hypertension, Tachykardie, Dehydratation und Elektrolytstörungen (Hyponatriämie, Hypokaliämie, Hypokalzämie, Hypochlorämie) vor. Die Funktion des autonomen Nervensystems ist häufig beeinträchtigt [6].

Besonders schwierig kann das Management von Porphyriepatienten sein, wenn der Krankheitsprozeß, der die chirurgische Intervention erfordert, die Ursache der Porphyrieattacke ist (z. B. akute Appendizitis, Infektionen).

> **!** Häufig wird bei Porphyrien bevorzugt eine Allgemeinanästhesie durchgeführt. Eine Regionalanästhesie ist bei Patienten mit asymptomatischer Porphyrie möglich, erfordert jedoch, insbesondere bei Vorliegen einer peripheren Neuropathie, eine exakte präoperative Untersuchung und Dokumentation des neurologischen Status. Im Gegensatz dazu ist die Durchführung einer Regionalanästhesie während einer Porphyrieattacke kontraindiziert.

Zur *Einleitung* einer Allgemeinanästhesie bei Porphyriepatienten eignet sich Propofol [31]. Ketamin wird meist ebenfalls als sicher erachtet [8, 45, 46, 52], obwohl es in hohen Konzentrationen porphyrinogen sein kann [21, 26]. Barbiturate sind bei Porphyrien kontraindiziert. Zur *Aufrechterhaltung* der Allgemeinanästhesie sind eine TIVA mit Propofol, Muskelrelaxanzien, und Opioiden (außer Pentazocin) geeignet. Lachgas kann ebenfalls verwendet werden, während die Rolle der volatilen Anästhetika umstritten ist.

Therapie und Prophylaxe

Da die wichtigsten Ursachen für Mortalität bei diesen Patienten eine zugrundeliegende Infektion und respiratorische Insuffizienz sind, stellt eine diesbezügliche Behandlung bzw. adäquates respiratorisches Monitoring die Basis der Therapie dar. Die Behandlung einer akuten Krise im Rahmen einer Porphyrie erfolgt *symptomatisch* (s. Übersicht unten). Tachykardie und Hypertension sprechen meist erfolgreich auf β-Blocker an [13, 27, 54], während α-Methyldopa und Hydralazin kontraindiziert sind [6]. Zur Therapie von Schmerzen eignen sich Opioide. Neuroleptika (Chlorpromazin) können als Adjuvanzien zur Schmerztherapie, aber auch zur Behandlung von Übelkeit und Erbrechen verwendet werden, die Verabreichung von Metoclopramid sollte aber v. a. bei Neugeborenen unterbleiben.

Auftretende Krämpfe erfordern den Einsatz von Diazepam oder Clonazepam. Eine Hyponatriämie wird bei Hypovolämie durch isotone Lösungen, bei SIADH durch Flüssigkeitsrestriktion korrigiert. Die intravenöse Zufuhr von Glukose (20 g/h) kann eine Besserung bewirken (Glukoseeffekt; [58]), obwohl es bei Absetzen zu einem Reboundphänomen kommen kann.

Die Substitution von Häm erhöht direkt den negativen Feedbackmechanismus auf proximale Enzyme und reduziert dadurch deren erhöhte Aktivität im Rahmen akuter Porphyriekrisen. Entsprechend gilt die Verabreichung von Häm in Form von Hämatin seit langer Zeit als Standardtherapie in der Behandlung von akuten Porphyrien. Eine Dosis von 3–4 mg/kgKG 1- bis 2mal/Tag i.v. kann zu einer signifikanten Verbesserung des klinischen Bildes [4] mit deutlichen Abnahmen der Konzentrationen von Aminolävulinsäure und Porphobilinogen im Urin führen. Die eintretende Remission hält meist etwa 48 h an, kann jedoch von einem Rebound gefolgt werden. Nachteil dieser Therapie ist aber, dass es zu Thrombophlebitis, Koagulopathie [34] und Nierenversagen kommen kann, Effekte die v. a. auf die Instabilität der gelösten Substanz zurückzuführen sind. Entsprechend wurde zuletzt versucht, Häm in Form von Hämarginat zu verabreichen, wobei diese Substanz gelöst wesentlich stabiler ist und nicht die unerwünschten Nebenwirkungen der Hämatintherapie zu haben scheint [30, 38, 39, 57].

Die *Prophylaxe* akuter Porphyrieattacken umfaßt die präoperative Diagnosestellung, Aufklärung des Patienten sowie Vermeiden aller nicht unbedingt notwendigen Pharmaka, insbesondere der als Triggeragenzien eingestuften. Da Stress ein Auslöser von Porphyrieattacken sein kann, kommt einer adäquaten Prämedikation große Bedeutung zu. Der Anästhesist sollte präoperativ neurologische Defekte dokumentieren.

Therapie der Krise bei Porphyrie

ÜBERSICHT

- Behandlung einer Infektion, respiratorische Überwachung bzw. Therapie
- Opioide, Chlorpromazin (Schmerzen)
- Diazepam, Clonazepam (Krämpfe)
- β-Blocker (Hypertension, Tachykardie)
- Korrektur der Hyponatriämie
- Glukose (20 g/h i.v.)
- Hämatin, evtl. Hämarginat

9.3 Methämoglobinämie

Im Rahmen einer Methämoglobinämie verliert das Hämoglobinmolekül aufgrund struktureller Veränderungen die Fähigkeit, Sauerstoff zu binden. Liegt mehr als 1% des Hämoglobins als Methämoglobin vor, wird von einer Methämoglobinämie gesprochen.

Bedeutung

Geringe Mengen von Methämoglobin werden in den Erythrozyten regelmäßig durch Oxidation des Hämoglobins spontan gebildet und durch Reduktion wieder in normales Hämoglobin rückgeführt. Bei Neugeborenen und Säuglingen ist die Kapazität der Enzymsysteme, die für diesen Reduktionsmechanismus verantwortlich sind, noch eingeschränkt. Eine Akkumulation von Methämoglobin kann durch 2 grundlegende Mechanismen verursacht werden.

Angeborener Enzymmangel oder Enzymfehlfunktion

Bei diesen sehr seltenen Erkrankungen kommt es durch einen Enzymmangel oder eine Enzymfehlfunktion zu einer Einschränkung der Fähigkeit, oxidiertes Hämoglobin wieder zu reduzieren und dadurch zu einer Akkumulation von Methämoglobin. Die betroffenen Enzymsysteme sind v. a. NADH-abhängige Zytochrom-B_5-Reduktase und das NADPH-Diaphorase-System. Ferner kann es auch durch Bildung eines abnormalen Hämoglobin (Hämoglobin-M-Erkrankung) zu einer spontanen, irreversiblen Oxidation kommen. Bei diesen Erkrankungen weisen die Patienten Methämoglobinspiegel von 30–50% auf.

Erworbene oder toxische Methämoglobinämie

Bei dieser *häufigeren Form* der Methämoglobinämie verursacht die Zufuhr von Substanzen, welche die Rate der Hämoglobinoxidation steigern und dadurch die Kapazität der Reduktionssysteme überfordern, die Methämoglobinämie. Zur Akkumulation großer Mengen von Methämoglobin neigen insbesondere Patienten mit zusätzlicher Einschränkung der Reduktionssysteme wie Neugeborene, Säuglinge, und Patienten mit angeborener Disposition.

 Neugeborene und Säuglinge weisen eine besondere Disposition zur Methämoglobinbildung auf.

Pathogenese

Die O_2-Aufnahme von Hämoglobin A setzt sterische Veränderungen des Hämoglobins voraus, wobei nur in der R-Struktur („relaxed structure") Sauerstoff an das Häm angelagert werden kann [41]. Durch sterische Änderung des Häms (Oxidation von 2wertigem Eisen zu 3wertigem Eisen) kommt es zum *Verlust der Fähigkeit des Hämoglobins, die R-Struktur einzunehmen und Sauerstoff zu binden.* Die Akkumulation größerer Mengen von Methämoglobin kann durch Verminderung des O_2-Gehaltes im Blutes eine *Hypoxie* verursachen. Die O_2-Dissoziationskurve verschiebt sich durch Anwesenheit von Methämoglobin nach links, was auf eine höhere Affinität des normalen Hämoglobins für Sauerstoff hinweist und die *O_2-Abgabe im Gewebe erschwert.* Zusätzlich haben methämoglobinenthaltende Erythrozyten auch eine *höhere Hämolyseneigung.*

Symptomatik und Diagnose

Das typische Symptom der Methämoglobinämie ist eine *bräunliche Zyanose.* Während bei hypoxiebedingter Zyanose etwa 5 g/dl Hämoglobin desoxygeniert sein müssen, um eine sichtbare Zyanose zu erzeugen, genügen bei Methämoglobin 1,5 g/dl. Die Schwere der Symptome im Rahmen einer Methämoglobinämie wird einerseits durch die *Methämoglobinkonzentration im Blut* sowie andererseits durch die *Kompensationsfähigkeit des kardiorespiratorischen Systems* bestimmt.

 Bei normaler kardialer Reserve führt eine Methämoglobinkonzentration >50% zur Bewusstlosigkeit und >70% zum Tode.

Die *Diagnose* einer Methämoglobinämie erfolgt spektrophotometrisch. Charakteristisch ist auch eine, im Vergleich zu Gesunden, fehlende Aufhellung des venösen Blutes unter Beimischung von Luft.

Methämoglobinämie-induzierende Substanzen

Eine Reihe pharmakologischer und chemischer *Triggersubstanzen* können eine Methämoglobinämie verursachen, wobei auch in der Anästhesie verwendete Substanzen (v. a. Lokalanästhetika) betroffen sind. Zu beachten ist, dass eine Methämoglobinämie auch durch Applikation lokalanästhetikahaltiger Cremen induziert werden kann [19].

Potentiell Methämoglobinämie induzierende Substanzen

ÜBERSICHT

- Pharmaka:
  - Lokalanästhetika (Prilocain, Lidocain, Benzocain [12, 19])
  - Analgetika (Phenacetin, Azetaminophen)
  - Nitroglyzerin, Nitroprussidnatrium [62]

- Stickstoffmonoxid
- Silbernitrat (zur Therapie von Ver-
  brennungen)
- Metoclopramid (bei Neugeborenen)
- Sulfonamide
- Dapson
- Antimalariamittel   (Primaquin,
  Chloroquin)
- Chemikalien:
  - Chlorate
  - Nitrobenzene
  - Quinone (Industrieprodukte)
  - Nitrite (Kunstdünger, Fleischkon-
    servierung)
  - Anilinfarben

Perioperative Komplikationen bei Patienten mit Methämoglobinämie

Perioperative Komplikationen bei Methämoglobinämie können durch den verminderten O_2-Ge-
halt des Blutes mit allen Folgen und Komplikationen einer Hypoxie, inklusive Atem- und
Kreislaufstillstand, verursacht werden.

Eine potentielle Fehlerquelle im perioperativen Monitoring ergibt sich durch den
Einfluss des Methämoglobins auf die *Pulsoxymetrie*. Klinisch verwendete Pulsoxymeter besitzen Dioden, die Licht mit Wellenlängen von 660 und 940 nm aussenden, da
einerseits die Absorptionsspektren von reduziertem und oxygeniertem Hämoglobin
in diesen Bereichen liegen, andererseits
nicht alle beliebigen Wellenlängen von Dioden erzeugt werden können. Die Anwesenheit anderer, normalerweise im Blut von Erwachsenen enthaltener Hämoglobintypen
(Carboxyhämoglobin,   Methämoglobin)
wird dabei ignoriert, da diese Substanzen
üblicherweise nur in geringen, klinisch irre-
levanten Konzentrationen vorliegen.

Kommt es aber zu einem Akkumulation
dieser Substanzen im Blut, kann es zu Fehl-
interpretationen der vom Pulsoxymeter an-
gezeigten Werte kommen. Methämoglobin
absorbiert Licht bei 940 nm zwar deutlich
stärker als oxygeniertes und reduziertes Hämoglobin, jedoch bei 660 nm in sehr ähnlicher Weise wie reduziertes Hämoglobin. Als

Folge einer Methämoglobinämie werden
vom Pulsoxymeter bei in Wirklichkeit hohen Werten der O_2-Sättigung (>85%) falsch-
niedrige, klinisch relevanter jedoch bei niedrigen Werten der O_2-Sättigung (<85%)
falsch-hohe Werte angezeigt [3, 17]. Bei hohen Konzentrationen von Methämoglobin,
nähert sich der gemessene Wert 85%, unabhängig von der tatsächlich vorhandenen
Oxygenierung.

> **!** Bei Methämoglobinämie zeigt das Pul-
> soxymeter bei niedriger O_2-Sättigung
> (<85%) falsch-hohe Werte an.

Therapie

Die *Zufuhr des auslösenden Agens* muss,
wenn möglich, *unterbrochen werden*. Die
Therapie der Methämoglobinämie besteht
in einer langsamen intravenösen Applikation von *Methylenblau* (1 mg/kgKG über
5 min) wodurch die Aktivität der methä-
moglobin-reduzierenden Enzyme gesteigert
wird. Auch *Glutathion und Ascorbinsäure*
besitzen in geringem Umfang eine methä-
moglobin-reduzierende Wirkung. Bei Patienten mit *angeborenem Enzymmangel* ist eine *Austauschtransfusion* die Therapie der
Wahl, da Methylenblau unwirksam ist.

Literatur

1. Adams RJ, McKie VC, Hsu L et al. (1998) Prevention of a first stroke by transfusions in children
   with sickle cell anemia and abnormal results on
   transcranial Doppler ultrasonography. N Engl J
   Med 339: 5–11
2. Banerjee AK, Layton DM, Rennie JA, Bellingham
   AJ (1991) Safe surgery in sickle cell disease. Br J
   Surg 78: 516–517
3. Barker SJ, Tremper KK, Hyatt J (1989) Effects of
   methemoglobinemia on pulse oximetry and mixed venous oximetry. Anesthesiology 70:
   112–117
4. Bissell DM (1988) Treatment of acute hepatic
   porphyria with hematin. J Hepatol 6: 1–7
5. Bjersing L, Andersson C, Lithner F (1993) Easy
   detection of mutations in acute intermittent

Sektion B

porphyria and hepatocellular carcinoma on paraffin-embedded tissue. J Intern Med 234: 339–340

6. Bonkowsky HL, Schady W (1982) Neurologic manifestations of acute porphyria. Semin Liver Dis 2: 108–124

7. Bunn HF (1997) Pathogenesis and treatment of sickle cell disease. N Engl J Med 337: 762–769

8. Capouet V, Dernovoi B, Azagra JS (1987) Induction of anaesthesia with ketamine during an acute crisis of hereditary coproporphyria. Can J Anaesth 34: 388–390

9. Cavenagh JD, Joseph AE, Dilly S, Bevan DH (1994) Splenic sepsis in sickle cell disease. Br J Haematol 86: 187–189

10. Charache S (1974) The treatment of sickle cell anemia. Archs Intern Med 133: 698–705

11. Dalal FY, Schmidt GB, Bennett EJ, Ramamurthy S (1974) Sickle-cell trait. A report of a postoperative neurological complication. Br J Anaesth 46: 387–388

12. Dinneen SF, Mohr DN, Fairbanks VF (1994) Methemoglobinemia from topically applied anesthetic spray. Mayo Clin Proc 69: 886–888

13. Douer D, Weinberger A, Pinkhas J, Atsmon A (1978) Treatment of acute intermittent porphyria with large doses of propranolol. JAMA 240: 766–768

14. Dunn A (1987) Intraoperative death during caesarian section in a patient with sickle-cell trait. The Anaesthesia Advisory Committee to the Chief Coroner of Ontario. Can J Anaesth 34: 67–70

15. Eales L (1979) Porphyria and the dangerous life-threatening drugs. S Afr Med J 56: 914–917

16. Eaton WA, Hofrichter J (1987) Hemoglobin S gelation and sickle cell disease. Blood 70: 1245–1266

17. Eisenkraft JB (1988) Pulse oximeter desaturation due to methemoglobinemia. Anesthesiology 68: 279–282

18. Elder GH (1982) Enzymatic defects in porphyria: an overview. Semin Liver Dis 2: 87–99

19. Frayling IM, Addison GM, Chattergee K, Meakin G (1990) Methaemoglobinaemia in children treated with prilocaine-lignocaine cream. Br Med J 301: 153–154

20. Gee BE, Platt OS (1995) Sickle reticulocytes adhere to VCAM-1. Blood 85: 268–74

21. Harrison GG, Moore MR, Meissner PN (1985) Porphyrinogenicity of etomidate and ketamine as continuous infusions. Screening in the DDC-primed rat model. Br J Anaesth 57: 420–423

22. Hebbel RP, Boogaerts MA, Eaton JW, Steinberg MH (1980) Erythrocyte adherence to endothelium in sickle-cell anemia. A possible determinant of disease severity. N Engl J Med 302: 992–995

23. Holzmann L, Finn H, Lichtman HC, Harmel MH (1969) Anesthesia in patients with sickle cell disease: a review of 112 cases. Anesth Analg 48: 566–572

24. Homi J, Reynolds J, Skinner A et al. (1979) General anaesthesia in sickle-cell disease. Br Med J 1: 1599–1601

25. Jensen NF, Fiddler DS, Striepe V (1995) Anesthetic considerations in porphyrias. Anesth Analg 80: 591–599

26. Kanbak M (1997) Ketamine in porphyria. Anesth Analg 84: 1395

27. Laiwah AC, McColl KE (1987) Management of attacks of acute porphyria. Drugs 34: 604–616

28. Lanzkowsky P, Shende A, Karayalcin G et al. (1978) Partial exchange transfusion in sickle cell anemia. Use in children with serious complications. Am J Dis Child 132: 1206–1208

29. Lindsay J, Jr., Meshel JC, Patterson RH (1974) The cardiovascular manifestations of sickle cell disease. Archs Intern Med 133: 643–651

30. Martasek P (1998) Hereditary coproporphyria. Semin Liver Dis 18: 25–32

31. Meissner PN, Harrison GG, Hift RJ (1991) Propofol as an i.v. anaesthetic induction agent in variegate porphyria. Br J Anaesth 66: 60–65

32. Mgone CS, Lanyon WG, Moore MR, Connor JM (1992) Detection of seven point mutations in the porphobilinogen deaminase gene in patients with acute intermittent porphyria, by direct sequencing of in vitro amplified cDNA. Hum Genet 90: 12–16

33. Moore MR, McColl KEL, Remington C, Goldberg A (1987) Disorders of porphyrin metabolism, Plenum Medical Book Company, New York

34. Morris DL, Dudley MD, Pearson RD (1981) Coagulopathy associated with hematin treatment for acute intermittent porphyria. Ann Intern Med 95: 700–701

35. Motulsky AG (1973) Frequency of sickling disorders in U.S. blacks. N Engl J Med 288: 31–33

36. Mozzarelli A, Hofrichter J, Eaton WA (1987) Delay time of hemoglobin S polymerization prevents most cells from sickling in vivo. Science 237: 500–506

37. Mustajoki P, Heinonen J (1980) General anesthesia in „inducible“ porphyrias. Anesthesiology 53: 15–20

38. Mustajoki P, Mustajoki S, Rautio A et al. (1994) Effects of heme arginate on cytochrome P450-mediated metabolism of drugs in patients with variegate porphyria and in healthy men. Clin Pharmacol Ther 56: 9–13

39. Mustajoki P, Nordmann Y (1993) Early administration of heme arginate for acute porphyric attacks. Archs Intern Med 153: 2004–2008

40. Pearson HA, Spencer RP, Cornelius EA (1969) Functional asplenia in sickle-cell anemia. N Engl J Med 281: 923–926

41. Perutz MF (1970) Stereochemistry of cooperative effects in haemoglobin. Nature 228: 726–739

42. Peters M, Plaat BE, Cate H ten et al. (1994) Enhanced thrombin generation in children with sickle cell disease. Thromb Haemost 71: 169–172

43. Platt OS, Brambilla DJ, Rosse WF et al. (1994) Mortality in sickle cell disease. Life expectancy and risk factors for early death. N Engl J Med 330: 1639–1644

44. Platt OS, Thorington BD, Brambilla DJ et al. (1991) Pain in sickle cell disease. Rates and risk factors. N Engl J Med 325: 11–16

45. Rizk SF (1979) Ketamine is safe in acute intermittent porphyria. Anesthesiology 51: 184

46. Rizk SF, Jacobson JH, Silvay G (1977) Ketamine as an induction agent for acute intermittent porphyria. Anesthesiology 46: 305–306

47. Schmidt RM, Wilson SM (1973) Standardization in detection of abnormal hemoglobins. Solubility tests for hemoglobin S. JAMA 225: 1225–1230

48. Scott-Conner CEH, Brunson CD (1994) Surgery and Anesthesia. In: Embury SH et al. (eds) Sickle cell disease: Basic principles and clinical practice. Raven Press, New York, pp 809–827

49. Searle JF (1973) Anaesthesia in sickle cell states. A review. Anaesthesia 28: 48–58

50. Serjeant GR, Ceulaer CD, Lethbridge R et al. (1994) The painful crisis of homozygous sickle cell disease: clinical features. Br J Haematol 87: 586–591

51. Shanley BC, Percy VA, Neethling AC (1977) Pathogenesis of neural manifestations in acute porphyria. S Afr Med J 51: 458–460

52. Silvay G, Miller R, Tausk C (1979) Safety of ketamine in patients with acute intermittent porphyria. Case reports. Acta Anaesthesiol Scand 23: 329–330

53. Smolinski PA, Offermann MK, Eckman JR, Wick TM (1995) Double-stranded RNA induces sickle erythrocyte adherence to endothelium: a potential role for viral infection in vaso-occlusive pain episodes in sickle cell anemia. Blood 85: 2945–2950

54. Srugo I, Said E, Korman S, Jaffe M (1987) Acute intermittent porphyria – an unusual cause of „surgical" abdomen. Response to propranolol therapy. Eur J Pediatr 146: 305–308

55. Stein JA, Tschudy DP (1970) Acute intermittent porphyria. A clinical and biochemical study of 46 patients. Medicine 49: 1–16

56. Steingart R (1992) Management of patients with sickle cell disease. Med Clin North Am 76: 669–682

57. Tenhunen R, Mustajoki P (1998) Acute porphyria: treatment with heme. Semin Liver Dis 18: 53–55

58. Tschudy DP, Valsamis M, Magnussen CR (1975) Acute intermittent porphyria: clinical and selected research aspects. Ann Intern Med 83: 851–864

59. Vichinsky E (1994) Transfusion therapy. In: Embury SH et al. (eds) Sickle cell disease: Basic principles and clinical practice. Raven Press, New York, pp 781–798

60. Vichinsky EP, Haberkern CM, Neumayr L et al. (1995) A comparison of conservative and aggressive transfusion regimens in the perioperative management of sickle cell disease. The Preoperative Transfusion in Sickle Cell Disease Study Group. N Engl J Med 333: 206–213

61. Vijay V, Cavenagh JD, Yate P (1998) The anaesthetist's role in acute sickle cell crisis. Br J Anaesth 80: 820–8

62. Williams RS, Mickell JJ, Young ES et al. (1994) Methemoglobin levels during prolonged combined nitroglycerin and sodium nitroprusside infusions in infants after cardiac surgery. J Cardiothorac Anesth 8: 658–662

Sektion B

KAPITEL 10

Gerinnungsstörungen – Thrombose – Lungenembolie

W. Toller · A. Lorentz

Die Blutstillung basiert auf der Wechselwirkung zwischen Gefäßwand, Thrombozyten, plasmatischer Gerinnung und dem fibrinolytischen System. Ist das Zusammenspiel der komplexen Wechselwirkungen dieser Systeme gestört, führt dies entweder zu erhöhter Blutungsneigung oder zur Thrombose.

10.1
Physiologie – Pharmakologie

W. Toller

Thrombozyten

Die Beteiligung von Thrombozyten an Gerinnungsvorgängen erfolgt in 3 Schritten, an deren pharmakologischer Beeinflussbarkeit intensiv gearbeitet wird, um eine effektive und sichere Prävention einer Gefäßokklusion im Rahmen von instabiler Angina pectoris, nach Myokardinfarkt, PTCA, und transitorischen ischämischen Attacken (TIA) zu erreichen.

Die *Adhäsion von Thrombozyten an die Gefäßwand* wird über einen Rezeptor an der Thrombozytenoberfläche, Glykoprotein (GP) Ib, vermittelt, der durch Bindung des Willebrand-Faktors den Kontakt der Thrombozyten mit der Gefäßwand oder Kollagen ermöglicht. *Pharmakologische Hemmung der Thrombozytenadhäsion ist derzeit noch nicht möglich.*

Nach Adhäsion können Thrombozyten auf mindestens 3 verschiedene Arten aktiviert werden, durch Thromboxane, Adenosindiphosphat (ADP) und Thrombin. Acetylsalizylsäure und andere nichtsteroidale Antirheumatika (NSAID) beeinflussen die *Thrombozytenaktivierung* durch Hemmung der Thromboxansynthese, während Ticlopidin und Clopidogrel Inhibitoren von ADP sind. Selektive Thrombininhibitoren sind derzeit noch nicht verfügbar.

Die *Thrombozytenaggregation* wird an der Thrombozytenoberfläche und im Inneren der Thrombozyten durch spezielle Rezeptoren (GP IIb/IIIa) vermittelt, deren Funktionsfähigkeit von der Thrombozytenaktivierung abhängt. Nach Entwicklung des ersten für den intravenösen Gebrauch am Menschen verwendeten monoklonalen Antikörpers gegen GP IIb/IIIa (Abciximab) wurde neuerdings eine Reihe anderer Medikamente (z. B. Integrilin, Lamifiban, Tirofiban) mit entsprechender Funktion vorgestellt. *Orale GP IIb/IIIa-Inhibitoren sind derzeit ebenfalls in Entwicklung.*

Plasmatische Gerinnung und Fibrinolyse

Eine Gewebeläsion kann die plasmatische Gerinnung sowohl auf *exogenem Weg* (extrinsisches System) als auch auf *endogenem Weg* (intrinsisches System) auslösen (Abb. 10.1). Beide Systeme münden in den *gemeinsamen Teil der Gerinnungskaskade* und aktivieren *Faktor X,* welcher dann Prothrombin in Thrombin umwandelt. Thrombin kann als ein zentraler Drehpunkt des Gerinnungssystems angesehen werden, welcher u. a. weitere *Thrombozyten aktiviert* und *Fibrinogen in Fibrin* überführt. Fibrin schließlich *stabilisiert das primäre Thrombozytenaggregat.*

Das fibrinolytische System dient der Aufrechterhaltung des hämostatischen Gleichgewichtes. Nach Aktivierung von Plasminogen über Gewebe-Plasminogen-Aktivatoren,

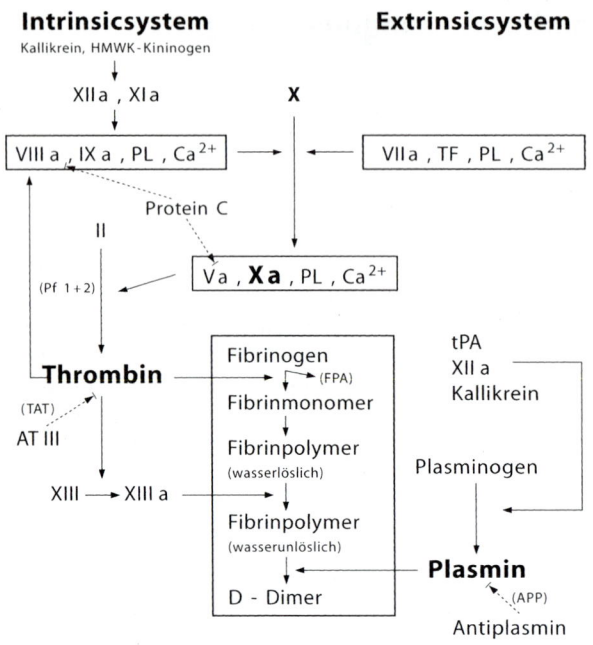

Intrinsicsystem
Kallikrein, HMWK-Kininogen

Extrinsicsystem

Abb. 10.1. Ablauf der Gerinnung. *Pf 1 + 2* Prothrombinfragment 1 + 2; *TAT* Thrombin-Antithrombin-III-Komplex; *FPA* Fibrinopeptid A; APP Plasmin-$_1$-Antiplasmin-Komplex; *PL* Phospholipide; *tPA* Gewebeplasminogenaktivator; *TF* Gewebethrombokinase

Faktor XII oder Kallikrein wird als Endprodukt der Fibrinolyse *Plasmin* gebildet. Dieses baut Fibrin, aber auch Fibrinogen, Faktor V, Faktor VIII, Komplement und einige Hormone durch Hydrolysierung wieder ab. Die dabei entstehenden *Fibrin- und Fibrinogenspaltprodukte* selbst haben eine *antithrombotische Wirkung*. Die enzymatische Wirkung von Plasmin wird durch Bindung an seinen natürlichen Antagonisten α_2-Antiplasmin beendet.

Funktionen von Thrombin

ÜBERSICHT

1. Abspaltung der Fibrinopeptide A+B vom Fibrinogen mit Bildung von Fibrin-I-Monomeren
2. Aktivierung von Faktor XIII zur Stabilisierung der Fibrinfäden
3. Aktivierung der Thrombozyten (Adhäsion, Granulaentleerung)
4. Beschleunigung seiner eigenen Bildung durch Aktivierung von Faktor V und Faktor VIII
   • Gerinnungshemmende Wirkung durch Aktivierung von Protein C

• Stimulation der Endothelzellen zur Prostazyklinproduktion
• Aktivierung von Thrombozyten

10.2 Diagnostik

W. TOLLER

Neben *Anamnese* und *klinischer Untersuchung* des Patienten kommt v. a. der Durchführung von *Gerinnungstests* und der Bestimmung *diverser Laborparameter* eine zentrale Rolle im Rahmen der Diagnostik von Gerinnungsstörungen bzw. -aktivierungen zu. Für den Anästhesisten ist die perioperative Durchführung einer *Basisdiagnostik* wie Quick-Wert (Prothrombinzeit, PZ), partielle Thromboplastinzeit (PTT), Thrombinzeit (TZ), Thrombozytenzahl, Fibrinogen und Antithrombin III (AT III) sowohl aus labortechnischen und zeitlichen als auch aus ökonomischen Gründen meist ausreichend. Die Bestimmung der Plasmakonzentrationen einzelner Gerinnungsfaktoren, der aktivierten Gerinnungszeit (ACT), Durchführung einer Thrombelastographie (TEG) oder Messung dynamischer Gerinnungsfaktoren kann in speziellen Situationen hilfreich sein. Im Gegensatz dazu ist die Bestimmung der Blutungszeit als Indikator einer in erster Linie Thrombozytenfunktionsstörung aufgrund schlechter Standardisierung, mangelhafter Reproduzierbarkeit und fehlender Korrelation zu intraoperativen Blutverlusten nur sehr eingeschränkt verwertbar [41, 53].

Ergibt sich aus der Anamnese ein *Hinweis auf ein erhöhtes Thromboserisiko* (venöse Thrombembolien, wiederholte Aborte, ungewöhnliche arterielle Verschlüsse vor dem 40. Lebensjahr, Autoimmunerkrankungen etc.), sollten zusätzlich zur Basisdiagnostik Protein C und Protein S bestimmt werden [3].

Diagnostik der häufigsten erworbenen Störungen des Hämostasesystems

ÜBERSICHT

- Anamnese und klinische Symptome:
  - Familienanamnese, Medikamentenanamnese
  - Verstärkte Blutungen bei vorangegangenen Operationen? Transfusionstherapie?
  - Vorliegende Krankheit mit Hämostasestörungen verbunden (z. B. Hepatopathie, chronische Niereninsuffizienz)?
  - Purpura, Ekchymosen, Petechien, Hämarthrosen
- Basisdiagnostik:
  - Quick-Wert, PTT, TZ, Thrombozytenzahl, Fibrinogen, AT III
- Erweiterte Gerinnungsdiagnostik:
  - Bestimmung einzelner Gerinnungsfaktoren, Thrombelastographie (TEG)
  - Aktivierte Gerinnungszeit (ACT), dynamische Gerinnungsparameter (s. unten).

Anamnese und klinische Untersuchung

Der Stellenwert der Anamnese zur Diagnose von Gerinnungsstörungen ist hoch, wird jedoch durch eine große Anzahl falsch-positiver Anamnesen beeinflusst. Wichtig in der Anamnese sind Fragen bezüglich des Vorliegens von *Blutungskomplikationen in der Familie*, der *Notwendigkeit von Bluttransfusionen* bei Operationen in der Vergangenheit sowie der Einnahme von *Medikamenten mit Einfluss auf das Gerinnungssystem*. Bei Erhebung einer positiven Familienanamnese sollte bei der klinischen Untersuchung besonders auf *Purpura, Ekchymosen, Petechien, Hämarthrosen oder Zeichen einer Leberinsuffizienz (Ikterus, Aszites)* geachtet werden. Bei unklarer Ursache einer Gerinnungsstörung sollte die Hilfe eines Hämatologen in Anspruch genommen werden.

Basisdiagnostik

Die Durchführung einer Basisdiagnostik ermöglicht in den meisten Fällen eine adäquate Beurteilung des Hämostasepotentials. Dazu gehört die Bestimmung von Quick-Wert, PTT, TZ, Thrombozytenzahl, Fibrinogen sowie AT III. In den Tabellen 10.1–10.6 werden die Ursachen und die Interpretation pathologischer Ergebnisse dieser Tests angeführt.

Ursachen eines erniedrigten Quick-Wertes: Hepatopathie, Kumarintherapie, Vitamin-K-Mangel, Faktor-V-Mangel, massiver Blutverlust, Verbrauchskoagulopathie, Hyperfibrinolyse, Fibrinogenspaltprodukte, Heparin, Penicillin, Hypo- und Dysfibrinogenämie.

Zur Durchführung von Regionalanästhesien sollte die Thrombozytenzahl im Bereich von $\geq 100\,000/mm^3$ liegen, wobei aber einige Autoren auch Bereiche um $70.000/mm^3$ als sicher erachten [5]. Bei Thrombozytopenien $> 50\,000/mm^3$ sollten präoperativ ausreichend Thrombozytenkonzentrate *bereitgestellt* werden. Besteht zusätzlich eine Thrombozytopathie (Aspirin, kardiopulmonaler Bypass, Urämie usw.), sollten die Grenzwerte bezüglich der Bereitstellung von Thrombozytenkonzentraten entsprechend höher angesetzt werden ($<100.000/mm^3$) [47]. Lebensbedrohliche Spontanblutungen können bei Thrombozytenzahlen $\leq 15\,000$–$20\,000/mm^3$ auftreten.

Die Fibrinogenbestimmung ist bedeutungsvoll *zur Diagnose und Verlaufskontrolle von Hyperfibrinolysen, Verbrauchskoagu-*

Tabelle 10.1. Quick-Wert

Quick-Wert	Analyse	Blutungsrisiko
(Normalwert: 70–120%)		
50–70%	PTT und TZ normal	Normales Hämostasepotential
	PTT und TZ verlängert	Hämorrhagische Diathese
30–50%	PTT und TZ normal	Kleine Operationen möglich
		Keine Operationen an Knochen und parenchymatösen Organen
	PTT und TZ verlängert	Hämorrhagische Diathese, keine Spontanblutungsneigung
15–20%		Ausgeprägte hämorrhagische Diathese, Starke Blutungsneigung
<10%		Neigung zu Spontanblutungen
<4%		Gefahr lebensbedrohlicher Blutungen, sofortige Therapie erforderlich

Tabelle 10.2. PTT

PTT	Analyse	Ursachen und Blutungsrisiko
Normalwert: 35–40 s		
42–49 s	Quick-Wert normal	Milde Hämophilie, Willebrand-Jürgens-Syndrom;
		selten Spontanblutungen, Gefahr lebensbedrohlicher Blutungen bei Operationen
	Quick-Wert vermindert	Hepatopathie, Verbrauchskoagulopathie, Kumarintherapie, Vitamin-K-Mangel; ausgeprägte Blutungsneigung
	Quick-Wert normal, TZ verlängert	Heparintherapie
>50 s	Quick-Wert normal	Schwere Hämophilie, Willebrand-Jürgens-Syndrom; Spontanblutungsneigung, Gefahr lebensbedrohlicher Blutung bei kleinen Operationen
	Quick-Wert vermindert	Schwere Hepatopathie, schwere Verbrauchskoagulopathie;
		jede Art von Operation oder Blindpunktion kontraindiziert
	Quick-Wert vermindert, TZ verlängert	Heparintherapie, Hyperfibrinolyse, schwere Verbrauchskoagulopathie, Fibrinogenmangel; Gefahr lebensbedrohlicher Blutungen bei kleinsten Läsionen

Tabelle 10.3. Thrombinzeit

Thrombinzeit	Ursachen
Normalwert: 18–22 s	
23–30 s	Heparintherapie (prophylaktische Dosierung), schwere Verbrauchskoagulopathie, mäßige Hyperfibrinolyse
>30 s	Heparintherapie (sicherer Schutz vor einer Thrombose), schwere Verbrauchskoagulopathie, bedrohliche Hyperfibrinolyse
Nicht messbar	Sehr hohe Heparinkonzentrationen, extreme Hyperfibrinolyse

Tabelle 10.4. Thrombozytenzahl

Thrombozyten	Ursachen
Normalwert: 150.000–400.000/mm^3	
Erniedrigung	Verlustkoagulopathie, Umsatzsteigerung (Hypersplenismus, Leberzirrhose, DIC, extrakorporale Systeme), hohe Heparindosen, Knochenmarkschädigung (toxisch)
Erhöhung	postoperativ, Blutungen, Schwangerschaft, nach Splenektomie, Entzündungen, Eisenmangel, myeloproliferatives Syndrom

Tabelle 10.5. Fibrinogen

Fibrinogen	Ursachen
Normalwert: 150–450 mg/dl	
Erniedrigung	Notfallsituationen, Verbrauchskoagulopathie, Hyperfibrinolysen, thrombolytische Therapie, Hepatopathien, nach schweren Blutungen.
Erhöhung	Postoperativ, akute und chronische Entzündungen, Schwangerschaft

Tabelle 10.6. Antithrombin III

Antithrombin III	Ursachen
Normalwert: 70–120%	
Erniedrigung	Zustand nach großen Operation oder Trauma, Sepsis Leberzirrhose, nephrotisches Syndrom, kongenital, Initialphase der Heparintherapie, orale Kontrazeptiva
Erhöhung	Kumarintherapie, Cholestase

Sektion B

lopathien und Verlustkoagulopathien. Treten Blutungen auf, sollte eine Substitution von Fibrinogen dann in Erwägung gezogen werden, wenn die Fibrinogen-Plasmaspiegel unter 80 und 100mg/dl abfallen [2]. Die häufigste Indikation zur Fibrinogensubstitution ist eine bedrohliche Blutung infolge Fibrinogenmangels bei Hyperfibrinolyse [3].

Die AT-III-Bestimmung wird präoperativ häufig als ein Screening-Test für Hyperkoagulabilität verwendet, wobei *erniedrigte AT-III-Werte ein erhöhtes Thromboserisiko* bedeuten. Eine Indikation zur Substitution ergibt sich neben dem kongenitalen AT-III-Mangel v. a. bei disseminierter intravasaler Gerinnung (DIC), Verbrauchs- und Verdünnungskoagulopathien sowie bei akutem Leberversagen. Ist die Verabreichung von Pro- und Antikoagulatoren im Rahmen von DIC mit Verbrauchskoagulopathie geplant, sollte eine AT-III-Substitution stets *vor* der Gabe von Prokoagulatoren (Prothrombinkomplexkonzentrate, Kryopräzipitate etc.) erfolgen.

Erweiterte Gerinnungsdiagnostik

Thrombelastographie (TEG)

Bei diesem Test werden Veränderungen der viskoelastischen Eigenschaften des sich bildenden Gerinnsels gemessen und aufgezeichnet. Die einzelnen Phasen des Gerinnungsablaufs ergeben typische Veränderungen der Kurvenform und der daraus abgeleiteten Parameter. Die Durchführung einer TEG ermöglicht eine *qualitative Beurteilung des gesamten Gerinnungssystems*, die für die gesamte Untersuchung erforderliche Zeit beträgt jedoch 1 h.

Aktivierte Gerinnungszeit (ACT)

Die ACT ist ein automatisiertes Verfahren, bei dem die Zeit bis zum Einsetzen der Blutgerinnung im Vollblut gemessen wird. Um diesen Prozeß insgesamt zu beschleunigen und damit die Untersuchungsdauer zu verkürzen, wird die Gerinnung durch Zusatz eines Aktivators (Kaolin, Celite) in Gang gesetzt. Dieses Verfahren wird v. a. zur *Abschätzung des Grades einer Heparinisierung im Rahmen von extrakorporaler Zirku*-

lation bzw. Antagonisierung der Heparinisierung* nach der Operation verwendet.

Dynamische Gerinnungsfaktoren

Die Tests zur Messung der dynamischen Gerinnungsfaktoren zeigen mit einer Sensitivität und Spezifität von 80–90% Aktivierungen im Gerinnungssystem [4] an, weshalb ihre Bestimmung in bestimmten klinischen Situationen von Nutzen sein kann. Noch nicht alle dieser Tests sind derzeit generell verfügbar und ihre klinischen Einsatzgebiete noch nicht exakt definiert.

Die *D-Dimere* werden durch Plasmin aus Fibrin abgespalten. Da erhöhte Spiegel auf eine Plasmin- und Thrombinämie sowie Fibrinabbau schließen lassen, sind D-Dimere zur Diagnose einer DIC mit reaktiver Hyperfibrinolyse, einer akuten Thrombose und für das therapeutische Monitoring einer Lysetherapie geeignet.

Fibrinogenspaltprodukte (FSP) entstehen bei primärer und sekundärer Hyperfibrinolyse, sowie bei fibrinolytischer Therapie als Nebeneffekt der Plasminwirkung. Liegt der Verdacht einer latent erhöhten Fibrinolyse vor, sollten die FSP im Plasma direkt bestimmt werden.

Fibrinmonomere (FM) entstehen aus Fibrinogen nach der Spaltung durch Thrombin. Erhöhte Konzentrationen gelten praktisch als beweisend für das Vorliegen einer DIC [71].

Prothrombinfragmente 1 und 2 entstehen bei der Prothrombinspaltung und erfassen ebenfalls früh eine vermehrte intravasale Fibrinbildung, weshalb ihre Bestimmung zur Diagnostik einer DIC und auch zur Nachsorge von Patienten mit Thrombosen geeignet ist.

Fibrinopeptid A (FPA) entsteht als Nebenprodukt bei der Spaltung von Fibrinogen durch Thrombin und ist bei Verbrauchskoagulopathien, thromboembolischen Erkrankungen und fibrinolytischer Therapie erhöht.

Thrombin-Antithrombin-III-Komplex (TAT) erfaßt eine intravasale Thrombinbildung noch vor einem meßbaren Abfall des AT III, da dieses normalerweise im Überschuß vorhanden ist und erst spät abzufallen beginnt. Die Bestimmung des TAT ist besonders geeignet zum Monitoring einer DIC-Therapie mit AT III-Konzentrat sowie zur Erkennung akuter Thrombembolien.

Plasmin-α₂-Antiplasmin-Komplex (APP): Plasmin besitzt eine sehr kurze Halbwertszeit und kommt in freier Form, abgesehen von Extremfällen, praktisch nicht vor. Nach Bindung an seinen Antagonisten lässt sich durch Bestimmung des APP die Dynamik der Fibrinolyse gut beurteilen.

10.3
Therapie von Gerinnungsstörungen

W. TOLLER

Basismaßnahmen

Die Regenerationsfähigkeit des Gerinnungssystems ist normalerweise beträchtlich. Deshalb ist es bei Vorliegen von Gerinnungsstörungen außerordentlich wichtig, die Regeneration der Gerinnungsfaktoren durch Aufrechterhaltung bzw. Wiederherstellung einer *optimalen Organperfusion* (v. a. Leber) zu unterstützen. Generell sollte bei der *Substitution von Gerinnungsfaktoren restriktiv* vorgegangen werden, da in Anbetracht der komplexen Wechselwirkungen des Gerinnungssystems jeder einseitige Eingriff zur Förderung oder Hemmung der Hämostase mit gegenteiligen, unerwünschten Reaktionen verbunden sein kann. So kann eine Therapie mit Prokoagulatoren (z. B. Prothrombinkomplexkonzentrate, Kryopräzipitate) zu Thrombosen, eine Therapie mit Gerinnungsinhibitoren zu Blutungen führen.

> **!** Die Aufrechterhaltung bzw. Wiederherstellung der Normovolämie, der Normothermie und des O₂-Angebots stellen ausgesprochen wichtige Basismaßnahmen bei der Behandlung von Gerinnungsstörungen dar.

Liegen Hinweise aus der Anamnese (Blutungsvorgeschichte, Antikoagulanzientherapie, Hepatopathie usw.) vor, kann bei perioperativem Auftreten einer pathologischen Blutungsneigung zusätzlich zu den Basismaßnahmen oft bereits eine spezifische Therapie in Erwägung gezogen werden.

Stufentherapie bei Gerinnungsstörungen

ÜBERSICHT

- Verbesserung oder Beseitigung der Grunderkrankung
- Aufrechterhaltung bzw. Erreichen einer adäquaten Mikrozirkulation durch Normovolämie, Normothermie und ausreichendes O₂-Angebot
- Inhibitorsubstitution (Heparin, AT III)
- Balanzierte Substitution von Prokoagulatoren und Inhibitoren (FFP, Prothrombinkomplexkonzentrate, AT III, Thrombozytenkonzentrate)

Hämostatisch wirksame Medikamente

Desmopressin (DDAVP; 1-Deamino-8-D-Arginin-Vasopressin) erhöht die Aktivität des Faktor VIII sowie des Willebrand-Faktors im Plasma und beeinflusst die Thrombozytenfunktion (verstärkte Expression von GP Ib an der Thrombozytenmembran). Es kann beim *Willebrand-Jürgens-Syndrom*, bei *leichten Formen der Hämophilie A* und auch bei *Thrombozytopathien* (Urämie [45, 69], *Aspirineinnahme* [62]) die Blutgerinnung verbessern. Nach Verabreichung mehrerer Dosen kann eine *Tachyphylaxie* auftreten.

Aprotinin hemmt die Aktivität mehrerer Serin Proteasen, wie z. B. Kallikrein, Trypsin, Chymotrypsin und Plasmin durch Bildung eines reversiblen Enzym-Inhibitor-Komplexes. Da Kallikrein u. a. Faktor XII aktiviert und dieser sowohl die Gerinnungskaskade über das intrinsische System als auch die Fibrinolyse auslöst (Abb. 1), hemmt Aprotinin beide Vorgänge, ohne aber die Thrombozytenfunktion zu beeinflussen [72]. Aprotinin hat sich im Rahmen von *Herzoperationen* [17] und *orthopädischen Eingriffen* [9] als effektives Medikament zur Verringerung des Konservenbedarfs erwiesen, wobei die prophylaktische Verabreichung effektiver als die postoperative Gabe ist. In Situationen, in denen mit erhöhtem Blutverlust gerechnet werden muss (Patienten mit Aspirineinnahme, Endokarditis, Re-Operationen, Herztransplantationen [43, 54], orthotope Lebertransplantationen [55]) kann durch Aprotininverabreichung der perioperative Blutverlust deutlich verringert werden.

Die Verabreichung von Aprotinin kann *allergische Reaktionen* unterschiedlicher Schwere verursachen, insbesondere nach wiederholter Gabe innerhalb eines Zeitraumes von 6 Monaten [18]. Obwohl Aprotinin venöse und arterielle Thrombosen erzeugen kann, erhöht es die Inzidenz von Graftverschlüssen bei Herzoperationen [24, 35, 36] oder tiefer Venenthrombosen bei orthopädischen Eingriffen [9] nicht.

In speziellen klinischen Situationen (z. B. Hyperfibrinolyse) kann durch die Verabreichung von *synthetischen Antifibrinolytika* eine effektive hämostatische Wirkung erzielt werden. Diese Substanzen, zu denen *Tranexamsäure und ε-Aminocapronsäure* gehören, binden reversibel an Plasminogen und blocken dadurch dessen Umwandlung in Plasmin, besitzen aber auch eine hämostatische Wirkung wenn keine Zeichen einer exzessiven Fibrinolyse vorliegen [68]. Eine Reduktion des Blutverlustes konnte bei bei primären Menorrhagien [7], gastrointestinalen Blutungen [25], Prostatektomie [49, 63], orthopädischen Operationen [6 26] und orthotopen Lebertransplantationen [8] festgestellt werden. Im Rahmen von *Herzoperationen mit kardiopulmonalem Bypass* verringern synthetische Antifibrinolytika den perioperativen Blutkonservenbedarf ebenfalls [14, 29, 32], oder zeigen keinen Effekt [66]. Da bei Verabreichung dieser Substanzen dosisabhängig mit Nebenwirkungen wie z. B. *thrombotischen Komplikationen* gerechnet werden muss [44], sind sie in bestimmten Situationen (z. B. Blutungen im oberen Urogenitaltrakt) kontraindiziert.

Blutkomponententherapie

Die Richtlinien zur perioperativen Blutkomponententherapie wurden 1996 von der „American Task Force on Blood Component Therapy" überarbeitet [2]. Im folgenden Abschnitt wird eine kurze Zusammenfassung gegeben.

Thrombozytenkonzentrate (TK)

Die Indikation zur einer Transfusion von TK sollte von mehreren Risikofaktoren und nicht von einem einzelnen Laborwert (z. B: Thrombozytenzahl, Blutungszeit) abhängig gemacht werden. Für chirurgische oder geburtshilfliche Patienten sind dabei v. a. die Art und das Ausmaß des Eingriffes, die Möglichkeit Blutungen zu kontrollieren, das Risiko oder die tatsächliche Präsenz einer Blutung und die Anwesenheit von Faktoren, welche die Thrombozytenfunktion beeinflussen (z. B. extrakorporale Zirkulation, Niereninsuffizienz, Medikamente) in die Entscheidung zur Transfusion miteinzubeziehen. Die Transfusion eines TK resultiert bei einem Erwachsenen üblicherweise in einem Anstieg der Thrombozytenzahl um 5000-10.000/mm^3. Die allgemein empfohlene Dosis ist 1 TK/10kgKG. Wiederholte Transfusionen über einen längeren Zeitraum können zu einer Alloimmunisierung mit darauffolgender Ineffektivität weiterer TK führen [51].

Empfehlungen der „American Task Force on Blood Component Therapy" zur Indikation von TK [2]

ÜBERSICHT

1. Eine prophylaktische Verabreichung von TK ist ineffektiv und äußerst selten indiziert, wenn die Ursache der Thrombozytopenie eine gesteigerte Thrombozytenzerstörung ist (z. B. Idiopathische Thrombozytopenische Purpura).

2. Eine prophylaktische Verabreichung von TK ist bei chirurgischen Patienten selten indiziert wenn die Thrombozytopenie auf einer verminderten Thrombozytenproduktion basiert und

die Thrombozytenzahl >100.000/mm³ ist bzw. üblicherweise indiziert, wenn die Thrombozytenzahl <50.000/mm³. Bei Patienten mit Thrombozytenwerten zwischen 50.000/mm³ und 100.000/mm³ sollte die Entscheidung basierend auf dem Blutungsrisiko getroffen werden.

3. Liegen mikrovaskuläre Blutungen bei chirurgischen oder geburtshilflichen Patienten vor, ist bei einer Thrombozytenzahl <50.000/mm³ die Gabe TK üblicherweise, bei >100.000/mm³ selten indiziert. Bei Patienten mit Thrombozytenwerten zwischen 50.000/mm³ und 100.000/mm³ sollte die Entscheidung basierend auf dem Blutungsrisiko getroffen werden.

4. Operative Eingriffe, die normalerweise mit einem unerheblichen Blutverlust verbunden sind oder vaginale Entbindungen, können bei Thrombozytenzahlen < 50.000/mm³ durchgeführt werden.

5. Eine Verabreichung von TK kann auch bei Vorliegen einer normalen Thrombozytenzahl notwendig sein, wenn eine Thrombozytenfunktionsstörung und mikrovaskuläre Blutungen vorliegen.

Fresh Frozen Plasma (FFP)

Generell scheint während operativer oder geburtshilflicher Eingriffe die Notwendigkeit einer Substitution von Gerinnungsfaktoren mit FFP nur in wenigen Situationen erforderlich zu sein. Die Blutgerinnung ist normalerweise weiterhin adäquat wenn die *Konzentration der Gerinnungsfaktoren auf 20–30% der Ausgangswerte* abgefallen und die Fibrinogenkonzentration > 75 mg/dl ist [10, 52]. Zur Verbesserung einer Koagulopathie wird, wenn eine Indikation für FFP vorliegt, eine *Mindestmenge von 4 Einheiten* empfohlen [11].

Empfehlungen der „American Task Force on Blood Component Therapy" zur Indikation von FFP [2]

ÜBERSICHT

1. Die Verabreichung von FFP ist zur dringlichen Antagonisierung einer Kumarinwirkung empfohlen.
2. Die Verabreichung von FFP ist zur Korrektur von Gerinnungsfaktorenmängeln, für die keine spezifischen Konzentrate erhältlich sind, empfohlen.
3. Die Verabreichung von FFP ist zur Korrektur einer mikrovaskulären Blutung bei Verlängerung der Prothrombinzeit und der PTT auf >1,5fachen Normalwert empfohlen.
4. Die Verabreichung von FFP ist zur Korrektur einer mikrovaskulären Blutung bei einem Gerinnungsfaktorenmangel im Rahmen von Massivtransfusionen, bei denen mehr als das einfache Körperblutvolumen transfundiert wurde und Prothrombinzeit und PTT nicht in absehbarer Zeit bestimmt werden können, empfohlen.
5. Die Dosis von FFP sollte so berechnet werden, dass eine minimale Plasmakonzentration der Gerinnungsfaktoren von 30% erreicht wird (üblicherweise 10–15 ml/kgKG FFP), außer zur dringlichen Antagonisierung einer Kumarinwirkung, bei der 5–8 ml/kgKG normalerweise ausreichen.
6. Die Verwendung von FFP als Volumsexpander oder zur Wundheilung ist kontraindiziert.

Kryopräzipitate

Kryopräzipitate enthalten *Faktor VIII, Fibrinogen, Willebrand-Faktor, Faktor XIII* und *Fibronectin* und können bei entsprechenden Mangelzuständen verwendet werden. Da für Faktor VIII aber spezifische Konzentrate zur Verfügung stehen, und bei Patienten mit Willebrand-Jürgens-Syndrom oder Urämie Desmopressin Mittel der ersten Wahl ist, beschränkt sich die Therapie mit Kryopräzipitaten zunächst v. a. auf Patienten mit *Fibrinogenmangel*. Die Verabreichung von

186 Organsystembezogene Komplikationen

1 Einheit Kryopräzipitat erhöht den Fibrinogenspiegel im Plasma um ca. 50 mg/dl.

Empfehlungen der „American Task Force on Blood Component Therapy" zur Indikation von Kryopräzipitaten [2]

ÜBERSICHT

1. Die Verabreichung von Kryopräzipitaten kann perioperativ oder in der Geburtshilfe zur Blutungsprophylaxe bei Patienten mit kongenitalem Fibrinogenmangel, ferner auch bei Patienten mit Willebrand-Jürgens-Syndrom, welche nicht auf Desmopressin ansprechen, in Erwägung gezogen werden. Diese Entscheidungen sollten, wenn möglich, zusammen mit dem Hämatologen gemacht werden.
2. Kryopräzipitate können zur Therapie von Blutungen bei Patienten mit Willebrand-Jürgens-Syndrom verwendet werden.
3. Kryopräzipitate können zur Therapie von Blutungen im Rahmen von Massivtransfusionen bei Fibrinogenwerten von < 80-100 mg/dl, oder wenn die Fibrinogenkonzentration nicht in absehbarer Zeit bestimmt werden kann, verwendet werden.

10.4 Häufige perioperative Gerinnungsstörungen

W. TOLLER

Perioperative Gerinnungsstörungen

ÜBERSICHT

- Präoperativ bekannte Blutstillungsstörungen:
  - Kongenitale Koagulopathien und Thrombozytopathien
  - Koagulopathie bei Lebererkrankungen
  - Koagulopathie bei chronischen Nierenerkrankungen
  - Medikamentös induzierte Koagulopathien

- Intra- und postoperative Blutungskomplikationen:
  - Verlustkoagulopathie, Dilutionskoagulopathie, Massivtransfusion
  - Hyperfibrinolyse
  - Disseminierte intravasale Gerinnung

Präoperativ bekannte Gerinnungsstörungen

Kongenitale Koagulopathien und Thrombozytopathien

Das perioperative Management dieser Erkrankungen, von denen die *Hämophilie A* und das *Willebrand-Jürgens-Syndrom* mit einer Inzidenz von 1:10.000–20.000 am wichtigsten sind, sollte wegen seiner Komplexität unter Beiziehung eines Hämatologen erfolgen. Grundsätzlich sollten die Plasmakonzentrationen der verminderten Gerinnungsfaktoren (Faktor VIII, Willebrand-Faktor) vor *kleinen Operationen* (z. B. Zahnextraktionen) auf zumindest 50%, bei *Operationen mit großem zu erwartendem Blutverlust* bzw. bei *großen Wundflächen* auf zumindest 80% angehoben werden.

Die Substitution von 1 Einheit eines Gerinnungsfaktors/kgKG bewirkt einen Faktorenanstieg im Plasma von 1–2%. Außer für Faktor V und Faktor XII, deren Substitution derzeit nur mit FFP möglich ist, stehen zur Therapie der übrigen Einzelfaktorenmängel spezifische Konzentrate zur Verfügung. Da im Rahmen einer Blutkomponententherapie das Risiko einer Infektionsübertragung besteht, sollte prinzipiell den virusinaktivierten und, nach entsprechender Testung, gentechnologisch hergestellten rekombinanten Präparaten der Vorzug gegeben werden. Rekombinante Produkte sind mittlerweile für Faktor VIII, Faktor IX und Faktor VIIa lizensiert und in naher Zukunft sollte auch ein rekombinanter Willebrand-Faktor nachfolgen [44].

Bei der *Hämophilie A* liegt ein angeborener Mangel des Faktors VIII vor. Im Rahmen von Operationen kann es durch diesen Gerinnungsdefekt zu ausgeprägten Blutungen kommen, wenn die Plasmakonzentration des Faktor VIII zu nieder ist. Entsprechend sollte vor kleineren chirurgischen Eingriffen durch entsprechende Substitution ein Faktor-VIII-Plasmaspiegel von ≥50%, vor großen Operationen von ≥ 80% angestrebt werden. Ist nach einem chirurgischen Eingriff eine Blutstillung eingetreten, ist bis zum Abschluss der Wundheilung (2–3 Wochen) eine Aktivität von ≥ 30% meist ausreichend. Da die Halbwertszeit des Faktor VIII ca. 8–12 h ist, muss die Substitution 2- bis 3mal pro Tag oder als Infusion erfolgen. Die Kontrolle der Therapie erfolgt üblicherweise durch direkte Bestimmung des Faktor-VIII-Plasmaspiegels.

Wenn, z. B. in dringlichen Situationen, die Bestimmung des Faktor-VIII-Plasmaspiegels nicht abgewartet werden kann, sollte man die Substitutionstherapie mit Hilfe der PTT steuern. In diesem Fall wird ein PTT-Wert ≤ der 1,5fachen Normaldauer angestrebt. Steht kein Faktor-VIII-Konzentrat zur Verfügung, kann die Substitution auch mit FFP erfolgen. Zum Erreichen entsprechender Plasmaspiegel sind jedoch oft sehr große Mengen FFP erforderlich, da die Zufuhr von 1 ml FFP/kgKG den Plasmafaktoren-Spiegel nur um 1-2% erhöht.

Diagnose: Anamnese, Faktor-VIII-Bestimmung, PTT.

Therapie: Faktor-VIII-Konzentrat, FFP.

> **!** Die Gabe von 1 I.E./kgKG Faktor VIII bewirkt einen Anstieg der Serumaktivität um 1-2%. 1 ml FFP/kgKG erhöht den Faktor-VIII-Plasmaspiegel um 1–2%.

Die Funktion des plasmatischen Gerinnungssystems und der Thrombozyten ist wesentlich vom sog. Willebrand-Faktor abhängig. Im plasmatischen Gerinnungssystem ist der Willebrand-Faktor als ein wichtiger Bestandteil des Faktor-VIII-Komplexes (F VIII:C) für dessen Stabilität im Plasma und die daraus resultierende Halbwertszeit des F VIII:C von 8–12 h verantwortlich. Beim

Willebrand-Jürgens-Syndrom führt eine Verminderung (Typ I), Mißbildung (Typ II) oder Abwesenheit (Typ III) des Willebrand-Faktors zu einer Verringerung der Halbwertszeit des F VIII:C auf mehrere Minuten bis zu 1 h. Im thrombozytären System vermittelt der Willebrand-Faktor durch Bindung an den thrombozytären Rezeptor GP Ib die Thrombozytenadhäsion an verletzte Gefäßwände. Labortests beim Willebrand-Jürgens-Syndrom können demnach Veränderungen im plasmatischen und thrombozytären System zeigen.

Als Therapie bei Blutungen ist *Desmopressin das Medikament der Wahl.* Erweist sich dieses als nicht effektiv, sollten Kryopräzipitate oder Faktor-VIII-Konzentrate verabreicht werden. Bei Verabreichung von Faktor-VIII-Konzentraten muss aber berücksichtigt werden, dass hochgereinigte Konzentrate nur mehr geringste Mengen Willebrand-Faktor enthalten und deshalb für diese Indikation nicht geeignet sind. Die Therapie mit FFP und Thrombozytenkonzentrate ist auf Notfälle beschränkt, wenn obengenannte Substanzen nicht zur Verfügung stehen.

Diagnose: Konzentration des Willebrand-Faktors im Plasma, F VIII:C, PTT, sowie Blutungszeit und Thrombozytenaggregationstests.

Therapie: Desmopressin (0,3 µg/kgKG i.v. oder s.c., bzw. 300 µg intranasal) v. a. bei Typ I, Kryopräzipitate, Faktor-VIII-Konzentrate, FFP, Thrombozytenkonzentrate.

> **!** Therapie einer Blutung beim Willebrand-Jürgens-Syndrom: Desmopressin 0.3 µg/kgKG i.v. oder s.c., Kryopräzipitate, Faktor VIII-Konzentrate, FFP, Thrombozytenkonzentrate.

Koagulopathie bei Lebererkrankungen, Vitamin-K-Mangel

Die Ursache der hepatogenen Blutungsneigung ist einerseits eine *Bildungsstörung* mit einer Verminderung des Prothrombinkomplexes (Faktoren II, VII, IX, X), des Faktors V,

Faktor XIII, Fibrinogen, Antithrombin III, Plasminogen, α_2-Antiplasmin u. a., andererseits eine *Umsatzstörung* durch Freisetzung prokoagulatorischer Aktivitäten mit intrahepatischer Mikrothrombosierung und verminderter Elimination aktivierter Gerinnungsfaktoren. Die häufig auftretende begleitende Thrombozytopenie ist Zeichen eines Hypersplenismus oder einer toxischen Knochenmarkschädigung. Die Schwere des Leberschadens korreliert mit dem Defizit an Faktoren und Inhibitoren.

> **!** Koagulopathie bei Hepatopathie: *Bildungsstörung* (Faktoren II, VII, IX, X, V, XIII; Fibrinogen, AT III, Plasminogen, u. a.); *Umsatzstörung* (intrahepatische Mikrothrombosierung, Thrombozytopenie).

Die Diagnose kann aus den klinischen Symptomen einer Hepatopathie (Ikterus, Aszites) und dem Vorliegen pathologischer Gerinnungstests gestellt werden. Spezifische Labortests können häufig auch eine aktivierte intravasale Gerinnung mit Fibrinolyse zeigen. Als Blutungsprophylaxe sollte bei diesen Patienten präoperativ Vitamin K verabreicht werden. Muss eine Operation unmittelbar durchgeführt werden, so können die Gerinnungsparameter mit FFP oder Prothrombinkomplexkonzentraten verbessert werden.

Zu beachten ist, dass ein niedriger Quick-Wert bei Hepatopathie auch durch eine Verringerung des Vitamin-K-unabhängigen Faktors V hervorgerufen werden, was sich in einer ineffektiven Therapie mit Vitamin K bzw. Prothrombinkomplexkonzentraten im Gegensatz zu FFP zeigt. Ist eine *AT-III-Substitution* geplant, so sollte diese *vor der Verabreichung von Prokoagulatoren* gegeben werden. Thrombozytenkonzentrate sind bei ausgeprägter Thrombozytopenie ($<50.000/mm^3$) indiziert, es muss aber aufgrund des Hypersplenismus mit einer erhöhten Umsatzrate und mit geringerer Effektivität gerechnet werden. Blutungen bei Leberzirrhose wurden auch erfolgreich mit Desmopressin behandelt [46].

Diagnose: Basisdiagnostik, evtl. Faktor-V-Bestimmung, dynamische Gerinnungsparameter (aktivierte Gerinnung, Fibrinolyse).

Therapie: Vitamin K (2mal 15 mg p.o. täglich), FFP, Prothrombinkomplexkonzentrate, AT III, Thrombozytenkonzentrate, Desmopressin [46].

Koagulopathie bei chronischen Nierenerkrankungen

Zu einer erhöhten Blutungsneigung im Rahmen chronischer Nierenerkrankungen kommt es einerseits durch *Akkumulation von Harnstoffmetaboliten* die eine *Thrombozytopathie* verursachen, andererseits durch Vorliegen eines pathologischen Willebrand-Faktors. Eine weitere potentielle Ursache für eine verstärkte Blutungsneigung bei chronischer Niereninsuffizienz ist auch die persistierende Wirkung des für die Dialyse zugeführten *Heparins*.

Die Diagnose umfaßt neben der Anamnese v. a. eine Beurteilung der Thrombozytenfunktion. Liegt der Verdacht einer heparininduzierten Blutungsneigung durch vorangegangene Dialyse vor, sollte die TZ bestimmt werden. Die präoperative Reduktion der erhöhten Harnstoffspiegel durch Hämodialyse und die Gabe von rekombinantem humanem Erythropoetin (τHuEPO) bzw. Bluttransfusionen zur Anhebung des Hämatokrits sind effektive Verfahren zur Verringerung intraoperativer Blutungskomplikationen [50, 73]. Eine erhöhte Blutungs- neigung unmittelbar nach Dialyse kann die Verabreichung von Protaminchlorid erforderlich machen. In Notfällen kann die Blutgerinnung durch Substitution von Kryopräzipitaten und Thrombozytenkonzentraten verbessert werden. Gerinnungsstörungen im Rahmen chronischer Nierenerkrankungen wurden auch erfolgreich mit Desmopressin [45, 69] oder konjugierten Östrogenen [42] behandelt.

Diagnose: Thrombozytenaggregationstests, Blutungszeit, TZ (Heparin).

Therapie: Dialyse, rHuEPO bzw. Bluttransfusion, Kryopräzipitate, Thrombozytenkonzentrate, Desmopressin (0,3 μg/kgKG als Infusion über 30 min bzw. 300 μg intranasal), konjugierte Östrogene, Protaminchlorid.

Medikamentös induzierte Koagulopathien

Eine sehr große Anzahl von Patienten wird mit Medikamenten behandelt, die das Gerinnungssystem beeinflussen. An dieser Stelle sollen nur 3 wichtige Medikamentengruppen besprochen werden.

Acetylsalizylsäure (ASS), NSAID

Der antithrombotische Effekt der ASS beruht auf einer Hemmung der Thrombozytenaktivierung, die durch eine irreversible, nichtantagonisierbare Inaktivierung der Cyclooxygenase (COX) mit nachfolgender Blockade der Thromboxansynthese hervorgerufen wird. Da Thrombozyten keine Zellkerne besitzen und deshalb auch keine neue COX herstellen können, verlieren sie während ihrer Lebensdauer (ca. 7 Tage) ihre Funktionsfähigkeit, und erst neu im Knochenmark synthetisierte Thrombozyten stellen das ursprüngliche Hämostasepotential wieder her, vorausgesetzt, dass keine weitere ASS eingenommen wird. Nach Absetzen der Medikation werden täglich ca. 10% der Thrombozyten nachgeliefert [56].

> **!** *Das Knochenmark produziert täglich ca. 10% der Thrombozyten.*

Der Einfluss präoperativer ASS-Therapie auf die perioperative Funktion des Gerinnungssystem wurde v. a. im Rahmen von Herzoperationen wiederholt untersucht, da hier der Nutzen einer Fortsetzung der ASS-Therapie bezüglich Myokardinfarktprävention dem Risiko erhöhter perioperativer Blutungskomplikationen gegenübergestellt werden muss. Die Ergebnisse dieser Studien differieren beträchtlich und zeigen keine Beeinträchtigung [16, 67, 70] oder eine eingeschränkte [30, 58, 65] Funktion des Gerinnungssystems, die aber v. a. durch Verwendung von Blutsparmaßnahmen nicht unbedingt von einem gesteigerten Blutkonservenbedarf gefolgt sein müssen. Die Gründe für diese Differenzen scheinen offensichtlich in Unterschieden im Studiendesign, Patientenpopulation, Transfusionspraktiken, Operationstechniken und Verwendung zusätzlicher hämostatischer Medikamente zu liegen.

Der Trend von Studien, die in der letzten Zeit durchgeführt wurden, deutet aber darauf hin, dass ASS offensichtlich keinen signifikanten Einfluss auf perioperativen Blutkonservenbedarf hat, v. a. wenn zusätzlich Blutsparmaßnahmen und hämostatische Medikamente verabreicht werden [61]. Solange diesbezüglich aber keine eindeutigen Richtlinien vorhanden sind, sollte aus Sicherheitsgründen der *ASS-freie Zeitraum bis zu einer Operation weiterhin 7–10 Tage* betragen.

Die Diagnose einer ASS-induzierten Gerinnungsstörung ist schwierig. Die Blutungszeit als Indikator der Thrombozytenfunktion verlängert sich unter ASS zwar signifikant [60], ihre Aussagekraft bezüglich einer erhöhten intraoperativen Blutungsneigung und vermehrten Konservenverbrauchs ist jedoch unklar [27, 52]. Auch die in vitro durchgeführten Thrombozytenaggregationstests lassen die Thrombozytenfunktionsstörung zwar erkennen, können aber über das Ausmaß einer zu erwartenden Blutung keine Aussage machen. Bei erhöhter ASS-induzierter Blutungsneigung kann ein Therapieversuch mit Desmopressin [19, 33] gemacht werden, in Notfällen bleibt aber nur die Verabreichung von Thrombozytenkonzentraten.

Im Gegensatz zur ASS hemmen NSAID die COX reversibel, wodurch die Dauer der Thrombozytenaggregationshemmung abhängig von der Halbwertszeit und der Dosis der einzelnen Medikamente ist. So bleibt die z. B. antiaggregatorische Wirkung von Ibuprofen nur 12 h bestehen [12].

Diagnose: Blutungszeit, Thrombozytenaggregationstests.

Therapie: Desmopressin, Thrombozytenkonzentrate.

Orale Antikoagulanzien

Die Ursache der antikoagulatorischen Wirkung der Kumarinderivate ist ihr Vitamin-K-Antagonismus, weshalb die Faktoren II, VII, IX und X, aber auch Protein C und S vermindert synthetisiert werden. Da eine therapeutische Antikoagulation mit Kumarinderivaten intraoperativ lebensbedrohliche Blutungen verursachen kann, muss präoperativ die Therapie unterbrochen und, in dringenden Fällen, antagonisiert werden. Nach *Absetzen der Kumarintherapie* wird ein normaler Quick-Wert ohne Therapie nach ca. 3–6 Tagen erreicht, nach *oraler Gabe von Vitamin K* (2mal 15mg) in 24-36 h, nach *Gabe von FFP oder Prothrombinkomplexkonzentraten* (1.000–2.000 I.E.) sofort. Bei letzteren muss mit einer *erhöhten Inzidenz thromboembolischer Komplikationen* gerechnet werden, weswegen zusätzlich stets eine Thromboseprophylaxe mit unfraktioniertem Heparin (3mal 5.000 I.E. s.c.) oder Heparinderivaten durchgeführt werden sollte.

Da Quick-Werte von 50–60% meist eine ausreichende Blutstillung bei gleichzeitiger Thromboseprophylaxe gewährleisten, sollte in Abhängigkeit von der Grunderkrankung des Patienten, vom Operationsgebiet und der Art der Operation primär ein Wert in diesem Bereich angestrebt werden. Bei Hochrisikopatienten (künstliche Herzklappen etc.) wird beim Absetzen der Kumarinderivate mit einer Heparinbehandlung in therapeutischen Dosen (ca. 20 000-30 000 E/Tag) begonnen.

Diagnose: Quick-Wert.

Therapie: Wenn möglich, Abklingen der Kumarinwirkung abwarten; Vitamin K (oral, evtl. i.v.); FFP, Prothrombinkomplexkonzentrate (bei dringlicher Operationsindikation oder bei lebensbedrohlichen Blutungen).

Heparin, niedermolekulare Heparine (LMWH)

Die Gerinnungshemmung von unfraktioniertem Heparin beruht auf der *Bindung an das physiologisch eher langsam wirkende Hemmprotein der Gerinnung, AT III,* wodurch dessen Neutralisierungsreaktionen mit aktivierten Gerinnungsfaktoren (v. a. Thrombin und Faktor Xa) um das 1.000- bis 10.000fache beschleunigt werden. *Mit sinkendem AT-III-Gehalt des Plasmas nimmt auch die Wirksamkeit des Heparins ab.*

Die Diagnose einer heparin-induzierten Gerinnungsstörung erfolgt durch Bestimmung von *TZ.* Intraoperativ wird häufig auch die *Messung der ACT* zur Steuerung der Heparintherapie bei Operationen mit kar-

diopulmonalem Bypass verwendet. In Zweifelsfällen können die direkte Bestimmung des Heparinspiegels im Plasma sowie die Durchführung einer Thrombelastographie hilfreich sein. Die Diagnose einer durch LMWH-induzierten Gerinnungsstörung ist schwierig, da diese eine verstärkte Aktivität gegen Faktor Xa bei abgeschwächter Aktivität gegen Thrombin haben. Entsprechend ist die TZ im Gegensatz zur Diagnostik von Gerinnungsveränderungen mit unfraktioniertem Heparin nur eingeschränkt verwertbar. Hier werden v. a. Gerinnungstests, welche die Anti-Xa-Aktivität im Plasma erfassen (z. B. Heptest) verwendet, haben jedoch bezüglich eines erhöhten Blutungsrisiko keine Aussagekraft [28].

Die Therapie einer heparininduzierten Gerinnungsstörung erfolgt mit *Protaminchlorid*, wobei 1.000 I.E. Protaminchlorid 1.000 I.E. Heparin antagonisieren. Die anfängliche Dosis von Protaminchlorid sollte so berechnet werden, dass 50% der letzten Heparindosis antagonisiert werden. Anschließend sollten jeweils 2.000 IE bis zur Normalisierung der durch Heparin verlängerten Gerinnungsparameter (TZ oder ACT) verabreicht werden. Der Gründe für diese vorsichtige Verabreichung von Protaminchlorid sind neben hämodynamischen Nebenwirkungen auch die potentielle antikoagulatorische Wirkung einer zu hohen Dosis von Protaminchlorid. Alternativen für Patienten mit Protamin-Überempfindlichkeit, wie z. B. rekombinanter Thrombozytenfaktor 4 [15, 40], Laktoferrin [74] oder enzymatische Heparinasen [1, 48] stehen derzeit in experimenteller und teilweise auch klinischer Testung.

Während die gerinnungshemmende (Anti-Thrombin-)Wirkung von LMWH durch Protaminchlorid ebenfalls weitgehend neutralisiert wird, ist Protaminchlorid zur Aufhebung der antithrombotischen (Anti-Xa) Wirkung dieser Substanzen nur eingeschränkt (60%) wirksam [75].

Diagnose: TZ, ACT, Anti-Xa-Test (z. B. Heptest), Plasmaheparinspiegel, Thrombelastographie.

Therapie: Protaminchlorid.

Intra- und postoperative Gerinnungsstörungen

Beim Auftreten von intraoperativen Blutungen stehen chirurgische Maßnahmen eine Blutstillung zu erreichen zunächst im Vordergrund. Eine Substitutionstherapie oder eine Verabreichung von Pharmaka mit Wirkung auf das hämostatische System ist dann indiziert, wenn trotz chirurgischer Maßnahmen die Blutung persistiert und Zeichen einer Gerinnungsstörung auftreten.

Verlustkoagulopathie, Dilutionskoagulopathie, Massivtransfusion

Im Rahmen starker Blutungen gehen auch entsprechende Mengen an Gerinnungsfaktoren verloren. Die Substitution mit kristalloiden oder kolloidalen Lösungen sowie auch die Gabe von Erythrozytenkonzentraten, die praktisch kein Plasma bzw. keine Gerinnungsfaktoren enthalten, verdünnen entsprechend alle Plasmabestandteile. Zusätzlich hemmen kolloidale Volumsersatzmittel sowohl die Aktivität von Faktor VIII [31] als auch die Thrombozytenadhäsions- und aggregationsfähigkeit durch Reduktion des Willebrand-Faktors und Beschichtung der Thrombozytenmembranen („coating") [64]. Die Einflüsse kolloidaler Volumsersatzmittel auf die Blutgerinnung ist einerseits von der verabreichten Menge, andererseits vom Molekulargewicht der Substanzen abhängig [64].

Muss ein Volumen transfundiert werden das größer ist als das Gesamtkörperblutvolumen (70 ml/kgKG), spricht man von einer *Massivtransfusion*, die einer Verdünnungskoagulopathie verbunden mit einer Thrombozytopenie entspricht. Neben den Veränderungen im Gerinnungssystem kommt es häufig auch zum Auftreten von Hypothermie und Hypalbuminämie sowie zu Störungen im Elektrolyt- und Säure-Basen-Haushalt. Die Basisdiagnostik muss meist wiederholt durchgeführt werden und zeigt meist eine Thrombozytopenie, eine Verminderung des Quick-Wertes und eine Verlängerung der PTT. Die TZ bleibt häufig normal.

Therapeutisch muss beim Auftreten einer Koagulopathie primär darauf geachtet werden, eine *adäquate Mikrozirkulation* (Normothermie, Normovolämie, ausreichendes O_2-Angebot) sowie *adäquate Hämatokritwerte* (Bluttransfusionen) aufrechtzuerhalten bzw. wiederherzustellen um ein Regeneration der Konzentration von Gerinnungsfaktoren bzw. Thrombozyten zu unterstützen. Prinzipiell sollte die *Substitution von Gerinnungsfaktoren und Thrombozyten zurückhaltend erfolgen*. Kommt es zum Auftreten einer verstärkten Blutungsneigung bei gleichzeitig deutlichen Verlängerungen der Gerinnungszeiten in den Basistests (Quick-Wert <40%, PTT >50 s) sollte die Substitution der Gerinnungsfaktoren *mit FFP begonnen werden*. Erst wenn trotz dieser Therapie die Blutungsneigung persistiert, es zu einem weiteren Abfall der Gerinnungsfaktoren (Quick-Wert <30%, PTT >60 s) kommt, oder FFP aus Volumsgründen nicht mehr verabreicht werden kann, sollten Gerinnungsfaktorenkonzentrate verabreicht werden. Eine Substitution von Thrombozyten sollte erst bei vorhandener Blutungsneigung und Werten <30.000/mm³ durchgeführt werden. Um dem Risiko von thromboembolischen Komplikationen vorzubeugen, sollte die AT-III-Konzentration im Plasma hochgehalten werden. Ebenso wird die Verabreichung von niedrig-dosiertem Heparin empfohlen, wenn Quick-Wert und PTT im Normalbereich sind.

Diagnose: Basisdiagnostik (Quick-Wert vermindert, PTT verlängert, TZ meist normal, Thrombozytopenie).

Therapie: Empfehlung zur Substitution hämostatisch wirksamer Blutkomponenten bei Massivtransfusion [47].

Empfehlung zur Substitution hämostatisch wirksamer Blutkomponenten bei Massivtransfusion [47]

ÜBERSICHT

- FFP nach dem jeweils 10., 15., 20., 25. etc. Erythrozytenkonzentrat
- Thrombozytenkonzentrate, wenn <30.000/mm³
- Gerinnungsfaktorenkonzentrate:
  - Quick-Wert <30%: Prothrombinkomplexkonzentrate

- PTT >60 s: Kryopräzipitate
- AT III <75%: AT-III-Konzentrate
• Heparin niedrig dosiert (10.000–15.000 E/24 h i.v.), wenn Quick-Wert und PTT im Normalbereich.

Blutungskomplikationen durch Hyperfibrinolyse

Eine übermäßige Aktivierung der Fibrinolyse (Hyperfibrinolyse) mit Bildung großer Mengen von Plasmin aus Plasminogen kann Ursache einer verstärkten perioperativen Blutungsneigung sein. Je nach dem Auslösemechanismus werden zwei Arten von Hyperfibrinolyse unterschieden:

Die sog. *primäre Hyperfibrinolyse* wird *direkt* entweder durch vermehrte Freisetzung von endogenen Plasminogen-Aktivatoren (z. B. t-PA) bei Operationen an Organen, die reich an diesen Substanzen sind (Prostata, Uterus, Lunge), oder durch exogene Zufuhr von Plasminogen-Aktivatoren (z. B. rt-PA) bei thrombolytischer Therapie verursacht.

Die *sekundäre Hyperfibrinolyse* wird indirekt als kompensatorischer Mechanismus im Rahmen einer verstärkten Aktivierung des Gerinnungssystems wie bei einer malignen Erkrankung (Ovarialkarzinom, Prostatakarzinom, kolorektale Tumoren, Pankreaskarzinom, Promyelozytenleukämie) oder einer DIC ausgelöst.

Bei stark erhöhter fibrinolytischer Aktivität ist die TZ durch die hemmende Wirkung der Fibrin- und Fibrinogenspaltprodukte auf Thrombin verlängert. Diese Spaltprodukte (D-Dimer, FSP) können auch direkt bestimmt werden und sind sensitivere Parameter als die TZ. Die Plasmakonzentration von Plasmin ist aufgrund der sehr kurzen Halbwertszeit dieser Substanz praktisch nur indirekt nach Bindung an seinen Antagonisten, a_2-Antiplasmin (APP) meßbar, ermöglicht dann aber eine Beurteilung der Dynamik der Fibrinolyse. Die Fibrinogenkonzentration im Plasma ist bei schweren Fällen von Hyperfibrinolyse durch verstärkten Abbau von Fibrinogen erniedrigt. Die TEG zeigt bei Hyperfibrinolyse nach Eintreten der Gerinnung eine charakteristische Wiederauflösung des Gerinnsels.

Neben den Basismaßnahmen zur Verbesserung der Gerinnungsstörung können bei einer schweren Blutungsneigung synthetische (ε-Aminocapronsäure, Tranexamsäure) oder natürliche (Aprotinin) Antifibrinolytika verabreicht werden. Zu beachten ist aber, dass diese Substanzen bei prädisponierten Personen Thrombosen auslösen können (z. B. Nierenbeckenthrombosen, Harnblasentamponaden). Ebenso stellt eine sekundäre Hyperfibrinolyse einen Schutzfaktor dar und sollte nicht durch Verabreichung von Antifibrinolytika unterbrochen werden, solange die Verbrauchsreaktion fortbesteht.

Eine Hyperfibrinolyse nach thrombolytischer Therapie im Rahmen von Gefäßverschlüssen (z. B. bei Myokardinfarkt) kann bei chirurgischen Eingriffen, die unmittelbar nach dieser Therapie durchgeführt werden müssen, exzessive Blutungen verursachen. Die Inzidenz solcher Blutungen ist jedoch selten, da einerseits die Halbwertszeit vieler verwendeter Thrombolytika kurz ist und andererseits durch die spezifische (z. B. intrakoronare) Verabreichung meistens nur geringe Dosen benötigt werden. Kommt es nach thrombolytischer Therapie aufgrund persistierender fibrinolytischer Aktivität zu Blutungen, können diese mit Antifibrinolytika (ε-Aminocapronsäure, Tranexamsäure) behandelt werden. Da Plasmin neben Fibrin auch Fibrinogen, Faktor V und Faktor VIII abbaut, kann eine Gerinnungsstörung nach thrombolytischer Therapie ebenso durch Mangel an diesen Prokoagulatoren verursacht werden. Bei Auftreten einer verstärkten Blutungsneigung besteht in diesem Fall die Therapie in der Verabreichung von FFP oder Kryopräzipitat.

Diagnose: TZ, D-Dimer, FSP, APP, Fibrinogen, TEG.

Therapie: Behandlung der Grunderkrankung, e-Aminocapronsäure (50–60 mg/kgKG i.v. alle 4 h), Tranexamsäure (10–1 mg/kgKG i.v. alle 8 h) oder Aprotinin. Bei Prokoagulatorenmangel FFP, Kryopräzipitat.

Disseminierte intravasale Gerinnung (DIC)

Eine DIC ist *Folge einer endothelschädigenden Grunderkrankung* mit generalisierter Aktivierung der Gerinnung und Hemmung der physiologischen Antikoagulation. Diese Imbalance im Gerinnungssystem [39] führt zur Bildung von *Mikrothromben* und kann *im Extremfall Störungen der Mikrozirkulation mit Einzel- oder Multiorganversagen* verursachen [57]. Die kompensatorische sekundäre Fibrinolyse und der Verbrauch der Gerinnungsfaktoren können zusätzlich auch verursachen Blutungsprobleme (= Verbrauchskoagulopathie), was die Behandlungsstra- tegie entsprechend erschweren kann.

Die klinische Bedeutung einer DIC scheint groß zu sein [38]. Die Mortalität bei Sepsis oder schweren Traumen kann durch eine DIC verdoppelt werden [21–23] und eine entsprechende Therapie das Risiko von Organversagen und Tod senken [13].

Auslösende Faktoren einer DIC

- Infektionen (v. a. gramnegative Bakterien)
- Traumata (Schädel-Hirn-Trauma, Fettembolie)
- Schwangerschaft (Abort, Fruchtwasserembolie, Sepsis, „missed abortion", Plazentalösung)
- Maligne Erkrankungen (Promyelozytenleukämie, Pankreaskarzinom, Prostatakarzinom)
- Schock, ARDS, Verbrennungen
- Chirurgische Eingriffe (Herz-, Gefäßeingriffe, Neurochirurgie, Prostatachirurgie)
- Gefäßerkrankungen (Aortenaneurysma, große Hämangiome = Kasabach-Merritt-Syndrom)
- Störungen des Immunsystems (schwere allergische Reaktionen, Transplantatabstoßung)
- Transfusionsreaktionen

Unterschieden werden je nach Verlauf der DIC 2 Formen:

Latente (subakute) DIC: Bei einer latenten DIC fehlt die klinische Symptomatik oder liegt nur in sehr diskreter Form vor. Die Gerinnungsanalysen sind nur mäßig pathologisch und zeigen eine langsame bis fehlende Progredienz.

Dekompensierte (akute) DIC bzw. *Verbrauchskoagulopathie:* Bei einer dekompensierten DIC zeigt sich ein ausgeprägtes klinisches Erscheinungsbild mit hochgradig pathologischen Gerinnungsanalysen und rascher Progredienz. Zusätzlich kann eine erhöhte Blutungsneigung durch Verbrauch von Gerinnungsfaktoren und Thrombozyten vorliegen.

Die Diagnose einer DIC kann meist erst durch die Kombination der Beurteilung der klinischen Symptomatik und der wiederholten Durchführung von Gerinnungstests gestellt werden. Von den in der Basisdiagnostik verwendeten Tests zeigt meist nur eine progressive Abnahme der Thrombozytenzahl das Auftreten einer DIC frühzeitig an. Die zusätzliche Bestimmung der dynamischen Gerinnungsparameter (FM, PF 1 + 2, FPA, TAT) ermöglicht die Unterscheidung einer Thrombozytopenie im Rahmen einer DIC von der einer anderen Genese. Nachweis von D-Dimer bzw. die Fibrinogenspaltprodukten deutet meist auf eine sekundäre Fibrinolyse hin.

Die Therapie einer DIC bzw. Verbrauchskoagulopathie richtet sich v. a. am klinischen Bild der Erkrankung (thrombotische Gefäßverschlüsse oder diffuse Blutung im Vordergrund?).

Bei der Substitutionstherapie von Gerinnungsfaktoren bei DIC steht v. a. die Wiederherstellung und die Erhaltung eines *hohen Niveaus an Inhibitoren* (v. a. AT III und Protein C) im Vordergrund, da die physiologische Antikoagulation gehemmt ist [38] und die anhaltende Fibrinbildung zu einer progredienten Organschädigung mit Entwicklung eines Einzel- oder Multiorganversagens führen kann. Obwohl kontrollierte Studien bezüglich der Wirksamkeit und Sicherheit einer kontrollierten Heparintherapie fehlen, scheint diese Therapie nützlich zu sein, insbesondere, wenn das thrombotische Geschehen im Vordergrund steht [20]. Alternativ zu unfraktioniertem Heparin kann auch LMWH verwendet werden [59]. Eine Antifibrinolytikatherapie bei systemischer, sekundärer Fibrinolyse sollte nur bei ausgeprägter Blutungsneigung durchgeführt werden.

Diagnose: Grunderkrankung mit DIC verbunden?, Thrombozytenzahl ($<100.000/mm^3$ und weiter rasch sinkend), dynamische Gerinnungsparameter (FM, PF 1 und 2, FPA, TAT, D-Dimer), Quick-Wert, PTT (Spätzeichen), AT III, Protein C.

Therapie: Intensive Therapie der Grunderkrankung, balanzierte Substitution von antikoagulatorisch und prokoagulatorisch wirkenden Substanzen.

Empfehlung zur Substitution hämostatisch wirksamer Blutkomponenten bei dekompensierter DIC mit Verbrauchskoagulopathie und klinisch relevanter Blutungsneigung [47]

- Ausschaltung des Triggers der DIC
- kontrollierte Heparinbehandlung (Richtdosis 240 I.E./kgKG/Tag i.v.)
- FFP 2-5 E/24 h (500–1.250 ml)
- Thrombozytenkonzentrate, wenn Wert $<30.000/mm^3$
- Fibrinogenkonzentrat bei Werten <100 mg%
- AT-III-Konzentrat, wenn Wert $<60\%$
- **Cave:** Gerinnungsfaktorenkonzentrate!

Literatur

1. Ammar T, Fisher CF (1997) The effects of heparinase 1 and protamine on platelet reactivity. Anesthesiology 86: 1382–6
2. ASA (1996) Practice Guidelines for blood component therapy: A report by the American Society of Anesthesiologists Task Force on Blood Component Therapy. Anesthesiology 84: 732–47
3. Barthels M, Poliwoda H (1993) Gerinnungsanalysen: Interpretation, Schnellorientierung, Therapiekontrollen, 4. Thieme, Stuttgart New York
4. Bauer KA, Rosenberg RD (1987) The pathophysiology of the prethrombotic state in humans: insights gained from studies using markers of hemostatic system activation. Blood 70: 343–50
5. Beilin Y, Zahn J, Comerford M (1997) Safe epidural analgesia in thirty parturients with platelet counts between 69,000 and 98,000 mm–3. Anesth Analg 85: 385–8
6. Benoni G, Fredin H (1996) Fibrinolytic inhibition with tranexamic acid reduces blood loss and blood transfusion after knee arthroplasty: a prospective, randomised, double-blind study of 86 patients. J Bone Joint Surg Br 78: 434–40
7. Bonnar J, Sheppard BL (1996) Treatment of menorrhagia during menstruation: randomised controlled trial of ethamsylate, mefenamic acid, and tranexamic acid. BMJ 313: 579–82
8. Boylan JF, Klinck JR, Sandler AN, et al. (1996) Tranexamic acid reduces blood loss, transfusion requirements, and coagulation factor use in primary orthotopic liver transplantation. Anesthesiology 85: 1043–8
9. Capdevila X, Calvet Y, Biboulet P, et al. (1998) Aprotinin decreases blood loss and homologous transfusions in patients undergoing major orthopedic surgery. Anesthesiology 88: 50–7
10. Ciavarella D, Reed RL, Counts RB, et al. (1987) Clotting factor levels and the risk of diffuse microvascular bleeding in the massively transfused patient. Br J Haematol 67: 365–8
11. Contreras M, Ala FA, Greaves M, et al. (1992) Guidelines for the use of fresh frozen plasma. British Committee for Standards in Haematology, Working Party of the Blood Transfusion Task Force. Transfus Med 2: 57–63
12. Cox SR, VanderLugt JT, Gumbleton TJ, Smith RB (1987) Relationships between thromboxane production, platelet aggregability, and serum concentrations of ibuprofen or flurbiprofen. Clin Pharmacol Ther 41: 510–21
13. Creasey AA, Chang AC, Feigen L, et al. (1993) Tissue factor pathway inhibitor reduces mortality from Escherichia coli septic shock. J Clin Invest 91: 2850–6
14. Daily PO, Lamphere JA, Dembitsky WP, et al. (1994) Effect of prophylactic epsilon-aminocaproic acid on blood loss and transfusion requirements in patients undergoing first-time coronary artery bypass grafting. A randomized, prospective, double-blind study. J Thorac Cardiovasc Surg 108: 99–106
15. Dehmer GJ, Lange RA, Tate DA, et al. (1996) Randomized trial of recombinant platelet factor 4 vs. protamine for the reversal of heparin anticoagulation in humans. Circulation 94: II347–52
16. Despotis GJ, Filos KS, Zoys TN, et al. (1996) Factors associated with excessive postoperative blood loss and hemostatic transfusion require-

ÜBERSICHT

ments: a multivariate analysis in cardiac surgical patients. Anesth Analg 82: 13–21

17. Dietrich W, Spannagl M, Jochum M, et al. (1990) Influence of high-dose aprotinin treatment on blood loss and coagulation patterns in patients undergoing myocardial revascularization. Anesthesiology 73: 1119–26

18. Dietrich W, Spath P, Ebell A, Richter JA (1997) Prevalence of anaphylactic reactions to aprotinin: analysis of two hundred forty-eight reexposures to aprotinin in heart operations. J Thorac Cardiovasc Surg 113: 194–201

19. Dilthey G, Dietrich W, Spannagl M, Richter JA (1993) Influence of desmopressin acetate on homologous blood requirements in cardiac surgical patients pretreated with aspirin. J Cardiothorac Anesth 7: 425–30

20. Feinstein DI (1982) Diagnosis and management of disseminated intravascular coagulation: the role of heparin therapy. Blood 60: 284–7

21. Fourrier F, Chopin C, Goudemand J, et al. (1992) Septic shock, multiple organ failure, and disseminated intravascular coagulation. Compared patterns of antithrombin III, protein C, and protein S deficiencies. Chest 101: 816–23

22. Gando S, Kameue T, Nanzaki S, Nakanishi Y (1996) Disseminated intravascular coagulation is a frequent complication of systemic inflammatory response syndrome. Thromb Haemost 75: 224–8

23. Gando S, Nakanishi Y, Tedo I (1995) Cytokines and plasminogen activator inhibitor-1 in posttrauma disseminated intravascular coagulation: relationship to multiple organ dysfunction syndrome. Crit Care Med 23: 1835–42

24. Havel M, Grabenwoger F, Schneider J, et al. (1994) Aprotinin does not decrease early graft patency after coronary artery bypass grafting despite reducing postoperative bleeding and use of donated blood. J Thorac Cardiovasc Surg 107: 807–10

25. Henry DA, O'Connell DL (1989) Effects of fibrinolytic inhibitors on mortality from upper gastrointestinal haemorrhage. BMJ 298: 1142–6

26. Hiippala ST, Strid LJ, Wennerstrand MI, et al. (1997) Tranexamic acid radically decreases blood loss and transfusions associated with total knee arthroplasty. Anesth Analg 84: 839–44

27. Hindman BJ, Koka BV (1986) Usefulness of the post-aspirin bleeding time. Anesthesiology 64: 368–70

28. Horlocker TT, Wedel DJ (1998) Neuraxial block and low-molecular-weight heparin: balancing perioperative analgesia and thromboprophylaxis. Reg Anesth Pain Med 23: 164–77

29. Horrow JC, Van Riper DF, Strong MD, et al. (1995) The dose-response relationship of tranexamic acid. Anesthesiology 82: 383–92

30. Kallis P, Tooze JA, Talbot S et al. (1994) Pre-operative aspirin decreases platelet aggregation and increases post-operative blood loss – a prospective, randomised, placebo controlled, double-blind clinical trial in 100 patients with chronic stable angina. Eur J Cardiothorac Surg 8: 404–9

31. Kapiotis S, Quehenberger P, Eichler HG, et al. (1994) Effect of hydroxyethyl starch on the activity of blood coagulation and fibrinolysis in healthy volunteers: comparison with albumin. Crit Care Med 22: 606–12

32. Katsaros D, Petricevic M, Snow NJ, et al. (1996) Tranexamic acid reduces postbypass blood use: a double-blinded, prospective, randomized study of 210 patients. Ann Thorac Surg 61: 1131–5

33. Kobrinsky NL, Israels ED, Gerrard JM, et al. (1984) Shortening of bleeding time by 1-deamino-8-D-arginine vasopressin in various bleeding disorders. Lancet 1: 1145–8

34. Kohler M, Hellstern P, Miyashita C, et al. (1986) Comparative study of intranasal, subcutaneous and intravenous administration of desamino-D-arginine vasopressin (DDAVP). Thromb Haemost 55: 108–11

35. Lass M, Welz A, Kochs M, et al. (1995) Aprotinin in elective primary bypass surgery. Graft patency and clinical efficacy. Eur J Cardiothorac Surg 9: 206-10

36. Lemmer JH, Jr., Stanford W, Bonney SL, et al. (1994) Aprotinin for coronary bypass operations: efficacy, safety, and influence on early saphenous vein graft patency. A multicenter, randomized, double-blind, placebo-controlled study. J Thorac Cardiovasc Surg 107: 543–51

37. Lethagen S, Harris AS, Sjorin E, Nilsson IM (1987) Intranasal and intravenous administration of desmopressin: effect on F VIII/vWF, pharmacokinetics and reproducibility. Thromb Haemost 58: 1033–6

38. Levi M, Ten Cate H (1999) Disseminated intravascular coagulation. N Engl J Med 341: 586–92

39. Levi M, van der Poll T, ten Cate H, van Deventer SJ (1997) The cytokine-mediated imbalance between coagulant and anticoagulant mechanisms in sepsis and endotoxaemia. Eur J Clin Invest 27: 3–9

40. Levy JH, Cormack JG, Morales A (1995) Heparin neutralization by recombinant platelet factor 4 and protamine. Anesth Analg 81: 35–7

41. Lind SE (1991) The bleeding time does not predict surgical bleeding. Blood 77: 2547–52

Sektion B

42. Livio M, Mannucci PM, Vigano G, et al. (1986) Conjugated estrogens for the management of bleeding associated with renal failure. N Engl J Med 315: 731–5

43. Mallett SV, Cox D, Burroughs AK, Rolles K (1990) Aprotinin and reduction of blood loss and transfusion requirements in orthotopic liver transplantation. Lancet 336: 886–7

44. Mannucci PM (1998) Hemostatic drugs. N Engl J Med 339: 245–53

45. Mannucci PM, Remuzzi G, Pusineri F, et al. (1983) Deamino-8-D-arginine vasopressin shortens the bleeding time in uremia. N Engl J Med 308: 8–12

46. Mannucci PM, Vicente V, Vianello L, et al. (1986) Controlled trial of desmopressin in liver cirrhosis and other conditions associated with a prolonged bleeding time. Blood 67: 1148-53

47. Martin E, Fleischer F, (Hrsg) (1993) Perioperative Gerinnungsstörungen. Diagnostik und Therapie, 1. Springer, Berlin Heidelberg New York Tokyo

48. Michelsen LG, Kikura M, Levy JH, et al. (1996) Heparinase I (neutralase) reversal of systemic anticoagulation. Anesthesiology 85: 339–46

49. Miller RA, May MW, Hendry WF, et al. (1980) The prevention of secondary haemorrhage after prostatectomy: the value of antifibrinolytic therapy. Br J Urol 52: 26–8

50. Moia M, Mannucci PM, Vizzotto L, et al. (1987) Improvement in the haemostatic defect of uraemia after treatment with recombinant human erythropoietin. Lancet 2: 1227–9

51. Murphy MF, Brozovic B, Murphy W, et al. (1992) Guidelines for platelet transfusions. British Committee for Standards in Haematology, Working Party of the Blood Transfusion Task Force. Transfus Med 2: 311–8

52. Murray DJ, Olson J, Strauss R, Tinker JH (1988) Coagulation changes during packed red cell replacement of major blood loss. Anesthesiology 69: 839–45

53. O'Kelly SW, Lawes EG, Luntley JB (1992) Bleeding time: is it a useful clinical tool? Br J Anaesth 68: 313–5

54. Patrassi GM, Viero M, Sartori MT, et al. (1994) Aprotinin efficacy on intraoperative bleeding and transfusion requirements in orthotopic liver transplantation. Transfusion 34: 507–11

55. Prendergast TW, Furukawa S, Beyer AJ, 3rd, et al. (1996) Defining the role of aprotinin in heart transplantation. Ann Thorac Surg 62: 670–4

56. Rasche H (1994) Perioperative Gerinnungsstörungen. In: D.A.f.A. Fortbildung (Hrsg) Refresher Course Aktuelles Wissen für Anästhesisten, Nr. 20, Juni 1994, Nürnberg, Springer, Berlin Heidelberg New York Tokyo, S 59–71

57. Regoeczi E, Brain MC (1969) Organ distribution of fibrin in disseminated intravascular coagulation. Br J Haematol 17: 73–81

58. Reich DL, Patel GC, Vela-Cantos F, et al. (1994) Aspirin does not increase homologous blood requirements in elective coronary bypass surgery. Anesth Analg 79: 4–8

59. Sakuragawa N, Hasegawa H, Maki M, et al. (1993) Clinical evaluation of low-molecular-weight heparin (FR-860) on disseminated intravascular coagulation (DIC)–a multicenter cooperative double-blind trial in comparison with heparin. Thromb Res 72: 475–500

60. Sauer W, Schwagmeier R, Nolte H (1992) Dauermedikation mit Acetylsalicylsäure – ein Problem für die Regionalanästhesie? Anästhesist 41: 489–93

61. Schafer AI (1999) Effects of nonsteroidal anti-inflammatory therapy on platelets. Am J Med 106: 25S–36S

62. Sheridan DP, Card RT, Pinilla JC, et al. (1994) Use of desmopressin acetate to reduce blood transfusion requirements during cardiac surgery in patients with acetylsalicylic-acid-induced platelet dysfunction. Can J Surg 37: 33–6

63. Stefanini M, English HA, Taylor AE (1990) Safe and effective, prolonged administration of epsilon aminocaproic acid in bleeding from the urinary tract. J Urol 143: 559–61

64. Strauss RG, Stansfield C, Henriksen RA, Villhauer PJ (1988) Pentastarch may cause fewer effects on coagulation than hetastarch. Transfusion 28: 257–60

65. Tabuchi N, Huet RC, Sturk A, et al. (1995) Hemostatic function of aspirin-treated platelets vulnerable to cardiopulmonary bypass. Altered shear-induced pathway. J Thorac Cardiovasc Surg 110: 813–8

66. Troianos CA, Sypula RW, Lucas DM, et al. (1999) The effect of prophylactic e-aminocaproic acid on bleeding, transfusions, platelet function, and fibrinolysis during coronary artery bypass grafting. Anesthesiology 91: 430–5

67. Tuman KJ, McCarthy RJ, O'Connor CJ, et al. (1996) Aspirin does not increase allogeneic blood transfusion in reoperative coronary artery surgery. Anesth Analg 83: 1178–84

68. Verstraete M (1985) Clinical application of inhibitors of fibrinolysis. Drugs 29: 236–61

69. Vigano GL, Mannucci PM, Lattuada A, et al. (1989) Subcutaneous desmopressin (DDAVP) shortens the bleeding time in uremia. Am J Hematol 31: 32–5

70. Vuylsteke A, Oduro A, Cardan E, Latimer RD (1997) Effect of aspirin in coronary artery bypass grafting. J Cardiothorac Anesth 11: 831–4

71. Wada H, Wakita Y, Nakase T, et al. (1996) Increased plasma-soluble fibrin monomer levels in patients with disseminated intravascular coagulation. Am J Hematol 51: 255–60

72. Wahba A, Black G, Koksch M, et al. (1996) Aprotinin has no effect on platelet activation and adhesion during cardiopulmonary bypass. Thromb Haemost 75: 844–8

73. Winearls CG, Oliver DO, Pippard MJ, et al. (1986) Effect of human erythropoietin derived from recombinant DNA on the anaemia of patients maintained by chronic haemodialysis. Lancet 2: 1175–8

74. Wu HF, Lundblad RL, Church FC (1995) Neutralization of heparin activity by neutrophil lactoferrin. Blood 85: 421–8

75. Zachee P, Vermylen J, Boogaerts MA (1994) Hematologic aspects of end-stage renal failure. Ann Hematol 69: 33–40.

10.5
Thrombose

A. LORENTZ

Thrombotische Komplikationen stellen in der operativen Medizin ein erhebliches Problem dar. Sie treten häufig auf und können eine lebensbedrohliche Lungenembolie verursachen. Bei mehr als 30% aller operierten Erwachsenen tritt ohne Thromboembolieprophylaxe eine tiefe Beinvenenthrombose auf, bei etwa 5% der Patienten kommt es zu einer Lungenembolie, und bei 0,1–1% verläuft diese Lungenembolie tödlich. Auch das postthrombotische Syndrom, das in der Regel erst einige Jahre nach der Thrombose auftritt, hat durch seinen rezidivierenden Verlauf erheblichen Krankheitswert (Alguire u. Mathes 1997). Thrombosen und Embolien sollte deshalb in der perioperativen Situation konsequent vorgebeugt werden, wenn sie auftreten, sollten sie konsequent behandelt werden. Die prä- und intraoperative Thromboseprophylaxe und die Notfall- und Intensivtherapie der Lungenembolie fallen in den Arbeitsbereich des Anästhesisten.

Pathogenese

Die meisten pathogenetischen Faktoren lassen sich nach wie vor in die Virchow-Trias Stase – Wandschädigung – Hyperkoagulabilität einordnen.

Eine Stase entsteht durch die Immobilisierung des Patienten, aber auch durch eine zeitweise Hypovolämie, eine Herzinsuffizienz, ein postthrombotisches Syndrom. Eine Wandschädigung kommt v. a. bei Eingriffen an der unteren Extremität und bei Unterbaucheingriffen in Betracht. Eine Hyperkoagulabilität ist u. a. bedingt durch die postoperativ erhöhte Adhäsions- und Aggregationsneigung der Thrombozyten und die Aktivierung der Gerinnungskaskade durch Gewebsthrombokinase und Kontaktaktivierung.

Prädisponierende Faktoren für venöse Thrombosen

Konstitutionelle Faktoren

Alter

Die Häufigkeit postoperativer Thrombosen (Abb. 10.2) und Embolien nimmt mit dem Alter kontinuierlich zu (Schaub et al. 1975; Bergqvist et al. 1993; Clark-Pearson 1993; Loewe et al. 1999).

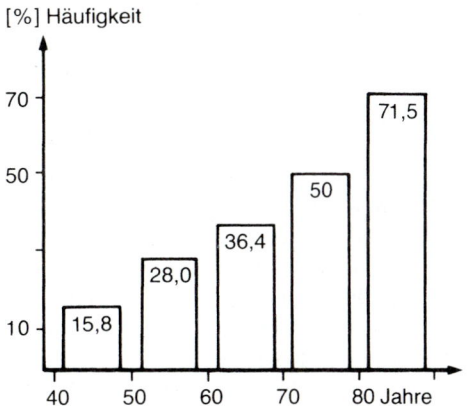

Abb. 10.2. Postoperative Thrombosehäufigkeit in Abhängigkeit vom Alter (keine medikamentöse Thromboseprophylaxe). (Nach Schaub et al. 1975)

Geschlecht

Im Gegensatz zu früheren weisen neuere Untersuchungen einen deutlichen Geschlechtsunterschied nicht aus (Schaub et al. 1975; Brandjes et al. 1990).

Übergewicht

Das Übergewicht an sich scheint von geringem Einfluss zu sein, es ist jedoch häufig mit anderen thrombosefördernden Faktoren (Varikosis, Mangel an körperlicher Aktivität, Diabetes u. a.) vergesellschaftet (Schaub et al. 1975; Clark-Pearson 1993; Loewe et al. 1999).

Schwangerschaft

In der Schwangerschaft ist das Thromboserisiko deutlich erhöht (Trautsch-Van Horn et al. 1992; McColl et al. 1999).

Prädisponierende Krankheiten

Früher durchgemachte Thrombosen und Embolien können ein Hinweis auf vorbestehende anatomische Veränderungen oder Anomalien des Gerinnungssystems sein.

Venenerkrankungen

Bei einer vorbestehenden chronischen venösen Insuffizienz mit oder ohne Varikosis treten Thrombosen etwa doppelt so häufig auf wie bei Patienten ohne solche Erkrankungen (Schaub et al. 1975; Kumar et al. 1993; Arcelus et al. 1999).

Immobilisierung

Langdauernde Immobilisierung führt beim größten Teil der Patienten zu Thrombosen. Sowohl bei entsprechenden unfallchirurgischen Patienten wie bei Patienten mit Hemi-, Para- und Tetraplegien lassen sich nach 1–2 Wochen in 50–80% tiefe Beinvenenthrombosen nachweisen. Bereits die Immobilisierung eines Beines durch einen Gips führt ohne Prophylaxe bei rund 15% der Patienten zu tiefen Beinvenenthrombosen (Kujath et al. 1993; Kock et al. 1993; Geiger u. Binder 1999; Arcelus et al. 1999).

Maligne Tumoren

Manche maligne Tumoren erhöhen die Thrombosegefährdung deutlich, v. a. viszerale Karzinome von Pankreas, Magen, Kolon, Rektum, Lunge und Gallenwegen. Hierfür wird eine Abgabe von Substanzen in das Blut verantwortlich gemacht, die das Gerinnungssystem aktivieren. Auch bei einem Teil der Leukämien scheinen aus den Leukozyten solche Substanzen freigesetzt zu werden (Rahr u. Soeresen 1992; Clark-Pearson 1993; Agnelli u. Sognalia 1997).

Infektionskrankheiten

Thrombosen bei Infektionskrankheiten entstehen durch
- Lokale Entzündung (Gewebsschädigung, Exsudation von Plasma, Zerfall von Bakterien und Leukozyten, Freisetzung von Gewebsthrombokinasen und proteolytischen Enzymen),
- eine systematische Wirkung der aktivierten Gerinnungsfaktoren und Komplexen des Immunsystems,
- eine Bakteriämie mit Absiedlung und der Entstehung septischer Thrombophlebitiden.

Herzkrankheiten

Eine bestehende Herzinsuffizienz führt zu Strömungsverlangsamung und ist ein wichtiger Risikofaktor (Arcelus et al. 1999).

Hämatologische Krankheiten

Patienten mit *Polyzythämien und Polyglobulien* weisen eine erhöhte Thromboseinzidenz infolge der erhöhten Blutviskosität auf. Bei der *Polycythaemia vera* trägt auch die hohe Thrombozytenzahl dazu bei (Arcelus et al. 1999).

Bei Thrombozytenzahlen $>400.000/mm^3$ nimmt die Thromboseneigung zu (Marbert 1983; Arcelus et al. 1999). Dies erklärt eine häufigere Thromboseinzidenz nach Splenektomie. Bei den myeloproliferativen Syndromen kommt zu der erhöhten Thrombozytenzahl eine stark vermehrte Tendenz zur Spontanaggregation hinzu (Koller 1983).

Beim *Serumhyperviskositätssyndrom* (Makroglobulinämie Waldenström, multiples Myelom) und der *paroxysmalen nächtlichen Hämoglobinurie* (Marchiafava-Syndrom) besteht ein erhöhtes Thromboserisiko.

Dehydration und Kreislaufschock

Ursachen für die Thromboseentstehung bei Dehydration sind die erhöhte Blutviskosität durch den erhöhten Hämatokritwert und das verminderte intravasale Volumen mit entsprechender Strömungsverlangsamung. Die Thromboseneigung in Schocksituationen beruht beim hypovolämischen und kardiogenen Schock im wesentlichen auf der verminderten Strömungsgeschwindigkeit des Blutes (Aktivierung des Gefäßendothels: Produktion von plättchenaktivierendem Faktor, Expression von Gewebefaktor; Geiger u. Binder 1999); beim septisch-toxischen und beim anaphylaktischen Schock spielen zusätzliche Faktoren eine Rolle (Aktivierung des Gerinnungs- und Komplementsystems, Endotoxine; Koller 1983).

Nephrotisches Syndrom

Ein nephrotisches Syndrom erhöht das Thromboembolierisiko in Abhängigkeit von der Grunderkrankung. Die erhöhte Thromboseneigung resultiert hauptsächlich aus gesteigerter Thrombozytenaggregation und dem Verlust von niedermolekularen Inhibitoren des Gerinnungssystems, v. a. von AT - III. Auch erhöhte Konzentration der Gerinnungsfaktoren, insbesondere von Fibrinogen, und eine verminderte Plasminogenkonzentration können dazu beitragen. Eine Behandlung mit Diuretika kann die Thrombosebereitschaft zusätzlich vergrößern, sofern sie zu einer Erhöhung des Hämatokritwertes und damit der Viskosität des Blutes führt. Besonders gefährdet sind Patienten mit einem Serumalbumingehalt <2 g/dl und solche mit einer membranösen Nephropathie (Cameron 1984; Assouad u. Eknoyan 1998).

Medikamentös bedingte Thromboseprädisposition

Orale Kontrazeptiva

Der Östrogenanteil in oralen Kontrazeptiva führt zu ähnlichen Veränderungen des Gerinnungssystems wie eine Schwangerschaft (Erhöhung der Vitamin-K-abhängigen Faktoren, Aktivierung des Gerinnungsvorgangs, Verminderung des AT III und der fibrinolytischen Aktivität; Koller 1983). Bei den heute verwendeten niedrigen Dosen (< 50 µg Östrogen) ist das zusätzliche Risiko gering (Stubbefield 1989; Comp u. Zacur 1993), aber nicht vernachlässigbar (Piper u. Mathias 1989). Dies gilt v. a., wenn zusätzliche Risikofaktoren bestehen (Trautsch-Van Horn et al. 1992).

Antagonisten von Antikoagulanzien, Antifibrinolytika

Die Gabe von *Provitamin* verursacht in der Regel eine Hyperkoagulabilität und damit eine erhöhte Thromboseneigung. Es sollte deshalb nur bei schweren Blutungen eingesetzt werden, wenn ein Abklingen der Heparinwirkung nicht abgewartet werden kann.

Auch bei einer hochdosierten *Vitamin-K-* Gabe bei Patienten, die unter einer Cumarintherapie stehen, treten thromboembolische Komplikationen auf. Weniger problematisch ist die Gabe bei gleichzeitiger Umstellung auf eine Antikoagulation mit Heparin.

ε-Aminocapronsäure, Tranexamsäure und Aprotinin vergrößern die Gefahr thromboembolischer Komplikationen.

Operation, Trauma, Schwangerschaft

Operation

Das Auftreten postoperativer thromboembolischer Komplikationen ist von der Dauer und der Art der durchgeführten Operation abhängig. Mit der Dauer der Operation nimmt die Zeit der Immobilisierung und des lagerungsbedingten Staseeffekts, aber auch das Ausmaß der Traumatisierung von Gewebe und Gefäßen mit einer entsprechenden Aktivierung des Gerinnungssystems zu. Am höchsten gefährdet sind Patienten mit hüftgelenknahen Frakturen, die ohne Prophylaxe eine Häufigkeit tiefer Beinvenenthrombosen zwischen 60 und 83% aufweisen. Bei Totalendoprothesen des Hüftgelenks, Eingriffen am Kolon und am Magen, bei transvesikalen Prostatektomien und bei Thorakotomien lassen sich bei rund der Hälfte der Patienten postoperativ tiefe Beinvenenthrombosen nachweisen. Aber auch in der Neurochirurgie ist das Thromboserisiko hoch. Geringe Thrombosearten finden sich bei kleineren Unterbaucheingriffen, Cholezystektomien und transurethalen Prostatasektionen. Bei gynäkologischen Operationen ist die Thromboserate relativ niedrig (Ruckley u. McIntyre 1975; Bergqvist et al. 1993; Kraus u. Kuhn 1995; Arcelus et al. 1999; Schorge et al. 1999; Adachi et al. 1999).

Trauma

Auch die posttraumatische Situation ist in besonderem Maß durch Thromboembolien gefährdet. So weisen Patienten mit hüftgelenknahen Frakturen, aber auch Patienten mit Verletzungen an Kopf und Thorax oder mit Verbrennungen, eine hohe Thromboserate auf (Kumar et al. 1993).

Schwangerschaft, Wochenbett

Nach der Geburt liegt die Thrombosebereitschaft noch 3- bis 5mal höher als in der Schwangerschaft, in der bereits ein erhöhtes Thromboserisiko besteht (McColl et al. 1999; Valentine 1999). Zur puerperalen Thromboseneigung tragen Gerinnungsprozesse nach Ablösung der Plazenta und die rasche postpartale Korrektur der physiologischen Hämodilution während der Schwangerschaft bei. Eine Schnittentbindung erhöht das Thromboserisiko weiter (Falter 1997; Corosu et al. 1999; Valentine 1999)

Anästhesie

Rückenmarknahe Leitungsanästhesie weist eindeutig Vorteile auf gegenüber der Allgemeinanästhesie. Es treten deutlich weniger Thrombosen auf (Bergqvist et al. 1993). Dies gilt insbesondere für die Implantation von Hüftgelenkendoprothesen und die Versorgung von Schenkelhalsfrakturen (Modig et al. 1980; Thoburn et al. 1980; Modig et al. 1983; McKenzie u. Loach 1986).

Faktoren für hohes perioperatives Thromboserisiko

ÜBERSICHT

- Thromboembolien in der Vorgeschichte
- Varikosis, chronisch-venöse Insuffizienz
- hohes Lebensalter
- Herzinsuffizienz
- bestehende Infektionen
- langdauernde Eingriffe
- langdauernde Immobilisierung
- maligne Tumoren
- hüftgelenknahe Frakturen und Hüftgelenkendoprothesen
- Kniegelenkendoprothese
- Eingriffe an Kolon und Magen
- Thorakotomie
- transversikale Prostatektomie

Prädisposition zur Thrombose aufgrund von Laborbefunden

Eine Aussage darüber, wie hoch das Thromboserisiko bei einer oder mehreren Veränderungen im hämostatischen System ist, ist bisher nur begrenzt möglich. Folgende Befunde des Routinelabors sollten als Hinweis für eine erhöhte Thrombosebereitschaft gewertet werden:

- Gesteigerte Gerinnungsbereitschaft; Quick-Wert hoch, Fibrinogen hoch, PTT auffallend kurz (<25 s);
- aktive Gerinnungs- und Fibrinolyseprozesse: Fibrinspaltprodukte hoch oder Fibrinspaltprodukte erhöht und PTT kurz;
- ungenügende Hemmung der Gerinnungskaskade: Antithrombin-III-Aktivität niedrig (<70%), soweit es sich nicht um einen Dilutionseffekt handelt, der auch die Gerinnungsfaktoren betrifft;
- erhöhte Thrombosegefahr durch korpuskuläre Elemente des Blutes;
- Thrombozytenzahl >400 000 /mm^3, Hämatokritwert >50.

Eindeutig erhöht ist das Thromboserisiko bei:

- Resistenz gegen aktiviertes Protein C,

- der Leiden-Variante des Faktors V,
- kongenitalem Mangel an AT III, Protein C und Protein S,
- Antiphospholipid-Antikörper-Syndrom.

Auch bei erworbenem AT-III-Mangel durch Leberzirrhose oder bei nephrotischem Syndrom besteht ein erhöhtes Thromboserisiko (Marbert 1983; Hoffmann 1991; Harenberg 1994; Gagnadoux et al. 1998; Loewe et al. 1999; Arcelus et al. 1999; Baker u. Bick 1999).

Diagnose der tiefen Beinvenenthrombose

Bei der klinischen Diagnose stehen die lokalen Systeme Zyanose, Schwellung und Schmerz im Vordergrund. Allgemeinsymptome wie ansteigende Pulsfrequenz und Temperaturerhöhungen können hinzukommen. Beschwerden in den Beinen und Schmerzempfindungen im Bereich der klassischen Druckpunkte (Fußsohlenschmerz nach Payr, Wadenschmerz nach Homan) treten jedoch meist erst dann auf, wenn der Thrombus zum Verschluss eines Gefäßabschnitts oder zu einer aseptischen Entzündung geführt hat. Die frühe Diagnose einer tiefen Beinvenenthrombose ist mit klinischen Methoden nicht möglich, auch zu späteren Zeitpunkten ist sie mit einer hohen Fehlerquote belastet (Kappert 1976).

Einfacher ist die Diagnose bei einem akuten Beginn der tiefen Bein- bzw. Beckenvenenthrombose, wie sie v. a. bei proximaler Lokalisation auftritt. Hierbei entwickeln sich die lokalen Symptome innerhalb von Stunden. Die Phlegmasia coerulea ist eine seltene, hochakute Verlaufsform, bei der es zu vollständiger Thrombosierung der tiefen Venen und - durch das sich ausbildende subfasziale Ödem - zusätzlich zu einer arteriellen Durchblutungsstörung kommt.

Die Routinediagnostik wird inzwischen mit dem *Duplex-* oder dem *Farbduplex-Dopplergerät* durchgeführt, die eine hohe Sensitivität und Spezifität aufweisen. Sie haben die *Phlebographie* weitgehend verdrängt, die nur noch dann eingesetzt wird, *wenn die Ultraschalluntersuchung keine si-*

cheren Daten erbringt. Computertomographische Venographie und Kernspin-Venographie sind für die Diagnose einer Thrombose in den großen abdominellen und thorakalen Venen hilfreich (Servatjoo 1997).

> **!** Die klinische Diagnose einer tiefen Beinvenenthrombose ist zu einem frühen Zeitpunkt nicht möglich, später ist sie mit einer hohen Fehlerquote belastet.

Therapie

Die Therapie einer tiefen Beinvenenthrombose hat 2 Behandlungsziele: die Verhinderung einer Lungenembolie und die Verhinderung eines postthrombotischen Syndroms.

Es stehen 3 Behandlungsmöglichkeiten zur Verfügung:
- Thrombolyse,
- Antikoagulation,
- Thrombektomie.

Fibrinolyse

Das Ziel der Fribrinolysetherapie ist es, den Thrombus aufzulösen und die Durchgängigkeit des Venensystems wieder herzustellen. Hierzu wird Urokinase, rekombinanter menschlicher Gewebeplasminogenaktivator (rt-PA) oder Streptokinase verwendet. Die Fibrinolyse ist indiziert, wenn die Thrombose nicht länger als 7 (maximal 14 Tage) besteht und mit dem Farbduplex-Doppler oder durch Venographie gesichert ist. Nebenwirkungen, insbesondere Blutungen, sind häufiger als bei der Therapie mit Antikoagulanzien.

Therapieschemata und Kontraindikationen für die Fibrinolyse sind in Kap. 10.6 „Lungenembolie" enthalten.

Antikoagulation mit Heparin

Unfraktioniertes Heparin

Das Ziel der Antikoagulation ist es, ein Wachstum von Thromben zu verhindern und dadurch für die körpereigene Fibrinolyse bessere Voraussetzungen zu schaffen. Der

AT-III-Heparinkomplex hemmt die aktivierten Faktoren XIIa, XIa, Xa und Thrombin.

Es werden 5.000–10.000 I.E. i.v. und als Erhaltungsdosis 20.000–40.000 I.E. über 24 h gegeben – gelegentlich sind auch höhere Dosen notwendig. Angestrebt wird eine 2- bis 3fache Verlängerung der partiellen Thromboplastinzeit (Anand et al. 1999). Die aPTT-adjustierte Therapie kann auch mit subkutanen Heparingaben erfolgen. Eine Meta-Analyse von vergleichenden Studien zeigt hier sogar bessere Ergebnisse auf (Hommes et al. 1992). Die Heparintherapie wird 7–10 Tage fortgeführt. In dieser Zeit ist der Thrombus in der Regel organisiert und mit der Venenwand verwachsen. Im Anschluss daran wird 3–6 Monate mit oralen Antikoagulanzien behandelt.

Bei Bestehen von Kontraindikationen gegen eine Heparintherapie (sie entsprechen im wesentlichen den Kontraindikationen gegen eine Fibrinolyse, S. 102) kommen auch Antiphlogistika, Acetylsalicylsäure und Dextran in Frage.

Niedermolekulares Heparin

Die antithrombotische Wirkung niedermolekularer Heparine überdauert deutlich die meßbaren plasmatischen Veränderungen (Hemmung des Faktors Xa und des Faktors -IIa der Gerinnungskaskade), die nach 4–6 h nicht mehr nachweisbar sind. Eine antithrombotische Wirkung der niedermolekularen Heparine nach subkutaner Injektion ist für 24 h gesichert. Sie beruht u. a. auf einer Wirkung des niedermolekularen Heparins an zellulären Oberflächen der Blutgefäße und der Blutkörperchen (Fareed et al. 1994).

Die Herstellung niedermolekularer Heparinpräparate durch Depolymerisation liefert abhängig vom Herstellungsprozeß chemisch und pharmakologisch unterschiedliche Präparate, so dass jedes Präparat als eigenes Medikament betrachtet werden muss, für das die Effektivität für eine bestimmte Indikation ebenso wie die optimale Dosierung belegt werden muss (Fareed et al. 1994).

Die Vorteile der Behandlung mit niedermolekularem Heparin sind (Harenberg 1999):

- Sofortiges Erreichen des therapeutischen Bereichs,
- keine Therapiekontrolle erforderlich,
- geringe Neutralisierung durch Plasmaproteine,
- geringe interindividuelle Variabilität,
- verbesserte klinische Wirksamkeit,
- geringere Nebenwirkungsquote,
- Möglichkeit einer nichtstationären Behandlung.

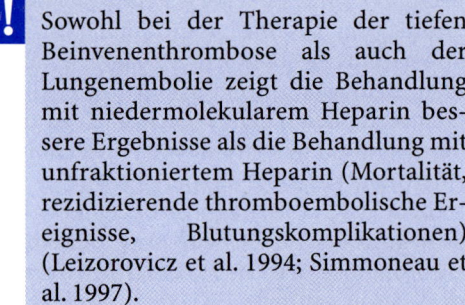

> **!** Sowohl bei der Therapie der tiefen Beinvenenthrombose als auch der Lungenembolie zeigt die Behandlung mit niedermolekularem Heparin bessere Ergebnisse als die Behandlung mit unfraktioniertem Heparin (Mortalität, rezidizierende thromboembolische Ereignisse, Blutungskomplikationen) (Leizorovicz et al. 1994; Simmoneau et al. 1997).

Tabelle 10.7. Niedermolekulares Heparin zur Behandlung der proximalen tiefen Beinvenenthrombose und der Lungenembolie. (Nach Harenberg 1999)

Substanz	Dosierung	Verabreichung
Certoparin	8.000 I.E.	2mal täglich
Dalteparin	100 I.E./kgKG	2mal täglich
Enoxaparin	1 mg/kgKG	2mal täglich
Nadroparin	1 mg/kgKG	2mal täglich
Nadroparin	2 mg/kgKG	1mal täglich
Reviparin	6 300 I.E., körpergewichtsadaptiert	2mal täglich
Tinzaparin	175 I.E./kgKG	1mal täglich

Die Dosierung für niedermolekulares Heparin bei tiefer Beinvenenthrombose und Lungenembolie sind in Tabelle 10.7 angegeben

Thrombektomie

Die venöse Thrombektomie wird v. a. bei einer Thrombose im Femoralisbereich angewandt. Sie ist aber auch bei anderer Lokalisation die Methode erster Wahl, wenn Kontraindikationen gegen eine Thrombolyse vorliegen. Die Gefahr einer Rethrombisierung ist allerdings hoch.

Die Thromben werden mit Ballonkathetern nach Fogarty entfernt. Auch die Thrombektomie hat in den ersten Tagen nach der Bildung des Thrombus die höchste Erfolgsrate.

Zusätzliche Therapie

Bei allen Therapieformen wird versucht, den venösen Rückfluss durch Hochlagern der Beine und einen Kompressionsverband zu verbessern. Der Patient wird häufig zwischen 5 und 10 Tagen immobilisiert, aber auch bei frühzeitiger Mobilisation scheinen nicht mehr Lungenembolien aufzutreten.

Prophylaxe der tiefen Venenthrombose

Physikalische Methoden

Bei bettlägerigen Patienten tritt postoperativ eine Strömungsverlangsamung in den Beinvenen auf (Geiger u. Binder 1999). Mit den physikalischen Methoden der Thromboseprophylaxe wird versucht, diese „Stase" zu beheben.

Eine deutliche Strömungsbeschleunigung ist nachgewiesen für:
- Das Hochlagern der Beine bzw. Unterschenkel,
- Fußgymnastik mit Aktivierung der Wadenmuskelpumpe,
- sog. Thromboseprophylaxestrümpfe.

An technischen Hilfsmitteln sind Tretfahrräder, elektrische Wadenstimulation und eine intermittierende pneumatische Kompression der Wade durch eine aufblasbare Gummimanschette entwickelt worden. Für die Thromboseprophylaxestrümpfe und die mechanischen bzw. elektrischen Hilfsmittel ist eine thromboseprophylaktische Wirkung belegt, eine Reduzierung tödlich verlaufender Lungenembolien nicht gesichert.

Physikalische Methoden sollten nur in Verbindung mit einer wirksamen medikamentösen Thromboseprophylaxe angewendet werden (Gruber 1983a, b; Agnelli u. Sognalia 1997).

Medikamentöse Prophylaxe

Zur medikamentösen Prophylaxe stehen unfraktioniertes Heparin, niedermolekulares Heparin, Cumarine und Dextran zur Verfügung.

Unfraktioniertes Heparin

Bei einer Low-dose-Heparintherapie werden 5.000 I.E. Heparin s.c. in 8stündigem (bis 12stündigem) Abstand appliziert. Die Prophylaxe wird 2 h präoperativ mit 3.500–5.000 I.E. begonnen. Für die Heparinprophylaxe ist eine hohe Wirksamkeit nachgewiesen. In der Allgemeinchirurgie ist diese Prophylaxe wirksam. Bei Patientengruppen mit hohem Risiko für thromboembolische Komplikationen, etwa der Implantation einer Hüftgelenkendoprothese, kann die Dosis auch so gewählt werden, dass die aktivierte partielle Thromboplastinzeit in den oberen Normbereich angehoben wird (aPTT). Schwere intra- und postoperative Blutungen kommen gegenüber Kontrollgruppen nicht häufiger vor, mit einer größeren Zahl von Wundhämatomen muss aber gerechnet werden (Agnelli et al. 1997; Arcelus et al. 1999).

Niedermolekulares Heparin

Verschiedene Studien, die niedermolekulares Heparin mit unfraktioniertem Heparin zur perioperativen Thromboseprophylaxe vergleichen, belegen, dass mit niedermolekularem Heparin eine sichere und wirksame Thromboseprophylaxe durchgeführt werden kann. Der Vorteil der niedermolekularen Heparinprodukte liegt v. a. darin, dass die Injektionen nur einmal täglich durchgeführt werden müssen, dass auch bei Hochrisikogruppen eine sichere Thromboseprophylaxe ohne regelmäßige Laborkontrollen möglich ist (s. unten) und dass die heparininduzierte Thrombozytopenie wesentlich seltener ist (Harenberg et al. 1999). Begonnen wird in der Regel 12 h präoperativ (Fareed et al. 1993; Jorgensen et al. 1993; Breddin 1999; Lassen et al. 1999).

In der Hüftgelenkchirurgie, in der ohne Prophylaxe bis zu 50% der Patienten tiefe Beinvenenthrombosen entwickeln, zeigt niedermolekulares Heparin eine mit unfraktioniertem Heparin bzw. Dextran 70 vergleichbare oder bessere Wirkung. Allerdings sind die Befunde nicht ganz einheitlich (Jorgensen et al. 1993; Colwell et al. 1994; Agnelli et al 1997; Arcelus et al. 1999). Dies mag darauf zurückzuführen sein, dass für die niedermolekularen Heparine noch nicht für jedes Präparat die optimale Dosierung gefunden worden ist. In den meisten operativen Bereichen wird allerdings dem niedermolekularen Heparin der Vorzug gegeben.

Cumarine

Cumarine hemmen die Synthese der Faktoren VII, IX und X in der Leber. Eine ausreichende Gerinnungshemmung besteht erst nach Tagen; die Cumarine müssen deshalb bereits präoperativ gegeben werden. Sie müssen so hoch dosiert werden, dass eine deutliche Gerinnungsverzögerung besteht. Die Wirkung der Cumarinderivate als Thromboseprophylaxe ist unumstritten (Merli 1993; Lassen u. Borris 1996). Sie haben sich jedoch wegen der langsam einsetzenden Wirkung, der Notwendigkeit regelmäßiger Laborkontrollen und der verstärkten Blutungsneigung nicht allgemein durchsetzen können (Agnelli et al. 1997; Arcelus et al 1999).

Dextran

Die hypervolämische oder isovolämische Hämodilution durch Dextran führt zu einer Herabsetzung der Blutviskosität durch Verminderung des Hämatokrits (s. Kap. „Präoperative Eigenblutspende, Hämodilation und Autotransfusion"). Entsprechend dem zunehmenden Herzzeitvolumen ist auch die venöse Durchblutung gesteigert. Als weitere Faktoren spielen die Verminderung der Thrombozytenaggregation und eine verbesserte Spontanlyse des Thrombus eine Rolle (Gruber 1983a).

Sowohl Dextran 70 als auch Dextran 40 verringern die Häufigkeit von Thrombosen und tödlichen Lungenembolien in der Allgemeinchirurgie, in der Urologie, in der Gynäkologie wie auch in der Orthopädie und der Unfallchirurgie (Bergqvist u. Hallböök 1980). Insbesondere bei der Hüftgelenkchirurgie, transvesikulärer Prostatektomie und Sectio caesarea ist die Wirkung des Dextrans gut dokumentiert.

Therapieschemata für Dextran: Nach Narkoseeinleitung und Haptengabe (20 ml Promit), 500 ml Dextran 70, am Abend des Operationstages weitere 500 ml und am Morgen des ersten postoperativen Tages erneut 500 ml Dextran. Der thromboseprophylaktische Effekt besteht eine Woche (Steinmann et al. 1975). Ein alternatives Schema ist die Gabe von je 500 ml Dextran 40 während der ersten 3 Tage, in der Folge jeden 2. bzw. 3. Tag bis zur vollständigen Mobilisierung.

Da diese Prophylaxe aufwendig und weniger wirksam ist als die Low-dose-Heparinprophylaxe, wird sie kaum noch eingesetzt (Agnelli 1997; Kuijer et al. 1997)

Dauer der Prophylaxe

Die meisten perioperativen Thrombosen entstehen unmittelbar nach dem Eingriff. In folgenden Tagen verringert sich die Häufigkeit neu entstehender Thrombosen erheblich (Schaub et al.1975). Prophylaktische Maßnahmen waren deshalb lange auf die Zeit bis zur Mobilisierung des Patienten oder auf die Dauer des Krankenhausaufenthaltes beschränkt, obwohl bereits frühere Untersuchungen Hinweise dafür ergeben hatten, dass die Risikoperiode sich über einen längeren Zeitraum erstreckt. Neuere Studien zeigen bei allgemeinchirurgischen Eingriffen ein erhöhtes Thromboserisiko bis zum 30. postoperativen Tag (Lindblad et al. 1991; Huber et al. 1992). Eine Langzeit-Prophylaxe mit niedermolekularem Heparin scheint die Thromboserate zu verringern (Wille-Joergensen et al. 1993; Kock et al.

1993; Kujath et al. 1993). Ob dies auch für das Auftreten von Lungenembolien zutrifft, ist nicht geklärt (Bergqvist 1993; Agnelli 1997; Nurmohamed et al. 1999).

ÜBERSICHT

Wirksame perioperative Prophylaxe tiefer Beinvenenthrombosen und Lungenembolien

- Einmalige Gabe von niedermolekularem Heparin s.c./24 h, evtl. gewichtsadaptiert
- 3mal 5.000 I.E. Heparin s.c./24 h, bei Patienten mit hohem Thromboserisiko, evtl. PTT-adaptiert (aPTT im oberen Normbereich),
- (intra- und postoperative Gabe von Dextran).

10.6 Lungenembolie

Eine Thromboembolie in die Lungenarterien kann je nach Größe und Lokalisation des eingeschwemmten Thrombus für den betroffenen Patienten ganz unterschiedliche Folgen haben. Das klinische Bild reicht von einer harmlosen, vom Patienten selbst gar nicht bemerkten kleinen Embolie bis zur fulminanten Lungenembolie, die innerhalb von Sekunden zum Tode führen kann.

Die pathologischen Auswirkungen einer Lungenembolie sind in erster Linie durch die *mechanische Verlegung der Lungenstrombahn* bedingt. Hinzu kommt eine reflektorische und durch Mediatoren ausgelöste Vaso- und Bronchokonstriktion. Die Widerstandserhöhung im kleinen Kreislauf führt zu einer *akuten Rechtsherzbelastung*, der verminderte Rückstrom zum linken Herzen zu einem *verringerten Herzzeitvolumen*. Die systemische und myokardiale O_2-Versorgung wird durch die entstehende arterielle Hypoxämie weiter eingeschränkt.

Der Verlauf hängt im wesentlichen vom Grad der Verlegung der pulmonalen Strombahn und von vorbestehenden kardiopulmonalen Erkrankungen ab. Ohne Vorerkrankungen tritt eine Drucksteigerung in der A. pulmonalis bei einer Verlegung von mehr als 25–30% der Strombahn auf, ab 40% wird sie klinisch bedeutsam, und eine Schocksituation entsteht in der Regel bei einer Verlegung von 70% (Abb. 10.3; Seeger u. Neuhoff 1984; Heinrich u. Klink 1984; Böttinger et al. 1993; Spannagl u. Böttinger 1999).

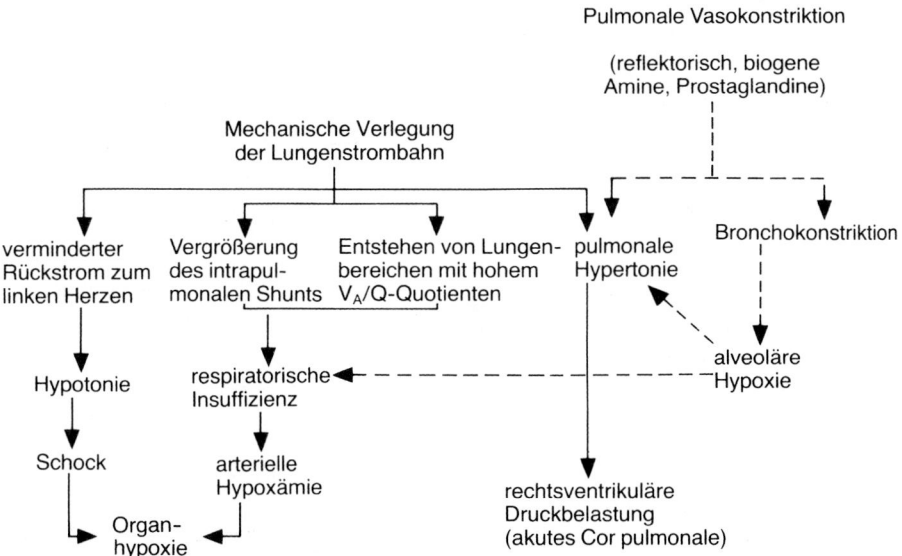

Abb. 10.3. Pathophysiologie der Lungenembolie. Primäre Mechanismen (———), sekundäre Mechanismen (- - - -)

Tabelle 10.8. Schweregradeinteilung der akuten Lungenembolien. (Mod. nach Heinrich u. Klink 1984)

Einteilung	I Klein	II Submassiv	III Massiv	IV Fulminant
Klinik	Unauffällig	Angst, Tachykardie, Hyperventilation	Dyspnoe, Kollaps	Dyspnoe, Schock
Systemarterieller Druck [mmHg]	Normal	Normal bis leicht erniedrigt	Erniedrigt	Stark erniedrigt
ZVD [mmHg]	<10	10–20	>20	>20
Mittlerer pulmonalarterieller Druck [mmHg]	Normal	Normal bis leicht erhöht	>30	>30
paO2 [mmHg]	Normal	<80	<65	<50
paCO2 [mmHg]	Normal	<35	<30	<30
Prognose und Verlauf	Nicht tödlich	Nicht tödlich ohne Reduktion der kardiopulmonalen Reserven	Tödlich innerhalb Stunden durch Rechtsherzversagen	Tödlich innerhalb 15 min durch Rechtsherzversagen oder zerebrale Anoxie

Diagnose

Die Diagnose einer Lungenembolie ist in erster Linie eine klinische Diagnose. Es gibt aber keinen klinischen Befund, auch keine Befundkonstellation, die beweisend für eine Lungenembolie ist. Der Befund hängt vom Schweregrad der Embolie ab (Tabelle 10.8; Heinrich u. Klink 1984; Böttinger et al. 1993; Spannagl u. Böttinger 1999).

Bei plötzlichem Blutdruckabfall, bei Zyanose, Tachykardie, Tachypnoe, aber auch bei akut auftretendem Herz-Kreislauf- und Atemstillstand, bei Bewusstseinseinschränkungen bzw. -verlust besteht der Verdacht auf eine Lungenembolie, insbesondere in der postoperativen Phase oder wenn prädisponierende Erkrankungen vorausgegangen sind. Bei protrahierten Krankheitsverläufen sind Tachypnoe, Tachykardie, Fieber und Zyanose Leitsymptome, v. a. wenn sie zusammen mit Thoraxschmerz, Dyspnoe, Hustenreiz und Hämoptyse vorkommen. Auch bei unklarer Hypotonie, einer rezidivierenden Pneumonie oder einer Pleuritis sollte an eine Lungenembolie gedacht werden.

Auskultationsbefunde über der Lunge und dem Herzen geben v. a. über Begleit- und Folgezustände der Lungenembolie Auf-schluss: Rechtsherzinsuffizienz, Bronchialobstruktion, Pleuritis. Zur Diagnose hilfreich sein kann ein permanent gespaltener zweiter Herzton mit akzentuiertem Pulmonaliston. Die häufigsten klinischen Befunde sind in der folgenden Übersicht zusammengestellt.

Klinische Befunde bei Lungenembolie

ÜBERSICHT

- **Regelmäßig:**
  Dyspnoe, Tachypnoe Tachykardie
- **Meist:**
  Pleurareiben, atemabhängige Schmerzen, akzentuierter Pulmonaliston, Husten, Fieber
- **Häufig:**
  Hämoptoe, Rasselgeräusche, 3. Herzton
- **Selten:**
  Arrhytmien, Synkope, Angina pectoris, Schüttelfrost

! Lungenembolie ist in erster Linie eine klinische Diagnose. Leitsymptome sind Tachykardie, Tachypnoe und Zyanose, v. a. wenn sie zusammen mit Thoraxschmerz, Dyspnoe, Hustenreiz und Hämoptyse vorkommen.

Tabelle 10.9. Diagnostische Maßnahmen bei Verdacht auf Lungenembolie in Abhängigkeit vom Zustand des Patienten. (Nach Heinrich u. Klink 1984; Böttinger et al. 1993; Spannagl u. Böttinger 1999)

Zustand des Patienten	I	II	III	IV
	Keine oder geringe Beeinträchtigung	Deutliche Beeinträchtigung	Schock, schwere Beeinträchtigung	Schwerster Schock, Herzstillstand
Klinische Untersuchung	+	+	+	
Laborchemische Befunde	+	+	+	
Blutgasanalyse	+	+	+	
Lungenszintigraphie	+	+	–	Zunächst Notfalltherapie, danach evtl. Diagnostik der Stufe III
Elektrokardiogramm	+	+	+	
Thoraxröntgenaufnahme	+	+	+	
Echokardiographie	+	+	+	
Echokardiographie (transösophageal)	(+)	(+)	++	
Pulmonalarterielle Druckmessung	(+)	+	++	
Pulmonalisangiographie	(+)	+	++	
Farbduplex-Doppler evtl. Phlebographie der Beine	+	+	–	

++ dringend indiziert, + indiziert, (+) i. allg. nicht indiziert, – kontraindiziert.

Differentialdiagnostisch kommen bei schwerer Verlaufsform in Betracht: Myokardinfarkt, schwere Herzrhythmusstörungen unterschiedlicher Genese, Myokarditis, Herzbeuteltamponade, Spannungspneumothorax, Aneurysma dissecans der Aorta mit Ruptur, hämorrhagischer, septischer oder anaphylaktischer Schock; bei weniger akuten Krankheitsverläufen auch: Perikarditis, Pneumothorax, Pneumonie nichtembolischer Genese, Asthma bronchiale.

Die weiteren diagnostischen Maßnahmen richten sich nach dem Zustand des Patienten (Tabelle 10.9)

Elektrokardiogramm

Die Veränderungen im EKG sind Ausdruck des akuten Cor pulmonale und sind in Abb. 10.4 zusammengestellt. Diese Zeichen beweisen allerdings nicht die embolische Genese des akuten Cor pulmonale. Beim Fehlen entsprechender EKG-Zeichen ist eine Lungenembolie nicht ausgeschlossen. Nur in etwa 25% zeigt das EKG beim akuten Cor pulmonale typische Veränderungen. Unspezifische EKG-Veränderungen wie Sinustachykardie, ventrikuläre Extrasystolen, supraventrikuläre Extrasystolen und artrioventrikuläre Leitungsstörungen sind häufiger. Die EKG-Veränderungen bilden sich entsprechend der Verbesserung der hämodynamischen Situation häufig rasch zurück.

Bei der Differentialdiagnose zum Hinterwandinfarkt hilft die Tatsache, dass hierbei die EKG-Veränderungen in Ableitung II de-

Sektion B

Ableitung

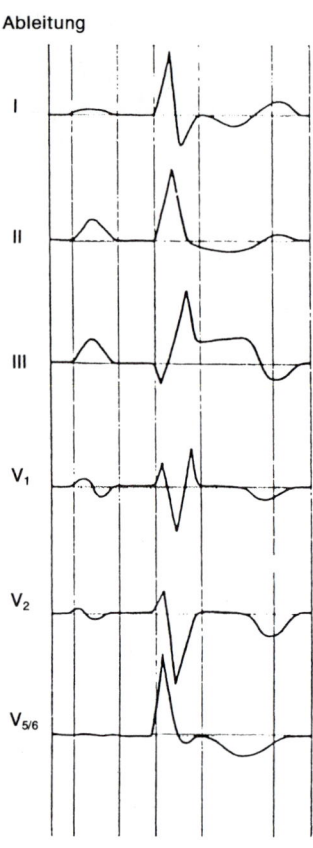

Abb. 10.4. Synopsis der EKG-Veränderung beim akuten Cor pulmonale. (Aus: Heinrich u. Klink 1984)

McGinn-White-Syndrom:

Q_{III}-S_I-Typ

ST-Hebung mit terminal-negativem T in Ableitung III

Ableitung II verhält sich wie I

Rechtsdrehung der elektrischen Herzachse

P sympathicum

Flüchtiger Rechtsschenkelblock unterschiedlichen Grades

Verlagerung der R/S-Umschlagzone

T-Inversion rechtspräkordial (im subakuten Stadium)

ggf. uncharakteristische Störungen der Erregungsrück-bildung linkspräkordial

Ventrikuläre und/oder supra-ventrikuläre Rhythmusstörungen, selten atrioventrikuläre Blockierungen

---

nen in Ableitung III ähnlich sind, während beim akuten Cor pulmonale die Veränderungen in Ableitung II mehr denjenigen gleichen, die in Ableitung I vorhanden sind. Im Unterschied zum Hinterwandinfarkt ist meist ein tiefes S_1 nachweisbar. Im frischen Stadium des Hinterwandinfarkts sind noch keine terminal negativen T-Wellen in Ableitung III zu erwarten. In den rechtspräkordialen Ableitungen sind beim kleinen Hinterwandinfarkt meist keine Veränderungen zu erwarten; bei größerer Ausdehnung enden die ST-Strecken in einem präterminal negativen T, im Gegensatz zum akuten Cor pulmonale, das ein terminal negatives T aufweist. Im Gegensatz zum Vorderwandinfarkt tritt beim akuten Cor pulmonale kein R-Verlust auf (Heinrich u. Klink 1984).

> **!** Nur bei 1 von 4 Patienten lassen sich bei der Lungenembolie typische Zeichen eines akuten Cor pulmonale im EKG nachweisen.
> Ein normales EKG schließt eine Lungenembolie nicht aus.

Röntgenaufnahme des Thorax

Thoraxröntgenaufnahmen ergeben meist pathologische Befunde, aber nur in weniger als der Hälfte der Fälle typische Veränderungen. Die röntgenologischen Symptome sind in Abb. 10.5 dargestellt.

Abb. 10.5. Synopsis der röntgenologischen Symptome bei Lungenembolie (Aus Heinrich u. Klink 1984). ① Hochstand und verminderte Exkursionen des Zwerchfells; ② basale Verschattungen, kleine Pleuraergüsse; ③ Verdichtungen mit der Basis an der Pleuraoberfläche (rund – halbspindelig – keilförmig – wolkig – streifig; ④ Gefäßabbrüche in Hilusnähe mit hypovaskularisierten Zonen, ggf. Hilusamputation (Westermark-Zeichen); ⑤ Hyperämie der kontralateralen Lunge; ⑥ Dilatation des rechten Ventrikels; ⑦ Dilatation der V. azygos und der V. cava superior.

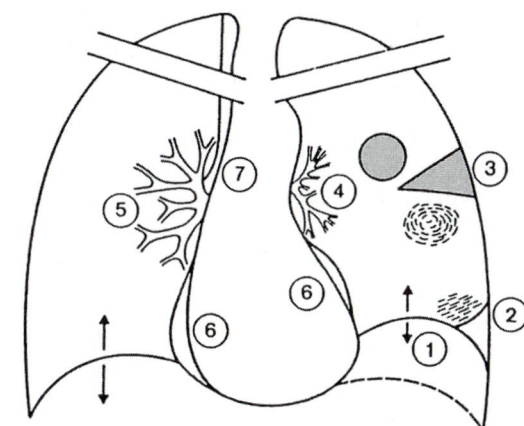

Sektion B

> ❗ Der Nachweis einer Lungenembolie in der Röntgenthoraxaufnahme ist um so sicherer, je größer das verschlossene Gefäß ist, um so unsicherer, je ausgeprägter bestehende Vorerkrankungen der Lunge sind (Lungenstauung, Pneumonie, Atelektase, Emphysen u. a.).
> Eine normale Röntgenaufnahme schließt eine Lungenembolie nicht aus.

Blutgasanalyse

Die Veränderungen des Gasaustausches nach einer Lungenembolie sind unspezifisch und von bestehenden Vorerkrankungen abhängig.

Eine Lungenembolie führt zu einem erhöhten intrapulmonalen Shunt und zu einem erniedrigten O_2-Partialdruck im arteriellen Blut. Inwieweit der Abfall des O_2-Partialdrucks mit der Größe der Embolie und dem Druckanstieg in der Pulmonalarterie korreliert, ist von vorbestehenden kardiopulmonalen Erkrankungen abhängig. Bei kleinen Embolien bleibt der p_aO_2 häufig im Bereich der altersentsprechenden Normwerte, bei einer massiven Embolie liegt er meist unter 55 mmHg. Trotz physiologischer Totraumerhöhung und erhöhtem arterioalveolären CO_2-Druckgradienten führt eine Erhöhung des Atemzeitvolumens durch die zentrale Atemregulation häufig – aber nicht regelmäßig – zu einer Hypokapnie. Intraoperativ kann ein plötzlicher Abfall des endexspiratorischen CO_2-Partialdrucks Hinweis auf eine Lungenembolie sein. Eine Verminderung des Herzzeitvolumens führt zu einer vermehrten O_2-Ausschöpfung mit erhöhter arteriovenöser O_2-Gehaltsdifferenz und bei deutlicher Verminderung des HZV zu einer metabolischen Azidose (D'Alonzo u. Dantzker 1984; Böttinger et al. 1993; Spannagl u. Böttinger 1999).

> ❗ Die Veränderungen des Gasaustausches bei einer Lungenembolie sind unspezifisch und von vorbestehenden Erkrankungen abhängig. Häufig ist die Kombination von Hypoxie und Hypokapnie begleitet von einer erhöhten arteriovenösen O_2-Gehaltsdifferenz.
> Arterielles Blut zur Blutgasanalyse sollte aus einer gut komprimierbaren Arterie entnommen werden (A. brachialis, A. radialis, A. dorsalis pedis), um eine Fibrinolysetherapie nicht zu erschweren.

Echokardiographie

Die Echokardiographie trägt wesentlich zur nichtinvasiven Diagnostik bei. Bei über 70% der Patienten mit schweren und mittelschweren Lungenembolien finden sich Zeichen der Rechtsherzbelastung: vergrößerter rechter Vorhof und/oder Ventrikel, paradoxe Septumbewegung (Wölbung des Septums während der Systole in den linken Ventrikel). Auch eine Dilatation der Pulmonalarterie und eine Trikuspidalinsuffizienz können als Zeichen pulmonaler Hypertrophie bestehen. Nur ausnahmsweise gelingt allerdings der Nachweis eines Embolus in der Pulmonararterie, der die embolische Genese der Rechtsherzbelastung beweist.

Häufiger gelingt dieser Nachweis mit der transösophagealen Echokardiographie (Spannagl u. Böttinger 1999; Hofmann et al. 1992). Differentialdiagnostisch können Aortendissektion und Perikardtamponade ausgeschlossen werden. Eine rechtsventrikuläre Hypertrophie spricht für chronische Lungen- oder Herzerkrankungen, schließt aber natürlich eine Lungenembolie nicht aus (Come et al. 1987; Hofmann et al. 1992). Eine echokardiographisch nachgewiesene Rechtsherzinsuffizienz wird häufig auch bei stabilen systemischen Drücken als Indikation zur Fibrinolyse betrachtet (Goldhaber 1999).

Lungenszintigraphie

Mit der Perfusionsszintigraphie lassen sich Perfusionsausfälle nachweisen, wenn ihr Durchmesser mehr als 3 cm beträgt. Sekundäre Perfusionsminderungen durch vorbestehende Lungenerkrankungen lassen sich mit der Ventilationsszintigraphie ausschließen, die allerdings einen sehr hohen technischen Aufwand erfordert.

Die Perfusionsszintigraphie hat ihre Grenzen: Auflösungsvermögen, begrenzte Spezifität, keine enge Korrelation zu hämodynamischer Wirkung bei weitgehender oder vollständiger zentraler Gefäßverlegungen. Ihre Sensitivität wird mit über 90% angegeben, ihre Spezifität mit etwa 40%. Durch Kombination mit Röntgenbild und Ventilationsszintigraphie sowie durch Verlaufskontrollen kann die Spezifität allerdings erheblich gesteigert werden (Papst u. Buttermann 1980; Murchinson et al. 1997).

> **!** Ein Lungenperfusionsszintigramm ohne auffälligen Befund schließt eine Lungenembolie mit hämodynamischen Auswirkungen weitgehend aus. Ein patho- logischer Befund im Szintigramm bei normaler Röntgenthoraxaufnahme ist in hohem Maße verdächtig auf eine Lungenembolie.

Spiral-Computertomographie/Kernspintomographie/-angiographie

Eine hohe Sensitivität und Spezifität weist das Spiral-Computertomoramm bzw. -angiogramm auf, zumindest für den Nachweis von Thromben bis in die Segmentarterien. Es wird inzwischen als diagnostische Methode der ersten Wahl eingestuft (van Rossum et al. 1996; Neumann et al. 1997). Auch für die Kernspintomographie/-angiographie wird eine Sensitivität und Spezifität zwischen 90 und 100% angegeben (Meany et al. 1997).

Pulmonalisangiographie

Zur Darstellung der Lungenarterien wird Kontrastmittel über einen Katheter in den Stamm der Pulmonalarterien oder in den rechten Vorhof, in besonders dringenden Fällen auch beidseits über die Vv. cubitales injiziert. Angiographische Befunde bei Lungenembolie sind in Abb. 10.6 dargestellt.

Die Kontrastmittelinjektion kann zu einer peripheren Vasodilatation und damit zur Verschlechterung der hämodynamischen Situation des Patienten führen. Sie wird jedoch i. allg. gut toleriert, v. a. wenn die injizierte Kontrastmittelmenge begrenzt wird (Kieny et al. 1978). Die hohe Treffsicherheit der Pulmonalisangiographie rechtfertigt ihren Einsatz zur Sicherung der Diagnose einer Lungenembolie vor Fibrinolysetherapie und operativer Embolektomie (White et al. 1980; Böttinger et al. 1993, Spannagl u. Böttinger 1999).

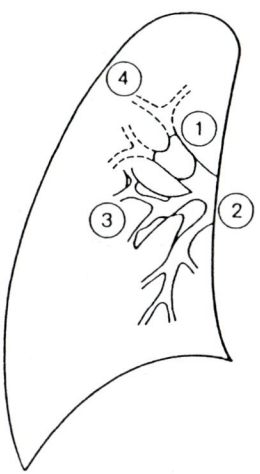

Abb. 10.6. Pulmonalangiographische Befunde bei Lungenembolie. Beweisend: ① Füllungsabbruch, ② Füllungsdefekt; vieldeutig: ③ Kaliberschwankungen; ④ Oligämie; ⑤ asymmetrische Anfärbung und örtliche Blutstromverlangsamung. (Aus: Heinrich u. Klink 1984)

Hämodynamische Untersuchungen

Bei hämodynamischen Untersuchungen geht es darum, den Druckanstieg in der A. pulmonalis und im rechten Herzen sowie die Auswurfleistung des Herzens zu beurteilen.

Gestaute Halsvenen, auch bei 45° Hochlagerung und in Inspiration, weisen schon klinisch auf einen erheblich erhöhten Druck im rechten Vorhof hin. Die Messung des zentralvenösen Drucks gehört beim Verdacht auf eine hämodynamisch relevante Lungenembolie zur unmittelbaren Notfalldiagnostik. Der zentralvenöse Druck liegt dabei in der Regel über 10 mmHg. Bei einem zentralvenösen Druck zwischen 10 und 15 mmHg wird die Lungenembolie unter konservativer Therapie meist überlebt, liegt er über 20 mmHg, so führt die Embolie ohne aggressives Vorgehen in der Regel zum Tod. Wichtiger als der aktuell gemessene Wert ist allerdings der Trend.

Ein Pulmonalarterienkatheter ermöglicht außer der Pulmonalisangiographie die Messung des Drucks im rechten Ventrikel und in der A. pulmonalis. Als massiv wird eine Lungenembolie bezeichnet, wenn der mittlere Pulmonalarteriendruck auf über 30 mmHg ansteigt. Ein nichtadaptierter rechter Ventrikel kann einen solchen akuten Druckanstieg nicht bewältigen. Extrem erhöhte Druckwerte sprechen für eine chronische pulmonale Hypertonie.

Wie die Veränderungen im Gasaustausch, so sind auch die hämodynamischen Veränderungen ganz wesentlich abhängig von vorbestehenden kardiopulmonalen Erkrankungen.

Die Letalität einer Lungenembolie hängt vom Ausmaß der Strombahnverlegung, aber auch wesentlich von vorbestehenden kardiopulmonalen Erkrankungen ab.

Therapie

Ziel einer spezifischen Behandlung ist es, den Embolus aus der Pulmonalarterie zu entfernen oder zu verkleinern. Zumindest sollen ein weiteres Thrombuswachstum in der Lungenstrombahn und ein Rezidiv verhindert werden. Eine symptomatische Therapie soll die kardiovaskulären und respiratorischen Störungen bessern. Die Art der spezifischen und symptomatischen Therapie richtet sich nach dem Schweregrad der Embolie (s. Tabelle 10.8) und der Verfügbarkeit therapeutischer Maßnahmen.

Fibrinolyse

Hierbei wird versucht, durch fibrinolytisch wirksame Enzyme (Urokinase, rekombinanten menschlichen Gewebeplasminogenaktivator (rt-PA), Streptokinase) die spontane Fibrinolyse zu steigern und damit den pulmonalen Embolus – und die bestehende Thrombose – zur Auflösung zu bringen. Entsprechende Protokolle sind in der folgenden Übersicht enthalten.

Protokolle zur Fibrinolyse (Nach Meissner et al. 1993; Spannagl u. Böttinger 1999)

- **Urokinase**
  - Standardprotokoll:
    Bolusgabe 4.400 I.E./kgKG über 10 min i.v.
    Erhaltungsdosis 4.400 I.E./kg KG/h i.v. über 24 (–36) h
    Therapiedauer 12 h (bis zu 3 Tage)
    begleitende Heparinisierung
  - Kurzlyseprotokoll:
    1.000.000 I.E. über 10 min
    anschließend 2 000 000 I.E. über 2 h
    begleitende Heparinisierung
- **rt-PA**
  - Standardprotokoll:
    100 mg über 2 h i.v., davon 10 mg als Bolus
    begleitende Heparinisierung
  - Boluslyseprotokoll:
    0,6 mg/kgKG i.v. über 2 min
    im Anschluss Heparinisierung
- **Streptokinase**
  - Prednisolon 250 mg i.v. vor Therapiebeginn
  - Standardprotokoll:
    Bolusgabe von 250.000 E/20 ml NaCl 0,9 % in 20 min i.v.
    Erhaltungsdosis 100.000 E/h als Dauerinfusion i.v.
    Ziel: Thrombinzeit 2- bis 5fach verlängert, Fibrinogen 0,4 g/l
    Therapiedauer 24 h bis 3 Tage
    begleitende Heparinisierung
  - Kurzlyseprotokoll
    Bolusgabe 1.500.000 E in 30 min i.v.
    anschließend 1.500.000 E über 2–3 h i.v. im Anschluss Heparinisierung

Bei der Behandlung tritt in einem hohen Prozentsatz der Fälle eine beträchtliche Verbesserung der Lungenperfusion bereits wenige Stunden nach Beginn der Therapie ein. In bezug auf die Überlebensrate ist die Fibrinolysetherapie der Heparintherapie überlegen (Heinrich u. Klink 1984; Böttinger et al. 1993; Spannagl u.Böttinger 1999).

Urokinase- und rt-PA-Therapie scheinen bei vergleichbarem Protokoll gleichwertig zu sein. Studien, die rt-PA mit der traditionellen Streptokinasetherapie vergleichen, gibt es wenige; rt-PA scheint der Streptokinase überlegen zu sein (Goldhaber et al. 1992; Pilger u. Smolle 1996).

Blutungen treten bei ca. 1/3 der behandelten Patienten auf und sind damit etwa doppelt so häufig wie bei der Heparintherapie. Daraus ergeben sich die meisten Kontraindikationen (s. folgende Übersicht). Bei bedrohlichen Blutungen kommt als Antagonist Aprotinin, ggf. in Verbindung mit ε-Aminocapronsäure oder Tranexamsäure, in Frage (Meissner et al. 1993).

Kontradiktionen gegen eine Fibrinolysetherapie

- **Absolute:**
  - Hypertonie (> 200 mmHg systolisch), schwere Hypertonien, auch wenn sie gut eingestellt sind (hypertensive Enzephalopathie)
  - zerebrovaskulärer Insult
  - Blutungen an inneren Organen
  - kurz (< 10–12 Tage) zurückliegende Operationen und Arterienpunktionen (außer A. radialis, A. brachialis)
  - Gravidität bis zur 17. Woche
  - kurz (< 6 Tage) zurückliegende Geburt
  - hämorrhagische Diathesen (mit Ausnahme einer Verbrauchskoagulopathie)
  - floride Tuberkulose
- **Relative:**
  - Streptokokkeninfekt bzw. Streptokinasebehandlung in den letzten 6 Monaten (gilt nur für Streptokinase)
  - floride Endokarditis
  - Vitien mit Vorhofflimmern bzw. -flattern wegen der Gefahr der Mobilisation von Vorhofthromben
  - schwere vaskulär bedingte Augenhintergrundsveränderungen,
  - Alter >70 Jahre
  - Hepathopathie
  - Niereninsuffizienz

Indikation zur Fibrinolyse

1) Die Fibrinolyse ist indiziert bei fulminanter Lungenembolie und fehlender Möglichkeit zur Embolektomie. Hierbei müssen zusammen mit Maßnahmen der kardiopulmonalen Reanimation hohe Dosierungen (s. Kurzlyseprotokolle in der Übersicht) verabreicht werden. Da ohne spezifische Therapie praktisch 100% der Patienten sterben, muss man sich auch über Kontraindikationen gegen eine Fibrinolysetherapie hinwegsetzen. Bestehen die Voraussetzungen zu einer sofortigen Embolektomie, so ist diese vorzuziehen.

2) Auch bei massiver Lungenembolie mit noch bestehendem Minimalkreislauf sollte mit einer fibrinolytischen Therapie unverzüglich begonnen werden, wenn die Verdachtsdiagnose hinreichend untermauert ist. Hier besteht ohne Soforttherapie in der Regel nur eine Überlebenszeit von weniger als 1 h, die auch bei weiterer Diagnostik schon für eine wirksame Therapie genutzt werden muss. Zwar ist mit Fehldiagnosen in der Größenordnung von 10% zu rechnen, häufig handelt es sich hierbei aber um Krankheiten, bei denen eine Fibrinolysetherapie nicht kontraindiziert ist (Herzinfarkt). Nach einer gesicherten Diagnose wird eine Embolektomie vom Verlauf abhängig gemacht.

3) Bei einer submassiven Lungenembolie muss vor der Fibrinolyse die Diagnose angiographisch gesichert werden. Bei kleinen Lungenembolien sollte eine Heparintherapie eingeleitet werden (Heinrich u. Klink 1984; Spannagl u. Böttinger 1999).

Heparintherapie

Bei submassiver Embolie ist die Heparinbehandlung (s. oben) einer Fibrinolysetherapie vorzuziehen, wenn gegen eine Fibrinolyse Kontraindikationen bestehen und die Situation des Patienten sich nicht verschlechtert. Sie ist eindeutig indiziert bei kleinen Embolien und sollte auch schon beim Verdacht auf eine Lungenembolie in Betracht gezogen werden, sofern keine Kontraindikationen gegen die Antikoagula-tion bestehen. Bei echokardiographisch nachgewiesener Rechtsherzinsuffizienz kann allerdings auch bei stabilem systemischen Blutdruck die Firbrinolyse indiziert sein (Goldhaber 1999). Die Antikoagulation sollte nach der Akutphase mit einem oralen Antikoagulans über 6–12 Monate fortgeführt werden.

Bei Kontraindikationen gegen eine volle Heparinisierung kommt eine Low-dose-Therapie mit Standard-Heparin 3mal 5.000 I.E. s.c. oder 10.000 I.E. kontinuierlich über 24 h in Frage.

Die subkutane Gabe von niedermolekularem Heparin (Dosierung s. Tabelle 10.7) zeigt eine vergleichbare Wirksamkeit und scheint in bezug auf Blutungskomplikationen überlegen zu sein (Leizorovicz et al. 1994; Simonneau et al. 1997).

Pulmonale Embolektomie

Die Embolektomie durch Thorakotomie bei massiver Lungenembolie ohne Herz-Lungen-Maschine ist mit einer Mortalität von 80–90% belastet. Bei einer Operation mit Herz-Lungen-Maschine liegt die Mortalität des Eingriffs zwischen 20 und 50%. Die Notfallembolektomie unter Reanimationsbedingungen hat eine außerordentlich schlechte Prognose (Meissner u. Fabel 1990; Elliot 1995; Doerge et al. 1999; Spannagl und Böttinger 1999).

Durch eine Katheterembolektomie können Narkose und Thorakotomie vermieden werden. Hierbei wird ein Saugkatheter über die V. femoralis eingeführt. Im Anschluss an die Embolektomie kann ein V.-cava-Filter zur Rezidivprophylaxe eingeführt werden (Hietala u. Greenfield 1980; Voigtländer et al. 1999). Allerdings ist das Risiko-Nutzen-Verhältnis dieser Maßnahme Gegenstand der Diskussion, da die Filter selbst in 20–55% der Fälle eine tiefe Venenthrombose im Bereich der Einführungsstrecke verursachen (Blebea et al. 1999). Der kurzzeitige Einsatz scheint unproblematischer zu sein (Pouchon et al. 1999).

Alle Verfahren der Embolektomie stellen besondere Anforderungen an Ausstattung und Organisation der chirurgischen Abteilung.

Indikationen zur Notfallembolektomie sind in der Klinik ohne Möglichkeit eines extrakorporalen Kreislaufs ein reanimationsrefraktärer Herzstillstand oder ein therapieresistenter Schock mit unzureichender Minimalperfusion. Besteht ein Minimalkreislauf, sollte die Diagnose soweit wie möglich erhärtet werden.

In Kliniken mit Herz-Lungen-Maschinen kann die Indikation zur Embolektomie weiter gestellt werden, da das Risiko des Eingriffs hierbei niedriger ist. Bei einer massiven Lungenembolie und bestehendem Schock, der sich nicht innerhalb der Vorbereitungszeit zur Operation beheben lässt, oder wenn eine fibrinolytische Therapie absolut kontraindiziert ist, sollte sofort embolektomiert werden. Allerdings sollte die Diagnose angiographisch gesichert sein (Matis et al. 1999).

Symptomatische Therapie

Die symptomatische Therapie richtet sich nach den bestehenden kardiorespiratorischen Veränderungen:
- Ruhigstellung,
- bei bestehender Hypoxie: O_2-Gabe über Maske, ggf. maschinelle Beatmung,
- bei bestehender Herzinsuffizienz oder bei Schock: β-Mimetika (Dobutrex, Dopamin),
- Sedativa bzw. Analgetika, z. B. Morphin oder Pethidin,
- bei Lungeninfarkt: Antibiotika.

10.7
Heparininduzierte Thrombozytopenie

Die heparininduzierte Thrombozytopenie Typ II (HIT Typ II) ist eine schwerwiegende Komplikation einer Heparingabe. Sie beruht auf einer durch heparinspezifische Antikörper vermittelten Thrombozytenaktivierung, die zur intravasalen Aggregation führt. Zahlenmäßig ist v. a. die HIT bei der Thromboseprophylaxe mit Low-dose-Heparin von Bedeutung.

Klinik

Die HIT Typ II tritt oft mit erheblicher zeitlicher Verzögerung auf, zwischen 5 und 20 Tage nach der Heparin-Exposition, gelegentlich aber auch mehr als 30 Tage danach. Sie ist charakterisiert durch Thrombosen oder akute arterielle Gefäßverschlüsse trotz adäquater Heparintherapie, dem Auftreten einer absoluten Thrombozytopenie oder einer relativen Thrombozytopenie <50% des Ausgangswertes und dem Nachweis von heparininduzierten Antikörpern. In der Regel kommt es zu einem deutlichen Abfall der Thrombozyten (<50.000/µl). Es ist eine HIT Typ II aber auch bei „normalen" Thrombozytenzahlen nicht ausgeschlossen.

Ursache für die HIT kann sowohl unfraktioniertes wie auch niedermolekulares Heparin sein, das intravenös, subkutan oder perkutan appliziert wurde. *Eine HIT Typ II ist bei unfraktioniertem Heparin häufiger als bei niedermolekularen Heparin* (Warkentin et al. 1994). Die Häufigkeit des Auftretens liegt zwischen 0,5 und 3%. Es können sowohl die großen Gefäße der Extremitäten wie auch das koronare und zerebrale Stromgebiet beteiligt sein. Die Thrombosen können zu fulminanten Lungenembolien führen, aber auch zu indirekt einsetzenden Komplikationen, etwa zu einem M. Addison bei Beteiligung der Nebenniere. Wird operativ interveniert, lässt sich häufig bereits intraoperativ die Diagnose aufgrund der Art des Thrombus stellen („white clot"), die fast ausschließlich aus Thrombozyten bestehen. Die Mortalität und die Zahl der Defektteilungen werden jeweils mit 20–30% angegeben.

Blutungskomplikationen treten auch bei extrem niedrigen Thrombozytenzahlen selten auf, weil die Plättchen aufgrund der bestehenden Aktivierung bei sehr niedrigen Thrombozytenzahlen zu einer sehr raschen Aggregation führen (Greinacher 1996, Kleinschmidt et al. 1993, Scherer und Silvanus 1996).

Laborchemischer Nachweis

Zum laborchemischen Nachweis werden der C_{14}-Serotoninfreisetzungstest, der heparininduzierte Plättchenaktivationstest, der induzierte Thrombozytenaggregationstest und der direkte Nachweis von Heparin-PF4-Antikörpern verwendet.

Differentialdiagnostisch müssen abgegrenzt werden (Greinacher 1996):

- Eine heparininduzierte Thrompozytopenie Typ I. Sie beruht auf einer direkten Interaktion von Thrombozyten mit Heparin und tritt unmittelbar mit Beginn der Heparingabe auf . Die Thrombozytenzahlen fallen dabei selten unter 100.000/µl ab, sie normalisieren sich ohne Therapie. Die Häufigkeit des Auftretens wird auf 10–20% der Patienten unter Low-dose-Heparin-Therapie geschätzt. Auslösend ist meistens unfraktioniertes Heparin. Komplikationen treten bei HIT Typ I nicht auf.
- Eine Pseudothrombozytopenie durch das Verwenden von EDTA als Antikoagulans, die lediglich einen laborchemischen Befund darstellt (Kontrollbestimmung im Citratblut).
- Thrombozytopenische Purpura (Werlhoff),
- hämolytisch-urämisches Syndrom,
- Hypersplenismus oder thrombotische Mirkroangiopathie (Moschkowitz-Syndrom),
- Kollagenosen (z. B. Lupus erythematodes),
- Sepsis mit begleitender dissemierter intravasaler Gerinnung.

Auch andere, durch Pharmaka induzierte Thrombozytopenien müssen abgegrenzt werden: solche, die durch Diurektika (z. B. Furosemid), Antibiotika (z. B. Trimethoprim-Sulfamethoxazol), Antihypertensiva (Dihydralazin, Clonidin) oder Antiepileptika (z. B. Phenytoin) verursacht werden (Lévy et al. 1991).

Therapie

Wird eine HIT Typ II vermutet, muss die Therapie mit Heparin sofort beendet werden. Dies gilt auch für heparinhaltige Lösungen, etwa zur invasiven Blutdruckmessung, bei der Hämodialyse und der maschinellen Autotransfusion. Bei der Gabe von Gerinnungspräparaten muss geprüft werden, ob sie Heparin enthalten. Die medikamentöse Therapie besteht in der Gabe von Danaparoid-Natrium (Orgaran) oder in der Gabe von rekombinatem Hirudin (Lepidurin, Refludan). Dextrane, Azetylsalizylsäure, Dipyridamol, Prostaglandine, Immunglobuline und Plasmapherese sind in der Therapie von nachgeordneter Bedeutung.

Danaparoid

Danaparoid ist ein Heparanoid, das eine ausgeprägte Faktor Anti-Xa-Aktivität besitzt. Die Eliminationshalbwertszeit für diese Aktivität beträgt 24 h. Eine Antagonisierung ist nicht möglich. Die Therapie muss engmaschig durch die Anti-Xa-Aktivität überprüft werden. Als therapeutischer Bereich gilt eine Konzentration von 0,5–0,8 Einheiten/ml. Überdosierungen können zu schweren Blutungen führen. Die Letalität dieser Blutungskomplikation wird mit 3% angegeben. 10% der Patienten weisen eine Kreuzreaktivität gegen Danaparoid auf. Eine entsprechende laborchemische Untersuchung sollte deshalb gleichzeitig mit dem Beginn der Danaparoidtherapie veranlaßt werden. Dosierungsangaben für Danaparoid für den prophylaktischen und therapeutischen Einsatz sind in Tabelle 10.10 angegeben (Magnani 1993, Warkentin et al. 1995, Greinacher 1996, Wilde und Markham 1997).

Hirudin

Rekombinantes Hirudin ist ein direkter Thrombinantagonist und hemmt Thrombin durch Komplexbildung irreversibel. Indirekt wird auch die Aktivierung von Faktor V, Faktor XIII und der Thrombozyten gehemmt. Es hat eine Halbwertszeit von etwa

Tabelle 10.10. Dosierungsempfehlungen zur Therapie mit Danaparoid bei Patients mit HIT II. (Nach Kleinschmidt u. Seyfert 1999)

Indikation	Danaparoid-Na Bolus	Danaparoid-Na i.v./s.c.	Gewünschte Anti-Xa-Konzentration
Perioperative Throboseprohylaxe ohne Gefäßchirurgie	Keine Bolusgabe	Op.-Tag: je 4 h vor und nach Op. je 750 E s.c., dann 2mal tägl. 750 E s.c.	
Thromboseprophylaxe – akute HIT (ohne Gefäßverschluss)	Keine Bolusgabe	3mal 750–1250 E s.c.	<0,5 E/ml
– anamnestisch HIT		2mal 750–1250 E s.c.	<0,3 E/ml
Tiefe Beinvenenthrombose	1.250 E i.v.	400 E/h über 4 h, 300 E/h weitere 4 h, dann 150 E/h	0,5–0,8 E/ml
Akute Lungenembolie	2.500--3.750 E i.v.	400 E/h über 4 h, 300 E/h weitere 4 h, dann 150 E/h	0,5–0,8 E/ml
Embolektomie und periphere arterielle Bypasschirurgie	2500 E i.v. präoperativ	150-200 E/h, ggf. intraoperative Gefäßspülung 500–750 E	0,4–0,8 E/h
Angiographie	2.500–3.750 E i.v. vor Katheter		
Maschinelle Autotransfusion (Reservoirsauger)	750-1250 E auf 500 ml NaCl-Spüllösung		

Anmerkung: Bei den angegebenen Dosierungen handelt es sich um Anhaltswerte, die individuell und situativ (z. B. bei Niereninsiffizienz) angepaßt werden müssen. Die höheren Dosierungen gelten für Patienten mit hohem Risikoprofil bzw. einem Körpergewicht >90 kg

einer 1 h. Die Dosierungsangaben sind in Tabelle 10.11 enthalten. Da Hirudin überwiegend renal eliminiert wird, muss bei Niereninsuffizienz eine entsprechende Dosisanpassung vorgenommen werden. Die Überwachung der Hirudintherapie kann mittels der aktivierten partiellen Thromboplastinzeit (aPTT) erfolgen. Es wird eine Verlängerung bis auf das 1,5- bis 3fache der Norm angestrebt (Kleinschmidt und Seyfert 1999).

Danaparoid und Hirudin sind auch bei Nierenersatzverfahren und im extrakorporalen Kreislauf einsetzbar. Für die maschinelle Autotransfusion kann kostengünstig ACD-Stabilisator zur Antikoagulation verwendet werden. Neben Danaparoid und Hirudin wird auch Argotoban, ein synthetisches Peptid und direkter Thrombininhibitor im extrakorporalen Kreislauf und bei Koronarinterventionen eingesetzt.

Tabelle 10.11. Dosierungsempfehlungen zur Therapie mit Lepirudin bei Patienten mit HIT II. (Nach Kleinschmidt u. Seyfert 1999)

Indikation	r-Hirudin-Bolus [mg]	r-Hirudin kontinuierlich [mg/kg/h]	Monitoring
Thromboseprophylaxe	Kein Bolus	0,02–0,1	1,5mal aPTT
Venöse Thrombose ohne Lyse	0,4	0,05–0,2	1,5- bis 2,5mal aPTT
Venöse Thrombose mit Lyse	0,2	0,05–0,1	1,5- bis 2,5mal aPTT
Arterielle Thrombose	0,07	0,1–0,15	1,5- bis 2,5mal aPTT
Maschinelle Autotransfusion (Reservoirsauger)	2–5 in 500 ml NaCl-Spüllösung		

Anmerkung: Die angegebenen Dosierungen des r-Hirudin sind als Richtwerte anzusehen und dem klinischen Status anzupassen. Hierbei sind interindividuell erhebliche Unterschiede möglich. Zu beachten ist insbesondere eine Einschränkung der Nierenfunktion, die deutliche Dosisreduktionen auf bis zu 10% der angegebenen Dosierungen erforderlich macht.

Literatur

Adachi T, Nakabayashi M, Takeda Y (1999) Management of venous thrombosis and pulmonary embolism after gynecological surgery. Semin Thromb Hemost 24: 437–442

Agnelli G, Sognalia F (1997) Prevention of venous thromboembolism in high risk patients. Haematologica 82: 496–502

Alguire PC, Mathes BM (1997) Chronic venous insufficiency and venous acceleration. J Gen Intern Med (1997) 12: 374–383

Anand SS, Bates S, Ginsberg JS, Levine M, Buller H, Prins M, Haley S, Kearon C, Hirsh J, Gent M (1999) Recurrent venous thrombosis and heparin therapy: an evaluation of the importance of early activated partial thromboplastin times. Arch Intern Med 159: 2029–2032

Arcelus JI, Caprini JA, Motykie GD, Reyna JJ (1999) Matching risk with treatment strategies in deep vein thrombosis management. Blood Coagulation and Fibrinolysis 10: 37–43

Assouad M, Eknoyan G (1998) Does the coice of renal replaement therapy adversely affect the hypercoagulability associated with renal disieas? Am J Nephrol 18:175-178

Baker WF Jr, Bick RL (1999) Treatment of hereditary and acquired thrombophilic disorders. Semin Thromb Hemost 25: 387–406

Bergqvist D, Hallböök T (1980) Prophylaxis of postoperative venous thrombosis in a controlled trial comparing dextran 70 and low-dose heparin. World J Surg 4: 239–243

Bergqvist D (1993) Long-term prophylaxis following orthopedic surgery. Haemostasis 23 [Suppl 1]: 27

Bergqvist D, Anders Flordal P, Friberg B et al. (1993) Thromboprophylaxis in emergency surgery. Haemostasis 23 [Suppl 1]: 51

Blebea J, Wilson R, Waybill P, Neumyer MM, Blebea JS, Anderson KM, Atnip RG (1999) Deep venous thrombosis after percutaneous insertion of vena caval filters. J Vasc Surg 30: 821–828

Böttinger BW, Bach A, Böhrer H, Martin E (1993) Die akute Thromboembolie der Lunge. Klinik – Pathologie – Diagnostik – Therapie. Anästhesist 42: 55–73

Brandjes DFM, Cate JW ten, Buller HR (1990) Presurgical identification of the patient at risk for developing venous thromboembolism post-operatively. Acta Chir Scand 556: 18–21

Breddin K (1999) Low molecular weight heparins in the prevention of deep-vein thrombosis in general surgery. Semin Thromb Hemost 25: 83–89

Clagett GP, Anderson FA, Geerts W, Heit JA, Knudson M, Liebermann JR, Merli GJ, Wheeler B (1998) Prevention of venous thromboembolism. Chest 114: 521–560

Cameron JS (1984) Coagulation and thromboembolic complications in the nephrotic syndrome. Adv Nephrol Necker Hosp 13: 75–114

Clarke-Pearson DL (1993) Prevention of venous thromboembolism in gynecologic surgery patients. Curr Opin Obstet Gynecol 5: 73–75

Colwell CW Jr, Spiro TE, Trowbridge AA et al. (1994) Use of enoxaparin, a low-molecular-weight heparin, and unfractionated heparin for the prevention of deep venous thrombosis after elective hip replacement. A clinical trial comparing efficacy and safety. J Bone Joint Surg (Am) 76: 3–14

Sektion B

Come PC, Kim D, Parker JA, Goldhaber SZ, Braunwald E, Markis JE (1987) Early reversal of right ventricular dysfunction in patients with acute pulmonary embolism after treatment with intravenous tissue plasminogen activator. J Am Coll Cardiol 10: 971–978

Comp PC, Zacur HA (1 993) Contraceptive choices in women with coagulation disorders. Am J Obstet Gynecol 168: 1990–1993

Corosu R, Vizzaccaro F, Moretti S (1999) Incidenza delle complicanze thromboemboliche nei tagli cesarei e profilassi eparinica [Incidence of thromboembolic complications in cesarean sections and heparin prophylaxis]. Minerva Ginecol 51: 173–176

D'Alonzo GE, Dantzker DR (1984) Gas exchange alterations following pulmonary thrombolism. Clin Chest Med 5/3: 411–419

Doerge H, Schoendube FA, Voss M, Seipelt R, Messmer BJ (1999) Surgical therapy of fulminant pulmonary embolism: early and late results. Thorac Cardiovasc Surg 47: 9–13

Duckert F, Marbet GA (1983) Therapie: Therapeutische Fibrinolyse. In: Koller F, Duckert F (Hrsg) Thrombose und Embolie. Schattauer, Stuttgart, S 423–449

Duroux P (1991) A randomized trial of subcutaneous low molecular weight heparin (CY 216) compared with intravenous unfractionated heparin in the treatment of deep vein thrombosis. Thromb Haemost 65 (3): 251

Falter HJ (1997) Deep vein thrombosis in pregnancy and puerperium: a comprehensive review. J Vasc Nurs 15: 58–62

Fareed J, Hoppenstaedt D, Walenga JM, Ahsan A, Iqbal O, Jeske W (1993) A perspective on low molecular weight heparins in the management of thrombosis. Hämostasiologie 13 [Suppl]: 1

Fareed J, Hoppenstedt D, Walenga JM, Bick RL (1994) Current trends in the development of anticoagulant and antithrombotic drugs. Med Clin North Am 78: 713–731

Elliot CG (1995) Embolectomy, catheter extraction, or disruption of pulmonary emboli: editorial review. Curr Opin Pulm Med 1: 298–302

Gagnadoux F, LeCalvez JF, Azarion R, Petitpretz P (1998) Pulmonary embolism. Risk factors of venous thromboembolic disease. J Presse Med 27: 814–818

Geiger M, Binder BR (1999) Phatophysiologie der Immobilisation. WMW 2/3/3: 33–34

Goldhaber SZ (1992) Evoling concepts in thrombolytic theray for pulmonary embolism. Chest 101(4 Suppl): 183S–185S

Goldhaber SZ (1999) Treatment of pulmonary thromboembolism. Internal Medicine 38: 620–625

Greinacher A (1996) Heparin-induzierte Thrombozytopenien. Internist 37: 106–116

Gruber UF (1983a) Prophylaxe. Physikalische Einwirkungen. In: Koller F, Duckert F (Hrsg) Thrombose und Embolie. Schattauer, Stuttgart, S 275–281

Gruber UF (1983b) Medikamentöse Prophylaxe. Dextran. In: Koller F, Duckert F (Hrsg) Thrombose und Embolie. Schattauer, Stuttgart, S 355–372

Harenberg J (1994) Thromboseprophylaxe in der minimal-invasiven Chirurgie. Zentralbl Chir 119:447–448

Harenberg J, Huhle G, Hoffmann U 1999 Antithrombotische Therapie - Moderne Behandlungsstrategien Internist 40: 885–893

Heinrich F, Klink K (1984) Lungenembolie. Springer, Berlin Heidelberg New York Tokyo

Hietala SO, Greenfield LJ (1980) Percutaneous putmonary embolectomy on the transvenous route. Ann Radiol (Paris) 23: 325–327

Hoffmann R (1991) The thrombo-embolic risk in surgery. Hepatogastroenterology 38: 272–278

Hofmann T, Meinertz T, Kasper W, Geibel A, Just H (1992) Echokardiographie in der Diagnostik der Lungenembolie. Dtsch Med Wochenschr 117: 21–26

Holm HA, Ly B, Handeland GF et al. (1986) Subcutaneous heparin treatment of deep vein thrombosis: A comparison of unfractionated and low molecular weight heparin. Haemostasis 16: 30–37

Hommes DW, Bura A, Mazzolai L, Buller HR, Ten Cate JW (1992) Subcutaneous heparin compared with continuous intravenous heparin administration. A meta-analysis. Ann Intern Med 116: 279–283

Huber O, Bounameaux H, Borst F; Rohner A (1992) Postoperative pulmonary embolism after hospital discharge: An underestimated risk. Arch Surg 127: 310–313

Joergensen LN, Wille-Joergensen P, Hauch O (1993) Prophylaxis of postoperative thromboembolism with low molecular weight heparins. Br J Surg 80: 689

Kappert A (1976) Lehrbuch und Atlas der Angiologie. Huber, Bern, S 242–245

Kieny R, Eisenmann B, Jeanblanc B, Heitz A, Anad M, Kieny MT, Cinqualbre J (1978) Chirurgische Behandlung der massiven Lungenembolie. Bericht über 45 erfolgreiche Operationen, hiervon 10 Eingriffe nach Trendelenburg. Thoraxchirurgie 26: 259–265

Kleinschmidt S, Ziegenfuß T, Seyfert UT, Greinacher A (1993) Septisch-toxisches Herz-Kreislaufversagen als Folge einer Heparin-induzierten Thrombozytopenie mit „white clot syndrome". Anaesthesiol Intensivmed Notfallmed Schmerzther 28: 58–60

Kock HJ, Schmit-Neuerburg KP, Hanke J, Hakmann A, Althoff M, Rudofsky G, Hirche H (1993) Ambulante Thromboseprophylaxe mit niedermolekularem Heparin bei Gipsimmobilisation der unteren Extremität. Chirurg 64: 483–491

Kraus T, Kuhn W (1995) Thromboembolische Komplikationen in Gynäkologie und Geburtshilfe. Gynäkologie 28: 103–111

Koller F (1983) Prädisposition zu venösen Thrombosen und Lungenembolien. In: Koller F, Duckert F (Hrsg) Thrombose und Embolie. Schattauer, Stuttgart, S 51–83

Kuijer PMM, Prins MH, Büller HR (1997) Low-molecular-weight heparins: treatment of venous thromboembolism. In: Sasahara AA, Loscalzo J (eds): Advances in therapeutic agents in thrombosis and thrombolysis. M. Dekker, New York, pp 129–147

Kujath P, Spannagel U, Habscheid W (1993) lncidence and prophylaxis of deep venous thrombosis in out-patients with injury of the lower limb. Haemostasis 23 [Suppl 1]: 20–26

Kumar R, Mc Kinney WP, Raj G (1993) Perioperative prophylaxis of venous thromboembolism. Am J Med Sci 306: 336–344

Langsfeld M, Hershey FB, Thorpe L, Auer AI, Binnington HB, Hurley JJ, Woods JJ (1987) Duplex B-mode imaging for the diagnosis of deep venous thrombosis. Arch Surg 122: 587–591

Lassen RM, Borris LC (1996) Low molekular weight heparin for the prevention of deep vein thrombosis following orthopedic surgery. Current opinion in pulmonary medicine 2: 300–304

Lassen MR, Backs S, Borris LC, Kaltoft-Sorensen M, Coff-Ganes H, Jeppesen E (1999) Deep-vein thrombosis prophylaxis in orthopedic surgery: hip surgery. Semin Thromb Hemost 25: 79–82

Leizorovicz A, Simmonneau G, Decousus H, Boissel JP (1994) Comparison of efficacy and safety of low molecular weight heparins and unfractionated heparin in initial treatment of deep venous thrombosis: a meta-analysis. BMJ 309: 299–304

Lévy G, Lévy PY, Jamet M, Toroyan p (1991) Thrombopénie induite par une héparine de bas poids moléculaire au cours d'un traitement hypotenseur et diurétique: coincidence ou relation? Ann Fr Anesth réanim 10: 586–588

Lindblad B, Erikson A, Bergqvist D (1991) Autopsy-verified pulmonary embolism in a surgical department: Analysis of the period 1951 to 1988. Br J Surg 78: 849–852

Loewe GD, Haverkate F, Thompson SG, Turner RM, Bertina RM, Turpie AG, Mannucci PM (1999) Prediction of deep vein thrombosis after elective hip replacement surgery by preoperative clinical and hemostatic variables. The ECAT DVT Study.

European concerted action on thrombosis. Thromb Haemost 81: 879–886

McColl MD, Walker ID, Greer IA (1999) Risk factors for venous thromboembolism in pregnancy. Curr opin Pulm Med 5:-227–232

Magnani HN (1993) Heparin-induced thrombocytopenia (HIT): An overview of 230 patiens treated with orgaran (Org 10172). Thromb Hemost 70: 554–561

Marbert GA (1983) Prädisposition zur Thrombose aufgrund von Laboratoriumsbefunden. In: Koller F, Duckert F (Hrsg) Thrombose und Embolie. Schattauer, Stuttgart, S 85–98

Matis N, Groger A, Mayer N, Mohl W, Vecsei V (1999) Operative Embolektomie nach Reanimation bei zentraler Pulmonalembolie. Unfallchirurg 102: 287–291

McKenzie PJ, Loach AB (1986) Local anaesthesia for orthopaedic surgery. Br J Anaesth 58: 779–789

Meany JFM, Weg JG, Chenevert TL, Stafford-Johnson D, Hamilton BH, Prince MR (1997) Diagnosis of pulmonary embolism with magnetic resonance angiography. N Engl J Med 336: 1422–1427

Meissner E, Fabel H (1990) Akute Lungenembolie - Klinik, Diagnostik und Therapie. Arzneimitteltherapie 8: 177

Meissner E, Niedermeyer J, Fabel H (1993) Akute Lungenembolie. Z Kardiol 82 [Suppl 2]: 3–12

Merli GJ (1993) Deep vein thrombosis and pulmonary embolism prophylaxis in orthopedic surgery. Med Clin North Am 77: 397–411

Modig J, Kalstrom G, Maripun E, Sahlstedt B (1980) Thromboembolism after total hip replacement: Role of epidural and general anesthesia. Anesth Analg 62: 174–180

Modig J, Borg T, Bagge L, Saldeen T (1983) Role of extradural and of general anesthesia in fibrinolysis and coagulation after total hip replacernent. Br J Anaesth 55: 625–629

Murchinson JT, Gavan DR, Reid JH (1997) Clinical utulization of the non-diagnostic lung scinitgram. Clin Radiol 52: 295–298

Neumann SM, Freyschmidt J, Holland BR, Henschel M, Gahnem NR (1997) Vergleich der Ventilation-/ Perfusionsszintigraphie mit dem Spiral-CT bei akuter Lungenembolie. Med Klin 92: 635–641

Nurmohamed MT, Rosendaal FR, Büller HR et al. (1992) Low-molecular weight heparin vs. standard heparin in general and orthopaedic surgery: a meta-analysis. Lancet 340: 152–155

Nurmohamed MT, Lems WF, Dijkmans BA (1999) Risk of post-discharge venous thromboembolism in patients with rheumatoid arthritis undergoing knee or hip arthroplasty. Is prolonged thromboprophylaxis warranted or dangerous? Ann Rheum Dis 58: 392–395

Pabst HW, Buttermann G (1980) Nuklearmedizinische Thromboemboliediagnostik. Dt Ärztebl 77: 591

Pilger E, Smolle KH (1996) Thrombolysetherapie bei akuter Lungenembolie. Internist 37: 574 -584

Piper C, Mathias B (1989) Orale Kontrazeptiva: unerwünschte Nebenwirkungen im Bereich der inneren Medizin. Med Klin 84: 593

Pouchon M, Goffete P, Hainaaut P (1999) Temporary vena cava filtration: Preliminary experience with removable vena caval filters. Acta Clin Belg 54: 223–228

Rahr HB, Sorensen JV (1992) Venous thromboembolism and cancer. Blood Coagul Fibrinolysis 3: 451

Ruckley CV, Mcintyre (1975) Venous thromboembolic disease. Churchill Livingstone, Edinburgh

Schaub N, Duckert F, Friedrich R, Gruber UF (1975) Häufigkeit postoperativer tiefer Venenthrombosen bei Patienten der Allgemeinen Chirurgie und Urologie. Langenbeck's Arch Chir 340: 23–34

Scherer R, Silvanus MT (1996) Das Heparin-induzierte Thrombose-Thrombozytopenie-Syndrom. In: DAAF (Herausgeber) Aktuelles Wissen für Anästhesisten 22: 97–107

Schorge JO, Goldhaber SZ, Duska LR, Goodman A, Feldman S (1999) Clinically significant venous thromboembolism after gynecologic surgery. J Reprod Med 44: 669–673

Seeger W, Neuhof H (1984) Pathophysiologie der Lungenembolie. Hämostasiologie 3: 24

Servatjoo P (1997) Deep venous thrombosis. The dilema of diagnosis. J Am Podiat med Assoc 87: 224–232

Simmoneau G, Sors H, Charbonier B, Page Y, Laaban JP, Azarian R, Laurent M, Hirsch JL, Ferrari E, Bosson JL, Mottier D, Beau B (1997) A comparison of low-molecular-weight heparin with unfractionated heparin for acute pulmonary embolism. The THESEE Study Group. N Engl J Med 337: 663–669

Spannagl M, Böttinger BW (1999) akute Lungenembolie – Diagnostik und Therapie. Anästhesiol Intensivmed 11: 772–777

Steinmann E, Duckert F, Gruber UF (1975) Wert von Dextran 70 zur Thromboseprophylaxe in der allgemeinen Chirurgie, Orthopädie, Urologie und Gynäkologie. Schweiz Med Wochenschr 105: 1637–1649

Stubbefield PG (1989) Cardiovascular effects of oral contraceptives: a review. Int J Fertil 34 [Suppl]: 40–49

Thorburn J, Louden JR, Vallance R (1980) Spinal and general anesthesia in total hip replacement: Frequency of deep vein thrombosis. Br J anaesth 52: 1117–1121

Trautsch-Van Horn JJ, Capeless EL, Easterling TR, Bovill EG (1992) Pregnancy loss and thrombosis with protein C deficiency. Am J Obstet Gynecol 167: 968–972

Valentine KA (1999) Treatment and prevention of venous thromboembolic disease in pregnancy. Curr Opin Pulm Med 5: 238–243

van Rossum AB, Pattynama PM, Ton ER, Treurniet FE, Arndt JW, van Eick B, Kieft GJ (1996) Pulmonary embolism: validation of spiral CT angiography in 149 patients. Radiology 201: 467–470

Voigtländer T, Rupprecht HJ, Nowak B, Post F, Mayer E, Stähr P, Bickel C, Meyer J (1999) Clinical application of a new rheolitic thrombectomy catheter system for massive pulmonary embolism. Cathet Cardiovasc Intervent 47: 91–96

Warkentin TE, Hayward CPM, Boshkow L, Santos AV, Sheppard J, Bode AP, Kelton J (1994) Sera from patients with heparin-induced thrombocytopenia generate platelet derived microparticles with procoagulant activity: An explanation for the thrombotic complications of heparin-induced thrombocytopenia. Blood 84: 3491–3499

Warkentin TE, Levine MN, Hirsch J, Horsewood P, Roberts RS, Gent M, Kelton J (1995) Heparin-induced throbocytopenia in patients with low molecular weight heparin or unfractionated heparin. N Engl J Med 332: 1330–1335

White RJ, Kaufmann SL, Donner MW (1980) Angiographic diagnosis of venous thromboembolism revisited. Ann Radiol 23: 312–315

Wilde MI, Markham A (1997) Danaparoid. A review of its pharmacology and clinical use in the management of heparin-induced thrombocytopenia. Drugs 54: 903–924

Wille-Joergensen P, Lausen J, Nannestad-Joergensen L (1993) Is there a need for long-term thromboprophylaxis following surgery? Haemostasis 23 [Suppl 1]: 10

Weiterführende Literatur

Ginsberg JS (1996) The management of venous thromboembolism. N Engl J med 335: 1816–1828

Harenberg J, Huhle G, Hoffmann U 1999 Antithrombotische Therapie – Moderne Behandlungsstrategien. Internist 40: 885–893

Kleinschmidt S, Seyfert UT (1999) Die heparininduzierte Thrombozytopenie (HIT). Anästhesist 48: 771–785

KAPITEL 11

Endokrines System

S. GASSMAYR

Dysfunktionen endokriner Organe können den Grund für den chirurgischen Eingriff darstellen oder als Begleiterkrankung bestehen und zu erheblichen perioperativen Komplikationen führen.

Von den spezifischen endokrinen Störungen abgesehen kommt es in der perioperativen Phase durch psychischen und physischen Stress – u.a. durch Angst und Schmerz, durch den chirurgischen Eingriff, durch Flüssigkeits- und Blutverluste – zu Veränderungen der neuroendokrinen und metabolischen Situation. Es wurden perioperativ Auswirkungen auf die hypothalamisch-hypophysäre Achse mit entsprechend erhöhter Sekretion peripherer Hormone (Katecholamine, Kortisol, Glukagon) beobachtet.

Im folgenden Abschnitt sollen lediglich mögliche perioperative Komplikationen im Zusammenhang mit vorbestehenden endokrinen Erkrankungen aus anästhesiologischer Sicht beleuchtet werden.

11.1
Diabetes mellitus

Diabetes mellitus ist die häufigste endokrine Erkrankung, mit der der Anästhesist konfrontiert ist.

! Ca. 3–5% der westlichen Bevölkerung leiden an Diabetes mellitus; mehr als die Hälfte dieser Patienten muß sich zumindest einmal im Laufe ihres Lebens einem chirurgischen Eingriff unterziehen.

Es sind nicht nur die metabolischen Veränderungen durch akute Erkrankung und Stress, die zu Komplikationen führen können, sondern vielmehr die *Endorganveränderungen* bei länger bestehendem Diabetes mellitus, die das perioperative Risiko dieser Patienten erhöhen [2].

Hier spielt insbesondere die *autonome Neuropathie* eine wesentliche Rolle, die sich durch typische Symptome wie *orthostatische Hypotension, Ruhetachykardie* und *Verlust der Herzfrequenzänderung bei Inspiration oder Valsavamanöver* auszeichnet. Diese Patienten sind intra- und auch postoperativ durch *Hypotension* und *Bradykardie* gefährdet, welche nicht auf Atropin oder Ephedrin ansprechen; Therapie der Wahl ist Adrenalin. Die Dysfunktion des autonomen Nervensystems kann, vermutlich bedingt durch kardiale Dysrhythmien, zum plötzlichen Tod führen [2].

Die *autonome Reflexdysfunktion* ist mitverursacht durch *Begleiterkrankungen des kardiovaskulären Systems* (Hypertonie, veränderte ventrikuläre Funktion, Myokardinfarkt, koronare Herzerkrankung) und durch Medikation (Insulin, Antihypertensiva). Die diabetische autonome Neuropathie ist mit einer erhöhten kardiovaskulären Instabilität während der Anästhesie verbunden. *Präventiv* wird ein *adäquates intravaskuläres Loading* vor Narkoseeinleitung empfohlen [3].

Bei Diabetikern kann aufgrund eines „*stiff joint syndrome*" die Intubation erschwert sein. Ursächlich kommt dafür durch Glykosilierung verändertes Kollagengewebe im Bereich der Gelenke in Frage. Aufgrund einer *Gastroparese* ist auch das Risiko einer Regurgitation und Aspiration erhöht [4].

In der frühen postoperativen Phase können *respiratorische Komplikationen* auftreten, da Diabetiker mit einer autonomen Neuropathie eine *abnorme Atemreaktion auf Hypoxie* und *abgeschwächte Atemschutzreflexe* auf Inhalation aufweisen können. Bei den meisten Patienten mit Diabetes mellitus liegt eine milde restriktive Atemfunktionsstörung vor, die im Zusammenhang mit residualen Effekten von Anästhetika und einem größeren chirurgischen Eingriff die Entstehung von respiratorischen Komplikationen postoperativ begünstigen können [3].

Diabetiker sind besonders gefährdet, *Kompressionsschäden peripherer Nerven* zu erleiden, wobei die Ursache dafür nicht genau geklärt ist.

> **!** Akute Hyperglykämie verändert die periphere Nervenfunktion, wohingegen chronische Hyperglykämie zur Degeneration der Nervenfasern führt.

Bei der *Lagerung* während Anästhesie und chirurgischem Eingriff ist sorgfältig darauf zu achten, dass diabetische Patienten dadurch keine zusätzlichen Nervenschäden erfahren [2].

Bezüglich der Blutzuckereinstellung in der perioperativen Phase gibt es keinen Konsens, und es kann daher keine allgemein gültige Empfehlung abgegeben werden. Allgemein zu erwartende Probleme sind *Hypo- sowie Hyperglykämie, Dehydratation, Elektrolytstörungen* und bei insulinpflichtigem Diabetes mellitus (IDDM) zusätzlich eine *Ketoazidose.* Das Regime „kein Insulin, keine Glukose" ist eine einfach und sicher anzuwendende Methode bei Patienten mit gut eingestelltem nicht insulinpflichtigem Diabetes mellitus (NIDDM), wobei häufige Blutzuckerkontrollen durchgeführt werden sollten und Insulin nach Bedarf appliziert wird (bei Blutzucker >200 mg/dl).

Bei subkutaner Insulinapplikation kann die Resorption und der Wirkungseintritt verzögert sein, wohingegen es bei intravenöser Bolusinjektion von Insulin dessen kurze biologische Halbwertszeit von weniger als

20 min zu bedenken gilt. Für größere chirurgische Eingriffe bei Patienten mit NIDDM sowie für Patienten mit IDDM scheint eine *Glukose-Insulin-Infusion* sinnvoll (Glukose 50 g/l plus Insulin 20 E/l; Infusionsrate 100 ml/h oder 1,5 ml/kg/h), um eine katabole Proteolyse, Lipolyse und Ketose hintanzuhalten und sowohl eine Hyper- als auch Hypoglykämie, wie auch Ketoazidose und Glukosurie zu vermeiden. Da der Insulinbedarf bei Infektionen, Adipositas, Lebererkrankungen oder unter Steroidtherapie bis zu 100% erhöht sein kann, wird von manchen Autoren eine getrennte Applikation von Glukose und Insulin empfohlen, um die Insulingabe entsprechend steuern zu können. In jedem Fall sollte ein *Bedside-Monitoring der Blutglukose in Abständen von 1–2 h* durchgeführt werden [1, 3].

11.2
Schilddrüsenfunktionsstörungen

Bei den Funktionsstörungen der Schilddrüse sind vor allem die Auswirkungen auf das kardiovaskuläre und das respiratorische System von Anästhesierelevanz.

Hyperthyreose

Eine Hyperthyreose liegt vor bei *erhöhten Werten von zirkulierendem Trijodthyronin* oder Thyroxin und ist mit einer *multinodulären Vergrößerung der Schilddrüse* verbunden. Die kardiovaskulären Symptome einer Hyperthyreose können *Tachykardie, Arrhythmien, Herzinsuffizienz* und *Mitralklappenprolaps* sein; weiter besteht häufig eine *Hitzeintoleranz, Gewichtsverlust, Nervosität, Muskelschwäche, Ophtalmopathie* und *eine leichte Anämie* und *Trombozytopenie.* Wenn möglich sollte präoperativ durch pharmakologische Maßnahmen eine *Euthyreose angestrebt* werden, welche ca. 2–6 Wochen in Anspruch nimmt. Die medikamentöse Therapie besteht meist in einer *Kombination von Propylthiouracil* oder *Methimazol zur Senkung der Hormonproduktion* und eines *β-*

Blockers zur symptomatischen Behandlung. Um die Vaskularisierung der Struma zu vermindern werden Kaliumjodid oder Lithiumcarbonat verwendet. Beide hemmen die Freisetzung von gespeichertem Hormon [4]. Wenn eine operative Sanierung der Schilddrüse als Therapie der Wahl angesehen wird, ist eine Euthyreose nicht mehr zwingend erforderlich, da nachgewiesen werden konnte, dass es durch die chirurgische Manipulation zu keiner Freisetzung von Schilddrüsenhormonen kommt [6].

> **!** Kardiovaskuläre Symptome einer Hyperthyreose sind Tachykardie, Arrhythmien, Herzinsuffizienz und Mitralklappenprolaps.

Wichtig ist eine *ausreichende Prämedikation hyperthyreoter Patienten* unter *Vermeidung von Atropin*. Volumen- und Elektrolytstatus sollten nach Möglichkeit ausgeglichen sein. Eine gefürchtete und lebensbedrohliche Komplikation der Hyperthyreose ist die Thyreotoxikose mit Hyperpyrexie, Tachykardie, Tachyarrhythmie und Bewusstseinsveränderungen. Die differentialdiagnostische Abgrenzung zu einer malignen Hyperthermie kann mitunter Probleme bereiten. Das Therapiemanagement der Thyreotoxikose beinhaltet die Kühlung des Patienten, sowie Steroide, Betablocker, Jodid und Propylthiouracil [4, 5].

> **!** Eine ausreichende Prämedikation unter Vermeidung von Atropin ist bei hyperthyreoten Patienten besonders wichtig.

Respiratorische Komplikationen müssen bei Kompression der Trachea, Tracheomalazie, postoperativen Recurrensschäden und Hämatomen der Halsweichteile erwartet werden, und es müssen entsprechende Vorkehrungen zur Sicherung der Atemwege getroffen werden; im Rahmen des operativen Eingriffs sind auch die *Entstehung eines Pneumothorax* sowie die Gefahr einer *Luftembolie bei Eröffnung größerer Venen* be-

schrieben. Bei *bestehendem Exophtalmus* ist auf sorgfältigen *Lidschluß zu achten*, um Hornhautlazerationen zu vermeiden.

Hypothyreose

Zu den klinischen Symptomen der Hypothyreose zählen ein *körperlicher und geistiger Leistungsabfall* mit *Adynamie, Kälteintoleranz, Hypothermie, Hauttrockenheit, Obstipation, Heiserkeit, periorbitale und prätibiale Myxödeme, verlängerte Muskeleigenreflexe,* sowie *Hypotonie* und *Bradykardie.* In schweren Fällen liegt eine *Herzinsuffizienz mit Perikard-* und *Pleuraergüssen* vor. Häufig wird eine Hypothyreose von einer *Anämie* und *Elektolytstörungen begleitet.*

Die perioperativen Komplikationen der Hypothyreose lassen sich aus den pathophysiologischen Veränderungen ableiten. Es finden sich Veränderungen im sarkoplasmatischen Retikulum und eine Einschränkung der Myosin-ATPase-Aktivität mit einer Beeinträchtigung der myokardialen Kontraktilität. Mit der begleitenden Bradykardie resultiert eine Abnahme des Herzzeitvolumens bis zu 40%. Intraoperativ kommt es gehäuft zu Hypotensionen; dabei sollte auch an eine begleitende relative Nebenniereninsuffizienz und erforderliche Glukokortikoidsubstitution gedacht werden. Die Verminderung des Cardiac output ist ebenso wie die Hypothermie und Hypoventilation wahrscheinlich verantwortlich für eine erhöhte Sensitivität auf Anästhetika und eine verlängerte Aufwachphase [5].

Wegen Struma und myxödematöser Schwellung von Zunge und Stimmbändern ist mit *Intubationsproblemen* zu rechnen. Bei *verminderter gastrointestinaler Motilität* empfiehlt sich eine Rasche-Sequenz-Einleitung.

Postoperatives Monitoring ist wegen hämodynamischer, respiratorischer (verminderte Ansprechbarkeit des Atemzentrums auf Hyperkapnie und Hypoxie) und neuropsychiatrischer Komplikationen und des selten auftretenden, aber mit hoher Letalität behafteten Myxödemkomas gefordert.

11.3
Funktionsstörungen der Nebenschilddrüse

Das in der Nebenschilddrüse gebildete *Parathormon* steuert gemeinsam mit Vitamin D und seinen Metaboliten und Calcitonin den Calciumhaushalt. Die vorrangige Wirkung von Parathormon zielt auf eine *Erhöhung der Serumcalciumkonzentration* durch vermehrten Knochenabbau, erhöhte renaltubuläre Calciumrückresorption und durch Stimulation der 1,25 (OH)2D3-Bildung eine Steigerung der Calciumabsorption aus dem Darm. Parathormon *hemmt die renale Phosphat- und Bicarbonatresorption.*

Hyperparathyreoidismus

Primärer Hyperparathyreoidismus entsteht infolge einer Hyperplasie oder eines Adenoms der Nebenschilddrüse mit dem obligaten *Leitsymptom einer Hypercalcämie.* Diese führt zu *Herzrhythmusstörungen, verkürzten PR- und QT-Intervallen im EKG* und *Hypertonie,* zu *Polyurie und Dehydratation.* Weiters können *gastrointestinale Beschwerden* (Nausea, Obstipation), *psychische Veränderungen* bis zum *Koma* und eine *Niereninsuffizienz* auftreten. Klinisch wichtig ist die *gesteigerte Empfindlichkeit auf Digitalis.* Bei *Intubation* ist an eine *Osteoporose der Halswirbelsäule zu denken,* um besondere Vorsicht walten zu lassen und eine iatrogene Schädigung zu vermeiden.

Therapeutisch gilt es die Patienten zu *rehydrieren* und *gleichzeitig eine forcierte Diurese* mit *Furosemid* durchzuführen, um *die renale Calciumausscheidung zu erhöhen.* Begleitende Störungen des Elektrolythaushalts (Hypokaliämie, Hypomagnesiämie, Hypophsphatämie) müssen überwacht und ausgeglichen werden. Bei *Niereninsuffizienz ist die Hemmung* der *Knochenresorption durch Calcitonin und Biphosphonaten* von besonderem Wert. Die bisher empfohlene Anwendung von Mithramycin scheint zu toxisch zu sein und wird durch Biphosphonate ersetzt. Zusätzlich werden *Glukokortikoide* einge-setzt, um die intestinale Calciumabsorption zu hemmen [4, 7].

Bei Diagnose eines primären Hyperparathyreoidismus ist die chirurgische Sanierung indiziert. Präoperativ scheint eine Reduktion der Serumkalziumwerte unter 2,9 mmol/l ausreichend. An *postoperativen Komplikationen* können *laryngeale Nervenschäden, Hypocalcämie, Hypomagnesiämie* und *Wundhämatome* auftreten.

Hypoparathyreoidismus

Hypoparathyreoidismus kann infolge einer chirurgischen Entfernung der Nebenschilddrüse (z.B. bei Strumaresektion), durch Verletzung oder Autoimmunerkrankung mit Zerstörung des Parathyreoidea-Gewebes entstehen und ist häufigste Ursache für eine Hypocalcämie.

Eine Verminderung des ionisierten Calciums führt zu einer *erhöhten nervalen und neuromuskulären Exzitabilität* mit den klassischen *Chvostek- und Trousseau-Zeichen.* Eine hypocalcämische Tetanie kann bis zu einem lebensbedrohlichen laryngealen Spasmus führen.

> **!** Eine Hypokalzämie verzögert die ventrikuläre Repolarisation und verlängert das QT-Intervall.

Eine *gleichzeitig vorliegende Hypomagnesiämie kann kardiale Dysrhythmien* versursachen und die hypocalcämische Tetanie aggravieren. Es sind daher *24 h nach chirurgischen Eingriffen* an der Nebenschilddrüse *engmaschige Elektrolytkontrollen* mit entsprechender Substitution gefordert. Weiters gilt es eine respiratorische Alkalose durch Hyperventilation zu vermeiden [4]. Chronische hypoparathyreote Zustände werden mit Vitamin-D-Präparaten und oraler Ca-Substitution behandelt.

11.4
Funktionsstörungen der Nebenniere

Phäochromozytom

Die Inzidenz des Phäochromozytoms wird mit 1:2000 angegeben. Die Lokalisation dieses *katecholaminsezernierenden* Tumors ist nicht nur auf das Nebennierenmark beschränkt, sondern findet sich zu 15% ausgehend von paravertebralem sympathischem Gewebe in anderen Organen (z.B. Milz, rechter Vorhof, Ligamentum ovarii, Aortenbifurkation). Das Phäochromozytom kann isoliert auftreten oder im Rahmen multipler endokriner Neoplasien in Erscheinung treten. Es ist für den Anästhesisten von besonderer Bedeutung.

> **!** 25–50% der hospitalen Todesfälle von Patienten mit Phäochromozytom treten während einer Anästhesieeinleitung oder während einer chirurgischen Intervention, die aufgrund anderer Indikationen durchgeführt werden, auf.

Zu den wichtigsten *Symptomen* eines Phäochromozytoms zählen *paroxysmale Hypertension, Tachykardie, Schwitzen* und *Kopfschmerzen*. Es wird auch über *orthostatische Hypotension, Polyzythämie, Gewichtsverlust* und *psychische Veränderungen* berichtet. Aufgrund der anhaltenden adrenergen Stimulation der Gefäße findet man bei diesen Patienten eine *intravasale Hypovolämie*, welche eine längerdauernde präoperative adrenerge Blockade sinnvoll erscheinen lässt. Als weitere Katecholamineffekte können eine *Hyperglykämie durch Glykogenolyse* und *antiinsulinäre Wirkung* auftreten.

Präoperativ wird gewöhnlich eine *α-adrenerge Blockade mit Prazosin oder Phenoxybenzamin* über 10 – 14 Tage durchgeführt. Diese Therapie wird einschleichend begonnen mit Dosissteigerung bis eine *Symptomreduktion und Blutdruckstabilisierung* eintreten. Dabei kommt es zur Reexpansion des Plasmavolumens mit Hämatokritverminde-

rung. Bestehende EKG-Veränderungen und eine katecholamininduzierte Kardiomyopathie erfordern eine längere Therapie. Bei anhaltender Tachykardie oder Arrhythmie wird eine *gleichzeitige β-Blockade* empfohlen (z.B. Propranolol).

Zur Vermeidung intraoperativer Komplikationen ist eine optimale präoperative Vorbereitung des Patienten oberstes Prinzip. Da aufgrund des langsamen Tumorwachstums ausreichend Zeit für eine präoperative medikamentöse Einstellung der Patienten besteht, sollen folgende Kriterien angestrebt werden: Blutdruckwerte im Stress nicht >165/90 mmHg, orthostatische Hypotension nicht <80/45 mmHg, EKG ohne ST-Streckenveränderungen und nicht mehr als 5 ventrikuläre Extrasystolen/min.

Die Wahl des Anästhesieverfahrens scheint von nachrangiger Bedeutung zu sein, wobei *Halothan* wegen möglicher arrhythmogener Wirkung zu *vermeiden* ist. Ebenso sollten *Muskelrelaxanzien mit bekannter Histaminfreisetzung oder Sympathikusstimulation nicht verwendet* werden. Als wesentlich erachtet werden eine *sanfte Narkoseeinleitung*, eine gute Kooperation zwischen Anästhesist und Chirurg und ein *möglichst atraumatisches chirurgisches Vorgehen*. Die chirurgische Manipulation führt zu einem Vielfachen der Plasmakatecholaminspiegel, welche während Intubationsstress erreicht werden. Dies kann eine kurzzeitige Unterbrechung des chirurgischen Stimulus erforderlich machen. Zur intraoperativen hämodynamischen Stabilisierung eignen sich besonders *kurz wirksame Substanzen* wie *Nitroprussid, Esmolol, Phenylephrinhydrochlorid* und *Dopamin* [4, 7], welche bereits vor Narkoseeinleitung bereitgestellt werden müssen. Der nach Tumorresektion häufig beobachtete Blutdruckabfall entsteht durch Wegfall der Vasokonstriktoren und den damit verbundenen relativen Volumenmangel. Wichtig ist daher eine *bedarfsgerechte Volumensubstitution* unter Kontrolle der Füllungsdrücke mittels eines zentralvenösen Katheters und evtl. eines pulmonalarteriellen Katheters. In der Folge kann eine

Sektion B

kontinuierliche Adrenalin- und Noradrenalinapplikation gezielt eingesetzt werden. An postoperativen Komplikationen sind sowohl eine Hypo- als auch eine Hypertension und eine Linksherzinsuffizienz beschrieben. Eine postoperativ anhaltende Somnolenz der Patienten wird mit fehlenden zentral stimulierenden Katecholamineffekten in Zusammenhang gebracht. In jedem Fall ist *postoperativ eine intensivmedizinische Überwachung und Therapie* dieser Patienten indiziert.

> ❗ Zur hämodynamischen Stabilisierung eignen sich intraoperativ besonders kurzwirksame Substanzen wie Nitroprussid, Esmolol, Phenylephrinhydrochlorid und Dopamin.

Nebennierenrinde

In der Nebennierenrinde werden 3 Klassen von Hormonen produziert: Androgene, Glukokortikoide und Mineralkortikoide. Charakteristische klinische Symptome sind mit einem Überschuß oder Mangel der jeweiligen Hormone verknüpft. Die Veränderungen in bezug auf Androgene bedürfen keiner besonderen anästhesiologischen Evaluierung.

Hyperkortizismus (Cushing-Syndrom)

Ein Überschuß an Glukokortikoiden beruht auf einer *übermäßigen endogenen Produktion* oder einer *chronischen hochdosierten Zufuhr*. Typische Symptome sind ein Vollmondgesicht, Stammfettsucht, dünne Extremitäten, dünne, verletzliche Haut, Hypertension und Flüssigkeitsretention. Diese Patienten neigen zu *Hyperglykämie* und *Diabetes mellitus* wegen verminderter peripherer Glukoseutilisation, antiinsulinärer Aktivität und Stimulation der Glukoneogenese; weiters besteht häufig eine *Osteoporose*, welche bei Lagerung der Patienten zu bedenken ist. Durch Hemmung entzündlicher Abwehrreaktionen sind die Patienten *infektanfällig*. Außerdem fördern Glukokortikoide

die Entstehung von *Magenulzera*, die Entwicklung einer *Polyglobulie* mit Viskositätserhöhung des Bluts und einer *Thrombozytose* mit Erhöhung der Gerinnungsbereitschaft. Gleichzeitig ist eine *erhöhte Aldosteronsekretion* mit Neigung zu einer hypokaliämischen Alkalose möglich; diese wird mit Spironolacton therapiert.

> ❗ Patienten mit Hyperkortizismus neigen zu Hyperglykämie und Diabetes mellitus.

Bei einem *exogen induzierten Cushing-Syndrom* kann es in Stresssituationen nicht zu einer adäquaten Reaktion der atrophierten Nebennierenrinde kommen. Es besteht daher *perioperativ ein zusätzlicher Bedarf an Glukokortikoiden*. Bei größeren chirurgischen Eingriffen empfiehlt Kehlet bei Anästhesieeinleitung die intravenöse Applikation von 25 mg Cortisol (oder eine Äquivalent) und 100 mg als kontinuierliche Infusion über 24 h [8, 9]. Bei kleineren chirurgischen Interventionen reicht die Beibehaltung der üblichen oralen Medikation aus. Nach Adrenalektomie hat Roizen mit folgendem Regime gute Erfahrungen gemacht: 100 mg Hydrokortison zu Beginn der Resektion und im Anschluss daran 12 stündlich; es folgt eine Dosisreduktion über 3–6 Tage bis eine Erhaltungdosis erreicht ist. Zusätzlich wird am dritten Tag mit dem Mineralkortikoid 9α-Fluocortisol in einer Dosierung von 0,05–1 mg/Tag begonnen [7].

Intraoperativ erfordern Adrenalektomien wegen eines möglichen größeren Blutverlusts entsprechend *invasives Monitoring* und eine adäquate Substitutionstherapie. Zudem besteht bei diesen Interventionen ein hohe Inzidenz an Pneumothoraces. Bei nicht diagnostiziertem Hypophysentumor kommt es nach Adrenalektomie zur Tumorvergrößerung sowie vermehrter Produktion von ACTH und melanozytenstimulierendem Hormon mit nachfolgender Hyperpigmentierung.

Hypokortizismus

Für einen Hypokortizismus kommen ursächlich u.a. ein *Steroidentzug*, eine *Synthesesuppression durch Steroidbehandlung* oder *unzureichende ACTH-Stimulation*, aber auch ein direkte *Zerstörung der Nebenniere durch Tumor, Blutung, Tuberkulose oder durch Autoimmunmechanismen* in Frage. Eine primäre adrenale Insuffizienz (M. Addison) ist sowohl mit einem Glukokortikoid- als auch einem Mineralkortikoidmangel verbunden. Die sekundäre Form der adrenalen Insuffizienz ist meist auf einen Hypophysen- oder Hypothalamustumor zurückzuführen.

Präoperativ müssen bei längerer Zeit bestehender Nebenniereninsuffizienz eine *Hypovolämie, Hyperkaliämie* und *Hyponatriämie* behandelt werden. Perioperativ kann durch *stressvolle Ereignisse* wie den chirurgischen Eingriff, Infektion oder Blutung eine *Addisonkrise* ausgelöst werden. Diese äußert sich in den Symptomen Hypovolämie, Hyperkaliämie, Hyponatriämie, Hypothermie und Hypoglykämie. Neben der symptomatischen Behandlung werden daher in der perioperativen Phase 100 mg Hydrokortison 12 stündlich verabreicht.

Bei Hypoaldosteronismus werden präoperativ unter sorgfältiger Überwachung der Patienten 0,05–0,1 mg 9α-Fluorcortisol/Tag appliziert.

11.5
Störungen der Hypophysenfunktion

Die Freisetzung der *Vorderlappenhormone* ACTH (adrenocortikotropes Hormon), TSH (thyroideastimulierendes Hormon), Somatotropin, LH (luteinisierendes Hormon), FSH (follikelstimulierendes Hormon) und Prolaktin werden großteils *über negative Feedbackmechanismen des Hypothalamus* und der jeweiligen *Zielorgane* gesteuert. Weiteren im Vorderlappen gebildeten Hormonen wird aus pathophysiologischer Sicht lediglich eine untergeordnete Rolle beigemessen. Aus dem *Hypophysenhinterlappen* werden die über Neurosekretion aus dem Hypothalamus stammenden Hormone *ADH* (antidiuretisches Hormon) und *Oxytozin* ausgeschüttet.

Hypersekretion
der Hypophysenvorderlappenhormone

Den 3 häufigsten Störungen des Hypophysenvorderlappens liegen *prolaktinsezernierende Tumoren* mit den Symptomen der Amenorrhö, Galaktorrhö und Infertilität, *ACTH-produzierende Tumoren* mit dem klinischen Bild des Cushing-Syndroms und *Tumoren mit einer übermäßigen Sekretion von Wachstumshormon* und einer daraus resultierenden Akromegalie zugrunde. Große prolaktinsezernierende Tumoren sind meist mit einem Verlust der übrigen Hypophysenfunktionen verbunden, weshalb eine Evaluierung des thyreoidalen und adrenokortikalen Status sinnvoll erscheint. Bei einer Vorbehandlung mit Bromocriptin sind dessen Nebenwirkungen, wie orthostatische Hypotension und Gastroparesis mit erhöhtem Aspirationsrisiko zu bedenken. Die Problematik der ACTH-Hypersekretion wurde bereits im Rahmen des Hyperkortizismus besprochen.

Bei einer unkontrollierten Mehrbildung von Somatotropin kommt es nach Schluss der Epiphysenfugen zu einer Akromegalie, wobei die Makroglossie und Veränderungen der Weichteile im Oro- und Hypopharynx zu *Intubationsproblemen* führen können. Perioperativ sind *Elektrolytveränderungen* (Natrium- und Kaliumretention) und die *antiinsulinäre Wirkung* von Somatotropin mit daraus resultierendem Diabetes mellitus zu berücksichtigen. Diese Patienten neigen zur Entwicklung einer vorzeitigen *Atherosklerose*, einer *Kardiomegalie* und dem *Risiko von Ischämien und Rhythmusstörungen* und in der Folge einer *Herzinsuffizienz*. Respiratorische Probleme können sich bei ausgeprägter Kyphoskoliose manifestieren.

Unterfunktion des Hypophysenvorderlappens

Die Therapie bei chronischem Mangel an TSH oder ACTH wurde bereits bei den peripheren Hormonmangelzuständen diskutiert. Bei einem Mangel an Somatotropin sollte aufgrund einer möglichen atrophischen Kardiomyopathie präoperativ eine kardiale Evaluierung erfolgen. Im übrigen ist eine medikamentöse Behandlung chronischer hormoneller Mangelzustände präoperativ nicht notwendig.

Funktionsstörungen des Hypophysenhinterlappens

Die ADH-Ausschüttung wird normalerweise durch erhöhte Serumosmolarität oder Hypotension angeregt. Eine *inadäquate ADH-Sekretion* kommt u.a. *durch verschiedene Läsionen des Zentralnervensystems* (z.B. *Traumata, Tumoren*), durch *Medikamente* (z.B. Narkotika, Clofibrat, Vincristin, Cyclophosphamid, Nikotin), durch *pulmonale Infekte, Hypothyreoidismus* und *Nebenniereninsuffizienz* zustande und führt zu *Hyponatriämie* und *Flüssigkeitsretention*. Die Symptomatik des *Syndroms der inadäquaten ADH-Sekretion* (SIADH) ist auf die Hyponatriämie und ein Hirnödem zurückzuführen und umfaßt Schwäche, Lethargie, Bewusstseinsveränderungen, Krämpfe und Koma.

Neben *kausaler Behandlung* ist eine *präoperative Flüssigkeitsrestriktion* und in schwereren Fällen die Zufuhr hypertoner Kochsalzlösung angezeigt. Eine weitere Möglichkeit ist es, die renale ADH-Wirkung *medikamentös* zu hemmen; dies gelingt zu einem gewissen Ausmaß mit *Lithium* oder *Demeclocyclin* [4, 7].

Ein *Mangel an ADH* manifestiert sich klinisch in einem *Diabetes insipidus* mit der Ausscheidung großer Mengen hypoosmolaren Harns. Zentrale Ursachen eines Diabetes insipidus sind *Erkrankungen der Hypophyse, Gehirntumoren, infiltrative Prozesse*, z.B. im Rahmen einer *Sarkoidose*, oder ein *Schädel-Hirn-Trauma*; auch ein Versagen der renalen Antwort auf ADH durch Hypokaliämie, Hyperkalziämie oder Niereninsuffizienz kann das Bild eines Diabetes insipidus bieten. Präoperativ müssen intravasale Volumendefizite ausgeglichen werden. Perioperativ empfiehlt sich die intranasale (10–20µg/12h) oder intravenöse (1–4µg/12h) Applikation von Desmopressin [4]. Dabei sollten isotone Lösungen verabreicht werden, um das Risiko einer Wasserdepletion und Hypernatriämie zu vermeiden. Die Desmopressingabe sollte nach häufigen Kontrollen der Plasmaosmolarität angepaßt werden, da v.a. chirurgischer Stress zu einer vermehrten ADH-Ausschüttung postoperativ führen kann.

> **!** Ein Mangel an ADH manifestiert sich klinisch in einem Diabetes insipidus mit der Ausscheidung großer Mengen hypoosmolaren Harns.

11.6 Adipositas

Adipositas wird definiert als eine übermäßige Vermehrung oder Bildung von Fettgewebe mit generalisierter Speicherung von Fett. Das Körperfett ist bei einer Adipositas auf über das Doppelte der Norm vermehrt. Der Krankheitswert einer Adipositas beruht in erster Linie auf dem Risiko für Folgeerkrankungen. Sind bereits Folgeschäden des extremen Übergewichts eingetreten, spricht man von krankhafter Adipositas.

Die *Klassifikation und Einteilung* einer Adipositas können nach verschiedenen Prinzipien erfolgen. Die Normgewichtsberechnungen nach Broca sind eine Faustregel und geben zunächst eine grobe Orientierung. Übereinstimmend erfolgt heute die Klassifikation einer Adipositas nach dem Körpermasseindex („body mass index", BMI). Dieser errechnet sich aus dem Gewicht (in kg), dividiert durch das Quadrat der Körpergröße (in m^2).

Folgende Übersicht gibt die z. Z. gültige Einteilung der Adipositas wieder:

- Normalgewicht: BMI 18,5–24,9
- Übergewicht: BMI 25,0–29,9
- Adipositas Grad I: BMI 30,0–34,9
- Adipositas Grad II: BMI 35,0–39,9
- Adipositas Grad III: BMI >40

Erscheinungstypen

Eine Adipositas kann sich in unterschiedlichen Erscheinungsbildern äußern; neben der Quantität entscheidet auch die Verteilung der Fettgewebsmassen über das Gesundheitsrisiko, z. B. erhöhtes Risiko für Erkrankungen der Koronargefäße, Hypertonie, Diabetes mellitus sowie Gallensteinleiden bei der androiden Form.

> **!** 1% der Bewohner der Bundesrepublik Deutschland sind extrem adipös, 16% sind adipös und etwa 40% können als übergewichtig eingestuft werden.

Die *Ursachen für die Zunahme der Adipositas* in der Bevölkerung sind mannigfaltig: in erster Linie ist es *Fehlernährung* als Folge einer langfristig positiven Energiebilanz, wobei auch der regelmäßige Alkoholkonsum eine Rolle spielt. Zwischen 25–70% der Gewichtszunahme ist auch *genetisch* bedingt. Zudem tragen *soziokulturelle Einflüsse*, wie Bewegungsmangel, abnehmende körperliche Fitness, veränderte Eßgewohnheiten, z. B. der Wegfall regelmäßiger Mahlzeiten, fettreiche Ernährung und Alkoholkonsum zur Entstehung von Übergewicht bei, außerdem Alter, biologische Faktoren (z. B. Klimakterium), Bildungsniveau und Einkommensstatus.

Zwischen dem Körpermasseindex, der Dauer des Übergewichtes sowie dem Fettverteilungsmuster und der Inzidenz von Folgeerkrankungen sowie einer gesteigerten Mortalität besteht eine strenge Korrelation.

> **!** Mit dem Ausmaß und der Dauer der Fettsucht steigt das Risiko, an einer Hypertonie zu erkranken.

Folgeerkrankungen

Herz-Kreislauf-Erkrankungen

Die Adipositas ist mitverantwortlich für eine erhöhte Inzidenz an Herz-Kreislauf-Erkrankungen, insbesonders für Erkrankungen der Herzkranzgefäße. Ebenso steigt mit dem Ausmaß und der Dauer der Fettsucht das Risiko, an einer Hypertonie zu erkranken. Bei Frauen ist das Risiko einer Hypertonie bei Adipösen um den Faktor 2,9 höher als bei normalgewichtigen Patienten; tritt eine Adipositas bereits in jungen Jahren auf, erhöht sich das Risiko sogar um den Faktor 5,6. Besonders groß, durch das Auftreten zusätzlicher Folgeerkrankungen, ist die Gefahr der Entwicklung von Gefäßerkrankungen.

Stoffwechselstörungen

Mit zunehmendem Übergewicht steigt auch das Risiko an *Diabetes mellitus* zu erkranken; etwa 80% aller Diabetiker vom Typ II sind adipös. Bei einem BMI zwischen 31 und 33 tritt ein Diabetes mellitus 30mal häufiger auf als bei normalgewichtigen Frauen; bei einem BMI >35 steigt die Wahrscheinlichkeit sogar auf das 60fache an.

Häufig finden sich bei übergewichtigen Patienten auch eine Erhöhung der *Triglyceride*. In Kombination mit einem *erniedrigten HDL-Cholesterin* begünstigt diese Kombination die Entwicklung einer *Arteriosklerose*.

Ebenso sind eine *Erhöhung der Harnsäure* – mit dem Risiko der Entwicklung einer Gicht – bei adipösen Menschen häufiger anzutreffen als bei normalgewichtigen.

Erkrankungen des Bewegungsapparates

Häufige Beschwerden bei adipösen Patienten sind Einschränkungen der Beweglichkeit durch Erkrankungen des Stütz- und Bewegungsapparates. Mehrbelastungen der Gelenke resultieren in Arthrosen der großen Gelenke der unteren Extremität und Lumboischaligien.

Karzinogenese

Das Risiko an malignen Tumoren zu versterben nimmt bei adipösen Männern und den Faktor 1,55, bei adipösen Frauen um den Faktor 1,33 zu. Auffällig ist, dass eine Häufung maligner Erkrankungen besonders beim androiden Adipositastyp anzutreffen ist, woraus auch auf einen hormonellen Einfluss geschlossen wird. Inwieweit fettreiche und ballaststoffarme Ernährung oder die Übergewichtigkeit alleine für die erhöhte Inzidenz maligner Erkrankungen verantwortlich ist, ist derzeit noch ungeklärt.

Pulmonale Komplikationen

Einschränkungen der Lungenvolumina treten bei adipösen Patienten, meist in Kombination mit einer kardialen Insuffizienz wesentlich häufiger auf als in der normalgewichtigen Bevölkerung. Häufig anzutreffen und besonders gefährlich ist das sog. *Pickwick-Syndrom;* dieses ist charakterisiert durch nächtliche Atemstillstände, Polyglobulie und pulmonale Hypertonie. Durch Reduktion der Körperfettmasse ist diese Komplikation reversibel.

Manifestation eines Pickwick-Syndroms

ÜBERSICHT

- Polyzythämie
- Alveoläre Hypoventilation
- Schlafapnoe
- Pulmonale Hypertension
- Kardiale Insuffizienz

Hormonelle Störungen

Patienten mit androidem Fettverteilungsmuster können eine Vielzahl hormoneller Störungen aufweisen: gesteigerte Produktion von Kortison, Insulinresistenz, erhöhtes freies Testosteron bei erniedrigtem geschlechtshormonbindenden Globulin bei Frauen, erniedrigte Progesteronspiegel bei Frauen, erniedrigte Testosteronspiegel bei Männern und erniedrigte Wachstumshormonspiegel.

Differentialdiagnose

Eine Adipositas muss differentialdiagnostisch von einer Hypothyreose, einem M. Cushing, vom M. Fröhlich (Adipositas und Hypogonadismus), von einem Stein-Leventhal-Syndrom (Fehlfunktion der Ovarien mit Hirsutismus und Amenorrhö) abgegrenzt werden.

> **!** Etwa 3,2% aller Arztkontakte werden für die Behandlung der Adipositas aufgewendet; 0,65% aller Krankenhaustage und etwa 1% aller Kurbehandlungen sind darauf bezogen.

Anästhesiologisches Management

Pharmakokinetische Aspekte

Bei adipösen Patienten ist mit wesentlichen Veränderungen der Pharmakokinetik von zahlreichen Medikamenten zu rechnen. Die großen Fettdepots führen zu einer proportionalen Abnahme des Gesamtkörperwassers und der Muskelmasse in Relation zum Körpergewicht. Lipophile Substanzen weisen daher bei ähnlicher Clearance wie beim Normalgewichtigen ein größeres Verteilungsvolumen und eine längere Eliminationshalbwertszeit auf. Der verminderte Blutgehalt des Fetts beeinflusst auch die akute Verteilung und Elimination von Medikamenten; so führt eine prolongierte Verabreichung von fettlöslichen Inhalationsnanästhetika zu einer entsprechenden Wirkungsverlängerung.

Wasserlösliche Medikamente hingegen weisen in bezug auf Clearance und Verteilungsvolumen bei adipösen Patienten ein ähnliches Verhalten auf wie bei normalgewichtigen Patienten. Die Aktivität der Pseudocholinesterase ist beim Adipösen höher; entsprechende Dosisanpassungen sind für Medikamente, die durch dieses Enzym metabolisiert werden, vorzunehmen.

Präoperative Vorbereitung

Ziel der präoperativen Vorbereitung bei Patienten mit krankhafter Adipositas ist es, die

Begleiterkrankungen exakt zu erkennen. Besonderes Augenmerk ist dabei auf die Symptome einer kardiorespiratorischen Dysfunktion zu legen; ebenso sollte die Situation der Atemwege genauest abgeklärt werden.

Die *Prämedikation* sollte, bedingt durch nicht exakt definierbare Resorption aus der Fettmasse, möglichst oral verabreicht werden. Dabei empfiehlt sich die Kombination eines Benzodiazepins mit einem H_2-Antagonisten oder einem Protonenpumpeninhibitor. Bei Patienten mit Pickwick-Syndrom sollten Sedativa nur sehr vorsichtig eingesetzt werden.

Narkoseführung

Das Monitoring für Anästhesien bei adipösen Patienten sollte neben dem Standardmonitoring auch eine Überwachung der neuromuskulären Blockade sowie bei größeren chirurgischen Eingriffen immer auch ein Monitoring des zentralvenösen Drucks umfassen.

Auch bei noch so kurzen Eingriffen empfiehlt sich eine orotracheale Intubation oder eine Larynxmaske, da einerseits eine Maskennarkose sehr schwer durchzuführen sein kann und die Intubation auch die Applikation höherer Sauerstoffkonzentrationen erlaubt. Werden Schwierigkeiten bei der Intubation erwartet oder sind bei vorangegangenen Anästhesien solche berichtet worden, empfiehlt sich die fiberoptische Intubation am wachen Patienten.

Als Einleitungstechnik wird bei Patienten mit krankhafter Adipositas die Crush-Intubation empfohlen. Ratsam erscheint es auch, die Einleitung solcher Patienten zu zweit durchzuführen, Bei adipösen Patienten besteht immer die Gefahr einer Hypoxie, daher wird eine O_2-Konzentration zur Anästhesieführung von 50% empfohlen. Auch die Verabreichung von PEEP kann zur Optimierung der Oxygenation beitragen. Als volatile Anästhetika sollten solche verwendet werden, deren Metabolismus minimal ist und deren Blut-Gas-Verteilungskoeffizient eine rasche Erholungsphase gewährleistet (d. h. Isofluran, bzw. Sevofluran und Desfluran).

Werden Opioide intraoperativ verwendet, empfiehlt es sich, den Patienten postoperativ nachzubeatmen. Ebenso ist es ratsam, die Wirkung der Muskelrelaxanzien postoperativ zu anatgonisieren. Schließlich sollte der Patient erst dann extubiert werden, wenn er wirklich wach ist und alle Schutzreflexe vorhanden sind.

Die Durchführung einer Regionalanästhesie bei Patienten mit extremer Adipositas kann schwierig sein, da durch die Fettpolster Markierungspunkte nur schwer auszumachen sind; außerdem werden meist recht lange Nadeln erforderlich sein.

Postoperative Nachbetreuung

Grundsätzlich sollte jeder Patient mit extremer Adipositas postoperativ zumindest für 24 h auf eine Aufwachstation verlegt werden. In der postoperativen Phase gilt es besonderes Augenmerk auf die Vermeidung einer Hypoxämie zu legen und frühzeitig Sauerstoff per Nasensonde zu applizieren. Analgetika sollten intravenös verabreicht werden, vorzuziehen wäre die Verabreichung des Analgetikums mittels Schmerzpumpe. Bei extrem adipösen Patienten besteht zudem die Gefahr einer postoperativen Thromboembolie; neben einer möglichst frühzeitigen Mobilisierung sollte niedermolekulares Heparin prophylaktisch appliziert werden.

Literatur

1. Dominguez-Cherit G, Gonzalez R, Borunda D et al. (1998) Anesthesia for morbidily obese patients. World J Surg 22: 969–973
2. Hauner H (1987) Fettgewebsverteilung und Adipositasrisiko. Dtsch Med Wochenschr 112: 731–735
3. Hauner H (1996) Gesundheitsrisiken von Übergewicht und Gewichtszunahme. Dsch Ärzteblatt 93A: 3405–3409
4. Hunter JD, Reid C, Noble D (1998) Anaesthetic management of the morbidly obese patient. Hosp Med: 59: 481–483
5. Liebermeister H, Ölschläger G (1997) Kosten der Adipositasbehandlung. Akt Ernähr Med 22: 288–306
6. Löffler G (1997) Pathophysiologie des Fettgewebes. Dtsch Ärztebl 94 A: 2003–2006

7. Pelosi P, Croci M, Ravagnan I, Tredici S et al. (1998) The effects of body mass on lung volumes, respiratory mechanics and gas exchange during general anesthesia. Anesth Analg 87: 654–660

8. Weiner R (1994) Adipositas. In: Hartig W (Hrsg) Moderne Infusiopnstherapie, künstliche Ernährung. Zuckschwerdt, München, S 135–138

KAPITEL 12

Lebererkrankungen und Anästhesie

Jörg U. Bleyl · Thea Koch · W.F. List

Lebererkrankungen verlaufen häufig asymptomatisch und sind daher zum Zeitpunkt der Operation nicht diagnostiziert. Bei einem präoperativen Routine-screening spezifischer Leberlaborparameter von ASA I Patienten fand sich bei 1 von 750 Patienten eine zuvor undiagnostizierte Erhöhung biochemischer Parameter. Eine asymptomatische Hepatitis konnte bei 1 von 1000 Patienten zum Zeitpunkt der Operation nachgewiesen werden [10]. Aufgrund der hohen funktionellen Reserve der Leber führen solche Erkrankungen jedoch meist nicht zu einer signifikanten Einschränkung der Leberfunktion Operative Eingriffe, aber auch die Anästhesie können zu einer Dekompensation der Leberfunktion und zu einer klinisch manifesten Leberinsuffizienz führen. Auch wenn die genauen Ursachen hierfür noch unbekannt sind, so spricht doch vieles dafür, dass die hepatische O_2-Versorgung eine ursächliche Rolle spielt.

> **!** Eine klinisch manifeste Leberinsuffizienz ist mit einer erhöhten perioperativen Morbidität und Mortalität verbunden [4]. Die Wahl des Narkoseverfahrens sowie des anästhesiologischen Managements sollte daher eine möglichst geringe Beeinflussung von Leberfunktion und Leberdurchblutung zum Ziel haben.

12.1 Anatomie und Physiologie

Die Leber ist das größte parenchymatöse Organ des Körpers und wird anatomisch in 4 Leberlappen gegliedert. Im Gegensatz hierzu erfolgt die chirurgische Unterteilung anhand der segmentalen arteriellen Blutversorgung in 8 Segmente. Die Leber erhält *25–30% des Herzzeitvolumens* (1500 ml × min^{-1}) über eine duale Blutversorgung, die sich zu *20–35% aus der A. hepatica* und zu *65–80% aus der V. portae* rekrutiert. Angesichts der niedrigen O_2-Konzentration in der V. portae (O_2-Sättigung von 70%) erfolgt die *hepatische Versorgung in bis zu 45–50% über die A. hepatica.* Die hohe Abhängigkeit der Leberdurchblutung vom potalem Niederdrucksystem macht die Leber dabei in hohem Maße *anfällig gegenüber einem systemischen Blutdruckabfall* und einer Hypoxie.

Leberperfusion

Die Leberperfusion unterliegt weitgehend arterielle Kontrolle, wobei diese sowohl über intrinsische als auch extrinsische Mechanismen gesteuert wird. *Intrinsische Mecha- nismen regeln die organeigene Durchblutung* unabhängig von den systemischen Veränderungen der Hämodynamik und lassen sich dabei in die Druck-Fluss-Autoregulation, die „hepatic-arterial-buffer-response" und die metabolischen Kontrollmechanismen unterteilen. Die Autoregulation des Blutflusses in der Arteria hepatica gewährleistet bei Veränderungen des systemischen Blutdrucks einen konstanten Fluss in der A. hepatica. *Bei Nahrungskarenz ist dieser Autoregulations-*

mechanismus allerdings aufgeho- ben, so dass ein perioperativer systemischer Blutdruckabfall eine Reduktion der arteriellen Leberdurchblutung zur Folge hat. Die semireziproke Beziehung des Blutflusses der V. portae und der A. hepatica wird von der „hepatic-arterial-buffer-response" beschrieben. Veränderungen der Pfortaderdurchblutung führen zu einer entgegengesetzten kompensatorischen Veränderung des Blutflusses in der A. hepatica. Ein *Abfall des Blutflusses in der A. hepatica kann dagegen nicht durch Veränderungen des Pfortaderblutflusses kompensiert werden.* Auch *metabolische Veränderungen* können die Leberperfusion beeinflussen. So führt eine metabolische Azidose zu einer Vasokonstriktion der Arteria hepatica.

Die *extrinsische Regulation der Leberperfusion erfolgt durch das autonome Nervensystem, humorale Faktoren* sowie durch *Veränderungen der Hämodynamik.* Die untershiedliche Verteilung der adrenergen Rezeptoren in der Arteria hepatica und der Vena portae ermöglicht hierbei eine Feinregulation. So besitzt die A. hepatica sowohl α_1-Rezeptoren zur Vasokonstriktion als auch β_2- und dopaminerge Rezeptoren zur Vasodilatation, während sich in der V. portae lediglich β_2- und dopaminerge Rezeptoren finden. Eine Aktivierung des Sympathikus führt daher zu einer Vasokonstriktion der Arteria hepatica und der Mesenterialgefäße mit Abnahme des hepatischen Blutflusses. Das sympathische Nervensystem reguliert durch α-Rezeptoren jedoch nicht nur den Flusssswiderstand, sondern auch das Blutvolumenreservoir der Leber. Bei einer größeren Blutung können so aus der Leber bis zu 500 ml Blut mobilisiert werden.

Leber als zentrales Stoffwechselorgan

Die Leber ist für die *Aufrechterhaltung der Energieversorgung des Körpers* verantwortlich. Ihre Funktionen können unter den Überbegriffen *Synthese, Stoffwechsel* und *Exkretion* zusammengefaßt werden. Sie nimmt über den Pfortaderkreislauf im Verdauungstrakt resorbierte Nährstoffe auf, baut sie ab oder gibt sie nach Speicherung und Metabolisierung wieder an den Kreislauf ab. So wird von der Leber aus Glukose Glykogen synthetisiert, gespeichert und in Hungephasen zur Aufrechterhaltung der Glukohomöostase wieder zu Glukose umgebaut. Die Leber ist zudem Ort der Synthese von Albumin, Globulinen mit Ausnahme des γ-Globulins, Fibrinogen und Gerinnungsfaktoren. Gleichzeitig erfolgt in der Leber auch die Stickstoffelimination durch Transamination und Deamination zu Ammonium. Auch bei der Synthese und Verstoffwechselung von Lipiden und Lipoproteinen spielt die Leber eine zentrale Rolle. Der Körper wird somit kontinuierlich mit Aminosäuren, Proteinen, Kohlehydraten und Lipiden versorgt. Entstehende Stoffwechselabbauprodukte sind teilweise Grundlage der Galleproduktion. Darüber hinaus hat die Leber eine „Clearan- cefunktion". So eliminiert das retikuloendotheliale System der Leber exogene und endogene Toxine, Bakterien und aktivierte Gerinnungs- und Fibrinolyseprodukte.

Auch für den *Metabolismus von Pharmaka* besitzt die Leber eine Schlüsselfunktion. So werden die meisten Pharmaka in der Leber einer Biotransformation unterzogen, in deren Folge sie inaktiviert und mit der Galle oder dem Urin ausgeschieden werden. Die hepatische Biotransformation lässt sich in 2 unterschiedliche Reaktionstypen unterteilen.

> **!** In Phase-1-Reaktionen werden Substanzen weitgehend durch das Cytochrom P-450 Enzymsystem mittels Oxidation bzw. Reduktion verstoffwechselt. Phase-2-Reaktionen schließen sich oftmals den Phase-1-Reaktionen an. Sie beinhalten die Konjugation mit Glukuronid, Sulfat, Taurin oder Glycin, in deren Folge die konjugierten Substanzen über die Galle oder den Urin ausgeschieden werden können.

Das Cytochrom P-450 Enzymsytem kann durch Alkohol, aber auch durch Medikamente (z.B. Barbiturate, Benzodiazepine) stimuliert werden. Dies führt nicht nur zu einem rascheren Alkoholabbau und zu einer Verkürzung der Halbwertszeit dieser Pharmaka, sondern auch von anderen Pharmaka, die vom Cytochrom-P-450-Enzymsystem metabolisiert werden (Crosstoleranz).

12.2
Pathologie und Pathophysiologie

Lebererkrankungen werden klassischerweise anhand ihrer Ätiologie in *parenchymatöse* und *cholestatische* Lebererkrankungen unterteilt (Tabelle 12.1). Sie können sowohl einen akuten oder subakuten als auch einen chronischen Verlauf nehmen. Hierbei reicht die Symptomatik bei den akuten Erkrankungen von einer leichten, subklinischen Erhöhung der Leberenzyme bis zum fulminanten Leberversagen. Chronische Verläufe zeigen auf Grund der hohen Regenerationsfähigkeit der Leber zum Teil nur sehr geringe klinische Auswirkungen, können aber auch zur völligen Destruktion der Leber führen.

Lebererkrankungen sind auf Grund der hohen hepatischen Funktionsreserve oft schwierig diagnostizierbar. Erst mit fortschreitender Erkrankung, die meist mit einem *zirrhotischen Umbau des Leberparenchyms* einhergeht, kommt es zur *klinischen Manifestation einer Leberinsuffizienz*. Dieser zirrhotische Umbau der Leber bedingt schwerwiegende Veränderungen der Leber- und der Gefäßarchitektur mit einem resultierenden Druckanstieg in der V. portae. Die sog. portale Hypertension ist definiert als längerdauernde *Erhöhung des Blutdruckes in der V. portae auf >14 mmHg*. Die Druckerhöhung im gesamten portalen Abflussgebiet führt zu einer *Stauung der Milz mit Splenomegalie* sowie zur *Bildung von portocavalen Umgehungskreisläufen mit Ösophagusvarizen*. Der Umbau der Leber geht Hand in Hand mit einem *Verlust an Leberparenchym* und somit von funktionstüchtigen Hepatozyten. Erst im fortgeschrittenen Stadium kommt es jedoch zum Auftreten leberspezifischer Symptome und zur Beeinträchtigung anderer Organe und Organsysteme.

Störungen der Leberfunktion

Hypoproteinämie

Die Reduktion der hepatozellulären Syntheseleistung führt zu einer Abnahme des Serumalbuminspiegels und des im Serum gemessenen Gesamteiweißes. *Hypoproteinämien resultieren in einem generalisierten Ödem* mit Punctum maximum im Bereich der *unteren Extremitäten*, sowie in der Ausbildung von *Aszites* und *Pleuraergüssen*.

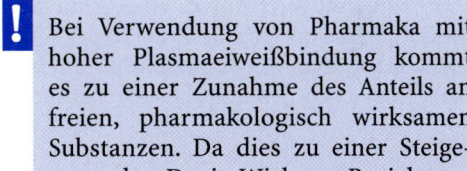

! Bei Verwendung von Pharmaka mit hoher Plasmaeiweißbindung kommt es zu einer Zunahme des Anteils an freien, pharmakologisch wirksamen Substanzen. Da dies zu einer Steigerung der Dosis-Wirkung-Beziehung

Tabelle 12.1. Pathogenese der Lebererkrankungen

Parenchymatöse Lebererkrankung		Cholestatische Lebererkrankung
Hepatitis	Virusinfektionen	Gallensteine
	Alkohol	Medikamente
	Medikamente/Toxine	Sklerosierende Cholangitis
	Cryptogen	Primäre biliäre Zirrhose
M. Wilson	–	–
Fettleber	–	–

! führen kann, sollte die Dosis dieser Pharmaka in Abhängigkeit vom Maß der Hypoproteinämie reduziert werden. Des weiteren führt eine Reduktion der Serumcholinesterase zu einer verlängerten Wirkdauer von durch dieses Enzym hydrolisierten Pharmaka (z.B. Mivacurium, Lokalanästhetika vom Estertyp).

Störungen der Gerinnung

Gerinnungsstörungen bei Patienten mit Leberinsuffizienz beruhen zum einen auf einer *reduzierten Synthese von Gerinnungsfaktoren*, zum anderen auf einer *verringerten Absorption von Vitamin K*. Bei cholestatischen Lebererkrankungen kommt es zur Malabsorption von Lipiden und fettlöslichen Vitaminen (Vitamin K) aus dem Darm. Hierdurch wird die Synthese aller Vitamin-K-abhängigen Gerinnungsfaktoren (Faktoren II, VII, IX, X, Protein C und S) beeinträchtigt mit konsekutiver Bildung von funktionsuntüchtigen Vorstufen dieser Gerinnungsfaktoren. Negative Effekte auf die Blutgerinnung beruhen zudem auf einer *Thrombozytopenie*. Diese wird zum einen durch eine portale Hypertension induzierte Splenomegalie (*gesteigerter Umsatz*) verursacht, zum anderen durch eine Knochenmarkssuppression (*reduzierte Neogenese*), welche insbesondere bei Patienten mit einer alkoholtoxischen Leberzirrhose vorzufinden ist.

Störung des Glukosestoffwechsels

Die chronische Leberinsuffizienz führt häufig zu Störungen des Glukosestoffwechsels. So findet sich bei ungefähr der Hälfte der Patienten mit Leberzirrhose ein *pathologischer Glukosetoleranztest* und bei etwa *10% ein Diabetes mellitus* [3]. Der hepatogene Diabetes mellitus mit Hyperglykämie ist durch *hohe Insulinspiegel* charakterisiert und beruht auf einer *Insulinresistenz*, die in einer reduzierten Rezeptoraffinität begründet ist. *Hypoglykämien* sind *eher selten* und treten *meist in Folge eines fulminanten Le-*berversagens auf. Die enormen Reserven der Leber zur Glukoseproduktion lassen klinisch relevante Hypoglykämien erst bei großem Parenchymverlust auftreten.

Auswirkungen auf andere Organe

Lunge

Eine ausgeprägte Leberinsuffizienz ist of assoziiert mit einem *anatomischen* und *funktionellen intrapulmonalen Rechts-Links-Shunt*. Diese pulmonalen Shunts (hepatopulmonales Syndrom), eine *mediatorinduzierte pulmonale Vasodilatation*, sowie eine Beeinträchtigung der *hypoxisch induzierten Vasokonstriktion* der pulmonalen Strombahn führen zu einer *Verschlechterung des Ventilations-Perfusions-Verhältnisses* [7]. Des weiteren kommt es zu einer *Rechtsverschiebung der Sauerstoffbindungskurve* durch den Anstieg von 2,3-Di-Phospho-Glycerat in den Erythrozyten. Die Ausbildung von *Aszites* mit resultierendem *Zwerchfellhochstand* bedingt eine *Minderbelüftung der basalen Lungenanteile* und eine *Abnahme der funktionellen Residualkapazität*. In Kombination können diese Faktoren zu einer signifikanten Abnahme der arteriellen Sauerstoffsättigung und zu einer Hypoxämie führen.

Herz-Kreislauf-System

Die Auswirkungen auf das Herz-Kreislauf-System sind gekennzeichnet durch eine *hyperdyname Herzkreislaufsituation* mit *gesteigertem Herzzeitvolumen*, *erhöhtem zirkulierendem Blutvolumen* und *erniedrigtem peripheren Gefäßwiderstand*. Verantwortlich hierfür sind vasoaktive Mediatoren (z.B. Prostazyklin), die zu einer *peripheren Vasodilatation* führen. Zudem scheint die *Ausbildung von arteriovenösen Shunts* in der pulmonalen Strombahn eine gewisse, wenn auch untergeordnete Rolle zu spielen. *Erniedrigte Herzzeitvolumen* hingegen finden sich *oftmals bei Patienten mit chronischem Alkoholabusus*. Dieser kann weiterhin zu einer *Kardiomyopathie mit Arrhythmie* und zu einer *chronischen linksventrikulären Herzinsuffizienz* mit nachfolgendem Links-Rechts-

Herzversagen führen. Die *herabgesetzte Empfindlichkeit auf Katecholamine* muss bei einer Therapie berücksichtigt werden und macht oftmals die Gabe von ungewöhnlich hohen Katecholamindosen notwendig.

Niere

Schwere Lebererkrankungen, insbesondere mit begleitender Cholestase, gehen häufig mit einer *renalen Funktionseinschränkung* und *Serumelektrolytentgleisungen* einher. Pathophysiologische Überlegungen gehen u.a. von einer hypalbuminämiebedingten Verringerung des onkotischen Druckes der Gefäße mit resultierender intravasaler Hypovolämie aus. Diese führt zu einer Abnahme des renalen Blutflusses mit einer konsekutiven *Reduktion der glomerulären Filtrationsrate* resultierend in einer Oligurie und in einer Akkumulation harnpflichtiger Substanzen. Die *verstärkte Synthese von Aldosteron* bei gleichzeitig verminderter hepatischer Inaktivierung (sekundärer Hyperaldosteronismus) führt zu einer *Natriumretention* und resultiert in der *Ausscheidung eines natriumarmen Urins*. Eine *vermehrte ADH-Sekretion bedingt gleichzeitig eine Abnahme der Wasserclearance*. Als Endpunkt dieser Entwicklung steht bei einer schweren Leberinsuffizienz die Ausbildung eines *hepatorenalen Syndroms*.

Zentrales Nervensystem

Die *hepatische Encephalopathie* stellt meist den *Endpunkt einer komplexen pathophysiologischen Entwicklung* dar, bei der es zur *Akkumulation von Ammoniak, Bildung von falschen Neurotransmittern* und einer *erhöhten GABA-Konzentration* kommt. Gleichzeitig kann aber auch unabhängig hiervon durch einen akuten Infekt oder eine gastro-intestinale Blutung eine *extreme Stickstoffbelastung* mit plötzlicher Dekompensation induziert werden.

12.3
Medikamentenclearance

Die Leberinsuffizienz kann zu einer *Reduktion der Clearance von Medikamenten* durch *Einschränkung der Leberdurchblutung*, durch *Abnahme der Hepatozytenzahl* sowie durch *Störungen des Cytochrom-P-450-Enzymsystem* führen. Während bei leichten Verlaufsformen der Hepatitis oder bei protrahiertem zirrhotischem Parenchymumbau die Enzymaktivitäten der Biotransformation nicht oder nur gering reduziert sind, führt eine schwere Hepatitis oder progrediente Zirrhose zu einer Reduktion der Cytochrom-P-450-Aktivität. Reaktionen der Phase 2 finden mehrheitlich in der Zone 1 des Leberazinus statt und werden daher von einer Hypoxie, aber auch von einer präexistenten Leberinsuffizienz weit weniger beeinträchtigt als Reaktionen der Phase 1 [5, 12].

Alfentanil

Obwohl alle Opioide in der Leber metabolisiert werden scheint nur die Wirkdauer von Alfentanil verlängert zu sein. Bei Alfentanil, das zu 99% in der Leber metabolisiert wird, wurde eine bis 50%ige Abnahme der Clearance bei Patienten mit einer bestehende Leberfunktionsstörung beobachtet.

Benzodiazepine

Die Elimination von Benzodiazepinen ist *abhängig vom Lebermetabolismus* und kann somit bei Lebererkrankung zu einer Verlängerung der Wirkdauer führen. Ausnahmen hiervon sind die beiden Benzodiazepine Lorazepam und Oxazepam.

Muskelrelaxanzien

Auf Grund des vergrößerten initialen Verteilungsvolumens kommt es zu einer *verlängerten Anschlagzeit von Muskelrelaxanzien*. Eine *verlängerte Wirkdauer* bei Leberinsuffizienz wurde nach Gabe von Doxacurium, Mivacurium, Vecuronium, Pancuronium, Rocuronium und Turbocurarin beobachtet. Ursache für die reduzierte Clearance ist *eine verringerte hepatische Aufnahme* und eine *verringerte Synthese von Enzymen, die für den Abbau von Muskelrelaxanzien* verantwortlich sind. In gewissem Rahmen bildet Succinylcholin eine Ausnahme. Die zum Abbau benötigte *plasmatische Pseudocholinesterase* wird selbst bei schwerer Lebersynthesestörung noch in genügenden Umfang synthetisiert, so dass es nur selten zu einer verlängerten Wirkdauer von Succinylcholin kommt.

12.4 Anästhesievorbereitung bei Lebererkrankungen

Anästhetika haben zum einen einen direkten Einfluss auf den Stoffwechsel der Hepatozyten, zum anderen einen indirekten auf die Leberdurchblutung und damit auf die O_2-Versorgung.

Die *direkte Beeinflussung des Stoffwechsels der Hepatozyten* durch Anästhetika muss prinzipiell von *toxischen Effekten der Anästhetika* bzw. deren Metaboliten unterschieden werden. Diese Beeinflussung ist zumeist hemmender Natur und in Abhängigkeit von der Dosis und Dauer der Exposition zeitlich begrenzt. So hemmen Isofluran und Halothan die Glukoseaufnahme in die Hepatozyten und die Glukoneogenese, während Halothan und Enfluran die Proteinsynthese dosisabhängig blockieren.

> **!** Die Wahl der Anästhetika, die Narkoseführung und das operative Vorgehen, speziell bei Oberbaucheingriffen, kann zu einer Reduktion der Leberdurchblutung von bis zu 30% führen. Zusätzlich kann die Leberdurchblutung durch Pepp-Beatmung, Hypovolämie und Katecholamingabe verringert werden.

Präoperative Risikoevaluierung

Ziel der präoperativen Risikoevaluierung ist die Klärung des *Schweregrades der Leberinsuffizienz*, der *Reversibilität bzw. Irreversibilität* der zugrunde liegenden Lebererkran-

kung und die *Dringlichkeit der geplanten Operation*. Im Zweifelsfall sollte die Operation bis zu einer Rekompensation der Leberfunktion verschoben werden. Notfalloperationen sollten nur durchgeführt werden, wenn hierdurch die Überlebenschance des Patienten steigt.

Anamnese und körperliche Untersuchung

Ziel ist die Klärung der Pathogenese der Leberinsuffizienz sowie die Beurteilung der Leberfunktion und anderer möglicherweise betroffener Organfunktionen. Bei der Anamneseerhebung müssen eine *vorausgegangene Hepatitis*, eine *Gelbsucht mit Fieber*, eine *Bluttransfusion* sowie ein *Alkohol- und Medikamentenabusus* abgeklärt werden. Bei der klinischen Untersuchung sollte auf die *typischen Zeichen einer Lebererkrankung* wie Spider naevi, Palmarerythem und Gynäkomastie geachtet werden. Ein schlechter Ernährungszustand, Aszites und Enzephalopathie sind Zeichen einer weit fortgeschrittenen Erkrankung, prognostisch ungünstig und gehen mit einem erhöhten perioperativen Risiko einher [4].

Laborchemische Untersuchungen

Auf Grund der unterschiedlichen Funktionen der Leber steht kein spezifischer Test zur Evaluierung der Leberschädigung zur Verfügung. Vielmehr dienen verschiedene Parameter einem Befundmuster, nach dem sich differenzierte Aussagen über den Status der Leber ergeben.

Leberenzyme

Eine Schädigung der Hepatozyten führt zu einer erhöhten Membranpermeabilität mit resultierender *Freisetzung intrazellulärer Enzyme in das Blut*. Sie sind daher ein Indikator und ein Gradmesser für deren Zerstörung.

Eine *akute Zerstörung von Hepatozyten* führt immer zu einer Erhöhung der Alanin-Aminotransferase (*ALAT*) $\cong$ GPT und der Aspartat-Aminotransferase (*ASAT*) $\cong$ GOT. Während ASAT sowohl im Zytoplasma als auch in den Mitochondrien von Hepatozyten vorkommt, findet sich ALAT nur im Zytoplasma. Hier tritt es allerdings in höheren Konzentrationen als ASAT auf. Bei Erkrankungen, bei denen hauptsächlich die Zellmembran (z.B. Virushepatitis) betroffen ist, findet sich eine deutliche Erhöhung der ALAT mit niedrigeren ASAT-Werten. Erkrankungen, die die gesamte Zelle (z.B. Zirrhose, Hypoxie) involvieren, zeigen höhere ASAT-Spiegel.

Cave: Im Endstadium der Erkrankung kann es wieder zum Rückgang der Transaminasen bis auf beinahe Normalwerte kommen. Man spricht hier vom *„burn out" der Leber*, da die Mehrzahl der Hepatozyten bereits untergegangen ist.

Die Gammaglutamyltransferase *(γGT)* ist ein *membrangebundenes mikrosomales Enzym*. Ein Anstieg der γGT im Blut kann durch Medikamente, aber auch durch Alkohol hervorgerufen werden. Sie ist einer der empfindlichsten Parameter bei *Störungen der Leber und des Gallengangssystems*. Die höchsten Werte finden sich bei *Cholestase* und *alkoholtoxischer Hepatitis*.

Cholestaseparameter

Sie spiegeln den gestörten Galleabfluss wieder, infolge dessen Substanzen wie *Bilirubin, Gallensäuren* und *Cholesterin* ins Blut übertreten.

Die Bilirubinkonzentration im Serum reflektiert das Verhältnis zwischen Produktion und Exkretion. Klinisch sichtbar wird die Cholestase erst ab einem Gesamt-Bilirubin von >3 mg/dl. Ein Anstieg des *direkten konjugierten Bilirubins* mit Erhöhung des Urobilinogen gilt als Zeichen einer *Leberinsuffizienz*, aber auch einer intra- oder extrahepatischen *Cholestase*. Eine Erhöhung des *indirekten Bilirubins* deutet auf eine *Hämolyse* oder auf einen *Defekt der Konjugation* hin.

Die *alkalische Phosphatase* (AP) bzw. deren Isoenzym findet sich in den *Zellmembranen der Canaliculi und der Sinusoide*. Während es bei einer *Cholestase*, gleich welcher Genese, zu einer massiven Erhöhung der AP kommt, zeigt sich bei einer Hepatitis nur ein moderater Anstieg der AP.

Lebersynthese

Albumin: Die Plasmakonzentration gilt als zentraler Marker für die *Beurteilung der hepatozellulären Syntheseleistung*. Mit einer Halbwertszeit von 14–21 Tagen können jedoch nur Aussagen bei chronischer Leberinsuffizienz getroffen werden. Bei akut auftretender Leberinsuffizienz ist das Präalbumin mit einer Halbwertszeit von 1,5 Tagen als Funktionsparameter geeigneter.

Quick-Wert: Die reduzierte Synthese von Gerinnungsfaktoren und deren Auswirkung auf den Quick-Wert ist ein weiterer Indikator für den Grad der Leberinsuffizienz. Bestimmungen von Einzelfaktoren mit einer kurzen Halbwertszeit (Faktor VII: 1,5–2 h), mittleren Halbwertszeit (Faktor II: 2–3 Tage) oder einer längeren Halbwertszeit (Faktor II: 28 Tage) lassen Aussagen über die Dynamik der hepatischen Grunderkrankung zu.

Cholinesterase: Dieses von der Leber synthetisierte Glykoprotein hat eine Halbwertszeit von 12 Tagen. Seine Aktivität kann durch Medikamente (Cyclophosphamid, Bambuterol) sowie durch Krankheiten (Urämie, Bronchialkarzinom, Endstadium des Leberversagens) reduziert sein.

Spezielle Leberfunktionstests

MEGX-Test: Monoethylglycinxylidid ist der *primäre Metabolit des Lidocain und entsteht durch die Deäthylierung aus Lidocain*. Die Bildung von MEGX ist unmittelbar abhängig von der hepatischen mikrosomalen *Cytochrom-P-450-Aktivität*. Der Test gibt somit Auskunft über die *metabolische Leistungsfähigkeit* der Leber.

Weitere Tests, die eine Analyse der metabolischen und exkretorischen Funktionen erlauben, sind die Galaktose-Eliminationskapazität und die Indozyanin-Grün-Clearance.

Daneben sollte aber natürlich auch ein kleines Blutbild, die Elektrolyte mit Creatinin und Harnstoff sowie Serum Blutzucker vorliegen (Tabelle 12.2).

Sektion B

Tabelle 12.2. Differentialdiagnose

Lebererkrankung:	Parenchymatös	Cholestatisch
Transaminase (U/l)	>200	<200
Alkalische Phosphatase	1 – 2 fach	2 – 4 fach
γ-GT	Normal – leicht erhöht	Stark erhöht
Bilirubin (mg/dl)	2 – 10	10 – 30
Quick-Wert	Leicht – sehr stark erniedrigt	Normal – leicht erniedrigt
Albumin	Leicht – stark erniedrigt	Normal

Ein weiteres Ziel der präoperativen Evaluierung der Patienten ist die Klärung der Ätiologie der Leberinsuffizienz. So kann eine alkoholtoxische Genese auch anhand einer typischen Laborkonstellation diagnostiziert werden. Gleichzeitig sollte Klarheit über den Infektionsstatus sowie Infektiosität des Patienten bestehen.

Laborchemische Schlüsselkonstellationen:

- **Alkoholische Hepatitis:**
  - *Blutbild:* Leukozytose; moderate Thrombozytopenie; MCV: >98
  - *Chemie:* ALAT: moderate Erhöhung meist <350 U/l
    ASAT: leichte Erhöhung, jedoch niedriger als ALAT
    γGT und AP und Bilirubin: moderat erhöht
    Hypalbuminämie
  - *Gerinnung:* Quick-Wert im unteren oder auch unter Normbereich
- **CMV-Hepatitis-Serologie:**
  - *CMV-Hepatitis*
    akute Infektion: Anti-CMV-IgM positiv
    stattgehabte Infektion:
    Anti-CMV-IgG positiv; Anti-CMV-IgM negativ
  - *Hepatitis A*
    akute Infektion: Anti-HAV-IgM positiv

frühere Infektion: Anti-HAV-gesamt positiv; Anti-HAV-IgM negativ
- *Hepatitis B*
  akute Infektion: Anti-HBc-IgM positiv; HBs-Ag (90% positiv); HBV DNA Nachweis
  chronische Infektion: HBV-DNA Nachweis für >6 Monate
  Infektiosität: potentiell infektiös: HBs-Ag positiv
  hoch infektiös: HBV-DNA Nachweis; HBe-Ag positiv
- *Hepatitis C*
  akute Infektion: HBC-RNA positiv
  Anti-HCV (diagnostische Lücke da erst nach 4–5 Wochen
  Anti-HCV-IgM (positiv, Anti-HCV-IgM positiv positiv)
  frühere Infektion: Anti-HCV-IgG positiv

CMV Zytomegalievirus, *HAV* Hepatitis-A-Virus; *HBV* Hepatitis-B-Virus; *HCV* Hepatitis-C-Virus, *HBs*-Ag Hepatitis-B-surface-Antigen; *HBc*-Ag Hepatitis-B-core-Antigen; *HBe-Ag* Hepatitis-B-e-Antigen, *Ig* Immunglobulin; *Ab* Antigen, *DNA* Desoxiribonukleinsäure; *RNA* Ribonukleinsäure

! Kein elektiver Eingriff bei akuter Hepatitis!

ÜBERSICHT

Präoperative Diagnostik

Thoraxröntgen

Eine präoperative Aufnahme zum *Ausschluss eines Pleuraergusses* ist zwingend notwendig. Zudem kann die *Konfiguration des Herzens* durch eine Kardiomyopathie verändert und ein Hinweis auf eine kardiale Schädigung sein.

EKG

Bei Patienten mit Alkoholabusus können sich im EKG Zeichen einer *Linksherzbelastung* und *Arrhythmien* finden. Gegebenenfalls sollte eine *Echokardiographie* zur weiteren Abklärung durchgeführt werden.

Verbesserung der präoperativen Ausgangssituation

Gerinnung

Bestehende Gerinnungsstörungen können durch die *Gabe von Vitamin K* verbessert werden. Nach Gabe von Vitamin K tritt ein Anstieg der Vitamin K abhängigen Faktoren jedoch erst nach einigen Tagen ein. Ist eine schnelle Optimierung der Gerinnung notwendig, müssen entsprechende Mengen an *Frischplasma* gegeben werden.

Aszites

Schleifendiuretika (Furosemid) können zu einer schnellen und deutlichen Reduktion des Aszites beitragen. Eine rasche Aszitesausschwemmung (Steigerung der Diurese >500 ml/d) ist jedoch kontraindiziert, da dies zu einer Verschlechterung der Nierenfunktion und der Enzephalopathie sowie zu einer Entgleisung der Elektrolyte führen kann. Die Parazentese sollte nur zur Therapie in sehr schweren Fällen mit Atemeinschränkung angewandt werden. Sie ist extrem umstritten, da dem Organismus Proteine entzogen werden, diese sofort in den Bauchraum nachlaufen und die zumeist schon bestehende Hypalbuminämie weiter verstärken.

Renale Funktionseinschränkung

Die Rehydration zur Therapie der Hypoalbuminämie und möglicherweise einer Diuretika-bedingten Hypovolämie hat die Steigerung der glomerularen Filtrationsrate zum Ziel. Neben der *Gabe von Kristalloiden* ist aber auch eine *Anhebung des kolloidosmotischen Drucks* erforderlich. Hierfür kann kurzzeitig auch *natriumarmes Humanalbumin* gegeben werden. Zusätzlich sollten *Diuretika* appliziert werden. *Spironolakton*, ein Aldosteron Antagonist, ist hierbei das Diuretikum der Wahl, zeigt aber erst nach 2–3 Tagen erste Effekte. Um eine engmaschige Volumenbilanzierung zu gewährleisten, ist die Anlage eines Blasenkatheters erforderlich. Patienten mit einer kardialen Anamnese sollten zudem zur Bestimmung des zentralen Venendrucks mit einem zentralen Venenkatheter ausgestattet sein, um einer übermäßigen Volumenbelastung mit kardialer Dekompensation vorzubeugen.

Enzephalopathie

Bei leichter Enzephalopathie kann durch eine *eiweißarme Diät* (20–30 g/Tag) eine *deutliche Besserung der Symptomatik* erzielt werden. Des Weiteren kann durch die orale Applikation von *Laktulose* die Bakterienurease im Darm und somit die Bildung von Ammoniak gehemmt werden. Zusätzlich sollte ein *Antibiotikum* (z.B. Gentamycin) zur bakteriellen Darmdekontamination gegeben werden.

Risikoeinschätzung

Child-Pugh-Kriterien (Tabelle 12.3) dienen der Einschätzung des Schweregrades einer Leberinsuffizienz. Hierbei werden 3 Stadien unterschieden:

- Child A: Kompensierte Leberfunktion; Mortalität nach 1 Jahr: sehr gering; geringe perioperative Morbidität
- Child B: Beginnende Dekompensation; Mortalität nach 1 Jahr: 20–40%; moderate perioperative Morbidität
- Chil C: Vollständige Dekompensation; Mortalität nach 1 Jahr: 40–60%; perioperative Mortalität bis zu 80%

Tabelle 12.3. Child-Pugh-Kriterien

Child Stadium:	A	B	C
Albumin im Serum (g/dl)	>3,5	2,8 – 3,5	<2,8
Bilirubin im Serum (mg/dl)	<2,0	2,0 – 3,0	>3,0
Quick (%)	>70	40 – 70	<40
Aszites	0	+ – ++	+++
Enzephalopathie	0	I – II	III – IV
Ernährung	Sehr gut	Gut	Schlecht

0 = klein, + = gering, ++ = mäßig, +++ = massiv
I = beginnende Schläfrigkeit, II = stärkere Schläfrigkeit, III = permanente Schläfrigkeit, IV = Koma

12.5
Anästhesie

Prämedikation

Besondere Vorsicht ist bei der Prämedikation mit Benzodiazepinen geboten. Die verminderte Proteinbindung, aber auch die gesteigerte Anzahl spezifischer Benzodiazepinrezeptoren im Gehirn, kann leicht zu einer Überdosierung führen. In Fällen von schwerer Leberinsuffizienz sollte ganz auf eine Prämedikation verzichtet werden.

Intraoperatives Monitoring

Das intraoperative Monitoring ist abhängig vom *Status des Patienten, vom Schweregrad der Lebererkrankung* sowie vom Ausmaß der geplanten Operation. Hierbei bedarf es einer nüchternen Abwägung der Vorteile und des Risikos invasiver Maßnahmen bei kompromittierter Gerinnungssituation. Das *Standardmonitoring* der Hämodynamik mittels EKG, Blutdruckmessung und Pulsoxymetrie sowie der respiratorischen Parameter mittels Beatmungsdrücken und Kapnometrie ist obligat. Grundsätzlich sollte aber die Indikation für ein *erweitertes invasives Monitoring* mit Messung des *arteriellen Blutdrucks*, des *zentralvenösen Drucks* und ggf. des Füllungsdrucks mittels eines *Pulmonalarterienkatheters* großzügig gestellt werden. Zusätzlich kann die hepatovenöse O_2-Sättigung mittels eines venösen Katheters in der

V. cava inferior, der in der Höhe der Lebervene liegt, bestimmt werden. Auf Grund der verlängerten Anschlagzeit und Wirkdauer von Muskelrelaxanzien sollte immer ein *Relaxometer* angelegt werden. Des Weiteren bedarf es selbst bei kleinen Eingriffen eines *Urinkatheters* zur Messung der Stundenurinausscheidung und zur Volumenbilanzierung.

Wahl des Narkoseverfahrens

Rgionalanästhesieverfahren

Der Einsatz von Regionalanästhesieverfahren ist auf Grund der zumeist pathologischen Gerinnungssituation bei Patienten mit Leberinsuffizienz häufig kontraindiziert.

 Bei normaler plasmatischer und zellulärer Gerinnung sind Regionalanästhesieverfahren prinzipiell jedoch einer Allgemeinanästhesie vorzuziehen.

Vorsicht ist jedoch bei Patienten mit einer schweren Leberinsuffizienz geboten. In Folge einer Spinal- aber auch einer lumbalen Epiduralanästhesie kann es bei *intravasaler Hypovolämie* zu einer protrahierten systemischen Hypotension mit resultierender Reduktion der Leberperfusion kommen. Zudem muss die *verzögerte Metabolisierung von Lokalanästhetika* auf Amidbasis bei der Dosierung der Lokalanästhetika in Rechnung gestellt werden. Bei größeren abdominellen Eingriffen sind *Kombinationsverfahren mit einem thorakalen Periduralkatheter vorteilhaft*. Sie führen nicht nur zu einer Reduktion der hormonellen Stressantwort, sondern verbessern auf Grund der Sympathikolyse auch die Leberdurchblutung. Dies trifft jedoch nur zu, wenn gleichzeitig der arterielle Blutdruck und das Herzzeitvolumen konstant gehalten werden. Des Weiteren erlaubt die Kombinationsnarkose eine Reduktion der verwendeten Anästhetika sowie der intraoperativen Menge von Opioiden und Muskelrelaxanzien und ermöglicht hierdurch eine frühzeitige Extubation. Die Weiterführung der periduralen Katheterverfahren zur kontinuierlichen Schmerztherapie erlaubt zudem eine schnelle Mobilisation. Die positiven Effekte der Sympathikolyse auf die mesenteriale Perfusion und die Darmmotilität können für einen frühzeitigen enteralen Kostaufbau genutzt werden.

Balancierte Anästhesie

Im Zweifelsfall sollte die Operation mit einer balancierten Anästhesie durchgeführt werden. Sie gewährleistet eine sichere Oxygenierung des Patienten bei gleichzeitiger größtmöglicher kardiozirkulatorischer Stabilität. Auch bei Patienten mit fortgeschrittener Leberinsuffizienz sollte eine balanzierte Anästhesie zum Einsatz kommen.

Narkose

Auf Grund der bei Lebererkrankungen häufig manifesten *Magenentleerungsstörung* (hoher intraabdomineller Druck bei Aszites) sollte wie bei nichtnüchternen Patienten eine „rapid sequence induction" mit Cricoiddruck durchgeführt werden. Eine Reduktion der Thiopentaldosis ist auf Grund der Hypoalbuminämie möglich. Bei kreislaufinstabilen Patienten kann Ketamin gegeben werden, das einen geringen Einfluss auf die Leberdurchblutung hat. Etomidate ist dagegen nicht empfehlenswert, da es durch seine verlängerte Wirkdauer zu einem Abfall der

Leberdurchblutung kommt. Succinylcholin stellt trotz der Verringerung der Serumcholinesterase keine Kontraindikation dar. Die Anlage einer Magensonde ist bei Ösophagusvarizen kontraindiziert [8].

Narkoseführung

Die Fortführung der Narkose sollte mit Substanzen erfolgen, deren *Einfluss auf die Leberdurchblutung und somit auf die O_2-Versorgung der Leber möglichst gering* ist. Eine balanzierte Anästhesie mit niedrigen MAC-Werten unter Addition von titrierten Dosen eines Opioid kann für eine größtmögliche kardiozirkulatorische Stabilität sorgen [11]. Hierbei muss der gesteigerte Opiatbedarf bei Patienten mit einer Alkoholanamnese berücksichtigt werden. Inhalationsanästhetika unterscheiden sich in ihrem Effekt auf Herzzeitvolumen, auf Leberblutfluss und auf den hepatischen O_2-Verbrauch. *Isofluran* hat auch im Vergleich zu den neueren Inhalationsanästhetika Sevofluran und Desfluran unter Normotension den geringsten Einfluss auf die hepatische Perfusion und den O_2-Verbrauch und ist deshalb anderen Inhalationsanästhetika vorzuziehen [1, 8]. Das nur noch selten verwendete Halothan ist schon auf Grund seiner möglichen Hepatotoxizität kontraindiziert [2]. Zur Relaxation sollte *Atracurium* oder cis-Atracurium verwendet werden. Beide Substanzen werden im Blut über die Hofmann-Elimination abgebaut und sind somit unabhängig von der hepatischen Funktion.

Beatmungsstrategien

Ziel jeglicher Beatmungsstrategie ist die *Normoventilation* und die *Vermeidung einer Hypoxie und Hyperkapnie*. So sollte die inspiratorische O_2-Konzentration zur Sicherheit etwas höher gewählt werden. Des Weiteren muss eine Hyperkapnie mit respiratorischer Azidose und resultierender Reduktion der Leberperfusion vermieden werden. *Problematisch* ist die Beatmung mit hohen positiv-endexspiratorischen Drücken (*PEEP*). Beatmungsstrategien mit PEEP erhöhen den intrathorakalen Druck und reduzieren so den venösen Rückfluss in den Thorax. Hierdurch kommt es zu einem Anstieg des Drucks in der V. cava inferior, der sich über die Lebervenen in die V. portae fortpflanzt und zu einer Verringerung des hepatischen Blutflusses führt. PEEP-Beatmung ist jedoch zugleich ein probates Mittel zur Vermeidung von Atelektasen speziell bei Patienten mit Aszites und einem hohen abdominellen Druck. PEEP kann hier zu einer Reduktion des intrapulmonalen Shunts führen und zu einer Verbesserung der Oxygenierung beitragen.

> **!** Die Höhe des PEEP sollte bei Patienten mit schwerer Leberinsuffizienz so gering wie möglich gewählt werden [6].

Volumensubstitution

Auf eine *suffiziente Volumensubstitution* ist von Beginn der Narkose an zu achten. So weisen die meisten Patienten bereits vor Narkosebeginn ein Flüssigkeitsdefizit auf. Schon um eine größtmögliche kardiozirkulatorische Stabilität während der Narkoseeinleitung zu gewährleisten, sollte frühzeitig mit einer konsequenten Volumensubstitution begonnen werden. Hierbei bedarf es jedoch einer individuell titrierten, ggf. *ZVD-gesteuerten Volumenzufuhr*, um eine kardiale Dekompensation zu vermeiden. Intraoperative Verluste durch Drainage von Aszites im Rahmen einer Laparotomie müssen Eingang in die Volumenbilanz finden. Wichtig ist in Fällen einer schweren Leberinsuffizienz die *frühzeitige Gabe von kolloidalen Lösungen*, ggf. Na$^+$-freie Kolloidlösung, um den kolloidosmotischen Druck in den Gefäßen zu erhöhen und einer Ödembildung entgegenzuwirken. Ein *optimaler Hämatokrit* wurde für die Leber noch nicht definiert, er sollte jedoch *nicht unter 22–25%* liegen. Bei größerem Blutverlust sollten frühzeitig *Erythrozytenkonzentrate* und von Beginn an *Frischplasmen in einem Verhältnis von 1:1* transfundiert werden.

Katecholamine

Hypotone Phasen müssen auf jeden Fall vermieden und ggf. mit Katecholaminen therapiert werden. Bei der Katecholamintherapie muss beachtet werden, dass eine α-adrenerge Stimulation zu einer Vasokonstriktion mit konsekutiver Flussminderung führt, während eine β-adrenerge Stimulation eine Vasodilatation mit Erhöhung des hepatischen Blutflusses zur Folge hat. *Auch wenn die Therapie mit Katecholaminen den O$_2$-Verbrauch steigert, so ist doch der suffizienten Leberdurchblutung und der Vermeidung einer Hypoxie absolute Priorität einzuräumen.* Welches der Katecholamine hierbei zum Einsatz kommen soll, ist umstritten. Sowohl Dopamin als auch Dopexamin konnten in tierexperimentellen Studien die Leberperfusion verbessern. Klinische Studien konnten die Frage nach dem richtigen Katecholamin jedoch bislang nicht schlüssig beantworten [9]. Als Medikament der Wahl wird z.Z. überwiegend *Dopamin* eingesetzt.

Postoperatives Management

Eine engmaschige Überwachung zur Vermeidung von postoperativen Komplikationen ist auch bei Patienten mit chronischer Leberinsuffizienz indiziert. Eine *zügige Extubation* ist schon auf Grund der negativen Effekte der Beatmung auf die Leberperfusion anzustreben. Gleichzeitig muss aber gerade nach Extubation eine *Hyperkapnie* mit den negativen Effekten auf die Leberdurchblutung sowie eine Hypoxie unbedingt vermieden werden. Hypotone Phasen sollten ggf. mittels Katecholaminen frühzeitig therapiert werden.

Die *postoperative Schmerztherapie* sollte weitestgehend auf den Einsatz *nichtsterioidaler Antiphlogistika verzichten. Opioide* sind auch hier das Mittel der 1. Wahl. Auch wenn nur in 3% ein Spasmus des Sphinkter Oddi durch die Gabe von Opioiden induziert werden kann, sollte doch auf die postoperative Gabe von Morphin, Fentanyl und Pethidin als dessen Hauptverursacher verzichtet und vorzugsweise *Piritramid* eingesetzt werden. Besonderes Augenmerk ist auf die postoperative Urinausscheidung und die Retensionswerte zu legen. Eine postoperative Kontrolle der Laborparameter einschließlich der Leberenzyme und Cholestaseparameter sollte in regelmäßigen Zeitabständen erfolgen. Ein leichter Anstieg der Transaminasen und Cholestaseparameter ist postoperativ oft selbst bei gesunden Patienten zu beobachten. Im Gegensatz zu Patienten mit Leberinsuffizienz ist dies jedoch nicht mit einer Verschlechterung der Syntheseparameter verbunden.

Literatur

1. Brown BR, Frink EJ: Biodegradation and organ toxicity of new volatile anesthetics. Current opinion in Anaesthesiology 6: 644–647
2. Conzen P, Peter K (1993) Hepatotoxizität der Inhalationsanästhetika. Anästhesiol Intensivmed Notfallmed Schmerzther 28: 516–519
3. Creutzfeldt W, Hartmann H, Nauck M, Stöckmann F (1983) Liver disease and glucose homeostase. In: Bianchi L, Gerok W, Landmann L et al. Liver in metabolic diseases. MTP Press, Lancaster, S 221
4. Friedman LS (1999) The risk of surgery in patients with liver disease. Hepatology 29: 1617–1623
5. Hayes PC (1992) Liver disease and drug disposition. Br J Anaesth 68: 459–461
6. Matuschak GM, Pinsky MR, Rogers RM (1987) Effects of endexpiratory pressure on hepatic blood flow and performances. J Appl Physiol 62: 1377–1383
7. Metuschak GN (1994) Liver-lung interaction in critical illness. New Horizon 2: 488–504
8. Nöldge G, Pannen B, Armbruster K, Geiger K (1993) Anästhesie bei Leberinsuffizienz. Anästhesiol Intensivmed Notfallmed Schmerzther 28: 520–525
9. Nöldge-Schomburg G, Goepfert A (1997) Möglichkeiten zur Verbesserung einer gestörten Splanchnikusperfusion. In Refresher Course der Deutschen Akademie für Anästhesieologische Fortbildung 23: 41–56
10. Schemel WH (1976) Unexpected hepatic dysfunction found by multiple screening. Anesth Analg 55: 810
11. Spiss CK, Kenn CG, Steltzer H, Huemer G, Langle F, Zimpfer M (1996) Anesthesia for patients with liver failure. Acta Anaesthesiol Scand Suppl 109: 17–20
12. Williams RL (1983) Drug administration in hepatic disease. N Engl J Med 309: 1616–1622

12.6
Volatile Anästhetika

W.F. LIST

Halothanbedingte Hepatitis

Bis heute gibt es keine spezifischen Tests zur Erkennung einer durch Halothan ausgelösten Leberzellschädigung. Eine Diagnose kann daher nur per exclusionem gestellt werden. Die sog. Halothanhepatitis kann in einer leichteren und in einer schwer verlaufenden Form auftreten.

Die *leichte* abortive Form der Halothanhepatitis tritt gewöhnlich innerhalb von 8 Tagen nach einer Halothananästhesie auf und beginnt mit Gelenkschmerzen, Exanthem, Gelbsucht, Schüttelfrost, Fieber, Eosinophilie, Leukozytose und einer Transaminasenerhöhung. Sie kann so kurzzeitig und uncharakteristisch sein, dass sie gar nicht bemerkt wird oder dass die Symptome auf den chirurgischen Eingriff zurückgeführt werden. Eine derartige Manifestation, die in direktem Zusammenhang mit einer Halothannarkose festgestellt wird, sollte immer als Halothanhepatitis verdächtigt werden, mit der entsprechenden Konsequenz keiner weiteren Narkose mit volatilen Anästhetika und der entsprechenden Aufklärung für den Patienten.

> **!** Bei Auftreten von ungeklärtem Fieber und Gelbsucht nach Operationen sollten keine volatilen Anästhetika, sonder i.v.-Anästhetika bei Zweiteingriffen verwendet werden.

Die *schwere* Form des akuten Leberversagens nach Halothan tritt bei den meisten Patienten 8–14 Tage nach 2 Halothananästhesien innerhalb kurzer Zeit auf und zeigt alle Symptome des akuten Leberkomas (Böttiger et al. 1976). Ein schwerer Ikterus mit Bilirubinwerten über 20 mg/100 ml ist durch einen vermehrten Anfall und verminderte Exkretion von Bilirubin bedingt. Neurologisch findet sich eine zunehmende Bewusstlosigkeit (Coma hepaticum), die sich im EEG durch einen Frequenzabfall, vermehrte Deltawellen, durch eine Reduzierung der evozierten Potentiale und eine zunehmende Nichtansprechbarkeit des Patienten bei fehlender Schmerzreaktion im Endstadium dokumentiert. Kausal spielen ein erhöhter Ammoniakspiegel (150 µg/100 ml), Transmittermangel (Dopamin, Noradrenalin) und falsche Transmitter (Octopamin) sowie auch vermehrte Inhibitoren im Gehirn (µ-Aminobuttersäure-GABA) eine Rolle. Zu schweren Störungen der Blutgerinnung kommt es durch mangelnde Synthese von Faktoren wie Fibrinogen, der Faktoren II, VII, IX und X (Prothrombinkomplex), wobei es auch zu einer Verbrauchskoagulopathie mit DIC und Fibrinolyse kommen kann. Es werden Blutungen im Bereich des chirurgischen Eingriffs, aber auch des Magens gesehen.

Der Leberstoffwechsel ist in schwerster Weise gestört, v.a. im Bereich der Kohlenhydrataufnahme, der Stickstoffsynthese und des Fettstoffwechsels. Es kommt zu einer Immunschwäche, zur Verminderung von Gerinnungsfaktoren. Weitere typische Symptome sind der Foetor hepaticus, Fieber, Leukozytose, Störungen des Elektrolyt- und Wasserhaushalts und eine schwere Alkalose. Häufig ist das Leberversagen auch mit Niereninsuffizienz und Lungenversagen kombiniert.

Die Diagnose *„akutes Leberversagen nach Halothan"* ergibt sich aus der Anamnese, dem zeitlichen Zusammenhang der zumeist innerhalb von 14 Tagen auftretenden Erkrankung und den klinischen Befunden sowie den Laborparametern. Der Prothrombintest (Quick), das Albumin, Cholinesterase sind deutlich vermindert, Ammoniak steigt abhängig von der Dauer an, die Serumtransaminasen SGOT und SGPT sind auf das 10fache und mehr erhöht, ebenso auch die alkalischen Pahosphatasen und das Bilirubin.

Die Häufigkeit der Halothanhepatitis wird mit 1 : 10 000 bis 1 : 36 000 Halothananästhesien angegeben. Die Letalität der Halothanhepatitis liegt bei 1 : 210 000.

 Die Diagnose Halothanhepatitis kann nur per exclusionem gestellt werden.

Zur Erklärung der Ursachen einer spezifischen halothaninduzierten Hepatitis kommen 3 Hypothesen in Frage (Kreienbühl 1981):
1. die Toxizität von Intermediärprodukten und Metaboliten,
2. eine Sensibilisierung durch Metaboliten,
3. eine Koinzidenz vorbestehender Lebererkrankungen (Virus).

Auch heute noch kann keine der Hypothesen bewiesen werden. Seit dem Erscheinen der Nationalen Halothanstudie im Jahre 1966 mit mehr als 800 000 retrospektiv untersuchten Anästhesien wurde dieses Krankheitsbild epidemiologisch als eigenständige Erkrankung erkannt (Bunker et al. 1966). Die gesicherte Diagnose Halothanhepatitis kann jedoch erst nach Ausschluss von Hypoxie, Blutkonservenverabreichung, Schock, Sepsis und präexistenten Lebererkrankungen (z.B. Virusinkubation – serologische Tests) und nur in direktem zeitlichem Zusammenhang mit einer Halothannarkose diagnostiziert werden.

Die Symptomatik mit Rötung, Fieber, Gelenkschmerzen und Eosinophilie lässt den Verdacht einer *Überempfindlichkeitsreaktion* aufkommen. Die Tatsache, dass bei wiederholter Halothangabe eine erhöhte Inzidenz der Leberschädigungen festgestellt wurde, scheint dies zu bestätigen. Auch unspezifische Antikörper, die bei Patienten mit Halothanhepatitis festgestellt wurden, deuten darauf hin. Es gibt allerdings seltene Fälle, bei denen die Halothanhepatitis schon nach der ersten Verabreichung auftritt.

In den letzten Jahren ist es gelungen, mittels immunchemischer Analysen spezifische Halothanantikörper bei Patienten mit fulminantem Leberversagen nach Halothananästhesie festzustellen. Sie traten auch bei 70% der Patienten nach wenigen schweren Verlaufsformen auf (Kenna et al. 1987).

Methoxyfluran und Enfluran

Eine Kreuzsensibilisierung zwischen den volatilen Anästhetika Halothan und Methoxyfluran wurde postuliert, sie kann jedoch nicht als erwiesen angenommen werden. Nachdem Methoxyfluran wegen seiner nierenschädigenden Wirkung praktisch aus der Anästhesie eliminiert wurde, scheint dieser Möglichkeit auch keine Bedeutung mehr zuzukommen.

Eine mit Enfluran assoziierte Hepatitis bei einmaliger Exposition (Lewis et al. 1983) oder bei Sensibilisierung durch mehrfache Exposition mit Enfluran oder Halothan wird heute diskutiert (Siggurdson et al. 1985). Es sollte daher als Vorsichtsmaßnahme nach Auftreten von Fieber, Gelenkschmerz und Gelbsucht nach der Anwendung von halogenierten Inhalationsanästhetika (Halothan oder Enfluran) bei einer neuerlichen Anästhesie kein Inhalationsanästhetikum mehr angewendet werden.

Sevofluran

Mit einem Blutgaslöslichkeitskoeffizienten von 0,63 erlaubt es eine schnelle Narkoseeinleitung und ein rasches Erwachen. Der MAC von Sevofluran liegt bei 2%. Es hat *keine Arrhythmogenizitiät*, aber einen *potenzierenden Effekt auf nichtdepolarisierende Muskelrelaxanzien*. Die Beeinflussung der kardiovaskulären und respiratorischen Funktion geschieht in ähnlicher Weise wie bei Isofluran. Die Biotransformation liegt in der Größenordnung bis zu 5%. Es gibt keine klinischen Berichte oder Labordaten über eine mit Sevofluran assoziierte Nierenschädigung. In der Leber führt Sevofluran dosisabhängig zu einer etwas geringeren Reduzierung des hepatischen Blutflusses als Halothan oder Enfluran. Es kommt auch nicht zur Produktion von Trifluoressigsäure. Sevofluran wird rasch zu Fluoridionen und Hexafluorisopropanol metabolisiert, das wiederum glukuronidiert und im Harn ausgeschieden wird (Kharasch et al. 1995). Das Cytochrom P_{450} 2E dürfte bei der Metabolisierung eine wesentliche Rolle spielen. Die Aktivität des Cytochroms ist bei stark übergewichtigen Patienten und bei solchen mit Alkoholabusus erhöht.

Desfluran

Der Blutgaslöslichkeitskoeffizient von Desfluran ist 0,45, sein MAC-Wert liegt bei 6%. Die Ein- und Ausleitung der Anästhesie gelingt mit Desfluran außerordentlich schnell. Mit seinem niederen Löslichkeitskoeffizienten kommt es dem N_2O am nächsten. Seine Wirkung auf Atmung und Kreislauf ist dem Isofluran ähnlich. Es gibt *keine Hinweise auf eine Hepatotoxizität* oder *Nephrotoxizität* von Desfluran. Die Metabolisierungsrate von Desfluran liegt deutlich unter 1%. Es ist auch mit frischem Sodalime oder Baralyme stabil.

Durch seinen unangenehmen stechenden Geruch führt es bei rascher Anreicherung in der Atemluft bei Inhalation zu einem Hustenreiz und zur Katecholaminfreisetzung (Moore et al. 1994). Bei Kindern ist daher seine Anwendung zur Narkoseeinleitung nicht indiziert. *Für ambulante Anästhesien ist es ausgezeichnet auch mit Low-flow-Techniken geeignet.*

Therapie der toxischen Leberschäden

Aufgrund der ungeklärten direkten Zusammenhänge und einer möglicherweise allergischen Komponente ist außer der Weglassung des möglicherweise auslösenden Inhalationsanästhetikums bei einem notwendig werdenden Zweiteingriff eine kausale Therapie nicht möglich. Die leichte Form einer Halothanhepatitis bedarf keiner weiteren Therapie. Die Intensivtherapie beim akuten Leberversagen kann in spezifische und allgemeine Maßnahmen unterteilt werden.

! Ein akutes postoperatives Leberversagen kann virusbedingt (A, B, Non-A-non-B u.a.) medikamentös-toxisch (Alkohol, Halothan, Paracetamol, INH u.a.) durch Schock, Sepsis und chirurgisch-ischämisch bedingt sein.

Spezifische Maßnahmen beim akuten Leberversagen

- *Enzephalopathie:* NH_3-Verminderung durch Darmentleerung, Laktulose, Darmsterilisation mit Neomycin.
- *Gerinnung:* Faktorensubstition mit „fresh frozen plasma", Vitamin K, Frischblut.
- *Leberersatz:* Bilirubinverminderung mit Plasmapherese, Blutaustausch, Transplantation.
- *Leber- und Nierenversagen:* Hämofiltration (A-V) zur Elimination von Toxinen, Kreatinin und Harnstoff.

Allgemeine Maßnahmen beim akuten Leberversagen

- *Elektrolytflüssigkeit:* exakte Bilanz, K-Ersatz, Korrektur der metabolischen Alkalose mit Arginin-HCI, Albuminzufuhr.
- *Ernährung:* Glukose 200–300 g/Tag, Aminosäure 50–80 g/Tag mit vorwiegend verzweigtkettigen (Valin, Isoleucin).
- *Katecholamine:* Dobutamin 3–5 µg/kg/min bei Myokarddepression Dopamin 2–4 µg/kg bei Niereninsuffizienz.
- *Atmung:* bei Insuffizienz – kontrollierte Beatmung.
- *Magen:* Spülung, Blutungsprophylaxe mit Ranitidin.

Eine *spezifisch medikamentöse Therapie* des akuten Leberversagens mit Kortison, L-Dopa oder Anti-B-Hyperimmunserum hat in kontrollierten Studien keine Verbesserung der Resultate gebracht. Medikamente für die symptomatische Therapie dürfen wegen der verzögerten oder fehlenden Metabolisierung und Ausscheidung nur gezielt nach Wirkspiegel (Digitalis, Antibiotika), nach dem Magen-pH-Wert (Ranitidin) oder deutlich reduziert nach Wirkung (Sedativa, Morphium, Muskelrelaxanzien) verabreicht werden.

Als prognostische Parameter beim akuten Leberversagen können Gerinnungstests (z.B. Quick), das Serumbilirubin, SGOT und SGPT-Werte und das EEG mit den evozierten Potentialen gelten.

Die Disposition zur Halothanhepatitis kann vorwiegend bei Patienten gesehen werden, die mehr als eine Halothannarkose hatten. Das Risiko war noch erhöht, wenn diese Mehrfachnarkosen innerhalb von 4 Wochen lagen, wenn die Patienten älter als 40 Jahre, weiblich und sehr adipös waren.

Die Halothanhepatitis tritt vorwiegend bei Patienten auf, die mehr als eine Halothannarkose innerhalb von 4 Wochen hatten, älter als 40 Jahre, weiblich und sehr adipös sind.

Literatur

Böttiger LE, Dalen E, Hallen B (1976) Haltohane-induced liver damage: An analysis of the material reported to the Swedish adverse reaction committee 1966–73. Acta Anaesthesiol Scand 20: 40–46

Burker JP et al. (1966) The National Halothane Study. JAMA 197: 775

Clark RSJ, Doggart JR, Lavery T (1976) Changes in liver function after different types of surgery. Br J Anaesth 48: 119–128

Dykes MHM (editorial) (1984) Is enflurane hepatotoxic? Anesthesiology 61: 235–237

Eger EI II, White AE, Brown CL et al. (1978) A test of carcinogenicity of enflurane, isoflurane, halothane, methoxyflurane and nitrous oxide. Anesth Analg 57: 678–694

Kenna JG, Neuberger I, William R (1987) Specific antibodies to halothane induced liver antigens in halothane-associated hepatitis. Br J Anaesth 59: 1286–1289

Kharasch ED, Karol MD, Lanni C et al. (1995) Clinical sevoflurane metabolism and disposition. Anesthesiology 82: 1369–1378

Kreienbühl G (1981) „Hepatitis" nach Halothananaesthesie. Anaesthesist 30: 1–10

Lewis JH, Zimmerman HJ, Ishak KG, Mullitz FG (1983) Enflurane hepatotoxicity: A clinicopathologic study of 24 cases. Ann Intern Med 98: 984–992

Moore MA, Weiskopf RB, Eger II EI et al. (1994) Rapid 1% increases of end-tidal desflurane concentration to greater than 5% transiently increase heart rate and blood pressure in humans. Anesthesiology 81: 94–98

Raj PP, Tod MJ, Jankins MT (1976) Clinical comparisons of isoflurane and halothane anestetics. South Med J 69: 1128–1132

Sigurdsson J, Hreidarsson AB, Thjodleifson B (1985) Enflurane hepatitis: A report of a case with a previous history of halothane hepatitis. Acta Anaesthesiol Scand 29: 495–496

Stevens WC, Eger EI II, Joas TA et al. (1973) Comparative toxicity of isoflurane, halothane, fluroxane and diethyl-ether in human volunteers. Can Anaesth Soc J 20: 357–368

Stoetting RK (1976) Estimation of hepatic function effects of the anesthetic experience. ASA Refresher Courses in Anesthesiology

Verfahrensbezogene Komplikationen in der Regionalanästhesie

KAPITEL 13

Unmittelbare Reaktionen auf Lokalanästhetika

H. Ponhold

Lokalanästhetika unterscheiden sich von fast allen anderen Narkosemitteln dadurch, dass sie am Wirkungsort appliziert werden, so dass hohe Konzentrationen im Bereich der Nerven erreicht werden. Das Lokalanästhetikum wird jedoch resorbiert, und es können klinisch signifikante Plasmaspiegel entstehen. Da die therapeutische Breite der Lokalanästhetika gering ist, kann es relativ leicht zu unerwünschten Nebenwirkungen kommen (Tabelle 13.1).

13.1 Systemische Reaktionen

Systemische Reaktionen auf Lokalanästhetika sind das Ergebnis einer exzessiven Konzentration des Kations im Gewebe des entsprechenden Organs. Dabei sind das kardiovaskuläre und das Zentralnervensystem am häufigsten betroffen (s. folgende Übersicht).

Kardiovaskuläre Wirkungen

Vaskuläre Wirkungen

Das in dieser Richtung am besten untersuchte Lokalanästhetikum ist Lidocain. Es hat eine biphasische Wirkung auf die Blutgefäße. Bei einer niedrigen Konzentration von 2–5 µg/ml sieht man eine Vasokonstriktion, die zu einem Anstieg des peripheren Widerstandes und des arteriellen Blutdrucks führt. Diese Konzentration findet man bei korrekter Anwendung der Regionalanästhesie. sobald der Plasmaspiegel eine Höhe von 5 µg/ml erreicht, kommt es zur Vasodilatation mit einem Blutdruckabfall (Blair 1975). Untersuchungen mit Bupivacain haben ähnliche Ergebnisse gebracht, wobei ein Plasmaspiegel von 2,5 µg/ml eine Vasodilatation bewirkt. Ein gefährlicher Blutdruckabfall kommt jedoch erst bei derart hohen Dosen vor, dass dieser Effekt wahrscheinlich beim Auftreten einer klinischen Toxizität nur eine geringe Rolle spielt.

Symptomatik der Lokalanästhetikaintoxikation

Zentralnervensystem		Kardiovaskuläres System
Benommenheit	Kortikale Hemmung	
Muskelzuckungen Konvulsionen	Subkortikale Enthemmung	Vasokonstriktion RR↑ Puls↑ positive Inotropie
Bewußtlosigkeit Atemstillstand	Medulläre Hemmung	Vasodilatation negative Inotropie Herz-Kreislauf-Versagen

ÜBERSICHT

Tabelle 13.1. Lokalanästhetika und Plasmaspiegel

Wirkungen	Plasmaspiegel der Lokalanästhetika		
	Lidocain [mg/ml]	Bupivacain [mg/ml]	Etidocain [mg/ml]
Vasokonstriktion	bis 5	bis 2,5	bis 2,5
↑RR, ↑Puls, ↑HMV (Lidocain)	bis 10		
↑RR, ↑Plus, ↓HMV (Bupivacain)			
Vasodilatation	>5	>2,5	>2,5
ZNS: Konvulsionen	>6	>2–4	>3,2
Negative Inotropie	>10		
Herz-Kreislauf-Versagen	>2fach konvulsive Dosis		

Kardiale Wirkungen

Das am besten untersuchte Lidocain bewirkt am isolierten Herz in vitro eine myokardiale Depression, die mit steigender Konzentration zunimmt (Austen 1965). In vivo tritt jedoch die gegenteilige Wirkung auf. Man sieht einen Anstieg von Herzminutenvolumen, Kontraktilität, Blutdruck und Herzfrequenz; diese Wirkung nimmt mit steigender Konzentration bis zu einem toxischen Spiegel zu, der über 10 µg/ml liegt. Die Ursache dieser kardialen Stimulation liegt in der sympathischen Innervation des Herzens (McWhirter et al. 1973). Sobald jedoch der Plasmaspiegel diese toxische Höhe übersteigt, tritt eine zunehmende negativ inotrope Wirkung auf, die zusammen mit der dann vorhandenen Vasodilatation zum Herz-Kreislauf-Versagen führen kann. Die anderen kurzwirksamen Lokalanästhetika (Mepivacain, Prilocain) haben wahrscheinlich die gleiche Wirkung. Bei den langwirkenden Lokalanästhetika Bupivacain und Etidocain ist bei einer geringen Dosis ein Anstieg von Puls und Blutdruck, aber ein Absinken des Herzminutenvolumens zu sehen. Die Ursache liegt wahrscheinlich in einem stärkeren Anstieg des peripheren Widerstandes (Hasselstroem et al. 1983). Bei einer sehr hohen Dosis ist auch bei diesen Präparaten eine starke Kardiodepression zu sehen. Die notwendige intravenöse Dosis dafür ist jedoch 2mal so hoch wie die, die zu Krämpfen führt (De Jong et al. 1982).

Arrhythmien und Herzstillstand

Während Lidocain zur Therapie von ventrikulären Extrasystolen verwendet wird und selbst nie ventrikuläre Arrhythmien verursacht, kann es bei Bupivacain und Etidocain zum Auftreten polytoper ventrikulärer Extrasystolen kommen; diese Arrhythmie beginnt häufig bereits vor dem Einsetzen von Krämpfen. In einzelnen Fällen sind sogar Todesfälle wegen Herzstillstand beschrieben worden (Albright 1979). Die Ursache der ventrikulären Arrhythmie bei Bupivacain und Etidocain liegt einerseits in der hohen Lipoidlöslichkeit dieser Präparate, weshalb sie sehr schnell und stark in den Na-Kanälen gebunden werden. Da diese Lokalanästhetika große Moleküle darstellen, lösen sie sich vom Na-Kanal andererseits noch langsamer, als es ihrer Lipoidlösbarkeit entspricht. Die Blockade des Reizleitungssystems hält daher während des Herzzyklus länger an, als dies bei den kurzwirksamen Lokalanästhetika (Lidocain) der Fall ist. Die Folge ist die Entstehung von Reentrymechanismen mit ventrikulären Arrhythmien (Clarkson u. Hondeghem 1985).

 Bupivacain und zu einem geringeren Ausmaß auch Etidocain können schwere Arrythmien einschließlich Kammerflimmern und Asystolie hervorrufen.

Zentralnervöse Wirkungen

Da Lokalanästhetika die Blut-Hirn-Schranke leicht überschreiten, kommt es relativ schnell zum Auftreten von Intoxikationserscheinungen von seiten des Zentralnervensystems (ZNS). Es besteht eine direkte Beziehung zwischen der In-vitro-Potenz des Lokalanästhetikums und der ZNS-Toxizität. Ein niedriger Plasmaspiegel von Lidocain (0,5–4 µg/ml) hat eine antikonvulsive Wirkung und wird auch zur Behandlung des Status epilepticus verwendet. Eine höhere Dosis führt jedoch selbst zu Konvulsionen. Der Blutspiegel, bei welchem Konvulsionen auftreten, ist bei Lidocain 6–7 µg/ml, bei Bupivacain 2–4 µg/ml und bei Etidocain 3,2 µg/ml. Die Angaben schwanken, da mehrere Faktoren einen Einfluss auf die Toxizität haben. Diese werden später beschrieben. So ist die konvulsive Dosis bei experimentellen Tieren 25–50% der letalen Dosis. Werden jedoch rechtzeitig Reanimationsmaßnahmen durchgeführt, ist die letale Dosis wesentlich höher. Vor dem Auftreten von Konvulsionen kommt es zu Warnzeichen wie Taubheit von Zunge und zirkumoraler Region, Benommenheit und Schwindel, verwaschener Sprache, Sehstörungen, Nystagmus, Ohrensausen, Tremor und Muskelzuckungen.

Danach tritt Bewusstlosigkeit auf, gefolgt von Konvulsionen. Die Klinik ist von Patient zu Patient unterschiedlich. Nach einer Verabreichung einer großen Dosis oder einer raschen i.v.-Applikation von Lokalanästhetika tritt nach den initialen Zeichen einer ZNS-Enthemmung sehr rasch eine ZNS-Depression mit Bewusstlosigkeit und Atemstillstand auf. eine ZNS-Depression ohne vorhergehende exzitatorische Phase kann dann eintreten, wenn ZNS-Depressiva wie Benzodiazepine verabreicht worden waren. Es gibt auch Anzeichen dafür, dass sich bei Bupivacain und Etidocain weniger oder keine Warnzeichen zeigen (Schmidt 1977). Während der Konvulsion steigt der Sauerstoffverbrauch des Gehirns um 60% an. Falls der Patient nicht sehr rasch beatmet wird, führen höhere Dosen rasch zu Apnoe und zerebraler Hypoxie.

> **!** Die ersten Zeichen einer ZNS-Intoxikation sind Benommenheit und Schwindel, häufig gefolgt von visuellen und akustischen Störungen wie Fokusierungsschwierigkeiten und Ohrensausen.

Risikofaktoren bei der Toxizität von Lokalanästhetika

Azidose

Ein Lokalanästhetikum in gelöster Form besteht aus einer nichtionisierten Base und einem ionisierten Kation. Die beiden befinden sich entsprechend der Henderson-Hasselbalch-Gleichung in einem Gleichgewicht, das vom pK_a-Wert des Lokalanästhetikums und vom pH-Wert abhängt.

$$pK_a = pH - \log \frac{(Kation)}{(Base)}.$$

In saurem Milieu ist ein größerer Anteil des Lokalanästhetikums in ionisierter Form vorhanden. Dieses Kation ist die aktive Form, sowohl in bezug auf die gewünschte Wirkung am Nerven als auch in bezug auf die toxische Wirkung.

Eine Azidose erhöht demnach auch die toxische Wirkung des Lokalanästhetikums. Dieser Effekt wird noch dadurch verstärkt, dass bei einer Azidose 28 % mehr Lokalanästhetikum von Gehirn und Herz aufgenommen werden.

> **!** Eine Azidose erhöht die toxische Wirkung des Lokalanästhetikums.

Geschwindigkeit der Resorption

Ort der Injektion

Je nach dem Grad der lokalen Durchblutung wird die Resorption örtlich verschieden sein. So erfolgt die Resorption bei einer Interkostalblockade 4mal so schnell wie bei einer subkutanen Infiltration. Für eine gegebene Menge an Lokalanästhetikum ist der maximale Plasmaspiegel bei einer Interkostalblockade am höchsten, gefolgt von der Epiduralblockade und der Plexus-brachialis-Blockade. Der niedrigste Plasmaspiegel tritt nach subkutaner Infiltration auf.

Art des Medikaments

Bei Prilocain entsteht infolge der langsamen Resorption ein niedrigerer Plasmaspiegel als bei Lidocain. Die Lokalanästhetika mit besonders hoher Lipoidlöslichkeit wie Bupivacain und Etidocain werden stark an das lokale Fett gebunden und erst langsam resorbiert, so dass ein niedriger Plasmaspiegel entsteht. die systemische Toxizität dieser Präparate ist daher gering. Das ändert sich jedoch sehr rasch, wenn das Präparat intravasal appliziert wird.

Vasokonstriktor

Bei einem Zusatz von Adrenalin in einer Konzentration von 1 : 200 000 wird der maximale Plasmaspiegel nach einer subkutanen Injektion um 50 %, bei einer epiduralen um 30 % und bei einer Interkostalblockade um 20 % reduziert. Diese Reduktion fällt jedoch bei Bupivacain und Etidocain geringer aus.

Auch die Gesamtdosis, die Konzentration des Lokalanästhetikums und die Geschwindigkeit der Injektion haben einen Einfluss auf die Geschwindigkeit der Resorption.

Verabreichungsart

Die häufigste Ursache von schweren toxischen Reaktionen ist eine unbeabsichtigte intravasale Injektion. Bei einer arteriellen Injektion in ein Gefäß, das zum Gehirn zieht, genügt schon eine kleine Menge, um Konvulsionen auszulösen. Die A. carotis oder die A. vertebralis können auch retrograd durch eine rasche Injektion in die A. axillaris oder die A. radialis eine toxische Dosis an Lokalanästhetikum erhalten, wodurch rasch Krämpfe auftreten können.

Umverteilung

Das resorbierte bzw. intravenös gegebene Lokalanästhetikum wird immer zuerst die Lunge passieren. Die Lunge ist in der Lage,

bis zu 75 % des Präparats zu entfernen. Obwohl das Präparat später wieder abgegeben wird, dient die Lunge als Puffer gegen zu hohe Plasmaspiegel.

Proteinbindung

Da toxische Symptome nur durch das Kation des nicht an Proteine gebundenen Anteils des Lokalanästhetikums hervorgerufen werden, erhöhen Erkrankungen, die mit einer Verminderung der Plasmaproteine einhergehen, die Toxizität. Eine gesteigerte Toxizität ist auch dann zu erwarten, wenn die Proteinbindungsstellen durch kompetitive Substanzen besetzt sind. Das gilt besonders für Bilirubin. Da das Neugeborene einen höheren Bilirubinspiegel aufweist und außerdem die fetalen Proteine eine geringere Bindungskapazität haben als die Proteine des Erwachsenen, sind die Lokalanästhetika beim Neugeborenen toxischer als beim Erwachsenen.

 Eine Verminderung der Plasmaproteine erhöht die Toxizität der Lokalanästhetika.

Elimination

Die Elimination des Lokalanästhetikums hat bei einer einmaligen Injektion nur eine geringe Bedeutung. Bei kontinuierlicher oder wiederholter Applikation kann es jedoch bei einer langsamen Elimination zur Kumulation des Lokalanästhetikums kommen.

Metabolismus

Lokalanästhetika vom Estertyp (Procain, Chlorprocain, Tetracain) werden im Blut durch die Cholinesterase hydrolisiert. Dabei wird Chlorprocain 16mal schneller abgebaut als Tetracain. Ein Mangel an Cholinesterase kann den Abbau der Lokalanästhetika vom Estertyp wesentlich verlangsamen.

Lokalanästhetika vom Amidtyp (Lidocain, Mepivacain, Prilocain, Bupivacain, Etidocain) werden in der Leber metabolisiert. Von diesen Präparaten wird Prilocain am raschesten eliminiert, während Bupivacain in dieser Beziehung am langsamsten ist. Eine schwere Lebererkrankung kann diesen Abbau verlangsamen. Eine verminderte Durchblutung der Leber reduziert die Extraktionsrate. Eine solche verminderte Durchblutung tritt bei gleichzeitiger Verabreichung von Noradrenalin, Propranolol oder Allgemeinanästhetika wie Halothan auf. Auch bei Hypotonie und kardialer Dekompensation ist bei Lokalanästhetika vom Amidtyp ein langsamerer Abbau festzustellen.

Ausscheidung

Das Ziel des Metabolismus ist die Umwandlung des fettlöslichen nichtpolaren Medikaments in ein wasserlösliches polares Präparat. das durch die Niere ausgeschieden werden kann. Diese Ausscheidung kann bei Patienten mit Nierenversagen verlangsamt sein, wobei aktive Metaboliten mit toxischer Wirkung kumulieren können.

Therapie

Da Intoxikationserscheinungen auch bei Anwendung aller Vorsichtsmaßnahmen vorkommen können, dürfen die meisten Formen der Regionalanästhesie nur dann angewandt werden, wenn ausreichende Einrichtungen für eine Reanimation vorhanden sind. Eine weitere Voraussetzung ist das Setzen einer intravenösen Kanüle vor Injektion des Lokalanästhetikums. Beim Auftreten der Warnzeichen vor einer Konvulsion muss die Injektion des Lokalanästhetikums sofort unterbrochen werden. Eine Sauerstoffmaske wird angelegt. Krämpfe können durch Thiopental oder Diazepam behandelt werden. Bei der antikonvulsiven Therapie dieser Präparate muss man deren Nebenwirkungen beachten. Eine Beeinträchtigung der Atmung bei beiden Medikamenten und ein Blutdruckabfall, besonders bei Thiopental, können die Situation verschlechtern, wenn diese Beeinträchtigungen nicht sofort behandelt werden. Wenn Konvulsionen auftreten, ist die Spontanatmung nicht mehr ausreichend oder überhaupt nicht vorhanden. Der Patient muss beatmet werden, wenn nötig auch über einen endotrachealen Tubus. Dabei sollte der Patient hyperventiliert werden, um eine Alkalose zu bewirken. Eine Alkalose vermindert den Plasmaspiegel des Lokalanästhetikums und reduziert die Toxizität des vorhandenen Plasmaspiegels (Englesson 1974).

Wenn eine Hypotension auftritt, wird der Blutrückstrom zum Herzen mit Hilfe einer Beinhochlagerung erhöht. Gegebenenfalls ist auch die Anwendung von Vasopressoren notwendig. Bei Herzstillstand müssen die entsprechenden Reanimationsmaßnahmen durchgeführt werden.

Prävention

Intoxikationserscheinungen treten bei einer Überdosierung des Lokalanästhetikums auf, wobei die therapeutische Breite bei vielen Blockaden gering ist. Obwohl viele Faktoren (Azidose, Ort der Injektion, Art des Medikaments, Vasokonstriktor, Umverteilung, Proteinbindung) einen Einfluss auf die Toxizität haben, können doch Richtlinien für maximale Einzeldosen gegeben werden (Tabelle 13.2). Bei Vorhandensein eines oder mehrerer Risikofaktoren muss die Dosis jedoch reduziert werden. Da bei korrekter Applikation des Lokalanästhetikums der maximale Plasmaspiegel durch Resorption oft erst 20–30 min später auftritt, muss sich die Suche nach Prodromalzeichen über diese Zeit erstrecken. Die wichtigste prophylaktische Maßnahme zur Vermeidung einer exzessiven intravasalen Injektion ist die langsame intermittierende Injektion von kleinen Teilmengen über mehrere Kreislaufzeiten, um das Auftreten von Prodromalzeichen zu erkennen, bevor noch eine größere Dosis appliziert wird. Dabei ist es notwendig, den Patienten genau zu überwachen. Weitere Maßnahmen zur Vermeidung einer intravasalen Injektion sind wiederholte Aspirationsversuche. Ein negativer Aspirationstest ist jedoch kein Beweis für eine extravasale Lage der Nadel oder des Katheters.

Der Zusatz von Vasokonstriktoren (Adrenalin) zur Lösung des Lokalanästhetikums wird die Resorption verlangsamen und einen niedrigeren maximalen Plasmaspiegel

Sektion C

Tabelle 13.2. Höchste Einzeldosen der Lokalanästhetika

| Adrenalinzusatz | Höchste Einzeldosen | | | | |
	Prilocain [mg/kg]	Lidocain [mg/kg]	Mepivacain [mg/kg]	Etidocain [mg/kg]	Bupivacain [mg/kg]
Mit Adrenalin	8	6	6	4	2,5
Ohne Adrenalin	6	4	4	3	2

bewirken. Eine Prämedikation mit Diazepam erhöht den Plasmaspiegel, bei welchem Toxizitätserscheinungen von seiten des ZNS auftreten.

 Eine Prämedikation mit Diazepam erhöht den Plasmaspiegel für eine ZNS-Toxizität.

13.2
Methämoglobinämie

Prilocain bewirkt eine Methämoglobinämie. Da Prilocain in vitro nicht zu Methämoglobinbildung führt, muss man annehmen, dass ein Metabolit dieses Lokalanästhetikums der Verursacher ist. In geringer Dosierung wird das Methämoglobin nicht klinisch manifest. Erst bei größerer Dosierung tritt eine Zyanose auf.

Therapie

Die erste Maßnahme beim Auftreten einer Zyanose ist das Anlegen einer Sauerstoffmaske. Eine schwere Zyanose durch Methämoglobinämie wird mit Methylenblau in einer Dosierung von 1 mg/kg als 1 %-Lösung in Form einer intravenösen Infusion innerhalb von 20 min behandelt. Die Zyanose verschwindet dann innerhalb von 30 min.

 Zur Vermeidung einer Zyanose infolge Methämoglobinämie soll die Prilocaindosis 8 mg/kg KG nicht überschreiten.

Prävention

Zur Vermeidung einer Zyanose infolge Methämoglobinbildung soll die Prilocaindosis 8 mg/kg KG nicht überschreiten.

13.3
Allergie

Allergische Reaktionen auf Lokalanästhetika sind sehr selten. Der Großteil dieser allergischen Reaktionen tritt bei Lokalanästhetika vom Erstertyp auf. Methylparaben, das der Lösung häufig als Konservierungsmittel beigefügt wird, kann Ursache für eine allergische Reaktion sein.

Therapie

Diese ist im Teil Abschn. 33.7 „Intraoperative Unverträglichkeitsreaktionen", ausführlich dargelegt.

Prävention

Bei Patienten mit einer allergischen Diathese sollten Lokalanästhetika vom Amidtyp verwendet werden, die kein Konservierungsmittel enthalten.

13.4
Lokale Intoxikation des Gewebes

Eine intramuskuläre Injektion eines Lokalanästhetikums kann eine lokale Schädigung des Skelettmuskels hervorrufen. Im allgemeinen verursachen die längerwirkenden

Lokalanästhetika wie Bupivacain und Etidocain eine stärkere lokale Schädigung als die kürzer wirkenden Lokalanästhetika wie Lidocain. Diese Skelettmuskelveränderungen sind reversibel. Die Muskelfasern sind nach 2 Wochen vollständig regeneriert.

13.5
Systemische Reaktionen auf Vasokonstriktoren

Vasokonstriktoren werden manchmal Lokalanästhetikalösungen beigefügt, um die Geschwindigkeit der Resorption des Lokalanästhetikums in den Blutkreislauf zu vermindern und damit den maximalen Plasmaspiegel zu reduzieren. Sie verlängern damit auch die Wirkungsdauer des Lokalanästhetikums und verstärken die Tiefe der Blockade. Bei korrekter Anwendung wird der Vasokonstriktor langsam resorbiert, wobei Adrenalin dann eine β-sympathomimetische Wirkung ausübt. Wenn jedoch eine unabsichtliche intravaskuläre Injektion erfolgt, treten folgende subjektive Symptome auf: Atemnot, Angst, Kopfschmerzen, Herzklopfen, Übelkeit und Erbrechen, Schwindelgefühl und auch Sehstörungen. Objektiv kommt es zu Tachypnoe, Tachykardie, Hypertonie, Blässe und/oder Zittern. Ein starker Blutdruckanstieg kann bei der schwangeren Frau zur Ruptur eines zerebralen Gefäßes oder Aneurysmas mit all seinen Folgen führen (Bonica 1967). Wenn die Dosis gering ist, und der Patient keine schwere Allgemeinerkrankung hat, wird auch eine intravasale Injektion nur vorübergehende Symptome hervorrufen. Bei Vorliegen einer Herzerkrankung, Hypertonie oder Hyperthyreoidismus können jedoch Arrhythmien und Herzversagen die Folge sein. So wurde das Auftreten eines Lungenödems bei einem Dialysepatienten innerhalb von 3 min nach Setzen einer interskalenen Plexusblockade beschrieben (Rooke u. Milne 1984).

Therapie

Bei Auftreten systemischer Reaktionen muss die Injektion sofort unterbrochen werden. Bei starken Reaktionen ist eine symptomatische Therapie notwendig. Als günstig hat sich die intravenöse Injektion von 25–50 mg Chlorpromazin erwiesen. Chlorpromazin hat eine sedierende und antiemetische Wirkung, senkt den Blutdruck und wirkt antiarrhythmisch.

Bei manchen Patienten dauern die Kopfschmerzen nach Normalisierung des Blutdruckes noch weiter an. Eine entsprechende analgetische Therapie ist dann angezeigt.

Prävention

Die Dosis des Vasokonstriktors sollte möglichst niedrig sein. Bei Adrenalin wird eine Konzentration von 1 : 200 000 und bei Phenylephrin eine Konzentration von 1 : 20 000 als optimal angesehen (Ausnahme: Zahnärzte verwenden Adrenalin 1 : 50 000). Die Gesamtdosis sollte bei Adrenalin 0,25 mg und bei Phenylephrin 2 mg nicht übersteigen. Die Injektion der Lösung soll langsam und intermittierend über 2–3 Kreislaufzeiten erfolgen, damit man in der Lage ist, die Injektion beim Auftreten geringgradiger Reaktionen zu unterbrechen. Patienten mit Herzerkrankung, Hypertonie und Überfunktion der Schilddrüse stellen eine relative Kontraindikation für die Anwendung von Vasokonstriktoren dar.

> **!** Herzerkrankung, Hypertonie und Hyperthyreoidismus stellen eine relative Kontraindikation für die Verwendung von Vasokonstriktionen dar.

Lokale Reaktionen auf Vasokonstriktoren

Da bei Verwendung von Vasokonstriktoren im Bereich von Nase, Fingern, Zehen und Penis eine Ischämie mit Gewebsnekrose auftreten kann, sind diese Medikamente in diesen Regionen kontraindiziert.

13.6
Wertung

Systemische Reaktionen auf Lösungen von Lokalanästhetika können lebensbedrohlichen Charakter annehmen, wenn entsprechende prophylaktische und/oder therapeutische *Maßnahmen* nicht sofort gesetzt werden. Deshalb ist es notwendig, für alle möglichen Reaktionen vorbereitet zu sein und entsprechende Vorsicht walten zu lassen. Unter den richtigen Voraussetzungen und der nötigen Vorsicht sind fast alle dabei auftretenden Reaktionen beherrschbar. Die Anwendung von Lokalanästhetika sollte daher Ärzten mit entsprechender Ausbildung vorbehalten sein.

> **!** Eine akzidentelle intravaskuläre Injektion ist die häufigste Ursache für eine Lokalanästhetikaintoxikation.
>   Eine langsame intermittierende Injektion des Lokalanästhetikums über mehrere Kreislaufzeiten ist die beste Prophylaxe gegen Intoxikationserscheinungen.

Literatur

Albright AG (1979) Cardiac arrest following regional anesthesia with etidocaine or bupivacaine. Anesthesiology 51: 285–287

Austein GW, Moren JM (1965) Cardiac and peripheral vascular effects of lidocaine and procainamide. Am J Cardiol 16: 701–709

Blair MR (1975) Cardiovascular pharmacology of local anesthetics. Br J Anaesth 47: 247–304

Bonica JJ (1967) Principles and practice of obstetric analgesia and anesthesia. Davis, Philadelphia

Clarkson CW, Hondeghem LM (1985) Mechanism for bupivacaine depression of cardiac conduction: Fast block of sodium channels during the action potential with show recovery from block during diastole. Anesthesiology 62: 396–405

de Jong RH, Ronfeld RA, De Rosa RA (1982) Cardiovascular effects of convulsant and supraconvulsant doses of amide local anesthetics. Anesth Analg 61: 3–9

Englesson S (1974) The influence of acid-base changes on central nervous system toxicity of local anesthetic agents. 1. An experimental study in cats. Acta Anaesthesiol Scand 18: 79–87

Hasselström L, Mogensen T, Kehlet H, Christensen NJ (1983) Influence of intravenous bupivacaine administration on cardiovascular function and plasma catecholamines (Abstr). Acta Anaesth Scand [Suppl] 78: 154

McWhirter WR, Schmidt FH, Fredrickson EL, Steinhaus JE (1973) Cardiovascular effects of controlled lidocaine overdosage in dogs anesthetized with nitrous oxide. Anesthesiology 39: 398–404

Rooke NT, Milne B (1984) Acute pulmonary edema after regional anesthesia with lidocaine and epinephrine in a patient with chronic renal failure. Anest Analg 63: 363–364

Schmidt AE (1977) Veränderungen hirnelektrischer Aktivität nach intravenöser Applikation von Bupivacain und Etidocain. In: Meyer J, Nolte H (Hrsg) Die Pharmakologie, Toxikologie und klinische Anwendung langwirkender Lokalanästhetika. Thieme, Stuttgart New York, S. 176

Weiterführende Literatur

Covino BG, Vasallo HG (1976) Local Anesthetics: Mechanism of action and clinical use. Grune & Stratton, New York

KAPITEL 14

Rückenmarknahe Leitungsanästhesien

H. Ponhold

14.1
Kardiovaskuläre Veränderungen

Die infolge einer rückenmarknahen Leitungsanästhesie auftretenden kardiovaskulären Veränderungen (s. folgende Übersicht) werden durch folgende Faktoren bestimmt:

1) Höhe der Sympathikusblockade,
2) Vagotonus,
3) Behinderungen im venösen Rückfluss,
4) Plasmaspiegel des Lokalanästhetikums,
5) Plasmaspiegel des evtl. applizierten Adrenalins,
6) Faktoren von seiten des Patienten (Alter, Hypovolämie).

Kardiovaskuläre Komplikationen

Diagnose	Pathophysiologie	Therapie
Tachykardie und Hypotonie bei sensorischer Blockade unter Th_4.	Venöses Pooling, ↓Blutrückstrom zum Herzen, ↓rechter Vorhofdruck, ↓RR und ↑Puls über Barorezeptoren (↑Sympathikustonus).	Behandlung des venösen Pooling (i.v. Flüssigkeit Beine hoch, Seitenlagerung bei der Gebärenden etc.).
Langsames Sinken von Puls und Blutdruck bei sensorischer Blockade über Th_4.	Venöses Pooling, ↓Blutrückstrom zum Herzen – anfangs ↓Vagustonus. Wenn der rechte Vorhofdruck weiter absinkt, ↑Vagotonus – Bradykardie.	Behandlung des venösen Pooling, i.v. Atropin, evtl. i.v. Ephedrin.
Relative Bradykardie bei sensorischer Blockade über Th_4 (normaler Puls trotz . Hypotonie)	Ein verringerter Blutrückstrom zum Herzen sollte eine Tachykardie bewirken. Bei Blockade der Nn. accelerantes kann diese Reaktion ausbleiben.	Behandlung des venösen Pooling, evtl. Atropin i.v.
Plötzliche Bradykardie Hypotonie (auch bei sensorischer Blockade unter Th_4).	Eine starke Verminderung des Blutrückstroms zum Herzen (z.B. durch Kopfhoch-Bein-tief-Lagerung) kann zu einem plötzlichen Anstieg des Vagotonus führen – extreme Bradykardie und Hypotonie – Herz-Kreislauf-Versagen.	Behandlung des venösen Pooling, i.v. Atropin evtl. i.v. Ephedrin.

ÜBERSICHT

Höhe der Sympathikusblockade

Eine Blockade der sympathischen Nervenfasern führt sowohl direkt als auch indirekt durch eine Verminderung des Katecholaminspiegels im Blut zu folgenden Veränderungen:

1) Eine Weiterstellung der Arteriolen und Präkapillaren vermindert den peripheren Widerstand.
2) Eine Erweiterung der venösen Kapazitätsgefäße hat ein venöses Pooling zur Folge. Da 80% des regionalen Blutvolumens in den venösen Kapazitätsgefäßen sind, führt eine Erweiterung dieser Gefäße zu einer starken Verminderung des Blutrückflusses zum Herzen.
Der reduzierte periphere Widerstand und der verminderte venöse Rückfluss zum Herzen bewirken ein Sinken des Herzminutenvolumens und des Blutdrucks.
3) Bei Blockaden, die höher als Th_4 sind, kann es infolge teilweiser oder totaler Ausschaltung der Nn. accelerantes zu einer weiteren Reduktion des Herzminutenvolumens kommen.

Es besteht eine direkte Beziehung zwischen der Höhe der Sympathikusblockade und der Häufigkeit sowie dem Ausmaß des Blutdruckabfalls. Bei der Spinalanästhesie (Subarachnoidalblockade) ist die Blockade der sympathischen Nervenfasern 2 oder mehr Segmente höher als die sensorische Blockade. Eine solche Differentialblockade ist bei der Epiduralblockade nicht festzustellen. Da eine Spinalanästhesie bei gleicher sensorischer Höhe mehr sympathische Segmente blockiert als eine Epiduralblockade, fällt der Blutdruck bei einer Spinalanästhesie stärker ab als bei einer Epiduralblockade gleicher sensorischer Höhe (Ward et al. 1965). Es hat sich jedoch gezeigt, dass die Höhe der Blockade bei der epiduralen weniger leicht vorhersehbar ist als bei der spinalen. Das führt dazu, dass bei einer Epiduralblockade häufiger unerwünscht hohe Blockaden auftreten als bei der spinalen. So bewirkt eine für eine inguinale Herniorhaphie gegebene Epiduralblockade bei 15,3% der Patienten einen Blutdruckabfall von mehr als 30%, während bei einer spinalen Blockade nur 3,7% eine solche Hypotension aufweisen (Moore 1968).

 Bei der Epiduralblockade ist die Höhe der Blockade weniger leicht vorhersehbar als bei der Spinalanästhesie.

Vagotonus

Ein reduzierter Blutrückfluss zum Herzen verursacht manchmal durch vagale Reflexe eine abrupt auftretende Bradykardie. Dadurch kommt es wieder zu einer stärkeren Füllung des Herzens. Wenn jedoch dieses bessere diastolische Füllen des Herzens ausbleibt, entsteht ein Circulus vitiosus, der zu extremer Bradykardie, Hypotension und myokardialer Ischämie führen kann.

Behinderungen im venösen Rückfluss

Diese bewirken ein verstärktes venöses Pooling mit weiterer Verminderung der diastolischen Füllung. Ursachen dafür inkludieren die aortokavale Kompression während der Schwangerschaft, Ileus, Aszites und große intraabdominelle Tumoren. Aber auch schlechte Lagerung des Patienten und Retraktoren des Chirurgen können die gleiche Wirkung haben.

 Die Hauptursache des Blutdruckabfalls bei rückenmarknahen Leitungsanästhesien ist ein venöses Pooling.

Plasmaspiegel des Lokalanästhetikums

Bei der Spinalanästhesie entstehen keine nennenswerten Plasmaspiegel des Lokalanästhetikums.

Die bei der Epiduralblockade angewandte Dosierung bewirkt einen Plasmaspiegel, welcher beim gesunden Patienten keine kardiovaskuläre Depression hervorruft. Wenn jedoch gleichzeitig eine Azidose und/oder Hypovolämie vorliegt, kann das Lokalanästhetikum in der gleichen Dosierung eine negativ inotrope Wirkung ausüben.

Bei akzidenteller intravasaler Injektion der für eine Epiduralblockade gedachten Dosis kann es zu schwerwiegenden kardiovaskulären Veränderungen kommen. Einzelheiten werden im Kap. 13 „Unmittelbare Reaktionen auf Lokalanästhetika" beschrieben.

Wirkung von Adrenalin

Wenn bei der Epiduralblockade dem Lokalanästhetikum Adrenalin in einer Dosierung von 1 : 200 000 beigemengt wird, kommt es zu einem stärkeren Abfall des peripheren Widerstands und des Blutdrucks sowie auch zu einem Anstieg von Puls und Herzminutenvolumen. Die Ursache dieser Veränderungen liegt v.a. in einer β-adrenergen Wirkung des Adrenalins (Bonica et al. 1971). Allerdings spielt wahrscheinlich auch eine, durch das Adrenalin bedingte, tiefere Sympathikusblockade eine Rolle.

Bei akzidenteller intravasaler Injektion einer für eine Epiduralblockade gedachten Dosis von Adrenalin tritt ein α-Effekt mit einem starken Anstieg von Blutdruck und Puls auf. Einzelheiten sind im Abschn. „Systemische Reaktionen auf Vasokonstriktoren" beschrieben.

Faktoren von seiten des Patienten

Alter

Es hat sich gezeigt, dass der Blutdruckabfall bei gleicher Höhe der sensorischen Blockade mit höherem Alter zunimmt.

Hypovolämie

Bei nichtkorrigierter hämorrhagischer Hypovolämie mit einem Verlust von 13% des Blutvolumens bewirkt eine Epiduralblockade bei Untersuchungen am Menschen eine ausgeprägte Bradykardie, ein stark reduziertes Herzminutenvolumen und einen sehr starken Abfall des Blutdrucks (Bonica et al.

1972). 5 von 7 Versuchspersonen benötigten intensive Reanimationsmaßnahmen. Obwohl bei den Probanden, die mit der Lokalanästhetikalösung auch Adrenalin bekamen, die Auswirkungen nicht ganz so stark waren, muss man sagen, dass eine rückenmarknahe Leitungsanästhesie bei unkorrigierter Hypovolämie nicht angewandt werden darf.

> **!** Bei unkorrigierte Hypovolämie darf eine rückenmarknahe Leitungsanästhesie nicht durchgeführt werden.

Hypotension und Zentralnervensystem

Da es während einer rückenmarknahen Leitungsanästhesie nur zu einer geringen Abnahme des zerebralen Sauerstoffbedarfs kommt, ist bei einer starken Hypotension das Gehirn meist stärker gefährdet als das Herz.

Zerebrale Hypoxie

Ein durch eine hohe Spinalanästhesie bedingter Blutdruckabfall führt bei Hypertonikern eher zu einer verminderten zerebralen Perfusion. Zeichen der zerebralen Hypoxie wie Müdigkeit und Hyperventilation treten auf, wenn der Blutdruck unter 60% des Ruhedrucks des Patienten absinkt (Bromage 1978).

> **!** Zeichen der zerebralen Hypoxie treten auf, wenn der Blutdruck unter 60% des Ruhedrucks des Patienten absinkt.

Atemstillstand Herz-Kreislauf-Versagen

Sie kommen bei hohen Blockaden vor. In manchen Fällen liegt die Ursache in der Lähmung von vitalen Zentren der Medulla oblongata. Die Lähmung ist aber nicht durch die direkte Wirkung des Lokalanästhetikums bedingt. Vielmehr ist sie das Resultat einer unzureichenden medullären Durchblutung bei extremer Hypotension, wie sie am ehesten bei Kopf-hoch-Fuß-tief-Lagerung vorkommen kann. Moore (1968) hat bei der Spinalblockade bei 0,04% und bei

Tabelle 14.1. Atemstillstand und Herz-Kreislauf-Versagen. (Nach Moore 1968)

Anästhesietyp	Häufigkeit [%]
Spinalblockade	0,04
Epiduralblockade	0,07

der Epiduralblockade bei 0,07% der Patienten einen Herzstillstand beschrieben (Tabelle 14.1).

 Eine Kopf-hoch-Fuß-tief-Lagerung kann bei einer Spinalanästhesie zu Atemstillstand und Herz-Kreislauf-Versagen führen.

Prävention

Diese besteht in erster Linie in einer Gabe von 500-1 000 ml einer physiologischen Elektrolytlösung vor dem Setzen der rückenmarknahen Leitungsanästhesie, um die zu erwartende Gefäßerweiterung infolge Sympathikusblockade zu kompensieren. Es besteht auch die Möglichkeit, prophylaktisch eine intramuskuläre Injektion eines Vasopressors (Ephedrin) durchzuführen.

Wichtig ist, eine Kopf-hoch-Bein-tief-Lagerung zu vermeiden, die zusammen mit der Sympathektomie zu einem extremen Blutdruckabfall mit Atemstillstand und Herz-Kreislauf-Versagen führen kann (NM Greene 1981).

Da ein Blutdruckabfall während der gesamten Wirkungsdauer der Blockade auftreten kann, muss der Patient während dieser Zeit entsprechend überwacht werden. Nachdem Hypotension und Bradykardie v.a. durch eine Reduktion des venösen Blutrückstroms zum Herzen verursacht werden, ist eine Hochlagerung der Beine (auch mit Kopfhochlagerung) die beste Prophylaxe gegen diese Komplikation. Dies gilt v.a. auch für die postoperative Phase. Auch das Anlegen von elastischen Binden an der unteren Extremität ist mit einer geringeren Inzidenz einer Hypotonie verbunden (Bhagwanje et al. 1990).

Therapie

Falls es trotz prophylaktischer Maßnahmen zu einem nichtakzeptablen Blutdruckabfall kommen sollte, wird die Volumenzufuhr gesteigert. Wenn eine Bradykardie einen erhöhten Vagotonus anzeigt, ist Atropin indiziert. Bei dem überwiegenden Großteil der Patienten mit therapiebedürftigem Blutdruckabfall ist die gesteigerte Flüssigkeitszufuhr allein nicht erfolgreich. Deshalb müssen meist Vasopressoren angewandt werden. Bei der Auswahl von Vasokonstriktoren sollte man in erster Linie an eine Verbesserung der Durchblutung vitaler Organe denken. Die im Vordergrund stehende Ursache für einen Blutdruckabfall ist ein venöses Pooling. Deshalb eignen sich am besten solche Medikamente, die den Blutrückstrom zum Herzen wiederherstellen (z.B. Ephedrin, Dihydroergotamin). Während Ephedrin auch einen positiv chronotropen und inotropen Effekt hat, führt die Anwendung von Methoxamin durch seine selektive α-Wirkung zu einem erhöhten peripheren Widerstand mit zwar erhöhtem Blutdruck, aber weiter reduzierter Perfusion. Dies wird noch dadurch verstärkt, dass bei Methoxamin infolge des Blutdruckanstiegs ohne β-Wirkung reflektorisch eine Bradykardie zu erwarten ist (Eng et al. 1973). Methoxamin sollte daher spezifischen Situationen vorbehalten bleiben oder mit einem β-Mimetikum kominiert werden. Auch eine Lageänderung des Patienten wird den Blutrückstrom bessern. Dasselbe muss man bei der aortokavalen Kompression durch Seitenverschiebung des Uterus oder leichte Linkslagerung erreichen.

14.2
Plötzlicher Herzstillstand

Im Jahre 1988 haben Caplan et al. im Rahmen einer „Closed-claims-Analyse" 14 Patienten eruiert, die im Rahmen einer Spinalanästhesie einen plötzlichen Herzstillstand erlitten. Nach inadäquater Therapie folgten schwere ZNS-Störungen und/oder auch ein letaler Ausgang. Seither sind mehrere Kasuistiken in der Literatur erschienen. Im Rahmen einer Epiduralanästhesie ist ein plötzlicher Herzstillstand erst einmal beschrieben worden (Watanabe 1990).

Symptomatik

Bei allen Kasuistiken handelt es sich um hohe sensorische Blockaden (Th 6 oder höher). Im allgemeinen tritt der Herzstillstand 30-44 min nach Injektion des Lokalanästhetikums ohne Vorwarnung plötzlich auf. Dieses Intervall kann aber auch länger sein (1 h 15 min: Robillart 1990). Kurz vor Eintreten der Bewusstlosigkeit klagt der Patient meist über Übelkeit, verbunden mit extremer Bradykardie und Hypotonie. Sekunden später tritt eine Asystolie mit Koma und Atemstillstand auf.

Therapie

Es gelten die Maßnahmen einer Reanimation inklusive Beatmung und Herzmassage. Zusätzlich muss man berücksichtigen, dass bei dieser Komplikation reflektorisch eine extreme Vasodilatation mit fast völlig fehlendem Blutrückstrom zum Herzen auftritt. Um bei einem fast blutleerem Herzen eine Herzmassage wirkungsvoll durchführen zu können, sind 2 Maßnahmen sofort zu vollziehen.

1) Schocklagerung: Die Beinhochlagerung bewirkt durch die Schwerkraft eine Füllung des Herzens.
2) Adrenalin i.v.: Für eine effektive periphere Vasokonstriktion und zur Therapie einer nach einer Reanimation auftretenden persistierenden Bradykardie und Hypotonie ist Adrenalin (Suprarenin) sofort anzuwenden.

In seltenen Fällen genügt ein präkordialer Schlag (Chester 1988). Der Beginn effektiver Reanimationsmaßnahmen darf jedoch auf keinen Fall verzögert werden.

Prävention

Die einzige bekannte präventive Maßnahme ist die Vermeidung von zu hohen Blockaden. Gefordert werden muss allerdings eine enge Überwachung des Patients für mindestens 1 h 30 min nach Setzen der Blockade und eine Beinhochlagerung nach Operationsende.

14.3 Ateminsuffizienz

Bei motorischer Blockade aller Interkostalmuskeln ist die Zwerchfellatmung beim gesunden, ruhenden Patienten für den Gasaustausch ausreichend. Falls jedoch die Zwerchfellatmung behindert wird, wie durch Kopftieflagerung, Retraktoren und Abstopfungen im Abdomen, kann es zu einer schwerwiegenden Beeinträchtigung der Spontanatmung kommen, welche eine mechanische Beatmung notwendig macht. Wenn die Blockade auch den N. phrenicus einschließt, kommt es durch Blockade aller Atemmuskeln zum Atemstillstand, der mit Hilfe maschineller Beatmung behandelt werden muss.

14.4 Übelkeit und Erbrechen

Die Häufigkeit dieser Komplikation schwankt bei der Spinalanästhesie zwischen 13 und 90%. Sie ist bei hohen Blockaden häufiger anzutreffen als bei niedrigen (Crocker u. Vandain 1959). Wenn hohe Blockaden rasch erreicht werden, kommt es häufiger zu Übelkeit und Erbrechen, als wenn die hohe Blockade langsam einsetzt.

Wenn der Blutdruck absinkt, kommt es bei manchen Patienten zu einer zerebralen Mangeldurchblutung und in der Folge zu einer Hypoxie. Hier ist nicht der Blutdruckabfall, sondern die zerebrale Hypoxie verantwortlich. Es gibt anscheinend Patienten, bei denen eine Hypotonie nicht mit einer zerebralen Mangeldurchblutung verbunden ist.

In einer gut kontrollierten Studie konnten Ratra et al. (1972; s. folgende Übersicht) mehrere Faktoren untersuchen, die einen Einfluss auf die Häufigkeit von Erbrechen bei einer Spinalanästhesie haben: Eine Sauerstoffgabe während der Anästhesie ist mit einer geringeren Häufigkeit verbunden (16,6-64,7%). Eine Prämedikation mit Chlorpromazin reduziert die Häufigkeit von Erbrechen (30,7%), während Meperidin mit einer Häufigkeit von 90,0% und Atropin von 54% verbunden waren. Eine Hypotension bewirkt einen Anstieg der Häufigkeit. Bei Patienten, die einen Blutdruck unter 80 mm Hg[1] hatten, war die Häufigkeit 70,6%, bei höherem Blutdruck 37,3%. Zur Therapie von Übelkeit und Erbrechen wird Atropin intravenös häufig angewandt. Zur Prävention von Übelkeit und Erbrechen gehören die Gabe von Sauerstoff und die Behandlung bzw. Prophylaxe eines Blutdruckabfalls.

Übelkeit und Erbrechen: Häufigkeit bei Subarachnoidalblockade (nach Ratra et al. 1972)

ÜBERSICHT		
Mit O$_2$-Gabe 16,6%	Ohne O$_2$-Gabe 64,7%
Chlorpromazin 30,7%	Prämedikation Meperidin 90% Blutdruckabfall
Atropin 54% Gering 37,7%	Unter 80 mm Hg systolisch 70,6%

! O$_2$-Gabe und Vermeidung eines Blutdruckabfalls sind die beste Prophylaxe gegen Übelkeit und Erbrechen.

14.5
Blasen- und Darmstörungen

Die Sympathikusblockade führt zu hyperaktiver Peristaltik mit Sphinkterrelaxation. Dadurch kann es in seltenen Fällen zur Defäkation kommen. Die hyperaktive Peristaltik wird bei mechanischem Ileus gelegentlich als gefährlich angesehen, da dies angeblich zu einer Perforation führen könnte. Es gibt allerdings keinen dokumentierten Fall dieser Art.

---

[1] 1 mm Hg = 133,322 Pa.

Die Häufigkeit von Harnverhalten nach der Geburt ist bei Frauen, die eine Epiduralblockade erhielten, gleich groß wie bei Frauen, die keine Blockade hatten. Wenn die sakralen Segmente S$_{2-4}$ blockiert sind, kommt es zu einer Atonie der Blase. Bei einer spinalen Blockade ist dies fast immer der Fall, bei der Epiduralblockade nur bei tiefsitzenden Blockaden, so dass die Häufigkeit von Harnverhalten bei der spinalen größer ist als bei der epiduralen Blockade. Wenn es sich um eine thorakale Epiduralblockade handelt, wird die Blasenfunktion meist nicht beeinflusst. Bei einer lumbalen Epiduralblockade ist die Wirkung auf die Blase nur sehr kurzfristig, so dass nur eine geringe oder gar keine postoperative Blasenfunktionsstörung zu erwarten ist. Wird jedoch die epidurale Blockade kontinuierlich für eine postoperative Schmerzbehandlung verwendet, kommt es sehr häufig zu Harnverhalten.

! Eine Blasenstörung wird durch eine Epiduralblockade weniger häufig hervorgerufen als durch eine Spinalblockade.

14.6
Postspinaler Kopfschmerz

Diese Komplikation tritt nach Punktion der Dura/Arachnoidea auf und wird wahrscheinlich durch einen Druckverlust des Liquor cerebrospinalis infolge Flüssigkeitsverlust durch das Punktionsloch hervorgerufen. Daher wird dieser Schmerz auch als Postpunktionskopfschmerz bezeichnet. Beim Heben des Kopfes kommt es dann zu einem Zug an schmerzempfindlichen meningealen Gefäßen und Nerven.

Symptomatik

Sie ist dadurch gekennzeichnet, dass der Kopfschmerz das erste Mal beim Aufstehen aus dem Bett, Aufsitzen oder Heben des Kopfes auftritt oder sich dadurch verstärkt und durch Flachlagerung gewöhnlich verschwindet.

Er ist meist frontal oder okzipital, kann aber auch in den Nacken ausstrahlen. Eine Nackensteifigkeit gilt bei Abwesenheit von Fieber und Pleozytose nicht als Zeichen für eine Meningitis. Auch kann es zu audiovisuellen Beschwerden sowie Übelkeit und Erbrechen kommen. Der Kopfschmerz beginnt gewöhnlich innerhalb der ersten 4 Tage, dauert im Durchschnitt nicht länger als 4 Tage, kann aber auch mehrere Monate bestehen bleiben (Vandam und Dripps 1956). Häufigkeit und Schwere der Beschwerden hängen von verschiedenen Faktoren ab. Da die Kopfschmerzen erst eine Woche nach der Punktion und sogar noch später auftreten können, sind nur jene Studien zu berücksichtigen, die einen langen Beobachtungszeitraum einschließen. Die allgemeine Häufigkeit der Kopfschmerzen schwankt bei diesen Studien zwischen 0,4 und 41% (Tabelle 14.2).

Nach dem 40. Lebensjahr nimmt die Häufigkeit ab (3-8%), sie ist im 3. und 4. Dezennium am höchsten. Bei Frauen kommt diese Komplikation häufiger vor als bei Männern,

besonders häufig bei Anwendung der Spinalanästhesie im Rahmen der geburtshilflichen Anästhesie. Ursachen dafür könnten ein erhöhter Liquorverlust beim Pressen unter der Geburt und Dehydrierung sein. Ein verstärktes Leck könnte auch dadurch entstehen, dass die Kavakompression nach der Geburt aufgehoben ist, und damit auch der epidurale Venenplexus nicht mehr stark ausgedehnt ist (s. auch Teil D, Kap. „Schwangerschaft und Geburtshilfe"). Dadurch ist mehr Platz für den ausfließenden Liquor vorhanden. Die Nadelgröße ist ebenfalls ein wichtiger Faktor. Die Häufigkeit nimmt mit der Nadelgröße zu, so dass eine 20-G-Nadel sehr häufig sehr starke Kopfschmerzen verursacht, während bei einer G-26-Nadel nur selten Kopfschmerzen auftreten, die dann auch sehr leicht sind und kurz andauern. Der Liquorverlust durch die Dura mit einer 22-G-Spinalnadel ist bei Anwendung einer Nadel mit Bleistiftspitze (z.B. Sprotte oder Whittacre) geringer als bei Anwendung einer Nadel mit Quincke-Schliff. Auch die Kopfschmerzhäufigkeit ist bei Anwendung einer 22-G-Nadel mit Bleistiftspitze geringer. Ergebnisse von Studien mit 24-G-, 25-G- und

Tabelle 14.2. Postpunktionskopfschmerz

Autoren	Nadelgröße [G]		Häufigkeit [%]
a) Allgemein			
Vandam und Dripps (1956)	16		18
	20		14
	22		9
	24		6
b) Bei der Geburt	Ohne Hydrierung		Mit Hydrierung
Greene (1950)	20	41	33
	22	26	10
	24	8	2
	26		0,4
Vandam und Dripps (1956)	Männer	7	
	Frauen		14
	– bei der Geburt		22
	– andere Indikationen		12
	Alter		
	20–40 Jahre		16
	>40 Jahre		3–8
	Audiovisuelle Beschwerden		0,8
	Abduzensparese		0,008

26-G-Spinalnadeln sind unterschiedlich. Eine Studie hat eine geringere Kopfschmerzhäufigkeit mit einer Sprotte-Nadel als mit einer Quincke-Nadel in dieser Stärke eruiert (Cesarini et al. 1900). Andere Studien konnten keinen Unterschied in der Inzidenz dieser Komplikation zwischen den beiden Nadeln in dieser Stärke feststellen (Dercic et al. 1993; Shutt et al. 1992).

Es wird vielfach behauptet, dass eine Kopfhochlagerung die Entstehung des Postpunktionskopfschmerzes begünstige. Es gibt allerdings keine Anhaltspunkte für diese Behauptung, so dass eine Spinalanästhesie keine Kontraindikation für eine frühe Mobilisierung darstellt (Jones 1974).

Bei der Epiduralblockade ist der Postpunktionskopfschmerz wegen des seltenen Vorkommens einer akzidentellen Durapunktion weniger häufig anzutreffen als bei der Spinalanästhesie.

Kopfschmerzen können auch ohne Durapunktion bei Allgemeinnarkosen auftreten. Diese Kopfschmerzen haben dann allerdings nicht die Charakteristik des Postpunktionskopfschmerzes. Auch sind nicht alle Kopfschmerzen, die nach einer Spinalanästhesie auftreten, durch die Durapunktion bedingt.

 Eine Spinalanästhesie ist keine Kontraindikation für eine frühe Mobilisierung des Patienten.

Audiovisuelle Beschwerden

Diese treten manchmal im Zusammenhang mit einem Postpunktionskopfschmerz auf. Die Häufigkeit liegt bei 0,8% (Vandam und Dripps 1956).

Die visuellen Störungen bestehen aus Doppelbildern, Leseschwierigkeiten. Lichtempfindlichkeit, Flecken vor den Augen und Fokusierungsproblemen. In seltenen Fällen kann es auch zur Entstehung einer Hirnnervenlähmung kommen, die meist den N. abducens betrifft. Moore (1968) hat diese Komplikation bei einem Patienten im Rahmen von 12 383 Spinalanästhesien gesehen (0,008%). Vandam und Dripps (1956) haben 3 Patienten mit Parese des M. rectus lateralis beschrieben. Diese 3 Patienten hatten eine kontinuierliche Spinalanästhesie, wobei der Katheter mit einer G-16-Nadel eingeführt worden war. Die Parese trat 1 Woche nach der Punktion plötzlich auf und dauerte 1 Woche bis 6 Monate, wobei es bei allen Patienten zur Restitutio ad integrum kam. Vandam hat aus diesem Grund die kontinuierliche Spinalanästhesie nicht mehr angewandt.

Ein nach einer Liquorpunktion auftretender Tieftonhörverlust ist bei manchen Patienten nicht vollständig reversibel (Michel et al. 1991). Die wahrscheinliche Entstehungsursache ist ein partiell offener Aquaeductus cochleae mit Verlust von Perilymphe in den Liquorraum. Bei Verdacht auf eine Hörstörung sollte der Patient einem Facharzt vorgestellt werden. Infusionsbehandlungen und ein epiduraler Blutpfropf sollten sofort durchgeführt werden, um einem weiteren Liquorverlust vorzubeugen.

Therapie

Bei leichten Formen der Postpunktionskopfschmerzen sind Analgetika, Koffein und Flachlagerung des Patienten sowie eine ausreichende Hydrierung, sei sie oral oder parenteral, meist ausreichend. Die Hydrierung der Patienten bewirkt eine verstärkte Liquorproduktion, wodurch der Verlust kompensiert wird. Diese Therapie ist bei Patienten, die starke und langanhaltende Beschwerden aufweisen, nicht ausreichend. Eine kausale Behandlung besteht in der Anhebung des Liquordrucks. Dies kann außer durch Hydrierung des Patienten durch Bauchbinden erreicht werden. Bauchbinden führen zu einer stärkeren Füllung der epiduralen Venen. Auch Injektionen von Kochsalz- und Ringerlösungen in den Epiduralraum werden angewandt. Diese Behandlung hat jedoch bei vielen Patienten nur eine vorübergehende Wirkung, da diese Lösungen im Epiduralraum rasch resorbiert werden

(Usubiaga et al. 1967). Di Giovanni u. Dunbar (1970) berichteten, dass Eigenblutinjektionen in den Epiduralraum bei schweren Formen eine ausgezeichnete Erfolgsrate aufweisen. Es werden 5-15 ml Eigenblut in der Höhe der Durapunktion in den Epiduralraum injiziert. Dieser epidurale „Blutpfropf" hat eine Erfolgsrate von 89-95% und kann nach 24 h wiederholt werden. (s. auch Teil D, Kap. „Schwangerschaft und Geburtshilfe").

Die beschriebenen Komplikationen des Blutpropfes sind gering. Dazu gehören Rückenschmerzen (35%), Halsschmerzen (0,9%) und vorübergehender Temperaturanstieg (5%). Ostheimer et al. (1974) beschrieben einen Patienten, bei dem eine Nervenwurzelirritation 10 Tage anhielt. Walpole (1975) berichtete über einen Patienten mit vorübergehenden starken Schmerzen. Im Hinblick auf die geringe Komplikationsrate sollte der Blutpfropf bei starken Kopfschmerzen und besonders bei der Gefahr einer Hirnnervenlähmung sowie bei Tieftonhörverlust möglichst bald angewandt werden. Bei geringen Beschwerden genügen jedoch konservative Maßnahmen.

Prävention

Zu den vorbeugenden Maßnahmen gehört die Verwendung einer dünnen Nadel (25 G oder 26 G). Die Einführung von 30-G-Spinalnadeln ist technisch sehr schwierig und mit hoher Frequenz von inadäquaten Blockaden und Fehlerraten verbunden (Lesser et al. 1990), weshalb diese Nadel nicht empfohlen werden kann. Da Studien über dünne Nadeln (24 G, 25 G und 26 G) mit bleistiftartiger Spitze unterschiedliche Resultate zeigen, andererseits die Anwendung dieser Nadel mit zusätzlichen technischen Schwierigkeiten verbunden ist (das seitliche Loch der Nadel kann eher teilweise im Epidural- und Subarachnoidalraum sein, die Nadelspitze muss weiter in den Subarachnoidalraum eingeführt werden und kann eher die anteriore Dura perforieren), kann man z.Z. die Nadel mit bleistiftartiger Spitze nicht für die routinemäßige Anwendung empfehlen.

Es hat sich auch gezeigt, dass bei Anwendung der paramedianen Technik weniger oder keine Kopfschmerzen auftreten. Das Ausrichten des Nadelschliffs in der Longitudinalachse soll die Durafasern in geringerem Ausmaß durchtrennen und deshalb weniger Kopfschmerzen verursachen. Eine weitere prophylaktische Maßnahme ist die ausreichende Hydrierung des Patienten. Flachlagerung des Patienten über längere Zeit hat sich zur Prophylaxe nicht als nützlich erwiesen, so dass eine spinale Blockade keine Kontraindikation für eine frühe Mobilisierung darstellt.

Die routinemäßige Anwendung eines epiduralen Blutpfropfs zur Prophylaxe wird i. allg. abgelehnt.

14.7
Rückenschmerzen

Diese können nach einer rückenmarknahen Leitungsanästhesie vorkommen. Diese Beschwerden sind jedoch bei Anwendung einer Allgemeinnarkose gleich häufig wie bei einer Spinalanästhesie (Brown u. Elman 1961). Die Häufigkeit schwankt in den Literaturangaben zwischen 2 und 35%. Wenn für die Epiduralblockade stumpfe Nadeln angewandt werden, um das Risiko einer Durapunktion zu reduzieren, treten Rückenschmerzen häufiger auf. Wegen der Verwendung größerer Nadeln treten Rückenschmerzen bei der Epiduralblockade häufiger auf als bei der Spinalen (Foldes et al. 1956).

14.8
Akzidentelle intravasale Injektion

Die Häufigkeit einer Gefäßpunktion hängt bei der kontinuierlichen Epiduralblockade wahrscheinlich auch von der Geschmeidigkeit bzw. Steife des Epiduralkatheters ab. Dawkins (1969) hat bei 2,8% der Patienten eine Gefäßpunktion diagnostiziert. Eine akzidentelle intravasale Injektion des Lokalan-

Sektion C

ästhetikums kann zu tonisch-klonischen Krämpfen und anderen systemisch-toxischen Reaktionen führen. Dies kommt bei 0,014-0,08% der Epiduralblockaden vor (Lund et al. 1961; Moore 1968).

Die Therapie besteht in entsprechenden intensivmedizinischen Maßnahmen. Es ist sehr wichtig, eine intravasale Injektion zu vermeiden oder frühzeitig zu erkennen. Zur Vermeidung einer intravenösen Injektion wird ein Aspirationstest gemacht. Ein negativer Aspirationstest ist aber noch kein Beweis für eine extravasale Lage des Katheters, weil die Gefäßwand durch die Aspiration angesaugt werden kann. Manchmal kommt das Blut eher spontan zum Vorschein. Da ein Epiduralkatheter sehr lang ist, ist eine durchsichtiger Katheter deshalb von Vorteil, weil das Blut dann schon im Katheter entdeckt werden kann. Eine weitere Möglichkeit zu Erkennung einer intravasalen Katheterlage ist die Testinjektion von 3-5 ml einer adrenalinhaltigen Lösung in einer Konzentration von 1 : 200 000, wodurch eine Tachykardie entsteht. Eine kontinuierliche Überwachung des Patienten ist aber für die Diagnose notwendig. Da das Erkennen einer intravasalen Katheterlage mit den oben genannten Methoden nicht immer ganz klar und eindeutig möglich ist, sollte die Injektion der Gesamtdosis für die Epiduralblockade langsam und fraktioniert in 5-ml-Einzeldosen über 2-3 Kreislaufzeiten durchgeführt werden, so dass dann eine intravasale Lage am Auftreten leichter Intoxikationserscheinungen erkannt wird, bevor eine so hohe Dosis appliziert wird, dass potentiell lebensgefährliche Veränderungen auftreten.

Bei der spinalen Blockade führt eine intravasale Injektion wegen der geringen Menge an Lokalanästhetikum nicht zum Auftreten von Intoxikationserscheinungen.

 Ein negativer Aspirationstest ist kein Beweis dafür, dass Nadel oder Epiduralkatheter nicht intrathekal oder intravasal liegen.

14.9
Massive Epiduralanästhesie

In sehr seltenen Fällen kann es bei geriatrischen Patienten 30-40 min nach der Injektion zu einer außerordentlichen hohen Blockade mit Atemlähmung und Bewusstlosigkeit kommen (Owusu-Afram u. Schiffter 1977). Die Ursache für diese seltene Komplikation ist nicht geklärt. Es könnte sich um eine subdurale, aber eparachnoidale Injektion oder um einen vollkommenen Verschluss der Foramina intervertebralia handeln, oder auch um eine erhöhte Durchlässigkeit der Dura im Alter bzw. um eine extrem verlangsamte Resorption des Lokalanästhetikums aus dem Epiduralraum in das Gefäßsystem. Bei Anwendung geeigneter Intensivmaßnahmen klingt diese Komplikation ohne Folgen ab. Voraussetzung dafür ist jedoch eine ausreichend lange und genaue Überwachung des Patienten.

 Eine ausreichend lange und genaue Überwachung des Patienten ist die Voraussetzung für eine erfolgreiche Behandlung einer Komplikation mit Lokalanästhetika.

14.10
Totale Spinalanästhesie

Eine hohe Spinalanästhesie kann bei der spinalen Blockade durch eine Überdosierung oder falsche Lagerung des Patienten entstehen. Stratmann et al. (1979) haben diese Komplikation bei 0,98% ihrer Patienten gesehen. Eine maschinelle Beatmung war bei 0,05% der Patienten notwendig (Tabelle 14.3).

Tabelle 14.3. Totale Spinalanästhesie (Beatmung notwendig)

Beabsichtigte Blockade	Häufigkeit [%]
Spinale Blockade Stratmann (1979)	0,05
Epidurale Blockade Moore (1968)	0,01
Lund et al. (1961)	0,08

Eine akzidentelle subarachnoidale Injektion einer für die Epiduralblockade gedachten Dosis führt sehr rasch zu einer hohen Blockade. Sie tritt bei 0,01-0,08% dieser Blockaden auf (Lund et al. 1961; Moore 1968). Eine massive Subarachnoidalinjektion kann auch im Rahmen einer Nachinjektion vorkommen (Philip u. Brown 1976). Vor der Manifestation einer Blockade aller quergestreiften Muskulatur mit Atemlähmung kann man eine hohe sensorische und sympathische Blockade beobachten. Die totale Sympathektomie kann zu einem starken Blutdruckabfall führen. Wichtig ist in diesem Fall, eine Kopfhochlagerung zu vermeiden, da der dabei auftretende starke Blutdruckabfall zu einer zerebralen Mangeldurchblutung mit Hypoxie der Medulla führt. Die Folge ist ein Atem- und Herzstillstand. Vielmehr sollten bei flachgelagertem Rumpf die Beine hochgelagert werden. Das führt zu einem erhöhten Blutrückstrom zu Herzen mit Blutdruckanstieg. Bei der Möglichkeit einer aortokavalen Kompression sollte der Patient 20-30° seitlich gelagert werden. Weiter Maßnahmen zur Therapie einer Hypotension inkludieren die rasche intravenöse Applikation von Plasmaersatzprodukten und Vasopressoren. Bei Blockade des N. phrenicus kommt es zu mechanischer Ateminsuffizienz. Der Patient wird intubiert und mechanisch am besten im 60% N_2O beatmet, bis eine Spontanatmung wieder auftritt. Im Anschluss an die totale Parese entsteht häufig auch eine Bewusstlosigkeit. Die Bewusstlosigkeit kann bis zu 4 h, die totale Parese bis zu 6 h anhalten.

Die Prophylaxe für diese Komplikation besteht auch hier in vorsichtiger Technik, Aspiration und langsamer fraktionierter Injektion des Lokalanästhetikums.

> **!** Eine Testdosis sowie langsame und fraktionierte Injektionen des Lokalanästhetikums sind die sichersten Maßnahmen, um die Folgen einer Fehlinjektion gering zu halten.

14.11 Katheterkomplikationen

Katheterabriss

Es kann vorkommen, dass der Katheter sich nur etwa 1 cm vorschieben lässt. Wenn dieser in der Folge aus der Epiduralnadel herausgezogen wird, kann die Spitze des Katheters von der Nadelspitze abgeschnitten werden. Aus diesem Grund muss mit dem Katheter auch die Nadel entfernt werden, und der epidurale Katheter neu gesetzt werden!

Eingeklemmter Katheter

Der Katheter kann in einem Ligament oder zwischen benachbarten Wirbeln eingeklemmt werden. In diesem Fall ist der Katheter verstopft und kann nicht entfernt werden. Durch Beugung und Drehung der Wirbelsäule ist es möglich, den Katheter mit leichtem Zug vorsichtig zu entfernen. Auf keinen Fall darf der Katheter mit Gewalt herausgerissen werden. Auch kann ein verstopfter Katheter durch Bewegung der Wirbelsäule wieder durchgängig werden (Kaufman u. Reynolds 1976).

Katheterknoten

Es handelt sich hier um eine ausgesprochen seltene Komplikation. Bromage (1978) hat bei mehr als 30 000 Epiduralkathetern nur einen Katheterknoten beschrieben. Ein solcher Knoten tritt dann auf, wenn der Epiduralkatheter zu weit in den Epiduralraum vorgeschoben wird. Ein geknoteter Katheter kann nur mit großer Vorsicht unter leichtem Dauerzug entfernt werden.

Brüchige Katheter

Bei früheren Katheterfabrikaten kam es vor, dass dieser Katheter bei längerer Liegedauer knapp unter der Durchtrittsstelle der Haut brach. Bei den heutigen Teflonkathetern tritt das praktisch nicht mehr auf.

Sektion C

Therapie eines abgebrochenen Katheters

Die heutigen Epiduralkatheter bestehen aus demselben Material wie viele Implantationsstoffe. Sie können jahrelang in situ belassen werden, ohne Beschwerden zu verursachen. Es ist fast unmöglich, einen Katheter aus dem Epiduralraum operativ zu entfernen, auch wenn dieser rötgenkontrastgebend ist. Aus diesen Gründen wird von der Entfernung eines abgebrochenen Katheters abgeraten. Nur Katheter, die im Bereich der Haut gebrochen sind, lassen sich relativ leicht chirurgisch extrahieren (Bromage 1978).

14.12
Bronchospasmus

Da eine Operation eines Asthmapatienten unter Allgemeinnarkose mit trachealer Intubation mit einer höheren Inzidenz von Bronchospasmus verbunden ist, als unter Regionalanästhesie, wird die Anwendung einer Regionalanästhesie für Asthmapatienten empfohlen, wann immer dies möglich ist (Kingston et al. 1984). Es kann bei Asthmatikern allerdings auch im Rahmen von rückenmarknahen Leitungsanästhesien zu schwerem Bronchospasmus kommen (Wang et al. 1993). Die Sympathikusblockade mit aufrechterhaltenem Vag. tonus könnte die Ursache des Bronchospasmus dieser Patienten sein. Auch ein Absinken des Katecholaminspiegels des Blutes durch die Sympathikusblockade der Nebenniere ist als Ursache vorstellbar. Jedoch sind bei 1 Patienten β-Mimetika als Therapie unwirksam gewesen. Atropin war allerdings erfolgreich (McGouoh 1990).

14.13
Neurologische Komplikationen

Spinales Subduralhämatom

Bisher sind nach einer Durapunktion nur 13 Patienten mit dieser Komplikation beschrieben worden. Nur bei 2 dieser Patienten wurde vorher eine Spinalanästhesie durchgeführt (Owens et al. 1986; Barker 1988). Der Großteil der Patienten hatte eine Koagulopathie. Einer der beiden Patienten mit Spinalanästhesie hatte allerdings keine Koagulopathie.

Die Blutungsquelle ist nicht eindeutig. Die einzigen Gefäße mit einem Durchmesser von mehr als 1 mm innerhalb des Subarachnoidalraumes sind die V. radiculomedullares majores (Adamkiewicz). Im allgemeinen treten sie oberhalb der L 3-Nervenwurzel in den Subarachnoidalraum ein, können aber auch die L3- oder L 4-Nervenwurzel begleiten. Diese Komplikation ist extrem selten und sollte die Anwendung einer Spinalanästhesie mit ihren dokumentierten Vorteilen nicht hintanhalten.

Intrakranielles Subduralhämatom

Der Liquorverlust über das Duraleck mit folgendem Liquorunterdrucksyndrom und Erhöhung der transmuralen Gefäßspannung kann für eine Ruptur einer vorbestehenden intrakraniellen Gefäßmißbildung oder Gefäßschwäche verantwortlich sein (Böttiger et al. 1992). Eine rückenmarknahe Regionalanästhesie ist bei vermuteter oder bekannter Gefäßanomalie im ZNS kontraindiziert.

14.14
Gerinnungshemmende Medikamente und rückenmarknahe Leitungsanästhesie (RMNLA)

Viele Patienten erhalten Aspirin, andere NSAID, Dextran oder Heparin entweder perioperativ oder schon über lange Zeiträume präoperativ. Seit dem Jahre 1906 wurden Kasuistiken von signifikanten spinalen Hämatomen in Verbindung mit einer RMNLA publiziert, wobei es keinen Beweis dafür gibt, dass deren Häufigkeit seit Anwendung des in Europa üblichen minimaldosierten Heparin zugenommen hat. Die Inzidenz dieser Komplikation wurde für die Spinalanästhesie mit 1 : 1 000 000 – 1 : 2 500 000, für die Epiduralanästhesie mit 1 : 190 000 errechnet.

Beim überwiegenden Großteil der Patienten nach Spinalanästhesie werden multiple, schwierige oder traumatische Punktionen beschrieben. Wenn man traumatische Punktionen bei der Berechung nicht berücksichtigt, wird die Inzidenz um mindestens 1 Zehnerpotenz niedriger. Nur in den USA ist mit Einführung der NMH-Therapie eine sehr hohe Inzidenz von 1 : 14 000 beobachtet worden. Dabei stellte sich heraus, dass die in den USA verwendete sehr hohe Heparindosierung (30 mg Enoxaparin, beginnend 1 h nach der Operation und alle 12 Stunden) für diese hohe Inzidenz primär verantwortlich war.

Die präoperative Gabe von Aspirin oder anderen NSAID wurde im Rahmen einer großen Zusammenfassung von 61 Kasuistiken zwischen 1906 und 1994 bei Patienten ohne Heparintherapie nicht als Risikofaktor angesehen. Eine Kombination dieser Medikamente mit einer Heparintherapie erhöht jedoch das Risiko eines signifikanten spinalen Hämatoms.

Klinik

Die Erstsymptomatik eines spinalen Hämatoms im Rahmen einer RMNLA ist folgende: Muskelschwäche bei 46%, Rückenschmerzen bei 33%, sensorisches Defizit bei 14% oder Harnretention bei 8% der Patienten; damit unterscheidet sich das erste klinische Bild stark von dem eines Bandscheibenprolapses. Eine Paraplegie beginnt 14,5±3,7 (SE) h nach der Erstsymptomatik. Bei Anwendung eines Epiduralkatheters beginnen neurologische Dysfunktionen selten während der Katheter in situ liegt; die Erstsymptomatik trat bei 7 von 22 Patienten unmittelbar nach Katheterentfernung, bei manchen erst 24 h und mehr danach auf.

Therapie

Eine gute neurologische Prognose ist meist nur dann zu erwarten, wenn die Dekompression innerhalb von 8 h nach Beginn der Pa-

raplegie durchgeführt wird. Ohne frühe Operation enden manche dieser Komplikationen gar letal.

Prophylaxe

Koagulopathien, seien sie angeboren oder erworben, gelten als Kontraindikation für eine RMNLA. Eine negative Patienten- und Familienkrankengeschichte in bezug auf eine Koagulopathie ist zu erheben; dabei müssen spezifische Fragen über abnormale oder starke Blutungen bei Verletzungen, früheren Operationen, Zahnextraktionen, Geburt oder Menstruation sowie spontanes Nasenbluten gestellt werden.

Ein spinales Hämatom kann auch dann entstehen, wenn die Blockade vor einer hoch dosierten Antikoagulation, Fibrinolyse oder Thrombolyse durchgeführt wurde (Butler u. Green 1970).

Allgemein gelten für eine RMNLA folgende Empfehlungen:
1) Keine traumatischen- oder Vielfachpunktionen.
2) Bei kontinuierlicher Kathetertechnik sollten 12stündliche neurologische Kontrollen bis mindestens 24 h nach Katheterentfernung durchgeführt werden. Entsprechend der oben beschriebenen Erstsymptomatik muss v.a. auch die motorische Funktion geprüft werden. Deshalb ist es auch wichtig, im Rahmen einer postoperativen epiduralen Katheterschmerztherapie niedrige Lokalanästhetikakonzentrationen, evtl. in Kombination mit Opioiden anzuwenden.
3) Das geringste Risiko stellt eine atraumatische einzeitige Spinalanästhesie dar.

Subkutanes Standardheparin (SH, niedrige Dosis)

Bei einer subkutanen SH-Applikation sollte ein Mindestabstand von 4 h vor und 1 h nach einer spinalen Punktion oder Katheterentfernung eingehalten werden.

Tabelle 14.4. Empfehlungen der Deutschen Gesellschaft für Anästhesiologie und Intensivmedizin über Zeitintervalle und Labortests für Standardheparin (*SH*), niedermolekulares Heparin (*NMH*) und Cumarin bei Patienten für RMNLA; die Notwendigkeit der empfohlenen Messung der Thrombozytenzahl nach Heparingabe wird von vielen Autoren bezweifelt.

	Vor der Punktion	Nach der Punktion	Labortests
SH (niedrige Dosis)	4 h	1 h	Thrombozyten ≥5 Tage
SH (hohe Dosis)	4 h	1–2 h	aPTT, Thrombozyten
NMH (niedrige Dosis)	10–12 h	4 h	Thrombozyten ≥5 Tage
Cumarin	Mehrere Tage	Nach Katheterentfernung	Prothrombinzeit oder INR

Intravenöses Standardheparin (hohe Dosierung)

Während der Anwendung einer therapeutischen SH-Dosis ist eine spinale Punktion kontraindiziert. Im Rahmen einer intravenösen SH-Applikation sollte ein Mindestabstand von 4 h vor und 1–2 h nach einer spinalen Punktion oder Katheterentfernung beachtet werden. Außerdem muss vor der Punktion die aktivierte partielle Thromboplastinzeit kontrolliert werden (Tabelle 14.4).

Eine intraopertive intravenöse Gabe von bis zum 5.000 I.E. SH bei bestimmten Patienten (z.B. Gefäßoperation, Herzoperation, instabile Angina) ist unter folgenden Kriterien keine absolute Kontraindikation für eine RMNLA:

- sorgfältige postoperative neurologische Überwachung,
- i.v.-SH-Gabe frühestens 1 h nach der spinalen Punktion,
- aPTT nicht höher als der doppelte Normalwert, Katheterentfernung 2–4 h nach Beendigung des i.v.-Perfusors,
- bei blutiger Punktion Operation mindestens 12 h verschieben oder Einführung eines Katheters am Vorabend.

Keine Kontraindikation stellt eine niedrig dosierte i.v.-Applikation von SH (≤2 000 I.E.) zum Zwecke einer Thromboseprophylaxe bei orthopädischen Operationen dar.

Niedermolekulares Heparin (NMH, niedrige Dosis)

NMH hat auch eine starke fibrinolytische Aktivität, hemmt die Fibrinogenbindung an Thrombozyten und die Thrombozytenadhäsion an eine Endothelläsion; wegen des im Vergleich zum SH unterschiedlichen biologischen Verhaltens müssen für NMH strengere Richtlinien angewandt werden. Das Risiko erhöht sich mit der Dosis und auch mit der Häufigkeit der Anwendung (1- bis 2mal täglich). Auch eine längere Therapiedauer könnte das Risiko erhöhen.

Bei der europäischen Dosierung von ≤40 mg Enoxaparin 1mal täglich konnte kein erhöhtes Risiko festgestellt werden.

Im Rahmen einer subkutanen NMH Applikation sollte ein Mindestabstand von 10–12 h vor und 4 h nach einer spinalen Punktion oder Katheterentfernung abgewartet werden.

Eine Kombination von NMH mit Thrombozytenaggregationshemmern (ASA, NSAID etc.) erhöht das Risiko für ein spinales Hämatom; die Kombination mit niedrig dosierter Aspirintherapie (z.B. zur koronaren Protektion) kann jedoch als sicher angesehen werden.

Cumarin

Eine therapeutische Cumarintherapie stellt eine absolute *Kontraindikation* für eine RMNLA dar. Nach dem Absetzen von Cumarin sind anfangs bei normaler Prothrombinzeit und INR („international normalized ratio"), welche vorwiegend den Faktor VII widerspiegeln, häufig noch immer inadäquate Spiegel der Faktoren II und X möglich.

Epiduralabszeß

Usubiaga (1975) hat bei einer Literatursuche 780 000 Epiduralanästhesien zusammengefaßt. Er fand 6 Epiduralabszesse nach lumbaler Epiduralblockade und 5 Epiduralabszesse nach Sakral-Epidural-Blockade. Zu Beginn der geburtshilflichen Anästhesie ist nach Anwendung kontinuierlicher Sakral-Epidural-Blockaden diese Komplikation häufiger aufgetreten. In letzter Zeit wird sie nur mehr selten beobachtet, trotzdem gibt es noch immer Berichte über Epiduralabszesse nach Epiduralblockade (Koenig et al. 1985) und einen Fall nach Spinalanästhesie (Loarie u. Fairley 1978).

Baker et al. (1975) haben im Massachusetts General Hospital 39 Epiduralabszesse über einen Zeitraum von 27 Jahren festgestellt. 38 dieser Abszesse waren durch endogene Streuung entstanden. Nur 1 Patient hatte eine Epiduralblockade; bei diesem Patienten konnte man eine Restitutio ad integrum erreichen. Bei den Epiduralabszessen wurden folgende Symptome gesehen: starke Rückenschmerzen, lokale Druckempfindlichkeit, Fieber, Leukozytose; Nackensteifigkeit entstand aber nur bei 50% der Patienten. Der häufigste Keim war Staphylococcus aureus. Epiduralabszesse können sich über Wochen und Monate entwickeln, aber auch innerhalb eines Tages von Rückenschmerzen zu Paralyse führen. Der durchschnittliche Verlauf ist folgender:

- Beginn von Rückenschmerzen bis zum Beginn von Wurzelschmerzen: 3 Tage,
- Beginn von Rückenschmerzen bis zur Schwäche der unteren Extremität: 4–5 Tage,
- Schwäche bis zu Paraplegie: 24 h.

> **!** Die Trias von Rückenschmerzen, die bei Bewegung stärker werden, Druckschmerzhaftigkeit und Fieber ist ein Indikator für einen Epiduralabszeß.

Therapie

Wenn sich eine Trias von Rückenschmerzen, die bei Bewegung stärker werden, Druckschmerzhaftigkeit und Fieber einstellt, sollten sofort eine Antibiotikaabdeckung und Myelographie durchgeführt werden. Eine Laminektomie mit Drainage muss so früh wie möglich erfolgen, da neurologische Ausfälle bei diesen Patienten nicht reversibel sind. Es hat sich gezeigt, dass die Rückenmarkschädigung wesentlich stärker ausfällt, als sie durch die mechanische Kompression zu erwarten wäre, wobei eine infektiöse Vaskulitis die wahrscheinliche Ursache für die irreversible Myelopathie ist.

Prävention

Epiduralabszesse entstehen vorwiegend durch endogene Streuung. Deshalb sind rückenmarknahe Leitungsanästhesien bei Sepsis oder Abszeß, gleichgültig welcher Lokalisation, und bei anderen bakteriellen Erkrankungen kontraindiziert. Obwohl ein Epiduralabszeß vorwiegend durch endogene Streuung entsteht, kann man die Möglichkeit exogener Infektion durch Nadel oder Katheter nicht ausschließen. Aseptisches Vorgehen ist daher eine conditio sine qua non für die Durchführung rückenmarknaher Leitungsanästhesien. Dazu gehören neben Operationshaube, Gesichtsmaske, sterilen Operationshandschuhen und großflächiger Desinfektion des Punktionsgebiets auch der gesunde Menschenverstand. Abdecktücher sollten sinnvoll eingesetzt werden. Ein rutschendes Abdecktuch kann das desinfizierte Gebiet unsteril machen. Eine Kontraindikation ist auch das Vorhandensein lokaler Infektionen wie Akne oder Pusteln.

Bei lange bestehenden kontinuierlichen Epiduralblockaden muss eine häufige Kontrolle der Punktionsstelle erfolgen. Eine subkutane Untertunnelung vermindert bei diesen Patienten die Gefahr eines Epiduralabszesses.

Die Verwendung von Bakterienfiltern ist bei kurzer Liegedauer des Epiduralkatheters nicht unbedingt erforderlich. Bei längerer

Liegedauer wird der Bakterienfilter benötigt und regelmäßig gewechselt.

> ❗ Bakterielle Entzündungen und Abszesse, gleichgültig welcher Lokalisation, sind Kontraindikationen für eine rückenmarknahe Leitungsanästhesie.

Verletzung von Nerven oder Conus medullaris

Neurologische Komplikationen durch ein Trauma im Rahmen des Einführens der Nadel oder des Katheters sind sehr selten. Die Berührung einer Nervenwurzel durch die Nadel führt zu temporären Symptomen wie Schmerz, Gefühllosigkeit und/oder Parästhesien im betroffenen Dermatom: Der Schmerz wird als elektrisierend beschrieben.

Wenn trotz dieses elektrisierenden Schmerzes beim Einführen der Nadel das Lokalanästhetikum injiziert wird, treten sehr starke Schmerzen sowie Paresen und sensorische Veränderungen auf, die persistieren können (Honcomp 1966). Eine intramedulläre Injektion ist bei einer Punktion in der unteren Lumbalgegend praktisch nicht möglich, da die Injektion unterhalb der Spitze des Conus medullaris durchgeführt wird. Der Conus medullaris endet bei 60% der Erwachsenen in Höhe von L_2, bei 30% in Höhe von L_1 und bei 10% in Höhe von L_3. Aber auch ein sakrales Ende des Rückenmarks ist beschrieben worden. Falls jedoch eine intramedulläre Injektion erfolgt, tritt ein Kollaps auf; wenn der Patient überlebt, bleibt eine Myelitis transversa zurück.

Wenn der Epiduralkatheter sehr weit in den Epiduralraum vorgeschoben wird, kann er eine Schlinge um eine Nervenwurzel bilden und diese beim Herausziehen verletzen (Dawkins 1969). Bei der Durapunktion kommt es gelegentlich zu einer Blutung, die sich im Auftreten eines bluttingierten Liquors aus der Spinalnadel äußert. Es gibt keinen dokumentierten Fall einer Nervenläsion nach einer solchen Blockade. Im Tierversuch konnte jedoch durch Blut eine aseptische Meningitis erzeugt werden.

> ❗ Beim Auftreten einer Parästhesie muss die Nadel in ihrer Position geändert oder neu eingeführt werden.

Prävention

Das Auftreten von Parästhesien infolge einer Berührung einer Nervenwurzel ist auch bei geübten Anästhesisten nicht zu vermeiden. Beim Auftreten einer Parästhesie darf keine Injektion durchgeführt werden. Die Nadel muss in ihrer Position geändert oder neu eingeführt werden.

Bei einer blutigen Lumbalpunktion sollte man warten, bis klarer Liquor tropft, bevor man das Lokalanästhetikum injiziert.

Falsche Lösungen

Der Epiduralraum scheint sehr widerstandsfähig zu sein; eine große Anzahl von verschiedenen Präparaten ist schon in den Epiduralraum injiziert worden, ohne dass bleibende Schäden resultierten. An einem meiner Patienten wurde der Epiduralkatheter auf der Krankenstation mit einem Kavakatheter verwechselt. 20%-Glukoselösung und Digitalis wurden ohne Nebenwirkungen toleriert. Auch Thiopental (Forestner und Ray 1975) wurde ohne Komplikation appliziert. Eine epidurale Applikation von Kaliumchlorid führte zu einer tiefen motorischen Blockade und Krämpfen in Beinen und Abdomen. Nach 4 h waren die Symptome ohne bleibende Effekte abgeklungen. Allerdings hat Usubiaga (1975) 2 Patienten mit Paraplegie beschrieben, denen Kollodium bzw. hypertones Kochsalz epidural appliziert wurde.

Der Subarachnoidalraum ist wahrscheinlich gegenüber falschen Injektionen empfindlicher.

Großes Aufsehen mit langen Rückwirkungen auf die Praxis der Regionalanästhesie haben 2 Fälle von Paraplegie gemacht, die nach Spinalanästhesie an einem Tag aufgetreten sind. Es handelt sich um den Wooley- und Roe-Fall (Cope 1954), bei dem Phenollösung, in der die Lokalanästhetik-Ampullen aus Sterilitätsgründen gelagert wurden, durch unsichtbare Haarrisse in das Innere der Ampulle gelangt war. In letzter Zeit wurde Gallamin intrathekal appliziert. Das Resultat waren Konvulsionen, die 1 1/2 h später begannen und 47 h anhielten.

Prävention

Die beschriebenen Fälle weisen darauf hin, dass besondere Sorgfalt bei der Identifikation der Ampullen notwendig ist. Eine Sterilisation durch Hitze oder γ-Strahlen wird eine Kontamination mit neurolytischen Lösungen unmöglich machen. Ein Epiduralkatheter, der für postoperative Schmerzbehandlungen belassen wird, muss genau und gut sichtbar beschriftet werden.

Toxizität

Die irritierende Wirkung von Kokain bei der Spinalanästhesie ist schon lange bekannt. Die z.Z. für rückenmarknahe Leitungsanästhesien verwendeten Lokalanästhetika haben bei korrekter Dosierung und Konzentration keine toxische Wirkung auf das Rückenmark und die Spinalwurzeln. Trotzdem sind in den letzten Jahren Berichte über monatelang anhaltende Blockaden und permanente Querschnittsläsionen nach unbeabsichtigter intrathekaler Injektion von 2-Chlorprocain erschienen. Es handelte sich großteils um Mengen von Lokalanästhetika, die für eine Epiduralblockade bestimmt waren (Moore et al. 1982).

Verschiedene Faktoren wie der niedrige pH-Wert des kommerziell erhältlichen 2-Chlorprocain oder das Präparat selbst wurden als Ursache angeführt. Jedoch stellte sich heraus, dass das 2-Chlorprocain selbst nicht stärker neurotoxisch wirkt als Bupivacain oder Lidocain, wenn diese Präparate in großen Volumina einem Schaf intrathekal appliziert werden. Allerdings bewirkt das in der Ampulle ebenfalls vorhandene Antioxydativum Natriumbisulfit im Tierversuch eine irreversible Parese, wenn es subarachnoidal oder am peripheren Nerv appliziert wird.

Prävention

Da eine subarachnoidale Injektion des Lokalanästhetikums im Rahmen einer Epiduralblockade möglich ist, werden bei Anwendung eines Lokalanästhetikums, das Natriumbisulfit enthält, folgende Maßnahmen vorgeschlagen:

1. Als Testdosis sollte ein Präparat verwendet werden, das kein Natriumbisulfit enthält.
2. Anwendung einer ausreichend großen Menge Lokalanästhetikum als Testdosis, wonach 3–4 min gewartet werden muss, bis das 2-Chlorprocain gegeben wird.
3. Injektion einer einzelnen großen Dosis soll vermieden werden. Vielmehr sollte das Gesamtvolumen in mehreren fraktionierten Dosen appliziert werden.
4. Sollte trotz aller Vorsichtsmaßnahmen eine intrathekale Injektion von Natriumbisulfit erfolgen, müßte möglichst viel Liquor entfernt und durch künstlichen Liquor ersetzt werden.
5. Eine Spinalblockade mit einem Lokalanästhetikum, das Natriumbisulfit enthält, ist kontraindiziert.

Cauda-equina-Syndrom

Die Anwendung einer kontinuierlichen Spinalanästhesie mit Mikrokathetern und eine akzidentelle Spinalanästhesie im Rahmen einer versuchten Epiduralanästhese führte bei manchen Patienten zu einem Cauda-equina-Syndrom (Rigler et al. 1991; Drasner et al. 1992). Bei allen Patienten einer kontinuierlichen Spinalanästhesie wurde wegen inadäquater Blockade sukzessiv eine ausnehmend hohe Dosis von hyperbarem Lokalanästhetikum verabreicht. Man kann annehmen, dass die Katheterspitze wahrscheinlich nach kaudal gerichtet war und dass diese hohe Lokalanästhetikadosis eine neurotoxische Wirkung hatte.

Symptome

Es treten folgende Symptome auf: Blasenstörung, Stuhlgangsstörung, sensorische Ausfälle im kaudalen Bereich, motorische Schwäche der unteren Extremität, reduzierte sexuelle Funktion. Diese Ausfälle sind persistierend und nach Monaten noch vorhanden.

Prophylaxe

Bei Anwendung einer kontinuierlichen Spinalanästhesie sollte primär kein hyperbares Lokalanästhetikum verwendet werden. Bei insuffizienter Blockade kann eine kleine zusätzliche Dosis von hyperbarem Lokalanästhetikum mit Kopftieflagerung des Patienten (kraniale Ausbreitung des Lokalanästhetikums) verabreicht werden. Auf keinen Fall darf die bei einer einzeitigen Spinalanästhesie maximal angewandte Lokalanästhetikadosis überschritten werden (Lidocain: 100 mg; Bupivacain: 20 mg). In den USA und in Österreich ist die Anwendung der kontinuierlichen Spinalanästhesie mit Mikrokathetern übrigens verboten.

Vorderes Spinalarteriensyndrom

Dieses Syndrom ist in erster Linie durch motorische Schwäche in der unteren Extremität gekennzeichnet. Die Ursache ist eine Ischämie in den vorderen zwei Dritteln des unteren Rückenmarks. Eventuell vorhandene sensible Ausfälle sind spärlich und fleckig und werden vorwiegend durch eine ischämische Nekrose der Hinterwurzeln verursacht. Es gibt viele dokumentierte Fälle von spontaner Paraplegie wegen „spinaler Apoplexie" bei alten Patienten sowie infolge einer Virusinfektion auch bei jungen Patienten. Ein vorderes Spinalarteriensyndrom kann auch nach einer Allgemeinnarkose vorkommen (Ditzler u. McNer 1956). Diese Komplikation tritt ebenso nach einer rückenmarknahen Leitungsanästhesie auf (Urquart-Hay 1969). In diesem Fall stellt sich die Frage, ob es sich dabei um einen zufälligen Zusammenhang einer spontanen Paraplegie mit der Blockade handelt, oder ob die Blockade direkt oder indirekt an dieser Komplikation beteiligt ist. Das Rückenmark ist sehr spärlich mit Gefäßen versorgt. Die Durchblutung desselben hängt größtenteils vom arteriellen Druck und vom venösen Rückstrom ab. Eine gefährliche Mangeldurchblutung tritt v.a. dann auf, wenn ein niedriger arterieller Druck mit Behinderungen des venösen Abflusses verbunden ist, wie z.B. bei einer Kompression der V. cava inferior.

Ursachen

Adrenalin

Adrenalin als Zusatz zum Lokalanästhetikum wird häufig als Ursache für diese Komplikationen angegeben. 11 Patienten mit Paraplegie nach einer Epiduralblockade mit adrenalinhaltigen Lösungen sind beschrieben worden (Catterberg und Insausti 1964). Einerseits erhielten diese Patienten hohe Dosen von Adrenalin mit Konzentrationen bis zu 1 : 80 000. Andererseits werden keine Details über Dosis, Technik oder chirurgische Einflüsse dargelegt, so dass eine genaue Beurteilung dieser Patienten nicht möglich ist.

Große Mengen von intrathekalem Adrenalin (0,15–1,1 mg/kg) wurden Affen verabreicht (Wu et al. 1954). Einige Tiere hatten eine Analgesie, die nicht länger als 60 min anhielt, kein Tier hatte bleibende Schäden. Das Gefäßsystem des Rückenmarks spricht auf Vasopressoren weniger an als andere Gefäße. Zur Zeit wird die Anwendung von Adrenalin zur routinemäßigen Beimengung zum Lokalanästhetikum in geeigneter Menge (Epiduralblockade 1 : 200 000, Spinalblockade 0,1 mg) empfohlen. Da aber der Verdacht besteht, dass Adrenalin in bestimmten Situationen zur Entstehung eines vorderen Spinalarteriensyndroms beitragen könnte, sollte es nicht verwendet werden, wenn eine Epiduralblockade zum Zweck einer induzierten Hypotonie bei arteriosklerotischen Patienten angewandt wird.

Hypotonie

Eine Ischämie wegen niedrigen Blutdrucks entsteht am ehesten dann, wenn diese Hypotonie durch Hypovolämie verursacht und mit einer Vasokonstriktion verbunden ist.

Venöser Rückstau

Bei einer lange bestehenden venösen Abflussbehinderung und einer gleichzeitig auftretenden arteriellen Hypotension kann es zu einer Ischämie des Rückenmarks kommen (Urquart-Hay 1969). Ursachen für eine venöse Abflussstörung inkludieren eine Seitenlagerung mit angezogenen Beinen, eine Bauchlage ohne ausreichende Entlastung des Abdomens, Rückenlagerung der schwangeren Frau bei der Geburt und eine extreme Lordose, wie sie für manche Operationen angewandt wird.

Andere Ursachen

Bei Operationen im Bereich der Aorta oder der Wirbelsäule können Arterien, die das Rückenmark versorgen, unterbrochen werden. Eine Angiographie größerer Gefäße kann zu einer Paraplegie führen. Die Ursache liegt darin, dass zu große Mengen an toxischem Kontrastmittel unter hohem Druck in das Rückenmark gepumpt werden. Angiome der Wirbelsäule und des Rückenmarks kommen bei 10% der Bevölkerung vor. Bei Behinderungen des venösen Rückflusses werden diese Angiome anschwellen. Sie können dann eine Kompressionssymptomatik oder in seltenen Fällen auch eine Stealphänomen verursachen, das Blut aus dem Rückenmark in das Angiom umleitet.

14.15
Aseptische Meningitis

Diese Komplikation setzt plötzlich innerhalb von 24 h nach einer subarachnoidalen Injektion ein, kann also auch im Rahmen einer Epiduralblockade mit akzidenteller intrathekaler Injektion auftreten. Die Symptome sind die einer typischen Meningitis: Fieber, Kopfschmerzen, Nackensteifigkeit, Übelkeit, Erbrechen, Photophobie und manchmal auch Bewusstlosigkeit. Der Liquor ist trübe, mit Leukozytose, erhöhtem Proteingehalt und ohne herabgesetzten Glukosespiegel. Auch eine periphere Leukozytose ist vorhanden. Kulturen von Liquor und Blut sind steril. Innerhalb von 4 Tagen sind die Patienten i.allg. beschwerdefrei. Bei einigen Patienten heilt diese Meningitis ohne Komplikationen ab (Philips 1970). Bei anderen Patienten kann sich eine „chronische adhäsive Arachnoiditis" entwickeln; es kommt zur Proliferation der Arachnoidea mit Fibrosierung und Narbenbildung. Da sich diese Veränderungen im Lumbosakralbereich abspielen, spricht man von einem „Caudaequina-Syndrom", das oft erst nach Wochen oder Monaten klinisch manifest wird. Meist findet man eine Muskelschwäche in den Beinen sowie Blasen- und Darmstörungen. Die Erkrankung hat einen progressiven Verlauf mit Spastizität und Schmerzen.

In der Frühzeit der Spinalanästhesie ist diese Komplikation immer wieder aufgetreten. Merritt (1937) hat in einer Literatursuche zwischen 1928 und 1934 150 Patienten beschrieben. In letzter Zeit tritt eine Meningitis nur mehr selten auf; es werden aber immer noch sporadisch solche Patienten beschrieben, wobei auch „epidemisch" mehrere Patienten am gleichen Tag erkranken (Goldman u. Sanford 1964).

Als Ursache wird u.a. eine blutige Liquorpunktion angegeben. Es gibt aber keinen dokumentierten Fall dieser Art. Auch eine Virusinfektion wird diskutiert. Am ehesten kommen als Ursache verschleppte Chemikalien wie Wasch- und Reinigungsmittel in Frage, die bei der Zusammensetzung der Spinal- bzw. Epiduralsets verwendet werden (z.B. Lysol, Phenol). Allerdings ist auch ein Fall von aseptischer Meningitis bei Anwendung eines kommerziell erhältlichen Spinalsets vorgekommen (Philips 1970). In diesem Fall kann man annehmen, dass Pyrogene oder Endotoxine die Ursache waren. Bakterien können in eine Ampulle gelangen und sich vermehren. Bei der Sterilisation werden die Bakterien abgetötet, die Endotoxine allerdings bleiben weiter bestehen.

Therapie

Die Behandlung ist primär symptomatisch. Da das Vorhandensein eines eitrigen Liquors den Schluss nahe legt, dass eine bakte-

Sektion C

rielle Erkrankung vorliegt, wird man nach der Liquorpunktion zur Untersuchung auf Bakterien und Antibiogramm sofort eine Therapie mit Antibiotika beginnen. Auch eine Steroidgabe wird diskutiert.

Prävention

Bei der Herstellung eigener Blockadesets sollen die Spritzen und Nadeln nur mit Wasser gereinigt und gespült werden, so dass Wasch- und Reinigungsmittel als Ursache wegfallen. Bei Anwendung von Einmalnadeln und Einmalspritzen ist eine Reinigung nicht notwendig, so dass diese Möglichkeit einer Kontamination dann nicht vorhanden ist. Hauseigene Blockadesets dürfen nur hitzesterilisiert werden und ein Indikator soll beigefügt werden, der anzeigt, dass das ganze Besteck im Sterilisator war. Vor dem Einführen der Spinalnadel soll das verwendete Hautdesinfizienz abgewischt werden. Die Anwendung von Desinfektionsmitteln, die Quecksilber enthalten (Merfen), sollte unterlassen werden, obwohl eine Komplikation durch dieses Desinfektionsmittel nicht beschrieben wurde. Die Spinalnadel sollte nicht an der Spitze oder im vorderen Abschnitt des Schafts berührt werden. Die Anwendung einer Führungsnadel bei Gebrauch von 25-G.-Spinalnadeln verhindert, dass die Nadelspitze die Patientenhaut berührt, welche unter den besten Voraussetzungen gewisse Verunreinigungen enthält. Es muss auch darauf geachtet werden, dass der Führungsdraht der Spinalnadel zur Gänze eingeführt ist.

14.16
Pneumozephalus

Nach Anwendung von Luft für die Widerstandsverlusttechnik im Rahmen einer versuchten Epiduralblockade kann nach Duraperforation Luft in den Subarachnoidalraum eingebracht werden und in die zerebralen Ventrikel gelangen (Gonzatez-Carrasco 1993).

Symptome

Sofortiges Auftreten von lagerungsunabhängigem Kopfschmerz, Blässe, Bradykardie und Hypotension. Die Symptome sind bei der angegebenen Kasuistik nach 24 h ohne neurologische Folgeschäden spontan abgeklungen.

Prophylaxe

Die Anwendung von physiologischer Kochsalzlösung anstatt Luft für die Widerstandsverlustmethode beim Einführen der Epiduralnadel vermeidet eine intrathekale Luftinjektion bei akzidenteller Duraperforation.

14.17
Präexistente Erkrankungen des Zentralnervensystems

Tumoren des Rückenmarks

Diese sind im Anfangsstadium schwer zu diagnostizieren. Frühe Symptome sind Konstipation und Blasenstörungen, ein „komisches Gefühl in den Beinen", Hypästhesie, leichte Ermüdbarkeit der Beine beim Gehen und schließlich Schmerzen, die beim Hinlegen stärker werden. Später treten stärkere Ausfallerscheinungen auf.

Nach einer Spinalanästhesie können plötzlich Symptome verstärkt auftreten. Die Ursache dafür liegt wahrscheinlich in einer Lageänderung des Tumors infolge einer Änderung der Druckverhältnisse im Subarachnoidalraum.

Bei einem Verdacht auf einen Tumor des Rückenmarks sollte man keinesfalls eine Spinalanästhesie durchführen. Wenn unmittelbar nach einer rückenmarknahen Leitungsanästhesie neurologische Symptome auftreten, wird die Blockade leicht als Ursache für diese Erkrankung angesehen, eine ausreichende neurologische Durchuntersuchung wird dann möglicherweise erst viel später durchgeführt, so dass Diagnose und adäquate Therapie vielleicht zu spät erfolgen könnten.

Rückenschmerzen, Ischialgie

Diese Beschwerden treten sowohl nach Regionalanästhesie als auch nach Allgemeinnarkosen auf. Die Ursache liegt wahrscheinlich darin, dass der Patient längere Zeit bei guter Muskelentspannung flach oder gar in extremer Lagerung verbleibt. Das führt leicht zu einer Belastung der Wirbelsäule, wobei es auch zu einem Diskusprolaps kommen kann. In seltenen Fällen kann auch eine Kompressionssymptomatik auftreten.

Andere neurologische Vorerkrankungen

Es handelt sich um Erkrankungen wie Tabes dorsalis, multiple Sklerose, posterolaterale Sklerose, amyotrophische Lateralsklerose oder Syphilis: Obwohl eine rückenmarknahe Leitungsanästhesie nicht als Ursache für eine Exazerbation einer Systemerkrankung angesehen werden kann und ein Beweis dafür nicht vorliegt, sollte eine solche Blockade bei diesen Patienten aus psychologischen Gründen nicht durchgeführt werden. Ausnahmen von dieser Regel sollten nur dann gemacht werden, wenn eine andere Anästhesieform für einen Patienten gefährlicher ist.

14.18
Diabetes und periphere Neuropathie

Bei diesen Patienten können neurologische Symptome auftreten, die ihre Ursache in der Grundkrankheit haben, wofür aber irrtümlicherweise die rückenmarknahe Leitungsanästhesie verantwortlich gemacht werden könnte.

Andererseits kann eine kurzfristige Exazerbation neurologische Symptome wie Juckreiz nach einer Spinalanästhesie bei einem Patienten mit diabetischer Neuropathie vorkommen (Koski 1980).

14.19
Wertung

Die rückenmarknahen Leitungsanästhesien gehören zu den diffizilen Formen der Anästhesie, was Anatomie, Wirkungsart, Physiologie und Pharmakologie betrifft.

Durch genaue Beachtung der vielen technischen Details und durch das verbesserte Material ist diese Form der Anästhesie in den letzten Jahren wesentlich sicherer geworden. Der schlechte Ruf der Spinalanästhesie in den frühen Jahren ihrer Anwendung war u.a. auch durch irritierende Lösungen, zu große Nadeln, nichtaseptische Technik und Unkenntnis über die Physiologie der rückenmarknahen Leitungsanästhesien bedingt. Eine Anzahl von gut kontrollierten Studien mit großen Patientenzahlen hat in letzter Zeit bewiesen, dass größere Komplikationen äußert selten vorkamen. So hat Lund (1971) mehrere größere Studien über die Spinalanästhesie bei mehr als 500 000 Patienten zusammengefaßt und dabei keine permanenten motorischen Ausfälle gefunden. Scott et al. (1990) haben im Rahmen einer retrospektiven Studie in 203 geburtshilflichen Stationen in Großbritannien nach 505 100 geburtshilflichen Epiduralblockaden innerhalb von 5 Jahren 5 Patienten (0,001%) mit permanenten Schäden entdeckt. 1 Patient hat eine permanente Neuropathie nach Schädigung einer Nervenwurzel, 2 Patienten entwickelten eine Paraplegie (vorderes Spinalarteriensyndrom: 1 Patient; Thrombose eines kongenitalen zervikalen Hämangioms 10 Tage nach der Geburt: 1 Patient, Epiduralblockade in diesem Fall als Ursache fraglich), 1 Patient mit Epiduralhämatom und 1 Patient mit Epiduralabszess leiden an den Folgen einer Kompression des Rückenmarks (auch bei diesen beiden Patienten kann ein rein zufälliger und nicht ursächlicher Zusammenhang mit der Epiduralblockade nicht ausgeschlossen werden). Bei genauer Kenntnis der Physiologie und Beachtung aller Details sind die rückenmarknahen Leitungsanästhesien ein wertvoller Beitrag zur Betreuung des Patienten.

Sektion C

Literatur

Austen GW, Moren JM (1965) Cardiac and peripheral vascular effects of lidocaine and procainamide. Am J Cardiol 16: 701–714

Baghwanjee S, Rocke DA, Rout CC, Koovarjee RV, Brijball R (1990) Prevention of Hypotension for lective caesarian section by wrapping of the legs. Br J Anaesth 65: 819–822

Baker A, Ojemann RG, Swartz MN, Richardson EP (1975) Spinal epidural abscess. N Engl J Med 293: 463–466

Barker GL (1988) Spinal subdural haematoma following spinal anaesthesia. Anaesthesia 43: 664–665

Binnert D, Thierry A, Michiels R, Soichot P, Perrin M (1971) Presentation d'un nouveau cas d'hématome extradural rachidien spontané observé au cours d'un accouchement. Med Lyon 52 : 1307–1312

Bonica JJ, Akamatsu TJ, Berges PU, Morikawa K, Kennedy WF (1971) Circulatory effects of peridural block II. Effects of epinephrine. Anesthesiology 34: 514–522

Bonica JJ, Kennedy WF, Akamatsu TJ, Gerbershagen HU (1972) Circulatory effects of peridural block III. Effects of acute blood loss. Anesthesiology 36: 219–227

Böttiger BW, Diezel G (1992) Akute intrakranielle Subarachnoidalblutung nach wiederholter Spinalanästhesie. Anästhesist 41: 152–157

Bromage PR (1978) Epidural analgesia. Saunders, Philadelphia

Brown EM, Elman DS (1961) Postoperative backache. Anesth Analg 40: 683–685

Buttler AB, Green CD (1970) Haematoma following epidural anesthesia. Can Anaesth Soc J 17: 635–639

Caplan AC, Ward RJ, Posner K, Cheney WF (1988) Unexpected Cardiac arrest during spinal anesthesia: a closed claims analysis of predisposing factors. Anesthesiology 68: 5–11

Catterberg J, Insausti T (1964) Paraplejias Consecutivas a anestesia peridural (estudio clinico y eypermental). Rev Assoc Med Argent 78: 1–8

Cesarini M, Torielli R, Lahaye F, Men JM, Cabiro C (1990) Sprotte needle for intrathecal anesthesia for casearian section: incidence of postdural puncture headache. Anesthesia 656–658

Chester WL (1988) Spinal anesthesia, complete heart block, and precordial chest thump: an unusual complication and a unique resuscitation. Anesthesiology 69: 600–602

Cope RW (1954) The Wooley and Roe case. Anesthesia 9: 249–255

Crocker JS, Vandam LD (1959) Concering nausea and vomiting during spinal anesthesia. Anesthesiology 20: 587–592

Cuplin SR, Ready LB, Haschke RH (1988) Influence of spinal needle tip design and bevel orientation on fluid leak across human dura. Anesthesiology 69: A340

Dawkins CJM (1969) Analysis of the complications of extradural and caudal block. Anesthesia 24: 554–563

Dercic A, Sprung J, Patel S, Kettler R, Maitra D (1993) PDPH in obstetric anesthesia: comparison of 24-gauga Sptotte and 25-gauge Quincke needles and effect of subarachnoid fentanyl. Reg Anesth 18: 222–225

Di Giovanni AJ, Dunbar BS (1970) Epidural injections of autologous blood for postlumbar puncture headache. Anesth Analg 49: 268–271

Ditzler JW, McNer G (1956) Paraplegia following general anesthesia. Anesth Analg 49: 268–271

Drawser K, Sessler D (1992) C.e.S. following intended epidural anesthesia. Anesthesiology 77: 582–585

Eng M, Perges PU, Parker JT, Ueland K (1973) Spinal anesthesia and ephedrine in pregnant monkeys. Am J Obstet Gynecol 115: 1095–1098

Foldes FF, Colavincenzo JW, Birch JH (1956) Epidural anesthesia: A reappraisal. Anesth Analg 35: 89–100

Forestner JE, Ray PP (1975) Inadventent epidural injection of thiopental: A case report. Anesth Analg 54: 406–407

Goldman WW, Sanford JP (1964) An „epidemic" of chemical meningitis. Anesth Analg 43: 372–378

Gonzalez-Carrsco FJ, Aguilar JL, Llubia C, Nogues S, Vidal-Lopez F (1993) Pneumocephalus after accidental dural puncture during epidural anesthesia. Reg Anesth 18: 193–195

Greene BA (1950) A 26 gange lumbar puncture needle. Its value in the prophylaxis of headache following spinal analgesia for vaginal delivery. Anesthesiology 11: 464–468

Greene NM (1981) Physiology of spinal anesthesia, 3 rd/edn. Williams & Wilkins, Baltimore/London

Honkomp J (1966) Zur Begutachtung bleibender neurologischer Schäden nach Periduralanästhesie. Anästhesist 15: 246–248

Jones RJ (1974) The role of recumbency in the prevention and treatment of postspinal headache. Anesth Analg 53: 788–796

Kaufman RD, Reynolds RC (1976) Occlusion of an epidural catheter secondary to osteoarthritis. Anesthesiology 44: 253–255

Kingston HG, Hirshman CA (1984) Perioperative management of the patient with asthma. Anesth Analg 63: 844–855

Koenig HJ, Schleep J, Kraehling KH (1985) Ein Fall von Querschnittssyndrom nach Kontamination eines Periduralkatheters. Reg Anaesth 8: 60–62

Koski DW, Fraser JG (1980) Pruritus following spinal anesthesia. Anesth Analg 59: 157–163

Lesser P, Bembridge M, Lyons G, Macsonald R (1990) An evaluation of 30-gauge needle for spinal anesthesia for caesarian section. Anesthesia 45: 767–768

Loarie DJ, Fairley HB (1978) Epidural abscess following spinal anesthesia. Anesth Analg 57: 351–353

Lund PC (1971) Principles and practice of spinal anesthesia. Thomas, Springfield

Lund PC, Cwik JC, Quinn JR (1961) Experiences with epidural anesthesia: 7730 cases, part 1. Anesth Analg 40: 153–163

McGough EK, Cohen JA (1990) Unexpected bronchospasm during spinal anesthesia. J Clin Anesth 2: 35–36

Mc Whirter WR, Schmidt FH, Frederickson EL, Steinhaus JE (1973) Cardiovascular effects of controlled lidocaine overdosage in dogs anesthetized with nitrous oxide. Anesthesiology 39: 398–404

Michel O, Brusis T (1991) Hörstörungen nach Spinalanästhesie. Reg Anaesth 14: 92–95

Moore DC, Bridenbaugh LD, Bagbi PA, Bridenbaugh PO, Stander H (1968) The present status of spinal (subarachnoid) and epidural (peridural) block: A comparison of the two technics. Anesth Analg 47: 40–49

Moore DC, Spierdijk J, Vankleef JD, Coleman RL, Love GF (1982) Chlorprocaine neurotoxicity: Four additional cases. Anesth Analg 61: 155–159

Osterheimer GW, Palahniuk RJ, Shnider SM (1974) Epidural blood patch for postlumbar puncture headache. Anesthesiology 41: 307–308

Owens EL, Kasten GW, Hessel EA (1986) Spinal subarachnoid nematoma after lumbar puncture and heparinization: A case report, review of the literature, and discussion of anesthetic implications. Anesth Analg 65: 1201–1207

Owusu-Afram J, Schiffter R (1977) Bulbärhirnsyndrom bei Epiduralanästhesie mit Bupivacain. Anästhesist 26: 196–201

Philip JH, Brown WV (1976) Total spinal anesthesia late in the course of obstetric bupivacaine epidural blocks. Anesthesiology 44: 340–341

Phillips O (1970) Aseptic meningitis following spinal anesthesia. Anesth Analg 49: 867–871

Ratra CK, Badola RP, Bhargave KP (1972) A study of factors concerned in emesis during spinal anesthesia. Br J Anaesth 44: 1208–1211

Rigler ML, Drasner K, Krejcie TC, Yelich SJ, Scholnick FT, DeFontes J, Bohner D (1991) Cauda equina syndrome after continuous spinal anesthesia. Anesth Analg 72: 367–370

Robillart A, Zeisser M, Schmidt C, Bertrand B, Dupeyrand JP (1990) Arret cardiawue au cours d'une radianesthesie pour resection transuretrale de prostate. A propos d'un cas. Cah Anesthesiol 38: 335–338

Scott DB, Hibbard BM (1990) Serious non-fatal complications associated with extradural block in obstetric practice. Br J Anaesth 64: 537–541

Shutt LE, Valentine SJ, Wec MY, Page RJ (1992) Spinal anesthesia for caesarian section: comparison of 22-gauge and 25-gauge Whitcre needles with 26-gauge Qunicke needles. Br J Anaesth 69: 589–594

Stratmann D, Goette A, Meyer-Hamme K, Watermann WF (1979) Klinische Verläufe von über 6 000 Spinalanästhesien mit Bupivacain. Reg Anaesth 2: 49–56

Urquart-Hay D (1969) Paraplegia following epidural analgesia. Anesthesia 24: 461–470

Usubiaga JE (1975) Neurological complications following epidural anesthesia. Little Brown, Boston

Usubiaga JE, Usubiaga LE, Brea LM (1967) Effect of saline injections on epidural and subarachnoid space pressures and relation to postspinal anesthesia headaches. Anesth Analg 46: 293–296

Vandam LD, Dripps RD (1956) Long term follow up of patients who received 10.098 spinal anesthetics. III Symptoms of decreased intracranial pressure (headache and ocular and auditory difficulties). JAMA 161: 586–591

Walpole JB (1975) Blood patch for spinal headache. A recurrence and complication. Anesthesia 30: 783–785

Ward RJ, Bonica JJ, Freund FG, Akamatsu T, Danzinger F, Englesson S (1965) Epidural and subarachoid anesthesia: Cardiovascular and respiratory effects. JAMA 191: 275–280

Watanabe N, Mishima K, Nezu T, Tanifuji Y, Kobayashi K (1990) Sudden cardiac arrest during percutaneous nephrolithotomy under epidural anesthesia. Masui 39: 253–256

Wu ET, Harnagel DLA, Brizzee KR, Smith SM (1954) Neurological effects following intrathecal administration of vasoconstrictor drugs in rhesus monkeys. Anesthesiology 15: 71–88

Sektion C

Brachiale Plexusblockade

H. Ponhold

Die Topographie des Plexus brachialis ist durch seine Nähe zu Gefäßen, zur Pleurakuppel sowie zum Epidural- und Subarachnoidalraum gekennzeichnet. Punktionen und Injektionen dieser Strukturen können Anlaß zu Komplikationen sein (Tabelle 15.1). Obwohl ernste Komplikationen selten sind, ist auch eine Schädigung der Nerven selbst im Rahmen der Plexusblockade möglich.

Pneumothorax

Diese Komplikation kommt bei der supraklavikulären Blockade am häufigsten vor (0,6–6,1%), bei der interskalenen Methode werden 0–3% angegeben, während diese Komplikation bei Anwendung der axillären Technik nicht vorkommt. Deshalb sollte bei ambulanten Patienten i.allg. die axilläre Technik vorgezogen werden. Die Erfahrung

Tabelle 15.1. Komplikationen bei der brachialen Plexusblockade

Blockadeort/Autoren	n	Pneumothorax n [%]	Neurologische Komplikationen n [%]	Versager n [%]
Supraklavikulär				
Pichlmayer u. Galaske (1978)	544	8 (1,5) 2 Spannungs- pneumothorax	3 (0,6)	(1,8)
Schmidt et al. (1981)	472	3 (0,6)	3 (0,6)	28 (5,9)
Balas (1971)	300	4 (1,3)	0	4 (1,3)
Burkhardt (1975)	1054		16 (1,6)	
Brand u. Papper (1961)	230	14 (6,1) 3 Saugdrainage	0	36 (15,6)
Interskalen				
Balas (1971)	300	4 (1,3)	0	13 (4,67)
Schmidt et al. (1981)	10	0	0	0
Winnie u. Collins (1964)	200	0	0	6 (3)
Vester-Anderson et al. (1981)	100	1 (1)	0	
Ward (1974)	34	1 (3)		2 (6)
Axillär				
Pichlmayer u. Galaske (1978)	277	0	0	(1,8)
Winchell u. Wolfe (1985)	854		3 (0,36)	
Schmidt et al. (1981)	138	0	0	7 (5,07)
Brand u. Papper (1961)	246	0	0	21 (8,5)
De Jong (1961)	94	0	0	(8,5)

des Anästhesisten ist hier von besonderer Bedeutung. So berichtet Balas (1971), dass nur bei den ersten 100 von 300 Patienten Komplikationen auftraten. Die Ursache des Pneumothorax liegt nicht im Eindringen von Luft durch die Punktionsnadel, sondern darin, dass Luft durch die verletzte Pleurakuppel aus der Lunge in den Pleuraraum gelangt. Große, schlanke Patienten, die gewöhnlich eine hohe Pleurakuppel aufweisen, stellen ein erhöhtes Risiko dar (Berry u. Bridenbaugh 1980). Entsprechend der Pathogenese entwickelt sich der Pneumothorax meist erst innerhalb von 24 h. Er ist durch Dyspnoe, Husten und pleuritischen Schmerz gekennzeichnet. ein Thoraxröntgen in der Exspirationsstellung wird die Diagnose sicherstellen. Die überwiegende Mehrzahl der Patienten entwickelt nur einen kleinen Pneumothorax, der außer einer Hospitalisation und Beobachtung des Patienten keine weitere Therapie erfordert. Bei manchen Patienten wird allerdings eine Saugdrainage notwendig sein. Patienten mit schweren Erkrankungen des Respirationstrakts stellen eine Kontraindikation für eine supraklavikuläre oder interskalene Technik dar, da ein Pneumothorax bei diesen Patienten schwere Folgen haben könnte. Wegen der Möglichkeit eines Pneumothorax darf eine Blockade, die zu dieser Komplikation führen kann, nicht bilateral durchgeführt werden.

> **!** Ein Pneumothorax tritt bei der axillären Plexusblockade nicht auf. Respiratorische Problempatienten sind für eine supraklavikuläre oder interskalene Blockade wegen der Pneumothoraxgefahr nicht geeignet.

Neurologische Komplikationen

Derartige Komplikationen kommen selten vor, sind jedoch beschrieben worden; ihre Häufigkeit wird zwischen 0–1,6% angegeben. Beim Auftreten von neurologischen Komplikationen nach einer Plexusblockade wird häufig die Blockade als Ursache für diese Komplikation angegeben. Diese Komplikationen können jedoch durch eine Vielzahl von Ursachen hervorgerufen werden. Dazu gehören die Lagerung der Extremität und Druck auf einen Nerven, chirurgische und traumatische Einwirkungen während und nach der Operation, zu eng anliegende Gipsverbände, die Exazerbation einer bestehenden neurologischen Erkrankung und nicht zuletzt die Blutleere der oberen Extremität. Dabei spielen der Druck der Manschette auf den Plexus und die Ischämie eine wesentliche Rolle. Eine neuronale Schädigung ist in seltenen Fällen auch durch die Blockade selbst möglich. Das Hervorrufen einer Parästhesie im Verlauf der Nervenblockade ist bisher nicht als Ursache für eine Nervenläsion bewiesen worden. Schmidt et al. (1981) haben neurologische Komplikationen nur solange beobachtet, wie scharf geschliffene Nadeln verwendet wurden. Diese sollten daher nicht angewandt werden. Es gibt keinen Beweis dafür, ob bei Techniken, die ohne das gezielte Hervorrufen von Parästhesien eine Blockade ermöglichen (Nervenstimulation, eiskalte Kochsalzlösung), neurologische Komplikationen seltener vorkommen. Auch gibt es keine ausreichenden Vergleichsstudien, die die Häufigkeit von neurologischen Komplikationen nach Regionalanästhesien mit der Häufigkeit nach Allgemeinnarkose vergleichen.

Die meisten neurologischen Komplikationen, die nach einer Operation in Plexusanästhesie vorkommen, heilen ohne Folgen ab, wobei jedoch in manchen Fällen mehrere Monate bis zur Restitutio ad integrum vergehen können. Bei den sehr seltenen Patienten, die als Folge einer Plexusblockade eine permanente Nervenläsion erleiden, wird häufig beschrieben, dass die Injektion des Lokalanästhetikums trotz Auftreten einer Parästhesie fortgesetzt wurde (Bartuell et al. 1980; Stoehr et al. 1978). Man nimmt an, dass die Parästhesie während der Injektion durch eine intraneurale Injektion mit mechanischer Schädigung der Nerven hervorgerufen wird. Das Auftreten permanenter Nervenläsionen ist so selten, dass es keine Angaben über deren Häufigkeit gibt.

 Permanente Nervenschäden nach Plexusblockaden treten auf, wenn die Injektion trotz Parästhesie fortgesetzt wird.

Prophylaxe

Zur Vermeidung von blockadebedingten neurologischen Komplikationen soll die Blockade vorsichtig und genau nach den Richtlinien durchgeführt werden. Die Konzentration des Lokalanästhetikums darf bei Lidocain, Mepivacain, Prilocain und Etidocain 1% und bei Bupivacain 0,5% nicht übersteigen, da höhere Konzentrationen als Ursache für neurologische Komplikationen angegeben werden. Bei einer Mischung verschiedener Lokalanästhetika muss man bedenken, dass sich die Wirkung von 2 Lokalanästhetika addiert, so dass die Konzentration entsprechend reduziert werden muss. Scharfe Nadeln dürfen nicht verwendet werden. Beim Auftreten einer Parästhesie während einer Injektion muss diese sofort unterbrochen werden. Die Injektion soll langsam erfolgen. Da ein eng anliegender Gipsverband eine druckbedingte Nervenläsion hervorrufen kann, sollten langwirksame Lokalanästhetika bei solchen Patienten mit Vorsicht angewandt werden, bzw. es sollte der Chirurg auf die lange anästhetische Dauer mit fehlender Schutzfunktion des Schmerzes aufmerksam gemacht werden. Trotz der Hinweise mancher Autoren auf eine geringere Häufigkeit von Nervenläsionen bei bestimmten Techniken bestehen z.Z. infolge des äußerst seltenen Vorkommens dieser Komplikation keine ausreichend großen Studien, um Vorteile für eine bestimmte Technik nachzuweisen.

Blockade des N. phrenicus

Bei Anwendung größerer Volumina kommt es in 36–60% der Fälle (Berry u. Bridenbaugh 1980; Farrar et al. 1981) zu dieser Komplikation. Nur bei bilateraler Blockade und pulmonaler Erkrankung kann das Auftreten einer Hypoxie eine O_2-Gabe erforderlich machen. In letzter Zeit wurde ein Patient mit permanenter Phrenikusparese nach einer interskalenen brachialen Plexusblockade beschrieben (Bashein et al. 1985).

Horner-Syndrom, Blockade des N. laryngeus recurrens

Diese können bei Verwendung größerer Volumina auftreten. Eine Therapie ist nicht notwendig.

Schwindel

40 min nach einer axillären Plexusblockade findet man bei bis zu 90% der Patienten beim Aufstehen eine Tendenz zu wanken, die einem Blutalkoholspiegel von 0,8% gleichzusetzen ist (Kjaergard et al. 1984; Ward 1974). Deshalb sollten auch bei Anwendung dieser Technik die gleichen Kriterien für die Entlassung nach ambulanten Operationen gelten wie bei einer Allgemeinnarkose.

Intravasale Injektion

Da sich der Plexus brachialis in unmittelbarer Nähe verschiedener Gefäße befindet, ist es notwendig, vor jeder Injektion eine Aspiration durchzuführen. Da ein negativer Aspirationstest kein Beweis dafür ist, dass sich die Kanüle nicht intravasal befindet, sollte die Injektion langsam und intermittierend erfolgen, um geringgradige Intoxikationserscheinungen erkennen zu können, bevor die Injektion einer größeren Dosis Anlaß zu schwerwiegenden Komplikationen gibt. Einzelheiten über diese Komplikationen werden im Kapitel über direkte Wirkungen der Lokalanästhetika (s. Kap. 13) beschrieben. Es soll nur kurz hinzugefügt werden, dass eine intraarterielle Injektion schon bei sehr geringen Mengen starke ZNS-Erscheinungen hervorrufen kann, wenn diese als Bolus in das Gehirn gelangt. Diese Möglichkeit ist im Bereich des Halses bei direkter Injektion in eine Arterie möglich, die zum Gehirn führt.

Epidural- und Subarachnoidalblockade

Diese Komplikation ist sehr selten, wird aber doch gelegentlich berichtet (Kumar et al. 1979). Da es sich hier um Blockaden im Halsbereich handelt, ist beim Auftreten einer Atemlähmung bzw. bei Kreislaufreaktionen ein besonders rasches Vorgehen erforderlich.

Versager

Für die Häufigkeit derselben ist in erster Linie die Erfahrung des Anästhesisten maßgebend (1,8–15,6%). Schmidt et al. (1981) haben bei Fachärzten bzw. bei Ärzten in Weiterbildung 3,9 bzw. 13,3% angegeben. Es gibt keine Unterschiede über die Versagerquote zwischen den verschiedenen Zugängen. Beim axillären Block ist die Versagerquote für den N. musculocutaneus jedoch höher.

Wertung

Bei korrektem und vorsichtigem Vorgehen stellt die brachiale Plexusblockade eine gute Form der Anästhesie dar. Neurologische Komplikationen treten im Rahmen von Operationen in Plexusblockade auf. Es ist jedoch zweifelhaft, ob alle diese angegebenen Komplikationen wirklich durch die Blockade selbst und nicht durch andere oben beschriebene Faktoren hervorgerufen wurden. Auch ist nicht bekannt, ob bei Operationen an Hand und Arm in Blutleere etc. bei einer Allgemeinnarkose mehr oder weniger neurologische Komplikationen auftreten. Da es Patienten gibt, bei welchen die brachiale Plexusblockade eine besondere günstige Form der Anästhesie darstellt, sollte der Anästhesist die Technik dieser Blockade gut beherrschen. Das ist nur dann möglich, wenn er diese Blockade möglichst oft durchführt.

Literatur

Balas GI (1971) Regional anesthesia for surgery on the shoulder. Anesth Analg 50: 1036–1042

Barutell C, Vidal F, Raich M, Montero A (1980) A neurological complication following interscalene brachial plexus block. Anesthesia 35: 365–367

Bashein G, Robertson HT, Kennedy WF (1985) Persistent phrenic nerve paresis following interscalene brachial plexus block. Anesthesiology 63: 102–104

Berry FR, Bridenbaugh DL (1980) the upper extremity: Somatic blockade. In: Cousins MJ (ed) Neural blockade. Lippincott, Philadelphia, pp 296–310

Brand L, Papper EM (1961) A comparison of supraclavicular and axillary techniques for brachial plexus blocks. Anesthesiology 22: 226–229

Burkhardt V (1975) The place of brachial plexus analgesia in modern anesthetic practice. Excerpta Medica, Amsterdam (Recent progress in anesthesiology and resuscitation, p 57)

de Yong RH (1961) Axillary block of the brachial plexus. Anesthesiology 22: 215–225

Farrar MD, Scheybani M, Notle H (1981) Upper extremity blocks. Effectiveness and complications. Reg Anaesth 6: 133–134

Kjaergard H, Larsen TK, Rasmussen PS (1984) Impairment of postural stability following perivascular axillary blocks with mepivacaine. Acta Anaesthesiol Scand 28: 508–510

Kumar A, Batit GE, Froese AB, Long MC (1979) Bilateral cervical and thoracic epidural blockade complicating interscalene brachial plexus blocks: Report of two cases. Anesthesiology 35: 650–652

Pichlmayr J, Galaske W (1978) Auswertung von 821 supraclavikulären und subaxillären Plexusanästhesien in bezug auf Effektivität, Nebenerscheinungen und Komplikationen unter Berücksichtigung der Ausbildungspflichten einer medizinischen Hochschule. Prakt Anästh 13: 469–473

Schmidt E, Racenberg E, Hildebrand G, Büch U (1981) Komplikationen und Gefahren der Plexus brachialis-Anästhesie unter besonderer Berücksichtigung von Langzeitschäden. Anästh Intensivther Notfallmed 16: 346–349

Stöhr M, Mayer K, Petruch F (1978) Armplexuspasesen nach Stellatumblockade und Plexusanästhesie. Dtsch Med Wochenschr 103: 68

Veste-Anderson T, Christiansen C, Hansen A, Sorensen M, Meisler M (1981) Intersclalene brachial plexus block: Area of analgesia, complications and blood concentrations of local anesthetics. Acta Anaesthesiol Scand 25: 81–84

Ward ME (1974) The interscalene approach to the brachial plexus. Anesthesia 29: 147–157

Winchell SW, Wolfe R (1985) The incidence of neuropathy following upper extremity nerve blocks. Reg Anaesth 10: 12–15

Winnie AP, Collins VJ (1964) The subclavian perivascular technique of brachial plexus anesthesia. Anesthesiology 25: 353–363

KAPITEL 16

Intravenöse Regionalanästhesie

H. PONHOLD

Symptome des Zentralnervensystems (ZNS)

Es gibt große Unterschiede bei den Berichten über die Häufigkeit leichterer Formen von ZNS-Toxizität. Die Zahlen schwanken zwischen 0,5 und 67%. Krämpfe kommen allerdings selten vor.

Kardiovaskuläre Symptome

Ein geringer Blutdruckabfall und eine Bradykardie kommen nach Öffnung der Blutleere häufig vor. Sporadisch sind in letzter Zeit aber auch Berichte über Herzstillstand bei Verwendung von Bupivacain und auch Lidocain aufgetaucht, von denen manche einen letalen Ausgang nahmen (Heath 1982).

Methämoglobinämie

Bei Anwendung von Prilocain kann durch Methämoglobinbildung eine Zyanose auftreten. Bei korrekter Anwendung und einer Dosis von maximal 8 mg/kg KG steigt der Methämoglobinspiegel so geringfügig an, dass keine Zyanose entsteht.

Ursache

Ursache der systemischen Reaktionen ist ein hoher Plasmaspiegel des Lokalanästhetikums. Das injizierte Lokalanästhetikum kann während der Injektion über die aufgeblasene Manschette in den Kreislauf gelangen (Rosenberg et al. 1983). Es hat sich gezeigt, dass bei 25% der Patienten ein solches Leck auftritt, ohne dass jedoch dabei toxische Plasmaspiegel auftraten.

Nach Öffnung der Blutsperre steigt der Plasmaspiegel des Lokalanästhetikums an, wobei das Ausmaß des Anstiegs umgekehrt proportional zur Dauer der Blutsperre ist. Eine große Gefahr ist deshalb eine vorzeitiges Öffnen der Blutsperre.

Therapie

Diese wird ausführlich im Kapitel über direkte Wirkungen der Lokalanästhetika besprochen (s. Kap. 13).

Prävention

Eine Verminderung des Lecks über die Manschette für die Blutsperre wird erreicht, wenn der Arm vor dem Aufblasen der Manschette durch Hochlagerung oder eine Esmarch-Binde exsanguiniert wird. Eine periphere Injektion in den Handrücken wird ein geringeres Leck verursachen als eine Injektion im Bereich der Kubita. Die Injektion soll langsam erfolgen (nicht kürzer als 90 s). Der Druck der Manschette soll 300 mm Hg[1] betragen (Grice et al. 1985).

Zu den Maßnahmen, die den maximalen Plasmaspiegel nach dem Öffnen der Blutsperre reduzieren, gehört die Art des Öffnens der Blutsperre. Es hat sich gezeigt, dass durch mehrmaliges Öffnen und Schließen der Blutsperre am Ende der Operation ein geringerer maximaler Plasmaspiegel auftritt. Durch Bewegung des Arms nach Öffnen der Blutsperre entsteht ein höherer Plasmaspiegel, so dass der Patient angehalten werden soll, seinen Arm anfangs ruhig zu halten.

---

[1] 1 mm Hg = 133,322 Pa.

Auch eine technisch einfache Blockade wie die intravenöse Regionalanästhesie erfordert einen gut ausgebildeten Arzt.

Wertung

Da hohe Plasmaspiegel der Lokalanästhetika bei der Blockade nicht nur intraoperativ, sondern v.a. auch nach Öffnen der Blutsperre auftreten können, ist eine genauere postoperative Überwachung des Patienten besonders wichtig. Jedes der 3 für die intravenöse Regionalanästhesie in Verwendung stehenden Lokalanästhetika kann schwerwiegende Komplikationen nach sich ziehen. Daher ist es nicht möglich, einem dieser Präparate den Vorzug zu geben.

In Großbritannien und den USA sind schon von einigen Autoren Empfehlungen abgegeben worden, das eine oder andere Präparat nicht mehr zu verwenden. Bei den beschriebenen Patienten mit letalen Folgen sind meist Fehler der Technik, der Dosierung oder auch Fehler im Rahmen der Reanimationsmaßnahmen vorgekommen. Diese Tatsache unterstreicht noch einmal, dass regionalanästhetische Techniken nur von oder unter Anleitung von entsprechend geschulten Ärzten durchgeführt werden dürfen, wobei diese Ärzte auch eine entsprechende Praxis bei Reanimationsmaßnahmen haben müssen. Ein Medikament für eine fehlerhafte Technik verantwortlich zu machen, wäre falsch.

Falsche Lösungen

Auch hier kann die Injektion falscher Lösungen schwerwiegende Folgen haben. So musste an einem Patienten nach einer intravenösen Regionalanästhesie eine Unterarmam- putation durchgeführt werden. Die Ursache war wahrscheinlich die Injektion einer falschen Lösung (Luce u. Mangubat 1983).

Kompartmentsyndrom

Maletis et al. (1989) haben bei Anwendung der intravenösen Regionalanästhesie an der unteren Extremität für eine geschlossene Reposition einer Unterschenkelfraktur ein häufigeres Auftreten von Kompartmentsyndrom festgestellt als bei Anwendung einer Allgemeinnarkose bzw. von i.v.-Analgetika (27% bzw. 13%).

Versager

Fettsucht und Arteriosklerose sind als Ursache für Versager dieser Blockade beschrieben worden, da es bei solchen Patienten manchmal nicht möglich ist, eine Okklusion der Arterie zu erreichen. Es kann in diesen Fällen zum Auftreten toxischer Plasmaspiegel bei der Injektion des Lokalanästhetikums kommen. Deshalb sollte eine intravenöse Regionalanästhesie bei solchen Patienten eher nicht durchgeführt werden. Wenn jedoch eine starke Indikation für die Anwendung dieser Technik besteht, muss das Lokalanästhetikum langsam und intermittierend appliziert werden, um toxische Plasmaspiegel schon in geringem Ausmaß zu erkennen, bevor schwerwiegende Kompli- kationen auftreten.

Literatur

Grice SC, Morell RC, Balestrieri FJ, Stump DA, Howard G (1985) Intravenous regional anesthesia: Evaluation and prevention of leakage under the tourniguet. Anesthesiology 63: A221

Heath ML (1982) Deaths after intravenous regional anesthesia. Br J Med 285: 913–915

Luce EA, Mangubat E (1983) Loss of hand and forearm following Bier blocks: A care report. J Hand Surg 8: 280–283

Maletis GB, Watson RC, Scott S (1989) Compartment syndrome. A complication of intravenous regional anesthesia in the reduction of lower leg fractures. Orthopedics 12: 841–846

Rosenberg PH, Kalso EA, Tuominen MK, Linden HB (1983) Acute bupivacaine toxicity as a result of venous leakage under the tournignet cuff during Bier-block. Anesthesiology 58: 95–98

KAPITEL 17

Epidurale Opioide

H. PONHOLD

Die epidurale Applikation von Opioiden bewirkt eine starke Analgesie ohne Ausschaltung von motorischen und sympathischen Nervenfasern. Nach dem Enthusiasmus in der ersten Zeit der Anwendung hat sich herausgestellt, dass diese Therapie mit Komplikationen verbunden ist. Aus diesem Grund ist die Frage nach dem Vorteil-Risiko-Verhältnis entstanden.

Atemdepression

Epidurale Opioide bewirken eine biphasische Atemdepression.

Frühe Atemdepression

Diese entsteht durch die Resorption des Opioids in die Epiduralvenen und damit in den allgemeinen Kreislauf. Die CO_2-Antwortkurve ist entsprechend dem Plasmaspiegel des Opioids nach rechts verschoben.

Die Häufigkeit der Atemdepression hängt von der Spezifität der Opioidrezeptoren ab. Bei den nichtspezifischen Opioiden Morphin, Fentanyl und Sufentanil korreliert das Potential der Atemdepression mit dem analgetischen Effekt. Für das hoch μ-spezifische Alfentanil ist das Verhältnis Atemdepression zu Analgesie weniger gut vorhersehbar (Scot et al. 1991). Das Risiko der frühen Atemdepression wird durch gleichzeitig oder vorher verabreichte andere ZNS-Depressiva erhöht. Das gilt nicht nur für systemisch applizierte Opioide und Benzodiazepine, sondern auch für Antiemetika wie Droperidol und Domperidon; ein sorgfältigeres Monitoring ist in diesem Fall erforderlich (Chrubasik et al. 1993).

Späte Atemdepression

Die gefürchtetste Komplikation der epiduralen Opioide ist eine späte Atemdepression. Diese kann langsam mit einer Bradypnoe beginnen, aber auch abrupt einsetzen. Weiterhin gibt es Patienten, bei welchen zeitweise apnoische Perioden von 10–50 s auftreten, während sie eine Basisfrequenz von 12–14/min aufweisen. Die CO_2-Antwortkurve zeigt bei vielen Patienten auch eine späte Depression (Kafer et al. 1983). Eine späte Atemdepression im Sinne einer starken Hypoventilation oder Apnoe ist jedoch sehr selten. Es gibt einige Veröffentlichungen über Einzelfälle dieser Komplikation (McCaughey u. Graham 1982), aber nur wenige, die die Häufigkeit andeuten. Reiz u. Westberg (1980) haben eine späte Atemdepression bei 1 200 Patienten zur postoperativen Schmerzbehandlung beobachtet. Eine retrospektive Studie ermittelte eine Häufigkeit von 0,25–0,40% (McCaughey u. Graham 1982). Besorgniserregend ist, dass eine späte Atemdepression nach epiduraler Verabreichung von 2 mg Morphin auftreten kann, und zwar auch dann wenn keine anderen ZNS-Depressiva verabreicht werden (Gustafsson et al. 1982). Eine dosisabhängige Reduktion der CO_2-Antwortkurve ist sogar 10–17 h nach einer epiduralen Morphingabe bei Freiwilligen vorhanden (Camporesi et al. 1983). Die späte Atemdepression bei hydrophilen Opioiden wie Morphin kann durch die kraniale Ausbreitung des Morphins im Liquor und durch die hohe Affinität zu μ_2-Rezeptoren und δ-Rezeptoren erklärt werden. Das Maximum der Atemdepression nach epiduraler Verabreichung von lipophilen Opioiden wie Fentanyl, Sufentanil und Alfentanil tritt 60 min nach einer Bolusgabe auf. Nur 10% des durch die Dura gelangten Fentanyls erreicht zervikale Regionen, und die maximale zervikale Liquorkonzentration von Fentanyl tritt nach 20 min auf (Gourlay et al. 1989). Eine späte Atemdepression nach einer einmaligen kleinen Dosis epiduralen Fentanyls ist unwahrscheinlich, vorausgesetzt dass die Opioidrezeptorbindungskinetik nicht atypisch ist, die Elimination aus dem Körper nicht prolongiert ist und keine anderen ZNS-Depressiva verabreicht werden (Chrubasik et al. 1993). Zu den ZNS-Depressiva gehört in diesem Zusammenhang auch der zentrale Dopaminrezeptorantagonist Metoclopramid (Paspertin; Brockway et al. 1990). Trotz der hohen Lipidlöslichkeit entwickelt 0,15 mg epidurales Buprenorphin eine prolongierte und biphasische Atemdepression mit einem 2. Peak 8–10 h nach der Verabreichung (Jensen et al. 1987). Die Ursache liegt in der starken Opioidrezeptorbindung und in der Umverteilung aus fettreichem Gewebe.

Ein kleineres Injektionsvolumen ist mit einer geringeren Ausbreitung des Medikamentes im Epiduralraum und Verlängerung des Weges des Opioids zum Atemzentrum verbunden (Chrubasik et al. 1985). Bei Anwendung höherer Injektionsvolumina (20 ml) wurde auch bei epiduraler Gabe von 30 µg Sufentanil eine Atemdepression beobachtet (Whiting et al. 1988).

Bei vielen Patienten ist diese späte Atemdepression mit Somnolenz oder Koma sowie einer Miosis verbunden. Die Miosis ist auch vor dem Auftreten einer Atemdepression beobachtet worden. Es kann auch vorkommen, dass die späte Atemdepression mit einer kardiovaskulären Depression verbunden ist (Boas 1980; Gustafson et al. 1981). Die meisten Fälle von später Atemdepression treten bei der Behandlung des postoperativen Schmerzes auf. Andererseits ist diese Komplikation im Rahmen der Behandlung des Karzinomschmerzes noch nicht beschrieben worden.

> **!** Eine akzidentelle intrathekale Applikation einer für den Epiduralraum gedachten Dosis führt fast immer zu einer späten Atemdepression.

Therapie der späten Atemdepression

Diese besteht in der intravenösen Applikation einer geringen Menge (0,2 mg) von Naloxon. Da die Wirkungsdauer von Naloxon jedoch wesentlich kürzer ist als die des epiduralen Morphins, ist eine wiederholte Applikation oder kontinuierliche Infusion (5–10 µg/kg KG/h) notwendig. Daraus ergibt sich auch, dass die intensive Überwachung nach einer erfolgreichen Behandlung der späten Atemdepression mit Naloxon weiter fortgesetzt werden muss. Diese Naloxondosis wird die Atemdepression aufheben, die analgetische Wirkung bleibt aber erhalten.

Prävention

1) Die *Anwendung von Opioiden mit hoher Lipidlöslichkeit* reduziert die Häufigkeit der späten Atemdepression, die Wirkungsdauer ist jedoch nur kurz.
2) *Parenterale Applikation (i.m., i.v., s.c.) von Opioiden:* Eine gleichzeitige oder Stunden nach der epiduralen Applikation durchgeführte parenterale Gabe von Opioiden ist bei den meisten Patienten erfolgt, die eine späte Atemdepression erlitten. Eine solche parenterale Opioidgabe ist daher zu vermeiden.
3) *Dosis:* Es besteht eine direkte Beziehung zwischen Dosis (mg) und Komplikationen durch Wirkung des Opioids auf den Hirnstamm. Auch ein größeres Injektionsvolumen (ml) erhöht bei der intermittierenden Methode die Gefahr einer späten Atemdepression.
4) *Applikationsart:* Bei thorakal-epiduraler Anwendung ist eine Tendenz zu einem häufigeren Auftreten festzustellen.
   Eine akzidentelle intrathekale Applikation führt fast immer zu einer späten Atemdepression! Deshalb sollen auch hier eine Testdosis mit einem Lokalanästhetikum und wiederholte Aspirations-

versuche durchgeführt werden. Die CO_2-Antwortkurve ist beim Sitzen weniger deprimiert als bei Flachlagerung (McCaughey u. Graham 1982). Der Liquorspiegel von Morphin im Lumbalbereich ist nach 8 h größer, wenn der Patient sitzt (Gustaffson et al. 1984). Das Morphin bleibt beim Sitzen eher in der Lumbalgegend. Im Gegensatz zur einmaligen Injektion sind intermittierende Injektionen mit einer höheren Inzidenz der Atemdepression verbunden. Obwohl das Fehlen von intermittierend hohen Liquorspiegeln bei kontinuierlicher Applikation vermuten ließe, dass diese Applikationsart mit einer geringeren Inzidenz der späten Atemdepression assoziiert sein könnte als die intermittierende Methode, ist es möglich, dass interindividuelle Unterschiede in der Eliminationskinetik für manche Patienten eine nichtvorhersehbare erhöhte Gefahr einer Atemdepression ergeben. Möglicherweise ist die PCA-Methode deshalb ein Schritt in Richtung weniger Atemdepression. Fehler durch die Betreiber der PCA-Pumpe, Aktivierung der PCA-Pumpe durch Besucher und mechanische Probleme der Pumpe erhöhen jedoch wieder das Risiko. Da die Inzidenz der späten Atemdepression sehr gering ist, gibt es noch keine Literaturhinweise in dieser Richtung.

5) *Alter:* Es besteht eine Tendenz, dass Patienten in höherem Alter einen höheren Liquorspiegel aufweisen und häufiger eine Atemdepression erfahren. Wie bei den Lokalanästhetika ist auch bei Opioiden die Dosierung mit zunehmendem Alter zu reduzieren. Die Überwachung erstreckt sich besonders auf die Atemfrequenz. Auch ein Apnoemonitor ist sehr nützlich. Da es Berichte gibt, dass eine Engerstellung der Pupillen vor der späten Atemdepression auftritt, ist auch die Überwachung der Pupillengröße wertvoll.

6) *Husten:* Vorgänge, die das Aufsteigen des Liquors in den IV. Ventrikel fördern, führen zu einem häufigeren Auftreten von Komplikationen von seiten des Hirnstamms. Das gilt für Morphin besonders nach 2–3 h, zu welcher Zeit der Liquorspiegel sehr hoch ist.

7) *Lage des Epiduralkatheters:* Die Positionierung des Epiduralkatheters in die Höhe des stärksten Schmerzes reduziert den Opiatbedarf und damit die Häufigkeit von Komplikationen.

8) *Opioidauswahl:* Morphin ist das einzige Opioid, welches bei kontinuierlicher Gabe eine selektive spinale Analgesie mit subanalgetischen Plasmaopioidkonzentrationen hervorruft (Chrubasik et al. 1993). Die bei allen anderen Opioiden auftretenden analgetisch wirksamen systemischen Opioidkonzentrationen bedeuten bei einer kontinuierlichen epiduralen Opioidgabe ein erhöhtes Risiko einer zentralen Depression einschließlich einer Atemdepresseion.

Obwohl die Häufigkeit der späten Atemdepression niedrig ist, muss der Patient über 24 h intensiv überwacht werden. Dies gilt besonders für den postoperativen Patienten, da die meisten Fälle dieser Komplikation bei solchen Patienten beschrieben wurden. Neben Atemfrequenz und O_2-Sättigung sollte auch die Vigilanz des Patienten überwacht werden, da die Atemfrequenz oft ein schlechter Indikator für eine Atemdepression ist. Die häufige Überwachung der Vigilanz würde jedoch den normalen Schlaf des Patienten stören.

> **!** Bei Anwendung der epiduralen Opioidanalgesie dürfen Opioide nicht gleichzeitig parenteral verabreicht werden.

Harnverhalten

5–15 min nach einer epiduralen Morphinapplikation tritt bei einer Dosierung von 2 mg bei allen Patienten eine Detrusorschwäche mit erhöhter Restharnmenge auf. Auch die Blasensensorik ist reduziert. Diese Verände-

Sektion C

rungen dauern mehrere Stunden an. Die Häufigkeit von Harnverhalten im Sinne einer Notwendigkeit zur Behandlung derselben ist dosisabhängig. Sie wird mit 0,3–25% angegeben (Gustafsson et al. 1982; Reiz u. Westberg 1980). Bei Männern tritt diese Komplikation häufiger auf als bei Frauen. Da die Detrusorschwäche wenige Minuten nach der epiduralen Opioidgabe auftritt, muss man annehmen, dass das Harnverhalten durch die Wirkung des Opioids auf die autonomen Nerven im Lumbosakralbereich hervorgerufen wird.

Fentanyl hat nicht nur eine Wirkung auf die Blasenmuskulatur, sondern auch auf die urethrale Funktion. Der reduzierte urethrale Widerstand hebt die Detrusorschwäche durch spinales Fentanyl teilweise auf (Drenger et al. 1989). Methadon (Drenger et al. 1989), Alfentanil (Welchew et al. 1985) und Buprenorphin (Drenger et al. 1989) haben keine Wirkung auf Blasentonus und Verschluss der Urethra.

Therapie

Das durch epidurale Opioid hervorgerufene Harnverhalten kann in den meisten Fällen mit Naloxon erfolgreich behandelt werden. Es gibt aber Patienten, die über 1 mg Naloxon benötigen. Das Einführen eines Harnkatheters muss jedenfalls überlegt werden.

Übelkeit und Erbrechen

Die Häufigkeit dieser Komplikation wird mit 15–35% angegeben. Bei gebärenden Frauen tritt sie noch häufiger auf. Bei wiederholter Applikation tritt anscheinend eine Gewöhnung auf, da Übelkeit und Erbrechen dann immer seltener auftreten. Auch diese Komplikation kann durch eine intravenöse Gabe von Naloxon behoben werden.

Juckreiz

Der Juckreiz kann segmental auftreten, ist aber bei den meisten Patienten generalisiert, wobei besonders Kopf und Hals betroffen sind. Interessant ist der Bericht von Reiz u. Westberg (1980), dass die Häufigkeit 15% betragen hat, solange dem Morphin ein Konservierungsmittel beigefügt war. Seit der Verwendung von Morphin ohne Konservierungsmittel beträgt die Häufigkeit 1%.

Der partielle Opioidagonist Buprenorphin bindet wahrscheinlich nicht an die Opioidrezeptorsubtypen, die für den Juckreiz verantwortlich sind.

Therapie

Bei den meisten Patienten kann der Juckreiz mit Naloxon sowie auch Antihistaminika erfolgreich behandelt werden. Es gibt aber auch Berichte über Patienten, bei denen der Juckreiz den Abbruch der epiduralen Opioidgabe notwendig machte.

Andere Nebenwirkungen

Mundtrockenheit, Kopfschmerz, Schwindel, Schwitzen, Schmerzen bei der Injektion, Halluzinationen und vertikaler Nystagmus sind im Rahmen epiduraler Opioidgaben beschrieben worden.

Wertung

Die epidurale Opioidanalgesie stellt derzeit möglicherweise die stärkste Form der nichtdestruktiven Schmerzbehandlung dar. Obwohl die späte Atemdepression sehr selten auftritt, ist eine häufige Überwachung des Patienten notwendig, da diese Komplikation letal sein kann. Eine Ausnahme ist der Patient mit Karzinomschmerz. Da die epidurale Opioidanalgesie jedenfalls zu Beginn eine kostenaufwendige Überwachung der Patienten über 24–48 h erfordert, wird sie für besondere Indikationen vorbehalten bleiben.

 Die Möglichkeit einer späten Atemdepression erfordert eine häufige Überwachung der Patienten über 24 h.

Literatur

Boas RA (1980) Hazards of epidural morphine. Anesth Intensive Care 8: 377–378

Brockway MS, Noble DW, Sharwood-Smith GH, McClure JH (1990) Profound respiratory depression after epidural fentanyl. Br J Anaesth 64: 243–245

Camporesi EM, Nielsen CH, Bromage PR, Durant PAC (1982) Ventilatory CO_2 sensitivity after intravenous and epidural morphine in volunteers. Anesth Analg 61: 633–640

Chrubasik J, Scholler KL, Wiemers K, Friedrich G, Weigel K, Roth H, Berg G (1985) Zum Einfluss des Volumens periduraler Morphininjektionen auf die Morphinkonzentrationen in der Zisterna magna des Hundes. Anaesthesist 34: 304–308

Chrubasik J, Chrubasik S, Mather L (1993) Postoperative epidural opioids. Springer, Berlin Heidelberg New York Tokyo

Drenger B, Magora F (1989) Urodynamic studies after intrathecal fentanyl and buprenorphine in the dog. Anesth Analg 69: 348–353

Gourlay GK, Murphy TM, Plummer JL, Kowalski SR, Cherry DA, Cousins MJ (1989) Pharmacokinetics of fentanyl in lumbar and cervical CSF following lumbar epidural and intravenous administration. Pain 38: 253–259

Gustafsson LL, Feychting B, Klingstedt C (1981) Late respiratory depression after concomitant use of morphine epidurally and parentally. Lancet I: 892–893

Gustafsson LL, Schildt B, Jacobsen K (1982) Adverse effects of epidural and intrathecal opiates: report of a nationwide survey in Sweden. Br J Anaesth 54: 479–486

Gustafsson LL, Grell AM, Garle H, Rane A, Schildt B (1984) Kinetics of morphine in cerebrospinal fluid after epidural administration. Acta Anaesthesiol Scand 28: 535–539

Jensen FM, Jensen NH, Holk IK, Ravnborh M (1987) Prolonged and biphasic respiratory depression following epidural buprenorphin. Anesthesia 42: 470–475

Kafer ER, Brown JT, Scott D, Findlay JWA, Butz RF, Teeple E, Ghia JN (1983) Biphasic depression of ventilatory responses to CO_2 following epidurale morphine. Anesthesiology 58: 418–427

McCaughey W, Graham JL (1982) The respiratory depression of epidural morphine. Anesthesia 37: 990–995

Reiz S, Westberg M (1980) Side effects of epidural morphine. Lancet 1: 203–204

Stott DG, Pleuvry BJ (1991) Relationship between analgesia and respiratory depression for mu opioid receptor agonists in mice. Br J Anesth 67: 603–607

Welchew EA, Hosking J (1985) Patient-controlled postoperative analgesia with alfentanil. Anesthesia 40: 1172–1177

Whiting WC, Sandler AN, Chovaz PM, Slavchenko P, Koren G (1988) Analgesic and respiratory effects of epidural sufentanil in patients following thorocotomy Anesthesiology 69: 36–43

Sektion C

KAPITEL 18

Neurolytische Blockaden

H. Ponhold

Die Verwendung destruktiver Präparate kann schwerwiegende und langanhaltende Komplikationen zur Folge haben, da im Rahmen einer perkutanen Technik auch beim erfahrensten Kliniker mit modernsten Techniken nicht mit 100%iger Sicherheit ausgeschlossen werden kann, dass das neurolytische Präparat nicht auf andere Strukturen übergreifen kann. Die Anwendung einer Neurolyse ist wegen alternativer Methoden der Schmerztherapie viel seltener geworden. Bei Versagen alternativer Methoden können neurolytische Blockaden jedoch auch heute bei manchen Patienten, besonders mit terminalem Karzinomschmerz, aber auch zur Verbesserung persistierender Spastizität nach Rückenmarkverletzungen oder progressiven neurologischen Erkrankungen, bei Durchblutungsstörungen sowie einer sympathischen Reflexdystrophie eine große Hilfe sein.

18.1
Neurolytische Substanzen

Sie bewirken eine unspezifische Schädigung neuronaler und anderer Gewebe; der Schaden kann reversibel oder irreversibel sein.

Alkohol

Schmerzen bei der Injektion treten jedesmal bei Injektion in ein Gewebe auf, sind kurzdauernd und brennend, gefolgt von Wärme und Anästhesie. Dieser Schmerz kann durch vorherige Injektion einer kleinen Menge Lokalanästhetikum gemildert oder verhindert werden.

Bei korrekter Applikation treten nur geringe *Plasmaspiegel* auf, eine akzidentelle i.v.-Injektion großer Volumina, wie sie z. B. im Rahmen einer Zöliakusblockade verwendet wird, resultiert in Krämpfen und Bewusstlosigkeit.

Acetaldehydsyndrom: Gesichtsrötung, Herzklopfen und Schwitzen infolge eines hohen Acetaldehyd-Plasmaspiegels wegen eines Aldehyddehydrogenase- (ALDH-1-) Mangels können gelegentlich auftreten; diese Nebenwirkung ist aber harmlos. Nur bei Anwendung von ALDH-Hemmern (β-Laktam-Antibiotika wie Moxalactam sowie Metronidazol) kann es zu schwerwiegenderen Symptomen kommen. Zusätzlich treten bei diesen Patienten Schwindel, Übelkeit, Erbrechen, Hypotension und Tachykardie auf; diese Symptome dauern 4–8 h an.

Eine *Muskelschädigung* durch direkte toxische Wirkung resultiert in erhöhtem CPK und Rückenschmerzen.

Phenol

Infolge der hohen Viskosität einer Phenollösung kann während der Injektion die Verbindung Spritze–Nadel aufbrechen; wenn das Auge betroffen ist, muß sofort mit Wasser ausgiebig gespült werden, um eine *Hornhautläsion* zu vermeiden oder zu minimieren. Als Prophylaxe sollte man Brillen tragen. Bei Auflösung des Phenols in Kontrastmittel oder Erhitzen der Lösung im Mikrowellenherd wird die Viskosität reduziert. Die Verwendung einer 1-ml-Spritze insbesondere mit Luer-Lok hilft durch besser dosierte Injektionskraft ein Lösen der Verbindung Spritze–Nadel zu vermeiden.

Toxizität: Intravenöse Injektionen von Phenol können vorübergehend zu Tinnitus und Gesichtsrötung führen. Korrekte Applikationen von Dosierungen im Bereich der maximal erlaubten 0,6–2,0 g bewirken gelegentlich eine 24 h andauernde Müdigkeit. Noch höhere Plasmaspiegel bewirken eine ZNS-Stimulation mit Myoklonus und Krämpfen, Bewusstlosigkeit, Hypotension und Arrhythmien, sowie auch Leber- und Nierenschädigung. Deshalb sollten Blockaden mit höherem Volumenbedarf wie die Zöliakusblockade nicht mit Phenol durchgeführt werden.

Chlorcresol

Chlorcresol bietet eine effizientere Schmerzlinderung als Phenol, bei intrathekaler Anwendung ist die Inzidenz von Blasen- und Mastdarmlähmung, Taubheit und Parästhesien aber doppelt so hoch.

Hypertonische Kochsalzlösung

Bei deren intrathekaler Anwendung im Wachzustand des Patienten kommt es zu vorübergehenden starken Schmerzen, Schwindel, Schwäche und Erbrechen. Auch kardiovaskuläre Komplikationen wie Hypertonie, Tachy- und Bradykardie sowie Extrasystolen und Lungenödem wurden beschrieben. Diese Komplikationen können unter Allgemeinnarkose zum Großteil vermieden werden. Die Anwendung der Substanz ist aber umstritten.

18.2
Allgemeine Komplikationen

Das Überfließen des neurolytischen Medikamentes auf andere neuronale Strukturen kann schwerwiegende Folgen wie Blindheit, Myelitis, Lähmung oder gar lebensbedrohliche Zustände bei Ausschaltung des Nervus phrenicus haben.

> **!** Durch Verwendung kleiner Volumina, evtl. mehrerer Injektionen in verschiedene Segmente, durch Röntgenkontrolle der Lage der Nadelspitze und die Kontrolle der Ausbreitung des neurolytischen Medikamentes mittels bildgebender Verfahren kann das Risiko der Schädigung anderer neuronaler Strukturen stark reduziert werden.

Um eine ungewünschte stärkere Ausbreitung einer intrathekalen Anwendung hyper- oder hypobarer Lösung zu verhindern, muß der Patient nach der Injektion 15 min in der Blockadeposition verweilen.

Die Verwendung einer Testdosis mit Lokalanästhetikum kann die Nadelposition bestätigen, oder auch eine z. B. intrathekale Lage enthüllen. Bei bestimmten Blockaden mit sehr hohem Risiko, wie thorakale Sympathikus- oder Trigeminusblockaden, sollten andere Methoden wie Neurochirurgie, Radiofrequenzthermokoagulation, Ballonkompression oder Kryotherapie in Erwägung gezogen werden.

Versager

Das Resultat einer neurolytischen Blockade kann kurzfristig oder inkomplett sein. Da wegen der Möglichkeit des Überfließens des Präparates auf andere Strukturen das injizierte Volumen möglichst gering sein soll, ist es durchaus möglich, dass das Resultat bei korrekter Applikation nicht zufriedenstellend ist. Eine solche Blockade kann wiederholt werden, und dieses Vorgehen ist einer initialen Injektion mit größerer Dosierung und erhöhtem Risiko vorzuziehen. Eine anfangs zufriedenstellende Neurolyse kann nach einigen Tagen wieder nachlassen, da, mit Ausnahme des N. opticus, durch Neurolytikum geschädigte Nerven zur Regeneration neigen. Auch hier kann die Blockade wiederholt werden.

> ❗ Die kurzfristige Dauer der Schmerzlinderung ist so häufig, dass der Patient darauf hingewiesen werden muss, dass wiederholte Blockaden notwendig sein könnten.

Chronischer Schmerz wird durch viele, auch psychische Faktoren beeinflusst. Nach effizienter Ausschaltung afferenter nozizeptiver Reize durch eine neurolytische Blockade können diese Faktoren bewirken, dass der Patient weiter Schmerzen hat. Eine genaue Untersuchung des Patienten und diagnostische Blockaden mit Lokalanästhetika sollten deshalb der neurolytischen Blockade vorangehen.

Die diagnostische Blockade mit einem Lokalanästhetikum erlaubt es, die Wirkung der Blockade zu beurteilen und mögliche Nebenwirkungen zu sehen. Jedoch garantiert eine erfolgreiche Blockade mit einem Lokalanästhetikum nicht den gleichen Erfolg mit dem Neurolytikum, da die Nadelspitze nicht unbedingt wieder an genau der gleichen Stelle landet; außerdem breitet sich das Neurolytikum anders aus als ein Lokalanästhetikum und hat qualitativ eine unterschiedliche Wirkung. Bei Durchführung der neurolytischen Blockade kann man vor der Injektion des Neurolytikums eine kleine Menge Lokalanästhetikum injizieren, um die richtige Lage der Nadelspitze zu bestätigen.

Neuer Schmerz

Er kann durch eine chemische Neuritis („neurolytische Neuralgie") entstehen. Deren Häufigkeitsangabe ist sehr variabel (2–18%), die Schmerzintensität kann sehr stark sein und die Dauer wird meist mit 6 Monaten angegeben. Auch ein Deafferentationsschmerz im denervierten Areal kann auftreten, besonders nach peripheren Blockaden. Da die erwünschte Wirkung einer Neurolyse zusätzlich zeitlich begrenzt ist, wird diese im allgemeinen nur bei Patienten mit einer Lebenserwartung von weni-

ger als 1 Jahr durchgeführt. Andere Techniken wie Kryoablation oder Radiofrequenzthermokoagulation können eher angewandt werden. Ein Deafferentationsschmerz kann mit Carbamazapin oder Amitryptilin mit oder ohne Fluphenazin therapiert werden.

Trophische Veränderungen der Haut

Schwellung, Zellulitis oder auch Abschilferung der Haut können durch die Denervation oder auch durch lokale Einwirkung des Neurolytikums im Bereich von Kutis und Subkutis entstsehen. Zur Vermeidung einer unbeabsichtigten Deponierung des Neurolytikums in anderen Lokalitäten sollte der Inhalt der Nadel vor dem Herausziehen mit Kochsalz oder Luft geleert werden.

Stuhl- und Harninkontinenz

Stuhl- und Harninkontinenz sowie Harnretention entstehen gelegentlich nach neurolytischen Blockaden, die gewollt oder ungewollt sakrale Segmente betreffen. Wenn auch diese Komplikation in den meisten Fällen auf mehrere Tage bis 4 Wochen begrenzt ist, kann sie doch gelegentlich permanent sein. Genaue Technik der Blockade und Einverständnis des Patienten für eine solche Komplikation infolge des Schweregrades des Schmerzes sind bei diesen Blockaden unbedingte Voraussetzung. Falls diese Funktionen durch die Primärerkrankung allerdings schon beeinträchtigt sind, ist die Indikation für eine solche Neurolyse leichter zu stellen.

18.3
Spezielle neurolytische Blockaden

Neurolytische Subarachnoidalblockade

Eine selektive Ausschaltung von sensorischen, motorischen oder autonomen Funktionen ist nicht möglich. Es ist nicht möglich, gute Zahlen über die Häufigkeit der Komplikationen zu erhalten, da bei den betroffenen Patienten zu viele Variable vorhanden sind, welche den Krankheitsprozeß beeinflussen und zum Auftreten neuer Schmerzen führen können. Dazu gehören das Vorhandensein oder das neue Auftreten von Tumoren und Metastasen, die Therapie der Erkrankung selbst und neurologische Schäden infolge der Erkrankung und/oder anderer Therapie. Da kontrollierte Studien aus ethischen Gründen nicht durchgeführt werden können, sind wir auf anekdotische Zahlen angewiesen.

> **!** Unerwünschte Komplikationen können lange anhalten und gewünschte Wirkungen haben oft nur eine begrenzte Dauer.

Verschlechterung des Allgemeinzustands: Ungefähr jeder 2. Patient leidet nach der Blockade an allgemeinem Unwohlsein, Übelkeit oder Kopfschmerzen. Diese Symptome dauern meist zwischen 1 Tag und 3 Wochen.

Brennende Schmerzen oder Parästhesien: Auch diese Komplikation ist meist auf wenige Tage oder Wochen begrenzt. Bei Verwendung von Phenol treten Parästhesien allerdings häufiger auf als bei Alkohol (12,9% bzw 4%, Charlton et al. 1998).

Ausfallerscheinungen: Paresen, in seltenen Fällen sogar auch eine Atemlähmung, treten i. allg. nur bei hohen zervikothorakalen Blockaden auf, während Sphinkterprobleme von Blase und Mastdarm nach lumbalen Blockaden beobachtet werden. Die Häufigkeitsangaben für dieser Komplikationen sind in der Literatur sehr unterschiedlich und gehen bis zu 25%. Die Ausfälle sind in der Intensität unterschiedlich, in vielen Fällen auch reversibel. Von 300 Patienten mit subarachnoidaler neurolytischer Blockade hatten 48 Patienten Komplikationen, die länger als 3 Tage dauerten, bei 28 Patienten dauerten die Komplikationen länger als 1 Woche, bei 19 Patienten länger als 2 Wochen und bei 10 Patienten länger als 1 Monat (Swerdlow 1988).

Beim Vergleich von Inzidenzen in Studien mit insgesamt 704 Patienten nach intrathekalem Phenol und 574 Patienten mit intrathekalem Alkohol scheint die Häufigkeit von Ausfällen bei Anwendung von Phenol höher zu sein (Blasenstörung: 9% gegenüber 3,5%, Darminkontinenz: 2% gegenüber 0%, Parese: 12,9% gegenüber 3,9%; Charlton et al. 1998). Porges u. Zdrahal (1985) haben bei Patienten mit inoperablem Rektumkarzinom die untersten sakralen Segmente blockiert, wobei es gelegentlich auch zur Ausschaltung höherer sakraler Segmente mit resultierenden Sphinkterproblemen kam. Diese Komplikation konnte durch Druckerhöhung des Liquor cerobrospinalis nach Zufuhr von künstlichem Liquor vermieden werden.

> **!** Die Häufigkeit permanenter Defizite nach neurolytischer Subarachnoidalblockade ist erstaunlich gering.

Meningeale Reizung: Kopfschmerz, Nackensteifigkeit und Schmerz über der Wirbelsäule, gelegentlich mit erhöhtem Liquordruck können einige Tage andauern. Als Therapie wurden Bettruhe, Analgetika und Liquordrainage angewandt.

Vorderes und hinteres Spinalarteriensyndrom: Eine im Rahmen eines Tumorwachstums bereits eingeschränkte spinale Durchblutung kann durch ein Neurolytikum weiter beeinträchtigt werden (Hughes JT 1970; Totoki T et al. 1979).

Neurolytische Epiduralblockade

Racz (1986) hat bei 467 Patienten keine signifikanten Komplikationen berichtet. Er injizierte Phenol in Boli von 0,5 ml (Gesamtmenge 3–4 ml) durch einen Racz-Epiduralkatheter, bis die Analgesie erreicht wurde. Da die Wirkung bis zum nächsten Tag nachlässt, wurde die Prozedur mit dem gleichen Katheter bis zum gewünschten Erfolg täglich wiederholt. Bei Anwendung größerer Volumina können Komplikationen wie Harninkontinenz (26%), Stuhlinkontinenz (10%) oder Muskelschwäche (6%) auftreten. Diese

Komplikationen dauern bei 1/3 der Patienten länger als 2 Wochen (Grunwald 1976).

Schmerzen bei der Injektion sind bei Alkohol sehr stark; aus diesem Grund sollte in diesem Fall ein Lokalanästhetikum vorgespritzt werden.

Neurolytische lumbale Sympathikusblockade

Postsympathektomieneuralgie: Meist ist der Schmerz tief, bohrend und dumpf, kann aber auch brennend sein. Auch Parästhesien und Allodynie wurden beschrieben. Der Schmerz tritt i. allg. 10–15 Tage nach der Sympathektomie im vorderen, medialen oder anterolateralen Bereich von Oberschenkel und Knie plötzlich mit voller Intensität auf, und dauert 1–5 Wochen, gelegentlich auch länger. Die Häufigkeitsangaben schwanken zwischen 10% und 50%, wobei kein Unterschied zwischen chirurgischer und chemischer Sympathektomie besteht. Als erfolgreiche Therapie wurden transkutane Nervenstimulation (TNS), epidurale Applikation von Fentanyl, Lokalanästhetikum oder Methylprednisolon sowie Carbamazepin und Phenytoin angegeben.

Als Prophylaxe sollte die minimal nötige Menge des Neurolytikums angewandt werden. Studien haben gezeigt, dass infolge der großen individuellen Unterschiede bei der Anatomie des lumbalen Grenzstranges die beste Stelle für eine erfolgreiche Punktion mit minimalen Injektionsvolumina zwischen dem unteren Drittel von L2 und dem oberen Drittel von L3 liegt (Umeda 1987).

! Die Postsympathektomieneuralgie tritt bei Phenol seltener auf als bei Alkohol (20% bzw 40%; Cousins 1979).

Hypotension: Die Ausschaltung der Sympathikusfunktion führt infolge reduziertem preload und afterload zu einem Blutdruckabfall, der meist nur einige Tage dauert, gelegentlich aber für längere Zeit problematisch bleiben kann.

Nieren- und Ureterenpunktion: Es wurden eine Harnfistel (Fraser 1984) und auch eine Nephrektomie (Swerdlow 1988) als Folgen einer solchen Punktion angegeben. Zur Prophylaxe sollte die Hautpunktion bei Blockaden in den Höhen L2, L3 und L4 nicht weiter lateral als 6 oder 7 bzw. 10 cm erfolgen (Moore 1981).

Bei chemischer Sympathektomie wird eine *geringere Mortalität* als bei chirurgischer angegeben (1–2% bzw 0,1%). Angesichts des schlechten Gesundheitszustandes der meisten Patienten infolge einer allgemeinen Gefäßerkrankung ist die Mortalität allerdings erstaunlich niedrig.

Als Störung der sexuellen Funktion wurde eine *Ejakulationsstörung* ohne Probleme bei Orgasmus oder Libido beschrieben (Baxter 1984).

Auch eine *Paraplegie* (Smith 1978) als Folge einer intrathekalen Injektion ist aufgetreten.

Neurolytische Zöliakusblockade

Die meisten Komplikationen sind leichter Natur und reversibel. Schwere Komplikationen treten selten auf (2%). Theoretisch müßte die Inzidenz der Komplikationen bei Verwendung bildgebender Techniken wie CT und MRT geringer sein, eine Metaanalyse (Eisenberg 1995) und eine vergleichende Studie (Brown 1987) konnten aber keinen Unterschied feststellen.

Schmerzen bei der Injektion: Diese treten bei 96% der Patienten auf und dauern nur sehr kurz. Durch Mischung von absolutem Alkohol mit einem Lokalanästhetikum können sie vermieden werden. Diese nur sehr kurz dauernden brennenden Schmerzen werden aber von den Patienten leicht toleriert. Ohne Lokalanästhetikazusatz kann man auch feststellen, ob das injizierte Volumen ausreichend ist.

Bei 38% der Patienten wird von einer *Hypotension* berichtet. Besonders bei dehydrierten Patienten und solchen mit weit fortgeschrittener Grundkrankheit müssen die Kreislaufparameter des Patienten nach der Blockade kontrolliert werden. Meist genügt die i.v.-Gabe von Efedrin und Infusionen. Nur sehr selten sind Kompressionsstrümpfe oder gar abdominelle Kompressionen notwendig.

Die erhöhte Darmmotilität durch die Sympathikusblockade wirkt sich bei Patienten, welche größere Mengen von Opioiden bekommen, meist günstig aus. Bei 44% der Patienten tritt jedoch eine *Diarrhö* auf, welche von kurzer Dauer (36–48 h) ist. Sie kann allerdings persistieren; unerkannt kann sie auch lebensbedrohlich sein. Die Inzidenz wird in einer Metaanalyse mit 1% angegeben (Eisenberg 1995).

Eine Neurolyse somatischer Nerven der Dermatome T10–L2 kann zu *Hypästhesie und Dysästhesie* im anterioren Bereich des Oberschenkels und der unteren Bauchwand sowie *Quadrizepsschwäche* führen. *Paraplegien* können ein- oder beidseitig, entweder sofort nach der Injektion oder erst nach einem 2stündigem Intervall auftreten. Diese können von *Harn und/oder Blaseninkontinenz* begleitet sein. Als Mechanismus werden intrathekale oder epidurale Injektion bzw. Ausbreitung des Alkohols, sowie auch *Psoaskompartimentblock* angegeben. Eisenberg (1995) hat für diese eine Inzidenz von 1% errechnet.

Eine *Hämaturie* nach Nierenpunktion kann vermieden werden, wenn die Hautpunktion nicht weiter als 7,5 cm von der Medianlinie durchgeführt wird. Auch ein *Pneumo-* oder ein *Chylothorax* kommen gelegentlich vor. Ejakulationsprobleme werden selten beschrieben, die meisten behandelten Patienten sind jedoch nicht sexuell aktiv.

Neurolytische Blockade des Ganglion Gasseri

Die resultierende Anästhesie des Gesichtes kann für den Patienten äußerst unangenehm sein, weshalb zuerst eine prognostische Blockade mit einem Lokalanästhetikum gemacht werden sollte. Diese Anästhesie kann mit einer äußerst unange-

nehmen Anaesthesia dolorosa und einer persitierenden Parästhesie verbunden sein. Bei manchen Patienten bildet sich die Anästhesie teilweise wieder zurück; das gilt auch für andere häufige Nebenwirkungen wie Horner-Syndrom, Schwäche der Kaumuskeln oder Blockade anderer kranialer Nerven oder ihrer Äste. Insbesondere die Nn. oculomotorius, abducens, glossopharyngeus und facialis sind betroffen.

Wenn der N. facialis betroffen ist, ist der Lidschluss nicht möglich, wodurch eine Keratitis oder ein Ulcus corneae entstehen kann. Da auch eine sehr hohe Inzidenz einer Kornealanästhesie auftritt, muss das Auge langfristig geschützt werden.

Eine Blockade von Trigeminusästen kann zusätzlich auch eine Ulzeration und Nekrose der Haut im Bereiche des Nasenflügels und der Schleimhaut des harten und weichen Gaumens auslösen. Auch von einem Todesfall ist berichtet worden.

> **!** Da Komplikationen sehr häufig und schwerwiegend sind und chirurgische Techniken oder Radiofrequenzthermokoagulation mit geringeren Komplikationsraten verbunden sind, wird die neurolytische Blockade des G. Gasseri heute fast nicht mehr angewandt.

Literatur

Baxter AD, O'Kafo BA (1984) Ejaculatory failure after chemical sympathectomy. Anesth Analg 63: 770–771

Brown DL, Bulley CK, Quiel EL (1987) Neurolytic celiac plexus block for pancreatic cancer pain. Anesth Analg 66: 869–873

Charlton JE, Macrae W (1998) Complications of neurolytic neural blockade. In: Cousins MJ, Bridenbaugh (eds) Neural blockade in clinical anesthesia and management of pain, 3rd edn. Lippincott/Raven, Philadelphia New York

Cousins MI, Reeve TS, Glynn CJ, Walsh JA, Cherry DA (1979) Neurolytic lumbar sympathetic blockade: duration of denervation and relief of chest pain. Anaesth Intensive Care 7: 121–135

Eisenberg E, Carr DB, Chalmers TC (1995) Neurolytic celiac plexus block for treatment of cancer pain: a metaanalysis. Anesth Analg 80: 290–295

Fraser I, Windle R, Smart JG, Barrie WW (1984) Ureteric injury following chemical sympathectomy. Br J Surg 71: 349

Grunwald I (1976) Neurolise com fenol: uso da via peridural no tratamente da dolor de cancer. Rev Bras Anestesiol 26: 628–631

Hughes JT (1970) Thrombosis of the posterior spinal arteries. Neurology (Mineapolis) 20: 659–661

Moore DC, Bush WH, Burnett LL (1981) Coeliac plexus block: a roentgenographic, anatomic study of technique and spread of solution in patients and corpses. Anesth Analg 60: 369–379

Porges P, Zdrahal F(1985) Die intrathekale Alkoholneurolyse der unteren sakralen Wurzeln beim inoperablen Rektumkarzinom. Anästhesist 34: 627–631

Racz GB, Heavner JE (1986) Epidural phenol neurolysis. Anest Analg 65: 822–823

Smith RC, Davidson NM, Ruckley CV (1978) Hazard of chemical sympathectomy. Br Med J 1: 552–553

Swerdlow M (1988) Complications of neurolytic neural blockade. In: Cousins MJ, Bridenbaugh (eds) Neural blockade in clinical anesthesia and management of pain, 2nd edn. Lippincott/Raven, Philadelphia New York

Totoki T, Kato T, Nomoto Y (1979) Anterior spinal artery syndrome – a complication of cervical intrathecal phenol injection. Pain 6: 99–101

Umeda S, Arai T, Hatano Y, Mori K, Hoshino K (1987) Cadaver anatomic analysis of the best site for chemical limbar sympathectomy. Anesth Analg 66: 643–646

Sektion C

Verfahrensbezogene Komplikationen in der Allgemeinanästhesie

KAPITEL 19

Kombinierte Anästhesieverfahren

M. Brauer · K. Reinhart

Unter einem kombinierten Anästhesieverfahren versteht man die *Kombination einer Allgemeinanästhesie mit einem Verfahren der Regionalanästhesie zur Schmerzausschaltung im Operationsgebiet.*

Die hierzu am häufigsten angewandten regionalen Verfahren sind eine thorakale oder lumbale Periduralanästhesie über einen Katheter, aber auch Spinalanästhesien über einen Katheter oder eine Blockade des Plexus brachialis über einen supra- oder infraklavikulär bzw. axillär eingebrachten Katheter sind denkbar in Kombination mit einer Allgemeinnarkose. Ziel ist es, die Nebenwirkungen der Einzelverfahren zu minimieren und evtl. zusätzlich positive Effekte zu erreichen.

Es muss jedoch beachtet werden, dass bei der *Kombination von 2 Narkoseverfahren* auch mit einer *Addition der möglichen Komplikationen* zu rechnen ist. Jede Komplikation des Regionalverfahrens muss als zusätzliche Komplikation gewertet werden, die Gesamtzahl der aufgetretenen Komplikationen muss gegen die Vorteile der Kombination der beiden Verfahren abgewogen werden.

19.1
Neurologische Komplikationen

Die häufigste Komplikation bei der Anlage eines Periduralkatheters ist die Durapunktion mit konsekutivem postpunktionellem Kopfschmerz. Das Risiko der akzidentellen Durapunktion wird mit 0,16–1,5% angegeben (Stride 1993; Tanaka 1993), punktionsbedingter Kopfschmerz tritt in 16–86% auf (Neal 1992). Deutlich seltener sind neurologische Läsionen und Parästhesien mit einer Inzidenz von 0,01–0,001%. Eine sehr seltene Komplikation ist die dauerhafte Plegie unterschiedlichen Ausmaßes. Häufigste Ursache ist ein epidurales Hämatom bedingt durch eine Blutung aus dem epiduralen Venenplexus. Das Risiko wird mit 1:200.000 (Wulf 1996) angegeben, bei Vorliegen einer Gerinnungsstörung liegt es deutlich höher (Dahlgreen 1995).

Problematisch ist, dass die *klinischen Symptome mit Parästhesien und Plegie unter Allgemeinanästhesie nicht erkennbar* sind, eine erfolgreiche operative Dekompression aber davon abhängig ist, dass innerhalb der ersten 12 h nach Auftreten der Symptome operiert wird (Binnert 1971). Verläßliche Zahlen über die Häufigkeit von epiduralen Hämatomen mit dauerhaften Plegien bei kombinierter Peridural-/Allgemeinanästhesie im Vergleich zur alleinigen Periduralanästhesie liegen wegen der insgesamt sehr niedrigen Inzidenz dieser Komplikationen nicht vor.

Eine weitere seltenere Ursache für eine Paraplegie als Folge einer epiduralen Analgesie kann die Entwicklung von *epiduralen Abszessen* sein (Kindler 1998). Als weitere Ursache kommen spinale Lufteinschlüsse nach Anwendung der „Loss-of-resistance"-Technik mit Luft, aber auch nach spontanem Lufteintritt durch die Tuohy-Nadel in Betracht (Bromage 1998; Gracia 1999). Durch intraoperative Anwendung von *Lachgas* kann das *spinale Kompressionssyndrom aggraviert* werden. Von daher gibt es gute Gründe, *auf die Verwendung von Lachgas bei einer kombinierten Anästhesie zu verzichten.*

Generell ist das Risiko der thorakalen Punktion nicht höher als das einer lumbalen Punktion (Scherer 1992). Auch die Punktion am nicht bewusstseinsklaren Patienten oder pädiatrischen Patienten in Narkose wird vereinzelt propagiert, wobei hierzu kaum ausreichend Daten vorliegen (Krane 1998), ein neurologischer Schaden ist in diesem Falle jedoch klinisch kaum zu diagnostizieren. Grundsätzlich sollte nach der Anwendung einer intraoperativen Periduralanästhesie die postoperative Rückbildung der Anästhesie überwacht und dokumentiert werden. Hierbei ist insbesondere auf persistierende sensorische und motorische Ausfälle, radikuläre Rückenschmerzen und Blasenentleerungsstörungen zu achten und ggf. die vollständige Rückbildung der Anästhesie abzuwarten (Litz 1999).

> **!** Ein dauerhafter neurologischer Schaden durch ein thorakale PDA ist mit ca. 1:200.000 ein sehr seltenes Ereignis, jedoch ist ein solcher Schaden intraoperativ praktisch nicht zu diagnostizieren und damit auch nicht therapierbar, Das Risiko durch eine thorakale PDA einen solchen Schaden zu verursachen, steigt steil an, wenn eine Blutgerinnungsstörung vorliegt.

19.2
Hämodynamische Komplikationen

Die thorakale PDA bietet perioperativ bei Patienten mit koronarer Herzkrankheit möglicherweise Vorteile durch die Verhinderung von Myokardischämien

- durch die Verringerung des myokardialen O_2-Verbrauchs über die Reduzierung der Herzfrequenz und der Kontraktilität sowie ggf. auch durch den Rückgang des systemischen Gefäßwiderstandes sowie
- durch eine protektive Wirkung für die Koronarzirkulation bei Patienten mit bereits ausgeschöpfter Koronarreserve über die Verhinderung bzw. Minderung sym-

pathikoadrenerger Reaktionen bei entsprechenden Stimuli und über die direkte Blockade sympathischer Efferenzen zu den Koronargefäßen, falls das Ausbreitungsniveau der PDA Th4/5 überschreitet.

Andererseits konnte aber auch gezeigt werden, dass Patienten unter einem kombinierten Anästhesieverfahren mit einem thorakalen PDK einen im Vergleich zur Kontrollgruppe unter alleiniger Allgemeinanästhesie gleichen O_2-Verbrauch bei gleichzeitig erhöhter arteriovenöser O_2-Differenz und einen um bis zu 30% verminderten O_2-Verbrauchsquotienten (QO_2/VO_2) hatten (Reinhart 1989). Dies muss als Ausdruck einer verminderten kardiozirkulatorischen Adaptationsfähigkeit unter diesem Narkoseverfahren gewertet werden. Ein Absinken des koronaren Perfusionsdrucks unter kritische Grenzen bei einer thorakalen PDK ist häufiger zu beobachten und kann die potentiellen Vorteile der Sympathikolyse für die Koronarzirkulation konterkarieren.

Ursache hierfür ist, dass durch eine entsprechend hohe thorakale PDA die Noradrenalinfreisetzung an den sympathischen Nervenendigungen im Herzen, die unter physiologischen Bedingungen den wichtigsten Faktor für die Regulierung der Kontraktilität des Herzmuskels darstellen, geblockt wird.

Außerdem unterbleibt der sympathikusvermittelte Herzfrequenzanstieg, der unter Belastung der wesentliche Mechanismus zur Steigerung des Herzminutenvolumens darstellt. Weiterhin führt eine Ausschaltung des Sympathikus im kapazitativen Gefäßsystem zu einer drastischen Abnahme des venösen Rückflusses zum Herzen und damit zu einer Abnahme der Herzauswurfleistung. Die Innervation der Widerstandsgefäße, über die die Verteilung des Herzauswurfvolumens auf die einzelnen Organsysteme geregelt wird, wird geblockt. Dies bedeutet, dass im Falle des Eintritts eines eine Schocksymptomatik auslösenden Ereignisses die Fähigkeit des Organismus, hierauf mit einer Umverteilung des Herzzeitvolumens zugunsten der vitalen Organe Herz und Hirn zu reagieren, stark beeinträchtigt ist.

> **!** Bei Kombination einer thorakalen PDA mit einer Allgemeinanästhesie ist die Fähigkeit des Organismus, auf ein Schockereignis zu reagieren, erheblich eingeschränkt!

Darüber hinaus ist auch die Stressantwort der Nebenniere unterdrückt (Aono 1998). Damit steht bei vermindertem Sympathikotonus und damit reduzierter Kontraktilität des Herzens für einen beschränkten Bereich zur Aufrechterhaltung der Herzauswurfleistung lediglich eine Zunahme des diastolischen Ventrikelvolumens entsprechend dem Frank-Starling-Mechanismus zur Verfügung. *Die Fähigkeit eine Organismus, auf Schwankungen des intravasalen Volumens zu reagieren, ist erheblich eingeschränkt.* Unter einem kombinierten Anästhesieverfahren mit einer PDA ist auf eine extrem sorgfältige Überwachung und Einstellung des intravasalen Volmens unter einem entsprechenden Monitoring zu achten, um den Patienten nicht durch eine Hypovolämie, auf die er nicht mit einer Gegenregulation reagieren kann, zu gefährden. Da bei schwerer Herzinsuffizienz ein ausreichender Sympathikotonus zur Aufrechterhaltung eines ausreichenden Herzzeitvolumens und Gefäßwiderstandes von vitaler Bedeutung ist, ist die *Kombination einer rückenmarknahen Anästhesie* mit einer *Allgemeinnarkose* bei Patienten mit *schwerer Herzinsuffizienz absolut kontraindiziert.*

Eine direkte negativ-intrope Wirkung von Lokalanästhetika kommt außer bei versehentlicher intravasaler Injektion [Häufigkeit 0,014–0,08% (Moore 1968)] bei den unter Epiduralanästhesie erreichten Serumspiegeln bei Vorliegen einer Azidose, bei Eiweißmangel und Hyperbilirubinämie in Betracht. Intra- und postoperativ ist auf einen sorgfältigen *Azidoseausgleich* zu achten. Bei schwerem Eiweißmangel oder deutlicher Hyperbilirubinämie sollte das Verfahren nicht eingesetzt werden, zumal intraoperativ Frühwarnzeichen der systemischen Lokalanästhetikaintoxikation nicht erkennbar sind.

19.3
Weitere potentielle Komplikationen

Sowohl die Allgemeinanästhesie mit volatilen Anästhetika als auch die Anästhesie mit Propofol und Opioiden, aber auch rückenmarknahe Leitungsanästhesien führen dosisabhängig zu einer Absenkung des Schwellenwertes für die Vasokonstriktion und zum Kältezittern (Bräuer 1998). Die Kombination einer Allgemeinanästhesie mit einer Epiduralanästhesie führt zu einem weiteren Absinken dieses Schwellenwertes, der mit ca. 34,5°C unter dem Wert für eine alleinige Allgemeinanästhesie oder einer alleinigen Epiduralanäsesie liegt (Joris 1994). Der Aufrechterhaltung einer ausreichenden Körpertemperatur ist damit während eines kombinierten Anästhesieverfahrens besondere Aufmerksamkeit zu schenken.

Die Rate von *postoperativem Harnverhalt* ist unter Epiduralanästhesie höher als unter Allgemeinanästhesie: 67% vs. 12% bei Männern, 30% vs. 23% bei Frauen (Williams 1995). Daher wird sich bei Patienten nach einer kombinierten epiduralen und allgemeinen Anästhesie, die keinen Blasenkatheter liegen haben, häufiger die Notwendigkeit für die Anlage eines solchen Katheters ergeben. Die daraus resultierende Gefahr der Verschleppung von Keimen in die harnableitenden Wege (Bakteriurie in 10–50% der Patienten, daraus Entwicklung eines Harnwegsinfektes bei 2–6% der Patienten, daraus Entwicklung einer Bakteriämie in 2–4% der Patienten) stellt ein indirektes Risiko des kombinierten Anästhesieverfahrens dar.

Da die Allgemeinanästhesie bei Anwendung eines kombinierten Anästhesieverfahrens in der Regel flacher gehalten werden kann als bei alleiniger Allgemeinanästhesie,

Sektion D

ist *intraoperative Wachheit* ein potentielles Problem dieses Verfahrens. Tatsächlich wurde in Einzelfällen hierüber berichtet, bislang fehlen jedoch systematische Untersuchungen, zur Inzidenz von intraoperativer Wachheit unter kombinierten Anästhesieverfahren im Vergleich zu einer alleinigen Allgemeinanästhesie (Scheman 1998).

Bei Anlage eines supraklavikulären Plexuskatheters wird die Pneumothoraxrate zwischen 0,6 und 6,1% angegeben, bei infraklavikulären Plexuskathetern liegt die Rate an klinisch apperenten Pneumothoraces zwischen 0,1% und 1%. Wird eines dieser Verfahren mit einer Allgemeinanästhesie kombiniert, muss immer gegenwärtig sein, dass es zur raschen Entwicklung eines Spannungspneumothorax kommen kann, auch ohne dass vorher bei Anlage des Plexuskatheters eine Verletzung der Pleura offenkundig wurde.

Angesichts eines ständig steigenden Kostendrucks kann auch der erhöhte Aufwand, den die Anwendung eines kombinierten Anästhesieverfahrens bedeutet, negativ betrachtet werden. In einer Untersuchung an Patienten, die ambulant eine vordere Kreuzbandplastik erhielten, konnte der erhöhte Verbrauch an Medikamenten und Material sowie eine verlängerte Op.-Wechselzeit bestätigt werden. Dem standen jedoch eine verbesserte Erholungsphase sowie ein geringerer pflegerischer Aufwand und eine niedrigere Komplikationsrate gegenüber, so dass es insgesamt gelang, mit dem kombinierten Anästhesieverfahren zu einer verbesserten Gesamtprozeßqualität bei gleichzeitiger Kostensenkung zu kommen (Williams 1998). Ob diese Aussage auch auf andere Situationen übertragbar ist, muss im Einzelfall geprüft werden.

! Es muss festgestellt werden, dass trotz umfangreicher Studien bislang nicht definitiv bewiesen werden konnte, dass die potentiellen Vorteil einer Kombinationsanästhesie die evidenten Risiken der Kombination rechtfertigen (Wulf 1999).

Literatur

Aono H, Takeda A, Tarver SD, Goto H (1998) Stress response in three different anesthetic techniques for carbon laprascopic cholecystectomy. J Clin Anesth 10: 546–550

Binnert D, Thierry A, Michiels R, Soichot P, Perrin M (1971) Presentation d'un nouveau cas d'hématome extradural rachidien spontané observé au cours d'un accouchement. Med Lyon 52: 1307–1312

BrauerA, Perl T, Singer D (1998) Thermoregulation und Anästhesie. Anästhesiol Intensivmed Notfallmed Schmerzther 33: 383–386

Bromagel PR, Benumof JL (1998) Paraplegia following intracord injection during attempted epidural anesthesia under general anesthesia. Reg Anesth Pain Med 23: 104–107

Dahlgren N, Törnebrandt K (1995) Neurobiological complications after anesthesia. A follow-up of 18.000 spinal and epidural anesthetics performed over three years. Acta Anesthesiol Scand 39: 872–880

Garibaldi RA (1993) Hospital acquired urinary tract infections. In: Wenzel RP (ed) Prevention and control of nosocomial infections, 2nd edn. Williams & Wilkins, Baltimore, pp 600–613

Gracia J, Gomar C, Riambau V, Cardenal C (1999) Radicular acute pain after epidural anaesthesia with the technique of loss of resistance with normal saline solution. Anaesthesia 54: 168–171

Joris J, Ozaki M, Sessler DJ, Hardy AF et al. (1994) Epidural anesthesia impairs both central and peripheral thermoregulatory control during general anesthesia. Anesthesiology 80: 268–277

Kindler CH, Seeberger MD, Staender SE (1998) Epidural abscess complication epidural anaesthesia and analgesia. Acta Anaesthesiol Scand 42: 614–620

Krane EJ, Dalens BJ, Murat I, Murell D (1998) The safety of epidurals placed during general anesthesia. Reg Anesth Pain Med 23: 433–438

Litz RJ, Bleyl JU, Frank M, Albrecht DM (1999) Kombinierte Anästhesieverfahren. Anästhesist 48: 359–372

Meißner A, Rolf N, Van Aken H (1997) Thoracic epidural anesthesia and the patient with heart disease: benefits, risks and controversies. Aesth Analg 85: 517–528

Moore DC, Bridenbaugh LD, Bagbi PA, Bridebaugh PO, Stander H (1968) The present status of spinal (subarachnoid) and epidural (peridural) block: A comparison of the two techniques. Anesth Analg 47: 40–49

Neal JM (1992) Management of postdural puncture headache, epidural and spinal analgesia and anesthesia: Contemporary issues. In: Batra MS, Benumof JL (eds) Anesthesiology clinics of North America. Saunders, Philadelphia pp 163–178

Reinhart K, Foehring U, Kerstin T et al. (1989) Effects of thoracic epidural anesthesia on systemic hemodynamic function and systemic oxygen supplly-demand relationship. Anesth Analg 69: 360–369

Scheman JD, Gottlieb A, Sprung J (1998) Flashback and nightmares after surgery under neuraxial anesthesia: a report of two cases. Arch Phys Med Rehabil 79: 579–581

Scherer R, Schmutler M, Erhard J, Lenz A, Stöckler L (1992) Zur Integration der thorakalen Epiduralanästhesie in die Anästhesie bei intraabdominellen Eingriffen. Anästhesist 41: 260–265

Stride PC, Cooper GM (1993) Dural tabs revisited: A 20 years survey from Birmingham Maternity Hospital. Anesthesia 48: 247–255

Tanaka K, Watanabe R, Harada T, Dan K (1993) Extensive application of epidural anesthesia and analgesia in a university hospital: Incidence of complications related to the technique. Reg Anesth 18: 34–38

Williams BA, DeRiso BM, Figallo CM et al. (1998) Benchmarking the perioperative process: III. Effects of regional anesthesia clinical pathway techniques on process efficiency and recovery profiles in ambulatory orthopedic surgery. J Clin Anesth 10: 570–578

Williams A, Price N, Willett K (1995) Epidural anaesthesia and urinary dysfunction: the risks in total hip replacement. JR Soc Med 88: 699–701

Wulf H (1996) Epidural anesthesia and spinal hematom. Can J Anesth 43: 1260–1271

Wulf H (1999) Kombination von thorakaler Epiduralanästhesie und Allgemeinanästhesie. Riskanter Luxus oder evidenter Nutzen? Anästhesist 48: 357–358

Sektion D

KAPITEL 20

Atemwegssicherung

H.-J. HARTUNG

Die Intubation der Trachea kann eine Reihe von Komplikationen nach sich ziehen. Komplikationen, die in direktem Zusammenhang mit der Intubation auftreten, können erschwerte bzw. unmögliche Intubation, Aspiration, traumatische Schädigung, Reflexgeschehen und mechanisch technische Komplikationen sein. Die Schäden können dabei vorübergehend oder dauernd sein und betreffen Mund-, Larynx-, Trachealoder den Ösophagusbereich und sind auf den Intubationsvorgang oder den Tubus zurückzuführen.

> **!** Intubationsschäden sind vorübergehende oder bleibende Schäden, die auf den Intubationsvorgang oder den Tubus zurückzuführen sind.

„Closed-claim-Analysen" (Caplan 1990) zeigen einen hohen Prozentanteil der Klagen und damit auch die forensische Bedeutung wegen respiratorischer Probleme, so auch Intubationsproblemen:

Klagen wegen respiratorischer Probleme
(in Klammern Prozentsatz von n=522)

ÜBERSICHT

- Inadäquate Ventilation (38)
- ösophageale Intubation (18)
- schwierige Intubation (17)
- Obstruktion (7)
- Spasmus (6)
- Aspiration (5)
- inadäquate Extubation (7)
- inadäquate O_2-Konzentration (2)
- bronchiale Intubation, Falschlage (1)

20.1 Erschwerte bzw. unmögliche Intubation

Die erschwerte bis unmögliche Intubation wird in der Literatur mit einer Häufigkeit von bis zu 5% der zur Intubation vorgesehenen Patienten angegeben (Lutz et al. 1982; Langrehr et al. 1983).

In einer Untersuchung von 48.202 Patienten (Langrehr et al. 1983) werden die erschwerte Intubation mit 5%, die Blindintubation mit 0,02%, die unmögliche Intubation mit 0,05% und Tumorstenosen mit 0,28% angegeben. In dieser Untersuchung ist dabei die erschwerte Intubation als eine Intubation definiert, die ohne weitere Maßnahme bzw. Hilfsmittel nicht durchführbar ist.

Neuere Zahlen ergeben keinen wesentlichen anderen Aspekt. So konnte bei 1% von ca. 10.000 konsekutiven Patienten der Kehlkopfeingang nur schlecht dargestellt und bei 0,07% (n=8) die Trachea nicht intubiert werden (Goskowicz 1999). Eine solche Definition ist selbstverständlich erheblich von der Erfahrung des intubierenden Arztes abhängig.

Bei der *blinden Intubation* ist der Glottiseingang nur unvollständig oder gar nicht einsehbar, die Intubation jedoch mehr oder weniger blind möglich. Die Klassifikation der direkten Laryngoskopie und der sichtbaren Glottisanteile erfolgt nach Cormack u. Lehane (1984).

Die *unmögliche Intubation* erfordert dann die Zuhilfenahme von Larynxmaske, Combitube, Fiberoptiken oder anderer invasiver Techniken.

In der folgenden Übersicht werden die am häufigsten vorkommenden Ursachen der Intubationsschwierigkeiten dargestellt. Die beiden ersten Gruppen bilden dabei mit 80% den Hauptanteil, wenngleich bei den übrigen Gruppen die Probleme der Intubation weitaus gravierender sind. Das zeitliche Auftreten solcher Komplikationen beschränkt sich auf die Einleitungsphase der Anästhesie.

Die Diagnose „erschwerte Intubation" ist häufig eine Frage der Erfahrung und Übung.Verschiedene Prädiktoren, so z. B. nach Mallampati, lassen bereits bei der Prämedikationsvisite zu einem gewissen Maß die Problematik erkennen.

Der Erfahrene kann sich bei der schwierigen Intubation verschiedener Hilfsmittel bedienen, wie z. B. vertiefende Anästhesie, komplette Relaxation, optimierte Lagerung, Sellick-Handgriff und mandrinarmierte Tuben. Ist nur der dorsale Teil der Stimmritze einsehbar, so kann mit Hilfe eines runden und stumpfen Kunststoffmandrins, der die Tubusspitze überragt, vorsichtig der Kehlkopfeingang aufgefädelt und der Tubus über den Mandrin in die Trachea eingeführt werden.

ÜBERSICHT

| **Pathologisch-anatomische Ursachen für Schwierigkeiten bei der endotrachealen Intubation** (mod. aus Langrehr et al. 1983) |

1. **Spielarten der Kopf-Hals-Anatomie:**
   - Adipositas, kurzer Hals, kleiner Mund, hochstehender Kehlkopf, Prognathie, Mikrognathie, Hasenzähne, eingeschränkte Reklination, eingeschränkte Mundöffnung.
2. **Entzündlich-degenerative Veränderungen:**
   - Narbenstrikturen (Mund, Hals, Kieferwinkel), Epiglottitis, Laryngitis, Pharyngealabszess, Arthritis-Ankylosis-Kiefergelenk, Halswirbelsäule (Spondylitis, M. Bechterew), Myositis ossificans, Sklerodermie, Amyloidose (Makroglossie), Polyarthritis rheumatica.

3. **Traumata:**
   - Kiefer-Halswirbelsäulen-Frakturen, retropharyngeale/laryngeale Hämatome, umfangreiche Gesichtsverletzungen, Zustand nach Kieferfrakturenfixation; Verbrennungen mit Narbenstrangbildungen.
4. **Fehlbildungssyndrome:**
   - Prominenter Atlasbogen (nasal), atlantookzipitale Achondroplasie,
   - Lippen-Kiefer-Gaumen-Spalten, Pierre-Robin-Syndrom,
   - Akrozephalosyndaktylie (Apert-Syndrom), Arthrogryposis multiplex,
   - infantiler Gigantismus (Beckwith), kraniale Synostosis (Carpenter),
   - Hypothyreoidismus, Cri-du-chat-Syndrom, Down-Syndrom,
   - Mikrognathie (Edwards-Syndrom, Turner-Syndrom), Hypoplasia faciei (Goldenhar-Syndrom), Klippel-Feil-Syndrom.
5. **Tumoren:**
   - Epipharynx-, Larynx-, Kiefer-, Zungen-, Nasenraum-, Gaumen-, Halstumoren.
6. **Anomalien von Trachea und Bronchien:**
   - Tracheomalazie, Stenosen, Gefäßringbildungen
7. **Fremdkörper und Ödeme**

Keinesfalls dürfen für diese Manöver Metallmandrins verwendet werden, da dann Trachealperforationen möglich werden.

Bei den genannten Sichtverhältnissen kann selbstverständlich auch die blinde Intubation durch die Nase erfolgreich sein (**Cave:** Kontraindikationen). Die retrograde Kanülierung wird auf ausgewählte seltene Spezialfälle beschränkt bleiben, da die Intubation mit fiberoptischen Geräten zunehmend in der Praxis an Bedeutung gewinnt. Dabei muss berücksichtigt werden, dass die fiberoptische Intubation insbesondere bei Problempatienten einiger Übung bedarf, um in diesen Situationen ohne Gefährdung des

Patienten angewandt werden zu können. Alternativ bietet sich die Verwendung von Larynxmasken an, insbesondere die Intubationslarynxmaske (Fastrach). Einzelheiten zum Management des schwierigen Luftwegs sind dem ASA-Algorithmus zu entnehmen.

Komplikationen, die durch eine Verzögerung der Intubation auftreten können, müssen durch entsprechende begleitende Maßnahmen unbedingt vermieden werden.

Zu den präventiven Maßnahmen einer Vermeidung von Intubationskomplikationen zählt die klinische Inspektion und Untersuchung des Patienten. Prominente lange Schneidezähne, ein kurzer dicker Hals, ventral gelegener Larynx oder Mißbildungen können als Hinweise auf mögliche Intubationsschwierigkeiten gewertet werden.

Die klinische Untersuchung beinhaltet die Prüfung der Beweglichkeit des Kiefers, des Kopfes, der Halswirbelsäule und des Larynx, die Inspektion der Mundhöhle und die daraufhin mögliche Klassifikation nach Mallampati.

Röntgenologische Zeichen wie breite Mandibel im Kinnbereich, ein kurzer Ramus ascendens, eine kurze Distanz zwischen Okziput und dem 1. Halswirbel (C1) lassen eine mögliche schwierige Intubation erwarten. In diesem Fall müssen vor der Intubation die entsprechenden Hilfsmittel inklusive der Bereitstellung des Fiberendoskops zur Verfügung stehen. Die Bereitstellung einer leistungsfähigen Absaugvorrichtung und einer entsprechenden Lagerung gehören ebenfalls zu den präventiven Maßnahmen. Eine Intubation in Lokalanästhesie am wachen Patienten kann hierbei das Risiko vermindern helfen.

Zur Vermeidung lästiger Hypersalivationen bedarf es einer anticholinergen Prämedikation! Vor der Intubation nach Einleitung einer Allgemeinanästhesie, jedoch vor Relaxation muss zur Vermeidung von Katastrophen, bei welchen der Patient weder beatmet noch intubiert werden könnte, beatmet werden können! **Cave:** Vorabgabe von Opioiden, da danach die Maskenbeatmung ohne Relaxierung nicht immer möglich ist!

Sichere und unsichere Intubationszeichen

ÜBERSICHT

- **Sichere Zeichen:**
  - Direkte Sicht auf den Larynxeingang mit liegendem Tubus zwischen den Stimmbändern
  - Messung des endexspiratorischen Kohlendioxids über mehrere Beatmungszyklen
  - fiberoptische Lagekontrolle. **Cave:** Zeitfaktor!
  - Röntgenkontrolle. **Cave:** Zeitfaktor!
- **Unsichere Zeichen:**
  - Auskultation. **Cave:** Im Einzelfall kann eine ösophageal-gastrale Beatmung, z. B. bei Adipositas permagna einen ähnlichen Auskultationsbefund ergeben, wie der bei schweren bronchopulmonalen Nebenerkrankungen!
  - Thoraxbewegungen
  - Hustenreflex bei Intubation
  - Gaskondensation am Tubus
  - Transilluminationstechniken
  - Unmöglichkeit der Phonation (z. B. nach Wachintubation)
  - permanentes Cuffleck
- **Blähung des Magens**

Trotz aller Schwierigkeiten muss auf eine atraumatische Manipulation am Patienten geachtet werden, um Blutungen, Schwellungen oder mechanische Verletzungen oder gar Frakturen am Kehlkopf zu vermeiden. Eine Bewertung der Komplikation durch endotracheale Intubation ist mit den sekundären Folgen eng verbunden. Diese können bis zur vitalen Bedrohung des Patienten führen.

Aspiration

Die Aspiration von Mageninhalt oder anderem Fremdmaterial in die Trachea oder in die tieferen Atemwege ist eine gefürchtete Komplikation bei der In-/Extubation. Die Häufigkeit dieser Komplikation wird in der Literatur unterschiedlich, und zwar in Abhängigkeit vom Patientenkollektiv angegeben 0,13% (Lutz et al. 1982) bis 26% (Culver et al. 1951), neuere Studien geben 0,03–0,11% an (Warner 1993) in Abhängigkeit davon, ob es sich um einen Elektiv- oder Notfalleingriff handelte; untersucht wurden mehr als 215.000 Anästhesieverläufe. Die *Ursachen* der Aspiration sind in Kap. 21 ausführlich dargestellt. Die Möglichkeit einer Aspiration ist keinesfalls an den Intubationsvorgang gebunden. Sowohl vor der Intubation als auch lange nach der Intubation kann es zu einer Aspiration kommen.

Zur *Therapie* der Aspiration gehören die endoskopische Entfernung des Fremdkörpers bzw. das endoskopische Absaugen aspirierter Flüssigkeiten und eine *antibiotische Therapie*. Zusätzlich empfiehlt sich die Einleitung einer Respiratortherapie. Da die therapeutischen Möglichkeiten nur symptomatisch sein können und nicht kausal mit Ausnahme der Extraktion obstruierender massiver Fremdkörper, muss der Schwerpunkt der Bemühungen auf der Vermeidung einer Aspiration liegen. Zur Darstellung der entsprechenden Maßnahme s. Kap. 21.

Das Mendelson-Syndrom beinhaltet eine hohe Mortalität von 5–18% (Kirchner 1978; Warner 1993).

Reflexgeschehen

Reaktionen, die im Rahmen des Intubationsvorganges als Ausdruck efferenter Stimuli auftreten, werden als Reflexgeschehen beschrieben. Hierzu zählen die sympathikoadrenerge Aktivierung und die vagale Reaktion inklusive der Atemwegsspasmen. Eine sympathikoadrenerge Aktivierung, welche sich klinisch als Blutdruckerhöhung, Herzfrequenzsteigerung sowie einer Neigung zu Arrhythmien manifestiert, findet sich nahezu regelmäßig während des Intubationsvorgangs bei zu flacher Narkoseeinleitung. Vagale Kreislaufreaktionen treten in der Regel häufiger auf (Barth 1974; Prys-Roberts et al. 1973).

Bei gesteigerter Reflextätigkeit der Atemwege, insbesondere bei disponierten Patienten, so z. B. bei Patienten mit chronisch obstruktiver Lungenerkrankung (COPD) ist mit bronchopulmonaler Spastik zu rechnen. Auch eine zu flache Narkoseeinleitung prädisponiert für eine gesteigerte Reflextätigkeit. Die Häufigkeit dieser Reaktion wird mit 0,49% (Lutz et al. 1982) bis 25% bei Patienten mit Asthma bronchiale angegeben (Warner et al. 1997; Pizov et al. 1995).

Rezeptoren im Bereich der oberen Luftwege, des Pharynx, Larynx, des Zungengrundes und der Trachea verursachen bei entsprechender Stimulation und bei gleichzeitiger unzureichender Narkosetiefe eine sympathikoadrenerge Stimulation mit entsprechender kardiozirkulatorischer Folgereaktion.

Vagale Reflexe werden häufig gesehen, wenn gleichzeitg eine Hyperkarbie, Hypoxie oder Azidose vorliegt. Atemwegsspasmen werden bevorzugt durch Fremdkörperreize an den oberen Luftwegen, wie z. B. Blut, Speichel oder Sekrete, insbesondere bei flacher Narkoseeinleitung ausgelöst. Eine Hypoxie und Hyperkarbie kann ebenfalls das Auftreten von Atemwegsspasmen häufiger werden lassen. Die beschriebenen Reflexgeschehen können sowohl während der In- als auch während er Extubation auftreten.

Die Therapie besteht in einer ausreichenden Tiefe der Anästhesie, Relaxation, Normoventilation und adäquater Oxygenierung. Präventive Maßnahmen sind in folgender Übersicht beschrieben:

Blockade intubationsbedingter Kreislaufreaktionen (mod. nach Pasch 1983)

ÜBERSICHT

1. **Narkoseart und -tiefe**
   - Ausreichende Narkosetiefe
   - Supplementierung von Opioiden vor der Intubation
2. **Systemische Blockade**
   - Xylocain i.v.
   - Atropin
   - Clonidin
   - β-Rezeptorenblocker
   - Hydralazin
   - Nitroprussidnatrium
   - Labetalol
   - Esmolol

3. Oberflächen- und Lokalanästhesie

- Mund- und Rachenspülung Mund- und Rachenspray Aerosol
- Laryngotracheale Injektion (z. B.: transtracheal)
- Blockade des N. laryngeus superior

Die Bedrohung des Patienten durch derartige Reflexmechanismen muss unter Beachtung der Organfunktion bzw. bestehender Begleiterkrankungen, wie z. B. koronare Herzerkrankung, rekompensierte Herzinsuffizienz, etc. gesehen werden.

Traumatische Komplikationen

Verletzungen der oberen Luftwege werden als traumatische Komplikation verstanden. Hierzu zählen Lippenverletzungen, Zahnschäden, Schleimhautrisse in Mund oder Rachen, Larynx-, Trachea-, Bronchus-, Ösophagus- und Magentraumatisierungen.

Bei der nasotrachealen Intubation sind Verletzungen in der Nase wie Muschelinfraktion, Einbrüche der Nebenhöhle, Septumperforation, Blutung und Perforation der hinteren Rachenwand möglich. Zusätzlich sind neurologische Folgeschäden der Intubation bei Abnormalitäten der Halswirbelsäule zu befürchten (Tabelle 20.1).

Als Folgeschäden müssen Verletzungen im Hypopharynx mit dem Auftreten eines Emphysems bzw. eines Pneumothorax angesehen werden. Verletzungen der Trachea können Blutungen, bei Perforationen auch Abszessbildungen nach sich ziehen.

Das Auftreten von traumatischen Schäden ist insgesamt nicht selten. Gewebs- und Zahnschäden werden mit einer Häufigkeit von 0,26% (Lutz et al. 1982) bzw. 0,007–0,687% (Blanc z. Trempley 1974; Hagelsten u. Marwitz 1971) angegeben. Die Häufigkeit der Stimmbandschäden rangiert bei 0,01–1% (Ilberg 1979). Blutungen werden in 6–7% der Fälle gesehen (Körner 1969). Blutungen nach nasotrachealer Intubation hingegen können in bis zu 60% der Fälle auftreten. Eine Perforation der hinteren Rachenwand kann in bis zu 1,9% der Fälle auftreten (Hartung).

Die Weiterentwicklung der Laserchirurgie ermöglicht das Abtragen von Tumoren in den Luftwegen, in der Regel bei liegendem endotrachealem Tubus. Feuerentwicklung in den Luftwegen durch z. B. Tubusentflammung durch die Laserenergie führt direkt oder durch die Gasentwicklung zur Akutschädigung der Luftwege. Die Anwendung alternativer Beatmungstechniken oder die Verwendung spezieller Tuben

Tabelle 20.1. Sofort- und Frühkomplikationen der endotrachealen Intubation. (Mod. aus Pasch 1983)

Komplikationstyp	Auftreten der Komplikation Während der Intubation	Während der Tubusliegezeit	Während der Extubation
Traumatisch	Verletzungen im Bereich: Nase Lippen Zähne und Alveolarkamm Larynx Trachea Ösophagus	Trachearuptur Bronchusruptur Pneumothorax Hautemphysem Blutung Entflammung	Verletzungen im Bereich: Glottis Nase
Reflektorisch	Atemwege Herz/Kreislauf	Atemwege Herz/Kreislauf	Atemwege Herz/Kreislauf
Chemisch/mechanisch	Aspiration	Aspiration	Aspiration
Mechanisch/technisch	Obstruktion Leckage Diskonnektion	Obstruktion Leckage Diskonnektion	Schwierige Extubation

Sektion D

hilft diese bedrohlichen Komplikationen zu verhindern. Lachgas sollte vermieden werden, Sauerstoffkonzentrationen von 40% nicht überschritten werden (Wolf 1987)

Die Häufigkeit funktioneller Schäden wird bei Schluckbeschwerden mit 21%, bei Halsschmerzen mit bis zu 24%, bei Heiserkeit mit 0,2–13,3% angegeben.

Postintubationssymptome
- Halskratzen: 16%
- Halsschmerzen: 3,3–24%
- Heiserkeit: 0,2–13,3%
- Stimmverlust: 0,4%

Intubationsschäden müssen am ehesten bei eiligen oder schwierigen Intubationen erwartet werden. Mangelnde Erfahrung und mangelnde Übung, grobe und unkritische Techniken, die die individuellen anatomischen Gegebenheiten vernachlässigen, müssen als Hauptursachen angesehen werden.

Die Verwendung falschen Instrumentariums bzw. die falsche Anwendung des Instrumentariums kann zu erheblichen Schäden führen. So kann z. B. die Verwendung starrer Führungsstäbe aus Metall zu Tracheaperforationen führen.

Intubationsschäden

Ursachen sind:
- Laryngoskop,
- Tubusgröße,
- Tubusliegedauer,
- Cuffdruck,
- Doppellumentubus,
- Stilett.

Rupturen der Trachea oder des Bronchialsystems können z. B. durch Hochdruckcuffs bzw. eine falsche Blockungstechnik, Karinasporn bei Doppellumentuben (Kaloud 1997) oder aber durch Zug am geblockten Tubus verursacht werden.

Trachealruptur

Ursachen sind:
- Schwierige Intubation,
- Stilett, starre Führungsstäbe,
- Sporn des Doppellumentubus,
- Cuffüberblähung,
- zu großer Tubus,
- perkutane Tracheotomie,
- erhöhter intrathorakaler Druck,
- Trachealwandschwäche.

Magenrupturen werden nach einer Intubation des Ösophagus und anschließender Überblähung gesehen.

Bei einer inadäquaten Intubationstechnik kann es bei instabiler Halswirbelsäule (Trauma) oder entzündlichen (rheumatischen) Erkrankungen der Halswirbelsäule zu weiteren traumatischen Schäden kommen. Hierzu zählen Subluxationen der Halswirbelsäule bis hin zu Densfrakturen. Vorbestehende Subluxationen bei rheumatischen Erkrankungen bestehen bei bis zu 25% der Erkrankten (Connolly 1999).

Die Therapie einer durch eine Intubation hervorgerufenen Blutung besteht in der lokalen Verabreichung vasokonstringierender bzw. schleimhautabschwellender Tropfen und in der Tamponade. Die Therapie eines Ödems bzw. eines Stridors besteht in der Inhalationstherapie mit abschwellenden Lösungen (Mikronephrin) und in der Verabreichung von systemischen Antiphlogistika, Kalzium und Kortikoiden. Die Therapie der Heiserkeit besteht in der Schonung der Stimme und der Inhalation von Bepanthen.

Traumatische Schädigungen am Larynx erfordern eine differenzierte Beurteilung und Therapie durch den Hals-Nasen-Ohren-Arzt. Beim Auftreten eines Pneumothorax muss dieser drainiert werden.

Trachea-, Bronchus- und Ösophagusverletzungen müssen in der Regel operativ versorgt werden. Die Prävention traumatischer Intubationsschäden besteht in der Anwendung einer adäquaten Intubationstechnik und in der Verwendung gewebefreundlichen thermoplastischen atraumatischen Materials.

Traumatische Komplikationen infolge Intubation können z. T. als nur störend gewertet werden, wie z. B. eine leichte Heiserkeit. Sie können aber auch lebensbedrohend sein, z. B. bei ödematösen Schwellung der Glottis, bei Auftreten eines Pneumothorax oder retropharyngealen Abszessen mit konsekutiver Mediastinitis. Neurologische Komplikationen wie eine Querschnittsymptomatik infolge einer Intubation bei Patienten mit instabiler Halswirbelsäule stellen eine vitale Gefährdung des Patienten dar.

Mechanisch-technische Komplikationen

Die wesentlichen mechanisch-technischen Komplikationen sind Tubusobstruktion, Leckagen und Diskonnektion. Die Häufigkeit derartiger Störungen ist in Tabelle 2 dargestellt. Mit zunehmender Verwendung von Doppellumentuben zur selektiven Ventilation rückt auch die Unmöglichkeit einer seitengetrennten Ventilation mit einer Häufigkeit von 15% in den Vordergrund. Als Gründe für eine Tubusobstruktion kommen Koagelsekret, eingetrocknetes Gleitmittel, Gewebsteile, Fremdkörper, an der Trachea anliegende Tubusöffnung, geknickter Tubus, Cuffhernien, Kompression des Tubus (Biß) oder Cuffhernien durch Volumenzunahme

Tabelle 20.2. Aufschlüsselung der Häufigkeit von 140 Anästhesiezwischenfällen. (Nach Cooper et al. 1978)

Anästhesiezwischenfälle	n	[%]
Diskonnektionen	27	19,3
Versehentlicher Gasflowwechsel	22	15,7
Kanülenverwechslung	19	13,6
Gasversorgungsprobleme	15	10,7
Infusionsgerätediskonnektion	11	7,9
Laryngoskopversagen	11	7,9
Verfrühte Extubation	10	7,1
Atemgasschlauchverwechslung	9	6,4
Hypovolämie	9	6,4
Verlagerung des endotrachealen Tubus	7	5,0

bei Lachgasdiffusion in Frage. Während Spontanatmung kann bei Obstruktion bedingt durch massiven Abfall des pleuralen Druck in den Inspirationsphasen ein akutes Lungenödem eintreten (Sulek 1992).

Eine unzureichende Cuffblockung, undichter Cuff bzw. undichtes Cuffventil sind ebenso wie undichte Schlachverbindungen, poröse bzw. lecke Schläuche, undichte Kalkabsorbertöpfe, undichte Befeuchter und Störungen am Ventilsystem Gründe für das Auftreten einer Leckage. Diskonnektionen sind grundsätzlich an sämtlichen Schlauchverbindungen möglich. Am häufigsten tritt eine Diskonnektion am Y-Stück der Schlauchverbindungen mit dem Tubus auf.

Ursachen für eine Dislokation sind die unzureichende Fixation des Tubus, so z. B. bei zahnlosen Patienten, oder ein Zug am Tubus bzw. eine Lagerung des Patienten, die zu einer nachfolgenden Lageveränderung des Tubus (besonders bei Doppellumentubus) führt. Eine Dislokation ist dabei sowohl endobronchial als auch pharyngeal möglich. Die mittlere Verschiebung der Tubusspitze aus der „Neutralposition" zwischen Flexion und Extension der Halswirbelsäule beträgt 1/3–1/4 der Tracheallänge des Erwachsenen (ca. 3,8 cm; Conradi 1976).

Ist eine solche Komplikation erkannt, muss diese z. B. durch Beseitigung der Obstruktion, ggf. Umintubation oder durch Korrektur der Tubusposition oder eine korrekte Blockung behoben werden. Präventive Maßnahmen sind dabei die sorgfältige Positionierung und Fixierung des Tubus, die auskultatorische Blockung des Cuffs (z. B. mit einem Lachgas-Sauerstoff-Gemisch, oder die Verwendung von Cuffdruckmanometern) und das sorgfältige Absaugen von Sekret.

Eine Korrektur der Kopfposition und die Sicherung des Tubus gegen Biß, besonders in der Ausleitungsphase, sind weitere präventive Maßnahmen. Die Sicherung der Konnektion durch sichere Konstruktion (Federverschluss) und eine sorgfältige Alarmgrenzwerteinstellung des minimalen und maximalen Beatmungsdrucks bzw. des minimalen Atemminutenvolumens und der minimalen O_2-Konzentration helfen weiter, solche Komplikationen zu vermeiden.

Komplikationen der Luftbrücke sind potentiell vital bedrohend. Sie stellen die häufigsten Zwischenfälle mit letalem Ausgang dar!

20.2
Larynxmaske

1983 beschrieb die *Brain* erstmalig die Larynxmaske (LAMA), die zunächst in Großbritannien hohe Akzeptanz erfuhr. Auch in Deutschland konnte in den vergangenen Jahren eine zunehmende Verbreitung beobachtet werden.

Die Vorteile gegenüber der Gesichtsmaske bestehen insbesondere darin, dass der Anästhesist nicht manuell an den Kopf des Patienten fixiert ist und beide Hände frei hat. *Im Vergleich zur endotrachealen Intubation* sind die Einfachheit der Plazierung, das atraumatische Einführen und die fehlende Mukosareizung der oberen Luftwege zu nennen.

Komplikationen resultieren aus der Nichtbeachtung der Kontraindikation und der *Limitierung* der Methode, oder durch wenig sensiblen Umgang beim Einsetzen.

Eine absolute *Dichtheit* ist mit der Larynxmaske *nicht zu erreichen*, insbesondere dann nicht, wenn die Beatmungsdrücke 20–25 cm Wassersäule überschreiten. Vom Prinzip kann dieser Luftweg eine potentielle *Aspiration* nicht verhindern. Aus diesen prinzipiellen Beschränkungen der Methode leitet sich Folgendes ab:

Kontraindikationen bzw. Komplikationen

ÜBERSICHT

- **Aspirationsrisiko** bei nicht nüchternen Patienten:
  - bei erhöhtem intragastralem Druck und Reflux
  - bei Oberbaucheingriffen
  - in 6–9% der Fälle ragt der Oesophaguseingang in die Maske

  - Mageninsufflation bei hohen Beatmungsdrücken
  - Lagerungs- oder konstitutionsbedingte hohe Beatmungsdrücke (z. B. Steinschnittlagerung und Adipositas)
  - Refluxösophagitis in der Anamnese
  - Hiatushernien
- **Regurgitation:** Häufigkeit in bis zu 25% im gezieltem Studiendesign, klinisch 1:3.000
- **Aspirationsrisiko:** 1:12.000 (ungefähr)
- **Erbrechen:** 2–500 auf 10.000 Anästhesien
- **Leckagen:** bei erhöhten Beatmungsdrücken, gleich welcher Genese
- **Obstruktionen:** bei extremer, isolierter Seitenlagerung des Kopfes, Torquierung der Maske bei Säuglingen beschrieben; Uvulaödem, Epiglottisödem (sehr selten)
- **Fehllage:** Optimale Lage der Maske nur in 13% erreichbar, *ohne Relevanz auf die Funktion;* die Erfolgsquote einer regelrechten Ventilation beträgt 94–95%.
- **Laryngospasmus:** Irritation des Kehlkopfes durch die Maske bei nicht ausreichender Narkosetiefe, 0,12%
- **Traumata:**
  - Zahnschäden durch Zusammenbeißen der Zähne während möglicher Exzitation in der Aufwachphase
  - Zungenödem durch zu stark geblähten Cuff
  - Schleimhautläsionen (Hämatom oder Einrisse)
  - Uvulaödem
  - Schäden an Epiglottis und Larynx (Kasuistik)
  - Nervenschäden: N. lingualis, hypoglossus, recurrens (Kasuistik)
- **Halsschmerzen:** Meist verursacht, sieht man von traumatischen Schäden ab, durch zu starke Cuffblähung, Häufigkeit ca. 10%
- **Parotisschwellung:** Wahrscheinlich verursacht durch eine Kompression des Ausführungsganges (Kasuistik)

- **A. carotis:** Minderung des Blutflusses im Karotisbulbus, *unabhängig* von der Präsenz atheromatöser Veränderungen
- **Anstieg des intraokulären Drucks:** Häufigkeit ca. 10%

Die meisten traumatischen Schäden müssen als Indiz für Einführungsprobleme der LAMA oder zu hohe Cuffdrücke angesehen werden. Eine präzise, sensible Technik und die Beachtung der Inflationsvolumina des Cuffs können die Schadenshäufigkeiten minimieren. Absolute Inzidenzangaben sind oftmals nicht vorhanden, so dass die aufgelisteten Ereignisse in Form von Kasuistiken vorliegen.

Reflektorische Reaktionen des Herz-Kreislauf-System (ca. 5%) oder der Atmungsorgane sind während der Anwendung von LAMA meist durch flache Narkoseführung bedingt. Die Larynxmaske bietet sich als Alternative besonders dann an, wenn sie als Möglichkeit angesehen wird, die *Gesichtsmaske* zu *ersetzen*.

Die obengenannten Kontraindikationen sind streng zu beachten.

Weitere Anwendungsmöglichkeiten bestehen für das Management der schwierigen Intubation. Mit Hilfe der armierten LAMA (Fastrach) kann nachfolgend entweder leicht „blind" oder fiberoptisch durch diese positionierte LAMA intubiert werden. Die Erfolgsquote der blinden Intubation ist dabei bei unauffälligen Patienten bis zu 92% und in 80–90% bei auffälligen Patienten, wobei bei letzteren die Intubationserfolgsquote im Vergleich zur konventionellen Intubation ohne Fastrach verdoppelt werden kann.

Literatur

Asai T, Morris St (1994) The laryngeal mask airway: ist features , effects and role. Can J Anaesth 41: 930–960

Barker P, Langton JA, Murphy PJ et al. Regurgitation of gastric contents during general anaesthesia using the larygeal mask airway. Br J Anaesth 69 (1992) 314–315

Barth L (1974) Die Intubation heute. Anästhesiol Inform 15: 275

Benumhof JL (1996) Laryngeal mask airway and the „ASA difficult airway algorithm". Anesthesiology 84: 686–699

Bernhard WN, Kotrell JE, Siwakumaran C, Artell K, Jost L, Turndorf H (1979) Adjustment of intracuff pressure to prevent aspiration. Anesthesiology 50: 363

Blanc VF, Trempley NAG (1974) The complications of tracheal intubation: A new classification with review oft the literature. Anesth Analg 53: 202

Bonfields P (1983) Vorbereitende Maßnahmen bei erwarteter schwieriger Intubation. In: Rügheimer E (Hrsg) Intubation, Tracheotomie und bronchopulmonale Infektionen. Springer, Berlin Heidelberg New York Tokio, S 34

Brain AIJ (1983) The larygeal mask – a new concept in airway management. Br J Anaesth 55: 801–805

Caplan RA (1990) Adverse respiratory events in anaesthesia : a closed-claims analysis. Anesthesiology 72; 829

Colbert SA, OHanlon DM, Flanagan F et al. (1998) The laryngeal mask airway reduces blood flow in the common carotid artery bulb. Can J Anaesth: 45: 23–27

Connolly LA (1999) Unstable cervical spine, atlantoaxial Subluxation. In: Atlee JL (ed) Complications in anesthesia. Saunders, Philadelphia, p 154–159

Conradi PA, Goodman LR, Lainge F et al. (1976) Alteration of endotracheal tube position: flexion and tension of the neck. Crit Care Med 4: 9

Cooper JB, Newbower RS, Long CL, McPeek B (1978) Preventable anesthesia mishaps: A study of human factors. Anesthesiology 49: 399

Cormack RS, Lehane J (1984) Difficult tracheal intubation in obstetrics. Anaesthesia 39: 1105

Culver GA, Makel HP, Beecher HK (1951) Frequency of aspiration of gastric contents by the lungs during anesthesia and surgery. Ann Surg 133: 289

Dudziak R (1983) Maske oder Intubation? Eine kritische Stellungnahme zur Indikation. In: Rügheimer E (Hrsg) Intubation, Tracheotomie und bronchopulmonale Infektionen. Springer, Berlin Heidelberg New York Tokio, S 3

Flemming DC (1983) Hazards of tracheal intubation. In: Orkin FK, Cooperman LH (eds) Complications in anesthesiology. Lippincott, Philadelphia, pp 165

Füllekrug BW, Pothmann W, Schulte am Esch J (1992) The laryngeal mask: Fiberoptic detection of positioning and measurements of anaesthetic gas leakage. Anaesth.Analg 74: 101

Goskowicz R (1999) Difficult airway 3: Cannot ventilate, cannot intubate. In: Atlee JL (ed) Complications in anesthesia. Saunders, Philadelphia, pp 148-153

Griffin RM, Hatcher IS (1990) Aspiration pneumonia and the laryngeal mask airway. Anaesthesia 45: 1039–1040

Hagelsten JO, Marwitz L 1971) Prophylaxe gegen Zahnschäden während der Anästhesie. Z Prakt Anästh 6: 195

Hartung HJ, Osswald PM (1980) Die nasotracheale Intubation am nicht nüchternen wachen Patienten. Anästhesist 29: 439

Hartung HJ, Osswald PM, Fossmann H (1980) Erfahrungen mit der nasotrachealen Intubation bei der Erstversorgung Gesichts- und Halsverbrannter. Anästh Intensivther Notfallmed 15: 7

Hawkins DB, House JW (1974) Postoperative pneumothorax sekunday to hypopharyngeal perforation during anesthetic intubation. Ann Otol Rhinol Laryngol 83: 556

Hempel V (1999) Schäden und Gefahren durch Einsatz der Kehlkopfmaske. Anästhesist 48: 399–402

Ilberg C (1979) Intubationsfolgeschäden. Dtsch Ärztebl 2: 77

Kaloud H, Smolle-Juettner FM, Prause G, List WF (1997) Iatrogenic ruptures of the tracheobronchial tree. Chest (US) 112, 774–778

Kirchner E (1978) Notfälle und Aspirationsgefahr. Anästhesist 27: 119

Körner M (1969) Die nasotracheale Intubation. Springer, Berlin Heidelberg New York

Langenstein H, Moller F (1998) Der Stellenwert der Larynxmaske bei schwieriger Intubation und erste Erfahrungen mit der Intubationslarynxmaske. Anaesth Intensiv Notfallmed Schmerzther 33: 771–780

Langrehr D, Edens ET, Sia R (1983) Die schwierige Intubation. Anatomische Grundlagen, Techniken, Epidemiologie. In: Rügheimer E (Hrsg) Intubation, Tracheotomie und bronchopulmonale Infektionen. Springer, Berlin Heidelberg New York Tokio, S 21

Lee JJ (1989) Laryngeal mask and trauma to uvula. Anaesthesia 44: 1014

Lutz H, Osswald PM, Bender HJ (1982) Risiken der Anästhesie. Untersuchung bei 153 660 Anästhesieverläufen. Anästhesist 31: 1

Majumdar B, Stevens RW, Obara LG (1982) Retropharyngeal abszess following tracheal intubation. Anesthesia 37: 67

Mallampati S, Gatt S, Gugino L et al. (1985) A clinical sign to predict difficult tracheal intubation. Can J Anaesth 32: 429

Martin DW (1990) Kinking of the laryngeal mask airway in two children. Anaesthesia 45: 488

Miller AC, P.Bickler (1991) The laryngeal mask airway – An unusual complication. Anaesthesia 46: 659–660

Pasch T (1983) Oro- und nasotracheale Intubation unter dem Aspekt sicherheitsverbessernder Maßnahmen. In: Rügheimer E (Hrsg) Intubation, Tracheotomie und bronchopulmonale Infektionen. Springer, Berlin Heidelberg New York Tokio, S 9

Payne J (1989) The use of the fiberoptic laryngoscope to confirm the position of the laryngeal mask. Anaesthesia 44: 865

Pizov R, Brown RH, Weiss JS, et al. (1995) Wheezing during induction of general anaesthesia in patients with and without asthma. Anesthesiology 82: 1111–1116

Prys-Roberts C, Foex P, Bierro GP, Roberts JG (1973) Studies of anesthesia in relation to hypertension. 5. adrenergic betareceptor blockade. Br J Anesth 45: 671

Ratzenhofer-Komenda B, Prause G, Offner A, Kaloud H et al (1997) Tracheal disruption and pneumothorax as intraoperative complications. Acta Anaesthesiol Scand S 111: 314–317

Reinhold P, Karoff CH, Dame WR (1981) Prophylaxe des Säure-Aspirations-Syndroms mittels Cimethidin. Anästh intensivther Notfallmed 16: 39

Rieger A, Haß I, Eyrich K (1996) Intraoperative Atemwegsobstruktion bei Anwendung der Larynxmaske. Anästhesist 45: 278–283

Rosenberg H (1983) Airway obstruction and causes of diffucult intubation. In: Orkin FK, Cooperman LH (eds) Complications in anesthesiology. Lippincott, Philadelphia, p 125

SulekCA (1992) Negative pressure pulmonary edema. Curr Rev in Clin Anesth 13: 9

Warner DO, Warner MA, Barnes RD et al. (1996) Perioperative respiratory complications in patients with asthma. Anesthesiology 85: 460–467

Warner MA, Warner ME, Weber JG (1993) Clinical significance of pulmonary aspiration during the perioperative period. Anesthesiology 78: 56–62

Watson NC, Hokanson M, Maltby JR (1999) The intubating laryngeal mask airway in failed fiberoptic intubation. Can J Anaesth 46 376–378

Wedekind LV, Krier C (1993) Kehlkopfmaske – eine Übersicht 1983–1993. Anaesth Intensiv Notfallmed Schmerzther 28: 137–147

Wittmann PH, Wittmann FW (1991) Laryngeal mask and gastric dilatation. Anaesthesia 46: 1083

Wolf CL, Simpson JJ (1987) Flammability of endotracheal tubes in oxigen- and nitrous oxide-enriched atmosphere. Anesthesiology 67: 236

Wolff AP, Kuhn FA, Ogura JH (1972) Pharyngooesophageal perforation associated with rapid oral endotracheal intubation. Ann Otol Laryngol 81: 258

KAPITEL 21

Aspiration und präoperative Nahrungskarenz

W.F. LIST

Im Jahre 1946 hat der Gynäkologe Mendelson erstmals die Pathophysiologie der sauren Aspiration als Syndrom dargestellt, seit damals heißt es *„Mendelson-Syndrom"*. Es handelt sich dabei um die pulmonale Aspiration von saurem Mageninhalt, der in Folge zu einer Aspirationspneumonie und zu einem Lungenversagen (ARDS) führt. Die Therapie dieses Syndroms ist nicht spezifisch, nur symptomatisch. Da es eine hohe Mortalität hat, sind Anästhesisten seither bestrebt, die Aspirationsgefahr zu minimieren, und so hat sich das Ritual der Nahrungs- und Flüssigkeitskarenz nach Mitternacht, jedenfalls 6–8 h vor der Einleitung der Narkose etabliert. Neben der Verminderung des *Mageninhalts* trägt auch eine Erhöhung des *Magensaft-pH-Wertes* auf >2,5 zu einer Minderung des Aspirationsrisikos bei.

Seit längerer Zeit ist bekannt, dass klare Flüssigkeiten unter normalen Bedingungen eine Magenentleerungszeit von 1–2 h und feste Nahrungsstoffe eine Magenentleerungszeit zwischen 6 und 8 h haben. Aus diesem Wissen hat man in letzter Zeit die Sinnhaftigkeit der bisher geübten Nahrungs- und Flüssigkeitskarenz über 6–8 h in Frage gestellt.

21.1
Inzidenz perioperativer Aspiration

Es gibt eine Anzahl von prospektiven und retrospektiven Untersuchungen zur Inzidenz mit jeweils etwa 200.000 Operationen aus den 80er und 90er Jahren. Alle haben gezeigt, dass eine generelle Inzidenz von 1,4–4,7 Aspirationen pro 10.000 Operationen gegeben ist (Stoelting 1997).

> **!** Die Inzidenz der perioperativen Aspiration liegt zwischen 1,4 und 4,7 pro 10.000 Operationen.

Von Aspiration wird dann gesprochen, wenn galliges Sekret oder Partikel im Tracheobronchialbaum festgestellt werden, bzw. vorher nicht vorhandene Infiltrate im postoperativen Röntgen gesehen wurden.

In einer 1993 publizierten Studie (Warner et al.) wurde die klinische Bedeutung der pulmonalen Aspiration während der perioperativen Phase retrospektiv anhand von Computerprotokollen untersucht. Die Häufigkeit der Aspiration war bei notfallchirurgischen Eingriffen 1/895, bei elektiv chirurgischen Patienten bei 1/3.886 und insgesamt in einem Krankengut von 172.334 konsekutiven Patienten mit 215.488 Anästhesien bei einer Frequenz von 1/3.216 Anästhesien festgestellt worden. 64% der Patienten, die aspiriert hatten, entwickelten keine weiteren Symptome oder röntgenologische Abnormitäten innerhalb von 2 h nach der Aspiration und nur etwa 20% benötigten eine mechanische Beatmung, >6 h. 3 von 67 Patienten starben an einer Lungeninsuffizienz. Die Gesamtmortalität durch Aspiration bei 215.000 chirurgischen Eingriffen liegt daher bei 1/71.829 Anästhesien.

Das Prozedere zur Verhinderung der Aspiration ist eine Crash-Einleitung bei gefährdeten Patienten, Säureprophylaxe, entsprechende Lagerung (s. dort), Cricoiddruck und Entfernung des Magenschlauches nach der Absaugung, aber vor der Narkoseeinleitung. Nach der Oxygenierung und der Gabe einer Schlafdosis eines Hypnotikums erfolgt die Intubation mit einem nichtdepolarisierenden Muskelrelaxans mit kurzer Onsettime ohne weitere Beatmung mit Hilfe des Sellick-Handgriffs.

Pharmaprophylaxe Aspiration

Antacida:	– Cimetidin
	– Ranitidin
	– Omeprazol
>2 h präoperativ	
Säureantagonisten:	– Natriumzitrat
0–2 h präoperativ	
Gastrokinetika:	– Metoclopramid

Allerdings muss festgestellt werden, dass in der größten retrospektiven Studie eine pulmonale Aspiration mit Symptomen bei etwa demselben Prozentsatz mit und ohne Pharmakoroutineprophylaxe festgestellt wurde (Warner et al. 1993).

Die Routineanwendung von Pharmakoprophylaxe ist daher nicht sinnvoll und erhöht die Sicherheit nicht. Auch die Wirksamkeit des Cricoiddruckes (Sellick-Handgriff) wird in Frage gestellt.

21.2
Lagerung

Für alle 3 Lagerungsmöglichkeiten – Kopfhochlagerung, waagrechte Lagerung und Kopftieflagerung – gibt es vernünftige und ernstzunehmende Argumente, auf die im folgenden kurz eingegangen werden soll.

Kopfhochlagerung

Bei dieser Lagerung muss der Kopf um ca. 25–30 cm über der Höhe des Magens liegen (Abb. 21.1). Es soll daher der Kopfteil des Operationstisches auf etwa 45° erhöht werden. Der Druck im vollen Magen kann zwischen 40 und 45 cm H_2O erreichen, die Tischerhöhung bewirkt somit eine Verminderung um etwa 20 cm H_2O. Eine kompetente Kardia kann einem Regurgitationsdruck von etwa 25 cm H_2O widerstehen. Aktives Erbrechen und Regurgitation sind möglich, wenn diese Kräfte überwunden werden. Die Kopfhochlagerung dient also der Verhinderung der Regurgitation, die durch Überdruck im Magen-Darm-Trakt zustande kommt. Eine manuelle Kompression des Ringknorpels gegen die Wirbelsäule zum Verschluss des Ösophagus sollte ebenfalls durchgeführt werden. Von Vorteil ist, dass massives Erbrechen oder Regurgitation fast sicher verhindert werden können; treten sie jedoch trotzdem auf, so ist eine Aspiration in die Lunge fast sicher. Für den Kreislauf und die Intubation können sich durch diese Lagerung Nachteile ergeben.

Kopftieflagerung

Diese Lagerungstechnik verhindert eine mögliche Aspiration, die allerdings nicht nur durch erhöhten Mageninnendruck, sondern auch durch Kopftieflage und Regurgitation bedingt sein kann (Abb. 21.2). Es muss daher ein gut funktionierendes Saugersystem vorfügbar sein, und der Patient darf in dieser

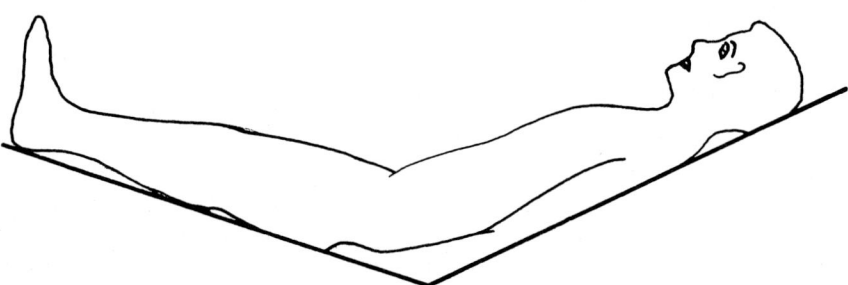

Abb. 21.1. Vermeidung von Regurgitation bei steiler Kopfhochlagerung

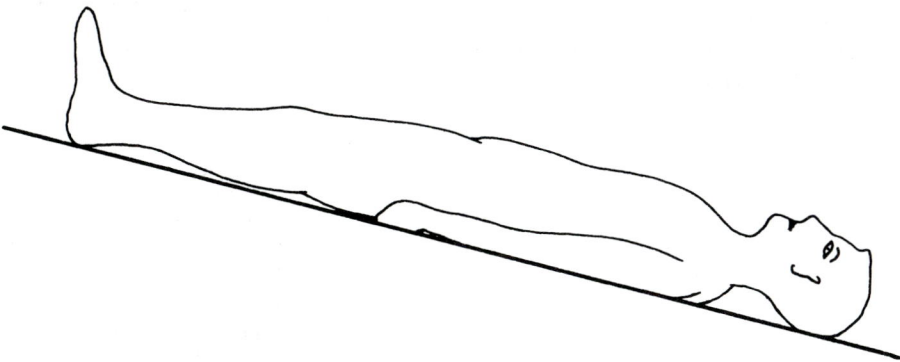

Abb. 21.2. Aspirationsprophylaxe: Kopftieflagerung

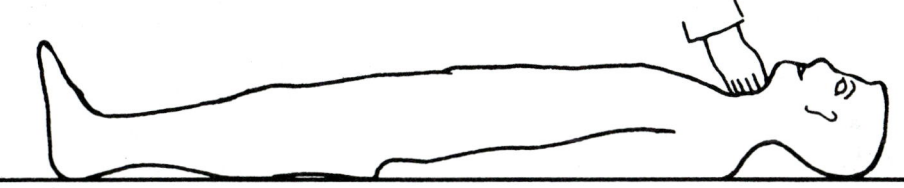

Abb. 21.3. Aspirationsprophylaxe: Druck auf den Ringknorpel (Sellik-Druck)

Phase keine Atembewegung machen; d.h. sie kann nur in Allgemeinanästhesie durchgeführt werden. Ein Nachteil ist, dass sich sehr viel Flüssigkeit, Koagula und Speisereste entleeren können, so dass die Absaugung lange dauert und durch Hypoxie Atembewegungen ausgelöst werden können. Außerdem muss der Tubus durch Speisereste in die Trachea eingeführt werden.

Flachlagerung

Diese wird mit einer manuellen Kompression des Ringknorpels gegen die Wirbelsäule durch eine Hilfsperson kombiniert (Abb. 21.3), dadurch wird der Ösophagus von außen zugedrückt, ein aktives Erbrechen mit konsekutiver Regurgitation ist wesentlich erschwert. Ein Zudrücken des Ringknorpels kann einem Mageninnendruck von 50 cm H_2O entgegenwirken, allerdings nur dann, wenn der Magenschlauch vorher entfernt wurde. Ein Vorteil dieser Methode sind die guten Intubationsbedingungen. Ein Nachteil

sind die Regurgitations- und Aspirationsmöglichkeit.

> **!** Die Prävention der Aspiration wird neben der Einführung eines Magenschlauchs und dessen Entfernung vor der Einleitung die Gabe eines Antazidums, Lagerung, Präoxygenierung und Vermeidung einer Beatmung umfassen.

Von den meisten Anästhesisten wird die Kopfhochlagerung bevorzugt.

21.3
Ursachen und Risikofaktoren der perioperativen Aspiration

Als wichtigster Faktor für das Erbrechen haben sich notfallchirurgische Eingriffe herausgestellt. Vor allem Patienten mit erhöhtem ASA-Status, vermehrtem Mageninhalt, schwangere Frauen, Patienten mit Bewusstlosigkeit und Schädel-Hirn-Trauma, alkoholisierte Patienten und solche mit einer intestinalen Obstruktion sowie bei unterer Ösophagussphinkterrelaxation, z. B. durch Atropin, sind davon betroffen.

> **!** Wichtigster Faktor für das Erbrechen sind notfallchirurgische Eingriffe.

Risikofaktoren bei der Aspiration

ÜBERSICHT

- Bewusstlosigkeit, SHT
- Unfall, starke Schmerzen
- voller Magen, v. a. feste Nahrung <6 h
- Schwangerschaft <12 h
- erhöhter intraabdominaler Druck
- gastroösophageale Dysfunktion
- schwierige Intubation – Einleitung
- Medikamente, z. B. Opioide

Als Zeitpunkt der Aspiration während der Anästhesie wird v. a. die Laryngoskopie mit oder ohne Cricoiddruck, die schwierige Intubation, eine mangelhafte Relaxation und eine verlängerte Narkoseeinleitung gesehen. Auch bei der Ausleitung kann das Risiko erhöht sein, v. a. bei noch liegendem Tubus oder während der Entfernung, beim erwachenden Patienten und bei eventuell vorhandener Luft und gastroösophagealem Reflux. Insgesamt kann gesagt werden, dass das Risiko der Aspiration mehr eine Funktion der Anästhesieeinleitung und Anästhesieführung ist als das Vorhandensein traditionell akzeptierter Risikofaktoren. Objektiv gesehen ist das Risiko der Aspiration und der Aspirationspneumonie erhöht, wenn die Magensaftmenge über 25 ml (0,4 ml/kgKG) liegt, wobei auch ein Vielfaches, nämlich bis zu 20mal dessen angenommen wird (etwa 500 ml) bzw. wenn der Magensaft-pH-Wert <2,5 ist.

Bei Fettsucht wurde immer wieder eine verlangsamte Magenentleerung angenommen. Tatsache ist aber, dass eher eine beschleunigte Entleerung bestehen soll. Die diabetische Gastroparese wurde zu Recht auch als Grund einer verzögerten Magenentleerung, v. a. von soliden Partikeln festgestellt. Ohne Zweifel spielt das Residualvolumen des Magensaftes von mehr als 25–500 ml für die Inzidenz der Aspiration eine Rolle, was durch eine verlängerte Nahrungs- und Flüssigkeitskarenz verbessert werden kann.

Physiologie der Magensaftsekretion

Normalerweise wird Magensaft kontinuierlich mit einer Menge von 50 ml/h bei Erwachsenen abgeschieden. Speichel wird in einer Menge von etwa 70 ml/h verschluckt. Das Magensaftvolumen hängt aber v. a. von der Frequenz der Magenentleerung ab. Die Entleerung von klarer Flüssigkeit ist außerordentlich schnell (Halbzeit von ca. 12 min), so dass 95% der verschluckten Flüssigkeit in etwa 1 h weiter transportiert wird. Diese Schnelligkeit der Entleerung von Flüssigkeiten im Magen hängt vom Widerstand gegen die Passage im Bereich des Pylorus, von der Magendistension und vom Druckgradienten Magen–Duodenum ab. Solide Partikel werden zuerst liquifiziert und können manchmal eine unbestimmt lange Zeit bis zu maximal 12 h brauchen. Es wird angenommen, dass ca. 50% der soliden Partikel etwa 2 h im Magen nach der Aufnahme liegen bleiben und bis zu 6 h zurückgehalten werden, klare Flüssigkeiten werden spätestens nach 2 h vollständig weiter transportiert sein.

> **!** Verschluckte Flüssigkeit wird zu 95% innerhalb 1 h weiter transportiert, feste Speisen können bis zu 6 h zurückgehalten werden.

Eine Verzögerung der Magenentleerung tritt durch Trauma, Schmerzen und gewisse Medikamente, v. a. nach höheren Opioiddosen und Atropin ein. Prämedikationsdosen von Opioiden und Atropin haben auf das Magensaftvolumen und pH, verglichen mit unprämedizierten Erwachsenen, keinen Einfluss (Maltby et al. 1988).

Aus Fallberichten von polytraumatischen Intensivpatienten weiß man, dass feste Speisereste auch mehrere Tage bei vorhandener Darmfunktion liegen bleiben können und zu Aspirationen Anlaß geben können.

21.4
Präoperative Nahrungskarenz

Phillips et al. 1993 haben in einer elektiv-chirurgischen Gruppe mit insgesamt 100 erwachsenen Patienten – eine Hälfte mit klarer Flüssigkeit (ca. 400 ml) bis 2 h vor der Operation, die andere Hälfte der Patienten 6 h fastend – Magen-pH-Wert und Magensaftmenge untersucht. Weder die Magensaftmenge von ca. 20 ml, noch der pH-Wert von 2,5 waren in beiden Gruppen signifikant unterschiedlich.

In einer Doppelblindstudie an 136 ASA-I-II-Patienten wurden randomisiert 3 Gruppen gebildet, von denen die eine 8–10 h nüchtern blieb, die 2.800 ml zuckerhaltige Flüssigkeit (12,5%) am Abend und 400 ml Wasser bis 2 h vor Operationsbeginn erhielt und der 3. dieselbe Menge (1200 ml) an zuckerfrei gesüßter Flüssigkeit verabreicht wurde (Lagerkranser et al. 1997). Die Patienten, die gezuckerte Flüssigkeit erhielten, zeigten ein signifikant besseres Wohlbefinden (visuelle Analogskala für Wohlbefinden) und geringeres Durst- und Hungergefühl bis in die postoperative Phase. Das intragastrale Volumen war in den 3 Gruppen nicht unterschiedlich, der gastrische pH-Wert lag über 2,5 in der Gruppe mit der zuckerhaltigen Flüssigkeit.

Auch bei Kindern wurden ähnliche Untersuchungen (Phillips et al. 1994) mit ähnlichen Ergebnissen durchgeführt. Flüssigkeitsvolumen und Magensaft-pH-Wert unterschieden sich bei Kindern bis 18 Jahre in einer Behandlungsgruppe (n=53) mit Flüssigkeitskarenz von ca. 2 h und einer Kontrollgruppe (n=68) mit Nahrungs- und Flüssigkeitskarenz von mehr als 10 h nicht

(Schreiner et al. 1990). Die Mehrheit der Kinder hatte entweder ein Magensaftvolumen >0,4 ml/kgKG oder einen pH-Wert >2,5 trotzdem wurde eine offensichtliche Aspirationspneumonie postoperativ nicht festgestellt. Die Kinder fühlten sich nach Auskunft der Eltern mit der Flüssigkeitskarenz nur bis 2 h präoperativ wohler.

Es scheint also gesichert, dass die Angst vor einer präoperativen Gabe von klarer Flüssigkeit bei Kindern und Erwachsenen, die eine Erhöhung des Magenvolumens zur Folge haben könnte, unbegründet ist. Wenn mehr als 2 h nach dem Trinken klarer Flüssigkeit vergangen sind, spielt im wesentlichen die endogene gastrische Flüssigkeitssekretion und die Magenentleerung die wesentliche Rolle. Sind keine pathologischen Faktoren vorhanden, so könnte die verschluckte klare Flüssigkeit eher zu einer Beschleunigung der Magenentleerung führen.

> **!** Bei gefährdeten Patienten wird zur Aspirationsverhinderung nach Antacidaprophylaxe, Lagerung und Magenabsaugung eine Crashnarkoseeinleitung durchgeführt.

Richtlinien für die präoperative Nahrungskarenz

Selbstverständlich muss die Sicherheit des Patienten und der Patientenkomfort die wesentliche Rolle spielen. Eine Änderung von Richtlinien für die präoperative Flüssigkeitsgabe darf das Risiko der Anästhesie keineswegs erhöhen. Alle bisher durchgeführten Untersuchungen zeigen aber, dass eine Freigabe der präoperativen Flüssigkeitsrichtlinien zu keiner erhöhten Frequenz von Regurgitation oder zu einem erhöhten Magensaftvolumen führen, wobei auch die Integrität des unteren Ösophagussphinkter durch Flüssigkeitsgaben nicht verändert wird.

Klare Flüssigkeit führt zu keiner Erhöhung des pulmonalen Risikos und zu keiner erhöhten residualen Magensaftmenge. Es sollte aber nicht vergessen werden, dass feste Kost am Operationstag nicht indiziert ist, weil die Entleerungszeit 6–8 h übersteigen kann. Jede Änderung des Nüchternheitsgebotes muss allerdings sorgfältig und langfristig mit der Gesamtorganisation des Krankenhausbetriebes abgestimmt werden.

ÜBERSICHT

- **Erwachsene:**
  1. Keine feste Nahrung mehr als 8 h und beschränkte Mengen von klarer Flüssigkeit bis 2 h vor chirurgischen Eingriffen.
     - Flüssigkeitsgabe bei oraler Medikation auch 1–2 h vor dem Eingriff, vorausgesetzt, dass nicht mehr als 150 ml (Glas) Wasser verabreicht werden.
  2. Säureantagonisten und Metoclopramid als Prämedikation für Patienten mit erhöhtem Aspirationsrisiko, wenn genügend Zeit (mehr als 2 h präoperativ bei i.v.-Gabe) gegeben ist.
  3. Natriumcitrat bei saurem Magensaft und Akutoperationen, z. B. bei Schwangerschaft und Kaiserschnitt, wenn Antacida nicht mehr indiziert sind (<1–2 h).
- **Kinder:**
  1. Keine feste Nahrung mehr als 6 h

vor chirurgischen Eingriffen.
2. Klare, evtl. gezuckerte Flüssigkeit bis ca. 2 h vor einer Operation
3. Antacida bei pathologischen gastrointestinalen Zuständen.

Literatur

Lagerkranser M, Nygren J, Aimström C et al. (1987) Oral intake of a carbohydrate rich beverage preoperatively improves safety and well-being. Anesthesiol V 87: A 952

Maltby JR, Koehli N, Shaffer EE (1988) Gastric fluid volume, pH and emptying elective patients. Influences of narcotic-atropine premedication, oral fluid and ranitidine. Can J Anaesth 35: 562–566

Mendelson CL (1946) The aspiration of stomach content into the lung during obstetric anesthesia Am J Obstet Gynecol 52/191: 205

Phillips S, Daborn AK, Hatch DJ (1994) Preoperative fasting for pediadric anaesthesia. Br J Anaesth 73: 529–536

Phillips S, Hutchinson S, Davidson T (1993) Preoperative drinking does not affect gastric content. Br J Anaesth 70: 6–9

Schreiner MS, Triebwasser A, Keon TP (1990) Suggestion of liquids compared with preoperative fasting in children. Anesthesiol 72: 593–597

Stoelting RK (1997) NPO and aspiration: New perspectives. ASA Annual Refresher Courses 111: 1–7

Warner MA, Warner ME, Weber JC (1993) Clinical significance of pulmonary aspiration during the perioperative period. Anesthesiol 78: 56–62

KAPITEL 22

Kritische Störungen der Beatmung

C. Steuernagel · K. Marohl

Während einer Allgemeinanästhesie können Probleme der Beatmung zu relevantem Absinken der alveolären Ventilation führen und dadurch zu einer lebensbedrohlichen Komplikation eskalieren.

Zunehmende Hypoxämie und Hyperkapnie sowie das Nachlassen der Narkosetiefe bei Verwendung volatiler Anästhetika erfordern ein sofortiges und gezieltes Einschreiten des Anästhesisten. Es gehört deshalb zur praktischen Ausbildung des Anästhesisten, einen Algorithmus für diese Notfallsituation zu erlernen und diesen auch unabhängig von der vermuteten Fehlerdiagnose durchführen zu können, ähnlich dem Abarbeiten einer Checkliste im Flugzeug bei einem unvorhersehbaren Ereignis [2, 14].

Nach Beschreibung der *Pathophysiologie* und der häufigsten *Ursachen* für relevante Beatmungsprobleme werden auch Hinweise zur *praktischen Vorgehensweise* für diese Notfallsituation gegeben.

22.1
Pathophysiologie

Das O_2-Angebot an die Organe wird im wesentlichen durch 3 Größen bestimmt: Herzzeitvolumen (HZV), arterielle O_2-Sättigung (S_aO_2) und Hämoglobinkonzentration [29].

Eine relevante Störung der Beatmung führt über die verminderte alveoläre Ventilation zur Abnahme der S_aO_2. Kann die Störung nicht rechtzeitig behoben werden, tritt nach passagerer Tachykardie [10] schließlich eine hypoxisch bedingte Bradykardie auf (Bezold-Jarisch-Reflex [56]), so dass nun auch über das verminderte HZV das O_2-Angebot an die Organe nochmals kritisch abnimmt.

Hypoxämie, Hyperkapnie, FRC, Azidose

Die funktionelle Residualkapazität *FRC* (Summe aus Residualvolumen und exspiratorischem Reservevolumen) kann als Maß für die Gasaustauschfläche angesehen werden und stellt das wesentliche Reservoir des Organismus für Sauerstoff dar. Entsprechend führt eine alveoläre Ventilationsstörung schneller zu Hypoxämie und Hyperkapnie, wenn zusätzlich eine Verminderung der FRC besteht (Allgemeinanästhesie, Adipositas, Schwangerschaft).

Wird die alveoläre Ventilation vollständig unterbrochen, nimmt der O_2-Partialdruck der Alveolen ab. Nach Verbrauch dieser O_2-Reserve können die Organe für kurze Zeit über eine zunehmende Desoxygenierung des Hämoglobins versorgt werden, was sich klinisch am raschen Abfall der peripheren O_2-Sättigung (S_pO_2) zeigt.

Eine in dieser Phase eintretende Tachykardie [10] kann als Versuch des Organismus gewertet werden, das O_2-Angebot an die Organe über die Steigerung des HZV zu verbessern.

Eine relevante Störung der alveolären Ventilation führt auf 2 Wegen zu einer Azidose:

- Anhaltende Hypoxämie resultiert in anaerobem Stoffwechsel mit vermehrtem Anfall von Laktat und konsekutiver metabolischer Azidose.
- Zunehmende Hyperkapnie führt zur respiratorischen Azidose.

Sektion D

Zwar geht die Azidose mit verbesserter Abgabe von Sauerstoff vom Hb an die Organe (Rechtsverschiebung der Sauerstoffbindungskurve) einher; dies ist jedoch in der akuten Situation einer kritischen Ventilationsstörung klinisch nicht bedeutsam.

Hämodynamik

Die klinische Relevanz der kombiniert respiratorisch-metabolischen Azidose unter Hypoxämie und Hyperkapnie wird in der pH-Abhängigkeit lebenswichtiger Systeme deutlich:

Eine zunehmende Protonenbindung an den Proteinanteil von Katecholaminrezeptoren führt zur Veränderung der elektrischen Ladung der Aminosäuren solcher Rezeptoren. Hierdurch verändert sich auch deren dreidimensionale Struktur, so dass Hormone wie Adrenalin nicht mehr optimal an den Rezeptor binden können. Es resultiert eine Herzkreislaufinsuffizienz und auch therapeutisch zugeführtes Adrenalin (z. B. im Rahmen einer notwendigen Reanimation) wird seine Wirkung nicht vollständig entfalten können.

Anästhesietiefe

Bei Verwendung volatiler Anästhetika wird eine unzureichende Beatmung auch zum Nachlassen der Anästhesietiefe führen. Einen weiteren Beitrag hierzu leistet der steigende p_aCO_2, der stimulierend auf das ZNS wirkt. Der zunehmende Wachheitszustand des Patienten ist von Bedeutung, da sich in diesem Fall die Beseitigung der Ventilationsstörung noch schwieriger gestalten kann.

Andererseits kann die Beendigung der Anästhesie ein Ausweg aus einer kritischen Beatmungssituation sein, wie es durchaus bei Intubationsschwierigkeiten praktiziert wird.

Somit muss der Anästhesist schnell entscheiden, ob er die Narkose durch i.v.-Applikation von Einleitungsanästhetika vertieft oder nicht. Tritt eine Hypoxämie im Rahmen der Einleitung oder Ausleitung einer

Allgemeinanästhesie beim Kleinkind auf, so muss Beachtung finden, dass Suxamethonium einen irreversiblen Herzstillstand verursachen kann, wenn die Hypoxämie sehr ausgeprägt ist.

22.2
Ursachen für Störungen der Ventilation, ihre Behandlung bzw. Vermeidung

Bei plötzlichem Auftreten einer relevanten Störung der Beatmung steht dem Anästhesisten ein nur sehr kurzer Zeitraum für die Fehlersuche zur Verfügung. Falls innerhalb dieser Zeitspanne die Ursache für die Störung nicht gefunden wird, muss er einen trainierten Algorithmus durchführen, der systematisch Fehlerquellen ausschließt und eine geordnete Vorgehensweise ermöglicht. Im folgenden soll die Ursache, die Behandlung und die Vermeidung von Beatmungsschwierigkeiten beschrieben werden. Hierbei wird die Darstellung, soweit möglich, am zeitlichen Ablauf einer Allgemeinanästhesie orientiert.

Defekte des Narkosegerätes und des Beatmungsbeutels

Wartung und tägliche Überprüfung des Narkosegerätes minimieren das Auftreten von gerätebedingten Beatmungsproblemen [32]. Dennoch sollte bei einer relevanten Beatmungsstörung auch ein neu aufgetretener Defekt am Narkosegerät in Betracht gezogen werden.

Der eindrucksvolle Fallbericht über den Einsatz eines defekten Beatmungsbeutels unterstreicht die Bedeutung der korrekten Überprüfung des Equipments: Im Rahmen der Resterilisation wurden versehentlich 2 Lippenventile so übereinander gelegt, dass die *Ex*spiration über das Ventil des Beatmungsbeutels nicht mehr möglich war [26]. Die alleinige Überprüfung der Inspirationsfunktion hatte den Defekt nicht aufgedeckt.

Es ist deshalb empfehlenswert, Beatmungsbeutel auch hinsichtlich der Exspiration zu überprüfen (z. B. Verwendung eines Einmalhandschuhs, der als „künstliche Lunge" fungiert).

Insuffiziente Beatmung über Maske

Nach Einleitung der Narkose ist die mechanische Verlegung der Atemwege durch die zurückfallende Zunge die wahrscheinlichste Ursache für eine insuffiziente Beatmung in dieser Phase und kann durch Anwendung des Esmarch-Handgriffs und Verwendung eines Guedel-Tubus meist behoben werden.

Falls dies nicht möglich ist, kann es indiziert sein, den Pharynx mit Hilfe des Laryngoskops zu inspizieren, um eine Regurgitation bzw. Aspiration auszuschließen.

Gastroösophagealer Reflux und Aspiration

Ileus, Adipositas, Schwangerschaft oder Hiatushernie gelten als Risikofaktoren für das Auftreten von gastroösophagealem Reflux. Um eine Aspiration zu vermeiden, erfolgt die Narkoseeinleitung nach dem Prinzip der „rapid sequence induction" oder „crush intubation" [18].

In der Mehrzahl der Fälle tritt eine Aspiration während der *Einleitungs*phase der Narkose ein [33]. Überraschenderweise lag die Häufigkeit der Aspiration in dieser Studie bei elektivchirurgischen Eingriffen höher als bei Notfalloperationen. Die Lagerung mit erhöhtem Oberkörper soll das Risiko des *Reflux*, eine Kopftieflagerung das Risiko der *Aspiration* mindern [31].

Falls eine massive Regurgitation in normaler Rückenlage eintritt, kann eine sofortige Kopftieflagerung das Ausmaß der Aspiration mindern, da das Sekret aus dem Mund ablaufen kann. Diese Situation stellt auch für den routinierten Anästhesisten eine maximale Stresssituation dar, da er den richtigen Zeitpunkt zur Intubation finden muss.

Thoraxrigidität nach Applikation von Opioiden

Die opioidinduzierte Thoraxrigidität erfolgt offenbar über den μ-Rezeptor, während die Stimulation von δ- und κ-Rezeptoren diesen Effekt eher abschwächt [53].

Thoraxrigidität tritt v. a. bei supraanalgetischer Opioiddosierung auf und kann zu einer relevanten Behinderung der Beatmung führen. Durch Muskelrelaxierung wird diese Störung sofort behoben [19], so dass die Gabe eines schnell wirkenden Muskelrelaxans bei relevanter Behinderung der Beatmung eingesetzt werden sollte.

Bronchospasmus

Zahlreiche Fallbeispiele zeigen, dass sowohl bei Patienten mit asthmatischer Begleiterkrankung als auch bei Lungengesunden ein so gravierender Bronchospasmus während der Narkoseeinleitung auftreten kann [37], dass eine ausreichende Ventilation unmöglich wird [9].

Das erhöhte Risiko für das Auftreten eines Bronchospasmus bleibt bei Kleinkindern bis zu 6 Wochen nach einem akuten Infekt der oberen Atemwege bestehen [52] und erfordert für nichtverschiebbare Eingriffe eine besondere Vorgehensweise, die neben einer „rapid sequence induction" *ohne* Krikoiddruck auch die Wachextubation einschließt [52].

Die Intubation gilt als wesentliche mechanische Ursache für die Irritation der Atemwege und das Auftreten eines Bronchospasmus [30]. Bei Patienten mit irritablem Bronchialsystem (z. B. Asthma) sollte deshalb die Möglichkeit des Einsatzes einer Larynxmaske geprüft werden [30].

> **!** Kann eine anaphylaktische Genese des Bronchospasmus nicht ausgeschlossen werden, muss die fraktionierte Applikation von Adrenalin erwogen werden.

Initiale Tubusfehllage

Die versehentliche ösophageale Intubation ist ein häufiger Fehler des in der Intubation Ungeübten [22]. Glücklicherweise werden die meisten Fehlintubationen bemerkt und korrigiert. Fehlende Thoraxexkursion, untypisches Auskultationsphänomen und natürlich zunehmender Abfall der peripheren O_2-Sättigung geben Hinweise hierauf.

Im Zweifel sollte der Tubus entfernt und eine Maskenbeatmung durchgeführt werden („If in doubt, take it out" – britische Anästhesieregel bei bestehendem Zweifel über die korrekte Tubuslage). Die Larynxmaske hat sich auch im Notfall bewährt und sollte dann Einsatz finden, wenn die Intubation nicht gelingt oder eine suffiziente Maskenbeatmung nicht erzielt werden kann [4].

Die Kapnographie, die nicht immer zum Monitoring der Anästhesieeinleitungsräume gehört, gilt als sicherste Methode zur Überprüfung der korrekten Tubuslage [22]. Eine akzidentelle, einseitige Intubation durch zu tiefes Einführen des Tubus führt in der Regel nicht zu erschwerter Beatmung, sondern zunächst zu O_2-Sättigungsabfall und Anstieg der exspiratorischen CO_2-Konzentration des Atemgases.

Eine nicht ausreichend tiefe Positionierung des Tubus kann zur intraglottischen Lage der Tubusspitze führen. Geringste Manipulationen am Kopf im Rahmen der Lagerung können dann zur akzidentellen Extubation führen, die von außen nicht auffallen muss, wenn der Tubus in den Ösophagus hineingleitet [55].

Weiteres zu Intubationsschwierigkeiten im entsprechenden Kapitel dieses Buches.

Sekundäre Tubusfehllage

Nach primär korrekter Tubuslage kann es v. a. bei Eingriffen im Kopfbereich durch Lagerung zu einer unbeabsichtigten Veränderung der Tubuslage bis hin zur Extubation kommen. Dabei kann in Extremfällen durch starkes Bewegen des Kopfes in der Sagittalebene der Tubus aus der Trachea gezogen und unbemerkt in den Ösophagus vorgeschoben werden.

Bei operativen Eingriffen der Fächer HNO und Neurochirurgie sowie bei kopfnahen Operationen anderer Fächer (z. B. Strumaresektion, A.-carotis-Chirurgie) ist oftmals nach abgeschlossener Lagerung der Kopf für den Anästhesisten kaum zugänglich.

Es empfiehlt sich deshalb, nach Umlagerung des Kopfes erneut die korrekte Tubuslage durch Auskultation zu prüfen und dann erst den Patienten für den Eingriff freizugeben.

Abknicken des Tubus

Anzeichen für dieses Ereignis ist das plötzliche Ansteigen der Beatmungsdrücke auf Maximalwerte. Sogar bei total abgeknicktem Tubus kann dennoch ein Gasfluss messbar sein, der eine Beatmung vortäuscht: Die Atemgase werden aufgrund der Compliance des Narkosegerätes und der Beatmungsschläuche (ca. 10 ml/cm H_2O) in der Inspirationsphase aufgenommen und in der Exspirationsphase wieder abgegeben.

Gerade bei Eingriffen mit erhöhtem Risiko für das Abknicken des Tubus (HNO, Neurochirurgie) ist die Tubuslage intraoperativ vom Anästhesisten oftmals nicht ohne Unterbrechung des operativen Eingriffs und den damit verbundenen Umständen überprüfbar.

Verlegung des Tubuslumens mit Sekret

Vor allem bei langzeitbeatmeten Patienten der Intensivstation, die einem operativen Eingriff unterzogen werden, besteht das Risiko für eine partielle oder komplette Tubusverlegung mit Sekret. Aber auch bei elektiv operierten Patienten sollte diese Möglichkeit als Ursache in Betracht gezogen werden, falls die Beatmung mechanisch behindert ist.

Hernien (Cuff, Tubus, Schlauchsystem)

Eine *Cuffhernie*, d. h. eine ballonähnliche Ausstülpung des Cuffs nach dem Blocken kann zur kompletten Verlegung der Atemwege führen, wenn sich die Hernie vor die Tubusspitze schiebt. Seit zunehmender Verwendung von Einmalmaterial ist das Auftreten von Cuffhernien zur Rarität geworden. Wie Fallberichte zeigen, kann eine solche Komplikation jedoch auch bei Verwendung von Einmaltuben vorkommen [5].

Eine sog. *innere Tubushernie* kann entstehen, wenn sich die lumenzugewandte Materialschicht des Tubus löst und Lachgas in den entstandenen Spalt einströmt [24]. Als Ursache hierfür gelten Fabrikationsfehler und die Prozesse im Rahmen der Resterilisierung. In einem weiteren Fallbericht wurde gezeigt, dass auch Schlauchsysteme die Möglichkeit für das Auftreten einer inneren Hernie bieten, die sich möglicherweise erst unter der Anwendung von Lachgas manifestiert [8]. Von Bedeutung ist es, auch diese seltenen Komplikationen bei Auftreten relevanter Beatmungsschwierigkeiten in Betracht zu ziehen.

Probleme bei geplanter Ein-Lungen-Beatmung, Verwendung von Doppellumentuben

Die Beatmung bei Thorakotomie stellt eine besondere Herausforderung an den Anästhesisten. Plazierung und Lagekontrolle spezieller Tuben (Carlens-Tubus bzw. Robertshaw-Tubus [43]) sowie die Durchführung einer Ein-Lungen-Beatmung in Seitenlage erfordern eine besondere anästhesiologische Vorgehensweise.

Oftmals werden chronisch respiratorisch insuffiziente Patienten beatmet, die durch die Veränderungen des Ventilations-Perfusions-Verhältnisses im Rahmen einer Ein-Lungen-Beatmung intraoperativ nur durch Steigerung der F_IO_2 ausreichend oxygeniert werden können [6,17].

Die kollabierte Lunge wird in der Regel mit einem PEEP von 5–10 cm H_2O für die Zeit der Operation gebläht, wodurch u. a. die hypoxisch bedingte Vasokonstriktion abgeschwächt werden soll. Tritt intraoperativ ein unerwarteter Abfall der O_2-Sättigung ein, muss ein Problem der Beatmung von einer pathophysiologischen Störung im Rahmen der Ein-Lungen-Beatmung abgegrenzt werden. In vielen Kliniken gehört die präoperative Kontrolle der Tubuslage mittels Fiberoptik zum Standard. Bei Verwendung eines rechtsbronchialen Tubus gilt die fiberoptische Kontrolle der Öffnung des rechten Oberlappenostiums als obligat.

Die Plazierung der Tubuspitze in Carinanähe birgt die Gefahr der Vorwölbung der endobronchialen Blockmanschette (Cuff). Hierdurch kann es zu einer dramatischen Störung der Beatmung kommen, die sich u. U. erst nach Umlagerung des Patienten in Seitenlage und Beginn der Ein-Lungen-Beatmung manifestieren kann.

Schon die Intubation mit einem Doppellumentubus erfordert Sorgsamkeit. Bei Verwendung eines Tubus mit Carinasporn (z. B. Carlens-Tubus) besteht die Gefahr der Verletzung des Kehlkopfes oder des Bronchialsystems. Erfolgt eine linksseitige Pneumonektomie, muss ein linksbronchial eingeführter Tubus vor dem Absetzen des Resektats zurückgezogen werden. Hierbei kann über eine Irritation des Bronchialsystems ein Bronchospasmus eintreten, der in der Abgrenzung von einer Tubusfehllage in Erwägung gezogen werden muss, wenn Störungen der Beatmung oder Oxygenierung auftreten. Auch seltene Komplikationen, wie das Auftreten eines Spannungspneumothorax unter Anästhesie mit einem Doppellumentubus, müssen bei entsprechender Symptomatik als Ursache in Betracht gezogen werden [48].

Fehlplazierung der Larynxmaske

Die Larynxmaske gilt heute als wichtige Alternative für die Intubation im Routine- und Notfalleinsatz [7].

> ❗ Dennoch kann eine nicht korrekt platzierbare Larynxmaske Ursache für relevante Beatmungsschwierigkeiten sein. Nach einigen fehlgeschlagenen Versuchen sollte dann schließlich die Indikation für eine manuelle Maskenbeatmung oder eine endotracheale Intubation gestellt werden.
>
> Ähnlich wie bei der endotrachealen Intubation scheint mittels der Mallampati-Klassifikation eine Vorhersage über den Schwierigkeitsgrad der Plazierung der Larynxmaske möglich [39].

Bedienungsfehler des Narkosegerätes und Leckagen

Wird der Patient nach Narkoseeinleitung und manueller Beatmung an das Narkosegerät angeschlossen, gibt es eine Reihe von Fehlerquellen, die Ursache für eine unzureichende Ventilation sein können.

Falsche Ventilstellung

Bei Verwendung des Kreisteils ist die falsche Stellung des regelbaren Überdruckventils oftmals Fehlerquelle für eine unzureichende Beatmung. Bei zu niedrig eingestelltem Überdruck oder einer Ventilstellung in Position „offen" wird der Patient nicht ausreichend oder überhaupt nicht ventiliert. Anzeichen für einen solchen Bedienungsfehler ist der fehlende oder ungewöhnlich niedrige Beatmungsdruck.

Leckagen durch Diskonnektion

Baut sich trotz korrekter Ventilstellung und einwandfrei funktionierendem Narkosegerät kein Druck auf, so kann eine Diskonnektion oder Leckage die Ursache hierfür sein. In diesem Fall sollte der feste Sitz des CO_2-Absorbers, des O_2-Sensors und aller Beatmungsschläuche überprüft werden. Neben einer partiellen oder vollständigen Tubusdiskonnektion kann auch eine Diskonnektion des CO_2-Messschlauchs am Beatmungsfilter die Ursache für einen zu niedrigen Druckaufbau sein. Bei fehlendem Druckaufbau empfiehlt es sich, von maschineller auf manuelle Beatmung umzustellen und den Weg vom Gerät zum Tubus systematisch auf Fehler zu untersuchen.

Patient nicht ausreichend relaxiert

Ein Nachlassen der Muskelrelaxierung als Ursache für eine unzureichende Beatmung sollte auch dann in Erwägung gezogen werden, wenn der Patient die Extremitäten nicht bewegt. Im Zweifel sollte auf manuelle Beatmung umgestellt und die Indikation zur Gabe eines Muskelrelaxans großzügig gestellt werden, da als letzte Konsequenz der Maßnahmen auch eine Umintubation in Frage kommen kann.

Laryngospasmus

Ein Laryngospasmus ist eine spastische Kontraktion der inneren (quergestreiften) Kehlkopfmuskulatur.

Diese Komplikation tritt bei ca. 8 von 1.000 Anästhesien auf, v. a. bei Kleinkindern und Säuglingen [38, 42]. Das Risiko korreliert mit dem Vorliegen von Atemwegsinfektionen und Lokalisation der Operation im Bereich der Atemwege. Außerdem tritt ein Laryngospasmus häufiger auf, wenn die Narkose durch weniger erfahrene Anästhesisten durchgeführt wird [46].

Für nicht aufschiebbare Operationen bei Kleinkindern mit Infekten der oberen Atemwege eignet sich am besten eine Maskennarkose. Selbst die Verwendung einer Larynxmaske kann mit gesteigerter Inzidenz eines Laryngospasmus einhergehen [25]. Falls eine Intubationsnarkose unvermeidbar ist, sollte das Kind im Wachzustand extubiert werden, um das Risiko für das Auftreten eines Laryngospasmus zu minimieren [52].

Bei Auftreten eines Laryngospasmus steht die Beatmung mit reinem Sauerstoff zunächst im Vordergrund der Therapiemaßnahmen. In dieser Situation sollte der Sicherung des liegenden venösen Zugang große Aufmerksamkeit geschenkt werden, da es gerade beim Kleinkind in der Aufwachphase zu unkontrollierten Bewegungen der Extremitäten kommen kann.

Ein Laryngospasmus darf auch bei normaler Oxygenierung nicht zu lange toleriert werden, da es durch den Aufbau des negativen Drucks im Thorax auch beim Kleinkind zu einem relevanten Lungenödem kommen kann [27, 41, 42].

Soll der Laryngospasmus durch ein Muskelrelaxans durchbrochen werden, so gilt Suxamethonium heute als Mittel der Wahl. Selbst in sehr geringer Dosierung (0,1 mg/kgKG) kann ein Therapieerfolg erzielt werden [12].

Alternativ kann eine intravenöse Narkoseeinleitung durchgeführt werden. Je nach Situation wird dann entschieden, ob man eine Intubation durchführt oder den Patienten über Maske bzw. Larynxmaske beatmet und wach werden lässt. Falls kein intravenöser Zugang zur Verfügung steht, kann Suxamethonium auch intramuskulär appliziert werden; in entsprechend höherer Dosierung und mit deutlich verzögertem Wirkungseintritt [47].

22.3
Verlegte Atemwege nach Extubation

Dies ist eine häufige Ursache für eine verminderte Ventilation nach Extubation. Hat der Patient am Ende der Operation schon Spontanatmung gezeigt, ist die Differentialdiagnose zum Überhang von Anästhetika einfacher. Können die Atemwege nicht durch Absaugen von Sekret und Anwendung des Esmarch-Handgriffs freigemacht werden, muss u. U. eine Inspektion des Rachens erfolgen.

Nach Extubation in tiefer Narkose kann anstelle eines Guedel-Tubus auch eine Larynxmaske eingesetzt werden, um die Atemwege bis zum völligen Erwachen des Patienten freizuhalten [16].

Stimmbandparese, Stimmbanddysfunktion

Die Irritation oder Durchtrennung des N. recurrens geht einher mit der Lähmung des entsprechenden Stimmbandes. Tritt dies einseitig auf, so resultiert hieraus in der Regel keine wesentliche Atemwegsbehinderung [21], jedoch kann von der initialen Symptomatik nicht auf die Stellung des betroffenen Stimmbandes geschlossen werden [3, 28]. Tritt eine beidseitige relevante N.-recurrens-Läsion auf, resultiert praktisch ein vollständiger Verschluss der Atemwege. Diese Notfallsituation muss in der Ausleitungsphase erkannt und umgehend durch eine Reintubation behandelt werden. Bei Nichtgelingen der Intubation muss eine Notfalltracheotomie oder eine Koniotomie durchgeführt werden.

Erwartet werden muss diese Komplikation bei Operationen im Bereich der Schilddrüse [50] oder HNO-Operationen, jedoch auch die Intubation selbst kann zu Irritation des N. recurrens mit konsekutiver Stimmbandlähmung führen [20].

Kompression der Atemwege von außen

Diese Komplikation tritt erfahrungsgemäß nicht in der unmittelbaren Phase nach Extubation auf. Nicht drainierte Blutungen, z. B. nach Schilddrüsen- oder A.-carotis-Operationen, können zu einer lebensbedrohlichen Behinderung der Atmung führen [36, 54]. Die Reintubation bzw. Beatmung kann durch Verlagerung der Glottis deutlich erschwert oder gar unmöglich sein [36]. In diesem Fall muss eine sofortige Dekompression der Atemwege durch Öffnen der Operationsnaht durchgeführt werden.

Bei Vorliegen einer Schwellung der Halsweichteile als Ursache für die Atemwegskompression kann sich die Situation u. U. noch dramatischer darstellen, da hier eine operative Revision zu keiner relevanten Dekompression der Atemwege führen wird. In solchen Situationen ist die Durchführung einer Notfalltracheotomie oder Koniotomie oftmals nicht zu vermeiden.

Diese Komplikationen sind beispielhaft für die erforderliche Zusammenarbeit von Anästhesist und HNO-Arzt oder Chirurg [35].

22.4
Algorithmus für den Notfall „unzureichende oder unmögliche Ventilation"

Die vorangegangene Auflistung der verschiedenen Ursachen, die zu einer unzureichenden oder unmöglichen Beatmung führen können, verdeutlicht die Vielfalt der Fehlermöglichkeiten.

In der Praxis bleibt eine nur sehr kurze Zeitspanne, um die Ursache einer Beatmungsstörung zu finden. Bei Nichtgelingen muss der Anästhesist sehr schnell, aber auch sehr gezielt vorgehen, um die Ventilation des Patienten wiederherzustellen. Eine grundsätzliche Gefahr liegt darin, dass der Anästhesist durch die ihm bekannten Begleiterkrankungen des Patienten oder Umstände der Operation voreingenommen ist und nicht systematisch handelt. Fallberichte zeigen, dass Beatmungsprobleme ursächlich fehlinterpretiert werden können und dies die Wiederherstellung einer suffizienten Beatmung relevant hinauszögern kann [1].

Der hier dargestellte Algorithmus sowie die verschiedenen Optionen zur Oxygenierung sind angelehnt an die Empfehlungen der American Society of Anesthesiologists [2], die auch im Internet unter der ASA-Website „www.asahq.org/practice/diff_airway/algorithm.html" abgerufen werden können.

Grundsätzlich kann die Störung der Beatmung durch den *Patienten* selbst oder durch das verwendete *Material* bzw. das *Narkosegerät* verursacht werden. Der dargestellte Algorithmus ist nach dem Ausschlussprinzip von Fehlern konzipiert und läuft systematisch vom Narkosegerät zum Patienten [34]. Vorausgesetzt wird, dass eine korrekte Überprüfung der Funktionsfähigkeit von Narkosegerät, Beatmungsbeutel und Tubus bzw.

Larynxmaske vor Einleitung der Narkose erfolgt ist.

Außerdem gehört zu den grundsätzlichen Schritten in einer solchen Situation, die F_IO_2 auf *1,0* einzustellen und die Narkose zumindest kurzfristig mit i.v. verabreichten Anästhetika fortzusetzen. Der Blick auf die F_ECO_2 zeigt sofort an, ob überhaupt noch eine Ventilation stattfindet.

ÜBERSICHT

- **Situation:**
  - Konstante Phase einer Intubationsnarkose.
- **Problem:**
  - Patient lässt sich plötzlich nicht mehr suffizient beatmen; die Ursache ist nicht erkennbar.
- **Algorithmus:**
  1. Narkosegerät auf *manuelle Beatmung* schalten. (Fehler der automatischen Steuerung des Narkosegerätes wird eliminiert.)
  2. Beatmung über *Beatmungsbeutel* versuchen. (Das Narkosegerät als Fehlerquelle wird komplett eliminiert. Die Ursache wird auf Tubus oder Patient reduziert.)
  3. *Absaugkatheter in Tubus* einführen. (Durchgängigkeit des Tubus wird überprüft und Stenosen oder Tubusverlegung durch Sekret werden ausgeschlossen bzw. entdeckt [8].)

Bei freier Durchgängigkeit des Tubus kann die Ursache nun nur noch beim Patienten liegen: *Bronchospasmus,* relevante Ansammlung von *Sekret* oder *aspiriertem Mageninhalt* in der Trachea distal der Tubusspitze sind zu vermuten.

Auch wenn ein *Spannungspneumothorax* initial eher zu Veränderungen hämodynamischer Parameter führt, darf diese mögliche Komplikation einer Beatmung nicht vernachlässigt werden [48]. In diesem Zusammenhang muss bei einseitig aufgehobenem Atemgeräusch natürlich auch die ungeplant einseitige Intubation als Ursache in Betracht gezogen werden. Falls der Tubus nicht frei durchgängig ist, muss er entfernt werden. In der Regel wird man eine Reintubation durchführen, um die Option einer fiberoptischen Kontrolle des Bronchialsystems zu haben.

22.5
Notfalloptionen (Auswahl; [2, 23])

Larynxmaske

Bei zu erwartenden Beatmungs- und/oder Intubationsschwierigkeiten sollte eine Larynxmaske vorbereitet werden. Die Larynxmaske gilt heute als anerkannte Alternative im Notfall bei Intubationsschwierigkeiten [4].

Fastrach

Die Fastrach entspricht im wesentlichen einer Larynxmaske mit der Option, einen Endotrachealtubus durch diese Maske vorzuschieben und in der Trachea zu plazieren [13].

Koniotomie

Die Koniotomie gilt als Ultima ratio und ist sicherlich gerade bei Schwellung der Halsweichteile mit Verdrängung des Larynx nicht unbedingt leicht durchzuführen. Außerdem ist durch die Koniotomie kein definitiver Atemweg geschaffen [11, 45].

(Perkutane) Notfalltracheostomie

Als Alternative zur Koniotomie oder operativen Tracheotomie eignen sich auch die beiden Verfahren der perkutanen Tracheostomie nach Ciaglia und Griggs [2, 15, 40].

Apnoische Oxygenierung

Wird ein kontinuierlicher O_2-Flow angeboten, so kann auch ohne relevante Ventilation eine Oxygenierung für eine kurze Zeit aufrechterhalten werden [48, 51].

Transtracheale O_2-Insufflation

Die Verabreichung von Sauerstoff über eine perkutan in die Trachea eingeführte Kanüle

kann im Notfall passager eine Hypoxämie abwenden [2, 44].

Falls kein spezielles Material vorhanden ist, lässt sich im äußersten Notfall ein Adapter aus einer *14-G-Venenverweilkanüle*, einer *2-ml-Spritze* und einem *Konnektor* eines Endotrachealtubus (Größe 7,5 mm oder 8,0 mm ID) zusammenstecken. Die Punktion der Trachea erfolgt mit der Venenverweilkanüle mittels aufgesteckter 5-ml-NaCl-(0,9%)-Spritze, bis eindeutig Luftblasen aspiriert werden. Nun wird die Nadel der Venenverweilkanüle entfernt. Vor Konnektion der 2-ml-Spritze mit der Venenverweilkanüle wird der Kolben der 2-ml-Spritze gegen den Tubuskonnektor ausgetauscht. An den Tubuskonektor lässt sich nun ein herkömmlicher Beatmungsschlauch anschließen (Welch 1993, persönliche Mitteilung). Diese Methode kann sicherlich nur für wenige Minuten eingesetzt werden (Gefahr der Überblähung der Lunge), bis eine effektive Beatmung des Patienten über einen sicheren Weg gelungen ist.

Literatur

1. Aarhus D, Soreide E, Holst-Larsen H (1997) Mechanical obstruction in the anaesthesia delivery-system mimicking severe bronchospasm. Anaesthesia 52/10: 992–994
2. American Society of Anesthesiologists (1993) Practice guidelines for management of the difficult airway. A report by the American Society of Anesthesiologists Task Force on Management of the Difficult Airway. Anesthesiology 78/3: 597–602
3. Arndt GA, Voth BR (1996) Paradoxical vocal cord motion in the recovery room: a masquerader of pulmonary dysfunction. Can J Anaesth 43/12: 1249–1251
4. Aye T, Milne B (1995) Use of the laryngeal mask prior to definitive intubation in a difficult airway: a case report. J Emerg Med 13/5: 711–4
5. Bar-Lavie Y, Gatot A, Tovi F (1995) Intraoperative herniation of a tracheostomy tube cuff. J Laryngol Otol 109/2: 159–160
6. Bardoczky GI, Szegedi LL, d'Hollander AA et al. (2000) Two-lung and one-lung ventilation in patients with chronic obstructive pulmonary disease: the effects of position and F_IO_2. Anesth Analg 90/1: 35–41

Sektion D

7. Berry AM, Brimacombe JR, Verghese C (1998) The laryngeal mask airway in emergency medicine, neonatal resuscitation, and intensive care medicine. Int Anesthesiol 36/2: 91–109

8. Biscoping J, Michaelis G, Hempelmann G (1988) Tube wall herniation in an Ulmer system as a cause of an intraoperative ventilation disorder. Anästhesist 37/7: 450–451

9. Briassoulis G, Hatzis T, Mammi P, Alikatora A (2000) Persistent anaphylactic reaction after induction with thiopentone and cisatracurium. Paediatr Anaesth 10/4: 429–434

10. Cargill RI, Kiely DG, Lipworth BJ (1995) Left ventricular systolic performance during acute hypoxemia. Chest 108/4: 899–902

11. Chassot PG, Ravussin P (1994) Difficult intubation: decision-making algorithms in the main operating suite of the University Hospital Center. Rev Med Suisse Romande 114/7: 609–615

12. Chung DC, Rowbottom SJ (1993) A very small dose of suxamethonium relieves laryngospasm. Anaesthesia 48/3: 229–230

13. Cros AM, Maigrot F, Esteben D (1999) Fastrach laryngeal mask and difficult intubation. Ann Fr Anesth Reanim 18/10: 1041–1046

14. Deem S, Bishop MJ (1995) Evaluation and management of the difficult airway. Crit Care Clin 11/1: 1–27

15. Dob DP, McLure HA, Soni N (1998) Failed intubation and emergency percutaneous tracheostomy. Anaesthesia 53/1: 72–74

16. Dob DP, Shannon CN, Bailey PM (1999) Efficacy and safety of the laryngeal mask airway vs Guedel airway following tracheal extubation. Can J Anaesth 46/2: 179–781

17. Ducros L, Moutafis M, Castelain MH, Liu N, Fischler M (1999) Pulmonary air trapping during two-lung and one-lung ventilation. J Cardiothorac Vasc Anesth 13/1: 35–39

18. Ellmauer S (1987) Prophylaxis and therapy of the acid aspiration syndrome. Anästhesist 36/11: 599–607

19. Freye E, Hartung E, Buhl R (1986) Lung compliance in man is impaired by the rapid injection of alfentanyl. Anästhesist 35/9: 543–546

20. Friedrich T, Hansch U, Eichfeld U et al. (2000) Recurrent laryngeal nerve paralysis as intubation injury? Chirurg 71/5: 539–544

21. Fitzpatrick PC, Miller RH (1998) Vocal cord paralysis. J La State Med Soc 150/8: 340–343

22. Frova G, Tuzzo D (1999) Anesthesia accidents: accidental esophageal intubation. Minerva Anestesiol 65/6: 362–366

23. Hamilton PH, Kang JJ (1997) Emergency airway management. Mt Sinai J Med 64/4–5: 292–301

24. Hansen D, Dopjans D, Syben R (1995) Obstruction of a spiral anesthesia tube in a pediatric circuit system. Anästhesist 44/12: 884–886

25. Harnett M, Kinirons B, Heffernan A, Motherway C, Casey W (2000) Airway complications in infants: comparison of laryngeal mask airway and the facemask-oral airway. Can J Anaesth 47/4: 315–318

26. Ho AM, Shragge BW, Tittley JG, Fedoryshyn JN, Puksa S (1996) Exhalation obstruction due to Laerdal valve misassembly. Crit Care Med 24/2: 362–364

27. Holmes JR, Hensinger RN, Wojtys EW (1991) Postoperative pulmonary edema in young, athletic adults. Am J Sports Med 19/4: 365–371

28. Iengo M, Villari P, Cavaliere M, De Clemente M, Merolla F (2000) Anatomo-functional study of 37 patients with monolateral chord paralysis. Acta Otorhinolaryngol Ital 20/1: 23–33

29. Jalonen J (1981) Oxygen transportation in the blood. Ann Clin Res 13 [Suppl 33]: 39–43

30. Kim ES, Bishop MJ (1999) Endotracheal intubation, but not laryngeal mask airway insertion, produces reversible bronchoconstriction. Anesthesiology 90/2: 391–394

31. Kirchner E (1978) Emergencies and aspiration. Can the usual methods for the prophylaxis of aspiration be further developed? Anästhesist 27/3: 119–126

32. Klein LV, Wilson DV (1989) An unusual cause of increasing airway pressure during anesthesia. Vet Surg 18/3: 239–241

33. Kluger MT, Short TG (1999) Aspiration during anaesthesia: a review of 133 cases from the Australian Anaesthetic Incident Monitoring Study (AIMS). Anaesthesia 54/1: 19–26

34. Krafft P, Frass M The difficult airway (2000) Wien Klin Wochenschr 24; 112/6: 260–270

35. Lang FJ (1999) The role of the head and neck surgeon in difficult intubation Rev Med Suisse Romande 119/11: 877–882

36. Ledesma M, Delas F, Beltran de Heredia B et al. (1997) Severe airway obstruction in 4 cases of postoperative obstructive hematoma (letter). Rev Esp Anestesiol Reanim 44/1: 39–40

37. Levy JH (1988) Allergic reactions during anesthesia. J Clin Anesth 1/1: 39–46

38. McConachie IW, Day A, Morris P (1989) Recovery from anaesthesia in children. Anaesthesia 44/12: 986–990

39. McCrory CR, Moriarty DC (1995) Laryngeal mask airway positioning is related to Mallampati grading in adults. Anesth Analg 81/5: 1001–1004

40. McLure HA, Dob DP, Mannan MM, Soni N (1997) A laboratory comparison of two techniques of emergency percutaneous tracheostomy. Anaesthesia 52/12: 1199–1201

41. Miller HG (1995) Negative pressure pulmonary edema. Can Oper Room Nurs J 13/3: 28–30

42. Murray-Calderon P, Connolly MA (1997) Laryngospasm and noncardiogenic pulmonary edema. J Perianesth Nurs 12/2: 89–94

43. Oberhofer D, Majeric-Kogler V (1999) Comparison between the rubber Carlens tube and the polyvinylchloride Robertshaw tube for endobronchial intubation. Lijec Vjesn 121/11–12: 345–351

44. Okazaki J, Isono S, Tanaka A et al. (2000) Usefulness of continuous oxygen insufflation into trachea for management of upper airway obstruction during anesthesia. Anesthesiology 93/1: 62–68

45. Ott PM (2000) Peracute suffocation emergency: what should be done Schweiz Rundsch Med Prax 30; 89/14: 571–574

46. Schrelner MS, O'Hara I, Markakis DA, Politis GD (1996) Do children who experience laryngospasm have an increased risk of upper respiratory tract infection? Anesthesiology 85/3: 475–480

47. Seah TG, Chin NM (1998) Severe laryngospasm without intravenous access – a case report and literature review of the non-intravenous routes of administration of suxamethonium. Singapore Med J 39/7: 328–330

48. Smyth E, Egan TD (1998) Apneic oxygenation associated with patient-controlled analgesia. J Clin Anesth 10/6: 499–501

49. Stuhmeier KD, Mainzer B, Lipfert P, Torsello G (1997) Ipsilateral pneumothorax in one-lung respiration. A rare, recently diagnosed and atypical complication of a double lumen tube Anästhesist 46/1: 43–45

50. Sturniolo G, D'Alia C, Tonante A et al. (1999) The recurrent laryngeal nerve related to thyroid surgery. Am J Surg 177/6: 485–488

51. Sullivan SG, Szewczak JM (1998) Apneic oxygen uptake in the torpid pocket mouse Perognathus parvus. Physiol Zool 71/6: 624–632

52. Van der Walt J (1995) Anaesthesia in children with viral respiratory tract infections. Paediatr Anaesth 5/4: 257–262

53. Vankova ME, Weinger MB, Chen DY, Bronson JB, Motis V, Koob GF (1996) Role of central mu, delta-1, and kappa-1 opioid receptors in opioid-induced muscle rigidity in the rat. Anesthesiology 85/3: 574–583

54. Weinman EC, Maragos NE (2000) Airway compromise in thyroplasty surgery. Laryngoscope 110/7: 1082–1085

55. Werman HA, Falcone RE (1998) Glottic positioning of the endotracheal tube tip: a diagnostic dilemma. Ann Emerg Med 31/5: 643–646

56. Westendorp RG, Blauw GJ, Frolich M, Simons R (1997) Hypoxic syncope. Aviat Space Environ Med 68/5: 410–414

57. Yamada Y, Doi K, Sato K, Yamamori Y, Saito Y (1999) Bronchospasm during crush induction with propofol under the Sellick maneuver in a patient for emergency laparotomy. Masui 48/11: 1238–1240

Sektion D

KAPITEL 23

Perioperative dentale Komplikationen

W. KRÖLL

Zahnschäden sowie Weichteilverletzungen im Bereich der Mundhöhle zählen zu den *häufigsten Komplikationen während einer Allgemeinanästhesie.* Diese Verletzungen können während der Laryngoskopie auftreten, sie können jedoch auch dann entstehen, wenn der Patient während der Ausleitungsphase einer Narkose, unruhig und agitiert, auf den oropharyngealen Tubus beißt. Ungefähr 50% all dieser Ereignisse treten, retrospektiv betrachtet, während *schwieriger Intubationen* oder bei *Notfallintubationen* auf und die meisten der, im Rahmen dieser Manöver beschädigten Zähne, waren entweder bereits erkrankt oder restaurativ versorgt und somit in ihrer Festigkeit wesentlich beeinträchtigt. (Burton et al. 1987; Lockart et al. 1986).

Die Angaben zur Häufigkeit perioperativer Zahnverletzungen liegen zwischen 0,002 und 12,08% (Chen et al. 1990; Craig et al. 1981). Zieht man jedoch als Referenz für die Inzidenz von perioperativen Zahnschäden Studien mit großen Fallzahlen heran, so liegt die Häufigkeit dieses Verletzungsmusters zwischen 0,02 und 0,04% (Wang et al. 1992; Chopra et al. 1990). Perioperative Läsionen des Zahnapparates stellen zudem auch die häufigste Ursache für Prozesse mit zumindest teilweise sehr hohen Regreßansprüchen dar (Palmer et al. 1987; Solazzi et al. 1984).

Perioperative dentale Komplikationen sind zwar nicht lebensbedrohlich; dies darf den Anästhesisten jedoch nicht darüber hinwegsehen lassen, dass beträchtliche *Probleme hinsichtlich der Fehlentwicklung sowie der Fehlstellung des Zahnapparates,* besonders im Kindesalter, die Folge derartiger Läsionen sein können; es muss aber auch darauf hingewiesen werden, dass iatrogen induzierte Schäden am Zahnapparat ein wesentlicher Faktor für die *Unzufriedenheit des Patienten mit der Anästhesie im allgemeinen* sein können.

23.1
Anatomie des Zahnes

Ein Zahn besteht aus 2 Teilen: *Krone* und *Wurzel(n)*; jedes dieser beiden Elemente wiederum ist aus 3 Schichten aufgebaut: die innerste Schichte des Zahnes besteht aus Blutgefäßen und Nerven und wird als *Pulpa* bezeichnet; diese wird von einer Schichte umgeben, die die eigentliche Basisstruktur des Zahnes darstellt, dem *Dentin.* Im Bereich der Krone wird die 2. Schichte des Zahnes von einer harten *Emailschicht,* im Bereich der Wurzeln von einer wesentlich weicheren *Zementschicht,* dem Zahnschmelz umscheidet.

Als *Peridontium* werden die den Zahnapparat umgebenden Strukturen zusammengefaßt: *Kieferknochen, peridontale Membran und Zahnfleisch* (Wheeler 1974).

23.2
Zahnentwicklung

Von der Geburt bis zum 6. Lebensmonat sind Kinder zahnlos, es muss jedoch mit Nachdruck darauf hingewiesen werden, dass auch die noch nicht duchgebrochenen Zahnanlagen, welche in der Schleimhaut der Ober- und Unterkieferleiste liegen, durch

Manipulationen im Bereich der Atemwege bleibend geschädigt werden können. Die physiologische Makroglossie in Relation zur Größe des kindlichen Unterkiefers erschwert zudem die Laryngoskopie und den Intubationsvorgang. *Exzessiver Druck des Laryngoskopspatels* auf die Kieferleiste sowie eine *Langzeitintubation*, können der Grund für *Entwicklungsstörungen der primären Dentition* sein. Emailhypoplasien sowie Dislazerationen der Krone bzw. der Wurzeln sind als Defekte nach Langzeitbeatmung beschrieben (Angelos et al. 1989; Garber et al. 1983).

Der Durchbruch der Milchzähne – die *primäre Dentition* – beginnt mit *6 Monaten* und ist im Alter von 2 Jahren abgeschlossen. Ihre anatomische Struktur prädestiniert diese Zähne zu Läsionen während der Laryngoskopie. Vorzeitiger Verlust der Milchzähne kann zu Entwicklungsstörungen und Problemen beim Durchbruch des bleibenden Gebisses führen. Etwa im Alter von *5–6 Jahren* werden die Milchzähne durch die *bleibenden Zähne* ersetzt. Diese Entwicklungsphase ist etwa mit dem 11. Lebensjahr beendet.

23.3
Komplikationen im Kindesalter

Eine traumatische Schädigung der Zahnanlagen des Neugeborenen während Laryngoskopie und Intubation kann zu Läsionen und Infektionen dieser präformierten Zähne führen. Ein verfrühter Durchbruch sowie eine pathologische Zahnentwicklung sind als Resultat dieser Schädigung beschrieben. Die physiologisch existente Makroglossie des Neugeborenen kann zusätzlich Anlaß für Weichteilverletzungen in dieser Altersstufe sein.

Schädigungen der Zähne der primären Dentition bzw. der Zahnanlagen der bleibenden Zähne bei Kindern zwischen 6 Monaten und 2 Jahren können zu Fehlokklusionen und pathologischer Entwicklung des bleibenden Gebisses führen. Zu große Druckentwicklung auf die Zähne des Milchgebisses während Laryngoskopie und orotachealer Intubation kann zu Frakturen der Wurzeln der primären Zähne führen. Die Resorption der Zahnwurzeln der Milchzähne beim Übergang von der primären zur sekundären Dentition gefährdet diese Zähne bei nur minimaler Druckausübung, da in diesen Fällen die Zahnkrone nur durch den umgebenden Weichteilapparat in ihrer Position gehalten wird.

Eine exakte Befragung des Kindes bzw. der Eltern bezüglich lockerer Zähne bzw. eine Überprüfung der Mobilität derselben erscheint präoperativ empfehlenswert. Gelockerte Zähne sollten, nach entsprechender Information der Erziehungsberechtigten entweder präoperativ oder nach Einleitung der Anästhesie, jedoch vor Durchführung der Laryngoskopie durch einen Zahnarzt extrahiert werden (Burton et al. 1987, Garber et al. 1983; Wright et al. 1974).

Die Verwendung von Guedel-Tuben als Beißschutz stellt ebenfalls einen Faktor dar, der zu einer Verletzung der Zähne, besonders von gelockerten Schneidezähnen, Anlaß geben kann. Es wird daher empfohlen, solche Maßnahmen im Bereich der Schneide- und Eckzähne ggf. nicht vorzunehmen; wird auf ein zusätzliches Offenhalten der Zahnreihen während einer Allgemeinanästhesie Wert gelegt, so eignen sich dafür Gummikeile und/oder Gazetupfer, welche im Bereich der Molaren zu positionieren sind. Die Gefahr einer Verletzung dieser Zähne ist aufgrund physiologisch-funktioneller Besonderheiten im Vergleich zu den Vorderzähnen nicht gegeben.

Festsitzende und/oder abnehmbare Regulierungshilfen kommen im Kindesalter in zunehmender Häufigkeit vor und können Anlaß zu diversen Komplikationen sein. Es empfiehlt sich, bei festzustellender Behinderung der Intubation solche Regulierungshilfen präoperativ durch den Zahnarzt entfernen zu lassen.

Es sollte jedem Anästhesisten bewusst sein, dass er auf die Milchzähne die gleiche Sorgfalt zu legen hat, als auf die bleibenden

Zähne, da eine Läsion der primären Dentition bzw. ein vorzeitiger Verlust eines Milchzahnes zu Okklusionsschäden und Entwicklungstörungen der bleibenden Zähne führen können.

23.4
Die bleibenden Zähne

Die Milchzähne werden durch die größeren permanenten Zähne ersetzt, wobei eine vollständige Dentition des Erwachsenen aus 32 Zähnen besteht; in vielen Fällen jedoch durchbrechen die 3. Molaren (Weisheitszähne) den Kieferkammknochen nicht oder erst verspätet.

Bezüglich der Bezeichnung der einzelnen Zähne des permanenten Gebisses existieren unterschiedliche Schemata. Welche Methode der Kennzeichnung eines Zahnes immer gewählt wird, für den Anästhesisten von wesentlicherer Bedeutung wird es sein, den erkrankten bzw. den ausgebrochenen Zahn zu identifizieren und dies entsprechend zu dokumentieren (Klein et al. 1980).

Dentale perioperative Probleme beim erwachsenen Patienten resultieren aus der physiologischen Stellung der Schneidezähne; normalerweise besteht ein Überbiß in der Okklusion, der die Schneidezähne zu Verletzungen während Laryngoskopie und orotrachealer Intubation prädisponiert.

23.5
Prädisponierende Faktoren

Es ist kaum zu erwarten, dass ein gesunder Zahn, der gleichzeitig auch von einem gesunden Peridontium umgeben ist, durch noch so große Kraftanwendung während der Laryngoskopie und/oder orotrachealer Intubation verletzt werden kann. Zahnverletzungen treten fast ausnahmslos bei bereits erkrankten Zähnen auf.

Karies

Die häufigste Erkrankung des Zahnes ist die Zahnkaries. Als prädisponierende Faktoren sind mangelnde Zahnhygiene, die Zusammensetzung des Speichels, Ernährung sowie Veränderungen der Mundhöhlenflora zu nennen. Bakterien, welche an der Zahnoberfläche festhaften, produzieren Säuren und induzieren eine Dekalzifizierung und/oder eine Auflösung des Dentins und eine Unterminierung der Emailschicht. Wesentlicher Bestandteil der Behandlung von Karies ist Entfernung der betroffenen Zahnregion sowie das Einbringen einer Zahnfüllung, welche entweder aus Amalgan oder einer Goldeinlage bestehen kann. Bei Vorderzähnen ist es üblich, eine an die Zahnfarbe adaptierte Füllung aus Porzellan vorzunehmen.

Die Füllung eines vorher kariösen Zahnes bedeutet keineswegs eine Stärkung der Zahnstruktur, sondern vielmehr eine Schwächung des Zahnapparates. Ausgedehnte Restaurationsarbeiten am Zahn prädisponieren diesen hinsichtlich einer Fraktur. Eine fortgeschrittene Karies mit Involvierung der Zahnpulpa erfordert eine Wurzelkanalbehandlung, welche eine Entfernung der nervalen und vaskulären Strukturen des Zahnes notwendig macht und somit zu einem Absterben des Zahnes führt; in vielen Fällen werden solche Zähne mittels einer Krone behandelt (Clokie et al. 1989). Bei Vorliegen von Xerostomie (Sialoadneose), M. Mikulicz (Vergrößerung der Tränen und Speicheldrüsen) und dem Sjögren-Syndrom (Erkrankung des rheumatischen Formenkreises) ist ebenfalls an die Möglichkeit eines häufigeren Vorkommens von kariösen Veränderungen der Zähne zu denken und entsprechende Vorsicht walten zu lassen.

Erkrankungen des Peridontiums

Dabei handelt es sich um ein multifaktorielles Geschehen, bei welchem es zu einer schmerzlosen, jedoch irrversiblen, inflammatorischen Zerstörung des knöchernen

Sektion D

und ligamentären Halteapparates des Zähne kommt. Als wesentlichstes ätiologisches Agens gelten proteolytische Bakterien. Zahnverluste nach dem 30. Lebensjahr sind sehr häufig durch eine peridontiale Erkrankung ausgelöst; dieses Krankheitsbild muss derzeit weltweit zu der verbreitetsten chronischen Erkrankung der Menschheit gezählt werden.

Das therapeutische Management beschränkt sich auf eine exakte Mundhygiene, eine mechanische Curettage existenter Schleimhauttaschen sowie chirugische Interventionen. Bei den meisten Zähnen, welche perioperativ verloren werden, bestehen ausgeprägte peridontiale Erkrankungsherde. Eine präoperative Beurteilung des Zustandes der Gingiva, der Zahnmobilität sowie evtl. bestehender Zahnsteinablagerungen sollten zur Routinebeurteilung des Patienten gehören und den Anästhesisten frühzeitig vor möglichen intraoperativen Komplikationen seitens des Zahnapparates vorwarnen (Carranza et al. 1984; Rosenberg 1989).

Dentinogenesis imperfecta

Es handelt sich dabei um eine dominant vererbte Erkrankung, welche durch eine Braunverfärbung des Dentins charakterisiert ist und mit schwerwiegenden strukturellen Veränderungen der Zähne vergesellschaftet ist. Eine Osteogenesis imperfecta und blaue Skleren sind weitere Charakteristika dieses Krankheitsbildes.

23.6
Mögliche perioperativ induzierte Verletzungsmuster der Zähne

Eine traumatische Fraktur eines Zahnes kann den Zahnschmelz, das Dentin, die Pulpa oder die Zahnwurzeln involvieren. Eine isolierte Fraktur des Zahnschmelzes wird kaum bemerkt werden und erfordert therapeutisch ausschließlich eine Glättung scharfer Kanten oder das Kitten der betroffen

Stelle durch das Auftragen eines zahnfarbenen Materials. Eine Zahnfraktur, welche bis in die Dentinschicht reicht, manifestiert sich durch eine erhöhte Thermosensibilität des betroffenen Zahnes; sie erfordert bereits eine sehr extensive restaurative Tätigkeit. Zahnfrakturen, welche bis in die Pulpa reichen, sind sehr schmerzhaft und machen eine entsprechende Wurzelkanalbehandlung sowie eine Versorgung mittels Krone notwendig. Frakturen der Zahnwurzeln lassen sich sehr schwer diagnostizieren und gehen häufig mit einer peridontialen Erkrankung einher; in den meisten Fällen umfaßt das therapeutische Management eine *Extraktion der Zahnwurzel* (Andreason 1981; Clokie et al. 1989).

Bei einer *Subluxation* handelt es sich um eine partielle Dislokation des Zahnes innerhalb des Alveolarknochens. Das therapeutische Vorgehen umfaßt eine Reposition des Zahnes in seine ursprüngliche Position, eine Stabilisierung des subluxierten Zahnes sowie eine entsprechende endodontische Behandlung (Andreason 1981).

Unter *Avulsion* wird die vollständige Entfernung des Zahnes aus seiner Position im Alveolarknochen verstanden. Die Schneidezähne im Oberkiefer sind während einer Laryngoskopie besonders gefährdet; dies im um so stärkerem Ausmaß, wenn gleichzeitig eine peridontiale Erkankung vorliegt. Ausgebrochene Zähne oder Zahnfragmente müssen möglichst rasch lokalisiert und entfernt werden, um einer Aspiration und damit der Gefahr eines Lungenabzesses präventiv zu begegnen.

Für ausgebrochene Zahnstrukturen besteht die Möglichkeit einer Reimplantation; wird ein derartiges Vorgehen in Erwägung gezogen, ist es unbedingt erforderlich den Zahn sorgfältigst zu behandeln; er darf nur im Bereich der Krone berührt werden; jeder manuelle Kontakt mit den Zahnwurzeln ist zu unterlassen. Das Vorhandensein ligamentärer Strukturen im Bereich der Zahnwurzeln erhöht die Chance einer erfolgreichen Implantation. Die Durchführung einer Implantation innerhalb der ersten 20 min nach erfolgter Avulsion erhöht die Möglichkeit eines erfolgreichen Einwachsens des Zahnes. Bis zum Zeitpunkt der Reimplantation sollte der Zahn entweder in einer Kochsalzlösung bzw. in kochsalzgetränkte Tupfer gelegt werden (Gallagher et al. 1979; Lind et al. 1982).

23.7
Prothetischer Zahnersatz

Der Ersatz eines verlorenen Zahnes oder mehrerer Zähne kann durch eine der 4 grundlegenden Techniken erfolgen:
1. abnehmbarer partieller Zahnersatz,
2. konventionell fixierte Brücke,
3. Butterfly-Brücke oder
4. osteointegriertes Implantat.

Zu 1. Abnehmbare partielle Zahnersätze sind mittels einer Verankerung an der natürlichen Dentition befestigt. Diese können problemlos vor Beginn der Narkoseeinleitung entfernt werden. Eine Verletzung des den partiellen Zahnersatz tragenden Zahnes sollte tunlichst vermieden werden, da ansonsten der prothetische Zahnersatz unbrauchbar sein könnte (Rosenberg 1989). Es kann aber auch manchmal sinnvoll sein einen abnehmbaren partiellen Zahnersatz in situ zu belassen.

Zu 2. Bei konventionell fixierten Brücken handelt es sich um eine Kombination zementierter Kronen an den verbleibenden Zähnen. Konventionelle Brückenzahnersätze können, besonders wenn sie im Bereich der vorderen Zähne fixiert sind oder wenn der tragende Zahn durch eine weiter fortschreitende Karies geschädigt ist, disloziert werden. Tritt eine Dislokation ein, muss dieser Zahnersatz umgehend entfernt und der exponierte Stützpfeiler geschützt werden; postoperativ lassen sich Kronen oder Brücken wiederum problemlos reinserieren (Clokie et al. 1989; Highton et al. 1987).

Zu 3. Großer Beliebtheit, besonders beim Ersatz der Vorderzähne, erfreut sich die sog. Butterfly-Brücke. Als Vorteile dieses Zahnersatzes sind die minimale Gefahr einer Verletzung des stützenden Zahnes sowie die Einfachheit der Fabrikation zu nennen. Butterfly-Brücken sind sind an den umgebenden Zähnen fixiert und können relativ leicht disloziert werden; diesem Zahnersatz fehlt somit die Stärke einer konventionellen Brücke (Clokie et al. 1989).

Zu 4. Knochenintegrierte Titanimplantate werden immer häufiger zum Ersatz eines einzelnen oder mehrerer fehlender Zähne oder eines ganzen Zahnbogens verwendet. Frakturen oder Dislokationen dieses Zahnersatzes treten meist an der Stelle auf, wo der prothetische Zahnersatz mit dem Implantat verbunden wird oder aber im Bereich des Implantates selbst. Es ist für den Anästhesisten wichtig über die Präsenz eines Implantates Bescheid zu wissen, da bei zu erwartender schwieriger Implantation der prothetische Zahnersatz durch einen Zahnarzt entfernt und postoperativ wieder eingesetzt werden kann (Branemark 1985).

23.8
Künstliches Gebiss

Bei vollständig zahnlosen Patienten werden künstliche Gebisse zum Ersatz eines Zahnbogens verwendet; diese bestehen aus einer Acrylbasis, auf der in den meisten Fällen die Zähne, aus Porzellan geformt, angebracht sind. Dieser künstliche Zahnersatz kann während Laryngoskopie und Intubation relativ leicht zerstört werden und sollte daher grundsätzlich vor der Durchführung einer Laryngoskopie entfernt werden. Es kann jedoch vorkommen, dass es durch den Verlust der eigenen Zähne zu einer deutlich ausgeprägten Atrophie des Knochens gekommen ist, der die temporäre Beatmung mit einer Maske wesentlich erschweren kann; in diesen Fällen scheint es angezeigt, das künstliche Gebiss während dieser Phase der Narkoseinleitung in situ zu belassen und erst unmittelbar vor der Laryngoskopie zu entfernen (Gallagher et al. 1979; Rosenberg 1989).

Sektion D

23.9
Kosmetische Restaurationen

Zahnfüllungen mittels Porzellan erfreuen sich zunehmender Beliebtheit; bei dieser Technik wird die Dicke des Zahnschmelzes etwa auf die Hälfte reduziert (0,7 mm) und anschließend die Porzellanfüllung aufgebracht. Diese Art Zahnersatz kann sehr leicht zerspringen oder abbrechen. Die meisten dieser Zahnersätze finden sich im Bereich der maxillären Schneidezähne und können somit während einer Laryngoskopie leicht zerstört werden. Zunehmend häufiger werden bei kosmetisch orientierten Patienten auch Porzellankronen gefunden, die derselben Art von Zerstörung ausgesetzt sein können, wie Porzellanfüllungen eines geschädigten Zahnes (Clokie et al. 1989; Highton et al. 1987; Jordan 1986).

23.10
Zahnregulierungen

Während der Zeit der gemischten Dentition, aber auch im Erwachsenenalter werden zunehmend häufiger Zahnregulierungen unterschiedlicher Art verwendet. Der größte Teil dieser Zahnregulierungen ist entfernbar und sollte präoperativ auch entfernt werden, da diese häufig Anlaß zur Verlegung der Atemwege sein können. Fixe Zahnregulierungen werden meist von kleinen Hacken mit Gummibändern, welche ebenfalls relativ leicht abbrechen und aspiriert werden können, in ihrer Position gehalten und sollten ebenfalls vor Narkoseeinleitung entfernt werden (Rosenberg 1989).

23.11
Dislokation der Mandibula

Eine Dislokation im Bereich des Temporomandibulargelenkes kann während der Laryngoskopie beim relaxierten Patienten bei zu exzessiver Kraftanwendung auftreten. Im Rahmen der Dislokation tritt eine Subluxation des vorderen Processus condylaris in Relation zur Eminentia articularis auf. Eine Dislokation wird meist intraoperativ nicht bemerkt, macht sich jedoch postoperativ aufgrund von starken Schmerzen im Bereich der Temporalregion sowie der Unfähigkeit des Zahnreihenschlusses bemerkbar. Die Behandlung der Dislokation besteht in der Durchführung folgender Schritte:

1. Lagerung des Kopfes des aufrecht sitzenden Patienten gegen eine harte Unterlage;
2. beide Daumen des Arztes werden im Bereich der mandibulären Molaren plaziert, die Finger jeder Hand befinden sich am Unterrand der Mandibula;
3. nun wird durch die Daumen ein Druck nach kaudal derart ausgeübt, dass es den Kondylen möglich wird wieder über die Eminentia in die Gelenksgrube zurückzugleiten. Bei Durchführung dieser Reposition empfiehlt es sich, einen Beißkeil zwischen die Zähne zu legen (Rosenberg 1989; Sosis et al. 1987).

23.12
Gesichtschädelverletzungen

Pathologische Veränderungen des Gesichtsschädels sowie Anomalien des Kiefergelenks stellen ebenfalls einen bedeutenden Faktor dar, der zu Läsionen der Zähne beitragen kann. Prognathie und Retrognathie sind wohl die häufigsten Ursachen, die eine Laryngoskopie und/oder Intubation erschweren können. Konfigurelle Veränderungen des Mandibular- und Maxillarbogens können eine Intubation unmöglich machen. Hyperplastische und/oder hypertrophe Veränderungen des Processus coronoideus mandibulae schränken die Beweglichkeit des Unterkiefers erheblich ein. Mobilitätsveränderungen des Kiefergelenks sind nach arthritischen und traumatischen Prozessen zu erwarten. Ein weiteres allseits bekanntes und bei der Intubation gefürchtetes Problem stellt der pyknische Patient mit kurzer, gedrungener Halskonfiguration dar (Garber et al. 1983; Stoelting 1992; Wright et al. 1974).

Schließlich können auch Weichteilverletzungen eine Laryngoskopie und/oder eine orotracheale Intubation komplizieren. Verletzungen von Lippen, weichem Gaumen und Wangenschleimhaut haben ihre Ursache in einer sorglosen Handhabung des Laryngoskopspatels. Ein exzessiver Krikoiddruck kann in seltenen Fällen zu einer transienten Läsion des N. lingualis führen. Taubheitsgefühl und vorübergehende fehlende Geschmacksempfindungen treten meist am 1. postoperativen Tag auf und verschwinden ohne jegliche therapeutische Intervention nach 1–4 Wochen (Garber et al. 1983; Wright et al. 1974).

23.13
Prävention

Präoperativ ist es wichtig, den Zahnstatus des Patienten exakt zu evaluieren und kariöse Schäden, eventuelle restaurative Eingriffe, die Mobilität der Zähne sowie die Präsenz prothetischer Zahnersätze im Beurteilungsbogen des Patienten genauest zu dokumentieren. Besteht präoperativ ein erhöhtes Risiko hinsichtlich einer perioperativen Schädigung bereits erkrankter Zähne, sollte eine Konsultation durch den Zahnarzt durchgeführt werden. Jeder Patient sollte über die Möglichkeit einer perioperativen Zahnschädigung informiert werden und Patienten, bei denen ein entsprechend höheres Risiko aufgrund präexistenter Zahnerkrankungen und Restaurationen besteht, sollten auf dieses Risiko besonders hingewiesen werden. Eine exakte Dokumentation und die Aufklärung des Patienten hinsichtlich seines speziellen Risikos können in der Prävention postoperativer Regreßansprüche sehr hilfreich sein (Garber et al. 1983; Lockhart et al. 1986).

Besondere Vorsicht ist während der Intubation geboten, wenn Faktoren vorliegen, die eine Laryngoskopie und Intubation a priori erschweren können: Retrognathie, vorstehende Schneidezähne im Oberkiefer und Situationen, die zu einer Einschränkung der Extension im Bereich des Atlantookkzipitalgelenks sowie der Fähigkeit der Mundöffnung führen. Bei der Wahrscheinlichkeit einer schwierigen Intubation gilt es zu überlegen, ob nicht auf eine Intubation verzichtet werden kann und evtl. einer anderen Narkosetechnik der Vorzug zu geben ist (fiberoptisches Bronchoskop, Larynxmaske, Regionalanästhesie). Bei vorbestehender Wahrscheinlichkeit einer schwierigen Intubation erscheint es empfehlenswert, anstelle eines nichtdepolarisierenden Muskelrelaxans ein depolarisierendes Muskelrelaxans einzusetzen; die Relaxation mag nach Succinylcholin vollständiger und die Gefahr einer Zahnschädigung geringer sein, als nach nichtdepolarisierenden Muskelrelaxanzien (Burton et al. 1987; Garber et al. 1983; Rosenberg 1989; Fisher 1972).

Zahlreiche Versuche wurden unternommen, um Zahnschäden während der Laryngoskopie und Intubation präventiv zu begegnen. Die Verwendung von Hilfsmaßnahmen zum Schutz der Zähne wird mancherorts empfohlen, wir lehnen sie aber ab, da dadurch ein falsches Gefühl von Sicherheit vermittelt wird. Bei Kraftanwendung während der Laryngoskopie kann es trotz dieser „Schutzmaßnahmen" zur Verletzung der Zähne kommen. Eine entsprechende Technik ohne wesentliche Druckausübung auf die Vorderzähne und Vorsicht sind zur Vermeidung perioperativer dentaler Probleme erforderlich (Aromaa et al. 1988; Lisman et al. 1981; Lockhart et al. 1986).

Ein bedeutender Faktor in der Genese perioperativer dentaler Komplikationen ist die Verwendung oropharyngealer Atemwege als Beißblock in der postoperativen Phase. Im Bereich der einwurzeligen Schneidezähne bestehen Diskrepanzen hinsichtlich der Kraftübertragung vom Beißblock auf den Zahnbogen und die Achse der Schneidezähne; dieser Unterschied kann verantwortlich sein für dentale Schäden bei bereits vorgeschädigten Zähnen während der Aufwachphase. Ist tatsächlich ein Beißblock erforderlich, ist anzuraten, Gazetupfer im Bereich der mehrwurzeligen Prämolaren und Molaren zu positionieren; in diesem Bereich stimmen die Kraftübertragung auf den Zahnbogen und die Zahnachse überein; einer Schädigung kann somit präventiv begegnet werden (Dornette et al. 1959).

Ist es tatsächlich während einer Laryngoskopie und Intubation zu Zahnschäden gekommen, so muss dies im Anästhesieprotokoll festgehalten und umgehend ein zahnärztliches Konsilium durchgeführt werden. Außerdem ist der Patient über diese Komplikation zu informieren. Es ist zu erwarten, dass ein Patient, der präoperativ in taktvoller Weise über seine Zahnstatus aufgeklärt und dem versichert wurde, dass der Anästhesist größte Vorsicht aufwenden würde, um einen Zahnschaden zu vermeiden, und bei dem es perioperativ tatsächlich zu einem Zahnschaden gekommen ist, vernünftig darauf reagieren wird (Garber et al. 1983).

Leitsätze

ÜBERSICHT

- Zahnschäden und Weichteilverletzungen im Bereich der Mundhöhle zählen zu den häufigsten Komplikationen während einer Allgemeinanästhesie.
- Die Inzidenz perioperativer Zahnschäden liegt zwischen 0,02 und 0,04%.
- Auch noch nicht duchgebrochene Zahnanlagen können durch Manipulationen im Bereich der Atemwege bleibend geschädigt werden.
- Die Verwendung von Guedel-Tuben kann zu Verletzungen von gelockerten Schneidezähnen führen.
- Verletzungen der Milchzähne können zu Okklusionsschäden und Entwicklungstörungen der bleibenden Zähne führen.
- Iatrogen induzierte Verletzungen der Zähne sind ein wesentlicher Faktor für die Unzufriedenheit von Patienten mit der Anästhesie.
- Perioperative Zahnschäden treten fast ausnahmslos bei bereits erkrankten Zähnen auf.

- Jeder Patient sollte präoperativ über die Möglichkeit einer perioperativen Zahnschädigung hingewiesen werden.
- Eine exakte Dokumentation des Zahnstatus sowie die Aufklärung des Patienten hinsichtlich eines speziellen Risikos können bei der Abwälzung von Regreßansprüchen sehr hilfreich sein.
- Ist es intraoperativ zu Schädigungen des Zahnapparates gekommen, sollte immer ein Zahnarzt zu Rate gezogen werden.

Literatur

1. Andreason JO (1981) Traumatic injuries of the teeth. Saunders, Toronto
2. Angelos GM, Smith DR, Jorgenson R (1989) Oral complications associated with neonatal oral tracheal intubation: a critical review. Pediatr Dent 11: 133
3. Aromaa U, Pensonen P, Linko K (1988) Difficulties with tooth protectors in endotracheal intubation. Acta Anesthesiol Scand 32: 304
4. Branemark PI (1985) Tissue-integrated protheses. Quintessence, Chicago
5. Burton JF, Baker AB (1987) Dental damage during anesthesia and surgery. Anesth Intens Care 15: 26
6. Carranza FA (1984) The tissues of the peridontium: the gingiva. In: Carranza FA (ed) Glickman's clinical peridontology. Saunders, Philadelphia
7. Chen JJ, Susetio L, Chao CC (1990) Oral complications associated with endotracheal general anaesthesia. Acta Sinica 28: 163
8. Chopra V, Bovill JG, Spierdijk J (1990) Accidents, near accidents and complications during anaesthesia: a retrospective analysis of a 10-year period in teaching hospital. Anaesthesia 45: 3
9. Clokie C, Metcalf I, Holland A (1989) Dental trauma in anesthesia. Can J Anesth 36: 675
10. Cohen MM, Duncan PG, Pop WDP, Wolkenstein C (1986) A survey of 112.000 anesthetics at one teaching hospital (1975–1983). Can Anesth Soc J 33: 22
11. Craig J, Wilson ME (1981) Management of the fractured incisor. J Am Dent Assoc 96: 99
12. Dornette WHL, Hughes BH (1959) Care of the teeth during anesthesia. Anesth Analg 38: 206
13. Fisher TL (1972) Teeth and the anesthetist. Can Med Assoc J 106: 602
14. Gallagher DM, Milliken RA (1979) Dental considerations in clincal anesthesia. Anesthsiol Rev 6: 30

15. Garber JG, Merlich A (1983) Dental complications. In: Orkin FK, Cooperman LH (eds) Complications in anesthesia. Lippincott, Philadelphia, p 449
16. Highton R, Caputo AA (1987) A photoelastic study of stress on porcelain laminate preparation. J Prosthet Dent 58: 157
17. Jordan RE (1986) Esthetic composite bonding techniques and material. Decker, Toronto
18. Klein SL (1980) A dental primer for anesthesiologists. Anesthsiol Rev 3: 25
19. Lind GL, Spiegel EH, Munson ES (1982) Treatment of traumatic tooth avulsion. Anesth Analg 61: 469
20. Lisman SR, Shepard NJ, Rosenberg MB (1981) A modified laryngoscope blade for dental protection. Anesthesiology 55: 190
21. Lockhart PB, Feldbau EV, Gabel RA (1986) Dental complications during and after tracheal intubation. J Am Dent Assoc 112: 480
22. Palmer RN (1987) Legal apects of anesthesia. In: Taylor TH, MAjor E (eds) Hazards and complications of anesthesia. Churchill Livingstone, Edinburgh, pp 511
23. Rosenberg MB (1989) Anesthesia-induced dental injury. Int Anesthesiol Clin 27: 120
24. Solazzi RW, Ward RJ (1984) The spectrum of medical liability cases. Int Anesthesiol Clin 22: 43
25. Sosis M, Lazar S (1987) Jaw dislocation during general anesthesia. Can J Anesth 34: 407
26. Stoelting RK (1992) Endotracheal intubation. In: Miller RD (ed) Anesthesia. Churchill Livingstone, Edinburgh, pp 523 ff.
27. Wang LP, Hägerdal M (1992) Reported anaesthetic complications during an 11-year period. A retrospective study. Act Anaestesiol Scand 36: 234
28. Wheeler RC (1974) Dental anatomy, physiology and occlusion. Lippincott, Toronto
29. Wright MB, Manfield FFV (1974) Damage to teeth during adminstration of general anesthesia. Anesth Analg 53: 405

Sektion D

KAPITEL 24

Komplikationen und Prävention milder perioperativer Hypothermie

R. Lenhardt

Unter Narkose kommt es häufig zu einer perioperativen Hypothermie, die durch eine anästhesiebedingte Thermoregulationsstörung in Kombination mit einem voll klimatisierten Operationssaal und daher kühler Umgebungstemperatur entsteht. Perioperative Hypothermie kann zu verschiedenen schwerwiegenden Komplikationen in der postoperativen Phase führen, die nicht unterschätzt werden sollten (Tabelle 24.1).

Wir verfügen heute über geeignete Maßnahmen, den intraoperativen Temperaturabfall zu verhindern oder wenigstens zu minimieren. Sollte es dennoch zu einer postoperativen Hypothermie kommen, muss der Patient aktiv gewärmt und das Auftreten von Kältezittern medikamentös behandelt werden.

Postoperatives Kältezittern zählt neben Wundschmerzen zu den unangenehmsten Erfahrungen für den Patienten im Aufwachraum.

Jeder Patient sollte bei längeren Operationen aktiv gewärmt werden, solange keine spezifische Indikation für intraoperative Hypothermie gegeben ist (z. B. bei neurochirurgischen Operationen).

24.1
Thermoregulation im Wachzustand

Die Körperkerntemperatur wird im Wachzustand innerhalb enger Grenzen um 37°C gehalten. Variationen dieser Zielgröße sind durch den zirkadianen Rhythmus und bei Frauen in Abhängigkeit der Menstruationsphase gegeben. Zum Konstanthalten der Körperkerntemperatur dienen Verhaltensänderungen als wichtige thermoregulatori-

Tabelle 24.1. Klinische Studien zu Komplikationen milder perioperativer Hypothermie

Studie	Normothermie	Hypothermie	p	Autoren
Myokardischämien	1% Inzidenz	6% Inzidenz	<0,05	Frank et al. 1997
Ventrikuläre Tachykardien	2% Inzidenz	8% Inzidenz	<0,05	Frank et al. 1997
Chirurgische Wundinfektionen	6% Inzidenz	19% Inzidenz	<0,01	Kurz et al. 1996
Perioperativer Blutverlust	1,7±0,3 l	2,2±0,5 l	<0,001	Schmied et al. 1996
Aufenthaltsdauer im Aufwachraum	53±36 min	94±65 min	<0,001	Lenhardt et al. 1997
Postoperatives Kältezittern	141±24 ml/min/m2[a]	269±159 ml/min/m2	<0,05	Just et al. 1992
Thermales Unbehagen	50±10 mm (VAS)[b]	18±9 mm (VAS)[b]	<0,001	Kurz et al. 1995

[a] O_2-Verbrauch, angegeben in ml/min/m2; [b] *VAS* visuelle Analogskala, ein Maß für die Wärmeempfindung und damit für den thermalen Komfort eines Patienten. Diese Skala mißt von 0 bis 100 mm, wobei 0 unerträglich kalt, 100 unerträglich heiß und 50 angenehm warm bedeutet.

sche Mechanismen zur Vermeidung einer Hypo- oder Hyperthermie. Ein nur minimales Abweichen der Körperkerntemperatur um 0,1–0,2°C führt zum Triggern autonomer thermoregulatorischer Abwehrmechanismen (Lopez et al. 1994). Erhöhung der Temperatur löst Schwitzen und aktive Vasodilatation aus, ein Abkühlen verursacht Vasokonstriktion. Bei weiterer Abkühlung tritt Kältezittern auf. Jede dieser thermoregulatorischen Antworten tritt bei einer vom Hypothalamus, dem höchstintegrierten Thermoregulationszentrum des Körpers, eng definierten Temperatur auf, die auch als Schwelle (oder Schwellentemperatur) bezeichnet wird. Die Spanne zwischen den Schwellen für das Auftreten von Schwitzen einerseits und Vasokonstriktion andrerseits nennt man den *Zwischenschwellenbereich* (oder Nullzone). Dieser liegt üblicherweise zwischen 0,2 und 0,4°C um einen angenommenen Zielwert. Das heißt: liegt die Körperkerntemperatur innerhalb dieser Spanne, treten keine thermoregulatorischen Mechanismen auf.

24.2
Thermoregulation und Allgemeinanästhesie

Im Gegensatz zum Wachzustand (Xiong et al. 1996) kommt es beim anästhesierten Patienten zu einer herabgesetzten thermoregulatorischen Kontrolle im Hypothalamus. Sowohl intravenös verabreichte als auch volatile Anästhetika verursachen eine gesetzesmäßige Störung der Thermoregulation nach einem reproduzierbaren Muster: Die Schwellentemperaturen für Schwitzen und Vasodilatation werden erhöht, während die Schwellentemperaturen für Vasokonstriktion und Kältezittern gesenkt werden (Matsukawa et al. 1995; Kurz et al. 1995; Annadata et al. 1995; Washington et al. 1993; Xiong et al. 1996). Diese Veränderungen resultieren in einer Erweiterung des Zwischenschwellenbereiches um das 5- bis 20fache (1–4°C), in Abhängigkeit der Dosierung des Anästhetikums.

Intraoperative Hypothermie während der Narkose entwickelt sich nach einem charakteristischen Muster: Nach Einleiten einer Narkose fällt die Körperkerntemperatur um etwa 1°C ab. Dieses Abfallen resultiert aus der anästhetikainduzierten Vasodilatation der arteriovenösen Shunts und aus der nachfolgenden Umverteilung von Körperwärme vom Körperkern in die Körperperipherie während der 1. Stunde. Dabei verliert der Körper nur wenig seiner Wärme an die Umgebung (Matsukawa et al. 1995).

In den nachfolgenden 2–3 h lässt sich ein weiterer, linearer Temperaturabfall beobachten, der durch ein Ungleichgewicht zwischen (erniedrigter) Wärmeproduktion und (gleichzeitig erhöhten) Wärmeverlusten an die Umgebung erklärt werden kann (Kurz et al. 1995). Nach etwa 3–5 h fällt die Körperkerntemperatur kaum weiter, nicht einmal bei großen Eingriffen.

In dieser sog. Plateauphase wird die thermoregulatorische Antwort auf die Hypothermie, die Vasokonstriktion, zunehmend aktiviert, was zu vermindertem Wärmeverlust über die Haut führt. Das heißt: die produzierte Körperwärme kann die Temperatur des Körperkerns nunmehr effektiver aufrechterhalten. Ungeachtet der Stabilisierung der Körperkerntemperatur fällt die mittlere Körpertemperatur (Kombination aus Körperkerntemperatur und peripherer Temperatur) und damit die Gesamtkörperwärme weiter ab, wenn keine Gegenmaßnahmen getroffen werden. Das Defizit der Gesamtkörperwärme nimmt daher mit Dauer der Narkose beim ungewärmten Patienten stetig zu.

24.3
Thermoregulation und rückenmarknahe Anästhesie

Perioperative Hypothermie wird auch bei rückenmarknaher Anästhesie beobachtet. Die Schwellen für Vasokonstriktion und Kältezittern (über dem Blockniveau) werden um etwa 0,6°C reduziert. (Ozaki et al. 1994;

Kurz et al. 1993). Sowohl Spinal- als auch Epiduralanästhesie schwächen damit die zentrale thermoregulatorische Kontrolle (Ozaki et al. 1994) in Abhängigkeit der Blockhöhe, jedoch weniger ausgeprägt als unter Allgemeinanästhesie (Annadata et al. 1995).

24.4
Komplikationen der milden perioperativen Hypothermie

Auswirkungen auf das kardiovaskuläre System

Frank et al. haben gezeigt, dass eine intraoperative Körperkerntemperatur <35,5°C bei Patienten, die sich vaskulären Eingriffen unterzogen haben, zu einer Erhöhung der Noradrenalinspiegel und dadurch zu Vasokonstriktion in der postoperativen Phase führt (Frank et al. 1995). Die Vasokonstriktion scheint durch das periphere sympathische Nervensystem mediiert zu sein, denn Adrenalinspiegel bleiben unter Hypothermie unverändert (Frank et al. 1997).

Das kardiovaskuläre System scheint auf schon geringe Abfälle der Körperkerntemperatur empfindlich zu sein. Bei Patienten mit hohem kardialen Risiko wurde eine Reduktion der Kerntemperatur auf unter 35°C mit einem 2- bis 3fachen Risiko einer frühen postoperativen myokardialen Ischämie assoziiert (Frank et al. 1993). In einer nachfolgenden prospektiv-randomisierten Studie konnte gezeigt werden, dass milde Hypothermie zu einer signifikant höheren Inzidenz an Myokardischämien, instabiler Angina, Myokardinfarkten und ventrikulären Tachykardien führt. Die normotherm gehaltene Kontrollgruppe zeigte dabei ein um 55% niedrigeres Risiko der genannten kardialen Ereignisse (Frank et al. 1997).

Wundheilungsstörungen

Perioperative Hypothermie wird mit einem erhöhten Proteinverlust (Carli et al. 1989) und mit einer reduzierten Kollagensynthese (Kurz et al. 1996) in Zusammenhang gebracht. Die Phagozytosekapazität neutrophiler Granulozyten sinkt unter Hypothermie ebenso ab wie die Produktion reaktiver O_2-Intermediate (ein Maß für zelluläre Immunabwehr; Wenisch et al. 1996). Die durch Hypothermie verursachte thermoregulatorische Vasokonstriktion vermindert die O_2-Spannung in subkutanen Geweben (Sheffield et al. 1997). Diese Effekte werden als Ursachen für eine herabgesetzte Wundheilungsrate und vermehrte postoperative Wundinfektionen angesehen. Tatsächlich erhöht milde perioperative Hypothermie die Inzidenz postoperativer chirurgischer Wundinfektionen um das 3fache und führt darüber hinaus zu einer Verlängerung des Spitalsaufenthaltes um 20% (Kurz et al. 1996).

Koagulopathien

In-vitro-Studien haben gezeigt, dass perioperative Hypothermie intra- und postoperative Blutungen verstärken könnte. Beschrieben wurden eine herabgesetzte Thrombozytenfunktion (Michelson et al. 1994) und eine reduzierte Aktivität der Gerinnungskaskade (Reed et al. 1992) unter Hypothermie. Weiters wurde eine durch Hypothermie bedingte Verlängerung der Prothrombinzeit (TZ) und der partiellen Thromboplastinzeit (pTT) gefunden (Rohrer and Natale 1992).

In einer Studie an orthopädischen Patienten wurde ein signifikant höherer Blutverlust bei jenen Patienten evaluiert, die nicht normotherm gehalten wurden. Weniger als 2°C Reduktion der Körperkerntemperatur erhöhte den Blutverlust um etwa 500 ml und machte die vermehrte Gabe von allogenen Bluttransfusionen notwendig (Schmied et al. 1996). Selbst bei einem minimalen Abfall der Körperkerntemperatur (auf 36,1°C) erhöht sich der perioperative Blutverlust um etwa 150 ml bei orthopädischen Patienten (Winkler et al. 2000).

Sektion D

Verlängerung des Aufenthaltes im Aufwachraum

Milde Hypothermie reduziert die Verstoffwechslung der meisten intraoperativ verabreichten Medikamente. Der herabgesetzte Metabolismus unter Hypothermie könnte dafür verantwortlich sein, dass milde intraoperative Hypothermie zu einer Verlängerung der Aufenthaltsdauer im Aufwachraum führt (selbst wenn die Körperkerntemperatur kein Entlassungskriterium darstellt; Lenhardt et al. 1997).

Postoperatives Kältezittern

Die wohl augenscheinlichste Konsequenz intraoperativer Hypothermie stellt das postoperative Kältezittern dar, das bei etwa 40% aller intraoperativ nicht aktiv gewärmter Patienten vorkommt (Just et al. 1992). Kältezittern wird vom postoperativen Patienten als äußerst unangenehm empfunden und reduziert seinen Komfort (Kurz et al. 1995). Kältezittern löst außerdem eine Erhöhung des O_2-Verbrauches aus. Er steigt dabei um etwa 40% (maximal um 100%) an (Frank et al. 1995).

Mögliche Komplikationen der intraoperativen Hypothermie

ÜBERSICHT

- Komplikationen des kardiovaskularen Systems
- Wundheilungsstörungen
- Koagulopathien
- Verlängerung des Aufenthaltes im Aufwachraum
- Postoperatives Kältezittern

24.5 Vermeidung perioperativer Hypothermie

Der Patient verliert etwa 90% seiner Körperwärme über die Haut und etwa 10% durch die Atmung. Die Methode der Atemanwärmung ist, zumindest beim Erwachsenen, zum Erwärmen des Patienten ungeeignet.

Das einfache Zudecken des narkotisierten Patienten verringert den Wärmeverlust um etwa 30%, kann aber die Entwicklung einer Hypothermie nur verzögern (Sessler u. Schroeder 1993).

Seit einigen Jahren sind 2 verschiedene Methoden verfügbar, die zum intraoperativen Wärmen des Patienten entwickelt wurden: Wassermatratzen und Warmluftgeräte. Bei Wassermatratzen wird auf bis zu 42°C erwärmtes Wasser durch eine Matratze geleitet. Wenn die Wassermatratze auf die Körperoberfläche des Patienten gelegt wird, kann damit intraoperative Normothermie aufrecht erhalten werden. Meist jedoch wird die Wassermatratze zwischen Patienten und Operationstisch plaziert, und damit ineffektiv, denn nur wenig Wärme geht über die Schaumstoffauflage des Op.-Tisches verloren.

Die effektivste Methode zur Aufrechterhaltung intraoperativer Normothermie besteht in der Applikation von warmer Luft auf die Körperoberfläche („forced-air warming"; Kurz et al. 1993). Dabei können bis zu 10 l/min von bis zu 42°C erwärmter Luft über eine Wärmedecke appliziert werden. Damit kann ein Wärmeverlust über die Haut von 50–75 W vermieden (Hynson u. Sessler 1992) und darüber hinaus noch 25–50 W Wärme dem Körper zugeführt werden (Giesbrecht et al. 1994).

Wenn Operationen eines hohen Flüssigkeitsumsatzes bedürfen, sollten substituierende Flüssigkeiten erwärmt werden. Ein Liter einer Flüssigkeit mit 20°C oder eine Blutkonserve von 4°C reduzieren die mittlere Körpertemperatur um etwa 0,25°C (Sessler 1994). Ein hoher Flüssigkeitsumsatz trägt daher erheblich zur Entstehung einer intraoperativen Hypothermie bei. Erwärmen der Flüssigkeiten auf 37°C eliminiert diese Ursache der Entstehung einer Hypothermie. Die Kombination von Flüssigkeitswärmern und aktiver Wärmeanwendung auf der Haut kann bei den meisten Patienten, die sich längeren Operationen zu unterziehen haben, eine intraoperative Normothermie aufrechterhalten.

24.6
Behandlung der postoperativer Hypothermie und des Kältezitterns

Wenn ein Patient postoperativ im hypothermen Zustand im Aufwachraum eintrifft, sollte als Erstmaßnahme warme Luft mittels Wärmedecke („forced air warming") appliziert werden. Aktives Erwärmen des Patienten stellt die einzige kausale Therapie dar. Eine Erwärmung der Haut um 5°C führt zu einer Herabsetzung der Schwelle für Kältezittern um 1°C und damit zu einem Sistieren des Kältezitterns bei niedrigeren Körperkerntemperaturen (schon bei <36°C). Eine adjuvant angewandte Therapie gegen Kältezittern besteht in der intravenösen Gabe von Pethidin (12,5–25 mg) oder von Clonidin (75 μg).

Literatur

Annadata RS, Sessler DI, Tayefeh F, Kurz A, Dechert M (1995) Desflurane slightly increases the sweating threshold, but produces marked, non-linear decreases in the vasoconstriction and shivering thresholds. Anesthesiology 83: 1205–1211

Carli F, Emery PW, Freemantle CAJ (1989) Effect of peroperative normothermia on postoperative protein metabolism in elderly patients undergoing hip arthroplasty. Br J Anaesth 63: 276–382

Frank SM, Beattie C, Christopherson R et al. (1993) Unintentional hypothermia is associated with postoperative myocardial ischemia. Anesthesiology 78: 468–476

Frank SM, Fleisher LA, Olson KF et al. (1995) Multivariate determinants of early postoperative oxygen consumption in elderly patients. Anesthesiology 83: 241–249

Frank SM, Higgins MS, Breslow MJ et al. (1995) The catecholamine, cortisol, and hemodynamic responses to mild perioperative hypothermia. Anesthesiology 82: 83–93

Frank SM, Fleisher LA, Breslow MJ et al. (1997) Perioperative maintenance of normothermia reduces the incidence of morbid cardiac events: A randomized clinical trial. JAMA 277: 1127–1134

Frank SM, Higgins MS, Fleisher LA et al. (1997) Adrenergic, respiratory, and cardiovascular effects of core cooling in humans. Am J Physiol 272: R557–R62

Giesbrecht GG, Ducharme MB, McGuire JP (1994) Comparison of forced-air patient warming systems for perioperative use. Anesthesiology 80: 671–679

Hynson J, Sessler DI (1992) Intraoperative warming therapies: A comparison of three devices. J Clin Anesth 4: 194–199

Just B, Delva E, Camus Y, Lienhart A (1992) Oxygen uptake during recovery following naloxone. Anesthesiology 76: 60–64

Kurz A, Go JC, Sessler DI, Kaer K, Larson M, Bjorksten AR (1995) Alfentanil slightly increases the sweating threshold and markedly reduces the vasoconstriction and shivering thresholds. Anesthesiology 83: 293–299

Kurz A, Kurz M, Poeschl G et al. (1993) Forced-air warming maintains intraoperative normothermia better than circulating-water mattresses. Anesth Analg 77: 89–95

Kurz A, Sessler DI, Christensen R, Dechert M (1995) Heat balance and distribution during the core-temperature plateau in anesthetized humans. Anesthesiology 83: 491–499

Kurz A, Sessler DI, Lenhardt RA, Study of Wound Infections and Temperature Group (1996) Perioperative normothermia to reduce the incidence of surgical-wound infection and shorten hospitalization. N Engl J Med 334: 1209–1215

Kurz A, Sessler DI, Narzt E, Bekar A, Lenhardt R, Huemer G (1995) Postoperative hemodynamic and thermoregulatory consequences of intraoperative core hypothermia. J Clin Anesth 7: 359–366

Kurz A, Sessler DI, Schroeder M, Kurz M (1993) Thermoregulatory response thresholds during spinal anesthesia. Anesth Analg 77: 721–726

Lenhardt R, Marker E, Goll V et al. (1997) Mild intraoperative hypothermia prolongs postoperative recovery. Anesthesiology 87: 1318–1323

Lopez M, Sessler DI, Walter K, Emerick T, Ozaki M (1994) Rate and gender dependence of the sweating, vasoconstriction, and shivering thresholds in humans. Anesthesiology 80: 780–788

Matsukawa T, Kurz A, Sessler DI et al. (1995) Propofol linearly reduces the vasoconstriction and shivering thresholds. Anesthesiology 82: 1169–1180

Matsukawa T, Sessler DI, Sessler AM et al. (1995) Heat flow and distribution during induction of general anesthesia. Anesthesiology 82: 662–673

Michelson AD, MacGregor H, Barnard MR et al. (1994) Reversible inhibition of human platelet activation by hypothermia in vivo and in vitro. Thromb Haemostasis 71: 633–640

Ozaki M, Kurz A, Sessler DI et al. (1994) Thermoregulatory thresholds during spinal and epidural anesthesia. Anesthesiology 81: 282–288

Reed L, Johnston TD, Hudson JD, Fischer RP (1992) The disparity between hypothermic coagulopathy and clotting studies. J Trauma 33: 465–470

Rohrer M, Natale A (1992) Effect of hypothermia on the coagulation cascade. Crit Care Med 20: 1402–1405

Schmied H, Kurz A, Sessler DI, Kozek S, Reiter A (1996) Mild intraoperative hypothermia increases blood loss and allogeneic transfusion requirements during total hip arthroplasty. Lancet 347: 289–292

Sessler DI (1994) Consequences and treatment of perioperative hypothermia. Anesth Clin North Am 12: 425–456

Sessler DI, Schroeder M (1993) Heat loss in humans covered with cotton hospital blankets. Anesth Analg 77: 73–77

Sheffield CW, Sessler DI, Hopf HW et al. (1997) Centrally and locally mediated thermoregulatory responses alter subcutaneous oxygen tension. Wound Rep Reg 4: 339–345

Washington D, Sessler DI, Moayeri A et al. (1993) Thermoregulatory responses to hyperthermia during isoflurane anesthesia in humans. J Appl Physiol 74: 82–87

Wenisch C, Narzt E, Sessler DI et al. (1996) Mild intraoperative hypothermia reduces production of reactive oxygen intermediates by polymorphonuclear leukocytes. Anesth Analg 82: 810–816

Winkler M, Akca O, Birkenberg B, Hetz H et al. (2000) „Aggressive warming reduces blood lass during hip arthroplosty". Aresth Analg 91: 978–84

Xiong J, Kurz A, Sessler DI et al. (1996) Isoflurane produces marked and non-linear decreases in the vasoconstriction and shivering thresholds. Anesthesiology 85: 240–245

KAPITEL 25

Kontrollierte Hypotension

H.-J. HARTUNG

Unter kontrollierter Hypotension versteht man das Absenken des Systemblutdrucks durch spezifische Maßnahmen weit unter den für den individuellen Patienten normalen Blutdruck.

Das Ziel dieser Therapiemaßnahme besteht in

- Verringerung der Blutung aus dem Operationsgebiet,
- Reduktion des absoluten Blutverlustes,
- besserer Übersichtlichkeit des Operationssitus.

25.1 Indikationen und Kontraindikationen

Indikationen
(mod. nach Larsen 1999)

- Hals-Nasen-Ohren-Heilkunde
  - Operationen am Mittelohr
- Tumorchirurgie
- Mund-Kiefer-Gesichtschirurgie
  - Tumoroperationen
  - Osteotomien des Gesichtsschädels
- Bewegungsapparat
  - Wirbelkörperersatz
  - Wirbelsäulen- und Beckenosteosynthesen
  - Skolioseoperationen, z. B. nach Harrington
  - Hüftgelenkersatz
- Tumorchirurgie
  - Operation nach Whipple
  - Rektumresektion
  - Prostatektomie
- Neurochirurgie
  - Aneurysmen (selten)
  - Angiome
  - Gefäßreiche Tumoren

Schwierigkeiten, die aus dieser Technik erwachsen können, lassen sich auf den fehlerhaften Einsatz der benutzten vasoaktiven Medikamente zurückführen. Die toxischen Nebenwirkungen dieser Medikamente oder eine individuell zu tiefe Blutdrucksenkung mit Folgeschäden müssen dann als Komplikationen der Methode gewertet werden.

Häufigkeitsangaben über Summenstatistiken über medikamentbedingte Intoxikationen liegen für die im einzelnen zur Hypotension benutzten Präparate nicht vor, allerdings wurden Häufigkeitsangaben über die Komplikationen, die durch die eigentliche Hypotension verursacht wurden, von verschiedenen Autoren gemacht (Tabelle 25.1 und 25.2). So wird über eine Häufigkeit von Schädigungen des Zentralnervensystems in Höhe von 1,3% berichtet (1:459), über fatalen Ausgang mit zerebraler Thrombose (1:32) und intrazerebrale Blutungen mit verzögertem Aufwachen (Little 1955). Häufig wird in diesem Zusammenhang über ein Auftreten von Tachykardien berichtet. In 50–80% der Fälle werden EKG-Veränderungen gefunden (Rollason u. Hough 1959; Rollason et al. 1964); bei 0,35% tritt ein Herzstillstand als Komplikation auf (Little 1955). Die regelhafte Zunahme des Totraums um bis zu 40% bei geringerer Zunahme des Shuntvolumens ist ebenso bekannt (Eckenhoff et al. 1963). Eine Anurie bis Oligurie wird bei 0,42% der Fälle gefunden (Little 1955).

Tabelle 25.1. Morbidität und Mortalität bei kontrollierter Hypotension 1950–1984

Jahr	1950–53	1958–63	1950–60	1948–52	1977–84
Literatur	Little 1955	Larson 1964	Enderby 1961	Beecher 1961	Pasch 1986
n	27.930	13.264	9.107	599.500	1.802
Morbidität	908	142	2	–	–
	1:31	1:93	1:4.553	–	–
Mortalität	96	113	9	384	1
	1:291	1:118	1:1.012	1:1.560	1:1.802

Tabelle 25.2. Herzstillstand und andere Todesursachen bei 20.558 hypotensiven Anästhesien (1950-1979). (Nach Enderby 1985; Green 1985)

Todesursachen	n
Herzstillstand	5
Andere Gründe	5
Gesamt	10
Herzstillstand durch:	
Inadäquate Blutdruckkontrolle während Operation	2
Inadäquate Überwachung der Luftwege in der Aufwachphase	3
Gesamt	5
Andere Todesursachen:	
Luftembolie	1
Nebenniereninsuffizienz	1
Spontaner Pneumothorax	1
Virushepatitis	1
Maligne Hyperthermie	1
Gesamt	5

Nichtfatale Komplikationen werden z. B. von Hampton u. Little mit 3,3% Häufigkeit angegeben und betreffen oftmals das Gehirn. So werden kasuistisch Hemiplegie und ausgedehnte Hirninfarkte bei je 1 von 15 Patienten mitgeteilt (Prys-Roberts et al. 1974). Von Zerebralarterienthrombose in 1 von 50 Fällen berichten andere Autoren (Way u. Clarke 1959). Retinathrombose wird in einer Häufigkeit von 1:9.300 beobachtet (Linacre 1961).

Im Einzelfall sind jedoch Morbidität und Mortalität von individuellen Faktoren abhängig und nicht präzise abzusehen (Leigh u. Tytler 1990; O'Shea 1993). Patientenunabhängige Risikofaktoren stellen Hypokapnie, Mitteldruck <70 mmHg und Abfall des Herzminutenvolumens durch Hypovolämie dar.

Insgesamt erscheint statistisch gesehen die Mortalität nicht relevant unterschiedlich von der allgemeinen Anästhesiemortalität ohne induzierte Hypotension zu sein.

Kontraindikationen

Die kontrollierte Hypotension kann nicht oder nur mit beträchtlichem Risiko eingesetzt werden, wenn die O_2-Versorgung von Organen durch vorbestehende Erkrankungen oder Störungen beeinträchtigt ist:
- Koronare Herzkrankheit,
- manifester Hypertonus,
- Störungen der zerebralen Durchblutung,
- Störungen der Nierendurchblutung,
- Leberfunktionsstörungen,
- erhöhter intrakranieller Druck,
- gestörte O_2-Versorgung durch vorbestehende Anämie oder Hypovolämie,
- Störungen des Gasaustausches durch pulmonale Erkrankungen,
- fehlende geeignete Überwachungsmöglichkeiten.

! Komplikationen können nur durch sorgfältige präoperative Evaluierung des Patienten minimiert werden sowie durch Vermeidung exzessiver oder langdauernder Hypotensionen!

Postoperativ muss eine sorgfältige Organevaluation erfolgen, um potentielle Organschäden frühzeitig zu erkennen.

25.2
Monitoring während induzierter Hypotension

Während und nach der kontrollierten Hypotension sind folgende Überwachungsmaßnahmen obligatorisch :

ÜBERSICHT

- **Kontinuierlich:**
  - Elektrokardiogramm
  - Direkte Blutdruckmessung
  - Zentralvenöser Druck
  - Pulsoximetrie
  - Kapnometrie
  - Temperatur
  - Urinproduktion
- **Engmaschige Kontrollen:**
  - Arterielle Blutgase und Säure-Basen-Parameter
  - Hämoglobin/Hämatokrit
- **Fakultatives Monitoring:**
  - EEG
  - Evozierte Potentiale
  - pH-Wert-Bestimmungen des Gewebes

Die fakultativen Monitoringmethoden sind noch nicht abschließend klinisch für dieses Einsatzgebiet bewertet und daher in der Routine nicht etabliert, stellen jedoch für einzelne Operationsverfahren – z. B. Eingriffe am ZNS – wertvolle Überwachungsmaßnahmen dar.

25.3
Substanzen zur Blutdrucksenkung

Die kontrollierte Hypotension wird in Allgemeinanästhesie mit kontrollierter Beatmung mit Hilfe gut steuerbarer Medikamente durchgeführt. Die verwendete Substanz sollte

- möglichst gut steuerbar,
- in der Wirkung gut vorhersehbar,
- einfach zuzuführen,
- ohne Kumulationseffekte,
- ohne Toxizitätspotential sein.

Trimetaphan

Eine unerwartete Verlängerung der Trimetaphanwirkung kann durch einen Cholinesterasemangel oder durch einen Cholinesteraseantagonisten verursacht sein, da Trimetaphan durch dieses Enzym aktiviert wird. Hohe Dosierungen von Trimetaphan können muskuläre Schwächen durch eine neuromuskuläre Blockade bedingen. Eine Pupillendilatation ist für Stunden zu erwarten, so dass eine neurologische Überwachung erschwert wird (Dale u. Schroeder 1976). Die Substanz zeigt eine kurze Halbwertszeit von 1–2 min, so dass die Blutdrucksteuerung gut möglich ist. Nachteilig ist die Histaminfreisetzung mit konsekutivem Bronchospasmus oder die auftretende Tachyphylaxie.

In Kombination wird die Substanz zur Dosisreduktion von Nitroprussidnatrium im Verhältnis 10:1 angewendet.

Nitroprussidnatrium

Die tiefe Hypotension ist das unmittelbare Risiko dieser aggressiv vasodilatierend wirkenden Substanz. Darüber hinaus sind reaktive hypertone Reaktionen nach Beendigung der Zufuhr zu beobachten, die durch eine Stimulation des Renin-Angiotensin-Systems verursacht werden. Die Wiederstandsabnahme im zerebralen Gefäßbett führt zu einer Vermehrung des zerebralen Blutflusses und zu einem Anstieg des intrakraniellen Drukks, insbesondere in der Anfangsphase der Hypotension. Sind die Schranken der Autoregulation unterschritten, wird die Durchblutung druckpassiv vermindert und somit auch das intrakranielle Blutvolumen. Die Drücke der Hirnretraktoren führen dann zu einer weiteren, nicht kalkulierbaren Beeinflussung der Durchblutung der darunterliegenden Hirnsubstanz.

Sektion D

Die Totraumvergrößerung der Atemwege wird als Folge niedriger intrapulmonaler Perfusionsdrücke mit inspiratorischem Verschluss der Kapillaren (der West-Zone 1) angesehen. Darüber hinaus kann das Fehlen der Nitroprussidnatrium und Nitroglyzerin unterdrückenden hypoxischen Konstriktion nichtbelüfteter Alveolen den intrapulmonalen Shunt begünstigen.

Insbesondere bei eingeschränkter Koronarreserve, wie z. B. bei Patienten mit koronarer Herzerkrankung (KHK), ist mit dem Auftreten eines Coronary-steal-Phänomens zu rechnen.

Renale Komplikationen sind dann zu erwarten, wenn die untere Schranke (MAP >50 mmHg) der Autoregulation unterschritten wird und der notwendige Filtrationsdruck nicht aufrechterhalten werden kann. Bei Verwendung zu hoher Dosen von Nitroprussidnatrium werden Intoxikationen mit z. T. letalen Verläufen beobachtet. Die Zyanidionen entstehen beim Abbau der Substanz und sind potentiell toxisch. Die Toxizität resultiert aus einer Hemmung der Zellatmung mit nachfolgender metabolischer Azidose und dem Zelltod.

Zeichen der Zyanidintoxikation sind:
- Rasch eintretende Tachyphylaxie,
- zunehmende metabolische Azidose,
- Tachykardie, später Bradykardie,
- Schocksymptomatik.
- Thiozyanatspiegelbestimmungen: *Grenzwert 10 mg/100 ml.*

Das *therapeutische Ziel bei einer Nitroprussidnatriumintoxikation* besteht darin, die Zyanidionen zu binden und damit biologisch unwirksam zu machen. Verschiedene Methoden sind bisher empfohlen worden:
- Hydroxocobalamin kann Zyanid zu Cyanocobalamin binden. Dieses ist atoxisch und wird leicht ausgeschieden. Die Dosierung beträgt 1 g/50 mg Nitroprussidnatrium.
- Effektiver ist die Applikation von Natriumthiosulfat, welches Zyanat bildet. Die Applikation erfolgt in 300-mg-Inkrementen bis zu einer Dosierung von 150 mg/kgKG. Die parallele Infusion dieser Substanzen zur Nitroprussidnatriuminfusion wird dabei empfohlen (Vesey u. Cole 1975).
- 4-DMAP (Dimethylaminophenolhydrochlorid) – 3–4 mg/kgKG – bildet zusammen mit Zyanidionen einen atoxischen Komplex, oder
- Natriumnitrat mit einer Dosierung von 5 mg/kgKG, welches mit Zyanidionen ebenfalls eine atoxische Verbindung eingeht.

Nitroglyzerin

Anorganisches Nitrit, welches aus dem Nitroglyzerinabbau freigesetzt wird, verursacht eine Methämoglobinbildung. Erhöhte Methämoglobinspiegel konnten von verschiedenen Autoren nachgewiesen werden, jedoch waren diese in ihrer klinischen Wertigkeit jeweils nicht als relevant anzusehen. Bemerkenswert ist der Umstand, dass bei gleichzeitiger Anwendung von Nitroglyzerin und Pancuronium die Wirkung von Pancuronium verlängert werden kann.

Die aufgeführten spezifischen medikamentös bedingten Probleme sind in der Regel auf den Anwendungszeitraum der vasoaktiv wirkenden Medikamente bzw. der kontrollierten Hypotension (intraoperativ) beschränkt. Komplikationen, die aus Mangelperfusion einzelner Organsysteme erwachsen, können z. T. intraoperativ (myokardiale Ischämiezeichen), z. T. postoperativ (neurologische Defekte) evident werden.

Urapidil

Als peripherer α_1-Rezeptorenblocker wirkt die Substanz vasodilatierend. Vorteilhaft gegenüber den Nitroverbidungen sind die wesentlich geringer ausgeprägten Tachykardien und Reboundphänomene nach Beendigung der Applikation. Um ausreichend tiefe Mitteldrücke zu erreichen, ist die Kombination mit einem volatilen Anästhetikum zu empfehlen.

Eine übliche Dosierung umfaßt z. B.:

Start mit 25 mg langsam i.v., gefolgt von weiteren Bolusgaben bei Bedarf bis zum gewünschten Druckniveau, dann kontinuierlich nach Wirkung 2–9 mg/kgKG/h. Medikamenteninteraktionen bestehen mit Cimetidin, Kalziumantagonisten, β-Blockern und Inhalationsanästhetika.

Esmolol

β-Blocker linitieren v. a. die reflektorische Tachykardie und können daher *zusätzlich* eingesetzt werden. Aufgrund der extrem kurzen Halbwertszeit und der damit verbundenen guten Steuerbarkeit empfiehlt sich die Verwendung von Esmolol; wegen seines fehlenden intrinsischen symphatikomimetischen Effekts und der negativ inotropen Wirkung fällt das Herzzeitminutenvolumen relevant ab, so dass die Verwendung als *Monosubstanz* zur Hypotension nicht zu empfehlen ist.

Mit dem Auftreten von Bronchospasmen bei entsprechend disponierten Patienten ist bei der Anwendung von β-Blockern zu rechnen!

Der Dosierungsrahmen liegt in einem Bereich von initial 1 mg/kgKG zu Beginn, dann bei 150 µg/kg/min als kontinuierliche perfusorgesteuerte Infusion.

Labetalol

Die Substanz führt zur Hypotension durch Blockade der α- und β-Rezeptoren. Die Halbwertszeit ist mit 4 h relativ langdauernd. Vorteilhaft ist die fehlende Reflextachykardie (β-Blockade) und der minimale intrapulmonale Shunt. Der intrakranielle Druck – selbst bei reduzierter Compliance – wird kaum beeinflusst (Van Aken 1982). Aufgrund der langen Halbwertszeit ist mit Nachwirkungen bis in die postoperative Phase zu rechnen. Bronchospasmen bei disponierten Patienten können wegen der β-blockierenden Eigenschaften auftreten.

Kalziumantagonisten

Diese Substanzklasse kann zur kontrollierten Hypotension angewendet werden, je-

doch ist die Steuerbarkeit relativ eingeschränkt. Sorgfältige Titration ist erforderlich, da zu tiefe Hypotensionen durch Katecholamine kaum beeinflussbar sind (Bernard). Der intrakranielle Druck wird bei Anwendung erhöht.

Adenosin und Adenosintriphosphat

Diese körpereigenen Purinkörper senken den Blutdruck durch Wirkung an den arteriellen Widerstandsgefäßen und spezifischen Rezeptoren und die Freisetzung von NO. Die Wirkung setzt innerhalb von Sekunden ein, die Halbwertszeit beträgt weniger als 10 s, so dass die Steuerbarkeit gut ist. Vorteilhaft sind weiterhin das Fehlen einer Reflextachykardie und von Reboundphänomenen, nachteilig sind die Erhöhung des intrakraniellen Drucks sowie der konstringierende Effekt an den Nierengefäßen.

Prostaglandin E$_1$

Dieses Prostaglandin ist ein natürlich vorkommender Vasodilatator, dessen Anwendbarkeit für die kontrollierte Hypotension beschrieben ist (Abe 1992). Die Erfahrungen sind jedoch begrenzt, so dass eine abschließende Bewertung z. Z. nicht möglich ist.

Dosisbereich: 0,1 µg/kgKG/min.

Hydralazin

Hydralazin ist ein direkter Vasodilatator, der bevorzugt in Kombination mit einem Inhalationsanästhetikum eingesetzt werden kann, ohne wesentliche Reflextachykardie oder Reboundphänomen.

25.4
Therapie unerwünschter Nebenwirkungen

Reflextachykardien können ebenso wie Reboundphänomen und Hypertonien durch die parallele Applikation von β-Blockern vermieden werden (Marshall et al. 1981).

Komplikationen, die aus einer Organminderperfusion resultieren, korrelieren in hohem Ausmaß mit den entsprechenden Begleiterkrankungen der Patienten (KHK, transitorische ischämische Attacken, TIA, etc.). Patienten mit solchen Begleiterkrankungen sind daher für die Durchführung einer künstlichen Hypotension nicht geeignet.

Die Therapie solcher Komplikationen erfolgt symptomatisch, entsprechend für das jeweilig betroffene Organ. Anstiege des intrakraniellen Drucks, die aus der Verwendung der Vasodilatatoren resultieren, können z. T. durch eine kontrollierte Hyperventilation kompensiert werden. Dabei muss bedacht werden, dass zerebrale Minderperfusionen meist keine globalen, sondern lokale Probleme darstellen, da z. B. der Perfusionsdruck unter den Retraktoren nicht kalkulierbar ist.

25.5
Prävention

Als präventive Maßnahmen muss zur Vermeidung medikamentenspezifischer Komplikationen, wie z. B. der Komplikation durch überhöhte Dosierung des Nitroprussidnatriums, in erster Linie eine strikte Dosislimitierung verfolgt werden. 10 mg/kgKG/min dürfen dabei bei einer limitierenden Gesamtdosis von 0,5 mg/kgKG/h nicht überschritten werden. Eine begleitende Applikation des Antidepots wird zur Vermeidung einer Zyanidintoxikation prophylaktisch empfohlen. Patienten, die eine rasche Tachyphylaxie zeigen, sind durch die erforderlichen steigenden Dosierungen für das Auftreten einer Intoxikation prädisponiert. Die Entwicklung einer metabolischen Azidose ist ein erstes sicheres Anzeichen einer solchen Intoxikation. Alternative und/oder zusätzliche Maßnahmen zur Drucksenkung wie Volatilia, β-Blocker etc. sind dann anzuwenden.

Patienten mit stenosierenden Gefäßerkrankungen, z. B. Patienten mit Koronarinsuffizienz, zerebralen Durchblutungsstörungen oder Hypertonie sind hochgefährdet, da die autoregulative Organperfusion gestört ist! Eine Wertung und Zuordnung der Komplikation zur Methode ist nicht in jedem Fall eindeutig möglich. Die Zuordnung bei spezifischen medikamentenbedingten toxischen Reaktionen, wie z. B. bei Nitroprussidnatrium- und der Zyanidintoxikation, ist hingegen möglich und als vitale Bedrohung zu werten.

Die Zuordnung der u. U. katastrophalen zerebralen Folgen ist schwer, da oftmals das geschädigte Hirn zugleich das Operationsgebiet darstellt. Vergleichende psychometrische Studien an nicht zerebral operierten Patienten, bei denen die kontrollierte Hypotension zur Anwendung kam, ließen keine Unterschiede erkennen gegenüber Patienten, die nicht mit dieser spezifischen Technik versorgt wurden (Rollason et al. 1971).

Bei kardialen Risikopatienten ist eine Zuordnung der vital bedrohenden Komplikationen möglich, da entsprechende Befunde präoperativ in der Regel vorliegen. Vorbestehende Hypertonie oder Karotisstenosen vermindern die Toleranzbreite der autoregulativen Durchblutung des Gehirns, so dass kritische Flussraten bei weit höheren Drücken als erwartet eintreten.

Literatur

Abe K, Demizu A, Mima T et al. (1992) Carbon dioxide reactivity during prostaglandin E1 induced hypotension for cerebral aneurysm surgery. Can J Anaesth 39: 831

Beecher HK, Todd DP (1954) A study of deaths associated with anaesthesia and surgery based on a study of 599.500 anaesthetics in 10 institutions 1948–1952 inclusive. Ann Surg 140: 2

Bernard JM, Passuti N, Pinaud M (1992) Longterm hypotensive technique with nicardipine and nitruprusside during isoflurane anaesthesia for spinal surgery. Anesth Analg 75: 179

Dale RC, Schroeder ET (1976) Respiratory paralysis during treatment of hypertension with trimetaphan camsylate. Arch Intern Med 136: 816

Eckenhoff JE, Enderby GEH, Larson A (1963) Pulmonary gas exchange during delibrate hypotension. Br J Anaesth 35: 750

Enderby GEH (1961) A report on mortality and morbidity following 9107 hypotensive anaesthetics. Br J Anaesth 33: 109

Enderby GEH (1985) Safe hypotensive anasethesia. In: Enderby GEH (ed) Hypotensive anesthesia. Churchill Livingstone, Edinburgh, p 264

Green DW (1985) Cardiac and cerebral complications of deliberate hypotension. In: Enderby GEH (ed) Hypotensive anesthesia. Churchill Livingstone, Edinburgh, p 236–261

Hampton LJ, Little DM (1953) Complications associated with the use of controlled hypotension in anaesthesia. Arch Surg 67: 549

Larsen R (1999) Anästhesie. Urban & Schwarzenberg, München, S 738

Larson A (1964) Deliberate hypotension. Anesthesiology 25: 682

Leigh JM, Tytler JA (1990) Admissions to the intensive care unit after complications of anaesthetic techniques over 10 years. II. The second 5 years. Anaesthesia 45: 814–820

Linacre JL (1961) Induced hypotension in gynaecological surgery. Br J Anaesth 33: 45

Lindop MJ (1975) Complications and morbidity of controlled hypotension. Br J Anaesth 47: 799

Little DM (1955) Induced hypotension during anesthesia and surgery. Anesthesiology 16: 320–332

Marshall WK, Bedford RF, Arnold WP (1981) Effects of propanolol on the cardio vascular and renine-angiotensive systems during hypotension induced by sodium nitroprussid in humans. Anesthesiology 55: 277

O'Shea PJ (1993) Induced hypotension. In: Tayler TH, Major E (eds) Hazards and complications of anaesthesia. Churchill Livingstone, Edinburgh, pp 527–533

Pasch T, Huk W (1986) Cerebral Complications following induced hypotension. Eur J Anaesth 3: 299

Prys-Roberts C, Lloyd JW, Fisher A et al. (1974) Deliberate profound hypotension induced with halothane: studies of haemodynamics and pulmonary gas exchange. Br J Anaesth 46: 105

Rollason WN, Hough JM (1959) Some electrocardiographic studies during hypotensive anaesthesia. Br J Anaesth 31: 66

Rollason WN, Dundas CR, Milue RG (1964) ECG and EEG changes during hypotensive anaesthesia. Proceedings of the 3rd World Congress of Anesthesiology 1: 106

Rollason WN, Robertson GS, Cordiner CM (1971) A comparsion of mental function in relation to hypotensive and normotensive anaesthesia in the elderly. Br J Anaesth 43: 561

Van Aken H, Puchstein C, Schweppe ML et al. (1982) Effect of Labetalol on intracranial pressure in dogs with and without intracranial hypertension. Acta Anaesth Scand 26: 615

Vesey CJ, Cole PV (1975) Nitroprussid and cyanide intoxication. Br J Anaesth 47: 1115

Way GL, Clarke HL (1959) An anaesthetic technique for prostatectomy. Lancet II: 888

Sektion D

KAPITEL 26

Volumenersatz mit kolloidalen Plasmaersatzmitteln

A. LORENTZ

ÜBERSICHT

> **Nebenwirkungen kolloidaler Plasmaersatz-mittel**
>
> - Störungen der Blutgerinnung
> - Störungen der Nierenfunktion
> - Hemmung der Proteinsynthese
> - Anaphylaktische/anaphylaktoide Reaktionen
> - Speicherung im retikuloendothelialen System
> - Störungen von Laboruntersuchungen.

26.1
Gerinnungsstörungen

Bei dem Ersatz von großen Blutverlusten durch Plasmaersatzmittel kommt es durch den Verlust von Gerinnungsfaktoren und entsprechende Verdünnung zu einer Störung der Hämostase. Darüber hinaus hemmen einzelne Plasmaersatzlösungen die Thrombozytenfunktion und plasmatische Gerinnungsfaktoren spezifisch.

Verlustkoagulopathie

Beim Verlust von Blut und isovolämischem Ersatz durch Plasmaersatzmittel tritt verlust- bzw. verdünnungsbedingt eine Störung der Blutgerinnung auf. Diese Verdünnung folgt einer Exponentialkurve. Gerinnungsstörungen treten ein, wenn die plasmatischen Gerinnungsfaktoren unter 35% der Norm vermindert sind. Deshalb ist die plasmatische Gerinnung in der Regel erst dann beeinträchtigt, wenn mehr als 70–80% des Blutvolumens verloren gehen. Von diesem Zeitpunkt an ist meist ein Ersatz der plas-

matischen Gerinnungsfaktoren durch tiefgefrorenes Frischplasma notwendig. Übersteigt der Blutverlust 140% des Blutvolumens, so müssen häufig auch Thrombozyten substituiert werden (Spilker u. Kilian 1987).

Spezifische Effekte auf die Gerinnung

Neben den unspezifischen, verdünnungsbedingten Veränderungen der Homöostase haben Stärke- und Dextranlösungen eine spezifische Wirkung auf das Gerinnungssystem.

Hydroxyäthylstärke (HÄS)

Stärkelösungen wirken in verschiedener Weise auf das Gerinnungssystem: verminderte Thrombozytenaggregation, verminderte Freisetzung des Thrombozytenfaktors 3, Verminderung des Gerinnungsfaktors VIII, des v.-Willebrand-Faktors (vWF), bessere Lysierbarkeit des entstandenen Thrombus. Die Verminderung des Faktors - VIII beruht wahrscheinlich auf der Bildung von Präzipitationskomplexen (Heilmann et al. 1991; Kroll et al. 1992; Treib et al. 1997; Bolt et al. 1993; Dietrich 1998).

Die Veränderung des Gerinnungssystems hängt vom Molekulargewicht, aber auch vom C2/C6-Substitutionsverhältnis der HÄS-Lösungen ab. Während deshalb für die hochmolekulare Hydroxyäthylstärke eine Dosislimitierung von 1,5 g/kgKG bzw. 20 ml/kgKG und Tag angegeben wird, wird bei den mittelmolekularen HÄS-Lösungen (Molekulargewicht <200.000, Substitutionsgrad <0,5) eine Obergrenze von 2 g/kgKG und Tag empfohlen. Lediglich für 6% HÄS 200/0,5 gilt damit also eine Obergrenze von 33 ml/kgKG und Tag (Kröll et al. 1999). Diese

Grenzen scheinen auch überschritten werden zu können, ohne dass es zu bedeutsamen Hämostasestörungen kommt (Voigt et al. 1994; Beyer et al. 1997; Treib et al. 1997). Blutverluste bei normovolämischer Hämodilution können allerdings bei Verwendung von 6% HÄS 200/0,5 höher sein als bei 3% Gelatine (Mortelmaus et al. 1995; Warren u. Durieux 1997).

Bei der Gabe großer Mengen von HÄS kann es in Einzelfällen auch zu schweren Gerinnungsstörungen kommen (Lockwood et al. 1988; Dalrymple-Hay et al. 1992). Eine klinisch manifestierte Gerinnungsstörung wird als Kontraindikation für den Einsatz von HÄS betrachtet; bei vorbestehenden Veränderungen im Gerinnungssystem, insbesondere soweit sie Faktor VIII und den v.-Willebrand-Faktor betreffen, ist Vorsicht geboten (Warren u. Durieux 1997).

Störungen der Blutgerinnung durch HÄS-Lösungen werden durch Gabe von tiefgefrorenem Frischplasma behandelt.

Gelatine

Gelatinepräparate haben nur geringe Auswirkungen auf die Gerinnung (Thrombozytenaggregation, F VIII : C, vWF : ag, vWF : RCo; Jonge et al. 1998; Dietrich 1998). Sie führen außerdem zu einer Verminderung der Fibronektinkonzentration im Plasma. Dieser Abfall tritt nicht unmittelbar nach Infusion, sondern mit einer Verzögerung von mehreren Stunden auf und hält mehrere Tage an (Damas et al 1987; Perttila et al. 1990). Fibronektin ist an der Anlagerung von Makrophagen an Fibrin und Kollagen beteiligt und wirkt als Opsonin. Ob die verminderten Fibronektinspiegel nach Gabe von Gelatinepräparaten eine klinische Bedeutung haben, ist nicht geklärt (Nagelschmidt et al. 1989).

Dextran

Dextranlösungen hemmen die Plättchenaggregation, vermindern die Aktivität des Faktor VIII, des v.-Willebrand-Faktors und die Stabilität des entstandenen Thrombus (Bergqvist 1985; Arfors u. Buckley 1989;

Treib et al. 1997). Diese Wirkungen sind vom Molekulargewicht abhängig und bei den heute verwendeten Lösungen mit geringen hochmolekularen Anteilen weniger ausgeprägt. Die Blutungsneigung nimmt zu, wenn die Gesamtdosis des verabreichten Dextrans 15 ml/kgKG übersteigt (Lewis et al. 1966; Karlson et al. 1967). Mit Zurückhaltung sollte Dextran auch unterhalb dieser Dosierung bei vorbestehenden plasmatischen Gerinnungsstörungen bei Thrombozytopenien und bei Thrombozytopathien verwendet werden.

Störungen der Blutgerinnung durch Dextranlösungen werden durch Gabe von tiefgefrorenem Frischplasma, ggf. auch durch Thrombozytentransfusionen behandelt.

26.2
Nierenfunktion

Die glomeruläre Filtration künstlicher Kolloide ist abhängig von ihrer Molekülgröße. In den Tubuli werden die Makromoleküle z. T. rückresorbiert. Der größte Teil wird ausgeschieden.

Hydroxyäthylstärke

Hydroxyäthylstärke bewirkt i. allg. keine Verschlechterung der Nierenfunktion. Kreatinin- und PAH-Clearance sowie die Glukoseresorption bleiben unverändert oder sind erhöht (Hempel et al. 1975; Vogt et al. 1996; Vogt et al. 1998). In Einzelfällen ist allerdings bei vorbestehender Niereninsuffizienz und bei Nierentransplantation über eine Verschlechterung der Nierenfunktion berichtet worden (Waldhausen et al. 1991; Coronel et al. 1994; Legendre u. Atinault 1994). Bei einem Serumkreatinin von 1,2–2,0 mg/dl muss für ausreichende Zufuhr kristalliner Lösungen gesorgt und die Nierenfunktion regelmäßig überwacht werden. Bei einem Kreatinin >2 mg/dl sollte der Einsatz von HÄS unter strenger Indikationsstellung erfolgen. Bei Nierenfunktionseinschränkungen mit Oligo-/Anurie sollte in der Regel auf die Gabe von HÄS verzichtet werden, wenn keine

Hämofiltration durchgeführt wird. Bei Hämodialyse verlängert sich die Halbwertszeit auf mehr als das 3-fache. Die heute am weitesten verbreitete HÄS 200/0,5 ist dagegen gut hämofiltrierbar (Dietrich 1996; Steinhoff et al. 1988; Vogt et al. 1998).

Gelatine

Die Gelatinepräparate stören die Nierenfunktion selbst in hoher Dosierung nicht oder nur unwesentlich. Bei normovolämischen Patienten nimmt die Diurese und die Natriurese deutlich zu (Eichler u. Stephan 1967; Hallwachs u. Lutz 1967). Bei dialysepflichtiger Niereninsuffizienz wird die Gelatine innerhalb von 48 h weitgehend eliminiert und akkumuliert auch bei wiederholter Gabe nicht in relevantem Maß (Bambacher et al. 1984).

Dextran

Die Nierendurchblutung steigt nach Dextraninfusion an. Der Harn wird deutlich visköser; dies gilt insbesondere für niedermolekulares Dextran und bei dehydrierten Patienten (Bergentz et al. 1965, Eichler u. Stephan 1967). Die wiederholte Infusion von hochmolekularem Dextran führt bei Patienten mit einer vorbestehenden Störung der Nierenfunktion zu einer Abnahme der PAH-Clearance (Michie et al. 1953). Die Infusion größerer Mengen niedermolekularen Dextrans drosselt die glomeruläre Filtration, und kann – insbesondere bei Dehydratation – zu einem massiven Viskositätsanstieg des Harns führen, der die tubuläre Passage beeinträchtigt. Bei vorbestehender Nierenschädigung, bei ausgeprägter Dehydratation oder hämorrhagischem Schock kann sie zu einem oligo- oder anurischen Nierenversagen führen (Heidenreich et al. 1975; Kurnik et al. 1991; Dietrich 1996). Plasmaaustausch scheint hierbei eine wirksame Therapie zu sein (Zwaveling et al. 1989).

26.3
Anaphylaktoide/anaphylaktische Reaktionen

Alle kolloidialen Volumenersatzmittel – auch Humanalbumin und Serumproteinlösungen – können zur einer anaphylaktoiden/anaphylaktischen Reaktion führen. Die Mehrzahl dieser Reaktionen ist leicht (Grad I). Allerdings kommen sehr selten auch schwere Reaktionen vor (Tabelle 26.1).

Hydroxyäthylstärke

Präformierte Antikörper gegen Hydroxyäthylstärke kommen beim Menschen nicht oder nur extrem selten vor. Bei Reaktionen auf Hydroxyäthylstärke handelt es sich dementsprechend überwiegend um anaphylaktoide Redaktionen, deren Pathomechanismus im einzelnen nicht geklärt ist. Die Häufigkeit solcher Reaktionen wird mit 0,01–0,1% angegeben (Ring u. Messmer 1977; Cullen u. Singer 1990; Kraft et al. 1992; Lexanaire et al. 1994).

Tabelle 26.1. Schwere anaphylaktische Reaktionen (Grad III–IV) nach Gabe von Plasmaersatzstoffen

Dextran 60/75	0,017%[a]		0,054%[c]
HÄS 450/0,7	0,006%[a]		
HÄS 200			0,019%[c]
Gelatine 5/1	0,038%[a]		0,065%[c]
Hapten/Dextran		0,0005%[b]	0,032%[c]
Natürliche Kolloide (Humanalbumin, Serumproteinlösung)	0,003%[a]		0,032%[c]

[a] Ring u. Meßmer 1977; [b] Ljungström 1993; [c] Lexanaire et al. 1994.

Gelatine

Die Häufigkeit einer anaphylaktischen/anaphylaktoiden Reaktion auf ein Gelatinepräparat hängt von der Art des Präparats ab. Die Angaben reichen von 0,05% bis 10% (Ring u. Messmer 1977; Wells u. King 1980; Lunsgaard-Hansen u. Schirren 1982; Ring 1985; Lexanaire et al. 1994). Bei den harnstoffvernetzten Gelatinepräparaten ist in den meisten Fällen die Freisetzung von Histamin die Ursache der anaphylaktoiden Reaktion. Die neueren Lösungen harnstoffvernetzter Gelatine mit einer niedrigeren Konzentration an freiem Isocyanat scheinen anaphylaktoide Reaktionen seltener auszulösen (Lorenz et al. 1994).

Dextran

Die meisten Reaktionen auf Dextran sind anaphylaktoid und verlaufen in der Regel leicht; die schweren Reaktionen sind über Immunkomplexe vermittelte anaphylaktische Reaktionen, die durch natürlich vorkommende dextranreaktive Antikörper, vorwiegend der IgG-Klasse, ausgelöst werden.

Die Vorinjektion einer hohen Dosis monovalenten Haptendextrans (20 ml 15%ige Lösung) verhindert anaphylaktische Reaktionen weitgehend, schließt sie aber nicht aus. Schwere anaphylaktische Reaktionen bei Haptenprophylaxe treten noch 1,2mal/100.000 Fälle auf (Ljungström et al. 1988; Ljungström 1993). Die Vorinjektion sollte nicht früher als 15–20 min vor der Infusion erfolgen. Nach Infusion des Dextranpräparates besteht der Schutz gegen eine anaphylaktische Reaktion bei weiteren Dextrangaben für wenigstens 48 h.

In der geburtshilflichen Anästhesie wurde über eine Reihe von Fällen berichtet, bei denen die Gabe von Dextran im Rahmen einer Periduralanästhesie zur Sectio caesarea zu gering ausgeprägten anaphylaktischen Reaktionen bei der Mutter, aber zum schweren akuten „fetal distress" führten. Hieraus ist die Forderung abgeleitet worden, in dieser Situation auf Dextranlösungen zu verzichten (Berg et al. 1991; Barbier et al. 1992).

Therapie

Anaphylaktoide/anaphylaktische Reaktionen werden entsprechend ihres Schweregrads behandelt. Bei schwereren Reaktionen ist der Einsatz von hochdosierten Glukokortikoiden, eines Vasopressors und einer anderen Plasmaeratzlösung erforderlich, ggf. auch künstliche Beatmung und Reanimationsmaßnahmen (s. Kap. 33).

26.4
Weitere Nebenwirkungen

Hemmung der Proteinsynthese

Künstliche Kolloide hemmen die Synthese körpereigenen Eiweißes, insbesondere die Synthese von Albumin. Für die Albuminsynthese lässt sich zeigen, dass sie durch die interstitielle onkotische Konzentration der Leber reguliert wird (Rothschild et al. 1968; Rieger 1968). Die Hemmung der Proteinsynthese scheint jedoch keine wesentliche klinische Bedeutung zu haben.

Speicherung im retikuloendothelialen System

Intravasal sind die künstlichen kolloidialen Plasmaersatzmittel über unterschiedliche Zeiträume nachweisbar: Dextranlösungen 2 Wochen, Hydroxäthylstärkelösungen 4–11 Wochen, Gelatinelösungen 2 Tage. Während Gelatine und Dextran nur kurzzeitig in Milz, Leber und Niere gespeichert werden, lässt sich Hydroxyäthylstärke über längere Zeit im gesamten retikuloendothelialen System (RES) nachweisen (Paulini u. Sonntag 1976; Weidhase et al. 1998). Bisher konnte keine Änderung der Funktion des RES durch diese Speicherung nachgewiesen werden.

In Einzelfällen kann es in der Leber zu einer mechanisch bedingten reversiblen Funktionseinschränkung kommen (Förster 1988; Sirtl et al. 1988). Bei Patienten mit Niereninsuffizienz wurde über massive Ablagerung in der Leber sowohl bei hochmolekularem wie bei HÄS 200/0,5 berichtet, die mit portaler Hypertension einherging (Dienes et al. 1986; Ginz et al. 1998). Auch der Pruritus, der nach länger dauernder Infusiontherapie mit Hydroxyäthylstärke auftreten kann (s. unten), wird mit der Speicherung von HÄS in Verbindung gebracht.

Beeinflussung von Laboruntersuchungen

Alle 3 künstlichen kolloidialen Lösungen führen zu einer rascheren Erythrozytenaggregation und zu einer beschleunigten Blutsenkungsgeschwindigkeit. Die Blutgruppenbestimmung wird von den klinisch verwendeten Präparaten nicht beeinträchtigt (Spielmann 1964). Einzelne Laboruntersuchungen werden durch Plasmaexpander gestört: so wird die Konzentration des Gesamteiweißes mittels Biuret-Probe nach Dextraninfusion zu hoch bestimmt (Kleine 1979); die α-Amylase im Serum ist nach Infusion von 500 ml Hydroxyäthylstärkelösung 3–5 Tage lang erhöht (Köhler et al. 1977).

Pruritus nach Gabe von Hydroxyäthylstärke

Nach häufig wiederholter Gabe von Hydroxyäthylstärke zur Hämodilution – insbesondere bei der Therapie eines Hörsturzes – tritt bei bis zu 2/3 der Patienten ein langanhaltender Pruritus auf. Er beginnt zwischen 1 und 3 Wochen nach Therapiebeginn. Bei den Patienten lässt sich Hydroxyäthylstärke in Zellen der Haut, insbesondere in Makrophagen, Endothelzellen des Gefäß- und Lymphsystems und perineuralen Zellen, nachweisen. Der Juckreiz beruht nicht auf einer Histaminfreisetzung. Antihistaminika und Kortikoide bleiben ohne Wirkung. Eine lokale Behandlung mit Capsaicin scheint erfolgversprechend (Schneeberger et al. 1990; Szeimies et al. 1994; Leunig et al. 1995; Metze et al. 1997; Gröcenig et al. 1998).

Flankenschmerz

Flankenschmerz nach Gabe von HÄS könnte mit der Speicherung in der Niere zusammenhängen.

Literatur

Arfors K-E, Buckley PB (1989) Role of artificial colloids in rational fluid-therapie. In: Tuma RF, White JV, Messmer K (eds) The role of hemodilution in optimal patient care. Zuckschwerdt, München Bern Wien San Francisco

Bambacher R, Stolz D, El-Saadi R, Stelzer K, Jutzler GA (1984) Behavior of oxypolygelatine (Gelifundol) in patients with dialysis-dependent kidney failure. Infusionsther Klin Ernähr 11: 157–160

Barbier P, Jonville AP, Autret E, Coureau C (1992) Fetal risk with dextran during delivery. Drug Saf 7: 71–73

Berg EM, Fasting S, Sellevold OF (1991) Serious complications with dextran-70 despite hapten prophylaxis. Is it best avoided prior to delivery? Anaesthesia 46: 1033–1035

Bergentz SE, Falkheden T, Olson S (1965) Diuresis and urinary viscosity in dehydrated patients: Influence of dextran 40.000 with and without mannitol. Ann Surg 161: 582–586

Bergqvist D (1985) The influence of plasma volume expanders on initial haemostasis in the rabbit mesentery. Acta Anaesthesiol Scand 29: 607–609

Beyer R, Harmening U, Rittmeyer O, Zielmann S, Mielk F, Kazmaier S, Kettler D (1997) Use of modified gelatin and hydroxyethyl starch for colloidal volume replacement in major orthopedic surgery. Br J Anasth 78: 44–50

Bolt J, Knothe J, Zickmann B, Andres P, Dapper F, Hempelmann G (1993) Influence of different intravascular volume therapies on platelet function in patients undergoing cardiopulmonary bypass surgery. Anesth Analg 76: 1185-1193

Cullen MJ, Singer M (1990) Severe anaphylactoid reaction to hydroxyethyl starch. Anaesthesia 45: 1041 f.

Dalrymple-Hay M, Aitchison R, Collins P, Sekhar M, Colvin B (1992) Hydroxyethyl starch induced von Willebrand's disease. Clin Lab Haematol 14: 209–211

Damas P, Adam A, Buret J, Renard C, Lamy M, Foidart JB, Mahieu P (1987) In-vivo studies on Haemaccel-fibronectin interaction in man. Eur J Clin Invest 17: 166–173

Dienes HP, Gerharz C-D, Wagner R, Weber M, John H-D (1986) Accumulation of hydroxyethyl starch (HES) in the liver of patients with renal failure and protal hypertension. J Hepatol 3: 223–227

Dietrich H-J (1996) Einsatz von Hydroxyäthylstärke bei Patienten mit Niereninsuffizienz. Anästhesist 45: 995

Dietrich W (1998) Einfluss von kolloidalem Volumenersatzmitteln auf die Blutgerinnung. Anästhesiol Intensivmed Notfallmed Schmerzmed 33: 266–268

Eichler J, Stephan G (1967) Vergleichende Untersuchungen nach Infusion von Plasmaexpandern. München med Wschr 109: 1420-1425

Förster H (1988) Biochemische Grundlagen zur Verwendung von polymeren Kohlenhydraten als Plasmaersatz. Beitr Anästh Intensivmed 26: 27

Ginz HF, Gottschall V, Schwarzkopf G, Walter K (1998) Exzessive Gewebespeicherung von Kolloiden im retikuloendothelialen System. Anästhesist 4: 330–334

Gröchenig F, Albegger K, Dieterich HJ et al. (1998) Hydroxyethyl starch-related pruritus: A prospective multicentre investigation of 544 patients. Perfusion 2: 62–69

Hallwachs O, Lutz H (1967) Die Nierenfunktion nach Infusion von Dextran- und Gelatinepräparaten ohne und mit Zusatz von THAM im experimentellen hämorrhagischen Schock. Langenbeck Arch Klin Chir 318: 14–23

Heidenreich O, aus der Mühlen K, Heintze K (1975) Die Wirkung der Plasmaersatzmittel Hydroxyäthylstärke und Dextran-60 auf die Nierenfunktion von Hunden beim akuten hämorrhagischen Schock. Anästhesist 24: 239–243

Heilmann L, Heitz R, Koch FU, Ose C (1991) Die perioperative Thromboseprophylaxe beim Kaiserschnitt: Ergebnisse einer randomisierten prospektiven Vergleichsuntersuchung mit 6% Hydroxyäthylstärke 0,62 und Low-dose-Heparin. Z Geburtshilfe Perinatol 195: 10–15

Hempel V, Metzger G, Unseld H, Schorer R (1975) Der Einfluss der Hydroxyäthylstärkelösung auf Kreislauf und Nierenfunktion bei hypovolämischen Patienten. Anästhesist 24: 198–201

De Jonge E, Levi M, Berends F, van der Ende AE, ten - Cate JW, Stoutenbeek CP (1998) Impaired hemostasis by intravenous administration of a gelatin-based plasmaexpander in human subjects. Thromb Haemost 79: 286–290

Karlson KE, Garzon AA, Shaftan GW, Chu CJ (1967) Increased blood loss associated with administration of certain plasma expanders: dextran 75, dextran 40, and hydroxyethyl starch. Surgery 1967: 670–678

Kleine TO (1979) Interferenz von Infusionslösungen mit der Biuret-Reaktion in einem vollmechanisierten und einem manuellen System. Med Welt 30: 102–107

Köhler H, Kirch W, Horstmann HJ (1977) Die Bildung hochmolekularer Komplexe aus Serumamylase und kolloidialen Plasmaersatzmitteln. Anästhesist 26: 623–627

Kraft D, Sirtl C, Laubenthal H et al. (1992) No evidence for the existence of preformed antibodies against hydroxyethyl starch in man. Eur Surg Res 24: 138–142

Kroll W, Gerner P, Colombo T, Ramschak H, Hinghofer-Szalkay H, List WF (1992) Einfluss von 6% HES 200/0,6–0,66 auf Plasmavolumen und Blutgerinnung. Infusionsther Transfusionsmed 19: 171–180

Kröll W, Gaßmayr SE, List WF (1999) Kolloide – welches, wann, wieviel. Anästhesiol Intensivmed Notfallmed Schmerzther 34: 586

Kurnik BRC, Singer F, Groh WC (1991) Case report: dextran-induced acute anuric renal failure. Am J Med Sci 302: 28–30

Legendrec et Atinault A (1994) Hydroxyethyl statch and osmotic nephrosis. Ann Fr Anesth Reanim 13: 10–16

Leunig A, Szeimies RM, Wilmes E, Gutmann R, Stolz W, Feyh J (1995) Klinische und elektronenmikroskopische Untersuchung zur Hörsturztherapie mit der Kombination 10% HES 200/0.5 und Pentoxifyllin. Laryngorhinootologie 74: 135–140

Lewis JH, Szeto IL, Bayer WL, Takaori M, Safar P (1966) Severe hemodilution with hydroxethyl starch and dextran. Effect on plasma proteins, coagulation factors and platelet adhesiveness. Arch Surg 93: 941–950

Ljungström KG, Renck H, Hedin H, Richter W, Wiholm BE (1988) Hapten inhibition and dextran anaphylaxis. Anaesthesia 43: 729–732

Ljungström KG (1993) Safety of dextran in relation to other colloids – ten years experience with hapten inhibition. Infusionsther Transfusionsmed 20: 206–210

Lockwood DN, Bullen C, Machin SJ (1988) A severe coagulopathy following volume replacement with hydroxyethyl starch in a Jehova's Witness. Anaesthesia 43: 391–393

Lorenz W, Duda D, Dick W et al. (1994) Incidence and clinical importance of perioperative histamine release: randomised study of volume loading and antihistamines after induction of anaesthesia. Lancet 343: 933–40

Lundsgaard-Hansen P, Tschirren B (1982) Modified fluid gelatin as a plasma substitute. Prog Clin Biol Res 19: 227–257

Metze D, Reimann S, Szefalusi Z, Bohle B, Kraft D, Luger TA (1997) Persistent pruritus after hydroxyethyl starch infusion therapy: result of long term storage in cutaneous nerves. Br J Dermatol 136: 553–559

Michie AJ, Ragni MC (1953) Effect of repeated infusions of dextran on renal function. J Appl Physiol 5: 625–627

Mortelmaus YJ, Vermaut G, Verbruggen AM et al. (1995) Effects of 6% hydroxyethyl starch and 3% modified fluid gelatine on intravasular volume and coagulation during intraoperative hemodilution. Anesth Analg 81: 1235–1242

Nagelschmidt M, Roddecker K, Weiser M (1989) Einfluss subtherapeutischer Mengen nativer Gelatine und Haemaccel 35 (Polygeline) auf die Fibronektinspiegel und die Wundheilung. Eine tierexperimentelle Studie an Ratten mit Brandwunden. Anästhesist 38: 412–417

Paulini K, Sonntag W (1976) Veränderungen des RES der Ratte nach parenteraler Gabe von Dextran (Mw 40.000) und Hydroxyäthylstärke (Mw 40.000). Chemische, licht- und elektronenmikroskopische Untersuchung. Infusionstherapie 3: 294–297

Perttila J, Salo M, Peltola O (1990) Effects of different plasma substitutes on plasma fibronectin concentrations in patients undergoing abdominal surgery. Acta Anaesthesiol Scand 34: 304–307

Rieger A (1968) Blood volume and plasma protein. An experimental and clinical study on the restitution on the blood volume, plasma volume and plasma proteins after bleeding and different substitution therapy. Munksgaard, Stockholm

Ring J (1985) Anaphylactoid reactions to plasma substitutes. Int Anesthesiol Clin 23: 67–95

Ring J, Messmer K (1977) Incidence and severity of anaphylactoid reaction to colloid volume substitutes. Lancet I: 466–469

Rothschild MA, Oratz M, Mongelli J, Schreiber SS (1968) Effects of a short-term fast on albumin synthesis studied in vivo, in the perfused liver, and on amino acid incorporation by hepatic microsomes. J Clin Invest 47: 2591–2599

Schneeberger R, Albegger K, Oberascher G, Miller K (1990) Juckreiz – Eine Nebenwirkung von Hydroxyäthylstärke (HES)? Erste Mitteilung. HNO 38: 298–303

Sirtl C, Hübner G, Jesch F (1988) Zur Speicherung von hoch- und mittelmolekularer HÄS im menschlichen Gewebe. Betr Anaesth Intensivmed 26: 74

Spielmann W (1964) Können moderne Plasmavolumenexpander die Ergebnisse der serologischen Untersuchungen vor Bluttransfusionen stören? In: Horatz K, Frey R (Hrsg) Schock und Plasmaexpander. Springer, Berlin Heidelberg New York, S 152

Spilker D, Kilian J (1987) Der hämorrhagische Schock. In: Kilian J, Messmer K, Ahnefeld FW (Hrsg): Schock. Springer, Berlin Heidelberg New York Tokio

Steinhoff J, Mansky T, Reitz M, Schulz E, Sack K (1988) Pharmakokinese von Hydroxyäthylstärke bei Patienten unter Hämodialyse und Hämofiltration. Nieren Hochdruckkrankh 17: 411–414

Szeimies RM, Stolz W, Wlotzke U, Korting HC, Landthaler M (1994) Successful treatment of hydroxyethyl starch-induced pruritus with topical capsaicin. Br J Dermatol 131: 380–382

Treib J, Haaß A, Pindur G, Wenzel E, Schimrigk K (1997) Blutungskomplikationen durch Hydroxyethylstärke sind vermeidbar. Dtsch Ärztebl 94: 2326-2330

Voigt N, Bothner U, Georgieff M (1994) Vergleich von Humanalbumin 5% und 6% HES 200/0,5 als ausschließliche Kolloidkomponente bei großen chirurgischen Eingriffen. AINS 29: 150–156

Vogt NH, Bothner U, Lerch G, Lindner KH, Georgieff M (1996) Large-dose administration of 6% hydroxethyl starch 200/0,5 for total hip arthroplasty: Plasma homeostasis, hemostasis and renal function compared to use of 5% human albumin. Anesth Analg 83: 262–268

Vogt N, Brinkmann A, Georgieff M (1998) Effekt von HES, Dextran und Gelatine auf die Nierenfunktion. Anästhesiol Intensivmed Notfallmed Schmerzther 33: 268–270

Waldhausen P, Kiesewetter H, Leipnitz G et al. (1991) Durch Hydroxyäthylstärke induzierte passagere Niereninsuffizienz bei vorbestehender glomerularer Schädigung. Acta Med Austriaca 18 (Suppl 1): 52–55

Warren BB, Durieux ME (1997) Hydroxylethyl starch: Safe or not? Anesth Analg 84: 206–212

Weidhase R, Faude K, Weidhase R (1998) Hydroxehtylstärke – ein Zwischenbericht. Anaesthesiol Reanim 23: 4–14

Wells JV, King MA (1980) Adverse reactions to human plasma proteins. Anaesth Intens Care 8: 139–144

Zwaveling JH, Meulenbelt J, van Xanten NH, Hene RJ (1989) Renal failure associated with the use of dextran 40. Neth J Med 35: 321–326

Weiterführende Literatur

Förster H (1994) Künstlicher Blutersatz. Chirurg 65: 1085–1094

Laubenthal H, Sirtl C (1998) HES, Dextran und Gelatine – Indikationen und Verträglichkeit. Anästhesiol Intensivmed Notfallmed Schmerzther 33: 251–254

Sektion D

KAPITEL 27

Blutverlust: Bluttransfusion, perioperative Anämie

A. Lorentz · H. Gombotz

Die Risiken, die mit der Transfusion von Blut und Blutderivaten verbunden sind, werden häufig unterschätzt. Komplikationen treten etwa bei 2–3% aller Bluttransfusionen auf (Mollison et al. 1987; Walker 1987; Schricker 1988). Diese Komplikationen werden durch immunologische, infektiöse und metabolische Reaktionen verursacht. Ein Risiko in bezug auf metabolische Komplikationen besteht v. a. bei der raschen Infusion großer Mengen an Blutkomponenten.

27.1
Febrile nichthämolytische Reaktionen

Febrile Reaktionen machen rund 2/3 aller Sofortreaktionen bei der Übertragung von Blut oder Blutbestandteilen aus. Ursache sind v. a. Pyrogene, die bei der Zerstörung von Leukozyten und Thrombozyten durch zytotoxische Antikörper gegen HLA-Merkmale und durch Leukozytenagglutinine bei Patienten entstehen. Solche Reaktionen treten vorwiegend bei Patienten auf, die bereits früher Bluttransfusionen erhalten haben. Auch beim Zerfall der Granulozyten und Thrombozyten in den ersten Tagen der Lagerung der Blutkonserven werden neben biogenen Aminen Zytokine freigesetzt, die zu febrilen Reaktionen führen können (Heddle 1999). Febrile Reaktionen durch eine immunologische Unverträglichkeit von Erythrozyten (s. unten) und durch Fremdproteine sind selten. Bakterienbedingte febrile Transfusionsreaktionen sind äußerst selten.

Tritt Fieber während einer Transfusion auf, so ist es schwierig abzuschätzen, ob es sich um ein relativ harmloses Ereignis handelt oder ob eine akute Gefährdung des Patienten vorliegt. Besonders ernstzunehmen sind febrile Reaktionen bei Patienten, die bisher nicht transfundiert wurden. Neben Fieber, Schüttelfrost, Übelkeit und Erbrechen, Brust- oder Rückenschmerzen können in schweren Fällen Schock und Kreislaufversagen auftreten.

Tritt Fieber bei bisher nicht transfundierten Patienten auf, so muss die Transfusion abgebrochen und nach der Ursache gesucht werden. Insbesondere muss eine Hämolyse und eine bakterielle Kontamination ausgeschlossen werden.

Ist eine Sensibilisierung gegenüber Leukozytenantigenen bei vielfach transfundierten Patienten bekannt, so muss die Transfusion nicht unbedingt abgebrochen werden. Vermeiden lassen sich solche Reaktionen bei der Substitution von Erythrozyten durch die Verwendung von buffycoatarmen, gewaschenen oder leukozytenfreien Erythrozytenkonzentraten (Wilkinson u. Shoos Lipton 1999).

27.2
Allergisch-anaphylaktische Reaktion

Allergisch-anaphylaktische Transfusionskomplikationen beruhen meist auf einer Unverträglichkeit transfundierten Eiweißes nach vorausgegangener Sensibilisierung. Häufigste Ursache sind Antikörper gegen Immunglobuline der Klasse A. Hierbei sind besonders Patienten mit vollständigem IgA-Mangel gefährdet.

Meist verlaufen diese Reaktionen leicht und erreichen nur das Stadium I einer anaphylaktischen Reaktion mit Flush und Urtikaria. Nur in Einzelfällen verlaufen sie schwer (Vyas et al. 1969). Die Symptome klingen in der Regel nach Infusionsstop ab. Bei Bedarf können Antihistaminika gegeben werden (Stephen et al. 1955). Treten ausgeprägte Formen der anaphylaktischen Reaktion auf, so sind zusätzlich Kortikosteroide erforderlich, im Stadium III und IV mit Bronchospasmus, Schock, Atem- und Kreislaufstillstand gezielte kardiorespiratorische Reanimationsmaßnahmen.

Prophylaktisch können bei bekanntem IgA-Mangel bzw. bei nachgewiesenen Antikörpern gegen Plasmaproteine gewaschene Erythrozyten transfundiert werden.

27.3
Hämolytische Transfusionsreaktion

Hämolytische Transfusionsreaktionen sind bedingt durch die Reaktion von blutgruppenspezifischen Antikörpern mit Erythrozyten, die über das entsprechende Antigen verfügen. Mit oder ohne Mitwirkung von Komplement kommt es zur Hämolyse der unverträglichen Erythrozyten. Ablauf und Schweregrad der hämolytischen Reaktion sind abhängig von der Rezeptordichte auf der Erythrozytenoberfläche, der Plasmakonzentration des Antikörpers und seiner Fähigkeit, Komplement zu aktivieren, und von der transfundierten Menge an inkompatiblen Erythrozyten.

Akute hämolytische Transfusionsreaktion

Sie tritt auf, wenn der Antikörper im Empfängerplasma hoch ist und 20 ml oder mehr inkompatiblen Blutes transfundiert werden. Die Hämolyse erfolgt in wenigen Minuten *intravasal,* sofern es sich um eine Inkompatibilität im AB0-System handelt.

Beim Vorkommen von irregulären Antikörpern (Antikörper gegen die Faktoren des Rh-, Kell-, Duffy-, Lewis- und Kidd-Systems) erfolgt die Hämolyse erst nach mehreren Stunden *extravasal* durch Phagozytose im retikuloendothelialen System. Die Reaktionen sind i. allg. leichter, können jedoch in einzelnen Fällen auch schwer, z. T. letal verlaufen.

Das Leitsymptom einer akuten hämolytischen Transfusionsreaktion ist die Hämoglobinämie, der von einem gewissen Schweregrad an eine Hämoglobinurie folgt (s. folgende Übersicht).

ÜBERSICHT

Symptome einer akuten hämolytischen Transfusionsreaktion

Klinische Zeichen
- Wärmegefühl in der Vene, in die infundiert wird
- Beklemmungsgefühl, Übelkeit, Schweißausbruch
- retrosternale Schmerzen
- Blutdruckabfall, Tachykardie, Schock
- Atemnot, Zyanose
- Fieber, Schüttelfrost
- abdominale Koliken, Durchfälle
- Blutungsneigung
- Hämoglobinurie
- Ikterus (verzögert)
- Niereninsuffizienz (durch Schock und Verbrauchskoagulopathie)

Laboruntersuchungen
- Erhöhte Konzentrationen im Serum:
  - Freies Hämoglobin (ab 40 mg/dl mit dem bloßen Auge erkennbar, ab 100–140 mg/dl Hämoglobinurie)
  - Methämoglobin
  - Kalium
  - Laktatdehydrogenase (LDH)
  - Eisen
  - indirektes Bilirubin (verzögert)
- Erniedrigte Konzentrationen im Serum:
  - Haptoglobin
  - Hämopexin
- Gerinnungsstatus:
  - Verbrauchskoagulopathie (pathologische Globaltests, erniedrigter Fibrinogenspiegel, niedrige Thrombozytenzahlen, Nachweis von Fibrinmonomeren und Fibrin (ogen) spaltprodukten)

Die frühen klinischen Zeichen und der Schweregrad der Erkrankung werden jedoch vorwiegend durch die Aktivierung des Komplementsystems und der Gerinnungskaskade bestimmt. Die Freisetzung kreislaufaktiver Substanzen wie Histamin und Serotonin führt zu den kardiovaskulären Symptomen. Die Aktivierung der Gerinnungskaskade erfolgt durch die Freisetzung von Thromboplastinen aus den Erythrozyten und über das Komplementsystem (Roelck 1996).

Bei schweren Verlaufsformen kommt es zum Schock, zur Verbrauchskoagulopathie und zur akuten Niereninsuffizienz. Die Mortalität bei Unverträglichkeiten im AB0-System liegt bei über 10% (Mollison et al. 1987; Linden et al. 1992; Linden 1999). In Allgemeinanästhesie und unter Analgosedierung beim Intensivpatienten sind die Symptome einer akuten hämolytischen Transfusionsreaktion weniger ausgeprägt. Oft sind Blutdruckabfall und abnorme Blutungsneigung die einzigen frühen Symptome.

Akuten hämolytischen Transfusionsreaktionen liegen fast immer Verwechslungen bei den bereitgestellten Konserven oder bei den für die Blutgruppenbestimmungen und für die Kreuzproben bestimmten Blutproben zugrunde. Sehr selten sind technische Unzulänglichkeiten bei der Durchführung der Kreuzprobe die Ursache. Die Häufigkeit einer homologen Fehltransfusion wird auf 1:12.000 geschätzt. Etwa 1/3 davon ist im AB0-System inkompatibel und führt zu einer hämolytischen Transfusionsreaktion, bei 1 von 600 000 transfundierten Patienten mit tödlichem Ausgang (Linden et al. 1992).

Verzögerte hämolytische Transfusionsreaktion

Ist der Empfänger einer Blutkonserve vor längerer Zeit gegen ein bestimmtes Blutgruppenantigen sensibilisiert worden (Transfusion, Schwangerschaft), so kann es sein, dass nicht mehr genügend Antikörper vorhanden sind, um zu einer auffälligen Kreuzprobe zu führen. Wird das Antigen erneut transfundiert, so kann es zu einer raschen Synthese von Antikörpern kommen. Nach einigen Tagen kommt es dann zu einem plötzlichen Abfall des Hämoglobins und einem Anstieg des Bilirubins im Serum. Eine Hämoglobinurie tritt selten auf, ein schwerer Verlauf ist sehr selten. Eine verzögerte hämolytische Transfusionsreaktion ist häufig nicht vermeidbar, ein Teil lässt sich durch das Beachten sehr schwacher Reaktionen bei der Kreuzprobe und anamnestischer Hinweise (Bluttransfusionen, Schwangerschaften) ausschalten.

Inverse hämolytische Transfusionsreaktion

Bei der Übertragung von nichtkompatiblem tiefgefrorenem Frischplasma und Faktor-VIII-Konzentrat kann eine inverse hämolytische Transfusionsreaktion auftreten.

Abklärung der hämolytischen Transfusionsreaktion

Nach dem Auftreten von Symptomen, die auf eine hämolytische Transfusionsreaktion hinweisen, muss die Transfusion sofort unterbrochen werden. Der Bluttransfusionsbeutel, das Blutröhrchen und Blutproben des Empfängers vor und nach der Transfusion müssen sichergestellt werden. Parallel zur Bestätigung der Hämolyse durch Labortests werden die Identität des Empfängers und die Dokumentation der Kreuzprobe überprüft. Ergeben sich keine administrativen Fehler, so folgt eine serologische Abklärung in einem spezialisierten Labor. Gleichzeitig wird nach nicht antikörperbedingten Ursachen für eine Hämolyse gesucht.

Nichtantikörperbedingte Hämolyse

Nicht jede Hämolyse ist durch Antikörper bedingt. Erythrozyten können bereits vor der Transfusion hämolysiert oder so geschädigt sein, dass sie nach der Transfusion rasch hämolysieren. Wird Blut mit hypotonen Lösungen aufgeschwemmt oder mit solchen Lösungen über den gleichen venösen Zugang infundiert, kann es zur Hämolyse kommen. Wird Blut über 50°C erwärmt, so kann es bereits in der Konserve zur Hämolyse kommen; in jedem Fall kommt es aber zur Schädigung der Erythrozyten, die zu einer akuten hämolytischen Reaktion nach der Transfusion führen kann. Auch das Einfrieren von Blut führt zur Hämolyse. Dies ist besonders bei Kühlschränken von Bedeutung, die nicht über die nötigen Sicherheitseinrichtungen verfügen, oder beim Überlandtransport von Blutkonserven in der kalten Jahreszeit. Bakteriell infiziertes Blut ist häufig hämolytisch. Auch mechanische Belastung der Erythrozyten kann zur Hämolyse führen (Druckinfusion durch sehr dünne Nadel).

Therapie

Die wichtigsten Behandlungsziele sind die Bekämpfung des entstehenden Schocks und der metabolischen Azidose sowie Maßnahmen zur Vermeidung bzw. Behandlung einer Verbrauchskoagulopathie und einer akuten Niereninsuffizienz (Mollison et al. 1987; Schricker 1988; Brecker 1996). Zur Behandlung eines bestehenden Schocks ist eine Volumensubstitution mit Plasmaersatzlösungen erforderlich. Daneben sollten ausreichend kristalline Lösungen gegeben werden. Es wird ein zentralvenöser Druck im oberen Normbereich angestrebt. Ist eine Kreislaufstabilisierung mit Volumengabe allein nicht zu erreichen, müssen Katecholamine (Dobutamin, Dopamin) eingesetzt werden. Auch Intubation und Beatmung können erforderlich werden. Tritt der hämolytische Transfusionszwischenfall intraoperativ auf, sollte die Narkose beibehalten werden.

Eine bestehende metabolische Azidose wird mit Natriumbikarbonat ausgeglichen. Darüber hinausgehende Gaben werden zur Alkalisierung des Urins empfohlen, um das

Ausfallen von Hämatinsäure im distalen Tubulus zu verhindern. Es sollte eine Diurese von 100 ml/h aufrecht erhalten werden, ggf. durch den Einsatz von Dopamin und Furosemid. Kommt es trotz dieser Therapie zu einem akuten Nierenversagen, das längere Zeit besteht, müssen Hämodialyse oder Hämofiltration durchgeführt werden.

Zur Prophylaxe bzw. Behandlung einer Verbrauchskoagulopathie wird Antithrombin III substituiert. In der Phase der Hyperkoagulabilität der Verbrauchskoagulopathie kann zusätzlich Heparin in niedriger Dosierung gegeben werden, sofern das Gefäßsystem mechanisch intakt ist und keine Gefahr einer intrakraniellen Blutung besteht. Besteht eine ausgeprägte Verbrauchskoagulopathie mit Blutungsneigung, werden – nach Gabe von AT III – die fehlenden Gerinnungsfaktoren durch tiefgefrorenes Frischplasma ersetzt (vgl. Kap. 10, „Störungen der Gerinnung").

27.4
Posttransfusionspurpura

Bei der Posttransfusionspurpura (PTP) handelt es sich um eine sehr selten auftretende verzögerte Transfusionsreaktion durch Thrombozytenalloantikörper.

Nach der primären Immunisierung – in der Regel gegen den Thrombozytenfaktor PL^{A1} – führt eine erneute Transfusion entsprechender Thrombozyten zur Bildung von Antigen-Antikörper-Komplexen, an die auch autologe Thrombozyten angelagert werden. Der Thrombozytenabbau erfolgt dann über eine Komplementaktivierung (intravasal oder intrahepatisch) oder durch Immunphagozytose intralienal. Überwiegend sind Frauen im höheren Lebensalter betroffen. Regelmäßig gehen Schwangerschaften oder Transfusionen voraus.

Die PTP tritt 5–10 Tage nach Transfusion von thrombozytenhaltigen Konserven auf. Sie ist gekennzeichnet durch einen – häufig fulminanten – Abfall der Thrombozytenkonzentration und eine Blutungsneigung, die lebensbedrohlich sein kann. Die Diagnose wird durch den Nachweis thrombozytenspezifischer Alloantikörper bestätigt (Müller-Eckhardt 1986; Kroll et al. 1993) Auch ein subklinischer Verlauf kommt vor (Kirmani et al. 1983). Das Krankheitsbild klingt innerhalb von 3–4 Wochen ab. Die Mortalität beträgt allerdings 10–20%.

Therapeutisch kommt eine hochdosierte Gabe von IgG in Frage (Hamblin et al. 1985; Müller-Eckhardt 1986; Kroll et al. 1993). Die Plasmapherese ist erfolgreich, sofern das entzogene Plasma durch Plasma oder Vollblut ersetzt wird (Hamblin et al. 1985). Der Wirkungsmechanismus der IgG-Gabe beruht wahrscheinlich auf einer Blockade von Rezeptoren des retikuloendothelialen Systems, die die Phagozytose der Immunkomplexe und der daran angelagerten autologen Thrombozyten verhindert (Fehr et al. 1982; Salama et al. 1983). Kortikosteroide sind nicht wirksam, die Gabe von Thrombozytenkonzentraten kann das Krankheitsbild dramatisch verschlechtern.

27.5 Leukozytenbedingte Komplikationen

Graft-versus-host-Krankheit (GVHD)

Unter einer Graft-versus-host-Krankheit versteht man die Ansiedlung immunkompetenter Lymphozyten bei einem immundefizienten Empfänger. Die Unfähigkeit der körpereigenen Lymphozyten, homologe Lymphozyten zu eleminieren, kann durch eine kongenitale Immundefizienz, durch die Behandlung mit Zytostatika oder durch Bestrahlung bedingt sein. Besonders gefährdet sind Patienten mit Leukämien und Lymphomen. Feten und Neugeborene weisen noch kein voll funktionsfähiges Immunsystem auf, auch hier kann nach Transfusionen eine GVHD entstehen (Williamson u. Warwick 1999). Auch Patienten mit Aids sind gefährdet. In sehr seltenen Fällen kann eine GVH-Erkrankung auch bei immunkompetenten,

partiell HLA-kompatiblen Patienten auftreten, etwa bei einer gerichteten Spende bei Blutsverwandten (Thaler et al. 1989; Ohto u. Anderson 1999).

Bei Transfusionen sind es überwiegend Leukozytenkonzentrate, die eine GVHD verursachen (Cohen et al. 1979; Ford et al. 1976; Weiden et al. 1981), sie kann aber auch nach Transfusion von Erythrozythenkonzentraten auftreten (Dinsmore et al. 1980). Das klinische Bild ist gekennzeichnet durch Fieber, Hautausschlag, Hepatitis, Wadenkrämpfe, Diarrhö, Knochenmarkdepression und Infekte. Die Mortalität ist hoch (Williamson u. Warwick 1999).

Der klinische Verdacht auf eine GVHD kann durch Hautbiopsien erhärtet und durch den Nachweis von Spenderzellen im Empfänger (genetische Marker) bestätigt werden.

Eine GVHD kann durch die Bestrahlung von Blut mit 15–50 Gy verhindert werden. Dadurch wird die Vermehrungsfähigkeit der Lymphozyten weitgehend ausgeschaltet, ohne dass die Funktionsfähigkeit der Erythrozyten, Granulozyten und Thrombozyten beeinträchtigt wird (Fliedner et al. 1982; Williamson u. Warwick 1999). Bei immunsuppressiv behandelten Malignompatienten sollte eine Bestrahlung der Blutkonserven bei einer Lymphozytopenie <500 Lymphozyten/µl erfolgen (Woods 1981; Schmidmeier et al. 1982). Knochenmarkempfänger sollten bestrahlte Blutkonserven erhalten, bis die normale Immunfunktion wiederhergestellt ist. Auch bei intrauteriner Transfusion und bei der Transfusion von Früh- und Neugeborenen wird die Verwendung bestrahlter Konserven empfohlen (Williamson u. Warwick 1999). Die Verwendung von Leukozytenfiltern und UV-Bestrahlung kann z. Z. nicht empfohlen werden (Orlin u. Ellis 1997).

27.6
Lungeninfiltrate („transfusion-related acute lung injury", TRALI)

Nach Transfusion von Vollblut, Erythrozytenkonzentraten und tiefgefrorenem Frischplasma, aber auch nach Granulozyten- und Thrombozytenkonzentraten und nach Gabe von Kryopräzipitat kann ein Lungenödem mit respiratorischer Insuffizienz auftreten, das dem Bild eines ARDS gleicht. Die Komplikation tritt bei 0,04–0,16% der transfundierten Patienten auf (Popovsky u. Moore 1985; Weber et al. 1995). Als Ursache hierfür wird eine Sequestration von Granulozyten in den Lungenkapillaren angenommen (Higby u. Burnett 1980; Karp et al. 1982). Voraussetzung hierfür ist die Bildung von Granulozytenaggregaten durch Alloantikörper gegen Granulozyten (Kernoff et al. 1972) oder durch Komplementaktivierung (Jacob et al. 1980).

Alloantikörper können in der transfundierten Blutkonserve enthalten sein und mit den Empfängergranulozyten reagieren, oder sie können beim Empfänger vorliegen und mit den transfundierten Granulozyten reagieren (Kernoff et al. 1972). Auch biologisch aktive Lipidfraktionen, die bei längerer Lagerung in Blutkonserven entstehen, können möglicherweise allein oder gemeinsam mit Leukozytenantikörpern eine TRALI auslösen. Überwiegend gehen TRALI-Reaktionen schweren Erkrankungen voraus („two-hit hypothesis"): Operation, Infektion, Massivtransfusion (Kopko u. Holland 1999). Welche Mediatoren und Kaskadensysteme bei diesen allergisch-entzündlichen Prozessen in der Lunge im einzelnen beteiligt sind, ist nur teilweise bekannt.

Das klinische Bild mit Husten, Kurzatmigkeit, erhöhter Atemfrequenz, Fieber und Hypotension entspricht dem eines ARDS. Die TRALI tritt in der Regel innerhalb von 4–6 h nach der Transfusion auf. Differentialdiagnostisch müssen andere Ursachen für ein ARDS, aber auch ein kardial bedingtes Lungenödem abgegrenzt werden.

Sofern Symptome bereits während der Transfusion auftreten, muss die Transfusion abgebrochen werden. Zur Kreislaufstabilisierung erfolgt die Gabe von kristallinen und/ oder kolloidalen Lösungen, ggf. auch der Einsatz von β-Mimetika. Der Wert einer Kortikoidgabe ist umstritten (Kopko u. Holland 1999). Bei einer schweren respiratorischen Insuffizienz muss der Patient künstlich beatmet werden. Meist bessert sich die Gasaustauschstörung innerhalb von 12–24 h, der Röntgenbefund normalisiert sich in wenigen Tagen (Popovsky u. Moore 1985).

Zur Vermeidung von transfusionsbedingten Lungeninfiltraten sollte auf die Gabe von Granulozytenkonzentraten weitestgehend verzichtet werden. Bei Patienten mit vorausgegangenen TRALI-Reaktionen bzw. bekannten Antikörpern gegen Leukozyten kann der Anteil der Granulozyten in Erythrozytenkonzentraten durch Filtration mit Leukozytenfiltern bzw. der Gehalt an Plasma durch Waschen weiter reduziert werden. Spender von Blutkonserven, die ein TRALI-Syndrom ausgelöst haben (meist Frauen nach mehreren Schwangerschaften), sollten auf Leukozytenantikörper getestet oder von weiteren Spenden ausgeschlossen werden (Popovsky et al. 1992).

27.7
Verlustkoagulopathie

Die Transfusion großer Mengen von Erythrozytenkonzentraten und Plasmaersatzlösungen zum Ersatz von Blutverlusten kann aufgrund der fehlenden bzw. verminderten Gerinnungsfaktoren zu einer Verlustkoagulopathie führen. Sofern nicht eine vorbestehende Störung der Hämostase oder ein gleichzeitiger Verbrauch an Gerinnungsfaktoren besteht, wie das beim Polytrauma häufig der Fall ist, sind klinisch relevante Gerinnungsstörungen erst bei einem Blutverlust zu erwarten, der etwa 80% des Blutvolumens entspricht. Eine Thrombozytopenie, die zu Blutungen führen kann, tritt erst bei Aus-

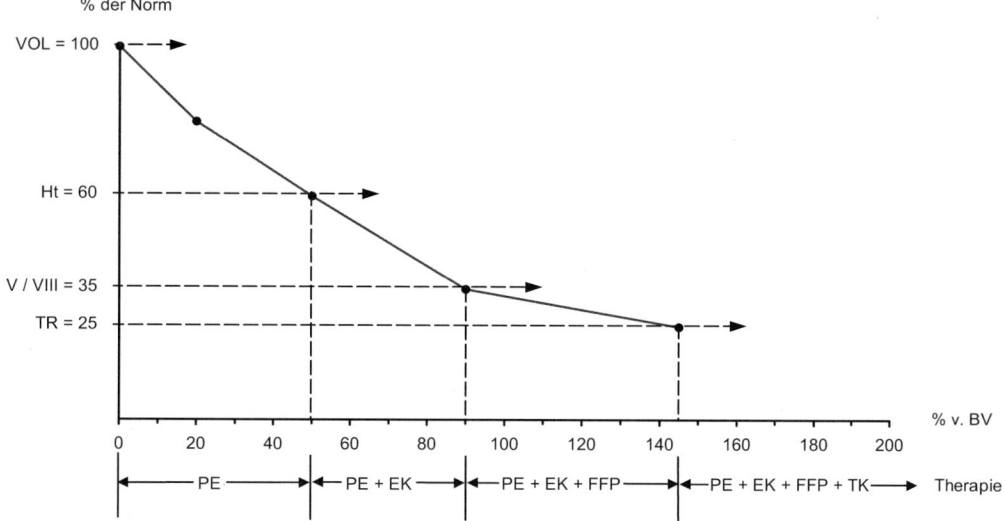

Abb. 27.1. Abgestufte Komponententherapie akuter Blutverluste. (Mod. nach Lunsgard-Hansen 1980) *Ordinate:* Hämatokrit *(Hkt)*, Gerinnungsfaktoren *(V/VIII)*, Thrombozyten *(TR); Abszisse:* Behandlungsstufen mit Plasmaersatzmittel *(PE)*, Erythrozytenkonzentrat mit 70% Hkt *(EK)*, frisch gefrorenes Blutplasma *(FFP)*, Thrombozytenkonzentrate *(TK)*

tauschvolumina von 140% des Blutvolumens auf (Spilker u. Kilian 1987; Abb. 27.1). Eine vorausgegangene Volumenexpansion zur Kreislaufstabilisierung nach Einleitung einer Anästhesie ist zu berücksichtigen (Lorentz et al. 1989). Bei den Plasmaersatzstoffen Hydroxäthylenstärke und Dextran sind die Höchstdosen zu beachten, ggf. müssen sie durch 5% Humanalbumin ersetzt werden.

Diagnose

Die Diagnose ergibt sich häufig aus der vorausgegangenen Blutkomponententherapie. Durch eine Gerinnungsanalyse müssen jedoch andere Ursachen, insbesondere eine Verbrauchskoagulopathie, ausgeschlossen werden. Die Globaltests der Gerinnung sind abhängig von dem Grad der Verdünnung verlängert, das Fibrinogen und die Thrombozyten sind erniedrigt, Fibrinmonomere und Fibrin(ogen)spaltprodukte sind nicht nachzuweisen.

Prophylaxe und Behandlung

Um verlustbedingte Koagulopathien zu vermeiden, sollten beim Blutersatz ausreichend Gerinnungsfaktoren bzw. Thrombozyten gegeben werden. Ab einem Blutverlust von 70–80% des Blutvolumens sollte 1/3 des Blutersatzes als tiefgefrorenes Frischplasma gegeben werden. Bei Blutverlusten, die 140% des Blutvolumens überschreiten, sind in der Regel Thrombozytenkonzentrate erforderlich. Wichtigstes Interventionskriterium ist intraoperativ aber die diffuse Blutung aus dem Kapillarbett. Die Indikation zur Therapie sollte durch regelmäßige Gerinnungskontrollen überprüft werden. Als Interventionswert kann eine TPZ von 30–40%, eine PTT von 50–60 s und ein Fibrinogenspiegel von 100 mg/dl und eine Thrombozytenkonzentration von 50.000–100.000/µl gelten. Besteht nach Erreichen dieser Werte die Blutung fort, muss nach einer anderen Ursache gefahndet werden (mechanisch bedingte Blutung, Thrombozytopathie, Hypothermie,

Azidose, Verbrauchskoagulopathie; Bishop et al. 1987; Spilker u. Kilian 1987; Silver et al. 1992; Gold et al. 1996; Hocker u. Hartmann 1997; Kretschmer et al. 1997).

27.8
Biochemisch-metabolische Risiken, Hypothermie

Biochemisch-metabolische Risiken und die Gefahr einer Hypothermie bestehen vorwiegend bei Massivtransfusionen. Die metabolischen Risiken hängen mit den metabolischen Veränderungen in einer Blutkonserve während der Lagerung zusammen (s. folgende Übersicht).

ÜBERSICHT

Biochemisch-metabolische Risiken bei Massivtransfusion

- Zitratintoxikation, Hypokalzämie
- Hyperkaliämie, Hypokaliämie
- metabolische Azidose
- Abfall des 2,3-Diphosphoglyceratgehaltes der Erythrozyten
- Hypothermie
- (Transfusion von Mikroaggregaten)
- metabolische Alkalose (Spätphase)

Hypokalzämie

Werden Blutkonserven rasch in zu großen Mengen zugeführt, die einen größeren Anteil an Plasma – und damit Zitrat – aufweisen (FFP, Thrombozytenkonzentrate), so kann es kurzzeitig zu einer Abnahme des Serumkalziums und zu kardiozirkulatorischem Versagen kommen. Die Abnahme des Herzzeitvolumens ist erkennbar durch Hypotension, kleine Blutdruckamplitude, erhöhten zentralvenösen Druck und Anstieg des pulmonalkapillären Verschlussdrucks. Im EKG findet sich ein verlängertes QT-Intervall. Toxische Zitratspiegel (>50–80 mg/dl) und eine entsprechende Hypokalzämie treten in der Regel nur dann auf, wenn mehr als 500 ml innerhalb von 5 min transfundiert

werden. Zitrat wird rasch metabolisiert. Die Kalziumspiegel normalisieren sich innerhalb weniger Minuten. Allerdings kommt es bei Hypothermie, Hypoperfusion oder Leberzellschädigungen zu einem verzögerten Zitratabbau (Klose 1984; Kretschmer et al. 1997).

Ob Kalzium substituiert werden soll, wird nach wie vor kontrovers diskutiert. Einzelne Autoren empfehlen bei Massivtransfusionen die Gabe von 0,5 g Kalziumchlorid pro Konserve ab der 6. transfundierten Konserve. Die Kalziumgabe erhöht jedoch die Gefahr von Rhythmusstörungen, v. a. bei hypothermen, digitalisierten Patienten. Bei nachgewiesenem erniedrigtem Spiegel des ionisierten Kalziums (<1 mmol/l) oder bei QT-Verlängerungen im EKG bzw. bei beginnender elektromechanischer Entkoppelung sollte 100 mg Kalziumglukonat langsam alle 3 min injiziert werden, bis die Störung behoben ist (Denlinger et al. 1976; Howland 1978; Crosson 1996; Kretschmer et al. 1997).

Hyperkaliämie, Hypokaliämie

Der Kaliumgehalt einer gelagerten Konserve steigt erheblich an. Auch hier ist jedoch eine Infusionsrate von >500 ml/5 min nötig, um einen deutlichen Anstieg des Serumkaliums zu verursachen. Nach Massivtransfusionen findet sich weit häufiger eine Hypokaliämie. Hierfür sind u. a. die Kaliumaufnahme durch die Spendererythrozyten und die Korrektur einer bestehenden metabolischen Azidose mit entsprechendem Kaliumeinstrom in die Zelle verantwortlich (Howland 1978; Crosson 1996). Der Serumkaliumspiegel muss deshalb in regelmäßigen Abständen bestimmt werden.

Azidose

Gelagerte Erythrozytenkonzentrate und Blut enthalten größere Mengen an Laktat und CO_2. Der pH-Wert liegt nach 3 Wochen Lagerung bei etwa 6,5; Tabelle 27.1).

Die verschiedenen Puffermechanismen des Körpers und die rasche Metabolisierung von Zitrat und Laktat führen jedoch dazu, dass eine Azidose aufgrund der Massivtransfusion selten entsteht. In der Regel ist sie durch eine bestehende Schocksituation verursacht. Eine Pufferung mit Natriumbikarbonat sollte deshalb nur zurückhaltend und nach den aktuellen Werten des Säure-Basen-Haushaltes erfolgen. Nach der raschen Applikation von jeweils 5 Blutkonserven sollte eine Blutgasanalyse durchgeführt werden. Besteht eine fortdauernde metabolische Azidose, so muss davon ausgegangen werden, dass neben Laktat auch Zitrat verzögert abgebaut wird. Der Bestimmung des ionisierten Kalziums bzw. Symptomen für eine Hypokalziämie (EKG) sollte dann besondere Aufmerksamkeit geschenkt werden.

2,3-Diphosphoglycerat

Mit der Abnahme des 2,3-DPG-Gehalts in den gelagerten Erythrozyten (2 mmol/g Hb nach 14 Tagen, s. Tabelle 27.1) kommt es zu einer Zunahme der O_2-Affinität des Hämoglobins. Die O_2-Dissoziationskurve erfährt eine Linksverschiebung. Die Rolle dieser Veränderung innerhalb der Faktoren, die das O_2-Angebot an das Gewebe beeinflussen, ist allerdings relativ gering. Zudem kommt es nach Transfusion zu einer raschen Restitution des 2,3-DPG-Gehalts (50% innerhalb von 4 h; Sheldon 1977; Beutler 1977).

In besonderen Situationen, in denen diese erhöhte O_2-Affinität gelagerten Blutes größeres Gewicht hat, etwa bei schwerer Koronar- oder Zerebralsklerose und bei Massivtransfusion mit schwerem Schock, sollte Blut mit kurzer Lagerdauer verwendet werden und eine Korrektur einer bestehenden Azidose über einem pH-Wert von 7,30, vor allem aber eine Alkalose, vermieden werden, die sich nach Massivtransfusion in der späten Phase häufig entwickelt. Bei parenteral ernährten Patienten muss darüber hinaus für eine ausreichende Phosphatsubstitution gesorgt werden (Klose 1984; Schmitt u. Gotz 1988; Crosson 1996).

Hypothermie

Hypothermie geht mit einer Myokarddepression und Vasokonstriktion einher. Es besteht eine Verminderung des Herzzeitvolumens, eine Bradykardie mit zunehmender Gewebshypoxie und eine Azidose. Fällt die Temperatur im rechten Herzen auf 28°C ab, ist die Gefahr des Kammerflimmerns hoch. Bei zusätzlichen metabolischen Störungen (Hypoxie, Azidose, Hypokalziämie) steigt die Flimmergefahr schon bei 32–34°C erheblich an. Diese Temperaturen werden bereits beim raschen Ersatz von 50% des Blutvolumens durch kaltes, nicht angewärmtes Blut erreicht, wenn sich der Patient im Schock befindet, noch eher (Bergmann 1976).

Tabelle 27.1. Veränderungen von Erythrozytenkonzentraten in Abängigkeit von der Lagerungsdauer in AS-1 (Adsol). (Nach Cullough 1998)

Parameter	Lagerdauer (Tage)						
	0	7	14	21	28	35	42
PH (bei 37°C)	7,00	6,86	6,69	6,55	–	6,43	3,34
ATP (Erythrozyten; mmol/g Hb)	4,69	4,97	4,83	4,5	3,75	3,47	3,24
2,3-DPG (Erythrozyten; mmol/g Hb)	10,88	8,16	1,96	0,87	0,65	0,54	0,65
Na^+ (Überstand; mEq/l)	152	135	131	124	–	126	123
K^+ (Überstand; mEq/l)	1,6	17	27	34	–	44	46
Hämolyse (%)	0,02	0,06	0,11	0,14	0,20	0,16	0,24

Sektion D

Auch die Hämostase wird ungünstig beeinflusst. In Hypothermie kommt es zu einer diffusen Blutungsneigung, die klinisch derjenigen entspricht, die bei ausgeprägten Thrombozytopenien oder Thrombozytopathien zu finden ist (Thomas et al. 1981; Gold et al. 1996).

Um eine Gefährdung des Patienten durch eine ausgeprägte Hypothermie zu erkennen, sollte bei Massivtransfusionen die Kerntemperatur mit einer Temperatursonde überwacht werden. Bei Patienten, die eine große Anzahl von Blutkonserven erhalten, bestehen häufig Begleitumstände, die eine Hypothermie begünstigen (Polytrauma während der kalten Jahreszeit, langdauernde operative Eingriffe, kalte Infusionen).

Zur Vermeidung bzw. zur Behandlung einer Hypothermie sollten folgende Maßnahmen ergriffen werden:

- Anwärmen der transfundierten Blutkonserven und der Infusionslösungen,
- Lagerung des Patienten auf einer Wärmematte,
- Erwärmung der Atemgase,
- Abdeckung des Patienten mit einer Isolier- oder Warmluftdecke.

Das Aufwärmen von Erythrozytenkonzentraten und von tiefgefrorenem Frischplasma muss mit zertifizierten Anwärmgeräten erfolgen, Behelfsmaßnahmen (Wasserbad) sind nicht zulässig, da es hierbei zu lokaler oder genereller Überhitzung kommen kann (BÄK 1996).

27.9
Mikroaggregate

Mikroaggregate in Blutkonserven entstehen bereits nach 24stündiger Lagerzeit und sind nach 8–10 Tagen auch in buffycoatarmen Erythrozytenkonzentraten in größerer Zahl vorhanden. Es wird kontrovers diskutiert, ob diese Mikroaggregate zu einer Verschlechterung der pulmonalen Funktion bei polytraumatisierten Patienten führen. Ihre Rolle ist gegenüber anderen Faktoren jedoch si-

cher von nachgeordneter Bedeutung. Andererseits spricht nichts dafür, dass sie der Lungenfunktion zuträglich sein könnten. Die Mikroaggregate bestehen im wesentlichen aus Thrombozyten, Leukozyten und Fibrin. Zur weitgehenden Eliminierung dieser Mikroaggregate können Mikrofilter mit einer Porengröße zwischen 10 und 40 μm eingesetzt werden (Rosario et al. 1978; Klose et al. 1981; Collins et al. 1986; Mollison et al. 1987; Kapadia et al. 1992; Hitzler 1993). Die Richtlinien des Wissenschaftlichen Beirates der Bundesärztekammer sehen allerdings nur Filter mit einer Porengröße von 170–230 μm vor (BÄK 1996). Bei leukozytendepletierten Blutprodukten sind Mikrofilter nicht erforderlich.

27.10
Infektiöse Komplikationen

Virusinfektionen

Grundsätzlich können alle humanpathogenen Viren, die ihre Infektiosität unter den Lagerungsbedingungen von Blutkonserven behalten, nach der Transfusion zu Infektionen beim Empfänger führen.

Die wichtigste infektiöse Komplikation ist das Übertragen einer *Hepatitis*. Vor der Einführung von serologischen Screeninguntersuchungen betrug die Inzidenz einer posttransfusionellen Hepatitis zwischen 2% und 17% (Sugg 1986). Nach Einführung neuer, sensibler Tests für die Hepatitis B und Hepatitis C liegt die Infektionsrate heute wesentlich niedriger. Abschätzungen aufgrund der Sensitivität der neueren Tests und der diagnostischen Lücke (Zeitpunkt von der Infektion bis zur serologischen Nachweismöglichkeit) gehen von einer Infektionsrate zwischen 1:50.000 und 1:230.000 für Hepatitis B bzw. zwischen 1:5.000 und 1:110.000 für Hepatitis C bezogen auf die Erythrozyteneinheit aus (Glück et al. 1998; Gärtner u. Mueller-Lantzsch 1999).

Bei Quarantäneplasma wird das HCV-Restrisiko um den Faktor 10 geringer eingeschätzt (Humpe et al. 1999). Dabei ist allerdings zu berücksichtigen, dass solche Abschätzungen wesentlich von der Prävalenz der Erkrankung unter den potentiellen Spendern abhängig sind. Die Hepatitis-C-Infektionen sind deshalb von besonderer Bedeutung, weil mehr als 60% zu chronisch-persistierenden Erkrankungen führen und rund 20% zu chronisch-aktiven Hepatitiden bzw. zur Leberzirrhose (Sugg 1987; Sherwood 1993; Alter 1994). Neben HBV und HCV gibt es noch andere hepatotrope Viren, die durch Transfusion übertragen werden können: Hepatitis D, E, F, G und transfusionsübertragenes Virus (TTV). Das pathogene Potential dieser Viren scheint gering zu sein. HDV und HEV scheinen in Einzelfällen jedoch fulminante Verlaufsformen auslösen oder solche einer Hepatitis C begünstigen zu können (Müller 1999).

Bei *HIV* wird die Häufigkeit einer posttransfusionellen Infektion heute mit 1:300.000–1:1.900.000 angegeben (Glück et al. 1998; Gärtner u. Mueller-Lantzsch 1999).

Das *Human-T-lymphotropic-Virus Typ I* (HTLV I) und das *Human-T-lymphotropic-Virus Typ II* (HTLV II), das in Europa bei 1–30 pro 100.000 Spendern vorkommt, kann in sehr seltenen Fällen eine Haarzell-Leukämie verursachen (Simmonds 1998).

Eine Gefährdung durch eine *Zytomegalieinfektion* (Inzidenz 7–20%) besteht in der Regel nur bei sehr geschwächten Patienten (unreife Neugeborene, Patienten unter immundepressiver Therapie, Patienten mit Aids). Bei solchen Patienten sollten CMV-negative oder leukozytenfiltrierte Konserven eingesetzt werden, da sich das Virus ganz überwiegend in den Leukozyten befindet (Bowden et al. 1995; Wilkinson und Shoos-Lipton 1999).

Die übrigen der *Herpesgruppe* angehörenden Viren (Ebstein-Barr-Virus, Herpesviren 6–8) verhalten sich ähnlich, haben aber quantitativ keine wesentliche transfusionsmedizinische Bedeutung (Gärtner u. Mueller-Lantzsch 1999; Moor et al. 1999).

Das *Parvovirus B19*, der Erreger der Ringelröteln (Erythema infectiosum), kann bei Patienten mit kongenitalen hämolytischen Anämien passagere aplastische Krisen auslösen, bei immunkompromittierten Patienten kann das Virus persistieren und durch eine Schädigung des Knochenmarks eine aplastische Anämie, aber auch eine Leukopenie, eine Thrombopenie oder eine Panzytopenie auslösen. Das Virus ist wegen seiner weiten Verbreitung und seiner Resistenz gegenüber Inaktivierungsmethoden v. a. bei gepoolten Plasmapräperaten von Bedeutung (Azzi et al. 1999).

Lues

Eine Infektion mit Treponema pallidum ist nur innerhalb der ersten 48–72 h nach der Abnahme möglich. Die Luesinfektiosität stellt also lediglich ein Problem für Thrombozytenkonserven dar. Die diagnostische Lücke bezieht sich hier auf serumnegative Spender in der Inkubationsperiode (Tabor 1982).

Toxoplasmose

Die Verbreitung von Toxoplasma gondii beim Menschen ist ähnlich hoch wie die der Zytomegalie. Eine Transfusion von Blutkonserven, die diesen Erreger enthalten, kann bei immunsupprimierten Patienten oder bei Patienten mit Aids zu einer schwer verlaufenden Toxoplasmose führen (Imbach et al. 1981; Dodd 1998).

Malaria

Durch Transfusion bedingte Malariafälle sind in der westlichen Welt sehr selten, aber in Zusammenhang mit dem Ferntourismus möglicherweise ein zunehmendes Problem (Dodd 1998; MMWR 1999).

Transfusion von bakteriell kontaminiertem Blut

Die Transfusion von Blutkonserven, die mit hohen Keimzahlen oder bakteriellen Toxinen kontaminiert sind, verläuft häufig tödlich. Sie tritt jedoch seit der Einführung der geschlossenen Plastikbeutelsysteme kaum mehr auf. Zwar ist auch bei regelrechter Entnahme das Eindringen von Bakterien in die Blutkonserven nicht ganz zu verhindern. Bei gekühlter Lagerung (4±2°C) findet aber eine Vermehrung von Keimen sehr selten statt. Immerhin sind bakterielle Kontaminationen für 4–10% der mit Transfusionen verbundenen Todesfälle verantwortlich (Honig u. Bove 1980; Sazama 1985). Besonders gefährdet sind gewaschene bzw. leukozytenfreie Erythrozytenkonzentrate, da hier kein geschlossenes System mehr besteht. Diese Konserven sollten baldmöglichst nach der Herstellung transfundiert werden. Auch bei Thrombozytenkonzentraten, die längere Zeit bei Zimmertemperatur gelagert werden, besteht eine erhöhte Gefahr einer bakteriellen Kontamination (Mollison et al. 1987; Blajchman 1998).

Bei homologen Konserven handelt es sich bei diesen Verunreinigungen meist um Hautkeime (überwiegend Staphylokokken), vereinzelt um Streptokokken, bei Eigenblutkonserven dagegen meist um Yersinia enterocolica, einen Keim der sich in kalziumfreien Medium bei 4°C vermehren kann (Goldmann u. Blajchman 1991).

Die klinischen Symptome (Fieber, Schüttelfrost, Tachykardie und Hypotension, häufig auch Übelkeit, Erbrechen und Blutungsneigung) beginnen unmittelbar mit der Transfusion. Sie sind von anderen schweren Transfusionsreaktionen nicht ohne weiteres zu unterscheiden (hämolytische Transfusionsreaktion, schwere febrile Transfusiosreaktion). Die Transfusion muss sofort abgebrochen, der (septische) Schock behandelt werden. Aus der Konserve wird ein Abstrich mit Gram-Färbung angefertigt, und es werden bakterielle Kulturen angelegt. Ergibt der Abstrich keinen eindeutigen Hinweis auf den Erreger, erfolgt eine Behandlung mit Antibiotika, die ein breites Spektrum abdecken, etwa mit einer Kombination aus Cephalosporin und Aminoglykosid oder einer Kombinaion aus β-Laktamantibiotikum und Aminoglykosid.

27.11
Immunmodulation, Immunsuppression

Alloimmunisierung

Nach der Transfusion von Blut kann der Empfänger Antikörper gegen Erythrozyten, Leukozyten, Thrombozyten und Plasmaproteine bilden. Antikörper gegen Erythrozytenantigen werden bei 1–8% aller transfundierten Patienten gebildet. Meist betreffen sie das Rhesussystem (Walker 1987; Redman et al. 1996). Solche „irregulären" Antikörper erschweren die Bereitstellung von Erythrozytenkonzentraten, wenn erneut eine Transfusion erforderlich wird. Eine Alloimmunisierung gegen Leukozyten- und Thrombozytenantigene kann dazu führen, dass transfundierte Thrombozyten nicht wirksam sind. Dies betrifft immerhin 20% der mehrfach transfundierten Patienten und macht eine Typisierung der Thrombozyten bzw. eine „Kreuzprobe" erforderlich (Rachel et al. 1988; Douchty et al. 1994; TRAP 1997).

Auch bei der TRALI spielen Antikörper gegen Leukozyten die wichtigste Rolle, überwiegend allerdings beim Spender.

Postoperative Infektionen

Die meisten Studien zeigen erhöhte Raten postoperativer Infektionen nach Transfusion (Jensen et al. 1992; Heiss et al. 1993; Houbiers et al. 1994; Houbiers et al. 1997). Eine Metaanalyse ergab ein deutlich erhöhtes Risiko für postoperative Infekte für die ursprünglichen Daten, bei der Korrektur nach zusätzlichen wesentlichen Einflussfaktoren ließ sich dieser Unterschied allerdings nicht mehr sichern (Vamvakis 1996). Insgesamt scheinen die verfügbaren Daten aber für einen negativen Einfluss der Transfusion zu sprechen (Klein 1999).

Tumorwachstum

Im Tierversuch verstärkt die Transfusion homologen Blutes das Tumorwachstum und vergrößert die Metastasierungsrate. Diese Wirkung kann durch Leukozytendepletion nach der Abnahme verringert werden (Blajchman et al. 1993; Bordin et al. 1994). Im klinischen Bereich sind die Befunde nicht eindeutig (Vamvakis 1995; Petrány et al. 1997; Heiss 1998; Klein 1999). Sollte eine solche Wirkung durch weitere klinische Untersuchungen bestätigt werden, hätte dies für die Transfusionsmedizin erhebliche Bedeutung und würde dafür sprechen, Blutkonserven regelmäßig zu depletieren (Blumberg u. Heal 1996).

27.12
Empfehlungen für die Transfusion von Erythrozyten

Die Entscheidung, Erythrozyten zu transfundieren, muss die mit einer Anämie verbundenen Risiken, die Wirksamkeit der Transfusion und die mit einer Transfusion verbundenen Risiken in Betracht ziehen. Es gibt kaum konklusive Daten, die belegen würden, bei welchen Patientengruppen eine Transfusion den Krankheitsverlauf günstig beeinflusst (Chen u. Carson 1998; Heber et al. 1998). Vor allem ist die Frage ungeklärt, ob prophylaktisch ab einem bestimmten Grenzwert der Hämoglobinkonzentration interveniert werden soll, oder ob die Transfusion von klinischen Kriterien, etwa Zeichen myokardialer Ischämie, orientiert sein soll (Carson et al. 1996). Es gibt allerdings in verschiedenen Ländern Empfehlungen von Konsensuskonferenzen, die zu ähnlichen Aussagen kommen (American Society of Anesthesiologists Task Force on Blood Component Therapy 1996; Mc Clelland 1998):

ÜBERSICHT

1. Eine Transfusion ist bei einer Hämoglobinkonzentration >10 g/dl selten erforderlich.
2. Die Entscheidung, ob ein Patient bei einer Hämoglobinkonzentration zwischen 6 und 10 g/dl transfundiert werden soll, sollte davon abhängig gemacht werden, inwieweit der Patient durch eine ungenügende O_2-Versorgung einzelner Organe gefährdet ist.

3. Eine einheitliche Interventionsgrenze wird nicht empfohlen.
4. Die Indikation zur Transfusion autologer Erythrozyten kann großzügiger erfolgen, da hiermit ein geringeres Risiko verbunden ist als mit der Transfusion homologer.

27.13
Aufklärung, Verantwortlichkeit, Dokumentation

Vor einer Transfusion muss über die wesentlichen Risiken und Nebenwirkungen aufgeklärt werden. Dies gilt vor Operationen auch dann, wenn eine Transfusion nicht wahrscheinlich ist, aber ernsthaft in Betracht kommt. Hierbei ist auch über die Möglichkeit einer HIV- oder Hepatitisinfektion aufzuklären (BÄK 1996).

Der Arzt, der das Blut für die Kreuzprobe der Blutkonserven abnimmt, trägt die Verantwortung für die richtige Etikettierung mit den Daten des Patienten. Die Verantwortung für die Deklaration der Konserve obliegt dem Hersteller, die Verantwortung für das Screening auf irreguläre Antikörper und für die Kreuzprobe obliegt dem durchführenden Arzt.

Bei jeder Transfusion muss der transfundierende Arzt *persönlich* die Konserve auf Unversehrtheit durch optische Kontrolle prüfen (Koagelbildung, Hämolyse, Verfärbung). In gleicher Weise muss er die Beschriftung der Konserve, ihr Verfallsdatum und die richtige Zuordnung zum Patienten prüfen. Konserven, die Auffälligkeiten aufweisen, dürfen nicht transfundiert werden.

Bei der Transfusion von Erythrozytenkonzentraten muss die Blutgruppe des Patienten mit dem Bedside-Test überprüft werden. Das verwendete Blut muss direkt vor der Durchführung des Tests beim Patienten abgenommen werden.

Der Transfusionszeitpunkt, die Daten des Patienten, die Konservennummer und das Ergebnis des Beside-Tests müssen dokumentiert werden. Die Blutkonserven müssen

Sektion D

so erfaßt werden, dass eine Rückverfolgung zum Patienten, der sie erhalten hat, aufgrund der Konservennummer möglich ist. Transfusionsreaktionen müssen ebenfalls sorgfältig dokumentiert werden. Das Restblut in der Konserve muss bei 2–8°C gelagert und 24 h aufbewahrt werden. (BÄK 1996).

27.14
Perioperative Anämie

H. Gombotz

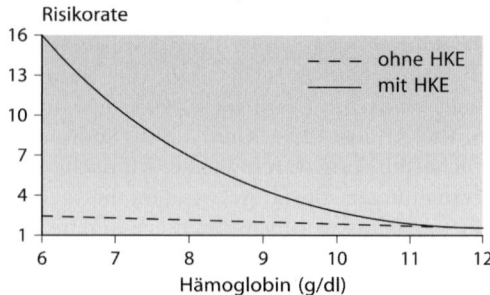

Abb. 27.2. Mortalitätsrisiko der perioperativen Anämie. (Mod. nach Carson et al. 1996) *HKE* Herz-Kreislauf-Erkrankung

Anämietoleranz

Der isolierte Verlust von Erythrozyten und die damit verbundene Verminderung der O_2-Transportkapazität wird beim Kreislaufgesunden erstaunlich gut toleriert (Weiskopf et al., 1998). Voraussetzung dazu ist allerdings die Fähigkeit des Organismus, durch ausreichende Herzleistung und ausreichende O_2-Extraktion aus dem Blut die Gewebeoxygenierung zu gewährleisten. Dies ist jedoch nur unter der Prämisse der strikten Aufrechterhaltung der Normovolämie möglich und an eine ausreichende Steigerung der Myokardfunktion sowie an ein suffizientes Koronarsystem gebunden: Bedingungen, welche bei kritisch kranken Patienten nicht immer zutreffen (Guyton u. Richardson 1961; Messmer 1975; Spahn et al. 1994). Die Anämietoleranz hängt außerdem von der Dauer und Ursache der Anämie sowie der Grunderkrankung des Patienten ab. Ein kachektischer Patient mit eingeschränkter Myokardfunktion und Tumoranämie hat sicherlich eine geringere Toleranzbreite im Vergleich zu einem kreislaufgesunden Patienten mit chirurgischem Blutverlust.

Morbidität und Mortalität

Die postoperative Morbidität und Mortalität anämischer Patienten ist bei Patienten mit kardiovaskulärer Begleiterkrankung höher und steigt in Abhängigkeit vom Ausmaß der Anämie (Abb. 27.2). Dieses Risiko wird durch den perioperativen Blutverlust weiter

verstärkt (Abb. 27.3; Carson et al. 1996). Wurde ein Abfall des Hämoglobins auf 10 g/dl bei Koronarpatienten unter den kontrollierten Bedingungen einer normovolämischen Hämodilution anstandslos toleriert, so zeigte sich doch bei Patienten nach peripheren Gefäß-, Hüft- und radikalen Prostataoperationen insbesondere in Verbindung mit einer Steigerung der Herzfrequenz eine Zunahme myokardialer Ischämien (Nelson et al. 1993; Hogue et al. 1998). Langdauernde Ischämien des Myokards führen letztendlich zu einer erhöhten Inzidenz kardialer Komplikationen in der postoperativen Phase (Landesberg et al. 1993). Niedrige Hämatokritwerte bilden aber auch dann, wenn das Herz z.B. durch extrakorporale Zirkulation entlastet ist, einen Risikofaktor. Es zeigte sich, dass erniedrigte Hämatokritwerte nicht nur postoperativ, sondern auch während extrakorporaler Zirkulation (<14% bzw. <17% bei Hochrisikopatienten) einen Risikofaktor darstellen (Fang et al. 1997; Hardy et al. 1998). Andererseits waren Werte über 34% nach CABG-Operationen mit einer höheren Inzidenz myokardialer Infarkte verbunden (Spiess et al. 1998).

Demnach dürfte das Anämierisiko in erster Linie durch die Grunderkrankung bzw. die Ursache der Anämie (z.B. hoher Blutverlust bei ausgedehnten Operationen) und nicht durch den alleinigen Abfall des Hämatokrits bedingt sein. Sieht man von akuten Blutungen ab, kann das perioperative Risiko

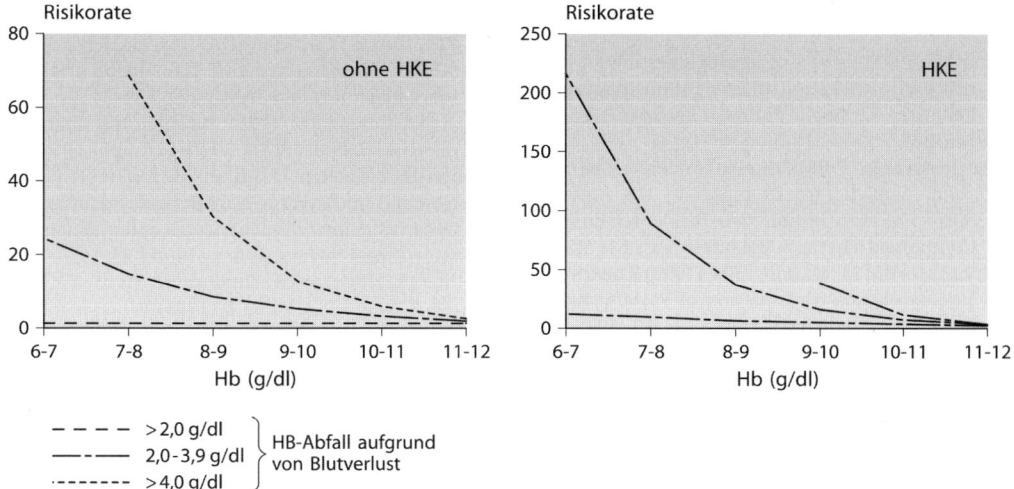

Abb. 27.3. Mortalitätsrisiko in Relation zum chirurgischen Blutverlust. (Mod. nach Carson et al. 1996)
HKE Herz-Kreislauf-Erkrankung

der Anämie daher nicht einfach durch Transfusion von Erythrozyten vermindert werden. Im Gegensatz zur kritiklosen Transfusion von Erythrozyten dürften – wenn möglich – eher die Behandlung und Beseitigung der Ursache der Anämie (z.B. Eisenmangel), die Behandlung der kardiovaskulären Erkrankung sowie die Minimierung des perioperativen Blutverlustes durch exakte chirurgische Technik und optimale perioperatives Gerinnungsmanagement das Risiko anämischer Patienten reduzieren.

In einer großen retrospektiven Untersuchung bei Patienten mit primärem Hüftgelenkersatz hatte die Transfusion über einem Hämoglobinwert von 8 g/dl keinen positiven Einfluss auf die postoperative Morbidität und Mortalität (Carson et al. 1998). In einer prospektiv randomisierten Untersuchung an Intensivpatienten verglichen Hebert et al. ein liberales (Hb>10 g/dl) und ein striktes (Hb>7–9 g/dl) Transfusionsregime, wobei in der liberalen Transfusionsgruppe signifikant mehr kardiale Komplikationen auftraten. In einer Subgruppe von Patienten mit einem Apache-Score ± 20 und einem Alter unter 55 Jahren fand sich sogar eine Zunahme der Sterblichkeit in der liberalen Transfusionsgruppe (Hebert et al. 1999).

Indikation zur Bluttransfusion

Die Unsicherheit in der Indikationsstellung zur Bluttransfusion spiegelt sich auch in einer großen Schwankungsbreite im Fremdblutbedarf zwischen einzelnen Institutionen und einzelnen Ärzten wieder (Stover et al. 1998). Nach derzeitigem Wissensstand kann auch ein genereller Transfusiontrigger nicht empfohlen werden. Es kann aber ohne weiteres an bisher publizierten Transfusionsrichtlinien festgehalten werden, wobei allerdings ein eindeutiger Trend zur Akzeptanz niedriger Hämatokritwerte besteht (ASA Task Force 1996). Die Indikation zur Bluttransfusion ist daher nur nach klinischer Symptomatik und genauer Risikoabwägung für den individuellen Patienten zu stellen, wobei ein günstiger Effekt der Bluttransfusion über einem Hämoglobinwert von 7 g/dl derzeit als unbewiesen gilt.

Sektion D

Literatur

Alter MJ (1994) Review of serologic testing for hepatitis C virus infection and risk of posttransfusion hepatitis C. Arch Pathol Lab Med 118 (4): 342–345

ASA Task Force (1996) Practice Guidelines for blood component therapy: A report by the American Society of Anesthesiologists Task Force on Blood Component Therapy. Anesthesiology 84: 732–747

Azzi A, Morfini M, Mannuci PM (1999) The transfusion-associated transmission of Parvovirus B19. Tansfusion Medicine Reviews 13: 194–204

BÄK Bundesärztekammer (1996) Richtlinien zur Blutgruppenbestimmung und Bluttransfusion (Hämotherapie). Deutscher Ärzteverlag, Köln

Beutler F (1977) International forum: What is the clinical importance of the hemoglobin oxygen affinity in preserved blood especially as produced by variations of red cell 2,3 DPG content? Vox Sang 4: 1

Bishop JF, Schiffer CA, Aisner J, Matthews JP, Wiernik PH (1987) Surgery in acute leukemia: a review of 167 operations in thromboerytopenic patients. Ann J Hematol 26: 147–155

Blajchman MA, Bardossy L, Carmen R, Sastry A, Singal DP (1993) Allogeneic blood transfusion in enhancement of tumor growth: two animal models showing amelioration by leukodepletion and passive transfer using spleen cells. Blood 81: 1880–1882

Blajchman MA (1998) Bacterial contamination and proliferation during the storage of cellular blood products. Vox Sang 74 [Suppl 2]: 155–159

Blumberg N, Heal JM (1996) Immunomodelation by blood transfusion: an evolving scientific and clinical challenge. Am J Med 101: 299–308

Bordin JO, Badossy L, Blajchman MA (1994) Growth enhancement of established tumors by allogeneic blood transfusion in experimental animals and ist amelioration by leukodepletion: the importance of the timing of the leukodepletion. Blood 84: 344–348

Bowden RA, Slichter SJ, Sayers M et al. (1995) A comparison of filtered leukocyte-reduced and cytomegalovirus (CMV) seronegative blood products for the prevention of transfusion-associated CMV infection after bone marrow transplant. Blood 86: 3598–3603

Brecker ME (1996) Hemolytic transfusion reactions. In: Rossi EC, Simon TL, Moss GS, Gould SA (eds) Principles of transfusion medicine. Williams & Wilkins, Baltimore Philadelphia London, pp 747–763

Carson JL, Duff A, Poses RM et al. (1996) Effect of anemia and cardiovascular disease on surgical mortality and morbidity. Lancet 348: 1055–1060

Carson JL, Duff A, Berlin JA, Lawrence VA, Poses RM, Huber EC, O'Hara DA, Noveck H, Strom BL (1998) Perioperative blood transfusion and postoperative mortality. JAMA 279: 199–205

Chen AY, Carson JL (1998) Perioperative management of anaemia. Br J Anaesth 81(Suppl.1): 20–24

Cohen D, Weinstein H, Mihm M, Yankee R (1979) Nonfatal graft-versus-host disease occurring after transfusion with leukocytes and platelets obtained from normal donors. Blood 53: 1053–1057

Collins JA, Högman CF, Lundsgaard-Hansen P, Snyder E, Swank RL, Wenz B (1986) When is microfiltration of whole blood and red cell concentrates essential? When is it superfluous? International Forum. Vox Sang 45: 217

Crosson JT (1996) Massive transfusion. Clin Lab Med 16: 873–882

Denlinger JK, Nahrwold ML, Gibbs PS (1976) Hypocalcaemia during rapid blood transfusion in anaesthized man. Br J Anaest 48: 995–1000

Dinsmore RE, Straus Dj, Poflack MS et al. (1980) Fatal graft-versus-host disease following blood transfusion in Hodgkin's disease documented by HLA-typing. Blood 55: 831–834

Dodd RY (1998) Transmission of parasites by blood transfusion. Vox Sang 74 [Suppl 2]: 161–163

Doughty HA, Murphy MF, Metcalfe P, et al. (1994) Relative importance of immune and non-immune causes of platelet refractoriness. Vox Sang 66: 200–205

Fang WC, Helm RE, Krieger KH, Rosengart TK, DuBois WJ, Sason C, Lesser ML, Isom OW, Gold JP (1997) Impact of minimum hematocrit during cardiopulmonary bypass on mortality in patients undergoing coronary artery surgery. Circulation 96: 2–9

Fehr J, Hofmann V, Kappeler U (1982) Transient reversal of thrombocytopenia in idiopathic thrombocytopenic purpura by high-dose intravenous gamma-globulin. N Engl J Med 306: 1254–1258

Fliedner V von, Higby DJ, Kim U (1982) Graft-versus-host reaction following blood product transfusion. Am J Med 72: 951–961

Ford JM, Cullen MH, Lucey JJ, Tobias JS, Lister TA (1976) Fatal graft-versus-host disease following transfusion of granulocytes from normal donors. Lancet 2: 1167–1169

Gärtner BC, Mueller-Lantzsch N (1999) Virologische Aspekte zur Sicherheit von Blutprodukten. Anästhesiol Intensivmed Notfallmed Schmerzther 34: 486–488

Glück D, Kubanek B, Maurer C, Petersen N (1998) Seroconversion of HIV, HCV and HBV in blood donors in 1996 – risk of virustransmission by blood products in Germany. Infusionsther Transfusionsmed 35: 82–84

Gold MS, Dietz PA, Heneghan SJ, MacMillan RW, Moglia RM, Rudnicki M (1996) Emergency surgery in hematologic patients. World J Surg 20: 1133–1140

Goldman M, Blajchman MA (1991) Blood-product-associated bacterial sepsis. Transfus Med Rev 5: 73–83

Guyton AC, Richardson TQ (1961) Effect of hematocrit on venous return. Circ Res 9: 157–164

Hamblin TJ, Naorose Abidi SM, Nee PA, Copplestone A, Mufti GJ, Oscier DG (1985) Successful treatment of post-transfusion purpura with high dose immunoglobulins after lack of response to plasma exchange. Vox Sang 49: 164–167

Hardy JF, Martineau R, Couturier A, Belisle S, Cartier R, Carrier M (1998) Influence of haemoglobin concentration after extracorporeal circulation on mortality and morbidity in patients undergoing cardiac surgery. Br J Anaesth 81 [Suppl 1]: 38–45

Heber PC for the Transfusion Requirements in Critical Care Investigators and Canadian Critical Care Trials Group (1998) Transfusion requirements in critical care (TRICC): a multicenter, randomized, controlled clinical study. Br J Anaesth 81 [Suppl. 1]: 25–33

Heber PC, Wells G, Blajchman MA et al. (1999) A multicenter, randomized, controlled clinical trial of transfusion requirements in critical care. Transfusion Requirements in Critical Care Investigators, Canadian Critical Care Trials Group. N Engl J Med 340: 409–417

Heddle NM (1999) Pathophysiology of febrile non-hemolytic transfusion reactions. Curr Opin Hematol 6: 420–426

Heiss MM, Mempel W, Jauch KE et al. (1993) Beneficial effect of autologous blood transfusion on infection complications after colorectal cancer surgery. Lancet 342: 1328–1333

Heiss MM (1998) Risk of allogeneic transfusion. Br J Anaesth 81: 16–19

Higby DJ, Burnett D (1980) Granulocyte transfusions: current status. Blood 55: 2–8

Hitzler W (1993) The present status of blood filtration – fundamentals and the clinical significance of leukocyte depletion and microaggregate filters in blood transfusion. Anästhesiol Intensivmed Notfallmed Schmerzther 28: 341–351

Hocker P, Hartmann T (1997) Management of massive transfusion. Acta Anaesthesiol Scand [Suppl.]: 205–207

Hogue-CW J, Goodnough LT, Monk TG (1998) Perioperative myocardial ischemic episodes are related to hematocrit level in patients undergoing radical prostatectomy. Transfusion 38: 924–931

Honig CL, Bove JR (1980) Transfusion-associated fatalities: Review of Bureau of Biologics reports 1976–1978. Transfusion 20: 653–661

Houbiers JG, Brand A, van de Watering LM et al. (1994) Randomised controlled trial comparing transfusion of leucocyte-depleted or buffy-coat-depleted blood in surgery for colorectal cancer. Lancet 344: 573–578

Houbiers JG, van de Velde CJ, van de Watering LM, et al. (1997) Transfusion of red cells is associated with increased incidence of bacterial infection after colorectal surgery: a prospective study. Transfusion 37: 1126–1234

Howland WS (1978) Calcium, potassium and pH changes during massive transfusion. In: Nusbacher J (ed) Massive transfusion. Symposium of the Am. Assoc. Blood Banks, Washington/D.C.

Humpe A, Heermann K-H, Köhler M (1999) Infektionen mit Hepatitis-C-Virus durch Quarantäneplasma. Dtsch Ärztebl 96: A2749–2753

Imbach P, Barandus S, d'Appuzzo V et al. (1981) High-dose intravenous gammaglubolin for idiopathic thrombocytopenic purpura in childhood. Lancet 1: 1228–1230

Jacob HAS, Craddock PR, Hammerschmidt DE, Moldow CF (1 980) Complement-induced granulocyte aggregation. An unsuspected mechanismof disease. N Engl J Med 302: 789–794

Jensen LS, Andersen AJ, Christiansen PM et al. (1992) Postoperative infection and natural killer cell function following blood transfusion in patients undergoing elective colorectal surgery. Br J Surg 79: 513–516

Kapadia F, Valentine S, Smith G (1992) The role of blood microfilters in clinical practice. Intens Care Med 18: 258–263

Karp DD, Ervin DJ, Tuttle S, Gorgone BC, Lavin P, Yunis EJ (1982) Pulmonary complications during granulocyte transfusions: incidence and clinical features. Vox Sang 42: 57–61

Kernoff PB, Durrant IJ, Rizza CR, Wright FW (1972) Severe allergic pulmonary oedema after plasma transfusion. Br J Haematol 23: 777–781

Kirmani S, Geier LJ, Gandara DR (1983) Posttransfusion purpura and isoimmune neonatal thrombocytopenia in the same family. A case report (Abstract). Blood 62 [Suppl. 1]: 245a

Klein HG (1999) Immunomodulatory aspects of transfusion: a once and future risk? Anesthesiology 91: 861–865

Klose R (1984) Problematik der akuten Blutung in der Anaesthesie. In: Gerinnungsprobleme in der Intensivmedizin. Gerinnungssymposium der Behringwerke anläßlich des Zentraleuropäischen Anaesthesiekongresses 13.–17.09.1983. Behring, Marburg

Klose R, Czaika A, Müller A (1981) Bildung von Mikroaggregation in buffycoat-freien Erythrozytenkonzentraten. Anaesthestist 30: 415–420

Sektion D

Kopko PM, Holland PV (1999) Transfusion-related acute lung injury. Br J Hematol 105: 322–329

Kretschmer V, Weipert-Kretschmer M, Karger R (1997) Notfall- und Massivtransfusion. Infusionsther Transfusionsmed 24: 106–113

Kroll H, Kiefel V, Mueller-Eckhardt C(1993) Poststransfusionspurpura: Klinische und immunologische Untersuchungen bei 38 Patienten. Infusionsther Transfusionsmed 20: 198–204

Landesberg G, Luria MH, Cotev S, Eidelman LA, Anner H, Mosseri M, Schechter D, Assaf J, Erel J, Berlatzky Y (1993) Importance of long-duration postoperative ST-segment depression in cardiac morbidity after vascular surgery. Lancet 341: 715–719

Linden JV (1999) Errors in transfusion medicine – scope of the problem. Arch Pathol Lab Med 123: 563–565

Linden JV, Paul B, Dressler KP (1992) A report of 104 transfusion errors in New York State. Transfusion 32: 601–606

Lorentz A, Gasteiger P, Osswald PM (1987) Berechnung des zulässigen Blutverlustes mit einem programmierbaren Taschenrechner. Anaesthesist 36: 306–312. Erratum: Anaesthesist 37: 396

Lunsgaard-Hansen P (1980) Component therapy of surgical hemorrhage. Bibl Haematol 46: 147–169

Mc Clelland B (1998) Perioperative red cell transfusion: evidence, guidelines and practice. Vox Sang 74 [Suppl 2]: 3–10

Messmer K (1975) Hemodilution. Surg Clin North Am 55: 659–678

MMWR (1999) Transfusion-transmitted malaria – Missouri and Pennsylania, 1996–1998. MMWR Morb Mortal Wkly Rep 48: 253–256

Mollison PL, Engelfriet CP, Contreras M (1987) Blood transfusion in clinical medicine. Blackwell, Oxford

Moor AC, Dubbelman TM, VanSteveninck J, Brand A (1999) Transfusion-transmitted diseases: risk, prevention and perspectives. Eur J Haematol 62: 1–18

Müller C (1999) The hepatitis alphabet – Hepatits A–G and TTV. Wien Klin Wochenschr 111: 461–468

Müller-Eckhardt C (1986) Poststransfusion purpura. Br J Hematol 64: 419–424

Nelson AH, Fleisher LA, Rosenbaum SH (1993) Relationship between postoperative anemia and cardiac morbidity in high-risk vascular patients in the intensive care unit. Crit Care Med 21: 860–866

Ohto H, Anderson KC (1999) Survey of transfusion-associated graft-versus-host disease in immunocompetent recipients. Transfus Med Rev 10: 31–43

Orlin JB, Ellis MH (1997) Transfusion-associated graft-versus-host disease. Curr Opin Hematol 4: 442–448

Petrány GG, Réti M, Harsányi V, Szabo J (1997) Immunologic consequences of blood transfusion and their clinical manifestations. Int Arch Allergy Immunol 114: 303–315

Popovsky MA, Moore SB (1985) Diagnostic and pathogenic considerations in transfusion-related acute lung injury. Transfusion 25: 573–577

Popovsky MA, Chaplin HC, Moore SB (1992) Transfusion-related acute lung injury – a neglected serious complication of hemotherapy. Transfusion 32: 581–592

Rachel JM, Summers TC, Sinor LT, Plapp FV (1988) Use of a solid-phase red blood cell adherence method for pretransfusion platelet compatibility testing. Am J Clin Pathol 90: 63–68

Redman M, Regan F, Contreras M (1996) a prospective study of the incidence of red cell allo-immunisation following transfusion. Vox Sang 71: 216–220

Roelck D (1996) Nichtinfektiöse unerwünschte Nebenwirkungen. In: Müller-Eckard C (Hrsg) Transfusionsmedizin. Springer, Berlin Heidelberg New York Tokyo, pp 525–548

Rosario MD, Rumsey EW, Arakaki G, Tanoue RE, McDanal J, McNamara JJ (1978) J Trauma 18: 498–506

Salama A, Mueller-Eckhardt C, Kiefel V (1983) Effect of intravenous immunoglobulin in immune thrombocytopenia. Lancet 2: 193–195

Sazama K (1985) Reports of 355 transfusion-associated deaths: 1976 through 1985. Transfusion 30: 583–590

Schmidmeier W, Feil W, Gebhard W et al. (1982) Fatal graf-versus-host reaction following granulocyte transfusions. Blut 45: 115–119

Schmitt HJ, Gotz E (1988) Metabolic disorders caused by blood transfusions. Infusionstherapie 15: 254–260

Schricker KT (1988) Der Transfusionszwischenfall. Anaesth Intensivmed 29: 37–41

Sheldon GF (1 977) International forum: What is the clinical importance of alterations of the hemoglobine oxygen affinity in preserved blood espescially as produced by variations of red cell 2,3-DPG content? Vox Sang 4: 1

Sherwood WC (1993) The significance of the blood-borne viruses: blood banking and transfusion medicine. Dev Biol Stand 81: 25–33

Silver H, Tahhan HR, Anderson J, Lachman M (1992) A non-computer-dependent prospective review of blood and blood component utilization. Transfusion 32: 260–265

Simmonds P (1998) Transfusion virology: progress and challenges. Blood Reviews 12: 171–177

Spahn DR, Leone BJ, Reves JG, Pasch T (1994) Cardiovascular and coronary physiology of acute isovolemic hemodilution: a review of nonoxygen-carrying and oxygen-carrying solutions. Anesth Analg 78: 1000–1021

Spiess BD, Ley C, Body SC, Spiegel LC, Stover EP, Maddi R, D'Ambra M, Jain U, Liu F, Herskowitz A, Mangano DT, Levin J (1998) Hematocrit value on intensive care unit entry influences the frequency of Q-wave myocardial infarction after coronary artery bypass grafting. The Institutions of the Multicenter Study of Perioperative Ischemia (McSPI) Research Group. J Thorac Cardiovascu Surg 116: 460–467

Spilker D, Kilian J (1987) Der hämorrhagisch-traumatische Schock. In: Kilian J, Messmer K, Ahnefeld FW (Hrsg) Schock. Springer, Berlin Heidelberg New York Tokyo, S 101–117

Stephen CR, Martin RC, Bourgeois-Gavardin M (1955) Antihistaminic drugs in treatment of nonhemolytic transfusion reactions. JAMA 158: 525–529

Stover EP, Siegel LC, Parks R, Levin J, Body SC, Maddi R, D'Ambra MN, Mangano DT, Spiess BD (1998) Variability in transfusion practice for coronary artery bypass surgery persists despite national consensus guidelines: a 24-institution study. Institutions of the Multicenter Study of Perioperative Ischemia Research Group. Anesthesiology 88: 327–333

Sugg U (1986) Zum Problem der posttransfusionellen Hepatitis. Beitr Infusionsther Klin Ernähr 15: 30

Sugg U (1987) Die Risiken der Transfusion von Blut und Blutderivaten. Anästhesiol Intensivmed 28: 343–346

Tabor E (1982) Transfusion transmitted infections. In: Tabor E (ed) Infectious complications of blood transfusion. Academic Press, New York London, pp 87–92

Thaler M, Shamiss A, Orgad S et al. (1989) The role of blood from HLA-homozygous donors in fatal transfusion-associated graft-versus-host disease after open-heart surgery. N Engl J Med 321: 25–28

Thomas R, Hessel E, Harker LA, Sands MP, Dillard DH (1981) Platelet function during and after deep surface hypothermia. J Surg Res 31:314–318

TRAP Trial Study Group (1997) A randomized trial evaluating leucocyte reduction an UV-B irradiation of platelets to prevent alloimmune platelet refractoriness. N Engl J Med 337: 1861–1869

Vamvakis EC (1995) Perioperative blood transfusion and cancer recurrence: meta-analysis for explanation. Transfusion 34: 760–768

Vamvakis EC (1996) Transfusion-associated cancer recurrence and postoperative infection: meta-analysis of randomized, controlled trials. Transfusion 36: 175–186

Vyas GN, Holmdahl L, Perkins HA, Fudenberg HH (1969) Serological specifity of human anti-IgA and its significance in transfusion. Blood 34: 573–581

Walker RH (1987) Special report: transfusion risks. Am J Clin Pathol 88: 374

Weber JG, Warner MA, Moore SB (1995) What is the incidence of perioperative transfusion-related acute lung injury? Anesthesiology 82: 189

Weiden PL, Zuckerman N, Hansen JA, Sale GE, Remlinger K, Beck TM, Buckner CD (1981) Fatal graft-versus-host disease in a patient with lymphoblastic leukemia following normal granulocyte transfusions. Blood 57: 328–332

Weiskopf RB, Viele MK, Feiner J, Kelley S, Lieberman J, Noorani M, Leung JM, Fisher DM, Murray WR, Toy P, Moore MA (1998) Human cardiovascular and metabolic response to acute, severe isovolemic anemia. JAMA 279: 217–221

Wilkinson SL, Shoos Lipton K (1999) Leukocyte reduction. Association Bulletin, AABB 99-7: 17–23

Williamson LM, Warwick RM (1999) Transfusion-associated graft-versus-host disease and ist prevention. Blood Rev 9: 251–261

Woods WG, Lubin BH (1981) Fatal graft-versus-host disease following a blood transfusion in a child with neuroblastoma. Pediatrics 67: 217–221

Weiterführende Literatur

Mc Collough J (1998) Complications of transfusion. In: McCullough J (ed) Transfusion medicine. McGraw-Hill, New York St. Louis San Francisco, pp 337–359

Mc Collough J (1998) Transfusion-transmitted diseases. In: McCullough J (ed) Transfusion medicine. McGraw-Hill, New York St. Louis San Francisco, pp 361–386

Sektion D

KAPITEL 28

Perioperative Blutsparmethoden

H. Gombotz · A. Lorentz

Um die Risiken der Transfusion von homologem Blut oder Blutprodukten zu reduzieren, ist eine Reihe von mit unterschiedlichen Komplikationen behafteten Blutspar- methoden entwickelt worden (Schleinzer et al. 1987). Diese Methoden werden in der gesamten perioperativen Phase durchgeführt und sind dann am effektivsten, wenn 2 oder mehrere Verfahren kombiniert werden können.

Ausgangspunkt und Grundlage perioperativer Blutsparkonzepte sollten neben dem retrospektiv und fortlaufend erhobenen Fremdblutbedarf der aus Standardformeln berechnete perioperative Blutverlust für die jeweilige elektive Operation sein. Daraus lässt sich mittels eines Transfusionsalgorithmus ein patientenindividuelles Blutsparkonzept ableiten (Mercuriali u. Inghilleri 1996).

> **!** Voraussetzung aller Blutsparkonzepte ist eine exakte blutsparende chirurgische Technik und eine strenge Indikationsstellung zur Bluttransfusion.

28.1
Akute normovolämische Hämodilution

Die akute normovolämische Hämodilution ist ein einfaches, risikoarmes Verfahren zur Einsparung von homologen Bluttransfusionen und bildet die pathophysiologische Grundlage aller Konzepte zur Einsparung von Fremdblut. Sie kann entweder passiv durch Inkaufnahme niedriger intra- und postoperativer Hämatokritwerte, aber auch aktiv als Methode zur präoperativen Gewinnung von autologen Erythrozyten zu einer Reduktion des Fremdblutverbrauches führen und hat damit eine zentrale Stellung bei der Durchführung von Blutsparprogrammen (Abb. 28.1). Das Prinzip der normovolämischen Hämodilution besteht in der präoperativen Gewinnung von erythrozytenreichem autologem Blut, dem intraoperativen Verlust von erythrozytenarmem Blut und der Retransfusion des präoperativ gewonnenen autologen Blutes nach Beendigung der blutreichen Phase. Diskutiert wird auch die Möglichkeit einer zusätzlichen Einsparung von Fremdblut durch Verbesserung des postoperativen Gerinnungsstatus. Die normovolämische Hämodilution wird auch von Patienten, die aus religiösen Gründen Bluttransfusionen verweigern, dann akzeptiert, wenn das abgenommene Blut langsamfließend in einem geschlossenen System mit dem Körperkreislauf in Verbindung bleibt (Gombotz et al. 1989). Neben der Verminderung des Transfusions- und Infektionsrisikos wird heute den rheologischen Vorteilen der Hämodilution, insbesondere bei Patienten mit Polyzythämie oder okklusiven Gefäßerkrankungen, zunehmende Beachtung geschenkt. Einen weiteren günstigen Nebeneffekt stellt die thromboseprophylaktische Wirkung der Hämodilution dar. So hat ihre Anwendung über die chirurgischen Fächer hinaus Bedeutung erlangt (Shah et al. 1986).

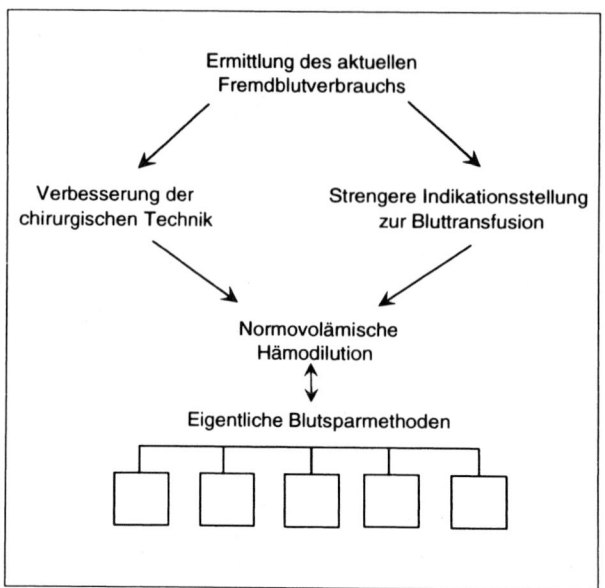

Abb. 28.1. Vorgehen bei Erstellung eines Blutsparkonzeptes

Indikation

Die normovolämische Hämodilution ist bei Operationen am Patienten mit einem Ausgangshämatokrit von über 34% und einem zu erwartenden Blutverlust, der mit Volumenexpandern allein nicht kompensiert werden kann (etwa 1000 ml), indiziert. Wegen des relativ geringen Aufwandes kann die Indikation allerdings großzügig gestellt werden. Man sollte sich aber vor Augen halten, dass u.U. präoperativ gewonnene Eigenblutkonserven postoperativ nicht mehr transfundiert werden können. Der aktuelle Nettogewinn an Erythrozyten durch die normovolämische Hämodilution ist vergleichsweise gering und hängt vom Ausgangshämatokrit, vom niedrigsten tolerablen intra- und postoperativen Hämatokrit sowie vom perioperativen Blutverlust ab (Brecher u. Rosenfeld 1994; Goodnough et al. 1994; Feldman et al. 1995).

Durchführung

Voraussetzung für eine komplikationslose Hämodilution ist die Aufrechterhaltung der Normovolämie bis in die postoperative Phase. Die Hämodilution sollte normovolämisch vorzugsweise mit mittel- und langwirkenden Kolloiden erfolgen. Eine ausschließliche Hämodilution mit Elektrolytlösungen ist wegen der kurzen intravasalen Verweildauer und der damit verbundenen drohenden Hypovolämie für den Routinegebrauch nur bedingt geeignet. Die präoperativ abzunehmende Blutmenge wird durch das Ausmaß der angestrebten Hämodilution und den erwarteten Blutbedarf bestimmt. Die maximal entziehbare Menge autologen Blutes lässt sich bei der normovolämischen Hämodilution annähernd aus der Formel nach Gross abschätzen (Gross 1983).

$$V_v = V_B \cdot \frac{Hb_0 - Hb_{min}}{Hb_d}$$

V_v = Hämodilutiensblut
V_B = Blutvolumen
Hb_0 = Ausgangshämoglobin
Hb_{min} = Mindesthämoglobin

$$Hb_d = \frac{Hb_0 - Hb_{min}}{2}$$

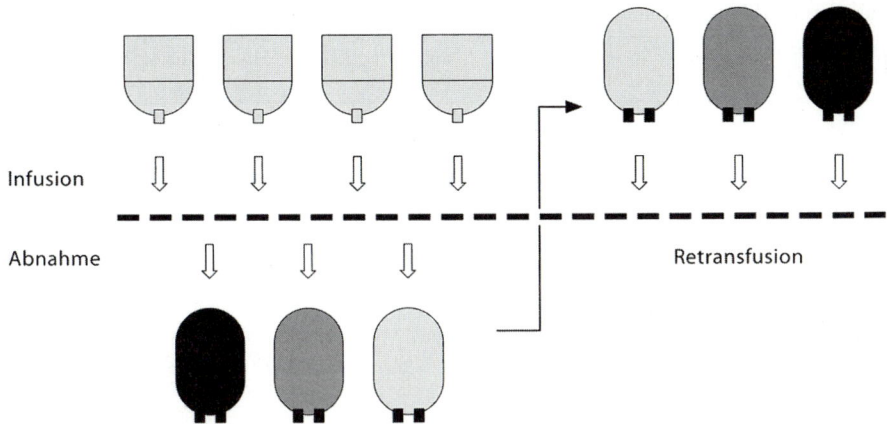

Infusion

Abnahme

Retransfusion

Abb. 28.2. Prinzip der normovolämischen Hämodilution

In dieser Formel ist jedoch die notwendige Infusionsmenge zur Aufrechterhaltung der Kreislaufstabilität bei Patienten mit reduziertem zirkulierendem Volumen (Hypertoniker, Patienten mit koronarer Herzerkrankung) oder nach Narkoseeinleitung nicht berücksichtigt. Es empfiehlt sich, bei der Hämodilution vor Abnahme der ersten Eigenblutkonserve mit der Transfusion von Volumenexpander zu beginnen (Abb. 28.2).

Zur Ausnützung der rheologischen und thromboseverhindernden Wirkung der Hämodilution genügt bereits eine Senkung des Hämatokrits auf 30%. Ist jedoch eine Bluteinsparung geplant, sollten niedrigere Zielhämatokrite angestrebt werden. Der Wert der sog. extremen Hämodilution (Zielhämatokrit unter 20%) wurde seit Einführung anderer Blutsparmethoden eingeschränkt und ist nur besonderen Indikationen vorbehalten (Fontana et al. 1995).

Mit der künftigen Verwendung moderner O_2-Träger werden extrem niedrige Hämatokritwerte besser toleriert werden. Damit wird die extreme Hämodilution zunehmende Bedeutung erlangen (Spahn et al. 1999).

> ❗ Zur Ausnützung der rheologischen und thromboseverhindernden Wirkung der Hämodilution genügt eine Senkung des Hämatokrits auf 30%.

Monitoring

Die Überwachung richtet sich nach dem Ausmaß der Hämodilution und ist meist durch die Art des Anästhesieverfahrens und des chirurgischen Eingriffs vorgegeben (Tabelle 28.1). Die normovolämischen Hämodilution bildet nur in Ausnahmefällen eine Indikation für ein zusätzliches invasives Monitoring. Bei Patienten, die wegen ihrer Grunderkrankung oder ihres chirurgischen Eingriffs einen Pulmonaliskatheter erhalten, kann die Entscheidung über eine Erythrozytentransfusion durch Bestimmung der gemischtvenösen O_2-Sättigung und Berechnung der O_2-Extraktionsrate erleichtert werden. Informationen über die O_2-Balance einzelner kritischer Organe erhält man allerdings nur durch z.T. sehr aufwendige Methoden, wie z.B. EKG mit ST-Segmentanalyse, Messung der zerebralen Durchblutung, Bestimmung des Mukosa-ph-Wertes oder Bestimmung der O_2-Sättigung im Jugularvenenblut.

> ❗ Voraussetzung für eine erfolgreiche Hämodilution ist die Aufrechterhaltung der Normovolämie.

Sektion D

Tabelle 28.1. Monitoring bei normovolämischer Hämodilution

Parameter		<20 ml/kg KG	Hämodilution >20 ml/kg KG	Extrem
Kreislauf	RR nichtinvasiv	+	+	+
	RR invasiv		(+)	+
	Puls	+	+	+
	Urinproduktion	(+)	+	+
	ZVD	(+)	+	+
	PCWP		(+)	+
	HZV	(+)	(+)	+
	Pulsoxymetrie	+	+	+
O_2-Versorgung des Myokards	EKG V_5	+	+	+
	ST-Segmentanalyse		(+)	+
Blut	Hb, Htk (kurzzeitig)	+	+	+
	globale Gerinnung		(+)	+
	pO_2	(+)	+	+
	S_vO_2		(+)	+
	pH-Wert	(+)	+	+
	Laktat	(+)	+	+
	Kalium	(+)	+	+
	Gesamteiweiß		(+)	+
	KOD		(+)[a]	(+)[a]
Urin	Osmolalität, Na		(+)	+

[a] Bei Verwendung von Ringer-Lösung als Austauschmedium.

Komplikationen

Gewebshypoxie aufgrund fehlender kardiopulmonaler Kompensation

Der dilutionsbedingten Abnahme der O_2-Transportkapazität begegnet der Organismus prinzipiell mit 3 physiologischen Mechanismen (Messmer 1981; Hagl et al. 1975; Spahn et al. 1994):

1) Mit Abnahme des Hämatokrits kommt es zu einer Senkung der Blutviskosität und damit zu einer parallelverlaufenden Senkung des peripheren Widerstandes (Abb. 28.3). Dadurch wird der venöse Rückstrom zum Herzen verstärkt, und eine Zunahme des Schlagvolumens ist die Folge. Unter der Voraussetzung von Normovolämie nimmt das Herzzeitvolumen bei einem Hämatokritabfall von 20% um nahezu 100% zu. Diese Steigerung des Herzzeitvolumens führt schließlich zu einer gleichmäßigen Durchblutungszunahme aller Organe. Die Myokarddurchblutung allerdings wird nicht zuletzt aufgrund der vermehrten Schlagarbeit überproportio-

nal erhöht, wobei auch die dilatatorische Koronarreserve mitbeansprucht wird. Kann das Herzzeitvolumen nicht gesteigert werden, fällt die O_2-Transportkapazität (Produkt aus Herzzeitvolumen und arteriellem O_2-Gehalt) linear mit dem Hämatokrit ab. Diese Situation wird durch eine bestehende arterielle Hypoxämie noch verschlechtert. Hämoglobin und O_2-Sättigung werden dann zu bestimmenden Größen des O_2-Angebotes. Eine ausgeprägte Herzinsuffizienz, eine schwere respiratorische Insuffizienz oder eine schwere koronare Herzerkrankung gelten daher als Kontraindikationen der normovolämischen Hämodilution. Bei koronarchirurgischen Eingriffen kann jedoch unter bestimmten Voraussetzungen (s. nachfolgende Übersicht) eine Ausnahme gemacht werden, da die systemische und myokardiale O_2-Versorgung durch andere Maßnahmen sichergestellt wird (Herz-Lungen-Maschine, aortokoronarer Bypass; Klövekorn et al. 1981).

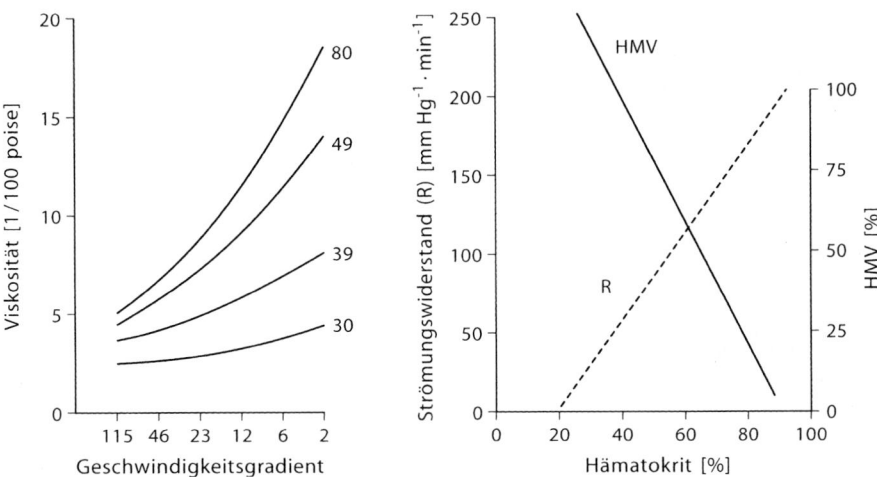

Abb. 28.3. Veränderung von Blutviskosität, Strömungswiderstand und Herzminutenvolumen bei der normovolämischen Hämodilution. (Nach Arndt u. Lipfert 1992)

Sektion D

Präoperative isovolämische Hämodilution bei koronarchirurgischen Patienten
(nach Klövekorn et al. 1981)

ÜBERSICHT

- Indikationen:
  - Hämoglobin >14 g%,
  - stabile Angina,
  - normale linksventrikuläre Funktion,
  - Ejektionsfraktion (EF) >0,5,
  - Cardiac index >2,5 l/m²/min,
  - Dreigefäßerkrankung,
  - keine Ischämiezeichen im „Ruhe"-EKG,
  - normale Lungenfunktion,
  - Zeugen Jehovas.
- Kontraindikationen:
  - Hämoglobin <14 g %,
  - instabile Angina,
  - reduzierte linksventrikuläre Funktion,
  - Ejektionsfraktion (EF) <0,5,
  - Cardiac index <2,5 l/m²/min,
  - Stenose des Hauptstamms,
  - Ischämie im „Ruhe"-EKG,
  - beeinträchtigte Lungenfunktion.

2) Der 2. Mechanismus, die erhöhte O_2-Extraktion aus dem Blut mit Absinken des O_2-Gehalts im venösen Blut, wird bei extremer Hämodilution oder wenn das Herzminutenvolumen infolge Hypovolämie, Myokard- oder Koronarinsuffizienz nicht gesteigert werden kann, in Anspruch genommen.

3) Ein weiterer Mechanismus, die Verschiebung der O_2-Dissoziationskurve nach rechts, wodurch die O_2-Abgabe in der Peripherie erleichtert wird, wird nur bei chronischer Anämie und extremer Dilution beansprucht.

Eine unzureichende kompensatorische Steigerung des Herzzeitvolumens stellt die einzige echte Gefahr der Hämodilution dar und kann schon während der Blutabnahme, aber auch intra- und postoperativ auftreten (Shibutani u. Frost 1993; Zander 1988). Die wichtigsten Symptome sind: Zunahme der Herzfrequenz, Abnahme des O_2-Gehaltes im gemischtvenösen Blut und schließlich arterieller Druckabfall mit Auftreten von ST-Streckensenkungen und Rhythmusstörungen (Sunder-Plassmann et al. 1976). Besonders fatale Auswirkungen kann das Zusammentreffen einer anämiebedingten Verminderung des O_2-Transportes mit einer Hypotension haben (Brown et al. 1994).

Der niedrigsttolerable Hämatokrit ist eine patientenindividuelle Größe.

Veränderungen im Elektrolyt- und Säure-Basen-Haushalt

Durch eine korrekt durchgeführte Hämodilution wird der Säure-Basen-Haushalt kaum beeinflusst. Dagegen kann es durch die verstärkte Diurese, durch Umverteilung von Flüssigkeit zwischen Intra- und Extrazellulärraum zum Abfall des extrazellulären Kaliums, aber auch von Phosphat und Magnesium kommen. Es empfiehlt sich daher, nach Kontrolle des Serumkaliums frühzeitig Kalium zu verabreichen. Die verstärkte Harnproduktion kann durch eine Mehrdurchblutung der Nieren, durch ein vermehrtes Wasser- und Natriumangebot oder aber auch durch Reizung der intrathorakalen Dehnungsrezeptoren, bedingt durch den erhöhten venösen Reflux, entstehen (Coburg et al. 1976).

Veränderungen der Blutgerinnung

Die Abnahme der Gerinnungsfaktoren während der limitierten normovolämischen Hämodilution ist in erster Linie Folge einer Verdünnung und hat auf die globale Blutgerinnung keinen nennenswerten Einfluss. Thromboplastinzeit und partielle Thromboplastinzeit steigen leicht an, das Fibrinogen fällt geringgradig ab, die Werte bleiben aber im Normbereich. Lediglich bei vorbestehenden Gerinnungsstörungen und/oder bei Leberschädigung kann eine Hypokoagulabilität verstärkt werden. Bei Einhaltung der Dosisempfehlung spielt der Einfluss der modernen Stärkelösungen auf das Gerinnungssystem (Faktor VIII) für den klinischen Alltag eine untergeordnete Rolle (Martin et al. 1976). Erhöhte Sickerblutungen in parenchymatösen Organen oder großflächigen Wunden sind Folge vermehrter Kapillardurchblutung und stellen normalerweise chirurgisch kein Problem dar.

Allergische Reaktionen auf Volumenersatzmittel

Siehe Kap. 26.3 „Anaphylaktoide/anaphylaktische Reaktionen".

Veränderungen des kolloidosmotischen Drucks

Negative Einflüsse auf Organfunktionen durch Abnahme des kolloidosmotischen Drucks im Rahmen der Hämodilution sind derzeit nicht eindeutig geklärt. Es kommt zwar, insbesondere bei Verwendung von kristalloiden Lösungen zu einem onkotischen Defizit mit Ausbildung interstitieller Ödeme v.a. in der Haut, im subkutanen Fettgewebe, in der Muskulatur und im Bereich des Magen-Darm-Traktes. Das Herz ist jedoch erst bei sehr niedrigen onkotischen Drücken betroffen, für Gehirn und Leber konnte ein Zusammenhang zwischen erniedrigtem onkotischem Druck und interstitiellem Ödem tierexperimentell nicht nachgewiesen werden. Auch verfügt die Lunge über eine Reihe von Schutzmechanismen gegen ein osmotisch bedingtes interstitielles Ödem.

Postoperative Anämie und Hypovolämie

Die postoperative Anämie ist ein kalkuliertes Risiko aller Blutsparmethoden und hat bei Aufrechterhaltung der Normovolämie keine nachteilige Wirkung auf die Wundheilung. Eine Anämie allein ist daher keine Indikation zur Bluttransfusion, es sei denn, es treten Kreislaufsymptome wie Tachykardie oder orthostatische Beschwerden auf. Aber auch diese sind häufig nur Folge eines bestehenden Volumendefizits.

Therapie

Die Einschränkung der natürlichen Kompensationsbreite des Organismus durch die Hämodilution erfordert erhöhte Sorgfalt und größeren Zeitaufwand bei der intra- und postoperativen Überwachung des Patienten. Treten Symptome einer Gewebshypoxie auf, muss die Hämodilution sofort abgebrochen und mit 100% Sauerstoff beatmet werden. Bei bestehender Hypovolämie wird Volumen zugeführt. Wurde aber zu weit diluiert, kann nur eine Retransfusion des entzogenen Blutes die Symptome beseitigen. Bestehen gleichzeitig Zeichen einer Herzinsuffizienz, muss das Blut entsprechend der Volumensituation u.U. unter Zuhilfenahme von Katecholaminen und Diuretika vorsichtig retransfundiert werden. In diesem Fall sollte man die Durchführung der geplanten Operation zumindest überlegen, wenn nicht gar verschieben.

> **!** Die Hauptgefahr der präoperativen normovolämischen Hämodilution ist eine Gewebshypoxie aufgrund nicht ausreichender Steigerung des Herzzeitvolumens.

28.2
Präoperative Eigenblutspende und Plasmapherese

Die präoperative *Eigenblutspende* ist die derzeit wahrscheinlich effektivste Form aller autologen Verfahren, da sie als einzige die natürliche Nachbildung des Blutes stimuliert und über einen längeren Zeitraum ausnutzt (s. nachfolgende Übersicht; Lorentz et al. 1991; Wittig et al. 1994). Durch Änderungen des Abnahmeschemas (möglichst frühe Eigenblutentnahme) und des Annahmevolumens (z.B. Erythrozytapherese) kann die Erythropoese zusätzlich stimuliert werden. Die präoperative Eigenblutspende ist mit großen Anforderungen an die interdisziplinäre Zusammenarbeit zwischen Chirurgen, Anästhesisten und Transfusionsmedizinern und mit hohem personellen und organisatorischen Aufwand verbunden.

ÜBERSICHT

> **Blutsparverfahren**
>
> - Präoperativ: Eigenblutspende (einfach, Tieffrieren).
> - Intraoperativ: normovolämische Hämodilution, einfache und maschinelle Autotransfusion, Hämofiltration.
> - Postoperativ: einfache und maschinelle Autotransfusion.

Die präoperative Eigenblutspende ist bei allen elektiven Eigriffen, bei denen ein perioperativer Blutverlust von mindestens 1 000 ml zu erwarten ist, indiziert. Sie sollte Teil eines Gesamtkonzeptes sein, wobei die Indikationsstellung zur präoperativen Eigenblutspende für den jeweiligen Patienten im Zusammenhang mit der Verfügbarkeit anderer autologer Verfahren gesehen werden muss.

Im Gegensatz zu Fremdblutspendern handelt es sich bei Eigenblutspendern häufig um ältere, meist multimorbide Patienten. Für die Durchführung der Eigenblutspende ist daher eine eingehende Anamnese und Untersuchung zur Spendefähigkeit und Narkosetauglichkeit erforderlich. Absolute Kontraindikationen, welche die geplante Operation auch meist in Frage stellen, sind jedoch selten (s. nachfolgende Übersicht).

ÜBERSICHT

> **Kontraindikationen zur Eigenblutspende**
>
> **Absolut**
> - schwere kardiozirkulatorische Störungen;
>   instabile Angina pectoris:
>   - hochgradige Hauptstammstenose,
>   - Herzinsuffizienz NYHA III-IV (EF <40%),
>   - Myokardinfarkt innerhalb von 3 Monaten,
>   - hochgradige Aorten- oder Mitralstenose,
>   - schwere linksventrikuläre Hypertrophie;
> - schlecht einstellbarer Hypertonus;
> - unklare Synkopen;
> - schwere respiratorische Insuffizienz, z.B. Vitalkapazität <70% der Norm;
> - Hämatokrit unter 34%
> - Gerinnungsstörungen:
>   - Leberzirrhose;

- schwere hämorrhagische Diathese;
- akute oder chronische Infektionen;
- angeborene oder erworbene erythrozytäre Defekte;
- Hämoblastosen.

Relativ

- stabile Angina pectoris,
- kompensierte Herzinsuffffizienz,
- hohes Alter,
- mittelschwere respiratorische Insuffizienz,
- Schwangerschaft,
- schlechte Venenverhältnisse,
- mangelnde Patientencompliance.

Eigenblut kommt als Teil eines therapeutischen Konzeptes wieder demselben Patienten zugute. Dadurch können die transfusionsmedizinischen Ausschlusskriterien im Vergleich zur Fremdblutspende wesentlich großzügiger gehandhabt werden.

Außerdem sind viele der derzeit angeführten absoluten und relativen Kontraindikationen noch unzureichend dokumentiert.

Die immer wieder geforderte „prophylaktische Eigenblutspende" vor Operationen, bei denen normalerweise kein Fremdblut benötigt wird, stellt meist ein unnötiges Risiko dar und belastet die Organisation der Eigenblutspende zusätzlich. Eine Verwandtenblutspende ist nur in Ausnahmefällen indiziert.

Komplikationen und Nachteile

1) Genauso wie bei der normovolämischen Hämodilution kann es im Rahmen der präoperativen Eigenblutspende bei Unterschreiten eines kritischen Hämatokrits zur Gewebshypoxie aufgrund unzureichender Adaptationsmöglichkeit kommen. Dies ist um so bedeutsamer, als der Patient normalerweise nach erfolgter Eigenblutspende nicht mehr in der Obhut des Arztes ist. Bei Patienten mit eingeschränkter kardiopulmonaler Reserve soll das abgenommene Blutvolumen unbedingt mit einem Volumenexpander ersetzt werden. Ebenso kann kritikloses Ab-

nehmen von Eigenblut zur präoperativen Anämisierung des Patienten führen (van Dyck et al. 1994).

2) Bei der präoperativen Eigenblutspende muss neben der entsprechenden Überwachungsmöglichkeit auch eine entsprechende notfallmedizinische Ausrüstung (EKG, nichtinvasiver Blutdruck, Pulsoxymetrie) vorhanden sein.

3) An die Aufarbeitung von Eigenblut werden prinzipiell dieselben Anforderungen wie an die Aufbereitung von Fremdblut gestellt. Eigenblut muss daher genauso wie Fremdblut in Erythrozytenkonzentrat und „fresh frozen plasma" aufgetrennt werden. Über das notwendige Ausmaß der laborchemischen und virologischen Testung herrscht derzeit allerdings weder eine allgemeine Übereinstimmung, noch herrscht Klarheit über die Durchführung der Eigenblutspende bei Patienten mit positiven Infektionsmarkern. Die präoperative Eigenblutvorsorge ist in der Regel an eine transfusionsmedizinische Einheit gebunden und zählt derzeit zu den teuersten Methoden zur Einsparung von Fremdblut.

4) Naturgemäß unterliegen Eigenblutkonserven denselben lagerunsbedingten Veränderungen wie Fremdblut und dürfen nur bei begründeter Indikationsstellung verabreicht werden. Die Menge des gespendeten Eigenbluts wird vom durchschnittlichen Fremdblutverbrauch für die jeweilige Operation bestimmt. Da allerdings der tatsächliche Bedarf an Eigenblut nicht exakt vorhersagbar und häufig geringer als präoperativ angenommen ist, müssen oft große Mengen autologen Blutes verworfen werden. Eigenblut ist nämlich nur für den betreffenden Patienten bestimmt und muss, wenn es nicht transfundiert wird, sachgerecht entsorgt werden. Durch Anwendung moderner Transfusionsalgorithmen und fortlaufende Evaluierung des tatsächlichen Fremdblutverbrauchs kann die immer wieder kritisierte hohe Verwurfrate an Eigenblut deutlich reduziert werden (Mercuriali u. Inghilleri 1998).

5) Prinzipiell können bei der Eigenbluttransfusion dieselben Fehler (Verwechslung, unsachgemäßes Auftauen etc.) wie bei der Fremdbluttransfusion vorkommen.

28.3
Intra- und postoperative Autotransfusion

Eigenschaften von gesammeltem Wundblut

Im Vergleich zu zirkulierendem oder konserviertem Blut weist das aufgefangene Wundblut gravierende Unterschiede auf (Dzik u. Sherburne 1990; Blaylock et al. 1994). Der Gehalt an Hämoglobin ist – sieht man von akuten Blutungen ab – signifikant erniedrigt. Dies wird insbesondere in der postoperativen Phase nach Einsetzen der Blutgerinnung deutlich, wo Werte bis unter 4 g/dl erreicht werden. Dagegen entspricht die Qualität der autologen Erythrozyten hinsichtlich der O_2-Transportfunktion, Überlebenszeit und osmotischen Resistenz der der zirkulierenden. Die Funktionsfähigkeit der in beträchtlicher Zahl vorkommenden Leukozyten und Thrombozyten im Wundblut ist heute noch unklar.

Wundblut unterliegt zumindest teilweise einem Gerinnungs- und nachfolgenden Fibrinolyseprozeß, wodurch das Fibrinogen ab- und Fibrinogenspaltprodukte zunehmen. Weiter kommt es zu einer Aktivierung des Komplementbindungssystems und zu einer Verminderung der Inhibitoren. Dieser Prozeß ist besonders ausgeprägt, wenn Blut mit einer serösen Oberfläche wie der Pleura oder dem Peritoneum, die eine hohe lytische Potenz haben, in Verbindung kommt (Carthy et al. 1973). Bei Beimengung von Amnionflüssigkeit und Aszites zum Wundblut sollte dieses wegen der hohen Wahrscheinlichkeit einer Gerinnungsaktivierung auch maschinell aufbereitet werden.

Fibrinogenspaltprodukte ihrerseits hemmen die Fibrinbildung und die Aggregation der Thrombozyten. Sie können in Abhängigkeit von der zugeführten Menge und der Clearancemöglichkeit durch die Leber zu Gerinnungsstörungen mit verlängerter Thrombinzeit führen. Für Patienten mit eingeschränkter Leberfunktion, die schon aufgrund ihrer Erkrankung erhöhte Fibrinogenspaltprodukte im Plasma haben, bringt jede weitere Zufuhr eine zusätzliche Belastung mit sich.

Die Wahrscheinlichkeit von Gerinnungsstörungen nach Retransfusion steigt, wenn Wundblut starken Gewebekontakt hatte und in großen Mengen retransfundiert wurde, und nimmt ab, wenn der Patient vorher systemisch antikoaguliert wurde. Trotz einer Vielzahl von Publikationen muss es derzeit aber als unbewiesen angesehen werden, dass durch die direkte Transfusion von Wundblut außer der Volumenbelastung bei teilweiser extremer Verdünnung weitere erhebliche Nachteile resultieren, die durch Separieren und Waschen vermieden werden können. Auch gibt es keinen Beweis, dass Wundblut, das direkt nach Filtrierung zurückgegeben wird, einer Dosisbeschränkung unterliegt. Für die Filtrierung ist ein Filter mit einer Porengröße von 170 μm vollkommen ausreichend. Es sollte aber nicht aufbereitetes Wundblut nur ausnahmsweise transfundiert werden, das Transfusionsvolumen auf ein akzeptables Maß eingeschränkt werden und – wegen des zumindest theoretisch größeren Risikos bei einer Transfusion von nichtaufbereitetem Wundblut – nach Möglichkeit aufgetrennt und gewaschen werden (Tabelle 28.2; Heddle et al. 1992; Long et al. 1993).

Medikamente können durch die maschinelle Aufbereitung verstärkt eliminiert werden (Menges et al. 1993). Dies kann auch zu einer signifikanten Clearance von Anästhetika führen (Krier et al. 1992). Dagegen werden z.B. Katecholamine im Rahmen von Phäochromozytomoperationen nur ungenügend ausgewaschen (Katoh et al. 1992). Tumorzellen werden mit dem Wundblut aufgefangen und sind noch nach maschineller Aufbereitung im autologen Blut nachweisbar. Obwohl bis heute keine Metastasierung nachgewiesen werden konnte, darf tumor-

Tabelle 28.2. Vergleich verschiedener Autotransfusionssysteme

	Sörensen	Solcotrans	MAT
Hämolyse	+	+	–
Gerinnungsstörungen	+	+	–
Elektrolytstörungen	+	+	–
Organversagen	+	+	–
Volumenüber(be)lastung	+	+	–
Systemische Antikoagulation	+	+	–
Massivtransfusion	–	–	+

zellhaltiges Wundblut nur nach radioaktiver Bestrahlung bei wohlüberlegter und begründeter Indikationsstellung verabreicht werden (Hansen et al. 1999).

 Wundblut sollte nach Möglichkeit gewaschen werden.

Die Keimzahl von bakteriell kontaminiertem Wundblut wird durch die maschinelle Aufbereitung zwar vermindert, aus potentiell kontaminierten Regionen abgesaugtes Wundblut ist derzeit dennoch eine Kontraindikation zur Retransfusion und darf nur in lebensbedrohlichen Situationen und unter Einsatz von Breitbandantibiotika erfolgen (Timberlake u. McSwain 1988). Gesammeltes autologes Blut muss man wegen der Gefahr der Keimvermehrung in möglichst kurzer Zeit, zumindes aber innerhalb von 6–12 h verabreichen. Die Auswirkungen einer Retransfusion anderer unerwünschter Beimengungen wie z.B. Knochenzement, Fett, nekrotischem Gewebe, Nahtmaterial, antibiotischen Spüllösungen sind noch unklar (Henn-Beilharz et al. 1990; Lux et al. 1993). Sie werden durch maschinelle Aufbereitung weitgehend beseitigt. Kollagen zur Blutstillung sollte wegen der potentiellen Emboliegefahr nicht in das Wundblut gelangen.

Vorrichtungen zur intra- und postoperativen Autotransfusion

Entsprechend der Aufarbeitung des bei der Operation freigewordenen, antikoagulierten und gesammelten Blutes unterscheidet man bei der intra- und postoperativen Autotransfusion zwischen der einfachen und der maschinellen Autotransfusion (MAT).

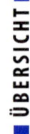

ÜBERSICHT

- Einfache Autotransfusion: Antikoagulation, Ansaugung, Filtration.
- Maschinelle Autotransfusion: Antikoagulation, Ansaugung, Filtration und Zentrifugation bzw. Hämofiltration.

Einfache Autotransfusion

Nachdem das Bentley-ATS-2000-Autotransfusionsgerät wegen des Auftreten seiner tödlichen Luftembolie vom Markt genommen werden musste, stehen heute im Prinzip 2 einfache Autotransfusionsgeräte zur Verfügung, das Sörensen- und das Solcotrans-System (Abb. 28.4). Neben zahlreichen Modifikationen und Eigenkonstruktionen sind heute prinzipiell noch beide Systeme in klinischer Verwendung. Mit steigender Verbreitung der intraoperativen maschinellen Autotransfusion ist der Einsatz der einfachen Verfahren jedoch zunehmend in die postoperative Phase verdrängt worden. Neben der Antikoagulation des Blutes mit ACD empfiehlt sich eine leichte systemische Heparinisierung des Patienten (5000–10000 E i.v.). Eine wesentliche Zunahme, der Blu-

Abb. 28.4. Einfache Autotransfusion (Stufe II). Prinzip des Sörensen-Systems

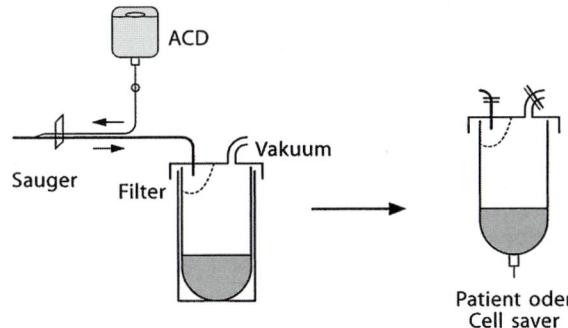

tungstendenz ist dadurch nicht zu erwarten. Der Zusatz von Antikoagulanzien kann unterbleiben, wenn man das Blut aus serösen Höhlen wie Perikard oder Thorax auffängt. Die Zeitspanne zur Sammlung des Drainageblutes darf pro Einheit 6 h nicht überschreiten.

Maschinelle Autotransfusion (MAT)

Die derzeit in klinischer Verwendung stehenden maschinellen Autotransfusionssysteme arbeiten alle nach demselbem Prinzip: Über einen doppelläufigen Sauger, an dessen Spitze das freigewordene Blut bereits ungerinnbar gemacht wird (15 000 E Heparin in 500 ml physiologischer Kochsalzlösung), wird das Blut mit einem Sog von 80–100 mm Hg über einen Filter in einen Auffangbehälter gesaugt (Abb. 28.5). Das Verhältnis von Heparinlösung zu Blut sollte zwischen 1 : 5 und 1 : 10 betragen, wobei ein Vorfüllen des Schlauchsystems und des Einlaßfilters („priming") notwendig ist. Die Zufuhr der Heparinlösung muss nach wie vor mit der Hand eingestellt werden, wodurch sehr leicht ein Mißverhältnis zwischen Antikoagulans und aufgefangenem Blut entstehen kann. Der relativ niedrige Sog ist für den Operateur gewöhnungsbedürftig, sollte aber nur im Falle einer stärkeren Blutung erhöht werden. Durch Aufsaugen des Wundblutes kommt es insbesondere bei Anwendung eines hohen Sogs (über 100 mm Hg) zu einer verstärkten Hämolyse. Die Operateure müssen versuchen, Blutverluste in Tupfer und Tücher so gering wie nur möglich zu halten. Der

Waschvorgang selbst kann diskontinuierlich (Latham-Zentrifuge) oder kontinuierlich (CATS = Continuous Autotransfusion System, Fresenius, Bad Homburg, Deutschland) erfolgen.

Mit der Latham-Zentrifuge wird in einem ersten Schritt das mehr oder minder hämolytische Plasma abgetrennt. Ein anschließender Waschvorgang (normalerweise mit 1 000 – 1 500 ml physiologischer Kochsalzlösung pro Zyklus) beseitigt weitere unerwünschte Bestandteile wie Heparin, Kalium, freies Hämoglobin, intrazelluläre Enzyme. Die Ursache eines erhöhten Fettgehaltes im aufbereiteten Erythrozytenkonzentrat ist noch unklar, könnte aber mit der Filterung im Sammelreservoir zusammenhängen. Als Endresultat liegen letztendlich in physiologischer Kochsalzlösung suspendierte Erythrozyten vor. Der Hämatokrit liegt bei 65–75%. Die gewaschenen autologen Erythrozyten sind in keiner Nähr-, sondern lediglich in physiologischer Kochsalzlösung suspendiert, dürfen daher nicht zwischengelagert und müssen sofort nach der Aufbereitung transfundiert werden. Das bei der Auftrennung verlorengegangene Plasma ist nur bei extremen Waschvolumina zu ersetzen. Steht wegen starker Blutung für den Waschvorgang keine Zeit zur Verfügung (z.B. Massivtransfusion bei lebensbedrohlichen Blutungen), kann dieser unterbleiben. In diesem Fall kann das Blut in der Regel auch ohne Luftaspiration und mit nur kurzem Gewebekontakt aufgesaugt werden. Die kontinuierliche Waschung ermöglicht nicht nur

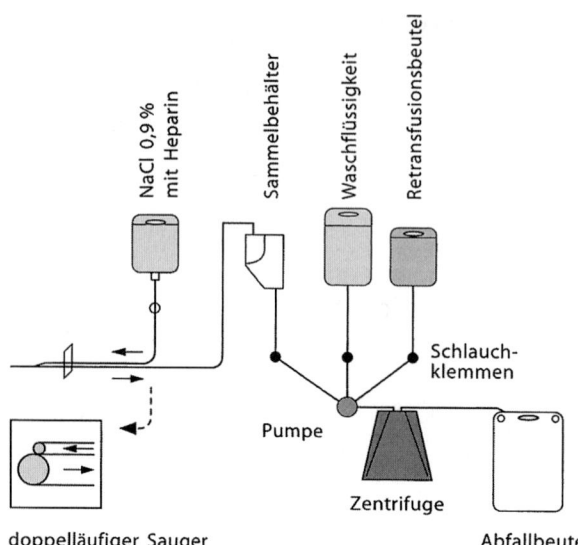

Abb. 28.5. Prinzip der maschinellen Autotransfusion (Stufe III)

NaCl 0,9 % mit Heparin

Sammelbehälter

Waschflüssigkeit

Retransfusionsbeutel

Schlauch-klemmen

Pumpe

Zentrifuge

doppelläufiger Sauger

Abfallbeutel

eine promptere Retransfusion autologer Erythrozyten, sondern hat auch Vorteile bei der Elimination unerwünschter Bestandteile, z.B. Fett (Booke et al. 1997).

Indikationen

Die maschinelle Autotransfusion ist heute einfach, ohne großen Aufwand und meist ohne zusätzliches Personal durchführbar. Die modernen Geräte arbeiten vollautomatisch und geben am Ende des Arbeitsvorganges sowohl die aufgefangenen Blutmengen als auch die Menge der aufbereiteten Erythrozyten an, wodurch eine exakte Bilanzierung möglich wird. Dies hat aber auch zu einer großzügigen, wirtschaftlich nicht immer vertretbaren Anwendung dieser Methode geführt. Bei den derzeitigen Kosten für homologe Blutprodukte ist die maschinelle Autotransfusion ab einem Sammelvolumen von etwa 1 000 ml wirtschaftlich rentabel. Da ein Blutverlust in dieser Größenordnung nicht immer vorhersagbar ist, hat es sich bewährt, vorerst ein einfaches und billiges Sammelreservoir zu verwenden und, wenn genügend Wundblut angefallen ist, auf das teurere Filterkardiotomiereservoir des Maschinenherstellers überzugehen. Bei Notfal-

loperationen und unerwarteten Blutungen in der elektiven Chirurgie kann innerhalb kurzer Zeit (~ 10 min) autologes Blut hergestellt werden. Voraussetzung ist jedoch, dass das Gerät im Operationssaal zu Verfügung steht und das Personal mit seiner Anwendung vertraut ist.

Komplikationen und Kontraindikationen

Bei richtiger Durchführung sind im Gegensatz zur einfachen Autotransfusion (s. nachfolgende Übersicht) Komplikationen der maschinellen Autotransfusion selten. Durch ein Mißverhältnis von Antikoagulans und Wundblut kann eine Koagulation im Sammelreservoir entstehen. Auch können das Saugsystem oder die Elektronik des Gerätes ausfallen. Dies kann zu einer Gefährdung des Patienten führen, wenn in Kenntnis der maschinellen Autotransfusion kein oder zuwenig homologes Blut bereitgestellt wurde. Durch die maschinelle Aufbereitung werden Tumorzellen im Wundblut drastisch reduziert.

Tumorzellhaltiges Blut darf demnach nach erfolgter Waschung nur nach radioaktiver Bestrahlung retransfundiert werden (Hansen et al. 1999).

Kontraindikation der einfachen und maschinellen Autotransfusion

- **Absolut:** Septische Prozesse, Kontamination des Blutes mit Darminhalt, Fruchtwasser
- **Relativ:** Kontamination des Blutes mit Galle oder Urin, Operationen im Tumorgebiet

28.4
Rekombinantes humanes Erythropoietin

Erythropoietin kann allein oder zusätzlich zur Steigerung der Effektivität der einzelnen Blutsparmaßnahmen appliziert werden (Kulier et al. 1993). Eine breite Anwendung kann derzeit aus Kostengründen nicht erwartet werden. Erythropoietin dürfte jedoch von Nutzen sein, wo konventionelle Blutspartechniken allein nicht ausreichen, um eine fremdblutfreie operative Versorgung zu gewährleisten. Dies ist besonders bei Patienten der Fall, die für eine Eigenblutspende oder eine normovolämische Hämodilution ungeeignet sind (z.B. zarte Frauen mit niedrigen Hämoglobinwerten, Patienten mit chronischen Entzündungen oder Tumorerkrankungen), wenn die voraussichtliche Kapazität an Eigenblut den perioperativen Bedarf nicht decken kann (z.B. komplexe Eingriffe mit großen Blutverlusten), bei Patienten mit irregulären Antikörpern und Patienten, die aus religiösen Motiven Bluttransfusionen verweigern. Eine allgemeingültige Dosierungsempfehlung für den autologen Bereich kann derzeit noch nicht gegeben werden, dürfte aber im Bereich von 100-400 IU/kg KG subkutan 1- bis 2mal wöchentlich liegen. Mit einem therapeutischen Effekt ist in Abhängigkeit von der Dosierung bereits nach 1-2 Wochen zu rechnen. Wegen der einfacheren Handhabung und besseren Pharmakokinetik ist die subkutane Gabe der intravenösen vorzuziehen. Ein Eisenmangel muss vor jeder Eigenblutspende, insbesondere aber vor einer Therapie mit Erythropoietin, ausgeschlossen bzw. entsprechend behandelt werden (Mercuriali et al. 1993; Biesma et

al. 1992). Außer geringen lokalen Reaktionen am Ort der Einstichstelle nach subkutaner Gabe treten im autologen Bereich kaum Nebenwirkungen auf. Vor einem unverhältnismäßig hohen Anstieg des Hämatokrits muss jedoch gewarnt werden.

Neuere Untersuchungen zeigten auch, dass die präoperative Stimulation der Erythropoese mit rekombinantem Erythropoietin bei orthopädischen und urologischen Operationen der präoperativen Eigenblutspende zumindest im Hinblick auf den Fremdblutverbrauch vergleichbar ist (Chun et al. 1997; Gombotz et al. 2000, Stowell et al. 1999).

Literatur

Arndt JO, Lipfert P (1992) Physiologie des Kreislaufs. In: Doenicke A, Kettler D, List WF, Tarnow J, Thomson D (Hrsg) Anästhesiologie, 6. Aufl Springer, Berlin Heidelberg New York Tokyo, S 841–859

Biesma DH, Kraaijenshagen RJ, Poortman J, Marx JJ, Van de Wiel A (1992) The effect of oral iron supplementation on erythropiesis in autologous blood donors. Transfusion 32: 162–165

Blaylock RC, Carlson KS, Morgan JM, Tobin GO, Reeder GD, Anstall HB (1994) In vitro analysis of shed blood from patients undergoing total knee replacement surgery. Am J Clin Pathol 101: 365–369

Booke M, Fobker M, Fingerhut D et al (1997) Fat elimination during intraoperative autotransfusion: an in vitro investigation. Anesth Analg 85: 959–62

Brecher ME, Rosenfeld M (1994) Mathematical and computer modeling of acute normovolemic hemodilution. Transfusion 34: 176–179

Brown RH, Schauble JF, Miller NR (1994) Anemia and hypotension as contributors to perioperative loss of vision. Anesthesiology 80: 222–226

Carthy MJ, Barr RD, Ouna N (1973) The coagulation and fibrinolytic properties of peritoneal and venous blood in patients with ruptured ectopic pregnancy. Br J Obstet Gynaecol 80: 701–703

Chun TY, Martin S, Leopor H (1997) Preoperative recombinant human erythropoietin injection versus preoperative autologous blood donation in patients undergoing radical retropubic prostatectomy. Urology 50: 727–32

Coburg HJ, Husen K, Pichimayr J (1976) Kreislaufreaktion bei Hämodilution. Anaesthesist 25: 150

Dietrich W, Göb E, Barankey E, Mitto HP, Richter JA (1983) Reduzierung des Fremdblutverbrauchs in der Koronarchirurgie durch Hämoseparation und isovolämische Hämodilution. Anaesthesist 32: 427–432

Dzik WH, Sherburne B (1990) Intraoperative blood salvage: Medical controversies. Transfus Med Rev 4: 208–235

Feldman JM, Roth JV, Bjoraker DG (1995) Maximum blood savings by acute normovolemic hemodilution. Anesth Analg 80: 108–113

Finck M v, Eulert J, Heller W, Schorer R (1985) Autotransfusion und operationsvorbereitende Plasmapherese. Anaesthesist 34: 675–680

Fontana JL, Welborn L, Mongan PD, Sturm P, Marting G, Bunger R (1995) Oxygen consumption and cardiovascular function in children during profound intraoperative normovolemic hemodilution. Anesth Analg 80: 219–225

Gombotz H, Gries M, Sipurzynski S et al (2000) Preoperative treatment with recombinant human erythropoietin or predeposit of autologous blood in women undergoing primary hip replacement. Acta Anaesthesiol Scand 44: 737–42

Gombotz H, Rigler B, Matzer Ch, Metzler H, Winkler G, Tscheliessnigg KH (1989) 10 Jahre Herzoperationen bei Zeugen Jehovas. Anaesthesist 38: 585–590

Goodnough LT, Grishaber JE, Monk TG, Catalona J (1994) Acute preoperative hemodilution in patients undergoing radical prostatectomy: A case study analysis of efficacy. Anesth Analg 78: 932–937

Gross JB (1983) Estimating allowable blood loss: corrected for dilution. Anesthesiology 58: 277–280

Hagl S, Bornikoel K, Mayr N, Messmer K, Sebening F (1975) Cardiac performance during limited hemodilution. Bibl Haematol 41: 152–172

Hansen E, Knuechel R, Altmeppen J et al (1999) Blood irradiation for intraoperative autotransfusion in cancer surgery: demonstration of efficient elimination of contaminating tumor cells. Transfusion 39: 608–615

Heddle NM, Brox WT, Klama LN, Dickson LL, Levine MN (1992) A randomized trial on the efficacy of an autologous blood drainage and transfusion device in patients undergoing elective knee arthroplasty. Transfusion 32: 742–746

Henn-Beilharz A, Hoffmann R, Hempel V, Bräutigam KH (1990) Untersuchungen zur Herkunft von emulgiertem Fett bei Autotransfusionen in der elektiven Hüftchirurgie. Anaesthesist 39: 88–95

Katoh H, Kondo U, Wakamatsu M (1992) The catecholamine concentrations of collected autologous blood during adrenalectomy for pheochromocytoma. Masui 41: 992–994

Klövekorn WP, Richter J, Sebening F (1981) Hemodilution in coronary bypass operations. Bibl. Haematol 47: 297–302

Krier C, Henn-Beilharz A, Ritter A, Klotz U (1992) Einflüsse fremdblutsparender Verfahren auf Plasmaspiegel und Elimination von Midazolam bei Patienten mit Hüftgelenksoperationen. Anästhesiol Intensivmed Notfallmed Schmerzther 27: 23–30

Kulier A, Gombotz H, Fuchs G, Vuckovic U, Metzler H (1993) Suboutaneous recombinant human erythropoietin and autologous blood donation before coronary artery bypass surgery. Anesth Analg 76: 102–106

Long GW, Glover JL, Bendick PJ et al. (1983) Cell washing versus immediate reinfusion of intraoperatively shed blood during abdominal aortic aneurysm repair. Am J Surg 166: 97–102

Lorentz A, Osswald PM, Schilling M, Jani L (1991) Vegleich autologer Transfusionsverfahren in der Hüftgelenkschirurgie. Anaesthesist 40: 205–213

Lux PS, Martin JW, Whiteside LA (1993) Reinfusion of whole blood following addition of tobramycin powder to the wound during total knee arthroplasty. J Arthroplasty 8: 269–71

Martin E, Armbruster J, Fischer E, Kraatz J, Kersting KH, Oberst R, Peter K (1976) Gerinnungsveränderungen bei Anwendung verschiedener Dilutionslösungen bei präoperativer isovolämischer Hämodilution. Anaesthesist 75: 181–184

Menges T, Boldt J, Scholz K et al. (1993) Der Einfluss unterschiedlicher Autotransfusionsverfahren auf Antibiotikaspiegel. Studie zum Cephalosporin Cephamandol. Anaesthesist 42: 509–515

Mercuriali F, Inghilleri G (1996) Proposal of an algorithm to help the choice of the best transfusion strategy. Current Medical Research and Opinion 13: 465–478

Mercuriali F, Inghilleri G (1998) Management of preoperative anaemia. Brit J Anaesth 81 [Suppl 1]: 56–61

Mercuriali F, Zanella A, Barosi et al. (1993) Use of erythropoietin to increase the volume of autologous blood donated by orthopedic patients. Transfusion 33: 55–60

Messmer K (1981) Compensatory mechanisms for acute dilutional anemia. Bibl Haematol 47: 31–42

Schleinzer W, Mehrkens HH, Windler M, Wollinsky K, Pohland H (1987) Klinisches Konzept der autologen Transfusion, Plasmapherese, Eigenblutspende. Anästh Intensivmed 28: 235–241

Shah DM, Prichard MN, Newell JC, Karmody AM, Scovill WA, Powers SR Jr (1986) Increased cardiac output and oxygen transport after intraoperative isovolemic hemodilution. A study in patients with peripheral vascular disease. Arch Surg 115: 597–600

Shibutani K, Frost E (1993) Defining the low limit of hematocrit for surgical patients. Transfus Sci 14: 335–344

Spahn DR, van Brempt R, Theilmeier G et al (1999) Perflubron emulsion delays blood transfusions in orthopedic surgery. Europen Emulsion Study Group. Anesthesiology 91: 1195–208

Spahn DR, Leone BJ, Reves JG, Pasch T (1994) Cardiovascular and coronary physiology of acute isovolemic hemodilution: a review of nonoxygen-carrying and oxygen-carrying solutions. Anesth Analg 78: 1000–1021

Stowell CP, Chandler H, Jove M et al (1999) An opern-label, randomized study to compare the safety and efficacy of perioperative epoetin alfa with preoperative autologous blood donation in total joint arthroplasty. Orthopedics 22 [Suppl 1]: s105–12

Sunder-Plassmann L, Klövekorn WP, Messmer K (1976) Präoperative Hämodilution: Grundlagen, Adaptationsmechanismen und Grenzen klinischer Anwendung Anaesthesist 25: 124–30

Timberlake GA, McSwain NE (1988) Autotransfusion of blood contaminated by enteric contents: A potentially life-saving measure in the massively hemorrhaging trauma patient? J Trauma 28: 855–857

Van Dyck MJ, Baele PL, Leclercq P, Bertrand M, Brohet C (1994) Autologous blood donation before myocardial revascularisation: A Holter-electrocardiographic analysis. J Cardiothorac Vasc Anesth 8: 162–167

Wittig M, Osswald PM, Lorentz A, Jani L (1994) Kurze Abnahmeintervalle bei der präoperativen Eigenblutspende im Konzept der autologen Transfusion. Anaesthesist 43: 9–15

Zander R (1988) Sauerstoff-Konzentration und Säure-Basen-Status des arteriellen Blutes als limitierende Faktoren einer Hämodilution. Klin Wochenschr 66 [Suppl XV]: 3–7

Weiterführende Literatur

Ahnefeld FW, Bergmann H, Kilian J, Kubanek B, Weissauer W (1993) Fremdblutsparende Methoden. Klinische Anästhesiologie und Intensivtherapie, Bd. 43, Springer, Berlin Heidelberg New York Tokyo

Biermann E (1993) Forensische Gesichtspunkte der Bluttransfusion. Anaesthesist 42: 187–202

Dick W, Baur C, Reiff K (1992) Welche Faktoren bestimmen den kritischen Hämatokrit bei der Indikationsstellung zur Transfusion? Anaesthesist 41: 1–14

Drummond GB, Hall CM (1998) Perioperative Anaemia: Risk and Treatment. Brit J Anaesth 81 [Suppl 1]: 1–82

Gombotz H, Kulier A (1995) Reduktion des Fremdblutverbrauchs. Anaesthesist 44: 191–218

Lebowitz W (1991) Blood conservation. Int Anesthesiol Clin 28: 4

List WF, Gombotz H (1991) Blutsparmaßnahmen im Rahmen operativer Eingriffe. Beiträge zur Anästhesiologie, Intensiv- und Notfallmedizin, Bd 39. Maudrich, Wien München Bern

Paravicini D (1986) Intraoperative Autotransfusion. Anesthesiologie und Intensivmedizin, Bd 183. Springer, Berlin Heidelberg New York Tokyo

Schleinzer W, Singbartl G (1993) Fremdblutsparende Maßnahmen in der operativen Medizin. Beiträge zur Infusionstherapie, Bd 29. Karger, Basel Freiburg Paris

Stehling J (1991) Perioperative autologous transfusion. American Association of Blood Banks, Arlington/VA

Stehling L, Zauder HL (1991) Acute normovolemic hemodilution. Transfusion 31: 857:868

Williamson KR, Taswell HF (1991) Intraoperative blood salvage: a review. Transfusion 31: 662–675

Sektion D

KAPITEL 29

Monitoring

H.-J. Hartung

Monitoringverfahren bedingen zwangsläufig den Einsatz medizintechnischer Geräte am Patienten; diese werden zumeist elektrisch betrieben und übertragen Energie zum oder vom Patienten. Bei der Anwendung müssen Sicherheitsvorkehrungen beachtet werden, um Schäden an Patienten, Anwendern oder Dritten zu vermeiden.

Medizintechnische Geräte unterliegen in Deutschland der Medizinproduktegesetzt (MPG), wo die Sicherheitsanforderungen ausgeführt sind. Jeder Betreiber und Anwender ist verpflichtet, die Bestimmungen zu beachten.

> **!** Sachgerechte Anwendung nach erfolgter Einweisung, praktische Erfahrung, Prüfung des ordnungsgemäßen Zustands und noch gültiger sicherheitstechn. Kontrolle, sachgerechte Installation und Instandhaltungsmaßnahmen sind obligatorische Pflichten für Anwender und Betreiber.

Schädigungen des Patienten durch *Falschinterpretation* oder *Fehler in der Datengewinnung* sind nicht einschätzbare Risiken und Komplikationsmöglichkeiten moderner Monitoringmethoden (z. B. Swan-Ganz-Katheter) und überwiegend von der individuellen medizinischen Sachkunde des Anwenders abhängig.

29.1
Nichtinvasive Blutdruckmessung

Bei der automatisierten nichtinvasiven Blutdruckmessung können Komplikationen, die zu direkter Patientenschädigung führen, eintreten. Hierzu zählen in erster Linie Durchblutungsstörungen der betroffenen Extremität. Angaben über die Häufigkeit derartiger Komplikationen gibt es nur in einzelnen Mitteilungen.

Als Ursache müssen Druckschäden und Durchblutungsstörungen infolge zu kurzer Messintervalle bei relativ zu langer Messdauer angesehen werden (Schaer u. Tschirren 1982; Töllner et al. 1980). Hierdurch können Stauungen bzw. Abflussbehinderungen sowie eine Schädigung des N. radialis auftreten. Diese Komplikationen bleiben intraoperativ zunächst unbemerkt, wenn der Messarm der visuellen Kontrolle des Anästhesisten durch Einlagerung entlang der Körperachse entzogen ist. Therapeutische Maßnahmen bestehen in der postoperativen Hochlagerung des Arms und in durchblutungsfördernden Maßnahmen (Stellatumblockade).

Die Prävention besteht in einer ausreichend langen Vorwahl der Messintervalle. Nur während instabiler hämodynamischer Verhältnisse können die Messintervalle kurzfristig kleiner, d. h. 1- bis 2minütlich gewählt werden. Das routinemäßig angewandte Messintervall sollte mindestens 4 min betragen (Hausmann u. Rommelsheim 1983).

Komplikationen, die durch die nichtinvasive Blutdruckmessung auftreten, sind sehr ernst zu bewerten, da sie mit funktionellen Einschränkungen der entsprechenden Extremität, die u. U. von längerer Dauer sein können, einhergehen.

Sektion D

29.2
Elektrokardiogramm

Direkte Schädigung durch die EKG-Elektroden können sich in Form von Ulzera ergeben. Die Häufigkeit solcher Schäden ist nicht bekannt, da nur vereinzelt Fallberichte vorliegen (Lutz 1984; Chandra 1982).

Als Ursache kommen in Frage:

- Allergische Reaktionen auf die Elektroden,
- Verbrennungen als Folge hoher Stromstärken und langer Stromflüsse über die EKG-Elektroden.

Das Auftreten solcher Komplikationen geschieht vorwiegend intraoperativ bei der gleichzeitigen Benutzung von Diathermiegeräten und kontinuierlichem EKG-Monitoring. Die Behandlung der meisten punkt- bis kirschkerngroßen Verbrennungen erfolgt lokal.

Die Prävention dieser Komplikation besteht in der korrekten Plazierung der Neutralelektrode des Diathermiegeräts. Es ist darauf zu achten, dass die EKG-Elektroden nicht naß werden (cave: chirurgische Hautdesinfektion, s. folgende Übersicht). Die Bewertung solcher Komplikationen muss unter kosmetischen Gesichtspunkten gesehen werden.

Empfehlung zum Betrieb von Hochfrequenz-(HF-)Chirurgiegeräten bei gleichzeitiger EKG-Ableitung (aus Lutz 1984)

ÜBERSICHT

1. Falls beide Geräte mit geerdeten neutralen Elektroden betrieben werden, muss das neutrale EKG-Kabel (schwarz) an die Neutralelektrode des HF-Chirurgiegeräts mit angeschlossen werden. Eine separate, geerdete EKG-Elektrode würde zu Verbrennungen führen
2. Die Aktivelektrode des HF-Chirurgiegeräts muss mehr als 150 mm von der EKG-Elektrode entfernt angebracht sein
3. Die EKG-Elektroden dürfen nicht zwi-

schen dem Operationsfeld (Aktivelektrode) und der Neutralelektrode des HF-Chirurgiegeräts angebracht sein

---

29.3
Pulsoxymetrie

Komplikationen durch diese nichtinvasive Methode des Patientenmonitoring werden durch Mißachtung der Grenzen der Methodik und damit einer möglichen Mißinterpretation der erhaltenen Messwerte *indirekt* verursacht.

Bedingt durch die Messmethodik wird die Signalaufnahme durch folgende Faktoren beeinflusst oder verfälscht:

- **Mangelhafte periphere Durchblutung,** bedingt durch Vasokonstriktion (z. B. intraoperative Auskühlung, hypovolämer Schock etc.)
- **Bewegungsartefakte**
- **Einfallendes Umgebungslicht** (z. B. Infrarotheizlampen, schlecht sitzender Sensor
- **Hochfrequenzkauter und NMR** (bei manchen Geräten) erzeugen Fehlmessungen
- **Abnorme Hämoglobine**
  - CO-Hb: bei starken Rauchern oder Brandverletzten, die Messung erfolgt falsch zu hoch
  - Meth-Hb: bei hohen Meth-Hb Spiegeln wird die Messung falsch zu tief, wenn die Sättigung über 85% liegt, falsch zu hoch, wenn die tatsächliche Sättigung unter 85% liegt
  - Hb-F: vernachlässigbarer Effekt auf die Messung
- **Farbstoffe**
  - Methylenblau: Abfall der PSAT bis zu 65% für 1–2 min; Indigocarmin und Indocyaningrün: kurzer und geringer Abfall der PSAT nicht unter 93% Fluorescein: kurzer und geringer Abfall
- **Nagellack**
  Falschmessung abhängig von der Lichtabsorption des Farbstoffs.
- **Pigmentveränderungen**
  - Gelbverfärbung durch Onychomyco-

sis, bis zu 25% falsch zu tiefe Messung; bei sehr tiefdunkler Hautpigmentierung sind falsch zu hohe Werte oder keine Messwerte erhalten worden

- **Mechanische Komplikationen** (sehr selten)
  - Verbrennungen durch den Sensor während Untersuchungen, Verbrennungen bei Neugeborenen, wenn die Abnahmelokalisation nicht variiert wird
  - Verbrennungen durch defekte Sensoren
  - Verbrennungen durch Kombination von Gerät und Sensor von verschiedenen Herstellern
  - Verletzungen durch den Druck des Sensors

Die Vermeidung der Interpretationsfehler ergibt sich aus der Kenntnis der dargestellten Störfaktoren und deren Wertigkeit.

Darüber hinaus können während Anästhesien Änderungen des arteriellen O_2-Partialdruckes nicht erkannt werden, solange keine Änderung der Sättigung erfolgt. So kann es durchaus relevant sein, wenn während einer Narkosebeatmung mit einem F_1O_2 von 0,4 oder höher der O_2-Partialdruck von 200 mmHg abfällt auf 120 mmHg, ohne dass die Sättigung den 100%-Bereich verlässt (z. B. Tubuslageveränderung nach bronchial).

Mechanische Komplikationen werden durch Beachtung der Bedienungsanleitung und Wechsel der Abnahmelokalisation vermieden. Druckschäden entstehen durch zusätzliche und/oder zirkuläre Fixation des Sensors an den Endgliedern.

29.4
Temperaturmessung

Verschiedene Lokalisationen der Temperaturmessung sind zur Überwachung der Körperkerntemperatur geeignet und üblich:

- Ösophagus,
- Rektum,
- Nasopharynx,
- Tympanon,
- Harnblase.

Die beste Korrelation zur Kerntemperatur zeigt die Messung am Typanon (Webb 1973; Wilson 1971; Benzinger 1969), wobei die Absolutwerte um ca. 0,5 Grad je nach Sensorlokalisation unterschiedlich angezeigt werden (Corck 1983).

Komplikationen sind kasuistisch beschrieben; relevant ist v. a. die Perforation des Tympanon (Wallace 1974). Bei rektal plazierten Temperatursonden sind nach längerer Liegedauer Schleimhauterosionen am Analring zu beobachten.

Nasenbluten nach Plazierung im Nasopharynx tritt gelegentlich auf und ist meistens leicht zu beherrschen.

29.5
Invasive Blutdruckmessung

Als direkte Komplikation des Einsatzes der invasiven, direkten Blutdruckmessung muss die Durchblutungsstörung distal des Punktionsortes angesehen werden (Morr-Strathmann u. Tilmann 1982). Selten kommt es auch zu einer Durchblutungsstörung proximal des Punktionsortes.

Das Auftreten von Gewebsnekrosen im Versorgungsgebiet der kanülierten Arterie korrespondiert nicht mit der Häufigkeit thromboembolischer Gefäßverschlüsse. Im einzelnen beträgt die prozentuale Häufigkeit der thromboembolischen Verschlüsse bei den verschiedenen Gefäßen:

- A. radialis bis 34%,
- A. brachialis bis 41%,
- A. axillaris unbekannt,
- A. femoralis 0,5% ,
- A. dorsalis pedis 6,7–25%,
- A. temporalis nicht bekannt.

! Die A. brachialis und die A. temporalis sollten wegen schlechter Kollateralisierung nicht als Zugang verwendet werden!

Sektion D

Als Ursache der Durchblutungsstörungen, die zu einer Nekrose führen können, müssen Gefäßhypoplasie, unzureichender Kollateralkreislauf, Gefäßspasmen, lokale Stase durch Hypovolämie oder Hyperthermie, thromboembolische Gefäßverschlüsse und versehentliche Injektion gewebsunverträglicher Medikamente angesehen werden (Lake 1985; Gurman 1985; Colvin 1977).

Im Bereich der A. radialis ist von Durchblutungsstörungen nicht nur der distal der Punktion arteriell versorgte Handbereich betroffen, sondern auch die gesamte volare kutane Unterarmseite. Ursache ist die proximale Ausbreitung einer möglichen Thrombosierung der Arterie unter Einbeziehung der Hautäste. Die ersten Anzeichen einer Gewebsminderdurchblutung können bereits nach kurzer Liegedauer der Kanüle beobachtet werden.

Die Therapie der Komplikation besteht in der Entfernung der Kanüle unter Aspiration, in durchblutungsfördernden Maßnahmen, Behandlung von eventuellen Spasmen und allgemeiner Verbesserung der Perfusion.

Die Prävention besteht in der sorgfältigen Voruntersuchung. Hierzu zählen:
- Allen-Test im Bereich der A. radialis,
- Untersuchung der Kollateralen im Bereich des Fußes,
- Kontrolle der Durchblutung distal der Punktion mit Hilfe der Dopplersonde.

Der Allen-Test stellt keine Garantie gegen distale Ischämien dar, obwohl die Durchführung allgemein empfohlen wird. Bei nicht wachen oder unkooperativen Patienten kann auch mit Hilfe der Pulsoxymetrie mit Sensorsitz distal des zu okkludierenden arteriellen Zugangs der Kollateralkreislauf geprüft werden.

Eine möglichst atraumatische Punktion unter Verwendung von Teflonkathetern mit möglichst kleinem Durchmesser zählt ebenso wie eine kurze Verweildauer zu weiteren präventiven Maßnahmen.

 Auf eine peinlich genaue Vermeidung des Einschwemmens von Luft oder gar falsch intraarteriell injizierter Medikamente muss geachtet werden.

Zur Vermeidung von retrograd, d. h. proximal der Punktionsstelle auftretenden Embolien müssen die Spülvorgänge kurzgehalten werden. Dies betrifft v. a. zentral gelegene arterielle Katheter, wie z. B. bei Messung in der A. axillaris. Die in der Folge von Punktionen der Arterien auftretenden Komplikationen müssen als außerordentlich schwer angesehen werden. So können z. B. bei Komplikationen der A. radialis Daumennekrosen mit Funktionsverlust die Folge sein.

Als spezifische Schädigung nach Punktion der A. axillaris sind Ausfälle im Bereich der Armnerven zu nennen, aufgrund der engen anatomischen Beziehung in der gemeinsamen Gefäß-Nerven-Scheide.

Ebenfalls als direkte Komplikationen müssen entzündliche Reaktionen bis zum Auftreten einer Kathetersepsis gerechnet werden. So wurden bis zu 4% positive Kulturen von der Katheterspitze und über 4–18% lokale Infektionen und Septikämien berichtet. Als Ursache hierfür kommen mangelnde Hygiene sowohl bei der Punktion als auch bei der nachfolgenden Pflege der Katheter in Frage. Das Infektionsrisiko steigt bei mehr als 4tägiger Liegedauer erheblich. Die Therapie beim Auftreten entzündlicher Reaktionen besteht in der sofortigen Entfernung der jeweiligen Kanüle bzw. des jeweiligen Katheters und in der lokalen systemischen antibiotischen Behandlung.

Als präventive Maßnahme muss eine aseptische Punktionstechnik (perkutane Punktion) bei gleichzeitiger sorgfältiger Katheterpflege angesehen werden. Hinzu kommt die Beachtung hygienischer Maßnahmen bei der Entnahme von Blut (keine Blutrückstände im Dreiwegehahn belassen) und die Reduktion der Manipulation auf das absolut notwendige Minimum.

Durch das Auftreten von Sepsis können vital bedrohende Zustände auftreten. Weitere Komplikationen können sein:

- Diskonnektionsblutung,
- Hämatombildung (bis 10% für den Bereich A. radialis, 45% A. femoralis),
- Aneurysmabildung (A. femoralis, A. radialis),
- arteriovenöse Fistel im Bereich des Punktionsortes(A. femoralis, radialis ; kasuistisch),
- Embolisation von artheromatösen Plaques (A. femoralis).

Als Ursachen kommen neben einer nachlässig vorgenommenen Konnektion nicht verschlossene Dreiwegehähne und unzureichende lokale Kompression nach Ziehen der Kanüle oder nach Fehlpunktionen in Frage. Darüber hinaus können traumatische Mehrfachpunktionen oder Defekte des Gerinnungssystems diesen Komplikationen Vorschub leisten. Blutungskomplikationen können sowohl bei der Punktion als auch beim nachfolgenden Entfernden der Kanüle aus der Arterie auftreten.

Als therapeutische und präventive Maßnahmen müssen hier die sorgfältige atraumatische Punktionstechnik sowie ausreichende Kompression des Punktionsortes genannt werden.

Eine Hämatombildung im Bereich des Punktionsortes muss als infektionsgefährdet angesehen werden. Hämorrhagien durch Diskonnektion oder aus der punktierten Arterie können insbesondere nach Entfernung des Katheters lebensbedrohend sein.

> **!** **Cave:** Überwachung des kanülierten Patienten; Überwachung nach Katheterentfernung über wenigstens 2 h, z. B. vor Verlegung aus dem Aufraumraum, oder Intensivstation etc.

Die Ausbildung von Aneurysmen bzw. arteriovenösen Fisteln im Bereich der A. radialis können bei unzureichender Versorgung über die A. ulnaris durch Thrombosierung und Embolisierung zur Minderperfusion der Hand führen.

Zentralvenöser Katheter

Die durch einen zentralvenösen Katheter (ZVK) bedingten Komplikationen können sowohl durch die Punktion selbst als auch durch den Katheter bedingt sein (Littmann 1983; Tabelle 29.1).

Als punktionsbedingte Komplikation sind je nach Zugangsort Pleuraverletzungen, arterielle Punktion (mit konsekutivem Hämatom), Verletzung von benachbarten anatomischen Strukturen (Trachea, Larynx, Ösophagus, Plexus brachialis, N. recurrens, N. phrenicus, Ganglion stellatum, Ductus thoracicis), Luftembolien und zerebrale Komplikationen anzusehen.

Komplikationen, die unabhängig vom Zugangsort durch den Katheter selbst auftreten, sind Herzklappenläsionen, Myokardperforation, Abweichung des Katheters in andere Gefäße, Schlingen- bzw. Knotenbildung des Katheters, Embolien durch Luft oder Thromben und schließlich die Kathetersepsis (s. Tabellen 29.2 und 29.3). Tabelle 29.4 gibt über die Häufigkeit der punktionsbedingten Komplikationen Aufschluss. Hinzu kommt eine Komplikationshäufigkeit bei der Punktion der V. jugularis interna des Hydrothorax von 0,02-0,4% und des Hämatoms am Hals von 1,9–5,5%.

Darüber hinaus gibt es eine Reihe von seltenen Komplikationen, die in der Literatur nur als Kasuistiken vorgestellt werden (Tabelle 29.5).

Ursachen punktionsbedingter Komplikationen sind in Fehlpunktionen infolge veränderter anatomischer Verhältnisse, nichtbeachteter falscher Technik oder falsch dimensionierter Punktionskanülen zu sehen. Die Art und Weise der genannten Komplikationen lässt sich leicht aus der Nachbarschaft der geschädigten Strukturen zum Punktionsort erklären. Insbesondere bei adipösen Patienten ergeben sich Schwierigkeiten, so z. B. bei Patienten mit gedrungenem dickem Hals. Hier verläuft die V. jugula-

Tabelle 29.1. Vergleich verschiedener Punktionstechniken und ihrer Komplikationen (Patienten: n=165, Katheter: n=185). (Mod. aus Nehme 1980)

	V. cubitalis (Venae sectio) (n=76)	V. cubitalis (perkutan) (n=32)	V. subclavia (n=76)	V. jugularis interna (n=14)	V. femoralis (Durbec 1997) (n=80)	V. axillaris (Martin 1998) (n=141)
Herzrhythmusstörungen	11	6	7	1	–	–
Versehentliche Ateriotomie	2					
Arterielle Punktion				1	15	–
Periphere Neuropathie	2					
Entzündung	19	4	3	1	5	–
Thrombophlebitis	8	3			–	–
Tiefe Venenthrombose	5				34	–
Sepsis	8	3	5	1	3,7	8,1
Katheterverschlussknick	9	4				
Dauerwedgeposition	6	2	1			
Versehentliches Herausziehen	5	1				
Katheterabweichung	7	1				
Gedämpfte Kurven	10	8				
Aberrierende Gefäßlage					8	
Lungenembolie					0	
Femor. Thrombus					8,5	
Kath.-Kolonisation					13,7	11,4

Tabelle 29.2. Komplikationen bei der Jugularis-interna-Punktion bzw. Katheterisation. (Aus Nessler 1978)

Art der Komplikation	Literatur (%)	Eigene Fälle (%)
Arterienpunktion	1,7–2,8	2,5
Halshämatom	1,9–5,5	2,3
Pneumothorax	0,3	0,1
Hämatothorax	0,1	–
Infusionsthorax	0,4	
Luftembolie	0,1–0,2	–
Verletzungen des Ductus thoracicus	0,2	0,2

Tabelle 29.3. Häufigkeit bakterieller und mykotischer Besiedlung zentralvenöser Katheter bzw. katheterinduzierter Sepsis in der Literatur. (Aus Hufnagel et al. 1978)

Autoren	Kontamination mit pathogenen Erregern (%)	Katheterbedingte Allgemein-infektion (%)	Sepsis (%)	Pilze (%)
Collins (1968)	34,3		1,9	
Daschner (1974)	29,1		5,8	
Breitfellner (1970)	25,0			6,0
Morr (1973)	23,9			
Konold (1974)	20,2	6,6	2,9	
Tiller (1975)	20,2			4,0
Wilhelm (1975)	20,0			
Müller (1972)	16,5			
Burri (1971)	16,3			
Eigene Beobachtung	15,4	0,7 (1 Fall)	1,4 (2 Fälle)	
Fuchs(1971)	3,8			
Riella, Scribner (1976)		15,0 (mittlere Katheterliegedauer: 9,4 Monate)		

Tabelle 29.4. Häufigkeit punktionsbedingter Komplikationen. (Aus Burri u. Krischak 1976)

V. jugularis interna	(%)	V. subclavia	(%)	Ellenbeuge	(%)
Punktion nicht möglich	1,76	Punktion nicht möglich	5,6	Punktion nicht möglich	
Falsche Lage	0,85	Falsche Lage	5,5	V. basilica	4,2
Arterienpunktion	0,61	Arterienpunktion	1,4	V. cephalica	38,0
Pneumothorax	0,05	Hämatom	0,8	Falsche Lage	
Chylothorax	0,02	Pleuraverletzung	1,2	V. basilica	9,84
Phlebitis	0,01	Pneumothorax	1,0	V. cephalica	–
Thrombose	–	Hämatothorax	0,5	Phlebitis	13,88
Embolie	0	Phlebitis	0,1	Thrombose	8,2
Sepsis	0,01	Thrombose	0,24	Embolie	0,18
		Embolie	0,03	Sepsis	0,42
		Sepsis	0,34		

ris interna weiter lateral als bei schlanken Patienten. Insbesondere bei Patienten mit kurzem Hals kann es bei Verwendung langer Kanülen beim Zugang über die V. jugularis zur Komplikationen eines Pneumothorax kommen. Bei unzureichender Kopftieflagerung besteht die Gefahr einer Luftembolie durch die Punktionskanüle, v. a. bei Spontanatmung.

Die Verminderung punktionsbedingter Komplikationen durch *ultraschallgestützte Punktionstechniken* werden nicht einheitlich beurteilt. Bei nicht näher spezifizierten Patienten wird über eine Verminderung von Komplikationen um 11% berichtet (Lefraut 1998), bei erheblich höherem Zeitaufwand (300 s mit Sonographie, 27 s konventionell). Teichgräber (1997) sieht in der Anwendung

Tabelle 29.5. Seltene Komplikationen, die als Kasuistiken vorgestellt wurden. (Mod. aus Burri u. Ahnefeld 1977)

Komplikationen	n	Todesfälle
Gefäßperforation	41	9
Herzperforation	41	34
Luftembolie	24	4 (0,1–0,2%)
Katheterembolie	208	19
Plexus-brachialis-Schaden	4 (2mal bleibender Schaden)	
Venotracheale Fistel	1	
Venobronchiale Fistel	1 (Guariento 1997)	
Cuffpunktion	1	
Punktion der A. mammaria interna	1	
Phrenikusparese	1	
Phrenikusparese	5 (Rigg 1997)	
Horner-Syndrom	1	
Ductus thoracicus	(0,2%)	
Hämatothorax	(0, 1%)	
Chylothorax	(0,02%)	
Kath. Thrombose und konsekutive Lungenembolie	12% (Hoch,1997)	
Spitze in V. azygos	1,2% (Bankier,1997)	
Azygosperforation	n=3 (Bankier 1997)	
Subclaviaaneurysma mit Plexusschaden	(Tarng, 1998; Walden, 1997)	
Herzstillstand	0,1% (Yilmaslar 1997)	
Kardiale Tamponade	(Collier 1998)	

des Ultraschalls zeitliche Vorteile (15 vs. 51 s) und ebenfalls erheblicher Verminderung von Punktionskomplikationen, wie Hämatombildung (8% geringere Inzidenz), Plexusirritation (2% geringere Inzidenz), arterielle Punktion (12% = n:0 geringere Inzidenz). Werden *anatomische Risikopatienten* (z. B. Adipositas permagna, Zustand nach Op. im Punktionsbereich, Zustand nach Bestrahlung im Punktionsbereich) betrachtet, scheinen die Ultraschalltechniken an Wertigkeit zu verlieren, da keine Unterschiede hinsichtlich Erfolgsquote oder Komplikationen festgestellt werden (Bold 1998).

Katheterbedingte Komplikationen finden ihre Erklärung in einer fehlerhaften Einführung des Katheters durch die Einführungskanüle, so z. B. im Zurückziehen des Katheters mit nachfolgendem Abscheren mit

konsekutiver Katheterembolie. Zusätzlich kann bei fehlender Technik während der Katheterfixation durch eine Hautnaht der Katheter durchschnitten oder abgerissen werden. Auch das kann zu einer nachfolgenden Embolie führen. Nicht korrekte intravasale Katheterverläufe sind ebenfalls häufige Ursachen von Komplikationen. Dazu zählen Schlingenbildung (Schlingenbildung von Führungsdrähten; Wang 1999) und thrombotische Komplikationen.

Wird der Katheter bei einer Abweichung in andere Gefäße wie die V. jugularis interna bzw. die kontralaterale V. subclavia zu weit in die V. jugularis interna vorgeschoben, kann eine Thrombose mit zerebraler Abflussbehinderung resultieren.

Ein zu tiefes Einführen des Katheters mit Lage der Katheterspitze im Ventrikel kann

Ursache einer Penetration des Myokards mit nachfolgendem Perikarderguss oder Hämoperikard sein (Herzbeuteltamponade). Sowohl eine fehlerhafte Punktionstechnik als auch die Katheterspitze selbst können zu Gefäßperforationen führen. Liegt hierbei der Perforationsort intrathorakal, muss mit dem Auftreten eines Infusionsthorax bzw. mit einer Infusion in das Mediastinum gerechnet werden. Darüber hinaus wurden vereinzelt Klappenläsionen bei intrakardialer Lage des Venenkatheters beschrieben.

Bei langer Liegedauer der Venenkatheter sind septische Krankheitsbilder in Abhängigkeit von der Liegezeit und dem Zugangsort nicht selten (Kathetersepsis). Keimaszensionen und Keimverschleppungen in das Gefäßsystem mit Bakteriämie sind die Folge. Bei einer Diskonnektion vom Infusionssystem muss insbesondere bei fehlender Kopftieflage mit einer Luftembolie gerechnet werden. Beim Entfernen des Katheters können Abscheidungsthromben am Katheter abgestreift und pulmonal embolisiert werden. Nach Ziehen des Katheters können vital bedrohliche Krankheitsbilder auftreten („ZVK-Removal-distress-Syndrom"): Sepsis, Parese, Koma, bzw. Versagen, Schocksymptomatik. Aus einer Serie von 8 Kasuistiken verstarb ein Patient (Kim 1998). Intimaläsionen, die durch den Katheter verursacht sind, können zu einer vollständigen Thrombosierung der zur V. cava superior zuführenden Vene führen.

Selbst bei einwandfreier Anwendung der Punktionstechniken können Komplikationen, die aus Punktionsversuchen am gewählten Punktionsort resultieren, nicht mit letzter Sicherheit ausgeschlossen werden. Die exakte Kenntnis der anatomischen und topographischen Verhältnisse kann allerdings die Häufigkeit schwerer Komplikationen reduzieren.

Beim Zugang über die V. jugularis interna muss zur Vermeidung einer Verletzung des Ductus thoracicus die rechte Seite bevorzugt werden. Die vermutete Punktionsrichtung und Punktionstiefe können unter Beachtung anatomischer Leitstrukturen, hier die V. ju-

gularis externa, der M. sternocleidomastoideus und die Klavikula, durch Probepunktion mit einer dünnen, kurzen Kanüle (z. B. 20 gg und 3,5 cm Länge) verifiziert werden. Hierbei wird als Punktionsort die Stelle oberhalb der Kreuzung der V. jugularis externa und des M. sternocleidomastoideus empfohlen. Die Punktionsnadel wird transmuskulär in einem Winkel von 30–45° zur Haut in Richtung auf den klavikulären Ansatz des M. sternocleidomastoideus eingeführt. Hierbei empfiehlt sich eine 5 cm lange Verweilkanüle (Seldinger-Technik).

> **!** Bei der Punktion muss auf Parästhesien im Schulterbereich bzw. auf das Auftreten eines Hustenreizes geachtet werden.

Zur Vermeidung von Luftembolien erfolgt die Punktion in Kopftieflage. Zusätzlich sollte der Patient beim Ansetzen des Katheters auf die Punktionskanüle zur Bauchpresse aufgefordert werden.

Bei der Verwendung von Stahlkanülen zur Punktion dürfen Katheter oder Einführungsspirale bei Seldinger-Technik unter keinen Umständen ohne die Punktionskanüle zurückgezogen werden, da sonst der Katheter an der geschliffenen Kanülenspitze abgeschert werden kann.

> **!** Zur Vermeidung früher infektiöser Komplikationen muss die Punktion unter absolut sterilen Bedingungen erfolgen!

Die Prävention katheterbedingter Komplikationen besteht in der Objektivierung der Katheterlage durch eine Röntgenaufnahme des Thorax. Diese erlaubt die Beurteilung des Verlaufs des Katheters und die Beurteilung einer korrekten Lage. Hierbei muss der Verlauf des Katheters glatt und ohne Schlingenbildung sein, die Katheterspitze in der oberen Hohlvene außerhalb der Perikardumschlagfalte liegen. Die röntgenologische

Lagekontrolle muss unter Zuhilfenahme einer Röntgenkontrastmittelinjektion durchgeführt werden, um eine extravasale Lage, die durch Kontrastmitteldepots zu erkennen wäre, auszuschließen. Die freie Aspiration von Blut muss immer möglich sein.

Lageveränderungen, insbesondere beim Zugang über die V. basilica, können sekundär vorkommen. Wiederholte röntgenologische Kontrollen oder die kontinuierliche Ableitung eines Katheter-EKG lassen diese Veränderungen erkennen.

Bei der Handhabung des Katheters, insbesondere bei der Zuführung von Infusionen oder Medikamenten, muss auf aseptische Bedingungen geachtet werden. Dies gilt auch für den Verbandswechsel der Punktionsstelle. Wird der Katheter durch Naht fixiert, muss er an der Fixationsstelle mit Pflaster vor einem eventuellen Durchschneiden durch den geknoteten Faden geschützt werden (Cave: Embolisation). Der Auswahl geeigneter Kathetersets kommt eine große Bedeutung zu (s. folgende Übersicht).

ÜBERSICHT

Verhütung von Komplikationen durch Verwendung geeigneter Kathetersets (mod. aus Bauer 1978)

- **Fehllagen**
  - *Abweichungen, Knickbildungen, Gefäß- und Herzperforation, Drucknekrosen:*
    Einführen über flexible Kunststoffkanüle, flexibler röntgenfähiger Mandrin, weiche Katheter (Polyäthylen)
- **Embolien**
  - *Thromboembolie:*
    Glatte Oberfläche (silikonisiertes Polyäthylen), großer Innendurchmesser
  - *Luftembolie:*
    Katheter mit Mandrin, sicheres Ansatzstück mit fester Katheterverbindung, feste Verbindung Punktionskanüle mit Spritze und Durchführmöglichkeit des Führungsdrahtes ohne Diskonnektion

- *Katheterembolie:*
  Kunststoffkanüle, Polyäthylenkatheter (keine flüchtigen Weichmacher)
- **Infektion**
  - *Primäre oder sekundäre Infektion:*
    Sicher handzuhabender Folienschlauch, Polyäthylenkatheter, imprägnierte Katheter

Bei Pneumothorax, Myokardperforation, Infusionsthorax, Chylo- und Hämathorax, die durch die entsprechende Symptomatologie, die zugehörige objektive Diagnostik und den zeitlichen Zusammenhang mit Punktion und Insertion des ZVK erkannt werden müssen, muss die Therapie aufgenblicklich erfolgen (Lohmüller et al. 1975). Sie besteht in der Anlage von Drainagen zur Entlastung und der Entfernung bzw. Lagekorrektur des Katheters. Hämatome können, außer bei Subklaviapunktion, durch Kompression in ihrer Ausdehnung begrenzt werden (**cave:** hämorrhagische Diathese).

Für die Therapie beim Auftreten von Luftembolien sei an dieser Stelle auf den Abschnitt „Luftembolie" verwiesen.

Die Therapie septischer Komplikationen besteht entweder in der Entfernung des Katheters oder aber in der Applikation von Antipyretika und Antibiotika nach vorangegangener Keimidentifikation. *Präventiv scheinen mit Silber oder Antibiotika imprägnierte Katheter* durch relevante Minderung der bakteriellen Katheterkolonisation, der Bakteriämien oder klinischen Infektionen vorteilhaft (Böswald 1999; Kamal 1998). Ob die Untertunnelung ebenfalls präventiv zu beurteilen ist, kann nicht abschließend festgestellt werden, da eine Metaanalyse von Randolph (1998) dies nachzuweisen scheint (Minderung von Kolonisation und Sepsis um ca. 40%!), jedoch der Punktionsort als entscheidende Variable nicht evaluiert werden konnte.

Embolisierte Katheter müssen operativ entfernt werden (Tabelle 29.6). Das Auftreten von Hämatomen ist bei intakter Hämostase meist ohne gravierende Folgen. Diese können allerdings bei Kompression einer

Tabelle 29.6. Mortalität der zentralen Katheterembolisation in Abhängigkeit vom Vorgehen. (Aus Burri u. Krischak 1976)

Vorgehen		Todesfälle	
	n	n	(%)
Operativ entfernt	105	2	(1,9)
– durch Thorakotomie	49	2	(4,1)
– mit indirektem Verfahren	56	0	(0)
Belassen	43	17	(39,5)
Gesamt	148	21	(14)

stenotisch verengten A. carotis (Mangelperfusion) oder bei der Kompression der V. jugularis interna mit resultierender Abflussbehinderung auftreten.

Im Bereich der V. jugularis interna kann das Auftreten einer Thrombose in Abhängigkeit von besonderen Umständen eine vitale Bedrohung bedeuten (erhöhter intrakranieller Druck). Eine Thrombose der V. subclavia ist infolge eines ausgedehnten Kollateralkreislaufs meist klinisch nicht relevant, im Einzelfall kann hieraus jedoch eine tödliche Lungenembolie resultieren (Linder 1973). Die Mortalität bei einer Katheterembolisation beträgt bei belassenem Katheter 39,5%, bei entferntem Katheter 2% (Entfernung unter Röntgenkontrolle durch Einführen eines flexiblen Mandrins).

Das Auftreten eines Mantelpneumothorax ist klinisch in der Regel nicht relevant. Ein totaler Pneumothorax bzw. ein Spannungspneumothorax bedeuten eine vitale Bedrohung. Ebenso müssen ein Infusohämatochylothorax, wie auch Hämatoinfusoperikard oder eine Sepsis als schwerwiegende Komplikationen betrachtet werden.

Die Bedeutung der Luftembolien hängt von der Menge der embolisierten Luft ab (vgl. Abschn. „Luftembolie").

29.6
V.-pulmonalis-Einschwemmkatheter

Bei der Einführung eines Pulmonaliskatheters sind ebenso wie bei dem Einführen eines ZVK punktionsbedingte und katheter-

bedingte Komplikationen möglich. Da die Punktionsorte denen bei der Punktion eines Venenkatheters entsprechen, kann hier auf eine weitere Darstellung verzichtet werden (vgl. vorangegangenen Abschnitt „ZVK"). Spezifische Komplikationen, die durch den Pulmonaliskatheter selbst bedingt sind, sind zusammen mit ihrer Häufigkeit in Tabelle 29.7 zusammengestellt.

Seltenere Komplikationen sind kasuistisch publiziert und in Tabelle 29.8 zusammengestellt.

Bei vorgeschädigtem irritablem Myokard muss sehr häufig mit dem Auftreten von Herzrhythmusstörungen gerechnet werden. Dies trifft insbesondere bei der Passage des Katheters durch den rechten Ventrikel und bei der dadurch bedingten Irritation zu. Das Auftreten von Abscheidungsthromben am Katheter ist jederzeit möglich. Darüber hinaus können Thrombosen durch Intimaläsionen bedingt sein. Eine weitere Komplikation stellt das Auftreten eines Lungeninfarkts dar. Dieser kann entweder durch die Embolisation von Thromben oder bei einem zu langen Blähen des Ballons zustandekommen. Außerdem kann ein zu weit vorgeschobener Katheter zu einem spontanen Verschluss der Pulmonalarterie und zu einem Lungeninfarkt führen.

Ein übermäßiges Blähen des Katheterballons, insbesondere bei Lage der Katheterspitze in kleinen pulmonalarteriellen Ästen, kann zu einer Ruptur der Pulmonalarterie führen. Andere Ursachen einer Ruptur können eine pulmonale Hypertension und eine zu weite, periphere Lage des Pulmonaliska-

Tabelle 29.7. Komplikationen, verursacht durch den Pulmonaliskatheter. (Mod. nach ASA 1993)

Komplikationen	Inzidenz (%)
Benigne Arrhythmien	4,7–68,9
Bedrohliche Arrhtythmien	0,3–62,7
Rechtsschenkelblock	0,1–4,3
Kompletter AV-Block bei vorbestehendem Linksschenkelblock	8–8,5
Pulmonalarterienruptur	0,1–1,5
Positive Katheterspitzenkultur	1,4–34,8
Sepsis	0,7–11,4
Thrombophlebitis	6,5
Thrombose	0,5–66,7
Pulmonaler Infarkt	0,1–5,8
Wandthromben	28–61
Klappenvegetation/Endokarditis	2,2–100
Letalität Katheter bezogen	0,02–1,5

Tabelle 29.8. Kasuistisch publizierte Komplikationen. (Mod. nach Hines 1995)

- Knotenbildung
- Knotenbildung am Papillarmuskel
- Pneumoperitoneum
- Bradykardie nach Bolusinjektion zur Thermodilutionsmessung
- Klappenverletzung
- Endobronchiale Blutung
- Perforation
- Intrakardiale Annaht des Katheters
- Arteriovenöse Fistel
- Pseudoaneurysmen
- Linksherzlage des Katheters
- Hämaturie
- Katheterbruch
- Intraoperative Durchtrennung
- Chorda tendinea Abriss
- Hydromediastinum

theters sein. Die Häufigkeit der Pulmonalarterienrupturen nimmt mit dem Lebensalter zu. Ein übermäßiges Aufblähen des Ballons kann zu einer Ruptur des Katheterballons mit nachfolgender Gasembolisation, eine ex-

travasale Lage der proximalen Katheteröffnung zu einem Hydromediastinum führen.

Die freie Aspiration von Blut muss über alle Wege möglich sein. Präventive Maßnahmen bestehen z. B. in der Gabe von Lidocain (1 mg/kgKG i.v.), die zu einer Reduktion von Rhythmusstörungen führt (Shaw 1979; Hines 1995; s. auch folgende Übersicht).

> **Maßnahmen zur Minderung von Risiken durch den Pulmonaliskatheter** (mod. nach Lawin u. Morr-Strathmann 1981)
>
> **ÜBERSICHT**
>
> - **Lungeninfarkt**
>   1. Ballonkontrolle vor Einführen des Katheters
>   2. Nur 1-ml-Spritzen zur Ballonfüllung verwenden
>   3. Beim Messen des PCWP den Ballon nicht länger als 1 min gefüllt lassen
>   4. Nach jeder Messung den Ballon vollständig leeren
>   5. Kontinuierliche Spülung sowie Kontrolle des PAP durch Monitor
>   6. Tägliche Röntgenkontrolle der Katheterlage
> - **Infektionen**
>   1. Auf strenge Asepsis bei der Punktion und Kathetereinlage achten

2. Steriler Wundverband
3. Kurze Verweildauer des Katheters (Indikation täglich überprüfen!)
4. Keine Infusionslösungen in die A. pulmonalis
5. Nicht wiederholt dieselbe Punktionsstelle zur Katheterisierung benutzen
- **Lungenarterienruptur**
  1. Besondere Vorsicht bei Patienten mit pulmonaler Hypertonie
  2. Katheter nur bis in eine zentralgelegene Lungenarterie vorschieben
  3. Den Ballon nur füllen, bis PCWP-Kurve erscheint
- **Knotenbildung**
  1. V. jugularis dextra verwenden
  2. Auf Verhältnis"eingeführte Katheterlänge – Druckkurve" achten
  3. Katheter unter Bildwandlerkontrolle vorschieben (?)
- **Katheterverschluss**
  - Kontinuierliche Spülung mit einem Intraflo-Dauerspülsystem
- **Ballonrupturen**
  - Zur Füllung des Ballons CO, benutzen

Die Verwendung von Kathetern mit chemisch gebundenem Heparin kann zur Vermeidung von Thrombenbildung beitragen. Zur Vermeidung von Rupturen des Katheterballons empfiehlt es sich, das Injektionsvolumen auf 1,5 ml begrenzen.

Beim Auftreten von Rhythmusstörungen sollte in Abhängigkeit von der Bedrohung durch eine Arrhythmie und ihrer Persistenz neben einer antiarrhythmischen Therapie auch evtl. an ein Zurückziehen des Katheters und an einen Verzicht des Kathetereinschwemmens gedacht werden.

Kommt es zu intrakardialen Läsionen und in deren Folge zur Klappeninsuffizienz, können diese nur durch chirurgische Eingriffe angegangen werden.

Beim Auftreten einer Lungenarterienruptur muss der Patient auf der kranken Seite gelagert werden, um einen Übertritt des intrabronchialen Blutes auf die kontralaterale

Seite zu vermeiden. Zusätzliche therapeutische Maßnahmen können die endobronchiale Intubation mit dem Doppellumentubus oder aber die endoskopische Tamponade und die Applikation hoher endexspiratorischer Drücke bei der Beatmung (PEEP) sein. Beim Ausbleiben eines therapeutischen Erfolgs dieser Maßnahmen muss die Embolisation (Mullerworth 1998) des rupturierten Gefäßes versucht werden oder zur chirurgischen Versorgung der Lungenarterienruptur thorakotomiert werden.

> **!** Alle spezifischen durch Pulmonaliskatheter bedingten Komplikationen können für den Patienten vital bedrohende Folgen nach sich ziehen. Hieraus resultiert eine außerordentlich strenge Indikationsstellung für die Anwendung des Pulmonalarterienkatheters sowie profunde Fachkenntnis und Erfahrung in der Interpretation der erhobenen direkten und abgeleiteten Parameter.

29.7
Bulbus-jugularis-Oxymetrie

Die Bulbus-jugularis-Oxymetrie, 1990 eingeführt (Cruz et al. 1990), ist in der Neuroanästhesie noch kein Routineverfahren (Jantzen 1997) und findet ihren Anwendungsbereich in der neurotraumatologischen Intensivmedizin mit positiver Wertigkeit (Cruz 1998).

Komplikationen ergeben sich durch die notwendige Punktion und Katheterisierung der V. jugularis interna (s. oben), wobei der versehentlichen A.-carotis-Punktion hier besondere Bedeutung zukommt. Problematisch ist die Störanfälligkeit der Messwertaufnahme, so dass „good data quality" lediglich über 40–50% der erhaltenen Messwerte und Messzeiten zu erhalten ist (Meixenberger et al. 1999; Murr et al. 1996).

Häufige Rekalibrierung ist u. a. wegen des Sondendrifts (4±3%) notwendig, Sondenbrüche werden z. B. bei 3 von 50 Patienten mitgeteilt (Unterberg et al. 1994). Messtechnisch unterliegt die Methode ähnlichen Limitierungen wie die Pulsoxymetrie (s. oben).

29.8
Intrakranielle Druckmessung

In den meisten neurochirurgischen Intensiveinheiten ist die intrakranielle Druckmessung Routineüberwachungsmethode. Die aus dieser invasiven Methode resultierenden Komplikationen umfassen:
- Technische Komplikationen,
- Infektionen,
- Blutungen

und variieren in ihrer Inzidenz in Abhängigkeit von den verwendeten Methoden und Systemen. Messtechnisch wird die intraventrikuläre Druckmessung als „golden standard" angesehen (Miller 1989).

Die Mortalität wird in einer Studie (Piek 1994) mit 0,8% angegeben; als sehr seltene Komplikation wird die Liquorfistel nach Entfernen der Messsonde beschrieben. Technische Probleme umfassen u. a. unbeabsichtigte Dislokationen, Falschpositionierung, Kabelknicke, Fixierungsprobleme, Nullpunktdrifts bis zu 20 mmHg/24 h. Die generelle antibiotische Prophylaxe wird nicht empfohlen (Jacobs).

Literatur

Technische Sicherheit

Verordnung über die Sicherheit medizin-technischer Geräte vom 14.01.1985 BGB 1 S 93

Verordnung über die Sicherheit medizin-technischer Geräte vom 14.1.1985, geändert durch Anl. I Kap. VII Sachgebiet B Abschn II Nr. 9 des Einigungsvertrages vom 31.08.1990 in Verbindung mit Art. 1 des Gesetzes vom 23.09.1990 (BGB 11 S 885, 1025)

Nichtinvasive Blutdruckmessung

Hausmann D, Rommelsheim K (1983) Blutdruckmessung mit dem DINAMAP Monitor 845 XT. Anästh Intensivther Notfallmed 18: 95

Schaer HM, Tschirren B (1982) Nervus radialis-Parese infolge automatischer Blutdruckmessung. Anästhesist 31: 151

Töllner U, Bechinger D, Polandt F (1980) Radial nerv pallsy in a premature infant following long term measurement of blood pressure. J Pediatr 96: 921

Elektrokardiogramm

Chandra P (1982) Severe skin damage from ECG electrodes. Anesthesiology 56: 157

Lutz H (1984) Anästhesiologische Praxis. Springer, Berlin Heidelberg New York Tokio

Pulsoxymetrie

Barker IS, Tremper KK (1987) Pulse oxymetry: Applications and limitations. In: Tremper KK, Barker IS (eds) international anaesthesiology clinics, vol 25, No 3. Little Brown, Boston

	Technische Komplikationen (%)	Infektion/ Kontamination (%)	Blutungen (%)
Intraventrikuläre Messung	ca. 3	1,6–4,4/14	1,4–4,9
Fiberoptisch-parenchymale Messung	10–25	0,6/–	0–5

Burchardi H (1995) Lungenfunktionsdiagnostik: In: Benzer H, Burchardi H, Suter PM (Hrsg) Intensivmedizin. Springer, Berlin Heidelberg New York Tokio, S 278–300

Tremper KK, Barker Sj (1993) Oxigenation and blood gases. In: Saidman LI, Smith NT (eds) Monitoring in anaesthesia. Butterworth-Heinemann, Boston, pp 1–25

Wahr JA, Tremper KK (1995) Pulse oxymetry: In: Blitt CD, Hines RL (eds) Monitoring in anaesthesia critical care medicine. Churchill Livingstone, New York, pp 385–405

Temperaturmessung

Benzinger T (1969) Clinical temperature: A new physiological basis. JAMA 209: 1200

Corck RC, Vaughan RW, Humphrey LS (1983) Precision and accuracy of intraoperative temperature monitoring. Anesth Analg 62: 211

Wallace CT, Marks WE, Adkins WY et al. (1974) Perforation of the tympanic membrane, a complication of tympanic thermometry during anesthesia. Anesthesiology 41: 290

Webb GE (1973) Comparison of oesophageal and tympanic temperature monitoring during cardiopulmonary bypass. Anesth Analg 52: 729

Wilson RD, Knapp C, Traber DL et al. (1971) Tympanic thermography: a clinical research evaluation of a new technique. South Med J 64: 1452

Invasive Blutdruckmessung

Cheng EY, Lauer KK, Stommel KA et al (1989) Evaluation of the palmar circulation by pulse oxymetry. J Clin Monit 5: 1

Colvin MP, Curran JP, Jarvis D et al. (1977) Femoral artery pressure monitoring. Anaesthesia 32: 451

Goldstein RD, Gordon MJV (1990) Volar proximal skin necrosis after radial artery cannulation. NY State J Med 90: 375

Gurman GM, Kriemerman S (1985) Cannulation of big arteries in critically ill patients. Crit Care Med 13: 217

Lake CL (1985) Cardiovascular anesthesia. Springer, Berlin Heidelberg New York Tokio

Morr-Strathmann U, Tillmann W (1982) Grundlagen des invasiven Kreislaufmonitoring. Deutsche Abbott, Wiesbaden

Woolf S, Mangano TD (1980) Pseudoaneurysm, a late complication of radial artery catheterization. Anesthesiology 52: 8

Zentralvenöser Katheter

Bankier AA, Mallek R, Wiesmayr NN et al. (1997) Azygos arch canulation by central venous catheters: radiographic detection of malposition and subsequent complications. J Thorac Imaging 12: 64

Bauer H (1975) Über die Komplikationen des Vena subclavica-Katheters und deren Verhütung. Infusionstherapie 2: 134

Bauer H (1976) Gefahren des Vena subclavica-Katheters. Dtsch Med Wochenschr 101: 672

Bauer H (1978) Komplikationen beim Vena cava-Katheter. Intensivmed Notfallmed Anästh 13: 65

Bold RJ, Winchester DJ, Madary AR et al. (1998) Prospective randomized trial of Doppler-assisted subclavian vein catheterization. Arch Surg 133: 1089

Böswald M, Lugauer S, Regenfus A et al. (1999) Reduced rates of catheter associated infection by use of a new silver impregnated central venous catheter. Infection 27 S 1, S 56

Burri C, Ahnefeld FW (1977) Der Cava-Katheter. Springer, Berlin Heidelberg New York

Burri C, Gasser D (1971) Der Vena cava Katheter. Springer, Berlin Heidelberg New York

Burri C, Krischak (1976) Technik und Gefahren des Cava-Katheters. Infusionstherapie 3: 174

Collier PE, Blocker SH, Graff DM et al. (1998) Cardiac tamponade from central venous catheters. Am J Surg 176: 212

Defalque RJ, Burgess GE, Feeley ThW, Miller MG (1976) Applied physiology of respiratory care. Little Brown, Boston

Durbec O, Viviand X, Potie F et al. (1997) Lower extremity deep vein thrombosis: a prospective, randomized trial in comatose or sedated patients undergoing femoral vein catheterization. Crit Care Med 25: 1982

Durbec O, Viviand X, Potie F et al. (1997) A prospective evaluation of the use of femoral venous catheters in critically ill adults. Crit Care Med 25: 1986

Fry WR, Clagett GC, Orourke PT (1999) Ultrasound-guided central venous access. Arch Surg 134: 738

Guariento V, Luciani GB, Dal Corso B et al.(1997) Venobronchial fistula: an unusual early complication after central venous catheterization. Intens Care Med 23: 1176

Hufnagl HD, Häge R, Kissler E (1978) Bakterielle Befunde an zentralvenösen Kathetern und in kalorischen Infusionslösungen. Intensivmed Notfallmed Anästh 13: 82

Hutschenreuther K (1978) Komplikationen der Hohlvenen-Katheterisierung. Prakt Anästh 13: 211

Kamal GD, Divishek D, Kumar GC et al. (1998) Reduced intravascular catheter-related infection by routine use of antibiotic-bonded catheters in a surgical intensive care unit. Diagn Microbiol Infect Dis 30: 145

Klose R (1978) Punktion zentraler Venen beim Erwachsenen. Prakt Anästh 13: 81

Kim DK, Gottesman MH, Forero A et al.(1998) The CMV removal distress syndrome: an unappreciated complication of central venous catheter removal. Am Surg 64: 344

Lefrant JY, Cuvillon P, Benecet JF et al. (1998) Pulsed Doppler ultrasonographiy guidance for catheterization of the subclavian vein: a randomized study. Anesthesiology 88: 1195

Linder MM (1973) Vena subclavia-Katheterisierung. Thrombose der Vena subclavia und tödliche Lungenarterienembolie. Fortschr Med 91: 659

Littman K (1983) Methoden des zentralvenösen Zugangs zur parenteralen Ernährung. In: Eigler FW (Hrsg) Parenterale Ernährung. Zuckschwert, München Bern Wien, S 13

Lohmüller G, Bauer H, Ruhwinkel B, Kaiser W, Lyetin H (1975) Herzbeuteltamponade während parenteraler Ernährung über einen Subklavia-Kather. MMW 117: 1463

Martin C, Bruder N, Papazian L et al. (1998) Catheter-related infections following axillary vein catheterization. Act Anaesthesiol Scand 42: 52

Nessler R (1978) Die Cava-Katheterisierung über die Vena jugularis interna. Prakt Anästh 13: 316

Randolph AG, Cook DJ, Gonzales CA et al. (1998) Tunneling short-term central venous catheters to prevent catheter related infection: a meta-analysis of randomized, controlled trials. Crit Care Med 26: 1452

Salemi S, Sparacia B, Costa R et al. (1998) Catheterization of subclavian vein through the cannulation of the external jugular vein. Minerva Anesthesiol 64: 563

Tarng DC, Huang TP, Lin KP (1998) Brachial plexus compression due to subclavian pseudoaneurysm from cannulation of jugular vein hemodialysis catheter. Am J Kidney Dis 31: 694

Teichgräber UK, Benter T, Gebel M et al. (1997) A sonographically guided technique for central venous access. Am J Roentgenol 169: 731

Walden FM (1997) Subclavian aneursym causing brachial plexus injury after removal of a subclavian catheter. Br J Anaesth 79: 807

Wang HE, Sweeney TA (1999) Subclavian central venous catheterization complicated by guidewire looping and entrapment. J Emerg Med 17: 721

Weber T, Huemer G, Tschernich H et al. (1998) Catheter-induced thrombus in the superior vena cava diagnosed by transesophageal echocardiography. Act Anaesthesiol Scand 42: 1227

Yilmazlar A, Bilgin H, Korfali G et al. (1997) Complcations of 1303 central venous cannulations. J R Soc Med 90: 319

Pulmonaliseinschwemmkatheter

ASA (1993) Practice guidelines for pulmonary artery catheterization: A report by the American Society of Anesthesiologists Task Force on Pulmonary Artery Catheterization. Anesthesiology 78: 380

Foote GA, Shabel SI, Hodges M (1974) Pulmonary complications of the flow-directed ballon-tipped catheter. N Engl. J Med 290: 17: 927

Hines RL, Barash PG (1995) Pulmonary Artery Catheterization. In: Blitt CD, Hines RL (eds) Monitoring in anesthesia and critical care medicine. Churchill Livingstone, Edinburgh, p 213–259

Lawin P, Morr-Strathmann U (1981) Intravasale Katheter. In: Lawin P (Hrsg) Praxis der Intensivmedizin, 4. Aufl. Thieme, Stuttgart

Martin E, Ott E (1983) Komplikationen und Grenzen der Einschwemmtechnik nach Swan-Ganz. In: Jaesch F, Peter K (Hrsg) Hämodynamisches Monitoring. Springer, Berlin Heidelberg New York Tokio (Anästhesiologie und Intensivmedizin, Bd 156, S 99)

Mullerworth MH, Angelopoulos P, Couyant MA et al. (1998) Recognition and management of catheter-induced pulmonary artery rupture. Ann Thorac Surg (U.S.) 66: 1242

Nehme AE (1980) Swan-Ganz-Catheter. Comparison of insertion technique. Arch Surg 115: 1194

Shaw TJI (1979) The Swan-Ganz-pulmonary-artery catheter. Incidence of complications with particular reference to ventricular disrhythmias and their prevention. Anesthesia 34: 651

Tarnow J (1983) Anästhesie und Kardiologie in der Herzchirurgie. Springer, Berlin Heidelberg New York Tokio, S 51–73

Bulbus-jugularis-Oxymetrie

Cruz J, Miner ME, Allen SJ et al. (1990) Continuous monitoring of cerebral oxygenation in acute brain injury. J Neurosurg 73: 725

Cruz J (1998) The first decade of continuous monitoring of jugular bulb oxyhemoglobinsaturation: management strategies and clinical outcome. Crit Care Med 26: 210

Jantzen JP (1997) Die Bulbus-jugularis-Oxymetrie – ein neues neuroanaesthesiologisches Standardmonitoring? Contra Anästhesiol Intensivmed Notfallmed Schmerzther 32: 453

Meixensberger J, Dings J, Jäger A et al. (1999) Metabolisches Monitoring: Ersetzt die Gewebe-pO2-Messung die Bestimmung der jugularvenösen Sauerstoffsättigung? Anästhesiol Intensivmed Notfallmed Schmerzther 34: S1–S48

Murr R, Schürer L, Polasek J (1996) Kontinuierliche fiberoptische Überwachung der hirnvenösen Sauerstoffsättigung bei schwerem Schädel-Hirn-Trauma: Erfahrungen und Ergebnisse. Anästhesiol Intensivmed Notfallmed Schmerzther 31: 29

Unterberg A, Schneider GH, von Helden A et al. (1994) Zerebrovenöse Oxymetrie. In: Rüg-heimer E, Dünkel M (Hrsg) Neuromonitoring in Anästhesie und Intensivmedizin. Springer, Berlin Heidelberg New York Tokio, S 74

Intrakranielle Druckmessung

Bekar A, Gören S, Korfali E et al. (1998) Complications of brain tissue pressure monitoring with a fiberoptic device. Neurosurg Rev 21: 254

Guyot LL, Dowling C, Diaz FG et al. (1998) Cerebral monitoring devices: analysis of complications. Act Neurochir [Suppl] 71: 47

Jacobs DG, Westerband A (1998) Antibiotic prophylaxis for intracranial pressure monitors. J Natl Med Assoc 90: 417

Khan SH, Kureshi IU, Mulgrew T et al. (1998) Comparison of percutaneous ventriculostomies and intraparenchymal monitor: a retrospective evaluation of 156 patients. Act Neurochir [Suppl] 71: 50

Miller JD (1989) Measuring ICP in patients – its value now and in future? In: Hoff JT, Betz AL (eds) Intracranial pressure VII. Springer, Berlin Heidelberg New York Tokio, S 5

Münch E, Weigel R, Schmiedek P et al. (1998) The Camino intracranial pressure device in clinical practice: reliability, handling characteristics and complications. Act Neurochir 140: 1113

Piek J (1994) Complications of ventricular fluid pressure monitoring – a 2 year prospective study. In: Nagai H, Kamiya K, Ishii S (eds) Intracranial pressure IX. Springer, Berlin Heidelberg New York Tokio, S 468

Rossi S, Buzzi F, Paparella A et al. (1998) Complications and safety associated with ICP monitoring: a study of 542 patients. Acta Neurochir [Suppl] 71: 91

Schürer L, Münch E, Piepgras A (1997) Assessment of the CAMINO intracranial pressure device in clinical practice. Act Neurochir [Suppl] 70: 296

Sektion D

KAPITEL 30

Komplikationen durch Lagerung und Tourniquet

H.-J. Hartung · G. Schwarz · G. Fuchs

30.1
Ursachen und Umstände

Von allen anästhesiologisch bedingten Komplikationen werden 12,7% auf Lagerungsschäden zurückgeführt (Zierl 1979).

Zu den lagerungsbedingten Komplikationen zählen mehrheitlich Schäden peripherer Nerven mit nachfolgender funktioneller Schädigung, Durchblutungsstörungen mit konsekutiver Gewebsläsion und die Folgen einer etwaigen Luftbrückenverlegung durch die extreme Lagerung des Kopfes gegenüber der Halswirbelsäule.

> **!** Lagerungsschäden werden in erster Linie durch unsachgemäße Lagerung des Patienten bei gleichzeitig erloschenen Schutzreflexen während der Anästhesie verursacht. Eine unzureichende Polsterung oder extreme Lagerungsposition sind dabei die Hauptgründe.

Prädisponiert für solche Schäden sind Nerven, die in ihrem Verlauf über knöcherne Unterlagen ziehen und physiologischerweise schlecht gepolstert sind. Der *N. ulnaris* ist im Bereich des medialen Ellbogens, der *N. radialis* im Bereich des dorsalen und medialen Humerusschafts und der *N. peronaeus* über dem Fibulaköpfchen besonders gefährdet. Eine Zerrung oder Kompression des *Plexus brachialis* durch eine extreme Abduktion des Armes (>90°) oder durch falsch angepaßte Schulterstützen führt zu dessen Läsion.

Die *häufigste Schädigung* betrifft den *N. ulnaris*. Eine intraneurale Ischämie muss in Seitenlage und mit hochgebundenem oberem Arm (Lagerung für laterale Thorakotomie) befürchtet werden. Der *N. facialis* kann durch eine Kompression am Kieferwinkel bei einer falschen Technik des Maskenhaltens Druckschäden erleiden. Schädigungen des *N. tibialis posterior* kommen durch Fuß-Bein-Halterungen bei der Steinschnittlagerung vor.

Durchblutungsstörungen, die durch Druck infolge unzureichender Polsterung verursacht werden, können zu schmerzhaften Druckstellen bzw. zu Haut- und Gewebsnekrosen führen.

In Seiten- und Bauchlage des Patienten können die Ohren bzw. die Nase durch eine unsachgemäße Lagerung (Knickung oder Deviation) Schäden erleiden. Eine extreme Rotation oder Lateralflexion im Bereich des Kopfes muss als Ursache für Durchblutungsstörungen im Versorgungsbereich der Vertebralarterien angesehen werden. Die Folge sind entsprechende postoperative neurologische Defizite. Veränderungen des Ventilations-Perfusions-Verhältnisses sind ebenfalls zu beachten.

Bei einer Steinschnitt- und/oder einer begleitenden Kopftieflagerung kann es durch *Hochdrängen des Zwerchfells* bei entsprechend disponierten Patienten zu Beatmungsproblemen mit evtl. unzureichender Oxygenierung bzw. einem Blutdruckabfall kommen.

Die intraoperativ gesetzten Schäden treten in der postoperativen Phase auf, wenn der Patient nicht mehr in Narkose ist und über entsprechende Beschwerden klagt. Eingetretene Schädigungen an den Nerven durch Druck lassen in der Regel nach Tagen bis Monaten eine spontane Heilung erwarten. Die Therapie besteht in unterstützenden physikalischen Maßnahmen.

Bei Gewebsschäden bzw. Hautnekrosen infolge einer Mangeldurchblutung durch Druckeinwirkung können eine chirurgische Exzision und eine plastische Deckung erforderlich werden.

30.2
Prävention

Sie setzt die Kenntnis der anatomischen und funktionellen Gegebenheiten des menschlichen Körpers und entsprechender Indikatoren (Tabellen 30.1, 30.2) voraus. Eine *sorgfäl-*

tige Polsterung der prädisponierten Körperteile und das *Vermeiden unphysiologischer Gelenkstellungen* sind hierbei für die Sicherheit des Patienten erforderlich. Präexistente *Begleiterkrankungen* können ebenfalls zu Lagerungsschäden disponieren, so z. B. der Diabetes mellitus, hämorrhagische Diathesen, Hypovolämie, Anämie und Arteriosklerose.

Besondere anästhesiologische Verfahren wie die künstliche Hypothermie, die künstliche Hypotension oder die Anlage eines Tourniquets erhöhen die Gefahr von Lagerungsschäden (Müller-Vahl 1986).

Lagerungsschäden sind für den Patienten äußerst belastend, da sie auch zu irreversiblen Dauerschäden mit erheblicher Minderung der Lebensqualität führen können.

Tabelle 30.1. Schädigung peripherer Nerven durch Lagerung, Verband und Tourniquet. (aus Müller-Vahl 1986)

Betroffene Nerven	Lagerung	Verband	Tourniquet
Plexus brachialis	13	–	–
N. radialis	4	–	–
N. femoralis	4	–	4
N. tibialis	–	3	–
N. peronaeus	7	14	–
Andere Nerven	8	2	2
Gesamt	36	19	6

Tabelle 30.2. Luftembolie – Detektion

Detektionsverfahren	Minimal detektierbare Luftmenge [ml/kgKG]	Kreislaufparameter	Befunde bei venöser Luftembolie
Transösophageale Echokardiographie	0,01	ZVD	↑
Transthorakale Dopplersonographie	0,02–0,24	PAD	↑
Kapnometrie	0,04–0,6	EKG	Frequenz ↑, Rhythmusstörungen
		Peripherer Widerstand	↓
		Arterieller Druck	↓

30.3
Verantwortung

Aufgrund des medikolegalen Aspektes von Lagerungsschäden wurden zwischen den Berufsverbänden Deutscher Anästhesisten und Chirurgen interdisziplinäre Vereinbarungen (1982) und Novellierungen (1989) getroffen, welche das *Lagerungsmanagement als gemeinsame Aufgabe von Chirurgen und Anästhesisten* definieren. Nach den Grundsätzen strikter Arbeitsteilung erfolgt die Lagerung selbständig, eigenverantwortlich, ohne wechselseitige Überwachungspflichten sowie Weisungsrechte und entsprechend dem gegenseitigen Vertrauensgrundsatz der Einhaltung der Sorgfaltspflichten.

Demnach gilt der Anästhesist bis zu dem Zeitpunkt für die Lagerung verantwortlich, zu dem der Patient für die Operation gelagert wird. Hilfskräfte für die Lagerung – auch wenn sie einer anderen Abteilung zugeordnet sind stehen in dieser Phase unter Weisung und Aufsicht des Anästhesisten.

Die Lagerung zur Operation obliegt in Durchführung, Weisung und Kontrolle dem Chirurgen. Hinweise auf Erschwerung der Überwachung und Gefährdung von Vitalfunktionen durch die Lagerung werden jedoch durch den Anästhesisten an den Chirurgen weitergegeben. Wird die vorgesehene Lagerung trotz Warnung durch den Anästhesisten beibehalten, trägt der Chirurg die Verantwortung für die Konsequenzen, auch wenn sie chirurgisch gerechtfertigt ist. Für die Lagerung der Extremitäten, die für die Überwachung und Medikamentenapplikation erforderlich sind ("Infusionsarm") übernimmt der Anästhesist die Verantwortung. Intraoperative Lageänderungen fallen in den Verantwortungsbereich des Chirurgen, sind jedoch hinsichtlich ihrer Art und Konsequenz durch den Anästhesisten zu dokumentieren. In der postoperativen Phase ist der Anästhesist ab postoperativer Umlagerung vom Op.-Tisch bis zur Übergabe des Patienten an die Bettenstation verantwortlich.

ÜBERSICHT

Detektion von Lagerungsfolgen

- Klinische Inspektion
- Kardiorespiratorische Parameter
- Pulsoxymetrie
- Laser-Doppler-Flowmetrie
- Evozierte Potentiale
- Nahinfrarotspektroskopie
- Luftemboliedetektoren

Beurteilungskriterien
- Seitenvergleich der Parameter
- Parametervergleich vor und nach Lagerungsmanöver
- akute operationsbedingte Parameteränderungen

30.4
Tourniquet

In der Chirurgie der Extremitäten werden operative Eingriffe häufig in sog. Blutleere durchgeführt. Nach Auswickeln der Extremität durch eine Esmarch-Binde wird durch eine pneumatische Druckmanschette (Tourniquet) die betreffende Extremität von der Zirkulation abgeschnitten und damit eine Blutleere erzeugt.

Die Komplikationen dieses Verfahrens können zum einen lokal die jeweilige Extremität, zum anderen auch den gesamten Organismus betreffen.

Die *tolerable Ischämiezeit für eine Extremität* wird empirisch auf *2 h* festgelegt. Wird diese Zeit überschritten, sind neurologische, funktionelle und morphologische Schäden zu befürchten. Häufigkeitsstatistiken über tourniquetbedingte lokale Schäden liegen nicht vor.

Lokale Schäden sind in der Regel ein Ausdruck zu langer Ischämiezeit. Nach tierexperimentellen Untersuchungen beläuft sich die Ischämietoleranz der Skelettmuskulatur auf 3–4 h. Darüber hinaus können Schäden durch die pneumatische Manschette selbst gesetzt werden, wenn diese an der Extremität falsch angelegt bzw. wenn der Überdruck zu hoch eingestellt ist.

Sektion D

Diese Komplikationen werden in der direkten postoperativen Periode bekannt, soweit sie funktionelle Schäden wie z. B. eine eingeschränkte motorische Funktion oder einen Gewebsuntergang betreffen.

Die Therapie besteht in der Herstellung einer optimalen Perfusion der entsprechenden Extremität durch Vermeidung z. B. von Hypotensionen und in einer Verbesserung der Rheologie, so z. B. durch die Verwendung von Thrombozytenaggregationshemmern. Eine Sympathikolyse durch Nervenblockaden wird ebenfalls erfolgreich eingesetzt.

Prävention

Sie besteht in erster Linie in einer Einhaltung der empirisch festgelegten *Ischämietoleranzgrenze* von 2 h und in einer adäquaten Perfusion der betreffenden Extremitäten in der postoperativen Phase. Weiter zählt hierzu eine *exakte Lagerung der Manschette* entweder am proximalen Humerus bzw. Femur und die Einstellung eines Druckes in der oberen Extremität von 300 mmHg bzw. an der unteren Extremität von 500 mmHg oder wenigstens 100 mmHg über dem systolischen Blutdruck des Patienten.

Das Risiko einer Schädigung bei Einhalten dieser Maßnahmen kann als vernachlässigbar gering angesehen werden. Die Methode der Blutleere einer Extremität ist etabliert und bei Vermeidung postoperativer Low-flow-Zustände sicher.

Als *systemische Komplikationen* müssen Folgeveränderungen im Systemkreislauf insbesondere nach Eröffnung des Tourniquets betrachtet werden. In extremen Fällen kann ein sog. *Tourniquetschock* provoziert werden, wenn nach einer übersteigerten Ischämiezeit die Zirkulation wieder freigegeben wird. Solche Fälle sind aber bisher nur unter tierexperimentellen Bedingungen beschrieben worden.

Nach Wiedereröffnung der Zirkulation kommt es zu einer *metabolischen Azidose* mit einer Erniedrigung des pH-Werts sowie einem Anstieg von Laktat und Pyruvat. Oftmals wird eine Zunahme des endexspiratorischen CO_2-Gehaltes gemessen, der Veränderungen des intrakraniellen Druckes verursachen kann. Hypotensionen nach Eröffnen des betreffenden Strombahngebietes sind bei einem Tourniquet an der unteren Extremität häufig. Eine *intraoperative hypertensive Reaktion* wird etwa bei 11% der Patienten beobachtet.

Thrombembolische Ereignisse nach Tourniquetischämie sieht man bei Anwendung an den unteren Extremitäten. Die Ursache möglicher thrombembolischer Komplikationen wird in einer Stase bzw. in Low-flow-Zuständen und der begleitenden Azidose gesehen.

Während der Ischämiezeit wird der Stoffwechsel der Muskulatur anaerob fortgesetzt. Hiebei kommt es zu einer Anhäufung saurer Metabolite, die nach Einschwemmung in den Systemkreislauf die genannten Störungen des Säure-Basen-Haushaltes verursachen. *Nach Eröffnung der Strombahn* kommt es zu einer Verminderung des Gefäßwiderstandes und zu einer, insbesondere bei älteren Patienten, *relevanten hypotensiven Reaktion*.

Nach etwa 45 min Ischämiezeit sind Hypertensionen häufig zu beobachten. Als Ursache werden Schmerzafferenzen diskutiert, die über nichtmyelinisierte, sehr langsam leitende C-Fasern weitergeführt werden und so zu dieser Blutdruckreaktion führen. Dieser langsame Schmerz ist normalerweise durch die schnell leitenden A_δ-Fasern gehemmt. Durch den Tourniquet werden diese Fasern geblockt, so dass durch die wegfallende Hemmwirkung des schnellen Schmerzes die C-Afferenzen zum Tragen kommen. Während regionaler Anästhesieverfahren ist dieses Phänomen ebenfalls zu beobachten. Die *Therapie* der systemischen Komplikationen erfolgt *symptomatisch* (Volumensubstitution, ggf. Azidosekorrektur).

 Der Tourniquet ist bei einer Sichelzellerkrankung kontraindiziert.

Die systemischen Komplikationen nach einer Tourniquetischämie sind in der Regel passager und werden insbesondere bei entsprechenden präventiven Maßnahmen problemlos toleriert. Eine Ausnahme bilden die vital gefährdenden thrombembolischen Ereignisse.

30.5
Lagerung bei neurochirurgischer Operation

> **!** Die Sonderstellung hinsichtlich der Lagerungsproblematik nimmt die Neurochirurgie deshalb ein, weil unterschiedlichste Lagerungsvarianten gefordert werden, deren z. T. organspezifische Auswirkungen zu berücksichtigen sind. Aus neurochirurgischer Sicht besteht darüber hinaus der Bedarf, das Operationsmikroskop und bildgebende Einrichtungen ergonomisch nutzen zu können.

Die *Rückenlage* ist als Standardlagerung für eine Vielzahl von Kraniotomien, transsphenoidalen Hypophysenoperationen und ventralen Eingriffen an der Halswirbelsäule anzusehen.

Zur Verbesserung des venösen Blutabflusses aus dem Hirnstromgebiet wird dabei im Rahmen von pathologischen Prozessen mit erhöhtem intrakraniellem Druck eine *geringgradige Höherlagerung des Kopfes* und/oder des Oberkörpers erwogen. Die möglichen Schädigungen im Rahmen dieser Lagerung betreffen vorwiegend periphere Nerven (Plexus brachialis und N. ulnaris im Bereich des Ellbogens s. oben).

Die Anwendung der *Pulsoxymetrie* oder *Laser-Doppler-Flowmetrie* kann dazu beitragen, an gefährdeten Extremitäten lagerungsbedingte Perfusionsstörungen speziell durch Vergleich der Messdaten vor und nach dem Lagerungsmanöver oder durch Seitenvergleich frühzeitig zu erfassen. Darüber hinaus können bei Vorliegen zerebraler Perfusionsstörungen mittels Nahinfrarotspektroskopie Änderungen der regionalen zerebralen Sauerstoffsättigung nach Rotation des Schädels registriert werden.

Die *Seitenlage* gelangt bei Eingriffen von pathologischen Prozessen in der temporoparietalen Region, im Bereich der hinteren Schädelgrube sowie im Rahmen der Bandscheibenchirurgie in Betracht. Die Umlagerung aus der Rückenlage muss hierfür koordiniert durch mehrere Hilfspersonen achsengerecht erfolgen. Um den Druck auf den *Plexus brachialis* zu verringern, die unten liegende Schulter zu entlasten und eine Druckverteilung auf mehrere Rippen zu realisieren, ist die adäquate Applikation einer Lagerungsrolle vorzusehen. Der oben liegende *Arm* muss durch Kissen unterlegt werden oder er wird auf einer geeigneten Armstütze funktionsgerecht gelagert. Die Abduktion des unteren Armes soll dabei 90° nicht überschreiten.

In Abhängigkeit von der Operationstechnik ist es erforderlich, mittels zwischen und unter die *Beine* gelagerten Kissen den Druck auf die unten liegende Extremität zu mindern und der Gefahr einer Peroneusläsion vorzubeugen. Das Risiko hinsichtlich eines Kompartmentsyndroms (Gewebeödem mit erhöhtem Gewebedruck) im Bereich der unteren Extremität, begünstigt durch Hypotension, Kompression zuführender Arterien oder äußeren Druck auf die Kniekehlen, kann dadurch ebenfalls verringert werden. Neben der lokalen Symptomatik sind gegebenenfalls eine postoperative Laktatazidose, Myoglobinämie und Nierenfunktionsstörungen Indikatoren für eine schwere Verlaufsform einer lagerungsbedingten Mangelperfusion der unteren Extremitäten.

Kopf und Halswirbelsäule sind in einer Neutralstellung (Vermeiden einer Lateralflexion zur Wirbelsäule) auf Polstern zu lagern, um eine Dehnung des zervikalen Grenzstranges (konsekutives Horner-Syndrom) zu verhindern. Der ungehinderte Blutzustrom über die beiden Karotisarterien muss speziell bei Patienten mit Einschränkungen der

Sektion D

zerebralen Perfusion (z. B. Karotisstenosen) berücksichtigt werden.

Die *Bauchlage* wird in der Neurochirurgie notwendig bei Eingriffen in der hinteren Schädelgrube, Okzipitalregion sowie im Rahmen von Operationen an der Wirbelsäule (Hals- bis Lendenwirbel). Je nach operativem Geschehen sind dabei die klassische Bauchlage und verschiedene Variationen, z. B. die Knie-Ellbogen-Lage, möglich.

Folgen dieser Lagerung betreffen sowohl das *kardiozirkulatorische* als auch *das respiratorische System*. Durch das Gewicht des Körpers wird die Beweglichkeit des Diaphragmas in Spontanatmung eingeschränkt, zusätzlich das Zwerchfell nach kranial verlagert und dadurch das Atemzugvolumen vermindert. Deshalb ist zwangsläufig eine kontrollierte Beatmung in Bauchlagerung vorzunehmen. Wenn die freie Beweglichkeit des Abdomens durch entsprechende Lagerungsbehelfe (Unterpolsterung des Schultergürtels und des Beckens) ermöglicht wird, können die Verschiebung des Zwerchfells und die Abnahme der funktionellen Residualkapazität verringert werden. Dadurch können überhöhte Beatmungsdrucke mit Gefahr des Barotraumas bis hin zum Pneumothorax vermieden werden.

Durch die Bauchlage kann der venöse Rückstrom zum Herzen behindert werden, das Schlagvolumen und der Cardiac Index abfallen. Bei entsprechender Lagerung mit freien Durchflussmöglichkeiten im Bereich der Vena cava und der Femoralgefäße kommt es zu keinen gravierenden kardiozirkulatorischen Auswirkungen. Findet sich hingegen eine Kompression der V. cava, werden selbst die epiduralen Venenplexus in den Umgehungskreislauf eingebunden, und die Blutungsneigung im Operationsgebiet wird stark erhöht. Das Risiko der Erhöhung des *intrakraniellen Druckes* ist speziell dann gegeben, wenn der Kopf unter das Herzniveau gelagert wird. Die Drehung des Kopfes aus der Mittellage verändert die Flussraten in den Halsgefäßen (Aa. carotis und vertebralis). Die Drehung des Kopfes um 80° führt zu einem vollständigen Gefäßverschluss auf der gegenüberliegenden Seite. Dies wird bei intakten Umgehungskreisläufen über die anderen Gehirnarterien und den Circulus arteriosus Willisii kompensiert. Des weiteren kommt es bei Kopfdrehungen größeren Ausmaßes zu Abflussbehinderungen des venösen Blutes aus dem Kopf mit Auftreten von Lidödemen oder postoperativen Kopfschmerzen. Bei den Umlagerungsmanövern aus der Rücken- in die Bauchlage ist größte Vorsicht angezeigt, da unter dem Einfluss der Muskelrelaxation eine Läsion der Wirbelsäule oder der Extremitäten leichter möglich ist.

Im Rahmen der *Positionierung des Kopfes* kann durch entsprechende Gestaltung der Kopfhalterung (Hufeisenform, Schaumstoffmaske) eine Druckausübung auf die Bulbi vermieden werden. Intraoperativ sollte ein freier Blick auf die Augen möglich sein. Die ischämische Optikusneuropathie (Thrombosierung der Netzhautarterie, Netzhauteinblutungen) ist die häufigste Ursache des postoperativen Visusverlustes. Irreversible Amaurose ist bereits nach 10 min Bauchlage beschrieben worden. Der Gefahr von schmerzhaften Kornealerosionen und -ulzera begegnet man durch Einbringen von Augensalbe bzw. künstlicher Tränenflüssigkeit und/oder Verschluss der Lider durch Klebestreifen.

Eine weitere Schädigungsmöglichkeit ist im *Bereich von Gesichtsnerven* gegeben. Der N. supraorbitalis ist an der Durchtrittsstelle im medialen Augenbrauenbereich durch Konnektoren von Nasotrachealtuben oder direkten Druck der Gesichtsmaske gefährdet. Auch buccale Äste des N. facialis können durch direkte Druckeinwirkung über längere Zeit geschädigt werden.

Das „*Thoracic-outlet-Syndrom*" oder auch „Engpaßsyndrom des Schultergürtels" faßt mehrere Krankheitsbilder mit einer Irritation des Gefäßnervenbündels im Bereich der oberen Thoraxapertur zusammen. Verursacht wird es durch eine rudimentäre Halsrippe, einen atypischen Ansatz des M. scalenus oder den Ansatz des M. pectoralis minor. Ausgelöst wird das Syndrom durch

Abduktion des Armes in Bauchlage über 90° und Drehung des Kopfes zur betreffenden Seite. Als Folgeerscheinungen können langanhaltende, z. T. therapierefraktäre, diffuse Schmerzen mit neurologischen (axonale Degeneration) und/oder vaskulären Komplikationen (Gefäßspasmen, Mikroembolien, Thrombose) auftreten.

In der *Knie-Ellbogen-Lagerung* als Sonderform einer Bauchlagerung kommt es zu besonderen Belastungen der Knie- und Hüftgelenke sowie zur möglichen Abknickung des Gefäßnervenbündels im Hüft- und Kniegelenkbereich mit Gefahr von Ischämie und Kompartmentsyndrom. Speziell Patienten mit vorbestehender peripherer Gefäßkrankheit sind besonders gefährdet.

Die *sitzende Operationslagerung* gelangt bei Eingriffen im Bereich der hinteren Schädelgrube, des kraniozervikalen Überganges oder der zervikalen Wirbelsäule zur Anwendung. Bei der Umlagerung des Patienten in die sitzende Position, die nur langsam (bzw. stufenweise) stattfinden soll, können stärkere Auswirkungen auf das *kardiozirkulatorische System* auftreten. Durch Verringerung des venösen Rückflusses nehmen das intrathorakale Blutvolumen, das Schlagvolumen und der „cardiac output" deutlich ab. Um ein Versacken des Blutes in die unteren Extremitäten zu verringern, sollten die Beine mit geeigneten Stützstrümpfen oder Bandagen (bis in Hüfthöhe) komprimiert werden. Vor dem Aufsetzen erweist sich die intravasale Volumenexpansion durch Zufuhr von Infusionslösungen (vorzugsweise Kolloide) als zielführend. Eine erhöhte Lagerung der unteren Extremitäten erweist sich als hilfreich, die Gabe von Vasopressoren kann notwendig sein.

Ein Abfall des mittleren arteriellen Druckes kann speziell bei gestörter autoregulatorischer Kapazität auch negative Rückwirkungen auf den *zerebralen Perfusionsdruck* nehmen. Deshalb ist für ein effektives Monitoring des Blutdruckverhaltens die Positionierung des Druckaufnehmers in Höhe der Schädelbasis (Meatus acusticus externus) indiziert.

Als besonderes Gefahrenmoment ist bei der sitzenden Position das Auftreten der *venösen Luftembolie* hinlänglich bekannt. Je höher der Niveauunterschied zwischen Herzhöhe und Operationsgebiet ist, desto größer ist der Druckgradient, umso eher kann Luft über nicht kollabierte Venen in das Gefäßsystem eindringen. Die Häufigkeitsangaben für das Vorkommen einer Luftembolie schwanken zwischen 5% und 50%, wobei nach mehrheitlichen übereinstimmenden Literaturangaben in ca. einem Drittel aller Eingriffe in sitzender Lage mit einer Luftembolie gerechnet werden muss. Dabei ist das klinische Korrelat unterschiedlich ausgeprägt (Stadien nach Matjasko; 0–5).

Luftembolie – Klassifikation

ÜBERSICHT

- $0 = \emptyset$
- $1 = $ Doppler[a]
- $2 = $ Doppler[a] + Luftaspiration
- $3 = $ Doppler[a] + Luftaspiration + ETCO$_2$ ↓
- $4 = 3 + $ Hypotension oder Arrhythmien
- $5 = $ Morbidität und Mortalität

[a] Positiver akustischer Befund der transthorakalen Dopplersonographie.

Die Luft kann durch nicht kollabierte Knochenvenen, Emmissarien, Muskelvenen und Venen in der Tiefe des Operationsgebietes in das Venensystem gelangen. Von Bedeutung für die klinischen Folgen der Luftembolie sind die Geschwindigkeit und die Volumina der Gasmenge, die in das venöse System gelangen.

Anästhesiologisches Management bei Luftembolie

ÜBERSICHT

- **Intraoperativ:**
  - Information des Neurochirurgen
  - Jugularvenenkompression
  - Aspiration der Luft über zentralen Venenkatheter

Sektion D

- 100% Sauerstoff
- Kardiozirkulatorische Maßnahmen (Katecholamine)
- Rück- bzw. Links-Seitenlagerung (fakultativ)
- **Postoperativ:**
  - Hyperbare Sauerstofftherapie (fakultativ)
  - Lungenödemtherapie (fakultativ)

Akzentuiert wird die Problematik dann, wenn durch Übertritt von Luft aus dem venösen in das arterielle Gefäßsystem eine *paradoxe Luftembolie* auftritt. Durch entsprechende Verbindungen, wie etwa ein persistierendes Foramen ovale oder intrapulmonale Shunts, können Luftbläschen bis in die Endstrombahn von Herz oder Gehirn eingeschwemmt werden. Das präoperative Screening mittels transthorakaler Kontrastechokardiographie liefert bei positivem Befund den Nachweis eines intrakardialen oder intrapulmonalen Rechts-links-Shunts, ein negativer Befund bietet jedoch nicht in jedem Fall dessen sicheren Ausschluss.

Eine *zerebrale Ischämie* kann sekundär die Folge des Abfalles des zerebralen Perfusionsdruckes infolge lagerungsbedingter Hypotension oder extensiver Flexion im Zervikalbereich sein.

Die sitzende Position ist auch die vorwiegende Ursache für das Auftreten eines *Pneumozephalus*, der sich sowohl bei kranialen als auch spinalen Eingriffen entwickeln kann und als Spannungspneumocephalus zur vitalen Bedrohung wird.

Pneumozephalus

- **Symptomatik:**
  - verzögertes Aufwachen aus Narkose
  - postnarkotische Bewusstseinstrübung
  - zerebrale Konvulsionen
  - Halbseitensymptomatik
- **Diagnostik:**
  - seitliches Schädelröntgen in Rückenlage
  - CT

- **Cave:**
  - kein N_2O
  - Spannungspneumozephalus

Eine zu starke Rotation und Flexion des Kopfes ist durch Behinderung des venösen und lymphatischen Abflusses in der Lage, den *intrakraniellen Druck* ansteigen zu lassen. Darüber hinaus kann das massive Anschwellen der Weichteile im Schlund- und Halsbereich (Makroglossie) so massiv sein, dass Probleme in der postoperativen Phase hinsichtlich der Respiration ausgelöst werden. Die Überdehnung bzw. Kompression des Halsmarkes ist als seltene aber folgenschwere Komplikation möglich. Bei diesen Lagerungen ist das Monitoring mit somatosensorisch evozierten Potentialen zur Frühdetektion von neuronalen Schädigungen beschrieben.

Literatur

Britt BA, Gordon RA (1964) Peripheral nerve injuries associated with anaesthesia. Can Anaesth Soc J 11: 514–536

Brown RH, Schauble JF, Miller NR (1994) Anemia and hypotension as contributors to perioperative loss of vision. Anesthesiology 80: 222–226

Conaty KR, Klemm MS (1989) Severe increase of intracranial pressure after deflation of a pneumatic tourniquet. Anesthesiology 71: 294–295

Cottrell JE, Hassan NF, Hartung J (1985) Hyperflexion and quadriplegia in the seated position. Anesthesiol Rev 12: 34

Dalton EM, Bowe EA (1994) Patient Positioning. In: Conroy MJ, Dorman BH (eds) Anesthesia for Orthopedic surgery. Raven Press, New York, vol 2, pp 14–20

Dawson DM, Krarup C (1989) Perioperative nerve lesions. Arch Neural 46: 1355–1360

Fournier P, Mensch-Dechene J, Ranson-Bitker A (1979) Effect of sitting up on pulmonary blood pressure, flow and volume in man. J Appl Physiol 46: 36

Fuchs G, Schwarz G, Stein J (1998) Doppler colorflow imaging: screening of a patent foramen ovale in children scheduled for neurosurgery in sitting position? Neurosurg Anesth 10: 5–9

Gronert GA, Messick JM, Cucchiara RF (1979) Paradoxical air embolism from a patent foramen ovale. Anesthesiology 50: 548–549

Hickey C (1993) Intraoperative somatosensory evoked potential monitoring predicts peripheral nerve injury during cardiac surgery. Anesthesiology 78: 29–35

Kaufmann RD, Walts LF (1982) Tourniquet induced hypertension Br J Anaesth 54: 333

Kienzle F, Ullrich W, Krier C (1997) Lagerungsschäden in Anästhesie und operativer Medizin. Anaesth Intensmed Notfallmed Schmerzther 32: 72–86

Klingstedt C, Hedenstierna G, Lundquist H (1990) The influence of body position and differential ventilation on lung dimensions and atelectasis formation in anaesthetized man. Acta Anaesth Scand 34: 315–322

Lam AM (1998) Management of positioning of the neurosurgical patient. Eur J Anaesth 15 [Suppl 17]: 27–28

Larsen R (1999) Lagerung des Patienten zur Operation. In: Larsen R (Hrsg) Anästhesie. Urban & Schwarzenberg, München

LeBlanc P, Ruff F, Milic-Emili J (1970) Effects of age and body position on airway closure in man. J Appl Physiol 28: 448–451

Lumb AB, Nunn JF (1991) Respiratory function and ribcage contribution to ventilation in body positions commonly used during anesthesia. Anesth Analg 73: 422–426

Macario A, Weinger M, Truong P, Lee M (1999) Which clinical anesthesia outcomes are both common and important to avoid? The perspective of a panel of expert anesthesiologists. Anesth Analg 88: 1085–1091

Martin JT (1987) Positioning in anesthesia and surgery. Saunders, Philadelphia

Martin JT (1992) Compartment syndroms: concepts and perspectives for the anesthesiologist. Anesth Analg 75: 275–283

Matjasko J, Petrozza PL, Cohen M (1985) Anesthesia and surgery in the seated position: analysis of 554 cases. Neurosurgery 17: 695–702

Müller-Vahl H (1986) Mono-Neuropathien durch ärztliche Maßnahmen. Dtsch Ärztebl 30/4: 178

Peterson T, Wissing H (1995) Lagerungsschäden beim Patienten mit unbekanntem „thoracic outlet syndrome". Anästh Intensmed Notfallmed Schmerzther 30: 516–518

Schwarz G, Fuchs G, Weihs W (1994) Sitting position for neurosurgery: experience with preoperative contrast echocardiography in 301 patients. J Neurosurg Anesth 6: 83–88

Schwarz G, Tritthart H (1997) Pneumozephalus Mögliche Ursache postoperativer Konvulsionen nach cervikaler Laminektomie. Anesth Intensivther Notfallmed 22: 239–241

Smith RH (1978) The prone position. In: Martin JT (ed) Positioning in Anesthesia and Surgery. Saunders, Philadelphia

Standefer M, Bay JW, Trusso R (1984) The sitting position in neurosurgery: a retrospective analysis of 488 cases. Neurosurgery 14: 649

Stoelting RK (1993) Postoperative ulnar nerve palsy – is it a preventable complication? Anesth Analg 76: 7–9

Thompson GE (1987) Perioperative nerv injuries. Probl Anesth 1: 4

Toole JF (1968) Effects of change of head, limb and body position on cephalic circulation. N Engl J Med 279: 307

Ullrich W, Biermann E, Kienzle F (1997) Lagerungsschäden in Anästhesie und operativer Medizin. Anaesth Intensmed Notfallmed Schmerzther 32: 4–20

Sektion D

Luftembolie

G. Fuchs · H.V. Schalk

Über (chirurgisch) eröffnete, nichtkollabierende Venen kann – bei entsprechendem *Druckgradienten zum Rechtsherz* – Luft in das Gefäßsystem eintreten. Sitzende Lagerung sowie die Inspirationsphase bei Spontanatmung erhöhen den Druckgradienten und begünstigen damit das Entstehen einer Luftembolie. Nichtkollabierende Venen sind die Vv. epiploicae, Vv. diploicae, die Vv. emissariae und die Sinus durae matris, Venen des Halses, die durch Faszienzug oder Einbettung im Strumagewebe offengehalten werden, und evtl. auch Venen in koaguliertem Operationsgebiet. Zentralvenös mündende Katheter stellen bereits bei Diskonnektion, periphere intravenöse Leitungen zumindest bei Druckinfusion potentielle Eintrittspforten für Luft dar.

Die überwiegende Zahl von Luftembolien wurde bei neurochirurgischen Operationen in sitzender Position beobachtet, Einzelfälle bei Hals- und Strumaoperationen, Eingriffen im oberen Thoraxbereich und am offenen Herzen mit extrakorporaler Zirkulation, während Gasinsufflation zur Laparoskopie, bei Pneumenzephalographie und Arthrographie, aber auch bei verschiedenen traumatischen Ereignissen (Thoraxtrauma, Explosionstrauma) oder Gerätefehlern (Edelman u. Wingard 1980; Krier und Wiedemann 1978; Müller et al. 1984). Weitere Möglichkeiten sind Eingriffe, die eine ausgedehnte Wundfläche präsentieren (Schwenklappen, Mastektomie, Wirbelkörperperfusionierungen) oder Maßnahmen mit Verbindungsherstellung zwischen venösem Gefäßsystem und äußerer Atmosphäre.

Statistische Aussagen über Häufigkeit des Auftretens, aber auch über Schweregrad und klinische Relevanz divergieren weit: die Inzidenz wird bei neurochirurgischen Operationen in sitzender Position mit 30–40% angegeben (Matjasko 1985), die Mortalitätszahlen reichen von 0–73% (Hey et al. 1983). Verschiedene sensitive Untersuchungsmethoden und entsprechend unterschiedlich erfolgreiche Vorsorge- und Therapiemaßnahmen müssen heute als Grund dieser differierenden Aussagen angesehen werden (Schwarz et al. 1994; Fuchs et al. 1998).

31.1
Pathophysiologie

Eine Luftembolie entsteht dadurch, dass Luftblasen während einer gewissen Zeitphase in das venöse Gefäßsystem aufgenommen werden. Die Geschwindigkeit, mit der sie fortgeleitet bzw. zurückgehalten werden, hängt von (dynamischen und statischen) physikalischen Größen ab:

- Blutflussgeschwindigkeit und Luftblasengröße,
- Gefäßquerschnitt,
- Gefäßneigung in Zusammenhang mit Schwerkraft und Auftrieb,
- Reibungskräfte der Luftblasen an der Gefäßwand,
- Druckgradient zwischen Rechtsherz und Lufteintrittspforte.

Die Blutflussgeschwindigkeit der großen herznahen Venen ist pulsphasenabhängig und beträgt –3 bis +30 cm/s. Es ist daher vorstellbar, dass Luftblasen nicht nur herzwärts wandern, sondern auch kranial aufsteigen. Theoretisch ist ein Netto-Null-Effekt der Luftblasenbewegung anzunehmen, wenn Blutflussgeschwindigkeit und Auftrieb als gleich große, entgegengesetzt gerichtete Kräfte auf den Luftembolus wirken. Klinische Bedeutung bekommen diese Feststellungen dadurch, dass Blutflussgeschwindigkeit und Herzzeitvolumen (HZV) in direkter Beziehung zueinander stehen. *Eine Verminderung des HZV reduziert den Lufteintritt bzw. vergrößert die Auswaschung von bereits im Gefäßsystem oder Herzen befindlicher Luft* (Martin et al. 1984).

Klinische Relevanz

Welche Luftmenge wird als Embolus noch toleriert, wann ist sie fatal?

Prinzipiell muss heute gesagt werden, dass wegen der Möglichkeit einer *paradoxen Luftembolie*, das ist der Luftübertritt in den Systemkreislauf, z.B. über ein offenes Foramen ovale (Häufigkeit in der Bevölkerung auf Grund autoptischer Studien 20–30%; Hagen 1984) oder über extrakardiale Wege (Schwarz et al. 1994), bereits 0,5 ml Luft als potentiell problematisch gelten – fatale Zerebral- und Koronarembolien wurden beschrieben (Gronert et al. 1979; Müller et al. 1984; Perkins-Pearson et al. 1982). Große, rasch eintretende Luftmengen können auch unter Umgehung des Herzens – über Bronchialvenen, Vv. cordis minimae (Vv. Thebesii), große pleurale Kapillaren, vordere Herzvenen – in das Linksherz gelangen (Marquez 1981; Hills 1983). Im Extremfall bildet ein großer Luftembolus ein „Luftschloss" im rechten Herzen, die Blutpassage in die pulmonale Zirkulation wird vermindert oder gar aufgehoben, ein funktioneller Herzstillstand ist die Folge.

> **!** Auch „kleine" Luftmengen können als paradoxe Luftembolie fatal werden.

Die klinisch weitaus häufiger vorkommende, schleichend einsetzende Luftembolie ist gekennzeichnet durch das perlschnurartige Eintreten von Luftblasen in das venöse System und deren Embolisation in den Lungenkreislauf. Der pulmonalvaskuläre Widerstand steigt an und beeinträchtigt die linksventrikuläre Füllung. Bei großen Luftmengen kommt es zu Druckanstiegen in der Pulmonalarterie und im rechten Ventrikel. Durch die Drosselung der linksventrikulären Füllung resultiert ein Abfall des systemarteriellen Druckes.

In Narkose wird Lachgas (N_2O) entsprechend dem Diffusionsgradienten das Volumen der Luftembolie vergrößern und damit die Clearancekapazität der Lunge zusätzlich beanspruchen. Im Verlauf der Luftembolie kommt es zu einer zunehmenden Rechtsherzbelastung.

Lachgas vergrößert den Luftembolus!

Der Schweregrad einer venösen Luftembolie kann nach dem Schema von Matjasko et al. (1985) bestimmt werden: Grad 1: Nur Dopplerveränderungen; Grad 2: Dopplerveränderungen + Luftaspiration; Grad 3: Dopplerveränderungen + Luftaspiration + Abfall des endexspiratorischen CO_2-Drucks; Grad 4: 3 + Hypotension und/oder Arrhythmie; Grad 5: schwere Verlaufsform von Morbidität und Mortalität.

Kasuistische Berichte über fatale Folgen einer Luftembolie beschreiben meist unerwartete Ereignisse. Andererseits sind, besonders im neurochirurgisch-anästhesiologischen Bereich, Monitoring und Therapie offensichtlich durchaus erfolgreich (Fuchs et al. 1999, Schwarz et al. 1994).

31.2
Diagnose

Dopplerultraschall

Die Dopplersonographie gilt heute aufgrund ihrer hohen Empfindlichkeit als das Verfahren der Wahl zur Erkennung der Luftembolie. Über eine entsprechende Tonänderung des Dopplersignals kann ein Lufteintritt von etwa 0,1 ml/kg/min identifiziert werden. Die Dopplersonde wird über dem rechten Herzen, also normalerweise im 2. oder 3. Inter-

Abb. 31.1. Diagnose der experimentellen Luftembolie bei dosierter Luftinfusion (ml/kg KG/min: Sensitivität der Methoden). Mit der Dopplersonde werden bereits kleinste Luftmengen entdeckt, bevor physiologische Veränderungen auftreten. (Aus Gildenberg et al. 1981)

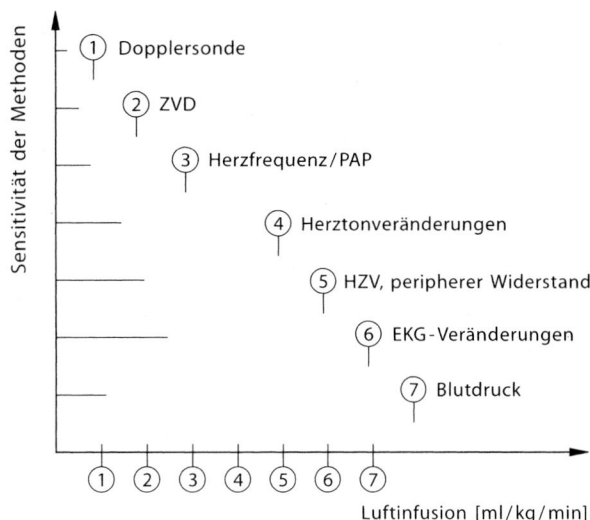

kostalraum rechts oder links parasternal plaziert. Zur Lagekontrolle dient das Turbulenzgeräusch, das auftritt, wenn über den zentralvenösen Katheter, bei Kindern auch über eine periphere Vene, rasch 5–10 ml NaCl-Lösung injiziert werden. Intraoperativ werden Turbulenzgeräusche manchmal als Luftembolie fehlinterpretiert bzw. als störend empfunden. Für den Geübten sind bereits 0,5 ml Luft „hörbar", eine exakte Quantifizierung ist jedoch nicht möglich (Hey et al. 1983; Abb. 31.1). Bei ungünstigen anatomischen Bedingungen kann eine transösophageale Signalaufnahme nützlich sein. Man kann damit auch Luftblasen im linken Herzen feststellen, die bei intrakardialen Defekten oder operativen Eingriffen auftreten können.

Trotz der sehr sensiblen Dopplermethode werden durch sie in ca. 5% aller Fälle Luftembolien nicht aufgedeckt. Erklären lassen sich diese Lücken durch Fehlpositionierung oder Verrutschen des Schallkopfes während der Operation.

Stethoskop

Präkordial oder ösophageal plaziert, wird das Stethoskop seit langem zur Entdeckung einer Luftembolie verwendet. Neben der un-

spezifischen Zunahme der Herzfrequenz gelten paukende Herztöne, im weiteren Verlauf das rauhe systolische Geräusch und schließlich das typische „Mühlradgeräusch" als akustische Anzeichen der Luftembolie. Damit wird eine gewisse Quantifizierungsmöglichkeit angedeutet, die meist auch mit entsprechenden Kreislaufveränderungen (Blutdruckabfall, Tachykardie, ventrikuläre Arrhythmie, entsprechend dem Matjasko-Stadium 4) parallel geht.

Zentralvenöser Katheter

Das Legen eines zentralvenösen Katheters bei Patienten, die intraoperativ der Gefahr einer Luftembolie ausgesetzt sind, wird von vielen Anästhesisten empfohlen und routinemäßig durchgeführt. Mit der Luftaspiration ist neben der diagnostischen auch eine therapeutische Möglichkeit gegeben, die durch Berichte über das Absaugen von mehreren 100 ml Luft intraoperativ bestätigt wird (Albin et al. 1978; Hey et al. 1983). Über die Lage der Katheterspitze – in der V. cava superior unmittelbar vor dem Atrium oder im Atrium selbst – gibt es geteilte Meinungen, dies steht im Zusammenhang mit der Verwendung ein- oder mehrlumiger Katheter. Zur Lagekontrolle empfiehlt sich das Zu-

Sektion D

rückziehen des als EKG-Elektrode verwendeten Katheters aus dem Vorhof, bis die positive P-Welle in der V. cava negativ wird. Bunegin empfiehlt die Verwendung eines Ballonkatheters, dessen Spitze die Strömungsmitte der V. cava aufgrund seines Auftriebs verlässt und damit in die intravasale Luftblase gerät (Bunegin et al. 1981). Katheter mit *mehreren Öffnungen* erlauben das Absaugen größerer Luftmengen, wobei dadurch die Wahrscheinlichkeit steigt, dass sich eine oder mehrere Öffnungen in einer Luftblase befinden und idealere Lokalisationen zur Aspiration embolisierter Luft resultieren. Zusätzlich dient die Messung des zentralvenösen Drucks (ZVD) zur Verlaufsbeobachtung bei eingetretener Luftembolie.

> **!** Luftansaugung über V.-cava-Katheter: Diagnose und Therapie zugleich.

Pulmonalarterienkatheter

Pulmonalarterienkatheter werden teilweise bei Patienten mit hohem Pulmonalembolierisiko eingesetzt. Die Veränderungen im Pulmonalarteriendruck beschreiben die Schwere der Lungenembolie und ermöglichen die Unterscheidung zwischen kardiovaskulären Veränderungen durch eine Luftembolie bzw. Veränderungen durch operationsbedingte Hirnnerven- und Hirnstammstimulation (Marshal u. Bedford 1980). Durch die Bestimmung des rechten und linken Vorhofdruckes wird das Risiko zur paradoxen Luftembolie angezeigt. Aufgrund der hohen Invasivität einer Katheterisierung der Pulmonalarterie, der begleitenden Risiken und der Tatsache, dass über einen Pulmonalarterienkatheter wegen des dünnen Lumens und der Länge nur minimale Luftmengen zu aspirieren sind, sind der therapeutische Wert und klinische Benefit dieser Maßnahme sehr restriktiv zu beurteilen.

Kapnographie

Bei der zirkulatorischen intrapulmonalen Verteilungsstörung durch die Luftembolie kommt es zu einer regional verminderten CO_2-Abgabe aufgrund eines sofortigen und massiven Vasospasmus im Lungenkreislauf sowie zu einer Einschränkung des alveolokapillären Flows. Weiters findet sich eine deutliche Zunahme der Totraumventilation mit entsprechender zusätzlicher Reduktion der endexspiratorischen CO_2-Konzentration. Während der Exspiration zeigen die aus den verschiedenen Lungenabschnitten stammenden Luftportionen einen unterschiedlichen CO_2-Gehalt, der die vom Kapnographen registrierte Kurve unregelmäßig, hahnenkammartig erscheinen lässt (Müller et al. 1984). Neben dieser sehr differenzierten Betrachtung der endexspiratorischen CO_2-Kurve wird natürlich auch ein et CO_2-Abfall von mehr als 0,4 Vol.-% zur Diagnose der Luftembolie herangezogen. Man muss differentialdiagnostisch aber auch einen Abfall der CO_2-Konzentration durch eine Reduktion des Herzzeitvolumens aus anderen Ursachen in Betracht ziehen.

Echokardiographie

Mit der zweidimensionalen transösophagealen Echokardiographie können die 4 Herzkammern gleichzeitig dargestellt werden. Dadurch wird auch eine paradoxe Luftembolie direkt als solche sichtbar (Cucchiara et al. 1984). Diese Überwachungsmethode hat neben dem Dopplerultraschall die größte Sensitivität in der Detektion einer venösen Luftembolie, erfordert aber den größeren Aufwand (technisch und vor allem finanziell).

Blutgasanalyse

Die klinische Signifikanz einer Luftembolie zeigt sich sehr rasch am Ausmaß der Hyperkapnie und Hypoxie.

31.3
Prophylaxe und Therapie

Verhinderung von weiterem Lufteintritt

An erster Stelle der Maßnahmen steht von chirurgischer Seite ein Abdecken bzw. Spülen des Operationsgebietes, die Versorgung von möglichen Eintrittspforten für Luft sowie auch das Tamponieren des Wundgebietes, soweit vertretbar. Vom Anästhesisten kann vorübergehend eine Jugularvenenkompression vorgenommen werden.

Sollten diese Maßnahmen noch nicht zum Erfolg geführt haben, kann durch vorsichtige Rücklagerung bzw. Flachlagerung des sitzenden Patienten versucht werden, durch Verringerung des Abstandes Operationsgebiet – rechter Vorhof den Druckgradienten und damit das Eindringen von Luft zu verringern.

Entfernen von intravasaler bzw. intrakardialer Luft

Absaugung über Katheter

Die Möglichkeit, Luft aus V. cava superior, Rechtsherz und Pulmonalarterie zu entfernen, wurde bei der Beschreibung der entsprechenden Katheter erwähnt (s. Abschn. 31.1).

Hyperbare Therapie

Bei Kompression auf 1 bar[1] (2 bar absolut) beträgt das Gasvolumen die Hälfte, auf 3 bar (4 bar absolut) ein Viertel usw. des ursprünglichen Gasvolumens (Gesetz von Boyle-Mariotte). Die Verkürzung von langgestreckten Luftemboli in den Lungengefäßen, Volumenreduzierung in Herzkammern sowie Verkleinerung von Luftblasendurchmesser und –oberfläche sind die Folge.

Wir selbst haben bisher 8 Patienten mit klinisch gesicherter Luftembolie (schwere Kreislaufbeeinträchtigung, Luftaspiration) 15–45 min nach Erkennen des Ereignisses in der uns zur Verfügung stehenden großen

Druckkammer mit 2–4 bar (3–5 bar absolut) behandelt. Bei der beobachteten raschen Besserung der Kreislaufsituation unter hyperbaren Bedingungen konnten wir nicht differenzieren, ob dies ein Effekt der Reduktion der vorliegenden Luftembolie per se oder der durch Hyperoxygenation (pO_2 2 000–3 500 mm Hg) erzielten Verbesserung der Herzleistung und der damit erhöhten Luftembolieauswaschung war.

Durch Standardisierung und Erweiterung der präoperativen Abklärung sowie der intraoperativen Führung (transthorakale Echokardiographie, Monitoring, Oxygenierung, Volumenstatus, Narkoseverfahren) war der Einsatz der hyperbaren Oxygenation bei unserem neurochirurgischen Patientengut in den vergangenen 12 Jahren nicht mehr erforderlich.

PEEP-Beatmung

Da die PEEP-Beatmung den Druckgradienten zwischen Lufteintrittsstelle und Rechtsherz vermindert, wurde ihre Anwendung aus diesem Grund immer wieder für Operationen mit potentieller Luftemboliegefahr empfohlen. Während der Erhöhung des intrathorakalen Drucks durch PEEP besteht, zumindest vorübergehend, ein verminderter venöser Rückstrom zum Herzen (Dorinsky u. Whitcomb 1983; Perkins-Pearson et al. 1982). Daher hat die PEEP-Beatmung neben dem „statischen" (Verminderung des extra-intrathorakalen Druckgradienten) auch einen „dynamischen" Effekt. Für die klinische Praxis bedeutet dies:

- Diejenigen Venen bluten „retrograd", welche die Lufteintrittspforten darstellen – sie werden demaskiert und können chirurgisch verschlossen werden.
- Bei vermindertem Rückstrom zum Herzen besteht relativ mehr Zeit, Luft aus dem Rechtsherz bzw. der V. cava über den liegenden Katheter abzusaugen.

Verschiedene Publikationen berichten, dass durch die Anwendung eines PEEP der rechte Vorhofdruck über den pulmonal-kapillaren

---

[1] 1 1 bar = 100 k Pa.

Verschlussdruck angehoben wird und sich daher das Risiko einer paradoxen Luftembolie erhöht (Perkins 1984).

Ein vermindertes HZV kann jedoch auf Dauer – gerade bei Operationen in sitzender Position – wegen der Gefahr einer Verminderung der zerebralen Perfusion nicht toleriert werden (Krier u. Wiedemann 1978). Sobald aber die durch PEEP-Beatmung akut verschobene intrathorakale Blutmenge durch autoregulative Mechanismen (Sympathikotonie) oder Flüssigkeitssubstitution kompensiert wird, kann angenommen werden, dass auch Flussmenge und Fließgeschwindigkeit in der V. cava normalisiert sind. Zu diesem Zeitpunkt ist der „dynamische" Effekt der PEEP-Beatmung wieder egalisiert.

Wie wirkt der „statische" Effekt? Ein PEEP-Niveau auf Höhe der potentiellen Lufteintrittspforte wäre theoretisch ideal, konkurriert jedoch mit zunehmender Höhe sowohl mit dem zerebralen Perfusionsdruck als auch mit der Lungenmechanik.

Eine sichere Luftembolieprophylaxe beim Erwachsenen bei Operationen am Kopf oder Hals durch ausreichend hohe PEEP-Beatmung ist daher kaum längere Zeit praktikabel, da ja dazu PEEP-Werte von mehr als 20 mm Hg gehalten werden müßten.

Die PEEP-Beatmung eignet sich deshalb am ehesten in der „Entdeckungsphase" der Luftembolie, ihre prophylaktische Anwendung muss mit der Kreislaufsituation und -wirkung abgestimmt werden und wird bei unseren neurochirurgischen Patienten nicht routinemäßig verwendet.

 PEEP-Beatmung als Luftembolieprophylaxe ist nur beschränkt wirksam.

Anhebung des ZVD

Ein Absenken der Lufteintrittspforte unter das Herzniveau verhindert weiteren Lufteintritt. Dies ist, zumindest intraoperativ, nicht immer möglich. Zur raschen Umverteilung von venös gepooltem Blut aus den unteren Extremitäten können diese angehoben oder

ein sog. Antigravidätsanzug aufgeblasen werden. Rasche Flüssigkeitssubstitution – beim sitzenden Patienten sinnvollerweise über entsprechende i.v.-Zugangswege im Fließbereich der unteren Hohlvene, erhöht den ZVD und reduziert damit sowohl den Druckgradienten als auch die Fließgeschwindigkeit in der oberen Hohlvene.

Medikamentöse Therapie

Im Verlauf einer massiven Luftembolie kann es zu schweren Kreislaufbeeinträchtigungen wie Tachykardie, Hypotonie, Kammerflimmern, Bradykardie und Asystolie kommen, wobei bei entsprechendem Monitoring schon bald die zunehmende Rechtsherzbelastung auffällt. Danach richtet sich die medikamentöse Therapie mit positiv-inotropen Substanzen und Antiarrhythmika.

Die Verabreichung von reinem Sauerstoff dient nicht nur zur Verbesserung der Oxygenation, sondern beeinflusst die Luftembolie auch direkt durch die entsprechende Wirkung auf den Partialdruck.

Zur Verbesserung der pulmonalen Rheologie eignet sich Hydroxyethylstärke, wenn sie nicht schon zur Volumentherapie (große aspirierte Blut-Luft-Mengen oder Anhebung des ZVD) verabreicht wurde.

 100% Sauerstoff zur direkten Partialdrucktherapie der Luft.

Die Diagnose der Luftembolie kann mittels Dopplerultraschall bereits frühzeitig gestellt werden. Eine Quantifizierung ist nicht nur technisch schwierig, sondern auch in klinischer Hinsicht problematisch, da wegen der Gefahr eines Übertritts in den Systemkreislauf (paradoxe Luftembolie; Gronert et al. 1979) die individuelle Gefährdung unabschätzbar bleibt. Deshalb ist ein entsprechend aufwendiges Monitoring die wesentlichste prophylaktische Maßnahme, damit bei eingetretenem Ereignis die an sich begrenzten Therapiemöglichkeiten frühzeitig und gezielt angewandt werden können.

Diagnose und Therapie der Luftembolie

ÜBERSICHT

1. Diagnose
- Dopplerultraschall
- Echokardiographie
- Kapnographie
- Zentralvenöser Katheter
- Stethoskop, EKG, RR
- Pulmonalarterienkatheter
- Blutgasanalyse

2. Therapie
- Lufteintrittspforte: Niveauabsenkung, Verschluss
- Intravasale (kardiale) Absaugung
- O_2-Ventilation
- ZVD-Anhebung
- Kardiale Medikation
- Hydroxyethylstärke
- Hyperbare Therapie

Literatur

Adornato CD, Gildenberg PL, Ferrario CM, Smart J, Frost EAM (1978) Pathophysiology of intravenous air embolism in dogs. Anesthesiology 49: 120–127

Albin MS, Carrol RG, Maroon JC (1978) Clinical considerations concerning detection of venous air embolism. Neurosurgery 3: 380–384

Bunegin L, Albin MS, Heisel PE, Hoffman A, Hung FK (1981) Positioning the right atrial catheter: A model of reapraisal. Anesthesiology 55: 343–348

Cucchiara RF (1984) Safety of the sitting position. Anesthesiology 61: 790

Cucchiara RF, Nugent M, Seward JB, Messick JM (1984) Air embolism in upright neurosurgical patients: Detection and localization by two-dimensional transesophageal echocardiography. Anesthesiology 60: 353–355

Dorinsky PM, Whitcomb ME (1983) The effect of PEEP on cardiac output. Chest 84/2: 210–216

Edelman JD, Wingard DW (1980) Air embolism arising from burr holes. Anesthesiology 53: 167–168

Gildenberg PL, O'Brien RP, Britt WJ (1981) The efficacy of Doppler monitoring for the detection of venous air embolism. J Neurosurg 54: 75–78

Gronert GA, Messick JM, Cucchiara RF, Michenfelder JD (1979) Paradoxical air embolism from a patent foramen ovale. Anesthesiology 50: 548–549

Hagen PT, Scholz DG, Edwards WD (1984) Incidence and size of patent foramen ovale during the first 10 decades of life: an autopsy study of 965 normal hearts. Mayo Clin Proc 59: 17–20

Hey O, Fischer F, Reinery G, Steingass U, Knorre D (1983) Erkennung und Verhütung von Luftembolien während neurochirurgischer Eingriffe in sitzender Position. Klin Anästhesiol Intensivther 27: 197

Hills BA, Butler BD (1983) Air embolism: Further basic facts relevant to the placement of central venous catheters and Doppler monitors. Anesthesiology 59: 163

Krier C, Wiedemann K (1978) Luftembolie: Eine Komplikation bei neurochirurgischen Eingriffen in sitzender Position. Prakt Anaesth 13: 386

Marquez J, Sladen A, Gendell H (1981) Paradoxical cerebral air embolism without an intracardiac septal defect. J Neurosurg 55: 997–1000

Marshall WK, Bedford RF (1980) Use of a pulmonary-artery catheter for detection and treatment of venous air embolism. Anesthesiology 52: 131–134

Martin RW, Ashleman B, Colley PS (1984) Effects of cardiac output on the clearance of air emboli from the superior vena cava. Anesthesiology 60: 580–586

Matjasko J, Petrozza PL, Cohen M (1985) Anaesthesia and surgery in the seated position: analysis of 554 cases. Neurosurgery 17: 695–702

Müller H, Brähler A, Gerlach H, Becker W, Hempelmann G (1984) Diagnostische und prognostische Bedeutung hämodynamischer und respiratorischer Parameter bei venöser Luftembolie. Anästhesist 33: 493–498

Perkins NAK, Bedford RF (1984) Haemodynamic consequences of PEEP in seated neurological patients – implications for paradoxical air embolism. Anesth Analg 63: 429–432

Perkings-Pearson N, Marshall W, Bedford R (1982) Atrial pressures in the seated position. Anesthesiology 57: 493–497

Sale JP (1984) Prevention of air embolism during sitting neurosurgery. The use of an inflatable venous neck tourniquet. Anesthesia 39: 795–799

Sektion D

Allgemeine anästhesiebezogene Komplikationen

KAPITEL 32

Medikamenteninduzierte Risiken und Komplikationen

A. FUCHS · G. PRAUSE

Durch unerwünschte Arzneimittelwirkungen werden Dauer und Kosten eines Krankenhausaufenthaltes sowie die Krankenhausmortalität beinahe verdoppelt.

> ❗ Die Häufigkeit schwerer unerwünschter Arzneimittelwirkungen beträgt bei stationär behandelten Patienten gemäß einer Metaanalyse im JAMA 6,7%, die Rate der tödlichen Komplikationen 0,32% (Lazarou et al. 1998). Das entspricht in den USA geschätzten 106.000 Todesfällen pro Jahr.

Somit ist dies nach den Todesfällen durch kardiale Ursachen, durch Neoplasien und durch Schlaganfälle die vierthäufigste Todesursache und liegt damit noch vor den Todesfällen durch Lungenerkrankungen und Unfällen.

Jeder 2. Patient, der sich einer Operation unterzieht, steht unter medikamentöser Dauertherapie. Das Risiko für unerwünschte Medikamentenwirkungen steigt mit der Anzahl an eingenommenen Pharmaka. Wenn der Patient 2–6 Substanzen einnimmt liegt die Häufigkeit unerwünschter Wirkungen bei 5%. Diese steigt auf über 40%, wenn der Verbrauch über 8 Medikamente beträgt.

Ergebnisse des Boston Collaborative Drug Surveillance Program zeigen, dass etwa 7% aller beobachteten unerwünschten Arzneimittelwirkungen auf eine Interaktion zurückgeführt werden konnten.

An Interaktionen ist dann zu denken, wenn es zwischen den betreffenden Arzneistoffen hinsichtlich ihrer Pharmakodynamik bzw. Pharmakokinetik Berührungspunkte gibt – bzw. wenn bei regelrechter Dosierung zweier Medikamente der therapeutische Effekt unerwünscht stark oder zu schwach ausgeprägt ist.

Nicht jede Interaktion wird klinisch manifest und ihr Auftreten hängt im besonderen Maße von zusätzlichen Faktoren wie Alter, Begleiterkrankungen (Niereninsuffizienz, Lebererkrankungen), Ernährungsgewohnheiten und Umwelteinflüssen ab (Tabelle 32.1).

Ihrem Mechanismus entsprechend lassen sich unerwünschte Arzneimittelwirkungen einteilen in:
1. Pharmazeutische,
2. pharmakokinetische,
3. pharmakodynamische Interaktionen.

Zu 1. Diese Wirkungen werden auch als *Inkompatibilitäten* bezeichnet. Pharmazeutische Interaktionen resultieren aus physikalischen oder chemischen Reaktionen, die

Tabelle 32.1. Faktoren, von denen die individuelle Medikamentenwirkung abhängt

Pharmakokinetik	
Bioverfügbarkeit	
Renale Funktion	
Leberfunktion	
Herzzeitvolumen	
Patientenalter	
Pharmakodynamik	Erkrankung
Enzymaktivität	
Genetische Unterschiede	
Rezeptoranzahl	
Rezeptorsensitivität	
Medikamenteninteraktionen	

Sektion E

bereits außerhalb des Organismus – d. h. in vitro – auftreten. Durch Vermeidung von Mischspritzen bzw. getrennten i.v.-Zugängen lassen sich Interaktionen dieser Art leicht vermeiden.

So sind z. B. die gemeinsame Verabreichung von *Succinylcholin* und *Barbituraten* bzw. *Furosemid* und *parenterale Ernährungslösungen* zu vermeiden. *Diclofenac* darf nicht in Lösungen mit einem pH-Wert <6,8 infundiert werden.

In Kompatibilitätsempfehlungen des Herstellers oder der Apotheke kann man sich über pharmazeutische Interaktionen informieren.

Zu 2. Dies sind Wechselwirkungen zwischen Arzneistoffen, die in der Phase der *Resorption*, der *Verteilung*, der *Speicherung*, der *Bindung* und der *Elimination* auftreten. Pharmakokinetische Interaktionen haben eine hohe interindividuelle Variabilität. Durch zeitversetzte Applikation bzw. i.v.-Therapie sind Interaktionen bei der *Resorption* vermeidbar.

Der oft diskutierte Mechanismus der Verdrängung eines stark *proteingebundenen* Arzneistoffes mit konsekutiver Erhöhung des freien pharmakodynamisch aktiven Wirkstoffs hat nur dann Bedeutung, wenn gleichzeitig die Elimination durch Hemmung der *hepatischen Biotransformation* bzw. der *renalen Ausscheidung* beeinträchtigt ist.

Eine große Anzahl von Pharmaka wird über das Cytochrom-P450-System der Leber metabolisiert und kann als *Enzyminhibitoren* oder *Enzyminduktoren* Medikamentenwirkungen verändern (Tabelle 32.2).

Die Pharmakokinetik von vielen in der Anästhesie bevorzugten Substanzen ist durch *Umverteilungsphänomene* charakterisiert, so dass die Höhe des HZV bei i.v.-Injektion für die erzielte Wirkung eine wichtige Rolle spielt! Durch ein kleines Verteilungsvolumen bei niedrigem HZV (z. B. Herzinsuffizienz, Schock) entstehen relativ hohe arterielle Wirkstoffkonzentrationen bei gleicher Dosis.(**Cave:** Barbiturate!).

Zu 3.Pharmakodynamische Interaktionen sind Wechselwirkungen auf der Ebene von Rezeptoren oder von Regulationsprozessen (Tabelle 32.3).

Tabelle 32.2. Enzyminduktoren und Enzyminhibitoren

Induktoren	Inhibitoren
Aminoglutethimid	Allupurinol
Äthanol	Azaprapazon
Barbiturate	Chloramphenicol
Carbamazepin	Cimetidin
Dichloralphenazon	Ciprofloxacin
Glukokortikoide	Disufiram
Phenanzone	Disulfiram
Phenytoin	Enoxacin
Primidon	Erythromycin
Nikotin	Isoniazid
Glutethimid	Ketaconazol
Rifampicin	Methadon
Omeprazol	Phenylbutazon

Tabelle 32.3. Abhängigkeit der intrazellulären Medikamentenaufnahme und -speicherung

Gewebsaufnahme	Blutfluss
	Konzentrationsgradient
	Blut-Hirn-Schranke
	Physikalisch-chemische Eigenschaften (Ionisationsgrad, Lipidlöslichkeit, Proteinbindung)
Speicherung	Löslichkeit
	Masse
	Proteinbindung an Makromoleküle
	pH-Wert

Hierbei können Wirkungen bis hin zur Toxizität verstärkt *(Synergismus:* kompetitiv – nicht kompetitiv – funktionell) werden. Eine Abschwächung der Wirksamkeit bezeichnet man als *Antagonismus* der wiederum in kompetitiv, nicht kompetitiv, funktionell und allosterisch (Änderung der Rezeptoreigenschaft) unterteilt wird.

Pharmakodynamische Interaktionen sind, mit entsprechendem Wissen zum Wirkungsprofil der Stoffe vorausgesetzt, prinzipiell vorhersehbar und mit Dosisanpassung, engmaschiger Kontrolle klinischer Parameter bzw. Absetzung eines Medikamentes zu begegnen.

32.1
Psychopharmaka mit antidepressiver Wirkung

Indikationen sind in Tabelle 32.4 angegeben.

Inhibitoren der Monoaminooxydase (MAO-Hemmer)

Monoaminooxydasen (MAO) sind intrazelluläre Enzyme, welche nicht methylierte biogene Amine inaktivieren. Es existieren 2 Subtypen, MAO-A und MAO-B, die sich in der Substratpräferenz, inhibitorischen Spezifität sowie der Gewebsverteilung unterscheiden. MAO-A deaminiert vorzugsweise Serotonin, Noradrenalin und Adrenalin, MAO-B bevorzugt 2-Phenylethyl-Amine und Benzyl-Amine. Die meisten Gewebe und hierbei v. a. das ZNS enthalten beide Typen von MAO. In der Peripherie ist die

MAO-A in den Synapsen des sympathischen Nervensystems und der intestinalen Mucosa dominierend. Über die Nahrung aufgenommene Amine, wie Tyramin, werden so verstoffwechselt. MAO-B findet sich v. a. in der Lunge und in der Leber.

Es existieren 3 Gruppen von MAO-Hemmern (Tabelle 32.5). Antidepressiva der 1. Generation (Isocarboxazid, *Tranylcypromin,* Phenelzin) wirken nicht selektiv und irreversibel auf MAO-A und B. Wirkstoffe der 2. Generation wirken selektiv und irreversibel (*Clorgylin* auf MAO-A, *Deprenyl* auf MAO-B). MAO-Hemmer der 3. Generation wirken selektiv und reversibel (*Moclobemid* auf MAO-A, das Präparat Ro-19- 6327 auf MAO-B).

Nachteilige Interaktionen

- Heftige hypertensive Reaktionen auf indirekte sympathomimetische Amine (z. B. Ephedrin, Reserpin, Guanethidin, L-Dopa). Die Anwendung indirekter Sympathomimetika bei Patienten, die unter einer Dauertherapie mit MAO-Hemmern stehen, kann über die massive Freisetzung von Noradrenalin zu einer im Einzelfall schwierig zu beherrschenden hypertensiven Krise führen. Obwohl auch die Wirkung direkter Sympatikomimetika 3- bis 4mal erhöht ist kann v. a. die bis zu 13mal verstärkte Wirkung indirekter Sympatikomimetika fatale Folgen nach sich ziehen.
- Patienten die unter Dauertherapie mit MAO-Hemmern stehen, können nach Applikation von Pethidin, Pentazocin, Tramadol, Dextromethorphan, Lithium und SSRI heftige zentrale Reaktionen entwickeln. Diese zentrale exzitatorische Reaktion (toxisches Serotonin Syndrom, TSS) wird als das Ergebnis einer exzessiven zentralnervösen serotoninergen Aktivität angesehen und ist durch Agitiertheit, Kopfschmerzen und hämody- namischer Instabilität gekennzeichnet, gefolgt von Pyrexie, zerebralen Krampfanfällen, Koma und Tod.

Tabelle 32.4. Indikationen für Antidepressiva

- Unipolare und bipolare Depression
- Panikattacke
- Neuropathischer Schmerz
- Migräneprophylaxe
- Bulimie
- Zwangstörungen
- Aufmerksamkeitsdefizit und Hyperaktivitätssyndrom bei Kindern

Tabelle 32.5. MAO-Hemmer – ihre Substrate und Inhibitoren

MAO-Subtyp	Substrate	Inhibitoren
MAO-A-Hemmer	Serotonin	Clogylin
		Harmalin
		Toloxaton
		Brofaromin
		Moclobemid
MAO-A- + MAO-B-Hemmer	Tyramin	Phenelzin
	Tryptamin	Isocarboxazid
	Dopamin	Trancylcypromin (TCP)
	Noradrenalin	
	Adrenalin	
MAO-B-Hemmer	Phenylethylamin	Selegelin
	Benzylamin	Pargylin
	Phenylethanolamin	Almoxaton

Nach Gabe von Morphinderivaten wurde in ähnlicher Weise über eine sog. depressive Reaktion als Folge erhöhter Opioidkonzentrationen durch Inhibition mikrosomaler Leberenzyme durch MAO-Hemmer berichtet. Diese zentral depressive Reaktion ist durch Atemdepression, arterielle Hypotension und Koma gekennzeichnet. Therapeutische Maßnahmen sind in erster Linie symptomatisch. Serotonin-Antagonisten (Methysergid, Ciproheptadin) können in weiterer Folge in Betracht gezogen werden. Differentialdiagnose: malignes Neuroleptikasyndrom, zentralanticholinerges Syndrom (ZAS), maligne Hyperthermie, Sepsis.

Weitere Interaktionen mit MAO-Hemmern

1. Verstärkung sedierender Effekte, z. B. von Barbituraten, i.allg. klinisch nicht gravierend.
2. Verstärkung zentralanticholinerger Effekte von Atropin.
3. Mögliche nachteilige Interaktionen mit Halothan wie Fieber und Muskelsteifigkeit.
4. Hypotensive Reaktionen auf Opioide und Thiaziddiuretika.

5. Wegen erhöhter zentraler Noradrenalinkonzentrationen kann der Bedarf an volatilen Anästhetika erhöht sein.
6. Phenelzin hemmt die Cholinesterase, daher ist mit einer verlängerten Wirkung von Succinylcholin zu rechnen.
7. In Finnland starben 5 Personen nach der gemeinsamen Einahme von Moclobemide + Citalopram (SSRI) + Clomipramin (TCA).
8. Häufigere Nebenwirkungen wurden nach Fentanyl, Sufentanyl und Alfentanyl auffällig. Da Morphin nicht derart interferiert, ist es das Mittel der Wahl bei mit MAO-A- und -B-Hemmern vorbehandelten Patienten.

Perioperatives Management

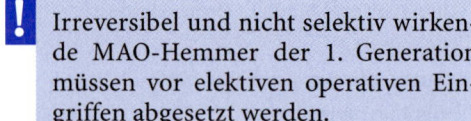

Irreversibel und nicht selektiv wirkende MAO-Hemmer der 1. Generation müssen vor elektiven operativen Eingriffen abgesetzt werden.

Seitdem reversibel und selektiv wirksame MAO-Hemmer *(Moclobemid)* verfügbar sind, liegt es nahe, vor geplanten operativen

Eingriffen irreversible MAO-Hemmer über den Zeitraum von 2 Wochen durch reversible MAO-Hemmer auszutauschen, deren Wirkdauer nur 24 h beträgt. Bis heute liegen keine Fallberichte über Komplikationen in Zusammhang mit einer Allgemein- oder rückenmarknahen Regionalanästhesie bei Patienten vor, die mit reversiblen MAO-Hemmern der 3. Generation behandelt werden. Es wird trotzdem empfohlen, keine indirekten Sympathomimetika (Ephedrin, Amphetamine) zu verabreichen und die Applikation von Pethidin und Tramadol unter allen Umständen zu vermeiden.

Die Anästhesieführung sollte für den Patienten möglichst stressfrei sein. Entscheidend ist es, intraoperativ Hypoxie, Hyperkapnie sowie arterieller Hypotonie bzw. Hypertonie zu vermeiden. Bei Notfalloperationen sollten nur direkte Sympathomimetika (Isoprenalin, Phenylephrin) verwendet werden.

Wenn eine Regionalanästhesie durchgeführt wird, muss daran gedacht werden, dass eine mögliche komplette Sympathikolyse mit folgender Hypotension eine Sympathikomimetikagabe nach sich zieht. Zusätzlich sollte natürlich kein Epinephrinzusatz zur Regionalanästhesie verwendet werden. Etomitate und Thiopental gelten als sichere Einleitungshypnotika und nichtdepolarisierende Muskelrelaxanzien sind von MAO-Hemmern unbeeinflusst.

Lithiumverbindungen

Die Indikationsschwerpunkte für eine Therapie mit Lithium sind bipolare affektive Psychosen, z. B. manisch-depressive Erkrankungen, und schizoaffektive Psychosen. Der Wirkungsmechanismus von Lithium ist nahezu unbekannt. Eine hypothetische Annahme beschreibt eine über Ionenkanäle vermittelte Stabilisierung von Nervenzellmembranen.

Wie angesichts der vielfältigen Angriffspunkte von Lithium kaum anders zu erwarten, betreffen die klinischen *Nebenwirkungen* praktisch alle Organsysteme:

- Neurologisch: Müdigkeit, Schwäche, Tremor, Koordinationsstörungen, aber auch Manifestation von latent bestehender Anfallsbereitschaft;
- gastrointestinal: Erbrechen, Übelkeit, Bauchschmerzen, Diarrhö;
- kardiovaskulär: Erregungsleitungsstörungen, die sehr selten, reversibel und ungefährlich sind;
- pulmonal: Gefahr der respiratorischen Insuffizienz bei pulmonal vorgeschädigten Patienten;
- renal: Polyurie, chronische Lithiumnephropathie;
- endokrin: Hypothyreose, Struma;
- Elektrolythaushalt: Gewichtszunahme, Ödeme;
- Haut: Akne und Psoriasis.

Interaktionen

Jeder Zustand, der die renale Natriumausscheidung erhöht oder den Natriumblutspiegel senkt, reduziert die Lithiumclearence und erhöht die mögliche Toxizität.

Toxische Lithiumplasmaspiegel (mmol/l)

- 1,0–1,5: milde Symptome (Muskelschwäche, Tremor, Übelkeit),
- 1,6–2,5: mittelschwere Symptome (Erbrechen, Gangstörung, T-Wellenabflachung im EKG),
- >2,5: schwere Symptome (nephrogener Diabetes insipidus, Krämpfe, Delir, Koma).

Aus den oben beschriebenen Gründen wird bei *Theophyllin*- und Natriumbikarbonattherapie die Lithiumausscheidung erhöht.

- Patienten mit Sick-sinus-Syndrom sollten kein Lithium ohne vorherige Schrittmacherimplantation erhalten.
- Lithium verlängert inkonstant die Wirkung depolarisierender und nichtdepolarisierender *Muskelrelaxanzien*.
- Die Kombination von Lithium mit *Neuroleptika* erhöht die Wahrscheinlichkeit gravierender Nebenwirkungen. (v. a. malignes Neuroleptikasyndrom, MNL; Tabelle 32.6).

Tabelle 32.6. Medikamenteninteraktionen mit Lithium

Medikament	Interaktion
Thiaziddiuretika	Erhöhter Plasmaspiegel durch verminderte Clearence
Furosemid	Keine Plasmaspiegelveränderung
NSARD	Erhöhter Plasmaspiegel – Ausnahme: Aspirin
Aminophylline	Erniedrigter Plasmaspiegel durch verstärkte Clearence
ACE-Hemmer	Erhöhter Plasmaspiegel durch verminderte Clearence
Neuroleptika	Verstärkung der extrapyramidalen NW – Risiko für malignes Neuroleptikasyndrom erhöht
Antiepileptika (Carbamazepin)	Neurotoxizität wird verstärkt
b-Agonisten	Tremorabschwächung
Muskelrelaxanzien	Wirkungsverlängerung

Perioperatives Management

 Es besteht kein zwingender Grund, eine Dauertherapie mit Lithium perioperativ zu unterbrechen.

Prinzipiell sollte öfters von der Möglichkeit Gebrauch gemacht werden, Wirkspiegel von Pharmaka zu bestimmen. Nach langdauernder Lithiumtherapie sollte außer der Bestimmung der Serumspiegel auch eine engmaschige postoperative Überwachung angestrebt werden.

Therapeutischer Bereich der Serumspiegel:
- Prophylaxe: 0,6–0,8 mmol/l,
- Lithiumaugmentation: 0,6–0,8 mmol/l,
- akute Depression/Manie: 0,8–1,2 mmol/l.

Zyklische Antidepressiva (Tabelle 32.7)

Trizyklische Antidepressiva (Amitriptylin, Imipramin, Desipramin, Doxepin, Nortriptylin) hemmen die Wiederaufnahme von Dopamin, Noradrenalin und Serotonin im ZNS wie auch in peripheren Geweben. Unter chronischer Therapie kommt es zur Entleerung der zentralen Katecholaminspeicher mit der Folge eines erhöhten adrenergen Tonus.

Nachteilige Interaktionen

- *Heftige hypertensive Reaktionen*, verbunden mit *Schweißausbruch*, Fieber und evtl. hypertensiven Akutkomplikationen nach Applikation *direkter sympathischer Amine* wie Adrenalin, Noradrenalin und Phenylephrin. Vorsicht ist ebenso geboten bei Pharmaka mit sympathomimetischen Effekten wie *Ketamin*, *Pancuroniumbromid* und bei der Verwendung von Lokalanästhetika mit Zusatz von Adrenalin. Die Wirkung *indirekter Sympathomimetika* (z. B. Ephedrin) ist dagegen abgeschwächt, weil die zentralen Katecholaminspeicher entleert sind;
- Die Wirkung zentral dämpfender Pharmaka wie *Alkohol, Antihistaminika, Barbituraten, Benzodiazepinen, Opioiden* und *Inhalationsanästhetika* wird verstärkt;
- Die *anticholinerge* Wirkungen von Atropin, Antihistaminika, Parkinson-Therapeutika, Spasmolytika und Neuroleptika wird verstärkt. Die Auslösung eines *zentralanticholinergen Syndrom (ZAS)* ist durch Antidepressiva möglich;
- Die antihypertensive Wirkung von *Clonidin* und *Guanethidin* wird bei gleichzeitiger Verabreichung mit trizyklischen Antidepressiva (AD) antagonisiert und sollte deshalb vermieden werden;

Tabelle 32.7. Zyklische Antidepressiva

Trizyklische Antidepressiva		Nichttrizyklische Antidepressiva
Imipramin	Trimipramin	Maprotilin
Desipramin	Protryptilin	Mianserin
Clomipramin	Doxepin	Trazodon
Amitryptilin, Nortryptilin	Dibenzepin	Viloxazin

- Moclobemid kann zusammen mit Clomipramin und Imipramin schwere Allgemeinreaktionen im Sinne des *toxischen Serotoninsyndroms* (TSS; s. MAO-Hemmer) bewirken. Weitere Pharmaka, die zentrale noradrenalin- bzw. serotoninabhängige Systeme beeinflussen und ein TSS auslösen können, sind:
- *Pethidin, Pentazocin, Tramadol, Dextromethorphan;*
- als *Natriumkanalblocker* verlangsamen trizyklische Antidepressiva die atrioventrikuläre Überleitung. Die klassischen trizyklischen Antidepressiva besitzen ausgeprägte kardiale Effekte, die bei *älteren Patienten* und *vorgeschädigten Herzen* zu berücksichtigen sind:
  a. über das sympathische Nervensystem komplexe Wirkung mit orthostatischer Hypotension durch α-Blockade, zugleich erhöhte Arrhythmieneigung;
  b. über das parasympathische Nervensystem vagolytische Effekte;
  c. durch direkte chinidinähnliche Myokardwirkung.
- Trizyklische Antidepressiva werden hauptsächlich hepatisch metabolisiert und interferieren daher mit *Inhibitoren* bzw. *Induktoren der Cytochrom-P450-Enzymsysteme* der Leber.
- Das *Krampfpotential* wird durch gleichzeitige *Lithiumgabe erhöht*. Es ist deshalb bei Pharmaka, die ebenfalls die Krampfschwelle, senken Vorsicht geboten (z. B. Enfluran, Ketamin, Carbapeneme).

Bei einer trizyklischen Antidepressivavergiftung mit Dosen >2,5 g zeigt der Patient die Symptomentrias *Koma – Krämpfe – Herzrhythmustörungen.*

Die *kardiotoxischen EKG-Veränderungen* manifestieren sich in:
- Reizbildungsstörungen vielfältiger Natur von Sinustachykardie und Bradykardie bis zu atrialen und ventrikulären Extrasystolen,
- Überleitungsstörungen bis zum AV-Block,
- Repolarisationsstörungen mit ST-Veränderungen.

Zusätzliche Symptome entsprechen den anticholinergen Potential mit Hyperthermie, Fieber, Hypotension, paralytischer Ileus.

! Physostigmin wird bei der Vergiftung mit trizyklischen Antidepressiva als therapeutischer Test eingesetzt, sollte aber mit Vorsicht angewandt werden, da schwere Bradykardien und Asystolien auftreten können.

Zur *Therapie* der Vergiftung mit TCA s. Tabelle 32.8.

Perioperatives Management

Bei abruptem Absetzen z. B. vor einer Operation ist mit *Entzugserscheinungen* (Abgeschlagenheit, Appetitmangel, Übelkeit, Erbrechen, Muskel- und Kopfschmerzen, Darmkoliken, Insomnie und Angst bis zur Panik) zu rechnen. Diese Symptome sind muskarinerg-cholinerge Effekte und mit Atropin zu kupieren.

Da die Effekte einer Langzeittherapie mit trizyklischen Antidepressiva nach Absetzen bis zu einer Woche fortdauern, scheint es gerechtfertigt, unter adäquaten hämodynami-

schem Monitoring und sorgfältiger Narkoseführung die Therapie mit trizyklischen
Antidepressiva präoperativ *fortzuführen.*

In Tabelle 32.9 werden die Nebenwirkungen der Antidepressiva zusammengefaßt.

Tabelle 32.8. Therapie einer Vergiftung durch trizyklischen Antidepressiva

Symptom	Therapie
Koma	Physiostigmin (therapeutischer Test)
Krämpfe	Diazepam, Midazolam, Bicarbonat, Phenytoin
Herzrhythmustörung (ventrikulär)	Bicarbonat, Lidocain, Phenytoin
AV-Block	Orciprenalin, temporärer Herzschrittmacher
Hypotension	Infusionstherapie (Kristalloide/Kolloide), Bicarbonat, Katecholamintherapie

Tabelle 32.9. Nebenwirkungsprofil von Psychopharmaka mit antidepressiver Wirkung

	Sedierung	Anticholinerge Wirkung	Orthostase, Hypotonie
SSRI (selektive Serotonin-reuptake-Hemmer)			
Fluoxetin	+	+	+
Paroxetin	+	+	+
Sertralin	+	+	+
Fluvoxamin	+	+	+
Trizyklische und neuere Antidepressiva			
Amytryptilin	+++	++++	+++
Amoxapin	+	+	++
Clomipramine	+++	+++	+++
Desipramin	+	+	++
Doxepin	+++	++	++
Imipramin	++	++	+++
Nortryptilin	+	+	0
Protryptilin	+	+++	+
Trimipramin	+++	++	++
Bupropion	+	+	+
Venalafaxin	+	+	Hypertonie
Nefazodone	++	+	++
Trazodon	+++	+	+++
Tranylcypromine	+	+	+++
Moclobemid	+	+	+

Selektive Serotonin-Wiederaufnahme-hemmer (SSRI)

Fluoxetin, Paroxetin, Fluvoxamin,Citalo-pram und *Sertralin* wirken auf serotonin-erge Transmittersysteme. Durch Hemmung des präsynaptischen „Serotonin-reuptake" kommt es zu einer Konzentrationssteige-rung von Serotonin im synaptischen Spalt. Die chronische Anwendung führt zu einer Reduzierung („down-regulation") der als krankheitsunterhaltend angesehenen er-höhten postsynaptischen Rezeptorzahl bzw. -sensitivität. Das Sedierungspotential, die an-ticholinerge Wirkung und die Auslösung ei-ner orthosthatischen Hypotonie sind bei den oben genannten SSRI ähnlich gering. Nebenwirkungen sind selten und treten be-vorzugt bei älteren Patienten auf (Schlaflo-sigkeit, motorische Unruhe, Appetitlosig-keit, Übelkeit, Erbrechen, Durchfall). Wenige Patienten können nach Beginn einer *Fluoxe-tintherapie Bradykardien* mit *Synkopen* ent-wickeln (Gram 1994)

Interaktionen

- SSRI werden über das *Cytochrom-P450-System der Leber* metabolisiert und sind gleichzeitig Inhibitoren einzelner Enzy-me dieses Systems. Deswegen kann die *Wirkung* von Substanzen, die um den Cy-tochrom-P450-Metabolismus konkurrie-ren, *verstärkt* sein. (z. B. *Codein,Trama-dol,Carbamazepin, Ajmalin, Propafenon, Flecainid*).
- Für *Fluoxetin* wurde eine spezifische Hemmung des Enzyms Cytochrom P450, Isoenzym 3A4,festgestellt.Dieses Isoen-zym ist auch für die Metabolisierung von Medikamenten wie *Midazolam, Alfenta-nil, Inhalationsanästhetika* und *Lokalan-ästhetika* verantwortlich. Die verstärkte und verlängerte Wirkung von Midazolam ist bei SSRI-vorbehandelten Patienten an-ästhesiologisch relevant.
- Durch Inhibition des Cytochrom P450, Isoenzym 1A2 kann *Fluvoxamin* die Wir-kung von Babituraten, Diazepam und Al-prazolam, Kalziumkanalblocker, Cloza-pin, Cyclosporin, Phenytoin, Valproinsäu-re, Theophyllin, Propanolol und Metopro-lol verstärken.Vor allem der Theophyllin-metabolismus wird durch Fluvoxamin derart gehemmt,dass bei einer Kombina-tionstherapie die *Halbierung der Theo-phyllindosis* empfohlen wird.
- Nach *trizyklischen Antidepressiva* sowie *Tolbutamidgabe* kann die Wirkung von SSRI verstärkt sein.
- Delirante Zustandsbilder können bei si-multaner Therapie von SSRI mit *Clari-thromycin* und *Erythromycin* ausgelöst werden.

Perioperatives Management

> **!** Das präoperative Absetzen einer Sub-stanz dieser Klasse kann zu *Entzugser-scheinungen* wie Angst, Unruhe und Diaphorie führen. SSRI sollen daher präoperativ nicht abgesetzt werden.

Das sog. toxische Serotoninsyndrom (TSS) kann nach Verabreichung von Substanzen, welche die Wiederaufnahme von Serotonin hemmen oder serotonomimetisch wirken auftreten.(siehe MAO-Hemmer) Aus diesem Grund sollen bei Patienten die mit SSRI be-handelt werden folgende Medikamente ver-mieden werden: *Pethidin, Pentazocin, Tra-madol, Dextromethorphan, MAO-Hemmer, Lithium.*

Fluoxetin sollte 5 Wochen vor Wechsel auf eine MAO-Hemmertherapie abgesetzt wer-den (s. TTS).

32.2
Neuroleptika

Neuroleptika (Tabelle 32.10) bilden eine strukturchemisch heterogene Gruppe von Psychopharmaka mit antipsychotischen Ei-genschaften ; sie wirken alle antidopami-nerg, anticholinerg und antiadrenerg.

Sektion E

Tabelle 32.10. Wirkprofil von Neuroleptika

Neuroleptika	Sedierung	Anticholinerg, Potenz	Hypotension, Orthostase	Extrapyramidale NW
Phenothiazine				
Chlorpromazin	+++	++	+++	+
Triflupromazin	+++	++	+++	++
Thioridazin	+++	+++	+++	+
Fluphenazin	++	+	+	+++
Perphenazin	+	+	+	+++
Trifluoperazin	++	+	+	+++
Thioxanthene				
Chlorprothixen	+++	+++	+++	+
Thiothixen	+	+	+	+++
Dibenzodiazepine				
Clozapin	+++	+++	+++	0
Loxapin	++	++	++	+++
Butyrophenone				
Haloperidol	+	+	++	+++
Dehydrobenzperidol	+	+	+	+++
Piperidine				
Pimozid	+	+	+	+++
Risperidon	+	+	++	+

0 neg ; + schwach, ++ mittelstark, +++ stark

Nebenwirkungen und Interaktionen

Verstärkung zentral dämpfender Effekte

Sowohl bei den Phenothiazinen als auch bei den Butyrophenonen steht bei niedriger Dosierung die Verstärkung zentral dämpfender Effekte einschließlich der Atemdepression im Vordergrund. Die Wirkung von intravenösen Anästhetika wird verstärkt ebenso die Atemdepression von Opioiden. Da Neuroleptika auch die MAC-Werte von Inhalationsanästhetika reduzieren und die neuromuskuläre Blockade von nichtdepolarisierenden Muskelrelaxanzien verstärken und verlängern, interferieren sie während einer Narkose mit allen angewandten Pharmaka.

Antiadrenerge Einflüsse

Durch α-Blockade besteht eine Tendenz zu orthostatischer Dysregulation und Verstärkung hypotensiver Effekte von halogenierten Anästhetika. Die blutdrucksenkende Wirkung von „zentralen" Antihypertensiva (Reserpin, Clonidin, α-Methyldopa, Guanethidin) wird bei gleichzeitiger Verstärkung orthostatischer Kreislaufregulationsstörungen abgeschwächt (Verringerung der therapeutischen Breite).

Die Kreislaufbeeinflussung ist bei den aliphatisch/piperidinsubstituierten Derivaten ausgeprägter als bei den piperazinsubstituierten Analoga und Butyrophenonen.

Die Applikation eines unselektiven α- und β-Agonisten wie z. B. Adrenalin, kann zu durch β-Rezeptoren vermittelten Vasodilatation und arterieller Hypotension führen. Bei akuter Hypovolämie führt die fehlende reaktive Vasokonstriktion zu verstärkten und verlängerten Blutdruckabfällen.

Antidopaminerge Wirkung

Wegen der Blockierung der Dopaminrezeptoren ist theoretisch eine abgeschwächte Dopaminwirkung zu erwarten.

Bei den Butyrophenonen und analogen, starken Analeptika in höherer antipsychotischer Dosierung oberhalb der neuroleptischen Schwelle stehen eher extrapyramidale Symptome im Vordergrund.

Malignes neuroleptisches Syndrom

Es kann bereits nach einmaliger Gabe einer Substanz dieser Gruppe, v. a. nach *Haloperidol,* manifest werden. Das Risiko, ein malignes neuroleptisches Syndrom zu entwickeln, steigt bei dehydrierten Patienten. Das Krankheitsbild wird mit einer Häufigkeit von 0,5–1% beschrieben und zeigt eine Mortalitätsrate bis zu 20%.Ursächlich wird eine Blockade der Dopaminrezeptoren vermutet. Symptome: Hyperthermie, Akinese, Muskelrigidität (wichtigstes Symptom), vegetative Dysfunktion bis zur Kreislaufinsuffizienz und Nierenversagen. Die ZNS-Symptome variieren je nach Schweregrad von Bewusstseinstrübung bis Koma.

Laborchemisch zeigen die Patienten häufig eine erhöhte Konzentration der Kreatinkinase im Serum und erhöhte Nierenparameter mit Myoglobinurie. Betroffen sind oft jüngere Patienten, welche das klinischen Vollbild erst nach 24–72 h entwickeln.

Die Therapie ist primär symptomatisch. Dantrolen, Dopaminagonisten wie Amantadin, Bromocryptin, können eingesetzt werden. Differentialdiagnose: maligne Hyperthermie, toxisches Serotoninsyndrom (TSS), zentral-anticholinerges Syndrom, Sepsis.

Ein möglicher differentialdiagnostischer Test zur malignen Hyperthermie wird von Sangal beschrieben. Nach der Verabreichung nichtdepolarisierender Muskelrelaxanzien wird bei Patienten mit einem neuroleptischen Syndrom eine vollständige Darmparalyse erzeugt – bei Patienten mit maligner Hyperthermie ist das nicht der Fall (Sangal 85).

Anticholinerge Einflüsse

Mit Neuroleptika vorbehandelte Patienten zeigen postoperativ eine erhöhte Inzidenz von anticholinergen Effekten wie Mundtrockenheit, Hyperthermie, Tachykardie, Verwirrtheitszustände sowie Abnahme der Darmmotilität. Besonders ältere Patienten zeigen vermehrt anticholinerge NW (Tabelle 32.11).

Spezielle Interaktionen

(s. auch Tabellen 32.12 und 32.13)
- *Chlorpromazin* und *Haloperidol* senken die Krampfschwelle, die Gefahr der Anfallsauslösung unter *Enfluran* oder *Ketamin* ist aber eher theoretischer Natur.
- Durch Chlorpromazin wird die hypotensive Wirkung von *Metoprolol, Propanolol* und *Atenolol* durch Hemmung ihres Le-

Tabelle 32.11. NW der Neuroleptika durch Blockade verschiedener Rezeptoren

Art des Rezeptors	Klinischer Effekt
Dopamin D_2	Extrapyramidal-motorische Bewegungsstörung: (Frühdyskinesie, Parkinson-Syndrom, Akathisie, tardive Dyskinesie) endokrine Wirkungen durch Prolaktinanstieg (Galaktorrhö, Gynäkomastie, Menstruationsstörung, Potenzstörung)
Muskarin/cholinerg	Harnverhalten, trockener Mund, Tachykardie, Obstipation, Akkomationsstörung, vermindertes Schwitzen, Dysarthrie, Steigerung des Augeninnendruckes bei Glaukom
Histamin H_1	Sedierung, Benommenheit, Hypotonie, Gewichtszunahme, Depression
α_1-adrenerg	Orthostase, reflektorische Tachykardie, Benommenheit, Potenzierung von Prazosin
α_2-adrenerg	Blutdrucksenkende Wirkung „zentraler Antihypertensiva" (Clonidin, Reserpin, α-Methyldopa, Guanethidin) wird ageschwächt

Sektion E

Tabelle 32.12. Medikamente, welche die Wirkung von Neuroleptika beeinflussen

Präparat	Wirkung der Neuroleptika	Mechanismus
Anticholinergika	Abgeschwächt	Resoptionsverminderung
Barbiturate	Abgeschwächt	Enzyminduktion
Gluthetimid	Abgeschwächt	Enzyminduktion
Antibiotika (Rifampicin, Doxycyclin, Griseofulvin)	Abgeschwächt	Enzyminduktion
Chloramphenicol	Verstärkt	Abbauhemmung
Disulfiram	Verstärkt	
Isoniazid	Verstärkt	
Phenylbutazon	Abgeschwächt	Enzyminduktion
Phenytoin	Abgeschwächt	Enzyminduktion
Vitamin C	Abgeschwächt	Enzyminduktion
MAO-Hemmer	Verstärkt	Abbauhemmer
Levodopa	Abgeschwächt	Konkurrenz am Rezeptor
Amphetamine	Abgeschwächt	
Cannabis	Abgeschwächt	
Kokain	Abgeschwächt	

Tabelle 32.13. Medikamente, die von Neuroleptika beeinflusst werden

Präparat	Wirkung	Mechanismus
Valproinsäure	Abgeschwächt	Enzyminduktion
Indometacin	Verstärkt	ZNS-NW, Konfusion
Propanolol, Metoprolol, Alprenolol	Verstärkt	Abbauhemmung
Hydantoin	Verstärkt	Abbauhemmung
Alkohol	Verstärkt	Wirkungsverstärkung
Sedativa, Analgetika, Tranquilizer, Antihistaminika, Narkotika, Morphine, Opioide, Inhalationsanästhetika	Verstärkt	Verstärkung der Atemdepression und der Sedierung
Lithium	Verstärkt	Neurotoxizität, Nierenfunktionstörung
Trizyklische Antidepressiva	Verstärkt	Abbauhemmung

bermetabolismus verstärkt (Enzyminhibition).

- Sulpirid lässt sich chemisch-pharmakologisch nicht einordnen und soll geringere extrapyramidale Nebenwirkungen besitzen. Die gemeinsame Applikation von *Sulpirid* und *Lithium* zeigt aber synergistische extrapyramidal Nebenwirkungen und sollte vermieden werden.

- *Pimozid* verlängert das QT-Interval. Die gleichzeitige Gabe von *Amiodaron, Sotalol, Chinidin, Procain,* und *Disopyramid* ist deshalb kontraindiziert. Auch Makrolide, Terfenandin, trizyklische/tetrazyklische Antidepressiva, Haldol, Milrinon, Amrinon, Hypokaliämie und Hypomagnesämie können zu QT-Verlängerung mit hoher U-Welle führen („long QT-syndrome").

- *Myoklonien* werden unter gleichzeitiger *Morphin* und *Haloperidoltherapie* verstärkt ausgelöst. *Methyldopa* und *Indometacin* sollten aus dem selben Grund nicht gemeinsam mit Haloperidol verabreicht werden.

Dehydrobenzperidol (DHB) in der Anästhesie

Herz-Kreislauf-Effekte

Das pharmakologische Profil wird v. a. durch seine dopaminblockierende und alpha 1 adrenolytische Wirksamkeit geprägt. Die Myokardkontraktilität wird durch DHB nicht negativ beeinflusst. Bei erhaltener Gegenregulation und ohne Volumenmangel sind die Blutdruckabfälle nur kurz. Ab 5 mg ist die α-Blockade vollständig. Tachykardien können evtl. die Folge einer zentralen vagolytischen Wirkung sein.

DHB hat keine peripher anticholinerge und antikonstringierende Eigenschaften. Es erzeugt keine retrograde Amnesie und besitzt kein antieptileptisches Potential. Der zerebrale Blutfluss wird nach DHB-Gabe durch Vasokonstriktion der Hirngefäße erniedrigt. Dieser Effekt ist bei Pat. mit zerebraler Arteriosklerose trotz unverändertem zerebralen O_2-Verbrauch nicht wünschenswert.

1,25–2,5 µg vor der Anästhesieeinleitung verringern die Häufigkeit von PONV. Durch Epinephrin induzierte Arrythmien können mit DHB-Applikation vermindert werden. Obwohl DHB wie alle Neuroleptika ein Dopaminantagonist ist, kann in klinisch üblicher Dosierung angenommen werden, dass sich die günstigen Auswirkungen auf die Nierenfunktion eher addieren.

Nachteilige Interaktionen

Die Häufigkeit extrapyramidaler Nebenwirkungen beträgt 1%. Die bekannten angstbetonten psychischen Reaktionen auf DHB führten zu einer drastischen Reduktion des Einsatzes von DHB in der Anästhesie. Bei scheinbarer äußerer Ruhe durch motorische Hemmung kommt es zu innerer Unruhe, phobischen bis panikartigen Reaktionen, Fluchtphänomenen und Operationsverweigerung. Nach Henschel liegt die Häufigkeit um 1:1.000. Persönlichkeitsspezifischen Faktoren kommt hier eine entscheidende Rolle zu: allgemein hohe Angstbereitschaft, Sensibilität, emotionale Labilität, schlechte Erfahrung mit vorangegangenen Narkosen, ablehnende Haltung gegenüber Medikamenten. Nach DHB-Verabreichung sollte Atropin vermieden werden, da es zusätzlich psychotomimetische Eigeneffekte entfaltet.

- Sowohl DHB in niedriger Dosierung als auch Fentanyl erzeugen *exzitatorische Erscheinungen* wie Thoraxstarre mit scheinbarer oder auch echter Atemnot. Hingegen wird weder die analgetische Wirkung von Fentanyl durch DHB noch die antiemetische Wirkung von DHB durch Fentanyl beeinflusst.
- Die Wirkung von Dopaminagonisten kann gehemmt werden (Bromocryptin, Lisurid, L-Dopa). Deshalb sollte bei Patienten mit M. Parkinson kein DHB angewendet werden.
- Die Auslösung einer hypertensiven Krise durch DHB wurde bei Phäochromozytom-Patienten beschrieben (Nebennierenmarkstimulierung und erhöhte Adrenalinausschüttung; (Sumikawa et al. 1985).
- Besonders bei zusätzlicher Hypokalämie können bei hohen Dosierungen von 0,2–0,6 g QT-Verlängerungen auftreten.
- DHB wird großteils in der Leber metabolisiert. Aus diesem Grund sollte eine Dosisanpassung bei Leberfunktionseinschränkung bzw. verstärkter Metabolisierung durch Enzyminduktion (Phenytoin, Carbamazepin, Phenobarbital) erfolgen.

> **!** Insgesamt ist der Stellenwert des DHB in den letzten Jahren derart gesunken, dass schwerwiegende Nebenwirkungen schon eine gewisse Seltenheit darstellen.

Sektion E

32.3
Anti-Parkinson-Pharmaka

Parkinson-Mittel (Tabelle 32.14) im engeren Sinn sind Medikamente, deren Hauptindikation die Behandlung des M. Parkinson ist. Parkinson-Mittel im weiteren Sinn haben andere Hauptindikationen, zeigen aber günstige Einflüsse auf einige Symptome (Depression, Übelkeit, gastrointestinale Beschwerden, Miktionsstörungen, Obstipation, Hypersalivation, Schluckstörung etc.).

1,5% der Bevölkerung zwischen 70 und 79 Jahren erkranken an M. Parkinson, einer Schädigung der Substantia nigra. Es sind hierbei besondere dopaminerger Kerngruppen im Striatum betroffen. Die Schwere der klinischen Symptome korreliert mit dem Ausmaß des Dopaminmangels.

Das wichtigste Therapieziel ist der Ersatz des fehlenden Dopamins mittels *Levodopa* das gemeinsam mit einem *Dopamin-Dekarboxylase-Hemmer (DDI)* oral verabreicht wird. Levodopa passiert im Gegensatz zu Dopamin die Blut-Hirn-Schranke. Benserazid und Carbidopa (DDI), welche beide die Blut-Hirn-Schranke nicht überschreiten, verhindern die periphere Dekarboxylierung von Levodopa zu Dopamin. Dadurch kann eine deutliche Dosisreduktion von Dopamin erreicht werden. Im fortgeschrittenem Krankheitsstadium wird L-Dopa/DDI mit einem *Dopaminagonisten* kombiniert, dem ggf. noch ein MAO-B-Hemmer *(Selegelin)* oder *Amantadin* hinzugefügt werden. Selegelin verlangsamt den Abbau von Dopamin, während durch Amantadin zentrales Dopamin verstärkt freigesetzt wird.

Dopaminerge Substanzen

Die Nebenwirkungen sind in erster Linie gastrointestinale Symptome und in seltenen Fällen Herzklopfen und kardiale Arrhythmien, die in Anbetracht der behandelten Altersgruppe – mit einer Vielzahl von Begleiterkrankungen und -medikationen – nicht immer eindeutig den Parkinson-Mitteln zugeordnet werden können.

Entzugssyndrom

Bei abruptem Absetzen kommt es zu einer Symptomatik, die dem MNS (malignes Neuroleptikasyndrom) gleichgesetzt werden kann (Hypertonie, Rigor, Akinesie, Koma, auch Blutdruckabfall, Tachykardie und Hyperhidrosis). Es handelt sich um ein lebensbedrohliches Zustandsbild, das durch sofortige Gabe von Levodopa oder Lisurid, bzw. Flüssigkeitszufuhr, Gabe von Dantrolen (initial 2,5 mg/kgKG, danach Dauerinfusion 5–10 mg/kgKG über 24 h) und intensivmedizinischer Überwachung behandelt werden muss.

Tabelle 32.14. Anti-Parkinson-Mittel

Levodopa	Levodopa/Carbidopa (1:4) oder (1:10)
	Levodopa/Benserazid (1:4)
Amantadine	Amantadin-Sulfat
	Amantadin-HCl
Dopaminagonisten	Bromocriptin
	Pregolid
	Lisurid
	Ropinirol
	α-Dihydroergocryptin
Anticholinerge Substanzen	Biperiden, Trihexiphenidyl ⇒ Indikation: Neuroleptikavergiftung
MAO-B-Inhibitoren	Selegilin

Interaktionen
mit Anti-Parkinson-Medikamenten

Erhöhte Arrhythmieneigung unter Halothan und Verstärkung des hypotensiven Effekts aller Inhalationsanästhetika.

Weitere Interaktionen:

- Verstärkte Hypotonieneigung unter Bromocriptintherapie,
- gesteigerte Muskelrigidität nach Fentanyl,
- Antiemetika, reserpinhaltige Antidepressiva, Kalziumantagonisten (Flunarizin, Cinnarizin) wirken antagonisierend zur laufenden Parkinson-Therapie.
- Benzodiazepine sollen die therapeutische Wirkung von Parkinson-Mitteln abschwächen.
- Die Kombination mit Enfluran und Ketamin erhöht die zerebrale Konvulsionsbereitschaft (relative Kontraindikation).
- Antidopaminerge Neuroleptika vom Typ der Phenothiazine und Butyrophenone aggravieren nachweislich die Symptomatik (strenge Kontraindikation). Auch nach DHB-Gabe zeigen sich vermehrt extrapyramidale Nebenwirkungen.
- Das zentrale Cholinomimetikum Physostigmin ist bei M.-Parkinson-Patienten kontraindiziert.
- Bei Gabe des MAO-Hemmers Selegilin sind zusätzlich die für MAO-Hemmer spezifischen Vorsichtsmaßnahmen zu treffen (s. MAO-Hemmer; **Cave**: Pethidin und SSRI)
- Unter Deprenyl können Patienten schwere Hypertonien, Herzrhythmusstörungen und Angina-pectoris-Anfälle entwickeln.
- Die früher verwendeten Substanzen Biperiden und Trihexiphenidyl sind wegen anticholinerger Nebenwirkungen und Verwirrtheitszuständen als Anti-Parkinson-Mittel nicht mehr gebräuchlich. Sie gelten jedoch nach wie vor als Mittel der Wahl bei durch Neuroleptika induzierten extrapyramidalen Störungen.
- Vitamin B_6 (Pyridoxin) schwächt, durch erhöhte periphere Decarboxylierung von Dopamin, die L-Dopa-DDI-Wirkung ab.

Perioperatives Management

Nachdem in erster Linie der Entzug schwerwiegende Parkinson-Symptome wieder verstärkt, sollte eine laufende Parkinson-Therapie perioperativ nach Möglichkeit kontinuierlich fortgeführt werden. Um die klinische Symptomatik der Parkinson-Erkrankung nicht zu verschlechtern und eine akinetische Krise zu vermeiden, müssen Parkinson-Mittel, v. a. das am häufigsten eingesetzte Levodopa, bis unmittelbar vor Anästhesiebeginn gegeben werden. Wegen der kurzen Wirkdauer von Levodopa sollten Patienten in Regionalanästhesie daher ihre übliche Medikation intraoperativ p.o. erhalten. *Amantadin* kann zusätzlich während der Narkose i.v. verabreicht werden.

Ansonsten ist die Parkinson-Medikation postoperativ so schnell wie möglich weiterzuführen; bei Störungen der Darmmotilität (Abdominalchirurgie) ist eine Levodopaapplikation über eine Duodenalsonde wünschenswert.

Anticholinergika

Der parasympatolytische Effekt kommt durch kompetitive Hemmung des Acetylcholins an Muscarinrezeptoren, welches aus postganglionären Fasern des Parasympatikus freigesetzt wird, zustande. Die Bildung und die Freisetzung von Acetylcholin wird nicht beeinflusst. Erst in hoher Dosierung wird die Wirkung des Acetylcholins an Ganglien und an den motorischen Endplatten beeinträchtigt.

Nebenwirkungen

Bei den Anticholinergika sind in erster Linie *muskarinartige Effekte* zu nennen, die in Kombination mit anderen Anticholinergika verstärkt werden (Mundtrockenheit, Tachyarrhythmie, Verwirrtheit, Verstärkung eines Engwinkelglaukoms, Harnsperre bei Prostatahypertrophie).

Fieber/Hyperpyrexie

Durch Hemmung der Schweißsekretion und durch die Operationsabdeckung kann es bei fiebernden Patienten und/oder erhöhter Umgebungstemperatur zu (weiteren) Temperaturanstiegen kommen; beim Erwachsenen meist nach erhöhter Dosis, beim Kind evtl. schon nach klinisch üblicher Dosierung.

Tachykardie/Bradykardie

Hämodynamisch nachteilige Tachykardien können z. B. bei Mitralstenose, absoluter Arrhythmie, Hyperthyreose und koronarer Herzkrankheit ab einer Dosierung von 0,3 mg Atropin i.v. bzw. 0,5 mg i.m. ausgelöst werden. Unterhalb dieser Dosierung dominiert der zentral vagusstimulierende Effekt über den peripher blockierenden. Es kann dann sowohl unter Atropin als auch Scopolamin zu primärer Bradykardie kommen. Nach Scopolamin treten auch sekundäre Bradykardien, ca. 30–50 min nach der Erstdosis, auf. Der zentrale Effekt erscheint meist vor dem peripheren und dauert auch länger an.

Glaukomanfall

Ein Glaukomanfall kann bei Patienten mit erhöhtem Augeninnendruck ausgelöst werden. Es empfiehlt sich, Atropin bei unbehandelten Patienten nicht anzuwenden, obwohl die Gefahr unter laufender Glaukomtherapie und bei i.m.-Applikation von Atropin 0,01 mg/kgKG gering ist. Schwerwiegende Entzugserscheinungen mit Tachykardien und Hypotonie sind beschrieben worden.

Zentrale Effekte

Dämpfend

In niedriger Dosierung haben sowohl Atropin,v. a. aber Scopalamin zentralsedierende Eigenschaften. Scopalamin zeigt hinsichtlich seiner zentralen Effekte eine 3- bis 4mal höhere Wirksamkeit.

Erregend

Geriatrische Patienten und kleine Kinder reagieren verstärkt mit Unruhe,Verwirrtheit, delirantem Verhalten und Verlängerung der postoperativen Amnesie. Atropin und Scopalamin zählen zu den klassischen Auslösern des ZAS (s. Kap. 6.5).

32.4 Benzodiazepine

Charakteristisch für diese Substanzgruppe sind Amnesie, Anxiolyse, Sedierung bzw. in höherer Dosierung Hypnose, antikonvulsive und muskelrelaxierende Eigenschaften.

Sie stellen pharmakologisch eine relativ homogene Gruppe dar. Insgesamt werden die therapiebegleitenden Nebenwirkungen und die Toxizität als gering eingestuft. Sehr junge und alte Patienten können jedoch qualitativ und quantitativ unterschiedlich reagieren.

Anästhesiologisch von Relevanz sind die z. T. stark differierenden Eliminationshalbwertzeiten (Tabelle 32.15).

Nebenwirkungen

- Die Herz-Kreislauf-Effekte sind zumeist gering. Verminderung von Herzfrequenz, systemischem und pulmonalarteriellem

Tabelle 32.15. Elimimationshalbwertzeiten von Benzodiazepinen

Alprazolam	10–18 h
Bromazepam	12–24 h
Chlordiazepoxid	10–18h[a]
Clonazepam	24–56 h
Clotiazepam	3–15 h
Diazepam	30–45 h[a]
Flunitrazepam	10–25 h[a]
Flurazepam	2 h[a]
Lorazepam	10–18 h
Lormetazepam	9–15 h
Medazepam	2 ha
Metaclazepam	18–20 h[a]
Midazolam	1–3 h
Nitrazepam	20–50 h
Oxazepam	5–18 h
Prazepam	1–3 h[a]
Temazepam	6–16 h
Tetrazepam	12 h
Triazolam	2–4 h

[a] Aktive Metabolite haben längere HWZ.

Druck sowie die Kontraktilität sind klinisch ebenso kaum relevant wie die Veränderung des HZV und des peripheren Gefäßwiderstands.

- Bei manchen Patienten – besonders im höheren Alter – können paradoxe Erregungs- und Verwirrtheitszustände auftreten, auch Aggressivität, Schlaflosigkeit und Angstreaktionen sind beschrieben worden. Diese Reaktionen können durch die Applikation von Flumazenil (Benzodiazepinantagonist) aufgehoben werden!
- Die intravenöse Injektion kann sehr schmerzhaft sein – Thrombose und Phlebitiden (16–62%) werden beobachtet! Thrombophlebitiden entwickeln ihr Vollbild oft erst nach Tagen, wasserlösliche Benzodiazepine (Midazolam) sowie Diazepam (gelöst in einer Sojabohnenemulsion) sind weniger venenwandreizend. Diese Aussage ist nicht für die Kombination mit Penicillinamin zulässig (bis zu 60%). Akzidentelle intraarterielle Injektionen führen zur Nekrose (s. Barbiturate)
- Benzodiazepine, als Monosubstanz verabreicht, führen nach intravenöser Gabe zu einer geringen, transitorischen Atemdepression mit geringfügigem Anstieg des p_aCO_2 und Abfall des p_aO_2.
- Fettlösliche Benzodiazepine penetrieren leicht die Plazentaschranke. Daher sollten sie gegen Ende der Schwangerschaft und unter der Geburt vermieden werden, da sonst mit dem Auftreten des sog. „floppy infant syndrome" gerechnet werden muss.
- Die Leberfunktion wird durch Benzodiazepine wahrscheinlich nicht beeinflusst. Umgekehrt spielt diese für die Metabolisierung der Benzodiazepine eine entscheidende Rolle.
- Im Kleinkindesalter kommt es bei Präparaten mit alkoholischem Lösungsmittel zu Konvulsionen und zentralen Erregungszuständen. Deshalb sollen bei Kindern (<3 Jahre) nur wasserlösliche bzw. Benzodiazepine in Sojaölemulsion verwendet werden.
- *Benzodiazepine sind* bei Patienten mit Myasthenia gravis, bei Ataxie, schwerer chro- nischer Hyperkapnie sowie bei bekannter Überempfindlichkeit *kontraindiziert.*

Interaktionen

Verstärkte Effekte der Benzodiazepine *durch pharmakodynamische Interaktionen* treten bei folgenden Medikamenten auf:

Für *Thiopental* wird eine 2fach höhere hypnotische Wirkung bei Kombination mit Midazolam erreicht (synergistischer Effekt; Short 1991). Ähnliches konnte für *Propofol* gezeigt werden.

Die Kombination eines *Opioids* mit Diazepam führt – im Gegensatz zur alleinigen Applikation – zu deutlichen hämodynamischen Effekten mit Abfall vom systemarteriellen Druck und Widerstand. Der negativ-inotrope Effekt der beiden Substanzgruppen ist additiv.

Die Kombination von *Opioiden und Benzodiazepinen* führt zu einer langanhaltenden und ausgeprägten Atemdepression, die respiratorische Antwort auf Hypoxie und Hyperkapnie ist entsprechend reduziert.

Pharmakokinetische Effekte die für eine potentere Wirkung der Benzodiazepine verantwortlich gemacht werden, sind für *Acetylsalizylsäure, Heparin* und *Probenecid* beschrieben (Freisetzung aus der Proteinbindung). Der gleiche Mechanismus gilt für die verstärkte ZNS-Wirkung der Benzodiazepine in Kombination mit *Valproinsäure.*

Amiodaron verstärkt durch Inhibition des Cytochrom-P450-Enzym-Systems in der Leber die Wirkung von Clonazepam (Witt 1993). Eine ähnliche Interferierung wird *Erythromycin, Propanolol, Metoprolol* und *Ciprofloxacin* nachgesagt. Für *Ranitidin* wurde gezeigt, dass die Bioverfügbarkeit von oral eingenommenem Midazolam und somit der sedative Effekt erhöht ist.

Mit einer abgeschwächten Wirkung der Benzodiazepine ist bei Applikation von *Rifampicin, Phenobarbital* und *Carbamazepin* durch pharmakokinetische Interaktionen zu rechnen.

Bei *chronischen Rauchern* wird ein erhöhter Bedarf an Benzodiazepinen festge-

Sektion E

Tabelle 32.16. Medikamenteninteraktionen mit Benzodiazepinen

Medikament	Benzodiazepin	Wirkung
Acetclsalicylsäure	Midazolam	Schnellere Narkoseinduktion
Acetazolamid	Triazolam	Atemdepressionsverstärkung
Anaesthetika i.v.	Alle	Synergistisch
Amiodaron	Clonazapam	Verstärkung
Alfentanyl,Fentanyl	Alle	Synergistisch
Alkohol	Alle	Verstärkung
Antazida	Alle	Resorptionsverzögerung
Cimetidin, Ranitidin	Alle	Verstärkung durch Enzyminhibition (Leber)
Ciprofloxacin	Midazolam	Verstärkung durch Abbauhemmung
Cisaprid	Alle	Reorptionsbeschleunigung
Clozapin	Diazepam, Flurazepam, Lorazepam	Kreislaufinsuffizienz, Synkopoe
Disufiram	Diazepam, Chlordiazepoxide	Verstärkung
Erythromycin, Ketoconazol, Itraconazol	Diazepam, Nitrazepam, Triazolam	Verstärkung durch Abbauhemmung
Fluoxetin	Alle	Wirkungsverlängerung
Heparin	Diazepam	Proteinbindungsfreisetzung
Flumazenil	Alle	Antagonist
Isoniazid	Diazepam,Triazolam	Verstärkung durch Abbauhemmung
Lithium	Diazepam, Clonazepam	ZNS-NW erhöht
Metoprolol, Propanolol	Diazepam, Oxazepam	
Metoclopramid	Diazepam	Verstärkte Absorption
Orale Kontrazeptiva	Lorazepam, Oxazepam, Temazepam	Abgeschwächt
	Diazepam, Nitrazepam, Alprazolam, Chlordiazepoxid, Clotiazepam	Verstärkt
Phenytoin, Rifampicin, Carbamazepin	Alle	Abschwächung durch Enzyminduktion
Probenecid	Alle	Verstärkung,verlängerte Wirkdauer
Propoxyphen,	Alle	verlängerte Wirkdauer
Theophyllin,	Alle	Pharmokodynamischer Antagonismus
Valproinsäure	Alle	Sedierung verstärkt
Omeprazol	Midazolam, Diazepam, Triazolam	ZNS dämpfende-Wirkung verstärkt
	Lorazepam	Wirkdauer verlängert

stellt. Dies steht im Zusammenhang mit der verstärkten Induktion des Cytochrom-P450-Enzymsystems in der Leber.

Theophylline antagonisieren den sedierenden und anxiolytischen Effekt der Benzodiazepine (Gallen 1989), Aminophylline erhöhen durch Hemmung der Wiederaufnahme in neuronale Gliazellen den Adenosinspiegel im ZNS (pharmakodynamische Interaktion; s. Tabelle 32.16).

Benzodiazepinantagonisten

Flumazenil

Das Imidabenzodiazepin Flumazenil ist ein hochspezifischer Benzodiazepinantagonist der, durch kompetitive Hemmung, die zentralnervösen Effekte von Medikamenten blockiert, die ihre Wirkung über die Benzodiazepin-Rezeptoren entfalten.Eine geringe agonistische Wirkung wurde ebenfalls nachgewiesen. Flumazenil wird zu 50% an Plasmaproteinen gebunden und besitzt eine Wirkdauer von 30–60 min und eine Eliminationshalbwertzeit von 50–60 min.Bei lang wirksamen Benzodiazepinen ist dies zu berücksichtigen und die Flumazenilgabe evtl. zu wiederholen.

Interaktionen

- Eine *physikalische Inkompatibilität* mit *0,9% NaCl* ist zu beachten.
- Bei Patienten, die chronisch große Mengen von Benzodiazepinen verwenden, kann die Flumazenilgabe schwere *Entzugserscheinungen,* Krampfanfälle und den Tod verursachen. Vorsicht ist bei der Antagonisierung von *Mischintoxikationen* geboten, da nach Aufhebung der Benzodiazepinwirkung toxische Effekte *(Krämpfe und Herzrhythmustörungen)* anderer ebenfalls überdosiert eingenommener Medikamente *(trizyklischer Antidepressiva)* auftreten können.
- Bei Patienten mit *Schädel-Hirn-Trauma* kommt es zu massiver Hirndrucksteigerung.
- Bei *Epileptikern* ist eine Krampfauslösung möglich.
- Die MAC-Werte für Inhalationsanästhetika werden durch Flumazenil nicht verändert.
- Bei *KHK-Patienten* ist die koronare Perfusion und die linksventrikuläre systolische Funktion ebenfalls nicht negativ beeinflusst.

Dosierung

Die Anfangsdosis von 0,2–0,3mg sollte innerhalb von 15 s i.v. verabreicht werden; nach 60 s sollte die Wirkung sichtbar sein, sonst muss ein 2. Versuch mit 0,1 mg bis zu einer Gesamtdosis von 1,0 mg appliziert werden.

Bei langwirksamen Benzodiazepinen kann noch zusätzlich 0,1–0,4 mg/h als Low-dose-Infusion verabreicht werden.

32.5 Kalziumantagonisten

Zur Einteilung s. Tabelle 32.17.

Kalziumantagonisten zeigen ähnliche pharmakologische Effekte wie volatile Anästhetika. Sie wirken dilatierend an der glatten Muskulatur des arteriellen Gefäßsystems und senken dadurch den peripheren Gefäßwiderstand. Kalziumantagonisten sind negativ-inotrop und verzögern die Überleitung im AV-Knoten. Substanzen vom *Verapamil-Typ* und *Diltiazem-Typ* zeigen im Gegensatz zu Kalziumantagonisten vom *Nifedipin-Typ* auch im normalen Dosisbereich eine negativ-inotrope und negativ-chronotrope Wirkung (Tabelle 32.18).

Mögliche Interaktionen

Pharmakodynamisch

- Die ernsteste Interaktion ist die in Verbindung mit *Inhalationsanästhetika* auftretende *AV-Blockierung,* da beide Pharmakagruppen die AV-Überleitung prolongieren. Dieser Effekt kann bis zum Herz-Kreislauf-Stillstand führen und dadurch kompliziert werden, dass eine medikamentöse Antagonisierung oft schwierig ist.
- Vorsicht ist v. a. bei *Hypervolämie* und *herabgesetzer linksventrikulärer Funktion* geboten, wenn Kalziumantagonisten zusammen mit volatilen Anästhetika eingesetzt werden. Das Ausmaß der kardiovaskulären Effekte wird in hohem Maße von der Geschwindigkeit der Applikation bestimmt. *Langsame Injektion* bzw. kontinuierliche Infusion *reduzieren* mögliche

Sektion E

Tabelle 32.17. Kalziumantagonisten (Klassifizierung)

Typ I: Kalziumantagonisten mit in vivo myokardialen, elektrophysiologischen und vaskulären Effekten, im Vordergrund steht die AV-Blockierung	***Verapamil***
	Gallopamil
	Diltiazem
	Tiapamil
Typ II: Kalziumantagonisten mit in vivo vaskulären Effekten, als potente Vasodilatatoren provozieren sie Reflextachykardien	***Nifedipin***
	Nimodipin
	Nicardipin
	Niludipin
	Felodipin
Typ III: Kalziumantagonisten mit selektiven vaskulären Effekten, myokardiale Effekte fehlen	Cinnarizin
	Flunarizin
Typ IV: Kalziumantagonisten mit komplexen pharmakologischen Profil	Bepridil
	Lidoflazin
	Perhexilin

Tabelle 32.18. Kalziumantagonisten (Wirkprofil)

	Verapamil	Nifedipin	Nicardipin	Diltiazem
Syst. RR	Senkung	Senkung	Senkung	Senkung
Hf	Senkung	Erhöhung/ unverändert	Erhöhung/ unverändert	Senkung
Neg. Inotropie	Gering	Gering	Minimal	Gering
Sinusknoten	Gering	Kein Einfluss	Kein Einfluss	Minimal
AV-Leitung	Stark verlangsamt	Kein Einfluss	Kein Einfluss	Gering
Koronararteriendilatation	Gering	Stark	Am stärksten	Gering
Periphere Vasodilatation	Gering	Stark	Stark	Gering
Orale Dosis	80–160 mg alle 8h	10–20 mg alle 8 h	20 mg alle 8 h	60–90 mg alle 8 h
Intravenös	75–150 mg/ kgKG	5–15 mg/ kgKG		75–150 mg/ kgKG

bedrohliche Interaktionen. Ebenso ist in Verbindung mit anderen Pharmakagruppen (z. B. mit β-Blockern) bereits in klinischen Dosen eine höhergradige AV-Blockierung zu erzielen. Bei i.v.-Gabe von *β-Blockern* wurden Bradykardien, Sinusblockierung und Asystolien beschrieben (Sagie 1991; Stockley 1996).

- Kalziumblocker alleine besitzen keine muskelrelaxierende Wirkung, aber sie potenzieren die Effekte *nichtdepolarisierender Muskelrelaxanzien*. Bei Langzeitbehandlung von Kalziumantagonisten und renaler Insuffizienz muss die Verstärkung der neuromuskulären Blockade berücksichtigt werden. Die Antagonisierung kann wegen verminderter Acetylcholinfreisetzung erschwert sein.

- Die gemeinsame Verabreichung von Kalziumantagonisten und *Magnesium i.v.* kann die *neuromuskuläre Blockade* bedrohlich verstärken.
- Kalziumantagonisten können kardiotoxische Effekte von Lokalanästhetika, insbesondere von *Bupivacain,* potenzieren. Vor allem die lokalanästhetische Potenz von Verapamil kann bei Regionalanästhesietechniken zur möglichen Toxizität beitragen. Zur Vermeidung von arterieller Hypertonie, Bradykardie sowie atrioventrikulären Überleitungsstörungen sollte *Bupivacain* bei mit Verapamil vorbehandelten Patienten vermieden werden. *Lidocain* scheint das sicherste Lokalanästhetika bei Patienten mit chronischer Kalziumantagonistentherapie zu sein.
- Da die intrazelluläre Kaliumaufnahme durch Kalziumantagonisten verlangsamt wird, kann eine vorbestehende *Hyperkalämie* verstärkt werden.
- Die kalziumabhängige Thrombozytenfunktion wird von Kalziumantagonisten negativ beeinflusst, so dass sich bei gleichzeitiger *Aspiringabe* das Blutungsrisiko erhöht.

Pharmakokinetisch

- *H$_2$-Antagonisten* können den Plasmaspiegel von Kalziumantagonisten erhöhen und so deren Wirkung verstärken.Umgekehrt können Kalziumantagonisten den *Digoxin-* und *Theophyllinspiegel* erhöhen.
- Die Effekte von *Midazolam* werden durch Verapamil und Diltiazem verstärkt. (Backman et al. 1994). Die beiden Kalziumantagonisten hemmen das Isoenzym P450 111A in der Leber und so die Metabolisierung von Midazolam.
- Die *Hyperglykämieneigung* wird bei IDDM-Patienten durch Diltiazem und Nifedipin verstärkt. Die Insulindosis musste um 30% erhöht werden (Stockley 1996)
- Die *Lithiumtoxizität* wird durch Kalziumantagonisten verstärkt. Bei der gemeinsamen Applikation wurden Bradykardien und Myokardinfarkte beschrieben.

Perioperatives Management

Die perioperative Weiterführung einer antihypertensiven Therapie mit Kalziumantagonisten wird als vorteilhaft empfohlen Im Gegensatz zu β-Blockern scheinen Kalziumantagonisten bezüglich hämodynamischer Instabilität und Myokardischämien keine protektive Wirkung zu besitzen, ein präoperativer Entzug kann jedoch einen Blutdruckanstieg verursachen. Treten nach Absetzen Symptome auf, so spricht dies meist für ein erneutes Durchbrechen der Grundkrankheit, d. h. es gibt sehr wohl Berichte über Vasospasmen bei koronarer Herzkrankheit mit vasospastischer Komponente nach Absetzen von Kalziumantagonisten.

> **!** Hypoxämie- und hyperkapniebedingte Tachykardien oder Tachyarrhythmien sind keine Indikationen für Kalziumantagonisten oder β-Blocker.

32.6
β-Andrenozeptoren-Blocker

Eine Übersicht über Wirkweise und Dosierung gibt Tabelle 32.19.

Interaktionen

Pharmakokinetische Interaktionen

- Die hepatische Clearance von β-Blockern wird durch die Abnahme des hepatischen Blutflusses unter Narkose und Operation reduziert. Ebenfalls durch reduzierten Metabolismus wird der Plasmaspiegel von Metoprolol durch *Ciprofloxacin, Fluoxetin, Propafenon* erhöht (Wolley 1993).
- Umgekehrt führen β-Blocker ihrerseits zu pharmakokinetischen Interaktionen. So wird der *Diazepammetabolismus* durch Metoprolol und Propanolol gehemmt. Darüber hinaus reduzieren β-Blocker die

Tabelle 32.19. β-Blocker

	Kardiose-lektiv	Intrinsische Aktivität	Membran-stabili-sierung	Protein-bindung (%)	Clearance	Aktive Meta-bolite	HWZ (h)	Orale Dosis [mg]
Propanolol	Nein	0	++	90–95	Hepatisch	Ja	2–3	40–80
Nadolol	Nein	0	0	30	Renal, hepatisch	Nein	20–24	40–320
Pindolol	Nein	+	+/–	40–60	Hepatisch	Nein	3–4	5–20
Timolol	Nein	+/–	0	10	Renal	Nein	3-4	10–30
Sotalol	Nein	0	0	0	Renal	Nein	8	80–640
Metoprolol	Ja	0	+/–	10	Hepatisch	Nein	3–4	50–400
Atenolol	Ja	0	0	5	Renal	Nein	6–7	50–200
Acebutolol	Ja	+	+	25	Renal	Ja	3–4	200–800
Esmolol	Ja	0	0	0	Cytosoles-terasen	Ja	9 min	10–80 i.v. 100–300 mg/kg KG/min

Clearance von *Lokalanästhetika* vom Amidtyp.

- Die *Fentanylwirkung* wird verstärkt und der Plasmaspiegel durch verminderte Opioidclearance (reduzierter pulmonaler Metabolismus) verdoppelt (Roerig et al. 1989).
- Die Kombination von *Chinidin* mit *Propanolol* führt zu gegenseitiger Serumspiegelerhöhung.

Pharmakodymamische Interaktionen

- Falls zur Induktion einer Allgemeinanästhesie hohe Dosierungen von Opioiden sowie Relaxanzien ohne parasympatholytische Wirkung eingesetzt werden, muss mit Bradykardien gerechnet werden, die in der Regel gut toleriert werden. Auch *topisch applizierte β-Blocker* zur Behandlung des erhöhten Augeninnendrucks (z. B. *Timolol*) können perioperativ ausgeprägte Bradykardien auslösen (Edeki et al. 1995). Augentropfen mit β-Blockern können wegen ihrer langen Wirkung am Auge gefahrlos für 24 h abgesetzt werden.
- Herzstillstände wurden bei der kombinierten Therapie von *Amiodaron* mit *Propanolol* und *Metoprolol i.v.* beschrieben.

Ebenso kann bei der Kombination von *Diltiazem und β-Blocker i.v.* ein temporärer Schrittmacher nötig werden (Sagi et al. 1991). *Propanolol und Haloperidol* gemeinsam verabreicht können ebenfalls eine Asystolie auslösen.

- Die Kombination aus Sotalol und *Chinidin* kann zu QT-Strecken-Verlängerungen und in weiterer Folge zu Torsades de pointes führen.
- Äther, Cyclopropan und bis zu einem gewissen Grad auch *Ketamin* galten als jene Anästhetika, die zur Kompensation depressiver Kreislaufeffekte von der Freisetzung endogener Katecholamine abhängen. Bei ihnen ist es naheliegend, eine gleichzeitige β-Blockade zu vermeiden. Von den halogenierten Inhalationsanästhetika kann Methoxyfluran als kontraindiziert gelten, da über schwere Kreislaufkomplikationen berichtet wurde.
- β-Blocker verstärken die Kaliumfreisetzung nach *Succinylcholin* Gabe. Zusätzlich wird die *ED 50* und der Wirkbeginn von Succinylcholin durch eine kontinuierliche *Esmololinfusion* erhöht (Potenz abgeschwächt).

- Esmolol 1 mg/kgKG i.v., gefolgt von 250 µg/kg/min, erniedrigt den *Propofolbedarf* (Johanson 1997).
- Eine bestehende *Hyperkapnie* führt zu einer wesentlich markanteren Herz-Kreislauf-Depression, da β-Blocker den unmittelbaren depressiven Einfluss von CO_2 auf das Myokard demaskieren.
- Die Kombination *Theophyllin* und *β-Blocker* führt zu gegenseitiger Wirkungsabschwächung und sollte daher vermieden werden.
- Bei β-blockierten Patienten kann es nach *Neostigmingabe* zur Antagonisierung einer neuromuskulären Blockade zu hartnäckigen Bradykardien, vereinzelt auch zur Hypotension und additiv bradykarder Wirkung kommen.

Perioperatives Management

Unter Dauertherapie mit β-Blockern ist die Anzahl der β-Rezeptoren erhöht. In den ersten Tagen nach Absetzen von Medikamenten dieser Gruppe muss mit erhöhter Empfindlichkeit gegenüber Katecholaminen gerechnet werden. Dieses *β-Blocker-Entzugssyndrom* imponiert klinisch mit Tachykardie, Arrhythmien, Hypertonie sowie bei Koronarkranken als Angina pectoris. Bei kombinierter Therapie mit Clonidin wird bei zu rascher Beendigung der Clonidintherapie ebenfalls ein Entzugssyndrom mit hypertensiver Krise ausgelöst.

> **!** β-Blocker sollen wie gewohnt am Morgen des Operationstages oral, und falls erforderlich auch intra- und postoperativ verabreicht werden.

Damit ließ sich bei Risikopatienten mit koronarer Herzerkrankung die Inzidenz von perioperativen Myokardischämien senken und der Langzeitoutcome verbessern. dass auch koronare Risikopatienten ohne vorbestehende Medikation mit β-Blockern von einer perioperativen Gabe von *Atenolol* profitieren, weist zusätzlich auf den Wert einer perioperativen Therapie mit β-Blockern hin.

Es ist zu beachten, dass ein Anstieg der Herzfrequenz als ein Indikator einer Hypovolämie unter β-Blockade geringer ausgeprägt ist. Dieser Umstand ist bei einer normovolämen Hämodilution zu bedenken. Auch nach Kontrastmittelgabe und allergischer Histaminausschüttung kann die abgeschwächte Gegenreaktion wegen β-Blockade fatale Folgen haben. Bei Anwendung von Nitroprussidnatrium (NNP) zur kontrollierten intraoperativen Drucksenkung ist bei mit β-Blockern vorbehandelten Patienten ebenfalls eine *verminderte Reflextachykardie*, eine Dosisreduktion von NNP und eine fehlende überschließende Hypertension nach Absetzen von NNP zu erwarten.

Die Maskierung von Hypoglykämiesymptomen und Verstärkung der Insulinwirkung durch β-Blockade muss bei IDDM Patienten beachtet werden..

32.7
Clonidin

α_2-Agonisten lassen sich in 3 Hauptgruppen einteilen: Phenylethylamine (z. B. Methydopa), Imidazoline (z. B. Clonidin) und Oyazoloazepine, wobei in Österreich nur die ersten beiden Gruppen verfügbar sind. Die Wirkungen sind einerseits zentral, andererseits auch peripher effektiv. Es kommt zur *Sedierung* und zur *Anxiolyse*, die etwa denen der Benzodiazepine entspricht, wobei in höheren Dosen durch nichtselektive α-Aktivierung auch eine Angstauslösung beschrieben ist. Außerdem kommt es zu zentralen analgetischen Effekten, die stärker sind als bei Morphinen und in Kombination die Wirkung der Analgetika verstärken.

Clonidin wirkt *partiell agonistisch auf sympathische α-Rezeptoren*. Die antihypertensive Wirkung wird auf Stimulation zentralnervöser α_2-Rezeptoren zurückgeführt Der zentrale Sympathikotonus wird erniedrigt und damit die Herzfrequenz und das Herzzeitvolumen gesenkt.

Die zentral dämpfenden Effekte führen auch zur *Reduktion des intraokularen*

Drucks, zur *Reduktion der Speichelsekretion* und zur *zerebralen Protektion*. Clonidin beeinflusst wie Propofol, volatile Anästhetika und Opioide die zentrale Thermoregulation und kann zur Therapie des postoperativen Shivering eingesetzt werden.

Clonidin findet v. a. prä- und postoperativ in der Anästhesie Verwendung. Intraoperativ sind gute Erfahrungen als Zusatz zur Regionalanästhesie beschrieben. Clonidin hat eine Halbwertszeit von 9 bis 20 h.

Anästhesiologische Indikationen:

- **Präoperativ:** Prämedikation (oral 300 µg)
  - Sedierung und Anxiolyse, dadurch auch Reduktion der erforderlichen Einleitungsdosis, Prävention von Myokardischämien bei koronaren Risikopatienten.
- **Intraoperativ:** Zusatz zur Regionalanästhesie:
  - intravenös: 2 µg/kgKG,
  - intramuskulär 2 µg/kgKG,
  - intrathekal 150 µg/langsam titriert,
  - extradural 150 µg/langsam titriert,
  - als Daueranalgesie 0,3 µg/kgKG/h.
- **Postoperativ:** Shivering, chronischer Alkoholismus, Opioidentzug.

Interaktionen

- Von Clonidin konnte nachgewiesen werden, dass die MAC-Werte von *Inhalationsanästhetika* um 35% reduziert werden. Im Tierversuch ließ sich zeigen, dass hochselektive α-Adrenergika diesen Effekt bis zu 95% verstärken. Durch die nah vewandte Wirkungsweise kommt es in der Anästhesie zwangsläufig zu Wirkungsverstärkungen anästhetischer Medikamente bzw. zur Verzögerung bei der Narkoseausleitung. Die einmalige präoperative Gabe von α$_2$-Agonisten reduziert den Bedarf an intravenösen Anästhetika und Opioiden um 20–50% und senkt den postoperativen Analgetikabedarf. Eine Herabsetzung der Muskelrigidität nach Applikation von Opioiden kann anästhesiologisch vorteilhaft sein.
- Die negativ-chronotrope Potenz wird in Kombination mit anderen bradykardisie-

renden Substanzen, wie *β-Blockern*, durch niedrige Herzfrequenzen manifest. Diese werden i. allg. gut toleriert und sprechen ausreichend auf Atropin an.

- Bei gleichzeitiger Gabe von *NSARD* und *α$_2$-Blockern* wird die hypotensive Clonidinwirkung abgeschwächt.
- Durch *trizyklische Antidepressiva* und *Neuroleptika* wird die hypotensive Wirkung von Clonidin aufgehoben.
- Die Kombination *Haloperidol* und *Clonidin* kann zu QT-Verlängerungen und in weiterer Folge zu Kammerflimmern führen.
- Clonidin kann die Wirkung von *indirekten Sympatomimetika* erhöhen (Nishikawa 1991 et al.).
- Die hämodynamischen Effekte von *Ketamin* werden durch eine orale Clonidingabe abgeschwächt.
- Clonidin hat antagonistische Wirkung zur *M.-Parkinson-Therapie*.

Perioperatives Management

! Clonidin senkt bei Patienten mit koronarem Risiko die Inzidenz von postoperativen Myokardischämien.

Eine bestehende Dauermedikation mit α$_2$-Agonisten sollte perioperativ fortgeführt werden, da nach Absetzen ein Blutdruckanstieg auftreten kann.

Außerdem sind nach Absetzen der Therapie nicht unwesentliche Entzugserscheinungen zu beachten. Das typische *Clonidinentzugssyndrom* (es beginnt 18 h nach Absetzen von Clonidin) ist charakterisiert durch Angst, Schweißausbruch, Hypertension, Tachykardie und Zittern. Bei frühem Absetzen von Clonidin wurde über prä-, intra- und postoperatives Auftreten dieses Entzugssyndroms berichtet Das Clonidinentzugssyndrom kann durch gleichzeitige β-Blockade und Therapie mit trizyklischen Antidepressiva verstärkt werden. Wenn unter simultaner Clonidingabe intraoperativ ein β-Blocker verwendet wird, sollte *Labetolol* bevorzugt werden.

Beim spontan atmenden Patienten führt nur eine exzessive Überdosierung zu respiratorischen Störungen. *Naloxon* kann als unspezifisches Antidot bei Clonidinvergiftung verwendet werden. Es sollte aber wegen der möglichen Auslösung eines Entzugssyndroms vorsichtig titriert werden. *Dexmedetometin* hat eine deutlich kürzere Wirkdauer mit stärkerer analgetischer Wirkung als Clonidin und kann als totaler selektiver α_2-Agonist angesehen werden. Die Vorteile von Dexmedetometin sind eine streng dosisabhängige Analgesie und Sedierung bei geringerer Atemdepression. Der zentral und periphere Wirkungsmechanismus ist ähnlich wie bei Clonidin.

Moxonidin zählt zu einer Gruppe neuerer Substanzen, die ebenfalls eine zentrale Hemmung der Sympathikusaktivität induzieren, jedoch nur sehr geringe α_2-adrenerge Wirkung besitzen. Aufgrund der hohen Affinität zu *Imidazolinrezeptoren* sind die aus der Interaktion mit α_2-Adrenorezeptoren resultierenden unerwünschten Wirkungen wie Sedation und Mundtrockenheit geringer ausgeprägt.

Über Interaktionen dieser beiden Substanzen liegen noch keine gesicherten Daten vor; sie sollten aber denen von Clonidin ähnlich sein.

32.8
Angiotensin-Converting-Enzym-Hemmer

ACE-Hemmer führen zu einer Vasodilatation mit Reduktion des peripheren Gefäßwiderstands ohne Beeinflussung des Herzzeitvolumens, Schlagvolumens und Plasmavolumens. Orthostatische und kardiovaskuläre Reflexe werden unter Belastungssituationen nicht negativ beinflusst. Nach Absetzen von ACE-Hemmern ist kein Reboundeffekt zu erwarten.

Interaktionen

- Hypotensive Reaktionen von *Inhalationsanästhetika, β-Blocker* und *Kalziumanta-gonisten* können unvorhersehbar verstärkt werden.
- Nach *Diuretikagabe* ist aufgrund Volumen und NaCl-Depletion, ebenfalls mit verstärktem Blutdruckabfall zu rechnen.
- Additive hyperkaliämische Effekte ergeben sich mit *Spironolacton, Amilorid* und *Triamteren.*
- Die Wirkung von ACE-Hemmern wird durch *Aspirin* vermindert und simultane Gabe von *NSARD* erhöht die Nephrotoxizität und schwächt den vasodilatativen Effekt von ACE-Hemmern ab.
- Die *Lithiumtoxizität* wird durch ACE-Hemmer erhöht, so dass die Lithiumdosis bei zusätzlicher ACE-Hemmertherapie halbiert werden sollte.
- Der *Serumdigoxinspiegel* wird durch Captopril erhöht (verringerte renale Ausscheidung)
- Wegen der Gefahr anaphylaktoider Reaktionen ist die Hämofiltrations- bzw. Hämodialysebehandlung mit High-Flux-Membranen(Polyacrylnitril-Methalylsulfonat) während der Behandlung mit ACE-Hemmern zu vermeiden.

Perioperatives Management

Die perioperative Weiterführung einer antihypertensiven Therapie mit ACE-Hemmern wird kontrovers diskutiert. Eine Dauertherapie sollte nicht unterbrochen werden, falls eine ausreichende präoperative Volumenzufuhr sowie ein adäquates perioperatives hämodynamisches Monitoring durchgeführt werden können.

 Hypotensive Reaktionen müssen prophylaktisch und rechtzeitig durch Volumensubstitution und Anwendung von Vasopressoren abgefangen werden.

Umgekehrt aber lässt v. a. die Kombination von Allgemeinanästhesie mit einer rückenmarknahen Regionalanästhesie durch komplette Sympathikolyse eine hypotone Kreis-

Tabelle 32.20. ACE-Hemmer (pharmakologische Effekte nach Bolusgabe)

ACE-Hemmer	Dosis [mg]	Wirkbeginn (min)	Wirkmaximum (h)	Wirkdauer (h)
Captopril	100	15–30	1–2	6–10
Enalapril	20	60–120	4–8	18–30
Lisinopril	10	60	2–4	18–30
Ramipril	20	30–60	3–8	24–60

laufdysregulation erwarten. Wenn nun zusätzlich Eingriffe mit großen Blutverlusten durchgeführt werden, sollte die ACE-Hemmertherapie präoperativ abgesetzt werden. Die ideale Zeitspanne für das präoperative Absetzen richtet sich dabei nach der Wirkdauer der einzelnen Präparate (Tabelle 32.20).

Angiotensin-II-Rezeptor-Antagonisten (AT$_1$-Blocker)

Losartan, Valsartan, Candesartan und *Irbesartan* blockieren den Subtyp AT$_1$ der Angiotensin-II-Rezeptoren. Im Vergleich zu ACE-Hemmern vermitteln diese Substanzen eine spezifischere und vollständigere Hemmung der Angiotensinwirkung. Das Wirkprofil ist ähnlich wie von ACE-Hemmern, aber Nebenwirkungen wie Hyperkaliämie, Husten sind geringer und die Akkumulation von Bradykinin ist schwächer ausgeprägt. Die terminale Plasmahalbwertszeit der aktiven Substanzen liegen zwischen 8 h (Losartan) und 13 h (Irbesartan). Die Wirkdauer beträgt etwa 24 h, wodurch die tägliche Einmalgabe möglich ist. Über Interaktionen mit Anästhetika liegen bisher keine Daten vor. Grundsätzlich gelten bezüglich der perioperativen Gabe die gleichen Überlegungen wie bei ACE-Hemmern.

32.9 Digitalisglykoside

Die Wirkung von Digitalis beruht auf eine Bindung an das Enzym Natrium-Kalium-ATPase mit darauffolgender Hemmung des aktiven transmembranösen Stroms der bei-

den Kationen; Digitalisglykoside bewirken eine intrazelluläre Natrium- und Kalziumerhöhung bzw. eine intrazelluläre Kaliumverminderung. Die Glykosidbindung an die Natrium-Kalium-ATPase ist bei hyperkaliämischen Zuständen vermindert.

Digitalisglykoside wirken positiv-inotrop, negativ-chronotrop, negativ-dromotrop und positiv-bathmotrop. Sie dienen zur symptomatischen Therapie v. a. tachykarder Formen der Herzinsuffizienz mit systolischer Dysfunktion, von supraventrikulären Tachyarrhythmien sowie tachykardem Vorhofflimmern.

Interaktionen

Begünstigung nachteiliger Digitalisinteraktionen

 An sich ist Digitalis eine Substanzgruppe mit niedrigem therapeutischem Index!

Nebenwirkungen treten mitunter bereits auf, wenn der Vollwirkspiegel – v. a. zur Ausnutzung des negativ-dromotropen Effekts (z. B. bei tachykarder Flimmerarrhythmie) – noch gar nicht erreicht ist. *Narkose- und operationsbedingte Verschiebungen des Elektrolythaushalts* zählen wahrscheinlich zu den wichtigsten Ursachen, die zur Digitalistoxizität bei Patienten mit ansonst nebenwirkungsfreien Digitalisspiegeln disponieren. Säure-Basen-Haushaltsstörungen sind in der Regel mit Elektrolytverschiebungen verbunden und als isolierte Faktoren schwer zu beurteilen.

Faktoren gegen die Gefahr wesentlicher Digitalisinteraktionen

Erhöhung der Digitalistoleranz

Kinder im Alter von 1–24 Monaten, Hyperkaliämie, Hypermagnesämie, Hyperthyreose, Hypothermie, Blutgruppe 0, erhöhter Sympathikotonus und exogene Katecholamine (AV-Blockierungen), erhöhter Vagotonus und β-Blockade (ektopische elektrische Aktivität), Anästhesie mit Halothan, Enfluran, Isofluran, Morphin, DHB, Ketanest.

Die Digitaliswirkung wird durch folgende Pharmaka abgeschwächt:

Phenytoin, Thyroxin, Barbiturate, Paraaminosalycylsäure, Metoclopramid, kaliumsparende Diuretika;

Faktoren, die die Toxizität von Digitalis beeinflussen

- Ein *Verstärkung der Digitalistoxizität* wird hervorgerufen durch:
  - Unreife bei Neugeborenen und Frühgeburten, erhöhtes Lebensalter, Kardiomyopathie, Hypothyreose, Hypokaliämie, Hypomagnesämie, kardiochirurgische Eingriffe mit extrakorporaler Zirkulation, erhöhter Sympathikotonus und exogene Katecholamine (ektopische elektrische Aktivität), erhöhter Vagotonus und β-Blockade (AV-Blockierungen), Hypoxie, respiratorische und metabolische Alkalose, Hyperkalziämie (im Rahmen von Bolusinjektionen), Hyperthermie.
- Eine *erhöhte Digitaliswirkung* entsteht durch folgende Pharmaka:
  - Succinylcholin ohne „Präcurarisierung"; Carbonoxolon, Laxanzien, Amphotericin B, Glukokortikoide, Glukose-Lävulose-Infusion Ephedrin, Phosphodiesterasehemmer, Methylxanthine(Theopyllin), Reserpin, TCA.
- Zu *Digitalisserumspiegelerhöhung* führen:
  - Kalzium, Chinidin, Amiodaron, Tetracycline, Erythromycin, Pancuronium, Captopril, Verapamil, Diltiazem.

ÜBERSICHT

Zeichen der Digitalisüberdosierung

- Rhythmusstörungen (Häufigkeit: 67,8%); Digitalis kann Rhythmusstörungen jeder Art provozieren, am häufigsten ventrikuläre Extrasystolen
- Gastrointestinale Störungen mit Übelkeit und Erbrechen (27,4%)
- Neurologisch-visuelle Affektionen (2,8%)

Drugmonitoring: Glykosidspiegel

Heute erleichtern einfach durchführbare Methoden die Bestimmung von Serumdigoxin- und Serumdigitoxinspiegeln (Tabelle 32.21). Die Bewertung ist immer nur zusammen mit dem EKG (Hauptparameter: Hf) und der Klinik durchzuführen.

Therapeutische Maßnahmen bei Zeichen der Überdosierung

Bei *Rhythmusstörungen* mit noch *normaler Überleitung*: Kalium-Magnesium-Aspartat, initial 3 mmol/l i.v., dann Titration bis zu einer Anhebung des Serumkaliums auf 5 mmol/l. Der Magnesiumplasmaspiegel sollte ebenfalls in den oberen Normbereich angehoben werden (1,2 mmol/l).

Wegen des summativen Effekts auf die Dromotropie (**Cave:** Ca^{2+}-Antagonisten!) ist eine Kaliumzufuhr bei verlängertem AV-Intervall primär nicht indiziert.

Bradykarde Rhythmusstörungen, AV-Verlängerung: Atropin, wiederholt 0,5 mg i.v., temporäre Schrittmacherimplantation bei AV-Block III. Grades

Ventrikuläre Rhythmusstörungen: Amiodaron, Diphenylhydantoin 1–3 mg/kgKG langsam i.v.oder Lidocain initial 50 - 100mg i.m. danach Infusion von 1-2mg /min.

Der Einsatz des *spezifischen Digitalisantidots* (Digitalisantikörper: Fab-Fragment) ist nur bei schwerer akzidenteller Digitalisintoxikation indiziert.

Perioperatives Management

Intrazelluläre Hypokaliämie und Hypomagnesämie sind, wie bereits erwähnt, in erster

Sektion E

Tabelle 32.21. Glykosidspiegel

	Digoxin	Digitoxin
Therapeutischer Bereich	0,9–2,0 ng/ml	9,0–30 ng/ml
Grenzbereich	1,5–2,0 ng/ml	
Toxischer Bereich	>2,0 ng/ml	

Linie – respiratorische Stabilität vorausgesetzt – für digitalisbedingte Arrhythmien verantwortlich zu machen.

Trotz Digitalisierung sind heute ernste nachteilige Interaktionen mit den in der modernen Anästhesie eingesetzten Substanzgruppen seltener und unwahrscheinlicher geworden. Eine Dauertherapie mit Digitalisglykosiden wird perioperativ nicht unterbrochen. Trotz großer Überlappung von therapeutischem und toxischem Bereich ist die Digoxin- und Digitoxinplasmaspiegelkontrolle zu einem wertvollen Informationsparameter der gesamten perioperativen Phase geworden.

32.10
Opioide

Zu den Opioidrezeptoren s. Tabelle 32.22, zum pharmakokinetischen Vergleich von Opioidagonisten Tabelle 32.23.

Nebenwirkungen

Respiratorische Wirkungen

> **!** Generell sind bei den Opioiden analgetische und atemdepressive Effekte nicht zu trennen.

Die dosisabhängige Hemmung medullärer und pontiner Atemregulationszentren führt zu folgenden Atemmustern:
- zunächst Verlangsamung des Atemrhythmus (Bradypnoe),
- gefolgt von einer Atmung, die nur durch akustische, Schmerz-, Hypoxie- und Hyperkapniestimuli ausgelöst wird,

- „Kommandoatmung" (d. h. eine Zeitlang wird auf die Atmung vergessen),
- zuletzt Apnoe.

Zusätzlich muss bedacht werden, dass bei Patienten mit hyperreaktivem Bronchialsystem durch Opioide, wenn auch selten, eine *Bronchialobstruktion* ausgelöst werden kann.

Die Dämpfung des Atemzentrums wird durch Kompensationsmechanismen üblicherweise gut kontrolliert, doch können einige Faktoren zu einer Verschärfung der Atemdepression beitragen.

Wirkungsverstärkung/-verlängerung
Mechanismen, die zu einer Wirkungsverstärkung bzw. -verlängerung führen:
- Hemmung der hepatischen Biotransformation durch Kontrazeptiva, Zytostatika;
- Antiarrhythmika, trizyklische Antidepressiva, MAO-Hemmer, Phenothiazine, Antimykotika, DHB und volatile Anästhetika.
- Verdrängung des Opioids aus seiner Proteinbindung, so dass mehr freie Wirksubstanz vorliegt (durch Phenylbutazon und Cumarinderivate).

Die biphasische Atemdepression durch gastroenterosystemische Rezirkulation wird derzeit noch diskutiert.

Klinische Ursachen für opioidinduzierte postoperative respiratorische Störungen

ÜBERSICHT
- Die Kombination mit Benzodiazepinen, Barbituraten und Inhalationsanästhetika führt bei fehlenden Schmerzstimuli zu einer Änderung des Vigilanzniveaus

Tabelle 32.22. Opioidrezeptoren

	μ_1	μ_2	κ_1, κ_2	δ	ε, σ
Wirkung	Analgesie (supraspinal, spinal)	Analgesie (spinal)	Analgesie (supraspinal, spinal)	Analgesie (supraspinal, spinal)	Psycho-tomimetische Effekte
	Euphorie	Atemdepression	Atemdepression	Sedierung	
	Niederes Suchtpotential	Körperliche Abhängigkeit	Körperliche Abhängigkeit,	Depression	
	Tachykardie	Starke Obstipation	Leichte Obstipation	Niederes Suchtpotential	
	Hypothermie	Bradykardie	Harnsperre	Diurese	
	Harnsperre		Hypotension		
			ADH-Sekretion		
			Hemmung der Adrenalin- und Noradrenalin-freisetzung		
Agonisten	Endorphine	Endorphine	Dynorphine	Enkephaline	Endorphine
	Morphine	Morphine			
	Synthetische Opioide	Synthetische Opioide			
Antagonisten	Naloxon	Naloxon	Naloxon	Naloxon	Haloperidol
	Naltrexon	Naltrexon	Naltrexon	Naltrexon	

- Höheres Alter
- Hypoproteinämie
- Exzessive Prämedikation mit Opioiden
- Hohe intraoperative Volumenkonzentrationen von volatilen Anästhetika
- Fraktionierte Gabe von kleinen Opioiddosen, die nur zur Akkumulation im peripheren Speicher mit verspäteter Rezirkulation führt
- Keine Verwendung einer ausreichenden Sättigungsdosis zu Beginn der Narkose
- Kombination verschiedener Opioide mit unterschiedlichen Halbwertszeiten
- Unkritische Gabe von Natriumbikarbonat oder THAM-Alkalose führt zur Rezirkulation aus den peripheren Depots
- Nichtkorrigierter Blutverlust oder Proteinmangel
- Keine ausreichende Berücksichtigung der unterschiedlichen Halbwertszeiten der Antidote und der Opioide

Kardiovaskuläre Wirkungen

Grundsätzlich besitzen Opioide keine im Verhältnis zu anderen Pharmaka nennenswerte Beeinträchtigung des kardiovaskulären Systems.

> **!** In Abhängigkeit vom Grundtonus des Patienten werden exzitatorische (sympathische) oder inhibitorische (vagale) Effekte ausgelöst, die durch β-Bocker bzw. Atropin vermindert werden (Tabb. 32.24).

Prophylaxe und Therapie

Die gleichzeitige Gabe von volatilen Anästhetika, Neuroleptika, Benzodiazepinen und Hypnotika führt über eine zentrale Dämpfung zur Verminderung der überschießenden vegetativen Erscheinungen.

Die Verminderung des Sympathikotonus führt zum Absinken des peripheren Widerstands ("venöses Pooling"). Dieser Mecha-

Tabelle 32.23. Pharmakokinetische Vergleich von Opioidagonisten

	pK	Protein-bindung (%)	Clearence [ml/min]	Verteilungs-volumen [l]	Eliminations-halbwertszeit (h)	Context-sensitive half-time[a] (min)	Blut-Hirn-Äquili-brierung (min)
Morphin	7,9	35	1.050	224	1,7–3,3		
Pethidin	8,5	70	1.020	305	3–5		
Fentanyl	8,4	84	1.530	335	3,1–6,6	260	6,8
Sufentanil	8,0	93	900	123	2,2–4,6	30	6,2
Alfentanil	6,5	92	238	27	1,4–1,5	60	1,4
Remifentanil	7,3	66–93	4.000	30	0,17–0,33	4	1,1

[a] Context-sensitive half-time Zeit, die nach Beendigung der kontinuierlichen Infusion zu einem 50%igen Plasmaspiegelabfall führt (die Dauer der Infusion wird miteinbezogen).

Tabelle 32.24. Kardiovaskuläre Effekte von Opioiden abhängig vom vegetativen Grundtonus

Sympatikusdominanz	Parasympathikusdominanz
Hypertension	Hypotension
Tachykardie	Bradykardie
Hyperglykämie	Erbrechen
Hyperlaktämie	Schwitzen
Akrozyanose	Salivation
Skhereninjektion	Bronchospasmus
Gesichtsrötung	Spinkterenspasmus
Antidiurese	Miosis

nismus sowie die Bradykardie und das Absenken des peripheren Widerstands führen zur Abnahme des myokardialen O_2-Verbrauchs, so dass die Opioide gerne beim Herzinfarkt eingesetzt werden. Es ist jedoch auch zu berücksichtigen, dass sich der Poolingeffekt im Abfall des mittleren arteriellen Drucks bemerkbar macht, was bei Hypovolämie oder im Schock die Kreislaufinsuffizienz aggraviert.

Eine Dysregulation der atrioventrikulären Überleitung mit Verlängerung des PQ-Intervalls ist besonders bei wirkstarken Opioiden (Fentanyl, Sufentanil) bemerkbar und auf eine Vagusstimulation zurückzuführen.

Es gibt jedoch auch bei einigen Opioiden eine direkte dosisabhängige Beeinträchtigung der Kontraktilität des Herzmuskels. Nach Pethidin kommt es zum Blutdruckabfall und Synkopen (**Cave:** Myokardinfarkt).

 Im Rahmen einer Opioidnarkose wird der direkt negativ-inotrope Effekt von N_2O demaskiert.

Atropin i.v. unmittelbar vor Opioidgabe schützt ebenso wie das zugleich zur Vermeidung der Thoraxwandrigidität verabreichte Pancuroniumbromid vor Bradykardien. Bradykarde Rhythmusstörungen (Sinusbradykardie, AV-Block) zählen daher auch zu den relativen Kontraindikationen von Opioiden! Die systemarterielle Gefäßerweiterung unter Morphin und Pethidin ist primär Folge der Histaminfreisetzung.

Opioide blockieren auch unter extrem hohen Dosen nicht das autonome Nervensystem bei sehr schmerzhaften Stimuli (z. B. Brustkorberöffnung), was zu heftiger sympathischer Reaktion mit Hypertension, Tachykardie und linksventrikulärer Nachlasterhöhung führt.

Histaminfreisetzung
Einige Morphinderivate, v. a. Morphin und Pethidin, setzen Histamin in größerer Menge frei und können damit typische Reaktionen wie Flush, Bronchokonstriktion, Pruritus und hypotensive Kreislaufreaktionen auslösen.

Übelkeit und Erbrechen
Sie werden ausgelöst durch Chemorezeptoren der Area postrema, bei Morphin u. U. auch durch verzögerte Magen-Darm-Passage. Die Inzidenz beträgt 20% und ist nicht dosisabhängig. Zur *Therapie* wird DHB 1,25–2,5 mg i.v. verabreicht.

Muskelrigidität
Sie betrifft primär die Stammmuskeln und läuft wahrscheinlich über einen zentralen Mechanismus. Die Thoraxrigidität ist am bekanntesten für Fentanyl, kann jedoch grundsätzlich bei allen Opioiden auftreten, besonders dann, wenn sie rasch und in hoher Dosierung i.v. verabreicht werden. Grundsätzlich besteht eine eindeutige Korrelation mit der analgetischen Potenz des Präparats und dem Auftreten dieser Erscheinung. Die Inzidenz kann bis zu 90% betragen. N_2O verstärkt den Effekt.

Folgende *Auswirkungen* sind zu erwarten
- Respiratorische Insuffizienz, oft verbunden mit der Unmöglichkeit, assistierend zu beatmen;
- subjektive Wahrnehmung der „Steifigkeit" mit dem Gefühl der Atemnot, sofern die Symptomatik vor dem Bewusstseinsverlust auftritt.

Als *Prophylaxe* wird empfohlen:
- Opiode langsam i.v. injizieren,
- Prämedikation mit Benzodiazepinen,
- kleine Dosen nichtdepolarisierender Muskelrelaxanzien vorspritzen (z. B. Pancuroniumbromid 0,2 mg/kgKG i.v.),
- i.v.-Gabe von Atropin unmittelbar vor Opioidgabe.

Durch diese Maßnahmen lässt sich die Thoraxrigidität meist verhindern bzw. die Inzidenz auf 10% reduzieren. Eine absolute Gewähr zur Verhinderung ist jedoch durch keine dieser Maßnahmen gegeben.

Bei eingetretener Rigidität sollte Succinylcholin mindestens 0,5–1,0 mg/kgKG i.v. verabreicht werden.

Drucksteigerung
Drucksteigerung in den Hohlorganen durch Konstriktion der Sphinkteren:
- Pyloruskonstriktion,
- segmentale Einschnürungen am Darm bis zur spastischen Obstipation,
- Kontraktion der Blasenmuskulatur,
- Konstriktion des Oddi-Sphinkter bis zu biliären Spasmen.

Der *antidiuretische Effekt* von Morphin durch Freisetzung von ADH ist *klinisch nicht relevant*. Es kommt zur *Miosis* durch Erregung des Okulomotoriuskerns. Opioide verstärken *zentraldämpfende Effekte* anderer Pharmaka und umgekehrt. Dies betrifft praktisch alle Allgemeinanästhetika, Sedativa und Hypnotika.

Spezifische Interaktionen
- Spezifische Interaktionen zwischen MAO-Hemmern und Opioiden mit kardiovaskulären und zentralen Reaktionen wie hypo- und hypertensiven Krisen, schwerer Atemdepression, Koma und Hyperpyrexie werden in der Literatur beschrieben. Besonders bekannt ist die kritische Kombination von MAO-Hemmern mit Pethidin *(toxisches Serotoninsyndrom)*.

Sektion E

Tabelle 32.25. Wirkstärke der Opioide (bezogen auf Morphin = 1)

Analgesie	Opioid	Wirkstärke
Sehr stark	Sufentanil	1000
	Remifentonil	100–500
	Fentanyl	100–300
	Alfentanyl	40–50
	Buprenorphin	10–50
	Oxymorphin	12–15
Stark	Butorphanol	8–11
	Hydromorphon	7–10
	Diamorphin	1–5
	Dextromoramid	2–4
	Racemorphin	2,5
	Levomethadon	4
	Methadon	1,5
	Isomethadon	1–1,3
	Piminodin	1
	Properidin	1
	Morphin	1
	Piritramid	0,7
Schwach	Nalbuphin	0,5–0,8
	Hydrocdein	0,35
	Pentazocin	0,43
	Codein	0,2
	Pethidin	0,1
Sehr schwach	Levallorphan	0,07–0,1
	Tilidin	0,05–0,07
	Tramadol	0,05–0,07

- Der spezifisch analgetische Effekt (vgl. Tabelle 32.25). von Opioiden kann durch andere Pharmaka verstärkt oder abgeschwächt werden.

Barbiturate, Antikonvulsiva (Phenytoin, Carbamazepin, Valproinsäure), Rifampicin, und orale Kontrazeptiva wirken *analgesieabschwächend*.

Pharmaka, die die zentralen biogenen Aminspeicher entleeren (Methyl-Dopa, Reserpin) verringern ebenfalls die analgetische Potenz von Opioiden. Zentral-cholinerge Effekte modifizieren die analgetische Wirkung von Opioiden:

Durch Physostigmin wird die *spezifisch analgetische Opioidwirkung verstärkt* und durch Atropin *abgeschwächt*.

Erhöhte zentrale Katecholaminspiegel (z. B. durch Amphetamine, Clonidin, trizyklische Antidepressiva) und auch Sympathomimetika verbessern die analgetische Potenz von Opioiden.

Vor allem die *Kombination mit Clonidin* zeigt einige Vorteile:

- Blockade der Kreislaufreaktionen unter der Laryngoskopie.
- Verlängerung der periduralen Wirkdauer von Lokalanästhetika.
- Es vermindert die erforderliche Opioiddosis um 40%, ohne die Atemdepression zu verstärken.
- Es besitzt eine eigene sedative Wirkung.
- Verminderung der intra- und postopera-

tiven stressbedingten myokardialen Ischämie bei Patienten mit KHK.

- Verminderung des MAC volatiler Anästhetika.
- Zusätzlich konnten auch antiarrhythmische Eigenschaften nachgewiesen werden.
- Es verstärkt, peridural gegeben, die postoperative Analgesie von Morphin oder Bupivacain.

Opioidantagonisten

Naloxon als reiner Antagonist

(Tabelle 32.26)
Naloxon besitzt unter den derzeit verfügbaren Antagonisten die größte Wirkung. Eine opioidinduzierte Atemdepression und Analgesie wird aufgehoben. Die übliche *Initialdosis* beträgt 0,4–2 mg i.v. Bleibt eine 2- bis 3mal Verabreichung, bis zu einer kumulativen Dosis von 10 mg wirkungslos, so muss die opioidbedingte Atemdepression in Frage gestellt werden.

Bei plötzlicher Antagonisierung nach einer Opioidnarkose kann es – wahrscheinlich durch eine wahllose Reversion verschiedener Hemmfunktionen – zu starker sympathischer Stimulation mit Hypertension, Tachykardie bis zum Kammerflimmern, Schwitzen und Tremor kommen (Overshootsyndrom, akutes Entzugssyndrom).

Die Wirkungsdauer von Naloxon bei i.m.-Applikation ist kurz, danach besteht – sofern

Tabelle 32.26. Reine Opioidantagonisten und Opioidagonisten/-antagonisten

Reine Antagonisten	Agonisten/Antagonisten
Naloxon	Nalorphin
Naltrexon	Levallorphan
	Nalbuphin
	Butorphanol
	Buprenorphin
	Pentacozin
	Tramadol
	Maptazinol

Naloxon nicht nachappliziert wird – die Gefahr einer erneuten opioidbedingten Atemdepression („Remorphinisierung").

Naloxon wurde im Tierversuch erfolgreich zur Therapie im hypovolämen Schock und septischen Schock eingestzt.

Durch Steigerung der Myokardkontraktilität konnte die Überlebensrate erhöht werden. Es mussten allerdings >1 mg/kgKG Naloxon i.v. zur Outcomeverbesserung appliziert werden (Faden 1984).

Agonisten/Antagonisten

Das unterschiedliche agonistisch/antagonistische Wirkprofil der einzelnen Substanzen und die rasche Entwicklung neuerer Substanzen mit immer günstigerem Wirkprofil lassen einen endgültigen Überblick derzeit nicht zu. An sich setzt eine Antagonisierung atemdepressiver Effekte die vorherige Gabe von Opioiden voraus. Ohne sie ist bei entsprechender Dosierung sowie in Kombination mit anderen Stoffgruppen ein eigener atemdepressiver Effekt möglich. Ebenso können auch andere agonistische Opioideffekte wie Kreislaufbeeinflussung, Sedierung, Übelkeit, Benommenheit, Dysphorie und Diuresehemmung auftreten.

32.11
Intravenöse Anästhetika

Tabelle 32.27 zeigt den pharmakologischen Vergleich von Einleitungsnarkotika.

Ketamin

Das Wirkprofil von Ketamin ist durch dissoziative Anästhesie, und zentral ausgelöste sympathomimetische Effekte gekennzeichnet.

Ketamin gilt als Antagonist am N-Methyl-D-Aspartat- (NMDA-)Rezeptor und zeigt agonistische Effekte an Opioidrezeptoren. Ein Teil seiner Wirkungen und Nebenwirkungen werden durch Interaktionen mit zentralen wie peripheren monoaminergen und cholinergen Rezeptorsystemen bedingt.

Tabelle 32.27. Pharmakologischer Vergleich von Einleitungsnarkotika

	Elimination – HWZ (h)	Verteilungs- volumen [l/kgKG]	Clearence [ml/kgKG/min]	Systemischer Blutdruck	HF
Propofol	0,5–1,5	3,5-4,5	30–60	Senkung	Erhöhung
Etomidate	2–5	2,2–4,5	10–20	Unverändert/ geringe Senkung	Unverändert
Ketamin	2–3	2,5–3,5	16–18	Erhöhung	Erhöhung
Thiopental	11,6	2,5	3–4	Senkung	Erhöhung

Zusätzlich hat Ketamin lokalanästhetische Effekte.

Das pharmakologische Profil des neu entwickelten (S)-Ketamin ist bei unterschiedlicher quantitativer Ausprägung qualitativ mit Racemat vergleichbar.

Nebenwirkungen

Psychomimetische Reaktionen

Während einer Ketaminnarkose und besonders in der Aufwachphase treten oft lebhafte, meist als unangenehm empfundene Träume, verbunden mit motorischer Unruhe, selten auch Halluzinationen auf. Die Häufigkeit dieser Phänomene schwankt zwischen 8 und 40% ; sie treten unabhängig von der Dosis auf und sind möglicherweise deutlicher ausgeprägt, wenn die Operation vom Patienten als psychisch belastend empfunden wird. In seltenen Fällen können diese Träume auch über Wochen postnarkotisch bestehen bleiben.

Als Prophylaxe bzw. Therapie:
- Keine Mononarkose, Kombination mit Benzodiazepinen,Propofol;
- Prämedikation mit Dormicum, Diazepam oder Lorazepam;
- Abschirmung vor optischen und akustischen Reizen in der Aufwachphase;
- bei eingetretener Symptomatik 2,5–5 mg Dormicum i.v. oder 5–10 mg Diazepam.

Erhöhung des intrakraniellen Drucks und Abnahme der Gehirndurchblutung

Sie ist dosisabhängig und kann im Einzelfall ein kritisches Ausmaß annehmen. Der Liquordruckanstieg kann durch Vorinjektion eines Barbiturats oder von Diazepam, zumindest kurzfristig, abgeschwächt werden.

Herz-Kreislauf-Wirkungen

Bereits in klinischen Dosierungen von 1–2 mg/kgKG i.v. kommt es zu einer deutlichen Zunahme von Herzfrequenz, systemarteriellem Druck, peripherem Widerstand und myokardialem O_2-Verbrauch, ebenso deutlich steigen Pulmonalarteriendruck und pulmonaler Gefäßwiderstand an. Die kardiovaskulären Ketamineffekte können durch andere Substanzen wesentlich abgeschwächt werden.

Diazepam oder Midazolamvorinjektion verhindert sie weitgehend, ebenso eine gleichzeitige Fentanylinjektion. Unter einer Halothannarkose bewirkt Ketamin einen Abfall des arteriellen Drucks (Demaskierung der direkt negativen Inotropie von Ketamin).

Zunahme der Speichel- und Tracheobronchialsekretion

Da unter Ketamin die laryngealen Reflexe erhalten bleiben, kann ein Laryngospasmus mit daraus resultierenden Folgen wie respiratorischer Insuffizienz, Zyanose, Hyperkapnie und Herzrhythmustörungen ausgelöst werden. Mit derartigen Reaktionen muss besonders dann gerechnet werden, wenn aufgrund anatomischer Verhältnisse ein behinderter oder gestörter Schluckvorgang vorliegt oder Infekte der oberen Atemwege oder Blutungen bestehen.

Skelettmuskeltonus

Vollerhaltener, oft erhöhter Skelettmuskeltonus, athetotische Kopf- und Extremitätenbewegungen, erhaltene oder gesteigerte Eigenreflexe, faszikuläre Muskelzuckungen.

Augeninnendruck

Erhöhung des Augeninnendrucks, im Verhalten parallel dem Systemdruck; postoperativ vereinzelt Sehstörungen.

Atmung

Unregelmäßige Atmung, von schnellen, oberflächlichen Atemzügen bis zu tiefer, schnarchender Atmung, vereinzelt unterbrochen auch von kuzen Apnoen. Bradypnoe und Apnoe können in seltene Fällen eine Maskenbeatmung und evtl. auch Intubation notwendig machen.

Interaktionen

- Eine *chemische Unverträglichkeit* besteht zwischen *Barbituraten* und Ketamin.
- Eine Prämedikation mit *Atropin* und *DHP* verstärkt die lebhaften Träume und sollte vermieden werden.
- Die intravenöse Injektion von Ketamin sollte langsam,während 60 s erfolgen.Rasche Injektion führt zu Atemdepressionen und stärkeren Blutdruckanstieg. Durch *Verapamil* wird der Blutdruckanstieg verhindert es kommt aber zu stärkerer Tachykardie.
- Die *direkt negative Inotropie* Ketamins wird demaskiert, wenn es durch Inhalationsanästhetika zu ZNS-Dämpfung mit verminderter endogener Katecholaminausschüttung kommt.
- *Ketamin-Halothan-Interaktion*: Ketamin reduziert den *Halothan-MAC*, wahrscheinlich trifft dies auch für andere volatile Anästhetika zu. Umgekehrt verlängert Halothan ebenso wie N_2O die Ketaminwirkung. Ketamin und *Halothan* simultan verabreicht erhöhen die *adrenalininduzierte* Arrhythmieneigung.

- Nach *Thyroxin* sowie *indirekten Sympathomimetika* muss ebenfalls verstärkt mit *Arrhythmien* gerechnet werden.
- Durch gemeinsame Applikation mit *Theophyllin* wird die *Krampfschwelle* gesenkt.
- Ketamin interferiert mit Ca^{2+}-Ionenkanälen und verstärkt deshalb die Wirkung *nichtdepolarisierender Muskelrelaxanzien*. Ebenso hemmt es die *Plasmacholinesterase* und führt so zu verlängerter Wirkung von Succinylcholin. *Pancuronium* kann die kardiovaskulären Effekte von Ketamin verstärken.

Die unerwünschten Nebenwirkungen einer Ketaminmononarkose lassen sich durch andere Pharmaka *abschwächen oder überhaupt* verhindern:

- Abschwächung psychotomimetischer Aufwachreaktionen und auch unerwünschter Kreislaufwirkungen durch Benzodiazepine, Propofol, Barbiturate, Inhalationsanästhetika etc. Allerdings werden damit auch Schlafdauer und Aufwachzeit verlängert.
- Durch *Naloxon* kann die analgetische Wirkung von Ketamin abgeschwächt werden. Eine vollständige Antagonisierung ist aber nicht möglich.
- Durch *Physostigmin* kann die prolongierte Aufwachphase nach Ketaminmononarkose verkürzt werden. Es bestehen Parallelen zwischen den psychotomimetischen Reaktionen nach Ketamin und dem zentralenanticholinergen Syndrom (ZAS).

Etomidat

Nebenwirkungen

Myoklonien

Die als Enthemmungszeichen interpretierten spontanen Bewegungen einzelner oder mehrerer Muskelgruppen treten bevorzugt bei nicht prämedizierten Patienten in Erscheinung. In 70% der Fälle sind die Myoklonien leicht, bei 10% schwer; sie lassen sich durch Vorinjektion von Benzodiazepinen oder Fentanyl meist vermeiden.

Sektion E

ZNS

Bei rund 25% der Patienten, die Myoklonien entwickelten, konnten EEG-Veränderungen nachgewiesen werden. Etomidat sollte aus diesem Grund bei Patienten, welche eine erhöhte Krampfbereitschaft zeigen, nicht angewendet werden.

Venenschmerzen

Sie treten bei 20–50% der Patienten auf und lassen sich dadurch vermeiden, dass die Substanz möglichst in eine große Vene und unter laufender Infusion appliziert wird. Durch Fentanylvorinjektion wird die Häufigkeit von Venenschmerzen reduziert. Außerdem wird heute bereits Etomidat in einer Sojaölemulsion angeboten. Dadurch kann die Venenreizung auf ein Minimum reduziert werden.

Dosisabhängige Synthesehemmung von Nebennierenrindenhormon

Sie ist, im Gegensatz zur Langzeitsedierung mit Etomidat, für die Anästhesie ohne unmittelbare klinische Relevanz.

Die Enzymhemmung tritt bereits nach einmaliger Gabe auf und hält 4–8 h an. Bei septischen Patienten, die auf eine adäquate Nebennierenrindenfunktion angewiesen sind, kann die Inhibition als Nachteil angesehen werden.

Hohe i.v.-Vitamin-C-Gabe schwächt die durch Etomidat bedingte Kortisolspiegelerniedrigung ab.

Histaminfreisetzung

Etomidat allein setzt kein Histamin frei und ist in diesem Sinne ein „sicheres" Pharmakon! Doch gilt dies nur bei alleiniger Applikation, nicht jedoch in Kombination mit anderen Pharmaka, wo grundsätzlich die Möglichkeit zu anaphylaktoiden Reaktionen besteht.

Interaktionen

- Die sonst geringe Atemdepression von Etomidat wird durch Inhalationsanästhetika und kontinuierliche Opioidgabe verstärkt.
- Eine früher diskutierte Interaktion mit Succinylcholin und eine dadurch bedingte verlängerte Relaxationsdauer existiert nicht.
- Die Kombination mit Vecuronium führte zu stärkerer Bradykardie als die Kombination Thiopental mit Vecuronium.
- Obwohl Etomidat bei Patienten mit kardialem Risiko als sicheres Einleitungshypnotikum angesehen wird, kann es durch Senkung des peripheren Widerstands bei hypovolämen Patienten zu gefährlichen Blutdruckabfällen führen.
- Etomidat zeigt die geringste negative inotrope Wirkung aller verwendeter Hypnotika.

Barbiturate

Wirkungen und Nebenwirkungen

Respiratorische Effekte

Dosisabhängige, kurzdauernde Atemdepression bis zur Apnoe nach einer üblichen Einleitungsdosis, v. a. mit Verminderung des Atemminutenvolumens ohne wesentliche Herabsetzung der Atemfrequenz.

Das Ausmaß der Atemdepression hängt von folgenden Faktoren ab:
- Dosierung,
- Injektionsgeschwindigkeit,
- vorausgegangene Prämedikation,
- Kumulation bei Repetition,
- Ausmaß bestehender Schmerzstimuli.

Kardiovaskuläre Effekte

Kurzdauernde, aber deutliche hämodynamische Auswirkungen: Abnahme der Kontraktilität, des Herzminutenvolumens und des arteriellen Drucks, Anstieg von Herzfrequenz und myokardialem O_2-Verbrauch, der periphere Widerstand ändert sich nur geringfügig. Die von Dosis und Injektionsgeschwindigkeit abhängigen Herz-Kreislauf-Wirkungen sind beim Kreislaufgesunden klinisch nicht so bedeutsam, könnten jedoch bei kardiovaskulärer Vorschädigung kritisch werden.

ZNS

Thiopental erhöht den zerebralen Gefäßwiderstand, konsekutiv kommt es zur Abnahme der zerebralen Durchblutung und des zerebralen Blutvolumens. Eine Senkung des intrakraniellen Drucks ist die Folge.

Paravenöse und intraarterielle Injektion

Symptome

Paravenös: heftige Schmerzen, Rötung, aber nur in seltenen Fällen Nekrose.Intraarteriell: heftiger Schmerz bis in die Fingerspitzen, Blässe des gesamten Arms distal der Injektionsstelle, später livide Verfärbung.

Pathophysiologie

Schwerer Vasospasmus, Hämolyse und Thrombozytenaggregation.

Therapie

Paravenöse Injektion: Umspritzen des Gewebes mit 0,9%iger NaCl- und 1%iger Lokalanästhetikumlösung.

Intraarterielle Injektion: Nadel bzw. Kanüle nicht entfernen!! In die liegende Kanüle injizieren:

- 1%ige Lösung von Procain oder Xylocain 10-20 ml,
- Heparin 10.000 I.E.,
- Papavarin 40–80 mg,
- evtl. Stellatumblockade durch einen Erfahrenen.

Prophylaxe

- Wegen aberrierender arterieller Gefäßverläufe Kubita- und Radialisbereich im Handgelenk zur Injektion vermeiden!
- Die erste intravenöse Injektion in die gelegte Leitung soll immer mit einer indifferenten Substanz erfolgen!
- Konzentrationsrichtlinien für Barbiturate beachten: Penthotal 2,5–5%, Methohexital 1%, Evipan 5–10%!

Barbituratbedingte akute Porphyrie

Niesen, Husten, Singultus, vereinzelt Exzitationsphänomene, muskuläre Tonussteigerung, Laryngospasmus und Bronchospasmus können besonders bei zu rascher Injektion während der Einleitungsphase auftreten.

Allergische Reaktionen nach i.v.-Thiopentalgabe sind selten (1:30.000), müssen aber wegen ihrer außergewöhnlich hohen Mortalität aggressiv mit Volumen und Adrenalin behandelt werden(Stoelting 1993).

Reflektorische Übererregbarkeit kann, v. a. bei Operationen im Halsbereich, zum Herz-Kreislauf-Stillstand führen, so dass von manchen Autoren eine Prämedikation mit Atropin empfohlen wird.

Interaktionen

Barbiturate sind aufgrund der stark alkalischen Lösung mit einer Vielzahl an Pharmaka *chemisch inkompatibel*, z. B. Succinylcholin, Insulin, Tetracyclinen, Amikacin, Penicillinen, Cephalosporinen, Codein, Ephedrin, Morphin, Phenothiazinen.

Verstärkung von Barbiturateffekten

- Die Metabolisierung von Barbituraten erfolgt hauptsächlich in der Leber.Die langsame Abgabe aus dem Fettgewebe ist der Geschwindigkeitsbestimmende Schritt der Barbituratelimination. Die HWZ ist deshalb bei adipösen Patieneten verlängert. Wiederholte Injektionen führen zu einer stark verlängerten Narkosetiefe und -dauer. Bei erstmaliger Verabreichung von Barbituraten zusammen mit vielen anderen Substanzen (z. B. Diazepam, Ketamin) werden deren Effekte verstärkt, da die hepatischen Enzymsysteme gesättigt sind.
- Unabhängig vom Einfluss der Biotransformation zeigen Barbiturate gegenüber anderen ZNS-dämpfenden Substanzen (z. B. Opioiden, Phenothiazinen, Ethanol) eine additive oder sogar potenzierende Wirkung. Die erforderliche Einleitungsdosis von Thiopental wird durch Vorinjektion eines *Benzodiazepins* halbiert (Interaktion am GABA-Rezeptor).
- Da Thiopental zu 84% an Albumin gebunden ist, können Substanzen, die an den gleichen Eiweißbindungsstellen mit Barbituraten konkurrieren, z. B. *Aspirin, Probenecid Phenylbutazon,* und *Sulfonamide* zur *Verstärkung* der Barbiturateffekte führen.

- Ebenso erhöhen *Azidose* und *niedrige Plasmaalbuminkonzentrationen* die Empfindlichkeit. Durch eine metabolische Azidose wird die ungebundene Thiopentalfraktion erhöht. Bei Patienten mit *Leberzirrhose* oder *Niereninsuffizienz* mit Hypoalbuminämie muss mit verstärkter Wirkung gerechnet werden. Auch *Neugeborene* zeigen aufgrund geringerer Proteinbindungskapazität eine höhere Empfindlichkeit. Bei *Schwangeren* ist durch die höhere Proteinbindung eine verlängerte HWZ von Thiopental festzustellen.
- Das kleinere Verteilungsvolumen verstärkt bei *hypovolämen* und *schockierten* Patienten die Thiopentalwirkung, und auch *Halothan* erhöht durch Verkleinerung seines Verteilungsvolumens den Thiopentalspiegel und damit dessen Wirksamkeit (Reduktion der Splanchnikus und Muskeldurchblutung).
- Durch Thiopental werden *adrenalininduzierte Arrhythmien* verstärkt.

Abschwächung von Barbiturateffekten

- Chronischer Alkoholismus erhöht die notwendige Barbituratdosis, wahrscheinlich am ehesten durch Kreuztoleranz, und auch *Theophyllin* kann die Barbituratwirkung abschwächen.
- Umgekehrt ist bei prolongierter Einnahme von Barbituraten durch Enzyminduktion sehr oft eine erhöhte *Toleranz* und abgeschwächte ZNS-Effekte zu beobachten. Durch Enzyminduktion wird bereits nach 2 Tagen die Menge an hepatischen mikrosomalen Enzymen bis zu 50% erhöht und auch nach Absetzen der Barbiturattherapie bleibt die verstärkte Metabolisierungsrate bis zu einem Monat bestehen. Durch *Enzyminduktion* kommt es zur Wirkungsabschwächung von oralen Antikoagulanzien, Phenytoin, trizyklischen Antidepressiva, Steroidhormonen, Kontrazeptiva, Antikoagulanzien, Phenytoin, Phenylbutazon, Vitamin K.
- Auch große Barbituratdosen besitzen *keine analgetischen Effekte,* kleinere Dosen führen im Gegenteil sogar zu einer Anta-

nalgesie, bekannt ist z. B. die Antagonisierung von Morphineffekten durch Barbiturate, die klinische Relevanz ist allerdings gering
- Barbiturate besitzen *keine muskelrelaxierenden* Eigenschaften.

Propofol

Propofol-2,6-Diisopropylphenol gilt als rasches und kurz wirkendes Hypnotikum ohne analgetische Wirkung. Im Plasma ist die Substanz zu etwa 98% an Proteine gebunden.

Propofol wird zum größten Teil in der Leber konjugiert, die Ausscheidung der Metaboliten erfolgt hauptsächlich über die Nieren. Längere Infusionsdauer führt zu einer gewissen Kumulation der Substanz.

Nebenwirkungen

ZNS

Propofol senkt den zerebralen O_2-Verbrauch, den zerebralen Blutfluss und den intrakraniellen Druck. Der intraokuläre Druck wird ebenfalls signifikant herabgesetzt.

Die zerebrovaskuläre Autoregulation bleibt von Propofol unbeeinflusst. Unter der Voraussetzung, dass der aerobe Stoffwechsel erhalten bleibt, wirkt Propofol hirnprotektiv. Dieser neuroprotektiver Effekt von Propofol kann teilweise auf die antioxidierende Wirkung der Phenolringstruktur zurückgeführt werden.

Kardiovaskuläre Wirkung

Systolischer und diastolischer Druck fallen nach Propofol im Mittel um 10–20 mmHg bzw. um 5–15 mmHg ab. Der Blutdruckabfall ist ausgeprägter bei Koronarkranken, alten, hypovolämen sowie bei Patienten mit eingeschränkter linksventrikulärer Funktion. In diesen Fällen muss die Dosis drastisch reduziert bzw. auf das Medikament verzichtet werden.

Die negativ-inotrope Wirkung steht wahrscheinlich im Zusammenhang mit einer verminderten intrazellulären Ca^{2+}-Verfügbarkeit.

Schwere Bradykardien und Asystolien treten unabhängig von der Gabe eines Anticholinergikums auf. Das Risiko eines Bradykardieassozierten Todesfalles während der Anästhesie mit Propofol beträgt 1,4 auf 100.000.

Atmung

Die kontinuierliche Infusion von Propofol senkt das Tidalvolumen und die Atemfrequenz. Die Atemantwort auf Kohlendioxid und arterieller Hypoxie ist herabgesetzt. Die hypoxische pulmonale Vasokonstriktion hingegen bleibt unbeeinflusst.

Leber/Niere

Nach den bisher vorliegenden Befunden werden Leber und Nierenfunktion durch Propofol nicht nachteilig beeinflusst.

Bei lang andauerender Gabe wurde über eine Grünverfärbung des Harns berichtet, und durch vermehrte Harnsäureausscheidung unter Propofol ist auch eine Trübung des Harns möglich. Bei Patienten mit Lipidstoffwechselstörungen ist bei kontinuierlicher Infusion der Fettgehalt von Diprivan zu berücksichtigen (10 ml Diprivan 1% bzw. 2% enthalten 1 bzw. 2 g Fett).

Nebennierenrinde

Im Gegensatz zu Etomidate wird die Kortisolsynthese in der Nebenniere durch klinisch gebräuchliche Dosen nicht beeinflusst.

Allergie

Die allergene Komponente von Propofol ist hauptsächlich auf den Phenolkern und die Isopropylseitenkette zurückzuführen, die in vielen Präparaten anzutreffen sind. Daher wurden einige anaphylaktische Reaktionen bereits auf Erstkontakt beschrieben.

Interaktionen

- Um Schmerzen, die während der Injektion an der Injektionsstelle auftreten können, minimal zu halten, soll Propofol in große Venen injiziert bzw. mit Lidocain (1:20) vermischt oder ein Opioid vorgegeben werden.
- Benzodiazepine, Barbiturate, MAO-Hemmer, Opioide und Inhalationsanästhetika verlängern die Wirkdauer und verstärken auch die atemdepressive Wirkung.
- Propofol verstärkt die arrhythmogene Potenz von Adrenalin.
- Nach Suxamethonium- und auch nach Neostigminapplikation wurde über Bradykardien und Herzstillstände berichtet.
- Bei Strabismusoperationen an Kindern treten okulokardiale Reflexe unter der Anwendung von Propofol häufiger auf – unbeeinflusst davon, ob vorher ein Anticholinergikum gegeben wurde oder nicht.

32.12
Diverse weitere Medikamente

H$_2$-Antagonisten

Cimetidin hemmt den mikrosomalen Enzymmetabolismus in der Leber (Cytochrom-P450-Oxidasesystem) und senkt die Leberdurchblutung. Bei allen Substanzen, die einer hepatischen Metabolisierung unterliegen, sind Wirkungsverlängerungen möglich.

Wirkungsverstärkung oder *Wirkungsverlängerung* sind für folgende Pharmaka beschrieben:

- *Antiarrhythmika:* Amiodaron, Chinidin
- *Antibiotika:* Perfloxacin, Tetracyclin, Ketoconazol, Metronidazol, Chloroquin, Aminoglykoside
- *Antidepressiva:* Amitryptilin, Imipramin, Nortryptilin,
- *Antiepileptika:* Valproinsäure, Carbamazepin, Phenytoin
- *Benzodiazepine:* Diazepam, Chlordiazepoxide, Clobazam, Alprazolam, Triazolam, Flurazepam, Midazolam, Diltiazem; Oxazepam und Lorazepam sind unbeeinflusst, da sie durch Glucuronidasen abgebaut werden.
- *β-Blocker:* Labetolol, Metoprolol, Propanolol
- *Ca^{2+}-Antagonisten:* Nifedipin, Diltiazem
- *Inhalationsanästhetika:* Halothan, Methoxyfluran

- *Lokalanästhetika:* Lidocain, Procainamid, Flecainid
- *Muskelrelaxanzien:* Vecuronium
- *Opioide:* Fentanyl, Morphin, Pethidin
- *Psychopharmaka/ Hypnotika:* Moclobemid, Clozapin, Chlormethiazol
- *Zytostatika:* Carmustin, 5-Fluouracil
- *Weitere:* Theophyllin, Metformin, Acetylsalicyclsäure

Die Pseudocholinesterase ist gegenteilig zu früherer Lehrmeinung nicht abgeschwächt und die Succinylcholinwirkung daher nicht verlängert.

Auch *Ranitidin* senkt die Leberdurchblutung, der Einfluss auf den Leberenzymmetabolismus ist sicherlich geringer. Theoretisch ist aber ebenfalls eine Inhibition von Enzymen des Cytochrom-P450-Oxidase-Systems möglich. Verstärkte Wirkungen wurden unter simultaner Therapie mit Ranitidin im speziellen für *Theophyllin, Phenytoin, Midazolam, Procainamid* nachgewiesen.

Protonenpumpenhemmer

Omeprazol, Lansoprazol, Pantoprazol hemmen das Enzym H+K-ATPase (Protonenpumpe) in den Parietalzellen des Magens. Die basale und stimulierte Magensäuresekretion wird durch täglich einmalige Gabe gehemmt.

Die Metabolisierung von *Diazepam, Phenytoin und Warfarin* wird durch *Omeprazol* verlangsamt (Inhibition von Cytochrom P450 und Isoenzym 2C19). Lansoprazol und Pantoprazol scheinen diese genannte Interaktion nicht aufzuweisen.

Bronchodilatoren

β$_2$-Mimetika (Terbutalin, Salbutamol, Orciprenalin)

Bei simultaner i.v.-Therapie mit Diuretika und Theophyllin muss mit verstärkter Hypokaliämie und mit Tachyarrhythmien gerechnet werden. *Per inhalationem* verabreichte β$_2$-Mimetika lösen in den empfohlenen Dosierungen keine wesentlichen Interaktionen aus.

Aminophylline – Theophyllin

Interaktionen

- Aminophyllin führt unter *Halothananästhesie* zu erhöhter Arrhythmieneigung (ventrikuläre, supraventrikuläre Extrasystolen, Tachykardie). Gefährdet sind v. a. Patienten im oberen therapeutischen Bereich von Aminophyllin und darüber (therapeutischer Bereich 10–20 µg/ml), ältere Patienten und solche mit eingeschränkter Leberfunktion.
- Durch funktionellen Synergismus (erhöhtes intrazelluläres cAMP) nehmen die kardialen NW von *Sympathomimetika* zu (additive physiologische Effekte).
- Die Toxizität herzwirksamer *Glykoside* wird durch Aminophylline verstärkt.
- Theophyllin verstärkt die Acetylcholinfreisetzung und erhöht den Bedarf an *nichtdepolarisierenden Muskelrelaxanzien.* Bei gemeinsamer Applikation verstärkt die vagolytische Potenz von *Pancuronium* supraventrikuläre Tachykardie und hyperdyname Kreislaufreaktionen.
- *Ketamin* und *Imipeneme* können bei simultaner Therapie mit Theophyllin Krämpfe induzieren (Krampfschwelle erniedrigt).
- *Ca^{2+}-Antagonisten* erhöhen den Theophyllinpllasmaspiegel und können die Theopyhyllintoxizität verstärken.
- Durch *Makrolidantibiotika* und *Gyrasehemmer* wird der Theophyllinabbau verzögert und damit desen Wirkung verstärkt. Umgekehrt schwächen Enzyminduktoren *(Barbiturate, Rifampicin, Phenytoin, Carbamazepine,)* durch verstärkten Theophyllinmetabolismus dessen Wirkung ab.
- Die positiven kardiovaskuläre Effekte von *Enoximin* werden duch Theopylline reduziert (kompetitiver Antagonismus).
- Theophyllin antagonisiert unspezifische die sedierende Wirkung von *Benzodiazepinen* (funtioneller Antagonismus).
- Durch *Furosemid* können die Theophyllinplasmaspiegel reduziert oder erhöht werden.

Aminophylline sollten nie unverdünnt, sondern, wenn möglich, als Kurzinfusion appliziert werden.

Zytostatika

Sie stellen eine große, inhomogene Gruppe mit vielfältigen Nebenwirkungen und Interaktionen dar (Stockley 1994).

Jeder chemotherapierte Patient zeigt eine gestörte enterale Resorption. Durch die vorhandene Darmschleimhautschädigung sind Dosis und Wirkung oral verabreichter Medikamente schwer berechenbar.

- *Anthracycline* zeigen eine dosisabhängige *Kardiotoxizität* die sich akut oder mit einer Latenz von Monaten bis Jahren als Perimyokardititssyndrom manifestieren kann. Die klinischen Symptome sind: Vor- und Rückwärtsversagen, Herzrhythmusstörung bis zum akuten Herztod. Frauen, höheres Lebensalter, Patienten mit vorbestehender KHK und Mediastinalbestrahlung haben ein höheres Risiko an einer *anthracyclininduzierten* Kardiomyopathie zu erkranken. Die Narkose sollte wie bei anderen Formen der dilatativen Kardiomyopathie durchgeführt werden.
- 20% der Patienten unter *Cylclophosphamid* entwickeln ebenfalls innerhalb von Tagen bis Wochen Symptome einer *Karditis* mit Herzinsuffizienz. Durch Cyclophosphamid wird die Pseudocholinesteraseaktivtät um 35–70% verringert und deshalb die *Succinylcholinwirkung* verlängert.
- Patienten unter *Bleomycintherapie* entwickelten nach Anästhesien mit 39% O_2 ein schweres ARDS und starben. Die inspiratorische O_2-Konzentration sollte bei mit Bleomycin vorbehandelten Patienten 25% nicht überschreiten.
- *Cotrimoxazol/Trimethoprin* und *Tetracycline* setzen *Methotrexat* aus seiner Proteinbindung frei und erhöhen so seine Toxizität. *Penicilline* hemmen die renale Ausscheidung von Methotrexat. Die kombinierte Therapie führt zu hämatologischer Toxizität mit schwerer Neutropenie und Thrombozytopenie. Demgegenüber wird die Methotrexatausscheidung durch *NaHCO$_3$-Applikation* erhöht.
- *Azathioprin* kann gemeinsam mit *Cotrimoxazol/Trimethoprim* zu lebensbedrohlicher Knochenmarksupression führen. Durch Folsäuregabe kann diese hämatologische Interaktion verringert werden.
- Die simultane Therapie von *Cyclosporin A* mit *Ciprofloxacin* sollte wegen erhöhte renaler Toxizität vermieden werden.Cyclosporin A verringert die renale Elimination von *Digoxin* und erhöht deshalb dessen Plasmaspiegel. Die *Pancuroniumwirkung* wird durch Cyclosporin A verlängert.
- *Erythromycin* hemmt das Isoenzym Cytochrom P450 3A und dadurch den Cyclosporin-A-Metabolismus. Der Cyclosporinspiegel erhöht sich durch diese Interaktion um den Faktor 3–7.
- *HIV-1-Proteinase-Inhibitoren* (Ritonavir, Indinavir, Nelfinavir,) hemmen das Cytochrom-P450-System in der Leber. Interaktionen mit Medikamenten, welche durch diese Enzyme metabolisiert werden, sind zu erwarten. *Midazolam* ist bei mit HIV-1-Proteinaseinhibitoren vorbehandelten Patienten kontraindiziert.

Antibiotika

- Am wichtigsten ist die *Verlängerung* der *neuromuskulären Blockade* von Muskelrelaxanzien, primär durch *Aminoglykoside*, aber auch durch *Tetrazykline*. Eine spezifisch potenzierende Interaktion besteht zwischen *Metronidazol* und *Vecuronium*. Auch durch *Vancomycin, Polymyxin B, Colistin, Lincosamide* und *Clindamycin* wird die neuromuskuläre Blockade v. a. von Pancuronium und Vecuronium verlängert. Mittellang und kurzwirksame Muskelrelaxanzien sind weniger betroffen.Die Antagonisierung einer Antibiotika vermittelten neuromuskulären Blockade ist nur unvollständig möglich und nicht vorhersehbar.

- Die Wirkung von *Alfentanil* wird durch *Erythromycin* verstärkt und verlängert. Erythromycin ist ein bekannter *Enzyminhibitor* und verzögert den Lebermetabolismus von Alfentanil. Durch denselben Mechanismus verstärkt Erythromycin die sedierende Wirkung von *Midazolam* und erhöht den *Theophyllinspiegel.*
- Bei simultaner Applikation von *Carbapenemen* mit *Theophyllin* wurde über eine erhöhte Krampfbereitschaft berichtet.
- Auch *Ciprofloxacin* senkt die renale Ausscheidung von *Theophyllin* und erhöht dessen ZNS-Toxizität. Die Wirkung von *Midazolam* wird durch *Ciprofloxacin* verstärkt.
- Die Kombination *Tetracyclin* und *Methoxyfluran* ist wegen synergistischer Nierentoxizität kontraindiziert.
- Der antibiotische Effekt von *Tetracyclinen* und *Metronidazol* wird durch *Enzyminduktoren* abgeschwächt (Barbiturate, Phenytoin, Carbamazepin).
- *Cotrimoxazol* kann die Wirkung von Sulfonylharnstoffen verstärken und Hypoglykämien auslösen.
- *Cephalosporine, Chloramphenicol, Aminoglykoside, Sulfonamide, Metronidazol, Nalidixinsäure, Tetracycline* verstärken die Antikoagulanzienwirkung und erhöhen bei Marcoumar-Patienten das Blutungsrisiko.

Kortikosteroide

Grundsätzlich kommt es bei langdauernder Kortikosteroidsubstitution und Hemmung der körpereigenen NNR-Produktion zu *verkürzter neuromuskulärer Blockade* nach Muskelrelaxanzien.

Patienten unter Langzeitbehandlung wegen NNR-Insuffizienz benötigen höhere Dosen an Pancuronium und Vecuronium. Nach Robinson et al. mussten die Relaxanzien Dosierungen verdoppelt werden. Dem gegenüber führt die Mineralkortikoidwirkung zu NaCl- und Wasserretention und zu Kaliumverlust. Eine bestehende *Hypokaliämie* wiederum erhöht das Membranpotential und führt zur Hyperpolarisation von Muskelzellen. Die Wirkung von nichtdepolarisierenden Muskelrelaxanzien kann aus diesem Grund auch gelegentlich verstärkt sein.

Kortikoide sind selbst Enzyminduktoren, werden aber ihrerseits durch *Enzyminduktion* schneller abgebaut (Barbiturate, Phenytoin, Carbamazepin).

Antiepileptika

Einsatzbereich

- *Fokale oder generalisierte Epilepsie*: Phenytoin, Carbamazepin, Phenobarbital, Primidon.
- *Abscencen:* Valproinsäure, Ethosuximid.
- *Myoklonien:* Valproinsäure, Clonazepam.

Tabelle 32.28 zeigt die Pharmokokinetik einiger Antiepileptika

Wechselwirkungen

- Selbst hoch eiweißgebundene Pharmaka wie *Phenylbutazon, Thyroxin, Amiodaron* und *Salicylate* konkurrieren um die Proteinbindung. *Hypoalbuminämie* (Leber, Nierenerkrankung, Malnutrition, Schwangere) führt zu erhöhten freien Wirkstoffkonzentrationen von Phenytoin, Valproinsäure und Carbamazepin. Trotz therapeutischer Plasmaspiegel kann es hierbei zu toxischen Erscheinungen kommen.
- Phenytoin, Carbamazepin, Phenobarbital, sind Enzyminduktoren und können die Wirkung *nicht depolarisierender Muskelrelaxanzien* abschwächen. Der *Theophyllinmetabolismus* wird in gleicher Weise gesteigert und der Theophyllinspiegel gesenkt.
- Der *Opioidbedarf* von Patienten unter Antiepileptikatherapie kann im Sinne einer multifaktoriellen Toleranzentwicklung erhöht sein.
- Durch Enzyminduktion kann eine erhöhte Toleranz gegenüber *Lokalanästhetika* bestehen und die Wirkung von *Furosemid* abgeschwächt werden.
- *Cimitidine, Erythromycin, Isoniazid* sind Enzyminhibitoren und erhöhen deshalb

Tabelle 32.28. Pharmokokinetik einiger Antiepileptika

	Plasmaspiegel [mg/ml]	Proteinbindung (%)	HWZ (h)	Elimination
Phenobarbital	10–40	48–54	72–144	Hepatisch
Primidon	5–12	20–30	4–12	Hepatisch
Phenytoin	10–20	90–93	9–40	Hepatisch
Carbamazepin	6–12	70–80	8–24	Hepatisch
Ethosuximid	40-100	0	20–60	Hepatisch
Valproinsäure	50–100	88–92	7–17	Hepatisch
Clonazepam	0,02–0,08	80–90	30–40	Hepatisch
Felbamat	32–82	22–25	20–23	Renal
Gabapentin	2-20	0	6	Renal
Lamotrigin	1–4 mg/l	54	25	Hepatisch

die Wirkung hepatisch metabolisierter Antiepileptika.

- Eine erhöhte Blutungsneigung durch Beeinträchtigung der *Thrombozytenfunktion* ist unter Langzeittherapie mit Valproinsäure möglich.

Perioperatives Management

> **!** Die Therapie mit Antikonvulsiva sollte bis unmittelbar vor Operationsbeginn beibehalten werden!

Zur Anfallsprophylaxe sollte eine ausreichende Prämedikation mit Barbituraten oder Benzodiazepinen erfolgen. Prä- und postoperativ müßen Plasmaspiegelkontrollen durchgeführt werden. Risikofaktoren für eine Anfallsauslösung sind Fieber, Schlafentzug und Angst des Patienten.

Gerinnungshemmer

Es bestehen zahlreiche Interaktionen, jedoch praktisch ausschließlich Änderungen in Richtung erhöhter Blutungs- oder Thromboseneigung.

Die Kombination von Phenylbutazon oder Oxyphenbutazon mit oralen Antikoagulanzien ist wegen des erhöhten Blutungsrisikos kontraindiziert.

Interaktionen

Antikoagulanzienwirkung von Cumarinen

Sie wird *verstärkt* durch

- *reduzierten Metabolismus:* Amiodaron, Cimetidin, Erythromycin, Metronidazol, Omeprazol, Chinolinantibiotika (Ciprofloxacin, Norfloxacin, Ofloxacin, Enoxacin), Propafenon, Lokalanästhetika, Chinidin;
- *Konkurrenz um die Proteinbindung*: Clozapin, Clofibrat, Etacrynsäure, Thyroxin, ASS, Sulfonylharnstoff, Nalidixinsäure, Ibuprofen, Meclofenaminsäure, Valproinsäure.

Eine Abschgwächung ensteht durch:

- *verstärkten Lebermetabolismus:* Kortikosteroide, Barbiturate, Phenytoin, Azathioprin, Nafcillin, Cholestyramin, Carbamazepin, Rifampicin.
- Bei *Hypothyreose* ist mit einer abgeschwächten Wirksamkeit von Cumarinen zu rechnen.
- *Thiaziddiuretika* können die Antikoagulanzienwirkung von Cumarinen abschwächen.
- Die blutzuckersenkende Wirkung von *oralen Sulfonylharnstoffderivaten* kann unter Cumarintherapie verstärkt sein (Hypoglykämiegefahr).
- Die *Heparinwirkung* kann durch ACTH, Kortikoide und Insulin abgeschwächt werden.

Sektion E

- Eine Heparin Bolusgabe kann Propano-lol,Diazepam,Chinidin,Phenytoin,Bilirubin aus der Proteinbindung freisetzen und deren Plasmaspiegel erhöhen.

Thrombozytenaggregationshemmer

Acetylsalicylsäure (ASS) und *nichtsteroidale Antirheumatika (NSARD)* hemmen das Enzym Cyclooxygenase und damit die Prostaglandinsynthese. Durch Inhibition der Synthese von Thromboxan A2 und Prostacyclin wird die Thrombozytenfunktion und die Mikrozirkulation beeinflusst.

- *NSARD* können unter Bedingungen der Hypovolämie zur renalen Vasokonstriktion und damit einer Reduktion der glomerulären Filtration führen. Risikofaktoren für eine renale Schädigung durch eine NSARDs Therapie sind fortgeschrittenes Patientenalter, hoher Flüssigkeitsverlust und vermindertes HZV.
- Infolge der irreversiblen Hemmung der Cyclooxygenase durch *ASS* ist die Thrombozytenfunktion erst nach einer Woche wieder vollständig hergestellt. Vor Durchführung einer rückenmarknahen Regionalanästhesie ist diesem Umstand Rechnung zu tragen.
- Durch *Ticlopidin* und *Clopidogrel* wird die primäre und sekundäre ADP-abhängige Plättchenaggregation für eine Woche gehemmt. Nach Absetzen von Ticlopidin und Clopidogrel normalisiert sich die verlängerte Blutungszeit erst nach sieben Tagen.
- *Abciximab,* ein Glykoprotein-IIb/IIIa-Rezeptor-Antagonist, bewirkt eine vollständige, irreversible Hemmung der Thrombozytenaggregation für 24–48 h. Unter Notfallbedingungen muss bei Patienten, die unter Abciximabtherapie stehen, mit schweren Blutungen gerechnet werden.
- *Tirofiban* bindet spezifisch und kompetitiv am Glykoprotein-IIb/IIIa-Rezeptor der Thrombozyten und verhindert somit die Bindung und Quervernetzung von Fibrinogen. Die Plättchenfunktion kehrt nach Tirofibantherapie innerhalb 8 h nach dem Absetzen auf den Ausgangswert zurück.
- Eptifibatid, Lamifiban sind neuere GP II b/IIIa Rezeptorblocker mit kürzerer Wirkdauer. Die Plättchenfunktion normalisiert sich innerhalb weniger Stunden.

> **!** Bei all den obengenannten Substanzen muss bei extremer Hämodilution, hohen Dosen kolloidaler Volumenersatzmittel und gleichzeitiger Gabe mit Heparinen oder Cumarinen die synergistische Wirkung und die erhöhte Blutungsneigung berücksichtigt werden.

Tabelle 32.29 zeigt Möglichkeiten der Antagonisierung von Gerinnungshemmern.

Insulin/orale Antidiabetika

Es bestehen praktisch ausschließlich Interaktionen mit Verschiebung des Blutzuckers in Richtung Hypo- oder Hyperglykämie.
Interaktionen nach Pandit et al 1993:
- Medikamente, welche die *blutzuckersenkende Wirkung* von Insulin *verstärken:* α-Blocker, Amphetamine, ACE-Hemmer, β-Blocker, Clofibrat, Cyclophosphamid, Chloramphenicol, Salicylate, Chinidin, Phenylbutazon, Fenfluramin, Fluoxetin, Guanethidin, Ifosfamid, MAO-Hemmer, Methyldopa, Somatostatin, Tetracycline.
- Medikamente welche die *blutzuckersenkende Wirkung* von Insulin *abschwächen:* ACTH, Chlorpromazin, Chlorprothixen, Diazoxid, Glucagon, Heparin, Isoniazid, Kontrazeptiva, L-Dopa, Lithium, Morphin, Nikotinsäure, Paracetamol, Phenothiazine, Phenytoin, Thiazidsaluretika, Theophyllin, Thyroxin, Somatotropin, Sympathomimetika, trizyklische Antidepressiva.
- *β-Blocker, Clonidin, Guanethidin* und *Reserpin* können die Symptome einer Hypoglykämie verschleiern.
- Orale Antidiabetika dürfen präoperativ nicht gegeben werden, da intra- und postoperativ verstärkt Hypoglykämie und Laktatazidose auftreten können.
- Zu beachten sind die z. T. langen Halbwertszeiten von Depotinsulinen und oralen Antidiabetika.

Tabelle 32.29. Möglichkeiten der Antagonisierung von Gerinnungshemmern

Gerinnungshemmer	Antagonisierung
Fragmin	Protamin (teilweise)
Heparin	Protamin
Cumarine	Antagonisierung mit Vitamin K bzw. Faktorensubstitution
Fibrinolytika	Aprotinin
Dipyridamol	Keine Antagonisierung notwendig, da globale Gerinnung nicht beeinflusst.
Acetylsalicylsäure (ASS)	Irreversible Beeinflussung der Thrombozytenfunktion entsprechend der Thrombozytenlebensdauer (8 Tage)! Keine Antagonisierung möglich! Prophylaxe: ASS 5 Tage vorher absetzen: Low-dose-ASS

Diuretika

Es bestehen zahlreiche, uneinheitliche Interaktionsmöglichkeiten (Stockley 1994).

- Die simultane Therapie von *Spironolactonen* mit einem *ACE-Hemmer* kann eine lebensbedrohliche Hyperkaliämie verursachen.
- Durch Spironolactone wird der *Digoxin-* und *Digitoxinspiegel* erhöht (reduzierte Elimination).
- *Acetozolamid* verringert die renale Ausscheidung von Salicylaten, Chinidin Procain, Ephedrin,Amphetamine. Dem gegenüber wird durch Acetazolamid die *Lithiumausscheidung* erhöht. Acetazolamid antagonisiert die Wirkung von Anticholinesterasen bei der Behandlung der Myasthenia gravis und verstärkt die *myästhenischen Symptome.*
- Durch Elektrolytverschiebungen bei chronischer Diuretikatherapie wird die *Erregbarkeit der quergestreiften Muskulatur* verändert. Eine bestehende Hyperkaliämie erniedrigt das Membranpotential, es kommt zu Depolarisation. Dadurch ist die Wirkung von Succinylcholin stärker ausgeprägt. Umgekehrt erhöht eine Hypokaliämie das Membranpotential mit der Folge der Hyperpolarisation und verstärkter Wirkung von nichtdepolarisierenden Muskelrelaxanzien.

Absolute oder relative Hypovolämie	Unspezifisch alle Diuretika
– Blutdruckabfall	+ Anästhetika
– Orthostatische Dysregulation	+ Sedativa
	+ Antihypertonika
Hypokaliämie	Nichtkaliumsparende Diuretika
Hyperkaliämie	Kaliumsparende Diuretika
Erhöhte Glykosidempfindlichkeit	Unspezifisch alle nichtkaliumsparenden Diuretika
Ototoxizität	Schleifendiuretika, Aminoglykoside
Nephrotoxizität	Furosemid – Cephalosporine
Verlängerte Relaxanswirkung	Furosemid + d-Tubocurarin
Lithiumintoxikation	Thiaziddiuretika
Antikonvulsiva	Abschwächung der Furosemidwirkung

Sektion E

Perioperatives Management

Diuretika können außer bei eindeutigem Vorliegen einer Hypervolämie und bei chronisch niereninsuffizienten Patienten mit hochdosierter Dauertherapie präoperativ gefahrlos abgesetzt werden. Vor allem die latente Hypovolämie, Hypomagnesämie und Hypokaliämie sind unerwünschte Nebenwirkungen, die intraoperativ berücksichtigt werden müßen.

Adenosin

Aufgrund der pharmakologischen Eigenschafen auf das ZNS und auf periphere nozizeptive Rezeptoren wird dieser Substanz ein analgetischer Effekt zugesprochen. Dementsprechend sind bei kontinuierlicher Applikation (70–130 µg/kg/min) die Narkosemittel zu reduzieren.

Literatur

Alderman EL et al. (1974) Coronary artery syndromes after sudden propranolol withdrawal. Ann Intern Med 81: 625–627

Altmayer P et al. (1995) Propofol binding to human blood proteins. Arzneimittel Forschung 45: 1053–1056

Atiba M et al. (1988) Effect of etomidate on hepatic drug metabolism in humans. Anesthesiology 68: 920–924

Backman JT et al. (1994) Dose of midazolam should be reduced during diltiazem and verapamil treatments. Br J Clin Pharmacol 37: 221–225

Backman JT et al. (1996) Concentration and effects of oral midazolam are greatly reduced in patients treated with carbamazepine or phenytoin. Epilepsia 37: 253–257

Ballin JC (1975) Toxicity of tricyclic antidepressants (editorial). JAMA 231: 1369

Bates DW et al. (1997) The costs of adverse drug ebents in hospitalized patients. JAMA 277: 307–311

Bays HE, Dujovne CA (1998) Drug interactions of lipid-altering drugs. Drug-safety 19(5): 355–371

Berger JM et al. (1983) Enflurane, halothane and aminophylline ñ aptake and pharmacokinetics. Anesth Analg 62: 733–737

Bertz RJ, Granneman GR (1997) Use of in vitro and in vivo data to estimate the likelihood of metabolic pharmacokinetic interactions. Clin Pharmacokinal 32 (3): 210–258

Beyth RJ, Shorr RI (1999) Epidemiology of adverse drug reactions in the elderly by drug class. Drugs and aging 14 (3): 231–239

Bloor BC et al. (1992) Hemodynamic and sedative effects of dexmedetomidine in dogs. J Parmacol Exp Ther 263: 690–697

Boston Collaborative Drug Surveillance Program (1972) Adverse drug interactions (editorial). JAMA 220: 1238–1239

Bowdle TA (1998) Adverse effects of opioid agonists and agonist-antagonists in anaesthesia. Drug Safety 19: 173–189

Brosen K, Skjelbo E (1991) Fluoxetine and norfluoxetine are potent inhibitors of P450IID6 ñ the source of sparteine/debrisoquine oxidation polymorphism. Br J Clin Pharmacol 36: 136–137

Cahalan MK et al. (1991) Hemodynamic effects of desflurane/nitrous oxide anesthesia in volunteers. Anesth Analg 73: 157–164

Chang GWM, Kam PCA (1999) The physiological roles of cytochrome P450 isoenzymes. Anaesthesia 54: 42–50

Chelly JE et al. (1986) Effects of inhalational anesthetics on verapamil pharmacokinetics in dogs. Anesthesiology 65: 266-271

Chung LL et al. (1978) Sympathomimetic effects of cocaine and their influence on halothane and enflurane anesthesia. Anesthesiol Rev 3: 16–19

Chung F (1982) Cancer, chemotherapy and anaesthesia. Can Anaesth Soc J 29: 364–371

Clark J, Gregg CR (1999) Drug interactions and anti-infective therapies. Am J Med (Excerpta Medica) 106: 227–237

Clarke RS et al. (1970) The influence of anaesthesia and surgery on plasma cortisol, insulin and free fatty acids. Br J Anaesth 42: 295–299

Classen DC et al. (1997) Adverse drug events in hospitalized patients; excess length of stay, extra costs, and attributable mortality. JAMA 277: 301–306

Cockshott ID et al. (1987) Pharmacokinetics of propofol in female patients. Studies using bolus injection. Br J Anaesth 59: 1103–1110

Colson P et al. (1992) Hemodynamic effects of anesthesia in patients chronically treated with angiotensin-converting enzyme inhibitors. Anesth Analg 74: 805-808

Craig DB, Bose D (1984) Drug interactions in anaesthesia: chronic antihypertensive therapy. Can Anaesth Soc J 31: 580–588

Dale O et al. (1993) Hepatic elimination of diazepam: interactions with albumin, desflurane and sevoflurane. Br J Anaesth 70: 454–455

Dawson J, Karalliemdde L (1998) Drug interaction and the clinical anaesthetist. Eur J Anaesthesiol 15: 172–189

Dixon J et al. (1990) Study of possible ineraction between fentanyl and propofol using computer controlled infusion of propofol. Br J Anaesth 64: 142-147

Doak GJ (1997) Discontinuing drugs before surgery. Can J Anaesth 44: R112–R117

Doi M, Ikeda K (1989) Sevoflurane anesthesia and adenosine triphosphate for resection of pheochromocytoma. Anesthesiology 70: 360–363

Drugs for psychiatric disorders (1989) Med Lett Drugs Ther 31: 13–20

Dundee JW et al. (1986) Pretreatment with opioids. The effect on thiopentone induction requirements and on the onset of action of midazolam. Anaesthesia 41: 159–161

Durrence III CW et al. (1985) Potential drug interactions in surgical patients. Am J Hosp Pharm 42: 1553–1556

Duthie DJ et al. (1987) Concurrent drug therapy in patients under going surgery. Anaesthesia 42: 305–306

Edeki TI et al. (1995) Pharmocogenetic explanation for excessive beta blockade following timolol eye drops; potential for oral opthalmic drug interaction. JAMA 274: 1611–1613

Eger II EI (1992) Desflurane animal and human pharmacology: aspects of kinetics, safety and MAC. Anesth Analg 75 [Suppl]: 3–7

Fang ZX et al. (1995) Carbon monoxide production from degradation of desflurane, enflurane, halothane by soda lime and Baralyme. Anesth Analg 80: 1187–1193

Fee JP et al. (1987) Cimetidine and ranitidine increase midazolam bioavailability. Clin Pharmacol Ther 41: 80-84

Fisher DM, Zwass MS (1992) MAC of desflurane in 60% nitrous oxide in infants and children. Anesthesiology 76: 354–356

Frink EJ et al. (1992) Quantification of the degradation products of sevoflurane in two CO2 absorbents during low-flow anesthesia in surgical patients. Anesthesiology 77: 1064–1069

Frommer DA et al. (1987) Tricyclic antidepressant overdose. JAMA 257: 521–526

Gallen JS 1989 Aminophylline reversal of midazolam sedation Anaesthesia and Analgesia 69: 269

Gill SS et al. (1990) Pharmacokinetic ineraction of propofol and fentanyl: single bolus injection study. Br J Anaesth 65: 760–765

Gilman EA et al. (1990) Goodman und Gilman's the pharmacological basis of therapeutics. 8th edn. Pergamon Press, New York

Gonzalez FJ (1992) In vitro systems for prediction of rates of drug clearance and drug interactions (editorial). Anesthesiology 77: 413–415

Gram L (1994) Fluoxetine. N Engl J Med 331: 1354–1361

Grum DF, Osborne LR (1991) Central anticholinergic syndrome following glykopyrrolate. Anesthesiology 74: 191–193

Gregg CR (1999) Drug interactions and anti-infective therapies. Am J Med 106 (2): 227–237

Hantler CB et al. (1987) Impaired myocardial conduction in patients receiving diltiazem therapy during enflurane anesthesia. Anesthesiology 67: 94–96

Hayashi Y et al. (1989) Myocardial sensitization by thiopental to arrhythmogenic action of epinephrine in dogs. Anesthesiology 71: 929–935

Helbo-Hansen HS et al. (1989) Ketamine does not affect suxamethonium-induced neuromuscular blockade in man. Eur J Anaesthesiol 6: 419–423

Hendrik J et al. (1999) Adenosine triphosphate. Estabilished and potential clinical applications. Drugs 58 (2): 211–232

Hiller A et al. (1990) Unconsciousness associated with midazolam and erythromycin. Br J Anaesth 65: 826–828

Hirshman CA et al. (1982) Ketamine-aminophylline-induced decrease in seizure threshold. Anesthesiology 56: 464–467

Hong W et al. (1993) Hypnotic and anesthetic interactions between ketamine and midazolam in female patients. Anesthesiology 79: 1227–1232

Hunter J (1979) Synergism between halothane and labetalol. Anaesthesia 34: 257–259

Inoue K et al. (1988) Vecuronium induced bradycardia following induction of anaesthesia with etomidate or thiopentone, with or without fentanyl. Br J Anaesth 60: 10–17

Jakobsen CJ et al. (1986) Metoprolol decreases the amount of halothane required to induce hypotension during general anaesthesia. Br J Anaesth 58: 261–266

Jakobsen CJ, Blom L (1992) Effect of preoperative metoprolol on cardiovascular and catecholamine response and bleeding during hysterectomy. Eur J Anaesthesiol 9: 209–215

Janowsky EC et al. (1981) Effects of anesthesia on patients taking psychotropic drugs. J Clin Psychopharmacol 1: 14–20

Lazarou J et al. (1998) Incidence of adverse drug reactions in hospitalized patients. A metaanalysis of prospective studies. JAMA 279: 1200–1206

Johanson CE et al 1997 Esmolol reduces anesthetic requirements for skin incision during propofol/nitrous oxide/ morphine anesthesia. Anesthesiology 86: 364–371

Kam PC, Chang GW(1997) Selective serotonin reuptake inhibitors. Pharmacology and clinical implications in anaesthesia and critical care. Anaesthesia 52: 982–988

Sektion E

Karlin JM, Kutt H (1970) Acute diphenylhydantoin intoxication following halothane anesthesia. Ped Pharmacol Ther 76: 941–944

Katz AM (1993) Cardiac ion channels. N Engl J Med 328: 1244–1251

Kharasch ED et al. (1995) Human kidney methoxyflurane and sevoflurane metabolism. Intrarenal fluoride production as apossible mechanism of methoxyflurane nephrotoxicity. Anesthesiology 82: 689–699

Kharasch ED, Thummel KE (1993) Identification of cytochrome P450 2E1 as the predominant enzyme catalyzing human liver microsomal defluorination of sevoflurane, isoflurane, and methoxyflurane. Anesthesiology 79: 795–807

Kilpatric J et al. (1999) Benzodiazepines. Antiepileptic drugs: Pharmacology and therapeutics. Handbook of experimental pharmacology 138: 395–423

Kim KS et al. (1996) Interactions between suxamethonium and mivacurium or atracurium. Br J Anaesth 77: 612–616

Kirkpatrick T et al. (1988) Pharmocokinetics of propofol (Diprivan) in elderly patients. Br J Anaesth 60: 146–150

Lakshaman, Karalliedde L (1998) Handbook of drug interactions. Arnold/Oxford University press, Oxford

Lazarou J et al. (1998) Incidence of adverse drug reactions in hospitalized patients. A meta-analysis of prospective studies. JAMA 279: 1200–1205

Lehmann KA (1997) Opioids: overview on action, interaction and toxicity. Supp Care Canc 5: 439-444

Littler et al. (1989) Interaction between enalapril and propofol. Anaesth Intens Care 17: 514–515

Longnecker DE (1987) Alpine anesthesia: can pretreatment with clonidine decrease the peaks and valleys? Anesthesiology 67: 1–2

Manami Y et al. (1992) Interaction between thiopentone and subjypnotic doses of ketamine. Eur J Anaesthesiol 9: 43–47

Mangano DT et al. (1996) Effect of atenolol on mortality and cardiovascular morbidity after noncardiac surgery. Multicenter Study of Perioperative Ischemia Research Group. N Engl J Med 335: 1713–1720

Martinez-Abad M et al. (1988) Ranitidine-induced confusion with concomitant morphine (letter). Drug Intell Clin Phram 22: 914–915

Mather LE et al. (1986) A sheep preparation for studying interactions between blood flow and drug disposition: V. The effects of general and subarachnoid anaesthesia on blood flow and pethidine disposition. Br J Anaesth 58: 888–896

Maurer PM, Bartkowski RR (1993) Drug interactions of clinical significance with opioid analgesics. Drug Safety 8 (1): 30–48

Maze M et al. (1983) Verapamil decreases the MAC for halothane in dogs. Anesthesiolgoy 59: 327

Mazze RI et al. (1982) Isoniazid-induced enflurane defluorination in humans. Anesthesiology 57: 5–8

Mazzolai L, Burnier M (1999) Comparative safety and tolerability of angiotensin II receptor antagonists. Drug Safety 21 (1): 23–33

Mehta D et al. (1993) Metoclopramide decreases thiopental hypnotic requirements. Anesth Analg 77:784-787

Melvin MA et al. (1982) Induction of anesthesia with midazolam decreases halothane MAC in humans. Anesthesiology 57: 238–241

Miller RR (1973) Drug surveillance utilizing epidemiologic methods: a report from the Boston Collaborative Drug Surveillance Program. Am J Hosp Pharm 30: 584–592

Mirenda JV, Grissom TE (1991) Anesthetic implications of the renin-angiotensin system and angiotensin-converting enzyme inhibitors. Anesth Analg 72: 667–683

Muldoon SM et al. (1989) Presynaptic adrenergic effects of anesthetics. Int Anesthesiol Clin 27: 259–264

Murray M (1992) P450 enzymes. Inhibition, mechanisms, genetic regulation and effects of liver disease. Clin Pharmacokinet 23: 132–146

Naguib M et al. (1992) Pipecuronium-induced neuromuscular blockade during nitrous oxide-fentanyl, enflurane, isoflurane and halothane anesthesia in surgical patients. Anesth Analg 75: 193–197

Naguib M et al. (1994) Interactions between mivacurium and atracurium. British Journal of Anaesthesia 73: 484–489

Naguib M (1994) Neuromuscular effects of rocuronium bromide and mivacurium chloride administered alone and in combination. Anesthesiology 81: 388–395

Naguib M (1995) Analysis of drug interactions (letter). Anesth Analg 81: 424

Naguib M et al. (1995) Comparative potency of steroidal neuromuscular blocking drugs and isobolographic of the interaction between rocuronium and other aminosteroids. Br J Anaesth 75: 37–42

Naguib M et al. (1996) Enzymatic versus pharmacologic antagonism of profound mivacurium-induced neuromuscular blockade. Anesthesiology 84: 1051–1059

Naguib M et al. (1997) Clinically significant drug interactions with general anesthetics-incidence, mechanims and management. Middle East J Anesthesiol 14 (3): 127–183

Naguib M, Sari-Kouzel A (1991) Thiopentone-propofol hypnotic synergism in patients. Br J anaesth 67: 4–6

Nebert DW et al. (1991) The P450 superfamily: opdate on new sequence, gene maping and recommendet nomenclature. DNA Cell Biol 10: 1–14

Nishikawa T et al. (1991) Oral clonidine preanesthetic medication augments the pressor responses to intravenous ephedrine in awake and anesthetized patients Anesthesiology 74: 705–710

Olkkola KT et al. (1993) A potentially hazardous interaction between erythromycin and midazolam. Clin Pharmacol Ther 53: 2398–2405

Olkkola KT et al. (1994) Midazolam should be avoided in patients receiving the systemic antimycotics ketoconazole or itraconazole. Pharmacol Ther 55: 481–485

Pandit MK et al. (1993) Drug induced disorders of glucose tolerance. Ann Int Med 118: 529–539

Powell CG et al. (1998) Severe hypotension associated with angiotensin-converting enzyme Inhibition in Anaesthesia. Anaesth Intens Care 26: 107–109

Reves JG et al. (1982) Calcium entry blockers: uses and implications for anesthesiologists. Anesthesiolgoy 57: 504–518

Richards W et al. (1988) Cardiac arrest associated with halothane anesthesia in a patient receiving theophylline. Ann Allergy 61: 83–84

Roerig DL et al. (1989) Effect of propanolol on the first pass uptake of fentanyl in the human and rat lung. Anesthesiology 71: 62–68

Romac DR et al. (1999) Drug interactions in the intensive care unit. Care Unit Complications. Clinics in chest-medicine 20 (2): ix, 385–399

Rundshagen I (1996) Perioperatives Management des Patienten mit atypischem Morbus Parkinson. AINS 31: 49–52

Sagie A et al. 1991 Symptomatic bradycardia induced by the combination of oral diltiazem and beta blockers. Clinical Cardiology 14: 314–316

Salonen MA et al. (1992) Clinical interactions with alpha-2-adrenergic agonists in clinical practice. J Clin Anesth 4: 164–172

Sander P et al. (1993) Interaction of H2-receptor antagonists and benzodiazepine sedation: a double-blind placebocontrolled investigation of the effects of cimetidine and ranitidine on recovery after intravenous midazolam. Anaesthesia 48: 286–292

Sangal R (1985) Neuroleptic malignant syndrome JAMA 254(19): 2795–2796

Schirmer U (1998) Lachgas. Entwicklung und heutiger Stellenwert. Anaesthesist 47: 245–255

Sebel PS et al. (1992) Reduction of the MAC of desflurane with fentanyl. Anesthesiology 76: 52–59

Segal IS et al. (1990) Modulating role of dopamine on anesthetic requirements. Eur J Pharmacol 185: 9–15

Shand DG (1975) Propranolol withdrawal (editorial). N Engl J Med 293: 449–450

Shenfield GM, Griffin JM (1991) Clinical pharmacokinetics of contraceptive steroids: an update. Clin Pharmacokinet 20: 15–37

Short TG et al. (1991) Hypnotic and anaesthetic action of thiopentone and midazolam alone and in combination. Br J Anaesth 66: 13–19

Short TG et al. (1992) Hypnotic and anaesthetic ineractions between midazolam, propofol and alfentanil. Br J Anaesth 69: 162–167

Singer MM et al. (1970) Oxygen toxicity in man. A prospective study in patients after open-heart surgery. N Engl J Med 283: 1473–1478

Smith MS et al. (1996) Perioperative management of drug therapy.Clinical considerations. Drugs 51: 238-259

Stack CG et al. (1988) Monoamine oxidase inhibitors and anaesthesia. Br J Anaesth 60: 222–227

Stockley (1994) Drug interactions. Blackwell, London

Stoelting RK (1983) Allergic reactions during anesthesia. Anesth Analg 62: 341–356

Stuhmeier KD et al. (1996) Small, oral dose of clonidine reduces the incidence of intraoperative myocardial ischemia in patients having vascular surgery. Anesthesiology 85: 706–712

Tallarida RJ (1992) A further comment on testing for drug synergism (letter). Pain 51: 381–382

Tanaka E (1998) Clinically important pharmacokinetic drug-drug interactions: Role of cytochrome P450 enzymes. J Clin Pharm Ther 23 (6): 403–416

Tanaka E (1999) Clinically significant pharmacokinetic drug interactions between antiepileptic drugs. J Clinical Pharm Therapeutics 24 (2): 87–92

Thummel KE et al. (1993) Human liver microsomal enflurane defluorination catalyzed by cytochrome P-450 2E1. Drug Metab Dispos 21: 350–357

Trissel LA (1994) Handbook on injectable drugs, 10th edn. American Society of Hospital Pharmacists, Bethesda, MD

Tryba M et al. (1999) American Society of Regional Anesthesia (ASRA). Anaesth Intensivmed 40: 88–92

Van der Spek AF, Hantler CB (1986) Phenylephrine eyedrops and anesthesia. Anesthesiology 64: 812–814

Vanlinthout LHD, Egmond J (1996) Effect of isoflurane and sevoflurane on the magnitude and time course of neuromuscular block produced by vecuronium, pancuronium and atracurium. Br J Anaesth 76: 389–395

Sektion E

Vinik HR (1995) Intravenous anaesthetic drug interactions: practical applications. (Review, 23 refs). Eur J Anaesthesiol 12 [Suppl]: 13–19

Wallace A et al. (1998) Prophylactic atenolol reduces postoperative myocardial ischemia. McSPI Research Group. Anesthesiology 88: 7–17

Walley T et al. (1993) Interaction of metoprolol and fluoxetine. Lancet 341: 967–968

Weiskopf RB et al. (1989) Epinephrine-induced premature ventricular contractions and changes in arterial pressure and heart rate during I-653, isoflurane, and halothane anesthesia in swine. Anesthesiology 70: 293–298

Wells DG, Bjorkstein AR (1989) Monoamine oxidase inhibitors revisited. Can J Anaesth 36: 64–74

White PF et al. (1982) Ketamine ñ its pharmacology and therapeutic uses. Anesthesiology 56: 119–136

Wittenstein Y, Lyle DJ (1989) Fits after alfentanil and propofol (letter). Anaesthesia 44: 532–533

Witt DM et al. (1993) Amiodarone – clonazepam interaction. Ann Pharmacother 27: 1463–1464

Kim DW et al. (1996) Interactions between mivacurium, rocuronium, and vecuronium during general anesthesia. Anesth Analg 83: 818–822

Wood M (1991) Pharmacokinetic drug interactions in anaesthetic practice. Clin Pharmacokinet 21: 285–307

Woodside J et al. (1984) Captopril reduces the dose requirement for sodium nitroprusside induced hypotension. Anesthesiology 60: 413–417

Wright PJ et al. (1989) Fatal haemopathological consequences of general anaesthesia. Br J Anaesth 62: 104–107

Wright PM et al. (1995) The magnitude and time course of vecuronium potentiation by desflurane versus isoflurane. Anesthesiology 82: 404–411

Wulf H et al. (1998) Augmentation of the neuromuscular blocking effects of cisatracurium during desflurane, sevoflurane, isoflurane or total i.v. anaesthesia. Br J Anaesth 80: 308–312

Wulf H et al. (1998) Augmentation of the neuromuscular blocking effects of cisatracurium during desflurane, sevoflurane, isoflurane or total i.v. anaesthesia. Hospital of the Christian-Albrechts-University, Kiel. Br J Anaesth 80 (3): 308–312

Wyld R, Nimmo WS (1988) Do patients fasting before and after operation receive their prescribed drug treatment? Br Med J 296: 744

Yun CH et al. (1992) Identification of the pharmacogenetic determinants of alfentanil metabolism: cytochrome P-er0 3A4. Anesthesiology 77: 467–474

KAPITEL 33

Intraoperative Unverträglichkeitsreaktionen

W. Kröll

33.1
Inzidenz und Definitionen

Anaphylaktische und anaphylaktoide Reaktionen sind mit zunehmender Häufigkeit für intraoperative Zwischenfälle und konsekutiv somit auch für eine perioperativ erhöhte Morbidität und Mortalität verantwortlich. Anaphylaktoide Reaktionen treten bei etwa 1 : 3 500–20 000 Anästhesien auf, schwere anaphylaktoide Zwischenfälle ereignen sich bei 1 : 4 600–25 000 Narkosen, die Mortalität liegt etwa zwischen 0,01 und 0,005%. Die stete Zunahme der Inzidenz dieser gefürchteten intraoperativen Komplikation lässt sich durch die steigende Zahl potentiell auslösender Substanzen, welche intraoperativ gleichzeitig oder mehrfach hintereinander bei z.T. multimorbiden Patienten angewandt werden, erklären.

> ! Prophylaxe und Therapie anaphylaktoider Reaktionen unter der Narkose gewinnen zunehmend an Bedeutung.

Als allergische Reaktionen werden solche Reaktionen klassifiziert, bei denen immunologische Reaktionen, die durch Kontakt mit körperfremden Substanzen, gegen welche Sensibilisierungen vorliegen, ausgelöst werden. Anaphylaktoide Reaktionen gleichen im klinischen Bild zwar allergischen Reaktionsweisen, laufen jedoch ohne zwischengeschaltete Immunmechanismen ab; im Gegensatz zu allergischen Reaktionen, bei welchen immer eine Sensibilisierung Voraussetzung ist, können anaphylaktoide Reaktionen bereits beim ersten Kontakt mit einer körperfremden Substanz auftreten.

ÜBERSICHT

| **Allergische Reaktionen lassen sich in 4 Typen unterteilen:** |

- Typ I stellt eine IgE-mediierte Reaktion dar, wobei die Bindung des Allergens an IgE-Antikörper für die Mastzellendegranulation und Mediatorenfreisetzung verantwortlich ist. Dieser Typ der Sofortreaktion manifestiert sich in einer allergischen Rhinokonjunktivitis, allergischem Asthma, gastrointestinalen Symptomen bis hin zum anaphylaktischen Schock.
- Typ-II-Reaktionen sind zytotoxische Reaktionen durch Interaktionen zwischen Antikörpern und Antigenen unter Beteiligung des Komplementsystems mit konsekutiver Zellzerstörung. Als Beispiele können eine allergische hämolytische Anämie, eine allergische Agranulozytose sowie eine allergische Thrombozytopenie genannt werden.
- Typ-III-Reaktionen sind durch Immunkomplexbildungen zwischen Antikörpern und Antigenen charakterisiert; Resultat dieser Komplexbildung ist die Aktivierung neutrophiler Granulozyten, Thrombozyten und des Komplementsystems. Typ-III-Reaktionen manifestieren sich als Immunkomplexanaphylaxie, Serumkrankheit und allergische Vaskulitis.
- Typ-IV-Reaktionen sind T-Zell-abhängige Immunphänomene, in deren Folge entzündliche Reaktionen am Ort des primären Allergenkontaktes auftreten. Als Manifestation gelten eine Kontaktallergie, die Überempfindlichkeit vom Tuberkulintyp sowie granulomatöse Überempfindlichkeitsreaktionen.

Sektion E

Im klinischen Alltag ist der Anästhesist im wesentlichen mit Reaktionen vom Soforttyp und Typ-III-Reaktionen konfrontiert; allergische Reaktionen vom Typ II und IV spielen hingegen eine untergeordnete Rolle.

Anaphylaktoide Reaktionen lassen sich ebenfalls im Hinblick auf die zugrundeliegenden Mechanismen in 5 Klassen unterteilen:

- Klasse A sind IgE-abhängige Reaktionen, bei denen es durch Vernetzung spezifischer Antikörper auf Mastzellen und Basophilen zur Freisetzung präformierter und neu synthetisierter Mediatoren kommt, welche für die klinisch erfaßbaren Symptome verantwortlich sind.
- Klasse-B-vermittelte Reaktionen sind immunkomplex- oder komplementabhängig und entsprechen den Sofortreaktionen vom Typ III. An der Reaktion sind außerdem IgG-, IgA- und IgM-Antikörper beteiligt; Beispiele für diese Reaktionen sind anaphylaktoide Reaktionen auf Blutprodukte und Dextranlösungen.
- Bei Reaktionen der Klasse C kommt es durch direkte Stimulation der Mastzellen zur Freisetzung von Mediatoren ohne direkte Beteiligung von Immunmechanismen. Das Muster der freigesetzten Mediatoren ist abhängig von der auslösenden Substanz.
- Als pathophysiologisches Korrelat der Reaktionen der Klasse D wird ein Ungleichgewicht im Arachidonsäuremetabolismus mit gesteigerter Produktion von Leukotrienen sowie eine gesteigerte Empfindlichkeit gegenüber diesen Mediatoren diskutiert.
- Reaktionen der Klasse E – idiopathische Anaphylaxie – können durch starke Belastung und teilweise durch Aufnahme bestimmter Narhungsbestandteile induziert werden, das pathophysiologische Muster dieser Reaktionen ist derzeit noch unklar.

Gemeinsame Endstrecke der anaphylaktischen Reaktionen: Die Stimulation der Mastzellen induziert einen Einstrom von Ca^{2+} in das Zellinnere; dadurch werden Mediatoren freigesetzt bzw. die Neubildung von Mediatoren angeregt. *Präformierte Antikörper* liegen in den Granula der Mastzellen bereits vor [Histamin, Serotonin, Chymase, Trypan, Tryptase, „neutrophilic chemotactic factor" (ECF-A) sowie „eosinophilic cationic protein" (ECP)]. *Neusynthetisierte Mediatoren* werden aus Arachidonsäure durch Lipoxygenase und Cyclooxygenase gebildet [Leukotriene, Prostaglandine, Prostacyclin, Hydroxyeicosatetraensäure (HETE), „platelet activating factor" (PAF), Bradykinin, C3a/C5a und O_2-Radikale].

Histamin übt seine Wirkung über spezifische Rezeptoren aus: H_1-Rezeptoren üben auf das kardiovaskuläre System eine der Stimulation der α-adrenergen Rezeptoren vergleichbare, H_2-Rezeptoren eine der Stimulation der β-Rezeptoren vergleichbare Wirkung aus; H_3-Rezeptoren kommen v.a. im ZNS und in der Lunge vor und bewirken dort eine autokrine Hemmung histaminerger Neurone. Tryptase aktiviert direkt C_3, Kininogenasen induzieren eine Vasodilatation sowie ein Ödem; PAF führt zur Mikrothrombenbildung; Prostaglandin E induziert eine Sensibilisierung von Schmerzrezeptoren und führt zu Fieber, Vaso- und Bronchodilatation. PGD_2, LCT_4, LTD_4 und Histamin führen zu einer Kontraktion der glatten Bronchialmuskulatur, zum Mukosaödem sowie zu einer gesteigerten Schleimsekretion und zum Sekretstau.

Der Prophylaxe und Therapie anaphylaktoider Reaktionen kommt intraoperativ eine steigende Bedeutung zu.

Patienten mit besonderer Disposition zu anaphylaktoiden Reaktionen – einerseits durch vermehrte IgE-Produktion [Patienten mit dieser Disposition weisen z.T. spezifische HLA-Muster (HLA-B7) auf] oder andererseits durch verminderte β-adrenerge Rezeptoren (β-Blocker führen zur weiteren Verschlechterung und zur weiteren Verstärkung der anaphylaktoiden Reaktion) – zeigen häufigere und schwere Reaktionen. Der Anamnese kommt daher eine besondere Bedeutung zu.

> **!** Schwere anaphylaktoide Reaktionen können auch ohne Sensibilisierung erfolgen.

Die klinische Ausprägung der anaphylaktoiden Reaktionen wurde in 4 Schweregrade eingeteilt.

33.2
Risikofaktoren

Präexistente Medikamentenallergien sowie wiederholte Anästhesien gelten als Risikofaktoren einer immunmediierten anaphylaktischen Reaktion (Inzidenz anaphylaktischer Reaktionen 40–60%, anaphylaktoider Reaktionen 20–30%). Ungeklärt ist derzeit zumindest noch die Bedeutung einer genetischen Disposition: über das gehäufte Auftreten von anaphylaktischen Reaktionen in einzelnen Familien wird berichtet; ein Hyperventilationssyndrom erhöht die Wahrscheinlichkeit des Auftretens anaphylaktischer Reaktionen um das 4fache (→Steigerung der Histaminfreisetzung aus Mastzellen durch begleitende Hypomagnesiämie). Mit zunehmendem Alter nimmt der Schweregrad der Unverträglichkeitsreaktionen zu, nicht jedoch deren Häufigkeit. Frauen weisen ein höheres Risiko hinsichtlich des Auftretens anaphylaktoider Reaktionen insbesonders nach Gabe von Muskelrelaxanzien auf (Männer : Frauen = 3 : 1); insgesamt besteht bei Frauen ein höheres Risiko einer unspezifischen Histaminliberation. Ebenso scheinen anaphylaktoide Reaktionen bei ängstlichen und unter Stress stehenden Patienten eine höhere Inzidenz aufzuweisen.

Inwieweit ein erhöhter Histaminspiegel, wie er bei polytraumatisierten Patienten, Patienten im septischen Schock, Patienten mit gastrointestinalen Blutungen, Ileus, chronischer Niereninsuffizienz und nach Radium-

bestrahlung besteht, als Risikofaktor zu werten ist, bleibt derzeit noch ungeklärt. Über einen längeren Zeitraum bestehende erhöhte Histaminspiegel stellen ein prognostisch ungünstiges Zeichen dar.

33.3
Auslösende Substanzen

Muskelrelaxanzien

Muskelrelaxanzien zählen zu den wichtigsten Histaminliberatoren; von den in der Anästhesie angewandten Medikamenten sind 70–80% aller intraoperativ auftretenden Unverträglichkeitsreaktionen auf Muskelrelaxanzien zurückzuführen. Succinylcholin ist etwa für 54% aller durch Muskelrelaxanzien induzierten anaphylaktoiden Reaktionen verantwortlich, für Vecuronium liegt der Anteil bei 12–37%, Atracurium wirkt nicht stärker allergisierend als die übrigen Muskelrelaxanzien, besitzt jedoch eine stärkere unspezifische Histaminfreisetzungstendenz.

Reaktionen auf Muskelrelaxanzien sind meist sehr schwer, weibliche Patienten überwiegen im Hinblick auf die Häufigkeit (ca. 85%). Pancuronium scheint hinsichtlich der Induktion anaphylaktoider Reaktionen das sicherste Muskelrelaxans zu sein.

Kreuzreaktionen zwischen Muskelrelaxanzien sind möglich, so dass es bereits beim ersten Kontakt mit einer solchen Substanz zu einer Unverträglichkeitsreaktion kommen kann. Kreuzreaktionen zwischen 2 Muskelrelaxanzien treten bei 85% aller sensibilisierten Patienten, zwischen allen verfügbaren Muskelrelaxanzien bei 10% aller sensibilisierten Patienten auf.

Intravenöse Hypnotika
Die Häufigkeit anaphylaktoider Reaktionen nach Thiopental wird auf 1 : 20 000 geschätzt, nach Pentobarbital und Methohexital hingegen kommen Unerträglichkeitsreaktionen seltener vor; Ursache dafür dürfte das in diesen Substanzen fehlende S-Atom, welches stark histaminliberierend wirkt, sein.

Etomidat, insbesondere das in der Lipid-emulsion vorliegende Präparat, führt zu keiner klinisch relevanten Histaminfreisetzung. Anaphylaktische Reaktionen nach Propofol treten mit einer Häufigkeit von 1 : 15 000 Anästhesien, anaphylaktoide Reaktionen bei 1 : 45 000 Narkosen auf; propofolspezifische IgE-Antikörper wurden nach Applikation dieser Substanz nachgewiesen.

Benzodiazepine führen sehr selten zu Unverträglichkeitsreaktionen; die nach Diazepam und Flunitrazepam auftretenden Reaktionen sind wahrscheinlich auf den Lösungsvermittler zurückzuführen. Midazolam induziert keine klinisch relevante Histaminfreisetzung.

Droperidol führt äußerst selten zu Unverträglichkeitsreaktionen, sollte jedoch, da es die Histamin-N-Methyltransferase der Leber hemmt, bei einem Risiko einer unspezifischen Histaminfreisetzung nur mit Vorsicht angewandt werden.

Ketamin gilt als sicheres Anästhetikum und ruft selten anaphylaktoide Reaktionen hervor. Auch nach volatilen Anästhetika kann es zu anaphylaktoiden Reaktionen kommen; die Ursache ist eine nichtimmunologische Freisetzung von Histamin; ferner besteht die Möglichkeit, dass durch die Bindung von Stoffwechselprodukten volatiler Anästhetika an Proteine antigene Strukturen entstehen können.

Analgetika

Eine ausgeprägte Histaminfreisetzung ist als Ursache für pseudoallergische Reaktionen nach Morphin bewiesen; außerdem konnten spezifische IgE-Antikörper gegen Morphin gefunden werden. Aus Mastzellen kann nach Morphinapplikation Histamin und Tryptase freigesetzt werden; eine Synthese von Prostaglandinen und Leukotrienen jedoch unterbleibt. Nach Buprenorphin ist eine konzentrationsabhängige Liberation von Histamin und Tryptase nachgewiesen. Außerdem vermag dieses Opioid eine Synthese von PGD_2 und LCT_4 zu induzieren. Für Fentanyl, Alfentanil und Sufentanil hingegen ließ sich bis jetzt keine re-levante Freisetzung von Histamin nachweisen.

Das aspirinsensitive Asthma bronchiale ist eine pseudoallergische Reaktion des Atmungstraktes, dessen Pathomechanismus derzeit zumindest nicht vollständig abgeklärt ist; als mögliche Ursachen wird eine direkte Freisetzung von Histamin aus den den Mastzellen resp. eine Störung im Cyclooxygenasemetabolismus der Arachidonsäure diskutiert. 2–10% aller Asthmatiker sind davon betroffen. Diese pseudoallergische Reaktion tritt bei allen peripheren Analgetika in Abhängigkeit von der Hemmung der Cyclooxygenase auf. Das klinische Bild dieser Analgetikaasthmas ist durch Schleimhautschwellung, Flush, Lidödem und Bronchospasmus charakterisiert.

Auch nach Paraaminophenolderivaten kann es zu anaphylaktoiden Reaktionen kommen; grundsätzlich jedoch werden diese Analgetika von 95% der Patienten gut vertragen.

Lokalanästhetika

Unverträglichkeitsreaktionen nach Lokalanästhetika sind in den seltensten Fällen allergischen Ursprungs (≤1%); wesentlich häufiger hingegen werden diese Reaktionen durch die den Lokalanästhetika beigesetzten Lösungsvermittler resp. Konservierungsmittel (Parahydroxybenzoat, Paraaminobenzoat, Sulfit und Methylparaben) ausgelöst. Häufig werden unerwünschte Reaktionen auch im Rahmen einer Überdosierung, der Adrenalinwirkung resp. aufgrund einer intravenösen Injektion hervorgerufen.

Kolloidale Volumenersatzmittel

Anaphylaktoide Reaktionen treten nach Verabreichung körperfremder kolloidaler Volumenersatzstoffe mit einer Häufigkeit von 0,01–2% auf.

Dextrane

Ursache für Unverträglichkeitsreaktionen nach Dextranverabreichung sind präformierte dextranreaktive Antikörper (DRA); diese finden sich in etwa 70% der untersuchten Patienten aufgrund einer Immunisierung gegen bakterielle Polysaccharide (Antikörper der IgA-, IgG-, IgM- und IgD-Klasse). Hohe Titer von IgG-DRA induzieren schwere Unverträglichkeitsreaktionen durch Immunkomplexbildung zwischen Dextranmolekülen und IgG-DRA; die dadurch induzierte Liberation von Mediatoren und Komplementfaktoren führt zu einer Immunanaphylaxie mit entsprechender Symptomatik. Risikofaktoren hinsichtlich dextranreaktiven Unverträglichkeitsreaktionen sind Diabetes mellitus, pulmonale Erkrankungen und chronische Entzündungen in der Anamnese.

Hydroxyäthylstärke

Die Inzidenz von Unverträglichkeitsreaktionen nach Hydroxyäthylstärke (HES) liegt bei 0,1%; der pathophysiologische Mechanismus dieser Reaktionen jedoch ist weitgehend unbekannt. Möglicherweise wirkt Stärke durch die Substitution mit Hydroxyäthylgruppen immunogen; außerdem lassen sich bei 25% der Bevölkerung Antikörper gegen HES nachweisen.

Gelatine

Unverträglichkeitsreaktionen nach Gelatineapplikation sind pseudoallergischen Ursprungs; die Inzidenz dieser Reaktion liegt bei 0,78%.

Konservenblut

Im gelagerten Konservenblut kann es aufgrund fortschreitender Einschränkung der Zellfunktionen zu einer Freisetzung von Mediatoren und Enzymen kommen. Die Beigabe von Aprotinin vermag die Histamin- und Serotoninfreisetzung zu verhindern. Ebenso kann es durch Druckinfusion von Blutkonserven zu einem Anstieg des Plasmahistaminspiegels kommen. Bei bekannter Anamnese von Allergie gegen Blutkonserven dürfen nur gewaschene Erythrozytenkonzentrate verabreicht werden, alle anderen Blutderivate sind kontraindiziert.

Röntgenkontrastmittel

Röntgenkontrastmittel induzieren zumeist pseudoallergische Reaktionen, Reaktionen allergischen Ursprungs sind eher selten. Leichte Unverträglichkeitsreaktionen treten mit einer Inzidenz von 1 : 2 000, schwere mit einer Häufigkeit von 1 : 20 000 und anaphylaktische Reaktionen mit tödlichem Ausgang mit einer Häufigkeit von 1 : 40 000 auf. Atopiker besitzen kein erhöhtes Risiko gegenüber der Normalbevölkerung; bei repetitiver Applikation von Röntgenkontrastmitteln ist die Wahrscheinlichkeit einer erneuten Reaktion bei Atopikern mit einer Inzidenz von 30% gegenüber 10–15% in der Normalbevölkerung anzusetzen.

Heparin

Allergische Reaktionen gegen Heparin sind eher selten. Von Bedeutung dagegen sind unerwünschte Nebenwirkungen, die wahrscheinlich auf Typ-III- resp. Typ-IV-Reaktionen zurückzuführen sind: induzierte erythematöse Hautreaktion, heparininduzierte Thrombopenie sowie heparininduzierte Nekrosen.

Antibiotika

Gegen Penicillin werden sehr häufig allergische Reaktionen vom Soforttyp beobachtet; die Häufigkeit anaphylaktischer Reaktionen liegt bei 1%, tödliche Zwischenfälle nach Penicillingabe kommen auf 1 : 50 000 Verabreichungen vor. Die Ursache dieser Unverträglichkeitsreaktionen kann eine Sensibilisierung gegenüber den in der Nahrung enthaltenen Penicillinen sein. Kreuzreaktionen gegenüber Cephalosporinen treten mit einer Inzidenz von 5–10% auf; auch gegenüber anderen Antibiotika sind allergische und anaphylaktoide Reaktionen möglich.

Protamin

Die Häufigkeit anaphylaktoider Reaktionen nach Protamingabe liegt bei 1 : 1 500–1 : 5 000; Ursache dieser Unverträglichkeitsreaktionen sind eine Histaminfreisetzung resp. eine Komplementaktivierung. Eine Sensibilisierung durch Retardinsuline (Protaminsulin) ist möglich.

Sektion E

Kortikoide

Unverträglichkeitsreaktionen auf Kortikoide sind eher selten; solche Reaktionen sind auf Konservierungsmittel wie Natriumdisulfit, Paraben und Propylenglykol zurückzuführen.

 60% aller Todesfälle durch anaphylaktischen Schock erfolgen durch respiratorische Insuffizienz bei Bronchospasmus.

33.4 Perioperativ verwendete Substanzen

Latex

Allergische Reaktionen vom Soforttyp sind in steigendem Maße für Narkosezwischenfälle (ca. 10%) besonders bei mehrfach voroperierten sowie Patienten mit einer Spina bifida verantwortlich. Der auslösende Faktor scheint dabei der „latex elongation factor" zu sein. In leichten Fällen kann es nach Latexkontakt zu einer Kontakturtikaria kommen, bei schwerer Ausprägung kann sich das klinische Vollbild eines anaphylaktischen Schocks präsentieren. Magensonden, Venenverweilkanülen und Endotrachealtuben sind latexfrei; Woodbridge-Tuben hingegen enthalten Latex. Bereits das Einatmen von Handschuhstaub kann eine dramatische Reaktion auslösen. Bei manchen der betroffenen Patienten besteht im Sinne einer Kreuzreaktion eine Unverträglichkeit gegenüber bestimmten Lebensmitteln, wie Bananen, Kiwis, Mangos, Avocados etc.

Äthylenoxid

Äthylenoxid wird zur Sterilisation medizinischer Produkte, Geräte und Instrumente verwendet. Rückstände dieses Gases können sich als Hapten an Proteine binden und als Antigen wirken. Die Inzidenz liegt bei 1 : 200 000 Anwendungen für schwere anaphylaktische Reaktionen; leichte Unverträglichkeitsreaktionen wie Pruritus, Asthma und Hypotonie treten wesentlich häufiger

auf. Atopiker und Personen mit häufigem Kontakt mit diesem Material haben ein erhöhtes Risiko.

Knochenzement

Unmittelbar nach Einbringen von Knochenzement finden sich extreme Anstiege des Plasmahistaminspiegels. Die Einschwemmung von Acrylzement in den Blutkreislauf dürfte Ursache für Unverträglichkeitsreaktionen sein. Die prophylaktische Verabreichung von H_1/H_2-Rezeptorenantagonisten führt zu einer deutlichen Senkung der kardiovaskulären Reaktionen; die Ätiologie kardiovaskulärer Reaktionen nach Knochenzement kann außerdem durch Bildung von Emboli durch Luft, Fett, Polymere, die nach Polymerisation entstehende Hitze sowie auf vagale Reaktionen resp. toxische bzw. vasodilatierende Mechanismen durch Acrylmonomere bedingt sein.

Natriumdisulfit

Natriumdisulfit ist eine Konservierungssubstanz, die allen Lokalanästhetika beigesetzt ist. Rhinitis oder Asthma bronchiale nach Alkoholgenuß charakterisieren Patienten mit einer Intoleranz gegenüber Natriumdisulfit. Schwere Zwischenfälle sind selten und dosisabhängig. Als Risikopatienten gelten Patienten mit Asthma bronchiale und Aspirinintoleranz.

Cremophor

Zahlreiche intraoperativ auftretende Unverträglichkeitsreaktionen beruhen auf Cremophor: Reaktionen auf Diazepam, Cyclosporin, Propofol. IgE- resp. IgG-Antikörper werden dafür verantwortlich gemacht.

33.5 Klinische Symptomatik

Das klinische Bild intraoperativer allergischer und pseudoallergischer Reaktionen wird im wesentlichen durch das Wirkmuster der während der Reaktion freigesetzten Mediatoren bestimmt.

Juckreiz an Händen und Füßen sowie Dysästhesien sind meist die ersten Symptome, über die der Patient klagt. Ein meist im Gesichts- und Halsbereich auftretendes Erythem kann sich über den ganzen Körper ausbreiten und sich bis zur generalisierten Urtikaria und zum Angioödem steigern. Schluck- und Sprachstörungen sind die Folge eines im Mund- und Halsbereich auftretenden Ödems. Atemstörungen treten bei etwa 30% der betroffenen Patienten auf; Ursache dieser Problematik können ein Schleimhautödem, ein Laryngospasmus, eine Bronchokonstriktion resp. in seltenen Fällen ein Lungenödem sein (→direkte Histaminwirkung, vagale Reflexe, Aktivierung des Komplementsystems, Leukotriene und Anaphylatoxine), eine schwere Schädigung des Lungengewebes kann die Folge sein. Die Herz-Kreislauf-Problematik hingegen bestimmt den weiteren Verlauf des Geschehens sowie die Prognose. Einer hyperdynamen Phase folgt eine hypodyname Phase; der niedrige Gefäßwiderstand sowie eine relative Hypovolämie führen zu einem Blutdruckabfall, konsekutiv kommt es zu einer kompensatorischen Tachykardie. Prolongierte Schockphasen sowie eine durch einen Bronchospasmus induzierte Hypoxie können folglich einen hypoxischen resp. ischämisch bedingten Herzstillstand induzieren. Die Folge einer Hypoxie resp. eines Hirnödems ist die auslösende Ursache für die neurologische Symptomatik; diese manifestiert sich in Verwirrtheit, Kopfschmerz, Hypo- resp. Hyperthermie, Asthenie, Agitation, Schwindel, Stupor oder epileptischen Anfällen.

Gastrointestinale Symptome wie Erbrechen, Übelkeit, Magenschmerzen, Bauchkrämpfe und Durchfall können ebenfalls in Zusammenhang mit allergischen Reaktionen auftreten. Eine Aktivierung des Gerinnungssystems sowie des fibrinolytischen Systems sind ebenso mögliche Komplikationen eines allergischen Geschehens.

33.6
Diagnose

Zumindest nach jedem schwerwiegenden intraoperativen Narkosezwischenfall sollte an anaphylaktoide Reaktionen gedacht und eine entsprechende Abklärung angestrebt werden.

Die Messung des Tryptasespiegels im Serum ist ein spezifischer Parameter für die Mastzelldegranulation; der Normalwert für Tryptase in der Mastzelle liegt bei 10–35 pg/Zelle; Serumwerte ≥2 ng/ml gelten als erhöht. Eine Differenzierung zwischen immunologischer oder nichtimmunologischer Aktivierung ist jedoch mittels einer Tryptasebestimmung nicht möglich. Der Vorteil einer solchen Bestimmung gegenüber einer Histaminbestimmung liegt in der längeren Halbwertszeit von Tryptase gegenüber Histamin (HWZ ≤2 min).

Anstiege des Serummethylhistaminspiegels, des wichtigsten Metaboliten von Histamin, sprechen ebenso für eine Mastzelldegranulation. Die Normalwerte dieses Parameters liegen bei 15–20 ng/ml.

Schwere Unverträglichkeitsreaktionen gehen auch immer mit einer Aktivierung des Komplementsystems einher; die Messung dieses Parameters (C3c) sollte innerhalb von 2–24 h nach einem Zwischenfall durchgeführt werden.

3–8 Wochen nach einer festgestellten anaphylaktischen Reaktion empfiehlt es sich, eine allergologische Untersuchung durchzuführen mit dem Ziel, zwischen allergischen und pseudoallergischen Reaktionen unterscheiden zu können bzw. um das auslösende Agens zu finden.

Anamnestisch muss abgeklärt werden, ob eine atopische Diathese vorliegt resp. ob ein direkter Zusammenhang zwischen dem Zeitpunkt der aufgetretenen Reaktion und der Applikation der möglicherweise auslösenden Substanz besteht.

4–6 Wochen nach einer schweren Unverträglichkeitsreaktion erscheint es indiziert, Hauttestungen (Reib-, Prink-, Scratch-, Intrakutan- und Epikutantestungen) resp.

auch Blutabnahmen zur Bestimmung der IgE-Antikörper durchzuführen.

Der Aussagewert von Hauttestungen ist von der jeweils getesteten Substanz abhängig; so erfolgt der Nachweis von Latex und Penicillin sehr sicher, Testungen mit Röntgenkontrastmitteln sowie Morphin sind unergiebig. Die Bewertung solcher Hauttestungen ist schwierig und die Aussagekraft von der Erfahrung des Untersuchers abhängig.

Spezifische IgE-Bestimmungen können mit unterschiedlichen Methoden durchgeführt werden (RAST, EIA, RIA). Die Sensitivität dieser Tests liegt bei 80–90%, die Spezifität bei annähernd 100%.

33.7
Therapie

Schwerpunkt der Soforttherapie ist die rasche Stabilisierung der Vitalfunktionen, d.h. die adäquate Behandlung der Hypotonie sowie der Hypoxämie.

Unverträglichkeitsreaktionen des Schweregrades I (Haut- und Schleimhautreaktionen) benötigen weder eine spezifische Behandlung noch eine postoperative Überwachung. H_1/H_2-Blocker sind nur bei subjektiven Beschwerden erforderlich.

Reaktionen des Schweregrades II (ausgedehnte kutane Reaktionen, Tachykardie, Hypotonie, Arrhythmien, Nausea, Dyspnoe, Heiserkeit) erfordern eine O_2-Gabe sowie evtl. ein differenziertes Beatmungsverfahren; weiter sind körperfremde kolloidale Volumenersatzlösungen zur Stabilisierung des Kreislaufs unbedingt indiziert; subjektive pulmonale Beschwerden machen eine Behandlung mit inhalativen β-Mimetika erforderlich; Antihistaminika und Kortikoide können ebenfalls bereits in diesem Stadium erforderlich sein.

Patienten mit Unverträglichkeitsreaktionen des Schweregrades III (Larynxödem, Dyspnoe, Schock, Bewusstseinstrübung, Lungenödem) benötigen neben differenzierten Beatmungstechniken die inhalative resp. intravenöse Behandlung mit Kortiko-

steroiden und β-Mimetika. Kardiovaskuläre Reaktionen machen die Applikation von Adrenalin, Noradrenalin und Dopamin notwendig; bei unzureichendem Behandlungserfolg sollten H_1/H_2-Blocker gegeben werden.

 0,05–0,1 mg Adrenalin i.v. ist das zentrale Therapeutikum bei der schweren anaphylaktischen Reaktion.

Für Reaktionen des Schweregrades IV (Atem- und Kreislaufstillstand) gelten die Richtlinien der kardiopulonalen Reanimation.

33.8
Prophylaktische Maßnahmen

Die intraoperative Vermeidung von Substanzen, die häufig anaphylaktoide Reaktionen auslösen können, gilt als beste prophylaktische Maßnahme. Dies ist jedoch nicht immer möglich, daher sollten vor Durchführung einer Anästhesie bei Risikopatienten folgende Maßnahmen generell durchgeführt werden:
- sorgfältiges Prämedikationsgespräch,
- Beachtung immunologischer und allergologischer Ergebnisse.

Bei elektiven Operationen kann auf eventuelle Untersuchungsergebnisse gewartet werden, bei Notfalleingriffen empfiehlt es sich, auf regionalanästhesiologische Techniken zurückzugreifen; ist dies jedoch nicht möglich, eignen sich für die Führung einer Narkose im wesentlichen folgende Substanzen: volatile Anästhetika, Propofol, Etomidat, Ketamin, Midazolam, Flunitrazepam, Fentanyl, Alfentanil, Sufentanil, Bupivacain oder Lidocain ohne Adrenalinzusatz.

Die prophylaktische Applikation von Antihistaminika ist derzeit umstritten, da die Nebenwirkungen dieser Substanzklasse gegenüber ihrem tatsächlichen Nutzen abzuwägen sind.

33.9
Prognose

Eine sofort eingeleitete und gut gesteuerte Therapie lässt in den meisten Fällen eine günstige Prognose erwarten. Der weitere Verlauf dieses Ereignisses wird im wesentlichen durch eine adäquate Beherrschung der Schocksymptomatik bestimmt. Unzulänglichkeiten in der Therapie einer Hypovolämie können zum Multiorganversagen führen; die Mortalität schwerer Unverträglichkeitsreaktionen liegt bei 3–6%.

Literatur

Assem ESK (1990) Anaphylactic anesthetic reactions. Anesthesia 45: 1032–1038

Evans JM (1977) Adverse reactions to intravenous anesthetic induction agents. BMJ 2: 735–740

Fisher MMcD (1975) Severe histamine-mediated reactions to intravenous drugs used in anesthesia. Anesth Intensive Care 3 : 180–184

Goldberg M (1985) The allergic response and its treatment. Curr Rev Clin Anesth 19/5: 46–54

Hancock DL (1994) Latex allergy – prevention and treatment. Anesthesiol Rev 21: 153–163

Laxenaire MC (1993) Drugs and other agents involved in anaphylactic shock occuring during anesthesia. Ann Fr Anesth Reanim 12: 91–96

Moneret-Vautrin DA, Laxenaire MC (1993) The risk of allergy related to general anesthesia. Clin Exp Allergy 23: 629–633

Neugebauer E, Dimmler S (1993) Pathophysiologie der Anaphylaxie. Anästhesiol Intensivmed Notfallmed Schmerzther 28: 303–306

Ring J (1993) Anaphylaktoide Reaktionen und Anästhesie. Anästhesiol Intensivmed Notfallmed Schmerzther 28: 307–312

Theissen JL, Zahn P, Theissen U, Brehler R (1995) Allergische und pseudoallergische Reaktionen in der Anästhesie. II: Symptomatik, Diagnose, Therapie, Prophylaxe. Anästhesiol Intensivmed Notfallmed Schmerzther 30: 71–76

Watkins J (1979) Anaphylactoid reactions to i.v. substances. Br J Anaesth 51: 51

Wyss M, Wüthrich W, Huwryler T, Elsner P (1993) Latexallergie – ein zunehmendes Problem in der Praxis. Schweiz Med Wochenschr 123: 113–119

Sektion E

KAPITEL 34

Muskelrelaxanzien

W.F. LIST

34.1 Depolarisierende Muskelrelaxanzien

Succinylbischolinchlorid (SCC) ist das einzige derzeit bei der Anästhesie in Verwendung stehende depolarisierende und das bei weitem am häufigsten angewandte Muskelrelaxans. Die folgenden Komplikationen können bei der Anwendung von Bolusdosen bzw. Wiederholungen, seltener auch bei Dauertropfgaben (2%-Lösung) auftreten:

- Herz-Kreislauf-Wirkungen,
- Hyperkaliämie,
- Wirkungsverlängerung,
- Faszikulieren,
- postoperative Schmerzen,
- intraokuläre Druckerhöhung,
- intragastrale Druckerhöhung,
- myotone Reaktionen, Myoglobinurie,
- maligne Hyperthermie,
- Anaphylaxie.

Herz-Kreislauf-Wirkungen

Nach der Gabe von 1 mg/kg KG treten meist leichte Blutdruckerhöhungen auf, die auf eine Freisetzung von Noradrenalin zurückgeführt werden (Nigrovic 1984). Die Blutdruckerhöhungen erreichen nach 2 min ihr Maximum und sind nach 10 min nicht mehr registrierbar; sie bedürfen keinerlei Therapie.

 Das depolarisierende Muskelrelaxans Succinylcholinchlorid zeigt eine hohe Frequenz kardiovaskulärer Nebenwirkungen wie Blutdruckerhöhungen und Bradykardien, die zumeist jedoch harmlos sind.

Rhythmusstörungen, und zwar v.a. Bradykardie bis zur Asystolie und ventrikuläre Arrhythmien treten bei Erwachsenen regelmäßig nach Wiederholungsdosen von 1 mg/kg KG SCC, die in einem Zeitintervall von 2–5 min hintereinander gespritzt wurden, auf (List 1971). Bei Säuglingen kommt es zumeist schon nach der ersten i.v.-Dosis zu deutlichen Bradykardien, nicht aber nach intramuskulärer Gabe. Eine intravenöse SCC-Verabreichung mittels Infusion führt nicht zu kardiovaskulären Veränderungen.

! Succinylcholinchlorid führt v. a. bei wiederholten Bolusgaben zu Bradykardie, Asystolie und ventrikulären Extrasystolen.

Maligne Hyperthermie

SCC ist bei genetisch prädisponierten Patienten die häufigste Triggersubstanz für die Auslösung einer malignen Hyperthermie (s. Kap. 39 „Maligne Hyperthermie").

Anaphylaxie

Wie jede i.v. verabreichte Substanz kann auch durch SCC eine anaphylaktoide Reaktion ausgelöst werden. Sie ist allerdings bei depolarisierenden Relaxanzien selten (unter 1%). Noch seltener wird durch SCC-Gabe ein Bronchospasmus ausgelöst. Euphyllin, Steroide, Salbutamol und eine O_2-Überdruckbeatmung sind indiziert (s. Kap. „Intraoperative Unverträglichkeitsreaktionen").

34.2
Nichtdepolarisierende Muskelrelaxanzien

Komplikationen und Nebenwirkungen mit nichtdepolarisierenden Muskelrelaxanzien können 4 verschiedene Mechanismen umfassen:

- kardioselektive, atropinähnliche Wirkung,
- Ganglienblockierung,
- Histaminfreisetzung,
- Wirkungsverlängerung.

d-Tubocurarin

Dieses älteste Muskelrelaxans hat neben seiner nichtdepolarisierenden Relaxationswirkung eine ganglienblockierende Wirkung und führt auch zur Histaminfreisetzung. Die Hypotension dürfte jedoch hauptsächlich auf die Histaminfreisetzung zurückzuführen sein. Die Ganglienblockade hängt in erster Linie von der autonomen Ausgangslage ab und führt zu einem geringen Frequenzanstieg und Blutdruckabfall.

Alcuronium

Alcuronium hat ähnlich wie d-Tubocurarin nur in geringerem Ausmaß ebenfalls eine ganglienblockierende und histaminfreisetzende Wirkung. Es ist allerdings auch wirksamer als das d-Tubocurarin als Muskelrelaxans und benötigt daher kleinere Dosen mit geringeren Nebenwirkungen.

Gallamin

Gallamin hat keine histaminfreisetzende Wirkung, führt jedoch zu Tachykardie als Folge seiner atropinähnlichen Wirkung, die eine Verminderung des Parasympathikustonus bewirkt. Dieses nur noch selten angewendete Mittel geht daher regelmäßig mit einer Tachykardie einher.

Pancuronium

Pancuronium hat ebenfalls einen atropinähnlichen Effekt, der jedoch geringer als der

des Gallamins ist. Eine geringgradige sympathomimetische Wirkung mit leichtem Blutdruckanstieg wegen Veränderung der Noradrenalinaufnahme ist bekannt. Die heute kaum mehr angewendeten trizyklischen Antidepressiva können den vagolytischen Effekt mit Tachykardie verstärken. Pancuronium bewirkt keine Histaminfreisetzung, führt aber zu einer Inhibierung der Cholinesterasen, wodurch die Succinylcholinchlorid- aber auch die Procainwirkung verlängert wird.

 Vecuronium und Atracurium sind kurz wirksame, nichtdepolarisierende Muskelrelaxanzien, die nicht über die Niere ausgeschieden werden und daher keine Kumulation bei nierengestörten Patienten bewirken.

Vecuronium

Vecuronium hat ähnlich dem Pancuronium eine kardioselektive Atropinwirkung und führt zu geringer Tachykardie. Da es keine renale Elimination bei kurzer Wirkungsdauer hat, kommt es auch zu keiner Kumulation. Der Abbau erfolgt über Deacetylierung in der Leber. Als anaphylaktoide Reaktion wird gelegentlich ein Bronchospasmus gesehen (Watkins 1994).

Atracurium und Cisatracurium

ist ebenfalls ein kurzwirksames, nichtdepolarisierendes Muskelrelaxans, das spontan über die Hoffmann-Elimination (spontane Aufspaltung der quaternären Ammoniumgruppe bei alkalischem pH-Wert abgebaut wird und daher ebenfalls keine Nierenausscheidung benötigt, wodurch im Zusammenhang mit seiner kurzen Wirksamkeit eine Kumulation auch bei Niereninsuffizienz verhindert wird. Cisatracurium ein Stereoisaner von Atracurium ist 3–4 x wirksamer, braucht daher nur eine geringere Dosierung. Auch mögliche Nebenwirkung wie Histaminausscheidung sind daher geringer ausgebildet. Bei einer größeren Dosis oder schneller Verabreichung kann es zu einer Histaminausscheidung mit Blutdruckabfall kommen (Miller et al. 1984). Die wichtigste Nebenwirkung ist eine Hypotension (Watkins 1994). Der Metabolit der Hoffmann-Elimination, das Laudanosin, ist potentiell epileptogen, wie in Tierversuchen gezeigt werden konnte (Chapple et al. 1987). Beim Menschen wurden bis jetzt keine derartigen Effekte beschrieben.

Mivacurium, ein noch neueres kürzer wirksames nichtdepolarisierendes Muskelrelaxans, wird im Plasma durch Cholinesterasen abgebaut. Bei Nieren- und Leberversagen ist mit einer verlängerten Wirkung zu rechnen, ebenso bei Menschen mit genetisch abnormalen Cholinesterasen. Bei langsamer i.v.-Verabreichung kommt es zu keiner Histaminfreisetzung.

Rocuronium, ein Isomer von Vecuronium hat die schnellste Anschlagszeit und eine mittellange Wirkdauer. Die Ausscheidung erfolgt zu 50% über die Leber und zu 10% über die Niere; die i.v. Injektion kann leicht schmerzhaft sein. Bei hohen Dosen können Tachykardien auftreten.

Wirkungsverlängerungen

Ursachen der Wirkungsverlängerung bei nichtdepolarisierenden Muskelrelaxanzien sind

- Elektrolytverschiebung,
- Säure-Basen-Haushalt-Veränderungen,
- Niereninsuffizienz,
- Lebererkrankungen,
- Hypothermie,
- neuromuskuläre Erkrankungen,
- Medikamenteninteraktionen.

Elektrolytverschiebungen

Ein Abfall des extrazellulären Kaliums führt zu Hyperpolarisation der Zellmembran und Verstärkung des nichtdepolarisierenden Blocks. Hypokalzämie und Hypermagnesiämie verstärken ebenfalls den neuromuskulären Block, indem sie die Acetylcholinfreisetzung hemmen.

Veränderung des Säure-Basen-Haushalts

Eine Hypokapnie wie auch eine metabolische Alkalose und Azidose verstärken die Wirkung von nichtdepolarisierenden Relaxanzien. Erhöhter pCO_2 verkürzt eher die neuromuskuläre Blockade.

Niereninsuffizienz

d-Tubocurarin und Gallamin werden ausschließlich über die Niere ausgeschieden und sind daher bei Patienten mit Niereninsuffizienz nicht indiziert, die Pancuroniumclearance ist ebenfalls verzögert. Vecuronium und Atracurium können allerdings gefahrlos und ohne Wirkungsverlängerung auch bei Patienten mit Nierenversagen angewendet werden.

Lebererkrankung

Sowohl depolarisierende als auch nichtdepolarisierende Relaxanzien können in ihrem Abbau durch Leberzellstörungen behindert werden. Eine verlängerte Wirkung ist daher möglich.

Hypothermie

Wirkungsverlängerung, v.a. der nichtdepolarisierenden Muskelrelaxanzien, möglicherweise durch Verminderung der Abgabe von Acetylcholin, verzögerten Metabolismus und/oder metabolische Azidose wurden festgestellt.

Neuromuskuläre Erkrankungen

Myasthenia gravis; das myasthenische Syndrom mit okularen Myopathien und andere Muskelerkrankungen können zu einer deutlichen Wirkungsverlängerung führen.

Neuromuskuläre Blockade bei Intensivpatienten

Dauerinfusionen von aminosteroidalen Muskelrelaxanzien über mehrere Tage können zu einer persistierenden neuromuskulären Blockade führen. In Kombination mit Glukokortikoiden wurden schwere Myopathien beschrieben. Eine Polyneuropathie bei

Intensivpatienten wurde v.a. bei Patienten mit Sepsis und Multiorganversagen beschrieben. Die Genese ist unklar (van Miert 1994).

Medikamenteninteraktionen

Die Antibiotika Kanamycin, Streptomycin, Neomycin, Gentamycin, Tobramycin, Amikacin, Polymycin, Clindamycin und Lincomycin führen zur Wirkungsverlängerung der nichtdepolarisierenden Muskelrelaxanzien.

Das antikonvulsive Phenytoin führt schon nach einwöchiger Verabreichung zu einer deutlichen Wirkungsverkürzung von Vecuronium. Eine signifikante Korrelation wurde zwischen Phenytoinspiegel und Erhaltungsbedarf bei Vecuroniumblockade festgestellt (Van Miert et al. 1994).

> **!** Vor allem bei intraabdomineller Gabe von Antibiotika vom Aminoglykosidtyp sind Wirkungsverlängerungen bei nichtdepolarisierenden Muskelrelaxanzien zu erwarten.

Die volatilen Anästhetika Halothan, Enfluran und Isofluran ebenso wie Chinidin, Lithium, Propranolol, Furosemid sowie Lokalanästhetika und Diazepam führen ebenfalls zu einer Potenzierung der Relaxanzien vom Kuraretyp.

36.3
Anticholinergika (vgl. Kap. 32)

Die Kurareantagonisten Prostigmin, Neostigmin und Edrophonium, die durch die Hemmung der Acetylcholinesterasen einen Acetylcholinabbau verhindern und dadurch wirksam einen nichtdepolarisierenden Muskelblock aufheben können, führen durch ihre muskarinartige Wirkung auf das Herz zu Bradykardien und kardialen Arrhythmien. Wescott u. Bendixen (1962) haben auf Todesfälle nach Neostigminanwendung hingewiesen. Trotz Vorgabe von bis zu 0,02 mg/kg

KG Atropin werden regelmäßig Rhythmusverlangsamungen gesehen. Ventrikuläre Arrhythmien wurden ebenso beschrieben wie erst- und zweitgradiger Herzblock bzw. Knotenrhythmus. Bei volldigitalisierten Patienten besteht nach Anwendung von Cholinesteraseinhibitoren ebenfalls die Gefahr von ventrikulären Arrhythmien. Ein Herzstillstand dürfte v. a. bei Patienten nach Neostigminanwendung bei gleichzeitiger bestehender Hypoxie und Hyperkarbie ausgelöst werden können.

Der Verdacht einer Gefährdung der Integrität chirurgischer Anastomosen im Abdominalbereich nach der Anwendung von Neostigmin am Operationsende konnte in zahlreichen Publikationen nicht bestätigt werden.

> **!** Muskelrelaxanzien sind bei Bedachtnahme auf die wenigen Kontraindikationen außerordentlich sichere Mittel, wenn die unbedingte Voraussetzung der Beatmung gegeben ist.

Die Empfehlung für die Dekurarisierung von Patienten nach Anwendung nichtdepolarisierender Muskelrelaxanzien ist – möglichst nach Feststellung der Größe des Blocks durch Elektrostimulation mit Hilfe des Train-of-four – die Gabe von 0,5 oder 1 mg Atropin zusammen mit 1,25 bzw. 2,5 mg Neostigmin bei Verwendung einer Volldosis von Pancuronium, d-Tubocurarin oder Alcuronium. Die neueren kurareähnlichen Muskelrelaxanzien wie Atracurium und Vecuronium müssen nicht unbedingt dekurarisiert werden, v. a. wenn nur eine muskelerschlaffende Dosis des Mittels angewendet wurde und der Patient wieder ausreichend atmet. Wegen seiner kurzen Wirksamkeit wird Edrophonium nicht zur Dekurarisierung empfohlen. Bei Verwendung von Neostigmin sollte der Patient mindestens 10 min nach i.v.-Gabe noch im Operationsbereich beobachtet werden, da dieses Medikament in diesem Zeitraum sein Wirkungsmaximum erreicht. Bei Entlassung aus dem Operationssaal sollte der Patient ausreichend atmen und in der Lage sein, den Kopf zu heben. Eine Rekurarisierung kann bei Verwendung hoher Dosen kurareartiger Mittel v.a. bei adipösen Personen nicht sicher ausgeschlossen werden. Die postoperative Überwachung dieser Patienten in einer Aufwachstation ist daher von Bedeutung, eine eventuelle Reintubation und Nachbeatmung kann notwendig werden. Die Überwachung schließt die klinische Beobachtung, serielle Blutgasanalysen und die Relaxometrie mit den Train-of-four ein.

Bedenkt man, welch breite Anwendung die Muskelrelaxanzien im Rahmen der Anästhesie und Intensivtherapie finden, so kann man – bei Bedachtnahme der verschiedenen Kontraindikationen – von außerordentlich sicheren Mitteln sprechen. Eine Beatmung ist allerdings immer die unbedingte Voraussetzung ihrer Anwendung.

Literatur

Baraka A (1977) Self-taming of succinylcholine-induced fasciculation. Anesthesiology 46:292–293

Chapple DJ, Miller AA, Ward JB, Wheatley PL (1987) Cardiovascular and neurological effects of laudanosine. Br J Anaesth 59: 218–225

Gronert GA, Theye RA (1975) Pathophysiology of hyperkalemia induced by succinylcholine. Anesthesiology 43: 89–99

Hoffmann H, Holzer H (1953) Die Wirkung von Muskelrelaxanzien auf den intraokulären Druck. Klin Monatsbl Augenheil 123: 1–15

Katz RL (ed) (1975) Muscle relaxants. Excerpta Medica, Amsterdam New York

Kendig JJ, Bunker JP, Endow S (1972) Succinylcholine induced hyperkalemia: Effects of succinylcholine on resting potentials and electrolyte distribution in normal and denervated muscle. Anaesth 36: 132–137

List WF (1967) Serum potassium changes during induction of anaesthesia. Br J Anaesth 39: 480–484

List WF (1971) Succinylcholine induced cardiac arrhythmias. Anesth Analg 50: 361–367

Mazze RL, Escue HM, Houston JB (1969) Hyperkalemia and cardiovascular collapse following administration of succinylcholine to the traumatized patient. Anesthesiology 31: 540–547

Miller RD, Way WL, Hamilton WK, Layzer RB (1972) Succinylcholine-induced hyperkalemia in patients with renal failure? Anesthesiology 36: 138–141

Miller RW, Rupp SM, Fisher DM, Conelly R, Fahey MR, Sohn YJ (1984) Clinical pharmacology of vecuronium and atracurium. Anesthesiology 61: 444–453

Nigrovic V (1984) Hypothesis: Succinylcholin cholinoceptors and atecholamines: Proposed mechanism of early adverse haemodynamic reactions. Can Anaesth Soc J 31: 382–394

Roth F, Wüthrich H (1969) The clinical importance of hyperkalemia following suxamethonium administration. Br J Anaesth 41: 311–316

Tammisto T, Airaksinen MM (1966) Increase of creatinekinase activity in serum as sign of muscular injury caused by intermittendly administered suxamethonium. Br J Anaesth 38: 510–515

Van Miert MM, Hunter JM (1994) Neuromuscular blocking agents in critically ill patients. Current Opin Anesthesiol 7: 375–379

Watkins J (1994) Adverse reaction to neuromuscular blocker: frequency, investigation and epidemiology. Acta Anaesthesiol Scand [Suppl 38] 102: 6–10

Wescott A, Bendixen HH (1962) Neostigmine as a curare antagonist. A clinical study. Anesthesiology 23: 324–332

Sektion D

KAPITEL 35

Lachgasanwendung

W.F. List

Lachgas (N_2O), das wegen seiner chemischen Stabilität bisher kaum in toxikologische Überlegungen einbezogen wurde, scheint heute die negativsten Auswirkungen aller Inhalationsanästhetika auf das Immunsystem, das hämatopoetische System und auch auf das reproduktive System zu haben. Schon 1956 wiesen Lassen et al. auf die schwere Knochenmarkdepression bei Langzeitanwendung von N_2O hin. 1978 konnten Amess et al. in einer prospektiv untersuchten Serie von 22 Patienten nach verschieden langer N_2O-Verabreichung eine megaloplastische Hämatopoese feststellen. Layzer (1978) hat über Myeloneuropathien nach verlängerter N_2O-Exposition u.a. bei Dentisten berichtet, wobei es zu sensorischen und motorischen Ausfällen sowie Degeneration der hinteren und lateralen Rückenmarkbahnen mit Lähmungen, Impotenz und Sphinkterstörungen kam. Deacon et al. (1978) wiesen im Tierversuch eine selektive Störung des Vitamin-B_{12}-Stoffwechsels bei Ratten nach; diese Störung bewirkt die Inaktivierung der Methioninsynthetase. Lane et al. (1979) konnten im Tierversuch (Ratten, 9. Tag) eine signifikante Häufung der Abortusfrequenz, Malformationen und Skelettanomalien nach 70% N_2O verglichen mit Stickstoff oder dem anästhetisch wirksamen Xenon feststellen. Cohen et al. (1980) fanden in einer epidemiologischen Studie eine erhöhte Abortusfrequenz bei weiblichen Angestellten von Zahnärzten, die regelmäßig N_2O zur Analgesie anwendeten. Koblin et al. (1981) konnten zeigen, dass die Methioninsynthetaseaktivität bereits 30 min nach N_2O-Verabreichung (Leber, Gehirn) absinkt und sich 2–4 Tage nach Expositionsende normalisiert. Nach Arbeiten von Amos et al. (1982) wurde eine gewisse Dosisabhängigkeit (Verabreichungsdauer) gefunden, die über eine Vitamin-B_{12}-Hemmung (Oxidation) und einem Folsäuremangel zu Megaloblastenanämie führte. Schwerer Infekt, Alkoholismus, Fieber oder Urämie hatten ähnliche Folgen. Mit N_2O zusammen kam es zu einer Verstärkung des Effekts (Editorial 1982). N_2O ist heute noch immer das am häufigsten angewendete Inhalationsanästhetikum. Nunn et al. (1982) und Sharer et al. (1983) konnten bei Anästhesisten, die bei fehlender Absaugung chronisch N_2O-Mengen von 150–400 qm^3 inhalierten, keine Störungen der von der Methioninsynthetase abhängigen Aminosäurenspiegel und Leberenzyme feststellen. Auch im Tierversuch wurden bei weniger als 450 qm^3 N_2O über 24 h keine Störungen registriert. Inwieweit seine Anwendung bei Patienten mit Langzeitnarkosen berechtigt ist bzw. bei welchen Erkrankungen und Patienten eine Anwendung nicht indiziert ist, muss noch eindeutig festgestellt werden; Alternativen, wie z.B. Xenon oder Stickstoff, müssen in Betracht gezogen werden. Bei der Operationssaalverunreinigung durch Spurengase scheint die Stellung von N_2O endgültig bestimmt. Verunreinigungen unter 100 qm^3 sind ungefährlich (Sharer et al. 1983); durch Absauganlagen kann dieser Grenzwert ohne Schwierigkeiten unterschritten werden.

Literatur

Amess JAL, Burmann JF, Ress GM, Nancekieviell DG (1978) Megaloblastic haemopoiesis in patients receiving nitrous oxide. Lancet 2: 339–342

Amos RJ Amess JAL, Hinds CJ, Mollin DL (1982) Incidence and pathogenesis of acute megaloblastic bone marrow change in patients receiving intensive care. Lancet 2: 835–838

Cohen EN, Brown BW, Wu MIL, Whitcher CH et al. (1980) Occupational disease in dentistry and chronic exposure to trace anesthetic gases. J Am Dent Assoc 101: 21

Deacon R, Lümb M, Perry J, Chanarin J, Minty B, Halsey MJ, Nunn JF (1978) Selective inactivation of vitamine B_{12} in rats by nitrous oxide. Lancet 2: 1023–1024

Editorial (1982) Nitrous oxide and acute marrow failure. Lancet 2: 856–857

Koblin DD, Watson JE, Deady JE, Stokstad ELSR, Eger EI II (1981) Inactivation of methionine synthease by nitrous oxide in mice. Anesthesiology 54: 318–324

Lane GA, Nahrwold ML, Tait AR, Tailor MD et al. (1979) Nitrous oxide is teratogenic: xenon is not. Anesthesiology 51: 260

Lassen HCA, Henriksen E, Neukirch F, Kristensen HS (1956) Treatment of tetanus. Severe bone marrow depression after prolonged nitrous oxide anesthesia. Lancet 1: 442–443

Layzer RB (1978) Myeloneuropathy after prolonged exposure to nitrous oxide. Lancet 2: 1227–1230

Nunn JF, Sharer N, Royston D, Watts RWE et al. (1982) Serum methionine and hepatic enzyme activity in anaesthetists exposed to nitrous oxide! Br J Anesth 54: 593–597

Sharer NM, Nunn JF, Royston JP, Chanarin I (1983) Effects of chronic exposure to nitrous oxide on methinonine synthase activity. Br J Anaesth 5: 693–701

KAPITEL 36

Maligne Hyperthermie

E. Stubenvoll

Die maligne Hyperthermie (MH) ist eine lebensbedrohliche pharmakogenetisch bedingte Erkrankung, die unter dem Einfluss von sog. *Triggersubstanzen* auf dem Boden einer heterogenen genetischen Disposition entsteht. Als Triggersubstanzen kommen nach derzeitigen Erkenntnissen ausschließlich *volatile Anästhetika* (Äther, Chloroform, Halothan, Isofluran, Enfluran, Desfluran und Sevofluran) sowie *depolarisierende Muskelrelaxanzien* (Succinylcholin) in Frage (Gronert et al. 1990). Eine mögliche Bedeutung als MH-Triggersubstanz könnte auch dem in zahlreichen Arzneimitteln enthaltenen Konservierungsstoff Kresol zukommen – allerdings nur in sehr hoher Dosierung (Wappler 1997; Iaizzo 1999). Stress und physische Anstrengung werden als Mitauslöser ebenfalls noch diskutiert (Gronert 1980; Hackl 1991; Ogletree 1996).

> **!** Triggersubstanzen für eine MH: volatile Anästhetika, depolarisierende Muskelrelaxanzien und evtl. Streß.

Die MH bildet einen primär von der Skelettmuskulatur ausgehenden *hypermetabolen Zustand* mit klinisch uneinheitlichen Symptomen; sie reichen von der „klassischen", fulminanten MH-Krise bis zu differentialdiagnostisch schwer abzugrenzenden, mild verlaufenden, abortiven Formen.

Zeichen einer malignen Hyperthermie können während oder nach einer Allgemeinanästhesie auftreten.

Erstmals beschrieben von Denborough u. Lovell 1960 ist dieses bedrohliche Krankheitsbild durch besseres Monitoring, genauere Kenntnisse der Anästhesisten, seltenere Anwendung von Triggersubstanzen und frühzeitige Therapie mit Dantrolen heute zu einer potentiell beherrschbaren Narkosekomplikation geworden. Die Letalität sank von ca. 80% in den 60er Jahren auf 10–20% in den 80er Jahren (Ranklev 1986) und sollte durch frühzeitige Diagnosestellung und Therapie heute gegen Null tendieren.

36.1 Statistik

Die genetische Prädisposition wird auf 1 : 10000, klinisch manifeste Verlaufsformen werden auf etwa 1 : 15 000 bei Kindern bzw. auf 1 : 50 000 bis 1 : 150 000 bei Erwachsenen geschätzt (Britt 1989). Es bestehen große regionale und altersbedingte Unterschiede (Kinder unter Verwendung von volatilen Anästhetika und Succinylcholin 1 : 4 200, Erwachsene ohne Succinylcholin 1 : 220 000; Ording 1985). Aktuell wird die Inzidenz der MH in Deutschland mit 1 : 60 000 angegeben (Hartung 1998).

Die Vererbung der Prädisposition zur MH erfolgt autosomal-dominant (Gronert 1990). Die MH kommt bei allen ethnischen Gruppen und in jeder Altersklasse vor mit einer Prädominanz des männlichen Geschlechts und des kindlichen bzw. jugendlichen Alters; über 70% der MH-Patienten sind unter 30 Jahre alt (Britt 1989; Mauritz 1986), 60% fühlten sich vorher gesund, ca. 30% hatten Beschwerden wie Muskelschwäche, Muskelkrämpfe, Hernien, Luxationen und Rückenschmerzen.

36.2
Pathogenese

Die quergestreifte Muskulatur stellt den Hauptort dieser hypermetabolen Stoffwechselentgleisung, – die unbehandelt evtl. zum Tode führt dar. Durch Triggersubstanzen (alle volatilen Anästhetika und Succinylcholin) kommt es zu einem Anstieg der myoplasmatischen Kalziumkonzentration mit verstärkter Aktivierung der Aktin- und Myosinfilamente. Dies erklärt die oft beschriebene Rigidität der Muskulatur während einer MH-Krise sowie auch den evtl. als Frühzeichen nach Succinylcholingabe auftretenden Masseterspasmus.

Schließlich kommt es zu einer generalisierten abnormen Steigerung des Muskelstoffwechsels mit vermehrtem O_2-Verbrauch (bis zum 4fachen), metabolischer Azidose, Produktion von Laktat sowie einem CO_2-Anstieg mit Ausbildung einer respiratorischen Azidose und Wärme.

> **!** Der Anstieg der myoplasmatischen Kalziumkonzentration mit folgender gernerlisierter Steigerung des Stoffwechsels erhöht den O_2-Verbrauch um das 4fache.

Als Ursache der Kalziumregulationsstörung wird derzeit eine funktionelle Störung des intrazellulären Kalziumfreisetzungskanals am sarkoplasmatischen Retikulum des Skelettmuskels (Ryanodin-Dihydropyriol im Rezeptorkomplex) angenommen. Weiters gibt es Hinweise für eine Beteiligung des Serotoninsystems sowie des Inositolstoffwechsels (gesteigerter intrazellulärer Botenstoff 1, 4, 5 – Inositoltriphosphat) bei der Induktion einer MH (Mac Lennon 1992, Wappler 1995, Tonner 1995). Molekularbiologische Untersuchungen bestätigen einen der MH zugrunde liegenden heterogenetischen Defekt. Mittels DNS-Kopplungsanalysen wurde der Defekt bei einem Teil (ca. 50%) der MH-Familien dem Ryanodinrezeptor, einem Kalziumkanalrezeptor am sarkoplasmatischen Redikulum auf dem Chromosom 19 zugeordnet (Ball 1993; Levitt 1992). Kleinere MH-Familien zeigten auch einen – jedoch umstrittenen – Zusammenhang mit dem Chromosom 17 (Levitt 1992; Sudbrak 1993), sowie den Chromosomen 1, 3, 5 und 7 (Sudbrak 1995, Mc Corthy 1997).

Nach dem derzeitigen Stand der Forschung ist es nicht möglich, eine Disposition zur MH genetisch auszuschließen. Auch die Hoffnung, einen präoperativen Screeningtest zu entwickeln, ist durch die Vielzahl der in Frage kommenden genetischen Ursachen (z.B. Chromosom 19 bisher 17 verschiedene Mutationen nachgewiesen) nicht realisierbar. Genetische Tests würden lediglich auf ausgewählte, gut charakterisierte Familien beschränkt bleiben (Larach 1993).

Eine Vielzahl von klinischen Syndromen, die mit der MH in der Vergangenheit in Verbindung gebracht wurden, lassen sich durch Vorliegen einer Kalziumstoffwechselstörung erklären. Vor allem bei neuromuskulären Erkrankungen wurde häufig über MH-verdächtige Episoden berichtet (s. Übersicht).

> **Erkrankungen, die mit einer malignen Hyperthermie in Zusammenhang gebracht wurden** (mod. nach Brownell 1988)
>
> **ÜBERSICHT**
>
> 1) Ein beinahe sicherer Zusammenhang besteht mit der sog. „central core disease".
> 2) Ein möglicher Zusammenhang besteht bei
>   – Muskeldystrophie Duchenne (in ca. 50% der Fälle MH-Veranlagung),
>   – King-Denborough-Syndrom,
>   – weiteren Myopathien wie: Schwartz-Jampel-Syndrom, kongenitale Muskeldystrophie, Fukuyama, Becker-Muskeldystrophie, periodische Paralyse, Myotonia congenita, Adenosintriphosphatmangelsyndrom des sarkoplasmatischen Retikulums.
> 3) Ein evtl. zufälliges Zusammentreffen existiert mit SIDS, malignem neuro-

leptischem Syndrom, Osteogenesis imperfecta. Lymphomen, Glykogenspeicherkrankheiten.

Der Störung des myoplasmatischen Kalziumstoffwechsels bei neuromuskulären Erkrankungen liegt wahrscheinlich ein anderer genetischer Defekt zugrunde als der bei Muskelgesunden. Außerdem ist es nicht immer möglich, bei myopathischen/dystrophen Muskeln die Kriterien für eine exakte In-vitro-Testung zu erfüllen, womit die Beziehung zwischen MH und neuromuskulären Erkrankungen nicht immer genau definiert werden kann (Adnet 1994).

Malignes neuroleptisches Syndrom

Das maligne neuroleptische Syndrom (MNS) wird durch Neuroleptika bei ca. 1,5% der behandelten Patienten ausgelöst. Der primäre Defekt scheint in zentralen Dopaminrezeptoren zu liegen der dann zu einer Dysregulation in Basalganglien und im Hypothalamus führt. Die klinischen Symptome sind der MH ähnlich, die Entwicklung erfolgt langsam über 24–72 h, die Letalität wird mit 20% angegeben. Obwohl das MNS nicht mit der MH zusammenhängt, kann es wie diese – neben einer symptomatischen Therapie – mit Dantrolen behandelt werden.

36.3
Klinik der malignen Hyperthermie

Das klinische Erscheinungsbild einer MH ist sehr uneinheitlich. Es reicht von einer innerhalb von Minuten nach Anästhesiebeginn fulminant auftretenden „klassischen" Krise bis zu differentialdiagnostisch schwer abzugrenzenden, unklaren, evtl. über Stunden sich entwickelnden, abortiven Formen. Die Ursache dafür dürfte neben der Expositionsdauer und Potenz der Triggersubstanz und dem Patientenalter und –zustand auch ein genetisch vorgegebener, individuell unterschiedlicher Empfindlichkeitsgrad sein.

Das häufigste Frühsymptom (s. Übersicht) der malignen Hyperthermie ist, oft erst retrospektiv, eine aus dem Narkose- und Operationsverlauf nicht erklärbare *supraventrikuläre Tachykardie*, übergehend in komplexere Arrhythmien (früh einfallende VES, Bigeminus, ventrikuläre Arrhythmien).

Ein CO_2-Anstieg von mehr als 5 mm Hg bei einem Steady state sollte abgeklärt werden. Differentialdiagnostisch abzugrenzen sind andere Ursachen einer erhöhten CO_2-Produktion wie exogene Zufuhr bei Laparoskopie, verminderte Ventilation, Anästhesietiefe, pulmonale Ursachen, Fehler beim Beatmungsgerät, technische Fehler etc. (Kaplan 1993).

> **!** Das spezifischste Zeichen einer MH-Triggerung ist ein rascher Anstieg der endexspiratorischen CO_2-Konzentration in Kombination mit einer metabolischen Azidose beim kontrolliert beatmeten Patienten (Meier-Hellmann 1990).

Infolge der für den hypermetabolen Stoffwechsel inadäquaten Ventilation – der O_2-Verbrauch kann bis zum 4fachen ansteigen! – wird die Azidose durch eine respiratorische Komponente verstärkt. Die zentralvenöse Blutgasbestimmung zeigt Beginn und Schwere der metabolen Entgleisung früher an als die arterielle Bestimmung (Roewer 1992). Bei venös gemessenen p_aCO_2-Werten von >55 mm Hg (7,3 kP), einem venösen pO_2-Wert von <30 mm Hg (4 kP) und einem BE von unter -5 bis -7 mmol/l kann eine MH angenommen werden (Gronert 1990). Bei Spontanatmung ist eine Hyperventilation mit Erwärmung und raschem Verbrauch des Atemkalks die Folge.

Früh- bzw. Spätzeichen einer MH
(nach Urwyler et al. 1994)

Frühzeichen	Spätzeichen
Sinustachykardie	Komplexe Arrhythmien
Endexspiratorischer CO_2-Anstieg	Zyanose und Hypoxämie
Metabole Azidose	Hypotension
Muskelrigor	Elektrolytveränderungen
Fleckige Rötung der Haut	Rhabdomyolyse
Abfall der O_2-Sättigung	Myoglobinämie/-urie Hyperthermie

Masseterspasmus

Ein weiteres Frühsymptom kann ein nach Succinylcholingabe auftretender Masseterspasmus („Trismus"), eine pathologische Kontraktur der Kaumuskulatur, sein. Die Häufigkeit beträgt etwa 0,3–1% bei Kindern nach Halothaneinleitung und intravenöser Succinylcholingabe (Littleford 1991; Schwartz 1984). Eine kurzfristige, bis maximal 90 s anhaltende Tonuserhöhung der Kaumuskulatur wird dabei als physiologische Variante angesehen (Leary 1990; Vanderspeak 1987). Davon zu unterscheiden ist ein verlängerter Spasmus, der die Intubation behindert oder die Mundöffnung sogar unmöglich macht („jaw tightness" bzw. „jaw of steel"; Kaplan 1993); nur dann sollte von einem Masseterspasmus mit allen Konsequenzen gesprochen werden. Die Einschätzung dieses klinischen Zeichens – im Einzelfall evtl. sehr schwierig – ist jedoch wesentlich. In der letztgenannten Gruppe („jaw of steel") findet sich nämlich in bis zu 60% der Fälle im Kontakturtest eine MH-Veranlagung (O'Flynn u. Rosenberg 1994).

> **!** Ein Masseterspasmus – Tonuserhöhung von mehr als 90 s nach Succinylcholingabe – kann ein Hinweis für eine MH-Triggerung sein.

Kommen zusätzlich noch Faszikulationen und eine Rigidität der Extremitätenmuskulatur dazu, ist die Wahrscheinlichkeit einer MH sehr hoch (Larach 1987).

Bei Masseterspasmusverdacht („jaw tightness") sollte zu einer triggerfreien Narkose gewechselt werden und – bei adäquatem Monitoring – sorgsam nach weiteren Anzeichen gefahndet und die Patienten anschließend abgeklärt werden (Kaplan 1993). Eine zusätzliche postoperative Erhöhung der Creatinkinase von über 20 000 IU/l bei Patienten mit Masseterspasmus ergab bei 80% ein positives Biopsieergebnis (Flynn u. Rosenberg 1994).

Abortive MH-Krisen („possible MH")

Abortive Verlaufsformen können mit oder ohne Masseterspasmus einhergehen; als weitere Symptome einer MH-Triggerung kommen eine metabole Azidose, ein deutlicher CK-Anstieg im Verlauf, Arrhythmien und Tachykardien in Betracht. Diese Befunde sind ebenso wie eine unklare CO_2-Erhöhung (s. oben) von anderen hypermetabolen und respiratorischen Ursachen abzugrenzen (z.B. Phäochromozytom, thyreotoxische Krisen, flache Anästhesie, Porphyrie, Histaminausschüttung, einseitige Intubation etc.).

> Eine unerklärbare Zyanose mit Tachykardie bei einem suffizient beatmeten Patienten ist pathognomonisch für eine MH.

Die Abschätzung eines MH-Verdachts wurde mittels Scoringsystem („Clinical Grading Scale" – CGS, Larach 1994) versucht. Klinische Parameter (z.B. Azidose, Temperatur, Muskelrigidität) werden je nach Schweregrad mit Punkten bewertet. Auf Grund der notwendigen lückenlosen Dokumentation hat sich dieses CGS bisher jedoch noch nicht als zur Abschätzung eines klinischen MH-Verdachts geeignet erwiesen (von Richthofen 1998).

36.4
Vollbild einer malignen Hyperthermie

Im weiteren Ablauf einer fulminanten MH-Krise nehmen die Rhythmusstörungen infolge der Azidose und Hypoxie, die Hyperkaliämie und Hyperkalzämie (Permeabilitätsstörung der Muskulatur) und eine massive endogene Katecholaminausschüttung zu. Einem initialen Blutdruckanstieg, fälschlich oft als zu flache Anästhesie gedeutet, folgen bald instabile bis hypotone Kreislaufverhältnisse durch abnehmende Kontraktilität des Herzens.

Eine primäre Myokardbeteiligung bei der malignen Hyperthermie wird kontrovers beurteilt (Gronert 1988; Scholz 1991; Roewer 1992), ebenso eine Primärbeteiligung des ZNS und der Leber (Kochs 1993).

Ebenfalls kommt es bei nicht ausreichender Therapie zu verschiedenstem Organversagen (Leber, Niere, Lunge) und schließlich zum Hirntod (Ödem-Hypoxie). Unbehandelt tritt der Tod bei der MH meist durch hypoxischen Herzstillstand ein.

> **!** Komplexe Rhythmusstörungen und instabile Kreislaufverhältnisse treten eher im Spätverlauf einer MH auf.

Die als Spätfolge beschriebene *Rhabdomyolyse* ist ein Zeichen für die Schwere der MH-Krise, daher sollen CK- und Myoglobinwerte als Verlaufsparameter dokumentiert werden. An der Haut kann nach einem anfänglichen erythematösen Flush (Katecholamine) rasch eine fleckige Zyanose (Hypoxie, HZV-Verminderung) beobachtet werden.

Die namensgebende *Hyperthermie* ist, falls vorhanden, immer ein Spätsymptom (Temperatur bei 50% der Fälle 37,5–39° C nur bei 27% der Fälle über 39° C (Mauritz 1986).

> **!** Die Rasanz eines Temperaturanstiegs – evtl. innerhalb von Minuten – ist wichtiger und prognostisch wesentlicher als ein aktueller Wert oder das Temperaturmaximum.

Differentialdiagnostisch kommen neben einer falschen Temperaturmessung noch weitere Möglichkeiten in Frage: Wärmestau, Dehydratation, zentrale oder spinale Hyperpyrexie, endokrine Erkrankungen, Infektionen, erhöhte Muskelarbeit (Tetanus), Fettembolie, Infusion pyrogenhaltiger Substanzen, Medikamente (Neuroleptika, MAO- Hemmer, Amphetamine, Kokain, Atropin, Glycopyrrolat, Metoclopramid, Levodopa, Ketamin; (Pfaff u. Berger 1981; Kaplan 1993).

36.5
Therapie

Maßnahmen bei Masseterspasmus bzw. bei MH-Verdacht oder abortiver MH-Krise (mod. nach Urwyler et al. 1994)

1) Sofortige Umwandlung der Narkose in eine triggerfreie Anästhesie, ein Entfernen des Verdampfers beugt Leckagen vor. Ein Austausch des Anästhesiegerätes ist akut nicht erforderlich und führt oft nur zu unnützem Zeitverlust (Reber 1993).

2) Steigerung des Atemminutenvolumens entsprechend dem ET-CO$_2$, Frischgasflow mindestens 10 l/min, Beatmung mit 100% Sauerstoff.

3) Die Anästhesie wird mit Opiaten, Benzodiazepinen, Barbituraten oder Propofol vertieft. Eine Frühverlegung von gefährdeten, instabilen Patienten auf eine Intensivstation erwies sich als evtl. letales Manöver; eine sich entwickelnde MH sollte am Ort des Auftretens therapiert und beherrscht werden (Schulte-Sasse u. Eberlein 1991).

4) Azidosekorrektur nach Blutgasanalyse, Überwachung der O$_2$-Sättigung und der Frequenz sowie Dokumentation des Muskeltonus der Extremitäten. An Laborana-

Sektion E

lysen durchzuführen sind Blutgasanalyse, Elektrolytkontrollen, CK, Myoglobin und Laktat.

Die Therapieempfehlungen nach Auftreten eines isolierten Masseterspasmus reichen von sofortigem Narkosestop und Dantrolengabe (Rosenberg 1988) bis, als Extremposition, zum Fortführen der Anästhesie mit Triggersubstanzen bei entsprechendem Monitoring und anschließender Abklärung des Patienten (Littleford et al. 1991). Bei Fehlen von weiteren Hinweisen für eine MH-Entwicklung (Azidose, Hyperkaliämie ...) und entsprechender Op.-Dringlichkeit sollte ein pragmatisches Vorgehen mit triggerfreiem Fortführen der Anästhesie unter genauester Überwachung gewählt werden (Gronert 1988; O'Flynn u. Rosenberg 1994). Eine Dantrolengabe (Bolus von 2,5 mg/kg KG) ist in dieser Situation vom Einzelfall abhängig zu machen.

> **!** Bereits bei geringem MH-Verdacht und entsprechender Op.-Dringlichkeit: Wechsel zu einer triggerfreien Anästhesie unter genauestem weiterem Monitoring.

Neben exaktem Patientenmonitoring sind engmaschige Laborkontrollen (30 min, 4, 12 und 24 h nach einem fraglichen Ereignis) durchzuführen. Die postoperative Weiterbetreuung dieser fraglichen abortiven MH-Formen sollte durch Anästhesisten erfolgen, die eine eventuelle MH-Entwicklung erkennen und therapieren können.

Therapie einer fulminanten MH-Krise

Eine fulminante MH-Krise muss rasch und aggressiv therapiert werden, kausal mit Dantrolen, einem Hydantoinderivat (wirkt sowohl unspezifisch über eine Inhibierung der Signaltansduktion des Dihydropyridin-Ryanodin Rezeptorkomplexes, als auch spezifisch über eine Dantrolenbindungsstelle am sarkoplasmatischen Redikulum) (Par-

ness 1995; Steinfath 1999) sowie symptomatisch nach folgendem Stufenplan, der an jedem Anästhesiearbeitsplatz aufliegen sollte (mod. nach Urwyler 1994).

Sofortmaßnahmen

1) Zufuhr von Triggersubstanzen beenden; Verdampfer entfernen.
2) Atemminutenvolumen vervierfachen, Frischgasflow 10 l/min, 100% Sauerstoff. Ziel: $ETCO_2$ <5 Vol.-%, normale O_2-Sättigung!
3) Dantroleninfusion vorbereiten lassen, Hilfe holen.
   Laborabnahmen (auch venös, um Zeit zu sparen): Blutgasanalyse, Elektrolyte, CK, Transaminasen, Laktat, Myoglobin.
4) Anästhesie mit Opiaten und Sedativa vertiefen; Relaxierung mit einem nichtdepolarisierenden Relaxans.
5) Dantrolen: Bolus von 2,5 mg/kg KG als Schnellinfusion; je nach metabolischem Status muss diese Dosis mehrfach wiederholt werden (bis 10 mg/kg KG, gelegentlich bis 20 mg/kg KG, darüber: Diagnose MH fraglich).
   Anschließend wird Dantrolen 10 mg/kg KG über die ersten 24 h kontinuierlich gegeben.
6) Pufferung mit Natriumbikarbonat nach BGA oder gegebenenfalls blind (1–2 mmol/kg KG).
7) Antiarrhythmische Therapie, falls nach Dantrolen noch erforderlich, mit β-Blockern (Esmolol 0,25 mg/kg KG oder Lidocain 1 mg/kg KG).
   Kalziumantagonisten (Verapamil!) und Digitalis sind kontraindiziert!
8) Operationsunterbrechung oder rasche Beendigung mit dem Chirurgen besprechen.

Sekundärmaßnahmen

1) Aktive Kühlung (Abdecken des Patienten, Eiswasserspülungen, z.B. Abdomen, Magensonde, Rektum).
2) Additives Monitoring: arterielle Kanüle, zentraler Venenkatheter, evtl. Pulmonaliskatheter, Blasenkatheter.

3) Diurese forcieren: Harnflow >1,5 ml/h (Dantrolen enthält pro Flasche – 20 mg – 3g Mannit).

4) Transport auf eine anästhesiologisch betreute Intensivstation nach Abklingen der Symptomatik – keinesfalls in der Frühphase!
Überwachung für mindestens 24–48 h, kontinuierliche CO_2-Messung beim intubierten Patienten, gegebenenfalls Dantrolenbolus bei neuerlichem Aufflackern der MH (CO_2-Anstieg).

5) Monitoring des drohenden Nierenversagens (Myoglobin), von Gerinnung (eventuelle Heparinisierung – 70 I.E./kg KG – bei spätem Therapiebeginn), Temperatur, Elektrolyten und Kreatinkinase.

6) Aufklärungsgespräch, Anmeldung an ein Zentrum für eine In-vitro-Kontrakturtestung des Patienten und der Angehörigen (s. Anhang), Attestausstellung.

Die primäre Therapie einer MH sollte am Ort des Auftretens erfolgen – keine Frühverlegung!

36.6
Diagnose

Der In-vitro-Kontrakturtest mit Halothan und Koffein ist derzeit die einzige präsymptomatische Diagnosemöglichkeit. In speziellen MH-Laboratorien (von der European MH Group anerkannt oder in der North American MH Group organisiert) werden nach Muskelbiopsie die Patienten in MHS („MH susceptible"-definierte Kontraktur auf beide Substanzen) bzw. MHE („MH equivocal"-Reaktion auf Halothan oder Koffein, MH-Disposition ungeklärt) oder MHN (MH-negativ) eingeteilt.

Alle nichtinvasiven Testmethoden erwiesen sich bis jetzt als nicht aussagekräftig genug. Obwohl es mittlerweile auch Fallberichte über MH-Episoden bei MH-negativ getesteten Personen gibt (Isaacs et al. 1993), stellt der Halothan-Koffeinkontrakturtest nach wie vor den „golden standard" dar (ergänzt in vielen Zentren durch zusätzliche Testungen mit Ryanodin und Cresol, (Ording et al. 1997). Zukünftige Hoffnungen konzentrieren sich auf den Nachweis der genetischen Veränderungen, die der MH zugrunde liegen.

36.7
Prävention

Eine genaue *Anamnese* ist die Voraussetzung einer möglichen Prävention. Gezielte Fragen nach vorangegangenen eigenen Narkosen sowie Narkosezwischenfällen oder nach Muskelerkrankungen in der Verwandtschaft können Hinweise bringen. MH-verdächtig sind Patienten mit Skelettmuskelerkrankungen, Myalgien, Muskelkrämpfen und mit gelegentlich auftretenden unerklärlichen Fieberschüben. Eine „colabraune" Urinverfärbung nach schwerer körperlicher Anstrengung kann Zeichen einer Rhabdomyolyse sein.

Die verschiedensten Anomalien des Muskel- und Skelettsystems wurden mit der MH in Zusammenhang gebracht.

Ein erhöhter persistierender CK-Wert (80–120 U/l) kann ein Hinweis auf eine MH oder eine neuromuskuläre Erkrankung sein (bei ca. 50–70% der MH-Anlageträger findet man eine CK-Erhöhung). Ein normaler Wert schließt eine MH jedoch nicht aus.

! Nach entsprechender Anamnese und bei Anhaltspunkten für eine neuromuskuläre Erkrankung soll eine triggerfreie Anästhesie durchgeführt werden.

36.8
Anästhesie bei Prädisposition oder Verdacht auf maligne Hyperthermie

Prämedikation

Zur Vermeidung eines eventuellen „human stress syndrome" ist eine *suffiziente anxiolytische Prämedikation* (meist mit Benzodiazepinen) durchzuführen. Auch während Regionalanästhesien, die sowohl mit Ester als auch mit Lokalanästhetika vom Amidtyp durchgeführt werden können (die meisten Muskelbiopsien in den MH-Laboratorien werden mit Bupivacain entnommen), hilft eine ausreichende Sedierung, das Risiko einer MH-Auslösung durch Stress zu reduzieren.

Dantrolenprophylaxe

Die Frage einer prophylaktischen Dantrolengabe wurde in letzter Zeit neu bewertet. Da bei triggerfreier Anästhesie ohne Dantrolen in den MH-Testlaboratorien bisher keine schweren hypermetabolen Zustandsbilder auftraten, wird die generelle Dantrolengabe derzeit eher abgelehnt; die Nebenwirkungen treten in den Vordergrund.

Es kommt nach einer Bolusgabe von 2,5 mg/kg KG zu einer milden Muskelrelaxation, ähnlich einer „priming dose" eines nichtdepolarisierenden Muskelrelaxans; die Wirkung dauert etwa 5–8 h, eine Ateminsuffizienz kann die Folge sein, eine entsprechende Überwachung ist obligatorisch. Weiter wurde über Kammerflimmern nach gleichzeitiger Gabe von Kalziumantagonisten vom Verapamiltyp berichtet (Kaplan 1993).

Entscheidet man sich für eine Dantrolenprophylaxe, so muss diese *intravenös* durchgeführt werden; die perorale Gabe ist obsolet.

 Auf eine prophylaktische Dantrolengabe kann verzichtet werden – triggerfreie Anästhesie.

Anästhesie bei MH-Verdacht oder Prädisposition

Vor Anästhesiebeginn:

1) Dantrolenvorrat prüfen (obligatorische Voraussetzung für jeden Anästhesiearbeitsplatz ist die örtlich und zeitlich unmittelbare Bevorratung einer ausreichenden Dantrolenmenge, um einen Erwachsenen mit einer Dosis von 10 mg/kg KG behandeln zu können – Standardvorrat: 1 OP zu 36 Flaschen á 20 mg Dantrolen).
2) Entfernen der Triggersubstanzen vom Anästhesiearbeitsplatz, Verdampfer entfernen und Absorber erneuern.
3) Frisches Narkosegerät oder Gerät mindestens 10 min mit 10 l/min Sauerstoff spülen.
4) Monitoring: EKG, Pulsoxymetrie, Kapnographie und zentrale Temperatursonde. Bei größeren Eingriffen zusätzlich arterielle Leitung und evtl. Pulmonaliskatheter zur O_2-Verbrauchskontrolle.
5) Großlumige venöse Zugänge (Abnahmemöglichkeit für Laboranalysen).
6) Präoperative Laboruntersuchungen: mindestens Blutgasanalyse, CK, Elektrolytkontrolle, Gerinnungsstatus.
7) Regionalanästhesie oder triggerfreie Anästhesie verwenden.

 Triggerfreie Anästhesie: Vermeiden von Succinylcholin und allen volatilen Anästhetika sowie von Stress.

Es besteht keine Veranlassung, eine Anästhesie bei MH-verdächtigen Patienten abzulehnen, die sich präoperativ einem invasiven Test nicht unterziehen wollen (Schulte-Sasse u. Eberlein 1991). Als *geeignete Anästhetika* haben sich Barbiturate, Opiate, Benzodiazepine, Propofol, Etomidat, alle nichtdepolarisierenden Relaxanzien und auch N_2O erwiesen. Abzuraten ist vom Einsatz von Ketamin (keine MH-Triggersubstanz, jedoch Steigerung des sympatoadrenergen Systems).

> ❗ Alle Lokalanästhetika vom Amid- und Estertyp können bei MH-Verdacht angewendet werden.

Laborkontrollen sollen unmittelbar postoperativ sowie bei fraglichen hypermetabolen Zeichen durchgeführt werden. Eine 4- bis 6stündige postoperative Überwachung wird nach Minimaleingriffen und auch nach ambulanten Eingriffen als ausreichend erachtet. Nach länger dauernden Operationen bleiben die Patienten 24 h unter genauer Observanz. Eine kontinuierlich besetzte Intensivpflegeeinheit ist Voraussetzung für geplante Eingriffe bei MH-Patienten.

Anhang: MH-Zentren in Deutschland, Österreich und in der Schweiz

Deutschland

Abteilung für Anästhesiologie,
Universitätskrankenhaus Eppendorf,
Martinistraße 52, D-20251 Hamburg,
Tel.: 0 40 47–17 46 04, Fax: 0 40 47 – 17 49 63.

Klinik für Anästhesie
und operative Intensivmedizin,
Städtisches Krankenhaus Heilbronn,
„Rund um die Uhr"-Informationsdienst
bei MH-Notfällen,
Am Gesundbrunnen 20, D-74024 Heilbronn,
Tel.: 0 71 31 – 48 20 50, Fax: 0 71 31 – 91 08 49.

Klinik für Anästhesiologie und
Intensivtherapie des Bereiches Medizin
der Universität Leipzig,
Liebigstraße 20a, D-04347 Leipzig,
Tel.: 03 41 – 39 73 29, Fax: 03 41 – 29 73 29.

Institut für angewandte Physiologie
der Universität Ulm,
Albert-Einstein-Allee 11, D-89081 Ulm,
Tel.: 07 31 – 5 02 32 51, Fax: 07 31 – 5 02 32 60.

Kinderklinik der Kliniken
der Stadt Wuppertal,
Heusnerstraße 40, D-42283 Wuppertal 2,
Tel.: 02 02 – 8 96 24 41, Fax: 02 02 – 8 96 27 26.

Institut für Anästhesiologie
der Universität Würzburg,
Josef-Schneider-Straße 2,
D-97080 Würzburg,
Tel.: 09 31 – 2 01 33 59, Fax: 09 31 – 2 01 34 44.

Österreich

Klinik für Anästhesie
und allgemeine Intensivmedizin
der Universität Wien,
Spitalgasse 23, A-1090 Wien,
Tel.: 01 – 4 04 00 64 23, Fax: 01 – 4 04 00 45 19.

Schweiz

Department Anästhesie,
Universitätskliniken Kantonsspital,
CH-4031 Basel,
Tel.: 0 61 – 2 65 72 54, nachts 0 31 – 2 65 25 25,
Fax: 0 61 – 2 65 73 20.

Literatur

Adnet PJ, Krisovosic-Horber R, Krivosic J, Haudecoeur G, Reyford HG, Adamantidis M, Medahoui H (1994) Viability criterion of muscle bundles used in the vitro contracture test in patients with neuromuscular diseases. Br J Anaesth 72: 93–97

Ball SP, Dorkins HR, Ellis F, Hall J, Halsall P, Hopkins P, Müller R, Stewart A (1993) Genetic linkage analysis of chromosome 19 markers in malignant hyperthermia. Br J Anaesth 70: 70–75

Britt BA (1989) Hereditary and epidemiological aspects of malignant hyperthermia. In: Nalda Felipe MA, Gotmann S, Khambata H (eds) Malignant hyperthermia. Current concepts. Normed, Bad Homburg Madrid Endglewood, pp 19–39

Brownell AKW (1988) Malignant hyperthermia: Relationship to other diseases. Br J Anaesth 60: 303–308

Denborough MA, Lovell RRH (1960) Anaesthetic deaths in a family. Lancet 2: 45

O'Flynn R, Rosenberg H, Shutack J, Fletcher J (1994) Masseter muscle rigidity and malignant hyperthermia susceptibility in pediatric patients. Anesthesiology 80: 1228–1233

Gronert GA, Schulman SR, Mott J (1990) Malignant hyperthermia. In: Miller RD (ed) Anesthesia. Churchill Livingstone, New York Edinburgh London, pp 935–956

Sektion E

Hackl W, Winkler M, Mauritz W, Sporn P, Steinbereithner K (1991) Muscle biopsy for diagnosis of malignant hyperthermia susceptibility in two patients with severe exercise-induced myolysis. Br J Anaesth 66: 138–140

Hartung E, Anetseder M, Horbaschek H, Olthoff D, Deutrich C, Lehmann-Horn F, Baur Ch, Mortier W, Tzanova I, Doetsch S, Quasthoff S, Hofmann M, Schwefler B, Jantzen JP, Wappler F, Scholz J (1998) Die regionale Verbreitung der Maligne-Hyperthermie-Veranlagung in Deutschland: Stand 1997. Anaesthesiol Intensivmed Notfallmed Schmerzther 33: 238–243

Iaizzo PA, Brooks A, Johnson BA, Nagao K, Gallagher WJ (1999) 4-Chloro-m-cresol triggers malignant hyperthermia in susceptible swine at doses greatly exceeding those found in drug preparations. Anesthesiology 90: 1723–1732

Isaacs H, Badenhorst M (1993) False-negative results with muscle caffeine halothane contracture testing for malignant hyperthermia. Anesthesiology 79: 5–9

Kaplan R (1993) Malignant hyperthermia. In: ASA refresher course in anesthesiology, Vol 22 (Barrasch PG, ed). Lippincott, Philadelphia, p 522

Kochs E, Hoffmann WE, Schulte am Esch J (1993) Improvement of brain electrical activity during treatment of porcine malignant hyperthermia with dantrolene. Br J Anaesth 71: 881–884

Larach MG, Localio AR, Alleen GC (1994) A Clinical grading scale to predict malignant hyperthermia susceptibility. Anesthesiology 80: 771–779

Leary NP, Ellis FR (1990) Massetric muscle spasm as a normal response to suxamethonium. Br J Anaesth 64: 488–492

Levitt RC (1992) Prospects for the diagnosis of malignant hyperthermia susceptibility using molecular genetic approaches. Anesthesiology 76: 1039–1048

Levitt RC, Olckers A, Meyers S, Fletcher JE, Rosenberg H, Isaacs H, Meyers DA (1992) Evidence for the localization of a malignant hyperthermia susceptibility locus (MHS2) to human chromosome 17q. Genomics 14: 562–566

Littleford J, Patel L, Bose D, Cameron C, McKillop C (1991) Masseter muscle spasm in children: Implications of continuing the triggering anesthetic. Anesth Analg 72: 151–160

Mc Corthy TV, Quane KA, Ording H (1997) Genotype-phenotype correlation of mutations in the ryanodine receptor (RYR1) with the malignant hyperthemia IVCT. Proceedings Annual Meeting Eur MHGroup: 44

Mauritz W, Sporn P, Steinbreitner K (1986) Maligne Hyperthermie in Österreich. I. Epidemiologie und Klinik. Anaesthesist 35: 639–650

Meier-Hellmann A, Römer M, Hannemann L, Kersting T, Reinhart K (1990) Früherkennung einer malignen Hyperthermie durch Capnometrie. Anaesthesist 39: 41–43

Ogletree JW, Antognimi JF, Granert GA (1996) Postexercise muscle cramping associated with positive malignant hyperthermia contracture testing. Am J Sports Med 24: 49–51

Ording H (1988) Diagnosis of susceptibility to malignant hyperthermia in man. Br J Anaesth 60: 287–302

Ording H (1985) Incidence of malignant hyperthermia in Denmark. Anesth Analg 64: 700–704

Ording H et al. (1997) In vitro contracture test for diagnosis of malignant hyperthermia following the protocol of the European MH Group: Results of testing patients surviving fulminant MH and unrelated low-risk subjects. Acta Anaesthesiol Scand 41: 955–966

Parness J, Palnithar SS (1995) Identification of dantrolene binding sites in porcine skeletal muscle sarcoplasmic reticulum. J Biol Chem 270: 18465–18472

Reber A, Schumacher P, Urwyler A (1993) Effects of three different types of management on the elimination kinetics of volatile anaesthetics – Implications for malignant hyperthermia treatment. Anaesthesia 48: 862–865

Richthofen V von, Wappler F, Scholz J, Fiege M, Schulte am Esch J (1998) Evaluierung von Maligne-Hyperthermie – Episoden mit der Clinical Grading Scale. Anaesthesiol Intensivmed Notfallmed Schmerzther 33: 244–249

Rosenberg H (1988) Management of patients in whom trismus occurs following succinylcholine. Anesthesiology 68: 654–655

Rower N (1992) Herz und Kreislauf bei maligner Hyperthermie. Anästhesiologie und Intensivmedizin, Bd 221. Springer, Berlin Heidelberg New York Tokyo

Scholz J, Roever N, Rum U, Schmitz W, Scholz H, Schulte am Esch J (1991) Effects of caffeine, halothane, succinylcholine, phenylephrine and isoproterenol on myocardial force of contraction of malignant hyperthermia susceptible swine. Acta Anesthesiol Scand 35: 320–325

Schulte-Sasse U, Eberlein HJ (1991) Ein Beitrag zur Beseitigung von Meinungsverschiedenheiten auf dem Gebiet der malignen Hyperthermie. Anästh Intensivmed Notfallmed Schmerzther 26: 465–468

Steinfath M, Scholz J, Buxmann I, Wappler F, Schulte am Esch J (1999) Dantrolene and ryanodine binding sites are distinct and both are located at the sarcoplasmic reticulum of skeletal muscle. Anesthesiology 91 (3A): A 336

Sudbrak R, Golla A, Hogan K et al. (1993) Exclusion of malignant hyperthermia susceptibility (MHS) from a putative MHS2 locus on chromosome 17q and of the α1, β1, and γ subunits of the dihydropyridine receptor calcium channel as candidates for the molecular defect. Hum Mol Gen 2 : 857–862

Sudbrak R, Procaccio V et al. (1995) Mapping of a further malignant hyperthermia susceptibility loans to chromosome 3q13.1. Ann J Hum Genet 56: 684–691

Tonner PH, Scholz J et al. (1995) Alterations of inositol polyphosphates in skeletal muscle during porcine malignant hyperthermia. Br J Anaesth 75: 467–471

Urwyler A, Hartung E (1994) Die Maligne Hyperthermie. Anaesthesist 43: 557–569

Wappler F, Roewer N et al. (1995) Effekte von Serotonin$_2$ – Rezeptoragonisten auf Skelettmuskelpräparate von Patienten mit Disposition zu maligner Hyperthermie. Anaesthesist 44: 538–544

Wappler F, Scholz J et al. (1997) 4-Chloro-m-cresol induziert Kontrakturen an Skelettmuskelpräparaten von Patienten mit Disposition zu maligner Hyperthermie. Anaesthesiol Intensivmed Notfallmed Schmerzther 32: 541–548

Sektion E

Medikamenteninduzierte Risiken und Komplikationen

KAPITEL 37

Schwangerschaft und Geburtshilfe

S. Schneider und U. Muth

37.1
Physiologische Veränderungen während der Schwangerschaft

Schwangerschaft geht mit einer Reihe physiologischer Veränderungen einher, die der Adaptation der mütterlichen Organsysteme an die veränderten Anforderungen dienen. Diese bedingen ein bei Schwangeren grundsätzlich erhöhtes Narkoserisiko (Sachs 1989). Sie betreffen hauptsächlich das *kardiozirkulatorische*, das *respiratorische* und das *gastrointestinale* System. Auch anatomische Veränderungen und *geänderte Gerinnungsparameter* haben Anästhesierelevanz. Für eine adäquate Anästhesie ist es wichtig, dass der Anästhesist diese Veränderungen kennt und mit ihnen umzugehen weiß.

Daneben hat er bei einzelnen Schwangeren auch pathophysiologische Veränderungen aufgrund vorbestehender Erkrankungen zu berücksichtigen. Ebenso sollte er Grundkenntnisse über die Physiologie des Fetus besitzen.

Im folgenden sollen die Risiken und Gefahren für Mutter und Kind dargestellt werden, die sich aus einer Anästhesie während der Schwangerschaft und zur Entbindung ergeben. Ferner sollen Möglichkeiten zur Prävention und Therapie von Komplikationen dargestellt werden, um eine größtmögliche Sicherheit für Mutter und Kind zu gewährleisten.

Herz-Kreislauf-System

Im Rahmen der physiologischen Adaptation des mütterlichen Kreislaufes an die Schwangerschaft kommt es zu einer *Wasserretention*. Ab der 13. Schwangerschaftswoche (SSW) nimmt die extravaskuläre Flüssigkeit zu, der Überschuß beträgt am Geburtstermin etwa 1,5 l. Diese zusätzliche extravaskuläre Flüssigkeit verteilt sich zwar im gesamten Körper, jedoch lagert sich der Hauptanteil in den unteren Extremitäten an – ein kombinierter Effekt aus Schwerkraft, Vasodilatation und erschwertem venösem Rückfluss im Becken. Gleichzeitig mit dem Wasser wird Natrium retiniert, welches vornehmlich im extrazellulären Kompartiment akkumuliert. Für diese Wasser- und Natriumretention sind wahrscheinlich Steroide plazentaren Ursprungs verantwortlich. Hierdurch nimmt das Blutvolumen insgesamt um ca. 40% zu.

Bereits kurz nach der Konzeption beginnt sich der mütterliche Organismus mittels zahlreicher *hämodynamischer Veränderungen* auf die Anforderungen *durch den heranwachsenden Fetus* einzustellen. Schon in der 12. SSW sind diese deutlich zu erkennen (Capless 1989).

So nimmt das *Herzminutenvolumen* während der Schwangerschaft insgesamt um etwa 45% zu. Dies ist zu 15% auf die Erhöhung der Herzfrequenz und zu 30% auf die Erhöhung des Schlagvolumens zurückzuführen. Auch die Kontraktilität des Herzmuskels nimmt zu.

Der *periphere Gefäßwiderstand* ist bereits in der 8. SSW um ca. 30% erniedrigt. Ursache ist die Gefäßquerschnittsverbreiterung infolge des hinzukommenden uteroplazentaren Strombettes und die gestagen- bzw. prostacyclinvermittelte Gefäßweitstellung. Besonders ausgeprägt ist die Abnahme des peripheren Widerstands im 2. Trimenon.

Zusammen mit einer Abnahme der Blutviskosität bedeutet dies eine Verringerung der Nachlast. Charakteristisch für die Schwangerschaft ist der erniedrigte venöse Gefäßtonus. Aufgrund der Widerstandsabnahme fällt während der ersten 6 Monate der systolische *Blutdruck* ab. Durch die Erhöhung des Herzminutenvolumens ist der Abfall des systolischen Blutdrucks allerdings weniger ausgeprägt als der des diastolischen, welcher sein Minimum ungefähr um die 24. SSW erreicht (Abb. 37.1).

In einer unkomplizierten Schwangerschaft liegt der arterielle Blutdruck niemals über den Werten der Nichtschwangeren. Lediglich unter der Geburt steigt der Blutdruck an. Insbesondere in der Austreibungsperiode ist mit jeder Uteruskontraktion ein deutlicher Blutdruckanstieg zu verzeichnen. Die Ursache dafür ist einerseits die schmerzbedingte Katecholaminausschüttung, andererseits das erhöhte venöse Blutangebot, welches durch die Kontraktion des Myometriums aus dem Uterus herausgepreßt wird und zu einer Erhöhung des Herzzeitvolumens bis zu 40%, verglichen mit Werten vor Wehenbeginn, beiträgt. Liegen – außer in der Geburtsphase – höhere Blutdruckwerte vor, handelt es sich um einen Hypertonus. Es ist hier an den Formenkreis der Eklampsie zu denken. Solche Blutdruckerhöhungen können dann bei entsprechenden Stimuli, insbesondere ohne ausreichende Analgesie, bedrohliche Ausmaße annehmen.

Messungen des *zentralvenösen Druckes* (ZVD) ergaben unterschiedliche Werte, je nachdem, in welchem Trimenon sich die Schwangere befindet. Es werden Werte zwischen 3 und 9 mm H_2O gemessen (Crawford 1984). Diese Werte spiegeln die Abhängigkeit des venösen Rückflusses von Größe und Lage des Uterus hinsichtlich der V. cava infe-

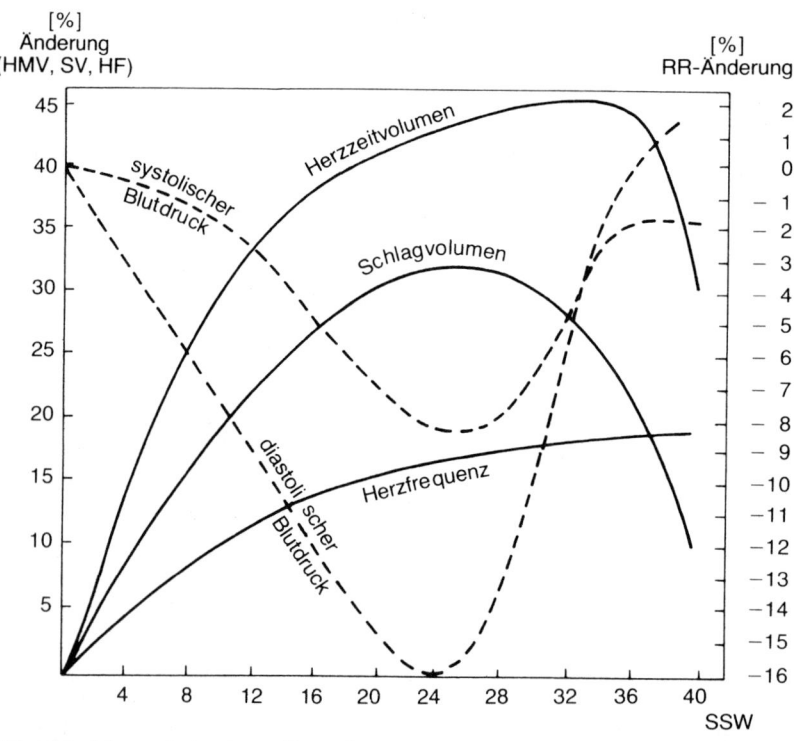

Abb. 37.2. Schematische Darstellung der prozentualen Veränderungen verschiedener kardiodynamischer Größen unter Voraussetzung folgender Normwerte: Herzzeitvolumen (*HMV*) 4,5 l/min, Herzfrequenz (*HF*) 70/min, Schlagvolumen (*SV*) 64 ml, arterieller Blutdruck (*RR*) 120/70 mm Hg. (Nach Crawford 1984)

rior wider. Während der Wehen steigt der ZVD durch den vorübergehenden Blutvolumenanstieg im großen Kreislauf um 5–6 mm H_2O an. Pressen unter der Geburt erhöht ebenso wie Oxytozininfusionen den zentralvenösen Druck.

Keine Veränderung erfährt der *pulmonalarterielle Druck*, während der pulmonale Blutfluss erhöht ist. In Thoraxröntgenaufnahmen sind Anzeichen einer erhöhten pulmonalen Gefäßzeichnung zu finden, was mit dem Anstieg des Herzminutenvolumens korrespondiert. Ein erhöhter pulmonalvaskulärer Widerstand, wie er beim Eisenmenger-Syndrom existiert, kann in der Schwangerschaft zu einer schnellen Verschlechterung des klinischen Zustandes führen. Eine solche Veränderung lässt sich klinisch an der Haut feststellen. Sie wird stärker durchblutet, die Vermehrung der Kapillargefäße ist deutlich und sie sind dilatiert (warme Haut, Hitzeintoleranz). Gelegentlich sind die Nasenschleimhäute angeschwollen, auch Nasenbluten kommt vor.

Die vielfachen Veränderungen im kardiozirkulatorischen System sind Ausdruck des erhöhten Bedarfs im mütterlichen und fetalen Organismus. Die Zunahme des HZV und des zirkulierenden Blutvolumens dienen zusammen mit einer verbesserten Rheologie und einer Vasodilatation in erster Linie einer vermehrten Durchblutung des Uterus. Am Geburtstermin sind die Gefäße hier maximal dilatiert, die Durchblutung beträgt 600–800 ml/min (Morgan 1997).

> **!** Die Plazentaperfusion hängt zu diesem Zeitpunkt vollständig vom mütterlichen Blutdruck ab. Daher ist die Aufrechterhaltung eines stabilen mütterlichen Kreislaufes von entscheidender Bedeutung für Mutter und Fetus.

Eine gleichzeitig erhöhte Nieren- und Leberdurchblutung wird dem gesteigerten Metabolismus in der Schwangerschaft gerecht.

Diese hämodynamischen Veränderungen während der Schwangerschaft führen vorübergehend zu klinisch manifesten kardiologischen Auffälligkeiten, die jedoch nicht als pathologische Veränderungen, sondern lediglich aus Ausdruck physiologischer Adaptationsmechanismen zu verstehen sind.

So findet man bei der klinischen Untersuchung der gesunden Schwangeren aufgrund der Volumenbelastung ein gering vergrößertes Herz und wegen des erhöhten Blutflusses einen lauten 1. Herzton, eine weniger deutliche Spaltung des 2. Herztons sowie ein frühes oder mitteldiastolisches Geräusch am linken Sternalrand. Der Zwerchfellhochstand führt dazu, dass das Herz höhertritt und rotiert. Diese veränderte Position stellt sich auch im EKG dar. Ektopien treten während der Schwangerschaft mit einer höheren Frequenz auf, haben aber selten eine klinische Relevanz.

Hämatologie

Bei dem um ca. 40% ansteigenden Blutvolumen hat das Plasmavolumen einen deutlich größeren Anteil als die Zellmasse. Das Plasmavolumen nimmt ab der 6. SSW bis zur 33. bzw. 36. SSW um ca. 50%, bei Multigravida um 55–60% zu. Die Zahl der roten Blutkörperchen beginnt Ende der 8. SSW anzusteigen und erhöht sich um ca. 30%. Wird während der Schwangerschaft keine Substitutionstherapie mit Eisen durchgeführt, ist die Zunahme der Erythrozyten wahrscheinlich geringer. Die Diskrepanz im Ausmaß des Plasmavolumen- und des Erythrozytenanstieges führt zu einer *Hämodilution*, welche ihr Maximum zum die 30.–34. SSW erreicht hat und bis zum Geburtstermin bestehenbleibt. Diese Vorgänge erklären die physiologische Anämie in der Schwangerschaft (Abb. 37.2 und folgende Übersicht).

Erst ein Hb-Wert unter 11 mg/dl ist bei einer Schwangeren als Anämie zu werten (MacFayden 1985; Crawford 1984; Cohen 1983).

Eine solche Hämodilution ermöglicht es, dass peripartale Blutverluste von bis zu 1000 ml in der Regel problemlos toleriert werden (Morgan 1997).

Sektion F

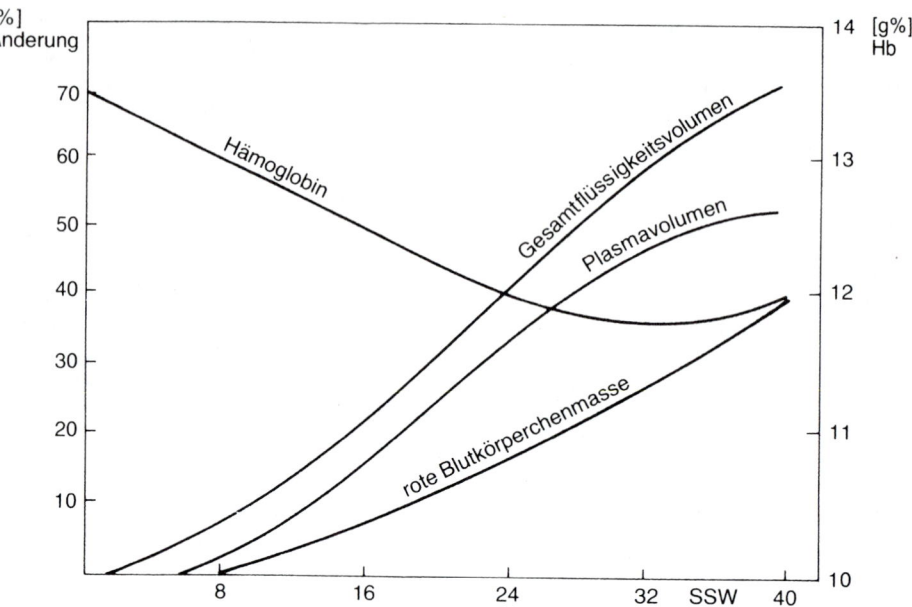

Abb. 37.1. Prozentuale Verlaufsveränderungen von Gesamtflüssigkeitsvolumen, Plasmavolumen, Anteil der roten Blutkörperchen und Hämatokritwert während der Schwangerschaft. (Nach Crawford 1984)

Hämatologische Veränderungen während der Schwangerschaft

- **Anstieg des Plasmavolumens** 6.–33. (bis 36.) SSW um ca. 50% (Multigravida 55–60%)
- **Zunahme der roten Blutkörperchen** (Beginn am Ende der 8. SSW) um ca. 30%
- **Größtes Ausmaß der Hämodilution** in der 30.–34. SSW:
  - Erythrozyten 3,8 Mio./ml
  - Hämoglobin 12,8 mg/dl
  - Hämatokritwert 35%
  - Anstieg des totalen Blutvolumens um ca. 40%

Das Plasmaprotein sinkt verdünnungsbedingt um ca. 1 g/100 ml, das Serumalbumin um ca. 20% von 4,5 auf 3,4 g/100 ml ab, damit auch der *kolloidosmotische Druck.*

Weiterhin ist physiologischerweise eine milde *Leukozytose* mit einem Anstieg der neutrophilen Granulozyten nachweisbar, die wahrscheinlich auf eine östrogene Stimulation zurückzuführen ist. Gelegentlich kommt es auch zu einer deutlichen Leukozytose bis in die unmittelbar postpartale Periode hinein.

Gerinnungssystem

Während der normalen Schwangerschaft verändert sich die Homöostase im Gerinnungssystem im Sinne einer *Hyperkoagulabilität.*

Einerseits steigen die Faktoren VII, VIII und X langsam an und der Fibringehalt verdoppelt sich. Andererseits steigt das Potenzial der fibrinolytischen Aktivität u. a. durch einen Anstieg des Plasminogens. Die Konzentration der Plasminogenaktivatoren ist jedoch wiederum erniedrigt, die Konzentration der Fibrinolyseinhibitoren (α_1-Antitrypsin und α_1-Makroglobulin) erhöht. Eine Annäherung an das ursprüngliche Gleichgewicht stellt der allmähliche Konzentrationsanstieg der fibrinabbauenden Produkte mit fortschreitender Schwangerschaft dar.

Diese Veränderungen sind als Schutzmechanismus bei geburtsbedingten Blutungen zu verstehen. Daraus resultiert aber auch ein erhöhtes Risiko thromboembolischer Komplikationen (MacFayden 1985, Cohen 1983).

Respiratorisches System

> **!** Keine der physiologischen Veränderungen in der Schwangerschaft ist so ausgeprägt wie die der Atmung.

Die *Hyperventilation* ist eine charakteristische Begleiterscheinung, die bereits in den ersten Wochen der Schwangerschaft festzustellen ist. Das Atemminutenvolumen steigt um 50% an. Die Ursache dafür ist ein veränderter respiratorischer Kontrollmechanismus des Zentralnervensystems. Wahrscheinlich ist der erhöhte Progesteronspiegel dafür verantwortlich. Angriffspunkte des Progesterons sind die höheren Zentren des Zentralnervensystems oder das Atemzentrum direkt. Eventuell hat Progesteron auch eine Wirkung am Glomus caroticum (Novy 1967; Zwillich 1978).

Die Hyperventilation hat bereits ab der 12. SSW einen Abfall der mütterlichen arteriellen CO_2-Spannung um ungefähr 8–10 mmHg zur Folge. Dieser auf ca. 32 mmHg erniedrigte CO_2-Partialdruck wird durch die Chemorezeptoren als normal erkannt und konstant gehalten (MacFadyen 1985).

Die Erhöhung des *Atemminutenvolumens* beruht zum kleineren Teil auf einer Erhöhung der Atemfrequenz um 10–15%, zum größeren Teil auf einem Anstieg des Atemzugvolumens um 40%. Dadurch ist der Anteil des physiologischen Totraums am Atemminutenvolumen erniedrigt. Die alveoläre Ventilation ist damit um 70% deutlich erhöht. Dies ist besonders eindrucksvoll, da sie den Anstieg des Körpergewichts (ca. 20%),

der Oberfläche (ca. 9%) und des O_2-Verbrauchs (ca. 10–20%) weit überschreitet. Die arterielle O_2-Spannung ist aufgrund der Hyperventilation leicht erhöht auf Werte von 106-108 mmHg (Cohen 1983).

Der arterielle CO_2-Partialdruck beträgt ca. 32 mmHg. Die daraus resultierende *respiratorische Alkalose* wird über die Niere mittels einer vermehrten Bikarbonatausscheidung kompensiert. Wegen des Abfalls des Standardbikarbonats verfügt die Schwangere über eine geringere Pufferkapazität, was eine erhöhte Empfindlichkeit gegenüber einer Azidose zur Folge hat. Die respiratorische Alkalose wird jedoch nicht voll kompensiert, so dass ein pH-Wert von 7,44 für das mütterliche arterielle Blut charakteristisch ist.

Der niedrige mütterliche CO_2-Partialdruck erlaubt einen Transfer des CO_2 vom fetalen zum mütterlichen Blut und hält so den fetalen CO_2-Partialdruck auf einer tolerablen Höhe.

Die häufige Klage der Schwangeren über Atemlosigkeit kann leichter mit Veränderungen des p_aCO_2 als mit der veränderten Atmung erklärt werden. Diese Atembeschwerden werden in der Mitte der Schwangerschaft am stärksten empfunden.

Mit Fortschreiten der Schwangerschaft verdrängt der größer werdende Uterus das Zwerchfell zunehmend nach kranial. Die Rippenstellung wird abgeflacht und der Brustkorbumfang nimmt dadurch um etwa 5–7 cm zu. Die abdominale Atmung vermindert sich zugunsten eines *thorakalen Atemtyps*. Unverändert bleibt daher die Vitalkapazität. Die Verdrängung des Zwerchfells nach oben bedingt jedoch eine Erniedrigung des Residualvolumens. Die Steigerung des Atemzugvolumens geht v. a. auf Kosten des exspiratorischen Reservevolumens. Erniedrigung des Residualvolumens und des exspiratorischen Reservevolumens sind verantwortlich für die Abnahme der funktionellen Residualkapazität (FRC), die bis zum Geburtstermin etwa 20% beträgt.

Das „*closing volume*" (CV) ist das Lungenvolumen, bei welchem sich terminale

Sektion F

Luftwege während der Exspiration zu schließen beginnen, oder umgekehrt ausgedrückt, es ist dasjenige während der Exspiration noch in der Lunge verbleibende Volumen, das nicht mehr ausreicht, den Großteil der Alveolen offen zu halten. Das CV bleibt während der Schwangerschaft normalerweise gleich. Da jedoch die FRC durch physiologische und anatomische Veränderungen abgenommen hat, kann nun jeder zusätzliche Faktor, der die FRC weiter erniedrigt, zu einer Verminderung der normalerweise erhöhten pO_2-Werte auf Normalwerte oder sogar zu hypoxischen Werten führen. Solche Faktoren sind Adipositas, Allgemeinanästhesie, die Trendelenburg-Lagerung, fortgeschrittenes Alter oder bronchopulmonale Erkrankungen.

Eine weitere Folge von Zwerchfellhochstand und Zunahme des anteroposterioren transversalen Durchmessers des Brustkorbs ist die *Abnahme der Brustkorbcompliance*. Sie ist am Geburtstermin deutlich niedriger als in der frühen Schwangerschaft oder bei der nichtschwangeren Frau. Bei gleichbleibender Lungencompliance ist also die totale Compliance erniedrigt und erhöht damit die Atemarbeit. Bereits kurz nach der Entbindung nimmt die Thoraxcompliance wieder ursprüngliche Werte an.

Der *Atemwegswiderstand* wird geringer und bewirkt eine 50%ige Abnahme des totalen pulmonalen Widerstands. Wahrscheinlich ist dies ein Effekt des Progesterons auf den Muskeltonus der Bronchiolen.

Der O_2-*Verbrauch* steigt im Verlauf der Schwangerschaft um 10–20% an. Diese Veränderung ist auf den Bedarf der wachsenden fetoplazentaren Einheit zurückzuführen, des gesteigerten Metabolismus und der erhöhten kardialen und respiratorischen Arbeit. Während der Geburt steigern Wehen und eine schmerzbedingte Katecholaminausschüttung den O_2-Bedarf weiterhin um bis zu 100%.

Bei einer Narkose ist das An- und Abfluten von *Inhalationsanästhetika* beschleunigt. Aufgrund der erniedrigten funktionellen Residualkapazität wird das inhalierte Gas in der Lunge weniger verdünnt, es wird somit eine höhere alveoläre Konzentration in kürzerer Zeit erreicht. Ein weiterer Faktor ist die erhöhte alveoläre Ventilation, durch die eine größere Menge Inhalationsanästhetikum in der Zeiteinheit in die Alveolen befördert wird. Dem entgegen wirkt zwar die Erhöhung des Herzminutenvolumens, wodurch mehr Inhalationsanästhetikum aus der Alveole entfernt wird, und damit ist der Anstieg der alveolären Konzentration verzögert.

> **!** Die Effekte der Respiration überwiegen jedoch die der Zirkulation, so dass eine tiefere Inhalationsnarkose schneller erreicht wird als bei der Nichtschwangeren.

Es findet sich außerdem eine *Erniedrigung des MAC-Wertes um 25–40%*, was wahrscheinlich durch eine vermehrte Speicherung von Endomorphinen im Körper der Schwangeren (Marx 1975; Palahniuk 1984; Conklin 1988) oder durch Progesteron verursacht wird Datta (1998).

Diese physiologischen Veränderungen der Ventilation der schwangeren Frau sind besonders bei einer Intubationsnarkose zu beachten.

> **!** Im Rahmen der *Vorbereitung einer Intubationsnarkose* sollte man sich dessen bewusst sein, dass physiologische, schwangerschaftsspezifische *anatomische Verände- rungen* den Zugang zu den Atemwegen erheblich erschweren können.

Durch die in der Spätschwangerschaft *veränderte Thoraxkonfiguration* hat sich das Sternum nach anterokranial verlagert. Ist die Frau außerdem noch *übergewichtig*, wie es bei Patientinnen, bei denen eine Indikation zur Sectio caesarea gestellt ist, häufig der Fall ist, trifft man meist folgende Situation an: Ein kurzer Nacken und eine breite große Brust erschweren die Einführung des Laryngoskops und das *Einstellen des Larynx*.

Die *Schleimhäute des Nasen-Rachen-Bereichs*, des Kehlkopfs und der Trachea werden seit Beginn der Schwangerschaft vermehrt durchblutet. Bereits kleine Verletzungen bei der Laryngoskopie können *Blutungen* verursachen, die die Sicht unter der Intubation erschweren. Gelegentlich liegen auch Schwellungen im Bereich des Kehlkopfs vor. Insbesondere bei Patientinnen mit Präeklampsie können ausgeprägte *Ödeme der Stimmbänder* bzw. des *gesamten Laryngopharynx* die Intubation sehr schwierig gestalten und die Einführung nur eines dünnen Tubus erlauben.

Gastrointestinaltrakt

Physiologische und anatomische Veränderungen im Bereich des Gastrointestinaltraktes bedingen ein bei der schwangeren Frau deutlich *erhöhtes Risiko der Regurgitation und Aspiration von Mageninhalt im Rahmen einer Narkose.*

Dieses erhöhte Risiko entsteht dadurch, dass 1) die *Magenentleerung verzögert* ist, 2) die *Regurgitation begünstigt* wird und 3) eine *Magensekretionssteigerung* vorliegt.

Die schwangerschaftsbedingte Verlagerung des Pylorus, Stress durch Angst, Schmerz und Anstrengung, Opioidanalgetika sowie der Effekt des hohen Progesteronspiegels vermindern die gastrointestinale Motilität und damit die Entleerung des Magens.

Gastrin, welches als das potenteste Stimulans der Magensaftproduktion gilt, wird in der Plazenta gebildet. Dieses, der peripartale Stress und Schmerz bewirken eine erhöhte wie auch eine besonders saure Nüchternsekretion. In mehr als 50% der Fälle liegt der pH-Wert des Mageninhalts unter 2,5.

Hormonelle und anatomische Veränderungen bewirken eine Tonus-Erniedrigung des unteren Ösophagussphinkters. Der Druck des graviden Uterus verursacht eine Distorsion des Magens und vermindert die Schräge der gastroösophagealen Verbindung. Dies setzt die Wirksamkeit des Sphinkters herab und erleichtert den Reflux.

Diese Kombination aus saurem Magensaft-pH-Wert, vermehrtem Mageninhalt und erniedrigtem Tonus des unteren Ösophagussphinkters bei erhöhtem intragastralem Druck begründet das bei der Narkoseeinleitung hohe Risiko des Erbrechens, der Aspiration und der Pneumonie.

37.2
Spezielle Komplikationen

Aortokavales Kompressionssyndrom

Das Durchschnittsgewicht des normalen, nichtgraviden Uterus beträgt 45–80 g. Am Geburtstermin ist das Eigengewicht des Uterus auf ca. 1100 g und das Gesamtgewicht mit Inhalt (Fetus, Plazenta, Amnionflüssigkeit) auf ca. 6000 g angestiegen. Insbesondere während der letzten Wochen der Schwangerschaft kann der Uterus abhängig von seiner intraabdominalen Lage die Aorta abdominalis und die V. cava inferior komprimieren. Zu diesem Phänomen kommt es v. a. bei der Hochschwangeren in Rückenlage, es kann aber bereits ab der 20. SSW auftreten. Als Folge davon ist der venöse Rückfluss zum Herzen vermindert, Herzzeitvolumen und femoralarterieller Blutdruck sind erniedrigt.

Die Häufigkeit der aortokavalen Kompression beträgt je nach Lagerung 1–11,2%. In Untersuchungen ließ sich beobachten, dass das Schlag- und das Herzzeitvolumen in der rechtslateralen Position am niedrigsten, in der linkslateralen am höchsten und in der Mittellage zwischen den beiden Extremlagen (Phillips 1981; Milsom 1984;). Bei der Lagerung der Schwangeren ist daher auf eine *Linksseitenlage* zu achten. Nur bei wenigen, ca. 10% der Hochschwangeren bewirkt die V.-cava-Kompression einen Blutdruckabfall oder sogar eine ausgeprägte Hypotension, evtl. mit Folgen für den Fetus.

Die Mehrzahl der Schwangeren verfügt über *Kompensationsmechanismen*. Einer davon ist eine Erhöhung des Sympathikotonus. Über die Erhöhung des Gefäßwiderstands,

Sektion F

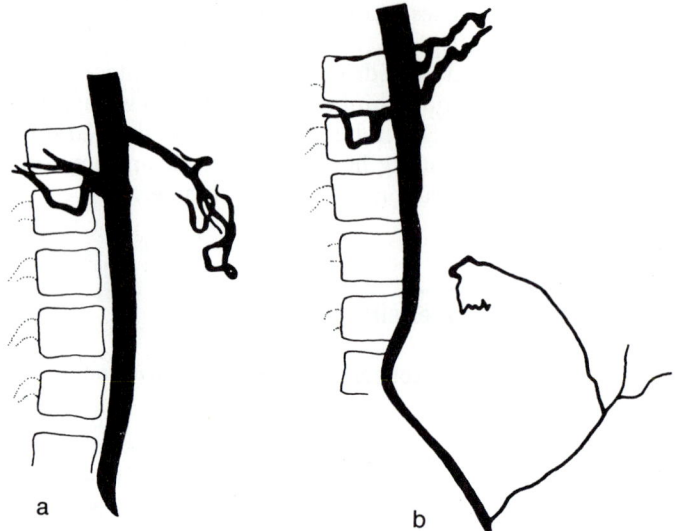

Abb. 37.3a, b. Schema des seitlichen Angiogramms zweier Frauen in Rückenlage. Bei der nichtschwangeren Frau (**a**) sieht man einen klaren Spalt zwischen der Wirbelsäule und der Aorta (zu beachten ist die gleiche Weite der Aorta in beiden Bildern). Bei der schwangeren, nahe am Termin stehenden Frau (**b**) ist die Aorta in dorsaler Richtung, auf die Wirbelsäule übergreifend verlegt. Die Aorta hat sich der lumbalen Lordose genähert

auch der Herzfrequenz, kompensiert er den erniedrigten venösen Rückfluss zum Herzen und hält damit das HZV und den Blutdruck aufrecht. Ein anderer Kompensationsmechanismus ist die Ausbildung von Kollateralkreisläufen bzw. die Rückführung venösen Blutes über alternative Wege. Diese sind das paravertebrale Venengeflecht und die Periduralvenen, die das Blut zur V. azygos leiten. Über die V. azygos strömt das Blut über die V. cava superior zum rechten Herzen.

Man muss jedoch davon ausgehen, dass zusätzliche Störfaktoren recht rasch solche Kompensationsmechanismen überfordern. Umgekehrt kann eine *Störung im Bereich des kardiovaskulären Systems nicht in dem üblichen Ausmaß kompensiert werden, da die Kompression der V. cava inferior die Kompensationsmechanismen behindert.* Zu den Störungen zählen alle die Faktoren, die zur Hypovolämie führen wie Blutverlust, geringe Flüssigkeitsaufnahme und starkes Schwitzen, Vasodilatation, Sympathikusblockade (vgl. Regionalanästhesie) und andere Faktoren, die eine ausgeprägte Reduktion des Herzzeitvolumens hervorrufen.

Besteht eine kompensierte Hypovolämie, so führt eine aortokavale Kompression zu einer ausgeprägten Hypotension, wenn die schwangere Frau sich gerade auf den Rücken legt und dadurch der Uterus die V. cava komprimiert.

Bereits die Kompression allein der Aorta abdominalis birgt ein Risiko für den Fetus. Der Uterus komprimiert die Aorta v. a. in Höhe des 4. und 5. Lendenwirbelkörpers, da dies der prominenteste Teil der Lendenlordose ist (s. Abb. 37.3). Dies führt bei ca. 60% der Schwangeren zu einer Hypotension unterhalb der komprimierten Zone. Hier gehen die uterinen Gefäße von den internen Iliakalgefäßen ab. Eine verminderte Durchblutung des Uterus, evtl. mit fetaler Depression und Asphyxie ist die Folge.

Noch schlechter wird der intervillöse Raum perfundiert, wenn sowohl die Aorta abdominalis als auch die V. cava inferior komprimiert werden. Dann ist der Druck und Blutfluss der uterinen Arterien erniedrigt und auch der Rückfluss über die uterinen Venen behindert, dadurch ist der arteriovenöse Druckgradient deutlich erniedrigt.

Präventive Maßnahmen

Hierzu gehört die Beachtung der *Lage der Patientin;* diese sollte auf dem Rücken liegen, um ca. 15° nach links geneigt, d. h. der

Operationstisch muss links etwas tiefer als rechts stehen. Gegebenenfalls kann auch der Uterus manuell von den großen Gefäßen zur Seite weggeschoben werden oder unter die rechte Hälfte der Patientin ein Keil gelegt werden.

Eine etwa bestehende *Hypovolämie muss vor Einleitung eines Anästhesieverfahrens korrigiert werden.* Es empfiehlt sich hierzu die Infusion von Elektrolytlösungen. Bei regionalen Anästhesieverfahren können u. U. mehr als 1:1 kristalloide Lösungen erforderlich werden. Alternativ können geringe Mengen kolloidaler Lösungen verabreicht werden. Ist die Möglichkeit der zentralvenösen Druckmessung gegeben, so sollte man sich an einem ZVD von 6–8 cm H$_2$O orientieren.

Ist der Blutdruck bei einer normotensiven Schwangeren systolisch unter 100 mmHg oder bei einer hypertensiven Schwangeren um 20–30% abgefallen, sollte er wieder angehoben werden. Sind Linksverlagerung und Flüssigkeitssubstitution ausreichend erfolgt und gelingt es nicht, damit in kurzer Zeit normotensive Werte zu erreichen, werden *Sympathikomimetika* eingesetzt. Da α-adrenerge Sympathikomimetika eine vasokonstriktive Wirkung auf die Uterusgefäße haben, sind β-adrenerge Sympathikomimetika vorzuziehen. In der anglo-amerikanischen Literatur wird zur Blutdrucksteigerung Ephedrin, welches zunächst repetitiv zu geben ist, empfohlen. In Deutschland ist es jedoch nicht im Handel, so dass hier z. B. Akrinor verabreicht werden kann. Dieses Medikament setzt sich aus Theoadrenalin und Cafedrin zusammen. Die vasokonstriktorische Wirkung ist hauptsächlich auf die Metaboliten Noradrenalin und Ephedrin zurückzuführen (Petroianu 1994).

Um zusätzliche gefährdende Faktoren auszuschließen, ist insbesondere in den Perioden ausgeprägter Hypotension auf eine *ausreichende Oxygenierung* zu achten. Eine Hyperventilation ist hierbei allerdings zu vermeiden.

Wenn nicht präventiv bereits geschehen, muss spätestens zur *Behandlung* einer Hy-

potension durch Lagerung oder durch manuelle Verlagerung des Uterus die Kompression der V. cava beseitigt werden. Ansonsten kann trotz Beseitigung der Hypovolämie durch Flüssigkeitszufuhr der Blutdruck nicht angehoben werden. Wird man in einer solchen Situation weiterhin unkritisch Flüssigkeit substituieren, wird das Blutvolumen im Herz-Kreislauf-System überhöht. Nach Entbindung und nach Entlastung der V. cava inferior wird es dann zu einem überhöhten Anstieg des Blutdrucks kommen, wobei diese Hypervolämie je nach Menge und Wahl der infundierten Lösungen auch zu dramatischen Herz-Kreislauf-Komplikationen führen kann (z. B. Lungenödem, zerebrovaskuläre Komplikationen; Philipps 1981).

Pulmonale Aspiration

Neben hypoxisch bedingtem Herzstillstand ist die in Zusammenhang mit einer Narkose auftretende *Aspiration* von saurem Mageninhalt Ursache für die häufigsten anästhesiebezogenen mütterlichen Todesfälle (nach Schwender 1990; Cotton 1985; May 1994; Gibbs 1986).

Die Schwangere ist durch verzögerte *Magenentleerung*, begünstigte *Regurgitation* und gesteigerte *Magensaftsekretion* besonders aspirationsgefährdet (s. oben). Eine *Prävention der Aspiration* stellt bereits das entsprechende „Gefahrenbewusstsein" des Anästhesisten dar.

- Jede zur Narkose anstehende Patientin in der Geburtshilfe ist als aspirationsgefährdet zu betrachten.
- Jede Frau mit fortgeschrittener Schwangerschaft gilt als „nicht nüchtern".

Unabhängig von der Länge der Nahrungskarenz sind Schwangere aufgrund dieser Veränderungen ab dem 2. Trimenon als „nicht nüchtern" zu betrachten. Selbstverständlich erhöhen Nahrungsaufnahme kurze Zeit vor Narkoseeinleitung und Sedativa und Analgetika, die zu einer zusätzlichen Verzögerung der Magenentleerung beitragen, das Regurgigations- und Aspirationsrisiko. Außerdem haben Patientinnen mit einer langen Fastenperiode und adipöse Gebärende eine erhöhte Magensaftproduktion.

Neben entsprechender *Lagerung* der Patientin – hierbei reichen die Empfehlungen von der 40°-Seiten-Kopftieflage bis zur steilen Anti-Trendelenburg-Position – erfolgt eine „*Crasheinleitung*", möglichst mit Krikoiddruck nach Sellick. Patientinnen, die ein regionales Verfahren erhalten, dürfen nicht tief sediert werden.

Die Aspiration von Mageninhalt bei schwangeren Frauen und die nachfolgenden pulmonalen Erkrankungen wurden erstmals von Mendelssohn 1946 beschrieben und analysiert. Schwere pulmonale Erkrankungen sind die Folge, wenn das Aspirationsvolumen 0,4 ml/kgKG überschreitet und der pH-Wert <2,5 ist (Coombs 1983). Die Mortalität nach Aspiration beträgt bis zu 70%.

Um das Risiko der Pneumonie nach Aspiration zu vermindern, ist es wünschenswert, den pH-Wert des Mageninhalts auf Werte >2,5 anzuheben und das Volumen zu reduzieren. Die Verminderung der Azidität kann mittels 2 Methoden erreicht werden: 1) *Neutralisierung* des Magensaftes und 2) Verminderung der *Magensäuresekretion*.

Zur *Neutralisierung des Magensaftes* dienen verschiedene Antazida. Bei ihrer Untersuchung konnte jedoch festgestellt werden, dass teilchenhaltige Antazida nach Aspiration selbst das Lungenparenchym schädigen. Diese sind daher ungeeignet. Mittel der Wahl ist 0,3 molares *Natriumzitrat*, ein klares Antazidum. Die oral zu verabreichende Menge beträgt 10–20 ml wenige Minuten bis maximal 50 min vor Einleitung der Anästhesie. Als Nachteil der Antazidatherapie kann der Anstieg des intragastralen Volumens gewertet werden.

Mit *H₂-Antagonisten* lässt sich die basale und nächtliche *Magensäuresekretion vermindern*. Gut untersucht ist der H₂-Rezeptorantagonist *Cimetidin*, mit dem es möglich ist, den pH-Wert des Magens in 90–100% der

Fälle auf über 2,5 anzuheben. Sein Wirkungseintritt erfolgt nach 1 h. Die Einzeldosis beträgt 300-400 mg p.o. oder i.v. Naturgemäß hat der H₂-Antagonist, keinen Effekt auf das bereits im Magen vorhandene Volumen und seine Säure (Tessler 1988).

Der neuere H₂-Blocker *Ranitidin* zeichnet sich durch weniger Nebenwirkungen und längere Wirkdauer aus. Die Einzeldosis beträgt 150–300 mg p.o. oder 50 mg i.v., die Wirkung tritt nach 1 h ein und hält etwa 8 h an (Tordoff 1990). Auch *Omeprazol* ist vor der Narkose zur Hemmung der Magensäureproduktion geeignet. Seine Dosierung beträgt 40 mg abends und morgens oder morgens 80 mg bis 2 h vor der Operation. Günstig ist auch die Kombination mit Metoclopramid (Orr 1993; Ewart 1990). Bei einem Teil der Patientinnen tritt die gewünschte Wirkung jedoch nicht ausreichend ein und ihr Risiko im Falle einer Aspiration ist nach wie vor hoch (Bouly 1993).

Metoclopramid ist ein Dopaminantagonist, der die Verweildauer des Mageninhaltes verkürzt, indem er die Magenmotilität steigert und gleichzeitig den Pylorus relaxiert. Hinzu kommen eine Tonussteigerung des unteren ösophagealen Sphinkters und eine antiemetische Wirkung. Allerdings sind neurologische Nebenwirkungen wie extrapyramidalmotorische Störungen möglich, und es ist leicht plazentagängig, wobei hinsichtlich seiner möglichen Nebenwirkungen auf das Neugeborene wenig bekannt ist.

 Eine schwangere Patientin soll erst extubiert werden, wenn sie wieder sichere Schutzreflexe hat.

Bereits 8 h postpartal kann mit einer Normalisierung des gastralen pH-Wertes und der Volumenverhältnisse im Magen gerechnet werden (Phillips 1981; Landauer 1981).

Hat trotz aller Präventivmaßnahmen eine Regurgitation oder gar Aspiration von Mageninhalt oder -saft stattgefunden, sollte die Patientin nach gründlichem Absaugen von Pharynx und Trachea umgehend mit 100%

O_2 ventiliert und so schnell wie möglich dem Ende des operativen Eingriffs sowie einer sofortigen intensivmedizinischen Behandlung zugeführt werden.

Schwierige Intubation

 Die Häufigkeit der schwierigen Intubation in der Geburtshilfe liegt bei etwa 5% (Gibbs 1986) und ist etwa 10mal höher als bei der nichtgeburtshilflichen Anästhesie (Samsson 1987).

Präventive Maßnahmen fangen an beim „Geistig-darauf-vorbereitet-sein", dass die Intubation schwierig oder gar unmöglich wird. Keinesfalls darf auch eine noch so dringende Indikation zur hektischen oder übersichtslosen Narkoseeinleitung führen.

Nach einer *sorgfältigen Lagerung der Patientin* und *Bereitstellung auch eines langen Spatels für das Laryngoskop* hat eine gründliche bzw. *ausreichend lange Präoxygenierung* der Patientin zu erfolgen. Die Dosierung des Induktionsnarkotikums sollte nicht zu knapp gewählt sein, um eine *ausreichende Anästhesietiefe* zu erreichen. Die *Wirkung des Muskelrelaxans*, bei dem es sich um ein kurzwirkendes handeln sollte (Mokriski 1988), *muss abgewartet werden*. Die Gefahr einer Regurgitation und Aspiration wird vergrößert, wenn die Laryngoskopie vor dem vollen Wirkungseintritt des Relaxans begonnen wird. Auch sind nur bei vollständiger Relaxation optimale Bedingungen für die Laryngoskopie und Intubation gegeben.

Häufig wird der *Krikoiddruck nach Sellick* als absolutes Muss zur Intubation bei der Schwangeren angeführt. Voraussetzung ist jedoch, dass die Anästhesieassistenz die korrekte und effektive Durchführung des Krikoiddrucks beherrscht, denn eine unsachgemäße Handhabung behindert die Sicht und das Einführen des Tubus und stellt einen zusätzlichen Risikofaktor dar.

Der zweithäufigste hypoxiebedingte Todesfall ist die *ösophageale Intubation* (Cot-

ton 1985). Aus diesem Grund ist es von großer Wichtigkeit, dass die Lage des Tubus kontrolliert und er korrekt plaziert wird, bevor der Gynäkologe mit irgendeiner operativen Maßnahme beginnt. Gelingt die Intubation nicht, so hat auf jeden Fall die Ventilation Vorrang vor der Sorge vor der Aspiration bei der Maskenbeatmung.

! Die Patientin stirbt nicht an der Fehlintubation, sondern an der Hypoxie (Scott 1986). Bevor die Patientin hypoxisch wird, muss maskenbeatmet werden, bis die Spontanatmung wieder einsetzt.

Kann die Narkose wegen dringender Indikation nicht verschoben werden, bis Hilfe eintrifft oder andere Maßnahmen, wie z. B. ein regionales Verfahren, ergriffen werden können, muss die Narkose unter Spontanatmung ggf. mit einer assistierten Maskenbeatmung ohne Muskelrelaxierung durchgeführt werden.

Hypoxie, Hyperkapnie, Hypokapnie

Während der Geburt nimmt das *Atemminutenvolumen* abhängig von Frequenz und Stärke der Wehen zu. Angst, insbesondere jedoch Schmerzen, stimulieren das Atemzentrum und vermehren die Ventilation weiterhin. In Einzelfällen kann sie weit über den Bedarf hinaus gehen. Es wurden Atemfrequenzen von 60 und 70/min und Atemzugvolumina bis zu 2250 ml gemessen (Fischer 1968). Andere Untersucher fanden Atemzugvolumina zwischen 1040 ml und 3020 ml (Crawford 1968). Korrespondierend wurde ein Abfall des arteriellen CO_2-Partialdrucks bis auf 25 oder sogar 16 mmHg gemessen.

Der ausgeprägte arterielle *CO_2-Abfall* bewirkt häufig, dass während einer Wehenpause bei fehlendem Schmerzstimulus der über den CO_2-Partialdruck gesteuerte Atemantrieb nicht mehr ausreicht. Intermittierende Hypoxien in den Wehenpausen sind die Folge.

Der in der Geburtsphase ohnehin erhöhte O_2-Verbrauch wird, durch die über das erforderliche Maß hinausgehende Atemarbeit, weiter gesteigert.

Die *Hypokapnie* führt zur Konstriktion der zerebralen und uteroplazentaren Gefäße und damit zu einer Abnahme des Blutflusses. Die Alkalose verschiebt die O_2-Dissoziationskurve nach links und verschlechtert die Abgabe des Sauerstoffs von der Mutter zum Fetus. Die durch die unphysiologische Hyperventilation bedingte Hypokapnie und intermittierende Hypoxie können also einen O_2-Mangel beim Fetus bedingen. Günstig wirkt sich in solchen Fällen eine Periduralanästhesie aus, da sie dem Schmerz entgegenwirkt (Hägerdal 1983).

Bei der Intubationsnarkose kann es durch inadäquate Einstellung am Beatmungsgerät zu einer Hyperventilation kommen. Die positive Druckbeatmung vermindert über eine Erhöhung des intrathorakalen Drucks den venösen Rückfluss zum Herzen und damit das Herzminutenvolumen. Bei durch eine Hypokapnie bedingter Konstriktion der uteroplazentaren Gefäße kann sich dieser Faktor weiter auf den uteroplazentaren Blutfluss auswirken.

Die Kombination *Hypoxie und Hyperkapnie* kann bei der Narkose neben falscher Einstellung am Beatmungsgerät durch prolongierte Apnoe, z. B. bei der Intubation, oder durch die Obstruktion der Atemwege entstehen. Im Gegensatz zur Nichtschwangeren entwickelt sich bei der Schwangeren im Falle eines Atemstillstands eine Hypoxie deutlich schneller. Verantwortlich hierfür ist die erniedrigte funktionelle Residualkapazität und der ab dem 2. Trimenon um ca. 20% erhöhte O_2-Verbrauch. Weitere Faktoren sind die Neigung zu Mikroatelektasenbildungen und die Erniedrigung der HZV in Rückenlage, falls es zur Kompression der V. cava inferior gekommen ist. Es konnte gemessen werden, dass bereits in einer Minute der O_2-Partialdruck bei der apnoisch anästhesierten Schwangeren um 80 mmHg abfällt (Cohen 1983).

Vor Einleitung zur Intubationsnarkose ist daher eine *Präoxygenierung* über 3–4 min ggf. mittels mehrerer tiefer Atemzüge, möglichst über einer dicht sitzenden Maske, besonders wichtig. Positive Wirkung der verminderten FRC ist hingegen bei der Schwangeren, dass zusammen mit dem gesteigerten Atemminutenvolumen eine ausreichende Präoxygenierung schneller und besser zu erreichen ist als bei der Nichtschwangeren. Längere apnoische Phasen (< 30 s) sind unbedingt zu vermeiden (Conklin 1988).

Messungen des O_2-Gehalts im Blut aus dem fetalen Skalp haben eine signifikante Korrelation mit dem O_2-Gehalt der Mutter ergeben (Crawford 1984). Eine Hyperoxie der Mutter verbessert die fetalen O_2-Reserven und den fetalen Säure-Basen-Haushalt. Allgemein wird eine O_2-Konzentration von 50–70% zur Durchführung einer Allgemeinanästhesie empfohlen (Marx 1983; Justius 1984). Ist der Fetus gefährdet bzw. besteht eine fetale Indikation zur Sectio caesarea, so sollte mit 100%igem Sauerstoff bis zur Entwicklung des Kindes beatmet werden.

Aus den genannten Gründen empfiehlt sich bei der Schwangeren neben dem Einsatz eines Kapnographen in Allgemeinanästhesie die Anwendung eines Pulsoxymeters.

Fruchtwasserembolie

Sie ist eine seltene Komplikation, die jedoch mit einer Mortalität der Mutter von 86% einhergeht (Morgan 1979).

Als klinische Symptome imponieren eine akute Dysnoe (bei der wachen Patientin), plötzliche kardiovaskuläre Dekompensation und Zyanose.

Die *Pathophysiologie* dieses Krankheitsbildes ist nicht genau geklärt. Verantwortlich gemacht wird bisher ein *Übertritt von fetalen Gewebsbestandteilen oder Fruchtwasser* in die Blutbahn der Mutter. Dies führt nach diesen Überlegungen zu einer mechanischen Verlegung der Lungenstrombahn mit der Gefahr einer (primär) rechtventrikulären, später auch linksventrikulären Dekompensation. Die Verlegung der Strombahn verursacht eine Perfusionsumverteilung mit einem erhöhten Rechts-links-Shunt. Im Rahmen des Geschehens kann es – evtl. durch die im Fruchtwasser enthaltene Gewebsthrombokinase – zu erheblichen Gerinnungsstörungen mit massiven Blutungen führen. Eine drastische uteroplazentare Minderperfusion bedingt eine erhebliche fetale Depression.

Prädisponierende Faktoren scheinen Operationen oder Verletzungen im Bereich des Uterus, Abruptio placentae sowie gesteigerte Wehentätigkeit zu sein. In einer Analyse von Clark (1995) fiel der hohe Prozentsatz an männlichen Feten auf.

Die *therapeutischen* Überlegungen folgen der Annahme des Vorliegens verschiedener Schockformen neben-/nacheinander und bestehen in Intubation und Beatmung mit F_IO_2 1,0, Kreislaufstützung mit Katecholaminen sowie (vor dem Hintergrund einer Rechtsherzdekompensation) vorsichtiger Volumentherapie, Therapie der Gerinnungsstörungen mittels symptomatischem Ersatzblut und Gerinnungsfaktoren inkl. AT III sowie evtl. der Gabe von Aprotinin zum Durchbrechen einer Hyperfibrinolyse (Schweitzer 1999). Kortikoide konnten im Tierversuch die ablaufende Entzündungsreaktion deutlich abschwächen (Azegami 1986). Ferner kann eine Uterustonisierung mit z. B. PGF2-α versucht werden.

Uterusatonie, Uterusruptur

Normalerweise liegt der *Blutverlust* bei der vaginalen Entbindung zwischen 200 und 500 ml. Schwere Blutverluste vor der Geburt sind auf eine Placenta praevia oder eine Abruptio placentae zurückzuführen, wobei hierbei auch mit nicht sichtbaren Blutverlusten zu rechnen ist.

Die Blutverluste bei der Sectio caesarea bewegen sich zwischen 300 und 3000 ml, die Regel sind 500–1000 ml (Crawford 1984; Cohen 1983; Churchill-Davidson 1984).

Sind die Blutverluste von durchschnittlicher Höhe, so ist die Mutter geschützt, einerseits durch das in der Schwangerschaft erhöhte Blutvolumen (s. S. 533), andererseits durch die Autotransfusion von der uteropla-

zentaren Zirkulation. Diese erfolgt, sobald das Kind entwickelt ist und der Uterus sich wieder kontrahiert hat.

Eine Depression der uterinen Kontraktilität, im vollen Ausmaß die uterine Atonie, erhöht den Blutverlust und gefährdet je nach Ausmaß die Mutter evtl. erheblich.

Zur *Abnahme der uterinen Aktivität* führen u. a. Progesteron, systemische Hypotension, Azidose und β-adrenerge Stimulatoren. Starke Schmerzen führen zu einer unkoordinierten Aktivität des Uterus. Zu den stärksten Relaxanzien des Myometriums zählen die Inhalationsnarkotika, neben Äther und Chloroform die bei uns gebräuchlichen Anästhetika Halothan, Enfluran und Isofluran. Über die Anwendung von Desfluran und Sevofluran bei der schwangeren Frau liegen keine ausreichenden Erfahrungen vor. Es kann jedoch vermutet werden, dass sie ebenfalls eine uterusrelaxierende Wirkung haben. Auch in Gegenwart von hohen Dosen Oxytozin wirken Halothan und Enfluran noch uterusrelaxierend. Diese Reduktion von Uterustonus und -kontraktilität ist konzentrationsabhängig und erfolgt sowohl im schwangeren als auch im nichtschwangeren Zustand.

Einen besonderen Stellenwert erlangt dieses Verhalten durch die kritische postpartale Einschränkung der Kontraktionsbereitschaft des entleerten Uterus, in deren Folge es zu größeren Blutverlusten kommen kann. Bemerkenswert ist auch, dass dieser Einfluss der Inhalationsnarkotika auf den Uterustonus noch anhält, wenn die Patientin bereits wach ist.

Während einige Autoren bereits bei der sparsamen Verwendung von Halothan, nämlich 0,5 Vol.-% im Rahmen einer Abortausräumung, eine Zunahme der Blutverluste um das 3- bis 4fache nachweisen konnten (Landauer 1981), stimmen andere Autoren überein, dass Dosierungen von 0,2–0,5% Halothan, 0,6–1,0% Enfluran oder 0,75% Isofluran normalerweise keine vermehrte Blutung infolge uteriner Atonie hervorrufen (Crawford 1984; Gutsche 1978; Phillips 1981 b; Alon 1983; Ezzat 1985).

Sektion F

Die Depression der uterinen Aktivität kann allerdings auch ein gewünschter und therapeutisch genutzter Effekt werden, z. B. um die Häufigkeit vorzeitiger Wehen zu reduzieren, tetanischen uterinen Kontraktionen zu entgegnen oder um uterine Manipulationen zur Extraktion eines 2. Zwillings oder einer retinierten Plazenta zu erleichtern (Gutsche 1978).

Ketamin, welches in höherer Dosierung (1–3 mg/kgKG i.v.) eine dosisabhängige Erhöhung des basalen Tonus und Erhöhung der Stärke der Uteruskontraktion bewirkt, ist in solchen Situationen nachteilig. Um einer Uterusatonie vorzubeugen, kann nach Sectio caesarea, Curettage oder Interruptio *prophylaktisch* Methylergometrin (Methergin) oder (Orasthin) gegeben werden.

> ❗ Im Falle einer dennoch auftretenden atonischen Blutung ist das schnelle Handeln des Gynäkologen und des Anästhesisten gleichermaßen gefragt. Seitens des Anästhesisten muss umgehend eine adäquate Therapie des Blut- und Volumenverlustes mittels großlumiger Zugänge erfolgen. Die Zufuhr sämtlicher Substanzen, die uterusrelaxierend wirken können (einschließlich volatile Anästhetika, s. oben) muss umgehend gestoppt werden. Eine Uteruskontraktion kann mittels Fundusmassage seitens des Gynäkologen sowie durch Gabe von Oxytocin, Ergotamin- und/ oder Prostaglandinderivaten unterstützt werden (Hurley 1999).

Ist durch diese Maßnahmen keine hinreichende Therapie der atonischen Blutung zu erreichen, so wird eine chirurgische Intervention im Sinne einer Blutstillung, ggf. einer Hysterektomie als Ultima ratio notwendig. Die Entscheidung hierzu sollte nicht zu lange hinausgezögert werden.

Die *Uterusruptur* ist eine seltene Komplikation, die jedoch dramatisch verlaufen kann. Entscheidend für die Prognose ist in diesem Falle das frühzeitige Erkennen sowie das rechtzeitige Beherrschen der Komplikation von gynäkologischer sowie anästhesiologischer Seite.

Eine Uterusruptur kann auftreten, wenn die Uterusmuskulatur den hohen mechanischen Belastungen unter der Wehentätigkeit nicht standhält. Ursachen hierfür können alte Narben im Myometrium durch Voroperationen sein, die minderbelastbares Gewebe darstellen. Andererseits können eine „Sturzgeburt", ein anatomisches Mißverhältnis zwischen Fetus und Geburtskanal oder eine hohe Oxytocinzufuhr die mechanische Belastbarkeit der Uterusmuskulatur übersteigen.

Häufig jedoch sind keine anamnestischen Hinweise zu eruieren, die Ruptur tritt spontan auf. Wichtig ist daher, die *Symptome* rechtzeitig zu erkennen:

Es treten erhebliche *Bauchschmerzen* mit Ausstrahlung in den Rücken und die Schultern auf. Diese können evtl. durch eine bestehende systemisch medikamentöse oder epidurale Analgesie kaschiert werden. Eine exakte Schmerzanamnese (veränderte Lokalisation und zunehmende Stärke der Wehenschmerzen) kann z. B. durch Sprachschwierigkeiten seitens der Patientin (zunehmende Anzahl an türkischen Patientinnen in der Geburtshilfe!) erheblich erschwert sein.

Ein *Blutdruckabfall* bis hin zur Schocksymptomatik kann durch einen erheblichen Blutverlust sowie durch peritoneale Reizung bedingt sein. Wird eine solche Ruptur zunächst „gedeckt", können klare Symptome einer starken Blutung fehlen. Eine freie Blutung findet dann eventuell erst bei Eröffnen der Bauchhöhle statt.

Im *CTG* zeigt sich meist eine fetale Depression.

Therapeutisch ist seitens des Anästhesisten unverzügliche *Therapie des Blutverlustes und des Schocks*, seitens des Gynäkologen eine rasche operative Entbindung mit Uterusnaht oder Hysterektomie angezeigt. Prognose für Mutter und Kind hängen entscheidend vom rechtzeitigen Erkennen der Situation ab.

37.3
Risiko durch Erkrankungen der Mutter

Präeklampsie, Eklampsie, HELLP-Syndrom

Die *Präeklampsie* ist die häufigste Komplikation einer Schwangerschaft. Sie beträgt 1,5–2,6%, bei Zwillingsgeburten 30–50% (Saftlas 1991) und sie ist in 12–22% Todesursache (Barrier 1983). Sie tritt in der 2. Hälfte der Schwangerschaft auf und ist häufig vergesellschaftet mit Herkunft aus sozialen Unterschichten, Erstgravidität, Mehrlingsschwangerschaften, Diabetes mellitus und Hydramnion (Knörr 1989). Ferner vermutet man eine genetische Disposition (Williams 1997). Sie ist durch folgende Symptome gekennzeichnet:

- Hypertonie,
- periphere Ödeme,
- Proteinurie (0,3 g/1 oder mehr in 24 h).

Die Ödeme, die bisher als wichtiges klinisches Zeichen betrachtet wurden, sind heute nicht mehr von Bedeutung, da sie keinen prognostischen Wert besitzen.

Eine Hypertonie in der Schwangerschaft liegt bei folgenden Blutdruckwerten vor: RR diastolisch mindestens 90 mmHg oder Druckanstieg von 15 mmHg über den Normalwert bzw. RR systolisch mindestens 140 mmHg oder Druckanstieg von 30 mmHg über den Normalwert.

Im Gegensatz zur leichten Verlaufsform der Präeklampsie ist diese dann als *schwer* einzustufen, wenn eines der folgenden Symptome auftritt:

- RR systolisch 160 mmHg oder höher,
- RR diastolisch 120 mmHg oder höher,
- Proteinurie von 5 g oder mehr in 24 h,
- Oligurie von weniger als 500 ml in 24 h,
- zentrale Symptome wie Kopfschmerzen, Verwirrtheit, Sehstörungen,
- Lungenödem, Zyanose,
- Oberbauchschmerzen.

Die *Eklampsie* ist eine schwere Verlaufsform der Präeklampsie mit tonisch-klonischen Krämpfen. Sie tritt in den meisten Fällen um den Geburtstermin auf. Die mütterliche Mortalität beträgt 6-10%, die des Kindes bis 20% (Patt 1987).

Bestand eine Hypertonie bereits vor der Schwangerschaft, so handelt es sich um eine aufgepfropfte Präeklampsie/Eklampsie.

Eine seltene Form der Präeklampsie ist das *HELLP-Syndrom*. Es ist durch die Symptomentrias Hämolyse, Leberfunktionsstörungen mit erhöhten Leberwerten und Thrombozytopenie gekennzeichnet (Plötz 1989). Unter den Patienten mit schwerer Präeklampsie/Eklampsie entwickeln 4–12% ein HELLP-Syndrom. Die perinatale Mortalität ist mit 12–60% sehr hoch (Rath 1988; Sibai 1986).

Die *Ätiologie* der Präeklampsie ist nicht endgültig geklärt. Wahrscheinlich spielen Vasokonstriktion und immunvaskuläre Veränderungen in den uteroplazentaren Arterien, welche zur Mikroangiopathie und einer generalisierten Störung der Mikrozirkulation mit Erhöhung des totalen peripheren Widerstands führen, eine zentrale Rolle (Cunningham 1989). Elektronenmikroskopische Untersuchungen zeigten Endothelläsionen, gefolgt von Fibrinablagerungen in den uteroplazentaren Blutgefäßen, Nierenrinde und anderen Organen (De Wolf 1989). Möglich wäre eine genetisch bedingte HLA-Inkompatibilität, die mit dem Auftreten von Autoantikörpern korreliert und eine Immunvaskulitis in den uterinen Arterien der schwangeren Frauen zur Folge hätte (Friedmann 1988). Ferner gibt es Hinweise auf eine Freisetzung von Elastase und anderen Proteasen aus aktivierten neurophilen Granulozyten, die zu einer Endothelschädigung führen können (Mushambi 1996).

Weiterhin besteht ein Ungleichgewicht von vasokonstringierendem Thromboxan und vasodilatierendem Prostacyclin. Gegenüber gesunden Schwangeren ist das Angiotensinogen deutlich erhöht. Es führt zur Freisetzung von Renin und Aldosteron (Goldkrand 1986) mit hypertonen Blutdruckwerten im Gefolge.

Pathophysiologisch imponiert bereits in der frühen Schwangerschaft ein erhöhtes

HZV verglichen mit dem von gesunden Frauen (Easterling 1990). Zunächst bleibt der periphere Widerstand infolge der durch Erniedrigung der sympathischen Aktivität bedingten Vasodilatation konstant. Erst später kommt es zur Erhöhung des Gefäßwiderstands und zu generalisierten Mikrozirkulationsstörungen (Anderson 1986; Ferris 1988). Die Bilder sind variabel, einmal liegt ein erhöhtes HZV und ein erhöhter vaskulärer Widerstand vor oder ein anderes Mal ein umgekehrtes Verhältnis von HZV und erhöhtem vaskulärem Widerstand vergesellschaftet mit intravaskulärem Volumenverlust bei hyperdynamer Kreislaufsituation (Clark 1986; Groenendijk 1984).

Verminderte uteroplazentare Perfusion und Hypoperfusion der Organe mit *Gewebshypoxie* sind die Folge.

Durch *Proteinverlust* über die Niere, vielleicht auch durch verminderte Bildung in der Leber besteht eine Hypoalbuminämie und damit eine Verminderung des kolloidosmotischen Drucks. Zusammen haben alle diese Faktoren eine intravasale Volumenverarmung, interstitielle Flüssigkeitsansammlung, Hämokonzentration und Viskositätserhöhung des Blutes zur Folge.

Die *Gerinnungsstörungen* zeigen sich in einer Verlängerung der partiellen Thrombinzeit (PTT) und Prothrombinzeit (PTZ) und einer meist durch Verbrauch verursachten erniedrigten Thrombozytenzahl mit erhöhter Blutungszeit. Eine sehr dramatische Komplikation ist die disseminierte intravasale Gerinnung mit Verbrauchskoagulopathie.

In der *Lunge* bewirkt der Abfall des kolloidosmotischen Drucks eine interstitielle Flüssigkeitsansammlung mit Abfall des arteriellen O_2-Partialdrucks. Im Bereich der oberen Luftwege kann sich die *Intubation* bei ausgeprägtem Larynxödem und wegen Blutungen schwierig gestalten.

Neben der generalisierten Vasokonstriktion liegt eine erhöhte Ansprechbarkeit auf blutdrucksteigernde Substanzen vor. Aufgrund der durch die Vasokonstriktion bedingten erhöhten Nachlast kann es zur Linksherzinsuffizienz und Lungenödem kommen.

Die Durchblutung der *Niere*, die GFR und die Harnausscheidung können vermindert sein. Die vermehrte Permeabilität der glomerulären Kapillaren bewirkt die Proteinurie, das frühe Symptom der Gestose. In seltenen Fällen kann ein Nierenversagen mit Nekrosen der Nierenrinde auftreten. Trotz Oligurie sind Diuretika nicht indiziert. Eher verbessert Flüssigkeitszufuhr die Nierenfunktion.

Beim *HELLP-Syndrom*, der schweren Verlaufsform der Präeklampsie, finden sich als Ausdruck der Leberschädigung erhöhte Enzyme, ein verzögerter Metabolismus von pharmakologischen Substanzen, und die Plasmacholinesterase ist noch mehr erniedrigt als bei der gesunden Schwangeren. Klinisch imponiert in ca. 90% der Fälle ein *rechtsseitiger Oberbauchschmerz* als Folge einer akuten Leberschwellung (Rathgeber 1990). Die Durchblutungsstörungen können zu ischämischen Nekrosen, auch zu großen Infarkten führen. Intrahepatische Blutungen sind ein Ergebnis der Gerinnungsstörungen. Treten subkapsuläre Hämorrhagien auf, so können sie eine Organruptur, dies allerdings selten, zur Folge haben.

Folgen der gestörten *zerebralen* Mikrozirkulation sind Kopfschmerzen, Sehstörungen, eingeschränkter Bewusstseinszustand bis hin zum Koma, Übererregbarkeit mit Hyperreflexie und generalisierten Krampfanfällen sowie Hirnblutungen. Schwerste Komplikation ist die mütterliche Mortalität. Um die Überregbarkeit des ZNS zu dämpfen, ist eine intravenöse oder intramuskuläre Gabe von Magnesiumsulfat üblich.

Die Widerstandserhöhung der uterinen Blutgefäße führt zur Beeinträchtigung der uteroplazentaren Funktion und Retardierung der fetalen Entwicklung. Sowohl die spontane Uterusaktivität als auch die Reaktion auf Oxytozin sind gesteigert und häufig treten frühzeitig Wehen auf. Oftmals kommt es auch zur Frühgeburt.

Die *Therapie* der Präeklampsie ist die Entbindung. Gewöhnlich kommt es innerhalb von 24 h nach Entbindung zu einer deutlichen Besserung des Zustands. Die anästhesiologischen Maßnahmen hängen vom Stadium und Art der Gestose, der Dauer, der Schwangerschaft und der Reife des Fetus ab.

Ist eine vaginale Entbindung möglich, so ist darauf zu achten, dass die Blutdruckwerte nicht exzessiv ansteigen und eine ausreichende Durchblutung der Plazenta vorhanden ist. Zur Analgesie ist ein regionales Verfahren zu erwägen, sofern die Gerinnungsparameter dies erlauben (Stoelting 1992). Dem Schweregrad der Präeklampsie muss das *Monitoring* angemessen sein. In schweren Fällen werden ausgedehnte Laboruntersuchungen, zentrale Venenkatheter, arterielle Blutdruckmessung und pulmonales Katheter erforderlich. Die Urinausscheidung und der ZVD zeigen den Volumenmangel der präklamptischen Frau an.

Eine *Rehydrierung* führt zu einer Vermehrung der Harnausscheidung, Abnahme des Systemkreislaufwiderstands und Verbesserung des Herzindex. Sie beinhaltet jedoch auch eine Erhöhung des Risikos für ein Lungenödem, insbesondere wenn in der postpartalen Phase der ZVD ansteigt. Zu empfehlen ist eine Wasser- und Elektrolytzufuhr von 125 ml/h bzw. 300 ml/h bei Wehentätigkeit. Auch kolloidale Substanzen sind günstig, da sie den kolloidosmotischen Druck anheben. Sie können jedoch bei Thrombozytopathien kontraindiziert sein.

Bei einer Regionalanästhesie ist das Risiko eines gravierenden Blutdruckabfalls geringer als bei der gesunden Schwangeren, dies, weil die periphere Widerstandserhöhung nicht auf einer Erhöhung der sympathischen Aktivität, die durch eine Regionalanästhesie blockiert werden würde, beruht.

Als präventive Flüssigkeitszufuhr vor dem regionalen Verfahren werden 500 ml Elektrolytlösung bei Wehentätigkeit und vaginaler Entbindung, 1000 ml bei Sectio caesarea empfohlen. Bei Patientinnen mit nur leichter Präeklampsie oder solchen mit aufgepfropfter Präeklampsie ist eine größere Flüssigkeitszufuhr nötig, etwa 1000 ml bzw. 2000 ml bei Sectio. Kommt es trotzdem zu einem Blutdruckabfall, so dürfen Antihypotonika wie Akrinor oder Ephedrin nur sehr vorsichtig in kleinen Dosen gegeben werden, da das Ansprechen auf Vasopressoren verstärkt ist.

In der Allgemeinanästhesie sind die Patientinnen, insbesondere bei der Narkoseeinleitung und Intubation, aber auch bei zu flacher Narkose durch einen *übermäßigen Blutdruckanstieg* gefährdet. Als Ziel bei der Blutdrucksenkung werden diastolische Werte von 100–120 mmHg und systolische Werte von 140–160 mmHg als ausreichend betrachtet, dies, weil die Blutdrucksenkung in Anbetracht der schlechten Plazentadurchblutung und gestörten zerebralen Autoregulation nur sehr vorsichtig erfolgen kann. Ein ideales Antihypertensivum sollte beides verbessern. Empfohlen werden v. a. Hydralazin (Heß 1995; Mushambi 1996), Dihydralazin (Walters 1984) und Methyldopa (Mushambi 1996; Heß 1995; Knott 1991). Vermieden werden sollten ACE-Hemmer und Natriumnitroprussid, da sie zu fetalen Schädigungen wie Wachstumsverzögerung, Oligohydramnion und Nierenfunktionsstörungen führen können. Auch für β-Blocker gibt es solche Hinweise (Heß 1995; Knott 1991). Ferner besteht bei Anwendung von β-Blockern die Gefahr der fetalen Bradykardie.

Schwere *Gerinnungsstörungen* machen die sofortige Entbindung erforderlich. Wenn präoperativ die Thrombozytenkonzentration geringer als 30.000–50.000/mm^3 ist, muss substituiert werden. Frischplasma ist bei plasmatischen Gerinnungsstörungen indiziert. Eine AT-III-Substitution sollte bei Werten <75% erwogen werden (Tilsner 1988; Kuhn 1981).

Die Gabe von *Magnesiumsulfat* 4–6 g/Tag dämpft die zerebrale Übererregbarkeit und verbessert die Plazentadurchblutung über eine Relaxation des Uterus. Magnesiumionen hemmen die Freisetzung von Acetylcholin an den motorischen Endplatten und in den cholinergen Synapsen des autonomen Nervensystems. Die Wirkung auf die motorische Endplatte ist von besonderem Interesse für die Allgemeinanästhesie, weil bei Einleitung die Gefahr der Regurgitation und *Aspiration* größer ist als ohne Magnesiumvorbehandlung. Weiterhin sind mögliche Interaktionen zwischen Magnesium und Antihypertensiva, Narkotika und Muskelrelaxanzien zu bedenken. Eine vorsichtige Anwendung der Muskelrelaxanzien ist erforderlich, um einen Relaxansüberhang zu vermeiden (Gutsche 1988).

Der therapeutische Spiegel liegt bei 2–3 mmol/l. Toxische Spiegel über 5 mmol verursachen respiratorische Insuffizienz und Herzstillstand. Magnesium kann mit Kalzium antagonisiert werden.

Sonstige Erkrankungen der Mutter

Für die Durchführung einer Anästhesie bei Patientinnen mit Vorerkrankungen gelten grundsätzlich die gleichen Besonderheiten der jeweiligen Erkrankung hinsichtlich Kontrindikationen und Komplikationen wie bei der nichtschwangeren Frau. Es sollte jedoch zusätzlich berücksichtigt werden, dass aufgrund der physiologischen Veränderungen in der Schwangerschaft die Kompensationsmechanismen der hiervon betroffenen Organsysteme eingeschränkt sind.

Schwangere mit einer vorbestehenden *Herz-Kreislauf-Erkrankung* etwa können bereits unter der erhöhten Belastung durch die Schwangerschaft dekompensieren. Eine Anästhesie bedeutet für diese Patientinnen eine kritische Mehrbelastung und sollte hinsichtlich Indikation und Verfahrensweise – möglichst durch einen erfahrenen Anästhesisten – sorgfältig vorbereitet und durchgeführt werden. Hierbei sind die speziellen anästhesierelevanten Veränderungen bei der jeweiligen Erkrankung zu berücksichtigen.

Liegt eine Vorerkrankung im Bereich der *Atemwege* vor, so ist eine rückenmarksnahe Regionalanästhesie zu bevorzugen. Ferner sind die Wirkungen der seitens des Gynäkologen verabreichten Medikamente auf den Atemwegstrakt in die Überlegungen miteinzubeziehen.

37.4
Besondere Gefahren bei speziellen Anästhesieverfahren

Die geplante Sectio caesarea wurde in Deutschland 1996 zu etwa 60% in Allgemeinanästhesie durchgeführt, zu ca. 31% in Epidural- und zu ca. 9% in Spinalanästhesie. Bei der Notsectio betrug die Allgemeinanästhesie-Rate ca. 90%. Regionalanästhesieverfahren (RA) gewinnen jedoch im In- und Ausland in den letzten Jahren zunehmend an Bedeutung. So stieg die Rate an Regionalanästhesie für die geplante Sectio in Deutschland in den letzten Jahren von 15% (1982) auf 40% (1990) an. In Großbritannien stieg dieser Anteil von 32% (1982) auf 71% (1992), in der Schweiz betrug sie 1992 über 80%. In den USA stieg der Anteil von RA bei Sectioentbindung von 55% (1985) auf 83% (1995) an (Meuser 1998, Wulf 1998).

Dieser deutlich zu verzeichnende Trend zur Regionalanästhesie ist wohl hauptsächlich auf 2 Gründe zurückzuführen: Einerseits scheint das Bewusstsein für die um ein Vielfaches höhere Mortalität bei geburtshilflichen Eingriffen in Allgemeinanästhesie im Vergleich zur Regionalanästhesie zu wachsen. Belegt wird dieser Sachverhalt durch zahlreiche Publikationen in den letzten Jahren. Andererseits wächst auch der Wunsch der Schwangeren nach einer bewusst erlebten Entbindung.

Für sonstige operative Eingriffe in der Schwangerschaft gilt: Elektive Eingriffe während einer Schwangerschaft sollten vermieden oder zumindest erst nach der 12. SSW durchgeführt werden, da dann die Organogenese des Fetus weitgehend abgeschlossen ist. Für dringliche Eingriffe ist ein regionalanästhesiologisches Verfahren, falls möglich, unbedingt zu bevorzugen.

Allgemeinanästhesie

Die mütterliche Mortalitäts- und Morbiditätsrate bei geburtshilflichen Eingriffen ist bei Durchführung einer Allgemeinanästhesie noch immer um ein Vielfaches höher als bei Anwendung eines regionalanästhetischen Verfahrens. Dabei war in den Jahren 1985 bis 1990 ein Abfall der anästhesiebedingten Mortalitätsrate zu verzeichnen (Confidential enquiries into maternal death in England und Wales 1952-1991; Sachs 1989; May 1994). Die Mortalitätsrate für die Regionalanästhesie fiel in diesem Zeitraum deutlich ab (Hawkins 1997).

Die überwiegende Mehrzahl anästhesiebezogener mütterlicher Todesfälle ereignet sich bei der notfallmäßig durchzuführenden Sectio caesarea (Barrier 1983; Dick 1985; Morgan 1987). Die meisten Komplikationen ereignen sich hierbei in der Zeit zwischen Einleitung der Allgemeinanästhesie bis zur Intubation. Aspiration, Intubationsschwierigkeiten/ fehlgeschlagene Intubationsversuche bzw. nicht erkannte Fehlintubation, gefolgt von Hypoxie und Herz-Kreislauf-Stillstand, sind die hauptsächlichen Ursachen der anästhesiebezogenen mütterlichen Mortalität.

Fast 50% der Aspirationen sind vergesellschaftet mit Intubationsschwierigkeiten (Gibbs 1986; Turnbell 1986; Malan 1988).

Neben den üblichen Vorbereitungen und Vorsichtsmaßnahmen im Rahmen einer Allgemeinanästhesie sind daher für die Durchführung einer Allgemeinanästhesie bei der Schwangeren einige besondere Aspekte zu berücksichtigen, die sich aus den beschriebenen schwangerschaftsbedingten physiologischen Veränderungen bezüglich Physiologie und Anatomie ergeben.

- Jede zur Narkose anstehende geburtshilfliche Patientin ist als *aspirationsgefährdet* zu betrachten. Daher sollte eine Aspirationsprophylaxe mit Antazida und/ oder H_2-Rezeptorantagonisten durchgeführt werden.
- Jede Frau mit fortgeschrittener Schwangerschaft gilt als *nicht nüchtern*. Im Rahmen der Narkoseeinleitung sollte daher eine ausreichende Präoxygenierung, bei fortgeschrittender Schwangerschaft mit anschließender Crash-Intubation erfolgen. Grundsätzlich muss bei diesen Patientinnen mit einer schwierigen Intubati-

on gerechnet werden. Die Linksseitenlage dient der Vermeidung eines *aortokavalen Kompressionssyndroms*.

- Bei der Sectio caesarea empfiehlt sich bis zur Abnabelung des Kindes eine inspiratorische O_2-Konzentration von 0,5 sowie eine geringe, schwangerschaftsphysiologische Hyperventilation.
- Eine sparsame Dosierung von volatilen Anästhetika sowie ein Verzicht auf Opioide zur Vermeidung einer medikamenteninduzierten fetalen Depression ist ratsam. Hypoxie, Blutdruckabfälle und sonstige Stresssituationen sollten unbedingt vermieden werden.
- Bei Eingriffen vor dem Geburtstermin verbietet sich wegen der Gefahr von vorzeitigen Wehen die Anwendung von Ketamin.
- In der Frühschwangerschaft sollte wegen möglicher Schäden für den Fetus kein N_2O verwendet werden. Eine Überwachung der Vitalfunktionen des Fetus seitens des Gynäkologen sollte prä-, intra- und postoperativ gewährleistet sein.

Periduralanästhesie

Indikationen für eine Spinal- oder Periduralanästhesie während der Schwangerschaft sind alle operativen Eingriffe, die ein solches Verfahren erlauben, sofern keine Kontraindikationen bestehen. Wie bereits ausgeführt, ist die Mortalitäts- bzw. Komplikationsrate hierbei erheblich niedriger als bei einer Allgemeinanästhesie. Ferner wird die Möglichkeit einer Periduralanästhesie zur Wehenlinderung in der Geburtshilfe zunehmend genutzt.

> **!** Kontraindikationen und Komplikationen der Periduralanästhesie sind bei der schwangeren Frau im Prinzip die gleichen wie bei der nichtschwangeren Patientin. Jedoch führen anatomische und physiologische Veränderungen in der Schwangerschaft zu einigen Besonderheiten.

Die schwangerschaftsbedingte *Vasodilatation* wird im Periduralraum durch größere, gut durchblutete Venen repräsentiert. Zusammen mit der hormonell bedingten zunehmenden Wassereinlagerung verursacht dies eine Verkleinerung des restlichen periduralen Raums. Unter der Geburt erhöht die Druckwirkung der Uteruskontraktionen zusätzlich den Rückstau im venösen System, so dass die Blutfülle des periduralen Venengeflechts noch größer wird. Diese Faktoren erschweren das Auffinden des Periduralraums und erhöhen die Inzidenz der damit verbundenen Komplikationen.

Die Häufigkeit der unbeabsichtigten *Durapunktion* bei der Periduralanästhesie wird bei sehr erfahrenen Anästhesisten mit 0,2% als Durchschnitt und im Extremfall mit bis 30% angegeben (Cotton 1985; Gielen 1989). Die Durapunktion erfolgt mit der Nadel, selten mit dem Katheter. Bei akzidenteller Durapunktion müssen Nadel und Katheter entfernt werden und im nebenliegenden Segment erneut versucht werden, den Periduralraum aufzufinden.

Es besteht nun einerseits die Gefahr, dass versehentlich größere Mengen Lokalanästhetika intrathekal infiziert werden, andererseits besteht das Risiko für *postspinalen Kopfschmerzen*. Diese sind frontal oder okzipital lokalisiert, gelegentlich wird auch über einen steifen Nacken geklagt. Die Häufigkeit postspinaler Kopfschmerzen nach Durapunktion korreliert eng mit der Größe des Lochs, welches in die Dura gesetzt wurde, und somit mit der Stärke der Punktionsnadel.

Die *Ursache* des postspinalen Kopfschmerzes wird in dem kontinuierlichen, leichten Liquorverlust aus der Punktionsstelle gesehen. Wehen und Pressen unter der Geburt bewirken einen Druckanstieg und erhöhen den Liquorverlust.

Bei schwangeren Frauen ist die *Inzidenz* der Kopfschmerzen nach Durapunktion deutlich höher als bei nichtschwangeren Frauen (Thornberry 1988; Ross 1992; Cesarini 1990). Nach Crawford (1994) litten etwa 70% der Patientinnen, bei denen eine

Durapunktion erfolgt war, unter den klassischen Kopfschmerzen. Diese halten in der Regel bei suffizienter Therapie nicht länger als 3–5 Tage an.

Die *Behandlung* des postspinalen Kopfschmerzes beinhaltet strenge Bettruhe bis zur Besserung der Beschwerden, ausreichende Flüssigkeitszufuhr, um den Flüssigkeitsverlust über das Liquorleck auszugleichen, sowie eine symptomatische analgetische Therapie, z. B. mit NSAID. Sollte dies nicht ausreichen, kann eine Blutpatch vorgenommen werden. Hierzu werden unter streng aseptischen Bedingungen ca. 10 ml Blut aus einer Armvene der Patientin entnommen und in den benachbarten Intervertebralspalt zur vorigen Punktion epidural injiziert. Dadurch kommt es zu einem Verschluss des Duralochs sowie einer Druckerhöhung im Epiduralraum. Diese Behandlung ist sehr erfolgreich. Oft verschwinden die Kopfschmerzen auf Anhieb, bei ca. 90% andauernd. Falls die Kopfschmerzen wieder auftreten sollten, hilft in ca. 95% der Fälle ein 2. Blutpatch. Risiken und Komplikationen des Blutpatchs sind Rückenschmerzen für 1–2 Tage, Parästhesien während der Injektion, Fieber und Infektion (Ezzat 1985; Gielen 1989; Valerie 1993).

Die *Punktion einer Epiduralvene* erfolgt entweder beim Vorschieben der Periduralnadel oder, dies häufiger, beim Vorschieben des Periduralkatheters. Die stärkere venöse Durchblutung des Epiduralraums erhöht die Häufigkeit der Venenpunktion in der Schwangerschaft von normalerweise 2,8% auf 8% (Cotton 1985). Da sich während einer uterinen Kontraktion die Venen zusätzlich vergrößern, sollten die Punktion und das Einführen des Katheters in den Periduralraum nur während eines kontraktionsfreien Intervalls erfolgen. Mit Injektion von 10 ml NaCl-Lösung in den Epiduralspalt vor Einführen des Katheters wird das Risiko der Gefäßverletzung etwas vermindert.

Tritt nach erfolgreichem Auffinden des Periduralraums Blut aus der Nadel, sollte das Stilett in die Nadel eingeführt und einige Minuten abgewartet werden. Ist eine epidu-

Erratum

List, Osswald, Hornke (Hrsg.)
Komplikationen und Gefahren in der Anästhesie
4., erweiterte und überarbeitete Auflage
ISBN 3-540-66433-5

© Springer-Verlag Berlin Heidelberg 2003

Leider hat sich der technische Fehlerteufel bei der Produktion eingeschlichen. Wir bitten die folgende Korrektur zu berücksichtigen und entschuldigen das Versehen:

Seite 551, rechte Spalte:
Die Dosierungsangabe von Sufenta lautet 30 µg.

Seite 554, rechte Spalte:
Die Dosierungsangabe von Adrenalin lautet 15 µg.

rale Vene verletzt worden, kommt die Blutung in diesen Minuten des Wartens zum Stillstand, so dass der Katheter dann eingeführt werden kann. Blutet es weiter, ist davon auszugehen, dass die Nadel intravenös plaziert ist und entfernt werden muss. Da sich nun ein Hämatom bilden kann, ist die Identifikation des Periduralraums an dieser Stelle sehr erschwert, ein erneuter Versuch sollte in einem angrenzenden Segment unternommen werden.

Die Größenzunahme der epiduralen Venen verkleinert den übrigen Epiduralraum und erhöht damit die *Ausbreitung* der epidural verabreichten Medikamente. Diese werden wegen des vergrößerten Venenplexus gut absorbiert. Die nachfolgende Absorption von epidural oder intrathekal verabreichten Substanzen ist dann aber aufgrund einer verlangsamten Kapillarzirkulation in den Meningen verzögert und kann die Dauer der Analgesie verlängern. Diese beiden Faktoren erfordern eine *Dosisreduktion* der Lokalanästhetika um 25% (Müller-Holve 1985).

Durch den periduralen Druckanstieg während einer Uteruskontraktion kann die Ausbreitung des Anästhetikums noch deutlich höher werden. Daher ist nach Injektion der Testdosis die Hauptdosis des Anästhetikums in einer Wehenpause zu geben. Selbst bei Beachten dieser Vorsichtsmaßnahmen ist bei der schwangeren Frau das Risiko der nichtkalkulierbaren hohen Ausbreitung des Sensibilitätsverlusts und ggf. des Ausfalls der Motorik erhöht. Neben den bekannten Komplikationen einer hohen Ausbreitung wie Blutdruckabfall, Bradykardie usw. wurden bei der Schwangeren als Folge einer extrem hohen, teilweise über unerklärliche Wege gehenden Ausbreitung des Lokalanästhetikums ein Horner-Syndrom beobachtet. Auch eine Blockade des N. trigeminus wurde beschrieben (Sprung 1991).

Bei der *vaginalen Entbindung* ist für eine optimale Analgesie während des ersten Teils des Geburtsvorgangs, bei dem die Uteruskontraktion und die Dilatation der Zervix Schmerzen bereiten, eine Blockade der Segmente Th10–L1 erforderlich. Für den 2.Teil

wird eine Blockade von S2 bis S4 benötigt, da die Dehnung und das Ziehen an der Faszie, der Haut und dem subkutanen Gewebe und der Druck auf die perinealen Muskeln den Hauptanteil der Schmerzen verursachen (Cohen 1983). Eine signifikante arterielle Hypotension oder Beeinträchtigung der Atmung sind bei dieser Ausbreitung nicht zu erwarten (Abb. 37.4).

Ein bewährtes Lokalanästhetikum zur Wehenschmerzlinderung ist das Bupivacain, da es in Konzentrationen von 0,125% bis 0,5% eine hervorragende sensorische Analgesie ohne tiefe muskuläre Blockade bewirken kann. Die Anwendung von höheren Konzentrationen birgt die Gefahr eines stärkeren Blutdruckabfalls als Ergebnis einer ausgeprägten Sympathikusblockade sowie eine stärkere motorische Blockade. In der letzten Zeit jedoch hat sich immer mehr das weniger kardiotoxische Ropivacain, evtl. in Kombination mit Opioiden durchgesetzt.

Bei der „*walking epidural*" werden 20 ml Ropivacain 0,2% verdünnt mit 24 ml NaCl 0,9%, mit 6 ml (30 mg) Sufenta mite versetzt. Diese Substanzmischung führt zu einer reinen Schmerzlinderung, wobei die Wehen jedoch weiterhin gespürt werden und die Motorik erhalten bleibt. Somit bleibt ein koordiniertes Pressen möglich. Eine tragbare PCA-Pumpe erlaubt der Patientin eine Mobilisation unter Analgesie sowie eine weitgehende Eigendosierung der verabreichten Analgetikamenge, was sich in der Regel positiv auf den Geburtvorgang sowie die psychische Verfassung der Gebärenden auswirkt. Diese Methode hat sich bisher sehr bewährt. Wesentliche hypotensive Krisen oder andere Komplikationen konnten wir bei korrekter Lage des Katheters nicht beobachten. Aus Sicherheitgründen sollte die Patientin aber nur in Begleitung und mit einem tragbaren Blutdruck- und Pulsmessgerät aufstehen.

Bezüglich der *Aufklärung* für eine geburtshilfliche PDA ist unbedingt zu beachten, dass es sich hierbei um einen Elektiveingriff handelt. Haben die Wehen bereits eingesetzt, so befindet sich die Patientin in einer schmerzbedingten Extremsituation. In

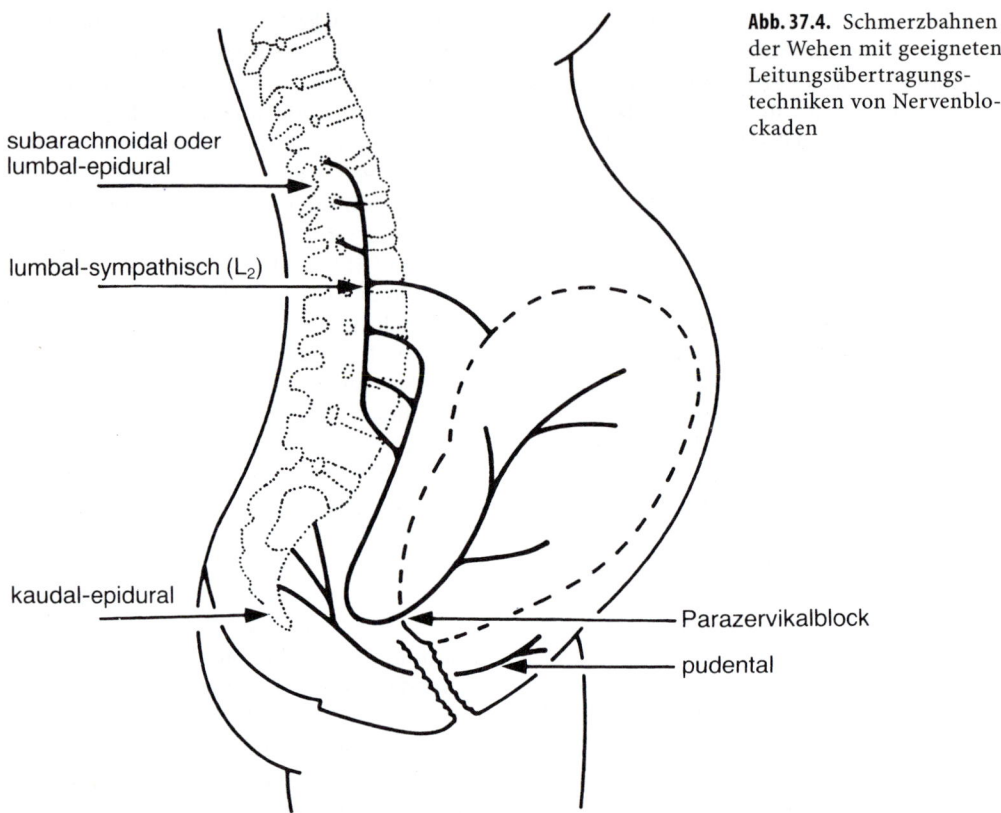

subarachnoidal oder
lumbal-epidural

lumbal-sympathisch (L₂)

kaudal-epidural

Parazervikalblock

pudental

Abb. 37.4. Schmerzbahnen der Wehen mit geeigneten Leitungsübertragungstechniken von Nervenblockaden

dieser Situation ist eine Aufklärung für einen elektiv durchgeführten Eingriff nach der aktuellen Rechtsprechung ungültig!

> **!** Die Schwangere sollte rechtzeitig vor Wehenbeginn über die Möglichkeit einer geburtshilflichen PDA sowie über Komplikationen und Risiken aufgeklärt werden. Hierfür empfiehlt sich ein Zeitpunkt einige Wochen vor dem geplanten Entbindungstermin. Ferner sollte die Periduralanalgesie dann rechtzeitig geplant und durchgeführt werden. Oftmals wird der Anästhesist erst bei weit fortgeschrittener Geburt dazugerufen. Die Bedingungen zur Durchführung sind dann deutlich erschwert und die PDA kann ihre Wirksamkeit nicht mehr rechtzeitig voll entfalten.

Die *Sectio caesarea* kann sowohl in Spinalanästhesie wie auch in Periduralanästhesie mittels einer Anästhetikakonzentration durchgeführt werden, die sensibel und motorisch wirksam ist. Hierfür ist einen Verlust der Sensibilität bis mindestens Th4 erforderlich. Dies führt allerdings zu einer hohen Sympathikusblockade und einer deutlich höheren motorischen Blockade. Die Höhe der motorischen Blockade (Th4–Th10) kann bei einer Schwangeren schneller zu respiratorischen Schwierigkeiten führen als bei einer Nichtschwangeren. Dies ist auf die funktionellen Veränderungen der Ventilation und der Anatomie des Thorax zurückzuführen. Patientinnen mit schwacher Atemmuskulatur sollten deshalb nicht für die hohe regionale Blockade vorgesehen werden.

Empfehlungen für die PDA zur Sectio sind z. B. zunächst 10–12 ml Bupivacain 0,5% in sitzender Position einzuspritzen. Nach 15 min ist die Höhe der Blockade zu überprüfen. Für jedes fehlende, unblockierte Segment werden 1,5 ml zugegeben (Cotton 1985). Auch hier hat das Ropivacain wegen seiner schneller einsetzenden Wirkung im Vergleich zum Bupivacain und seiner geringeren kardiotoxischen Wirkung Vorteile. Es bewirkt in einer Konzentrationvon 0,75% eine gute sensible und motorische Blockade (Morton 1997) und kann ebenfalls mit Sufentanil versetzt werden. Dies bewirkt eine intensivere und längere Anlagesie. Bei Patientinnen unter 50 kg Körpergewicht oder unter 1,50 m Körpergröße sollten kleinere Volumina des Anästhetikums eingesetzt werden.

Neben dem zu späten Anlegen der PDA können unblockierte Segmente oder ein unilateraler Block Ursache einer *unvollständigen Analgesie* sein.

Unblockierte Segmente stellen sich gewöhnlich als Schmerz in der Leiste oder über der Blase dar und werden während der Uteruskontraktionen schlimmer. Abhilfe schafft zeitweise die Injektion von 3–4 ml des gleichen, jedoch höher konzentrierten Lokalanästhetikums durch den Katheter oder eine Infiltration im Bereich des schmerzenden Gebiets.

Zu einer *unilateralen Blockade* kommt es in 8-20% der Fälle, vermutlich durch eine laterale Lage des Katheters. Dieser sollte 1–2 cm zurückgezogen und eine erneute Injektion des Lokalanästhetikums vorgenommen werden. Wird auch hiermit keine bilaterale Blockade erreicht, muss die Periduralanästhesie in einem angrenzenden Segment wiederholt werden.

Tritt eine Blockade nur im Bereich eines *einzelnen Nerven* auf, so ist die Injektion des Lokalanästhetikums aufgrund einer Fehllage des Katheters in den Paravertebralraum erfolgt. Auch in diesem Fall wird der Katheter zunächst eine kurze Strecke, ca. 2 cm, zurückgezogen und mit einer erneuten Injektion versucht, eine ausreichende Analgesie zu erzielen.

Häufig und unangenehm ist die unzureichende Beseitigung *tiefer Rückenschmerzen*, die auf eine persistierende okzipitoposteriore Position des fetalen Kopfes und/oder ein flaches Os sacrum zurückzuführen ist.

Die Schwangere fühlt den Schmerz in der Tiefe des Os sacrum. Er wird durch den Druck des Uterus auf den hinteren Teil des Beckens einschließlich des lumbosakralen Plexus verursacht. Bei wiederholten zusätzlichen Verabreichungen des Lokalanästhetikums zur Linderung dieses Schmerzes ist darauf zu achten, dass nicht die zulässige Gesamtmenge von Lokalanästhetika überschritten wird, um der Gefahr einer toxischen Reaktion zu entgehen.

Bei der lumbalen Periduralanästhesie kommt es lediglich in injektionsnahen Segmenten zu einer annähernden Sättigung durch das Lokalanästhetikum, während die sakralen und thorakalen Segmente mit dem Abstand zum Injektionsort abnehmende *Blockierungsqualitäten* aufweisen. So können trotz scheinbar ausreichender segmentaler Ausbreitung stärkere Reize schmerzhaft empfunden werden oder als Zeichen einer Nervenleitung Übelkeit und Erbrechen ausgelöst werden (Rietbrock 1981). Neben Manipulationen des Operateurs am Peritoneum viscerale bei der Sectio werden Übelkeit und Erbrechen auch durch hypotensive Perioden oder durch das Medikament Ergometrin ausgelöst.

Neben den Vorteilen, die eine Analgesie mittels Epiduralanästhesie in der Geburtshilfe hat, werden folgende Nachteile diskutiert:

- Verlängerung der Eröffnungsphase,
- Verlängerung der Austreibungsphase,
- Haltungs- und Einstellungsanomalien,
- vermehrt operative Entbindungen,
- Einschränkung der Eigenaktivität der Gebärenden.

Die Angaben über die Auswirkungen auf die Uterusaktivität sind unterschiedlich. Meistens wird auf eine Hemmung der Wehentätigkeit in der Eröffnungsphase hingewiesen. Es kommt dabei zu einer vorübergehenden Abnahme der Intensität der einzelnen Wehen bei unveränderter Wehenfrequenz (Ra-

Sektion F

be 1976). Neben der Verlängerung der Eröffnungsphase sind besonders die Beeinträchtigung der Austreibungsphase sowie die mangelnde Mitarbeit beim Pressen und als Folge davon eine erhöhte Frequenz von operativen vaginalen Entbindungen als wesentlicher Nachteil der epiduralen Anästhesie angeführt worden (Schneider 1983).

Die Austreibungsphase der normalen Geburt ist gekennzeichnet durch einen 1. Abschnitt, in dem der vorangehende Teil oder auch die Leitstelle am kindlichen Köpfchen sich einstellt, das Köpfchen sich dreht und zugleich in den Geburtskanal tiefer eintritt. Entscheidend für den Mechanismus der Einstellung und Rotation ist der Tonus der Beckenmuskulatur. Der Beckenboden wird in erster Linie von der kräftigen trichterförmigen Gestalt der Muskelplatte des M. levator ani gebildet, der durch seinen Muskeltonus einen Widerstand für das im Geburtskanal tiefer tretende Köpfchen darstellt und somit die maximale Flexion wie auch die Drehung der kleinen Fontanelle nach vorn induziert.

Bei Verlust des Tonus des M. levator ani bleiben die optimale Einstellung und Rotation aus, und es kommt vermehrt zu Einstellungs- und Haltungsanomalien im Sinne des tieferen Querstands oder der hinteren Hinterhauptslage.

Nach erfolgter Einstellung, Rotation und Tiefertreten des Köpfchens folgt der 2. Abschnitt der Austreibungsphase, der durch das aktive Mitpressen der Gebärenden gekennzeichnet ist. Die Preßphase kann durch eine Störung sowohl der sensorischen wie auch der motorischen Bahnen des für das aktive Mitpressen erforderlichen Reflexbogens beeinträchtigt werden. Eine solche Beeinträchtigung der Austreibungsphase erfolgt durch die Epiduralanästhesie in Abhängigkeit von dem verwendeten Medikament, der Dosierung sowie der Form der Verabreichung (Cohen 1983; Müller-Holve 1985; Alon 1983; Rietbrock 1981).

Ein Großteil der beschriebenen Nachteile kann durch die Anwendung niedrig konzentrierter Lösungen, die eine überwiegend sensible Blockade verursachen, reduziert werden. Aus diesem Grund werden Konzentrationen von 0,375%, 0,25% bis zu 0,125% Bupivacain oder 0,2% Ropivacain gegeben.

Eine gute Analgesie mit geringer motorischer Blockade und längerer Wirkdauer wird auch mit der Kombination einer kleinen Dosis eines Lokalanästhetikums mit einem Opioid erzielt (Naulty 1990). Als Opioid hat sich Fentanyl bewährt. In entsprechenden Studien (Chestnut 1988) konnten keine nachteiligen Auswirkungen des Fentanyls auf den Fetus oder das Neugeborene, ebenso keine mütterliche Atemdepression gesehen werden. Gute Erfahrungen sind auch mit Sufentanil gemacht worden (Russel 1993; Vertommen 1991; Valerie 1993; Cohen 1988). Zur vaginalen Entbindung empfiehlt Vertommen (1989) nach Verabreichung einer geeigneten Testdosis, ggf. mit 15 mg Adrenalin, den Beginn der Blockade mit 1 0 ml 0, 125%igem oder 0,25%igem Bupivacain mit 50 μg Fentanyl. Nach Erreichen der adäquaten Analgesie wird mit einer initialen Infusion von 0,0625- bis 0,125%igem Bupivacain mit 1 μg/ml Fentanyl, 8–12 ml/h, fortgefahren. Eine stündliche Überwachung der sensorischen Höhe und der Tiefe der Analgesie hat zu erfolgen. Die Infusionsrate wird nach oben oder unten entsprechend der Höhe der sensorischen Blockade eingestellt. Eine Konzentrationserhöhung des Lokalanästhetikums erfolgt, wenn die Blockade nicht tief genug ist. Zur Überwachung der motorischen Blockade soll die Fähigkeit der Patientin, ihre Beine anzuheben, jede halbe Stunde überprüft werden.

Schwerwiegender als bei der Nichtschwangeren ist das Auftreten einer *Hypotension* im Rahmen einer Peridural- und Spinalanästhesie. Die durch eine hohe Ausbreitung der Nervenblockade bewirkte ausgedehnte Sympathikolyse führt zur Weitstellung der Gefäße und erniedrigtem venösem Rückfluss. Dehydratation, V.-cava-Kompressionssyndrom und Blutungen sind Faktoren, die für sich allein bereits zu einem Blutdruckabfall führen können. Treffen solche Faktoren mit einer spinal oder peridural bedingten Hypotension zusammen, so kann das Ausmaß der Hypotension gefährliche Maße annehmen.

Neben den Risiken für die Mutter beinhaltet eine Hypotension auch *Risiken für den Fetus*. Die mit dem Blutdruckabfall gekoppelte Einschränkung der Uterusdurchblutung führt zu einer Verminderung der fetalen O_2-Versorgung.

Bei der rückenmarknahen Anästhesie soll eine ausreichende *Prähydratation* eine Hypotension verhindern oder zumindest ihre Auswirkung mildern. Es wird empfohlen, 1–2 l bzw. 15 ml/kgKG einer ausgeglichenen Elektrolytlösung innerhalb von 20 min zu infundieren. Alternativ können auch kleinere Mengen von kolloidalen Substanzen [Polygelatine, Hydroxyäthylstärke (HÄS)] oder 5%iges Albumin infundiert werden. Diese Prähydratation vor Einsetzen der Blockade senkt die Häufigkeit der Hypotension von 15 auf 1% (Cotton 1985; Conklin 1988; Mokriski 1988). Eine Kombination von kristalloiden und kolloidalen Lösungen zur Prähydratation (z. B. 1000 ml Ringerlösung und 1000 ml HÄS 6%) scheint einen weiteren präventiven Effekt hinsichtlich einer Hypotension im Rahmen einer Regionalanästhesie zu haben (Vercauteren 1996).

Lediglich bei Patientinnen unter Tokolyse sollte diese Prähydratation nicht erfolgen, da hier das Risiko einer Flüssigkeitsüberladung und eines Lungenödems größer ist als das der Hypotension.

Kommt es trotz dieser Maßnahmen zu einem rapiden und deutlichen Blutdruckabfall um mehr als 20% des Ausgangswertes, ist die Gabe von Sympathikomimetika wie z. B. Ephedrin oder Akrinor angezeigt.

> **!** Da die aortokavale Kompression die häufigste Ursache für eine Hypotension bei der Gebärenden ist, ist die Linksseitenlage zur Entlastung der V. cava vom graviden Uterus eine weitere wichtige prophylaktische Maßnahme.

Bei Prävention und Therapie der Hypotension ist folgendes zu beachten: Wenn die autonome Blockade allmählich nachlässt und der Vasomotorentonus sich wieder erholt, erniedrigt sich die vaskuläre Kapazität. Wurden nun zur Prähydratation kolloidale Substanzen verwendet, so können diese wesentlich schlechter als Elektrolytlösungen die Zirkulation verlassen. Das heißt, sie werden langsamer ausgeschieden, als die zunehmende Reduktion der venösen Kapazität es erforderlich macht. In diesen Fällen resultiert daraus eine relative Überladung der Zirkulation. Auch eine länger als die Vasomotorenblockade anhaltende Wirkung eines Sympathikomimetikums bewirkt eine Tendenz zur Hypertension insbesondere dann, wenn repetitive Dosen erforderlich waren.

Liegt bei der Schwangeren eine Organfunktionsstörung vor, die eine akute Zunahme des intravasalen Volumens nicht tolerieren lässt, wie z. B. eine Herzerkrankung oder eine chronische Anämie, kann eine momentane relative Flüssigkeitsüberladung schwerwiegende Folgen haben.

Da Lokalanästhetika bei Periduralanästhesie aus dem mütterlichen Blutkreislauf auch in den fetalen Blutkreislauf übertreten, ist bei Wahl und Dosierung des Lokalanästhetikums zu beachten, dass zu hohe fetale Blutspiegel *Intoxikationserscheinungen beim Fetus* hervorrufen können (vgl. Abschn. „Medikamenteninduzierte fetale Depression").

Spinalanästhesie

Die Indikationen für eine Spinalanästhesie sind ähnlich wie für eine Periduralanästhesie.

> **!** Neben der Sectio caesarea ist sie gut geeignet für Operationen mit vaginalem Zugang wie Cerclage, operative vaginale Entbindung, manuelle Lösung der Plazenta usw. Zur Schmerztherapie während der Wehen können Opioide mit der Spinalanästhesie bzw. der kontinuierlichen Spinalanästhesie mit Katheter angewandt werden (Camann 1993; Hurley 1990; Valerie 1993).

Sektion F

Der niedrige spinale Block, der Sattelblock, bewirkt eine vaginale und perineale Analgesie, die der des Pudendusblocks ähnelt. Ähnlich der PDA ist auch bei der Spinalanästhesie das Risiko für eine Hypotension, für postspinale Kopfschmerzen und einer zu hohen Blockadeausbreitung größer als bei der Nichtschwangeren.

Eine Spinalanästhesie kann rasch durchgeführt werden und die Blockadewirkung setzt schnell ein. Sie ist somit gegenüber der Periduralanästhesie von Vorteil, wenn ein rascher Einsatz der Analgesie erforderlich ist. Der rasche Wirkungseintritt hat jedoch auch Nachteile. Der schnelle Einsatz einer ausgedehnten Vasomotorenblockade lässt wenig Zeit für die Kompensation einer absoluten oder relativen Hypovolämie, zumal die Kompensationsmechanismen bei der schwangeren Frau durch die allgemeine Gefäßweitstellung und ggf durch die Kompression der V. cava sowieso beeinträchtigt sind. Die *Hypotension* fällt daher oftmals dramatischer aus als bei der Periduralanästhesie. Übelkeit und Erbrechen der Mutter und Depression des Neugeborenen sind das Ergebnis der hypotensiven Episode. Ausreichende Prähydratation mit Elektrolytlösung oder kolloidalen Lösungen und die Linksseitenlage sind unbedingte Voraussetzung für die Spinalanästhesie.

Da trotz dieser Vorbereitungen bei elektiver Sectio caesarea in Spinalanästhesie in 80% der Fälle eine mütterliche Hypotension auftritt, sollte bereits bei einem Blutdruck von 80% des Ausgangswerts ein Bolus Ephedrin bzw. eine Tropfinfusion mit Ephedrin gegeben werden (Crawford 1984, Kar 1999).

Eine zu hohe Ausbreitung der Spinalanästhesie beinhaltet neben dem größeren Risiko einer schwereren Hypotension die Gefahr eines *totalen spinalen Blocks* und der Apnoe mit Bewusstlosigkeit.

Die Gebärende benötigt wegen der geringen Kapazität des intrathekalen Raums für die Spinalanästhesie eine um 30% geringere Lokalanästhetikamenge als die Nichtschwangere. Die Injektion während einer Wehe ist zu vermeiden, da unter diesen Umständen eine übermäßige Ausbreitung provoziert werden könnte. Bei Verwendung hyperbarer Lösungen lässt sich die Ausbreitung entsprechend dem Operationsbereich recht gut steuern (Conklin 1988).

Häufiger als bei der Periduralanästhesie kommt es bei der Spinalanästhesie zu *Übelkeit*. Diese beruht meist auf der bereits beschriebenen Hypotension (Kar 1999). Eine im Rahmen einer Spinalanästhesie zur Sectio auftretende Hypotension kann wegen eingeschränkter Kompensationsmechanismen rascher eintreten und stärker ausgeprägt sein als bei der nichtschwangeren Patientin (s. oben). Ein 5-minütiges Messintervall für den Blutdruck reicht hier eventuell nicht aus, um einen solchen Abfall zu registrieren.

Wird einem Blutdruckabfall rasch genug mit einer Bolusgabe von z. B. Ephedrine gegengesteuert, so lässt sich die Häufigkeit auftretender Übelkeit während einer Spinalanästhesie zur Sectio deutlich reduzieren (Kar 1999). Außerdem gelten natürlich die oben beschriebenen Empfehlungen zur Hypotensionsprophylaxe und -therapie im Sinne einer kausalen Therapie der Übelkeit. Eine Übelkeit ohne Blutdruckabfall spricht nach Kar gut auf eine Therapie mit Anticholinergika an.

Parazervikale Nervenblockade

Sehr lange galten der Parazervikalblock und der Pudendusblock (s. unten) zur Linderung des Wehenschmerzes während der Eröffnungs- und Austreibungsphase als die sichersten und sehr wirksame Analgesieverfahren. Seit Einführung der Epiduralanästhesie haben jedoch beide Verfahren aufgrund spezifischer, erheblicher Risiken an Bedeutung verloren (Green 1997).

Die parazervikale Blockade stellt die transvaginale Form der Leitungsanästhesie durch Injektion des Lokalanästhetikums über das seitliche Scheidengewölbe links und rechts in das parazervikale Gewebe dar. Sie unterbindet den Dehnungsschmerz des Gebärmutterhalses und den Schmerz der uterinen Kontraktion in der mittleren und späten Phase der Eröffnungsperiode. Eine erfolgreiche Ausschaltung der Schmerzen im ersten Teil der Geburt wird in 50–90% der Fälle erreicht.

Bei der parazervikalen Blockade sind gehäuft fetale Komplikationen und zahlreiche neonatale Todesfälle beschrieben worden. Dies ist auf den direkten und indirekten Einfluss des Lokalanästhetikums auf den Fetus zurückzuführen (Crawford 1984).

Im reichen Venenplexus wird das Lokalanästhetikum sehr gut resorbiert. Der Einfluss des Medikaments auf den Fetus nach Plazentapassage ist von der übergetretenen Menge und der Höhe des kindlichen Blutspiegels abhängig. Die häufig beschriebene, einige Minuten nach Anwendung der Blockade einsetzende *fetale Bradykardie und Hypoxie* (selten länger als 15 min andauernd) werden als Folge der direkten Einwirkung des Lokalanästhetikums auf den Fetus angesehen. Über die fetale Bradykardie, die mitunter ziemlich schwer ausfallen kann, wird bei 2–7% aller Feten, die mit dieser Anästhesieform entbunden werden, berichtet.

Wirkungen des Lokalanästhetikums auf die uterinen Blutgefäße bestehen in Vasokonstriktion und in einer Verminderung des uteroplazentaren Blutflusses. Weitere Komplikationen führen zum schnellen Übertritt des Lokalanästhetikums zum Fetus:
- Einstich in das seitliche Scheidengewölbe erfolgt zu tief,
- versehentliche Injektion in das untere Uterinsegment,
- versehentliche Injektion in eine Arterie oder Vene,
- versehentliche Injektion in eine tiefsitzende Plazenta,
- Infusion des Lokalanästhetikums über die A. uterina direkt in den intervillösen Raum und in die fetale Zirkulation.

In einer überregionalen europäischen Studie wurde eine ausgeprägte Mortalitätsrate festgestellt. Die kindliche Mortalität nach der Durchführung einer parazervikalen Blockade mit Bupivacain rangierte bei 0,16% verglichen mit einer Mortalitätsrate von 0,03% bei Verwendung von Mepivacain (Shnider 1970; Tafeen 1968; Freeman 1972).

Für die Mutter bestehen bei intravaskulärer Injektion Komplikationsmöglichkeiten in Form von Schwindel, Ohrensausen und Krämpfen. Die Vorbeugung besteht in einer Injektion ohne Druck auf das Scheidengewölbe, welches die Wahrscheinlichkeit der intravaskulären Injektion reduziert. Die Injektion in die Nähe der Sakralnerven führt zur Anästhesie des Beins. Blutungen aus dem Scheidengewölbe nach Injektion führen zu einem Hämatom. Ein Blutdruckabfall tritt nur in Zusammenhang mit dem V.-cava-Kompressionssyndrom auf.

Für eine sichere Durchführung der Parazervikalblockade wird empfohlen, die Dosierung der Lokalanästhetika nach Möglichkeit niedrig zu halten. Hinzu kommt die Notwendigkeit, die fetale Herzfrequenz kontinuierlich zu überwachen. Das Auftreten einer fetalen Bradykardie muss den Arzt veranlassen, eine mögliche fetale Kreislaufdepression und Azidose ins Auge zu fassen. Eine mäßige nichtprogressive Bradykardie bedarf keiner besonderen Therapie außer einer sorgfältigen Beobachtung, wobei man allerdings für eine kardiopulmonale Reanimation gerüstet sein sollte.

Pudendale Nervenblockade

Der Pudendusblock wird in der Regel vom Geburtshelfer durchgeführt und stellt eine sehr wirksame Form der Analgesie beispielsweise für die Episiotomie dar.

Mittels Anästhesie des N. pudendus wird eine perineale Anästhesie in Höhe der Spina ischiadica für die Austreibungs- und Preßperiode erreicht. Der N. pudendus besteht aus Anteilen des 3. und 4. Sakralnerven.

In ca. 5% der Fälle entstehen durch komplette oder teilweise Ausschaltung des *N. ischiadicus* sensorische und motorische Ausfälle im Bereich der unteren Extremitäten. Diese Folgezustände bilden sich schnell zurück. Weitere Komplikationen können in einer *Abszessbildung* bestehen, insbesondere wenn das Rektum durchstochen und eine Injektion gesetzt wurde (0,06%). Eine *intravaskuläre Injektion* und eine Überdosierung sind weitere Komplikationen. Als Injektionsvolumen werden 35 ml benötigt, so dass die Lösung für eine pudendale Blockade eine Konzentration von 1% nicht überschreiten sollte. Ein Nichteinsetzen der Analgesie oder eine nicht ausreichende Analgesie macht eine lokale Infiltration oder andere lokale Verfahren wie Sattelblock, Epiduralanästhesie usw. nötig.

37.5
Auswirkungen der Anästhesie auf den Fetus

Ergebnisse der Münchner Perinatalstudie (Selbmann 1977; Selbmann 1980), die 26 geburtshilfliche Kliniken umfassen, zeigen, dass operativ entbundene Kinder zumindest kurzfristig ein signifikant schlechteres Abschneiden als die natürlich zur Welt gekommenen Kinder haben. So boten u. a. die 1-, 5- und 10-min-Werte des heute nur noch als grobes Raster anzusehenden Apgar-Schemas nach operativer Geburtsbeendigung etwa 3- bis 4mal so häufig Werte unter 7 als bei Normalentbindungen.

Dass bereits die Narkose selbst und ihre Dauer komplikationsträchtige Faktoren für das Kind darstellen, zeigt sich in den Zusammenhängen zwischen Anästhesiedauer und Apgar-Werten. Möglicherweise ist die Anästhesiedauer auch Ausdruck des Schweregrades der Komplikation, die zu einer operativen Entbindung geführt hat. Daher ist die Anästhesiedauer auch eine Folge der präexistenten Beeinträchtigung der Mutter und/oder des Fetus und nicht nur Ursache derselben.

So weisen Kinder, bei denen das Intervall zwischen Narkoseeinleitung und Abnabelung nur kurz ist, sehr viel bessere Vitalfunktionen auf als solche, deren Entbindung längere Zeit in Anspruch nimmt. Ein zeitabhängig vermehrter diaplazentarer Über-

tritt von Anästhetika, die Länge des Intervalls zwischen Inzision ins Myometrium und vollständiger Entbindung des Kindes und eine stressinduzierte Katecholaminaktivierung mit signifikantem Abfall der Uterusdurchblutung sind die Ursache dafür und führen zu einer zunehmenden Störung des kindlichen Wohlbefindens, die bei einem kranken Fetus noch ausgeprägter sind.

> **!** Führen bereits eine komplikationslose Narkose und Entbindung bzw. Sectio zu einer Beeinträchtigung des Kindes, so können Komplikationen bei der Mutter zu schwerer Kreislaufdepression führen.

Zum Verständnis der Ursachen, der Behandlung und der möglichen Prävention anästhesiebedingter fetaler Depression ist die Kenntnis der fetalen Physiologie Voraussetzung.

Abortrisiko

Bei der Durchführung eines Anästhesieverfahrens während der Frühschwangerschaft muss sowohl die Sicherheit der Mutter als auch die des Fetus in Rechnung gestellt werden. Die Mechanismen, die zu einer intrauterinen fetalen Asphyxie in der Frühschwangerschaft führen, sind die gleichen wie am Geburtstermin. Die physiologischen Veränderungen sind entsprechend dem Zeitpunkt der Schwangerschaft unterschiedlich ausgeprägt.

Eine reproduktive Dysfunktion *(Abortus oder Frühgeburt)* ist bei jenen Frauen häufiger, die während ihrer Schwangerschaft eine Operation hatten. Eine Relation zu einem besonderen Anästhetikum konnte nicht nachgewiesen werden. Man nimmt an, dass eine Beziehung zum Stimulus der Operation (z. B. Manipulation am Uterus, Zug am Peritoneum) besteht (Shnider 1981; Mokriski 1988).

Teratogenität

Die Verabreichung von Medikamenten, so auch von Anästhetika, beinhaltet die Gefahr der *Teratogenität* im weitesten Sinne. Dies schließt Aborte, Mißbildungen unterschiedlicher Ausprägung, morphologische Auffälligkeiten, funktionelle Störungen sowie Verhaltensbeeinträchtigungen ein. Die Mechanismen der Schädigungen sind vielfältig und reichen von direkter Genschädigung über Störung des Stoffwechsels oder der Zellteilung bis zur Chromosomenschädigung (Smith 1999). Ferner hängt das Entstehen und die Ausprägung von Schädigungen von vielen Faktoren wie Dosis und Zeitpunkt der Applikation in der Schwangerschaft sowie zusätzlichen Stressfaktoren wie Hypoxie, Hyperkapnie oder vermindertem uterinem Blutfluss ab.

Viele der üblicherweise gebrauchten Anästhetika und Medikamente zur Prämedikation sind bei einigen Tierarten als teratogen bekannt, beim Menschen ist jedoch eine Teratogenität von Anästhetika nicht nachgewiesen. Die Übertragbarkeit von tierexperimentellen Untersuchungen auf den Menschen ist allerdings schwierig. Somit bedeutet eine Teratogenität beim Tier nicht unbedingt ebenfalls eine Teratogenität beim Menschen, umgekehrt schließt eine fehlende Schädigung im Tierversuch eine mögliche Schädigung am Menschen keinesfalls aus. Die Zahl der Frauen, die sich einer Anästhesie während der Schwangerschaft unterzogen haben, war bisher zu klein, um eine teratogene Wirkung der verwendeten Pharmaka auszuschließen.

Aus diesem Grund sollte ein elektiver Eingriff auf einen Zeitpunkt nach der Entbindung verschoben werden. Günstig ist dabei der Zeitpunkt 6 Wochen nach der Entbindung, da sich bis dahin auch die physiologischen Veränderungen der Schwangerschaft zurückgebildet haben (Bradley 1983). Bedingt dringliche Eingriffe sollten nach Möglichkeit in das 2. oder 3. Trimenon verschoben werden, da im 1. Trimenon die Organogenese besonders sensibel für die Induktion kindlicher Fehlbildungen ist.

Dringliche Eingriffe sollten, wenn immer möglich, in Regionalanästhesie durchgeführt werden.

Die teratogene Wirkung von *Lachgas* wurde bereits mehrfach in tierexperimentellen Untersuchungen belegt. Man vermutete lange Zeit einen erniedrigten Methioninspiegel als Ursache für die beobachteten Mißbildungen. Dies wird jedoch inzwischen kontrovers diskutiert. Am Menschen konnte bisher kein teratogener Effekt nachgewiesen werden. Trotzdem sollte bei Eingriffen in der Frühschwangerschaft, besonders im 1. Trimenon, auf die Inhalation von Lachgas verzichtet werden.

Bei Tieren, die den *volatilen Anästhetika* Halothan, Enfluran, Isofluran ausgesetzt waren, wurden unterschiedlich ausgeprägte Mißbildungen sowie Verhaltensbeeinträchtigungen gefunden. Einen Nachweis für die schädliche Wirkung am menschlichen Fetus gibt es bisher nicht.

Für die *Muskelrelaxanzien* Pancuronium, Atracium und Vecuronium sind im Tierversuch keine teratogenen Effekte gefunden worden (Fujinaga 1992). Auch eine Untersuchung der *Opioide* Sufentanil und Alfentanil an Ratten ergab keine Hinweise auf Teratogenität in Dosen, die keine Atemdepression verursachen. Fetotoxische Effekte, die bei höheren Dosen auftraten, schreibt man dem Effekt einer Atemdepression zu (Fujinaga 1988). Bei der Verwendung hoher Dosen Morphin sowie von Pethidin konnten allerdings Mißbildungen gefunden werden (Martin 1992).

Plazentarer Transport von Anästhetika

Der Austausch von Pharmaka findet zwischen Mutter, Fetus und Fruchtwasser statt. Die Volumina der Kompartimente von Mutter und Fetus stehen am Geburtstermin im Verhältnis 17:1. Dieser Unterschied bedingt, dass nach einer Bolusinjektion von Arzneimitteln toxische Konzentrationen im Fetus weit eher erreicht werden als bei der Mutter.

Der Stoffaustausch findet über die Plazenta und die Nabelschnur statt. Sauerstoff,

Sektion F

Nährstoffe und Medikamente werden über die Umbilikalvene zum Fetus transportiert. Kreislaufstörungen der Mutter führen zu einer Abnahme des plazentaren Transfers all dieser Substanzen in Richtung Fetus.

Bei Fetus und Neugeborenem bestehen erhebliche Unterschiede im *Kreislauf*. Beim Fetus fließen etwa 50% des Umbilikalvenenblutes durch die fetale Leber, die restlichen 50% münden unter Umgehen der Leber durch den Ductus venosus direkt in die V. cava inferior (Abb. 37.5). Da also ein Teil der Medikamente zunächst die fetale Leber passiert, bevor sie das fetale Gewebe errei-

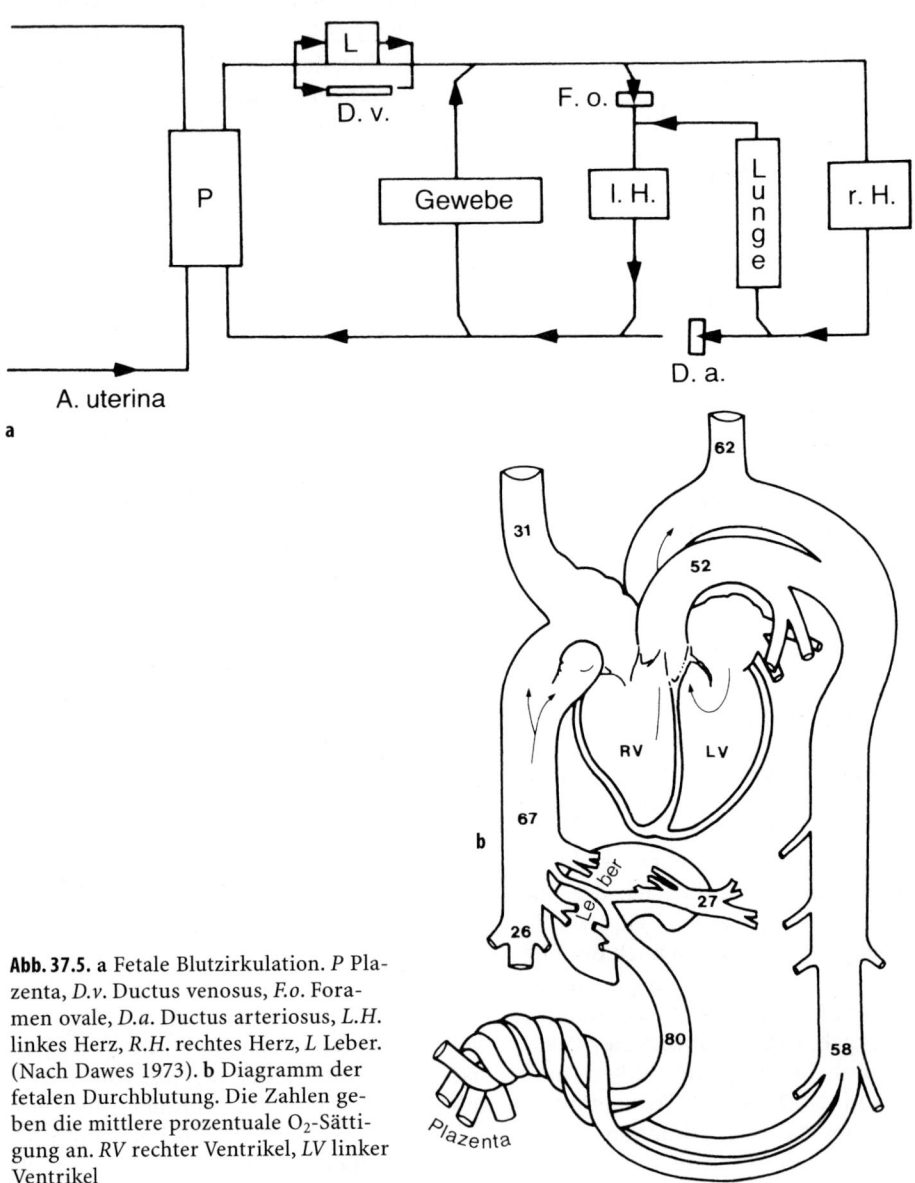

Abb. 37.5. a Fetale Blutzirkulation. *P* Plazenta, *D.v.* Ductus venosus, *F.o.* Foramen ovale, *D.a.* Ductus arteriosus, *L.H.* linkes Herz, *R.H.* rechtes Herz, *L* Leber. (Nach Dawes 1973). **b** Diagramm der fetalen Durchblutung. Die Zahlen geben die mittlere prozentuale O$_2$-Sättigung an. *RV* rechter Ventrikel, *LV* linker Ventrikel

chen, soll der fetalen Leber eine gewisse Schutzfunktion zukommen. Sie muss allerdings wegen des kleinen Lebervolumens als gering eingeschätzt werden. Eine weitere Verdünnung erfährt die Medikamentenkonzentration, wenn das Blut der Umbilikalvenen mit venösem Blut des fetalen Gastrointestinaltraktes, der unteren Extremität und letztlich der Lungen vermischt wird.

Aus diesem speziellen Verteilungsmuster der fetalen Zirkulation resultiert ein verzögerter Ausgleich zwischen fetalem Gewebe und Blut bzw. ein verzögertes Anfluten von Substanzen in das fetale Gewebe. Dies stellt sich durch einen persistierenden Konzentrationsgradienten der Medikamente zwischen Umbilikalvene und -arterie dar. Ebenso folgt daraus: Je höher die Gewebelöslichkeit eines Medikamentes ist, desto niedriger ist sein Konzentrationsanstieg in der Umbilikalarterie.

Am besten lässt sich dies am Beispiel der *Inhalationsanästhetika* demonstrieren, da für diese Stoffe weder Plazenta noch fetale Leber eine Barriere darstellen. Infolge des parallel geschalteten fetalen Kreislaufs erfahren die mütterlichen Konzentrationen an 2 Orten eine Verdünnung: in der Plazenta durch Equilibrierung von mütterlichem Blut mit dem Nabelschnurvenenblut und im Herzen bzw. in den großen Gefäßen durch Vermischung von Nabelschnurvenenblut mit dem Blut aus dem fetalen Gewebe.

Unter Voraussetzung der gleichen Durchblutung der Plazenta auf der mütterlichen und auf der fetalen Seite sind die Aufnahme des Anästhetikums in die Gewebe und die Abflutung aus dem Gewebe des Fetus um das 3fache im Vergleich zur Mutter verzögert. Entsprechend sind unabhängig von den physikochemischen Eigenschaften des Narkotikums die Zeitkonstanten zur Equilibrierung der Konzentrationen bzw. der Partialdrücke in den fetalen Geweben um das 3fache größer als die entsprechenden Zeitkonstanten der Mutter. Eine Einschränkung der uterinen Durchblutung führt immer zu einer weiteren Verzögerung der Anflutung.

Schneller, als aufgrund dieser Faktoren zu erwarten wäre, kann allerdings eine Erhöhung des fetalen O_2-Partialdrucks erreicht werden. Die O_2-Bindung im fetalen Gewebe ist nämlich sehr klein, so dass eine Equilibrierung des Sauerstoffs im fetalen Blut mit fetalem Gewebe schnell erreicht wird. Entsprechend kann die kurzfristige Gabe von reinem Sauerstoff an die Mutter während der Sectio in Inhalationsanästhesie vor Abnabelung sehr schnell den O_2-Partialdruck des fetalen Blutes erhöhen.

Das Abfluten von N_2O aus dem fetalen Gewebe ist sofort nach der Abnabelung unvollständig. Sofern bei der Narkose N_2O eingesetzt worden ist, bedeutet dies, dass jedes durch Sectio entbundene Neugeborene bei guten Apgar-Werten zunächst Sauerstoff über die Maske zu erhalten hat, um eine Diffusionshypoxie zu vermeiden.

Der *Stoffaustausch* durch die Plazenta erfolgt durch die physikochemischen Mechanismen, die den Durchtritt der Stoffe im Bereich der Membran selbst modifizieren. Diese Mechanismen sind: einfache Diffusion, beschleunigte Diffusion, aktiver Transport und Pinozytose.

Weitere Faktoren, welche die Verteilung von Medikamenten zwischen mütterlichem und fetalem Gewebe beeinflussen, sind Lipidlöslichkeit bzw. Wasserlöslichkeit, Ionisationsgrad bzw. pH-Wert, Eiweißbindung, Molekulargewicht und Konzentrationsgradient. Gestationsalter, pathophysiologische, genetische und umweltbedingte Einflüsse führen zu individuellen Unterschieden in der Beziehung zwischen Dosis und Stärke der Wirkung bzw. Geschwindigkeit des Wirkverlustes bei Mutter und Fetus und bewirken eine hohe Variabilität plazentarer Transportvorgänge (s. folgende Übersicht).

Sektion F

Determinanten der plazentaren Transportvorgänge von Arzneimitteln

ÜBERSICHT

	Parameter		Transport
Chemisch-physikalische Eigenschaften eines Pharmakons	Fettlöslichkeit	↑	↑
	Dissoziationsgrad	↑	↓
	Eiweißbindung	↑	↓
	Molekülgröße	↑	↓
Dosierung und Applikationsart	Konzentrationsgradient	↑	↑
Plazentaeigenschaften	Durchblutung	↓	↓
	Alter	↑	(↓)
	Arzneimittelmetabolismus	↑	(↓)

Die Transportrate eines Pharmakons ist mit zunehmender Fettlöslichkeit erhöht, mit Zunahme von Dissoziationsgrad, Eiweißbindung und Molekulargröße erniedrigt.

Die einzelnen physicochemischen Eigenschaften beeinflussen in unterschiedlichem Ausmaß die Passage durch die Plazenta. So hat die Lipidflüssigkeit einen höheren Stellenwert als die Eiweißbindung und, auch wenn der Konzentrationsgradient zwischen der mütterlichen und der fetalen Plazentaseite nach einer intravenösen Bolusinjektion am höchsten ist, ist während einer Wehe nur mit einem geringen Übertritt des Pharmakons zu rechnen, da die Diffusionsrate auch durch die Plazentadurchblutung und durch die Vorgänge in der Austauschfläche beeinflusst wird.

Nach Überwinden der plazentaren Barriere wird entsprechend den physicochemischen Eigenschaften die jeweilige Substanz an Blut- und Gewebebestandteile gebunden. Diffusion und Bindung der Medikamente an Eiweiß können durch fetale Asphyxie, Hypotonie und Azidose erheblich gestört werden.

So erhöht z. B. die fetale Azidose den Transfer von Lokalanästhetika über die Plazenta, da bei schwach alkalisch reagierenden Lokalanästhetika pH-Wertdifferenz und Dissoziationsgrad die Geschwindigkeit des Transfers zwischen mütterlicher und fetaler Seite bestimmen (Abb. 37.6).

Die höheren fetalen Gewebespiegel von Lokalanästhetika in Gehirn und Herzmuskulatur unter Hypoxie und Azidose beruhen auf 3 Mechanismen:
1) Beschleunigung der maternofetalen Diffusion in Abhängigkeit vom pH-Wertgradienten;
2) Verkleinerung des Gesamtverteilungsraums des fetalen Gewebes, da unter diesen Bedingungen der Blutfluss in der Plazenta, zum fetalen Gehirn, Herz und Nebennieren erhöht ist zu Lasten der Durchblutung von Lungen, Nieren und Milz;
3) Absinken des fetalen Albumingehalts im Schock mit Erhöhung des freien Anteils an Lokalanästhetika und beschleunigte Aufnahme in die gut durchbluteten Gewebe.

Medikamenteninduzierte fetale Depression

Inhalationsanästhetika wie N_2O, Halothan, Enfluran und Isofluran kreuzen die Plazenta. Der Grad der fetalen Depression steht in enger Beziehung zur Gesamtmenge des verwendeten Anästhetikums. Dabei müssen die eingeatmete Konzentration und die Zeit der Verabreichung in Rechnung gestellt werden. Folglich nehmen die kindlichen Blut- und Gewebespiegel mit der Entbindungs- und damit auch mit der Narkosedauer zu.

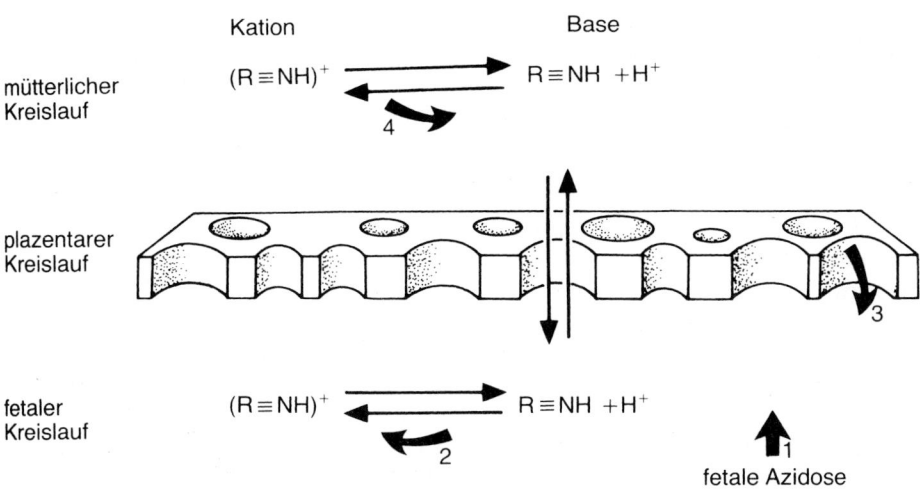

Kation | Base

mütterlicher Kreislauf $(R \equiv NH)^+ \rightleftharpoons R \equiv NH + H^+$ 4

plazentarer Kreislauf

fetaler Kreislauf $(R \equiv NH)^+ \rightleftharpoons R \equiv NH + H^+$ 2

3

1

fetale Azidose

Abb. 37.6. Eine fetale Azidose erhöht den Transfer der Lokalanästhetika durch die Plazenta. Das Dissoziationsgleichgewicht der Lokalanästhetika im Fetus ist nach links abgedriftet. Driftet das Dissoziationsgleichgewicht im mütterlichen Kreislauf nach rechts, werden mehr basische Anästhetika auf den Fetus übertragen. (Nach Albright 1978)

Subanästhetische Konzentrationen (50% N_2O, 0,2–0,5% Halothan, 0,6–1% Enfluran oder 0,75% Isofluran) führen zu keiner Depression des Fetus, wenn die Zeit zwischen Narkoseeinleitung und Entwicklung des Kindes nicht den Rahmen des Üblichen sprengt, der mit bis zu 25 min angesetzt werden kann (Phillips 1981). Für die neueren Inhalationsanästhetika Desfluran und Sevofluran liegen noch keine ausreichenden Erfahrungen mit Anwendungen bei schwangeren Frauen vor. Es ist aber anzunehmen, dass es sich bei diesen Medikamenten ebenso verhält. Eine durch Inhalationsanästhetika induzierte Depression des Fetus kann durch assistierte Ventilation über eine O_2-Maske behoben werden. Eine postpartale O_2-Gabe hat wegen der Gefahr der Diffusionshypoxie zu erfolgen.

Thiopental ist gut fettlöslich und passiert sehr rasch die Plazenta. Innerhalb von 2–3 min erreicht die Thiopentalkonzentration in der A. wie auch in der V. umbilicalis ihren Spitzenwert. Um die verminderte plazentare Durchblutung während der Wehen auszunutzen, sollte der Injektionszeitpunkt,

soweit möglich, mit dem Wehenbeginn zusammenfallen. Thiopental unterliegt einer raschen Verteilung im Fetus. Ein Teil des Medikamentes, welches die Plazenta gekreuzt hat, unterliegt einem First-pass-Effekt in der fetalen Leber. Dadurch wird der Anteil, der das fetale Gehirn erreicht, etwas geringer. Thiopental hat auf das Neugeborene in Dosen von 4 mg/kgKG ideales Schwangerschaftsgewicht keinen nachteiligen Effekt, es deprimiert das Neugeborene erst, wenn größere Dosen (8 mg/kgKG) verwendet wurden (Phillips 1981; Landauer 1981; Douglas 1993).

Ketamin, ein exzellentes Analgetikum, passiert rasch die Plazenta. Es hat nur einen begrenzten Einsatz in der Geburtshilfe wie zur Narkoseeinleitung. Dosierungen von mehr als 1 mg/kgKG zeigen eine deutliche Depression des Neugeborenen und eine Skelettmuskelrigidität, die eine evtl. notwendige Wiederbelebung ziemlich schwierig gestaltet (Phillips 1981). Weiterhin ist bei höheren Dosierungen mit Komplikationen zu rechnen, die aus der uterustonisierenden Eigenschaft erwachsen können. Untersuchungen,

Sektion F

bei denen nur 0,25 mg/kgKG Ketamin verwendet wurden, zeigten keine nachteiligen Wirkungen auf den Fetus (Shnider 1981).

Propofol, welches rasch die Plazenta passiert, kann sowohl zur Anästhesieeinleitung mit 2 mg/kgKG als auch zur intravenösen Anästhesie mit ca. 6 mg/kgKG verwendet werden. Im Vergleich zu Thiopental soll es nach der Intubation seltener zu hypertensiven Blutdruckwerten kommen. Während einige Autoren Propofol als gute Alternative zu Thiopental sehen, beschreiben andere, dass insbesondere nach prolongierten Propofolinfusionen bis zur Entwicklung des Kindes die Apgar-Werte zwar befriedigend, aber etwas schlechter als nach Thiopental seien (Celleno 1993; Kanto 1990; Gin 1990; Zamora 1994; Douglas 1993).

Etomidat hat den Nachteil, dass es die Stressantwort des Organismus nur ungenügend zu dämpfen vermag, so dass eine hieraus resultierende Beeinträchtigung des Kindes möglich wäre.

Diazepam und Midazolam werden zur Narkoseeinleitung und zur Sedation der Mutter verwendet. Beide Medikamente passieren rasch die Plazenta und bewirken insbesondere nach intravenöser Gabe eine Hypotonie und Hypothermie bei Neugeborenen.

Prinzipiell kann jedes Opioid, welches der gebärenden Frau gegeben wird, eine Atemdepression der Neugeborenen verursachen. Der Säugling reagiert empfindlicher auf die zentralnervöse Wirkung des Opioids. Das Neugeborene hat weniger Myelin im Gehirn und einen höheren zerebralen Blutfluss als der Erwachsene. Auch die Proteinbindung und die Mechanismen der Atmungskontrolle unterscheiden sich von denen des Erwachsenen (Morselli 1980). Opioide passieren nach intravenöser Gabe rasch die Plazenta und obwohl sie heute sicher antagonisierbar sind, gelten sie bis zur Abnabelung des Kindes als kontraindiziert. Die epidurale Anwendung kleiner Dosen, meist in Kombination mit Lokalanästhetika, hat jedoch keine nachteiligen Wirkungen auf den Fetus (Cohen 1988; Capogna 1989; Ezzat 1992).

Wegen ihres hohen Ionisationsgrades und niedrigen Fettlöslichkeit durchqueren *nichtdepolarisierende Muskelrelaxanzien* nur schwer die Plazenta. Die fetalen Blutkonzentrationen betragen 5–20% der mütterlichen Blutkonzentration (Douglas 1993). Wird bis zur Entwicklung des Kindes die Relaxation mit dem rasch anflutenden *Succinylcholin* vorgenommen und ggf. durch entsprechende Repetitionsdosen aufrechterhalten, erweist sich der schwangerschaftstypische Abfall der Serumcholinesterase als Vorteil. Die notwendige Gesamtmenge kann relativ niedrig gehalten werden. Bei hohen Dosierungen kann es infolge der vagotropen Wirkung des Succinylcholins zu Bradykardien und zu einer Abnahme des Herzminutenvolumens kommen.

Liegt bei der Mutter eine atypische Serumcholinesterase vor und wird die übliche klinische Dosis von Succinylcholin (1–3 mg/kgKG) zur Relaxierung während einer Narkose verabreicht, kann sie zu einer Apnoe des Neugeborenen führen, sofern hier ebenfalls ein Mangel an Cholinesteraseaktivität vorliegt.

Die Regionalanästhesie wird i. allg. als die sicherste Methode zur schmerzlosen Entbindung genannt. Dennoch können die Lokalanästhetika auch gewisse deprimierende Wirkungen zeigen. Das Medikament gelangt entweder über den mütterlichen Kreislauf oder durch direkte Injektion zum Fetus. Neugeborene mit einer solchen Komplikation zeigen systemische Wirkungen einer kardiovaskulären und zentralnervösen Depression. Die Konzentration im mütterlichen Blut hängt ab von dem Injektionsweg, der Dosis, der Metabolisierungsrate und der Häufigkeit der Injektion. Nach epiduraler Injektion sind die höchsten mütterlichen Blutspiegel nach 10 min erreicht, die höchsten fetalen Blutspiegel weitere 10 min später. Bei der Spinalanästhesie gibt es keine relevanten Blutspiegel.

Lokalanästhetika sind schwache Basen mit einer Dissoziationskonstante zwischen 7,7 und 9. Deshalb liegen sie zum größten Teil nichtionisiert vor. Dies bedeutet, dass der Transport durch die Plazenta ziemlich frei erfolgt. Alle Lokalanästhetika sind lipidlöslich, wobei jedoch das Ausmaß der Lipidlöslichkeit bei den einzelnen Lokalanästhetika variiert. Sie sind relativ kleine Moleküle. So sind die Faktoren, die den plazentaren Transport beeinflussen, die Konzentration des Lokalanästhetikums im mütterlichen Blut und das Ausmaß, mit welchem dieses Medikament an die mütterlichen Proteine gebunden wird. Bupivacain und Etidocain unterscheiden sich von den übrigen Lokalanästhetika durch die höhere Fettlöslichkeit und die höhere Bindung an Plasmaproteine. Sie passieren die Plazenta in geringerem Ausmaß als z. B. Lidocain und Mepivacain.

Eine fetale Azidose erhöht den Transfer von Lokalanästhetika über die Plazenta. Das Dissoziationsgleichgewicht des Lokalanästhetikums im Fetus verschiebt sich nach links, und dies erniedrigt den Anteil verfügbarer Basen des Lokalanästhetikums.

Da das Dissoziationsgleichgewicht im mütterlichen Blut nach rechts verschoben ist, wird der Transfer der Base des Lokalanästhetikums größer. In der Asphyxie entstehen durch den niedrigen fetalen pH-Wert ungewöhnlich hohe fetale Blutspiegel von Lokalanästhetika (s. Abb. 37.6).

Die Metabolisationsrate des Lokalanästhetikums hängt von seiner Struktur ab. Procain und Chlorprocain werden schnell durch die mütterliche Pseudocholinesterase abgebaut, so dass nur sehr selten hohe Blutspiegel bei der Mutter erreicht werden. Daher ist eine fetale Toxizität durch diese Medikamente ungewöhnlich. Medikamente mit Amidstrukturen werden jedoch langsam durch die hepatischen mikrosomalen Enzyme metabolisiert, und wiederholte Injektionen haben ein Ansteigen der Blutspiegel und damit auch ein Ansteigen der fetalen Blutspiegel zur Folge.

Die höchsten mütterlichen Blutspiegel resultieren aus einer intravaskulären Injektion von Lokalanästhetika. Beim Fetus bewirken sie eine deprimierende Wirkung auf das kardiovaskuläre System. Insbesondere bei Injektionen in sehr blutreiche Regionen, wie es bei der parazervikalen Blockade der Fall ist, ist die Gefahr der intravaskulären Injektion hoch.

Verminderte fetoplazentare Durchblutung

Die *uteroplazentare Durchblutung* um den Geburtstermin beträgt ca. 600 ml/min. Die uteroplazentaren Arterien haben hauptsächlich α-adrenerge Rezeptoren. Jedes Ereignis, welches den zentralvenösen oder systemischen Blutdruck erniedrigt, bewirkt eine *Katecholaminausschüttung.* Die Sympathikusstimulation führt zu Konstriktion der uterinen Arterien, wodurch der Blutfluss zur Plazenta erniedrigt wird. Aufgrund dieser Vasokonstriktion kann trotz gleichbleibendem mütterlichem Blutdruck die uteroplazentare Durchblutung abnehmen.

Am Geburtstermin sind die uteroplazentaren Blutgefäße maximal weit gestellt. Daher hängt in diesem Fall der uterine Blutfluss direkt vom mütterlichen Blutdruck ab. Weiterhin interferieren Veränderungen des intrauterinen Drucks und das Muster der Uteruskontraktionen mit der Plazentadurchblutung (Douglas 1993). Zu einem Blutdruckabfall kann es z. B. durch Hypovolämie oder durch negativ inotrope Wirkung der Anästhetika kommen, d. h. nach Einleitung einer Allgemeinanästhesie, nach Setzen einer Spinal- oder Epiduralanästhesie oder durch größere Blutverluste. Inzidenz und Ausmaß der Hypotension bei der rückenmarknahen Regionalanästhesie sind abhängig von der Ausbreitung der Blockade.

Zusätzlicher ausschlaggebender Faktor für eine Hypotension ist die *aortokavale Kompression.* Der Druck des graviden Uterus auf die V. cava führt zu inadäquatem venösem Rückfluss, Verminderung des Schlagvolumens und vermindertem effektivem zirkulierendem Blutvolumen. Auch wenn die kompensatorische Erhöhung des Sympathikotonus einen Blutdruckabfall verhindert, wird trotz Normotonie die uteroplazentare Durchblutung durch die Gefäßwiderstandserhöhung und durch den direkten Druck auf die Gefäße vermindert.

> **!** Aus einer ausgeprägten Hypotension resultiert eine fetale Asphyxie (fetale Hypoxie und Hyperkapnie). Es muss mit einer fetalen Depression gerechnet werden, wenn der mütterliche Blutdruck um mehr als 15% abfällt.
> Eine Kompression der Aorta ohne wesentliche Kompression der V. cava kann zu einer Mangeldurchblutung der Plazenta ohne Blutdruckabfall führen.

Veränderungen des uterinen Drucks und Musters der Uteruskontraktionen können einerseits durch Medikamente wie Oxytocin, andererseits durch eine erschwerte Wehentätigkeit verursacht werden. Die Perfusion des Uterus und der Plazenta nimmt bei zunehmendem intramyometrialem Druck ab. Die Applikation verschiedener Vasopressoren, insbesondere mit reiner alphla-mimetischer Wirkung, führt ebenfalls zu einer Abnahme des uterinen Blutflusses.

Nach Einleitung zur Allgemeinanästhesie kommt es zu einer Erniedrigung des *intervillösen Blutflusses*. Neben dem Übertritt von Anästhetika zum Fetus ist dies ein weiterer Faktor für die Beeinträchtigung des Neugeborenen nach einer Sectio. Noch ausschlaggebender als die Zeit der Narkose ist das Intervall zwischen Inzision ins Myometrium und Entbindung des Kindes. Es wird postuliert, dass unter der Allgemeinanästhesie eine Stimulation des Uterus zu einer Erniedrigung des uterinen Blutflusses führt. Wahrscheinlich bewirkt die Manipulation am Uterus – anders als während einer rückenmarknahen Anästhesie – eine Reflexvasokonstriktion der das Myometrium überquerenden Gefäße. Das Ergebnis ist eine beträchtliche Erniedrigung der Perfusion auf der plazentaren Seite (Crawford 1984). Wenn dieses Intervall relativ kurz ist (<90 s), ist es unwahrscheinlich, dass sich der Säure-Basen-Status des Neugeborenen oder sein klinisches Zustandsbild im Vergleich zu natürlich Neugeborenen verschlechtert haben. Ansonsten besteht eine direkte Korrelation zwischen neonataler Depression und Dauer des Intervalls. Wird dagegen eine Spinal- oder Epiduralanästhesie durchgeführt, hat eine lange Entwicklungszeit keine Deprimierung zur Folge, sofern keine hypotensive Periode aufgetreten ist.

Ähnliche Mechanismen hat die stressinduzierte Katecholaminausschüttung bei zu oberflächlicher Anästhesie, die zu einem signifikanten Abfall der Uterusdurchblutung führen.

Hypoxie und Hyperventilation der Mutter

Die fetale Oxygenation hängt vom O_2-Gehalt des mütterlichen Blutes unter der Entbindung ab. Ist die Mutter hypoxisch, wird der Fetus inadäquat mit Sauerstoff versorgt.

Ein ausreichender fetaler Gasaustausch wird – von sowohl qualitativ als auch quantitativ verändertem Hämoglobin einmal abgesehen - im wesentlichen erst dadurch möglich, dass die *O_2-Dissoziationskurve* des Kindes so weit nach links verschoben ist, dass sein O_2-Bedarf von durchschnittlich 7 ml/kgKG durch den hieraus resultierenden Sättigungsgradienten gedeckt wird (Abb. 37.7). Aus diesem Grund müssen alle Faktoren, die zu einer Abnahme des fetomaternalen Sättigungsgradienten führen, berücksichtigt und sorgfältig vermieden werden. Eine über den natürlichen Bedarf hinausgehende Hyperventilation der Mutter führt zu einer unphysiologischen Erniedrigung des mütterlichen p_aCO_2 die ihrerseits durch eine kritische Linksverschiebung der O_2-Bindungskurve, Abnahme des fetoplazentaren Blutflusses, Minderung des mütterlichen Herzminutenvolumens sowie die Begünstigung von Rhythmusstörungen zu einer gefährlichen Beeinträchtigung der kindlichen O_2-Versorgung führt. Hypoxie und zunehmende metabolische Azidose beim Kind sind die Folge. Als direkte klinische Folge imponieren signifikant schlechtere Apgar-Werte und ein verzögertes Ingangkommen der Spontanatmung (Crawford 1984; Cohen 1983; Marx 1975; Churchill-Davidson 1984).

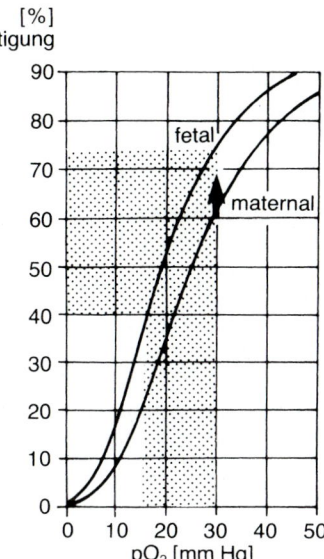

Abb. 37.7. Lage von mütterlicher und fetaler Sauerstoffdissoziationskurve. Man beachte den für die kindliche Oxygenierung entscheidenden Sättigungsgradienten. (Nach Bonica 1972)

Durch die kontrollierte Beatmung kommt es zu einer vorwiegend mechanisch bedingten Abnahme der Uterusdurchblutung um etwa ein Viertel, die auch bei Normalisierung des Partialdrucks weiterhin bestehen bleibt.

37.6 Pharmakologische Aspekte

Anästhesierelevante Nebenwirkungen von schwangerschaftsspezifischen Medikamenten

In der Geburtshilfe werden Medikamente zur Beeinflussung des Uterustonus und der Uterusmotilität eingesetzt, d. h. zur Behandlung von atonischen Blutungen, zur Geburtseinleitung und Steigerung der Wehentätigkeit oder zur Wehenhemmung, der Tokolyse. Diese Substanzen haben u. a. auch kardiovaskuläre Nebenwirkungen, die vom Anästhesisten entsprechend zuzuordnen sind, um falsche Maßnahmen aufgrund von Fehleinschätzungen zu vermeiden.

In der folgenden Übersicht sind die wichtigsten Medikamente und ihre Nebenwirkungen dargestellt. Diese Nebenwirkungen werden von der gesunden Schwangeren gut toleriert, können aber bei einer Risikopatientin oder auch durch zusätzliche Faktoren zu hämodynamischen Problemen führen.

ÜBERSICHT

Anästhesierelevante Nebenwirkungen der wichtigsten schwangerschaftsspezifischen Medikamente

β_2-Agonisten (z. B. Fenoterol zur Tokolyse)	Schwitzen, Erbrechen
	HF ↑, HZV ↑, RR ↓, Natrium- und H_2O-Retention, Glukose ↑, Kalium ↓, Sensibilisierung auf Halothan, Darmatonie
Prostaglandine	Vasokonstriktion, HF ↑, SV ↑, Druckerhöhung in der A. pulmonalis, Bronchokonstriktion
PGF_2 und PGE_2 (z. B. Dinoproston, zur Uteruskontraktion)	
Methylergometrin (Methergin, zur Uteruskontraktion)	Schwitzen, Kopfschmerzen, Schwindel,
	RR ↑, HF ↑, HF ↓, Vasokonstriktion Verstärkte vasokonstriktive Wirkung bei gleichzeitiger Anwendung von Sympathomimetika in Kombination mit Oxytozin und Hochdruckkrisen mit zerebralem Ödem möglich
Magnesium	Vasodilatation, Störung der muskulären Erregbarkeit, Wirkungsverstärkung von Muskelrelaxanzien

Sektion F

Eine vital bedrohliche Komplikation unter Medikation mit β_2-Agonisten zur Tokolyse ist das *Lungenödem*. Zusätzliche gefährdende Faktoren sind eine Gestose, ein Hydramnion, Mehrlingsschwangerschaft, vorbestehende Herz-Kreislauf-, Nieren- oder Lungenerkrankung, Magnesiumgabe oder Kortikosteroidbehandlung, die zur fetalen Lungenreifung dienen soll. Das maximale Risiko für das Lungenödem besteht 24–72 h nach Therapiebeginn (Grospietsch 1985). Eine Überwachung der Patientin ist allerdings von Therapiebeginn bis 6 Tage postpartal indiziert. Eine lückenhafte Überwachung steigert das Risiko einer unerkannten Hypoxie mit nachfolgenden kardialen und zerebralen Schäden (Turner 1986).

Für die *Ätiologie* spielen die durch β_2-Stimulation bedingten Veränderungen eine Rolle: u. a. kommt es durch Aktivierung des Renin-Angiotensin-Aldosteron-Systems und Erhöhung des ADH-Spiegels zu einer verstärkten Natrium- und Wasserretention und Rückgang der Urinausscheidung. In der Lunge ist der Druck der A. pulmonalis erhöht, welcher mit dem erhöhten HZV korreliert, der pulmonale Gefäßwiderstand ist erniedrigt. Diese Effekte begünstigen eine interstitielle Flüssigkeitsansammlung. Eine inadäquate intravenöse Flüssigkeitszufuhr kann auslösender Faktor sein.

Für die *Anästhesieführung* sind von Bedeutung:

- Die Infusionstherapie hat restriktiv zu erfolgen.
- Peridural- und Spinalanästhesie sowie DHB verstärken die β-mimetisch bedingte Vasodilatation und können zu erheblichen Blutdruckabfällen führen.
- Bei Anwendung von Halothan ist mit Herzrhythmusstörungen und sogar Kammerflimmern zu rechnen.
- Postpartale Uterusatonie und Blutungen werden begünstigt.
- β_2-Agonisten können zu einer fetalen Tachykardie und zum Verlust der Herzschlagvariabilität führen.

- Intra- und postoperativ ist auf einen ungestörten Gasaustausch sowie eine ausreichende Diurese zu achten.
- Engmaschige postoperative Überwachung ist erforderlich.

Kinetik der Anästhetika in der Schwangerschaft

Aus den beschriebenen physiologischen Veränderungen im mütterlichen Organismus im Rahmen einer Schwangerschaft ergeben sich auch veränderte Bedingungen bezüglich der Absorption, Verteilung und Elimination von verabreichten Medikamenten. Dies betrifft natürlich alle während der Schwangerschaft verabreichten Medikamente, besonderes Augenmerk soll aber hier den anästhesiologisch relevanten Substanzen gelten.

Hierbei sind zum Einen die veränderten Wirkungen bei der Mutter, zum Anderen aber auch der Übertritt von Pharmaka in den fetalen Kreislauf zu berücksichtigen. Hierzu sei auf die Abschnitte „Plazentarer Transport von Anästhetika" und „Medikamenteninduzierte fetale Depression" verwiesen.

Die *Absorption* von Medikamenten über den Gastrointestinaltrakt kann in der Schwangerschaft durch eine verlangsamte Magen-Darm-Passage (Parry 1970) oder, besonders im ersten Trimenon, durch Erbrechen vermindert sein. Es empfiehlt sich eine Einnahme außerhalb der Phase des Erbrechens (z. B. abends). Der erniedrigte pH-Wert im Magen beeinflusst die Ionisation von schwachen Säuren und Basen (Loebstein 1997). Aufgrund der schwangerschaftsspezifischen Hyperventilation und des erhöhten pulmonalen Blutflusses können inhalativ verabreichte Substanzen wie z. B. volatile Anästhetika besser aufgenommen werden. Es ist daher damit zu rechnen, dass die notwendige Dosis an Inhalationsanästhetika niedriger ist als bei der Nichtschwangeren (Palahniuk 1974).

Das *Verteilungsvolumen* ist durch das um ca. 50% erhöhte Plasmavolumen entsprechend vergrößert, verteilt auf den mütterlichen und den fetalen Kreislauf. Dementsprechend ist besonders für gut wasserlösliche Substanzen ein erniedrigter Plasmaspiegel zu erwarten. Aufgund der physiologischen Hämodilution und der damit verbundenen erniedrigten Plasmaproteinkonzentration sinkt die *Proteinbindungskapazität*, besonders von Albumin, ab (Notorianni 1990). Es resultiert eine höhere Konzentration an freiem, ungebundenem Pharmakon. Zudem werden durch Steroide und Plazentahormone weitere Proteinbindungsstellen besetzt. Diese erhöhte Konzentration an freiem Pharmakon unterliegt jedoch auch wieder einer gesteigerten Metabolisierung und Elimination (s. unten). Somit bleibt der pharmakologische Effekt in der Regel unverändert (Loebstein 1997). Das erhöhte Herzzeitvolumen führt bei einigen i.v. gegebenen Medikamenten, beispielsweise von Muskelrelaxanzien (Gin 1993) zu einem schnelleren Wirkungseintritt.

Bezüglich der hepatischen *Elimination* wurde für einige Substanzen eine Enzyminduktion, für andere eine kompetetive Hemmung von mikrosomalen Oxidasen durch Östrogen und Progesteron beobachtet. Eine klinisch relevante Auswirkung dieser Beobachtungen ist zur Zeit nicht beurteilbar. Die gesteigerte Nierendurchblutung, verbunden mit einer erhöhten Clearance führt zu einer Zunahme der renalen Ausscheidung, das erhöhte Atemminutenvolumen erlaubt ein schnelleres Abfluten von Inhalationanästhetika.

Die oben aufgeführten pharmakokinetischen Besonderheiten sind sehr komplex. Es lassen sich daraus nur wenige allgemeingültige Empfehlungen bezüglich der Wahl der verwendeten Substanzen ableiten. Die in der Schwangerschaft und zur Entbindung verabreichten Anästhetika sollten jedoch einen schnellen Wirkungseintritt und eine schnelle Elimination aufweisen sowie in möglichst kleiner Menge die Plazentarschranke überwinden.

Thiopental ist nach wie vor der Standard zur *Narkoseeinleitung*. Zur Pharmakokinetik in der Gravidität liegen sehr unterschiedliche Literaturangaben vor. Die Proteinbinding jedoch scheint unverändert (Gin 1993). Thiopental passiert aufgrund seiner hohen Fettlöslichkeit gut die Plazenta. Schädliche Wirkungen auf den Fetus sind jedoch bei erst bei hoher Dosierung zu erwarten.

Neben Thiopental verspricht *Propofol* wegen seiner schnellen Elimination Vorteile für die Mutter und eine geringe neonatale Depression. Es ist jedoch zur Zeit noch nicht für die Anwendung in der Schwangerschaft zugelassen. Der Hersteller schließt fetale Mißbildungen zur Zeit nicht aus. Ein Indikationsgebiet ist auch im Bereich von hypertensiven Erkrankungen, beispielsweise Präeklampsie zu erwarten, da es stärker als Thiopental die kardiovaskuläre Reaktion nach Intubation unterdrückt (Gin 1990). Es ist gut fettlöslich und passiert daher rasch die Plazenta.

Etomidate ist zur Einleitung in der Schwangerschaft nicht weit verbreitet. Es bietet den Vorteil der schnellen Elimination, dämpft jedoch die Stressantwort des Körpers häufig nur ungenügend, so dass mit einem nachteiligen Effekt auf den Fetus gerechnet werden muss, wenn sich auch in entsprechenden Untersuchungen keine Nachteile für das fetale Outcome nachweisen ließen (Gin 1993).

Ketamin als Razemat wurde bereits 1982 als Induktionanästhetikum zur Sectio mit gutem Outcome von Mutter und Kind verwandt (Dich-Nielsen 1982). Die Wirkung von Ketamin tritt nach etwa 1 min ein. Der anästhetische Effekt wird nach ca. 10 min durch Umverteilung beendet, der analgetische Effekt soll länger anhalten. Die Substanz wird durch das hepatische Cytochrom P 450-System metabolisiert und vorwiegend renal eliminiert. Das Entantiomer (S)-Ketamin zeigt neben der deutlich höheren analgetichen Potenz in einigen Punkten eine verbesserte Pharmakokinetik. Es wird druch eine schnellere Metabolisierung in der Leber und damit eine höhere Eliminationsrate. Dies bedingt eine geringere Substanzbelastung von Mutter und Kind sowie eine bessere Steuerbarkeit.

Sektion F

Bezüglich einer schwangerschaftsbedingt veränderten Kinetik gibt es keine Angaben. Adams empfiehlt den Einsatz von (S)-Ketamin zur Sectioeinleitung in Kombination mit einem Hypnotikum (Adams 1997). Der Einsatz von Ketamin in der Schwangerschaft (vor dem Geburtstermin) verbietet sich ansonsten wegen der Gefahr eines vorzeitigen Auslösens von Wehen.

Als *Muskelrelaxans* wird neben Suxamethonium das Atracurium empfohlen. Suxamethonium (Succinylcholin) ist wegen seiner sehr schnellen Anschlagzeit (40–60 s) nach wie vor unentbehrlich zur Narkoseeinleitung von Patienten, die wie die Schwangere als nicht nüchtern anzusehen sind. Die Pharmakokinetik von *Suxamethonium* bleibt in der Schwangerschaft weitgehend unverändert. Zwar ist wegen des höheren Verteilungsvolumens ein niedrigerer Plasmaspiegel zu erwarten, doch wird dies vermutlich kompensiert durch eine leicht verminderte Metabolisierung aufgrund einer physiologischerweise besonders im ersten Trimenon erniedrigten Pseudocholinesterase-Konzentration. Somit bleibt die klinische Wirkdauer von Succinylcholin (nachgewiesen für eine Dosierung von 1 mg/kgKG) konstant (Guay 1998). Lediglich im Falle eines klinischen manifesten Pseudocholinesterasemangels ist mit einer deutlich verlängerten Wirkzeit zu rechnen.

Atracurium wird hauptsächlich leber- und nierenunabhängig per Hofmann-Abbau und Esterhydrolyse metabolisert und damit rasch eliminert. Nur geringe Mengen übertreten die Plazentarschranke (Miller 1984). Zu *Vecuronium* werden in der Literatur keine klaren Empfehlungen zur Anwendung in der Schwangerschaft gegeben. Bezüglich *Rocuronium* und *Mivacurium* liegen noch keine ausreichenden Erfahrungen zur Anwendung bei Schwangeren vor. *Pancuronium* wird überwiegend über die Niere eliminert. Aus der in der Schwangerschaft gesteigerten Nierendurchblutung resultieren eine um 27% erhöhte Clearance sowie einer verkürzte Halbwertszeit von Pancuronium (Guay 1998).

Das Anfluten von *volatilen Anästhetika* erfolgt aufgund des gesteigerten Atemminutenvolumens und des höheren pulmonalen Blutflusses schneller. Ebenso ist der MAC von Halothan, Enfluran und Isofluran um etwa 25–40% erniedrigt (Gin 1994; Chan 1996). Somit ist mit bei der Schwangeren mit einem niedigeren Bedarf an diesen Substanzen zu rechnen.

Mögliche Interaktionen, beispielsweise zwischen Magnesium und Muskelrelaxanzien sollten berücksichtigt werden.

37.7
Medikamentenapplikation während Schwangerschaft und Stillzeit

Arzneimittel während der Schwangerschaft (Liste)

Zusammengestellt von Dr. J. Fränz, Oberursel.

Nebenwirkungen von Arzneimitteln können sich in der Schwangerschaft auf den Embryo bzw. Fetus wesentlich gravierender auswirken als auf den Erwachsenen. Es kann zu embryonalem Tod, Fehlbildungen und Differenzierungsstörungen kommen. Arzneimittel können auch den Geburtsvorgang stören. Stoffwechselstörungen in Feten wie auch pränatal induzierte metabolische Störungen der Neugeborenen können ebenfalls durch Medikamente verursacht werden.

In der vorliegenden Tabelle ist eine *Auswahl von Wirkstoffen* aufgeführt, für die embryo-/fetotoxische Nebenwirkungen nachgewiesen wurden oder sehr wahrscheinlich sind. Details finden sich auf den angegebenen Textseiten des u. a. Buches.

Mit 1, 2, 3 sind die Schwangerschaftsdrittel bezeichnet, für die ein besonderes Risiko gilt.

Wirkstoff	Schwanger-schaftsdrittel	Text-Seite	Wirkstoff	Schwanger-schaftsdrittel	Text-Seite
Acenocoumarol (CH)	1, 2, 3	78	Dacarbazin	1, 2, 3	132
Acetazolamid	2, 3	115	Dactinomycin	1, 2, 3	132
Acitretin	1, 2, 3	89	Daunorubicin	1, 2, 3	132
Alfacalcidol	1, 2, 3	131	Disulfiram	1, 2, 3	95
Aloe	2, 3	86	Doxorubicin	1, 2, 3	132
Aloin	2, 3	86	Doxycyclin	2, 3	66
Altretamin	1, 2, 3	132	Epirubicin	1, 2, 3	132
Amidotrizoesäure	1, 2, 3	92	Ergometrin	2, 3	99
Amikacin	1, 2, 3	65	Ergotamin	2, 3	111
Aminomethylbenzoesäure	2, 3	75	Ethadion (CH)	1, 2, 3	74
Amiodaron	1, 2, 3	62	Ethosuximid	1, 2, 3	75
Amsacrin	1, 2	132	Etidronsäure	1, 2, 3	114
Ancrod	1, 2, 3	95	Etoposid	1, 2, 3	132
Anistreplase	1, 2	96	Fluorouracil	1, 2, 3	133
Asparaginase	1, 2, 3	132	Gentamicin	1, 2, 3	65
Auranofin	1, 2, 3	59	Glibenclamid	1, 2, 3	70
Aurothioglukose	1, 2, 3	59	Glibornurid	1, 2, 3	70
Azathioprin	1, 2, 3	104	Gliclazid	1, 2, 3	70
Benzthiazid (CH)	1, 2, 3	93	Glipizid	1, 2, 3	70
Bethanechol	1, 2, 3	87	Gliquidon	1, 2, 3	70
Bleomycin	1, 2, 3	132	Glisoxepid	1, 2, 3	70
Busulfan	2, 3	132	Goldkeratinkomplex	1, 2, 3	59
Cadexomer-Iod	2, 3	91	Hydroxycarbamid	1, 2, 3	133
Carbamazepin	1, 2, 3	73	Hydroxychloroquin	1, 2, 3	59
Carbimazol	1, 2, 3	121	Idarubicin	1, 2, 3	133
Carboplatin	1, 2, 3	132	Idoxuridin	1, 2, 3	90
Carmustin	1, 2, 3	132	Ifosfamid	1, 2, 3	133
Chinarinde, Chinin	1, 3	87	Intrauterinpessare	1, 2, 3	100
Chlorambucil	1, 2, 3	132	Iodamid (CH)	1, 2, 3	92
Chlormethin (CH)	1, 2, 3	132	Iodoxaminsäure	1, 2, 3	92
Chloroquin	1, 2, 3	59	Ioglicinsäure (CH)	1, 2, 3	92
Chlorpropamid (CH)	1, 2, 3	70	Iohexol	1, 2, 3	92
Cisplatin	1, 2, 3	132	Iopamidol	1, 2, 3	92
Clioquinol	2, 3	91	Iopansäure (CH)	1, 2, 3	92
Clodronsäure	1, 2, 3	114	Iopentol	1, 2, 3	92
Colchicin	1, 2, 3	60	Iopodate	1, 2, 3	92
Colecalciferol	1, 2, 3	131	Iopromid	1, 2, 3	92
Colestyramin	1, 2, 3	108	Iopydol	1, 2, 3	92
Colistin	1, 2, 3	65	Iopydon	1, 2, 3	92
Cyclophosphamid	1, 2, 3	132	Iotalaminsäure	1, 2, 3	92
Cytarabin	1, 2, 3	132	Iotrolan	1, 2, 3	92

Sektion F

Wirkstoff	Schwanger-schaftsdrittel	Text-Seite	Wirkstoff	Schwanger-schaftsdrittel	Text-Seite
Iotroxinsäure	1, 2, 3	92	Polyvidon-Iod	2, 3	91
Ioversol	1, 2, 3	92	Pravastatin	1, 2, 3	108
Ioxaglinsäure	1, 2, 3	92	Prednimustin	1, 2, 3	133
Ioxitalaminsäure	1, 2, 3	92	Procarbazin	1, 2, 3	133
Isotretinoin	1, 2, 3	90	Retinol	1, 2, 3	132
Liothyronin	1, 2, 3	121	Ribaverin (CH)	1, 2, 3	68
Lithium	1, 2, 3	130	Rolitetracyclin	2, 3	66
Lomustin	1, 2, 3	133	Simvastatin	1, 2, 3	108
Lovastin	1, 2, 3	108	Somatropin	1, 2, 3	103
Mefloquin	1, 2, 3	67	Streptokinase	1, 2	96
Melphalan	1, 2, 3	133	Streptomycin	1, 2, 3	65
Mercaptopurin	1, 2, 3	133	Teniposid	1, 2, 3	133
Mesuximid	1, 2, 3	75	Tetracyclin	2, 3	66
Metacyclin (CH)	2, 3	66	Thiamazol	1, 2, 3	121
Methotrexat	1, 2, 3	133	Thiotepa	1, 2, 3	133
Methylergometrin	2, 3	99	Tioguanin	1, 2, 3	133
Minocyclin	2, 3	66	Tobramycin	1, 2, 3	65
Misoprostol	2, 3	109	Tolazamid	1, 2, 3	70
Mitomycin	1, 2, 3	133	Tolbutamid	1, 2, 3	70
Mitoxantron	1, 2, 3	133	Tranexamsäure	2, 3	75
Neomycin	1, 2, 3	65	Treosulfan	1, 2, 3	133
Netilmicin	1, 2, 3	65	Trofosfamid	1, 2, 3	133
Nimustin	1, 2, 3	133	Urokinase	1, 2	96
Oxytetracyclin	2, 3	66	Valproinsäure	1, 2, 3	74
Pamidronsäure	1, 2, 3	114	Vinblastin	1, 2, 3	133
Penicillamin	1	58	Vincristin	1, 2, 3	133
Pheneturid (CH)	1, 2, 3	75	Vindesin	1, 2, 3	133
Phenoxybenzamin	1, 2, 3	130	Wacholder	1, 2, 3	110
Phenprocoumon	1, 2, 3	78	Warfarin	1, 2, 3	78
Phenytoin	1, 2, 3	72			
Plicamycin	1, 2, 3	133			
Polymyxin B	1, 2, 3	65			

Auszug der d.h. Auflage des Buches „Kleinebrecht, Fränz, Windorfer, Arzneimittel während Schwangerschaft und Stillzeit"
Wissenschaftliche Verlagsgesellschaft mbH Stuttgart 1995
Datailinformation siehe in diesem Buch
© Wissenschaftliche Verlagsgesellschaft mbH Stuttgart 1995

Übersichtskarte Arzneimittel während der Stillzeit
Zusammengestellt von Prof. Dr. med. A. Windorfer jun., Hannover

Fast alle Arzneimittel treten aus dem mütterlichen Blut in die Muttermilch über.
Da einige dem gestillten Kind gefährlich werden, können wir in der folgenden Tabelle eine Kurzbeurteilung der Arzneimittel geben. Die Ziffern bedeuten dabei: 1 = Keine Gefährdung des Säuglings anzunehmen, 2 = Stillen kann fortgesetzt werden, gute Beobachtung des Säuglings notwendig, 3 = Stillverbot oder Absetzen des Medikamentes, 2–3 = Kein Stillverbot bei einmaliger Gabe, Stillverbot bei wiederholter Therapie.

Arzneimittel	Beurteilung	Arzneimittel	Beurteilung
Acenoucoumarol	1	Cefotaxim	1
Acetazolamid	1	Cefotiam	1
Acetylsalicylsäure	2	Cefoxitin	1
Aciclovir	2	Cefradin	2
Acitretin	3	Cefroxadin	1
Agar Agar	1	Ceftazidin	2
Aluminiumhydroxid	1	Cephaloridin	1
Aluminiumoxid	1	Cephalotin	2
Amidotrizoat	1	Chinidin	2
Amikacin	1	Chloralhydrat	2
Aminoglykoside	1	Chloramphenicol	3
Amitriptylin	2	Chloroquin	1
Amoxapin	3	Chlorothiazid	2
Amoxicillin	2	Chlorpromazin	3
Amphetamin	3	Chlortalidon	3
Ampicillin	2	Chlortetracyclin	2–3
Atenolol	2	Ciclosporin	3
Atropin	3	Cimetidin	3
Aztreonam	1	Cisplatin	3
Bacampicillin	1	Clemastin	3
Baclofen	1	Clindamycin	3
Butorphanol	1	Clonazepam	3
Calciumcarbonat	1	Clonidin	3
Captopril	1	Codein	2–3
Carbamazepin	2	Coffein	2
Carbenicillin	2	Cyclophosphamid	3
Carbimazol	2	Cycloserin	2
Cascara	3	Cyproteronacetat	3
Cascaroside	3	Dantron	3
Cefadroxil	2	Dapson	1
Cefalexin	2	Diazepam	2
Cefalotin	2	Dicoumarol	1
Cefazolin	1	Digoxin	2
Cefmetazol	1	Dihydrostreptomycin	1
Cefonicid	1	Diltiazem	3
Cefoperazon	1	Dimethoxyphenypenicillin	1

Sektion F

Arzneimittel	Beurteilung	Arzneimittel	Beurteilung
Disopyramid	2	Kanamycin	2
Domperidon	1	Ketotifen	2
Doxepin	3	Labetalol	3
Doxorubicin	3	Latamoxef	2
Doxycyclin	2–3	Leinsamen	1
Epicillin	2	Levonorgestrel	1
Ergotamin	2	Lidocain	
Erythromycin	3	Lincomycin	3
Estradiol	2	Lithium	3
Ethambutol	2	Loratidin	
Ethanol	2–3	Lorazepam	1
Ethinylestradiol	1	Lormetazepam	1
Ethosuximid	2	Magnesiumhydroxid	1
Ethylbiscoumacetat	3	Magnesiumoxid	1
Etofenamat	1	Marihuana	3
Fenoterol	1	Medroxyprogesteronacetat	3
Flecainid	2	Mefenaminsäure	1
Flufenaminsäure	1	Mefloquin	2–3
Flunitrazepam	1	Mepindolol	2
Fluorid	1	Metaclazepam	1
Flurbiprofen	1	Methadon	3
Flupentixol	3	Methicillin	3
Fluvoxamin	2	Methimazol	3
Folsäure	1	Methotrexat	3
Furosemid	1	Methylcellulose	1
Gallium 67	3	Methyldopa	1
Gentamicin	1	Methylergometrin	1
Gold	3	Metoclopramid	3
Haloperidol	1	Metoprolol	2
Halothan	3	Metrizamid	1
Heparin	1	Metronidazol	2
Hexachlorcyclohexan (Lindan)	3	Mexiletin	2
Hydralazin	2	Mezlocillin	1
Hydrochlorothiazid	2	Midazolam	2–3
Hydroxychloroquin	3	Minoxidil	3
Ibuprofen	1	Moclobemid	1
Imipramin	2	Morphin	2–3
Indium 111	1	Moxalactam	2
Indomethacin	2	N-Desmethyldoxepin	3
Iod 125	3	Nadolol	2
Iodid	3	Nalbuphin	2
Isoniazid	2	Nalidixinsäure	2
Josamycin	2	Naproxen	1

Arzneimittel	Beurteilung	Arzneimittel	Beurteilung
Natriumbicarbonat	3	Pyrimethamin	2
Natriumsulfat	1	Ranitidin	3
Nifedipin	2	Reserpin	2
Nikotin	2	Rifampicin	2
Nitrendipin	2	Salazosulfapyridin	1
Nitrofurantoin	2	Salbutamol	1
Norethisteronenantat	1	Senna	3
Nortriptylin	3	Sennoside	3
Noscapin	1	Sotalol	2
Novobiocin	3	Spironolacton	1
Orciprenalin	1	Streptomycin	2
Oxprenolol	2	Sulfamethoxazol	3
Oxytetracyclin	2–3	Sulfapyridin	3
Para-Aminosalicylsäure	2	Sulfonamide	3
Paracetamol	2	Suprofen	1
Penicillin G	1	Technetium 99	2–3
Pentoxifyllin	1	DTPA Aerosol	3
Pethidin	2–3	Terbutalin	2
Phenacetin	2	Tetracyclin	2–3
Phenindion	3	Tetrahydrocannabinol	3
Phenobarbital	2	Theobromin	2
Phenolphthalein	3	Theophyllin	3
Phenylbutazon	3	Thiamphenicol	3
Phenytoin	2	Ticarcillin	1
Phosphat 32	3	Timolol	2
Piroxicam	1	Tinidazol	3
Prazepam	2	Tolbutamid	2
Praziquantel	1	Tolmetin	1
Prednisolon	2	Trazodon	2
Prednison	2	Trimethoprim	3
Primidon	2	Triprolidin	2
Procainamid	2	Valproinsäure	2
Propoxyphen	2	Verapamil	2
Propranolol	2	Vitamin D 2	1
Propylthiouracil	2	Warfarin	1
Propyphenazon	3	Zuclopenthixol	3
Pyrazinamid	1	Zopiclin	2–3
Pyridoxin	1	Zolpidem	2

Sektion F

Diese Karte enthält Informationen aus der 4. Auflage des Buches „Kleinebrecht, Fränz, Windorfer, Arzneimittel während der Schwangerschaft und Stillzeit", Wissenschaftliche Verlagsgesellschaft, Stuttgart. Detailinformation siehe in diesem Buch.

Literatur

Adams HA (1997) Vom Razemat zum Eutomer: (S)-Ketamin. Anästhesist 46: 1026–1042

Alon G (1983) Epiduralanästhesie in der Geburtshilfe. Juri, Zürich

Albright GA (1978) Anesthesia in obstetrics: Maternal, fetal, and neonatal aspects. Addison-Wesley, Menlo Park, p 116

Andersen APD, Wanscher MCS, Hüttel MS (1986) Postspinaler Kopfschmerz. Reg Anaesth 9: 15–17

Anderson G, Sibai B (1986) Hypertension in pregnancy. In: Gabbe S, Niebyl J, Simpson J (eds) Obstetrics: Normal and problem pregnancies. Churchill Livingstone, New York, pp 819–863

Attia RR, Ebeid AM, Fischer JE, Goudsouzian NG (1982) Maternal, fetal and placental gastric concentrations. Anaesthesia 37: 18

Azegami M, Mori N (1986) Amniotic fluid embolism and leukotriens. Am J Obstet Gynecol 155: 1119–1123

Barrier G (1983) Anesthesia and maternal mortality in France. In: Vickers MD, Lunn JN (eds) Mortality in anesthesia. Proceedings European Academy of Anaesthesiology. Springer, Berlin Heidelberg New York, pp 45–48

Battaglia FC, Meschia G, Makowski EL et al. (1968) The effect maternal oxygen inhalation upon fetal oxygenation. J Clin Invest 47: 544–548

Beck L, Martin K (1970) Hazards associated with paracervical block in obstetrics. Ger Med Mon 15: 81–89

Birnbach PS, Johnson MD, Hurley RJ (1988) Epidural anesthesia in preeclampsia. ASRA News 1: 2–3

Bonica JJ (1972) Principles and practice of obstetrical analgesia and anesthesia. Davis, Philadelphia

Bouly A, Nathan N, Feiss P (1993) Comparison of omeprazole with cimetidine for prophylaxis of acid aspiration in elective surgery. Eur J Anaesthesiol 10 (3): 209–213

Camann WR, Minztner BH, Denney RA, Datta S (1993) Intrathecal sufentanil for labour analgesia. Effects of added epinephrine. Anesthesiology 78: 870–874

Capeless EL, Clapp JF (1989) When do cardiovascular parameters return to their preception values? Am J Obstet Gynecol 165: 883

Capogna G, Celleno D, Tomassetti M (1989) Maternal analgesia and neonatal effects of epidural sufentanil for Cesarean section. Reg Anesth 14: 282–287

Celleno D, Capogna G, Emanuelli M, Varrassi G, Muratori F, Constantino P, Sebastini M (1993) Which induction for cesarean section? A comparison of thiopental sodium, propofol and midazolam. J Clin Anesth 5: 284–288

Cesarini M, Torrielli R, Lahaye F et al. (1990) Sprotte needle for intrathecal anaesthesia for caesarian section: Incidence of postdural puncture headache. Anaesthesia 45: 656–658

Chan M (1996) Minimum alveolar concentration of halothan and enflurane are decreased an early pregnancy. Anaesthesiology 85: 782–786

Clark SL, Cotton DB (1988) Clinical indications for pulmonary artery catheterization in the patient with severe preeclampsia. Am J Obstet Gynecol 158: 453–458

Clark (1995) Amniotic fluid embolism: Analysis of the national registry. Am J Obstet Gynecol 172: 1158–1169

Cohen SE (1983) Why is the pregnant patient different? American Society of Anaesthesiologists, Philadelphia

Cohen SE, Tan S, White PF (1988) Sufentanil analgesia following cesarean section: Epidural versus intravenous administration. Anesthesiology 68: 29–34

Cohen SN, Olson WA (1970) Drugs that depress the newborn infant. Pediatr Clin North Am 17: 835–847

Conklin KA (1988) Anästhesie bei Sectio caesarea. In: Craig DS, Gravenstein JS et al. (Hrsg) Klinische Anästhesie. Current reviews, Bd 6, Kap 14. Akademische Druck- und Verlagsanstalt, Graz, S 3–8

Coombs DW (1983) Aspiration pneumonia prophylaxis. Anesth Analg 62: 1055–1058

Cotton BR (1985) Obstetric Anaesthesia. In: Smith G, Aitkenhead AR (eds) Textbook of anaesthesia, Chapter 31. Churchill Livingstone, Edinburgh, pp 407–419

Crawford JS (1979) Experience with spinal analgesia in a British obstetric unit. Br J Anaesth 51: 531

Crawford JS (1984) Principles & practice of obstetric anaesthesia. Blackwell Scientific Publications, Oxford

Crawford JS, Tunstall ME (1968) Notes on respiratory performende during labour. Br J Anaesth 40: 612

Cunningham F, MacDonald P, Grant N (1989) Hypertensive disorders in pregnancy. In: Williams obstetrics, 18th edn. Appleton & Lange, Norwalk, pp 654–694

Dawes GS (1973) A theoretical analysis of fetal drug equilibration. In: Boréus LO (ed) Fetal pharmacology. Raven Press, New York, p 381

De Wolf F, Robertson WB, Brosens I (1975) The ultrastructure of acute atherosia in hypertensive pregnancy. Am J Obstet Gynecol 123: 164

Dich-Nielsen J (1982) Ketamine as induction agent for ceasarean section. Acta Anaesth Scand 26: 139–142

Douglas MJ (1993) Perinatal physiology and pharmacology. In: Norris MC (ed) Obstetric anesthesia. Lippincott, Philadelphia, p 125

Drage JS, Kennedy C, Berendes H et al. (1966) The Apgar score as an index of infant morbidity. A report from the Collaborative Study of Cerebral Palsy. Dev Med Child Neurol 8: 141–148

Easterling TR, Benedetti TJ (1989) Preeclampsia: A hyperdynamic disease model. Am J Obstet Gynecol 160 (6): 1447–1453

Ewart MC, Yau G, Gin, T, Kotur CF, Oh TE (1990) A comparison of the effects of omeprazole and ranitidine on gastric secretion in women undergoing elective caesarean section. Anaesthesia 45 (7): 572–630

Ezzat IA (1985) Neue Aspekte in der geburtshilflichen Anästhesie. In: Craig DS, Gravenstein JS et al. (Hrsg) Klinische Anästhesie. Current reviews, Bd 3. Akademische Druck- und Verlagsanstalt, Graz

Ferris T (1988) Toxemia and hypertension. In: Burrow G, Ferris Y (eds) Medical complications during pregnancy. Saunders, Philadelphia, pp 1–33

Fisher A, Prys-Roberts C (1968) Maternal pulmonary gas exchange. Anaesthesia 23: 350

Freeman RK, Gutierrez NA, Ray ML et al. (1972) Fetal cardiac response to paracervical block anaesthesia. Part I. Am J Obstet Gynecol 110: 583–591

Friedman SA (1988) Preeclampsia: a review of the role of prostaglandins. Obstet Gynecol 71: 122

Fujinaga M (1988) Reproductive and teratogenic effects of sufentanil and alfentanil in Sprague-Dawley rats. Anasth Analg 67: 166–169

Fujinaga M (1992) Developmental toxicity of nondepolarising muscle relaxans in cultured rat embryos. Anaesthesiology 76: 999

Gibbs CP (1986) Gastric aspiration: prevention and treatment. Clin Anesthesiol 4: 47–52

Gielen M (1989) Post dural puncture headache: a review. Reg Anesth 14: 101–106

Gin T (1993) Pharmacokinetic optimisation of general anaesthesia in pregnancy. Clin Pharmakocinet 25/1: 59–70

Gin T (1994) Decreased minimum alveolar concentration of isoflurane in pregnant humans. Anaesthesiology 81: 829–832

Gin T, Gregory MA, Oh TE (1990) The haemodynamic effects of propofol and thiopentone for induction of caesarean section. Anaesth Intensive Care 18: 175–199

Goldkrand JW, Fuentes AM (1986) The relation of angiotensin-converting enzyme to the pregnancy induced hypertension-preeclampsia syndrome. Am J Obstet Gynecol 154 (4): 792–800

Groenendijk R, Trimbos IBMJ, Wallenburg HCS (1984) Hemodynamic measurements in preeclampsia. Preliminary observations. Am J Obstet Gynecol 150 (3): 232–236

Grospietsch G, Kuhn W (1985) Lungenödem während beta-sympathomimetischer Therapie in der Schwangerschaft. Dtsch Ärztebl 82: 2099–2103

Guay, Grenier Y, Varin F (1998) Clinical pharmacokinetics of neuromuscular relaxans in pregnancy. Clin Pharmakocinet Jun 34/6: 483–496

Gutsche BB (1978) Maternal analgesia and anesthesia for vaginal delivery. American Society of Anaesthesiologists, Philadelphia

Gutsch BB, Samuels PS (1988) Anästhesiologisches Management bei fetaler Unreife und Frühgeburt. In: Craig DS, Gravenstein JS et al. (Hrsg) Klinische Anästhesie. Current reviews, Bd 6, Kap 7. Akademische Druck- und Verlagsanstalt, Graz, S 3–9

Hägerdal M, Morgan CW, Sumner AE, Gutsche BB (1983) Minute ventilation and oxygen consumption during labor with epidural analgesia. Anesthesiology 59: 425

Hamer-Hodges RJ (1963) General anesthesia for operative obstetries. The obstetrician anaesthesist, and the paediatrician. MacMillan, New York, pp 43–45

Hawkins JL (1997) Aneasthesia-related deaths during obstetric delivery in the United States, 1997–1990. Anasthesiology 86: 277–284

Heß W (1995) Herz-Kreislauferkrankungen in der Schwangerschaft – Bedeutung für die Anästhesie. Anästhesist 44: 395–404

Hurley RJ, Johnson MD (1990) Spinal opioids in the management of obstetric pain. J Pain Symptom Manage 5: 146–153

Hurley R, Ostheimer GW (1999) Postpartale Haemorraghie und Uterusatonie. In: Gravenstein N, Kirby RR (Hrsg) Komplikationen in der Anästhesie. Fischer, Stuttgart Jena, S 787–791

Johnson WL, Winter WW, Eng M, Bonica JJ, Hunter CA (1972) Effect of pudendal, spinal and peridural block anesthesia on the second stage of labour. Am J Obstet Gynecol 113: 166

Jouppila R, Jouppila P, Karinen SM, Hallmen A (1979) Segmental epidural analgesia in labour: Related to the progress of labour, fetal malposition and instrumental delivery. Acta Obstet Gynecol Scand 58: 135

Justins DM (1984) Anaesthesia for Obstetrics. In: Churchill-Davidson (ed) A practice of anesthesia, Chapter 40. Lloyd-Luke, London, p 1056

Kaesemann H (1981) Erfahrungen mit der Single-Shot-Periduralanästhesie in der Geburtshilfe. Z Geburtshilfe Perinatol 185: 53

Kar GS, Ali SM, Stacey RGM, Samsoon G (1999) Nausea and vomiting during caesarean section. Anaesthesia 54: 1021

Kleinebrecht J, Franz J (1986) Übersichtskarte. Arzneimittel während der Schwangerschaft. Wissenschaftliche Verlagsgesellschaft mbH, Stuttgart

Knörr K, Knörr-Gärtner H, Bellers FK, Lauritzen C (1989) Geburtshilfe und Gynäkologie. Physiologie und Pathologie der Reproduktion. Springer, Berlin Heidelberg New York Tokyo, S 330–340

Knott C (1991) The treatment of hypertension in pregnancy. Clin Pharmakocinet 21/4: 233–241

Kuhn H (1981) Störung der Hämostase. In: Martius G (Hrsg) Lehrbuch der Geburtshilfe, Thieme, Stuttgart

Landauer B (1981) Probleme der Kaiserschnittnarkose – Versuch einer Standortbestimmung. Anästh Intensivmed 376: 12

Loebstein R, Lalkin A, Koren G (1997) Pharmacokinetic changes during pregnancy and their clinical relevance. Clin Pharmacokinet 33/5: 328–343

Lumley J, Renon T, Newman W et al. (1969) Hyperventilation in obstetrics. Am J Obstet Gynecol 103: 847–851

MacFadyen UM (1985) Maternal and neonatal physiology. In: Smith G, Aitkenhead AR (eds) Textbook of Anaesthesia, Chapter 6. Churchill Livingstone, Edinburgh, pp 101–112

Malan TP, Johnson MD (1988) The difficult airway in obstetric anesthesia: Techniques for airway management and the role of regional anesthesia. J Clin Anesth 1: 105–110

Martin LVH (1992) The absence of teratogenic effects of some analgesics used in anasthesia. Anaesthesia 47: 473–476

Marx GF (1975) Physiology of pregnancy. American Society of Anaesthesiologists, Philadelphia

Marx GF (1983) Management of the high-risk patient. American Society of Anaesthesiologists, Philadelphia

Marx GF, Mateo CV (1971) Effects of different oxygen concentrations during general anaesthesia for elective cesarean section. Can Anaesth Soc J 18: 587–593

Marx GH, Cosmi EZ, Wollman SB (1969) Biochemical status and clinical condition of mother and infant at cesarean section. Anesth Analg 48: 986–994

May AE (1994) The confidential enquiry into maternal deaths 1988–1990. Br J Anaesth 73: 129–131

Meuser T, Eichler F, Grond S, Winkler B, Lehmann KA (1998) Anästhesieverfahren zur Sectio caesarea in Deutschland. Anästhesist 47: 557–564

Miller RD, Rupp SM, Fischer DM (1984) Clinical pharmacology of vecuronium and atracurium. Anaesthesiology 61: 444–453

Milsom I, Forssman L (1984) Factors influencing aortocaval compression in late pregnancy. Am J Obstet Gynecol 148: 764

Mokriski BK, Malinow AM (1988) Anästhesie bei schwangeren Patientinnen. In: Craig US, Gravenstein JS et al. (Hrsg) Klinische Anästhesie. Current reviews, Kap 6. Akademische Druck- und Verlagsanstalt, Graz, S 23

Morselli PL, Franco-Morselli R, Bossi L (1980) Clinical pharmacokinetics in newborns and infants, age-related differences and therapeutic implications. Clin Pharmacokinet 5: 485

Morgan BM (1997) Sicherheit der Anästhesie in der Schwangerschaft. In: Taylor TH und Major E (Hrsg) Risiken und Komplikationen in der Anästhesie. Fischer, Stuttgart Jena, S 186–199

Morgan M (1987) Anaesthetic contribution to maternal mortality. Br J Anaesth 59: 842

Morgan M (1979) Amniotic fluid embolism. Anasesthesia 34: 20–32

Morton CPJ (1997) Ropivacain 0,75% for extradural anaesthesia in elective caesarean section: an open clinical and pharmakocinetic study in mother and neonate. Br J Anaesth 79: 3–8

Moya F, Smith BE (1962) Spinal anesthesia for cesarean section: Clinical and biochemical studies of effects on maternal physiology. JAMA 179: 609–622

Moya F, Morishima HO, Shnider SM et al. (1969) Influence of maternal hyperventilation on the newborn infant. Am J Obstet Gynecol 91: 76–82, 1965

Müller-Holve W, Niesel HChr, Schulte-Steinberg O (1985) In: Astra Chemicals GmbH (Hrsg) Regionalanästhesie. Fischer, Stuttgart, pp 148–151

Mushambi MC, Halligan AW, Williamson K (1996) Recent developments in the pathophysiology and management of pre-eclampsia. Br J Anaesth 76: 133–148

Naulty JS (1990) Continous infusion of local anesthetics and narcotics for epidural analgesia in the management of labor. Int Anesthesiol Clin 28: 17–24

Notorianni LJ (1990) Plasma protein binding of drugs in pregnancy an in neonates. Clin Pharmakocinet 18/1: 20–36

Novy MJ, Edwards MJ (1967) Respiratory problems in pregnancy. Am J Obstet Gynecol 99: 1024

Orr DA, Bill KM, Gillon KR, Wilson CM, Fogarty DJ, Moore J (1993) Effects of omeprazole, with and without metoclopramide, in elective obstetric anaesthesia. Anaesthesia 48 (2): 114–119

Parry E, Shields R, Turnbull A (1970) Transit time of small intestine in pregnancy. J Obstet Gynaecol Br Commonw 77: 900–901

Patt RB, Frost EAM (1987) Präeklampsie (Schwangerschaftsinduzierte Hypertonie). In: Craig DS, Gravenstein JS et al. (Hrsg) Klinische Anästhesie. Current reviews, Bd 5, Kap 10. Akademische Druck- und Verlagsanstalt, Graz, S 2–9

Palahniuk RJ, Shnider SM, Eger EI (1974) Pregnancy decreases the requirements for inhaled anesthestic agents. Anesthesiology 41: 82

Petroianu G, Osswald PM, Brunnengräber R (1994) Klinische Pharmakologie für Anästhesisten, Kap 5. Chapman & Hall, Weinheim, S 68

Phillips OC (1983) Aorto-caval compression. In: Orkin FK, Cooperman LH (eds) Complications in anesthesiology. Lippincott, Philadelphia, pp 533–537

Phillips OC (1983) Uterine atony. In: Orkin FK, Cooperman LH (eds) Complications in anesthesiology. Lippincott, Philadelphia, pp 538–540

Plötz J, Krone HA (1989) Das HELLP-Syndrom – eine seltene Form der Präeklampsie. Anästhesist 38: 32–35

Potter N, Mac Donald RD (1971) Obstetric consequences of epidural analgesia in nulliparous patients. Lancet 1: 1031

Rabe N, Belfrage P (1976) Epidural analgesia in labour. Influence on uterine activity and fetal rate. Acta Obstet Gynecol Scand 55: 305

Rath W, Loos W, Kuhn W, Graeff H (1988) Die Bedeutung der frühzeitigen Labordiagnostik für das geburtshilfliche Vorgehen bei schweren Gestosen und HELLP-Syndrom. Geburtshilfe Frauenheilkd 48: 127–133

Rathgeber J, Rath W, Wieding JU (1990) Anästhesiologische und intensivmedizinische Aspekte der schweren Präeklampsie mit HELLP-Syndrom. Anästh Intensivther Notfallmed 25: 206

Report on Confidential Enquiries into maternal deaths in England and Wales 1979–1987 (199) Departement of health and social sevices, London

Rietbrock I (1981) Plazentarer Transport von Anästhetika. Anästh Intensivmed 11: 337–342

Ross BK, Chadwick HS, Mancuso JJ, Benedetti C (1992) Sprotte needle for obstetric anesthesia: Decreased incidence of post dural puncture headache. Reg Anesth 17: 29–33

Russell R, Reynolds F (1993) Epidural infusions for nulliparous women in labour. A randomised double-blind comparison of fentanyl/bupivacaine and sufentanil/bupivacaine. Anaesthesia 48: 856–861

Sachs BP, Oriol NE, Ostheimer GW et al. (1989) Anesthetic-related maternal mortality, 1954 to 1985. J Clin Anesth 5: 333–338

Saftlas AF, Olson DR, Franks AL, Atrash HK, Prokas R (1991) Epidemiology of preeclampsia and eclampsia in the United States, 1976–1986. Am J Obstet Gynecol 163: 460–465

Samsson GLT, Young JRB (1987) Difficult intubation: a retrospective study. Anaesthesia 42: 487

Schneider H (1983) Epiduralanästhesie in der Geburtshilfe: Luxus oder Bedürfnis. In: Alon E (Hrsg) Epiduralanästhesie in der Geburtshilfe. Juris Druck + Verlag AG, Zürich, S 7–22

Schneider KTM (1989) Anästhesiologisch relevante Veränderungen in der Schwangerschaft bei Mutter und Fetus. 30: 263–268

Schweitzer M (1999) Pathophysiologische und therapeutische Überlegungen zum Fruchtwasserembolie-Syndrom anhand eines aktuellen Falles. Geburtsh Frauenheilkd 59: 579–585

Schwender D, Pollwein B, Peter K (1990) Geburtshilfliche Anästhesie und mütterliche Mortalität. Anästh Intensivmed 31: 291–297

Scott DB (1986) Endotrachal intubation, friend or foe? BMJ 292: 157

Selbmann HK, Brach M, Höfling HJ, Jonas R, Schreiber MA, Überla K (1977) Münchner Perinatal-Studie 1975. Deutscher Ärzteverlag, Köln

Selbmann HK, Brach M, Elser H, Holzmann K, Johannigmann J, Riegel K (1980) Münchner Perinatalstudie 1975–1977. Deutscher Ärzteverlag, Köln

Selwyn-Crawford S (1984) Principles and practice of obstetric anesthesia. Blackwell, Oxford

Shnider AM, Levinson G (1981) Obstetric Anesthesia. In: Miller RD (ed) Anesthesia. Churchill Livingstone, Edinburgh, p 1133

Shnider SM, Asling JH, Holl JW et al. (1970) Paracervical block anesthesia in obstetrics. I. Fetal complications and neonatal morbidity. Am J Obstet Gynecol 107: 619–626

Sibai BM, Taslimi MM, El-Nazer A, Anton E, Mabie WC, Ryan GM (1986) Maternal-perinatal outcome associated with the syndrome of hemolysis, elevated liver enzymes, and low plateles in severe preeclamsia-eclampsia. Am J Obstet Gynecol 155: 501–509

Smith BE (1968) Anesthetic complications in the delivery room. Ill Med J 133: 33–37

Smith BE (1999) Teratogenität. In: Gravenstein N, Kirby RR (Hrsg) Komplikationen in der Anästhesie. Fischer, Stuttgart Jena

Smith G, Aitkenhead AR (1985) Textbook of anesthesia. Churchill Livingstone, Edinburgh

Sprotte G (1981) Die Bedeutung regionaler Anästhesieverfahren bei geburtshilflichen Eingriffen. Anästh Intensivmed 348: 11

Spung J, Haddox JD, Maitra-D'cruze AM (1991) Horner's syndrome and trigeminal nerve palsy following epidural anaesthesia for obstetrics. Can J Anaesth 38: 767–771

Stoelting RK, Dierdorf SF, Mc Cammon RL (1992) Anästhesie und Vorerkrankungen. Fischer, Stuttgart, S 608–658

Sundell H, Garrot J, Blankenship WJ et al. (1 971) Studies on infants with type H respiratory distress syndrome. J Pediatr 78: 754–764

Tafeen CH, Freedmann HL, Harris H (1968) Combined continuous paracervical and continued pudendal nerve block anesthesia in labor. Am J Obstet Gynecol 100: 55–61

Tay HS, Chin HH (1978) Acid aspiration during laparascopy. Anaesth Intensive Care 6: 134

Tessler MJ, Biehl DR (1988) Das Mendelson-Syndrom. Aspirationspneumonie bei der Gebärenden. In: Craig DS, Gravebstein JS et al. (Hrsg) Klinische Anästhesie. Current reviews, Bd 6, Kap 17. Akademische Druck- und Verlagsanstalt, Graz, S 3–8

Thornberry EA, Thomas TA (1988) Posture and post-spinal headache. Br J Anaesth 60: 195–197

Thornberry EA, Thomas TA (1988) Posture and post-spinal headache: A controlled trial in 80 obstetric patients. Br J Anaesth 60: 195–197

Tilsner V (1988) Perioperative Gerinnungsstörungen. In: Just OH, Krier C (Hrsg) Hämostase in Anästhesie und Intensivmedizin. Springer, Berlin Heidelberg New York Tokyo

Tordoff SG, Sweeny BP (1990) Acid aspiration prophylaxis in 288 obstetric departments in the United Kingdom. 45: 776

Turnbull AC, Tindall VR, Robson G, Dawson IMP, Cloake EP, Ashley JSA (1986) Report on confidential enquiries into maternal deaths in England and Wales 1979–1981. Her majestys's stationery office, London, pp 85–87

Turner E, Rathgeber J, Kittel E, Graspietsch G, Brown U (1986) Fenoterol (Partusisten®) – assoziiertes Lungenödem. Anaesthesist 35: 258–260

Valerie A, Arkoosh VA (1993) Continous spinal analgesie and Anesthesia in obstetrics. Reg Anesth 18: 402–405

Vercauteren MP, Hoffmann V, Coppejans HC, Van Steenberge AL, Adriaensen HA (1996) Hydroxyethylstarch compared with modified gelatin as volume preload before spinal anaesthesia for Ceasarean section. Br J Anaesth 5: 731–733

Vertommen JD, Van Aken H, Vandermeulen E, Vangerven M, Devlieger H, Van Assche AF, Shnider SM (1991) Maternal and neonatal effects of adding epidural Sufentanil to 0,5% Bupivacaine for caesarean delivery. J Clin Anesth 3: 371–376

Walters BNJ, Redman CWG (1984) Treatment of severe pregnancy associated hypertension with the calcium antagonist nifedipine. Br J Obstet Gynecol 91: 330–336

Williams DJ, Swiet D (1997) The pathophysiology of pre-eclampsia. Intensive Care Med 23: 620–629

Windorfer A jun (1986) Übersichtskarte. Arzneimittel während der Stillzeit. Wissenschaftliche Verlagsgesellschaft mbH, Stuttgart

Wulf H (1998) Aktuelle Praxis der Anästhesie zur Sectio caesarea an den deutschen Universitätsklinika. Anästhesist 47: 59–63

Zwillich CW, Natalino MR, Sutton FD, Weil JV (1978) Effects on progesterone on chemosensitivity in normal man. J Clin Invest 92: 262

KAPITEL 38

Neugeborenes und Kleinkind

H. LOCHBÜHLER · J.S. KONTOKOLLIAS

Um Risiken und Komplikationen bei der Anästhesie von *Neugeborenen*, *Säuglingen* und *Kleinkindern* rechtzeitig zu erkennen und zu vermeiden, sollte man folgende anatomische, physiologische und pathophysiologische Besonderheiten und ihre Bedeutung für die Anästhesie wissen.

> **!** Die Komplikationsrate ist in dieser Altersgruppe deutlich höher als bei älteren Kindern und Erwachsenen, deshalb sollten Frühgeborene, Neugeborene und Säuglinge in Kliniken mit kinderanästhesiologischer Erfahrung versorgt werden.

38.1
Anatomische Besonderheiten

Zu den anatomischen Besonderheiten zählen:
- Relativ großer Kopf
- prominentes Hinterhaupt
- schmaler Gesichtsschädel
- enge Naseneingänge
- verdickte Nasenmuscheln
- kleiner Mund
- große Zunge
- verdickter Zungengrund
- kleiner Hypopharynx mit großer, weicher, instabiler Epiglottis
- U- oder V-förmige Epiglottis (Abb. 38.1a, b)
- hochliegender Larynx (C3–C4), der nach vorne geneigt ist (Abb. 38.2), kurz und schmal
- verdickte aryepiglottische Falten
- Ringknorpel engste Stelle

- kurze Trachea (beim reifen Neugeborenen ca. 4 cm)

Bei *Kleinkindern* engen häufig vergrößerte Adenoide und Tonsillen die Atemwege ein.

Lagerung

Um Atemwegsobstruktion zu vermeiden, darf der Kopf dieser Kinder bei der Intubation auf keinen Fall überstreckt, sondern sollte in der sog. *Schnüffelstellung* gehalten werden, d. h. die Schultern sollten auf der Unterlage aufliegen und nicht abgehoben sein. Man kann die starke Wölbung des Hinterkopfes auch ausgleichen indem man Rü-

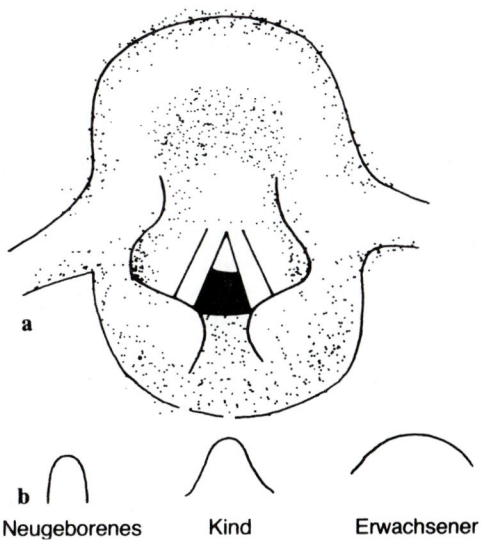

Abb. 38.1a. Zu den Besonderheiten bei Neugeborenen gehört die U-förmige Epiglottis **b**. Veränderungen der Epiglottis mit dem Alter

Neugeborenes   Kind   Erwachsener

Sektion F

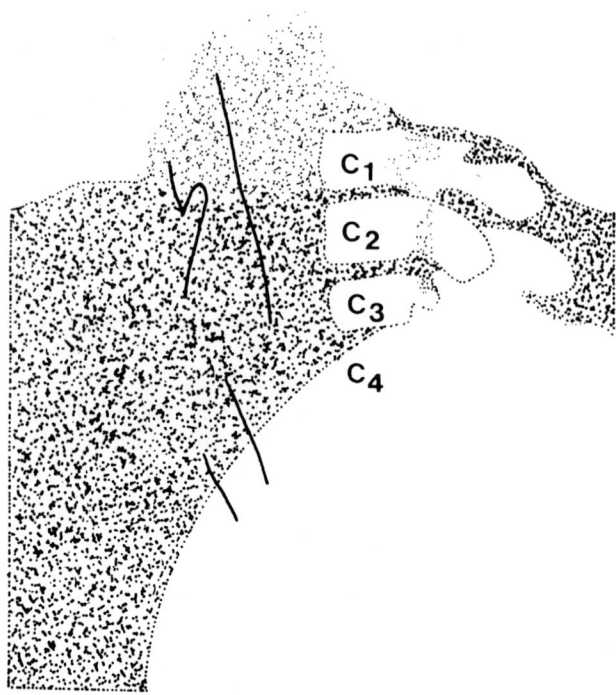

Abb. 38.2. Die Zeichnung nach seitlichem Röntgenbild des Halses zeigt den nach vorn geneigten und höher liegenden Larynx beim Neugeborenen und Säugling. (Nach Brown u. Fisk 1985)

cken und Hals des Kindes auf eine entsprechend hohe Unterlage (gefaltetes Tuch) legt. Der Kopf sollte in Mittelstellung gehalten werden, entweder in einem Ring liegend oder zwischen Tuchrollen fixiert, er neigt sonst dazu zur Seite zu fallen.

Beatmung und Intubation

Bei *Maskenbeatmung* muss man vermeiden auf die Mundbodenmuskulatur zu drücken, da sonst der dicke Zungengrund über den Kehlkopfeingang geschoben wird und eine Atemwegsobstruktion auftritt. Bei leicht geöffnetem Mund und vorgeschobenem Unterkiefer läßt sich das Kind manuell beatmen, ohne den Magen aufzublasen.

Der *Laryngoskopspatel* sollte im rechten Mundwinkel eingesetzt werden, wird er in der Mitte eingesetzt, nimmt die überlappende, dicke Zunge die Sicht.

Die Epiglottis kann ein beträchtliches Intubationshindernis sein und sich bei Intubation mit gebogenem Spatel nicht aufrichten

lassen. Ist die Epiglottis sichtbar, aber zu weit ventral gelegen, kann man den Larynx vorsichtig nach unten drücken. Bei der Verwendung eines *geraden Spatels* wird die Epiglottis vorsichtig mit der Spatelspitze an- gehoben. Bei sehr kleinem Mund sollte eine zweite Person den rechten Mundwinkel beim Einführen des Tubus zur Seite ziehen. Der Tubus darf nie mit Druck in die Trachea vorgeschoben werden. Ist der Tubus nicht problemlos in die Trachea einzuführen, bilden oft Laryngoskop und Tubus einen zu spitzen Winkel. Verringert man den Zug am Laryngoskop, gleitet der Tubus meist problemlos. Breite, lose, nach innen hängende Aryknorpel können ebenfalls ein Intubationshindernis sein. Man kann mit der Tubusspitze daran hängenbleiben. Bei Kindern dieser Altersgruppe verwendet man ausschließlich *Tuben ohne Cuff.* Die Tuben werden bei Wahl der *richtigen Größe* von einem kleinen Schleimhautwulst am Ringknorpel ausreichend abgedichtet. Da die *Trachea kurz* ist, kann es leicht zur endobronchialen

Intubation kommen. Die Auskultation muss beidseits in der Axillarlinie erfolgen und nicht nur über den Lungenoberfeldern, da das Atemgeräusch auch bei rechtsendobronchialer Intubation über beiden Lungenoberfeldern fortgeleitet hörbar sein kann.

Bei Kleinkindern ist v. a. bei nasotrachealer Intubation die Gefahr des Abscherens von adenoidem Gewebe zu beachten, gleichzeitig ist es möglich Blutungen auszulösen und keimhaltiges Nasenrachensekret in die Trachea zu verschleppen.

! Die routinemäßige Intubation sollte deshalb immer orotracheal erfolgen.

38.2
Physiologische Besonderheiten

Atmung

Das Neugeborene hat mit 6 ml/kgKg/min einen doppelt so hohen O_2-Verbrauch wie der Erwachsene, dem das kardiale und respiratorische System Rechnung tragen müssen. Bei der Geburt sind allerdings nur etwa 8% Sacculi und Alveolen vorhanden. Um unter diesen Bedingungen dem erhöhten O_2-Bedarf gerecht zu werden, muss die *alveoläre Ventilation* groß sein – sie ist mit *100–150 ml/kgKg/min* doppelt so groß wie die des Erwachsenen – was *nur durch Erhöhung der Atemfrequenz*, nicht durch Erhöhung des Atemzugvolumens erreicht wird.

Da das funktionelle Residualvolumen klein ist, sind Neu- und *Frühgeborene bei Apnoe sofort hypoxie- und hyperkarbiegefährdet und reagieren mit Bradykardie und Zyanose.*

Die Atemregulation ist abhängig von neurologischen und chemischen Faktoren. Da das Atemzentrum noch unreif ist, wird es leicht von Medikamenten, Schlafphasen, Temperatur, Hypoxie und Azidose beeinflusst. Bei den neurologischen Faktoren spielen neben dem Myelinisierungsgrad, die

REM-Schlaf-Phasen („rapid eye movement") eine wichtige Rolle. REM-Schlaf tritt in 1/3 der Zeit beim reifen Neugeborenen und wesentlich häufiger beim Frühgeborenen auf. Während des REM-Schlafes kommt es zur Erschlaffung der Interkostalmuskulatur mit Verkleinerung des Thoraxvolumens und paradoxer Beweglichkeit. Die Ventilation ist ineffektiv mit nur geringem AZV. Eine Kompensation über vermehrte Zwerchfellatmung verstärkt nur die paradoxe Bewegung, vergrößert die Atemarbeit und erhöht den O_2-Verbrauch. Zwerchfellerschlaffung und Apnoe sind die Folge.

Das Neugeborene kann auf Hypoxie kurzfristig mit einer Vergrößerung des AZV reagieren, bleibt die Hypoxie bestehen kommt es schnell zur Abnahme von Atemfrequenz und Zugvolumen. *Beginnende Hypoxie zeigt sich in periodischer Atmung und Apnoephasen.*

CDP („continuous distending pressure") als CPAP beim spontanatmenden Baby oder als PEEP beim maschinell ventilierten vermindern diese Episoden.

Einen ähnlichen Effekt hat die Verabreichung von Coffein bzw. Theophyllin, das infolge zentraler Stimulation die alveoläre Ventilation erhöht (die CO_2-Antwortkurve ist nach links verschoben). Das Zwerchfell ermüdet deutlich weniger. Häufig lassen sich dadurch Intubation und maschinelle Beatmung vermeiden.

Der Hauptatemmuskel ist das Zwerchfell. Durch Tiefertreten in der Inspiration senkt es den intrapleuralen Druck, die treibende Kraft für die Lungenexpansion und erhöht den intraabdominellen Druck. Die Interkostal- und Atemhilfsmuskeln spielen hierfür nur eine untergeordnete Rolle, ihre Hauptaufgabe besteht in der Stabilisierung der Rippen, damit diese in der Inspirationsphase durch Tiefertreten des Zwerchfells nicht nach innen gezogen werden.

Die Rippen verlaufen im Vergleich zum Erwachsenen horizontal, d. h. die Interkostalmuskeln sind kürzer und ihre Kontraktion weniger kräftig und nur von geringer mechanischer Bedeutung für die Erhöhung des intrathorakalen Volumens bei der Inspiration. Der Ansatzwinkel des Zwerchfells ist im Vergleich zum Erwachsenen horizontal, was dazu führt, dass sich die unteren Rippen bei der Inspiration eher einwärts als aufwärts bewegen. Dies ist ein Grund warum Früh- und Neugeborene während des REM-Schlafes interkostale und substernale Einziehungen sowie eine abdominelle Vorwölbung zeigen.

Die *Ausdauer bzw. Ermüdbarkeit der Atemmuskulatur* ist geprägt von der Muskelmasse und der oxydativen Fähigkeit.

Neugeborene und besonders Frühgeborene haben nur eine geringe Muskelmasse und nur einen minimalen Prozentsatz Typ-I-Muskelzellen („slow twitch, high oxydative").

Das Zwerchfell (d. h. der Hauptatemmuskel) des Frühgeborenen enthält etwa 10%, beim reifen Neugeborenen sind es immerhin schon 25%, 40% beim 3 Monate alten Säugling und 50-55% beim Erwachsenen. Atemmuskeln brauchen eine große Menge Nähr- und Sauerstoff und ihre Ermüdung ist ein häufiger Grund chronischer Hypoxie. Verstärkt wird dieses Problem durch die *hohe Atemfrequenz dieser Kinder*, das bedeutet hohe Kontraktionsraten der Atemmuskulatur.

Früh- und Neugeborene können nur passiv ausatmen, treibende Kraft der Exspiration ist die elastische Retraktion (Zusammenschnurren). Elastische Elemente gibt es in den Geweben des Brustkorbes, des Zwerchfells, der Bauchwand und der Lungen; die Rippen sind noch knorpelig. All dies bedeutet, dass der Brustkorb äußerst dehnbar ist und der Expansion in der Inspiration wenig Widerstand entgegensetzt; in der Exspiration aber keine Kräfte dem Lungenkollaps oder der *Atelektasenbildung* entgegenwirken. Im Gegensatz zum Erwachsenen spielt hier die Oberflächen- oder Wandspannung in den distalen Bronchiolen und Alveolen eine wichtige Rolle. *Surfactant* reduziert die Oberflächenspannung und stabilisiert die Alveolen.

Compliance und Resistance sind umgekehrt proportional der Lungengröße. Je kleiner die Lunge, um so geringer die Compliance und um so größer die Resistance.

Bezogen auf das Lungenvolumen entspricht die Compliance reifer Neugeborener annähernd der des Erwachsenen. In den ersten Lebensstunden, während die fetale Lungenflüssigkeit resorbiert wird, ist die Compliance gering und bleibt es bei Frühgeborenen aufgrund der Atelektasenneigung. Die Dehnbarkeit des Brustkorbs ist beim Neugeborenen grenzenlos. Visköse Widerstände sind hoch, die Lunge enthält eine Menge Zellen und interstitielle Flüssigkeit. Flow-Widerstände sind ebenfalls hoch aufgrund der geringen Durchmesser der kleinen Atemwege, und nur eine geringe Verengung kann zu einer deutlichen Zunahme der Flow-Widerstände führen. dass die Atmung funktioniert, liegt v. a. an der Kürze des Bronchialbaumes und an den geringen inspiratorischen Flowraten mit minimaler Turbulenz bei Spontanatmung.

Früh- und Neugeborene haben unabhängig von einem Surfactantmangel nur eine *geringe FRC* (funktionelle Residualkapazität). Im Zusammenhang mit den zuvor genannten Faktoren erklärt dies die Tendenz zum schnellen Atemwegsverschluss oder Kollaps und Air-trapping beim Frühgeborenen. Bei diesen Kindern entspricht häufig das Closing Volume der FRC.

▍Bedeutung für den Anästhesisten

ÜBERSICHT

- Frühgeborene, Neugeborene und junge Säuglinge sollten intubiert und kontrolliert ventiliert werden, wobei ein PEEP von mindestens 3 cm H_2O am Beatmungsgerät eingestellt werden sollte.
- Verzögerungen bei der Intubation führen schnell zu Hypoxie und Bradykardie. Diese Kinder müssen während der Intubation an einem Pulsoxymeter angeschlossen sein und sobald die O_2-Sättigung abfällt zwischenbeatmet werden.
- Die bei der manuellen Beatmung in den Magen eingebrachte Luft muss evtl. schon vor dem erneuten Intubationsversuch, spätestens aber nach der

Intubation abgesaugt werden, damit bei der Ventilation das Zwerchfell ungehindert tiefer treten kann.

- Da eine Überblähung des Abdomens sehr schnell eine mechanisch bedingte respiratorische Insuffizienz nach sich ziehen kann, sollte bei Intubationsnarkosen im ersten Lebensjahr grundsätzlich eine Magensonde gelegt werden.
- Bei der Narkoseausleitung ist jeglicher Überhang von Anästhetika und Relaxanzien auszuschließen. Die Kinder müssen wach sein und einen kräftigen Muskeltonus haben, bevor sie extubiert werden können. Neugeborene und Frühgeborene mit größeren Eingriffen werden zumeist auf der Intensivstation nachbeatmet, bzw. protrahiert extubiert.

Kreislauf

Zum Kreislauf des Fetus und des Neugeborenen s. Abb. 38.3a–c.

Bei der Geburt kann die Umstellung vom fetalen auf den extrauterinen Kreislauf zu erheblichen Adaptationsstörungen führen. Das Ausmaß der neonatalen Asphyxie wird mit dem Apgar-Score erfaßt.

Mit dem 1. Atemzug und der Entfaltung der Lungen sinkt der Lungengefäßwiderstand und die Lungendurchblutung nimmt zu. Als Antwort auf ein Ansteigen der pO_2-Werte kommt es zu einem funktionellen Verschluss des Ductus arteriosus Botalli. Der anatomische Verschluss erfolgt innerhalb der ersten 4–6 Lebenswochen.

Infolge der vermehrten Lungendurchblutung steigt der linksatriale Druck an, der

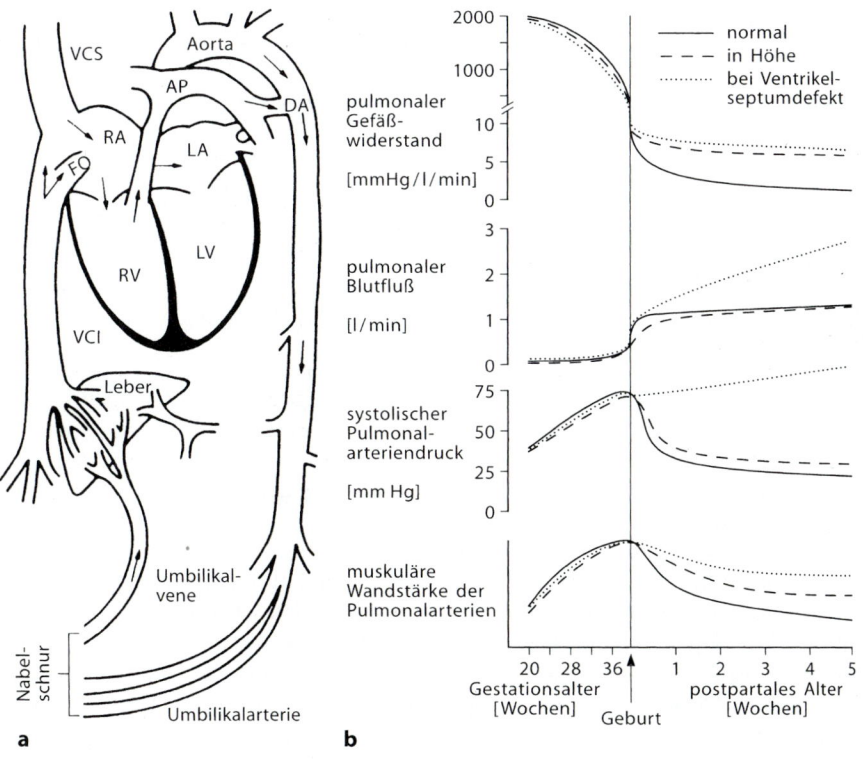

Abb. 38.3a. Diagramm der fetalen Zirkulation und der Kreislaufveränderungen nach der Geburt. *1* Öffnen der Lungengefäße mit Beginn der Respiration; *2* Verschluss der Umbilikalgefäße; *3* Verschluss des Foramen ovale bei Anstieg des linken Vorhofdrucks über den rechten Vorhofdruck; *4* Verschluss des Ductus arteriosus bei Abfall des pulmonalarteriellen Widerstands; *VCS* V. cava superior; *AP* A. pulmonalis; *VCI* V. cava inferior; *RA* rechtes Atrium; *LA* linkes Atrium; *DA* Ductus arteriosus; *FO* Foramen ovale; *RV* rechter Ventrikel; *LV* linker Ventrikel **b.** Perinatale Änderungen des Lungenkreislaufs

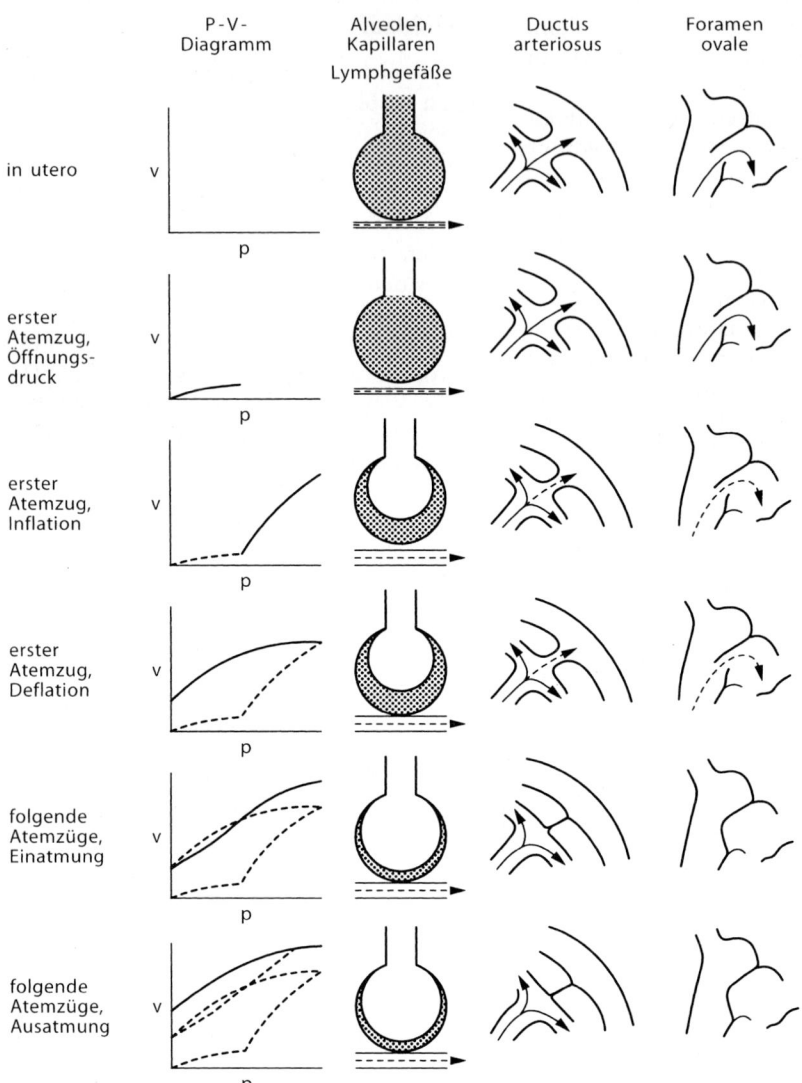

P-V-Diagramm	Alveolen, Kapillaren Lymphgefäße	Ductus arteriosus	Foramen ovale

in utero

erster Atemzug, Öffnungsdruck

erster Atemzug, Inflation

erster Atemzug, Deflation

folgende Atemzüge, Einatmung

folgende Atemzüge, Ausatmung

Abb. 38.3c. Änderungen der Ventilation unter der Geburt; *p* Druck, *V* Volumen

rechtsatriale Druck sinkt durch Wegfall des venösen Blutflusses aus der Plazenta. Dadurch kommt es zum funktionellen Verschluss des Foramen ovale, der anatomische Verschluss erfolgt mit 3–6 Monaten.

Hypothermie, Hypoxie und Azidose führen in der frühen Neonatalperiode zu einem vermehrten pulmonal-vaskulären Widerstand und zu einer pulmonalen Hypertension. Ist der pulmonalarterielle Druck größer als der Aortendruck resultiert daraus wiederum ein Rechts-links-Shunt durch das Foramen ovale und den Ductus arteriosus Botalli mit konsekutiver Hypoxämie und metabolischer Azidose als Charakteristika für das Syndrom der persistierenden fetalen Zirkulation (PFC-Syndrom) nach der neueren Nomenklatur als persistierende pulmonale Hypertension des Neugeborenen (PPHN) bezeichnet.

38.3
Veränderungen physiologischer Größen mit dem Alter

Herzfrequenz

Das neonatale Myokard hat weniger kontraktile Elemente, das bedeutet z. B. vermindertes Ansprechen auf Dopamin. Der *Cardiac output* des Neugeborenen wird *im wesentlichen über die Herzfrequenz* reguliert. Um dem erhöhten O_2-Bedarf des Neugeborenen Rechnung zu tragen, ist der Cardiac output doppelt so groß (180 ml/kgKG/min) wie beim Erwachsenen. Dies wird über Herzfrequenzen von 140–160/min erreicht und erklärt, warum Tachykardie gut, aber Bradykardie schlecht toleriert wird.

Die *Sinustachykardie (Neugeborenes >160/min über 5 min)* ist während der Anästhesie von Kindern häufig. Es ist in der Regel schwierig, differentialdiagnostisch zu unterscheiden, ob die Tachykardie während einer zu flachen Anästhesieführung durch eine chirurgische Stimulation bedingt ist, oder ob sie andere Ursachen hat.

Bei Bradykardie (Neugeborenes <120/min oder <30% vom Ausgangswert über 5 min) ist immer sofort eine Hypoxie auszuschlie-ßen. Bradykardien können auch nach Halothan- oder Succinylapplikation auftreten, sowie auf die rasche Injektion von Fentanyl oder Alfentanil. Ebenso kann es bei Zug an den Augenmuskeln und bei chirurgischer Manipulation am Mediastinum zum Herzfrequenzabfall kommen.

> **!** Auch wenn es manchmal geboten ist Atropin zu verabreichen, ist es außerordentlich wichtig, die Ursache einer Bradykardie zu erkennen, um sicher zu sein, dass weder eine Hypoxie noch eine Obstruktion vorliegt.

Mit Priorität ist also die Ursache der Bradykardie zu beseitigen.

Oft werden bigeminusähnliche Bilder nach ungenügender Ventilation während Narkose beobachtet, und ventrikuläre Extrasystolen bei unzureichender Narkosetiefe.

Abb. 38.4. Verhalten der Herzfrequenz in Abhängigkeit vom Lebensalter

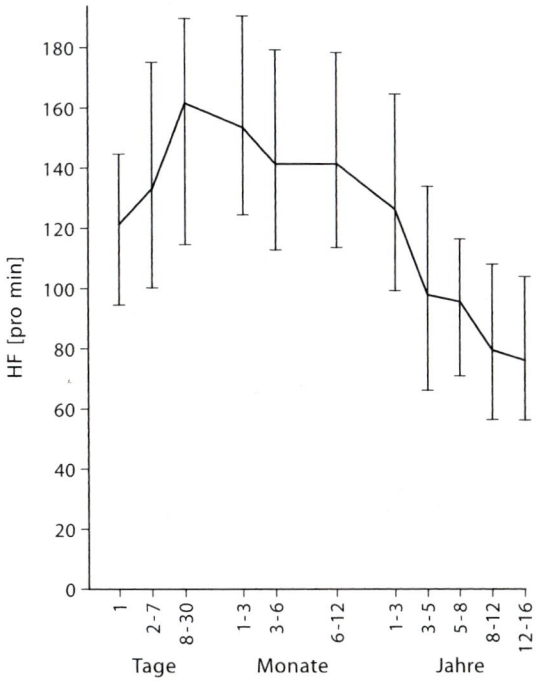

Kammerflimmern ist beim Kind eher selten. Das EKG zeigt einen Rechtstyp oder Zeichen einer Rechtshypertrophie.

Abb. 38.4 zeigt das Verhalten der Herzfrequenz in Abhängigkeit vom Lebensalter.

Blutdruck

In Abb. 38.5 ist das Verhalten des Systemdrucks in Abhängigkeit vom Lebensalter dargestellt.

Die Normwerte sind altersabhängig:
Für Frühgeborene gilt die Faustregel nach Versmold

MAD = 1 mmHg pro SSW

Bei Neugeborenen sollte der MAD zwischen 40 und 50 mmHg liegen.

Bis zur Pubertät werden Erwachsenenwerte erreicht. Die Blutdruckmessung erfolgt oszillometrisch z. B. mit einem Dinamapgerät; auf die richtige Manschettengröße (2/3 des Oberarms müssen von der Manschette bedeckt sein) ist zu achten.

Hämoglobingehalt – arterieller O_2-Partialdruck

Bei *Geburt* beträgt der *Hämoglobingehalt des Neugeborenen etwa 16–20 g/dl* mit einem hohen Anteil an fetalem Hämoglobin (Hb-F). HbF hat eine größere Affinität zu Sauerstoff als das Erwachsenen Hb (Hb-A). Der Hämoglobingehalt sinkt stetig bis zum Ende des 3. Lebensmonats (Trimenonanämie), um dann langsam auf Erwachsenenwerte anzusteigen. Der Anteil von Hb-F sinkt ebenfalls und ist im Alter von 6 Monaten kaum noch vorhanden (Abb. 38.6). Bei *Frühgeborenen* fällt der Hämoglobingehalt schneller auf niedrigere Werte ab, abhängig von Unreife und Geburtsgewicht. Die O_2-Dissoziationskurve ist nach links verschoben, P_{50} ist niedriger als für das Erwachsenenhämoglobin (Abb. 38.7).

Der verminderte O_2-Transport, bedingt durch die physiologische Anämie zum Ende des 3. Lebensmonats, wird durch den erhöhten Hb-A-Gehalt der Zellen, der zu einer größeren O_2-Abgabe an das Gewebe führt kompensiert. Bei einem Hb-F-Anteil von 80% reicht ein pO_2 von 20 mmHg für eine 50%ige Sättigung aus.

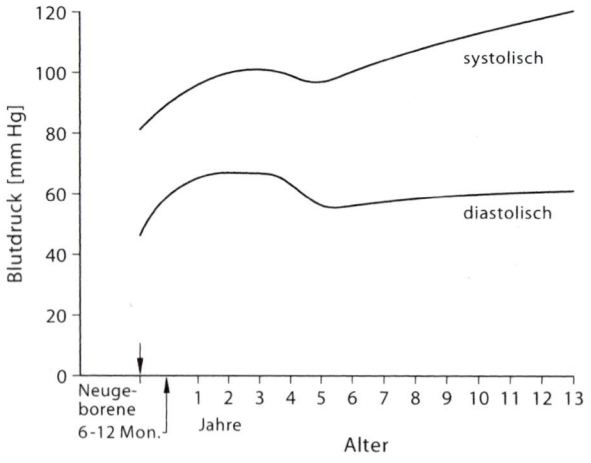

Abb. 38.5. Verhalten des Systemdrucks in Abhängigkeit vom Lebensalter

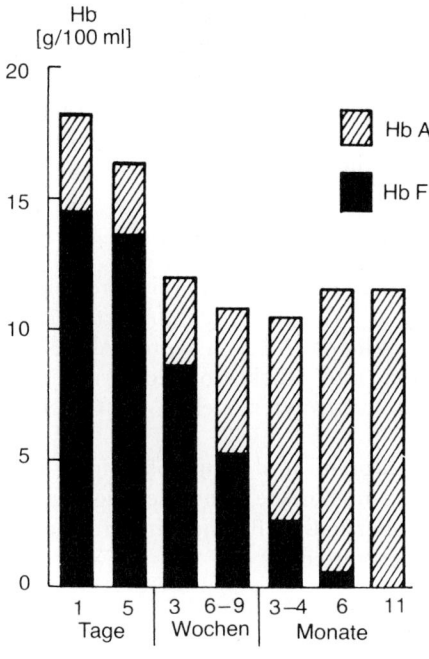

Abb. 38.6. Hb-Gehalt pro 100 ml Blut und prozentuale Verteilung von *Hb-A* (adultes Hämoglobin) und *Hb-F* (fetales Hämoglobin) in Abhängigkeit vom Lebensalter

Blutvolumen im Verhältnis zum Körpergewicht

Zur Berechnung sollte man folgende Zahlen wissen:

- Frühgeborene   100 ml/kgKG
- Neugeborene   85 ml/kgKG
- Säuglinge und Kleinkinder 80 ml/kgKG
- Erwachsene   70 ml/kgKG

Um die Bedeutung eines Blutverlustes richtig einschätzen zu können, muss man die Menge des zirkulierenden Blutvolumens kennen. Bei einem kranken Neugeborenen sollte ein Hämatokritwert von 40% nicht unterschritten werden. Es gibt mehrere Formeln die zu transfundierende Menge auszurechnen, wir richten uns bei Substitution mit Erythrozytenkonzentrat nach folgender Berechnung:

$$1,5 \times kgKG \times (Soll\ Hkt - Ist\text{-}Hkt)$$

Beispiel: Bei einem 3 kg schweren Kind mit einem intraoperativen Hkt von 30% müßte man $1,5 \times 3 \times (40\text{--}30) = 45$ ml EK transfundieren um den Hkt auf 40% anzuheben.

Die Verabreichung erfolgt in 10 ml Spritzen entweder langsam von Hand oder mittels Perfusor. Liegen keine aktuellen Werte vor und eine Substitution muss erfolgen, erhält das Kind 10 ml/kgKG Erythrozytenkonzentrat.

Abb. 38.7. Veränderungen von P_{50} während der ersten Wochen nach der Geburt (P_{50} O_2-Spannung, bei der die Sättigung des Hämoglobins mit Sauerstoff 50% beträgt. Standardbedingungen: ph-Wert 7,5, pCO_2 40 mmHg, Temperatur 37°C

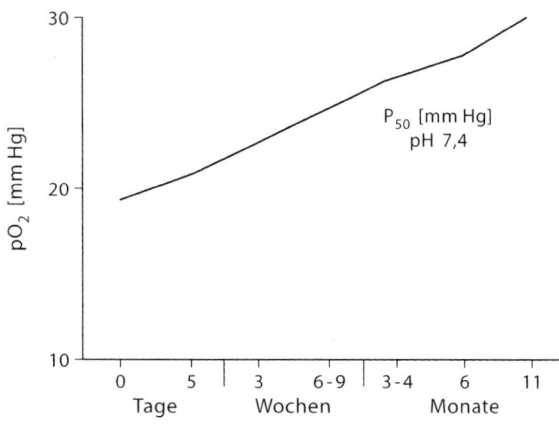

Totalkörperwasser und extrazelluläres Flüssigkeitsvolumen

Beides ist beim Frühgeborenen, Neugeborenen und Säugling erhöht.

Der *Wasseranteil* entspricht:

- 90% des Körpergewichts des Frühgeborenen,
- 80% des Körpergewichts des Neugeborenen und Säuglings,
- 60% des Körpergewichts des Kleinkindes.

Das *extrazelluläre Flüssigkeitsvolumen* macht

- beim Frühgeborenen 60% des Körpergewichts aus,
- beim Neugeborenen 40–50%,
- beim Kleinkind und Erwachsenen 20%.

Bedeutung für den Anästhesisten

ÜBERSICHT

- Der Flüssigkeitsbedarf dieser Kinder ist hoch. Die perioperative Infusionstherapie muss dem Rechnung tragen mit *20 ml/ kgKG Infusionsmenge in der 1. Stunde und 10–15 ml/kgKG in jeder weiteren Stunde.*
- Bei thorax- und bauchchirurgischen Eingriffen ist der Flüssigkeitsbedarf noch höher. Die intraoperative Lösung sollte *reich an Natrium und arm an Glukose* sein, weil sonst bei der ausgeprägten Tendenz zur Wasserretention und den altersbedingt hohen Flüssigkeitsmengen die Gefahr der Wasserintoxikation besteht.
- Eine *elektrolytfreie Lösung* ist auch beim Neugeborenen und Frühgeborenen *obsolet.*
- Durch Streßreaktion kommt es zur Freisetzung von *Katecholaminen,* die zu einer *Suppression der Insulinsekretion* führen, das bedeutet absoluter oder relativer Insulinmangel, andererseits sind die antiinsulinären Hormone, v. a. Glukagon erhöht. Dadurch wird vermehrt Glykogen abgebaut. Das Ergebnis sind *erhöhte Blutglukosekonzentrationen* abhängig vom Ausmaß der Streßreaktion. Führt man in dieser Situation Kohlehydrate zu, übersteigt der BZ-Wert nicht selten Werte über 250 mg%. Hyperosmolare Entgleisungen und Zunahme von Hirnblutungen sind die Folge.

Glomeruläre Filtrationsrate

Glomeruläre Filtration und tubuläre Funktion sind *bei Geburt unreif und entwickeln sich während des 1. Lebensjahres* (Abb. 38.8). Filtration und Rückresorption von Wasser und Elektrolyten stehen im Gleichgewicht.

Neugeborene und junge Säuglinge können Belastungen wie Dehydrierung , Azidose und übermäßige Flüssigkeitszufuhr nicht so gut verkraften.

Wärmeregulation

Neugeborene produzieren Wärme durch eine Steigerung der metabolischen Aktivierung des braunen Fettgewebes (*zitterfreie Wärmebildung*). Das braune Fettgewebe wird gut durchblutet, ist reich an Mitochondrien und sympathischer Innervierung. Während Kältebelastung wird Noradrenalin freigesetzt und Triglyzeride werden unter Wärmeproduktion metabolisiert.

Im Verhältnis zum geringen Körpergewicht haben Neugeborene eine *große Körperoberfläche, eine starke Oberflächenkrümmung und nur eine geringe Isolation durch subkutanes Fettgewebe.* Da den Neugeborenen und jungen Säuglingen auch die Möglichkeit des Kältezitterns fehlt, sind sie Wärmeverlusten schutzlos ausgesetzt. Fallende Körpertemperatur erhöht sowohl die Morbidität wie die Mortalität. Kälteexposition führt zur kompensatorischen Stoffwechselsteigerung, erhöhtem O_2-Verbrauch, Azidose, respiratorischer Insuffizienz und Arrhythmien. Der *Mechanismus der Wärmeregulierung wird während der Anästhesie unterdrückt.*

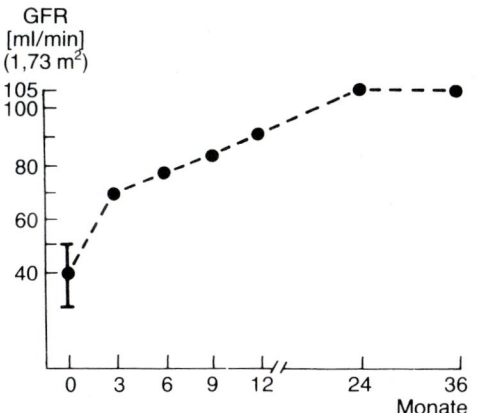

Abb. 38.8. Veränderungen der glomerulären Filtrationsrate (*GFR*) mit dem Alter (auf eine Körperoberfläche von 1,73 m[[twosuperior]] standardisiert)

Bedeutung für den Anästhesisten

ÜBERSICHT

- Unerkannte Hypothermie während der Narkose kann zum Überhang von Anästhetika führen und zur langsamen postoperativen Erholung. Die größten Probleme intraoperativer Hypothermie treten in der Aufwachphase auf, wenn mit wiedereinsetzender Thermoregulation infolge Wärmeproduktion der O_2-Verbrauch um das 3- bis 4fache steigt.
- In der Neugeborenenphase können Hypothermie, Hypoxie und Azidose zu einem Rückfall in fetale Kreislaufverhältnisse führen.
- Volatile Anästhetika führen überdies zu Vasodilatation mit erhöhtem Wärmeverlust.
- Zur Auskühlung des Kindes kommt es während großflächiger operativer Eingriffe bei zu niedrigen Umgebungstemperaturen in Operationssälen. Solche externen Kältebelastungen kann der Säugling nicht ausgleichen, deshalb muss er vor Wärmeverlusten geschützt werden, z. B. durch Lagern des Kindes auf einer thermostatisch kontrollierten Wärmematte. Besonders während der Narkoseeinleitung und

Vorbereitung des Kindes auf die Operation, können Wärmeverluste durch die Verwendung von Wärmelampen minimiert werden. Extremitäten können in Watte gewickelt und der Kopf mit einer Thermomütze bedeckt werden. Atemgase sollten befeuchtet und angewärmt werden. Blutderivate sind vor der Transfusion anzuwärmen.
- Die Körpertemperatur soll am besten kontinuierlich durch ösophageale oder rektale Sonden kontrolliert werden.

38.4
Reanimation des Neugeborenen

Wir unterscheiden zwischen Reanimationsmaßnahmen beim Übergang vom abhängigen fetalen zum „selbständigen" postpartalen Leben und Reanimationsmaßnahmen z. B. auf einer Intensivstation, die durch nicht vorhersehbare Komplikationen erforderlich wurden.

Während der vaginalen Entbindung wird der Brustkorb des Neugeborenen im Geburtskanal komprimiert. Hierdurch wird Flüssigkeit (Plasmafiltrat) aus den Lungen exprimiert. Lungenflüssigkeit, die nicht durch die Trachea ausgepreßt wird, fließt über Lungenkapillaren und Lymphgefäße ab. Frühgeborene und Kinder, die durch Sectio caesarea entwickelt werden, haben in der Regel einen größeren Flüssigkeitsgehalt in der Lunge als Kinder, die vaginal entbunden wurden, und sind so eher für eine respiratorische Insuffizienz prädisponiert. Die Spontanatmung setzt üblicherweise innerhalb 1 min ein. Eine rhythmische Atemtätigkeit etabliert sich innerhalb von 2–10 min nach der Geburt. Die funktionelle Residualkapazität etabliert sich ebenfalls während der ersten Minuten nach der Geburt.

Die optimale Versorgung des Neugeborenen schließt ein:
- Freimachen der oberen Atemwege von Sekret und Mekonium, um die Lungenexpansion zu ermöglichen.

Sektion F

- Adäquate Oxygenierung und CO_2-Elimination,
- Sicherstellen eines ausreichenden Cardiac output,
- Minimierung des O_2-Verbrauchs durch Abtrocknen und Warmhalten.

Initiale Stabilisierung (s. Abb. 38.9)

1) Lagerung. Rücken- oder Seitenlagerung ohne Überstreckung oder Abknicken des Kopfes (Cave: Obstruktion der Atemwege). Trendelenburg-Lagerung wird nicht mehr empfohlen.

2) Absaugen. Wenn kein Mekonium in der Amnionflüssigkeit ist, werden Mund und Nase vorsichtig mit limitiertem Sog in Intervallen von maximal 5 s Dauer abgesaugt. Bei tieferem Absaugen muss unbedingt die Herzfrequenz überwacht werden (Cave: Bradykardie und Apnoe durch Vagusreiz). Es sollen kleinlumige Absauger verwendet werden um Schleimhautverletzungen zu vermeiden.

3) Taktile Stimulation. Meist sind Abtrocknen und Absaugen ausreichende Stimuli.

4) Ventilation. Erfolgt innerhalb von 10–15 s keine suffiziente Spontanatmung, ist das Kind apnoisch oder schnappt nach Luft, muss unverzüglich eine PPV-Beatmung mit 100% O_2 über Maske erfolgen, die fortgesetzt werden muss, bis die *Herzfrequenz >100/min* ist, auch wenn das Neugeborene mittlerweile spontan atmet. Initial ist eine *Beatmungsfrequenz von 40-60/min* und ein *Beatmungsdruck von 40 cmH$_2$O* und höher erforderlich. Ziel ist eine normale, nicht exzessive Thoraxexkursion, gefolgt von niedrigeren Beatmungsdrucken und kürzeren Inspirationszeiten. Bei unzureichender Atemexkursion nach Korrektur der Maske, erneutem Absaugen und Erhöhung des Beatmungsdruckes muss unverzüglich intubiert werden (Cave: Magenüberblähung).

! **5) Intubation.** Um eine zu tiefe endobronchiale Intubation auszuschließen, sollte die Tubuslänge (von der Tubusspitze bis zur Lippe des Kindes 6 cm + 1 cm/kgKG des Kindes betragen, z. B. bei einem 2 kg schweren Kind 6+2 cm = 8 cm. Ausnahmen, Kinder mit kraniofazialen Mißbildungen.

Klinische Zeichen für die korrekte Tubuslage
- Symmetrische Thoraxexkursionen,
- seitengleiches Atemgeräusch in beiden Axillarlinien,
- kein Atemgeräusch über dem Magen,
- keine Überblähung des Magens,
- Beschlagen der Tubusinnenseite bei der Atmung,
- Verbesserung der Herzfrequenz, Hautcolorit, Spontanatmung.

Im Zweifel erneute laryngoskopische Einstellung und Korrektur der Tubuslage, evtl. spätere radiologische Lagekontrolle.

6) Extrathorakale Herzmassage. Mit der Massage muss spätestens 30 s nach Beatmung mit 100% O_2 begonnen werden, wenn die *Herzfrequenz <60/min* oder *zwischen 60 und 80/min ohne Tendenz zum Ansteigen* bleibt. Wie in Abb. 38.10 dargestellt, werden die Daumen im unteren Drittel des Sternums, etwas unterhalb einer gedachten Verbindungslinie zwischen beiden Brustwarzen plaziert. (Cave: Kompression des unteren Sternums und Xyphoids kann zur Verletzung von Abdominalorganen führen.)

Daumen oder Finger müssen während der Herzmassage immer in Kontakt mit dem Sternum bleiben. Das *Sternum* sollte *1,5–2 cm* nach *unten* gedrückt werden, wobei Kompressions- und Entspannungsphase gleich lang sein sollten. Die *Herzfrequenz sollte alle 30–60 s überprüft und die Massage unterbrochen werden*, sobald die Frequenz *>80/min* ist. Herzdruckmassage und Beatmung mit 100% Sauerstoff sollten laut Empfehlung der AHA-AAP im Verhältnis 3:1 erfolgen, z. B. 90 Herzmassagen: 30 Atemzügen, d. h. 3 Thoraxkompressionen und 1 Beatmung etc.

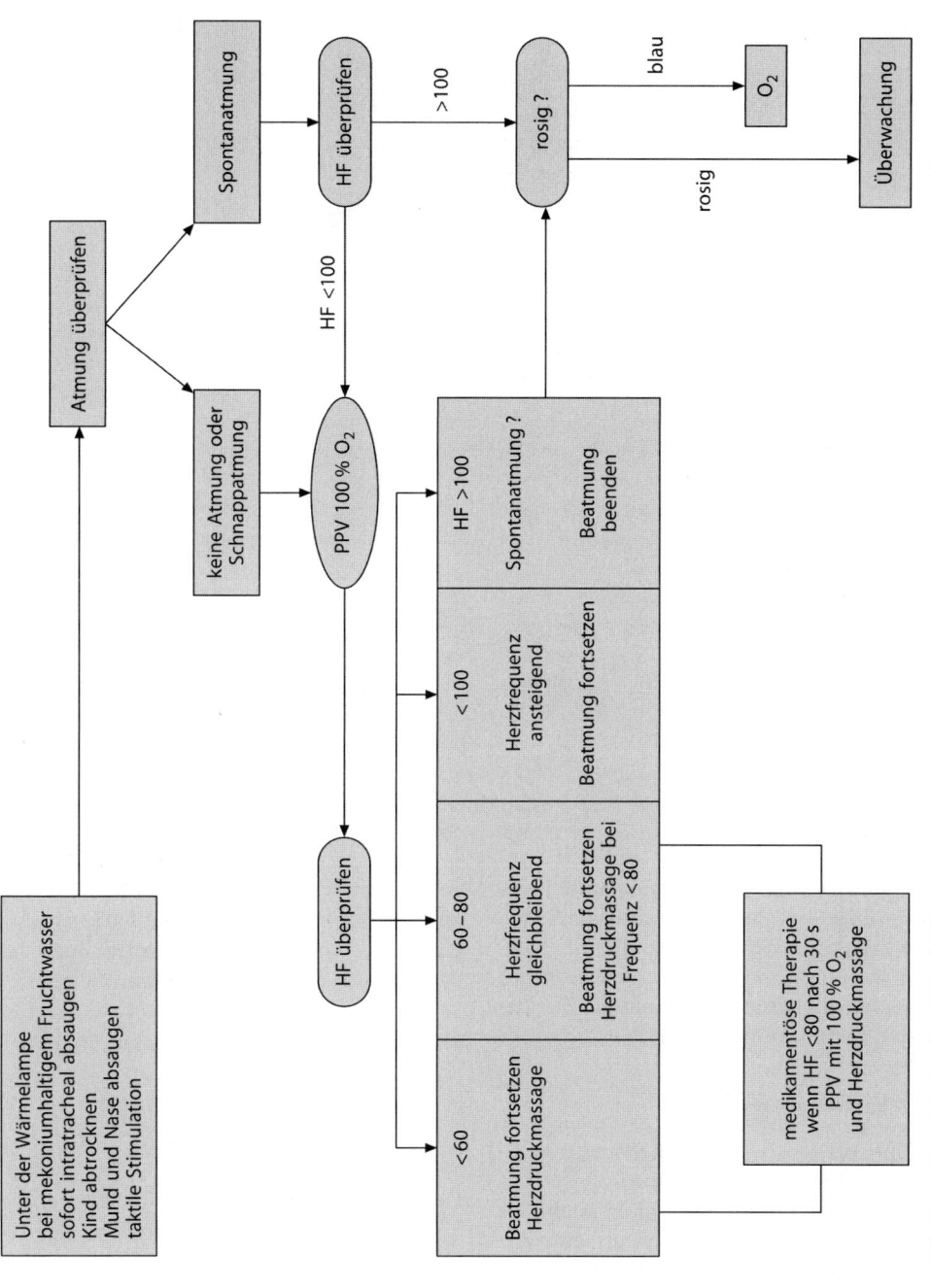

Abb. 38.9. Algorithmus der AHA/AAP

Abb. 38.10. Technik der extrathorakalen Herzmassage

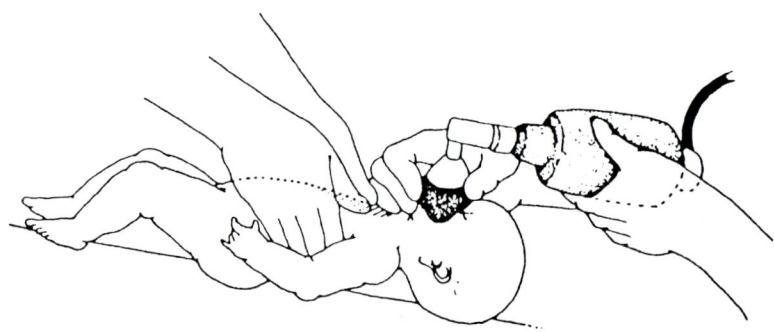

Die *gleichzeitige Kompression* und *Beatmung* würde bei Sekreteinschluss in den Atemwegen zu *Air-trapping* und evtl. *Pneumothorax* führen bzw. die Kompression des Thorax bei Überdruckbeatmung die Effektivität der Beatmung vermindern.

Medikamentenapplikation

- Peripherer i.v.-Zugang – eher unzuverlässig bei schlechter Zirkulation.
- Umbilikalvene – sie darf nicht mehr als 3–4 cm tief kanüliert werden, um eine Kanülierung größerer Lebergefäße zu vermeiden
- Intraossärer Zugang

Suprarenin (1:10.000)	0,1–0,3ml/kgKG i.v., entspricht 0,01–0,03 mg – evtl. auch endotracheal – evtl. nach 3–5min wieder holen
Volumen	EK 10 ml/kgKG i.v., über 5–10 min Albumin 5% Ringer-Laktat
NaHCO₃ 4,2%	2 ml/kgKG i.v. (Cave: nur bei suffizienter Ventilation langsam über mehrere Minuten)
Naloxon	0,1 mg/kgKG i.v. oder endotracheal
Dopamin	5 μg/kgKG/min Kontinuierliche Applikation über Perfusor (Monitoring von Puls und Blutdruck)

Suprareningabe bei Asystolie oder wenn nach Herzmassage und Beatmung mit 100% Sauerstoff die Herzfrequenz immer noch <80 Schläge/min ist. Der α-adrenerge vasokonstriktive Effekt erhöht die Perfusion während der Herzmassage und verbessert den O_2-Transport zu Herz und Gehirn.

Der β-adrenerge Effekt steigert die Kontraktionkraft, stimuliert spontane Kontraktionen und erhöht die Herzfrequenz. Neugeborene zeigen kein Kammerflimmern.

Volumengabe: Bei unzureichender Ansprache auf Suprarenin muss an eine Hypovolämie gedacht werden. Abnabeln des Kindes vor dem 1. Atemzug kann eine Abnahme des kindlichen Blutvolumens von 20 ml/kgKG bedeuten. Bei größeren lebensbedrohlichen Blutungen darf zur Substitution auch heparinisiertes Plazentablut verwendet werden, bis gekreuztes EK oder Vollblut zur Verfügung steht.

Naloxon ist indiziert, wenn der Verdacht auf eine opioidbedingte Atemdepression besteht, weil die Mutter innerhalb der letzten 4 h vor Geburt Opioide erhalten hat. (Cave: Die Wirkdauer des Opioids kann die des Naloxons überdauern; sorgfältiges Monitoring!) Bei Neugeborenen opioidabhängiger Mütter ist Naloxon kontraindiziert, da Krampfanfälle ausgelöst werden können. Diese Neugeborenen müssen beatmet werden bis die opioidbedingte Atemdepression abgeklungen ist.

Es besteht *keine Indikation für Natriumbikarbonat, Kalzium oder Atropin zu Beginn einer Reanimation.* (Cave: Hirnblutungsgefahr beim Neugeborenen.) Natriumbikarbonat wird erst verabreicht, wenn Suprarenin und Volumengabe keine ausreichende Wirkung zeigen. Die Beatmung muss suffizient sein. Für Kinder, die aufgrund unerwarteter Zwischenfälle auf Station reanimiert werden müssen, gilt bis auf die Stimulation und die Naloxongabe das gleiche Vorgehen.

Sollten Säuglinge und Kleinkinder *defibrilliert* werden müssen, verwendet man Paddles mit 4,5 cm Durchmesser. Man beginnt mit 2 J/KgKG und muss nach 2 erfolglosen Versuchen die Energie verdoppeln (Abb. 38.11).

Absaugen bei mekoniumhaltigem Fruchtwasser

Bei mekoniumhaltigem Fruchtwasser müssen bereits vor der Geburt des Brustkorbs Mund, Nase und Pharynx des Kindes sorgfältig abgesaugt werden. Der Sog sollte limitiert sein und 100 mmHg nicht überschreiten. Sofort nach der Geburt (vor etwaiger Maskenbeatmung) müssen Pharynx und Trachea abgesaugt werden.

Bei dickem, zähem Mekonium und Atemdepression muss das Kind intubiert werden. Bei flüssigerem Mekonium und vitalem Kind kann man mit der Intubation zuwarten. Wenn intubiert werden muss, sollte ein Absauger an den Tubus angeschlossen und der Tubus langsam unter Saugen vorgeschoben werden. Bei größeren Mekoniummengen muss ein neuer Tubus genommen werden. Dies muss evtl. ein weiteres Mal erfolgen, sollte der Tubus wieder voll Mekonium sein. Allerdings muss *spätestens 2 min nach der Geburt mit der Überdruckbeatmung begonnen werden.* Es wird nun weiterhin endotracheal abgesaugt werden müssen. Da ebenfalls mekoniumhaltige Flüssigkeit im Magen ist, sollte wenn das Kind stabil ist, eine Magensonde gelegt und der Magen abgesaugt werden. Für die Verhinderung des schweren Mekoniumaspirationssyndroms (MAS) ist aber nicht nur das sorgfältige Absaugen wichtig, sondern von noch größerer Bedeutung ist die *Vermeidung einer perinatalen Asphyxie.*

Ursachen einer neonatalen Depression

- Faktoren, die von der Mutter ausgehen:
  - Kardiopulmonale Probleme (Hypotension, Hypertonie, myokardiale Erkrankungen, Klappenerkrankungen)
  - Anämie
  - Infektion (einschließlich Chorionamnionitis)
  - Nierenerkrankungen,
  - Diabetes mellitus,
  - Fettsucht,
  - Schilddrüsenerkrankungen (Hyperthyreose, Hypothyreose),

Suprarenin
Volumen
Natriumbikarbonat

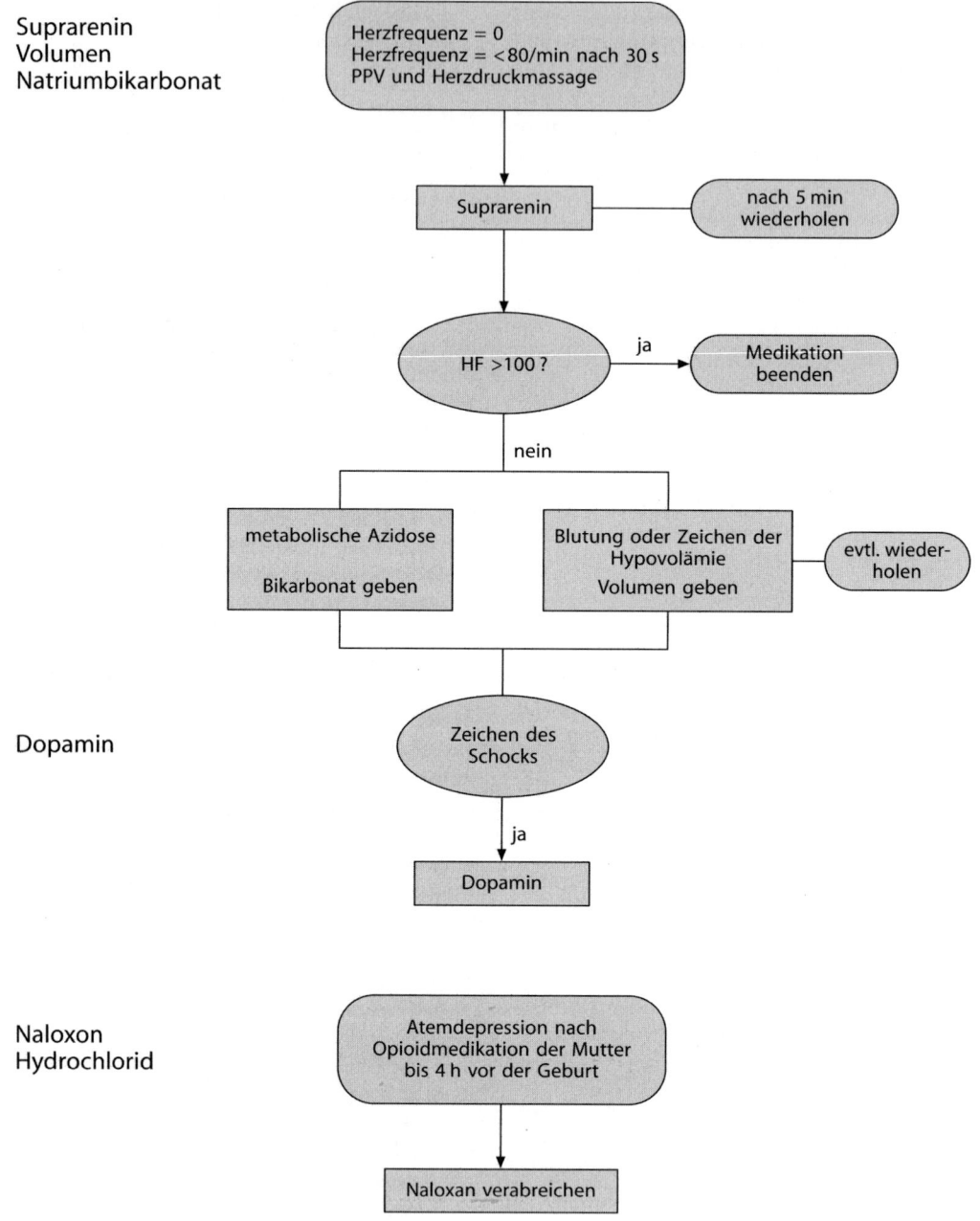

Dopamin

Naloxon
Hydrochlorid

Abb. 38.11. Reanimation

- Toxämie (Übertragung),
- schwierige Entbindung (Mißverhältnis zwischen Kindskopf und Becken),
- mangelnde uterine Aktivität,
- uterine Vasokonstriktion
- traumatische Entbindung,
- intrauterine Manipulation,
- Placenta praevia,
- Plazentavorfall,
- Medikamente, die während der Entbindung verabreicht werden (Narkotika, Barbiturate, Tranquilizer, Sedativa, Inhalationsanästhetika, Lokalanästhetika).

- Faktoren, die vom Fetus ausgehen:
  - Mangelnde Reife,
  - kongenitale Mißbildungen
  - Nabelschnurvorfall,
  - intrauterine Infektion,
  - Mekoniumaspiration,
  - Schockzustände,
  - Hypothermie.

Risikofaktoren neonataler Hypotension und eines Schockzustands

- Niedriges Geburtsgewicht <2500 g),
- Sepsis (Mutter),
- Zwillings- bzw. Mehrlingsschwangerschaft,
- Nabelschnurvorfall,
- akute plazentare Blutung.

38.5 Atemwegsobstruktion

Obere Atemwegsobstruktion

Neugeborene und junge Säuglinge sind aufgrund der erwähnten anatomischen Besonderheiten einem hohen Risiko einer Atemwegsobstruktion ausgesetzt. Wegen einer großen Zunge, eines verdickten Zungengrunds sowie eines geringen Abstands zwischen Zunge und Gaumen atmen diese Kinder überwiegend durch die Nase (Abb. 38.12a, b).

Bei Behinderung der Nasenatmung, z. B. durch eine nasal liegende Magensonde, kann es zu respiratorischer Insuffizienz und Apnoe kommen. Bereits eine geringfügige Lumeneinengung von Trachea, Bronchien und Bronchiolen erhöht den Strömungswiderstand um das 4- bis 5fache und erhöht damit die Atemarbeit.

Unruhe und Schreien kann bei diesen Kindern zur respiratorischen Insuffizienz führen. Nasenflügeln ist ein Zeichen von Atemnot.

Bei der oberen Atemwegsobstruktion versucht das Kind gegen die Obstruktion einzuatmen und erzeugt damit einen so negativen Druck in der Trachea (im Vergleich zum atmosphärischen Druck), dass die Trachea kollabieren kann, verstärkt bei Schreien des Kindes.

Anomalien und Erkrankungen des Neugeborenen, die eine obere Atemwegsobstruktion verstärken und zu Intubationsschwierigkeiten führen können

- Choanalstenose und -atresie,
- Deformitäten des Gesichtsschädels (M. Crouzon, M. Apert, Treacher-Collins-Syndrom),
- Pierre-Robin-Syndrom (Unterkieferhypoplasie, Makroglossie, Gaumenspalte),
- Down-Syndrom
- Beckwith-Wiedemann-Syndrom (Makroglossie, Mikrostomie)
- kongenitale Anomalien der Trachea,
- kongenitale Tumoren des Nasen-Rachen-Raums (z. B. linguale Schilddrüse),
- Hydrozephalus,
- Enzephalozele,
- Meningozele,
- Kiefertumore,
- Lymphangioma colli,
- Zungengrundzysten,
- Larynxfehlbildungen (Larynxspalte),
- Tracheahämangiome,
- Tracheomalazie (z. B. bei Ösophagusatresie),
- Stimmbandlähmungen
  - Ursachen einer *einseitigen* Stimmbandlähmung: Einklemmung des N. laryngeus recurrens bei mediastinalen Tumoren, aberrierenden großen Gefäßen, doppeltem Aortenbogen.
  - Ursachen der *beidseitigen* Stimmbandlähmung: Kernaplasie, Arnold-Chiari-

Sektion F

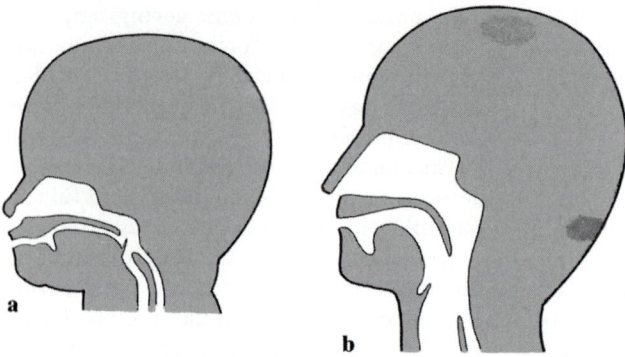

Abb. 38.12. Anatomie der oberen Atemwege. Die prinzipiellen Unterschiede zum Erwachsenen sind im Text beschrieben. a Sagittalschnitt durch den Kopf eines Neugeborenen (*links*) und b eines Erwachsenen (*rechts*). Man erkennt den topographisch-anatomischen Hochstand der Epiglottis und des Kehlkopfeingangs bei Neugeborenen

Syndrom, Fehlbildung des ZNS (hochfrequente, heisere Stimme, Atemnot), Trachealstenose, Tracheakompression durch doppelten Aortenbogen oder Pulmonalisschlinge.

Eine Stenose oder Atresie der Choanen kann durch Sondieren mit dem Absaugkatheter entdeckt werden. Bei einer bilateralen Choanalatresie muss oral intubiert werden und eine operative Korrektur noch während der Neugeborenenzeit erfolgen.

Das Pierre-Robin-Syndrom ist durch eine Unterkieferhypoplasie mit medianer Gaumenspalte und Makroglossie charakterisiert. Solche Neugeborenen zeigen besonders in aufrechter Position und in Rückenlage eine Atemwegsobstruktion, da dabei die Zunge den Pharynx verschließt. Bauch- oder Seitenlagerung des Kindes ist in der akuten Situation hilfreich, meistens hilft auch das Einlegen eines Wendel-Tubus. Nach kieferorthopädischer Anpassung einer Gaumenplatte ist die Obstruktion ebenfalls häufig gebessert.

Kinder mit obengenannten Krankheitsbildern zeigen einen massiven Stridor, Dyspnoe, Tachypnoe oder eine Zyanose.

Häufig läßt sich aus assoziierten klinischen Symptomen auf die Lokalisation der auslösenden Pathologie schließen:
- Ein überstreckt gehaltener Kopf deutet auf eine Kompression der Trachea von außen hin,
- inspiratorischer Stridor mit Heiserkeit auf eine Pathologie im Kehlkopfbereich,
- exspiratorischer Stridor auf Affektionen kleiner und kleinster Atemwege,
- eine Kombination aus inspiratorischem und exspiratorischem Stridor auf eine Stenosierung der Trachea.

Die Diagnose wird in der Regel bronchoskopisch gestellt. Die Therapie besteht zunächst in der endotrachealen Intubation oder der Tracheotomie, wenn die operative Korrektur erst später erfolgen kann.

Eine obere Atemwegsobstruktion wird bei *Kleinkindern* durch folgende Erkrankungen hervorgerufen:
- Laryngotracheitis (Pseudokrupp),
- Epiglottitis,
- Fremdkörperaspiration,
- Polypen und Rachenmandelhyperplasie,
- Inhalationstrauma,
- Trauma, Larynxfraktur.

Eine seltene Komplikation stellen unerkannte und unerwartete Episoden einer akuten oberen Atemwegsobstruktion im Schlaf („obstructive sleep apnea") dar, die zum Tode führen können.

Leitsymptom der oberen Atemwegsobstruktion ist der Stridor. Man unterscheidet beim Stridor folgende Schweregrade (unter Ruhebedingungen):

- Stridor hörbar nur durch Auskultation (Stethoskop),
- Stridor deutlich hörbar (ohne Stethoskop),
- Stridor laut hörbar: Unruhe, stark verlängertes lnspirium, Einziehungen, Atemnot.

Klinische Zeichen des schweren kindlichen Stridors

1) Phase der Kompensation:
   - Rosiges Aussehen,
   - Nasenflügelatmen,
   - supra- und infrasternale Einziehungen,
   - interkostale Einziehungen,
   - Tachypnoe, Unruhe.
2) Phase der Dekompensation:
   - Zyanose, Blässe/Graufärbung.
3) Präterminale Phase:
   - Apathie, Stridor leise (!), Bradypnoe, Bradykardie.

Die *Laryngotracheitis (Krupp-Syndrom oder Pseudokrupp)* zeigt einen akuten Beginn mit mäßigem Fieber und zunächst wenig beeinträchtigtem Allgemeinzustand. Es folgen bellender Husten, heisere Stimme und zuerst nur bei Anstrengung inspiratorischer Stridor, der sich aber in seltenen Fällen zu einer lebensbedrohlichen Situation mit in- und exspiratorischem Stridor, Dyspnoe und Zyanose entwickeln kann. Der bellende Husten fehlt bei Epiglottitis gänzlich.

Bei eindeutiger Symptomatik besteht keine Indikation zur endoskopischen Untersuchung. Falls Unsicherheiten in der Abgrenzung zur Epiglottitis oder Tracheitis bestehen wird in Intubationsbereitschaft eine Laryngoskopie oder flexible Endoskopie in Maskennarkose durchgeführt. Dabei ist im Falle eines Pseudokrupp die Berührung des Larynx unbedingt zu vermeiden, da es zur massiven Verschlechterung des Stridors bis zur Notwendigkeit der Intubation kommen kann.

Die *Epiglottitis* zeigt typischerweise einen fulminanten Verlauf mit raschem Fieberanstieg, Verschlechterung des Allgemeinzustands, kloßiger Sprache, Speichelfluss aus dem Mund, weil eine Unfähigkeit zum Schlucken besteht. Bei der Epiglottitis ist stets eine Laryngoskopie mit anschließender Intubation erforderlich. Bewährt hat sich eine Inhalationseinleitung im Sitzen mit O_2/Halothan oder O_2/Sevofluran. Der i.v.-Zugang wird erst gelegt, wenn das Kind eingeschlafen ist und assistiert über Maske beatmet werden kann. Nach der Laryngoskopie wird die Intubation mit einem für das Alter etwas zu klein gewählten Tubus vorgenommen. Obwohl die *Epiglottitis* seit der routinemäßigen Impfung gegen Hämophilus influenzae Typ B selten ist, werden beide Erkrankungen in den Tabellen 38.1 und 38.2 gegenübergestellt.

Verboten sind *Spatelinspektion* und *Injektion* (beides kann zum Reflextod führen).

Erlaubt, jedoch nur in der *unmittelbar präklinischen Versorgung* ist Sedierung beim extrem dyspnoischen Krupp-, bzw. Epiglottitispatienten.

Fremdkörperaspiration

Sie kann ein problematisches Ereignis sein. Das Prädilektionsalter ist das 1.–3. Lebensjahr. Je nach Lage des Fremdkörpers im Tracheobronchialsystem muss mit einer unterschiedlichen Symptomatik gerechnet werden. Nach Essbach unterscheiden wir 4 anatomische Lagetypen:

- *Typ 1* (1–2%)
  - Der Fremdkörper befindet sich in Mundhöhle, Pharynx oder supraglottischem Bereich des Kehlkopfs.
- *Typ 2* (5–10%)
  - Der Fremdkörper befindet sich im subglottischen Bereich und der Trachea bis zur Bifurkation.
- *Typ 3* (90–95%)
  - Das aspirierte Material befindet sich im Bereich der Stamm-, Segment- oder

Tabelle 38.1. Symptome bei Epiglottitis und Krupp-Syndrom im Vergleich

Symptome	Epiglottitis	Krupp-Syndrom
Gemeinsam	Inspiratorischer Stridor, Dyspnoe	
Unterschiedlich		
Allgemeinzustand	Schwerkrank, septisches Krankheitsbild	Befriedigend
Fieber	>39°C	38°C
Stimme	Kloßig, nicht heiser	Heiser, bellender Husten (Krupp-Husten!)
Schluckschmerz	Erheblich	Keiner
Speichelfluss	Ja	Nein
Haltung	Sitzend nach vorne gebeugt	Liegend oder ohne Vozugshaltung
	Supraglottitis	Stenosierende Laryngotracheitis
Erreger	Bakterien, meist Hämophilus	Viren
Verlauf	Vorsicht! u. U. foudroyant	Beginn langsam, oft als Schnupfen, wellenförmiger Verlauf

Tabelle 38.2. Therapeutische Prinzipien des Pseudokrupp und der akuten Epiglottitis im Vergleich

Therapiemaßnahmen	Epiglottitis	Pseudokrupp
O$_2$-Gabe		Angezeigt
Luftanfeuchtung	Keine	Obligatorisch (kalt)
Glukokortikoide	Keine	Lokale (rektale)Applikation Dexamethason)
Antibiotika	Sofort nach Intubation	Keine
Intubation	Obligatorisch (bei sicherer Diagnose)	Nur bei Dekompensation

Subsegmentbronchien. Bevorzugt ist das rechte Bronchialsystem, wo sich 50–70% der Fremdkörper finden, im linken Bronchialsystem nur 30–50%.

- *Typ 4* (1–2%)
  - Das Aspirat befindet sich in den terminalen Bronchioli oder intraalveolär. Meist handelt es sich um die Aspiration von Puder oder Flüssigkeiten.

Der plötzlich einsetzende heftige Husten im Augenblick der Aspiration eines Fremdkörpers ist das Kardinalsymptom. Stridor, Atemnot und Zyanose kommen in den meisten Fällen dazu. Diese klinische Symptomatik ist abhängig vom Alter des Kindes und von der Form und Größe des Fremdkörpers – Faktoren, die letztlich Sitz und Art der Stenose determinieren. Die Symptomatik kann sich verschlechtern und zu asphyktischen Anfällen mit Bronchospasmus bzw. Laryngospasmus führen oder es tritt rasch eine klinische „Erholung" ein. Im letzteren Fall stehen Nachfolgekrankheiten im Vordergrund: Atelektasen, Pneumonien oder bei Ventilmechanismus Überblähung der abhängigen Lungenareale.

Komplette Atemwegsverlegung kann zu plötzlichem Atem- und Herz-Kreislauf-Stillstand führen.

❗ In den Fällen, in denen eine Fremdkörperaspiration bekannt ist oder der Verdacht einer Fremdkörperaspiration besteht, muss bronchoskopiert werden.

O_2-Gabe ist zunächst die Therapie der Wahl. Die frühe orotracheale Intubation sollte solange wie möglich vermieden werden, weil der Tubus den Fremdkörper weiter in die Tiefe schieben kann. Verschließt der Fremdkörper die Trachea, sind sofortige Intubation und O_2-Beatmung angezeigt in der Hoffnung, dass der orotracheale Tubus den Fremdkörper aus der Trachea in einen Hauptbronchus verschiebt, so dass wenigstens die Ventilation der gegenüberliegenden Lungenseite möglich ist, bis die Bronchoskopie durchgeführt werden kann (Cave: Überblähung und Pneumothorax).

Fremdkörperingestion

Fremdkörper im Ösophagus können zur akuten Lebensgefahr werden, wenn sie den Ösophagus an der Stelle der physiologischen Engen (Höhe des Ringknorpels, der Bifurkation, des Hiatus) völlig verschließen. Bei den Fremdkörpern handelt es sich sehr häufig um Münzen, aber auch um Stecknadeln, Holz- und Plastikteile von Spielzeug etc. Die Symptome sind Speicheln, Würgereiz, Erbrechen bei Nahrungsaufnahme, evtl. Brustschmerz und Atemstörung durch Druck auf die oberen Luftwege. Ein solcher Fremdkörper kann bei Säuglingen übersehen werden, weil flüssige Nahrung die Engen passieren kann (Mediastinitisgefahr).

Münzen und andere Fremdkörper im Ösophagus müssen in Narkose endoskopisch entfernt werden. Die Diagnose wird durch eine Röntgenaufnahme des Thorax gestellt. Bei Ingestionsverdacht und entsprechender Klinik aber negativem Röntgenbefund ist eine endoskopische Abklärung notwendig.

Bei Münzingestion im oberen Drittel des Ösophagus konnte nach Narkose und Intubation in einigen Fällen die Münze mit einer Magill-Zange durch den Anästhesisten

leicht entfernt werden, ansonsten erfolgt die Entfernung endoskopisch.

Nach *Einatmung von Gasen und Rauch* oder bei Zimmerbränden entwickelt sich bei Säuglingen und Kleinkindern leicht ein Ödem im Bereich der Subglottis und der Trachea mit schweren Schleimhautschädigungen.

Ein Stridor nach einem Trauma am Kopf oder am Hals kann ein Zeichen einer Larynxfraktur oder einer ausgeprägten Bindegewebsverletzung im Bereich der Luftwege sein.

❗ Auf Hautemphysem achten!

Untere Atemwegsobstruktion

Bei der unteren Atemwegsobstruktion erweitern sich während der Inspiration die intrathorakalen Atemwege, bei der Exspiration atmet das Kind unter Kraftaufwand aus. Diese intrathorakale Druckerhöhung bedingt einen Atemwegskollaps.

Atemnotsyndrom (RDS)

Betroffen sind 1% aller Neugeborenen, bis zu 10% aller Frühgeborenen, bis zu 50% der Frühgeborenen vor der 30. SSW. Die Häufigkeit des Atemnotsyndroms hat in den letzten Jahren abgenommen, diese Krankheit ist aber immer noch Ursache für mehr als 1/3 aller neonatalen Todesfälle. Surfactantmangel ist der entscheidende Faktor in der Pathogenese des Atemnotsyndroms.

- Herabgesetzte Lungencompliance,
- eingeschränkte alveoläre Ventilation,
- verminderte funktionelle Residualkapazität,
- vermehrter intrapulmonaler Shunt,
- verminderte pulmonale Kapillarperfusion

führen zu Hypoxie und Azidose. Diese verschlechtern die Bedingungen für die Phospholipidneusynthese und unterhalten somit einen Circulus vitiosus.

Mekoniumaspirationssyndrom (MAS)

Es betrifft 1–2% aller Reifgeborenen in erster Linie hypotrophe und postmature Neugeborene. Mit den ersten Atemzügen werden die Mekoniumpartikel bis in die Bronchiolen inspiriert. Es entstehen subsegmentale Atelektasen und Bezirke mit Obstruktionsemphysem, sowie eine chemische Pneumonitis. Diese Veränderungen haben einen vermehrten intrapulmonalen Shunt, eine reduzierte Diffusionskapazität, eine erhöhte Resistance aber nur eine leicht herabgesetzte Lungencompliance zur Folge.

Die Kinder haben eine schwere Atemdepression mit Schnappatmung, Tachy- oder Dyspnoe, interkostalen Einziehungen, exspiratorischem Stöhnen, Giemen, Zyanose. Die schwere Asphyxie kann zu einer Störung der kardiovaskulären Adaptation mit persistierender fetaler Zirkulation führen.

Radiologisch sehen wir symmetrisch verteilte, ziemlich dichte fleckige oder noduläre Lungeninfiltrate und Lungenüberblähung.

Meist ist eine Beatmung mit hohen Inspirationsdrucken erforderlich und Barotraumen häufig.

Neugeborene mit Zwerchfellhernie

Das Problem liegt nicht im Enterothorax, d. h. dem Prolaps von Abdominalorganen in die Thoraxhöhle, sondern in einer *Lungenhypoplasie,* einer Fehlentwicklung im Bereich der pulmonalen Feinarchitektur. Infolge der eingeschränkten Bronchogenese haben diese Kinder eine deutliche Reduktion der Acini und Anzahl der Alveolen pro Acinus. Da die Ausbildung der Lungengefäße parallel zur Entwicklung der Bronchialaufzweigungen verläuft, betrifft die zahlenmäßige Reduktion auch die pulmonalen Gefäße. Zusätzlich zur numerischen Hypoplasie des pulmonalen Gefäßbaums findet sich eine Verdickung der Media in den pulmonalen Arteriolen; die Gefäßmuskularisierung ist bis in die Acinibereiche ausgedehnt. Die ipsilaterale Seite ist in stärkerem Maße betroffen als die kontralaterale Seite, was nochmals unterstreicht, dass bei der CDH beide Lungen von Veränderungen betroffen

sind. Die arteriellen Gefäßquerschnittsflächen sind auf allen Verzweigungsebenen deutlich kleiner (Abb. 38.13).

Die Einteilung der Patienten mit angeborener Zwerchfellhernie erfolgt in 3 Gruppen:

Zur *Gruppe 1* gehören Neugeborene bei denen von Geburt an eine unüberwindbare Gasaustauschkrise besteht, und wo selbst wenn bei der primären Reanimation korrekt vorgegangen wird und wenn alle intensivmedizinischen Register gezogen werden, keine suffiziente Oxygenierung erzielt werden kann. Kinder dieser Gruppe versterben im Rahmen protrahierter Asphyxie Stunden nach der Geburt oder falls noch eine notfallmäßige Operation versucht wird intra- oder unmittelbar postoperativ. Diese Gruppe hat eine besonders ausgeprägte Lungenhypoplasie und die strukturellen Veränderungen des pulmonalarteriellen Gefäßbetts sind besonders ausgeprägt.

Zur *Gruppe 2* gehören Patienten, die ebenfalls innerhalb der ersten 6 Lebensstunden respiratorisch auffällig werden, es gelingt aber, sie mit intensivmedizinischen Maßnahmen zu stabilisieren. Man spricht von „Honeymooner". Ein hoher Prozentsatz erleidet jedoch einen Rückfall in fetale Circulationsverhältnisse und nur ein Teil überlebt diese Krise. Lungenhypoplasie und die typischen Gefäßveränderungen bestimmen auch bei dieser Patientengruppe das klinische Bild, sie sind insgesamt aber weniger ausgeprägt als bei den Kindern der Gruppe 1.

Zur *Gruppe 3* gehören Kinder die postpartal nicht respiratorisch auffällig werden und die Diagnose zufällig oder im Kleinkindesalter gestellt wird.

Der Gruppe 1 gehören ca. 50%, der Gruppe 2 etwa 30% und der Gruppe 3 etwa 20% der Kinder mit CDH an.

> **!** Eine operative Korrektur – Reposition der Hernie und Zwerchfellverschluss – erfolgt erst nach einer Stabilisierungsphase mit Verbesserung der respiratorischen Insuffizienz und Hämodynamik, v. a. der Unterbrechung des Rechts-links-Shunts.

Abb. 38.13. Linksseitige
Zwerchfellhernie

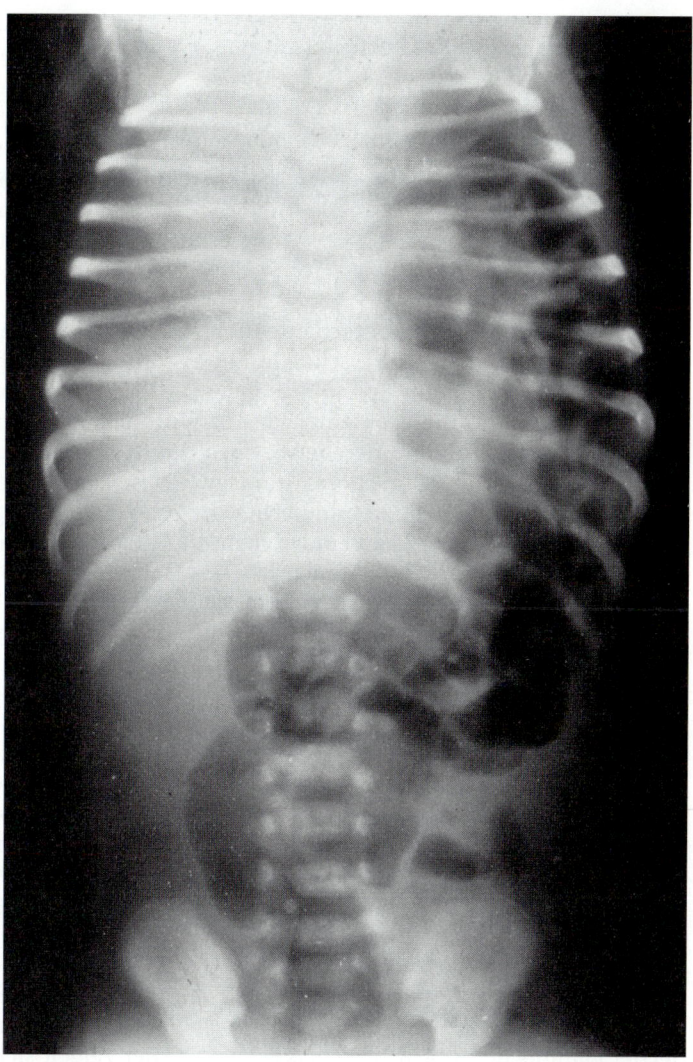

Andere Ursachen einer Insuffizienz der unteren Atemwege bei Neugeborenen sind angeborenes Emphysem, zystisch-adenomatoide Malformation, angeborene Lungenzyste mit Ventilmechanismus.

Die Therapie umfaßt ein breites Spektrum von O_2-Gabe, Intubation, CPAP oder künstlicher Beatmung mit positiv-endexspiratorischem Druck (PEEP) und Surfactantapplikation über Oszillationsbeatmung, NO und ECMO-Therapie je nach Schweregrad der respiratorischen Insuffizienz.

Pneumothorax

Bei den in diesem Kapitel vorgestellten Erkrankungen kommt es in Folge ungleicher Verteilung des Atemminutenvolumens zu Arealen von Minderbelüftung und Überblähung und nicht selten tritt ein Pneumothorax auf.

Dies ist eine lebensbedrohliche Komplikation und erfordert eine schnelle Entlastung.

> **!** Immer wenn sich der Zustand beatmeter Kinder rapide verschlechtert, muss man an einen Pneumothorax denken. Sättigungsabfall, Bradykardie, abgeschwächtes Atemgeräusch auf der betroffenen Seite, Verlagerung des Herzspitzenstoßes und eine Auftreibung des Abdomens sind klinische Hinweise.

Oft kann eine Thoraxröntgenaufnahme nicht abgewartet werden. Die schnelle Entlastung erfolgt v. a. beim Spannungspneumothorax durch das Einlegen einer Plastikkanüle in die Pleurahöhle der betroffenen Seite, die dann durch eine Thoraxdrainage ersetzt wird, die mit einem kontinuierlichen Sog von –8 bis –10 cm H_2O an ein Dreikammersaugsystem angeschlossen wird. Die Punktion erfolgt im 6. ICR in der vorderen Axillarlinie. Ein Pneumothorax kann auch kurz nach der Geburt auftreten, wobei eine Vielzahl der Kinder asymptomatisch bleibt.

Intraoperativ sind die physikalischen Zeichen schwer zu erkennen, aber SaO_2-Abfall, Bradykardie, Blutdruckabfall, verschlechterte Compliance, verringertes Atemzugvolumen sind wichtige Hinweise.

38.6
Anästhesie bei schwerkranken Neugeborenen und spezielle Eingriffe

Bei der Planung der Anästhesie eines Neugeborenen oder Kleinkindes müssen bei der Erwägung potentieller Risiken und Komplikationen neben den in diesem Kapitel diskutierten Besonderheiten dieser Altersgruppe auch eventuelle kongenitale Defekte und die durch den jeweils vorgesehenen operativen Eingriff bedingten Risiken in Betracht gezogen werden.

Der vorgesehene operative Eingriff und die zugrundeliegende Erkrankung geben wichtige Hinweise, in welchem Bereich mit Problemen gerechnet werden muss.

Indikationen zur operativen Versorgung Neugeborener und spezielle anästhesiologische Probleme

Choanalatresie

Infolge einer membranösen, durch weiches Gewebe verursachten oder knöchernen Obstruktion, meist an der Hinterkante des harten Gaumens, kommt es bereits kurz nach der Geburt zu erheblichen Atemschwierigkeiten, die eine orotracheale Intubation erforderlich machen. Bei der Operation wird die Obstruktion ein- oder beidseits durchstoßen, oft auch das Mukoperiost vom Gaumen abgehoben. Schläuche werden von der Nase aus durch die neuen Öffnungen gelegt und meist einige Wochen belassen, bis die Gefahr des erneuten Verklebens bzw. Verschließens vorüber ist.

Probleme: Hypoxie, Bradykardie, Tubusdislokation während des Eingriffs evtl. Blutaspiration.

Die Extubation erfolgt protrahiert, da die Kinder über die nasal liegenden Röhrchen zunächst nicht suffizient spontan atmen können. Sorgfältige Pflege und Absaugen der Röhrchen ist nach der Extubation erforderlich, da es sonst infolge Blut- oder Sekretobstruktion bei Spontanatmung zu schwerer respiratorischer Insuffizienz kommen würde.

Pierre-Robin-Syndrom, Zungengrundzysten, Lymphangioma colli und Neoplasmen

Hier zeigen sich oft erhebliche *Intubationshindernisse*. In vielen Fällen muss eine endoskopische Intubation erfolgen. In einigen Fällen kann die endoskopische Intubation nach Lokalanästhesie beim wachen Kind gerechtfertigt sein. Cave: Durch Vagusstimulation treten häufig Bradykardien auf. Nach Möglichkeit sollte ein Sedativum verabreicht werden. Auf gar keinen Fall darf die Spontanatmung beeinträchtigt werden, d. h. keine atemdepressive Medikation, keine Muskelrelaxanzien. Je nach Ausmaß des Befundes muss tracheotomiert werden.

Abb. 38.14. Ausbildung eines Spannungspneumothorax links, Mediastinalverlagerung auf die Gegenseite mit schwerer Einschränkung des Gasaustausches

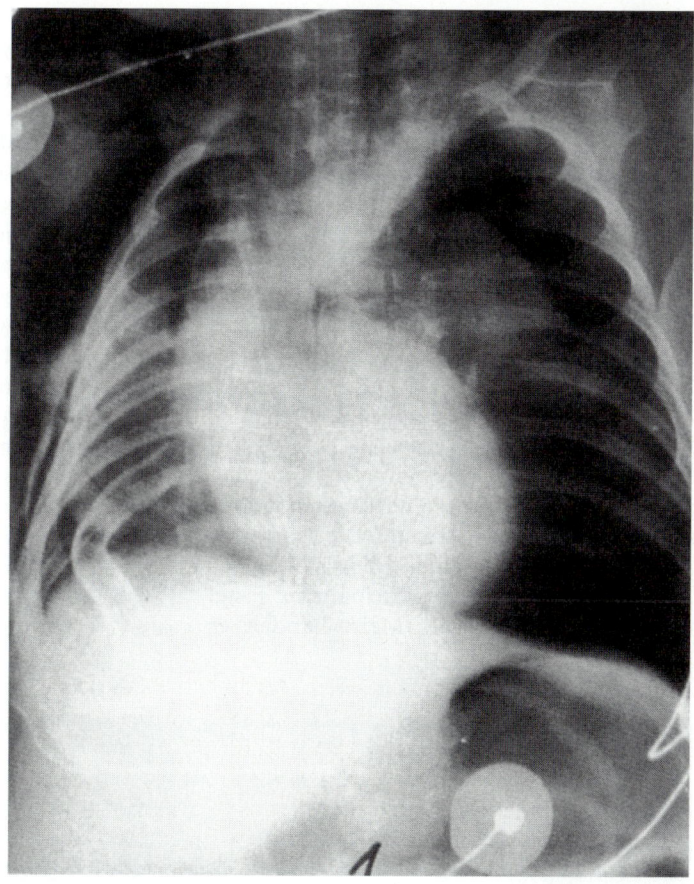

Sektion F

Zwerchfellhernie (s. oben)

Die Kinder sollten erst nach einer längeren Stabilisierungsphase zur Operation kommen. Meist sind sie schon intubiert, Maskenbeatmung verbietet sich wegen der Magen- und Darmdistension. Eine Maskenbeatmung verbietet sich auch unmittelbar nach der Geburt, wenn der Verdacht auf eine CDH besteht oder aufgrund der Pränataldiagnostik bekannt ist. Diese Neugeborenen sind besonders gefährdet durch Hypoxie, Hyperkarbie, Azidose in fetale Kreislaufverhältnisse mit Rechts-links-Shunts zurückzufallen, durch Hypothermie wird dieses Risiko noch erhöht.

Cave: SaO_2-Abfall, Monitoring der O_2-Sättigung, praeduktal (rechte Hand) und postduktal (z. B. rechter oder linker Fuß) zeigt das Ausmaß des Rechts-links-Shunts. Nicht selten sind diese Kinder katecholaminpflichtig. Die Distension von Magen und Darm sollte durch eine liegende Magensonde behoben sein. Während der Operation kann es nach Reposition der Hernie aus dem Thorax zur sog. Dekompressionshypovolämie und Blutdruckabfall kommen. Es kann schwierig sein, den Hernieninhalt (linker Leberlappen, Magen, Dünndarm, Milz) in ein de facto zu kleines Abdomen zu verlagern und dieses zu verschließen.

Zwerchfellhochstand, schwere respiratorische Insuffizienz, Beatmungsprobleme, Pneumothorax, verminderter venöser Rückfluss zum Herzen und Blutdruckabfall können die Folge sein.

Wichtig ist, dass primär keine Saugung an eine Thoraxdrainage angeschlossen wird, um Alveolarrupturen der hypoplastischen Lunge der ipsilateralen Seite zu vermeiden. Ein Pneumothorax der kontralateralen Seite muss selbstverständlich drainiert werden.

Das verlagerte Mediastinum wird auch ohne Thoraxsaugung nach kurzer Zeit mittelständig sein.

Abhängig vom Ausmaß der Lungenhypoplasie erfolgt eine Nachbeatmung auf der Intensivstation für Tage bis Wochen.

Ösophagusatresie mit ösophagotrachealer Fistel (Abb. 38.15)

Es gibt Ösophagusatresien mit und ohne Fistel, oder auch eine isolierte ösophagotracheale Fistel ohne Atresie. Die häufigste Form Vogt IIIb hat einen oberen Ösophagusblindsack und eine carinanahe Fistel zum unteren Blindsack. Meist handelt es sich um Frühgeborene mit weiteren Begleitmißbildungen, z. B. Herzvitien.

Diese Babys können durch Überlaufen des oberen Blindsackes aspirieren, bzw. Magen- oder Darminhalt kann über die oesophagotracheale Fistel in die Lunge gelangen; dystelektatische Veränderungen sind die Folge.

Um ersterem vorzubeugen, wird eine Schlürfsonde in den oberen Blindsack gelegt. Schwere respiratorische Probleme können auftreten, wenn es aufgrund der Fistellage nicht möglich ist, den Tubus distal der Fistel zu plazieren. Bei der Beatmung würde Luft in den Magen gelangen und zur Distension von Magen und Darm führen und das Tiefertreten des Zwerchfells behindern. Außerdem würde es bei der Fistelpräparation zur Leckage kommen.

Auch bei korrekt zu plazierendem Tubus kann es nach Thoraxeröffnung zu Störungen des Ventilations- und Perfusionsverhältnis-

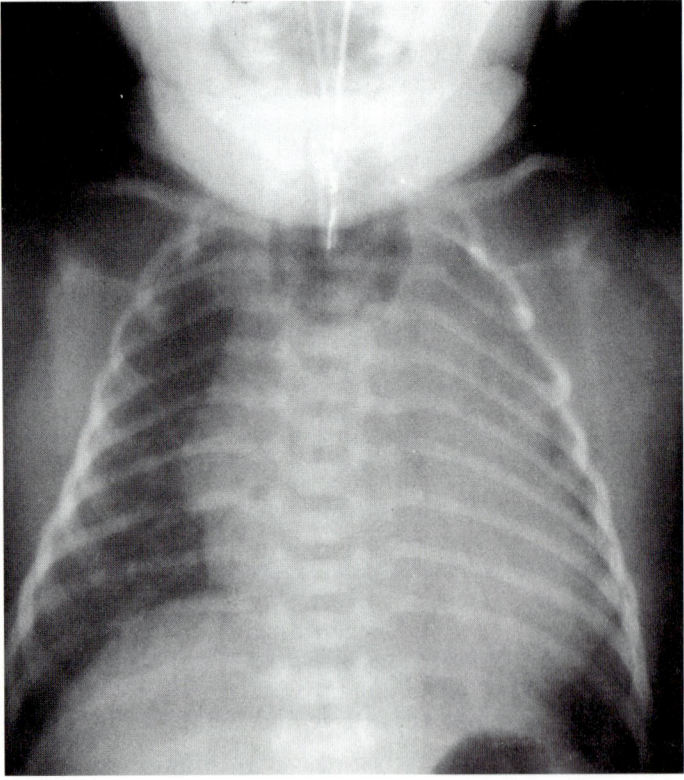

Abb. 38.15.
Ösophagusatresie mit oberem Blindsack

ses kommen mit SaO_2-Abfall und pCO_2-Anstieg. Dystelektasen und Atelektasen entstehen durch Kompression der Lunge durch die chirurgischen Instrumente und Arrhythmie und Bradykardie durch Vagusstimulation. Der Blutdruck fällt bei Kompression des Vorhofs ab. Tubusokklusion durch Blut oder Sekret ist möglich.

Lobäres Emphysem, zystisch-adenomatoide Malformation und Lungenzysten
(Abb. 38.16)

Hier bestehen bei Lungenresektion die Probleme im gestörten Ventilations-Perfusions-Verhältnis durch die Thorakotomie, in Atelektasen und Dystelektasen, sowie bei eröffnetem Thorax in einer höheren Perspira-tio insensibilis und höherem Wärmeverlust. Infolge weiterer Überblähung von zystischen Veränderungen besteht bei der Beatmung vor der Operation Pneumothoraxgefahr, postoperativ evtl. Mediastinalverlagerung.

Omphalozele und Laparoschisis
(Abb. 38.17)

Intraoperative Probleme resultieren v. a. bei der Laparoschisis aus einer sehr hohen Perspiratio insensibilis, weil über die feuchte Darmoberfläche trotz Abdeckung mit warmen, feuchten Tüchern sehr viel Flüssigkeit und Wärme verloren geht. Cave: Hypovolämie, Hypothermie, Azidose, Blutdruckabfall.

Abb. 38.16.
Kongenitale Lungenzyste

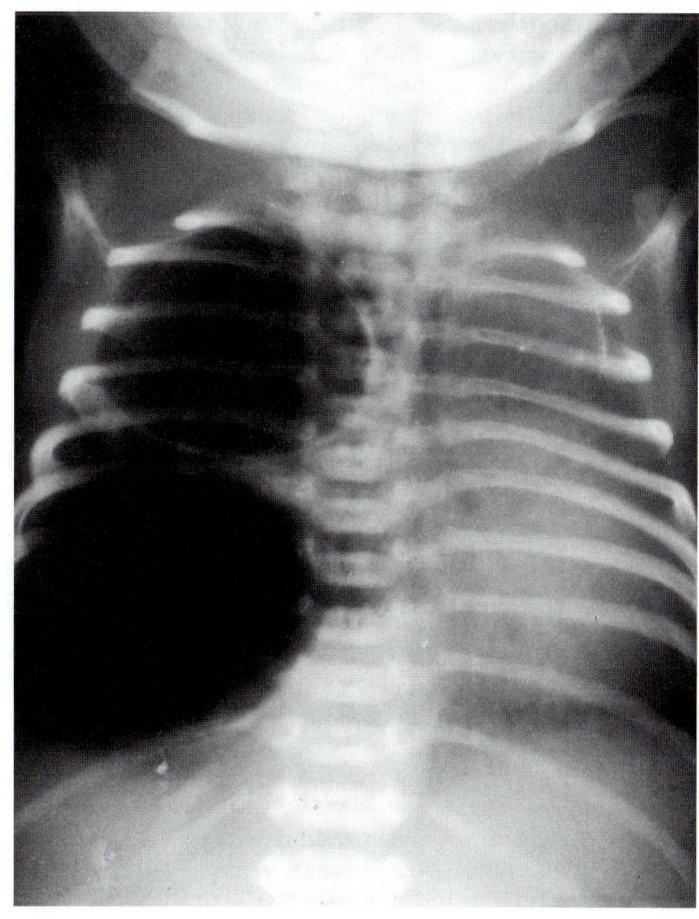

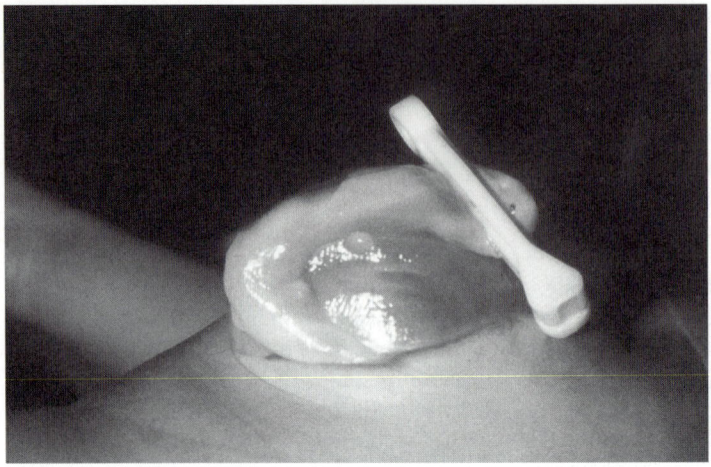

Abb. 38.17. Omphalozele

Sollte der Bauchwandverschluss unter großer Spannung erfolgen, kann es zu schwerer respiratorischer Insuffizienz und Atelektasen kommen, die hohe Beatmungsdrücke erforderlich machen. Ferner treten SaO_2-Abfall, Hypoxie und Einflussstauung auf. Durch Druck der Abdominalorgane auf die V. cava inferior kommt es zu einem verminderten Preload mit Blutdruckabfall. Postoperativ besteht neben respiratorischen Problemen mit höherem Beatmungsbedarf meist eine längere Phase der Darmatonie.

Darmatresien, Volvolus, intestinale Perforationen, M. Hirschsprung und Analatresie

Sie zeigen ein Ileusbild, und es besteht bei Narkoseeinleitung und Intubation die Gefahr von Regurgitation und Aspiration.

Flüssigkeits- und Wärmeverluste sind abhängig vom Ausmaß und der Zeitdauer des operativen Eingriffs. Bei Peritonitis und Sepsis spielen neben Hypothermie, Hypovolämie und Azidose v. a. diffuse Blutungen infolge Thrombozytopenie und DIC eine Rolle und bedürfen der Substitution von Thrombozytenkonzentrat und FFP.

Sakrokokzygeale Teratome

Sie bieten Lagerungsprobleme, und ihre operative Entfernung kann mit größeren Blutverlusten einhergehen.

Neugeborene, die für einen dieser Eingriffe vorgesehen sind, sollten erst nach Stabilisierung ihrer Vitalfunktionen in den Operationssaal gebracht werden. Bei dieser Patientengruppe sollte präoperativ grundsätzlich eine Hirnblutung durch eine Schädelsonographie ausgeschlossen sein.

Für den Transport gelten die gleichen Anforderungen zur Vermeidung von Wärmeverlusten und das Monitoring wie auf der Intensivstation. Die meisten dieser Kinder werden postoperativ intubiert zur Nachbeatmung auf die Intensivstation zurückgebracht und nach Entwöhnung vom Respirator extubiert.

Probleme während der Nachbeatmung

- *Tubusdislokation* (endobronchiale Lage oder Spontanextubation)
- *Tubusokklusion* (durch Sekret infolge unzureichender Befeuchtung der Atemluft, durch Abknicken z. B. im Bereich des Konnektors
- *Schleimhautschwellung, Ulzeration, subglottische Stenose = Postintubationsstenose*
- *Granulationen* am Tubusende können einen Ventilmechanismus mit Airtrapping verursachen.

In all diesen Fällen kann es infolge von Hypoxie und Hyperkarbie zu erhöhtem Beatmungsbedarf und infolge Überblähung einzelner Lungenareale zum *Pneumothorax* kommen. Nicht selten kommt es auch durch endotracheales Absaugen zu Schleimhautverletzungen und Granulombildung.

Wenn der Absaugvorgang länger als 5–10 s dauert, nimmt in 50% der Fälle Compliance und Zugvolumen ab.

Folgendes ist zu beachten: Das endotracheale Absaugen muss steril erfolgen. Durch vorsichtiges Anspülen mit geringen Mengen physiologischer NaCl-Lösung wird die Tubusinnenwand benetzt, Sekret und Gewebeteile haften nicht so leicht an der Wand, dadurch ist die Gefahr der Tubusverlegung geringer. Der Absaugkatheter sollte nicht über das Tubusende hinausgeschoben werden (vorher abmessen), um Verletzungen der Trachealschleimhaut zu vermeiden. In der Regel erhalten alle Kinder, die länger beatmet werden müssen zwischen Tubus- und Schlauchsystem des Beatmungsgerätes ein steriles geschlossenes Absaugsystem eingebaut. Ist ein solches System nicht vorhanden, wird ein steriler Absaugkatheter mit sterilen Handschuhen *ohne Sog* in den Tubus eingeführt. Instabile Kinder müssen von zwei Personen abgesaugt werden, weil diese Kinder zwischenbeatmet werden müssen. Vor Beginn des Absaugens ist der F_IO_2 und nach dem Absaugen der Beatmungsdruck kurze Zeit zu erhöhen um Sättigungsabfälle und Alveolarkollaps bei kleiner FRC zu vermeiden.

Ein großes Risiko einer *längeren Beatmungstherapie* ist die *bronchopulmonale Dysplasie* (BPD). Man versteht darunter die chronisch obstruktive Atemwegserkrankung von Kindern, die als Neugeborene ein RDS erlitten haben und längere Zeit höhere O_2-Konzentrationen und positive Druck-Beatmung benötigten, um zu überleben. Die bronchopulmonale Dysplasie tritt deutlich häufiger bei Frühgeborenen auf als beim reifen Neugeborenen, selbst wenn letztere hohe Beatmungdrucke z. B. bei der Behandlung einer PPHN benötigten. Kennzeichnend sind Episoden respiratorischer Insuffizienz mit Zyanoseanfällen und respiratorischer Azidose mit CO_2-Retention während des ersten Lebensjahres.

Bronchiale Hyperreagibilität kann bei der BPD bereits in der Neonatalperiode zur Bronchuskonstriktion führen. Immer findet sich ein erhöhter Lungengefäßwiderstand, der durch Hypoxie noch weiter ansteigt und zu einem Cor pulmonale führen kann. Die Sterblichkeit der BPD liegt bei 10–25%, wobei die meisten Todesfälle jenseits der Neonatalperiode vorkommen und die Kinder vermehrt vom plötzlichen Kindstod bedroht sind. Bronchiale Hyperreagibilität und eine Disposition zum Asthma bronchiale bestehen bis ins Erwachsenenalter. Häufig sind Wachstum und Motorik sowie die geistige Entwicklung von Kindern mit BPD oft über das zweite Lebensjahr hinaus verzögert.

Frühgeborenenretinopathie

Sie ist Folge einer gestörten retinalen Gefäßentwicklung, bedingt durch Frühgeburtlichkeit. Das klinische Bild der Erkrankung ist durch eine akute Phase in den ersten Lebensmonaten gekennzeichnet, während der es in einigen Fällen zu einer raschen Befundverschlechterung kommen kann. An die akute Phase kann sich eine lebenslange Narbenphase anschließen. In der Mehrzahl der Fälle bilden sich die Netzhautveränderungen der akuten Phase spontan zurück. Fortgeschrittene Befunde können zu ausgeprägten Funktionsminderungen bis zur Erblindung führen. Mit der Koagulationstherapie (Kryotherapie, Laserkoagulation) kann die Häufigkeit eines ungünstigen Ausgangs der Erkrankung reduziert werden. Die sichere und rechtzeitige Diagnosestellung ist die Voraussetzung für eine erfolgreiche Koagulationstherapie.

Kriterien zur Auswahl Frühgeborener zum Retinopathiescreening sind:
- Frühgeborene mit einem Gestationsalter <32 Wochen, unabhängig von einer zusätzlichen O_2-Gabe.

Sektion F

- Frühgeborene zwischen 32 und 36 Wochen Gestationsalter, wenn postnatal mehr als 3 Tage Sauerstoff gegeben wurde.

Kritische Werte von F_IO_2 oder p_aO_2, die eine Retinopathie verursachen können, lassen sich nicht angeben, da außer der O_2-Menge noch andere pathogenetische Faktoren eine Rolle spielen.

Pyloromyotomie/Herniotomie

Sie zählen zu den häufigsten Eingriffen im frühen Säuglingsalter bei ehemaligen Frühgeborenen. Kinder mit hypertropher Pylorusstenose haben infolge häufigen Erbrechens einen Verlust an Wasserstoff- und Chloridionen, und hieraus resultiert nicht selten eine hypochlorämische Alkalose. In schweren Fällen ist der Turgor reduziert, die Fontanelle eingesunken, die Augen haloniert und tiefliegend; graues Aussehen. Keine Notfallindikation! Die Kinder werden erst *nach Flüssigkeits- und Elektrolytsubstitution und Normalisierung des Säure-Basen-Haushalts operiert.*

Narkose bei ehemaligen Frühgeborenen

Bei ihnen besteht das Risiko, dass nach Operationen in *Allgemeinanästhesie* erneut schwerwiegende *Apnoen* auftreten. Leistenherniotomien bei Kindern dieser Altersgruppe werden deshalb *häufig in Spinalanästhesie* durchgeführt.

Dabei müssen die anatomischen Besonderheiten des Rückenmarks berücksichtigt werden. Bei der Geburt reicht das Rückenmark bis in Höhe L3 (beim Erwachsenen nur noch bis Höhe L1–L2). *Es darf nur auf Höhe L4–L5 oder L5–S1 punktiert werden.* Durch eine Spinalanästhesie können Apnoeanfälle aber nur reduziert werden, wenn auf zusätzliche Sedierung verzichtet werden kann.

Koffeingabe nach Narkoseeinleitung soll bei ehemaligen Frühgeborenen mit einem postkonzeptionellen Alter von 37–44 Wochen postoperative Apnoephasen reduziert haben.

Da postoperative Apnoen bis zu einem postkonzeptionellen Alter von 60 Wochen gehäuft sind, müssen alle ehemaligen Frühgeborenen bis zu diesem Alter auch nach Bagatelleingriffen *postoperativ für 24 h kontinuierlich überwacht* werden (Pulsoxymetrie, Puls-Atemmonitor).

SIDS

SID („sudden infant death") oder SIDS („sudden infant death syndrome") ist der plötzliche, nicht erklärliche Tod zwischen dem 28. Lebenstag und dem 1. Geburtstag. Häufigkeit nach 1990 („Back-to-back-Kampagne") 0,5–0,7/1000 Lebendgeborene, 50% aller SID-Fälle ereignen sich im 2.–4. Lebensmonat. Männliche Säuglinge sind etwas häufiger betroffen, mehr als 2/3 der Todesfälle treten während des Nachtschlafes auf.

Typische Auffindsituation: morgens überwärmt, verschwitzt, in Bauchlage mit Köpfchen unter der Bettdecke tot aufgefunden. Im Sektionsbefund gibt es Hinweise auf vorausgegangene Hypoxiephasen. Ethnische Unterschiede sind von Bedeutung, die saisonale Verteilung ist dagegen weniger stark ausgeprägt. Der Nachweis von Virusinfektionen ist doppelt so häufig bei SID-Opfern im Vergleich zu nicht SID-Fällen. Die Ätiologie ist multifaktoriell.

Faktoren, die von der Mutter ausgehen: Alter <20 Jahre, ungenügende pränatale Vorsorge, niedriger sozioökonomischer Bildungsstand, kurzes Intervall zwischen den Schwangerschaften, Rauchen in der Schwangerschaft, Drogenabusus

Frühgeburtlichkeit: *Das Risiko Frühgeborener ist etwa 3mal höher.*

ÜBERSICHT

SID-Risiko im Verhältnis zum Geburtsgewicht

500–1499 g:	2,52/1000
1500–2499 g:	1,98/1000
>2500 g:	0,59/1000

38.7
Perioperative Besonderheiten

Eine Atemwegsobstruktion bei Narkose-einleitung läßt sich durch Subluxation und Anheben des Unterkiefers nach vorne beheben.

Bei Inhalationseinleitung wird bei Neugeborenen und jungen Säuglingen nach einer kurzfristigen Hyperventilationsphase die Atmung flacher, und die Kinder müssen vorsichtig assistiert ventiliert werden. Dabei muss eine Magendistension vermieden werden, zum einen um Regurgitation und stille Aspiration zu vermeiden und zum anderen um die Ventilation nicht zu verschlechtern. (s. Kap. Ventilation). Ferner kann es infolge Hyperkarbie zu multifokalen VES kommen.

Die Narkoseeinleitung kann auch i.v. mit Thiopental erfolgen (Cave: bei Hypovolämie Blutdruckabfall). Dosis bei Neugeborenen 3–5 mg/kgKG bei Säuglingen und Kleinkindern 5–8 mg/kgKG.

Vor der Gabe von Opiaten vor der Intubation, wie dies häufig bei älteren Kindern und Erwachsenen erfolgt, ist in dieser Altersgruppe zu warnen. Aufgrund von Bradykardie und vermindertem Cardiac output und einer erhöhten Thoraxwandrigidität kann man erhebliche hämodynamische und respiratorische Probleme provozieren.

Succinylcholin wird wegen seiner Nebenwirkungen nur noch bei Ileuspatienten oder nicht nüchternen Patienten eingesetzt. Verwendung findet in erster Linie:

- Atracurium 0,5 mg/kgKG zur Intubation und 0,15mg/kg als Repetitionsdosis,
- Mivacurium 0,2 mg/kgKG zur Intubation und 0,1 mg/kg als Repetitionsdosis,
- Vecuronium 0,1 mg/kgKG zur Intubation und 0,02 mg/kg als Repetitionsdosis.

Ödem und Verletzung der Trachealschleimhaut können durch schonende Intubation und richtige Tubusgröße (Tabelle 38.3) vermieden werden.

Bei Neugeborenen, Säuglingen und Kleinkindern sollte man immer Tuben *ohne Cuff* verwenden. Bei Beatmungsdrucken über 25mmbar sollte Leckage auftreten.

In diesem Zusammenhang sollten gleich die Probleme bei der Narkoseausleitung und im AWR erwähnt werden.

Um einen Laryngospasmus zu vermeiden, soll keine Extubation im Exzitationsstadium vorgenommen werden. Es gilt das No-touch-Prinzip bei der Narkoseausleitung, d. h. die Kinder erst vollständig erwachen lassen, erst dann Mund und Rachen absaugen und extubieren. Während des Extubationsvorgangs selbst darf nicht endotracheal abgesaugt werden, weil sich hierdurch Atelektasen bilden können. Der Tubus wird unter leichtem Blähen oder während der Inspiration gezogen. Das Kind soll dabei mit reinem Sauerstoff versorgt werden. Ein solches Vorgehen zwingt das Kind zum Ausatmen und beugt einem Laryngospasmus vor. Nach der Extubation wird das Kind in Seitenlage gebracht.

Folgende Komplikationen können unmittelbar nach Extubation auftreten:

Laryngospasmus ist in dieser Altersgruppe selten, wenn dann eher beim Kleinkind. Therapie: Maskenbeatmung mit Sauerstoff, selten Relaxierung und Reintubation erforderlich.

Erbrechen ist selten bei Kindern unter 2 Jahren (Cave: Aspiration).

Stridor ist häufig:
- nach schwieriger Intubation,
- bei Verwendung eines zu "großen" Tubus,
- bei Kindern mit Down-Syndrom,
- bei Kindern mit Infektion der oberen Luftwege,
- *bei Kindern mit Pseudokrupp-Anamnese.*

Bei Kindern mit Pseudokruppanamnese sollte, wenn eine Intubation erforderlich ist, mit dem nächst kleineren Tubus intubiert werden. Es empfiehlt sich die sterile Applikation von Diprogentasalbe auf die Außenwand des Tubus.

Die meisten Fälle von *Extubationsstridor* sind einer konservativen Therapie mit O_2-Gabe, Luftanfeuchtung und ggf. Vernebelung mit Adrenalinrazemat leicht zugänglich. Die Ursache des Stridors ist meistens ein reaktives Ödem der Schleimhaut und des darun-

Tabelle 38.3. Richtwerte für die Tubusgröße bei orotrachealer Intubation im Kindesalter (Tabelle muss für verschiedene Hersteller modifziert werden.)

Alter/Gewicht	Innendurchmesser [mm]	Außendurchmesser [Ch]	Länge [cm]
Frühgeborene <1500g	2,5	10–12	8–10
Neugeborene	3,0	12–14	10–11
1–6 Monate	3,5	16	11–12
6–12 Monate	4,0	18	12
1–2 Jahre	4,0–4,5	18–20	13
3–4 Jahre	5,0–5,5	20–22	14

terliegenden lockeren Bindegewebes des subglottischen Bereichs. Das Ödem entwickelt sich aufgrund der Kompression der Schleimhaut durch einen zu großen Tubus. Es kommt post extubationem zu einer reaktiven Schwellung. Kommt es zu persistierenden Obstruktionen bzw. zur Dekompensation der Atmung mit Hypoxie und Hyperkapnie, sollte mit einem Tubus mit kleinerem Durchmesser, der noch einen ausreichenden Gasaustausch und eine ausreichende Absaugung erlaubt, reintubiert werden.

Hypoventilation kann durch einen Überhang von Relaxanzien und Opiaten hervorgerufen werden. Es wird nicht mehr generell empfohlen, Restwirkungen zu antagonisieren. Durch sorgfältige Überwachung müssen durch Opiate bedingte Apnoen, Sekretobstruktion oder ein Zurückfallen der Zunge erkannt und behoben werden.

> **!** Selbst kurzdauernde Apnoen mit Herzfrequenzabfall auf 80/min reduzieren bei Neugeborenen und jungen Säuglingen rasch die zerebrale Durchblutung. Auf die Körpertemperatur ist ebenfalls zu achten, da auch durch Hypothermie Apnoen ausgelöst werden können.

Wenn immer möglich, erhalten Kinder nach Narkoseeinleitung Regionalanästhesieverfahren zur postoperativen Schmerztherapie. Ist dies nicht möglich, kommen sowohl Opiate als auch Analgetika wie Paracetamol, Novalgin oder Diclofenac zur Anwendung.

Letzteres wird erst bei Kleinkindern eingesetzt. Bei Verabreichung von Opiaten müssen die oben beschriebenen Besonderheiten beachtet werden und die Kinder ein entsprechendes Monitoring erhalten (Pulsoxymetrie, Puls-Atem-Monitor). Tritt eine opiatbedingte Atemdepression auf, kann Narcanti 0,01–0,02 mg/kgKG verabreicht werden.

Bei der Anästhesie von Neugeborenen und Kleinkindern können viel häufiger als beim Erwachsenen Bedingungen auftreten, die zu einer raschen Veränderung bzw. Verschlechterung führen, ohne dass diese durch frühzeitige Warnzeichen erkennbar gewesen wären. Aus diesem Grund muss in Abhängigkeit vom Zustand des Neugeborenen und Kleinkindes und dem Ausmaß des zu erwartenden Eingriffs ein entsprechend invasives Monitoring erfolgen.

Das minimale Monitoring für alle Kinder während einer Allgemeinanästhesie sollte beinhalten:
- Präkordiales oder Ösophagusstethoskop,
- Pulsoxymetrie,
- Kapnometrie,
- Körpertemperatur (rektal, ösophageal),
- Blutdruckmessung (noninvasiv),
- EKG.

Mit dem *präkordialen Stethoskop* und dem Ösophagusstethoskop kann man Herzaktion, Atmung und indirekt auch den Blutdruck monitoren, denn die Lautstärke der Herztöne korreliert mit dem systolischen Blutdruck. Ein Leiserwerden bedeutet Blutdruckabfall. Erfahrene Kinderanästhesisten hören auch ob der Ductus arteriosus bei der Ductusligatur oder die ösophagotracheale Fistel bei Operation der Ösophagusatresie verschlossen ist.

Die *Pulsoxymetrie* ist unverzichtbar. Es werden kritische Situationen wesentlich schneller erkannt und das F_1O_2 kann v. a. bei Früh- und Neugeborenen sehr individuell eingestellt werden, um eine O_2-Sättigung von 90-95% zu garantieren, gleichzeitig werden Herzfrequenz wird die überwacht. Durch das Licht der Wärmelampen kann es zu Irritationen kommen, weshalb die Sensoren abgedeckt werden müssen.

Mit der *Kapnometrie* läßt sich zum einen die Tubuslage verifizieren und eine unerkannte ösophageale Intubation vermeiden. Obstruktionen und Dislokationen werden sofort erkannt, z. B. wenn bei einer Tonsillektomie oder dem Verschluss einer Gaumenspalte der Tubus durch den Mundsperrer obstruiert wird. Zum anderen wird anhand der endexspiratorischen CO_2-Werte das Atemminutenvolumen eingestellt, bzw. angepaßt.

Bei der nichtinvasiven *Blutdruckmessung* mit den oszillometrischen Techniken (Dinamap) ist v. a. auf die richtige Manschettengröße zu achten.

Das *EKG* spielt eine geringere Rolle als beim Erwachsenen und kann eine falsche Sicherheit vermitteln. Es kann noch einen Sinusrhythmus anzeigen, obwohl bereits eine erhebliche Kreislaufdepression eingetreten ist.

Bei warmer offener Peripherie können *Blutgasanalysen* kapillär gemacht werden, pH-Wert und pCO_2 korrelieren gut mit den arteriellen Werten, pO_2 nicht unbedingt.

Arterielle Katheter sind indiziert, wenn eine blutige Druckmessung und wiederholte Blutgasanalysen erforderlich sind, z. B. beim SHT, bei kongenitaler Zwerchfellhernie, bei Sepsis, bei Katecholaminpflichtigkeit. In der Regel erfolgt eine perkutane Punktion (24-G- oder 22-G-Plastikkanüle) der A. radialis, A. tibialis posterior. Nur wenn dies nicht erfolgreich sein sollte, ist eine chirurgische Freilegung und Kanülierung unter Sicht indiziert.

Bei Neugeborenen mit persistierendem Ductus arteriosus Botalli sind die Werte aus der A. radialis rechts präduktale Werte, aus der A. femoralis oder A. tibialis posterior postduktale Werte. Über jeden Arterienkatheter wird eine kontinuierliche Spülung mit NaCl 0,9% + 1 E Heparin/ml verabreicht. Die Flüssigkeitsmenge (1-2 ml/h) muss in die Tagesbilanz eingerechnet werden. Die Extremität, an der die arterielle Kanüle liegt muß genauestens auf Veränderungen der Durchblutung untersucht werden (Rekapillarisierungszeit), um bei Auffälligkeiten die arterielle Kanüle oder den Katheter sofort zu entfernen.

Transkutane pO_2- und pCO_2-Messung erfolgen nur auf der Intensivstation. Narkosegase verfälschen die Werte.

Zentrale Venenkatheter werden eingelegt, wenn postoperativ eine parenterale Ernährung erfolgen muss oder der ZVD von Bedeutung ist. In der Regel erfolgt die Punktion der V. jugularis interna oder V. subclavia, manchmal ist auch ein Vorschieben des Katheters über die V. jugularis externa möglich. Risiken: Pneumothorax, Verletzung der A. carotis und von Trachea und Ösophagus. Ist die percutane Punktion der genannten Venen nicht erfolgreich, kann die Venae sectio der V. saphena magna erfolgen. Nabelvenenkatheter sind mit dem Risiko septischer Komplikationen und Spätschäden (Pfortaderthrombose) belastet. Von peripher vorgeschobene Silastikkatheter sind eine gute Alternative. Alle Katheter müssen streng aseptisch gelegt werden.

Es ist wichtig, sich auf unvorhergesehene Blutungen einzurichten. Dazu gehört die Anlage ausreichend stabiler venöser Zugänge. Gerade in Grenzsituationen, in denen es zu einer unerwarteten Blutung kommt, muss davon ausgegangen werden, dass die peripheren Venen, die ohnehin beim Neugeborenen oder Kleinkind schwieriger zu punktieren sind als beim Erwachsenen, kollabieren und für eine Punktion nicht zur Verfügung stehen.

Sektion F

Blutverluste sind schwer einzuschätzen, kleinvolumige Auffangbehälter mit entsprechender Graduierung sowie das Beachten der Zahl verbrauchter Tupfer, Kompressen und Bauchtücher geben Hinweise auf den Blutverlust. Hämoglobin und Blutzucker werden während der Operation durch „Bedsidetests" bestimmt, ebenso eine Blutgasanalyse durch ein Gerät im Op.- bzw. Aufwachraumbereich.

Zur Kontrolle der Urinausscheidung wird bei längerdauernden Operationen ein Blasenkatheter eingelegt, bei Neugeborenen und kleinen Säuglingen Plastikkatheter ohne Ballon.

Weitere medikamenteninduzierte Komplikationen, z. B. maligne Hyperthermie, verlängerte Succinylwirkung, Reaktionen auf Lokalanästhetika, Latexallergie sowie das Luftembolierisiko bei suboccipitaler Kraniotomie sind in den entsprechenden Kapiteln behandelt. Die Beschreibung seltener Erkrankungen und Syndrome, z. B. genetisch bedingte Stoffwechsel- und neuromuskuläre Erkrankungen, würde den Rahmen dieses Beitrags sprengen. Sie erfordern ein spezielles Literaturstudium. Diese Kinder sollten in Einrichtungen versorgt werden, die eine spezielle kinderanästhesiologische Erfahrung mit diesen Krankheitsbildern haben.

Weiterführende Literatur

Brown TCK, Fisk GC (1985) Kinderanästhesie. G. Fischer, Stuttgart

Goldsmith JP, Karotkin EH (1996) Assisted ventilation of the neonate. Saunders, Philadelphia

Gregory G.A. (1994) Pediatric anaesthesia. Churchill Livingston, New York

Jöhr M (1998) Kinderanästhesie. G. Fischer, Stuttgart

Mantel K, Nicolai T, Merkenschlager A (1995) Kinder-Bronchoskopie-Leitfaden. Demeter, Balingen

Obladen M (1995) Neugeborenenintensivpflege. Springer, Berlin Heidelberg New York Tokio

Smith RM (1980) Anesthesia for infants and children. Mosby, St. Louis

KAPITEL 39

Alte Patienten

A. Angrés · Th. von Gazali · P.M. Osswald

39.1
Allgemeine Risikofaktoren

In den westlichen Industrienationen hat die Lebenserwartung durch die Fortschritte in Gesundheitsvorsorge und medizinischer Behandlung in diesem Jahrhundert erheblich zugenommen. Frauen werden im Durchschnitt 78 Jahre alt, Männer 74 Jahre. Mehr als die Hälfte dieser Patienten wird vor ihrem Tod in der 6. oder 7. Lebensdekade operiert, so dass der Anästhesist in zunehmendem Maße mit den spezifischen Problemen dieser Altersgruppe konfrontiert wird.

Während 1970 das mittlere Lebensalter der Bevölkerung in Nordamerika und in Europa 28 Jahre betrug, waren 9,8% der Bevölkerung älter als 65 Jahre. 1981 betrug das mittlere Lebensalter der Bevölkerung 30 Jahre, es wird für das Jahr 2030 auf 40 Jahre geschätzt. Für die gleiche Zeit kann erwartet werden, dass sich der Anteil der Bevölkerung, der älter als 65 Jahre ist, auf 16% erhöht. Wir müssen also davon ausgehen, dass die Zahl der Patienten im fortgeschrittenen Lebensalter und damit auch die Zahl operativer Eingriffe in diesem Lebensabschnitt weiter zunimmt (Werning et al. 1990).

Die Art des operativen Eingriffs steht mit dem Alter in Zusammenhang. Mit zunehmendem Alter steigt der Anteil der orthopädischen Eingriffe stark an und stellt nach dem 90. Lebensjahr fast 60% aller Eingriffe dar. Bis zu 75 Jahren handelt es sich meistens um Endoprothesenchirurgie der Hüfte und um Schenkelhalsnagelungen. In anderen Fachrichtungen, etwa der abdominellen Chirurgie, der Urologie, der Augenchirurgie und der kardiovaskulären Chirurgie (bzw. Schrittmacherimplantation), ist der Anteil gleichartig oder ein wenig höher als bei den unter 60jährigen Patienten. Dagegen sinkt die Zahl der Eingriffe in HNO und Gynäkologie stark ab.

Die operative Mortalität bei alten Patienten beträgt für elektive Eingriffe etwa 5%, für Notfalloperationen hingegen, abhängig von der Art des Eingriffs und den zugehörigen Komplikationen, etwa 10%. Die anästhesiebedingte Mortalität beträgt etwa 2% und liegt damit weit höher als bei jüngeren Patienten.

Hohe Mortalitätsraten werden nach folgenden Operationen gefunden:
- abdominelle Chirurgie,
- thorakale Eingriffe,
- Eingriffe an den großen Gefäßen,
- notfallmäßig vorgenommene Operationen.

Unter den abdominellen Eingriffen haben Wunddehiszens, explorative Laparotomien bei inoperablen Leiden, Ösophagusresektionen, perforierte Magenulzera und Aortenrupturen die höchste Mortalitätsrate.

> **!** Ganz allgemein kann davon ausgegangen werden, daß der ältere Patient Komplikationen weniger toleriert als der junge Patient unter vergleichbaren operativen Bedingungen.

Die ASA-Klassifikation wird nicht vom Patientenalter beeinflusst, sondern von den Begleiterkrankungen. Bei 200 000 untersuchten Anästhesien in Frankreich korrelierte die Inzidenz von Komplikationen mit der

ASA-Klassifikation (Tiret et al. 1986). 1979 fanden Djokovic u. Halley-Whyte bei 500 über 80 Jahre alten Patienten eine perioperative Mortalität, die signifikant mit dem ASA-Status anstieg. Die Letalität von über 90jährigen beträgt 31% (Link 1985). Im höheren Lebensalter liegt das Risiko eines Herzstillstandes während der Anästhesie und in den ersten 24 postoperativen Stunden bei 6,4% gegenüber 1,2% bei den unter 60jährigen Patienten (Otteni et al. 1985). Bis zu 90 Jahren sind nichtanästhesiebedingte Herzstillstände 2- bis 3mal häufiger als anästhesiebedingte. Für über 90jährige Patienten sind sie nahezu 6mal häufiger (Otteni et al. 1985). Die Häufigkeit von Herzstillständen, ungeachtet ihrer Ursache, liegen bei über 90jährigen Patienten bei 1,8% (Link 1985).

Limitierende Faktoren sind die zum Zeitpunkt der Operation bestehenden Komplikationsmöglichkeiten des respiratorischen Systems und des Herz-Kreislauf-Systems. In einer Studie mit 1 000 über 81 Jahre alten Patienten hat Stephen 1984 gefunden, dass 78% der Untersuchten kardiovaskuläre Vorerkrankungen einschließlich Arteriosklerose und Hypertension mitbringen.

 Nicht das Alter allein, sondern die das Alter begleitenden Erkrankungen und Organveränderungen machen den alten Menschen zum Risikopatienten.

Verschiedene Untersucher haben sich damit beschäftigt, spezifische Risikofaktoren, die das Auftreten von Komplikationen erwarten lassen, zu finden (Goldmann et al. 1977). Dabei fällt auf, dass weder das Alter an sich noch die Durchführung des Anästhesieverfahrens einen signifikanten Einfluss auf das Auftreten von Komplikationen haben, sondern dass vielmehr die mit dem Alter einhergehenden spezifischen Veränderungen des Organismus dafür verantwortlich zu machen sind.

39.2
Pharmakokinetische Veränderungen

Eine veränderte Pharmakokinetik beim alten Patienten ruft eine Reihe potentieller und komplexer Medikamenteninteraktionen hervor, so z.B. unerklärliche therapeutische Wirkungen und Dosierungsprobleme (Richey u. Bender 1977; Ritschel 1976; Triggs u. Nation 1975). Dazu gehören die Beeinflussung der gastrointestinalen Absorption durch Veränderungen der Magensäureproduktion, Veränderungen der Darmmotilität und eine mit zunehmendem Alter abnehmende intestinale Perfusion.

Solche Veränderungen bewirken eine Veränderung der Medikamentenaufnahme. Eine beschleunigte Aufnahme der Medikamente führt zu einer überschießenden Wirkung. Inadäquate Blutspiegel können zu verminderten Medikamentenwirkungen führen.

Die intravenöse oder intramuskuläre Aufnahme und Verteilung von Medikamenten in die Gewebe sind in der Regel beim alten Patienten nicht verändert. Allerdings kann eine Zunahme des Körperfettgehalts bei gleichzeitiger Abnahme der Muskelmasse zu einer verzögerten Umverteilung und zu einer langsameren Aufsättigung der Gewebe führen. Daraus resultiert ein größeres Verteilungsvolumen für Medikamente, die eine hohe Fettlöslichkeit haben. Dieses erhöhte Verteilungsvolumen ist dann auch die Ursache einer verlängerten Halbwertszeit, so z.B. für Diazepam.

Die Plasmaproteinbindung ist oft herabgesetzt. Sie ist dafür verantwortlich zu machen, dass der Spiegel des freien Anteils einer Substanz im Plasma ansteigt. Ein typisches Beispiel hierfür ist Meperidin (Mather et al. 1975).

Der Metabolismus verschiedener Substanzen kann durch eine verminderte Leberdurchblutung oder aber durch eine Abnahme der hepatischen Enzymaktivität erklärt werden. Die verzögerte renale Ausscheidung von Metaboliten oder nichtmetabolisierten Medikamenten und Substanzen kann auch durch eine Abnahme der Nierendurchblutung hervorgerufen werden. Insgesamt ist eine Veränderung der Nierenfunktion für Veränderungen des Dosis-Wirkungs-Verhältnisses verschiedener Substanzen, so z.B. von Antibiotika oder Glykosiden, verantwortlich zu machen.

Ebenfalls mit dem Alter können sich die Rezeptorfunktionen verändern. Die Gesamtzahl der Rezeptoren nimmt parallel mit der Reduktion der Körpermasse ab. Daraus resultiert in der Regel eine Zunahme der Medikamentenhalbwertszeit, die, wenn sie zusammen mit einer Abnahme der Nierenfunktion auftritt, zu einer raschen Akkumulation, insbesondere bei repetitiver Applikation, führt.

> **!** Beim alten Patienten ist die Überwachung der Medikamentenblutspiegel; sofern entsprechende Techniken vorhanden sind, wichtig. Es ist allgemein anerkannt, dass bei geriatrischen verglichen mit jungen Patienten eine Reduktion der Anästhetikadosis vorgenommen werden muss.

39.3
Besonderheiten einzelner Organsysteme

Bei den physiologischen Veränderungen im Rahmen des Alters muss zwischen einer allgemeinen Reduktion der Organreserven und dem eigentlichen Altersprozeß unterschieden werden. Diese Überlegung muss im Mittelpunkt bei der anästhesiologischen Betreuung geriatrischer Patienten stehen.

Wir sind in der Lage, einige pathologische Veränderungen zu kontrollieren, zu stoppen oder therapeutisch anzugeben, aber wir können nicht die altersbedingten Veränderungen, die mit der Abnahme der physiologischen Reserven einhergehen und zu einer Abnahme von Kompensationsfähigkeiten und Toleranz von Komplikationen führen, kompensieren.

Lunge

Die mechanischen Eigenschaften der Lunge und die Wirksamkeit des Gasaustausches nehmen mit dem Alter ab. Der knöcherne Thorax wird steifer, die Knorpel kalzifizieren, das Gefäßsystem in der Lunge fibrosiert, und das parenchymale Gewebe degeneriert. Die Abnahme der Perfusion führt zu einer verzögerten Erholungsphase nach Gewebeverletzungen. Die elastischen Eigenschaften sind ebenso wie die Gesamtoberfläche, die für den Gasaustausch zur Verfügung steht, reduziert. Die Atemmuskulatur ist im Alter leichter ermüdbar.

Die statische Compliance und die Luftwegsresistance ändern sich in der Regel mit dem Alter wenig. Die Vitalkapazität, das forcierte exspiratorische Volumen innerhalb 1 s (FEV_1) und die Peak-flow-Rate sind reduziert. Der physiologische Totraum nimmt zu.

Residualvolumen und funktionelle Residualkapazität (FRK) steigen bei einer gleichzeitigen Zunahme des Quotienten von Residualvolumen und totaler Lungenkapazität (RV/TK) an.

Die arteriellen O_2-Partialdrücke (p_aO_2) nehmen bei Raumluftatmung mit dem Alter ab (Wahba 1975; Abb. 39.1). Dies alles führt zu einer ungleichen Verteilung des Ventilations-Perfusions-Verhältnisses und zu einem Ansteigen des alveoloarteriellen O_2-Gradienten ($D_{Aa}O_2$).

Im Alter von 20 Jahren beträgt die nichtforcierte maximale Ventilation ca. 100 l/min. Dies ist 12- bis 15mal mehr, als für die basalen metabolischen Leistungen benötigt wird. Es besteht also eine erhebliche Reserve. Mit 80 Jahren liegt dieser Wert nur noch bei ca. 30–40 l/min und ca. 7mal mehr als benötigt für die basale Metabolie (Smith 1986). Diese vorhandene Reserve ist gegenüber den jungen Patienten um fast 50% reduziert. Stress, Hypothermie und Kältezittern erfordern eine erhöhte Metabolismusrate. Die Atemmechanik ist erheblich eingeschränkt, insbesondere bei abdominalen und thorakalen Eingriffen. Die reduzierte Reserve ist schnell

Sektion F

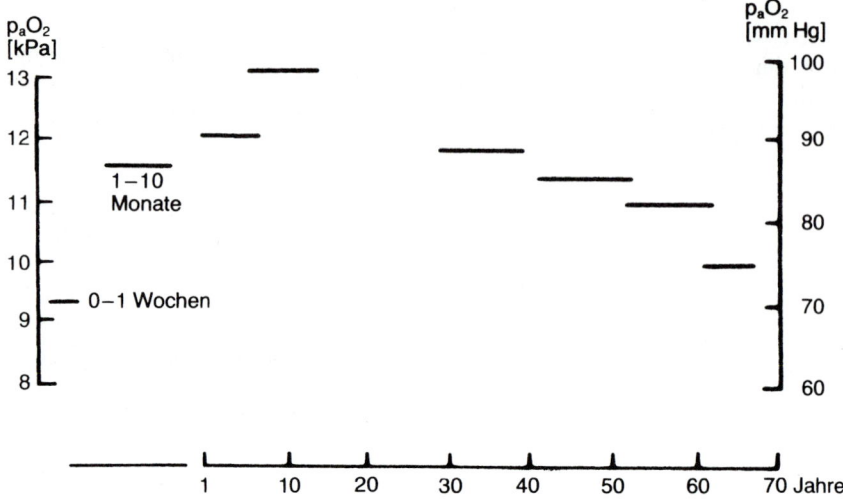

Abb. 39.1. Altersbedingte Veränderungen des arteriellen O_2-Partialdrucks (p_aO_2)

aufgebraucht. Zusätzlich besteht schon bei gesunden geriatrischen Patienten eine verminderte Antwortfähigkeit auf Hypoxie und Hyperkapnie (Kronenberg u. Drage 1973).

In der frühen postoperativen Phase ist das Risiko einer respiratorischen Insuffizienz bei älteren Personen insofern erhöht, als im Vergleich zu jüngeren Patienten mit einer erheblich verlängerten Atemdepression gerechnet werden muss.

Aus vorgenannten Gründen müssen ältere Patienten nach Operation und Narkose weitaus kritischer überwacht werden als jüngere.

> **!** Die protektiven Mechanismen gegen Hypoxie und Hyperkapnie sind bei älteren Patienten in ihrer Effektivität deutlich reduziert.

Kardiovaskuläres System

Die wichtigsten altersbedingten Veränderungen, die für die Anästhesie von Bedeutung sind, finden im kardiovaskulären System statt.

In Tabelle 39.1 sind diese Veränderungen dargestellt.

Die Zunahme des Blutdrucks mit dem Alter ist seit langem bekannt. Die adaptive Kapazität des kardiovaskulären Systems beim alten Patienten ist begrenzt, und die Fähigkeiten der Autoregulation nehmen ab. Häufig findet sich eine physiologische Vagotonie, die Aktivität der Barorezeptoren nimmt mit dem Alter ab. Dennoch findet sich häufig ein hyperaktiver Karotissinusreflex.

Die Veränderungen in der peripheren Zirkulation zeigen sich mit zunehmendem Alter in der Regel in einer Abnahme kompensatorischer autonomer Reaktionen auf stressbedingte Faktoren oder auch in einer

Tabelle 39.1. Altersbedingte Veränderungen im kardiovaskulären System

Bezeichnung	Veränderung
Maximaler koronarer Blutfluss	↓
Cardiac index	↓
Herzruhefrequenz	–
Maximale Herzfrequenz	↓
Peripherer Gefäßwiderstand	↑
Systolischer Blutdruck	↑
Ejektionsfraktion	↓

Abnahme des zirkulierenden Blutvolumens bei gleichzeitig ansteigendem periphervaskulärem Widerstand. Die gleichen Veränderungen treten gerade infolge eines Wärmeverlustes in kalten Operationssälen auf. Die Abnahme der Kreislaufzeit kann Komplikationen bei der Einleitung der Anästhesie mit intravenösen Substanzen beinhalten.

Der Cardiac index in Ruhe nimmt mit dem Alter ab.

Die Veränderungen von Afterload und Preload sind bei fehlender koronarer Herzerkrankung und Herzinsuffizienz häufiger als die Veränderungen der Kontraktilität.

> **!** Eine vorbestehende Hypertonie bei unzureichend vorbereiteten älteren Patienten mit einer ebenfalls vorbestehenden Hypertonie führt zu intraoperativen Kreislaufproblemen. Diese Patienten haben eine verminderte Toleranz gegenüber operations- oder beatmungstechnisch bedingten Druckveränderungen im Thorax und gegenüber schnell auftretenden Blutverlusten.

Niere

Degenerative Veränderungen der Niere haben früh einen Einfluss auf die Nierendurchblutung. Diese nimmt progressiv, ungefähr um 1,5% pro Jahr ab. Daraus resultiert eine 40- bis 50%ige Abnahme der Nierendurchblutung zwischen dem 25. und dem 65. Lebensjahr.

Es findet sich eine dem Alter lineare Abnahme der Kreatininclearance. Wegen der gleichzeitigen Abnahme der Kreatininausscheidung (Abnahme der Muskelmasse) bleibt das Serumkreatinin in der Regel konstant, so dass bei älteren Patienten lediglich eine leichte Erhöhung des Serumkreatinins zu finden sein kann. Die Messung des Serumkreatinins lässt keine fundierte Beurteilung der renalen Funktion bei geriatrischen Patienten zu. Ein wichtiger und aussagefähiger Parameter ist hingegen die Bestimmung der Kreatininclearance.

Nach Hicks et al. (1981) beträgt die Kreatininclearance ab der 7. Lebensdekade nur noch ca. 65% gegenüber dem Ausgangswert im Alter von 20 Jahren.

Die glomeruläre Filtrationsrate (GFR) hingegen nimmt zusammen mit dem renalen Plasmaflow abrupt ab. Die Verschlechterung der Nierenrindendurchblutung kommt durch eine Veränderung der Verteilung des Blutflusses von der Nierenrinde zum Nierenmark zustande. Dies bedingt eine Abnahme der Konzentrationsleistung der Niere.

Die Funktionen des proximalen Tubus bleiben in der Regel unverändert, die des distalen Tubulus verändern sich aufgrund der abnehmenden Säureausscheidung. Insgesamt wird ein größeres Urinvolumen notwendig, um die obligatorischen Stoffe auszuscheiden. Das Urinvolumen sollte 1 ml/kg KG/h betragen.

Nervensystem

Ältere Patienten sind aufgrund einer häufig auftretenden Verschlechterung der Leistung ihrer Sinnesorgane, so z.B. des Gehörs und der Sehschärfe, in der Kommunikation behindert. Daraus resultieren Schwierigkeiten bei der Kontrolle ihrer Umgebung. Häufig besteht eine Affektinkontinenz, die dem Untersucher Schwierigkeiten bei der Beurteilung verschiedener Probleme bereitet.

Organische Hirnsyndrome mit Desorientierung und zerebraler Leistungsschwäche sind auf eine Verminderung der Hirndurchblutung bei sklerosierten Gehirngefäßen zurückzuführen.

Die Koordinationsfähigkeit kann durch Abnahme der Leitungsgeschwindigkeit der peripheren Nerven reduziert sein. Die Möglichkeit einer vertebrobasilären arteriellen Insuffizienz sollte beim Reklinieren des Kopfes z.B. bei der endotrachealen Intubation beachtet werden.

39.4
Präoperative Begleiterkrankungen

Hypertonie

Patienten, die im Rahmen ihrer antihypertensiven Therapie Diuretika erhalten, zeigen Veränderungen ihres Gesamtkörperkaliums. Es besteht eine enge Beziehung zwischen Herzzeitvolumen und Serumkaliumspiegel (Abb. 39.2).

Man kann davon ausgehen, dass die Bestimmungen des aktuellen Serumkaliumspiegels in der Regel zu einer Unterschätzung dieses Problems führen. Das Auftreten von kardialen Arrhythmien ist bei der Anwendung von Succinylcholin im Rahmen der endotrachealen Intubation möglich.

 Die präoperative Kaliumsubstitution muss mit der nötigen Konsequenz erfolgen.

Angina pectoris

Patienten, die zur Dauermedikation β-Blocker erhalten, sind während der Anästhesie dadurch gefährdet, dass ihre kardiozirkulatorische Kompensationsfähigkeit eingeschränkt ist. So können u.U. sich anbahnende Veränderungen des Herz-Kreislauf-Systems nicht rechtzeitig erkannt werden.

Bei einem abrupten Absetzen der β-Blocker besteht die Gefahr einer Infarzierung oder aber einer Verschlechterung der koronaren Durchblutung.

Bei der intraoperativen Applikation von Nitroglyzerin muss bedacht werden, dass Nitroglyzerin größere Auswirkungen auf das Preload als auf das Afterload hat. Die gleichzeitige Applikation von Nitroglyzerin bei Patienten mit nur unzureichend aufgefülltem intravasalem Volumen kann zu einer akuten Herzinsuffizienz führen.

Herzinsuffizienz

Patienten mit großem Herzen bei chronisch kompensierter Herzinsuffizienz haben gegenüber Blutdruckveränderungen oder Veränderungen des Blutvolumens eine verminderte Kompensationsfähigkeit. Der rechte und der linke Ventrikel können unterschiedlich auf Veränderungen des Preloads (Volumenveränderung) oder des Afterloads (Druckveränderungen) reagieren. Zusätzliche Überwachungsmaßnahmen wie die Bestimmung des zentralvenösen Drucks, die Bestimmung des pulmonalvaskulären Okklusionsdrucks (PCWP) oder des Cardiac index sind dann wertvolle diagnostische Überwachungsmaßnahmen, die es dem Anästhesisten erlauben, kardiale Dekompensationszeichen rechtzeitig zu erkennen und adäquat zu therapieren.

Arrhythmien

Das Auftreten von Arrhythmien beim alten Patienten ist häufig Anzeichen einer koronaren Herzerkrankung, die intra- oder postoperativ zu gefährlichen Herzrhythmusstörungen führen kann. Supraventrikuläre Extrasystolen sind Zeichen einer begleitenden chronischen pulmonalen Erkrankung und können in ein Vorhofflimmern übergehen. Die prophylaktische Digitalisierung ist in der Regel wenig hilfreich.

Wenn in der Anamnese paroxysmale Vorhoftachykardien bekannt sind, muss der An-

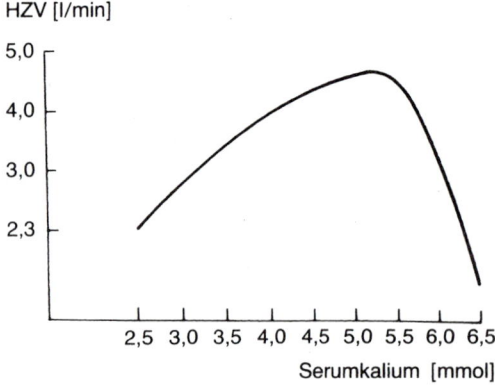

Abb. 39.2. Abhängigkeit des Herzzeitvolumen vom Serumkaliumspiegel

ästhesist mit der Möglichkeit lebensbedrohlicher Dysrhythmien unter Narkoseeinleitung oder während der Führung einer Allgemeinanästhesie rechnen. Eine in diesem Zusammenhang durchgeführte Karotismassage kann dabei randständige Plaques dislozieren. Die Stimulation des okulokardialen Reflexes führt beim alten Patienten nicht selten zur Asystolie.

Die pathologische Bedeutung ventrikulärer Extrasystolen wird unterschiedlich bewertet. Ein Ansteigen der Häufigkeit ventrikulärer Extrasystolen oder eine Veränderung des ektopischen Fokus kann ein Hinweis auf eine bisher nicht erkannte Herzinsuffizienz oder auf einen asymptomatischen Myokardinfark sein.

Ein atrioventrikulärer Block, ein totaler Ausfall des Sinusknotens oder eine Sinusbradykardie sind häufig Zeichen eines Sicksinus-Syndroms, welches eine Schrittmacherimplantation notwendig macht.

Bei einem bifaszikulären Block ist ein temporärer Schrittmacher nur dann indiziert, wenn das PR-Intervall verlängert ist oder wenn gleichzeitig eine akute Ischämie vorliegt (Pastore et al. 1978).

> **!** Digitalisierte Patienten können während der Anästhesie, insbesondere bei Hyperventilation, z.T. refraktäre Arrhythmien zeigen.

Alte Patienten nehmen in der Regel sehr viele Medikamente ein. Gleichzeitig findet sich häufig eine Tendenz, die Medikamente unregelmäßig einzunehmen oder gar ihre Einnahme zu verwechseln oder zu vergessen.

Die Komplikationsmöglichkeiten, die sich aus der häufigen, z.T. auch irregulären Einnahme von Medikamenten ergeben können, sind in der folgenden Übersicht zusammengestellt.

ÜBERSICHT

Medikamente	Komplikationen bei unregelmäßiger Einnahme
Digitalis, Diuretika	Hypokaliämie
Steroide	Abhängigkeit
Sedativa, Tranquilizer	Abhängigkeit
Alkohol	Abhängigkeit (Delirium tremens), Lebererkrankungen
Trizyklische Antidepressiva	Beeinflussung der myokardialen Leitfähigkeit, Arrhythmien nach Relaxausgabe
Ecothiopatiodid (Augentropfen)	Pseudocholinesterasehemmung
Lithium	Vorhofarrhythmien, Interaktionen mit Muskelrelaxanzien
Antibiotika (z.B. Gentamicin)	Interaktionen mit Muskelrelaxanzien

Chronische Lungenerkrankung

Die Möglichkeit, mittels einfacher Messmethoden am Krankenbett die Lungenfunktion zu bestimmen, erlaubt eine exakte präoperative Einschätzung der funktionellen Reserven. Damit können Funktionseinschränkungen der Lunge rechtzeitig einer Therapie zugeführt werden und die pulmonale Komplikationsrate gesenkt werden.

> **!** Häufig besteht eine restriktive Ventilationsstörung mit Rarifizierung der Alveolen.

39.5
Durchführung der Anästhesie

Allgemeinanästhesie

Die verzögerte Kreislaufzeit älterer Patienten kann leicht dazu verleiten, die Gabe der intravenösen Anästhetika bei der Einleitung zur Allgemeinanästhesie zu erhöhen. Es ist unbedingt erforderlich, eine ausreichende Zeit zur Beobachtung der vollen Medikamentenwirkung in Rechnung zu stellen.

Bei älteren Patienten findet man häufig eine Hypovolämie, da das Kreislaufsystem

Sektion F

oft nicht in der Lage ist, die an sich unphysiologischen Medikamentenwirkungen auf das Herz-Kreislauf-System zu kompensieren. Die klassische Einleitung mit Thiopental und Succinylcholin kann folglich gerade beim alten Patienten unerwünschte Blutdruckveränderungen und unerwünschte Änderungen der Herzfrequenz hervorrufen.

Unter der Laryngoskopie kommt es häufig zu einer Hypertonie und zu ventrikulären Extrasystolen mit einer nachfolgenden hypertensiven Phase vor Beginn des operativen Eingriffs. Die topische Lokalanästhesie zur Laryngoskopie bei gleichzeitiger intratrachealer Applikation eines Lokalanästhetikums ist zur Vermeidung solcher Kreislaufreaktionen außerordentlich wertvoll.

Da viele ältere Patienten häufig mit Diuretika behandelt werden, kommen sie mit einer Hypokaliämie und einer metabolischen Alkalose in den Operationssaal. Eine zusätzliche Hyperventilation während der Anästhesie kann eine Verschlechterung der myokardialen Leistungsfähigkeit über eine veränderte koronare Durchblutung hervorrufen. Genauso kann die i.v.-Applikation alkalisierender Lösungen die vorbestehende Hypokaliämie verstärken oder aber normale Serumkaliumspiegel herabsetzen. Dies beinhaltet die Gefahr intraoperativer Arrhythmien. Besonders zum Tragen kommt dies, wenn die Patienten zusätzlich digitalisiert sind.

Eine ausreichende Kaliumsubstitution (präoperativ), die weitestgehende Vermeidung alkalisierender Infusionslösungen und ein engmaschiges Monitoring der Ventilation, um eine Hypokapnie zu vermeiden, sind in dieser Situation wertvoll.

Besonderheiten bei der Intubation

Die Luftwege des alten Patienten zeigen charakteristischerweise verschiedene typische Veränderungen. So findet sich mit zunehmendem Alter eine Aktivitätsabnahme protektiver Luftwegsreflexe (Pontoppidan u. Beecher 1975). Häufig sind ältere Patienten zahnlos und weisen typische anatomische

Veränderungen des Kiefers auf. Hinzu kommt eine Rückbildung des periodontalen Bindegewebes. Diese Faktoren führen zu einer erschwerten Maskenbeatmung mit der Gefahr, erhebliche Luftmengen ösophageal zu insufflieren. Eine gleichzeitig bestehende Hiatushernie begünstigt die Regurgitation von Mageninhalt.

Die Übersicht zeigt anatomische Besonderheiten, die das anästhesiologische Vorgehen bei älteren Patienten erschweren und zu Komplikationen führen können.

Altersbedingte Besonderheiten bei der Intubation

ÜBERSICHT

1. Unvollständiges oder fehlendes Gebiß,
2. lockere oder einzeln stehende Zähne,
3. eingeschränkte Beweglichkeit von Kopf und Hals bei zervikaler Arthritis,
4. Hiatushernie mit gesteigerter Regurgitationsmöglichkeit,
5. abgeschwächte Schutzreflexe in den oberen Atemwegen.

> ❗ Regurgitation und Aspiration sind beim alten Patienten durch anatomische Besonderheiten begünstigt.

Jeder geriatrische Patient, der eine akute intraabdominelle Erkrankung hat, sollte unabhängig von der tatsächlichen Nahrungskarenzzeit so behandelt werden, als sei er nicht nüchtern. Eine Magensonde kann zwar helfen, vorhandene Flüssigkeit aus dem Magen abzuziehen, sie bietet aber keinen sicheren Schutz gegen eine Aspiration.

> ❗ Eine rasche Sicherung der Luftwege durch endotracheale Intubation ist für alte Patienten wichtig.

Degenerative Veränderungen des hinteren membranösen Anteils der Trachea können im Rahmen einer schnell erfolgenden Intubation relativ häufiger zu Tracheaschäden führen als bei jüngeren Patienten. Auch das Legen einer Magensonde birgt erhebliche Risiken für Verletzungen im Pharynx bis hin zu Perforationen des Ösophagus in das Mediastinum oder unter Umständen in die Trachea.

Regionale Anästhesieverfahren

Die Regionalanästhesie kann sehr wirkungsvoll bei folgenden Operationen eingesetzt werden:
- transurethrale Resektion der Prostata (TURP),
- urogenitale oder gynäkologische Eingriffe,
- Herniotomie,
- Operationen an der Hüfte,
- Operationen an den Extremitäten.

Die Spinalanästhesie schafft ausgezeichnete Operationsbedingungen gerade für Eingriffe an der Hüfte.

Häufig tritt man eine Bradykardie nach Eintreten der Sympathikusblockade auf, da die sympathische Kontrolle aufgrund einer Ischämie des sinuatrialen Knotens fehlen kann. Die Sympathikolyse führt zu einer Einschränkung der kardiovaskulären Reaktion nach einem Blutverlust, so dass es zu nichtkalkulierbaren Veränderungen des Herzzeitvolumens kommen kann.

Vorteilhaft bei der Durchführung der Regionalanästhesie ist, dass der Patient wach ist und dass akute Veränderungen, wie pektanginöse Anfälle oder zerebrale Veränderungen, sofort erkannt werden können.

Mangelnde Kooperation, insbesondere wenn der Eingriff lange dauert und der Patient zu frieren beginnt, kann eine zusätzliche Sedation erforderlich machen. Diese führt gelegentlich zu Verwirrtheitszuständen mit einer nicht mehr zu kontrollierenden Erregung des Patienten. Er wird unkooperativ, desorientiert und sieht die Notwendigkeit, still zu liegen, nicht mehr ein.

Überwachungsmaßnahmen

Die kontinuierliche Überwachung des Herzrhythmus ist wichtig. Die Ableitung des Elektrokardiogramms mit der Möglichkeit, das EKG aufzeichnen zu können, ist empfehlenswert. Die Verwendung einer modifizierten V_5-Ableitung kann schneller als die konventionellen Ableitungen auf eine sich entwickelnde Ischämie hinweisen.

Die Bestimmung der Körpertemperatur ist ebenfalls wichtig, nicht zuletzt auch, um die Bestimmung der Blutgase exakter zu gestalten.

Die einzig wirksame Methode, den Wärmeverlust eines alten Patienten während der Operation zu verhindern, besteht in der Heizung des Operationssaals auf Temperaturen zwischen 21 und 24°C. Ist dies nicht der Fall, ist ein Absinken der Körpertemperatur auf 33–34°C nicht selten.

Die Überprüfung des kollateralen Kreislaufs vor der Punktion der Handarterien ist bei alten Patienten besonders wichtig, da sie aufgrund der Zunahme peripher vaskulärer Veränderungen häufig Komplikationen zeigen können.

Die senile Atrophie des Bindegewebes und die Abnahme der Hautelastizität machen die Haut gegenüber Pflaster oder Elektroden verletzlicher.

Bei der Punktion der V. jugularis interna zur Einführung eines zentralvenösen Katheters ist es wichtig, die Punktion der A. carotis zu vermeiden da ein Hämatom oder die Loslösung eines Plaques zu verheerenden Folgen für die zerebrale Durchblutung führen können.

Ältere Patienten, die an einer koronaren Herzerkrankung, Hypertonie oder Herzinsuffizienz leiden, können unterschiedliche Leistungen des linken und rechten Ventrikels aufzeigen.

Das Einlegen eines Blasenkatheters erlaubt die Bestimmung der Stundenurinportion. Dabei muss bedacht werden, dass ältere Patienten häufig chronische urogenitale Infekte haben oder an einer Prostatahypertrophie leiden. Im individuellen Fall müssen

Sektion F

die Risiken gegeneinander abgewogen werden. Arthritische Veränderungen im Lumbosakralgelenk oder im Hüftgelenk (Vorhandensein von Prothesen) können die Steinschnittlagerung unmöglich werden lassen.

> **!** Es ist außerordentlich wichtig, die Patienten (wenn der operative Eingriff es zulässt), so früh wie möglich in eine sitzende Position zu bringen. Physiotherapeutische Maßnahmen müssen bereits in dieser Zeit beginnen.

Unmittelbar postoperative Periode

Die unmittelbar postoperative Periode ist durch eine potentielle Instabilität des Kreislaufs gekennzeichnet, da die Überwachung in der Regel transportbedingt unvollständig ist. Eine ausreichende O_2-Zufuhr ist hier unbedingt erforderlich.

Eine narkotikabedingte Atemdepression kann die Wirkung der intravenösen Gabe von Naloxon überdauern, so dass es zu einem zweiten Peak einer Atemdepression ohne signifikante Veränderungen des p_aCO_2 im Aufwachraum kommen kann (Tabelle 39.2). Radioimmunassaytechniken haben gezeigt, dass Fentanyl auch noch 6 h nach intravenöser Injektion in einer weiten Streubreite im Serum nachgewiesen werden kann. Dies führt zu der Forderung, dass ältere Patienten, die größere Dosen Fentanyl während der Anästhesie erhielten, längere Zeit im Aufwachraum verbleiben müssen.

Die intravenöse Gabe von Naloxon kann zu einer Hypertonie und zu Arrhythmien führen.

Beim wachen Patienten kann die Behandlung einer anhaltenden Hypertonie notwendig werden. Bei der Anwendung von Nitrolingual muss hier auf einen ausreichenden Volumenersatz geachtet werden, da Nitrolingual bevorzugt das Preload beeinflusst und bei gleichzeitiger Hypovolämie zu einer akuten Herzinsuffizienz fuhren kann. Der Einsatz von Nitroprussidnatrium kann zur Entwicklung einer metabolischen Azidose führen.

Weitere Komplikationsmöglichkeiten sind:
- Tachykardie,
- Unruhezustände,
- Hb-Abfall (Nachblutung),
- Elektrolytverschiebungen,
- Temperaturveränderungen,
- Relaxanzienüberhang,
- Veränderung der Flüssigkeitsbilanz.

Da die Ursachen der vielfältigen Komplikationsmöglichkeiten beim alten Patienten unterschiedlicher Natur sind (z.T. altersbedingte physiologische Veränderungen), ist das Auftreten daraus resultierender Kompli-

Tabelle 39.2. pH-, paCO2- und paO2-Normwerte und deren Abweichungen

Messgrößen		Normwerte und Abweichungen
pH	(Konzentration freier Wasserstoffionen im arteriellen Blut	7,35–7,45 normal >7,45 Alkalose <7,35 Azidose
p_aCO_2	(CO_2-Partialdruck im arteriellen Blut)	35–45 mm Hg normal <35 mm Hg alveoläre Hyperventilation >45 mm Hg alveoläre Hypoventilation
p_aO_2	(O_2-Partialdruck im arteriellen Blut)	80-100 mm Hg normal bei Raumluft >600 mm Hg normal bei $F_1O_2 = 1$
		<60 mm Hg erfordert einen Anstieg des HZV zur Sicherstellung eines adäquaten O_2-Transports

kationen in der gesamten perioperativen Phase möglich.

Insbesondere die durch die pharmakokinetischen und anatomischen Besonderheiten des alten Patienten möglichen Komplikationen fallen vorwiegend in den Bereich der Narkoseeinleitung. Die durch veränderte Organfunktionen bedingten Komplikationen können sowohl während der Narkoseeinleitung als auch während der Narkoseführung und während der unmittelbar postoperativen Periode auftreten.

> **!** Der alte Patient ist während der gesamten perioperativen Zeit aufgrund spezifischer altersbedingter physiologischer, pharmakologischer und anatomischer Veränderungen besonders gefährdet.

Präventive Maßnahmen zur Vermeidung von Komplikationen beim alten Patienten setzen das Verständnis der altersbedingten Veränderungen voraus. Dabei muss, wie eingangs beschrieben, klar unterschieden werden, inwieweit die vorliegenden Störungen, die zum Auftreten von Komplikationen führen, durch eingetretene Veränderungen im Laufe des Lebens entstanden sind bzw. inwieweit diese Veränderungen eher altersunabhängig und krankheitsbedingt sind.

Bei Kenntnis dieser Besonderheiten ergibt sich die Prävention und auch der therapeutische Ansatz aus der jeweiligen Situation und ist somit auch nicht mehr altersspezifisch, so dass hier auf die entsprechenden Kapitel dieses Buches bzw. auf allgemeine therapeutische Prinzipien verwiesen werden kann.

> **!** Die insgesamt doch höhere Störanfälligkeit der Organe und Organsysteme des alten Patienten machen eine engmaschige Überwachung mit evtl. zusätzlichen, sonst nicht routinemäßig verwendeten Überwachungsmethoden erforderlich.

Literatur

Djokovic JL, Hedley-Whyte J (1979) Prediction of outcome of surgery and anesthesia in patients over 80. JAM 242: 2301–2306

Goldman L et al. (1977) Multifactorial index of cardiac risk in noncardiac surgical procedures. N Engl J Med 297: 845–850

Hicks R, Dysken MW, Davis JM et al. (1981) The pharmacokinetics of psychotropic medication in the elderly. A review. J Clin Psychiatr 42: 374–377

Kronenberg RS, Drage GW (1973) Attenuation of the ventilatory and heart rate responses to hypoxia and hypercapnia with aging in normal man. J Clin Invest 52: 1812–1819

Lauven PM, Krier C, Stoeckel H (1989) Anästhesie und der periatrische Patient. Anesth Intensiv Ther Notfallmed 24: 75

Link J (1985) Das Anästhesierisiko – Komplikationen, Herzstillstände und Todesfälle. Edition Medizin, Weinheim

Mather LE et al. (1975) Meperidine kinetics in man. Clin Pharmacol Ther 17: 21–30

Osswald PM et al. (1987) Komplikationen der Anästhesie bei Patienten im höheren Lebensalter. Anaethesist 36: 292

Otteni JC, Calon B, Pottecker T, Galani M, Tierret L (1985) Komplikationen der Anästhesie im höheren Lebensalter. Anesth Intensivmed 26: 297–301

Pastore J, Yurchak P, Janis K et al. (1978) The risk of advanced heart block in surgical patients with right bundle branch block and left axis deviation. Circulation 57: 677–680

Pollock AV, Evans M (1987) Major abdominal operations on patients aged 80 and over: Am Qualit Brit Med J 295: 1522

Pontoppidan H, Beecher HK (1960) Progressive loss of protective reflexes in the airway with the advance of age. JAMA 174: 2209–2213

Richey DP, Bender AD (1977) Pharmacokinetic consequences of aging. Annu Rev Toxicol 17: 49–65

Ritschel WA (1976) Pharmacokinetic approach to drug dosing in the aged. J Am Geriatr Soc 24: 344–354

Schomcker P, Unertl K (1990) Epidemiologie des Alters aus anästhesiologischer Sicht. Anesth Intensivmed 3l: 8–13

Smith TC (1986) Respiratory effects of aging. Seamin Anesth: 5: 14–17

Stephen C (1984) The risk of anesthesia and surgery in the geriatric patient. In: Kechel SE (ed) Anaesthesia and the geriatric patient. Grune & Stratton, New York, pp 231–235

Tiret L, Desmonts JM, Hatton F et al. (1986) Complications associated with anaesthesia – a prospective survey in France. Can Anaesth Soc J 33: 336–343

Triggs EJ, Nation RL (1975) Pharmacokinetics in the aged. J Pharmacokinet Biopharm 3: 387–418

Wahba W (1975) Body build (age) and preoperative arterial oxygen tension. Can Anaesth Soc J 22: 653–658

Werning P, Böttrer H, Just OH (1990) Altersphysiologische Aspekte und ihre Relevanz für die Anästhesie. Anesth Intensivmed 31: 1–7

KAPITEL 40

Traumatisierte Patienten

I. Hornke · P.M. Osswald

Häufig ist der Anästhesist mit Patienten konfrontiert, die aufgrund einer akuten Erkrankung oder eines erlittenen Traumas sofortiger Therapie bedürfen. Dies gilt gleichermaßen im OP und Schockraum, im Notarztdienst, wie auf der Intensivstation. Viele dieser Patienten sind neben der eigentlichen Schädigung aufgrund einer Verletzung oder Erkrankung durch das Krankheitsbild des Schocks bedroht.

Im folgenden soll daher auf das Krankheitsbild des traumatisch-hämorrhagischen Schocks ebenso eingegangen werden wie auf die frühe klinische Versorgung von Trauma- und Verbrennungspatienten.

Schock

Als Schock werden ätiologisch und pathophysiologisch sehr unterschiedliche Zustände beschrieben, die sich allerdings im Krankheitsverlauf in der gemeinsamen Endstrecke des Multiorganversagens gleichen, sofern es nicht zu einer Remission des Schockzustandes kommt (Chernow u. Minh Le Nguyen 1994). Für alle Schockzustände, gleich welcher Ursache, gilt:

> **!** Der Schock ist eine Zirkulationsstörung mit akuter ungenügender O$_2$-Versorgung des Gewebes, konsekutiven Veränderungen des Zellstoffwechsels und deren deletären Folgen für den Organismus.

Die Ursache für diesen Zustand liegt in einer kapillaren Minderperfusion, hervorgerufen von einer krisenhaften Senkung des Herzzeitvolumens und/oder einer Verteilungsstörung des Blutflusses.

> **!** Allen Formen des Schocks gemeinsam ist der Zustand arterieller Hypotension sowie die Endstrecke im durch Mikrozirkulationsstörungen der Gewebe ausgelösten Multiorganversagen.

Klinischen Gesichtspunkten folgend hat sich die Einteilung von Schockzuständen nach ihrer Ätiologie durchgesetzt:

- hypovolämisch-hämorrhagischer Schock,
- kardiogener Schock,
- septisch-toxischer Schock,
- anaphylaktischer Schock,
- neurogener Schock,
- endokriner/metabolischer Schock.

Diese Einteilung wird allerdings der Dynamik des Schockgeschehens nicht gerecht und ermöglicht allenfalls eine Hilfestellung für das Verständnis der pathophysiologischen Abläufe in der Frühphase des Schocks. Keinesfalls darf übersehen werden, dass einem Schockzustand mehr als ein Faktor zugrunde liegen kann: als Beispiel kann der septische Schock gelten, bei dem zumeist gleichzeitig auch eine myokardiale Insuffizienz sowie ein relativer Volumenmangel besteht.

Traumatisch-hämorrhagischer Schock

Im klinischen Alltag betreut der Anästhesist häufig Patienten, die infolge eines erlittenen Traumas einen traumatisch-hämorrhagischen Schock entwickelt haben. Die Gefahr der Folgeschäden im Sinne des Multiorganversagens geht dabei offensichtlich nicht vom erlittenen Blutverlust allein aus. Das zeigt sich häufig bei solchen Patienten, die z.b. aufgrund einer isolierten Gefäßverletzung einen schweren Blutverlust erlitten haben, aber bei adäquater und zügiger Volumensubstitution und Blutstillung innerhalb weniger Tage wiederhergestellt sein können. Patienten, die einen ausgedehnten Weichteilschaden kombiniert mit Volumenmangel erleiden, sind hingegen einem hohen Risiko für Komplikationen (wie ARDS, ANV, Sepsis, SIRS, Leberversagen, DIC etc.) ausgesetzt, dies gilt auch für rasch und effizient behandelte Patienten (Sturm et al. 1991). Für den mit der Versorgung von traumatisierten Patienten befaßten Arzt (Notarzt, Anästhesist, Chirurg etc.) ist es daher notwendig, über die pathophysiologischen Grundzüge des sich entwickelnden Schockgeschehens orientiert zu sein.

40.1
Pathophysiologische Grundzüge des Schockgeschehens

Tritt infolge einer drastischen Abnahme des HZV (z.B. durch Herzversagen oder Volumenmangel) oder einer funktionellen Shuntbildung (z.B. beim septischen Schock) ein deutlicher *Abfall des arteriellen Drucks* ein, so werden Kompensationsmechanismen zur Aufrechterhaltung des Systemdruckes aktiviert (Chernow et al. 1984).

In diesem Stadium der *Kompensation* erfolgt zunächst eine reflektorische Aktivierung des sympathoadrenergen Systems mit neuronaler und humoraler Stimulation. Diese beinhaltet eine massive Freisetzung von Katecholaminen sowie eine gesteigerte Freisetzung von ADH, Renin, Angiotensin II, Kortisol, Aldosteron und vasoaktiven Prostaglandinen. Durch arterielle und venöse Vasokonstriktion und Steigerung der Herzarbeit (Kontraktilität und Frequenz) wird der Druckabfall zunächst aufgefangen. Die arterielle Vasokonstriktion zieht eine Dros-

selung der Gewebeperfusion in organspezifischem Ausmaß (α_1-Rezeptorendichte) nach sich. So werden z.B. Splanchnikus-, Nieren-, Haut- und Muskeldurchblutung zugunsten der Perfusion von Vitalorganen (Herz, Gehirn) reduziert (*Zentralisation*). Diese Phase des Schockgeschehens kann man modellhaft als passagere Ganzkörperischämie verstehen. Findet in dieser Phase des Krankheitsverlaufes eine schnelle Beseitigung der Schockursache statt und erfolgt hierdurch wieder schnell eine adäquate O_2-Versorgung aller Organe, so beendet dies den Schockzustand ohne Folgen für den Gesamtorganismus. Das Ausmaß der Kompensationsreaktionen und der Schockintensität beim hypovolämischen Schock ist abhängig vom Verlust des zirkulierenden Blutvolumens (Runciman u. Skowronski 1984; Nicholls u. Cullen 1988; Phillips et al. 1994; Tabelle 40.1).

Hält der Zustand der Zentralisation über einen längeren Zeitraum an oder reicht er gar zur Stabilisierung des systemischen Blutdruckes nicht aus, dann kommt es zum Versagen der Kompensationsmechanismen. Die Reduktion der Gewebeperfusion mit konsekutiver lokaler Hypoxie ist der Ausgangspunkt für die vielfältigen Reaktionen des Organismus, die den Schockzustand im folgenden perpetuieren und zur *Dekompensation* führen. Kommt es beim hypovolämischen Schock zu einem anhaltenden Blutverlust ohne adäquate Therapie, so tritt der baldige Tod durch Verblutung ein. Setzt die angemessene Therapie erst verzögen ein oder kann sie den schädigenden Mechanismus nicht hinreichend ausschalten, dann resultiert aus der anhaltenden lokalen Ischämie zunächst eine Schädigung von Kapillarendothelzellen (Anderson u. Harken 1990; Schlag et al. 1991; Redl et al. 1993).

Der Untergang von Endothelzellen zieht den Anstoß einer Entzündungsreaktion sowie eine *kapilläre Leckage* nach sich. Es kommt zu einer Flüssigkeitssequestration in den interzellulären Raum mit weiterem Verlust von intravasaler Flüssigkeit. Die freige-

Tabelle 40.1. Schockgrade und deren Charakteristik, Abhängigkeit vom Volumenverlust. (Nach Guthrie 1980)

Parameter	Grad 1	Grad II	Grad III	Grad IV
Blutverlust [ml]	<750	750–1500	1500–2000	>2000
Blutverlust [%]	<15	15–30	30–40	>40
Herzfrequenz [/min]	<100	≥100	>120	>140
Systolischer Blutdruck [mm Hg]	Normal	Normal	Erniedrigt	Erniedrigt
Pulsqualität	Normal	Erniedrigt	Erniedrigt	Erniedrigt
Nagelbettreperfusion	Normal	Verzögert	Verzögert	Verzögert
Atemfrequenz [/min]	14–20	20–30	30–50	≥35
Diurese [ml/h]	>30	20–30	5–15	Minimal
Bewusstseinszustand	Leicht erregt, ängstlich	Erregt, ängstlich	Verwirrt	Benommen

setzten Entzündungsmediatoren (z.B. Interleukin 1, 2 und 6, Interferon-γ, TNF, PAF, PMN-Elastase, Leukotriene, Thromboxane und Prostaglandine, C3a, C5a) und Toxine führen neben einer sich ausbildenden Laktatazidose zu einem *Versagen der Vasomotion*, ebenso wie sie eine *Reduktion der Myokardkontraktilität* hervorrufen (Anderson et al. 1990; Redl et al. 1993; Deitch und Mancini 1993). Diese typischerweise nachweisbare *Myokarddepression* ist neben der vermutlichen toxischen Schädigung auch durch ein Myokardödem und subendokardiale Ischämien hervorgerufen, sie verstärken den bestehenden Schockzustand weiter.

Die nun stattfindende *Reperfusion* der passager minderperfundierten Gewebe löst eine systemische Einschwemmung der freigesetzten Mediatoren und Toxine aus und führt zu einer verstärkten Entzündungsreaktion im wieder angemessen durchbluteten Gewebe sowie in der als Filterorgan dienenden Lungenstrombahn; ebenso kommt es zu einer generalisierten Aktivierung des Gerinnungs- und Fibrinolysesystems (McMillen et al. 1993). Die Folge des angestoßenen Schockgeschehens ist also eine generalisierte Entzündungsreaktion des Organismus (SIRS). Als zentraler Mechanismus gilt dabei die Leukozytenadhärenz an Kapillarendothelzellen (Redl et al. 1993). Neben der Gewebeischämie infolge der Vasokonstrik-

tion und Hypotonie hat daher auch das Ausmaß der Gewebeschädigung (Nekrose und Demaskierung von Gewebethromboplastin) durch das auslösende Trauma eine hervorragende Bedeutung für den Verlauf des Schockgeschehens (Sturm et al. 1991).

> **!** Die ischämische Schädigung der Endothelzellen ist neben ausgedehnten Weichteilverletzungen der Schlüsselreiz zur Aktivierung sowohl der humoralen wie der zellulären Immunantwort, der Gerinnungs- und Fibrinolysekaskaden sowie des Kallikrein-Kinin-Systems und Arachidonsäurestoffwechsels.

Eine häufig nachzuweisende Störung während des Schocks ist die *disseminierte intravasale Koagulopathie (DIC)*. Bei gleichzeitig angestoßener Fibrinolyse- und Gerinnungskaskade kommt es zu einem Verbrauch an Gerinnungsfaktoren und Thrombozyten. Dies zieht eine weitere Störung der Mikrozirkulation sowie eine erhöhte Blutungsneigung nach sich. Besonders ausgeprägt zeigt sich dieses Phänomen bei massiver Freisetzung von thrombogenem Material z.B. im septischen Schock, bei ausgedehnten Geweheverletzungen oder auch nach signifikanten Fruchtwasserembolien. Die gerinnungs-physiologischen Laboruntersuchungen zeigen im Vollbild der DIC eine reduzierte Plättchenzahl und Fibrinogenspiegel, eine verlängerte partielle Thromboplastinzeit, Prothrombinzeit und Reptilasezeit sowie Fibrinspaltprodukte; der sensibelste Laborparameter ist der immunologische Nachweis von Thrombin-Antithrombin-Komplexen (Duda u. Tryba 1993).

Fast regelhaft kann als Komplikation aller Schockformen eine unspezifische Entzündungsreaktion des Lungenparenchyms beobachtet werden, dieses typische Bild wird als Schocklunge oder *ARDS* („adult respiratory distress syndrome") bzw. als akute respiratorische Insuffizienz oder posttraumatische pulmonale Insuffizienz bezeichnet (Snider 1990; Campbell u. Cone 1991; Bernard et al. 1994).

Neben einer direkten Schädigung des Lungenparenchyms infolge des Traumas greifen durch Zelluntergang und Immunantwort freigesetzte Proteasen kapilläre bzw. alveoläre Endothelzellen sowie den Surfactantfilm an, nachfolgend kommt es zur Ausbildung von Mikroatelektasen. Der pulmonale Kreislaufabschnitt ist hierbei als Filter für alle aus der Peripherie eingeschwemmten schädigenden Noxen zu verstehen und zeichnet sich durch eine hohe Präsenz von endothelständigen Makrophagen aus. Diese werden infolge der allgemeinen Immunantwort aktiviert und führen selbst zu einer weiteren Schädigung der Lungengefäß- und Alveolarendothelien (Windsor et al. 1993). Wegen der erhöhten Kapillarpermeabilität kommt es zu einer interstitiellen Flüssigkeitssequestration; eine erhöhte Koagulabilität und Plättchenaktivierung führen zu Mikroembolisationen (Frostell 1993; Hasegawa et al. 1994). Es zeigt sich sehr früh im Verlauf des ARDS ein Anstieg des pulmonalen Gefäßwiderstandes (Jolin u. Bjertnaes 1991).

Mit einer Latenz von Stunden bis Tagen kommt es dann zur respiratorischen Insuffizienz mit Atemnot, reduzierter Compliance und einer Hypoxämie. Bei radiologischer Untersuchung des Thorax (konventionelles Thoraxröntgen und Thorax-CT) zeigt sich in der Initialphase außer einer diskreten Verbreiterung und unscharfen Begrenzung der hilusnahen Gefäße noch keine Veränderung. Erst später ist zunächst ein interstitielles, dann ein alveoläres Ödem nachweisbar. Im weiteren Verlauf entwickelt sich ein struktureller Umbau des Lungenparenchyms im Sinne einer Fibrose (Elsasser u. Perruchoud 1991). Gleichförmige Verläufe finden sich auch bei Patienten nach massiven Bluttransfusionen, Fettembolien, Aspirationen sauren Mageninhalts, isoliertem Schädel-Hirn-Trauma, Opiatüberdosierung oder mit einer disseminierten intravasalen Koagulopathie anderer Genese. Sehr häufig wird der Verlauf des eigentlichen ARDS von einer bakteriellen Superinfektion im Sinne einer Bronchopneumonie noch verschlechtert.

Im Rahmen der Perfusionsreduktion im Splanchnikusbereich kommt es zu hypoxischen Zellschädigungen v.a. im apikalen Kapillarstromgebiet der Mikrovilli im *Darm*. Durch den Untergang der Mukosazellen sowie die generell gesteigerte Membranpermeabilität wird die natürliche Barriere für Darmkeime und deren Endotoxine verletzt. Es kommt zu einem Einstrom derselben in den portalen Kreislauf sowie in das Lymphsystem. Die in der Leber stattfindende Elimination dieser Noxen ist schnell erschöpft und wird durch eine verminderte O_2-Versorgung der Leberzellen weiter eingeschränkt. Daher kommt es im weiteren Verlauf neben einem partiellen oder kompletten Leberfunktionsausfall zur systemischen *Bakteriämie und Endotoxinämie*, die durch weitere Aktivierung der Entzündungsreaktionen, insbesondere des Gerinnungssystems, das Schockgeschehen mit unterhält (Baker et al. 1988; Temmesfeld-Wollbrück et al. 1994). Besteht der Schockzustand weiter, kann es zum paralytischen Ileus und zu gastrointestinalen Blutungen kommen, die den Verlauf weiter verschlechtern.

> ! Der Darm hat im Verlauf des Schock-
> geschehens die Rolle eines Motors und
> bahnt den Weg zum Multiorganversa-
> gen.

Das Nierenparenchym reagiert ebenfalls sehr sensibel auf die im Schock reduzierte Perfusion sowie auf die Überflutung mit freigesetzten Mediatoren und Toxinen. Überschreitet die Zeitdauer der Hypotonie ein gewisses Mindestmaß oder perpetuiert sich das Schockgeschehen im Rahmen der oben beschriebenen Veränderungen, dann kommt es zu einem *akuten Nierenversagen* v.a. durch hypoxisch bedingte Tubuluszell-nekrosen und glomeruläre Veränderungen durch ablaufende Immunreaktionen. Neben der Ischämie haben dabei auch humorale Faktoren wie die Veränderungen der Renin- und Angiotensinspiegel sowie freigesetzte Prostaglandine und ADH eine pathogenetische Bedeutung.

Dieser einmal angestoßene Ablauf des Schockgeschehens unterhält und steigert sich ohne adäquate Behandlung selbst und wird durch die eigentliche Grunderkrankung oder das Trauma weiter verstärkt. Die eintretenden Veränderungen und Komplikationen steigern und bedingen sich gegenseitig. So führt dieser Ablauf, sofern er sich nicht unterbrechen lässt, zur Sepsis sowie zum *Multiorganversagen* (ANV, ARDS, Herzinsuffizienz, Leberversagen, DIC, gastrointestinale Blutung), infolge dessen der Tod des Patienten eintritt (Meakins 1990).

Die Sepsis des Traumapatienten und das posttraumatische Multiorganversagen haben auch heute noch eine Mortalität von über 50% (Phadke u. Jiandani 1993). Diese lässt sich auch mit aufwendigen Methoden bisher nur wenig beeinflussen. Daher ist die Kenntnis der oben aufgeführten pathophysiologischen Grundlagen von besonderer Bedeutung, um die absolute Notwendigkeit einer frühzeitigen Einleitung von suffizienten therapeutischen und prophylaktischen Maßnahmen zu erkennen. Nur durch eine frühe und vorausschauende Therapie des Schockpatienten kann die Entwicklung der erwähnten Komplikationen weitgehend verhindert werden, die sich, sind sie einmal aufgetreten, einer therapeutischen Beeinflussung leider weitgehend entziehen (Waydhas et al. 1992). Hieraus folgt:

> ! Wichtigstes und erstes Therapieziel
> bei allen Patienten mit (drohendem)
> Schock ist die rasche Wiederherstel-
> lung einer hinreichenden O_2-Versor-
> gung der Gewebe durch optimierte
> Oxygenierung und Gewebeperfusion.

Um dieses Therapieziel zu erreichen, stehen folgende *Behandlungsmethoden* zur Verfügung (Sturm et al. 1991; Van der Linden 1995):

ÜBERSICHT

- Therapie der verursachenden Störung (Blutung, Herzinsuffizienz, Sepsis, etc.),
- verbesserte Oxygenierung (O_2-Insufflation oder Beatmung),
- Optimierung der Vorlast (Volumensubstitution oder Vasodilatanzien beim kardiogenen Schock),
- Stressreduktion (bedarfsgerechte Analgesie),
- Verbesserung der myokardialen Kontraktilität (Katecholamine, Sauerstoff),
- (Herabsetzen der Nachlast),
- adjuvante Therapie von anderen Organfunktionsstörungen.

Neue Therapieansätze

Um die Erfolge bei der Behandlung von Schockpatienten zu verbessern, werden derzeit v.a. 3 Aspekte des Geschehens fokussiert: immunologische Aspekte des Ablaufs von Ischämie, Reperfusion und Weichteiltrauma bzw. Endotoxinliberation optimierte Volumentherapie, selektive Perfusionsverbesserung im Splanchnikusgebiet.

Ein therapeutisch bereits umsetzbarer Weg ist die initiale Applikation einer hypertonen-hyperonkotischen Infusionslösung. Dieses Prinzip der „*small volume recuscitation*" zielt auf eine sehr schnelle Verbesserung der Mikro- und Makrozirkulation. Dabei werden 7,5- bis 10%ige NaCl- oder Natriumacetatlösungen mit oder ohne HAES bzw. Dextran als Kurzinfusion (3–5 min bei Bedarf als Druckinfusion) i.v. oder intraossär in einer Dosierung von 4–6 ml/kg KG zugeführt. In der aktuellen Literatur scheint 7,5% NaCl/10% HAES 200/0,5 bevorzugt zu werden (Meier-Hellmann 1994). Nach der Applikation dieser Lösungen kommt es zur Reduktion des Endothelödems, Mobilisation extravasaler Flüssigkeit und verbesserter Fluidität, darüber hinaus zeigen sich positiv-inotrope Effekte, eine verbesserte arterioläre Vasomotion und eine geringere lnzidenz der intestinalen bakteriellen Translokation (Kröll 1994). Auch ein traumatisch hervorgerufener erhöhter Hirndruck lässt sich unter dem Einsatz dieser Lösungen senken (Schürer 1992). Für den klinischen Einsatz erscheint es wichtig, die Dosierungsgrenze nicht zu überschreiten, keine Wiederholungsgaben zu applizieren und die übliche Schocktherapie unverändert zu praktizieren. Anschließend an die Applikation wird eine normale Flüssigkeitssubstitution durchgeführt. Hier wird also nicht die herkömmliche Volumentherapie ersetzt, sondern augmentiert und in ihrem Wirkungseintritt beschleunigt.

Neben diesem Versuch, die Reperfusion zu beschleunigen, findet eine wissenschaftliche Fokussierung auf die immunologischen Aspekte des Schockgeschehens und des Multiorganversagens statt. Sowohl der Einsatz von Kortikoiden ist erprobt worden, als auch die Applikation von IgM-Präparaten oder die Senkung der PGF_2-Synthese durch Cyclooxygenasehemmstoffe, weiterhin die Substitution von IL-2 bzw. Interferon-γ oder die Elimination von aktivierten Komplementfaktoren (C3a, C5a) durch Hämofiltration. Alle diese Verfahren konnten bisher ihre klinische Wirksamkeit noch nicht hinreichend unter Beweis stellen. Kortikoide in hoher Dosierung führen sogar über eine höhere Sepsisrate zu schlechteren Ergebnissen (Bone et al. 1987). Im Stadium der Tierversuche befinden sich Ansätze mit monoklonalen AK z.B. gegen Leukozytenrezeptoren (CD 18) sowie mit einem künstlichen löslichen Komplementrezeptor (CR 1 = CD 35), die durch Verhinderung der Komplement-Rezeptor-Bindung an der Leukozytenoberfläche die Aktivierung der zellulären Immunreaktion reduzieren oder verhindern sollen (Deitch u. Mancini 1993; McMillen et al. 1993). Gleiches gilt für die Therapieansätze mit Radikalfängern wie Allopurinol oder Peroxiddismutase (rhSOD) (Redl et al. 1993).

Um die Translokation von Keimen und Endotoxinen aus dem Intestinum zu verhindern sowie um die Häufigkeit von beatmungsassoziierten Pneumonien zu senken, wird teilweise eine selektive Darmdekontamination praktiziert, die allerdings keine nachweisbaren Verbesserungen im Überleben der Patienten zeigen kann (Potgieter u. Hammond 1995; Gastinne et al. 1992).

40.2
Schwerverletzte Patienten

Eng verbunden mit dem Krankheitsbild des Schocks ist das vielschichtige Krankengut der schwerverletzten Patienten. In den Industriestaaten sind Unfälle die häufigste Todesursache der unter 45jährigen Bevölkerung. Verletzungsmechanismen, die zu solchen Folgen führen, sind v.a. Unfälle im Straßenverkehr (ca. 70%), im Produktionsbetrieb (ca. 10%) und Freizeitunfälle (z.B. durch Sport) sowie Suizidversuche (je ca.7%; Champion et al. 1990; Böddeker et al. 1993). Während vor der Etablierung des weitgehend flächendeckend auf hohem Standard arbeitenden Rettungsdienstes eine große Zahl der Verletzten die klinische Versorgung nicht mehr lebend erreichten, hat sich dieses Bild heute gewandelt.

! Todesfälle nach schwerwiegender Traumatisierung treten typischerweise in ca. 50% der Fälle innerhalb der ersten 30–60 min nach dem Unfallereignis ein („sofortiger Tod"), weitere 30% in den folgenden 2–6 h („früher Tod"), die verbleibenden 20% in den folgenden 2–6 Wochen („später Tod").

Diese 3 Verlaufsformen nach lebensbedrohlichen Verletzungen zeigen sich infolge verschiedener Todesursachen: der sofortige Tod ist zumeist direkte Folge schwerster Verletzungen der großen Gefäße oder des zentralen Nervensystems, der frühe Tod tritt hauptsächlich infolge unbeherrschter Verletzungen und deren Folgen ein (z.B. unstillbare Blutung, Bronchialabrisse u.ä.), zum späten Tod kommt es im weiteren Verlauf zunächst (<2 Wochen) durch ein unbeherrschtes Einzelorganversagen (z.B. ARDS) oder später (> 2Wochen) durch ein sich entwickelndes Multiorganversagen (Sturm et al. 1991; Lawin u. Prien 1992).

Während die Mortalität durch den sofortigen Tod wohl fast ausschließlich durch präventive Maßnahmen weiter zu senken ist und auch die therapeutische Beeinflussbarkeit des frühen Unfalltodes als begrenzt erscheint, ist die Häufigkeit eines sich entwickelnden Multiorganversagens durch eine aggressive und frühzeitig beginnende Therapie des Unfallpatienten nachweislich zu senken.

Polytrauma

In der Auseinandersetzung mit der offensichtlich so wichtigen Primärversorgung von Schwerverletzten („major trauma") ist es sinnvoll, 2 Gruppen von Patienten zu unterscheiden: zum einen Patienten, die eine isolierte Verletzung erlitten haben, die per se lebensbedrohliche Auswirkungen zeigt (Barytrauma oder „severely traumatized patient"), andererseits mehrfachverletzte Unfallopfer, die im Schrifttum als Polytrauma oder „multiple injured patient" bezeichnet werden.

! Das Polytrauma ist eine gleichzeitig entstandene Verletzung mehrerer Körperregionen oder Organsysteme, die als Einzelverletzung oder in ihrer Kombination lebensbedrohlich ist (Tscherne et al. 1987).

Dabei treten immer wieder typische Verletzungsmuster auf, diese unterscheiden sich je nach Population. In Europa überwiegen die stumpfen Schädigungsmechanismen mit einem sehr großen Anteil an Verkehrsunfällen. Die Häufigkeit der Einzelverletzungen ist in allen europäischen Veröffentlichungen vergleichbar, nur für die Thoraxbeteiligung zeigt sich eine Streuung von 30-65%.

Die Gesamtletalität infolge eines Polytraumas wird mit Zahlen zwischen 9 und 48 % angegeben. Bei Beachtung der Polytraumadefinition liegt die Letalität des Polytrau-

Sektion F

Verletzungsmuster bei Polytrauma
(nach Schweiberer et al. 1984; Lauterjung et al. 1987; Böddeker et al. 1993)

ÜBERSICHT

Polytraumatisierte haben im Mittel ca. 6-8 Einzelverletzungen.

Einzelverletzungen im Gesamtkollektiv [%]		Häufige Verletzungskombinationen [%]	
Extremitätenfrakturen	ca. 80	SHT + Thorax + Extremitäten	28
Schädel-Hirn-Trauma (SHT)	ca. 75	SHT + Extremitäten	22
Abdominaltrauma	37	SHT + Abdomen + Thorax + Extremitäten	16,5
Thoraxtrauma	30-65	SHT + Abdomen + Extremitäten	6,5
Beckenfrakturen	21	SHT + Thorax	6,3
Wirbelsäulenverletzungen	14	Thorax + Extremitäten	5,2

mas sicherlich aktuell zwischen 20 und 30% der klinisch versorgten Patienten (Böddeker et al. 1993). Das Gefährdungspotential, das von den unterschiedlichen Kombinationsverletzungen ausgeht, spiegelt sich in einer deutlich unterschiedlichen Sterblichkeit wieder. Aus einer Studie mit 828 Patienten (Lauterjung et al. 1987) stammen die folgenden Zahlen:

Gesamtletalität 19,9% (n= 165/828).	
Thorax + SHT	32,7%
Thorax + SHT + Extremitäten	16,7%
Thorax + Abdomen + SHT + Extremitäten	30,6%
Extremitäten + SHT	14,8%
Thorax + Abdomen + SHT	29,7%
Thorax + Extremitäten	13,9%
Abdomen + SHT	22,2%
Extremitäten	13,4%
Thorax + Abdomen + Extremitäten	20%
Thorax + Abdomen	12,5%
Abdomen + SHT + Extremitäten	18,5%
Abdomen + Extremitäten	8,7%

Diese Zahlen sind nur begrenzt aussagefähig, ihre Kenntnis ermöglicht dem behandelnden Arzt aber zumindest eine grobe Einschätzung der Gefährdung aus dem Verletzungsbild sowie die gezielte Suche nach häufigen Verletzungen.

40.3
Grundregeln zur Primärversorgung von Traumapatienten

Während singuläre Verletzungen einer einzeitigen Therapie zugeführt werden können, besteht die besondere Herausforderung in der Versorgung von Polytraumatisierten in der gezielten, zeitgerechten und auf den Zustand des Patienten zugeschnittenen interdisziplinären Versorgung der simultan vorliegenden Verletzungen. Je reibungsarmer und zielgerichteter diese abläuft, desto größer ist die Chance des Patienten, mit möglichst geringen Residuen zu überleben. Dabei wird der Ablauf der klinischen Rettungsmaßnahmen erschwert durch den ungünstigen Zeitpunkt der meisten Traumaereignisse (nachts und am Wochenende, reduzierte Personalresourcen) und durch den Zeitdruck, unter dem gravierende diagnostische und therapeutische Entscheidungen zu fällen sind.

Sowohl aus der klinischen Erfahrung als auch durch Studien ist klar belegbar, dass Patienten die größten Überlebenschancen dann haben, wenn sie sehr frühzeitig einer klinischen Definitivversorgung zugeführt werden, die streng strukturiert mit einem speziell geschulten Team stattfindet (Townsend et al. 1993; Kane et al. 1992; Smith 1990). Neben den Empfehlungen (Tscherne et al. 1987; Schweiberer et al. 1987; Waydhas et al. 1994) aus dem deutschsprachigen Raum hat sich in den letzten Jahren das aus den USA stammende Programm des Advanced Trauma Life Support (ATLS) als klinischer Versorgungsstandard über den gesamten anglo-amerikanischen Sprachraum hinaus etabliert (Collicott 1992).

> **!** Die Versorgung in der Initialphase nach dem Trauma ist der wesentlichste Scheidepunkt für den weiteren Krankheitsverlauf des Patienten, der Zeitraum der ersten Stunde nach dem Trauma wird daher auch als „golden hour of trauma" bezeichnet (Trunkey 1983).

Eine verzögerte oder unterlassene Therapie zu diesem Zeitpunkt führt zu einer erhöhten Sterblichkeit des Patienten (Herrmann et al. 1987; Lawin u. Prien 1992). Fast regelhaft lässt es der Allgemeinzustand von Polytraumapatienten nicht zu, alle aufgetretenen Verletzungen initial definitiv zu versorgen. Daher enthalten die o.g. Empfehlungen Vorschläge für eine situations- und patientenzustandsadaptierte etappenweise Diagnostik und Therapie; die Versorgungsschritte der Schemata entsprechen sich weitgehend.

Versorgungsphasen des Polytraumas
(nach Wolff et al. 1978)

ÜBERSICHT

1. Reanimationsphase
   = Sicherung der Vitalfunktionen und
   Primärdiagnostik.

2. Erste Operationsphase
   = Versorgung lebensbedrohlicher
   Verletzungen.

3. Stabilisierungsphase
   = Wiederherstellung der Homöostase,
   Stabilisierung der Hämodynamik und
   respiratorischen Funktionen.

4. Zweite (evtl. dritte) Operationsphase
   = Definitivversorgung und Rekonstruktion.

6. Rehabilitationsphase
   = Wiedererlangung der Organfunktionen.

Reanimationsphase

> **!** Die Reanimationsphase beginnt mit der rettungsdienstlichen Versorgung und wird im Schockraum weitergeführt, sie geht nahtlos über in die erste Operationsphase. Zumindest in diesem Zeitraum muss die interdisziplinäre Betreuung des Patienten nach einem systematischen und exakt definierten Protokoll durch ein eingespieltes Team mit klar zugeteilten Aufgabenbereichen unter Leitung eines besonders erfahrenen Chirurgen oder Anästhesisten ablaufen.

Ein solches Traumateam sollte minimal 6 Personen (3 Ärzte, 2 Pflegekräfte, 1 Röntgen-MTA) umfassen. Für die optimale Versorgung eines Schwerstverletzten wird in Traumazentren üblicherweise ein primäres Behandlungsteam von ca. 8–10 Personen eingesetzt. Die benötigten Ausrüstungsgegenstände und Merkmale eines erforderlichen Schockraumes sind in der nachfolgenden Übersicht aufgelistet (vgl. hierzu Schweiberer et al. 1987; Tscherne et al. 1987; Nicholls u. Cullen 1988; Waydhas et al. 1994).

Schockraumausrüstung

ÜBERSICHT

- **Lage:** zentral, räumliche Nähe zu Rettungsdienstanfahrt, Labor, OP, CT, Angiographie.
- **Größe:** minimal 25–30 m².
- **Medizinische Ausrüstung fest:**
  Narkosebeatmungsgerät komplett mit Gasversorgung (Luft, O_2, Vakuum, N_2O), Absaugung, Narkosegasabsaugung, Atemwegsmonitoring etc., Vitaldatenmonitor, Röntgengerät in Deckenstativ, Op.-Leuchte, Wärmeschrank für Infusionslösungen, Röntgendemonstrationsschirm, fakultativ: Notfallaborgerät (BGA, Hb, Hkt, Na, K).
- **Medizinische Ausrüstung mobil:**
  höhenverstellbare, fahrbare und röntgenfähige Schockraumliege, Sonogerät, EKG-Gerät, Transportbeatmungsgerät, netzunabhängiger Monitor, Perfusoren (2–4 Stück), Intubationsbesteck, Halskrausen, Schaufeltrage, Infusionsständer, Blutwärmer, Druckinfusionsgeräte, Op.-Sauger, Fiberbronchoskop mit Lichtquelle und Zubehör, Notfallkoffer (für Transportbegleitung), (Cellsaver?), (Antischockhose?).
- **Medizinisches Verbrauchsmaterial:**
  Infusionen (inklusive Bestecke, Braunülen etc.), Decken, Verbandmaterial, Magensonden, Endotrachealtuben (Doppellumenkatheter), Notfall- und Narkosemedikamente, Kleiderscheren, Reflexhammer, (Forgarty-Katheter).
- **Komplette Materialsets[a] für:** Anlage von Pleuradrainagen (inklusive Heimlich-Ventile), Venae sectio, ZVK-Anlage (mehrlumig), arterielle Kanülierung / blutige Druckmessung, RHK-Schleuse (+ RHK), Blasenkatheter (transurethral/suprapubisch), Nottracheotomie/Koniotomie, Notthorakotomie, Notlaparotomie, Peritoneallavage.
- **Logistische Ausstattung:** Uhr, Telefon, (Fax), Organisationsschema, Flussdiagramme, wichtige Telefonnummern, Protokolle, Waschbecken, gute Be-

Sektion F

leuchtung, gute Temperierung, Röntgenschürzen in ausreichender Zahl.
- **Sonstige Voraussetzungen:** Hausdienst für Chirurgie und Anästhesie sowie mindestens Röntgen-MTA, 24-h-Labor, leistungsfähiges Blutdepot am Haus, Angiographie- und CT-Bereitschaft.

Die Vorhaltung fertiger Materialsets für alle wichtigen Maßnahmen im Schockraum hilft Zeit und Arbeitskraft einzusparen!

Aufgrund der entscheidenden Bedeutung dieser Versorgungsphase für den Patienten und der besonderen Verantwortung des Anästhesisten sollen hier die grundlegenden Handlungsrichtlinien in der Frühphase der Polytraumaversorgung dargestellt werden (Herrmann et al. 1987; Tscherne et al. 1987; Schweiberer et al. 1987; Waydhas et al. 1994).

Die Reanimationsphase lässt sich nach Schweiberer (1987) unterteilen in: *lebensrettende Sofortmaßnahmen, lebensrettende Sofortoperationen und Stabilisierungsphase mit erster Diagnostik*, sie sollte nach spätestens 2 (–3) h abgeschlossen sein.

Neben den nachfolgend dargestellten Grundzügen des Versorgungsablaufs gelten grundsätzlich wichtige Regeln für schwerverletzte Patienten:

ÜBERSICHT

- Der Patient ist schwerer verletzt, als beim ersten Anschein erkennbar.
- Die Einschätzung der Verletzungsschwere richtet sich nicht nach dem zunächst erkennbaren Verletzungsmuster, sondern nach der Einschätzung des Gewaltausmaßes beim Unfallgeschehen (Sturz aus großer Höhe, Überrollung, Rasanztrauma).
- Der Zustand des Patienten verschlechtert sich bis zum Gegenbeweis.
- Die Rücknahme einer begonnenen Maximaltherapie ist für den Patienten ungefährlich, eine Therapieverzögerung hingegen lebensgefährlich.

- Der Patient wird bis zum Gegenbeweis behandelt, als hätte er eine instabile HWS-Fraktur.
- Patienten mit bestimmten Verletzungsmustern (relevante Verletzung einer Körperhöhle + Fraktur langer Röhrenknochen, schwere Verletzung einer Körperhöhle oder relevante Verletzung zweier Körperhöhlen u.ä.) sind im traumatisch-hämorrhagischen Schockzustand, auch wenn dieser noch nicht nachweisbar ist.
- Je kürzer das symptomfreie Intervall, desto gravierender und ausgedehnter ist der Primärschaden und die davon ausgehende Gefährdung.
- Jeder Traumapatient muss vollständig entkleidet und vollständig klinisch untersucht werden.

> **!** Die häufigsten und schwerwiegendsten Fehler der klinischen Initialphase sind die Unterschätzung des Verletzungsausmaßes sowie der zögerliche Beginn der angemessenen Therapie.

40.4
Sofortdiagnostik

Bei Eintreffen des Patienten im Schockraum findet eine Einschätzung der akuten Vitalbedrohung für den Patienten statt, dies geschieht durch Augenschein und einfache manuelle Untersuchungen.

Sind akute Vitalbedrohungen festgestellt worden, werden diese ohne Zögern behandelt.
- *Intubation und Beatmung* bei respiratorischer Insuffizienz oder tiefer Bewusstlosigkeit, sowie bei Verdacht auf oder offensichtlichem Thoraxtrauma und bei erkennbarem schwerem Verletzungsmuster.
- Anlage einer *großlumigen Pleuradrainage* bei klinischem Verdacht auf Pneumothorax ohne weitere Diagnostik evtl. nach vorheriger Probepunktion mit einer großlumigen Venenverweilkanüle.

- Beginn einer *schnellen Volumenzufuhr* (2–3 l Kristalloide in 15–30 min) über mehrere großlumige periphere Venenzugänge.
- Bei Herz-Kreislauf-Stillstand: Beginn einer *Herz-Lungen-Wiederbelebung* mit allen üblichen Maßnahmen.
- *Blutstillung starkblutender Wunden* mittels manueller Kompression, Druckverband (nur in Ausnahmefällen: Gefäßklemmen).

Diagnostik: erster Blick

ÜBERSICHT

1. **Vitalfunktionen:** ABC-Kontrolle
   - Atmung: Atemstillstand?, Dyspnoe?, Zyanose?
   - Bewusstsein:Ansprechbar?, Schmerzreaktionen?, Schutzreflexe?
   - Circulation: Karotispuls?, Radialispuls?, Blutdruck?, Kapillarfüllung?
2. **Verletzungsmuster:** Basischeck
   - Massive Blutungen: Große Wunden?, Arterienverletzung?
   - Schädel/ZNS: Glasgow-Koma-Skala, Pupillenstatus, erhebliche Verletzung
   - Thorax: Instabilität?, Kompressionsschmerz?, offene Verletzung?, Prellmarken?
   - Abdomen: Becken instabil?, Prellmarken?, offene Verletzungen?, Bauchdecken?
   - Extremitäten: Spontanbewegungen?, sichere Frakturzeichen?, Weichteilverletzungen?, (distale Pulse?)

40.5
Lebensrettende Sofortoperationen

Besteht ein Anhalt für eine *Massenblutung* (≥150 ml/min) mit hämodynamischer Instabilität unter suffizienter Volumenzufuhr im Abdomen (aufgetriebene, gespannte Bauchdecken, Prellmarken, Frakturen der 5.–11. Rippen) oder im Thorax (schwere, nichtsistierende Blutung aus der Pleuradrainage: >1 500 ml initial), so ist die sofortige *Notlaparo-* *tomie oder Notthorakotomie* zur chirurgischen Blutstillung ohne weitere apparative Diagnostik indiziert (Haarmann 1993).

Besteht keine Indikation zu einer Sofortoperation und kommt es unter massiver Volumensubstitution nicht zu einer Stabilisierung der Kreislaufsituation, so erfolgt jetzt gezielt der *Ausschluss eines (Spannungs-) peumothorax* (auch bei liegender Pleuradrainage!) durch Auskultation, Perkussion und evtl. sofortiges Thoraxröntgen a.p. (ohne Verzögerung). Ein evtl. nachgewiesener Spannungspneumothorax wird umgehend durch eine (weitere) Pleuradrainage versorgt. Bestehen die Anzeichen der Einflussstauung bei suffizienter Drainage fort, so erfolgt unter dem Verdacht der Perikardtamponade die primäre Entlastung derselben mittels Perikardpunktion.

Hat aufgrund der primären Einschätzung des Patienten noch keine Intubation stattgefunden und die Beatmungstherapie begonnen, erfolgt zum Abschluss dieser Behandlungsphase erneut die Überprüfung der Beatmungs- und Intubationsindikation. Ausgedehnte Verletzungsmuster und bestimmte Verletzungskombinationen sowie eine eingeschränkte Vigilanz erfordern die prophylaktische Intubation und Beatmung, schwere Thoraxverletzungen oder Schädel-Hirn-Traumen mit Glasgow-Koma-Skalapunkte <8 erfordern diese Maßnahmen ebenso.

40.6
Stabilisierungsphase mit Erstdiagnostik

! Nach behobener akuter Vitalgefährdung erfolgt eine *standardisierte rasche Diagnostik* der 4 wichtigen Organregionen: Schädel, Thorax, Abdomen (inklusive Becken) und Extremitäten. Dabei werden gegebenenfalls die Indikationen für *dringende Frühoperationen* mit lebens- und organerhaltendem Ziel gestellt, *Versorgungsprioritäten* festgelegt und die *Operationsfähigkeit* für diese Eingriffe hergestellt.

Sektion F

Das Diagnostikschema dieser Phase umfaßt neben einer gründlichen *klinischen Untersuchung* des vollständig entkleideten Patienten (Schädel, Thorax, Arme, Abdomen, Becken, Beine, Wirbelsäule, Neurostatus) zunächst Röntgenuntersuchungen in folgender Reihenfolge: Thorax a.p., HWS seitlich, Becken a.p. sowie eine anschließende *Abdominalsonographie* und/oder Abdominallavage. Hier sei besonders darauf hingewiesen, dass eine seitliche HWS-Aufnahme eine zervikale Wirbelsäulenverletzung nicht ausschließen, sie aber häufig nachweisen kann (Cohn et al. 1991).

> **!** Die Basisdiagnostik von Thorax und Abdomen hat nach Sicherung der Vitalfunktionen absolute Priorität, die Fragestellung dabei ist auf die Indikation zur dringlichen Laparotomie oder Thorakotomie zur Blutstillung gerichtet.

Die therapeutischen Maßnahmen in dieser Phase umfassen neben der Fortführung der begonnenen Volumensubstitution (mit Kristalloiden und künstlichen Kolloiden) und Beatmungstherapie (CMV, $F_1O_2 = 1{,}0$, PEEP $= + 500$ Pa, VT $= 10$ ml/kg KG, Frequenz $= 12{-}14$/min) die Erweiterung der Monitoring- und Zugangsmöglichkeiten sowie eine erste Blutentnahme für Laborbestimmungen. Ebenso werden Frakturen ohne Zeitverlust reponiert und ruhiggestellt sowie offene Wunden zumindest vorläufig versorgt, ohne dabei die Stabilisierungsmaßnahmen oder die vordringliche Diagnostik zu behindern.

> **!** Die wesentliche Zielgröße der Volumensubstitution ist neben einer Stabilisierung der Kreislaufparameter (MAP >80 mmHg, HF <100 min^{-1}, ZVD $= 16{-}22$ cm H_2O) v.a. eine ausreichenden Diurese (ca. 30 ml/30 min)

Transfusion von Blutbestandteilen

Die Indikation für eine Transfusion von Blutkomponenten (Erythrozytenkonzentrate, FFP, Thrombozytenkonzentrate, Gerinnungsfaktoren) wird stufenweise gestellt (s. auch Kap. 27 „Bluttransfusion").

Wie bereits zuvor dargestellt, ist bei Patienten nach hohen Blutverlusten das oberste Therapieziel die hinreichende Volumensubstitution sowie die optimierte Oxygenierung. Erst an zweiter Stelle steht die Forderung nach Wiederherstellung der Bluthomöostase. Die anzustrebenden Zielgrößen für den Ersatz von Erythrozyten sind nicht als statisch zu verstehen: für junge und zuvor gesunde Traumapatienten sollte ein Hb von 9–11 g/dl sowie ein HK von 27–33% bis zum Ende der Primärversorgung erreicht werden. Spätestens ab Unterschreiten eines HK von 20% sowie eines Hb von 6,5 g/dl besteht die absolute Indikation zur Transfusion von Erythrozytenkonzentraten beim Polytraumatisierten (Herrmann et al. 1987; Singbartl et al. 1993; Van der Linden 1995).

Empfehlungen aus Traumazentren sehen hei einem Aufnahme-Hb von <11 g/dl die schnellstmögliche Bereitstellung und Applikation von 5 Erythrozytenkonzentraten vor, diese sollten nach spätestens 30 min verfügbar sein. Ist der initiale Hb <8,5 g/dl, so wird eine Bereitstellung von 10 Erythrozytenkonzentraten gefordert (Tscherne et al. 1987). Die Verabreichung ungekreuzter blutgruppengleicher Konserven sollte immer dann erwogen werden, wenn massive Blutungen nicht unverzüglich gestillt werden können *und* der Hb bei Aufnahme bereits unter 10 g/dl beträgt. O-rh-negative Erythrozytenkonzentrate als Universalkonserven sind nur in besonderen Ausnahmefällen indiziert.

Die Indikation für eine Applikation von FFP ist in dieser Versorgungsphase recht großzügig zu stellen (ca. 1 Einheit FFP pro 5 Erythrozytenkonzentrate). Vorrang hat allerdings die Substitution von Kristalloiden, künstlichen Kolloiden und Erythrozyten.

Verfahren zur *autologen Transfusion* (Cell-Saver u.ä.) werden kontrovers beurteilt (Dzik u. Sherburne 1990). Sinnvoll erscheint der Einsatz bei großen Gefäßverletzungen und thorakalen Blutungen sowie bei ausgedehnten Osteosynthesen geschlossener Frakturen. Bei abdominellen Verletzungen ist der Einsatz so lange nicht zu empfehlen, bis eine Hohlorganverletzung mit bakterieller Kontamination definitiv ausgeschlossen ist (Singbartl et al. 1993).

Zu applizierende Blutkonserven (autologe wie homologe) müssen trotz des vorhandenen Zeitdrucks ebenso wie Infusionslösungen angewärmt werden, am besten geschieht das mit einem leistungsfähigen Durchflusswärmer (Phillips et al. 1994).

Monitoring, intravenöse Zugangswege

In der frühen Phase der Polytraumaversorgung sind als Minimalstandards des Monitorings neben EKG, RR-Messung Atemwegsdrucküberwachung und Messung des Atemminutenvolumens zu fordern sowie die Überwachung der Urinausscheidung. Alle weiteren Überwachungsparameter (s. nachfolgende Übersicht) sollten zwingend erfaßt werden, sobald es der Ablauf der Patientenversorgung zulässt. Die Anlage eines zentralvenösen Katheters (ZVK) ist erstrebenswert, darf aber den Versorgungsablauf in seinem Fortgang nicht verzögern. Normale Katheter sind darüber hinaus zur schnellen Volumenapplikation nicht geeignet. Sind in peripheren Venen ausreichende großlumige Zugänge nicht plazierbar, erfordert dies entweder die Anlage eines großlumigen ZVK oder Freilegung einer Vene. Als großlumige Zugänge können neben speziell hierfür entwickelten Modellen sowohl Dialysekatheter (Shaldon-Katheter) als auch Einführungsbestecke für Pulmonaliskatheter (sog. Schleusen) verwendet werden. Für die Anlage eines ZVK in die V. jugularis interna oder die V. subclavia empfiehlt sich bei bereits liegender Pleuradrainage, soweit die Verletzungen dies zulassen, die drainierte Körperseite. Ein dabei praktikables Verfahren ist die simulta-

ne Anlage eines ZVK und einer RHK-Schleuse mit einem Abstand von ca. 2–4 cm in dem gleichen Gefäß mittels Seldinger-Technik (zuerst beide Drähte nacheinander mit 2 Punktionen platzieren, anschließend die Katheter in üblicher Weise einführen).

ÜBERSICHT

Monitoring, Zugangswege, Laborparameter

- Obligates Monitoring: EKG, Blutdruck (automatische unblutige Messung), Pulsoxymetrie.
- Erweitertes Monitoring: ZVD, Urinmenge und -beschaffenheit, direkte arterielle Blutdruckmessung, Kapnometrie, Oxymetrie (F_IO_2), Körperkerntemperatur, P_{AW}, V_T.
- Fakultatives Monitoring: Pulmonalarterielle Drücke, Herzzeitvolumen.
- Venöse Zugänge: 2–3 großlumige periphere Katheter, 1 (mehrlumiger) ZVK, Einführungsschleuse für Rechtsherzkatheter[a], evtl. Rechtsherzkatheter.
- Arterielle Zugänge: 1 möglichst peripherer Zugang (A. radialis oder A. brachialis).
- Sonstiges: Blasenkatheter, Magensonde, (Pleuradrainagen).
- Obligate Laborbestimmungen: Hb, Hkt, Blutgasanalyse, Säure-Basen-Haushalt, Kalium, Blutgruppe (Wiederholung: kleines Blutbild, BGA in den ersten 2 h in 30-min-Abständen).
- Erweiterte Laborparameter: kleines Blutbild, Gerinnung (PTZ, PTT, TZ, AT III, Fibrinogen, FM/FSP), Elektrolyte, Albumin, LDH, GOT, GPT, γ-GT, Amylase, Lipase, Blutzucker, CRP, Laktat, CK, CK-MB, Harnstatus Kreatinin.

Erst nach abgeschlossener Akutdiagnostik von Abdomen und Thorax und der klar ausgeschlossenen Indikation zur dringenden Laparotomie oder Thorakotomie zum

---

[a] Dient einer schnellen Applikation großer Infusionsvolumen.

Zweck der Blutstillung erfolgt die definitive Diagnostik der übrigen Körperregionen (Herrmann 1987). Dabei hat die CT-Untersuchung des Schädels an dieser Stelle eine wichtige Schlüsselrolle. Bei klinischem Anhalt für eine massive Hirndrucksteigerung und/oder eine ausgedehnte intrakranielle Blutung darf diese jedoch die sofortige Druckentlastung durch eine osteoklastische Trepanation (auch durch den Traumatologen oder Allgemeinchirurgen) nicht verzögern.

> **!** Der CT-Nachweis sowie die neurochirurgische Behandlung einer intrakraniellen Blutung steht immer hinter einer dringlich indizierten Laparotomie oder Thorakotomie zur Blutungskontrolle zurück.
>
> Bestehen allerdings klinische Anzeichen von Hirndruck (Pupillendifferenzen, Störungen der Pupillenmotorik, Streckkrämpfe u.ä.), dann muss sich die chirurgische Therapie der abdominellen und thorakalen Verletzungen auf den kleinstmöglichen definitiven Versorgungseingriff beschränken (z.B. keine organerhaltenden Versuche bei Milzruptur).

Indikationen für CCT-Untersuchungen

ÜBERSICHT

Eine kraniale Computertomographie ist indiziert bei:
- Bewusstlosigkeit mit GCS <8 Punkte,
- neurologischer Herdsymptomatik,
- offenem Schädel-Hirn-Trauma,
- klinisch-neurologischer Zustandsverschlechterung
- röntgenologischen Schädelfrakturen,
- posttraumatischen Krampfanfällen

Die weitere Diagnostik umfaßt radiologische Untersuchungen der LWS und BWS a.p. und seitlich, Schädel a.p., seitlich und halbaxial nach Towne, HWS a.p., Denszielauf-

nahme (Schweighofer et al. 1992) sowie die fakultativen Röntgenuntersuchungen der Extremitäten bei klinischem Anhalt für deren Verletzung. Bei gezielten Fragestellungen (v.a. Aortenruptur oder -dissektion, unstillbare intraabdominelle Blutungen) sollte auch die Angiographie zur Klärung genutzt werden. Ebenso muss bei Beckenverletzungen mit Hämaturie und sonographisch nachgewiesener Nierenverletzung eine i.v.-Urographie angefertigt werden.

Scoresysteme als Hilfsmittel zur Patienteneinschätzung

Im Rahmen dieser Primärversorgung sollte so früh wie möglich, allerdings immer vor den dringlich indizierten Eingriffen, eine Schwereeinschätzung des Verletzungsmusters mit einem validierten Messsystem stattfinden; dies dient v.a. der kritischen Überprüfung der eigenen Einschätzung der Verletzungsschwere (Tscherne et al. 1987). Dazu empfiehlt es sich, entsprechende Protokolle zur Erinnerung und Dokumentation zu bevorraten. Am weitesten verbreitet ist der Injury Severity Score (ISS; Baker et al. 1974; Copes et al. 1988) sowie im deutschsprachigen Raum der Polytraumaschlüssel (PTS; Oestern et al. 1985). Diese Instrumente ermöglichen neben der kritischen Würdigung der eigenen Einschätzung des Patientenstatus die approximative Abschätzung der Prognose (Schuster u. Dick 1994; Bein u. Taeger 1993). Für letztgenannte Fragestellung erscheint die TRISS-Methode das geeignetste Instrumentarium zu bieten (Boyd et al. 1987).

Besondere Bedeutung kommt der frühen Erkennung von Hochrisikopatienten durch diese Scores zu (Bein u. Unertl 1993). Die Kenntnis dieser Scoringsysteme einschließlich ihrer Aussagekraft lässt auch eine Kontrolle der ergriffenen Maßnahmenintensität zu und erlaubt das operative Vorgehen besser einzuschätzen (Priorität: Organ- bzw. Gliedmaßenerhaltung oder Überlebenssicherung). Für das anästhesiologische Vorgehen ist z.B. relevant, dass Patienten mit einem PTS-Wert von III–IV zwingend beatmet werden müssen, um deren Überlebenschancen zu verbessern (Tscherne et al. 1987). Voraussetzung für die Aussagekraft der Scores ist allerdings eine intensive Kenntnis des verwendeten Systems, da sich eine deutliche untersucherabhängige Varianz in der Patientenbewertung zeigt (Waydhas et al. 1992).

Exemplarisch wird hier der PTS dargestellt. Ebenso können außerdem gültige Zustandscores verwendet werden (z.B. SAPS o. APACHE II/III).

Hannoveraner Polytrauma-Schlüssel

A. Region Schädel: PTSS

GCS 15–13 Punkte	4
GCS 8–12 Punkte	8
GCS 3–7 Punkte	12
Mittelgesichtsfraktur	2
Schwere Mittelgesichtsfraktur	4
GCS = Glasgow-Coma-Skala (s. unten)	

B. Region Thorax: PTST

Sternumfraktur, Rippenfrakturen (1–3)	2
Rippenserienfrakturen einseitig	5
Rippenserienfrakturen beidseitig	10
Hämato-, Pneumothorax	2
Lungenkontusion einseitig	7
Lungenkontusion beidseitig	9
Instabiler Thorax zusätzlich	3
Thorakale Aortenruptur	7

C. Region Abdomen: PTSA

Isolierte Milzruptur		9
(Schwere) Milz- und Leberruptur	(18)	13
(Ausgedehnte Leberruptur)	(18)	13
Darm, Mesenterium		9
Niere, Pankreas		9

D. Region Wirbelsäule-Becken: PTSB

Einfache Beckenfraktur	3
Kombinierte Beckenfraktur	9
Beckenfraktur mit Urogenitalbeteiligung	12
Wirbelfraktur	3
Wirbelfraktur mit Querschnitt	3
Beckenquetschung	15

E. Region Extremitäten: PTSE

Zentrale Hüftluxationsfraktur	12
Oberschenkelfraktur einfach	8
Oberschenkelstück oder Trümmerfraktur	12
Unterschenkelfraktur	4
Kniebinnenschaden, Patellafraktur	2
Sprunggelenkfraktur	2
Oberarmfraktur, Schulterfraktur	4
Ellenbogenfraktur, Unterarmfraktur	2
Gefäßverletzung zentral Ellenbogen/Knie	8
Gefäßverletzung distal Ellenbogen/Knie	4
Amputation Oberschenkel/Oberarm	12
Amputation Unterschenkel/Unterarm	8
Je 2- und 3gradige offene Frakturen	4
Große Weichteilquetschung	2

F. Alterseinfluss

≤39 Jahre	0
40–49 Jahre	1
50–54 Jahre	2
55–59 Jahre	3
60–64 Jahre	5
65–69 Jahre	8
70–74 Jahre	13
≥75 Jahre	21

PTS-Gruppen:	Punktzahl	Letalität
Gruppe I	1–11	Bis 10%
Gruppe II	12–30	Bis 25%
Gruppe III	31–49	Bis 50%
Gruppe IV	≥50	Bis 75%

Der mit Abstand wichtigste Score für die traumatologische Notfallmedizin ist die Glasgow-Koma-Skala, sie geht auch in andere Scoringsysteme als Teilparameter mit ein, daher wird sie hier dargestellt (Teasdale et al. 1974; Knudson et al. 1988; Cunitz 1995).

ÜBERSICHT

Sektion F

ÜBERSICHT

Glasgow-Koma-Skala

Augenöffnen		Beste motorische Antwort		Verbale Reaktion	
		Auf Aufforderung	6		
		Gezielte Schmerzabwehr	5	Orientiert	5
Spontan	4	Ungezielte Schmerzabwehr	4	Verwirrt	4
Auf Aufforderung	3	Beugt auf Schmerzreiz	3	Inadäquat	3
Auf Schmerz	2	Streckt auf Schmerzreiz	2	Unverständlich	2
Keine Reaktion	1	Keine Reaktion	1	Keine Reaktion	1
Wert A:	1–4	Wert B:	1–6	Wert C:	1–5
		Glasgow-Koma-Skala = Summe A + B + C			

Verlaufskontrollen während der Primärversorgung

Völlig unabhängig von einem instrumentalisierten Scoring des Traumapatienten muss der Anästhesist während des gesamten Verlaufs der Primärversorgung immer wieder den Zustand des Patienten kritisch überprüfen, um neu auftretende Komplikationen oder Befundverschlechterungen rechtzeitig zu erkennen. Die Folge muss eine angemessene Änderung des Therapieplanes sein, die einer neu entstehenden Vitalbedrohung Rechnung trägt. Im Zweifelsfall muss bei einer drastischen Befundverschlechterung wieder nach den eingangs bereits abgefragten Bedrohungen geforscht werden: starke Blutung, (Spannungs)peumothorax und Perikardtamponade, die jederzeit nachträglich auftreten können. Besonders bedeutsam ist dies auch für die Verlaufskontrolle des Schädel-Hirn-Traumas und dessen Operationswürdigkeit als dringlicher Eingriff (regelmäßige Pupillenkontrollen).

> **!** Die Primärversorgung ist abgeschlossen, wenn eine akute Vitalgefährdung behoben, lebens- und organerhaltende Eingriffe beendet sind und ein abschließendes Bild über die Verletzungen erhoben ist, sie endet mit der Übergabe des Patienten an die Intensivstation.

40.7 Spezielle Aspekte der Polytraumaversorgung

Atemwegssicherung

Eine wesentliche Herausforderung für den Anästhesisten ist die Sicherung der Atemwege beim Polytraumatisieren, da erhebliche Erschwernisse das Vorgehen beeinflussen:

1) Die Entscheidungen für die Intubation, für die Einleitung der Beatmungstherapie und deren Umsetzung finden unter erheblichem Zeitdruck und gleichzeitig mit anderen Maßnahmen statt.
2) Die Patienten sind regelhaft als nicht nüchtern anzusehen.
3) Wegen einer zu vermutenden HWS-Instabilität ist die endotracheale Intubation grundsätzlich nur unter Anwendung von zusätzlichen Vorsichtsmaßnahmen durchzuführen.
4) Bei Mittelgesichtsverletzungen sind durch Blutung und Deformierung die Sichtverhältnisse bis zu maximal erschwert.

Um diesen Schwierigkeiten zu begegnen, sollten die im folgenden dargestellten Leitlinien Beachtung finden (Nicholls u. Cullen 1988; Mulder 1992; Prien 1992).

Die Indikationsstellung für die Intubation und Beatmung des Verletzten erfolgt großzügig und frühzeitig, dabei findet das zu erwartende Verletzungsmuster sowie der Unfallmechanismus besondere Berücksichtigung. Neben Störungen der Vigilanz stellen schwere Schockzustände und Thoraxtraumen die wichtigsten Indikationen dar. Die Intubation hat als sogenannte Blitz- oder Sturzeinleitung zu erfolgen, eine Alternative stellt in Einzelfällen die fiberbronchoskopische Wachintubation dar. Die blindnasale Intubation ist wegen einer möglicherweise bestehenden Verletzung der Schädelbasis eher als kontraindiziert anzusehen, gleiches gilt für die transnasale Applikation einer Magensonde. Die Anwendung des Sellick-Manövers (Krikoiddruck) kann beim Vorliegen einer instabilen HWS-Fraktur möglicherweise eine Frakturstückdislokation nach sich ziehen.

Zur Sicherung einer evtl. bestehenden HWS-Instabilität muss auch während des Intubationsvorgangs die Ruhigstellung der HWS aufrecht erhalten bleiben. Eine bereits angelegte Halskrause sollte nur entfernt werden, falls zuvor die Intubation nicht gelingt (nach erfolgter Intubation sofort wieder anlegen). Durch die erzwungene Bewegungseinschränkung wird die Sicht auf die Stimmritze bei der konventionellen Laryngoskopie erschwert; zumeist ist die konventionelle Intubation jedoch bei angelegter Halskrause möglich. Wird die Halskrause zur Intubation entfernt oder ist sie bis zu diesem Zeitpunkt noch nicht appliziert, ist die manuelle Ruhigstellung durch eine Hilfsperson obligat. Hierzu wird der Schädel manuell unter geringer Extension in Neutralstellung fixiert.

Für die Beherrschung dieser z.T. schwierigen Situationen sollte der Anästhesist daher auf Erfahrungen in der Anwendung alternativer Techniken wie fiberoptische transnasale und transorale Intubation, retrograde Intubation, Koniotomie, Nottracheotomie, (blinde transnasale Wachintubation) zurückgreifen können.

Komplikationen der Überdruckbeatmung

Mit Beginn der Überdruckbeatmung besteht bei Thoraxtraumen mit Verletzung sowohl des Bronchialsystems als auch von Lungenvenen die Gefahr einer Luftembolie, ebenso kann bereits nach wenigen Atemzügen ein vorher nichtrelevanter Pneumothorax zum Spannungspneumothorax werden und mit hohem Atemwegsdruck Tachykardie, oberer Einflussstauung und Hypotonie dekompensieren (Prien 1992).

Schnittstelle zwischen Rettungsdienst und Klinik

Häufig erreichen Polytraumapatienten bereits gut rettungsdienstlich versorgt die Klinik. Eine kurze, klar strukturierte Übergabe des Notarztes an die weiterbehandelnden Kollegen ist von beiden Seiten zu gewährleisten, ein Notarztprotokoll zur Dokumentation ist ebenfalls zwingend zu fordern. Eine Vorabinformation der Klinik über die Ankunft eines Polytraumapatienten mit stichwortartiger Beschreibung des Verletzungsmusters ermöglicht die erhebliche Verkürzung von Vorlaufzeiten vor diagnostischen und therapeutischen Maßnahmen.

Um Reibungsverluste zu vermeiden, sollten weiterbehandelnde Klinikärzte zwingend über die Handhabung der im Rettungsdienstbereich gebräuchlichen Ausrüstungsgegenstände, wie Schaufeltrage, Vakuummatratze, Halskrausen (unterschiedliche Modelle) und Antischockhose (MAST), informiert sein.

Der in den USA weitverbreitete Einsatz dieser *Antischockhosen* hat hier keine Nachahmung gefunden und wird kontrovers diskutiert (Thomas et al. 1986). Als kurzfristige Maßnahme gleichzeitig mit der Volumensubstitution bei Patienten mit nicht messbarem Blutdruck (<50 mm Hg) bis zur Kreislaufkompensation erscheinen sie uns gerechtfertigt (Cayten et al. 1993); praktische Erfahrungen mit MAST haben wir bisher nicht sammeln können. Die als Problem angesehenen Risiken für Kompartmentsyn-

Sektion F

drome der unteren Extremitäten und die eingeschränkte Compliance der Lunge unter abdominaler Kompression erscheinen uns in dieser Situation nicht als bedeutsam, zumal in den amerikanischen Studien über sehr geringe Komplikationsraten berichtet wird (Thomas et al. 1990). Bei penetrierenden Thoraxtraumen ist der Einsatz der MAST nachweislich nicht sinnvoll (Mattox et al. 1989). Ob die Anwendung des Verfahrens allerdings unter unseren Bedingungen einen positiven Effekt für den Krankheitsverlauf hat, ist bisher nicht geklärt.

Anästhesieführung

Für die *Anästhesieführung* bei Polytraumapatienten sind verschiedene Aspekte zu beachten, um narkosebedingte Zustandsverschlechterungen zu vermeiden oder zumindest frühzeitig zu erkennen. Die eingesetzten Substanzen (Hypnotika, Opioide und Muskelrelaxanzien) sind v.a. bei hämodynamisch instabilen Patienten nur in reduzierter Dosierung einzusetzen. Für die Narkoseinduktion erscheint Etomidat am besten geeignet zu sein; es kann bei Patienten mit Schädel-Hirn-Trauma eingesetzt werden und zeigt auch beim hypovolämischen Patienten noch eine relativ geringe kreislaufdepressive Wirkung; Ketamin sollte beim Patienten mit erwartetem oder bestehendem SHT nicht eingesetzt werden. Barbiturate können ebenfalls verwendet werden, hierbei ist allerdings besonders auf deren z.T. massive kreislaufdepressive Nebenwirkung zu achten (Cunitz u. Wortmann 1993). Weiterhin sollte bei der Dosierung der Anästhetika bedacht werden, dass ein erheblicher Teil der Traumapatienten alkoholisiert ist. N_2O sollte zumindest initial nicht verwendet werden, da es durch Diffusion in einen möglicherweise bestehenden Pneumothorax diesen zu einem Spannungspneumothorax überführen kann und es den Hirndruck ebenso steigert wie Halothan oder Enfluran (sowie Isofluran; Nicholls u. Cullen 1988). Für die Narkosefortführung bei diesen Patienten eignen sich daher v.a. intravenöse Verfahren mit dem Einsatz von Opioiden kombiniert mit Benzodiazepinen oder Propofol (Singbartl et al. 1993). Vor allem Patienten, die wegen erheblicher hämodynamischer Instabilität zunächst ohne oder mit nur sehr geringer Anästhetikazufuhr versorgt werden müssen, zeigen später trotz Hypotonie, Hypothermie, Alkoholisierung etc. häufig Erinnerungen an intraoperative Ereignisse, diesem sollte durch eine Anästhesievertiefung zum frühestmöglichen Zeitpunkt Rechnung getragen werden. Der prophylaktische Einsatz z.B. von Midazolam (1–3 mg) sollte erwogen werden.

Zumeist besteht bereits früh eine *Hypokaliämie*, die möglicherweise Folge der hohen Katecholaminfreisetzung ist; eine baldige Substitution nach Kontrolle der Serumkonzentration ist angezeigt (Shin et al. 1986).

Die Applikation von Katecholaminen wird sehr unterschiedlich gehandhabt. Der Einsatz von Dobutamin oder Dopexamin zur Steigerung des Herzzeitvolumens sowie zur Perfusionsverbesserung im Splanchnikusgebiet wird teilweise praktiziert (Dobb 1995). Indikationen für die Katecholaminapplikation bestehen nach unserer Auffassung nur bei nachgewiesener Herzinsuffizienz (Echokardiographie, RHK) sowie für Dopamin oder Dopexamin in Nierendosis. Kommt es nach ausreichender Volumensubstitution mit hinreichend hohem ZVD nicht zur ausreichenden Diurese, sollte eine Stimulation mit einem Schleifendiuretikum und/oder einem Osmodiuretikum versucht werden.

Im Verlauf einer häufig mehrere Stunden dauernden Primärversorgung eines Polytraumapatienten kommt es regelhaft zur *Hypothermie*. Dies ist eindeutig als Komplikation zu werten, da die nachteiligen Effekte der Hypothermie z.B. mit Gerinnungsstörungen deutlich überwiegen (Nicholls u. Gullen 1988). Dem Monitoring der Körperkerntemperatur sowie dem aktiven Erhalt bzw. Wiederherstellung der Körpertemperatur kommt eine besondere Bedeutung zu. Dies kann erreicht werden durch Vermeidung von Wärmeverlusten (Decken), Verwendung von Wärmematten, Heizstrahlern, Warmluftgebläsen (z.B. Warmtouch® oder BairHugger®) sowie durch den Einsatz von Infusionswärmern, dabei müssen die üblichen Vorsichtsmaßnahmen zur Vermeidung von Verbrennungen beachtet werden. Weiterhin ist der Einsatz von Atemgasheizungen bei diesen Patienten zu erwägen.

40.8
Synopsis der Einzelverletzungen

Schädel-Hirn-Trauma

Sehr häufig (ca. 70–80%) ist mit einem schweren Polytrauma auch ein höhergradiges Schädel-Hirn-Trauma verbunden (Böddeker et al. 1993; Zink et al. 1991)

> **!** Schwerste Schädel-Hirn-Traumen ohne relevante Begleitverletzungen stellen eine Rarität dar, ebenso sind ausgedehnte Mehrfachverletzungen zumeist mit einem SHT vergesellschaftet.

Durch Kontusion, gefolgt von Einblutung und Ödem, epi- oder subdurale Hämatome mit Verdrängung sowie durch subarachnoidale Blutungen kommt es zu unterschiedlichen Ausprägungen einer Hirnschädigung mit Bewusstseinseinschränkung oder -verlust. Neben diesen sog. primären Schädigungen führen sekundäre Schädigungsmechanismen wie Hypoxie, Ischämie, Hyperglykämie und Azidose zu weiteren Hirnfunktionsstörungen (Karimi 1992; Cunitz 1995; Hans 1995). Dabei ist der Verletzte v.a. durch die intrakranielle Drucksteigerung, hervorgerufen von Ödem und Blutung, bedroht, da diese durch Perfusionsminderung eine zerebrale Hypoxie verursachen. Der Verlauf des SHT bestimmt neben Frühkomplikationen weitgehend die Prognose des Polytraumatisierten (Champion et al. 1990).

Wichtigste Initialmaßnahmen sind neben Kreislaufstabilisierung mittels Volumenapplikation die Oberkörperhochlage (ca.

15–20°), eine optimierte Oxygenierung und milde Hyperventilation (Ziel: p_aCO_2 ca. 35 mm Hg) unter adäquater Sedierung und Analgesie sowie ein aufmerksames klinisches Monitoring von Hirndruckzeichen und der GCS (Strebel 1994; Cunitz 1995). Hieraus lässt sich die Notwendigkeit einer frühen und großzügigen Indikationsstellung zur Intubation und Beatmung des SHT-Patienten ableiten (Hans 1995). Wichtig erscheint darüber hinaus die schnelle Wiederherstellung der Bluthomöostase mit einem normalen Serumnatrium und normaler Osmolarität. Kortikoide scheinen weder zu schaden noch das Hirnödem wesentlich zu beeinflussen (Karimi 1992; Strebel 1994).

Maßnahmen, die den venösen Abfluss aus dem kranialen Stromgebiet reduzieren, sind kontraindiziert: hoher PEEP (maximal 500 Pa), Kopftieflagerung sowie die feste Anlage einer flexiblen Halskrause vom Typ der Schanz-Krawatte. Daher sollten nur halbstarre Immobilisatoren (z.B. Stifneck® oder Nec-Loc®) eingesetzt werden, die keine Weichteilkompression verursachen. Nachteilige Effekte einer Katheterisierung der Vv. jugulares internae werden ebenfalls diskutiert, erscheinen aber eher zweitrangig.

Die Wahl der Medikamente zur Narkoseführung ist eingeschränkt. So sollten alle volatilen Anästhetika sowie N_2O nicht zum Einsatz kommen. Ketamin ist unter Hyperventilation zwar einsetzbar, bleibt aber Medikament der zweiten Wahl beim Polytraumatisierten mit SHT. Dies gilt auch z.Z. noch unter Berücksichtigung der neueren tierexperimentellen Untersuchungen zu möglichen zerebroprotektiven Eigenschaften von Ketamin (Werner 1994). Barbiturate oder Etomidat scheinen als Standardsubstanzen zur Narkoseinduktion dieser Patienten besonders geeignet zu sein, ebenso können Propofol oder Benzodiazepine zur weiteren Narkoseführung eingesetzt werden. Die hochpotenten Analgetika Fentanyl, Alfentanil und Sufentanil scheinen unbedenklich verwendbar zu sein (Cunitz 1995).

Alle bewusstlosen Polytraumapatienten und Patienten mit neurologischer Sympto-

Sektion F

matik müssen im Rahmen der erweiterten Primärdiagnostik einer CCT unterzogen werden. Besteht eine Blutung oder ein Ödem, ist die Indikation zur Überwachung des intrakraniellen Drucks gegeben (Zink u. Samii 1991; Hans 1995).

Indikationen für eine Messung des Hirndruckes beim Traumapatienten:

ÜBERSICHT

- alle Bewusstlosen mit Schädel-Hirn-Traumen Grad II-IV (primäre Bewusstlosigkeit >1 h),
- neurochirurgisch operierte Patienten, deren Befund eine längere Bewusstlosigkeit erwarten lässt,
- Patienten, bei denen lange Eingriffe geplant sind oder die aus anderer Indikation einer Beatmungstherapie mit Analgosedierung für einen längeren Zeitraum bedürfen,
- Überwachung einer medikamentösen Hirndrucksenkung.

Die Versorgung einer intrakraniellen Raumforderung ist in der Regel ein Eingriff der zweiten Operationsphase, nur ein akutes epidurales Hämatom mit Zeichen des Hirndrucks ist eine sofortige Op.-Indikation, dann allerdings ohne weitere Verzögerung (CT) mit einer ähnlichen Dringlichkeit wie die Versorgung einer Massenblutung.

Indikationen für neurochirurgische Früheingriffe

ÜBERSICHT

Indikationen für einen neurochirurgischen Früheingriff ergeben sich aus folgenden Befunden:
- raumfordernde Blutungen (epi- und subdural sowie intrazerebral),
- direkt offene Hirnverletzungen,
- Kalottenimpressionsfrakturen mit Raumforderung (Impression tiefer als einfache Kalottenstärke),
- Kombinationsverletzungen mit intrakranieller Raumforderung.

Keinesfalls darf es zu Notfallverlegungen in ein neurochirurgisches Zentrum kommen, ohne dass gesichert ist, dass der Patient nicht durch abdominelle oder thorakale Verletzungen lebensbedroht ist. Darüber hinaus muss eine weitgehende Sicherung der Vitalfunktionen stattgefunden haben und durch sachgemäße Betreuung während des Transportes ein zusätzliches Transporttrauma sicher vermieden werden (Varney et al. 1990).

Rückenmarkverletzungen

Wirbelsäulenverletzungen kommen meist durch Rasanztraumen zustande (ca. 50% durch Verkehrsunfälle); sie betreffen deutlich häufiger Männer als Frauen und die Patienten sind in 80% jünger als 40 Jahre. In 40% der Fälle betreffen die Läsionen das Halsmark (Werba et al. 1989). Durch den Unfallmechanismus bedingt sind ca. 50% der Wirbelsäulenverletzten polytraumatisiert (Lampl et al. 1990).

Die Rückenmarkschädigungen werden unterschieden in hohe (oberhalb Th_5/Th_6) und untere Verletzungen (unterhalb Th_5/Th_6), sowie in komplette und inkomplette. Patienten mit hohen und kompletten Läsionen zeigen zumeist das Vollbild der neurologischen Zustandsbeschreibung des spinalen Schocks mit vollständigem Ausfall sowohl der motorischen und sensiblen als auch der sensorischen und reflektorischen Qualitäten (schlaffe Lähmung mit Anästhesie und vegetativer Dysregulation in der Frühphase). Häufig kommt es bei entsprechender Höhe der Läsion zur Ateminsuffizienz durch fehlende motorische Kraft (Wegfall der Bauchmuskulatur für die Exspiration und der Interkostalmuskulatur in Abhängigkeit von des Schädigungshöhe). Eine Initial nicht bestehende Ateminsuffizienz kann durch Erschöpfung, ein sich ausdehnendes Marködem sowie durch eine atemdepressive Wirkung sezernierter Endorphine entstehen. In der Frühphase nach isolierten hohen Rückenmarktraumen wird häufig eine kurze hypertone Phase gesehen, die in einen neurogenen Schock mit Bradykardie und Hypotonie übergeht. Die verlorengegangene Autoregulation macht die Kreislaufsituation des Paraplegikers in höchstem Maße instabil und extrem lagerungsabhängig, weiterhin kann der Patient Volumenverluste nicht mehr kompensieren.

Die wichtigste Initialtherapie des Wirbelsäulenverletzten besteht in der rechtzeitigen Beatmungstherapie und der angemessenen Volumentherapie, die die Kreislaufsituation rekompensiert, ohne eine Volumenüberladung des Patienten zu erreichen (Werba et al. 1989; Lampl et al. 1990). Hier könnte der routinemäßige Einsatz der MAST von Vorteil sein. Nur für Patienten mit traumatischen Querschnittsläsionen hat sich bisher der hochdosierte Einsatz von Kortikoiden (insbesondere Methylprednisolon) als wirksam erwiesen. Osmotherapeutika oder eine prophylaktische Hyperventilation zeigten keine deutlichen Effekte.

Ausschließlich bei inkompletten Läsionen, die in ihrer Ausdehnung fortschreiten, sowie bei ausgedehnten Instabilitäten, die eine weitere Intensivtherapie und Rehabilitation unmöglich machen, besteht eine Indikation für eine dringliche operative Versorgung durch Dekompression bzw. Stabilisation (Boddeker et al. 1993). Im Rahmen der Polytraumaversorgung gilt vor allem:

> **!** Sekundäre Rückenmarkschädigungen durch Umlagerungen und Pflegemaßnahmen sowie Op.-Lagerung müssen strikt verhindert werden.

Dazu empfiehlt sich z.B. auch der innerklinische Einsatz einer Schaufeltrage zur Umlagerung und für Pflegemaßnahmen.

Im angloamerikanischen Sprachraum wird die zuvor noch nicht anderweitig immobilisierte HWS im Rahmen der klinischen Erstversorgung durch Unter- und Umpolsterung mit kleinen Sandsäcken sowie durch Fixierung des Kopfes mittels Klett- oder Klebebändern auf der Unterlage immobilisiert (Podolsky et al. 1983). Nur die kombinierte Anwendung von harter Halskrause und Vakuummatratze scheint eine hinreichend stabile Immobilisation zu gewährleisten.

Bei Verletzungen der HWS oder der oberen thorakalen Wirbelsäule sollte eine elektive Intubation bei ausgeschlossener Schädelbasisfraktur als blinde nasotracheale oder fiberbronchoskopische Wachintubation erfolgen. Nur bei Kindern und unruhigen Patienten scheint die Narkoseeinleitung vor der Intubation weitere Schäden zu verhindern; auf die entsprechenden Maßnahmen wie In-line-Fixierung, Lagerung für die Intubation sowie die Anlage einer Halskrause nach der Intubation bzw. vor einer fiberbronchoskopischen oder Blindintubation muss dabei besonders geachtet werden (Übersicht bei Werba et al. 1989).

> **!** Außer in der Phase der Initialversorgung dürfen Paraplegiker kein Succinylcholin erhalten, da es zu einer lebensbedrohlichen Hyperkaliämie kommen kann.

Thoraxtrauma

Isolierte Traumen des Thorax und seiner Organe sind eher selten, die Inzidenz von derartigen Verletzungen im Rahmen eines Polytraumas ist allerdings in den letzten Jahren gestiegen. Von besonderer Bedeutung ist das Thoraxtrauma wegen seines erheblichen Einflusses auf die Sterblichkeit von Polytraumatisierten (Lauterjung et al. 1987). Die überwiegende Mehrzahl aller Thoraxtraumen sind Folgen stumpfer Verletzungsmechanismen. Unterschieden werden Thoraxwandverletzungen (offen und geschlossen), Verletzungen des Lungenparenchyms und der Atemwege sowie die eher seltenen Verletzungen der großen Gefäße und des Herzens oder die traumatische Zwerchfellruptur. Eine aktuelle Übersicht zum Thoraxtrauma findet sich bei Castelli et al. 1995).

Sektion F

| **Thoraxverletzungen** (nach Inthorn u. Huf 1992; Kantartzis et al. 1993)

- Wandinstabilität (Rippenserienfrakturen),
- offener und geschlossener Pneumothorax,
- Spannungspneumothorax,
- Hämatothorax,
- Zwerchfellruptur (Enterothorax),
- Lungenkontusionen,
- Perikardzerreißung mit Herzluxation,
- Mediastinalemphysem bei zentralen Verletzungen des Bronchialsystems (Tracheal- oder Bronchialabriss),
- Perikardtamponade,
- Pulmonalgefäßverletzungen,
- Aortenruptur und Verletzung der V. cava superior inklusive deren Äste,
- Herzkontusion,
- Herzbinnenverletzung (Papillarmuskelabriss, Klappeneinriss).

Wie zuvor dargestellt, stellen Spannungspneumothorax und Perikardtamponade akut lebensbedrohliche Zustände dar, die sofortiger Therapie bedürfen. Ebenso müssen Massenblutungen aus thorakalen Gefäßen einer lebensrettenden Operation zugeführt werden. Auch die möglichen Komplikationen bei Beatmungsbeginn sind zuvor dargestellt worden.

Ein signifikanter Pneumothorax sowie jeder nicht sicher ausgeschlossene Pneumothorax unter Beatmung und jeder Hämatothorax stellt eine Indikation für die Anlage einer Pleuradrainage dar (Castelli et al. 1995). Kommt es bei einem Hämatothorax zu einem Blutverlust von mehr als 1 500–2 000 ml initial oder zu einer anhaltenden Blutung mit mehr als 150–200 ml/h aus dem Drain, besteht die Indikation zur Thorakotomie zur Blutstillung, eine persistierende Lungenfistel mit einem Volumen von ca. 40% des Tidalvolumens bedarf ebenso einer chirurgischen Versorgung (Tscherne et al. 1987; Inthorn u. Huf 1992; Kantartzis et al. 1993).

Kommt es unter Beatmung zur raschen Ausbildung eines Mediastinalemphysems mit Hals- und Gesichtsemphysem, Zyanose, Tachykardie und Blutdruckabfall, das sich unter Pleuradrainage weiter verschlechtert, dann besteht mit hoher Wahrscheinlichkeit eine zentrale Verletzung des Bronchialsystems. Zumeist ist die Ruptur ca. 2,5 cm oberhalb der Carina lokalisiert. Die Therapie besteht in einer sofortigen kollaren Mediastinotomie zur Entlastung sowie in der bronchoskopischen Suche der Rupturlokalisation. Zur Sicherung der Atemwege empfiehlt sich dann die seitengetrennte Beatmung bei Hauptbronchusverletzungen bzw. die Passage der Trachealverletzung mit dem Tubus, anschließend erfolgt die chirurgische Versorgung. Bei einem hohen kompletten Trachealabriss hilft wahrscheinlich nur die Präparation des (in den Mediastinalraum gezogenen) Trachealstumpfes und dessen Intubation, sofern dem so Verletzten überhaupt zu helfen ist.

Neben diesen makroskopisch bereits faßbaren Verletzungen der Atemorgane kommt der Lungenkontusion eine erhebliche Bedeutung für die Letalität nach einem Polytrauma zu (Regel et al. 1988; David et al. 1993). Solche Kontusionen führen bereits initial zu einem verschlechterten Gasaustausch sowie zu einer erhöhten Inzidenz an manifestem ARDS. Da diese Veränderungen häufig zu einem frühen Zeitpunkt nach dem Trauma nicht oder nur schwer nachweisbar sind (Thoraxröntgen, CT, Bronchoskopie) und der Verlauf durch eine frühzeitige Beatmung positiv beeinflusst werden kann, ist diese bereits bei einem begründeten Verdacht stets indiziert (Regel et al. 1987).

Verletzungen des Herzen mit Ruptur eines Ventrikels werden normalerweise nicht überlebt, perforierende Traumen eines Vorhofes können mit hohem Blutverlust überlebt werden, wenn gleichzeitig eine Perikardverletzung die Ausbildung einer ausgeprägten Perikardtamponade verhindert. Die häufigste Schädigung des Herzen bei Thoraxtraumen besteht in einer Myokardkontusion: es zeigt sich eine Myokardinsuffizienz, eine vorübergehende Neigung zu ventrikulären Herzrhythmusstörungen, Überleitungsstörungen, häufig nachweisbare ST-Streckenveränderungen und eine passagere Erhöhung der Myokardenzyme CK-MB sowie Troponin-T. Eine kausale Therapie besteht nicht, die üblichen Maßnahmen bei bedrohlichen Rhythmusstörungen müssen ebenso ergriffen werden wie bekannte Maßnahmen zur Rekompensation des insuffizienten Herzens. Zur Einschätzung des Schädigungsausmaßes hat sich neben der mehrfachen EKG-Ableitung und der wiederholten Enzymbestimmung die transösophageale Echokardiographie besonders bewährt.

Eine Aortenruptur findet zumeist im Isthmusbereich statt und imponiert dann häufig klinisch durch ein Pseudokoarktationssyndrom mit hohem Blutdruck im rechten Arm und einer deutlichen Blutdruckdifferenz zum linken Arm und den Beinen. Im Thoraxröntgen wird ein verbreitertes oberes Mediastinum nachgewiesen, das aortopulmonale Fenster ist verstrichen, Ösophagus und Trachea sind zumeist nach rechts verlagert. Die Aortenruptur ist häufig Folge eines Dezelerationstraumas mit typischen Verletzungen am Thorax: Sternumfraktur, Rippenserienfraktur links und Hämatothorax links. Die Verdachtsdiagnose der traumatischen thorakalen Aortenruptur oder -dissektion wird durch Kontrastmittel-CT des Thorax oder durch eine transfemorale Aortographie gesichert. Die operative Versorgung erfolgt unter kardiopulmonalem Bypass. Der Eingriff steht einer abdominellen Blutung und einem schweren Schädelhirntrauma an Dringlichkeit nach. Die primär gedeckte Rupturstelle kann jederzeit perforieren und führt dann zum Verbluten in die Thoraxhöhle. Da unter Sedation und Blutdruckkontrolle das Perforationsrisiko begrenzt zu sein scheint, besteht ohne Blutung keine Indikation zur Sofortoperation (Inthorn u. Huf 1992).

Besteht aus keiner anderen Indikation eine Notwendigkeit zur Intubation und Beatmung, dann ist bei einer Rippenserienfraktur der größte Gewinn für den Patienten durch eine gute Analgesie zu erreichen, bei systemischer Applikation von Opioiden ist das Therapieziel nicht die absolute Schmerzfreiheit, sondern tiefe und suffiziente Atemexkursionen. Mittels Periduralanästhesie werden die besten Erfolge erzielt (Senkung der Komplikationsrate und der Letalität; Wisner 1990).

Abdominalverletzungen

Sowohl durch stumpfe als auch durch penetrierende Schädigungsmechanismen entstehen Verletzungen der Abdominalorgane. Im europäischen Raum überwiegen bei weitem die stumpfen Traumen, zumeist im Rahmen von Mehrfachverletzungen (Lauterjung et al. 1987). Die dabei auftretenden Verletzungen sind neben Zerreißungen von Leber, Milz, Pankreas und Nieren Einrisse ins Mesenterum mit Blutungen aus den Mesenterialgefäßen, Dünndarmläsionen, Gefäßverletzungen im Retroperitonealraum (abdominelle Aorta, Iliakalgefäße, V. cava inferior und Nierengefäße) sowie Quetschungen oder Zerreißung der Ureteren und der Blase. Bei hinteren dislozierten Beckenfrakturen kommt es zu profusen Blutungen aus dem präsakralen Plexus. Alle diese Verletzungen kommen sowohl einzeln als auch in Kombination vor. Von besonderer Bedrohlichkeit sind arterielle Blutungen in die freie Bauchhöhle und ausgedehnte Zerreißungen der Leber mit nahezu unstillbaren Blutungen aus den Lebervenen.

Häufigkeiten von intraabdominellen Organverletzungen beim stumpfen Bauchtrauma
(nach Keferstein 1992)

ÜBERSICHT

- Milz   30%,
- Mesenterium   10%,
- Niere   10%,
- Magen/Darm   12%,
- Leber   18%,
- Pankreas   4%.

Das wesentliche Problem der Versorgung von Abdominalverletzungen besteht in der zeitkritischen und sicheren Diagnostik von intraabdominellen Verletzungen beim häufig bewusstlosen oder anästhesierten Patienten. Äußere Zeichen wie Prellmarken, Frakturen der unteren Rippen, Gurtmale oder gespannte Bauchdecken sind keinesfalls gut verwertbare Indikatoren für die Schwere einer intraabdominellen Verletzung (Lauterjung et al. 1987).

Daher müssen alle Polytraumatisierten, die nicht ansprechbar sind, gründlichst auf abdominelle Verletzungen hin untersucht werden. Die hierzu vorrangig genutzte Methode der Sonographie bedarf einer großen Erfahrung des Untersuchers, erreicht aber unter dieser Vorraussetzung eine hohe Zuverlässigkeit (Schnarkowski et al. 1992). Trotzdem wird in der Literatur auch heute noch die Rolle der diagnostischen peritonealen Lavage als „golden standard" der abdominellen Traumadiagnostik betont, zumal die Komplikationsraten sehr gering sind. Sonographie und Lavage sollten bei Unsicherheiten als sich ergänzende Verfahren angesehen werden, anstatt sich gegenseitig auszuschließen. So kann nur mit der Sonographie eine Verletzung oder Blutung im Retroperitoneum nachgewiesen werden, eine Hohlorganverletzung weist hingegen zumeist nur die Lavage nach (Haarmann 1993; Nast-Kolb et al. 1993; Reith et al. 1993). Ergänzende Untersuchungen sind Angiographien, i.v.-Urographie und CT, sie sollten nur bei kreislaufstabilen Patienten erwogen werden (Nast-Kolb et al. 1993).

> **!** Besteht bei einer abdominellen Verletzung eine hämodynamische Instabilität unter angemessener Volumensubstitution, so stellt dies stets eine Indikation zur sofortigen explorativen Laparotomie dar.

Bei jeder Laparotomie eines Polytraumapatienten sollte gezielt nach den häufigen Organverletzungen gesucht werden, ebenso

muss das Zwerchfell genau inspiziert werden, um Zwerchfellrupturen nicht zu übersehen (Keferstein 1992). Organerhaltende Operationsverfahren bei Milzrupturen erscheinen z.B. bei Patienten der Gruppe III und IV des PTS nicht gerechtfertigt, diese Patienten profitieren mehr von einer schnellen Blutstillung und einer verkürzten Op.-Dauer. Schwerste Leberverletzungen mit zunächst unstillbaren Blutungen dürfen zunächst mit einer Bauchtuchtamponade versorgt werden, die definitive Operation sollte dann innerhalb von 48 h stattfinden (Lauterjung et al. 1987; Keferstein 1992). Hohlorganverletzungen müssen nicht so akut versorgt werden wie Blutungen in Abdomen oder Thorax, eine frühe Versorgung senkt allerdings die postoperativen Komplikationsraten (Nast-Kolb et al. 1993).

Neben den Verletzungen des Peritonealraumes und des oberen und mittleren Retroperitoneums stellen komplexe Beckenverletzungen eine wesentliche Gefährdung für den Unfallpatienten dar. Dabei besteht die Hauptgefahr nicht in der eigentlichen Beckenfraktur, sondern in den Begleitverletzungen der Weichteile, Gefäße, Nerven und inneren Organe (Pohlemann et al. 1992). Ziel der Therapie ist die rasche Blutstillung bei relevanten Blutungen sowie die Wiederherstellung der Beckenringstabilität und die Versorgung der Begleitverletzungen (Bosch et al. 1992).

> **!** Wesentlichste Kriterien zur Beurteilung von komplexen Beckenfrakturen ist die Kreislaufstabilität sowie die Stabilität des Beckenringes, insbesondere des dorsalen Abschnittes.

Massive Traumen des Beckens wie Überrolltraumen oder dorsal instabile Frakturen bei volumenrefraktärer Kreislaufinsuffizienz bedürfen der sofortigen Laparotomie zur Blutstillung mit anschließender osteosynthetischer Stabilisierung.

Extremitätenverletzungen

Fast alle Polytraumatisierten erleiden auch Extremitätenverletzungen (ca. 80%; Böddeker et al. 1993). Diese Verletzungen reichen von einfachen Frakturen über offene z.T. Mehrfragmentfrakturen der langen Röhrenknochen bis zu traumatischen Amputationen. Über die Versorgung dieser Verletzungen ist immer nur interdisziplinär zu entscheiden, da das Vorgehen stets neben der Einzelverletzung in hohem Maße vom Gesamtzustand des Patienten bestimmt wird (Nast-Kolb 1986). Grundsätzlich sollte eine Frühversorgung von Frakturen der langen Röhrenknochen angestrebt werden. Dies gilt besonders bei solchen mit Gefäßverletzung oder 2– bis 3gradigen offenen Frakturen (Josten et al. 1993). Dabei sind bei Patienten mit einem Polytrauma mit Schweregrad III–IV (PTS) extremitätenerhaltende Op.-Versuche nur gerechtfertigt, wenn sie zügig vollzogen werden können, keine vordringlichen Maßnahmen behindert werden und sich unter der Operation der Zustand des Patienten nicht verschlechtert. Die Frühstabilisierung von Frakturen der langen Röhrenknochen ist aber auch wegen deren systemischen Auswirkungen auf den Verlauf eines ARDS und den Notwendigkeiten der weiteren Intensivtherapie dringend anzustreben (Sturm et al. 1991).

> **!** Im Zweifel gilt der Grundsatz: „Life before limb."

Die Reposition von Frakturen (auch offenen) und Luxationen soll bereits während der Reanimationsphase stattfinden, eine bereits verbundene Wunde einer offenen Fraktur muss bis in den OP im Verband belassen werden. Wann immer möglich sollten auch geschlossene Oberschenkelschaftfrakturen in der Frühphase osteosynthetisch versorgt werden (Buchardi u. Sydow 1990).

Singuläre Amputationsverletzungen bei nicht hypovolämischen Patienten werden bevorzugt unter Regionalanästhesieverfahren versorgt, die entstehende Sympathikolyse ist wertvoll für die verbesserte Perfusion der replantierten Gliedmaße, darüber hinaus besteht weniger die Gefahr einer Replantatschädigung durch unwillkürliche Bewegungen in der Aufwachphase.

Gesichtsverletzungen

Verletzungen des Gesichts und der Halsweichteile im Rahmen des Polytraumas gefährden den Patienten v.a. durch zusätzlich erschwertes Airwaymanagement. Deformation, Ödem, Hämatom und Blutung erschweren häufig schon früh die orale Intubation unter Sicht.

> **!** In der Regel wird die Verletzungsschwere unterschätzt, und die Intubation gestaltet sich schwieriger als zunächst erwartet.

Bei ausgedehnten Verletzungen ist die frühe Intubation aus prophylaktischen Erwägungen angebracht. Soll zu einem späteren Zeitpunkt eine elektive Intubation erfolgen, empfiehlt sich die fiberbronchoskopisch gestützte Durchführung oder die orale Laryngoskopie unter topischer Lokalanästhesie und leichter Sedierung beim wachen Patienten. Eine transnasale Blindintubation erfordert zuvor den radiologischen Ausschluss einer Schädelbasisfraktur.

Augenverletzungen

Gelegentlich bestehen bei Polytraumatisierten auch Augenverletzungen. Kam es zu einer Perforation, sollten alle Zustände vermieden werden, die den Augeninnendruck steigen lassen: Husten und Pressen sowie arterielle Hypertonie, möglicherweise als Folgen zu flache Narkoseführung. Auch vor mechanischem Druck muss der Bulbus bewahrt werden. Bei derartigen Verletzungen ist der Einsatz von Succinylcholin als Relaxans strikt kontraindiziert, da es zu einer erheblichen Steigerung des Augeninnen-

Sektion F

drucks führt.

In der Phase der Narkoseausleitung besteht ein Konflikt zwischen dem Gebot der Wachextubation des nichtnüchternen Patienten zur Aspirationsverhütung und dem Wunsch des Ophtalmochirurgen nach strikter Vermeidung von Hustenstößen. Bei den heute üblichen Techniken der reparierenden Augenchirurgie ist die Gefahr einer hustenbedingten Disruption als vergleichsweise gering einzustufen, daher besitzt aus anästhesiologischer Sicht die Vermeidung einer Aspiration eine höhere Priorität.

40.9
Verbrennungskrankheit

Die Verbrennungskrankheit ist durch eine Kombination mehrerer schwerer Funktionsstörungen gekennzeichnet. Die Verbrennung oder Verbrühung der Haut, die auch als das größte Organ des Körpers gesehen werden kann, führt zu Veränderungen der Thermoregulation, der Flüssigkeits- und Elektrolythomöostase und zu einem Verlust der natürlichen Abwehrmechanismen gegenüber bakteriellen Infektionen. Selbst wenn die Verbrennungskrankheit nur gering ausgeprägt ist, führt sie zu systemischen Veränderungen (Demling u. LaLonde T990; Köller u. König 1991; Tredget u. Ming Yu 1992):

- Abnahme des Herzzeitvolumens,
- Veränderungen der Gefäßintegrität,
- Verlust größerer Mengen Flüssigkeit (durch Sequestration und Verdunstung),
- Hypothermie durch Verdunstung,
- Verlust von Eiweiß und Elektrolyten,
- Stoffwechselerhöhung auf das 2– bis 3fache der Norm bis zu mehreren Wochen,
- Abnahme der Lungenfunktion bis zur respiratorischen Insuffizienz.

Die Ausprägung der Allgemeinreaktion ist dabei im wesentlichen von der Ausdehnung und Schwere der Verbrennung abhängig (Steen 1993).

Thermische Verletzungen werden nach ihrer Schwere in 4 Grade unterteilt:

ÜBERSICHT

▌ Verbrennungsgrade

Grad I: Hautrötung, Schwellung und Schmerzen,

Grad II: Blasenbildung, Verlust der Hautkontinuität,

Grad III: Verbrennung aller 3 Haut schichten, Verlust des Schmerzempfindens,

Grad IV: tiefgreifende Verkohlung.

Die flächenhafte Ausdehnung der Verbrennung ist einer der wichtigsten Parameter für die Entscheidungen weiterer Therapieschritte: Die Ausdehnung lässt die Prognose abschätzen, hilft über die Indikation zur Verlegung in ein Brandverletztenzentrum zu entscheiden und erleichtert die Entscheidung für eine aggressive Therapie in der Frühphase, in der es den Patienten zunächst noch recht gut gehen kann. Auch diese Patienten sind im besonderen Maße durch die Schockfolge des Multiorganversagens bedroht.

Zur Abschätzung der betroffenen Körperoberfläche ist es notwendig, den Patienten entkleidet von allen Seiten zu untersuchen, hierdurch kann auch vermieden werden, dass wichtige Begleitverletzungen übersehen werden. Patienten mit Verbrennungen Grad II und höhergradigen Verbrennungen von mehr als 15% der Körperoberfläche bedürfen zumindest initial der Intensivbehandlung, Kinder schon bei geringerer Ausdehnung. Patienten mit Verbrennungen, die 25% überschreiten, tiefen Verbrennungen der Genitalien, Hände oder des Gesichts und Polytraumapatienten mit schweren Verbrennungen sollten nach einer Stabilisierung in ein Spezialzentrum verlegt werden, Kinder unter 5 Jahren bereits bei einem Ausmaß von mehr als 10% (Steen 1993).

Die klinische Primärversorgung des Verbrennungspatienten umfaßt die Sicherung der Vitalfunktionen, die lokale Wundbehandlung durch Kühlung und sterile Wundabdeckung, eine ausreichende Analgesie sowie eine bilanzierte und kalkulierte Infu-

Körperregion (Neunerregel)

Körperregion	Erwachsene	Schulkinder (6.–10. Lebensjahr)	Säuglinge (1. Lebensjahr)
Kopf und Hals	9% KOF	16% KOF	20% KOF
Stamm (ventral/dorsal)	2–18 KOF	2–17 KOF	2–17 KOF
Arme	2–9 KOF	2–9 KOF	2–9 KOF
Beine	2–18 KOF	2–16 KOF	2–14 KOF

sionsbehandlung. Das dafür zumeist angewandte Schema von Baxter sieht die Infusion von kristalloiden Lösungen in Abhängigkeit von der verbrannten Körperoberfläche vor. Die Infusionsbehandlung sollte zunächst über periphere Zugänge begonnen werden, dabei ist ein Punktionsort mit unverbrannter Haut zu bevorzugen. Zwecks Bilanzierung ist ein Blasenkatheter zwingend indiziert. Befindet sich der Patient im manifesten Schockzustand, so muss die Infusionsmenge nach ZVD-Kontrolle und Diurese gesteigert werden.

Baxter-Formel zur Berechnung des Infusionsbedarfs (nach Scheulen u. Nunster 1982)

Verbrannte Körperoberfläche Grad II–IV in % × 4 = ml Infusionslösung/24 h, dabei wird maximal mit 50% verbrannter KOF gerechnet. In den ersten 8 h erhält der Patient die Hälfte der errechneten Menge, in den folgenden 16 h den Rest.

Eine Indikation zur Beatmung besteht bei allen großflächigen Verbrennungen, Verdacht auf oder nachgewiesenem Inhalationstrauma, Gesichtsverbrennungen, zirkulären Verbrennungen des Thorax sowie bei respiratorischer Insuffizienz anderer Ursache. Ein Inhalationstrauma als Begleitverletzung der Oberflächenverbrennung beeinflusst wesentlich die Sterblichkeit, es wird diagnostisch durch Bronchoskopie gesichert und in seinem Ausmaß eingeschätzt. Die Intubation sollte immer mit einem möglichst großlumigen Tubus mit Niederdruckcuff erfolgen, um die spätere Bronchoskopie zu ermöglichen, sowie einen Tubuswechsel zu vermeiden. Bei entsprechender Exposition ist an die inhalative Vergiftung mit Cyanid oder CO zu denken.

> **!** Aufgrund des schmalen Durchmessers der kindlichen Luftwege ist die Indikation zur frühen prophylaktischen Intubation beim geringstem Verdacht auf ein Inhalationstrauma zu stellen.

Besonders zu beachten sind die Besonderheiten bei Verbrennungen durch elektrischen Strom: bei relativ kleinen oberflächlichen Verbrennungswunden ist der tiefe Weichteilschaden in seiner Ausdehnung nicht einzuschätzen, die myokardiale Schädigung führt zu einer unterschiedlich ausgeprägten Herzinsuffizienz und zur Anfälligkeit für Herzrhythmusstörungen. Gelegentlich kommt es infolge der strominduzierten supramaximalen Muskelkontraktionen zu Frakturen von Wirbelkörpern oder langen Röhrenknochen sowie gelegentlich auch zu Rupturen von Hohlorganen. Nach diesen Verletzungen sollte gezielt gesucht werden.

Häufige Komplikationen im weiteren Krankheitsverlauf sind neben den Schockfolgen Nierenversagen und ARDS, auch Sepsis, Wundinfekte und mit großer Regelmäßigkeit obere Gastrointestinalblutungen (sog. Curlinggeschwüre). Bereits ca. 24 h nach dem Trauma kommt es bei vielen Patienten zur Ausbildung einer hyperdynamen Kreislaufsituation, die den differenzierten

Einsatz von Volumenapplikation und Katecholamintherapie erforderlich machen kann (Gueugniaud u. Bertin-Maghit 1995). Eine weitere spezifische Störung infolge von Verbrennungen ist die mit einer Häufigkeit von ca. 10% auftretende Verbrennungsenzephalopathie mit Halluzinationen, deliranten Zuständen, Krampfanfällen und Veränderungen der Persönlichkeitsstruktur.

> **!** Eine Tracheotomie beim Schwerverbrannten ist nur indiziert, wenn mit anderen Mitteln eine Intubation nicht gelingt, da sie bei Patienten mit großen Verbrennungsarealen mit einer deutlich erhöhten Letalität einhergeht.

Im Verlauf der Verbrennungskrankheit werden oftmals Narkosen für Wundversorgungen, Faszienspaltungen o.ä. notwendig, dabei hat sich in vielen Zentren Ketamin als Medikament der ersten Wahl etabliert. Diese Eingriffe gehen häufig mit erheblichen Blutverlusten einher und erfordern vielfach die Transfusion von Blutbestandteilen.

Succinylcholin ist nach mehr als 24 h nach dem Verbrennungsgeschehen absolut kontraindiziert; die Gefahr für einen exzessiven Kaliumanstieg nach Succinylcholinapplikation tritt normalerweise nach 5–14 Tagen auf und kann bis zu mehreren Monaten anhalten.

Literatur

Anderson BO, Harken AH (1990) Multiple organ failure: Inflammatory priming and activation sequences promote autologous tissue injury. J Trauma 30 [Suppl] : S44–S49

Baker JW, Deitch EA, Berg RD et al. (1988) Hemorrhagic shock induces bacterial translocation from the gut. J Trauma 28: 896–906

Bakers SP, O'Neil B, Haddon W et al. (1979) The injury severity score: A method of describing patients with multiple injuries and evaluating emergency care. J Trauma 14: 187 ff.

Bein T, Taeger K (1993) Score-Systeme in der Notfallmedizin. Anaesthesiol Intensivmed Notfallmed Schmerzther 28: 222–227

Bein T, Unertl K (1993) Möglichkeiten und Grenzen von Score-Systemen in der Intensivmedizin. Anaesthesiol Intensivmed Notfallmed Schmerzther 28: 476–483

Bernard GR, Artigas A, Brigham KL et al. (1994) The American-European Consensus Conference on ARDS. Definitions, mechanisms, relevant outcomes, and clinical trial coordination. Am J Respir Crit Care Med 149: 818–824

Böddeker W, Reith HB, Smektala R et al. (1993) Analyse der polytraumatisierten Patienten von 1981 bis 1991. In: Kozuschek W, Reith HB (Hrsg) Das Polytrauma – Diagnostik, Therapie. Karger, Freiburg, S 6–17

Böddeker W, Reith HB, Hegelmaier C et al. (1993) Operative Versorgung von Wirbelfrakturen an der Brust- und Lendenwirbelsäule mit dem Fixateur interne. In: Kozuschek W, Reith HB (Hrsg) Das Polytrauma – Diagnostik, Therapie. Karger, Freiburg, S 296–305

Bone RC, Fisher CJ jr, Clemmer TP et al. (1987) A controlled clinical trial of high-dose methylprednisolone in the treatment of severe sepsis and septic shock. N Engl J Med 307: 653–658

Bosch U, Pohlemann T, Haas N et al. (1992) Klassifikation und Management des komplexen Beckentraumas. Unfallchirurg 95: 189–196

Buchardi H, Sydow M (1990) Organversagen bei Polytraumapatienten. Einfluss einer frühen Osteosynthese von Frakturen auf Komplikationen. Anästhesiol Intensivmed Notfallmed Schmerzther 25: 198–203

Campbell GS, Cone JB (1991) Am J Surg 161: 239–242

Castelli I, Schläpfer R, Stulz R (1995) Das Thoraxtrauma. Anaesthesist 44: 513–530

Cayten CG, Berendt BM, Byrne DW et al. (1993) A study of pneumatic antishock garments in severely hypotensive trauma patients. J Trauma 34: 728–735

Champion HR, Copes WS, Sacco WJ et al. (1990) The major trauma outcome study: establishing national norms for trauma care. J Trauma 30: 1356–1365

Chernow B, Lake CR, Barton M et al. (1984) Sympathetic nervous system sensitivity to hemorrhagic hypotension in the subhuman primate. J Trauma 24: 229–232

Chernow B, Minh Le Nguyen JR (1994) Shock: pathophysiology and pharmacotherapy. In: Refresher Courses in Anesthesiology, vol. 22. The American Society of Anesthesiologists, New York, pp 87–99

Cohn SM, Lyle WG, Linden CH et al. (1991) Exclusion of cervical spine injury: a prospective study. J Trauma 31: 570–574

Collicott PE (1992) Advanced Trauma Life Support (ATLS): Past, present, future – 16th Stone Lecture, American Trauma Society. J Trauma 33: 749–753

Copes WS, Champion HR, Sacco WJ et al. (1988) The injury severity score revisited. J Trauma 28: 69–77

Cunitz G (1995) Die Erstversorgung des Schädel-Hirn-Trauma-Patienten. Anaesthesist 44: 369–391

Cunitz G, Wortmann D (1993) Anästhesiologische Probleme in der Notaufnahme. In: Kozuschek W, Reith HB (Hrsg) Das Polytrauma – Diagnostik, Therapie. Karger, Freiburg, S 90–97

Dávid A, Walz M, Ekkernkamp A (1993) Präklinische Versorgung von Thoraxverletzungen beim Polytraumatisierten. In: Kozuschek W, Reith HB (Hrsg) Das Polytrauma – Diagnostik, Therapie. Karger, Freiburg, S 30–38

Deitch EA, Mancini MC (1993) Complement receptors in shock and transplantation. Arch Surg 28: 1222–1226

Demling RH, LaLonde C (1990) Identification and modifications of the pulmonary and systemic inflammatory and biochemical changes caused by a skin burn. J Trauma [Suppl] 30: S57–S62

Dobb GJ (1995) Prevention of secondary organ damage. Curr Opin Anaesth 8: 119–125

Duda T, Tryba M (1993) Gerinnungstörungen beim Polytraumatisierten. In: Kozuschek W, Reith HB (Hrsg) Das Polytrauma – Diagnostik, Therapie. Karger, Freiburg, S 380–389

Dzik W, Sberburne B (1993) Intraoperative blood salvage: Medical controversies. Tranfus Med Rev 4: 208–235

Elsasser S, Perruchoud AP (1991) Mediatoren und ARDS. Schweiz Med Wochenschr 121: 1530–1537

Frostell CG (1993) Lung permeability and other pathophysiological lung problems in Shock. Acta Anaesthesiol Scand [Suppl] 98: 11–13

Gastinne H, Wolff M, Delatour F et al. (1992) A controlled trial in intensive care units of selective decontamination of the digestive tract with nonabsorbable antibiotics. N Engl J Med 326: 594–599

Gueugniaud PY, Bertin-Maghit M (1995) Burn Therapy. Curr Opin Anaesth 8: 187–192

Guthrie D (ed) (1989) Shock. In: Guthrin D (ed) Advanced trauma life support course for physicians, rev. edn. American College of Surgeons, Chicago, pp 57–88

Haarmann W (1993) Dringliche Diagnostik und Eingriffe in der Notaufnahme. In: Kozuschek W, Reith HB (Hrsg) Das Polytrauma – Diagnostik, Therapie. Karger, Basel, S 98–104

Hans P (1995) Acute management of the head-trauma patient. Curr Opin Anaesth 8: 163–167

Hasegawa N, Husari AW, Hart WT et al. (1994) Role of the coagulation system in ARDS. Chest 105: 268–277

Herrmann J, Joka T, Schmitt-Neuerburg KP et al. (1987) Überlegungen zur Behandlung der Massenblutung nach Trauma. Unfallchirurg 90: 373–379

Inthorn D, Huf R (1992) Das Thoraxtrauma beim Mehrfachverletzten. Anästhesiol Intensivmed Notfallmed Schmerzther 27: 498–501

Jolin A, Bjertnaes L (1991) Hypoxic pulmonary vasoconstriction in the adult respiratory distress syndrome. Acta Anaesthesiol Scand [Suppl] 95: 40–54

Josten C, Clasbrummel B, Muhr G (1993) Primäre Versorgung von Extremitätenverletzungen. In: Kozuschek W, Reith HB (Hrsg) Das Polytrauma – Diagnostik, Therapie. Karger, Freiburg, S 177–183

Kane G, Wheeler NC, Cook S et al. (1992) Impact of the Los Angeles county Trauma system on the survival of seriously injured patients. J Trauma 32: 576–583

Kantartzis M, van den Driesch P, Varney M et al. (1993) Thoraxchirurgische Aspekte beim Polytrauma. In: Kozuschek W, Reith HB (Hrsg) Das Polytrauma – Diagnostik, Therapie. Karger, Freiburg, S 284–290

Karimi-Nejad A, Richard KE (1992) Schädel-Hirn-Trauma: Sekundäre Hirnschädigungen. Anästhesiol Intensivmed Notfallmed Schmerzther 27: 492–497

Keferstein RD (1992) Abdominaltrauma. Anästhesiol Intensivmed Notfallmed Schmerzther 27: 501–505

Knudson P, Frecceri CA, DeLateur SA (1988) lmproving the field triage of major trauma victims. J Trauma 28: 602–606

Köller M, König W (1991) Immunpathologie des Verbrennungstraumas. Dtsch Med Wochenschr 116: 67–73

Kröll W, Pölz W, Schimetta W (1994) „Small volume resuscitation" – Eröffnen sich damit neue Möglichkeiten in der Behandlung des hypovolämischen Schocks? Wien Klin Wochenschr 106: 8–14

Lampl L, Helm M, Birkenmaier H (1990) Die traumatische Querschnittslähmung – Problematik der präklinischen Erstversorgung. Wehrmed Monatsschr 34: 103–109

Lauterjung KL, Hofmann GO, Mittlmeier T et al. (1987) Thorax- und Abdominalverletzungen beim Polytrauma. Chirurg 58: 641 ff.

Lawin P, Prien T (1992) Der schwerverletzte Patient (Editorial). Anästhesiol Intensivmed Notfallmed Schmerzther 27: 488

Sektion F

Mattox KL, Bickell W, Pepe PE et al. (1989) Prospective MAST Study in 911 Patients. J Trauma 29: 1104–1112

McMillen MA, Huribal M, Sumpio B (1993) Common pathway of endothelial-leukocyte interaction in shock, ischemia and reperfusion. Am J surg 166: 557–562

Meakins JL (1990) Etiology of multiple organ failure. J Trauma [Suppl] 30: S165–S168

Meier-Hellmann A, Reinhart K (1994) Hypertone Lösungen in der Notfallmedizin. Intensivmedizin 31: 130–136

Mulder DS, Marelli D (1992) The 1991 Fraser Gurd Lecture: Evolution of airway control in the management of injured patients. J Trauma 33: 856–862

Nast-Kolb D, Keßler S, Duswald KH et al. (1986) Extremitätenverletzungen polytraumatisierter Patienten: stufengerechte Behandlung. Unfallchirurg 89: 149–154

Nast-Kolb D, Waydhas C, Kastl S et al. (1993) Stellenwert der Abdominalverletzung für den Verlauf des Polytraumatisierten. Chirurg 64: 552–559

Nicholls BJ, Cullen BF (1988) Anesthesia for trauma. J Clin Anesth 1: 115–129

Oestern HJ, Tscherne H, Sturm J et al. (1985) Klassifizierung der Verletzungsschwere. Unfallchirurg 88: 465ff.

Phadke AY, Jiandani PG (1993) Multiple system organ failure: a study of outcome. J Assoc Physiciens Indiana 41 (8): 498–499

Phillips GR, Kauder DR, Schwab CW (1994) Massive blood los in trauma patients: The benefit and dangers of transfusion therapy. Postgrad Med 95: 61–72

Pohlemann T, Gänsslen A, Kiessling B et al. (1992) Indikationsstellung und Osteosynthesetechniken am Beckenring. Unfallchirurg 95: 197–209

Potgieter PD, Hammond JML (1995) Selective decontamination of the digestive tract. Curr Opin Anaesth 8: 114–118

Prien T (1992) Anästhesiologische Aspekte beim Polytrauma. Anästhesiol Intensivmed Notfallmed Schmerzther 27: 489–492

Regel H, Sturm JA, Neumann C et al. (1987) Bronchoskopie der Lungenkontusion bei schwerem Thoraxtrauma. Unfallchirurg 90: 20–26

Regel H, Sturm JA, Friedl HP et al. (1988) Die Bedeutung der Lungenkontusion für die Letalität nach Polytrauma. Chirurg 59: 771–776

Redl H, Gasser H, Schlag G et al. (1993) Involvement of Oxygen Radicals in Shock Related Cell Injury. Br Med Bull 49: 556–565

Reith HB, Hegelmaier C, Smektala R et al. (1993) Diagnostik des stumpfen Bauchtraumas beim polytraumatisierten Patienten. In: Kozuschek W, Reith HB (Hrsg) Das Polytrauma – Diagnostik, Therapie. Karger, Freiburg, S 113–119

Runciman WB, Skowronski GA (1984) The pathophysiology of hemorrhagic shock. Anaesth Intensive Care 12: 206–211

Scheulen JJ, Munster AM (1982) The parkland-formula in patients with burns and inhalation injury. J Trauma 22: 869–871

Schlag G, Redl H, Hallstrom S (1991) The cell in shock: The origin of multiple organ failure. Resuscitation 2l: 137–180

Schnarkowski P, Brecht-Krauß D, Goldmann A et al. (1992) Die Abdominalsonographie in der Primärdiagnostik des stumpfen Bauchtraumas. Ultraschall in Medizin 13: 102–105

Schürer L, Dautermann C, Härtl R et al. (1992) Therapie des hämorrhagischen Schocks mit kleinen Volumina hyperton-hyperonkotischer NaCI-Dextranlösung – Auswirkungen auf das Gehirn. Anästhesiol Intensivmed Notfallmed Schmerzther 27: 209–217

Schuster HP, Dick W (1994) Scoresysteme in der Notfallmedizin? Anaesthesist 43: 30–35

Schweiberer L, Nast-Kolb D, Duswald KH et al. (1987) Das Polytrauma – Behandlung nach dem diagnostischen und therapeutischen Stufenplan. Unfallchirurg 90: 529–538

Schweighofer F, Grechenig W, Passler JM et al. (1992) Radiologische Diagnostik der Halswirbelsäulenverletzungen. Unfallchirurg 95: 288–291

Shin B, MacKenzie CF, Helrich M (1986) Hypokalemia in trauma patients. Anesthesiology 65: 90–92

Singbartl G, Frankenherg C, Schleinzer W (1993) Simultane Operationen und strukturierte Versorgung: Anästhesiologische Probleme und Möglichkeiten der autologen Transfusion. In: Kozuschek W, Reith HB (Hrsg) Das Polytrauma – Diagnostik, Therapie. Karger, Freiburg, S 126–139

Smith JS, Martin LF, Young WW et al. (1990) Do trauma centers improve outcome over non-trauma centers: The evaluation of regional trauma care using discharge abstract data and patient management categories. J Trauma 30: 1533–1538

Snider MT (1990) Adult respiratory distress syndrome in the trauma patient. Crit Care Clin 6: 103–110

Steen M (1993) Präklinische Diagnostik und Erstversorgung bei Notfallpatienten mit Verbrennungen. Notfallmedizin 19: 17–23

Strebel S (1994) Therapie des Hirndrucks. Anaesthesist 43: 405–240

Sturm JA, Regel G, Tscherne H (1991) Der traumatisch-hämorrhagische Schock. Chirurg 62: 774–782

Teasdale G, Jennett B (1974) Assessment of coma and impaired consciousness: a practical scale. Lancet 2: 81–84

Temmesfeld-Wollbrück B, Olschewski H, Walmrath D et al. (1994) Schockbedingte Darmveränderungen beim Multiorganversagen: pathophysiologische, diagnostische und therapeutische Aspekte. Intensivmedizin 31: 359–375

Thomas A, Dieing W, Schäfer HP et al. (1986) Brauchen wir in Deutschland die Anti-Schock-Hose im Rettungsdienst? Rettungsdienst 9: 4–9

Thomas A, Dieing W, Bock KH (1990) Der integrierte Einsatz der Antischockhose bei der präklinischen und innerklinischen Schockbekämpfung. Der Notarzt 6: 15–22

Townsend RN, Clark R, Ramenofsky ML et al. (1993) ATLS-based videotape trauma resuscitation review: Education and outcome. J Trauma 34: 133

Tredget EE, Ming Yu Y (1992) The metabolic effects of thermal injury. World J Surg 16: 68–79

Trunkey DD (1983) Trauma. Sci Am 249: 20ff.

Tscherne H, Regel C, Sturm JA et al. (1987) Schweregrad und Prioritäten bei Mehrfachverletzungen. Chirurg 58: 631–640

Van der Linden P (1995) Anaesthesia for the patient with hypovolemic shock. Curr Opin Anaesth 8: 181–186

Varney M, Becker H, Röher HD (1990) Zur Primärtherapie von Polytraumatisierten und Gründen für die Frühverlegung in ein Schwerpunktkrankenhaus. Chirurg 61: 595–599

Waydhas C, Nast-Kolb D, Jochum M et al. (1992) Inflammatory mediators, infection, sepsis and multiple organ failure after severe trauma. Arch Surg 127: 460–467

Waydhas C, Nast-Kolb D, Trupka A et al. (1992) Traumascores: Reproduzierbarkeit und Zuverlässigkeit. Unfallchirurg 95: 67–70

Waydhas C, Nast-Kolb D, Kanz KG (1994) Schockraum-Algorithmus. Langenbecks Arch Chir [Suppl]: 1140–1148

Werba A, Hertz H, Spiss CK (1980) Die traumatische Querschnittsläsion: Eine interdisziplinäre Herausforderung – eine Synopsis der frühen Traumaphase. Anaesthesist 38: 503–509

Werner G (1994) Ketamin ist beim Schädel-Hirn-Trauma kontraindiziert – Faktum oder Fiktion? Anästhesiol Intensivmed Notfallmed Schmerzther 29: 430–432

Windsor AC, Mullen PG, Fowler AA et al. (1993) Role of the Neutrophil in Adult Respiratory Distress Syndrome. Br J Surg 80: 10–17

Wisner DH (1990) A stepwise logistic regression analysis of factors affecting morbidity and mortality after thoracic trauma: Effect of epidural analgesia. J Trauma 30: 799–804

Wolff G, Dittmann M, Frede KE (1978) Klinische Versorgung des Polytraumatisierten. Chirurg 49: 737–744

Zink PM, Samii M (1991) Die Diagnostik und operative Behandlung des Schädel-Hirn-Traumas im Rahmen der Polytraumaversorgung. Unfallchirurg 94: 122–128

Sektion F

KAPITEL 41

Intensivtherapiepflichtige Patienten im OP

I. Hornke · P.M. Osswald

Auch der nicht intensivmedizinisch tätige Anästhesist wird regelmäßig mit der Betreuung von Intensivpatienten konfrontiert, wenn diese von ihm während Transporten oder im OP versorgt werden.

Operationen von Intensivpatienten sind entweder geplante Eingriffe wie „Second-look-Laparotomien", wiederherstellende Operationen nach Polytrauma, Tracheotomien etc. oder andererseits Notfalloperationen bei Blutungen oder Gefäßverschlüssen sowie dringliche Eingriffe bei Ileus, abdominellen Organperforationen oder Abszessen.

Bei dringlichen Eingriffen und Notfalleingriffen droht dem Patienten Gefahr durch einen Informationsverlust zwischen der Intensivstation und dem OP sowie eine evtl. nicht ausreichende Vorbereitung auf den Eingriff. Die Durchführung der Narkosen bei Intensivpatienten unter Beteiligung eines Arztes der Intensivstation hat sich bewährt, um dies zu vermeiden.

Während des Transportes wird oftmals eine deutliche Einschränkung des Monitorings hingenommen, ebenso sind die Beatmungsmuster der meisten Transportbeatmungsgeräte sehr begrenzt. Das EKG sowie eine blutige oder unblutige Blutdruckmessung und die O_2-Sättigung sind als Überwachungsparameter für beatmungspflichtige Patienten mindestens zu fordern. Weiterhin ist die Fortführung einer kontinuierlichen Medikamentenapplikation z.B. von Katecholaminen, Insulin und Heparin etc. bei gegebener Indikation notwendig.

Im Operationssaal ist eine EKG-Überwachung wie auf der Station zu gewährleisten, ebenso eine direkte Blutdrucküberwachung sowohl mittels arteriellem Katheter als auch über einen bereits liegenden RHK. Dessen kontinuierliche Überwachung ist zwingend notwendig, um eine spontane Wedge-Position zu erkennen und somit beheben zu können. Die Nierenfunktion wird über die Sammlung und Protokollierung des Harnvolumens festgestellt.

Anästhesieverfahren

Nahezu alle gängigen Induktionsanästhetika eignen sich auch für den Einsatz beim Intensivpatienten; am besten untersucht ist Thiopental, das zumindest in reduzierter Dosierung bei fast allen Patienten angewendet werden kann. Die üblichen Vorzüge und Probleme der einzelnen Substanzen können in den entsprechenden Monographien nachgelesen werden. Unter den Muskelrelaxanzien hat Succinylcholin wegen seiner kurzen Anschlagzeit auch beim Intensivpatienten noch seine Berechtigung. Wo eine Blitzintubation nicht zwingend erforderlich ist, sollte es allerdings eher gemieden werden, zumal es bei bestehenden Hyperkaliämien durch weitere Kaliumfreisetzung eine Gefährdung darstellt. Auch immobilisierte Patienten ohne vorbestehende Hyperkaliämie können hierdurch gefährdet werden. Die mittellangwirksamen Substanzen Atracurium und Vecuronium sowie das länger wirksame Pancuronium erscheinen uns für diese Patientengut besonders geeignet, zumal die Eliminationswege allgemein bekannt sind und eine auf eventuelle Nieren- oder Leberfunktionsstörung abgestimmte Auswahl und Dosierung daher möglich ist. Da aufgrund der bestehenden Veränderung der Verteilungsräume eine Kalkulation der Rela-

Sektion F

xanswirkung kaum möglich ist, wird die neuromuskuläre Überwachung als wichtig erachtet.

Der Einsatz von N_2O wird allgemein eher vermieden, da es bei Langzeitexposition eine Hemmung der Leukopoese hervorruft sowie in luftgefüllte Hohlräume diffundiert und somit deren weitere Distension (Darm) verursacht.

> ❗ Die Beatmungstherapie im OP sollte mit den gleichen Einstellungen wie auf Station weitergeführt werden, insbesondere sollte der F_1O_2 und der PEEP unverändert eingestellt werden.

Eine notwendige Volumentherapie muss sich in Kenntnis des Gesamtzustandes und der Laborwerte (kolloidosmotischer Druck, Elektrolytkonzentration, Hb, Gesamteiweiß oder Albumin) nach den Bedürfnissen des Patienten richten, anstatt einem starren Schema zu folgen.

Zusätzliche Maßnahmen

Die Temperatursteuerung und -erhaltung bei Intensivpatienten ist zumeist weitgehend gestört; infektbedingt oder medikamenteninduziert bestehen häufig Hyperthermien. Durch Volumenzufuhr, Auskühlung und Verdunstungskälte kann es zur Hypothermie kommen. Diese Temperaturerniedrigung kann durch den Einsatz von Wärmematten, -decken und Infusionswärmern deutlich vermindert werden. Streng nach Bedarf sollten Störungen des Säure-Basen-Haushalts, des Kohlenhydratstoffwechsels sowie Mangelzustände von Gerinnungsfaktoren zur Substitution führen. Finden im OP Wundrevisionen, Probelaparotomien oder sonstige Sekundäreingriffe statt, sollte aus allen Wundgebieten und eröffneten Körperhöhlen Abstriche entnommen werden, um eine kontrollierte und kalkulierte Antibiotikatherapie nach mikrobiologischer Untersuchung zu ermöglichen.

Neben dem eingangs dargestellten Informationsverlust von der Intensivstation zum OP ist derselbe in entgegengesetzter Richtung ebenso zu vermeiden. Hierzu sind schriftliche Aufzeichnungen über vollzogene Prozeduren erforderlich, die notwendige Handlungsanweisungen für die postoperative Phase zwingend enthalten sollten.

Literatur

Übersicht bei: Lackner F (1994) Der Intensivpatient im Operationssaal, Anästhesiol Intensivmed Notfallmed Schmerzther 29: 264–268

KAPITEL 42

Komplikationen in der ambulanten Anästhesie

M. HECK

42.1
Voraussetzungen – Perspektiven

Durch die Entwicklung neuartiger chirurgischer Verfahren und die Einführung neuer Anästhetika, die ein schnelles Erwachen und eine schnelle Verlegung ermöglichen, sowie eine veränderte Anspruchshaltung der Patienten gewinnt die ambulante Durchführung operativer Eingriffe immer mehr an Bedeutung. Tatsächlich bietet die Tageschirurgie gegenüber der stationären Versorgung einige Vorteile:

- Finanzielle Einsparungen unter dem Gesichtspunkt immer knapper werdender Ressourcen,
- effizientere Auslastung des OP-Bereichs,
- geringerer Personalbedarf,
- geringeres Infektionsrisiko,
- kürzere präoperative Wartezeit,
- geringere Beeinträchtigung des Lebensablaufs des Patienten,
- größere Patientenzufriedenheit.

Während die Tageschirurgie in den USA oder Kanada bereits seit Jahrzehnten fest etabliert ist, der Anteil ambulanter Eingriffe unter den elektiv durchgeführten Operationen liegt dort bei etwa 65%, ist in Deutschland erst innerhalb der letzten Jahre eine rasche Zunahme an ambulanten Operationen zu verzeichnen. Aufgrund geplanter gesundheitspolitischer Strukturveränderungen, die die stationäre Durchführung bestimmter Eingriffe nur noch in Ausnahmefällen zulassen wird, ist jedoch zumindest in Deutschland mit einem weiteren Zuwachs an ambulant durchgeführten Operationen zu rechnen. Tabelle 42.1 gibt einen Überblick über die am häufigsten durchgeführten am-

bulanten Eingriffe. Wie ersichtlich ist, handelt es sich hierbei überwiegend um Operationen kürzerer Dauer mit geringem Gewebetrauma. Insbesondere aber im Bereich der plastisch-kosmetischen Chirurgie werden zunehmend auch länger dauernde und invasivere Eingriffe (Facelift, Brustaugmentation, Mammareduktionsplastiken etc.) ambulant durchgeführt.

Im Gegensatz zu Nordamerika, wo die Tageschirurgie in meist an größeren Krankenhäusern angegliederten Tageszentren durchgeführt wird, findet sie im deutschsprachigen Raum noch überwiegend in den Praxen der operativen Fachgebiete als sog. OBA („office-based anesthesia") statt. Dies stellt erhebliche Anforderungen an Patientenauswahl und Patientenbehandlung hinsichtlich der anästhesiologischen Versorgung dar. Während der Anästhesist im Krankenhaus bei Zwischenfällen wie beispielsweise im Atemwegsmanagement auf genügend Personal (erfahrener Kollege), Assistenz und Ausstattung (z. B. Bronchoskop) zurückgreifen kann, steht im ambulanten Bereich vergleichsweise wenig Hilfe zur Verfügung. Auch ist die vielfach im stationären Bereich anzutreffende Aufgabenteilung bei der anästhesiologischen Versorgung der einzelnen operativen Fachgebiete (Gynäkologie, HNO, Kinderanästhesie etc.) im ambulanten Bereich nicht gegeben.

Dies stellt besondere Ansprüche an den Ausbildungsstand und die klinische Erfahrung des ambulant tätigen Anästhesisten und sein Assistenzpersonal, da beide nicht nur das ganze Spektrum des Fachgebietes, sondern auch seine erwarteten und unerwarteten Zwischenfälle sicher beherrschen müssen.

Tabelle 42.1. Ambulant durchgeführte Eingriffe

Allgemeinchirurgie	Herniotomie, Narbenrevisionen, Analfistel-OP, Hämorrhoiden-OP
Ophtalmologie	Augenlidkorrekturen, Katarakt-OP, Strabismuskorrektur
Gynäkologie	Curettage, diagnostische und operative Laparoskopie, Interruptio
Hals-Nasen-Ohren-Heilkunde	Parazentese, Adenotomie, Laryngoskopie, Fremdkörperentfernungen
Neurochirurgie	Karpaltunnelsyndrom
Orthopädie/Traumatologie	Arthroskopie, Metallentfernung, Repositionen, kleine Handchirurgie
Urologie	Zirkumzision, Zystoskopie, Hydrozelen-OP, Orchidopexie, Vasektomie
Zahnheilkunde	Zahnextraktion, Zahnsanierung

! Nicht zu Unrecht wird daher in den Richtlinien der Deutschen Gesellschaft für Anästhesie und Intensivmedizin (DGAI), der Österreichischen Gesellschaft für Anästhesie, Reanimation und Intensivmedizin (ÖGARI) und der American Society of Anesthesiologists (ASA) „für die Durchführung ambulanter Anästhesien unbedingt qualifiziertes Personal gefordert, das neben einem erfahrenen Anästhesisten mit Facharztstandard auch ausgebildetes und erfahrenes Pflegepersonal mit Fachausbildung oder dementsprechend langer Tätigkeit in Anästhesie oder Intensivmedizin einschließt".

42.2
Komplikationen

Generell kann die ambulante Durchführung von Narkosen und Operationen als sehr sicher mit extrem niedriger Mortalität und Morbidität betrachtet werden. Einer Untersuchung von Warner et al. an ca. 39.000 Patienten zufolge, lag das Mortalitätsrisiko innerhalb 30 Tage nach ambulanter Chirurgie bei 1:11.273. Auch lag die Inzidenz von perioperativen Myokardinfarkt, Lungenembolie oder Schlaganfall im Vergleich zu einer gleichaltrigen Gruppe mit stationär durchgeführten Eingriffen extrem niedriger.

! Zwischenfälle, mit deren Auftreten intraoperativ bei ambulant durchgeführter Anästhesien zu rechnen ist, unterscheiden sich im wesentlichen nicht von denen im stationären Bereich.

Sie lassen sich in Störungen der Atemwege und des Gasaustauschs, Beeinträchtigung des Herz-Kreislauf-Systems und sonstige Komplikationen einteilen (s. folgende Übersicht). Jedoch auch technische Störungen, wie unbemerkte Tubusdiskonnektion oder technische Defekte der verwendeten Narkosegeräte, sind nicht selten.

ÜBERSICHT

Intraoperative Komplikationen in der ambulanten Anästhesie

- **Atemwege/Gasaustausch**
  - schwierige Intubation
  - erschwerte/unmögliche Beatmung mit Maske
  - Aspiration
  - Tubusfehllage
  - akzidentelle Extubation
  - Broncho-/Laryngospasmus
- **Herz-Kreislauf-System**
  - Hyper-/Hypotension, Hypovolämie
  - Arrhythmie
  - dekompensierte Herzinsuffizienz
  - Kreislaufstillstand
  - Lungenembolie
  - Myokardinfarkt, Angina pectoris
- **Sonstige Komplikationen**
  - Anaphylaxie
  - maligne Hyperthermie
  - zentral-anticholinerges Syndrom
  - zerebraler Krampfanfall (Überdosierung von Lokalanästhetika)

Etwa *1% aller Patienten* nach ambulant durchgeführten Eingriffen müssen *unerwartet stationär* aufgenommen werden, jedoch in der überwiegenden Zahl aufgrund operativer Komplikationen wie Nachblutung, Fieber, Wunddehiszenz oder Harnverhalt (Tabelle 42.2). Dabei werden überraschenderweise Patienten nach urologischen Eingriffen signifikant häufiger im Vergleich zu den übrigen operativen Disziplinen wieder vorstellig (Tabelle 42.3).

Tabelle 42.2. Ursachen für stationäre Abklärung/ Behandlung nach ambulanter Operation. (Nach Twersky et al.)

Ursache	Stationäre Abklärung/ Behandlung (%)
Blutung	41,5
Fieber und Infektion	15,9
Schmerz	9,8
Schwellung	7,3
Harnretention	6,1
Wunddehiszenz	5,9
Operationstrauma	2,4
Andere	8,4

Postoperatives Erbrechen

Postoperative Übelkeit und Erbrechen *(PONV)* ist eine schwerwiegende Komplikation der ambulanten Anästhesie, die häufig zu verzögerter Entlassung und unerwarteter stationärer Abklärung oder Behandlung führt. Somit kann das Auftreten von PONV die Kosten der ambulanten Betreuung um ein Vielfaches steigern. Die Inzidenz ist allgemein niedrig und unterscheidet sich im wesentlichen nicht von der im stationären Bereich. Überraschenderweise wird bei bis zu 35% aller Patienten die Übelkeit nicht unmittelbar nach der Narkose im Aufwachraum manifest, sondern erst Stunden später zu Hause, wenn die Patienten langsam beginnen, wieder mobil zu werden.

! Dennoch scheint die Inzidenz von PONV langsam zu sinken, vermutlich durch die Verwendung neuer Antiemetika und verbesserter Anästhesietechniken. Insbesondere die bevorzugte Verwendung von Propofol und der zunehmende Verzicht auf Lachgas in der ambulanten Anästhesie scheinen dabei eine Rolle zu spielen.

Sektion F

Tabelle 42.3. Häufigkeit stationärer Abklärung/Behandlung nach ambulanter Operation. (Nach Twersky et al.)

Operation	Stationäre Abklärung/Behandlung (%)
Hydrozelen-OP/Varikozelen-OP	9,5
Curettage/Interruptio	3,5
Septumplastik	3,5
Zystoskopie, transurethrale Operationen	3,0
Tonsillektomie, Adenektomie	2,6
Leistenhernien-OP	2,6
Hämorrhoidektomie	2,2
Brustoperationen	2,1
Zirkumzision	1,3
Katarakt-OP	0,6
Laparoskopische Sterilisation	0,6

Da eine *Überblähung des Magens* bei insuffizienter Maskenbeatmung ein wesentlicher Risikofaktor für PONV ist, scheinen zudem ambulante Patienten von dem hohen Ausbildungsstand und der Erfahrung des ambulant tätigen Anästhesiepersonals zu profitieren. Bei der Behandlung von PONV im ambulanten Bereich können generell alle gängigen Verfahren und Pharmaka zur Verwendung kommen (s. auch Kap. 46). Bewährt haben sich hierbei die Substanzen Droperidol und Metoclopramid. Die Verwendung von 5-HT$_3$-Antagonisten wie Dolasetron oder Ondansetron erscheint zwar sehr effektiv, wird sich aber aufgrund der sehr hohen Kosten im ambulanten Bereich gegenwärtig noch nicht durchsetzen.

Schmerz

Schmerz ist eine der am häufigsten auftretenden Komplikationen nach ambulanten Eingriffen. Nach Chung et al. leiden etwa *50% aller Patienten noch 24 h nach ambulanter laparoskopischer, orthopädischer* oder *allgemeinchirurgischer Operation* unter Schmerzen. Die Stärke der Schmerzen ist dabei einerseits von der *Dauer* der Operation und andererseits von der *Art* des operativen Eingriffs abhängig. Dabei kommt es bei orthopädischen und urologischen Operationen zu häufigerem und stärkerem Auftreten von Schmerzen. Der Schmerztherapie in der frühen postoperativen Phase nach ambulanter Operation kommt daher eine besondere Bedeutung zu. Zwar kann eine übermäßige Applikation von *Opioiden* zu verminderter Vigilanz und PONV und damit zu einer verzögerten Entlassung führen, jedoch ist eine inadäquate Schmerztherapie für den Patienten nicht akzeptabel und zudem ethisch nicht vertretbar. Darüber hinaus können Schmerzen selbst eine Ursache für PONV sein und einer zügigen Entlassung der Patienten im Wege stehen.

Schmerzhafte Operationen, wie beispielsweise die Schulterarthroskopie, machen den Einsatz von potenten Analgetika notwendig. Bereits intraoperativ intravenös gegebenes

Morphin in der Dosierung von 0,1 mg/kgKG führt weder zu einer verzögerten Entlassung noch erhöht es die Inzidenz von PONV bei gleichzeitig guter postoperativer Analgesie. Der *Zusatz von Lokalanästhetika* (Wundinfiltration, Kaudalanästhesie, Peniswurzelblock etc.) und der Einsatz von nichtsteroidalen antiinflammatorischen Analgetika *(NSAID)* kann die postoperative Analgesie verbessern und damit eine frühere Entlassung gewährleisten. Gerade die Kombination von intraoperativ verabreichten Opioiden, Lokalanästhetika und prä- oder postoperativ gegebenen NSAIDs (sog. balancierte oder multimodale Analgesie), führte in Studien zu signifikant kürzeren Entlassungszeiten, tieferen Schmerzscores und einer niedrigeren Inzidenz von PONV verglichen mit traditionellen Anästhesietechniken.

Sonstige Komplikationen

Als weitere Komplikationen werden *Kopfschmerzen, Halsschmerzen, Schwindel* und *Müdigkeit* beschrieben. Auch wenn diese Symptome im Vergleich zu Schmerz und Erbrechen eher weniger bedrohlich erscheinen, haben sie dennoch einen immensen Einfluss auf die Fähigkeit des Patienten, zu seinen normalen Alltagsaktivitäten zurückzukehren und stellen damit eine Belastung für den Patienten dar. Bei der Entwicklung solcher Symptome scheint die *perioperative Dehydratation* eine wesentliche Rolle zu spielen. So konnte allein durch die Gabe von 20 ml/kgKG einer kristalloiden Infusionslösung die Inzidenz von Schwindel und Müdigkeit signifikant gesenkt werden.

Regionalanästhesie

Verfahren der Regionalanästhesie sind in der ambulanten Anästhesie von Vorteil, da sie zu keiner Beeinträchtigung der Vigilanz und seltener zu Übelkeit und Erbrechen führen. Auch ist die länger anhaltende Schmerzausschaltung und der oftmals geringere und kürzer dauernde Wundschmerz nach

Regionalanästhesie für die Patienten von entscheidendem Vorteil. Zur Anwendung kommen dabei neben *peripheren Nervenblockaden, axillären Plexusblockaden, Hand- und Fußblockaden* auch zunehmend *rückenmarknahe Leitungsblockaden.* Hierbei ist mit dem Auftreten der gleichen Komplikation wie im stationären Bereich zu rechnen, wie Miktionsstörungen, postpunktioneller Kopfschmerz etc.

Insbesondere wegen des postpunktionellen Kopfschmerzes führte die Spinalanästhesie lange Zeit in der ambulanten Anästhesie eher ein Schattendasein. Aufgrund der Risikominimierung durch die Einführung dünner, atraumatisch geformter Nadeln tritt die Spinalanästhesie mehr und mehr in den Vordergrund. Dabei wird von vielen ambulant tätigen Anästhesisten *hyperbares Lidocain* wegen seiner kurzen Wirkdauer bevorzugt. Neuerdings mehren sich allerdings Berichte über transiente bis langanhaltende radikuläre Irritationen, die auf mögliche neurotoxische Nebenwirkungen dieser Substanz zumindest in höherer Konzentration (5%) schließen lassen. Durch die Verwendung niedriger Konzentrationen und dem Zusatz von epidural applizierter Opioide scheint sich jedoch das Auftreten dieser Komplikationen vermutlich vermindern zu lassen.

Fatale Zwischenfälle bei ambulanten Eingriffen

Über die Inzidenz von fatalen Anästhesie- oder Operationszwischenfällen sind keine verläßlichen Zahlen erhältlich, da weder in den USA noch in Europa für den Praxisbetrieb eine Verpflichtung zur Führung von Mortalitäts- oder Morbiditätsstatistiken besteht. Nachstehend seien einige typische Fallbeispiele erwähnt, die von der APSF (Anesthesia Patient Safety Foundation) veröffentlicht wurden bzw. dem Autor persönlich bekannt sind:

- Entlassung einer 25jährigen Frau nach 6stündiger Brustimplantations-Op. in sediertem Zustand. Am nächsten Morgen tot aufgefunden nach Einnahme einer Dosis eines oralen Analgetikums.

- Entwicklung einer malignen Hyperthermie während einer Brustaufbauplastik bei einer 28jährigen Frau. Transport in die nächste Klinik, da kein Dantrolene vorgehalten. Tod kurz nach Einlieferung.

- 51jähriger Mann mit Atemnot 2 1/2 h nach kombinierter Liposuktion, Penisvergrößerung und Facelift (gesamte Op.-Zeit 9,5 h). Verlegung 30 min nach Beginn der Symptomatik in eine Klinik, da Sauerstofflasche leer. Tod kurz nach Einlieferung.

- Patientin nach Facelift erhält von nichtexaminierter Hilfskraft ein Opioid zur Analgesie. Pflegekraft schläft bei ausgeschalteter Alarmfunktion des Patientenmonitors ein und findet die Patientin nach Erwachen tot auf.

- Krampfanfall eines 3jährigen Kindes bei Entfernung von Nävi in Lokalanästhesie. Keine Notfallausrüstung oder Sauerstoff in der Praxis vorgehalten. Tod kurz nach Einlieferung.

- Entwicklung eines protrahierten Schock über das Wochenende nach ambulant durchgeführter ausgedehnter Fettschürzenresektion bei älterer Patientin mit kardiovaskulären Risikofaktoren. Operateur und Anästhesist telefonisch nicht erreichbar. Stationäre Aufnahme erst einige Tage später im Vollbild der Sepsis. Tod mehrere Tage später im Multiorganversagen.

Fatale Zwischenfälle im ambulanter Operationen lassen sich demnach auf einige spezifische Faktoren zurückführen:

- Unkritische Indikationsstellung größerer operativer Eingriffe zur ambulanten Durchführung,
- unkritische Zulassung von Risikopatienten zur ambulanten Operation,
- unzureichende Ausstattung,
- unzureichend qualifiziertes Personal,
- mangelnde Ausbildung in der Beherrschung kritischer Situationen,
- unzureichende Überwachung der Patienten,
- unkritische Entlassung von Patienten aus der ambulanten Betreuung,
- menschliches Versagen/Fahrlässigkeit.

Sektion F

Auffällig hierbei ist der hohe Anteil an plastisch-kosmetischen Eingriffen. Nach Untersuchungen der APSF von abgeschlossenen Schadenersatzklagen starben seit 1986 allein in Florida 41 Patienten während kosmetischer Operationen. Bei weiteren Untersuchungen in Florida wurden im Zeitraum von 1990–1999 im gesamten Bereich der ambulanten Chirurgie 830 Todesfälle und über 4.000 Gesundheitsschäden identifiziert. In die Datenbank über abgeschlossene Schadensersatzklagen der ASA wurden im Zeitraum von 1980–1990 7 Verfahren aufgenommen, die im Zusammenhang mit OBA standen. In 5 der 7 Fälle waren dabei Todesfälle zu beklagen, wobei in 4 der 5 Todesfälle grobe Fehler im anästhesiologischen Management wie Fehlintubation, Medikamentenverwechselung, Atemwegsobstruktion oder unzureichende Therapie bei maligner Hyperthermie nachgewiesen werden konnten.

42.3
Richtlinien für die Durchführung ambulanter Anästhesieverfahren

Während für den stationären Bereich strenge gesetzliche Vorschriften bestehen, die unter ständiger interner und externer Kontrolle stehen, gibt es derzeit weder in Deutschland noch in den USA für den operativen oder anästhesiologischen Betrieb in Tageskliniken oder operativer Praxen gesetzliche Regelungen. Auch ist die freiwillige Durchführung einer internen und externen Qualitätskontrolle eher eine Rarität. Zur Vermeidung fataler Zwischenfälle bei ambulanten Operationen wurden von den Fachgesellschaften der operativen Fächer und der Anästhesiologie (DGAI, ÖGARI, ASA) Qualitätskriterien hinsichtlich Patientenauswahl, Art der Operation, Arbeitsplatzausstattung, personelle Besetzung, Patienten- überwachung und Entlaßkriterien definiert. Diese werden trotz fehlender gesetzlicher Vorgaben im Schadensfall von Gutachtern und Richtern immer zur Beurteilung der Qualität der anästhesiologischen Versorgung herangezogen und

sind somit unbedingt bei der Planung und Durchführung ambulanter Operationen zu berücksichtigen. Anforderungen an die personelle Besetzung (s. Kap. 42.1)

Patientenauswahl

Bei der Patientenauswahl sind neben rein medizinischen Aspekten auch soziale Gesichtspunkte zu berücksichtigen und im Prämedikationsgespräch zu ergründen. Der Eingriff ist so zu wählen, dass das operative Risiko einer postoperativen Nachblutung oder respiratorischen Störung minimal ist. Auch darf der Eingriff keine besondere postoperative Pflegebedürftigkeit nach sich ziehen. Weiterhin sollte der Patient nach der Operation rasch in der Lage sein, Flüssigkeit und Nahrung aufzunehmen.

„Grundsätzlich sollten nur körperlich und psychisch stabile Patienten der Risikogruppen ASA I oder II mit Einsicht in den geplanten Eingriff und in die Nachsorge für eine ambulante Anästhesie ausgewählt werden." ASA-III-Patienten mit chronischen Erkrankungen wie Diabetes mellitus, arterielle Hypertonie oder Asthma bronchiale sollten nur dann zugelassen werden, wenn der Allgemeinzustand über längeren Zeitraum stabil ist und postoperativ keine ausgedehnte Überwachung oder Behandlung zu erwarten ist. Dass bei dem Prämedikationsgespräch die dementsprechenden Befunde vorliegen müssen, bzw. die Patienten nach entsprechenden Untersuchungen nochmals in ausreichend zeitlichem Abstand vor der Operation vorstellig werden müssen, versteht sich von selbst. Patienten mit ausgeprägter Adipositas per magna sollten wegen des erhöhten Risikos respiratorischer Komplikationen nicht ambulant operiert werden.

Definierte Altersgrenzen kann man für den ambulanten Bereich ebensowenig wie für den stationären Bereich ziehen. Die Patienten sollten diesbezüglich daher immer nach dem physiologischen Status und nicht nach dem Alter beurteilt werden. Kinder mit normalen Geburtstermin können ab dem Alter von 3 Monaten zugelassen werden.

Jüngere Säuglinge und Frühgeborene vor der 37. Schwangerschaftswoche können frühestens 60 Wochen postpartal operiert werden, jedoch nur nach sorgfältiger pädiatrischer und anästhesiologischer Konsultation.

Der Hinweis auf bzw. die Diagnose einer malignen Hyperthermie galt bislang als Kontraindikation für die Durchführung einer ambulanten Anästhesie. Nach einer retrospektiven Untersuchung von Yentis et al. über den Zeitraum von 10 Jahren konnte jedoch gezeigt werden, dass bei keinem Patienten, der eine triggerfreie Anästhesie erhielt, im weiteren postoperativen Verlauf Symptome einer malignen Hyperthermie auftraten. Daher kann die ambulante Durchführung einer triggerfreien Narkose bei Patienten mit bekannter malignen Hyperthermie als unbedenklich gewertet werden.

> **!** Bereits bei der Auswahl der Patienten ist zu beachten, dass im ambulanten Bereich hinsichtlich des Heimtransports und der Überwachung innerhalb der nächsten 24 h bestimmte Voraussetzungen erfüllt werden müssen. „Da es grundsätzlich unzulässig ist, Patienten alleine aus der ambulanten Betreuung zu entlassen, muss sowohl für den Heimtransport als auch für den anschließenden Zeitraum von 24 h mindestens eine verantwortliche Person zur Verfügung stehen, die physisch und mental in der Lage ist, Instruktionen zu verstehen und ggf. Entscheidungen und Maßnahmen zum Wohle des Patienten zu treffen."

Nach wie vor bestehen gegensätzliche Ansichten darüber, ob während der Heimfahrt die betreuende Person ein Fahrzeug führen darf, da diese durch den Verkehr zu abgelenkt sein kann, um kritische Situationen zu erkennen bzw. zu intervenieren. dass die Wohnung des Patienten über einen gewissen Minimalstandard wie Telefon, Heizung, Bad, Toilette etc. verfügen muss, versteht sich zwar von selbst, ist aber dennoch zu hinter-

fragen. Neben den allgemeinen Aufklärungs- und Einwilligungsverfahren über Nüchternheitsgebot etc. müssen ambulante Patienten insbesondere über die obengenannten Verhaltensmaßregeln aufgeklärt werden und müssen selbstverständlich die Aufklärung durch Unterschrift bestätigen.

Arbeitsplatzausstattung

> **!** Grundsätzlich ist zu fordern, dass die personellen, apparativen und räumlichen Vorraussetzungen denen der stationären Versorgung entsprechen müssen, damit eine ausreichende Sicherheit der Patienten gewährleistet werden kann.

Der niedergelassene Anästhesist als freier und eigenständiger Unternehmer steht hierbei natürlich in einem Konflikt zwischen medizinischen Ansprüchen einerseits und wirtschaftlichen Interessen andererseits. Jedoch müssen Gesichtspunkte der Wirtschaftlichkeit, seien sie für die kassenärztliche Tätigkeit auch noch so von Bedeutung, hinter den Anforderungen an die Sicherheit der Patienten zurückstehen. Daher müssen sich die Maßstäbe an die Qualität der anästhesiologischen Versorgung nicht an der jeweiligen beruflichen und finanziellen Leistung des ambulant tätigen Anästhesisten richten, sondern grundsätzlich an die medizinischen Erfordernisse und dem aktuellen Leistungsstandard des Fachgebietes. In der folgenden Übersicht ist die von der DGAI und ÖGARI geforderte Mindestausstattung eines Arbeitsplatzes in der ambulanten Anästhesie aufgelistet:

Sektion F

Richtlinien der DGAI für die Mindestausstattung eines Arbeitsplatzes „Ambulante Anästhesie"

ÜBERSICHT

- Zentrale Versorgung von
  - Sauerstoff
  - Lachgas
  - Druckluft
  - Narkosegasabsaugung

- Narkosegerät
- Sekretabsaugung
- Überwachungseinheit mit Alarmfunktion
  - EKG
  - Blutdruck
  - Pulsoximetrie
  - Kapnometrie
  - Konzentrationsmessung von Sauerstoff und Narkosegasen
- Notfallausrüstung
  - Defibrillator
  - Notfallmedikamente
  - Druckinfusion
  - Option für zentralvenöse und arterielle Druckmessung
  - Material für alternativen Zugang zur Trachea (z. B. Notkoniotomie)

Bei der Einrichtung eines solchen Arbeitsplatzes ist unbedingt darauf zu achten, dass er nicht nur für die Durchführung und Überwachung des jeweiligen Narkoseverfahrens ausgerüstet sein muss, sondern auch für die Prophylaxe und Intervention bei sämtlichen nicht nur typischen, sondern auch unerwarteten Zwischenfällen und Komplikationen, die den Patienten in der ambulanten Anästhesie gefährden können (s. Übersicht S. Kapitel 42.2).

> ❗ „Besonderer Stellenwert kommen hierbei der Pulsoximetrie und der Kapnometrie zu, da respiratorische Störungen wie Fehlintubation oder inadäquate Ventilation bei den intraoperativ auftretenden Anästhesiekomplikationen eine führende Rolle spielen."

Nach Caplan et al. hätten immerhin 93% der Schadensfälle, die in den USA zu Gerichtsverfahren gegen Anästhesisten führten, durch den Einsatz von Pulsoximetrie und Kapnometrie vermieden werden können. Weitere Vorteile der Kapnometrie liegen in der raschen Erkennung einer verminderter Lungenperfusion und der malignen Hyperthermie. Im Hinblick auf perioperative Gesamtmortalität, die in erster Linie durch kardiovaskuläre Ereignisse bestimmt wird, wird der lückenlosen Überwachung von EKG und Blutdruck ebenso eine besondere Bedeutung zugemessen.

Entlassungskriterien

Die Entscheidung über eine Entlassung des Patienten aus der ambulanten Betreuung darf grundsätzlich nur der Anästhesist oder der Operateur nach erfolgter Zwischen- und Abschlussuntersuchung treffen. Für die Entscheidung darf dabei weniger die bereits verbrachte Zeit im Aufwachraum ausschlaggebend sein, sondern grundsätzlich nur der Zustand des Patienten.

> ❗ Die von den Fachgesellschaften geforderten Kriterien für eine Entlassung richten sich dabei nach der Kreislaufsituation, Atmung, Motorik, Bewusstseinslage, Orientierungsfähigkeit und die Fähigkeit, oral Flüssigkeit zu tolerieren und die Harnblase zu entleeren. Aber auch operative Gesichtspunkte wie Wunddrainageverlust oder Blutungen sind zu beachten.

Hierbei ist die Verwendung klinischer Scoringsysteme hilfreich. Eines der am meisten verwendete Systeme ist der 1970 von Aldrete publizierte und 1995 modifizierte „Post Anesthesia Recovery Score" (Tabelle 42.4). Der Nachteil des Aldrete-Score liegt jedoch darin, dass er sich ausschließlich auf Vitalfunktionen, Bewusstsein und Motorik bezieht, aber wesentliche Entlaßkriterien, wie beispielsweise Schmerzen oder Übelkeit unberücksichtigt lässt. Von Marshal und Chung wurde ein sog. „Postanesthesia Discharge Scoring System" (PADS) entwickelt, das bislang an ca. 50.000 Patienten erfolgreich angewendet wurde. Das PADS scheint für den ambulanten Bereich spezifischer zu sein, da es neben Vitalzeichen auch Kriterien wie Nachblutung, Erbrechen und Schmerzen sowie bereits getroffene medikamentöse Maßnahmen mit einschließt (Tabelle 42.5).

Tabelle 42.4. Modifizierter Aldrete-Score zur Entlassung von Patienten nach ambulanter Operation

Aktivität:
Bewegung spontan oder auf Aufforderung

4 Extremitäten	2
2 Extremitäten	1
0 Extremitäten	0

Atmung

Tiefes Einatmen und freies Abhusten möglich	2
Dyspnoe, flaches oder behindertes Atmen	1
Apnoe	0

Kreislauf

BP ± 20 mmHg vom präoperativen Wert	2
BP ± 20--50 mmHg vom präoperativen Wert	1
BP ± 50 mmHg vom präoperativen Wert	0

Bewusstsein

Wach	2
Erwachen auf Ansprache	1
Keine Reaktion auf Ansprache	0

O_2-Sättigung

O_2-Sättigung bleibt >92% bei Raumluft	2
Benötigt Sauerstoff um O_2-Sättigung > 90% zu halten	1
O_2-Sättigung bleibt <90 trotz O_2-Gabe	0

Score ≥9:
Voraussetzung für Entlassung

Vielfach werden Patienten erst dann entlassen, wenn nach Trinken von Flüssigkeit kein Erbrechen mehr auftritt. Es entspricht der weitläufigen Praxis, dass Patienten dieses vor Entlassung demonstrieren müssen. Dieses Vorgehen kann jedoch nach den Ergebnissen einiger Studien überdacht werden. Nach Schreiner et al. litten Patienten, die vor Entlassung trinken mussten, häufiger an Erbrechen und hatten eine längere Verweildauer als die Patienten, die nur auf Verlangen Flüssigkeit erhielten. Hinsichtlich dem Auftreten von PONV nach Entlassung waren dann keine Unterschiede festzustellen.

Zu erwähnen ist hierbei noch, dass dem Patienten bzw. seinem Betreuer schriftliche und mündliche Instruktionen für alle relevanten Aspekte der postanästhesiologischen und postoperativen Nachsorge übergeben werden müssen. Hierzu zählen v. a. Hinweise für die Schmerztherapie und Ratschläge hinsichtlich einer eventuell bestehenden Dauermedikation. Der Patient muss sowohl prä- als auch postoperativ davor gewarnt werden, innerhalb der ersten 24 h ein Fahr-

Tabelle 42.5. Postanesthesia Discharge Scoring System (PADS) zur Entlassung nach ambulanter Operation. (Nach Marshal u. Chung)

Vitalzeichen	
Blutdruck und Puls innerhalb 20% der präoperativen Ausgangswerte	2
Blutdruck und Puls 20% - 40% der präoperativen Ausgangswerte	1
Blutdruck und Puls > 40% der präoperativen Ausgangswerte	0
Aktivität	
Stabiler Gang, kein Schwindel oder präoperativer Zustand	2
Benötigt Unterstützung beim Gehen	1
Gehen auch mit Unterstützung nicht möglich	0
Übelkeit und Erbrechen	
Minimal: erfolgreich mit Antiemetika p.o. oder supp. therapiert	2
Moderat: erfolgreich mit Antiemetika i.v. therapiert	1
Stark: anhaltendes Erbrechen trotz wiederholter medikamentöser Intervention	0
Schmerz	
Kein oder minimaler vom Patient tolerierter Schmerz	2
Vom Patient nicht tolerierter Schmerz	1
Blutung	
Minimal: kein Verbandwechsel nötig	2
Moderat: bis zu 2 Verbandwechsel nötig	1
Schwer: bis zu 3 Verbandwechsel nötig	0

Score ≥9: Voraussetzung für Entlassung

Sektion F

zeug zu führen, Maschinen zu bedienen, geschäftliche Abschlüsse jeglicher Art vorzunehmen oder Alkohol zu sich zu nehmen. Diese Hinweise müssen dem Patienten und seinem Betreuer neben Kontaktadressen für den Notfall (behandelnde Ärzte bzw. Vertreter, Telefonnummer, Rettungsleitstelle etc.) in schriftlicher Form mitgegeben werden.

Literatur

Aldrete JA (1995) The post anesthetic score revisited. J Clin Anesth 7: 89–91

Berufsverband Deutscher Anästhesisten (1989) Stellungnahme zur Qualitäts- und Qualifikationssicherung praxis-ambulanter Anästhesie. Anästh Intensivmed 30: 58

Caplan RA, Posner KL, Ward RJ (1990) Adverse respiratory events in anesthesia: A closed claims analysis. Anesthesiology 72: 828

Carrol NV, Miederhoff PA, Cox FM, Hirsch JD (1995) Postoperative nausea and vomiting after discharge from outpatient surgery centers. Anesth Analg 80: 903–909

Chung F, Un V, Su J (1996) Postoperative Symptoms 24 hr after ambulatory anesthesia. Can J Anaesth 43: 1121–1127

Chung F, Ritchie E, Su J (1997) Postoperative pain in ambulatory surgery. Anesth Analg; 85: 808–816

Deutsche Gesellschaft für Anästhesiologie und Intensivmedizin (1983) Voraussetzungen zur Durchführung ambulanter Anästhesieverfahren. Entschließungen der Deutschen Gesellschaft für Anästhesiologie und Intensivmedizin. Anästh Intensivmed 12: 414–415

Eriksson H, Tenhunen A, Korttila K (1996) Balanced analgesia improves recovery and outcome after outpatient tubal ligation. Acta Anaesthesiol Scand 40: 151–155

Hampl KF, Schneider MC, Bont A, Pargger H (1996) Transient radicular irritation after single subarachnoid injection of isobaric 2% lidocaine for spinal anesthesia. Anaesthesia 51: 178–781

Marshall SI, Chung F (1999) Discharge criteria and complications after ambulatory surgery. Anesth Analg; 88: 508–517

Michaloliakou C, Chung F, Sharma S (1996) Preoperative multimodal analgesia facilitates recovery after ambulatory laparoscopic cholecystectomy. Anesth Analg 82: 44–51

Morell RC (2000) Office-based patient safety: Definiton of the problem. Anesthesia Patient Safety Foundation. Newsletter Spring, vol 15. http://www.gasnet.org/societies/apsf/newsletter/2000/spring/02-morell.htm

Pinzcower GR, Chadwick HS, Woodland R, Lowmiller M (1995) Bilateral leg pain following lidocaine spinal anesthesia. Can J Anaesth 42: 217–220

Schreiner MS, Nicholson SC, Martin T et al. (1992) Should children drink before discharge from day surgery? Anesthesiology 76: 528–533

Sticher J, Hempelmann G (1997) Anästhesiologisches Management bei ambulanten Operationen. Anästhesiol Intensivmed Notfallmed Scherzther 32: 687–698

Twersky R, Fishman D, Homel P (1997) What happens after discharge? Return hospital visits after ambulatory surgery. Anesth Analg 84: 319–324

Warner MA, Sheilds SE, Chute CG (1993) Major morbidity and mortality within 1 month of ambulatory surgery and anaesthesia. JAMA 270: 1437–1441

Yentis SM, Levine MF, Hartley EJ (1992) Should all children with suspected or confirmed malignant hyperthermia susceptibility be admitted after surgery? A 10 year review. Anesth Analg 75: 345–350

Yogendran S, Asokumar S, Cheng DCH, Chung F (1995) A prospective randomized, double-blinded study of the effect of intravenous fluid therapy on adverse outcomes in outpatient surgery. Anesth Analg 80: 682–686

Komplikationen und Risiken
bei besonderen Patientengruppen

KAPITEL 43

Früh- oder Aufwachphase

W. F. List

Aus Gründen der Zuordnung von Komplikationen muss die postoperative Zeit in 2 Phasen unterteilt werden:
1. Frühphase, die unmittelbar postoperative Aufwachphase;
2. Spätphase, die mit Komplikationen während des Krankenhausaufenthalts bis zur Entlassung befasst ist.

Die Frühphase umfaßt die ersten 24 h nach dem Ende der Anästhesie. Sie muss sich bei Allgemeinanästhesien v.a. mit Komplikationen durch Nachwirkung der Anästhetika und Muskelrelaxanzien ebenso befassen wie mit unmittelbar postoperativ auftretenden chirurgischen Komplikationen. Abhängig von Dauer und Schwere der Operation sollte der Patient in den ersten Stunden nach einer Allgemeinanästhesie in jedem Fall in einer Aufwacheinheit, einer postoperativen Wachstation, unter Kontrolle sein.

Die *Aufgaben der Aufwachstation* sind vordringlich die Vermeidung einer Hypoxämie durch Überwachung kardiozirkulatorischer und respiratorischer Größen sowie die Überprüfung der Rückkehr der Ansprechbarkeit und des Bewusstseins operierter Patienten. Zu den Aufgaben einer solchen Station gehört es natürlich auch, Komplikationen zu verhindern, und falls solche auftreten, sie zu therapieren.

ÜBERSICHT

Die Überwachungsgrößen in der postoperativen Aufwachstation

1. **Herz-Kreislauf-Überwachung**
   - EKG, Pulsfrequenz
   - Blutdruckmessung (nicht)invasiv
   - Temperaturmessung
   - ZVD-Messung
   - Eventuell Swan-Ganz-Katheter; HZV, PAP
2. **Respiratorische Überwachung**
   - Atemfrequenz, Atemvolumen, AMV
   - Blutgasanalyse
   - Pulsoxymetrie
3. **Laborüberwachnug:** Erythrozyten, Hb, Hkt, K, Na, Gesamteiweiß

! Unter allen Umständen muss die klinische Überwachung der vitalen Funktionen des Patienten immer im Vordergrund stehen.

Die *Übergabe von Patienten* an die Aufwachstation sollte durch den die Anästhesie durchführenden Narkosearzt erfolgen, wobei ein postoperatives Befund- und Therapieblatt für die Dokumentation geführt werden muss. Als wesentliche Informationen sollte dieses Blatt, das sich auch auf der Rückseite des Anästhesieprotokolls befinden kann, neben den persönlichen Daten des Patienten die Art der durchgeführten Operation sowie präoperative Krankheitsbefunde beinhalten. Die postoperativ gewünschten Maßnahmen wie Beatmung, Extubation, Schmerz- und Flüssigkeitstherapie sowie Umfang der Laborbefunde und zu verabreichende Medikamente sollten schriftlich niedergelegt werden.

Allgemeinmaßnahmen

Nach der Umlagerung ins Bett sollte der Patient frühzeitig eine O_2-Maske angelegt bekommen, um den immer erhöhten postoperativen O_2-Bedarf, der als Folge von Schmerz, Stress und/oder Unterkühlung vorhanden ist, abzudecken. Danach sollte mit der Überwachung des EKG, der Pulsfrequenz und des Blutdrucks sowie, wenn möglich, des zentralen Venendrucks begonnen werden. Falls Katheter und Drainagen postoperativ vorhanden sind, müssen diese korrekt angeschlossen werden. Die Blutabnahme zur Erhebung der angeordneten Labordaten, die klinische Überwachung und neurologische sowie eventuelle Röntgenkontrollen müssen umgehend folgen. Die intravenöse Flüssigkeitstherapie erfolgt entsprechend den Anordnungen auf dem Therapieblatt, Analgetika werden in reduzierter Dosis nach Bedarf verabreicht.

Bei *Nichterwachen* eines Patienten nach einer Allgemeinnarkose kann ein Überhang von intravenösen oder Inhalationsanästhetika, evtl. in Kombination mit Muskelrelaxanzien, eine Rolle spielen. Eine Hypoxie, die ein Patient während oder nach Abschluss der Operation erlitten hat, kann auch dazu beitragen. Hypoventilation und Hypoxämie können Folgen einer anästhetikabedingten Atem- und Kreislaufdepression in der Aufwachphase sein, die zu katastrophalen Folgen mit Hirnschäden und Tod des Patienten führen können. Die Aufwachstation kann dies durch Überwachung und eine entsprechende Therapie verhindern.

i.v.-Anästhetikaüberhang

Das Reboundphänomen, das v.a. bei der Anwendung von Opiaten eine Rolle spielt und zu einer Abflachung der CO_2-Antwortkurve führt, kann in der postoperativen Phase eine schwere zentrale Hypoventilation und Hypoxämie verursachen. Cascorbi u. Gravenstein (1974) haben dafür den Ausdruck des „silent death" in der postoperativen Phase geprägt. Diese trotz einer scheinbar gegebenen Ansprechbarkeit des Patienten in der Aufwachphase auftretende Hypoventilation führt als Folge der Hypoxämie zu bleibenden Hirnschäden und Tod. Als Erklärung für diese postoperative opiatbedingte Atemdepression kommen ein durch die Pharmakokinetik bedingter Wiederanstieg z.B. der Plasmafentanylkonzentration (Stoeckel et al. 1979) einerseits und eine dadurch zusätzlich vertiefte Atemdepression in der Schlafphase des postoperativen Schlaf-Wach-Rhythmus in Frage.

Therapie

Wird der Patient nach höher dosierten Opiatnarkosen auf der Aufwachstation nicht ausbeatmet, muss das Antidot Naloxon verabreicht werden. Um zu hohe Naloxondosen mit sympathomimetischen Reaktionen wie starker Puls- und Blutdruckanstieg zu vermeiden, muss Naloxon gegen die Atemdepression titriert verabreicht werden. Es werden Dosen von 0,05 mg etwa alle 3 min bis zur Normalisierung der Atmung langsam i.v. verabreicht. Aber auch nach einer Normalisierung muss die Atmung weiter überwacht werden, da Naloxon eine Halbwertszeit von nur 10 min hat.

Inhalationsanästhetikaüberhang

Folgende Faktoren sind von Bedeutung und verlängern die Aufwachphase:
- Dauer der Anästhesie,
- hohe Löslichkeit der Anästhetika,
- Kreislaufdepression,
- Atemdepression,
- Hypothermie bei Höhlenoperationen und Blutverlusten.

Nach eigenen Erfahrungen ist ein Überhang an Inhalationsanästhetika die häufigste Ursache einer verlängerten postoperativen Aufwachphase. Die Aufrechterhaltung eines ausreichenden Atemminutenvolumens zur

Abatmung der Blut- und Gewebespiegel verkürzt die Aufwachphase.

Muskelrelaxanzienüberhang

Wenn nach Anwendung einer Volldosis von Curare oder anderen nichtdepolarisierenden Muskelrelaxanzien nicht mit einem Nervenstimulator eine „train-of-four ratio" von mehr als 70% festgestellt wurde, muss eine Antagonisierung mit Hilfe von Atropin und Neostigmin (1 : 2,5 mg) erfolgen. Faktoren, die trotz scheinbar ausreichender Antagonisierung eine weitere Muskelerschlaffung bewirken können, sind

- Nierenversagen,
- Leberzirrhose,
- Hypothermie,
- Kalium, Kalzium, Natrium, Magnesium,
- respiratorische Azidose.

Medikamente: Lokalanästhetika, Antiarrhythmika, Antibiotika.

Als klinische *Kriterien der Erholung* nach Muskelrelaxanzien gelten:

- Heben des Kopfes (5 s),
- Husten,
- Greifkraft,
- Vitalkapazität (mehr als 20 ml/kg KG),
- Zunge herausstrecken.

Eine Rekurarisierung kann nach Anwendung hoher Dosen nichtdepolarisierender Muskelrelaxanzien nicht völlig ausgeschlossen werden, ist aber selten. Die Diagnose wird mittels Nervenstimulator gestellt (Therapie s. oben).

Allgemeintherapie bei verzögertem Erwachen nach Narkose

Trotz zeitweiser Ansprechbarkeit, v.a. aber bei Nichtansprechbarkeit, sollte der Patient auf der Aufwachstation intubiert und so lange auch assistiert oder kontrolliert beatmet werden, bis eine ausreichende Spontanatmung und Ansprechbarkeit gegeben ist. Die postoperative assistierte oder kontrollierte Beatmung führt darüber hinaus noch wegen des optimalen Gasaustausches bei Inhalationsanästhesien zu einer Beschleunigung der Aufwachphase.

Das Muskelzittern, das bei etwa 25% unserer Patienten in der postoperativen Phase auftritt und durch einen während der Operation erfolgten Temperaturabfall bedingt ist, macht die Gabe eines erhöhten inspiratorischen O_2-Gemisches in der postoperativen Phase erforderlich.

Kriterien der Entlassung eines Patienten von der Aufwachstation

- Ansprechbarkeit des Patienten,
- Stabilität der Atmung und des Kreislaufs für 30 min,
- Wiederkehr der Reflexe, keine Zeichen einer Restkurarisierung,
- nach Medikamentengabe in der Aufwachstation 30 min Wartezeit,
- klare Instruktionen für die Station.

Literatur

Cascorbi HF, Gravenstein JS (1974) Silent death. Anesthesioloy 40: 319–320

Stoekel H, Hengstmann HJ, Schüttler J (1979) Pharmacokinetics of fentanyl as a possible explanation for recurrence of respiratory depression. J Anaesth 51: 741–745

Sektion G

KAPITEL 44

Schmerztherapie

W. Siegmund · P.M. Osswald

Es war schon immer die wichtigste Aufgabe des Arztes, Leiden vom Patienten abzuwenden oder zumindest zu lindern. So umfaßt der Kernbereich der anästhesiologischen Tätigkeit die Bekämpfung von Schmerzen.

Während diese Aufgabe mit den heute zur Verfügung stehenden Möglichkeiten apparativer und medikamentöser Art intraoperativ als weitgehend gelöst zu betrachten ist, wurde das Gebiet der postoperativen Analgesie bisher relativ stark vernachlässigt. Dies führt dazu, dass viele Patienten heute mehr Angst vor postoperativen Schmerzen als vor der Narkose haben.

Ursachen für diesen unbefriedigenden Umstand sind sicher ungeklärte Zuständigkeiten auf den Stationen, mangelndes pharmakologisches Verständnis und Unkenntnis der rechtlichen Situation, in vielen Fällen aber auch die mangelnde Bereitschaft, die Bedürfnisse des Patienten zu erfragen und bedarfsgerecht zu erfüllen. Dies erfordert sicherlich einen erheblichen Mehraufwand, der durch die Zufriedenheit des Patienten und die Verminderung schmerzbedingter Komplikationen belohnt wird.

Gerade in der modernen Medizin wird viel zu häufig übersehen, dass für die Zufriedenheit des Patienten die prä- und postoperative Betreuung mindestens so wichtig ist wie die Qualität des durchgeführten Eingriffs.

Hieraus leitet sich fachübergreifend die Notwendigkeit einer suffizienten postoperativen Analgesie ab:

! Eine adäquate postoperative Schmerztherapie läßt sich nur in Zusammenarbeit aller mit dem Patienten betrauten Fachrichtungen gewährleisten!

Der Anästhesist ist aufgrund seiner Ausbildung und täglichen Arbeit prädestiniert, die postoperative Schmerztherapie, die ja eine Fortsetzung der intraoperativen Analgesie darstellt, patientenadaptiert und in Abstimmung mit den anderen Fachrichtungen durchzuführen.

44.1
Physiologische und pathophysiologische Vorüberlegungen

Schmerz ist die natürliche Konsequenz einer Gewebsverletzung, wie sie bei jedem chirurgischen Eingriff stattfindet. So treten nach praktisch allen Operationen akute Schmerzen unterschiedlicher Intensität auf, die in der frühen postoperativen Phase am stärksten sind und im weiteren Verlauf abnehmen. Bei unzureichender Behandlung des postoperativen Schmerzes (30–40% der mit konventioneller postoperativer Schmerztherapie behandelten Patienten klagen über mittlere bis starke Schmerzen) kommt es zu einer Aktivitätssteigerung des adrenergen Nervensystems und Ausschüttung von Adrenalin und Noradrenalin. Gleichzeitig werden Gluko- und Mineralokortikoide, ADH und STH freigesetzt. Dies führt im kardiovaskulären System zu folgenden unerwünschten Veränderungen:

- Vasokonstriktion in der Peripherie und im Splanchnikusbereich:
  - → Steigerung der Nachlast,
  - → schlechte Gewebeoxygenierung mit der Gefahr schlechterer Wundheilung;
- Tachykardie und Hypertonie führen zur Steigerung des myokardialen O2-Verbrauchs;
- Gefahr der Extrasystolie.

Zusätzlich kommt es zu folgenden humoralen Veränderungen:

- Zunahme von korpuskulärem Blutvolumen und Viskosität mit der Folge einer Verschlechterung von Rheologie und Gewebeoxygenierung,
- Hyperglykämie,
- Laktatanstieg,
- Kaliumverlust.

Die schmerzbedingten Störungen von Organen und Organsystemen betreffen zusätzlich:

1) Pulmonale Komplikationen:
   - Unzureichende Ventilation → Ventilations-Perfusions-Störung → Hypoxie.
   - Ungenügendes Abhusten → Atelektasenbildung, Sekretverhalt, Gefahr der Pneumonie.
2) Gastrointestinale Komplikationen:
   - Entstehen aufgrund einer reflektorischen Motilitätshemmung, wodurch sich Übelkeit und Erbrechen entwickeln. Bei Fortbestehen Gefahr eines postoperativen Ileus.
3) Urologische Komplikationen:
   - Eine durch Schmerzen ausgelöste Hypomotilität der ableitenden Harnwege und der Blase kann zur Harnretention führen.
4) Gefahr von Inaktivitätsatrophie der Muskulatur und von Gelenkversteifungen.
5) Thromboseneigung:
   - Entsteht durch schmerzbedingte In-

aktivität infolge Viskositätszunahme, Steigerung von Fibrinolyse und Thrombozytenaggregation.
6) Psychische Folgen:
   - Angst vor weiteren Eingriffen,
   - Zerstörung des Vertrauensverhältnisses Arzt-Patient,
   - Gefahr der Chronifizierung.

Die Kenntnis dieser schmerzbedingten Gefahren lässt heute eine adäquate postoperative Schmerztherapie als dringend erforderlich erscheinen. Voraussetzung hierfür sind jedoch Kenntnisse in folgenden Bereichen:
1) Schmerzmechanismen,
2) den Schmerz beeinflussende Faktoren,
3) Kenntnis in der Pharmakologie der Analgetika und über Methoden der modernen Schmerztherapie.

Schmerzmechanismen

Als Folge einer Gewebeverletzung entstehen schmerzhafte Stimuli in spezifischen Nervenendigungen, den Nozizeptoren. Man kann 3 Rezeptortypen unterscheiden:
- *mechanosensible Nozizeptoren*: aktiviert durch starke mechanische Reize;
- *thermosensible Nozizeptoren*: reagieren auf Erwärmung der Haut über 45° C;
- *polymodale Nozizeptoren* sprechen auf mehrere Reizarten (mechanische, thermische oder chemische) – an. Es muss jedoch ein besonders intensiver Stimulus erfolgen.

Obwohl Nozizeptoren durch direkte Einwirkung aktiviert werden können, geschieht diese Aktivierung wesentlich häufiger durch die Freisetzung algetischer Substanzen (H^+- und K^+-Ionen, Histamin, Serotonin, Acetylincholin, Bradykinin, Prostaglandine) als Folge von Gewebereaktionen.

Die schmerzhaften Impulse werden von den Nozizeptoren über *die dünnen, markhaltigen Fasern (Gruppe-III-Fasern)* und die *marklosen C-Fasern (Gruppe-IV-Fasern)* zum Rückenmark geleitet und dort an exzitatorischen Synapsen auf Neurone des Hinterhorns umgeschaltet. Bei der Umschaltung schmerzhafter Stimuli sind als erregende Transmitter Glutamat, Substanz P, CGRP sowie andere Aminosäuren und Neuropeptide beteiligt. Sie werden aus den präsynaptischen Endigungen der afferenten Fasern freigesetzt und wirken auf postsynaptische Rezeptoren der spinalen Neurone ein.

Im *Rückenmark* wird die Information aus den Nozizeptoren zu *motorischen und sympathischen Reflexen verarbeitet*. Diese spinalen Reflexreaktionen bewirken einen ausgeprägten Anstieg des Skelettmuskeltonus, Abnahme der Compliance der Thoraxwand, Ausschüttung von katabolen Hormonen (Katecholamine, Kortison u.a.) und Steigerung der Atemtätigkeit. Andere bekannte Phänomene sind eine Wegziehreaktion oder eine lokale Durchblutungssteigerung.

Die Weiterleitung zum Gehirn erfolgt über *Tractus spinothalamicus → Hirnstamm → Thalamus → Formatio reticularis*. Von dort beginnen Projektionen in die Großhirnrinde. Voraussetzung für Schmerzempfindungen ist eine entsprechende Aktivität der Großhirnrinde.

Absteigende Kontrollsysteme liegen im *zentralen Höhlengrau* des Mittelhirns und in den Raphekernen. Sie bewirken eine Aktivitätsminderung zentraler nozizeptiver Systeme und auf diese Weise eine Schmerzdämpfung.

Mit den für die postoperative Schmerztherapie gebräuchlichen Analgetika lässt sich die Reizleitung auf verschiedenen Ebenen beeinflussen. *Saure antiphlogistische antipyretische Analgetika* (NSAID wie Acetylsalicylsäure, Indomethacin, Diclofenac und viele andere) wirken über eine *Unterdrückung der Prostaglandinsynthese aus Arachidonsäure*. *Phenazonderivate* entfalten ihre analgetische Wirkung vermutlich im *Hinterhorn des Rückenmarks*, wo sie auf spinaler Ebene nozizeptive Afferenzen filtern und dadurch analgetisch wirken [12]. Auf der anderen Seite weisen diese Präparate geringe, klinisch aber möglicherweise bedeutsame relaxierende Effekte auf die glatte Muskulatur auf, die vor allem bei spastischen Schmer-

zen, wie z.B. Koliken, von Nutzen sein können. Sowohl NSAID wie Phenazonderivate hemmen die Weiterleitung nozizeptiver Informationen im ZNS.

Opioide wirken *durch Bindung an Opioidrezeptoren im zentralen Nervensystem und in peripheren Organen*. Durch eine Hyperpolarisation der Membran von postsynaptischen Neuronen wird die Auslösung eines Aktionspotentials erschwert und die synaptische Erregungsübertragung gehemmt. An den Endigungen der nozizeptiven Afferenzen depolarisieren sie die präsynaptischen Terminalen mit der Folge der verminderten Freisetzung erregender Übertragersubstanzen.

Lokalanästhetika unterbrechen die Nervenleitfähigkeit, indem sie den schnellen Natriumeinstrom in die Nervenzelle und damit die Auslösung eines Aktionspotentials verhindern.

Schmerzbeeinflussende Faktoren

Das individuelle Ausmaß von postoperativen Schmerzen wird durch folgende Faktoren beeinflusst:

- Operativer Eingriff (Tabelle 44.1).
- Der postoperative Schmerz wird auch durch die Dauer des Eingriffs und das Ausmaß der Gewebetraumatisierung entscheidend beeinflusst.
- Wahl des Anästhesieverfahrens [8].
- Der Analgetikabedarf nach Neuroleptanästhesien ist möglicherweise um 50% geringer als nach Inhalationsanästhesien.
- Präoperative Aufklärung.
- Persönlichkeit des Patienten.
- Depressionen, Gefühle von Angst, Scham, Schuld, Hilflosigkeit oder Einsamkeit wirken schmerzverstärkend. Die früheren Erfahrungen des Patienten beeinflussen die postoperative Schmerzempfindung ebenso die Berichte anderer Patienten.
- Einhaltung eines adäquaten Verordnungsplanes.
- Ethnische, kulturelle, religiöse Faktoren.
- Lagerungsmaßnahmen, Krankengymnastik.

Sektion G

Tabelle 44.1. Verschiedene operative Eingriffe und die zu erwartenden durchschnittlichen postoperativen Schmerzen. (Aus Freye [10])

Operativer Eingriff	Schmerzhäufigkeit [%]		Schmerzdauer	
	mittel	schwer	Tage	von bis
Obere Baucheingriffe	30	60	3	2–6
Thorakotomien	30	65	4	2–7
Untere Baucheingriffe	35	45	2	1–4
Urologische Eingriffe	25	50	4	2–7
Extremitäteneingriffe	35	65	3	2–6

Zur Beurteilung der Effizienz schmerztherapeutischer Maßnahmen ist es wesentlich, den Schmerz, der ja immer ein subjektives Erlebnis darstellt, in seiner Intensität soweit wie möglich zu objektivieren. Zur Erfassung von Schmerzintensität und -qualität werden Analog- oder Kategorialskalen eingesetzt.

Kategorialskalen ermöglichen es dem Patienten, Intensität und Art des Schmerzes anzugeben, z.B.:

0 = kein Schmerz,
1 = geringer Schmerz,
2 = mäßiger Schmerz,
3 = starker Schmerz,
4 = maximal vorstellbarer Schmerz.

Die bekannteste Analogskala ist die *visuelle Analogskala (VAS)*: Hierbei kann der Patient auf einer Skala im Rechenschieberformat mit Hilfe eines Striches seinen Schmerz zwischen 0 (überhaupt kein Schmerz) und 100 (maximal vorstellbarer Schmerz) einstufen.

44.2
Konventionelle systemische Schmerztherapie

Standardsubstanzen in der postoperativen Schmerztherapie sind Opioide und antipyretisch wirkende Analgetika.

Opioide

Opioide entfalten ihre Wirkung durch Bindung an Opioidrezeptoren im zentralen Nervensystem, v.a. im limbischen System, Thalamus, Hypothalamus, Striatum, Mittelhirn und Rückenmark. Zur Zeit werden mehrere Typen von Opioidrezeptoren unterschieden, die jeweils verschiedene Teilwirkungen vermitteln und sich hinsichtlich Affinität und intrinsischer Aktivität differenzieren lassen (Tabelle 24.2):

- Unter *Affinität* versteht man die Fähigkeit eines Opioids, sich an den Rezeptor zu binden und einen Komplex mit ihm zu bilden.
- *Intrinsische Aktivität* kennzeichnet die Fähigkeit dieses Komplexes, eine pharmakologische Wirkung hervorzurufen.
- *Agonisten* haben an einem Rezeptortyp eine hohe intrinsische Aktivität; die Affinität ist unterschiedlich.
- *Antagonisten* weisen eine hohe Affinität zum Rezeptor bei geringer oder fehlender intrinsischer Aktivität auf.

Die Analgesie wird vornehmlich über µ-Rezeptoren, in geringerem Ausmaß über K-Rezeptoren vermittelt.

Die durch Opioide vermittelte Analgesie ist weitgehend selektiv, d.h. andere Sinneswahrnehmungen bleiben unbeeinflusst. Der über C-Fasern geleitete, „langsame" Schmerz wird besser beeinflusst als der über Aδ-Fasern geleitete, „schnelle" Schmerz.

Tabelle 44.2. Opioidrezeptoren und durch sie vermittelte Wirkungen. (Aus Zenz u. Jurna [42]).

Wirkung	Opioidrezeptor				
	μ	κ	ε	δ	σ
Analgesie					
– supraspinal	×		×	×	
– spinal	×	×		×	
Atemdepiession	×				
Euphorie	×				
Dysphorie		×			×
Miosis	×	×			
Mydriasis					×
Obstipation	×				

Positiv beeinflusst wird durch Opioide das emotionale Schmerzerlebnis: Der positive Einfluss auf Angst und Schmerzen erhöht die Toleranz gegenüber Schmerzen bei weitgehend unveränderter Schmerzperzeption.

Wegen der endlichen Zahl von Opioidbindungsstellen im Organismus zeigt sich in der Dosis-Wirkungs-Beziehung ein Ceilingeffekt, der dazu führt, dass eine weitere Dosiserhöhung nicht zu einer Zunahme der analgetischen Wirkung, möglicherweise aber zu unspezifischen Nebenwirkungen führt.

Eine Toleranzentwicklung spielt in der kurzen postoperativen Phase keine Rolle.

Nebenwirkungen

Atemdepression

Die zentral ausgelöste Atemdepression beruht auf einer Hemmung atemregulatorischer Zentren in Pons und Medulla oblongata mit verminderter Ansprechbarkeit auf den p_aCo_2.

Die Atemdepression ist dosisabhängig und nimmt bei steigender Dosierung in folgender Reihenfolge zu:

- Bradypnoe mit Vergrößerung des Atemzugvolumens → Atmung nur durch Hypoxie und äußere Reize zu stimulieren → Kommandoatmung → komplette Apnoe.

Die Atemdepression ist direkt proportional der analgetischen Potenz eines Opioids. Verstärkend auf die Atemdepression wirken:

- Hemmung der Biotransformation in der Leber, z.B. bei gleichzeitiger Gabe von Psychopharmaka, Kontrazeptiva, Antiarrhythmika oder volatiler Anästhetika.
- Verdrängung aus der Eiweißbindung, z.B. durch Kumarinderivate.
- Hypoproteinämie.
- Azidose führt zu geringerer Eiweißbindung.
- Sedativa, Hypnotika, Alkohol und Neuroleptika können die Atemdepression potenzieren.

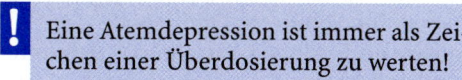 **!** Eine Atemdepression ist immer als Zeichen einer Überdosierung zu werten!

Die Atemdepression ist durch Antagonisten (z.B. Naloxon) oder Nalbuphin erfolgreich zu antagonisieren. Hierbei ist zu berücksichtigen, dass diese Substanzen nur eine kurze Halbwertzeit aufweisen und so nach einiger Zeit eine Remorphinisierung auftreten kann. Antagonisierte Patienten sollten daher unbedingt über mehrere Stunden intensiv überwacht werden.

Übelkeit und Erbrechen

Durch Einwirkung auf dopaminerge Rezeptoren in der chemosensitiven emetischen Triggerzone der Area postrema lösen Opioide relativ häufig Übelkeit und Erbrechen aus. Als prädisponierende Faktoren für postoperatives Erbrechen gelten [36]: Alter,

Sektion G

Menses, Adipositas, Reisekrankheit oder postoperatives Erbrechen in der Anamnese, Angst, bestimmte operative Eingriffe (Laparoskopie, Schieloperationen, Eingriffe am Mittelohr). In diesen Fällen sollte eine Prophylaxe mit Phenothiazinen oder Droperidol in Erwägung gezogen werden, die besser wirksam zu sein scheinen als Metoclopramid. Therapeutisch werden die gleichen Medikamente angewandt; der Erfolg ist unsicher. Bei Fortführung der Opioidzufuhr oder Wechsel auf ein anderes Präparat kommt es häufig zu einem Nachlassen der Beschwerden. Dieses Phänomen ist möglicherweise auf eine Hemmung des motorischen Brechzentrums durch Opioide zurückzuführen.

Störungen der Funktion des Magen-Darm-Traktes

Durch Hemmung von Neuronen im Plexus myentericus, die für den Dehnungsreflex zuständig sind, und von Neuronen im Rückenmark, die die Fortbewegung des Darminhaltes kontrollieren, sowie Auslösung einer Kontraktion der glatten Muskulatur des Magen-Darm-Traktes kommt es zu einer Verminderung der Peristaltik und Erhöhung des Tonus in der Darmwand. Die glatte Muskulatur des Sphincter Oddi sowie der Gallenblase und -gänge kontrahieren sich unter dem Einfluss von Opioiden ebenfalls. Hierdurch kommt es zu einer Druckerhöhung in den Gallenwegen und einem erschwerten Abfluss von Pankreassekret (**cave:** Pankreatitis!).

Kardiovaskuläre Nebenwirkungen

Charakteristisch für Opioide ist eine über den Nucleus dorsalis n. vagi ausgelöste zentrale Bradykardie, die durch Atropin gut antagonisierbar ist. Über eine zentral ausgelöste Verminderung des Sympathikustonus kommt es zu einer opioidinduzierten Vasodilatation mit venösem Pooling des Blutes (**cave:** Hypovolämie!).

Präparatewahl

Generell ist davon auszugehen, dass alle Agonisten in äquipotenten und adäquaten Dosisbereichen vergleichbar wirksam sind (Tabelle 44.3).

> **!** Da speziell Agonisten/Antagonisten schon früh einen analgetischen Ceilingeffekt aufweisen, lassen sich von der Potenz keine Rückschlüsse auf die analgetische Effektivität ziehen.

Nach einer DGAI-Umfrage von 1987 [19] werden in Deutschland hauptsächlich Piritramid (28%), Buprenorphin (24%), Pentazocin (20%), Pethidin (13%) und Tramadol (10%) verwendet. Als interessante neuere Substanz hat seitdem Nalbuphin an Beliebtheit hinzugewonnen.

a) **Piritramid** (Dipidolor)
Reiner Opioidagonist, analgetische Potenz 0,7.
Dosierung:
- intravenös: 0,1–0,15 mg/kg KG,
- intramuskulär: 0,2–0,4 mg/kg KG.
Mittlere Wirkungsdauer: 4–6 h.
Vorteile: Nur selten Übelkeit und Erbrechen,
- keine Histaminausschüttung
- kaum Kreislaufwirkungen.
Nachteile: Atemdepression wie bei Morphin.

b) **Pethidin** (Dolantin)
Reiner Agonist, analgetische Potenz 0,1.
Dosierung:
- intravenös: 0,15–0,7 mg/kg KG,
- intramuskulär: 0,5–1 mg/kg KG,
- orale oder rektale Gabe wegen ausgeprägtem hepatischem „first pass effect" nicht empfehlenswert.
Mittlere Wirkungsdauer: 2–4 h.
Vorteile:
- gut wirksam bei postoperativem Shivering,
- keine Spasmen der glatten Muskulatur.

Nachteile:
- unerwünschte kardiale Nebenwirkungen (Blutdruckabfall, Tachykardie und Erhöhung des myokardialen O_2-Verbrauchs),
- bei rascher i.v.-Gabe Gefahr des Bronchospasmus.

c) **Tramadol** (Tramal)
Agonistische Potenz 0,05, antagonistische Potenz 0,002.
Dosierung:
- 1–1,5–2 mg/kg KG i.v., i.m. oder s.c.

Mittlere Wirkungsdauer: 1–4 h.
Vorteile:
- geringe Gefahr der Atemdepression,
- geringe kardiovaskuläre Nebenwirkungen,
- kaum Suchtpotential → unterliegt nicht der Betäubungsmittelverordnung.

Nachteile:
- relativ häufig Übelkeit und Erbrechen,
- als schwaches Analgetikm häufig unterdosiert (100 mg Tramadol = 5 mg Morphin),
- oft nur in Kombination mit peripheren Analgetika wirksam.

d) **Pentazocin** (Fortral)
Agonistische Potenz 0,4, antagonistische Potenz 0,04.
Dosierung: 15–30 mg i.v. oder i.m.
Mittlere Wirkungsdauer: 3–4 h.
Vorteile:
- geringe Obstipationsgefahr.

Nachteile:
- erhebliche Kreislaufnebenwirkungen (Blutdruckanstiege, auch im kleinen Kreislauf, Tachykardie, Steigerung des myokardialen O_2-Verbrauchs),
- Dysphoriegefahr, gekennzeichnet durch Angst, Unruhe, Halluzinationen,
- Atemdepression (20 mg Pentazocin = 10 mg Morphin),
- Brechreiz,

- Schwindelgefühle,
- bei Opiatabhängigen Gefahr der Entzugsauslösung.

e) **Buprenorphin** (Temgesic)
Agonistische Potenz 10–50, antagonistische Potenz 0,5.
Dosierung: 0,15–0,3 mg i.v. oder i.m., 0,2–0,4 mg sublingual.
Mittlere Wirkungsdauer: 6–8 h.
Vorteile:
- lange Wirkungszeit,
- sublinguale Gabe möglich,
- geringe Obstipationsgefahr.

Nachteile:
- Atemdepression mit Naloxon oft kaum zu antagonisieren,
- zentrale Atemanaleptika wie Doxapram können evtl. die Atmung anregen,
- langsamer Wirkungseintritt (ca. 30 min nach i.m.-Gabe, bei i.v.-Applikation nach 10–20 min),
- relativ häufig Übelkeit,
- bei Opiatabhängigen Gefahr, Entzugssymptome auszulösen.

f) **Nalbuphin** (Nubain)
Agonistische Potenz 0,8, antagonistische Potenz 0,5.
Dosierung: 10–20 mg i.v. oder i.m.
Mittlere Wirkungsdauer: 3–6 h.
Vorteile:
- keine Herz-Kreislauf-Wirkungen,
- hebt die durch Opiatagonisten hervorgerufene Atemdepression auf, ohne ihre analgetische Wirkung zu beeinflussen,
- unterliegt nicht der Betäubungsmittelverordnung,
- Sedierung.

Nachteile:
- Atemdepression nur mit Naloxon antagonisierbar, nicht mit Nalorphin oder Levallorphan,
- nach Opiatnarkosen ist mit einer kurzzeitigen (bis 10 min) Schmerzinduktion zu rechnen [11].

Tabelle 44.3. Unterschiedliche analgetische Wirkstärke verschiedener Opioide, bezogen auf Morphin = 1. (Aus Freye [10])

Analgesie	Opioid	Wirkstärke
Sehr stark	Sufentanil	1 000
	Fentanyl	100–300
	Alfentanil	40–50
	Buprenorphin	10–50
	Oxymorphon	12–15
Stark	Butorphanol	8–11
	Hydromorphon	7–10
	Diamorphin	1–5
	Dextromoramid	2–4
	Racemorphan	2,5
	Levomethadon	2
	Methadon	1,5
	Isomethadon	1–1,3
	Piminodin	1
	Properidin	1
	Morphin	1
	Piritramid	0,7
Schwach	Nalbuphin	0,5–0,8
	Hydrokodein	0,35
	Pentazocin	0,3
	Kodein	0,2
	Pethidin	0,1
Sehr schwach	Tilidin	0,07–0,1
	Tramadol	0,05

Anwendung

Bei der konventionellen Anwendung von Opioiden zur postoperativen Schmerztherapie sollten folgende Grundsätze berücksichtigt werden:

1) *Nur die intravenöse Bolusinjektion erlaubt, die Dosis gegen die Wirkung zu titrieren.*
   Bei intramuskulärer Gabe ist die Resorptionsgeschwindigkeit zu variabel (meist zu lang, v.a. bei regionaler Hypoperfusion, z.B. bei Hypovolämie oder Auskühlung).

2) Wenn der individuelle Bedarf des Patienten erkannt ist, kann die Erhaltungsbehandlung auch durch repetitive i.m.-Gaben in fixen Zeitabständen durchgeführt werden, wobei stets die Möglichkeit der Dosisadaptation offenbleiben muss.

3) Auch nach intramuskulärer Gabe besteht die Gefahr der tödlichen Atemdepression.

4) Medikamente aus der Gruppe der Agonisten dürfen nicht mit Substanzen aus der Gruppe der Agonisten/Antagonisten abwechselnd verabreicht oder gemischt werden.

5) Die zeitlich konstante Opioidapplikation soll einen konstanten Blutspiegel im Organismus aufrechterhalten mit dem Resultat einer gleichmäßigen Besetzung der Rezeptoren und einer anhaltenden Blockade schmerzhafter Afferenzen.

6) Eine Verordnung „nach Bedarf" führt meist zu einer unzureichenden Analgesie, da die Applikation meist deutlich verzögert erfolgt.

Antipyretisch wirkende Analgetika

Im Gegensatz zu den Opioiden beeinflussen diese Substanzen die Nozizeptoren im geschädigten Gewebe. Daneben weisen sie zentrale analgetische Effekte auf.

Pharmakologisch lassen sich 3 Stoffklassen unterscheiden:
- Derivate schwacher Carbonsäuren (Acetylsalicylsäure, NSAID),
- Pyrazolonderivate (Metamizol),
- Anilinderivate (Paracetamol).

Derivate schwacher Carbonsäuren

Acetylsalicylsäure und NSAID wurden bis vor kurzer Zeit als „periphere" Analgetika betrachtet, deren Wirkung darin besteht, dass sie die Synthese von Prostaglandin E_2 aus Arachidonsäure in geschädigtem Gewebe hemmen und so die Ausbildung nozizeptiver Aktionspotentiale verhindern. Hingegen wird die Bildung von Thromboxanen und Leukotrienen aus Arachidonsäure nicht unterdrückt. Ein Teil ihrer Wirkung resultiert auch aus ihrem lokalen antiphlogistischen Effekt, der die Nozizeptoren zusätzlich druckentlastet.

In den letzten Jahren wurde nachgewiesen, dass die NSAID ebenso wie die Opioide auch zentral analgetisch wirken können [14, 35]. Die Wirkung beruht auf einer Hemmung der Bildung von Prostaglandinen im Rückenmark, die bei einer Reizung nozizeptiver Afferenzen aus sensiblen Neuronen im Rückenmark freigesetzt werden.

Nebenwirkungen

Die Nebenwirkungen der NSAID beruhen auf der Prostaglandinsynthesehemmung.

Magen-Darm-Trakt: Wegen der Hemmung der Bildung von Prostaglandinen, die eine Schutzfunktion für die Mukosa erfüllen, kommt es zu Magen-Darm-Beschwerden wie Magenschmerzen, Übelkeit, Magen-Darm-Blutung, Reaktivierung bzw. Neubildung von Ulzera.

Bronchialsystem: Durch das unter Therapie entstehende Mißverhältnis von Prostaglandinen (relaxieren die Bronchialmuskulatur) zu Leukotrienen (wirken bronchokonstriktorisch) kann eine Bronchokonstriktion bis hin zum Asthmaanfall ausgelöst werden. *Niere:* Infolge der Hemmung der Prostaglandinsynthese kommt es zu einer Reduzierung der Nierendurchblutung und der glomerulären Filtrationsrate. Gefährdet sind Patienten mit kardiozirkulatorischen und renalen Vorerkrankungen.

Pyrazolonderivate

Für die postoperative Schmerztherapie spielt aus dieser Gruppe nur Metamizol eine Rolle. Im Vergleich zu den NSAID kommt es in analgetischer Dosierung nicht zu einer Hemmung der peripheren Prostaglandinsynthese. In jüngster Zeit wurde postuliert, dass Metamizol auf spinaler Ebene nozizeptive Afferenzen filtert und dadurch analgetisch wirkt [12]. Ergänzend dazu aktiviert Metamizol Hemmechanismen, die vom zentralen Höhlengrau ausgehen und dämpfend auf die synaptische Erregungsübertragung in Schmerzleitungsbahnen wirken. Zusätzlich weist Metamizol einen spasmolytischen Effekt auf die glatte Muskulatur auf, der bei spastischen Schmerzen, wie z.B. bei Koliken, von Vorteil sein könnte.

Nebenwirkungen

- Blutdruckabfälle bei schneller i.v.-Injektion sind vermutlich auf eine Relaxierung glatter Gefäßmuskelzellen zurückzuführen.
- In sehr seltenen Fällen kommt es zur Ausbildung einer Agranulozytose mit potentiell letalem Ausgang. Die normale Agranulozytoseinzidenz liegt bei 5 : 1 Mio., das Risiko wird durch die Applikation von Metamizol über 1–4 Tage verzwanzigfacht.

Paracetamol

Für Paracetamol wird eine Prostaglandinsynthesehemmung im ZNS als Wirkmechanismus postuliert [9]. Paracetamol wirkt analgetisch und antipyretisch, nicht hingegen antiphlogistisch. Möglicherweise wirkt Paracetamol zusätzlich stimmungsaufhellend, was den häufigen Mißbrauch miterklären könnte.

Nebenwirkungen

- Bei vorgeschädigter Leber und Überschreitung einer Tageshöchstdosis von 80–100 mg/kg KG besteht die Gefahr einer lebensbedrohlichen Leberzellschädigung, da dann vermehrt toxische Abbauprodukte (Benzochinonimine) anfallen. Kinder sind hierdurch weniger gefährdet.
- Das Risiko einer Agranulozytose ist gering.

Klinische Anwendung

Die Substanzen sind für die Monotherapie starker und sehr starker Schmerzen in der frühen postoperativen Phase nicht geeignet. In den letzten Jahren haben sich folgende Indikationen herauskristallisiert:

1) Postoperative Schmerztherapie nach kleinen Eingriffen (z.B. Kieferchirurgie).
2) Ambulante postoperative Schmerztherapie.
3) Im späteren Verlauf nach größeren Operationen.
4) In Kombination mit Opioiden kann deren Dosis deutlich reduziert werden. Hierdurch kann die Nebenwirkungsrate von Opioiden deutlich gesenkt werden, ohne dass bei der Analgesie Abstriche zu machen sind.

44.3
Lokal- und Regionalanästhesie

Therapeutische Nervenblockaden

Lokalanasthetika blockieren den schnellen Natriumeinstrom ins Zellinnere von Nervenfasern und unterdrücken so die Entstehung und Weiterleitung von Aktionspotentialen im Nervengewebe. Nach einer DGAI-Umfrage von 1987 (19) werden in Deutschland postoperativ folgende Amide verwendet:

- Bupivacain 84%
- Mepivacain 6%
- Prilocain 4%
- Etidocain 3%
- Sonstige 3%

Inzwischen ist mit dem Ropivacain eine neue Substanz auf dem Markt, die zunehmend Eingang in die postoperative Schmerztherapie findet.

Die Einsatzmöglichkeiten von Lokal- und Regionalanästhesieverfahren zur postoperativen Schmerzbehandlung reichen von der einfachen Wundinfiltration bis zur kontinuierlichen Applikation über Katheter, die heute in fast allen Körperregionen gelegt werden können.

Wundinfiltration [4, 30]

In den letzten Jahren wurde in mehreren Studien nachgewiesen, dass nach Herniotomien das Ausspülen der Wunde mit Bupivacain 0,25% vor Faszienschluss und Hautnaht eine zuverlässige Analgesie bewirkt. Wichtig ist, dass das Lokalanästhetikum 2 min einwirken kann, bevor es abgesaugt wird.

Aufwendigere Verfahren benutzen Katheter (Porto-Vac®), die vor der Hautnaht in die Wunde gelegt und über Bakterienfilter immer wieder angespült werden [34].

Wirkungsmechanismus:
a) Blockade der Nervenleitung,
b) Abtransport algetischer Mediatoren.

Dosierung:
- Erwachsene: 4stündlich 40 ml Bupivacain 0,25%,
- Kinder: 4– bis 6stündlich 0,25 ml/kg KG Bupivacain 0,25%,
- Alternativempfehlung [34]: 6stündlich 2 mg/kg KG Bupivacain 0,5%.

Risiken:
- Gefahr der Wundinfektion,
- Wundheilungsstörungen (**cave:** Vasokonstikorzusatz!).

Kontinuierliche Blockaden der oberen Extremität

1) Indikationen:
   - Häufige Verbandswechsel
   - Schmerzhafte Gelenkmobilisationen
   - Krankengymnastische Massnahmen
   - Kompartmentsyndrom nach Quetschungstrauma
   - Gefäßspasmus nach Versehentlicher intraarterieller Injektion

- Erfordernis einer permanenten Sympathikusbiockade
- Replantation
- Gefäßrekonstruktion
- Marginale Durchblutungsverhältnisse
- Zustand nach Erfrierungen

2) Techniken:

Die Blockade des Plexus brachialis bzw. axillans ist auf verschiedenen Wegen möglich
- Interskalenärer Plexuskatheter,
- kontinuierliche supralaviku1äre Blockade,
- kontinuierliche infraklavikuläre Blockade,
- kontinuierliche axilläre Blockade.

Bei allen Verfahren sind im Rahmen der postoperativen Schmerztherapie die intermittierende Gabe von Lokalanästhetika, die kontinuierliche Infusion sowie die PCA möglich. Bevorzugte Medikamente sind Ropivacain und Bupivacain.

- Dosierungsempfehlungen (Nach [2, 17, 21])
- Ropivacain:
- Bolusgabe: 20–30 ml Ropivacain 0,375% 2– bis 4mal täglich
- Kontinuierliche Infusion: Ropivacain 0,2% 6 ml/h [17]
  Ropivacain 0,375% 6–12 ml/h [2]
- Bupivacain:
- Bolusgabe: 20–30 ml Bupivacain 0,25% 2– bis 4mal täglich
- Kontinuierliche Infusion: Bupivacain 0,125% 6 ml/h [17]
  Bupivacain 0,25% 0,25 mg/kg KG/h

3) Komplikationsmöglichkeiten:

Neben den diesen Verfahren allgemein anhaftenden Risiken haben die einzelnen Verfahren spezielle, vorwiegend anatomisch begründete Komplikationsmöglichkeiten.
- *Allgemeine Risiken:*
- Infektionsgefahr
- Risiko toxischer Reaktionen (Cave: Bolusgabe keinesfalls auf Normalstation sondern immer im Aufwachraum. Nach der Applikation sollten die Patienten für 15–30 min überwacht werden).

- Nervenschäden
- *Spezielle Risiken:*
- Interskalenärer Plexuskatheter [21]
- Homer-Syndrom (15%),
- Phrenikusparese (3,3%),
- Rekurrensparese (5,8%).
- Supraklavikulärer Katheter
- Pneumothorax
- Katheter relativ häufig nicht korrekt zu plazieren
- Infraklavikulärer Katheter [17]
- Pneumothorax
- Primäre oder sekundäre intravasale Fehllage

Kontinuierliche Blockaden der unteren Extremität

1) Indikationen: (Nach 22)
- Operationen an Bein und Fuß
- Amputationen
- Repositionen
- Sympathikolyse
- Schmerztherapie

2) Techniken
- Distaler (DlK) und kontinuierlicher anteriorer (KAI) Ischiadikuskatheter
- Kontinuierliche Blockade des N. Femoralis.

Bei allen Verfahren ist neben der Bolusgabe eine kontinuierliche Infusion möglich Dosierungen und Dosierungsintervalle entsprechen den Verfahren an der oberen Extremität.

Besonders bei geplanter Frühmobilisation, v.a. nach Knieeingriffen, zeigen sich bessere Ergebnisse als nach konventioneller Schmerztherapie [7].

3) Komplikationsmöglichkeiten

Die allgemeinen Risiken entsprechen den oben angeführten. Wegen der relativ großen verabreichten Menge von Lokalanästhetika sollte die Gabe von Repetitionsdosen nach Möglichkeit im Aufwachraum erfolgen.

Spezielle, durch die Techniken und die anatomischen Gegebenheiten bedingte Risiken sind nicht zu erwarten.

Sektion G

Interkostalblockade

Interkostalblockaden werden seit vielen Jahren zur Schmerzbehandlung bei Thoraxtraumen (z.B. Rippenfrakturen) sowie nach Eingriffen im Thorax- und oberen Abdominalbereich empfohlen.

Der Vorteil dieser Methode ist eine zuverlässige Analgesie ohne wesentliche Sympathikusblockierung, Schwäche größerer Muskelgruppen, Sedierung oder Atemdepression.

Die Nachteile der intermittierenden Gabe von Lokalanästhetika umfassen das Risiko eines Pneumothorax (0,07–19%) und die Gefahr systemisch-toxischer Reaktionen infolge der Verwendung hoher Lokalanästhetikadosierungen. Pro Nerv werden 3–5 ml 0,375– bis 0,5%iges Bupivacain appliziert. Wegen der starken regionalen Durchblutung mit der Gefahr zu rascher Resorption sollte ein Vasokonstiktor zugemischt werden. Die Injektion sollte lateral der Paravertebralmuskulatur vorgenommen werden. Bei anatomisch genauer Applikation beträgt die durchschnittliche Wirkdauer 10 h.

Sollen ausgedehnte Bereiche anästhesiert werden, muss die Konzentration auf 0,25% reduziert werden.

Interpleurale Analgesie

Bei diesem Verfahren wird mit Hilfe einer Tuohy-Nadel ein Epiduralkatheter in den interpleuralen Spalt plaziert. Durch Gabe eines langwirkenden Lokalanästhetikums (20 ml Bupivacain 0,5%) entwickelt sich eine einseitige Analgesie ohne sensorische Blockade.

Indikationen:
- Oberbauch- und Thoraxeingriffe,
- Rippenserienfrakturen,
- Nephrektomien.

Nach Thorakotomien ist das Verfahren nicht so zuverlässig wie Interkostal- oder thorakale Periduralblockaden [11].

Die Wirkdauer beträgt 3–7 h. Die Bolusgabe ist der kontinuierlichen Infusion vorzuziehen, da bei dieser häufiger toxische Blutspiegel auftreten und oft die erforderliche Ausdehnung im Pleuraspalt nicht erreicht wird.

Mögliche Komplikation: Spannungspneumothorax.

Zusätzliche Verfahren in der pädiatrischen Anästhesie

Hier haben sich besonders bewährt:
1) Blockade der Nn. ilioinguinalis/iliohypogastricus bei Orchidopexie bzw. Herniotomie:
   Dosierung: Bupivacain 0,25% 1–2 mg/kg KG.
2) Penisblockade bei Zirkumzisionen:
   Dosierung: 0,2 ml/kg KG Bupivacain 0,5% *ohne* Adrenalin.

Eine ähnlich gute postoperative Analgesie von 4–5 h Dauer gewährleistet eine topische Analgesie mit Lidocainsalbe 5% oder Lidocaingel 2%.

Kontinuierliche Periduralanästhesie

Allgemeine Überlegungen

Die Periduralanästhesie ist eine sehr effiziente Methode der postoperativen Schmerzbehandlung, die jedoch aufgrund mancher Risiken einer strengen Indikationsstellung bedarf.

Die für die postoperative Schmerztherapie relevanten Risiken der Periduralanästhesie umfassen:

- *Versehentliche Duraperforation*, evtl. erst nach einiger Zeit durch den liegenden Katheter.
- *Epidurales Hämatom* [25]: Besonders gefährdet sind Patienten, die mit Antikoagulanzien behandelt werden oder an Blutungskrankheiten leiden. Das Risiko einer Blutung wird durch mehrere frustrane Punktionsversuche deutlich erhöht. Ein Hämatom kann sich noch Stunden nach Ziehen des Katheters entwickeln.
  Ein erster Hinweis können Schmerzen im Rücken und den Beinen sein die in keinem Zusammenhang mit dem operativen Eingriff stehen. Zusammen mit

ÜBERSICHT

sensiblen und motorischen Ausfällen („Painful Paraplegie") und Blasen-Mastdarm-Störungen erfordern die sofortige Abklärung durch **MRT** (Methode der Wahl), CT und Myelographie.

Die Prognose ist nur dann relativ gut, wenn innerhalb von 8 h nach Beginn der Symptome laminektomiert wird, ansonsten resultieren irreversible Schäden.

- *Epiduraler Abszess* [16]: Häufigster Erreger ist Staphylococcus aureus (82%). Frühsymptome sind beschleunigte Blutsenkung, CRP-Erhöhung, Leukozytose, Fieber, Rötung und Druckschmerz an der Injektionsstelle. Diagnosestellung durch CT und Myelographie.

  Ein epiduraler Abszess kann sich noch nach Monaten ausbilden!

  Die Prognose ist insgesamt schlecht, auch nach Laminektomie resultieren in 50% der Fälle bleibende neurologische Schäden.

- *Medikamentenbedingte Komplikationen* werden bei den einzelnen Arzneimitteln abgehandelt.

Insgesamt sind diese Komplikationen selten, für den Patienten aber gravierend. Mit der Begründung, thorakale Periduralkatheter seien komplikationsträchtiger als lumbale, wurde dieses Verfahren von einigen Autoren als zu riskant abgelehnt [37]. Demgegenüber herrscht jedoch weitgehend Übereinstimmung, dass speziell bei Wahl eines paramedialen Zugangs das Risiko einer Verletzung des Rückenmarks äußerst gering ist. Die Gefahr eines epiduralen Hämatoms ist im Bereich der BWS nicht größer als im lumbalen Bereich.

Demgegenüber bietet der peridurale Applikationsweg einige theoretische Vorteile:

- Durch richtige Plazierung bietet sich die Möglichkeit der segmentalen Schmerzausschaltung. Hierdurch werden Zwerchfellbeweglichkeit und Sympathikustonus weniger beeinträchtigt. Die Möglichkeit des Abhustens bleibt besser erhalten.
- Nach Gefäßeingriffen wird die Durchblutung positiv beeinflusst.
- Positive Beeinflussung der Darmmotorik [28].

Wenn man sich zum Einsatz eines Periduralkatheters für die postoperative Schmerztherapie entscheidet, sollten folgende Überlegungen und Vorsichtsmaßnahmen getroffen werden:

1. Bietet die Periduralanästhesie beim vorgesehenen Eingriff Vorteile gegenüber herkömmlichen Analgesieverfahren? In mehreren Untersuchungen [13, 29] wurde nachgewiesen, dass bei periduraler Applikation von Bupivacain oder Opioiden die Analgesie in der unmittelbaren postoperativen Phase besser war.

   Weitere Vorteile [13] waren ein geringerer Abfall der Vitalkapazität am 1. postoperativen Tag und ein höherer O_2-Partialdruck im Aufwachraum. Die postoperative Darmatonie ist in dieser Gruppe deutlich verkürzt, die Zahl von Blutdruckabfällen signifikant höher. Die Inzidenz postoperativer pulmonaler Komplikationen und die Länge des stationären Aufenthalts wurden nicht signifikant gesenkt. Demgegenüber beobachtete Yeager [41] bei Risikopatienten nach großen Operationen eine geringere Morbidität und Mortalität, wenn sie in Kombination von Epidural- und Allgemeinanästhesie operiert und postoperativ mit epiduralen Opioiden weiterbehandelt wurden (s. Tabelle 44.4).

2. Bietet ein thorakaler Katheter im Einzelfall Vorteile gegenüber einem lumbal applizierten?

> **!** 3. Periduralkatheter sollten nur bei wachen Patienten gelegt werden, da nur so die neurologische Reaktion auf die Punktion hinreichend sicher beurteilt werden kann.

Tabelle 44.4. Postoperative Morbidität und Mortalität. Vergleich einer Analgesie durch epidurale Opioide mit systemischer Analgesie. (Nach Yeager et al. [41] aus Zenz u. Jurna [42]).

	Epidurale Opioide	Systemische Analgesie	Signifikanz
Mortalität (n)	0	4	p = 0,04
Morbidität(n):			
– Kardivaskuläre Nebenwirkung	4	13	p = 0,007
– Respiratorische Nebenwirkung	3	8	p = >0,05
– Schwere Infektion	2	10	p = 0,007
– Reoperation	1	3	p = >0,05
– Komplikationsrate	9/28	19/25	p = 0,002
Beatmungsdauer [h]	7,1±10,1	81,8±186,1	p = 0,005

4. Bei Patienten mit Blugerinnungsstörungen und Antikogagulantientherapie herrscht nach wie vor erhebliche Unsicherheit über die Indikationsstellung. Der Wissenschaftliche Arbeitskreis „Regionalanästhesie" der DGAI veröffentlichte deshalb im Jahre 1995 folgende Empfehlungen (39):

– Eine Thromboembolieprophylaxe mit unfraktioniertem oder niedermolekularem Heparin (Low-Dose) erhöht nicht das Risiko für Hämatome im Spinalkanal . Zur weiteren Sicherheit mag ein punktionsfreies Intervall von ca. 12 Stunden bei niedermolekularem und 2-3 Stunden nach unfraktioniertem Heparin beitragen.

– Die Anlage einer rückenmarksnahen Anästhesie sowie die Entfernung eines Epiduralkatheters unter therapeutischer Antikoagulation ist in der Regel kontraindiziert.

– Nach Anlage einer rückenmarksnahen Anästhesie scheint nach derzeitigem Wissensstand eine Vollheparinisierung (z.B. in der Gefäßchirurgie) das Risiko für Blutungen im Spinalkanal nicht zu erhöhen. Aufgrund der bisher noch begrenzten Erfahrungen ist allerdings eine besonders kritische individuelle Nutzen-Risiko-Abwägung angezeigt.

– Thrombozytenaggregationshemmer und nichtsteroidale Antiphlogistika führen nicht zu einer Erhöhung des Risikos einer Blutung im Spinalkanal im Zusammenhang mit rückenmarksnahen Anästhesien.

– Die Kombination verschiedener auf die Hämostase einwirkender Pharmaka und Massnahmen (NSAID, Heparin, Hämodilution, Dextran, Antibiotika) bedingt eine unübersichtliche Situation und eine unkalkulierbae Risikoerhöhung.

– Gerinnungsteste sind als Screening für die Routine nicht obligat (Ausnahme: Kontrolle der Thrombozytenzahl bei längerer Heparintherapie). Normale Testergebnisse schliessen das Risiko einer Blutungskomplikation nie aus. Entscheidend ist daher die Anamneseerhebung.

! 5. Solange der Katheter liegt, sollte der Patient von geschultem Personal überwacht werden, um beim geringsten Verdacht auf eine neurologische Komplikation ohne Verzögerung intervenieren zu können.

6. Wegen der Gefahr der Kathetermigration ist vor jeder Medikamentenapplikation eine Testdosis erforderlich. Auch diese ist keine Garantie für eine korrekte Lage. Insbesondere intravasale Fehllagen können nicht sicher ausgeschlossen werden.

Bei kontinuierlicher Medikamentenapplikation wird durch eine Fehllage in den meisten Fällen kein Druckalarm am Perfusor ausgelöst.

> ❗ 7. Eine Atemdepression nach epiduraler Opioidgabe kann noch nach 12 h auftreten.

Während die peridurale Applikation von Lokalanästhetika und Opioiden seit längerem gebräuchlich ist, wurde in letzter Zeit auch die Gabe von epiduralem Clonidin propagiert [5, 42].

Lokalanästhetika

Die peridurale Applikation von Lokalanästhetika ist eine effektive Methode der postoperativen Schmerzbehandlung, die eine segmentäre Schmerzausschaltung mit Abschwächung endokriner und biochemischer Schmerzreaktionen ermöglicht. Punktionsstelle und Blockumfang werden vom operativen Eingriff bestimmt (Tabelle 44.5).

Mittel der Wahl sind Bupivacain und Ropivacain, da sie in niedriger Konzentration eine lange Wirkungszeit ohne stärkere Beeinträchtigung der willkürlichen Muskulatur aufweisen.

Die Applikation kann durch intermittierende Bolusinjektionen oder durch kontinuierliche Infusion erfolgen. Empfohlene Dosierungen: (Nach 40)
- Empfohlene kontinuierliche Dosis von Bupivacain 0,25% (0,1–0,5%) bzw. Ropivacain 0,2%
  - Thorakal: 2–4 ml/h Bupivacain 0,25% bzw. 4–8 ml/h Ropivacain 0,2%
  - Lumbal: 3–5 ml/h Bupivacain 0,25% bzw. 14 ml/h Ropivacain 0,2%
- Bolusinjektionen
  - Bupivacain 0,25% : 5–10 ml
  - Ropivacain 0,2 % : 5–10 ml

Üblich sind darüber hinaus kontinuierliche epidurale Infusionen einer Kombination von Lokalanästhetikum und Opioid, z.B.
  - Bupivacain 0 125 % oder Ropivacain 0,1 % plus µg/ml Sufentanil mit 2–10 ml/h

Das Monitoring bei diesen Kombinationen muss die Nebenwirkungen beider Substanzen berücksichtigen.

Peridurale Opioidanalgesie

Die peridurale Opioidgabe ist seit Jahren fest integrierter Bestandteil bei der Behandlung des Tumorschmerzes. Einen ähnlichen Stellenwert konnte das Verfahren in der Behandlung des postoperativen Schmerzes (noch) nicht erlangen.

Das Grundprinzip der periduralen Opioidgabe liegt darin, das Medikament nah an seiner Wirkungsstätte im Hinterhorn des Rückenmarks zu applizieren, um die Dosis reduzieren zu können. Der Opioidbedarf hängt hierbei ab von:
1) Größe des Moleküls: Kleinere Moleküle passieren die Dura leichter.
2) Lipidlöslichkeit: Lipophile Opioide (z.B. Buprenorphin) werden nach der Durapassage rasch ins Rückenmark aufge-

Sektion G

Tabelle 44.5. Empfehlungen zur Durchführung einer Periduralanästhesie in Abhängigkeit vom operativen Eingriff. (Nach Lehmann [20])

	Zu blockierend Dermatome	Punktionsstelle
Thoraxchirurgie	Th 2–Th 9	Th 4–Th 6
Oberbauchchirurgie	Th 6–Th 12	Th 8–Th 10
Thorakoabdominelle Eingriffe	Th 4–Th 12	Th 7–Th 9
Unterbauch, Gefäßchirurgie	Th 8–L 2	Th 10–Th 12
Extremitäten	Th 12–L 5	L 2–L 3

nommen und an Rezeptoren gebunden. Die entstehende Analgesie beschränkt sich auf Segmente im Bereich der Injektionsstelle. Im Gegensatz hierzu werden hydrophile Opioide (wie Morphin) nur langsam ins Rückenmark aufgenommen, ihre Konzentration im Liquor bleibt über längere Zeit hoch. Dies führt dazu, dass das Medikament in größerem Ausmaß nach rostral wandert. Diese Opioide sind bei lumbaler Applikation genauso wirkungsvoll wie bei thorakaler, sie weisen jedoch das Risiko einer späten Atemdepression auf.

3) Die Lage der Katheterspitze könnte bei Verwendung von Buprenorphin einen Einfluss auf die Effektivität zeigen. Bei Verwendung von Sufentanil, das ebenfalls stark lipophil ist, hat hingegen die Katheterlage keinen wesentlichen Einfluss auf die Analgesiequalität [33].

4) Alter des Patienten: Patienten über 60 Jahre haben einen erheblich geringeren Bedarf bei gleichzeitig höherer Gefahr der Atemdepression. Es empfiehlt sich, in dieser Altersgruppe mit 1–2 mg Morphin zu beginnen und die Zufuhr nur bei Bedarf vorsichtig zu steigern.

Nebenwirkungen der peridural en Opioidanalgesie umfassen Juckreiz, Übelkeit, Erbrechen, Harnverhalt und sind für den Patienten lästig, aber nicht bedrohlich. *Wesentlich gefährlicher ist das Risiko einer Atemdepression. Das Risiko liegt zwischen 0,6 und 0,8%. Man unterscheidet zwischen einer frühen Form (nach 1–2 h) und einer späten Form (nach 6–12 h).* Die Frühform korrespondiert mit der systemischen Resorption des Opioids aus dem Epiduralraum, die Spätform beruht auf der rostralen Ausbreitung des Opioids im Liquor und Beeinträchtigung des Atemzentrums. Die meisten Berichte beschreiben eine graduelle Abnahme der Atemtätigkeit, die mit der rostralen Wanderung des Medikaments (betroffen ist v.a. Morphin) korrespondiert. Prädisponierend wirken höheres Alter, gleichzeitige Gabe von Sedativa oder zusätzlichen parenteralen Opioiden sowie höhere Opioiddosierungen.

Wegen der Gefahr der Atemdepression sollten peridurale Opioidanalgesien niemals auf Normalstationen durchgeführt werden, die Überwachung mit einem Atemmonitor erscheint angebracht bei:
- Risikopatienten über 60 Jahre,
- höheren Opioiddosierungen (>5 mg Morphin).

Kombination von Lokalanästhetika und Opioiden

Diese Kombination verbindet die Vorteile beider Medikamentengruppen miteinander; die spezifischen Nebenwirkungen von Lokalanästhetika (Hypotension) und Opioiden (Juckreiz, Übelkeit und Atemdepression) treten seltener auf, da jedes Mittel für sich niedriger dosiert werden kann.

Die Gabe erfolgt bolusweise (z.B. 0,05 mg/kg KG Morphin mit 10 ml Bupivacain 0,125–0,25%) oder kontinuierlich (Bupivacain 0,1% mit Morphin 0,01% 2–4 ml/h).

Für die Kombination sind die gleichen Vorsichtsmaßnahmen erforderlich wie für die Gabe der Einzelsubstanzen.

Clonidin

Clonidin ist ein α_2-Rezeptoragonist. Seine zentralen Effekte sind Sedierung, Anxiolyse, Analgesie, Senkung des Sympathikotonus und Steigerung des Vagotonus, periphere Effekte sind Vasokonstriktion, Hemmung der Darmmotilität sowie Hemmung der Freisetzung von Noradrenalin aus vegetativen Nervenendigungen [27]. Die analgetische Wirkung wird vermittelt durch eine Stimulation von α_2-Rezeptoren im Hinterhorn des Rückenmarks. Hierdurch wird die synaptische Übertragung der Erregung aus den nozizeptiven Afferenzen gehemmt [5].

Der Wirkungsbeginn ist nach 20 min, die Wirkdauer hängt von der Dosierung ab (2–5 µg/kg KG ca. 1 h, 6–10 µg/kg KG 4–5 h). Wegen der hohen Fettlöslichkeit und Wirkungsverlängerung ist eine wesentliche Ausdehnung nach rostral nicht zu erwarten.

Die epidurale Gabe von Clonidin ermöglicht eine signifikante Dosisreduzierung peridural zugeführter Opioide [5]. Neben einer Bolusapplikation ist die kontinuierliche Zufuhr von 0,02–0,04 mg/h nach vorheriger Bolusgabe von 0,1–0,3 mg möglich.

Nebenwirkungen:

1) Blutdruckabfall besonders bei Hypovolämie infolge zentraler Senkung des Sympathikustonus.
2) In höherer Dosierung (6–10 µg/kg KG) häufig Abfall von HZV und HF [27]. Die Herz Kreislauf-Reaktionen treten innerhalb der ersten Stunde auf. Während dieser Zeit muss die Kreislaufsituation des Patienten adäquat überwacht werden.
3) Starke Sedierung.

44.4
Patientenkontrollierte Analgesie (PCA)

Herkömmliche Verfahren der postoperativen Schmerztherapie weisen den Nachteil auf, dass sie das von Patient zu Patient ganz unterschiedliche Schmerzempfinden nicht ausreichend berücksichtigen und so keine optimale Balance zwischen Schmerzerleichterung und medikamenteninduzierten Nebenwirkungen erreichen.

Das Konzept der PCA geht davon aus, dass nur der Patient selbst seinen Bedarf an Analgetika beurteilen kann. Die PCA bietet dem Patienten die Möglichkeit, bei subjektivem Analgetikabedarf über einen vom Arzt vorher festgelegten Bolus eines Opioids abzurufen. Die Injektion erfolgt intravenös oder epidural. Zusätzlich besteht noch die Möglichkeit, kontinuierlich eine Basisinfusion einer festgelegten Analgetikadosis zuzuführen. Die Zufuhr einer Basisinfusion hat keinen wesentlichen Einfluss auf die Opioidagesdosis, senkt aber deutlich die Schmerzempfindung bei Mobilisierung des Patienten. Der Patient muss ebenso wie das Pflegepersonal in die Bedienung der Pumpe eingewiesen werden. Dies muss spätestens einen Tag vor der Operation erfolgen (s. Tabelle 44.6).

Zur Dosisfindung empfiehlt es sich zu berücksichtigen, dass der Analgetikabedarf in der frühen postoperativen Phase bis zu 5mal höher ist als später. Wenn bei einem Patienten z.B. eine Morphinzufuhr von 2,1 mg/h zur Erreichung einer minimal effektiven analgetischen Konzentration errechnet wird (70 kg; 29,6 µg/kg KG/h), sollte eine stündliche Maximaldosis vom 5fachen dieses Wertes festgelegt werden, um es dem Patienten in der Frühphase zu erlauben, seinen Analgetikabedarf zu titrieren. Die programmierbare Refraktärzeit sollte berücksichtigen, dass Opiate 5–10 min brauchen, bis sich ihre analgetische Wirkung einstellt. Die Berechnung des Einzelbolus ergibt sich aus festge-

Tabelle 44.6. Postoperativer Analgetikaverbrauch bei PCA. (Aus Larsen [18])

Analgetikum	Demanddosis (µg)	Stündliche Maximaldosis (mg/h)	Verbrauch (µg/kg KG/h)
Sufentanil	6	0,04	0,10
Fentanyl	34	0,25	0,46
Buprenorphin	40	0,32	0,63
Alfentanil	212	1,50	4,96
Piritramid	1990	15,00	30,44
Morphin	1920	14,80	29,60
Nalbuphin	3846	28,50	117,52
Pentazocin	7930	60,00	135,57
Pethidin	9615	100,00	175,10
Tramadol	9615	100,00	203,12

Tabelle 44.7. Analgesie und Akzeptanz bei 3 verschiedenen Methoden der postoperativen Schmerzbekämpfung. (Nach Palmer u. Kramer [26]).

Parameter	Intramuskuläre Therapie [%]	PCA [%]	Epidurale Morphingabe [%]
Qualität der Analgesie			
Schmerzfrei	25	40	65
Geringe Schmerzen	55	60	30
Deutliche Schmerzen	10	0	0
Keine Schmerzminderung	10	0	5
Zufriedenheit			
(im Vergleich zu vorhergegangenem Eingriff)			
Deutliche Bevorzugung der jetzigen Analgesieform	25	90	65
Bevorzugung	30	10	30
Bevorzugung der i.m.-Gabe nachBedarf	15	0	5
Keine besonderen Wünsche	15	0	0

legter stündlicher Maximaldosis und Refraktärzeit, z.B.:

- Stündliche Maximaldosis 10,5 mg,
- Refraktärzeit 10 min → 6 Bolusgaben pro h möglich,
- Bolus: 10,5 : 6 = 1,75 mg (s. Tabelle 44.6).

Nebenwirkungen
Relativ häufig treten auf:
1) Übelkeit und Erbrechen (20–60%). Die Inzidenz lässt sich durch Beifügung von DHBP signifikant senken [38].
2) Schwitzen.
3) Juckreiz.
4) Müdigkeit und Minderung der Vigilanz sind oft ausgeprägter als bei herkömmlichen Verfahren.
5) Harnverhalt tritt häufiger auf, die postoperative Darmatonie wird verlängert.
6) Eine Atemdepression tritt trotz teilweise hoher Dosierungen selten auf, eine ausreichende Überwachung der Atemfunktion ist trotzdem unerläßlich.

! Mit der PCA lässt sich beim Patienten ein hohes Maß an Akzeptanz und Zufriedenheit erreichen, obwohl durch peridurale Applikation von Opioiden möglicherweise eine tiefere Analgesie zu erreichen ist.

44.5
Transdermale Applikation von Analgetika

Als neue Alternative zur postoperativen Schmerztherapie wurde vor einigen Jahren ein transdermales therapeutisches System zur kontinuierlichen Abgabe von Fentanyl entwickelt (Fentanyl-TTS).

Die transdermale Medikamentenapplikation verspricht folgende Vorteile [24]:
- prolongierte Wirkung von Substanzen mit kurzer Halbwertszeit,
- reduzierte Toxizität,
- verbesserte Effektivität,
- gesteigerte Compliance,
- Verhinderung des „first pass loss", z.B. bei Fentanyl,
- Resorption unabhängig von Umgebungsbedingungen.

Fentanyl-TTS wird in 9 verschiedenen Größen hergestellt, die Dosierung ist proportional zu der Anlagefläche. Die Medikamentenabgabe beträgt ungefähr 25 µg/h/10 cm^2.

Analgetisch wirksame Serumspiegel werden erst nach 8–12 h erreicht, die durchschnittliche Serumhalbwertszeit nach Entfernen des Pflasters beträgt 16–21 h [6]. In der Latenzzeit bis zum Einsetzen der analgetischen Wirkung müssen Analgetika in übli-

Tabelle 44.8. Durchschnittliches Auftreten der wichtigsten systemischen Nebenwirkungen unter Fentanyl-TTS-Therapie. (Aus Donner et al. [6])

	Gesamthäufigkeit der Nebenwirkung	95% Vertrauensintervall [%]
Atemdepression	6	3–9
Übelkeit	62	55–69
Sedierung	22	16–28
Harnretention	11	7–16
Kopfschmerzen	5	0–9
Schwindel	8	4–12
Erbrechen	26	18–35

cher Dosierung verabreicht werden. Die postoperative Latenzzeit kann verkürzt werden, indem das Pflaster 2 h vor Operationsbeginn appliziert wird.

> ! Mit Fentanyl-TTS allein lässt sich keine ausreichend gute Analgesie nach größeren Eingriffen erreichen.

Nachteilig ist auch das häufigere Auftreten von Nebenwirkungen im Vergleich zu herkömmlichen Verfahren (s. Tabelle 44.8).

44.6
Zusammenfassung

Für eine adäquate, postoperative Schmerztherapie stehen ausreichend erprobte Methoden zur Verfügung. Welches Verfahren zur Anwendung kommt, sollte von verschiedenen Faktoren abhängig gemacht werden:

- Vertrautheit mit einem Verfahren oder Medikament,
- Größe und Topographie eines operativen Eingriffs,
- Möglichkeiten der postoperativen Überwachung,
- Wünsche des Patienten.

Keinesfalls sollte die Entscheidung über das Vorgehen bei der Behandlung des postoperativen Schmerzes auf die Schultern von Krankenschwestern abgeladen werden, wie dies leider immer noch oft der Fall ist.

Oberstes Ziel einer postoperativen Schmerztherapie ist die Zufriedenheit des Patienten, die sich nur durch eine vernünftige Rückkopplung zwischen Patient und Arzt erreichen lässt. Dies muss dazu führen, dass nicht der Patient in ein starres Schema gezwängt wird, sondern Verfahren und Dosierung den Bedürfnissen des Patienten angepaßt werden.

Literatur

1. Bachmann MB et al. (1990) Postoperative Analgesie nach Thorakotomiein. In: Wulf H, Maier C (Hrsg) Intrapleurale Analgsie: Technik-Indikationen-Stellenwert eines neuen Analgesieverfahrens. Braun, Melsungen
2. Büttner J (1999) Die kontinuierliche axilläre Blockade der oberen Extremität. In: Mehrkens HH, Büttner J (Hrsg): Kontinuierliche periphere Leitungsblockaden zur postoperativen Analgesie. Astra, Wedel: 25 –28
3. Camu F, Lauwers MH, Verbessem D (1992) Incidence and etiology of postoperative nausea and vormiting. Eur J Anaesthesiol 9 (Suppl 6): 25–31
4. Conroy JM, Othersen HB (1993) A Comparision of wound instillation and caudal block for analgesia following pediatric inguinal herniorraphy. J Pediatr Surg 28 (4): 565–567
5. Delauney MD et al. (1993) Epidural clonidine decreases postoperative requirements of epidural fentanyl. Reg Anaestz 18: 176–180
6. Donner B, Zenz M, Tryba M, Kurz-Müller K (1993) Fentanyl zur postoperativen Schmerzthe-

rapie. Eine neue Alternative? Anästhesist 42: 309–315

7. Edwards ND, Wright EM (1992) Continous low-dose-3-in-1 nerve blockade for postoperative pain relief after total knee replacement. Anaesth Analg 75 (2): 265–267

8. Ferrari HA et al. (1970) The relationship of the anaesthetic agent to postoperative requirements. South Med J 62: 1201 ff

9. Flower RJ , Vane JR (1972) Inhibition of prostaglandin synthetase in brain explains the antipyretic activity of paracetamol. Nature New Biology 240: 410–411

10. Freye E (1999) Opioide in der Medizin, 4. Aufl. Springer, Berlin Heidelberg New York Tokio

11. Freye E, Helle G (1988) Der Agonist-Antagonist Nalbuphin verlängert die gastrocoekale Transitzeit und induziert kurzfristig Schmerzen nach Neuroleptanästhesie mit Fentanyl. Anästhesist 37: 440–445

12. He X et al. (1992) Effects of antipyretic analgesics on pain-related neurons on the spinal cord. In: Brune K, Santoro B (eds) Antipyretic analgesics: New insights: Birkhäuser, Basel Boston Berlin, pp 13–23

13. Jayr C, Thomas H, Rey A (1993) Postoperative pulmonary complications. Epidural analgesia using bupivacaine and opioids versus parenteral opioids. Anaesthesiology 78 (4): 666–676

14. Jurna I (1993) NSAR bei postoperativem Schmerz? Der Schmerz 7: 15–17

15. Kaiser H, Niesel HC, Klimpel L, Menge M (1986) Technik und Indikationen der kontinuierlichen 3-1 Blockade. Workshop Gießen 25./26. 4 .1986. In: Hempelmann G, Biscoping J (Hrsg) Regionalanästhesiologische Aspekte: I. Kontinuierliche Verfahren der Regionalanästhesie. Astra, Wedel, 83–94

16. Kee WD, Jones MR (1992) Extradural abszess complicating extradural anaesthesia for caesarean sectio. Br J Anaesth 69 (6): 647–652

17. Kilka HG (1999) Die vertikale infraklavikuläre Blockade des Plexus brachialis. In: Mehrkens HH, Büttner J (Hrsg): kontinuierliche periphere Leitungsblockaden zur postoperativen Analgesie. Astra, Wedel, 7–11

18. Larsen R (1994) Anästhesie, 4. Aufl. Urban & Schwarzenberg, München Wien Baltimore

19. Lehmann KA, Henn C (1987) Lage der postoperativen Schmerztherapie in der Bundesrepublik Deutschland: Ergebnisse einer Repräsentativumfrage. Anästhesist 36: 400 ff

20. Lehmann KA (1988) Postoperative Schmerztherapie. Refresher-Kurs, Mannheim

21. Meier G (1999) Der interskalenäre Plexuskatheter. In: Mehrkens HH, Büttner J (Hrsg) Kontinu-

ierliche periphere Leitungsblockaden zur postoperativen Analgesie. Astra Wedel, 7–10

22. Meier G (1999) Der distale Ischiadikuskatheter (DIK) – der kontinuierliche anteriore Ischiadikuskatheter (KAI). In: Mehrkens HH, Büttner J (Hrsg) Kontinuierliche periphere Leitungsblockaden zur postoperativen Analgesie. Astra, Wedel: 43–48

23. Niesel HC (Hrsg) (1990) Regionalanästhesie-Lokalanästhesie-Regionale Schmerztherapie. Thieme, Stuttgart New York

24. Nimmo WS (1991) Transdermal therapeutic systems in clinical use: development and applications. In: Lehmann KA, Zech D (eds) Transdermal fentanyl. Springer, Berlin Heidelberg New York Tokio: 8–13

25. Nolte H, Schmidt A (1992) Subdurale und epidurale Hämatome nach rückenmarksnahen Regionalanästhesien. Eine Literaturübersicht. Anästhesist 41(5): 276–284

26. Palmer CM, Kraemer TH (1993) Postoperative Analgesia. In Norris MC (ed): Obstetric anaesthesia. Lippincott, Philadelphia: 717–762

27. Rockemann MG, Brinkmann A, Goertz A, Seeling W, Georgieff M (1994) Analgesie und Hämodynamik unter 8µg/kg Clonidin epidural zur Schmerztherapie nach großen abdominellen Eingriffen. Anaesthesiol Intensivmed Notfallmed Schmerzther 29: 96–101

28. Scheinin B et al. (1987) The effect of bupivacaine and morphine on pain and bowel function after colon surgery. Acta Anaesthesiol Scand 36: 161 ff.

29. Seeling W, Bothner U, Eifert B (1991) Patientenkontrollierte Analgesie versus Epiduralanästhesie mit Bupivacain und Morphin nach großen abdominellen Eingriffen. Anästhesist 30: 614 ff.

30. Spittal MJ, Hunter SJ (1992) A comparision of bupivacaine instillation and inguinal field block for control of pain after herniorraphy. Ann R Coll Surg 74(2): 85–88

31. Stevens DS, Edwards WT (1991) Management of pain after thoracic surgery. In: Kaplan JA (ed): Thoracic Anaesthesia, 2nd edn. Churchill Livingstone, New York Edinburgh London: 563–582

32. Striebel HW, Wilker E (1993) Postoperative Schmerztherapie nach totalendoprothetischen Operationen an der Hüfte mittels kontinuierlicher 3-1 Blockade. Anaestesiol Intensivmed Notfallmed Schmerzther 28: 168–173

33. Swensen JD, Hullander RM (1994) A comparision of patient controlled epidural analgesia by lumbar versus thoracic route after thoracotomy. Anaesth Analg 78: 215–218

34. Tiemann A, Bettermann A (1994) Die Wundperfusion mit Bupivacain zur Minderung des postoperativen Schmerzes nach elektiven abdominalchirurgischen Eingriffen. Der Schmerz 813: 170–174

35. Urquhart E (1993) Central analgesic activity of nonsteroidal antiinflammatory drugs in human pain models. Semin Arthritis Rheum 23(3): 198–203

36. Watcha ME, White PF (1993) Postoperative nausea and vomiting. Ist etiology, treatment, and prevention. Anesthesiology 78(2): 403–406

37. Weis KH (1994) Cave: Thorakale Katheter-Epiduralanästhesie zur postoperativen Schmerztherapie. Anaesth Intensivmed 35: 202–203

38. Williams OA, Clarke FL (1993) Addition of droperidol to patient-controlled analgesia: effect on nausea and vomiting. Anaesthesia 48(10): 881–884

39. Wulf H (1995) Thromboembolieprophylaxe und Rückenmarksnahe Regionalanästhesie. Anästh Intensivmed 36: 216–217

40. Wulf H, Neugebauer E, Maier C (Hrsg) Kontinuierliche Epiduralanästhesie. In: Die Behandlung akuter perioperativer und posttraumatischer Schmerzen (1997) Thieme Stuttgart: 30ff.

41. Yeager MP, Glass DD, Neff RK, Brinck-Johnsen T (1987) Epidural anesthesia and analgesia in high risk surgicil patients. Anesthesiology 66: 729–736

42. Zenz M, Jurna I (Hrsg) (1993) Lehrbuch der Schmerztherapie. Grundlagen, Theorie und Praxis für Aus- und Weiterbildung. Wissenschaftliche Verlagsreihe, Stuttgart

Sektion G

KAPITEL 45

Postoperative Übelkeit und Erbrechen (PONV)

W. KRÖLL

45.1
Konsequenzen

Übelkeit und Erbrechen zählen während der postoperativen Phase neben Schmerzen zu den unangenehmsten Erfahrungen für den Patienten; sie stellen zudem noch eine wesentliche Ursache für die Unzufriedenheit des Patienten mit dem Anästhesisten dar. Die Häufigkeit dieser Komplikation liegt im Durchschnitt bei 25%. Zahlreich sind die Versuche, mittels pharmakologischer bzw. nichtmedikamentöser Maßnahmen dieses Problem zu beherrschen, dennoch ist diese Problematik auch trotz neuer Therapiekonzepte weiterhin existent (Watcha et al. 1992; Palazzo et al. 1984).

PONV darf als postoperatives Problem nicht unterbewertet werden; eine Vielzahl dadurch induzierter Komplikationen können den perioperativen Verlauf stören. Besonders bedeutsam ist dies dann, wenn durch längeranhaltendes PONV mit konsekutiv erforderlicher Hospitalisation die Vorteile tageschirurgischer Eingriffe zunichte gemacht werden (Clarke 1984; Cohen et al. 1990).

Das PONV kann postoperativ subjektiv und objektiv negative Auswirkungen für den Patienten aufweisen:
- Beeinträchtigung des subjektiven Wohlbefindens,
- medizinische Risiken,
- ökonomische Risiken.

> ! Übelkeit und Erbrechen zählen perioperativ zu den unangenehmsten Erfahrungen für den Patienten.

Das PONV kann das subjektive Wohlbefinden des Patienten, besonders dann, wenn dieses Ereignis in direktem Zusammenhang mit der Narkoseausleitung bzw. mit der unmittelbaren postnarkotischen Phase steht, deutlich beeinträchtigen. Simultan vorhandene Angst und Schmerzen potenzieren diese Problematik zusätzlich. Außerdem kann es für manche Patienten unangenehm sein, in Gegenwart von Ärzten und Pflegepersonal zu erbrechen und damit deren Hilfe in Anspruch nehmen zu müssen. Die physische Anstrengung durch Würgereiz und Erbrechen aggraviert das postoperative Schwächegefühl des Patienten und kann die Erholung und damit die Qualität der anästhesiologisch-chirurgischen Behandlung erheblich verzögern.

Medizinische Risiken

Die während Würgen und Erbrechen erforderlichen abdominellen Muskelkontraktionen stellen unmittelbar postoperativ eine Bedrohung der chirurgischen Wundsituation dar. Zudem kann der durch Erbrechen induzierte Anstieg des Blutdrucks in den kleinen Gefäßen von Kopf, Hals und Thorax die Blutungsgefahr und konsekutiv die Hämatombildung erhöhen und somit die Prognose der operativen Versorgung in Frage stellen.

> ! Bedroht sind besonders Patienten nach abdominalchirurgischen Eingriffen, nach operativen Interventionen im Gesicht, Ohr und Hals sowie plastische Operationen.

Sektion G

Schweres postoperatives Erbrechen führt zu Imbalancen des Flüssigkeits- und Elektrolythaushaltes. Als Risikopatienten hinsichtlich dieser Störungen gelten pädiatrische und geriatrische Patienten. Außerdem kann durch das PONV die orale Aufnahme von Medikamenten sowie von Flüssigkeit und Nahrung in der unmittelbaren postoperativen Phase unmöglich gemacht werden. Extrem starkes Erbrechen führt vereinzelt zu Verletzungen von Gefäßen am gastroösophagealen Übergang (Mallory-Weiss-Syndrom) und kann äußerst selten auch einmal mit einer Ösophagusruptur assoziiert sein.

Die frühzeitig angestrebte postoperative Mobilisation von Patienten zur Prävention tiefer Beinvenenthrombosen kann ebenfalls durch das PONV verzögert werden. Das Erbrechen kann zudem während der Einleitung einer Anästhesie, intraoperativ und unmittelbar postoperativ, wenn die Schutzreflexe noch nicht vollkommen erholt sind, zur Aspiration erbrochenen Mageninhalts mit der latenten Gefahr einer Atemwegsobstruktion und der Ausbildung einer Aspirationspneumonie führen.

Ökonomische Nachteile

Das PONV während der unmittelbaren Phase erfordert einen höheren Pflegeaufwand. Außerdem kann diese Komplikation Anlaß für eine verzögerte Entlassung des Patienten aus dem Krankenhaus sein; dies stellt besonders bei ambulant versorgten Patienten ein nicht unwesentliches Problem dar; dadurch wiederum entstehen dem Krankenhausträger zusätzliche Kosten. In seltenen Fällen kann es aufgrund von durch Würgen und Erbrechen induzierten Wundrupturen zu Reoperationen mit allen daraus für den Patienten resultierenden Folgen kommen.

45.2
Physiologie von Übelkeit und Erbrechen

Das postoperative Erbrechen ist ein multifaktorielles Geschehen, zahlreiche Afferenzen wirken fördernd auf das Brechzentrum ein; dieses ist in der Formation reticularis zwischen den Olivenkernen und dem Tractus solitarius lokalisiert; hier wird der Brechakt koordiniert: Erbrechen beginnt mit Speichelfluss, Übelkeitsgefühl, Glottisschluss, die Bauchdeckenmuskulatur kontrahiert sich, der intraabdominelle Druck steigt, die Kardia erschlafft, der obere Ösophagusspinkter öffnet sich und es kommt zum Auswurf von Mageninhalt.

Kontraktionen oder Distensionen des Magen-Darm-Traktes sowie eine manuelle Manipulation an den Schleimhäuten des oberen Gastrointestinaltraktes aktivieren Mechanorezeptoren, welche über vagale afferente Bahnen das Brechzentrum fördernd beeinflussen. Ebenso wirken Chemorezeptoren aus der Darmmukosa auf das Brechzentrum ein, dabei scheint den enterochromaffinen Zellen im Magen-Darm-Trakt eine wesentliche Rolle (Serotoninfreisetzung) zuzukommen.

Serotonerge 5-HT3-Antagonisten wirken aber auch direkt auf die Chemorezeptorentriggerzone in der Area postrema ein; in diesem Bereich üben außerdem noch andere im Blut und Liquor zirkulierende Substanzen (Opioide, Anästhetika, Toxine) einen stimulierenden Einfluss aus. Afferenzen aus dem Vestibulärapparat, Manipulationen im Bereich des N. glossopharyngeus (Rachen) sowie im Bereich des äußeren Gehörganges, optische Reize, Geruchs- und Geschmackswahrnehmungen über den Hypothalamus und das limbische System wirken ebenfalls im Sinne einer Aktivierung auf das Brechzentrum ein (emotionale Komponente von Übelkeit und Erbrechen).

Schließlich spielen in der unmittelbaren postoperativen Phase Hypoxämie, Hypotension und Schmerzen eine wesentliche Rolle in der Induktion dieser Komplikation.

> ❗ Die Ätiologie von Übelkeit und Erbrechen in der perioperativen Phase ist multifaktoriell.

Risikofaktoren

Die multifaktorielle Ätiologie von postoperativer Übelkeit, Würgen und Erbrechen spiegelt sich auch in der Vielfalt der dieses Geschehen beeinflussenden Risikofaktoren wider (Watcha et al. 1992; Purkis 1964; Palazzo et al. 1984):

Patientenbezogene Risikofaktoren
Patienten, welche in der Anamnese Hinweise auf Übelkeit und Erbrechen in der unmittelbaren postnarkotischen Phase aufweisen, sind von einem erneuten Auftreten dieser den postoperativen Verlauf beeinträchtigenden Komplikation 3mal häufiger betroffen. Als Risikopatienten sind auch jene zu klassifizieren, bei welchen sich Hinweise auf eine Reiseerkrankung, Migräne sowie eine niedrige Reizschwelle hinsichtlich induzierbarem Erbrechen finden.

Weibliche Patienten weisen ein 2- bis 3fach höheres Risiko hinsichtlich der perioperativen Induktion von Übelkeit und Erbrechen auf als Patienten männlichen Geschlechts; außerdem ist der Grad des Erbrechens bei diesen Patientinnen meist schwerer als bei Männer. Ausschlaggebend für die Dominanz des weiblichen Geschlechts für diese Komplikation dürften hormonale Faktoren sein. Ein weiterer patientenrelevanter Risikofaktor stellt das Alter dar. Kinder und Jugendliche sind 2mal häufiger betroffen als ältere Erwachsene. Außerdem treten bei Jugendlichen wesentlich häufiger durch Erbrechen induzierte Störungen des Wasser- und Elektrolythaushaltes auf; im höheren Alter scheint die Häufigkeit von perioperativer Übelkeit und Erbrechen abzunehmen.

Die Akkumulation von Anästhetika im Fettgewebe, deren dadurch bedingter längerer Verbleib im Organismus sowie die daraus resultierenden Nebenwirkungen dürften für das gehäufte Vorkommen von PONV bei adipösen Patienten verantwortlich sein. Eine zu kurze präoperative Nüchternperiode bzw. ein zu langes präoperatives Fasten können, besonders wiederum bei weiblichen Patienten, emesisfördernd wirken.

Operationsbedingte Risikofaktoren
Intraabdominelle Interventionen mit *Manipulationen am Gastrointestinaltrakt* sind mit einer besonders hohen Inzidenz von PONV assoziiert (50–70%), hingegen kommt das PONV bei operativen Interventionen an der Bauchwand wesentlich seltenere vor. Bei gynäkologischen laparaskopischen Eingriffen scheint das Pneumoperitoneum ursächlich für das gehäufte Auftreten dieser Problematik verantwortlich zu sein.

Als weiteres operatives Risiko gelten Eingriffe im Bereich des *Pharynx* sowie Manipulationen am vestibulären Apparat des *Innenohrs*. Adenotonsillektomien sind mit einer Inzidenz bis zu 70% mit PONV assoziiert.

Bei *extraokulären* Eingriffen an den äußeren Augenmuskeln (Strabismusoperationen) besteht eine Inzidenz von PONV bis zu 85%; zahlreiche Komplikationen können außerdem Folge dieses Geschehens sein: Irisprolaps, intraokulare Blutungen, Wunddehiszenz.

Das Risiko für ein PONV nach *orthopädischen* Eingriffen liegt bei 40%; dadurch kann eine frühzeitige Mobilisation dieser Patienten verhindert werden; das Risiko tiefer Beinvenenthrombosen steigt.

Als besondere Risikogruppe sind Patienten mit *nichtelektiven operativen Interventionen* zu werten; wesentliche Ursache für das gehäufte Auftreten dieser Komplikation in der genannten Patientengruppe ist unabhängig vom operativen Eingriff meist eine fehlende Nüchternperiode.

Anästhesierelevante Faktoren
Anästhesiebezogene Faktoren exakt hinsichtlich ihrer Bedeutung für das PONV zu klassifizieren, ist schwierig, da intraoperativ

Sektion G

viele dieser Substanzen simultan bzw. in zeitlich nahem Abstand appliziert werden, so dass eine Zuordnung zu einer bestimmten Substanz kaum vorgenommen werden kann.

Intravenöse Hypnotika wie Etomidat, Methohexital und Thiopental können PONV induzieren; hinsichtlich der Inzidenz weisen Etomidat und Methohexital eine höhere emetogene Potenz auf als Thiopental. Propofol dürfte sogar antiemetische Eigenschaften aufweisen; dies kommt bei einer TIVA besonders dann zum Tragen, wenn kein N2O verwendet wird (McCollum et al. 1980; Langley et al. 1980).

Opioide, appliziert als Bestandteil einer Prämedikation, zur Supplementierung einer Allgemeinanästhesie oder im Rahmen der postoperativen Schmerztherapie., können emesisfördernd wirken, wobei als Ursache einerseits eine direkte Stimulation an den μ-Rezeptoren der Area postrema, andererseits ein indirekter Angriff über eine verzögerte Magenentleerung sowie eine Sensibilisierung des Vestibularapparates diskutiert werden (Dundee et al. 1965; Haley et al. 1988).

N_2O kann durch eine Distension des Gastriointestinaltraktes, möglicherweise durch eine Interaktion mit Opioidrezeptoren, aber auch durch eine Aktivierung des Vestibularapparates emetogen wirken. Die emetische Potenz der derzeit verfügbaren *volatilen Anästhetika* Halothan, Enfluran, Isofluran sowie Sevofluran und Desfluran liegt zwischen 27–50%. Muskelrelaxanzien per se weisen keine emetogene Potenz auf; die Applikation von Neostigmin ist mit Nausea assoziiert; Atropin hingegen wirkt antiemetisch (Felts et al. 1990; Hovorka et al. 1980).

Eine Pharynxreizung während *Intubationsnarkosen* sowie eine Insufflation von Gas während Gesichts- und Larynxmaskenanästhesien können emesisinduzierend wirken; die Entlastung des Magens über eine Magensonde kann diesem Problem präventiv begegnen (Hovorka et al. 1980).

Periphere regionale Anästhesieverfahren sind mit einer Inzidenz von PONV von 4–9%, *Epiduralanästhesien* von 4–15% assoziiert, bei additiver Gabe von Opioiden steigt die Häufigkeit bis zu 40%. Zu den wesentlichen Faktoren, die während einer Regionalanästhesie für perioperative Übelkeit und Erbrechen verantwortlich sind, zählen Hypotension, Hypoxämie, eine Ausbreitung des spinalen Blocks über Th5 sowie die Angst des Patienten vor der chirurgischen Intervention (Bridenbaug 1983).

Schließlich spielt auch die *Dauer* der Narkose sowie der Operation eine wesentliche Rolle: bei Operationen mit einer Dauer bis zu 90 min ist mit einer Inzidenz von PONV bis zu 17%, bei Interventionen bis zu 210 min mit einer Inzidenz bis zu 46% zu rechnen; welche Faktoren jedoch dafür ursächlich verantwortlich zeichnen, ist derzeit zumindest noch ungeklärt.

Postoperative Risikofaktoren

Postoperativer *Schmerz*, besonders viszerale Schmerzsensationen, gelten als Trigger von Übelkeit und Erbrechen. Die Behandlung mit Opioiden erhöht die Inzidenz von PONV.

Brüske Bewegungen, wie sie während des Transportes des Patienten oft durchgeführt werden, aber auch der Versuch einer frühzeitigen postoperativen Mobilisation können erbrecheninduzierend wirken. Weitere Trigger für Übelkeit und Erbrechen in der unmittelbaren postoperativen Phase sind Hypotension, Hypoxie und Hyperkarbie. Die Aufnahme *größerer Mengen oraler Flüssigkeit* und/oder *fester Nahrungsbestandteile* kann Übelkeit und Erbrechen induzieren. Schließlich spielen psychologische Faktoren eine wesentliche Rolle in der Induktion dieser Komplikation.

45.3
Therapeutisches Management

Die therapeutischen Maßnahmen hinsichtlich Prävention und Therapie des PONV können in nichtmedikamentöse sowie in pharmakologische Behandlungsstrategien unterteilt werden.

Nichtmedikamentöse Behandlungsmaßnahmen

Eine präoperative Nüchternperiode von zumindest 4–6 h bei elektiven Eingriffen ist erforderlich, um Erbrechen und Regurgitation intraoperativ zu vermeiden. Angst, Schmerzen, Alkohol, die Zufuhr größerer Mengen von Nahrungsbestandteilen, Schwangerschaft und Hypertension können zu einer verzögerten Magenentleerung führen und das postoperative Erbrechen fördern. Sehr langes Fasten kann ebenfalls zu Übelkeit sowie zu einer intragastralen Volumenvermehrung führen und zu postoperativem Erbrechen prädestinieren.

Brüske Bewegungen des Patienten sollten in der unmittelbaren postoperativen Phase auf ein Minimum beschränkt werden. Ebenso sollten exzessive pharyngeale Stimulationen beim wachen Patienten in der Ausleitungsphase einer Anästhesie vermieden werden. Die Insufflation großer Mengen Luft in den Magen mit konsekutiver Überdehnung des Magens triggert das PONV; eine vorsichtige manuelle Beatmung während der apnoischen Phase in der Einleitungsphase vermag zu einer Reduktion der Emesisfrequenz beizutragen. Die Gewährleistung einer adäquaten analgetischen Therapie, einer adäquaten Hydration und Oxygenation sowie eines ausreichenden Blutdrucks können das PONV präventiv entgegenwirken.

Antiemetisch-pharmakologische Behandlungsstrategien

Alle derzeit zur Verfügung stehenden Antiemetika können sowohl in der Prophylaxe als auch in der Therapie der Übelkeit und des Erbrechens eingesetzt werden. Selektionskriterien für eine bestimmte Substanz sind die Effektivität, das Nebenwirkungsspektrum sowie die dabei anfallenden Kosten. Tabelle 45.1 listet die verschiedenen Angriffspunkte der derzeit verwendeten Antiemetika auf, Tabelle 45.2 zeigt die pharmakokinetischen Daten.

Phenothiazine

Phenothiazine, v. a. Chlorpromazin und Promethazin, werden sowohl in der Prophylaxe als auch in der Behandlung der Übelkeit und des Erbrechens appliziert. Beim Erwachsenen werden in der Prophylaxe der Übelkeit und des Erbrechens oral zwischen 5 und 10 mg, in der Behandlung des PONV initial 20 mg, bei wiederholten Bedarf nach mindestens 2 h 10 mg oral bzw. i.m. 12 mg appliziert. Die wesentlichste Nebenwirkung dieser Substanzgruppe ist die Induktion extrapyramidaler Symptome: Mundtrockenheit, Schlafstörungen, Agitation sowie orthostatische Hypotension. Bei Patienten mit präexistenten renalen und hepatischen Dysfunktionen, Epilepsie und Parkinsonismus sowie bei älteren Patienten sollten Phenothiazine vermieden werden (Howatt 1960; Loeser et al. 1979).

Tabelle 45.1. Rezeptoraffinität antiemetisch wirksamer Medikamente

	D_2-Rezeptor	Muskarinischer Rezeptor, cholinerger Rezeptor	Histaminrezeptor	Serotoninrezeptor
Phenothiazine	++++	++	++++	–/+
Butyrophenone	++++	– – – –	+	–/+
Antihistaminika	++	++	+++	– – – –
Anticholinergika	+	++++	+	– – – –
Metoclopramid	+++	– – – –	+	++
5-HT3-Antagonisten	– – – – –	– – – – –	– – – – –	++++

Sektion G

Tabelle 45.2. Pharmakokinetische Daten antiemetisch wirksamer Medikamente

	T1/2 (h)	Vd [l/kgKG]	Cl [ml/min/kgKG]	Bioverfügbarkeit oral/i.m.
Phenothiazine	30	21	9,1	<20%/?
Butyrophenone	2	1,6	10	+/+
Antihistaminika	13	13	16,2	
Anticholinergika	2--4	1,2	15	+/+
Metoclopramid	4	2,2	10	+/+
5-HT3-Antagonisten	3	2,3	+/?	++++

Dopaminantagonisten

Metoclopramid ist ein nichtspezifischer Antagonist zentraler und peripherer Dopaminrezeptor. Obwohl die Verwendung dieser Substanz sehr weit verbreitet ist, liegen nur wenige Daten zur Prophylaxe und Therapie des PONV vor. Der Hauptangriffspunkt von Metoclopramid ist der Dopamin-2-Rezeptor, Metoclopramid scheint jedoch auch eine schwache 5-HT3-anatgonistische Wirkung zu entfalten; diese dürfte auch für die antiemetische Wirkung dieser Substanz verantwortlich sein. Die übliche Dosierung in der Behandlung des PONV liegt für Metoclopramid bei 10 mg oral, i.m. bzw. i.v. Als wesentlichste Nebenwirkung gilt die Induktion extrapyramidaler Reaktionen, die Erhöhung des Serumprolaktinspiegels, eine Beeinträchtigung des Bewusstseins sowie die Auslösung von Diarrhöen; eine Dosisreduktion sollte bei präexistenten renalen und hepatischen Erkrankungen vorgenommen werden (Harrington et al. 1983).

Butyrophenone

Butyrophenone, im wesentlichen Droperidol und Haloperidol, weisen ebenfalls antiemetische Wirkungen auf. Droperidol wird häufig sowohl zur Prophylaxe als auch zur Therapie der Übelkeit und des Erbrechens verabreicht. Die gleichzeitige Applikation von Benzodiazepinen und/oder Opioiden in der Prämedikation kann zu einer Verlängerung der Wirkdauer führen. Bis zu 10 mg i.m. in der Prophylaxe und bis zu 5 mg i.m.

oder i.v. in der Behandlung von PONV werden empfohlen. Als wesentliche Nebenwirkungen gelten die Induktion extrapyramidaler Symptome, Sedierung und Hypotension. Kontraindiziert sind Butyrophenone bei gleichzeitiger bestehender schwerer Depression, bei schweren Lebererkrankungen, bei Parkinsonismus und Epilepsie (Jorgensen et al. 1990; Loeser et al. 1979; Verhasselt et al. 1985).

Antihistaminika

Antihistaminika werden ebenfalls in der Behandlung des PONV eingesetzt, zur Prophylaxe dieser Komplikation scheinen sie jedoch aufgrund der kurzen Wirkdauer nicht geeignet zu sein; die wesentlichste Nebenwirkung dieser Substanzgruppe ist eine Sedierung (Howatt 1960; Loeser et al. 1979).

Anticholinergika

Anticholinergika werden in der Prämedikation zur Verminderung einer exzessiven Sekretion verwendet, weisen aber auch antiemetische Wirkungen auf (Bailey et al. 1990). Durch die Umstellung von Prämedikationsschemata auf die orale Applikation von Benzodiazepinen haben Anticholinergika in der Emesisprophylaxe wesentlich an Bedeutung verloren. Die Nebenwirkungen einer anticholinergen Prämedikation bestehen in Tachykardie, Mundtrockenheit, Sedierung und Desorientierung bei älteren Patienten.

5-HT$_3$-Antagonisten

5-HT$_3$-Antagonisten wurden vorwiegend in der Behandlung der Übelkeit und des Erbrechens, induziert durch Zytostatika, eingesetzt. Die sehr guten Ergebnisse haben dazu ermutigt, diese Medikamente auch zur Behandlung des PONV zu verwenden. Die verfügbaren Untersuchungen lassen derzeit zumindest keine wesentlichen Vorteile der 5-HT$_3$-Antagonsiten erkennen. Die Inzidenz von Nebenwirkungen ist gering, über Kopfschmerzen, Obstipation, und Flushsensationen wird berichtet. Im Gegensatz zu den bisher genannten Substanzgruppen ist es nach Verabreichung von 5-HT$_3$-Antagonisten zu keinen extrapyramidalen Symptomen gekommen (Bodner et al. 1991; Larijani et al. 1991; Loeser et al. 1990).

Literatur

Bailey PL, Streisand JB, Pace NL, Bubbers SJM, East KA, Mulder S, Stanley TH (1990) Transdermal scopolamine reduces nausea and vomiting after outpatient laparoscopy. Anesthesiology 72: 977–980

Bodner M, Poler SM, White PF (1991) Antiemetic efficacy of ondansetron after ambulatory surgery. Anesth Analg 73: 250–254

Bridenbaug LD (1983) Regional anesthesia for outpatient surgery. A summary of 12 years experience. Can Anesth Soc J 30: 548–522

Clarke RSJ (1984) Nausea and vomiting. Br J Anaesth 56: 19–27

Cohen MM, Cameron CB, Buncan PG (1990) Pediatric anesthesia morbidity and mortality in the perioperative period. Anesth Analg 70: 160–167

Dundee JW, Kirwan MK, Clarke RSJ (1965) Anaesthsia and premedication as factors in postoperative vomiting. Acta Anesthesiol Scand 9: 223–231

Felts JA, Poler SM, Spitznagel EL (1990) Nitrous oxide, nausea and vomiting after outpatient gynecologic surgery. J Clin Anesth 2: 168–171

Haley S, Edelist G, Urbach G (1988) Comparison of alfentanil, fentanil and enflurane as supplements to general anaesthesia for outpatient gyynecologic surgery. Can J Anesth 35: 570–575

Harrington RA, Hamilton CW, Brogden RM, Linkewich JA, Romankiewicz R, Heel RC (1983) Metoclopramide: an updated review of ist pharmacological properties and clinical use. Drugs 25: 451–494

Howorka J, Kortilla K, Erkola O (1990) The experience of the person ventilating the lungs does influence postoperative nausea and vomiting. Acta Anesthesiolo Scand 34: 203–205

Howatt DDC (1960) Antieetic drugs in anesthesia: double blind trial of two phenothiazine derivates. Anesthesia 15: 289–297

Jorgensen NH, Coyle JP (1990) Intravenous droperidol decreases nausea and vomiting after alffentanil anesthesia without increasing recovery time. J Clin Anesth 2: 312–316

Langley MS, Heel RC (1988) Propofol: a review of ist pharmacodynamic and pharmacokinetic properties and ist use as an intravenous anesthetic agent. Drugs 35: 334–372

Larijani GE, Gratz I, Afshar M, Minasian S (1991) Treatment of postoperative nausea and vomiting with ondansetron: a randomized double-blind comparison with placebo. Anesth Analg 73: 246–249

Leeser J, Lip H (1991) Prevention of postoperative nausea and vomiting using ondansetron, a new selective 5-HT3-receptor antagonist. Anesth Analg 72: 751–755

Loeser EA, Bennet G, Stanley TH, Machin R (1979) Comparison of droperidol, haloperidol and prochlorpromazine as postoperative antieemtics. Can Anesth Soc J 26: 125–127

McCollum JSC, Miligan KR, Dundee JW (1989) The antiemetic effect of propofol. Anesthesia 43: 239–240

Palazzo MGA, Strunin L (1984) Anesthesia and emesis: Etiology. Can Anesth Soc J 31: 178–187

Purkis IE (1964) Factors influencing postoperative vomiting. Can Anesth Soc J 11: 335–353

Verhasselt L, Troch E, Verheecke G (1985) Dehydrobenzperidol as perioperative antiemetic: most effective administration time. Acta Anesthesiol Bel 39: 43–48

Watcha MF, Simeon RM, White PF, Stevens JL (1991) Effect of propofol on the incidence of postoperative vomiting after strabismus surgery in pediatric outpatients. Anesthesiology 75: 204–209

Watcha MF, White PF (1992) Postoperative nausea and vomiting. Anesthesiology 77: 162–184

Sektion G

KAPITEL 46

Späte postoperative Phase

W. F. List

Bei den Komplikationen des Patienten während seines Krankenhausaufenthalts spielen die präoperativ festgestellten Vorerkrankungen des Patienten und sein Alter eine wesentliche Rolle. Abgesehen von den Folgen der malignen Hyperthermie, Halothanhepatitis oder einer während oder unmittelbar nach der Anästhesie erlittenen Aspiration ist die Anästhesie selbst kein ursächlicher Faktor von Komplikationen in der Spätphase.

Präoperativ erkennbare Faktoren, die bei den späten postoperativen Komplikationen eine Rolle spielen, sind in der Reihe ihrer Häufigkeit und Bedeutung (List et al. 1985; Link 1985; Lutz 1985):

- Herzerkrankungen,
- Lungenerkrankungen,
- Diabetes mellitus,
- Nieren- und Elektrolytstörungen,
- ZNS-Störungen,
- Alter über 70 Jahre,
- Fettsucht.

In einer eigenen Untersuchung (List et al. 1985) kam es bei schwerkranken Patienten (ASA-Gruppen III und IV) in der postoperativen Phase nach elektiven allgemeinchirurgischen Eingriffen bei 75–87% der Patienten zu ernsten postoperativen Störungen. Die meisten Komplikationen waren aus der präoperativen Untersuchung voraussehbar.

Nach ihrer relativen Häufigkeit geordnet wurden folgende postoperativen Störungen während des Krankenhausaufenthalts gesehen:

- kardiale Dekompensation, Arrhythmien,
- Hyper-, Hypotonie,
- Nierenfunktionsstörungen,
- diabetische Entgleisungen,
- pulmonale Komplikationen,
- zerebrovaskuläre Insuffizienz,
- Thromboembolie,
- Blutungen,
- Stressulkus,
- Sepsis.

Unerwartet war, dass die bronchopulmonalen Erkrankungen, die präoperativ in ihrer Häufigkeit an 2. Stelle gefunden wurden, bei den späten postoperativen Komplikationen, in dieser Studie jedenfalls seltener als zu erwarten, an 4. Stelle zu finden waren. Bei Regionalanästhesien waren bronchopulmonale Komplikationen sogar noch seltener, was allerdings auch auf die peripheren Operationsgebiete, bei denen Regionalanästhesie angewendet wurde, zurückgeführt wird. Wurden früher noch postoperative Komplikationen der Atmung sowie auch Todesfälle an vorderster Stelle gefunden (Lutz et al. 1976; Ahnefeld et al. 1976), finden sie sich in den neueren Komplikationsstatistiken weiter hinten. Präoperative pulmonale Erkrankungen sind durch Screeningmethoden gut erkennbar und jedem Anästhesisten ein Warnsignal für Überwachung und Therapie auf der Aufwachstation, evtl. auch für eine prolongierte Überwachung und Therapie auf der Intensivpflegeeinheit. Nierenfunktionseinschränkungen, die präoperativ meist wenig beachtet werden, weil sie für die Anästhesie keine unmittelbare Auswirkungen haben, waren postoperativ von großer Bedeutung. Nach eigenen Untersuchungen (List et al. 1985; Filzwieser et al. 1983) werden die Nierenfunktionsstörungen und Elektrolytimbalancen in der späten postoperativen Phase jedoch nach den kardiovaskulären

Komplikationen an zweiter Stelle gesehen, in gleicher Weise auch bei den späten postoperativen Todesfällen. Es zeigt sich, dass Funktionseinschränkungen der Niere, die – wenn auch oft nur geringgradig über die altersbedingte Einschränkung hinausgehend – in der postoperativen Phase unbedingt eine Therapie benötigen. Bei einer retrospektiven Nachuntersuchung aller Komplikationen und Todesfälle in Zusammenhang mit der Nierenfunktion konnten wir feststellen, dass schon die präoperativen Kreatininwerte dieser Patienten geringgradig, aber signifikant höher waren als bei den übrigen Patienten. Die höchsten Kreatininanstiege wurden am 3. postoperativen Tag gefunden. Dies macht also bei den schon präoperativ erkennbaren nierenfunktionseingeschränkten Patienten eine entsprechend postoperative Überwachung der Nierenfunktion und eine intensive Therapie über 3–5 Tage notwendig.

Kontrolle der Nierenfunktion:
- Harnkatheter anlegen,
- Harnvolumen, Osmolarität,
- Serumelektrolyte, Harnstoff, Kreatinin,
- Kreatininclearance im Harn.

Postoperative Flüssigkeitstherapie:
- i.v.-Flüssigkeitstherapie über 3–5 Tage,
- Elektrolytsubstitution,
- exakte Bilanzierung,
- Harnmenge etwa 1 ml/kg KG/h.

46.1
Thromboembolien

Thromboembolische Komplikationen sind v.a. in der postoperativen Phase von Bedeutung, wobei die Virchow-Trias mit Stase, Wandschädigung und Hyperkoagulabilität als Folge des operativen Eingriffs eine wesentliche Rolle spielt. Die schon erwähnten konstitutionellen Faktoren wie Alter, Geschlecht, Übergewicht und die Immobilisierung spielen noch zusätzlich eine wesentliche Rolle. Als prädisponierende Erkrankungen sind v.a. Varizen, maligne Tumoren, Infektionskrankheiten, Herzerkrankungen sowie Dehydratation und Schock von größter Bedeutung. Die Häufigkeit thromboembolischer Komplikationen wird mit 2–30% angegeben, wobei bis zu 1% tödlich verlaufen kann.

Prophylaxe (vgl. Kap. 10)

Die schon aus der Anamnese und den Risikofaktoren erkennbare erhöhte thromboembolische Gefährdung einzelner Patienten sollte uns dazu veranlassen, rechtzeitig einen prophylaktischen Schutz ins Auge zu fassen.

Als Schutzmaßnahmen gegen Thromboembolien kommen in Frage:
1. Low-dose-Heparin, evtl. unmittelbare präoperativ mit 5 000 I.E. s.c. beginnend, sollte postoperativ mit 2–3 Dosen/Tag mit jeweils 5 000 I.E. bis zur vollen Mobilisierung des Patienten fortgesetzt werden.
2. Dextrane, wobei v.a. höhermolekulare Dextrane (60 000–80 000) wegen ihrer längeren Halbwertszeit Anwendung finden sollten. Eine Haptenprophylaxe muss der intraoperativen Dextrangabe wie auch der täglichen postoperativen Dextranverabreichung vorausgehen.
3. Zusätzliche Maßnahmen wie Flüssigkeitstherapie, elastische Binden und Gummistrümpfe sowie eine frühzeitige Mobilisierung sollten diese Maßnahmen noch zusätzlich unterstützen.

Die Gefahr der erhöhten Blutungsneigung und des erhöhten postoperativen Blutverlustes wird durch diese Maßnahmen gering gehalten, kann aber nicht völlig ausgeschlossen werden. Die Prophylaxe ermöglicht aber eine Reduzierung der Inzidenz der so häufigen Thromboembolien und auch der tödlichen Embolie auf etwa 1/6. Selbstverständlich müssen Einwände des Chirurgen erwogen und Kontraindikationen gegen die Anwendung von Antikoagulanzien berücksichtigt werden.

46.2
Gewichtung postoperativer Komplikationen

Für den Anästhesiologen sind immer noch die ersten 24 postoperativen Stunden von größter Bedeutung, da sie medizinisch und rechtlich in sein unmittelbares Aufgabengebiet fallen. Dem im Aufwachraum tätigen Personal wie Ärzten und Schwestern kommt die Verhinderung von Hypoxämieschäden als Folge von Anästhetikaüberhang durch Überwachung und Therapie sowie die Verantwortung der Entlassung des Patienten auf seine Station zu. Eine Untersuchung der Anästhesiemortalität von Lunn u. Mushin (1982) hat gezeigt, dass sich die Hälfte der Anästhesietodesfälle in den ersten 24 h nach einem operativen Eingriff auf der Station ereignet. Als Ursachen wurden Fehler in der Einschätzung des Wachheitszustandes, der Suffizienz der Atmung und Personalmangel angeführt. Gerade diese Studie macht die Verantwortung des Anästhesisten, der die Anästhesie durchführt bzw. in der Aufwachstation tätig ist, klar. Aber auch eine Aspiration bei Notfallpatienten sowie nichtentdeckte chirurgische Komplikationen können eine Rolle spielen. Todesfälle in den ersten 24 h nach operativen Eingriffen werden fast immer der Anästhesie zugeordnet und müssen auch rechtlich verantwortet werden. Es besteht kein Zweifel, dass auch Komplikationen chirurgischer Art, aber auch Myokardinfarkt, Blutungen, zerebraler Insult und Lungenembolien eine Rolle spielen können. Gemessen an Schwere und Häufigkeit des Auftretens stehen jedoch anästhesiologische Komplikationen in den ersten 24 h im Vordergrund. Nicht immer wird es jedoch möglich sein, durch eine exakte Diagnose möglicherweise vermeidbare und nichtvermeidbare postoperative Todesfälle auseinanderzuhalten.

Die späte postoperative Phase sollte vom Anästhesiologen auch in Zusammenarbeit mit dem Chirurgen mitgestaltet werden, wenn aus der präoperativen Untersuchung Probleme für die postoperative Phase erwartet werden. Vor allem bei kardialer Dekompensation, pulmonalen und metabolischen Problemen sowie bei Nierenfunktionseinschränkung können eine konsequente Überwachung, Medikationen und Flüssigkeitstherapie Komplikationen während eines Krankenhausaufenthalts vermeiden helfen. So könnte eine aktive Rolle des Anästhesisten auch in der späteren postoperativen Phase durch sein intensivmedizinisches Wissen zu einer Verminderung der Krankenhausmorbidität und -letalität der uns anvertrauten Patienten führen.

Literatur

Ahnefeld FW, Bergmann H, Burri C, Dick W, Halmagyi M, Rügheimer E (1976) Der Risikopatient in der Anästhesie. Respiratorische Störungen – Vorwort. Springer, Berlin Heidelberg New York, S 12

Filzwieser G, List WF (1983) Morbidity and mortality in elective geriatric surgery. In: Vickers MD, Lunn JN (eds) Mortality in anaesthesia. Springer, Berlin Heidelberg New York, pp 75–82

Link J (1985) Das Anästhesierisiko. VCH Verlag, Weinheim

List WF, Kröll W, Filzwieser G (1985) Perioperatives Risiko schwerkranker chirurgischer Patienten. Anaesthesist 34: 612–618

Lunn JM, Mushin WW (1982) Mortality associated with anesthesia. Nuffield Provincial Trust, London

Lutz H, Klose R, Peter K (1976) Die Problematik der präoperativen Risikoeinstufung. Anästh Inform 17: 342

Lutz H (1985) Die anästhesiologische Poliklinik (Hrsg Just OH, Wiedemann K). Thieme, Stuttgart New York

Risikomanagement und Standardmonitoring

KAPITEL 47

Risiken für den Anästhesisten

W. F. List

Nach Eliminierung aller brennbaren und explosiblen Anästhetika und Gase aus dem Operationssaal gilt es, die Schädlichkeit von Spuren von N_2O und halogenierten Kohlenwasserstoffen im Operationssaal zu überprüfen. Die Untersuchung über Folgen einer chronischen Exposition mit Anästhesiegasen beim Operationssaalpersonal wurde zuerst mit Hilfe epidemiologischer Untersuchungen, danach durch In-vitro- Studien an Zellkulturen, an Labortieren und an Menschen gemacht. Unzählige Untersuchungen über die Fertilität, spontane Abortusraten, die Inzidenz konginentaler Malformationen, Mortalität, Karzinomhäufigkeit, Beeinträchtigung des hämopoetischen Systems, Lebererkrankungen, neurologische Erkrankungen und psychomotorische Tests wurden gemacht. Die größte epidemiologische Studie stammt vom Ad-hoc-Kommittee der ASA 1974 (Ad hoc Committee on the Effect of Trace Anesthetics). Sie hat knapp 50000 Fragebögen an das Operationssaalpersonal als exponierte Gruppe und an 24000 Personen der amerikanischen Akademie für Pädiatrie und der amerikanischen Schwesternassoziation als nichtexponierte Gruppe verschickt. Es wurde ein erhöhtes Risiko an spontanen Aborten, kongenitalen Abnormalitäten bei Kindern von Frauen, die im Operationssaal arbeiteten, ein erhöhtes Risiko an kongenitalen Abnormalitäten bei nichtexponierten Frauen von männlichen Operationsangestellten, ein erhöhtes Risiko für Zervixkarzinomen bei Frauen im Operationssaal und eine erhöhte Inzidenz von Leberfunktionsstörungen bei beiden im Operationssaal exponierten Geschlechtern gefunden. Bei Berücksichtigung aller Kritiken

an dieser Studie über die Durchführung und Auswertung und anderer auf diesem Gebiet durchgeführter Studien scheint ein erhöhtes Risiko bei Spontanabort und kongenitalen Abnormalitäten zu bestehen. Das relative Risiko des Spontanaborts für weibliche Anästhesisten war 1,4, für Anästhesieschwestern 1,3, was eine 40– bzw. 30%ige Erhöhung gegenüber den Kontrollgruppen bedeutet. Bedenkt man, dass das relative Risiko von Lungenkrebs bei Rauchern um einen Faktor 8–12 (800–1 200% gegenüber den Nichtrauchern) höher liegt, wird die relativ geringe Bedeutung der Spurenverunreinigungen im Operationssaal klar.

Epidemiologische Untersuchungen ermöglichen keine Zuordnung der Faktoren, die neben der Verunreinigung im Operationssaal eine Rollen spielen können, nämlich Stress, Röntgenstrahlen und Infektionen. Die epidemiologischen Untersuchungen erlauben also nicht mit letzter Klarheit den Schluss, dass Anästhesieabgase schädlich sind. Die Annahme, dass sie harmlos sind, ist aber auch nicht möglich. In der ASA-Studie wurde auch das relative Risiko für Lebererkrankungen bei Männern mit +60% und bei Frauen mit +50% gefunden. Bei Frauen wurde auch ein erhöhtes Risiko für Zervixkarzinome und Nierenerkrankungen festgestellt. Der epidemiologische Befund von Lebererkrankung könnte jedoch auch als Folge von Infektionen entstanden sein, da etwa 20% des Anästhesiepersonals serologische Zeichen einer Infektion mit Hepatitis B hatten (Berry et al. 1989). Nierenerkrankungen, die nur Frauen betreffen, sind ebenfalls eine unklare Folge von Spuren von Anästhetika im Operationssaal.

Anästhetika in klinischer Dosierung führen zu einer Störung der Zellteilung durch reversible Verminderung der Aufnahme von Sauerstoff in den Mitrochondrien. N_2O in klinisch nützlicher Dosierung führt zu Störungen des hämopoetischen Systems und der neuronalen Zellen. Bei längerer Anwendung kommt es zu einer Verminderung der Aktivität der Methioninsynthetase der Leber bei Ratten und auch beim Menschen (Nunn et al. 1981). Hohe Konzentrationen von N_2O über längere Zeit (>8 h bis mehrere Tage) führen zur Anämie und Polyneuropathie, wohingegen chronische Expositionen von Spurenverunreinigungen mit N_2O diese Effekte nicht haben. Polyneuropathien bei Dentisten, die über Jahre hohen Konzentrationen ausgesetzt waren, sind bekannt. Ebenso ist auch eine Knochenmarkdepression nach Langzeitanwendung von N_2O mit Agranulozytose und Störung der Immunabwehr bekannt.

Anästhetika und psychomotorische Tests

Bruce et al. (1974) konnten bei 500 ppm N_2O und 15 ppm Halothan über 4 h bei 4 von 12 Tests einer Testbatterie Störungen finden. Bei N_2O allein war nur 1 von 12 Tests gestört. Bei geringeren Konzentrationen konnte derselbe Autor 1976 bei 50 ppm N_2O und 1 ppm Halothan eine Störung der visuellen Perzeption und des Sofortgedächtnisses feststellen. Bei geringeren Konzentrationen wurde kein Effekt gefunden. Dies dürfte vermutlich die Grundlage der amerikanischen Bestimmungen der maximalen Arbeitsplatzbelastung mit Anästhesiegasen der NIOSH gewesen sein.

47.1
Grenzwertfestlegungen

Der US-Standard des National Institute for Occupational Safety and Health (NIOSH 1977) beträgt für halogenierte Anästhetika 0,5 ppm und für N_2O 25 ppm. In Österreich (AUVA 1989 – Allgemeine Unfallversiche-rungsanstalt) liegen die Werte für die maximale Arbeitskonzentrationen (MAC) für Halothan bei 5 ppm und für N_2O bei 100 ppm. Es handelt sich dabei um mittlere Arbeitsplatzkonzentrationen, die kurzzeitig überschritten werden dürfen. In Deutschland (Bundesland Hamburg) werden maximal 5 ppm Halothan und bis zu 100 ppm N_2O toleriert (Deutsche Forschungsgemeinschaft 1989). In der Schweiz gelten für N_2O 100 ppm, Halothan 5 ppm, Enfluran und Isofluran 10 ppm (Maier et al. 1995).

47.2
Methoden der Luftverbesserung im OP

Absaugung am Narkosegerät:
1) Ein Sog mit einer Saugleistung von 24–50 l/min im Absaugsystem (0,5 atü), der die Überlaufventile nicht stört, kann eine Schadstoffreduktion um 80–90% ermöglichen (Gilly et al. 1991).
2) Einfüllen der flüssigen Anästhetika mit Hilfe von Abfüllstutzen.
3) Es sollen möglichst geschlossene Narkosesysteme, d.h. mit geringem Frischgasflow verwendet werden. Offene und halboffene Systeme sind nicht mehr vertretbar. Die Gasmenge sollte nach der Einleitung nicht mehr als 2–3 l betragen. Minimalflowsysteme sind zu bevorzugen.
4) Doppelmaske bei Maskennarkosen v.a. im Kindesalter.
5) Verwendung von Opiaten statt volatiler Anästhetika, wenn eine postoperative Nachbetreuung in Aufwachräumen möglich ist, N_2O fällt aber trotzdem an.
6) Beim Operationssaalbau ist darauf zu achten, dass die Aircondition eine Umwälzung der gesamten Operationssaalluft mindestens 15– bis 20mal pro Stunde durchführt. Bei Reinraumoperationssälen erfolgt die Luftumwälzung 600mal pro Stunde. Eine Rezirkulation der Luft muss weitgehend ausgeschaltet sein.

Die Verwendung von Filtern mit aktivierter Kohle hat sich als nicht ausreichend erwiesen, ebensowenig die Absaugung von Narkosegasen vom Boden, da durch die Bewegung ständig Turbulenzen entstehen.

Messmethoden zur Feststellung volatiler Anästhetika und N_2O:
1) Infrarotspektroskopie,
2) Massenspektroskopie,
3) Gaschromatographie.

Da eine kontinuierliche Überprüfung der OP-Saalluft über längere Phasen (Einleitung, Aufrechterhaltung, Ausleitung) notwendig ist, ist die Gaschromatographie praktisch nicht anwendbar. Am besten bewährt hat sich die Infrarotspektroskopie mit preislich günstigen Geräten, die kontinuierlich zwischen 0 und 400 ppm bei volatilen Anästhetika und bis 2 000 ppm bei N_2O mit einer Genauigkeit von 1–2 ppm messen können. Neuere Messungen in Operationssälen mit und ohne Abluftanlagen haben unterschiedliche Werte gezeigt, wobei v.a. Kinderoperationssäle (Maier et al. 1995), Zahn- und HNO-Operationen Kurzbelastungen bis 1 500 und Dauerwerte weit über den ebenen Grenzwerten gezeigt haben. Die Ursache der hohen Kontamination trotz Absaugung war bei vielen kurzen Operationen Maskennarkosen mit zu hohen Frischgasflows (Gilly et al. 1991).

47.3
Röntgenstrahlen

Die internationale Kommission für Strahlenschutz empfahl 1990, dass Personen, die vorübergehend oder dauernd im Kontrollbereich, wo durch Ganzkörperexposition höhere Körperdosen als 15 msv auftreten, arbeiten, d.h. bei beruflich strahlenexponierten Personen, die effektive Dosis von 50 msv in keinem Jahr überschritten werden soll [1 Millisievert (msv) = 100 Milliröntgen (mR)]. Bei diesem Personenkreis soll über den Zeitraum von 5 Jahren die gemittelte effektive Dosis den Grenzwert von 20 msv pro Jahr nicht übersteigen. Als beruflich strahlenexponierte Menschen gelten alle diejenigen Personen, die arbeitsbedingt mehr als 5

msv pro Jahr an effektiver Dosis erhalten können. In zahlreichen Spezialbereichen der Krankenhäuser wie in den Intensivstationen, in Angiographie- und Herzkatheterlabor oder bei der Lithotripsie können auch Anästhesisten einer Strahlenbelastung ausgesetzt sein. Deshalb müssen auch Anästhesisten gegebenenfalls Filmdosimeter im Kontrollbereich tragen und diese monatlich auswerten lassen.

> **!** Nach Angaben in der Literatur (Linde et al. 1969) beträgt die mittlere Personendosis bei Anästhesisten 0,13 msv (13 mR) pro Woche. Oberer Grenzwert wäre 1 msv pro Woche. Im Vergleich dazu erhält der Mensch durch die natürliche Strahlenexposition eine effektive Dosis von ca 2 msv pro Jahr.

47.4
Infektionsrisiko im OP

Respiratorische Viren wie Influenza-, Parainfluenza-, Rhino- oder Adenoviren können durch Tröpfcheninfektion als Folge von Husten und Sprechen auch über größere Distanzen übertragen werden. Infektionen sind von Arzt zu Patient und natürlich von Patient zu Patient und von Patient zu Arzt möglich.

Herpes-simplex-Virus: Enger interpersoneller Kontakt ist für die Übertragung von Herpesviren notwendig. Die meisten Individuen haben selbst schon Infektionen mit Herpes durchgemacht.

Typ 1 (Herpes labialis): Tritt häufig nach primären Infektionen auf und persistiert im latenten Stadium.

Typ II: Geht zumeist mit einer genitalen Infektion einher und ist sexuell übertragbar. Die Übertragung von Herpestyp-II-Viren auf die Finger von Anästhesiepersonal ist eine bekannte berufsbedingte Infektion für Anästhesisten (Juel-Jensen et al. 1973).

Sektion H

Hepatitis-B-Virus (HBV): Stellt ein signifikantes berufsbedingtes Risiko für das medizinische Personal dar, speziell für Anästhesisten. HBV ist ein wichtiger Verursacher chronischer Hepatitiden und Leberzirrhose und eine mögliche Vorstufe für ein primäres Leberzellkarzinom. Die Erkrankung tritt v.a. bei Erwachsenen in einer Frequenz von 0,1–0,5% auf. Die Inzidenz der seropositiven Hepatitis B liegt zwischen 4 und 49%, im Mittel bei 20% in den untersuchten Anästhesieabteilungen der Vereinigten Staaten (Berry et al. 1989). In 90% der Fälle geht die Hepatitis B ohne signifikante Änderung der Leber einher. 10% werden chronisch infizierte Träger der Hepatitis B, 1% entwickeln eine fulminante Hepatitis mit einer Letalität von 60%. Besonders häufig ist die Hepatitis B bei Homosexuellen, bei Hämodialysepatienten und bei Patienten mit Sucht mit einer parenteralen Droge.

Hepatitis C: Sie wird Seit 1990 routinemäßig getestet und führte zu einem Ausschluss von 2–3% aller Blutkonserven (Japanese Red Cross Non-A, Non-B Hepatitis Research Group 1991). Derzeit gibt es noch keine Studien über die Frequenz von Hepatitis C bei Ärzten.

Aids durch HIV: Neben der sexuellen und perinatalen Übertragung von HIV kann dieses auch durch infiziertes Blut, Blutprodukte, gemeinsam genutzte Nadeln sowie Körpersekretionen (Milch, Speichel) übertragen werden. In retrospektiven und prospektiven Untersuchungen konnte gezeigt werden, dass das Risiko von HIV-Infektionen bei den verschiedenen Krankenhausangestellten außerordentlich gering ist. Das Risiko einer berufsbedingten Infektion mit HIV ist jedoch nicht Null. 4 von 963 Krankenhausangestellten (Ärzte, Schwestern, Medizinstudenten) mit HIV-Blutexposition durch Nadelstiche zeigte eine HIV-Serokonversion von 0,42% (Marcus 1988). Insgesamt sind 11 HIV-Infektionen durch Nadelstiche bei Krankenhausangestellten publiziert worden. In zunehmendem Maß sind auch Intensivstationen Orte von möglicher Gefährdung von Krankenhausangestellten mit HIV. In einer großen Übersicht über 2 275 Patienten in einer Notfallaufnahme und ICU in den USA zeigten 5,2% Antikörper gegen HIV, die meisten hatten noch kein Aids (Kelen et al. 1988). Besondere Vorsicht ist daher bei Patienten geboten, die HIV-infiziert sind, aber noch nicht bekannt sind. Diese Möglichkeit besteht auch bei Unfallopfern und Notfallaufnahmen. Daher sollten alle Patienten als potentiell infiziert und entsprechend vorsichtig behandelt werden. Allerdings können auch Ärzte davon selbst nicht ausgenommen werden, als Überträger von HIV an Patienten im Krankenhaus oder Ordination zu fungieren.

Vorsichtsmaßnahmen

Bei allen invasiven Eingriffen sind Gummihandschuhe zu tragen, bei möglicherweise infizierten Patienten auch Masken und Brillen. Nach jedem Kontakt sind die Hände zu waschen, Nadeln sollten nach der Verwendung nicht verbogen oder gebrochen werden. Bei der Reanimation ist immer eine Atmungshilfe zu verwenden, die einen direkten Kontakt bei der Mund-zu-Mund- oder Mund-zu-Nasenbeatmung verhindert. Von einer Routinebehandlung von HIV-Patienten ist abzuraten, wenn der Arzt irgendwelche dermatologischen Probleme durch die Exsudation hat. Eine Routinetestung des Krankenhauspersonals ist allerdings abzulehnen.

47.5
Immunologische Störungen

Beim Anästhesiepersonal, das einer chronischen Exposition mit höheren N_2O- und Halothanwerten ausgesetzt war, konnten deutliche Unterschiede im weißen und roten Blutbild gegenüber Kontrollpersonen gesehen werden. Es kam zu einer Senkung der roten Blutkörperchen und des Hämatokrits und Hämoglobins. Basophile Leukozyten und B-Lymphozyten fallen ab, Monozyten und T-Lymphozyten sind unverändert. Nach 3–4 Wochen Ferien kommt es im allgemeinen zu einer Normalisierung (Peric et al. 1991). Der Serumimmunglobulinspiegel war bei älteren Individuen zu Zeiten stärkster Arbeitsbelastung deutlicher beeinträchtigt (Peric et al. 1994).

47.6
Latexallergie

Latex ist die milchige Absonderung des Gummibaums (Hevea brasiliensis), sie besteht aus hunderten von wassergelösten Proteinen, die als Allergene wirken können. Diese Lösung wird konzentriert, erhitzt und vulkanisiert und auf diese Weise in ein hitzestabiles, plastisches Medium, den natürlichen Gummi verwandelt. Im Unterschied dazu wird der künstliche Gummi aus petrochemischen Verbindungen hergestellt, er hat keine Allergene. Latex ist in Handschuhen, verschiedenen intravenös verwendeten Artikeln wie Kathetern, Beuteln, i.v.-Schläuchen, Pumpen, Ports, in Beatmungsgeräten, Ambu-Beuteln, Saugkathetern, Gesichtsmasken, künstlichen Luftwegen, verschiedenen Drainagen, Gastrostomietuben, Spritzen, Stethoskopen und anderen enthalten.

Seit August 1997 hat die Food and Drug Administration (FDA) mehr als 2 300 Fälle mit schwerer allergischer Reaktion gesammelt, die Latex enthaltende medizinische Produkte betrifft. Davon waren 225 Fälle mit Anaphylaxie, 53 Herzstillstände und 17 Tote. 10% aller anaphylaktischen Zwischenfälle während der Anästhesie sind durch Latexprodukte ausgelöst (ASA 1999).

> **!** Medizinisches Personal, insbesondere aber Anästhesisten, sind von einer zunehmenden Frequenz von Latexallergien betroffen.

Anästhesisten, Anästhesiepersonal aber auch Operationssaal- und Intensivschwestern sowie Chirurgen können expositionsbedingt häufiger Überempfindlichkeitsreak-

tionen gegen Latex entwickeln. *Hochrisikogruppen* sind daher:

- Personen, die im Krankenhausbereich arbeiten und beruflich verschiedensten latexhältigen Produkten ausgesetzt sind.
- Patienten mit verschiedenen invasiven Kontakten, mit multiplen chirurgischen Eingriffen, z.B. Patienten mit spina bifida, zeigen wesentlich höhere Frequenzen an Latexallergie.
- Personen, die berufsbedingt Latex ausgesetzt sind, wie Latexherstellungbetriebe, Friseure und Patienten, die eine Anamnese mit allergischen Reaktionen wie Fieber, Asthma oder Hautekzemen, auch gegen Nahrungsmittel, haben.

Zeichen und Symptome einer Latexallergie

- Juckende Kontaktdermatitis, die im Op-Betrieb aufgrund verschiedenster Waschmittel, Handschuhe, Antiseptika im exponierten Bereich (Hände) auftreten kann und die durch Schwitzen unter den Handschuhen verstärkt wird.
  - *Ursache:* Allergische Reaktionen auf verschiedenste Allergene.
- Überempfindlichkeitsreaktionen an der Haut, die meist 6–48 h nach Kontakt verzögert auftreten und die neben einer Kontaktdermatitis Juckreiz, Blasen und gerötete Haut aufweisen. Sie werden also durch eine vorherige Sensibilisierung mit Latex ausgelöst.
  - *Ursache:* Typ-IV, verzögerte Überempfindlichkeitsreaktion, durch T-Zellen mediiert.
- Überempfindlichkeitsreaktionen und anaphylaktische Manifestationen, die sofort auftreten können und sich lokalisiert oder generalisiert manifestieren. Lokalisierte sowie generalisierte Urtikaria, anaphylaktischer Schock, Bronchospasmus, Rhinokonjunktivitis sind die Folgen.
  - *Ursache:* Typ I, sofortige Überempfindlichkeit durch IgE-Antikörper ausgelöst.

Überempfindlichkeitsreaktionen können um Stunden verzögert oder akut lokalisiert oder generalisiert bis hin zum anaphylaktischen Schock auftreten.

Durch die starke Zunahme von Präventionsmaßnahmen gegen blutübertragene Keime, wie HIV- oder Hepatitis-C-Virus, die zu einem Anstieg des jährlichen Verbrauches von latexhaltigen Handschuhen von 800 Millionen auf mehr als 20 Mrd. Handschuhen pro Jahr geführt hat, ist die Zahl der Latexallergien deutlich angestiegen. *Unter Anästhesisten in den USA* wird heute eine *Latexallergiehäufigkeit zwischen 12,5% und 15,8%* festgestellt (Konrad et al. 1997 u. Brown et al. 1998). Bei Patienten, die häufigen Operationen unterzogen werden müssen, wie z.B. Spina bifida, können intraoperative anaphylaktische Zwischenfälle als Folge von Latexallergien bis auf 12,5% auftreten (ASA 1999). In einer Studie von atopischen und nicht atopischen Kindern wurden von Liebke et al. (1996) bei 21% der atopischen Kinder spezifische IgE-Antikörper gegen Latex gefunden.

> **!** Das höchste Potential für Latexallergie geht von den gepuderten Handschuhen aus. Nicht nur ist im Puder selbst sehr viel Latex gelöst, sondern das allergische Potential wird auch durch den häufigen Wechsel von Untersuchungshandschuhen bei entsprechenden Hautläsionen noch gefördert. Auch wird das Puder aerosoliert eingeatmet und kann damit bei empfindlichen Personen zu einer Verstärkung des Allergenanbotes führen.

Auf der anderen Seite sind nichtgepuderte chirurgische Handschuhe mit deutlich weniger Risiko behaftet. Die Verwendung von puderfreien Latexhandschuhen kann jedenfalls zu einer Einschränkung der Ausbreitung der Aeroallergene im Operationssaal beitragen (ASA 1999).

> **!** Bei wiederholten chirurgischen Eingriffen muss auch an die Möglichkeit einer latexbedingten, intraoperativen allergischen Reaktion gedacht werden.

Prophylaxe und Behandlung der Latexallergie und des anaphylaktischen Schocks

Eine präventive Maßnahme bei Op-Personal, im speziellen bei Anästhesisten, ist die Verwendung *latexfreier Handschuhe.* Auch *latexhaltige Produkte* für den Patienten sollten *vermieden* werden. Die Behandlung von Hautveränderungen erfolgt mit topischen Kortikosteroiden, die Anwendung von protektiven Handcremen ist deshalb aber nicht indiziert, weil öllösliche molekulare Strukturen von Latex erleichtert Latexproteine vom Handschuh auf die Haut übertragen können.

Latexallergien bei Patienten sollten vor der Operation abgeklärt werden, bei wiederholten Operationen, v.a. im Kindesalter, sollte jedenfalls auf Reaktionen im Sinne einer Latexallergie geachtet werden. Bei bekannten latexallergischen Patienten (Spina bifida, bekannte andere Allergien) müssen alle latexhaltigen Produkte vermieden werden. Sowohl beim Anästhesieequipment (Masken, Atemschläuchen, Katheter, Blutdruckcuffs, Ambu-Beuteln u.a.) als auch bei Handschuhen und chirurgischen Geräten (Gastrostomietuben) muss auf Latexfreiheit geachtet werden. Schriftliche Festlegungen über den Latexgehalt von medizinischen Verbrauchsmaterialien werden von der FDA in den USA vorgeschrieben.

Milde Manifestationen sollten mit Antihistaminika und systemischen Kortikoiden behandelt werden. Bei Bronchospasmus ist die Anwendung von Aminophyllin (5–6 mg/kg KG), β_2-Agonisten und evtl. kontinuierlichen Katecholamin-Infusionen für die Blutdruckaufrechterhaltung (Adrenalin 2–4 µg/min), H_2-Blockern, endotrachealer Intubation und Defibrillation bei Herzstillstand erforderlich. Postoperativ muss der Patient unbedingt aufgeklärt werden.

47.7
Stress

Die psychische und physische Belastung ist ein anerkannter wesentlicher Faktor der Arbeit im Operationssaal (McCue et al. 1979). Objektive Untersuchungen bei Anästhesisten gibt es allerdings nicht. Stressfaktoren sind einerseits eine erhöhte Arbeitslast, schwierige schnelle Entscheidungen, Nachtdienste, Müdigkeit, Abhängigkeit von Technologien und interpersonelle Spannung (Mawardi et al. 1979). Die Dauer der klinischen Erfahrung des Anästhesisten und die Stärke seiner hämodynamischen Veränderungen sowie die Angst sind umgekehrt proportional (Azar et al. 1985). Stress kann auch zu Störungen des Immunstatus Anlass geben.

47.8
Müdigkeit

Für den praktizierenden Anästhesisten sind 10- bis l2stündige Arbeitstage kein ungewöhnliches Ereignis, 24–32 h Arbeit kommen vor. Müdigkeit und dadurch bedingt fehlerhafte Reaktionen sind möglich, sie können direkt zu Anästhesiezwischenfällen führen (Cooper et al. 1978). Müdigkeit war ein häufig assoziierender Faktor beim Zustandekommen von Anästhesiezwischenfällen. Bei intraoperativem Wechsel von Anästhesiepersonal kommt es übrigens wesentlich häufiger zur Entdeckung von Fehlern, die zu kritischen Zwischenfällen führen können, als zum Entstehen neuer Fehler (Cooper et al. 1982).

47.9
Psychische und physische Abhängigkeit (Sucht)

Das Problem Sucht ist in Europa wenig untersucht. In den Vereinigten Staaten gibt es zahlreiche Untersuchungen über Medikamenten- und Alkoholabhängigkeit von Ärzten. Das genaue Ausmaß, wieviele praktizie-

rende Ärzte Drogenprobleme haben, ist auch in den USA nicht bekannt (Brewster et al. 1986). Von den amerikanischen Anästhesiefachärzten und solchen, die in Ausbildung stehen, dürften etwa 30% Suchtmittel an sich ausprobiert haben, bei 1–2% der Anästhesisten besteht eine Medikamenten- bzw. Alkoholabhängigkeit (Gravenstein et al. 1986). Verglichen mit der Gesamtbevölkerung ist die Sucht bei Ärzten in den USA etwa 30- bis 100mal höher. Die Anästhesisten sind bei der Drogenabhängigkeit deutlich stärker repräsentiert, als es ihrem Anteil an der Gesamtzahl der Ärzte entspricht. Mit 50–75% ist die Rehabilitation auch deutlich erfolgreicher als bei anderen Berufsgruppen (Herrington et al. 1982; Talbott et al. 1987; Ward et al. 1983). Die erste Suchtdroge bei Anästhesisten ist Fentanyl, das derzeit am meisten Abhängigkeit hervorruft, allerdings mit einem deutlichen Wechsel nach Sufentanyl. Kokain ist das Medikament, das von Medizinstudenten und bei jüngeren praktizierenden Ärzten am meisten angewendet wird. Als Ursachen für die Medikamentenabhängigkeit bei Anästhesisten wird eine entsprechende Persönlichkeitsstruktur, Stress, Orientierung zur Selbstmedikation mit i.v.-Mittel, aber auch Mangel an äußerer Anerkennung und die einfache Beschaffbarkeit der Medikamente angenommen. Wird die Sucht bei Ärzten nicht behandelt, so arbeiten nach 10 Jahren weniger als 30% der Drogenabhängigen, 10% sind verstorben.

47.10
Tod und Selbstmord

Eine erhöhte Inzidenz von Malignomen sowie eine erhöhte Mortalität durch Krebs, Lebererkrankungen, Nierenerkrankungen als Folge der N_2O- oder Halothanexposition konnten nicht festgestellt werden (Lew et al.1979). Die Suizidfrequenz bei Anästhesiologen ist jedoch um den Faktor 3 höher als bei der Normalbevölkerung (Bruce et al. 1974). Ursachen für die hohe Selbstmordfrequenz könnten das hohe Angstpotential, Unsicherheit, negative Selbsteinschätzung, Impulsivität und mangelnde Selbstkontrolle sein. Wesentliche Faktoren waren allerdings auch die Sucht mit ihrem hohen Anteil bei Anästhesisten sowie anhängige Gerichtsverfahren in den USA (Birmingham et al. 1985).

Literatur

ASA – Ad hoc Committe on the Effect of Trace Anesthetics (1974) Occupational disease among operating room personnel – A national study. Anesthesiology 41: 321–340

ASA (1999) Natural Rubber Latex Allergy; Considerations for Anesthesiologist. 520 N North West Highway, Parke Ridge/IL 60068–2573

Azar J, Sopie S, Lear E (1985) The cardiovascular response of anesthesiologists during induction of anesthesia. Anesthesiology 61: A465

Berry AJ, Katz JD (1989) Hazards of working in the operating room. In: Barash PG, Cullen BF, Stoelting RK (eds) Clinical anesthesia. Lippincott, Philadelphia, pp 69–90

Birmingham PK, Ward RF (1985) A high risk suicide group: The anesthesiologist involved in litigation. Am J Psychiatry 142: 1225–1226

Brewster JM (1986) Prevalence of alcohol and other drug problems among physicians. JAMA 255: 1913–1920

Brown RH, Schauble JF, Hamilton RG (1998) Prevalence of latex allergy among anesthesiologists. Anesthesiol 89: 292–299

Bruce DL, Bach MJ, Arbit J (1974) Trace anesthetic effects on perceptual, cognitive and motor skills. Anesthesiology 40: 453–458

Bruce DL, Bach MJ (1976) Effects of trace anaesthetic gases on behavioural performance of volunteers. Br J Anaesth 48: 871–876

Bruce DL, Eide AK, Smith NJ, Seitzer F, Bykes MHM (1974) A prospective survey of anesthesiologists mortality. Anesthesiology 41: 71–74

Cooper JB, Newbower RS, Long CD, McPeek B (1978) Preventable anesthesia unishops: a study of human factors. Anesthesiology 49: 399–406

Cooper JB, Long CD, Newbower RS, Philip JH (1982) Critical incidents associated with intraoperative exchange of anesthesia personnel. Anesthesiology 56: 456–461

Gilly H, Lex C, Steinbereithner K (1991) Narkosegasbelastung im OP – ein ungelöstes Problem? Anaesthesist 40: 629–637

Gravenstein JS, Kory WP, Marks RG (1986) Drug abuse by anesthesia personnel. Anesth Analg 62: 467

Herrington RE, Benzer DG, Jacobson GR, Hawkins MK (1982) Treating substance – use disorder among physicians. JAMA 247: 2253–2257

Japanese Red Cross Non-A, Non-B Hepatitis Research Group (1991) Effect of screening for hepatitis C-virus antibody and hepatits C-virus core antibody on incidence of post transfusion hepatitis. Lancet 338: 1040–1041

Juel-Jensen BE (1973) Herpetic withlows: an occupational risk. Anaesthesia 28: 324–327

Kelen GD, Fritz S, Quagish B et al. (1988) Unrecognized human immunodeficiency virus infection in emergency department patients. N Engl J Med 318: 1645–1650

Konrad C, Fieber T, Gerber H (1997) The prevalence of latex sensitivity among anesthesiology staff. Anesth Analg 84: 629–633

Lew EA (1979) Mortality experience among anesthesiologists 1954–1976. Anesthesiology 51: 195–199

Liebke C, Niggemann B, Wahn U (1996) Sensitivity and allergy to latex in atopic and non-atopic children. Ped Allerg Immunol 7: 103–107

Linde HW, Bruce DL (1969) Occupational exposure of anesthetists to halothane, N_2O and radiation. Anesthesiology 30: 363–368

Marcus R (1988) Surveillance of health care workers exposed to blood from patients infected with HIV. N Engl J Med 319: 1118–1123

Mawardi BH (1979) Satisfaction, dissatisfaction and causes of stress in medical practise. JAMA 241: 1438–1486

McCue JD (1979) The effect of stress on physicians and their medical practise. N Engl J Med 306: 458–463

Meier A, Jost M, Rüegger M, Knütti R, Schlatter C (1995) Narkosegasbelastung des Personals in der Kinderanästhesie. Anaesthesist 44: 154–162

Nunn JF, Sharer N (1981) Inhibition of methionine synthetase by prolonged inhalation of trace concentrations of N_2O. Br J Anaesth 53: 1099

Peric M, Vranes Z, Marusic M (1991) Immunological disturbances in anaesthetic personnel chronically exposed to high occupational concentrations of nitrous oxide and halothane. Anaesthesia 46: 531–537

Peric M, Petroverki M, Marusic M (1994) Age-dependent haematological disturbances in anaesthetic personnel chronically exposed to high occupational concentrations of halothane and nitrous oxide. Anesthesia 49: 1022–1027

Talbott GD, Gallegos KU, Wilson PO, Porter TL (1987) The Medical Association of Georgias impaired physicians program. JAMA 257: 2927–2930

Ward CE, Ward GC, Saidman LJ (1983) Drug abuse in anesthesia training programs. A survey: 1970 through 1980. JAMA 250: 922–925

Richtlinien

Allgemeine Unfallversicherungsanstalt (AUVA) (1989) Maximale Arbeitsplatzkonzentration gesundheitsschädlicher Arbeitsstoffe 1989 (MAK-Werte-Liste). In: Allgemeine Unfallversicherungsanstalt (AUVA) (Hrsg) MAK-Wert-Liste

Deutsche Forschungsgemeinschaft (1990) Mitteilung XXV der Senatskommission zur Prüfung gesundheitsschädlicher Arbeitsstoffe. In: Deutsche Forschungsgemeinschaft (Hrsg) MAKWerte-Liste. Verlag Weinheim, Weinheim

National Institute for Occupational Safety and Health (1977) Criteria for a recommended standard. In: Whitcher C (cd) Development and evaluation of methods for the elimination of waste anesthetic gases. US Govt Pront Off, Washington/DC

Sektion H

Stichwortverzeichnis

Druck: Druckhaus Berlin-Mitte
Verarbeitung: Buchbinderei Stein & Lehmann, Berlin